Cosima Wagner · Das zweite Leben

Cosima Wagner
Das zweite Leben

Briefe und Aufzeichnungen
1883–1930
Herausgegeben von Dietrich Mack

R. Piper & Co. Verlag
München Zürich

Mit 36 Abbildungen

ISBN 3-492-02472-6
© R. Piper & Co. Verlag, München 1980
Gesetzt aus der Times-Antiqua
Gesamtherstellung: Kösel, Kempten
Printed in Germany

Vorwort

Am 13. Februar 1883 schreibt Richard Wagner im Palazzo Vendramin in Venedig seine letzten Worte: »Der Prozeß der Emanzipation des Weibes geht nur unter ekstatischen Zuckungen vor sich. Liebe – Tragik.« Im Nebenzimmer spielt Cosima das »Lob der Tränen« von Schubert. Als die Nachricht kommt, daß es mit Wagner schlecht stehe, stürzt sie hinaus, stößt – wie der Sohn später berichtet – an den halbgeöffneten Türflügel, daß dieser fast zerbricht. Eine Gewalt leidenschaftlichen Schmerzes droht sie in den Tod zu reißen. Liszt, Bülow, König Ludwig, die Kinder und Freunde – sie alle befürchten ihr Ende.

Cosima ist fünfundvierzig Jahre alt, hat achtzehn Jahre mit Wagner zusammengelebt, seit 1869 ihr gewaltiges Tagebuch geschrieben, dieses missionarische Protokoll über den Alltag und Feiertag eines hohen Paares. Doch der oft beschworene, oft ersehnte gemeinsame Tod kommt nicht. Die Witwe, fünf Jahre nach Goethes Tod am 24. Dezember 1837 in Como geboren, wird ihren Mann um siebenundvierzig Jahre überleben und fast gleichzeitig mit ihrem einzigen Sohn Siegfried am 1. April 1930 in Bayreuth sterben. Sieht man von der frühesten Jugend ab, so hat dieses Leben, das fast ein Jahrhundert durchmißt, nur einen Inhalt: Richard Wagner. Ihm lebt Cosima mit einer Energie, einer Leidenschaft, die sich über Moral und Sitte hinwegsetzt und die zur größten Bewunderung hinrisse, wäre diese Hingabe nicht von einem blinden und über Wagners Tod hinaus bleibenden Fanatismus gekennzeichnet.

Vieles, so scheint es, war vorgezeichnet. Schon Cosimas Mutter, Marie d'Agoult, hatte ihren Mann verlassen, lebte fünf Jahre mit Franz Liszt zusammen. Blandine, Cosima und Daniel wurden geboren. Cosima sah ihren Vater erst 1853 in Paris wieder – in seiner Begleitung befand sich Richard Wagner. »Anhaltende Schüchternheit« bemerkte er bei ihr; Cosima war sechzehn Jahre alt. Um die Kinder dem Einfluß der Mutter zu entziehen, brachte Liszt sie nach Berlin in das Haus der Bülows. Schüler, Freund und Verehrer von Liszt und Wagner war Hans von Bülow. Nach sechs Wochen verlobte er sich heimlich mit Cosima, zwei Jahre später heirateten sie. Die Hochzeitsreise führte sie nach Zürich, Wagner las ihnen dort die Urschrift von »Tristan und Isolde« vor. Die Begegnungen zwischen

Richard und Cosima häuften sich, Besuche wurden zu Verabredun-
gen, Entschlüsse und heimliche Eide folgten. Im November 1863
– die Bülow-Kinder Daniela und Blandine waren geboren, nach den
früh verstorbenen Geschwistern Cosimas benannt – schworen
Wagner und Cosima, »sich einzig gegenseitig anzugehören«. Richard
war fünfzig, Cosima sechsundzwanzig Jahre alt. Bülow, der treueste
Freund, ward verraten – eine unheilbare Wunde, die sich Cosima
auch selbst zufügt und die sie zeitlebens schmerzen wird. Diese
Schuld bleibt ungesühnt. Cosima kennt nur den alles beherrschenden
Glauben an ihr »Amt«, wie sie es schon damals in einem Brief an den
Maler Franz von Lenbach nannte. In vier Jahren, von 1864 bis 1868,
vollzogen sich Dinge, die in ihrer schamlosen Gleichzeitigkeit jeder
Moral spotten: Der König, der Wagner vor dem Ruin gerettet hatte,
wird hintergangen, der Ehemann dem Spott preisgegeben und
ausgenutzt. Bülow dirigiert die Uraufführungen von »Tristan« und
»Meistersinger«, seine Ehefrau gebiert Wagners Kinder Isolde, Eva
und Siegfried. Wagners erste Frau, Minna, stirbt. Im Mythos würde
man sagen, sie ward vergiftet. Dann, als alles entschieden, alles
geschehen ist, erst dann werden Cosima und Hans von Bülow
geschieden. Einen Monat später, im August 1870, heiraten Cosima
und Richard. Der öffentlichen Meinung in München galt Cosima als
Verbrecherin, Wagner sah sie als Märtyrerin und in Tribschen, dieser
Insel der Seligen, wie Nietzsche sagte, als Engel und Mutter seines
Sohnes. Er widmete ihr das »Siegfried-Idyll«, seine vielleicht
intimste Musik, und den Jubel des III. Aktes »Siegfried«.
Die Legalisierung dieses leidenschaftlichen, mit Blut und Tränen
getränkten Bundes – so in den Tagebüchern Cosimas – wirkt zunächst
befremdlich. Man denkt an Ortega y Gassets Bemerkung in seinem
Goethe-Essay, daß die Geborgenheit das Leben töte, und stellt sich
vor, was Wagner in einem ganz anderen Ausmaß als Goethe
durchlebt hat: das Gärende, Brodelnde, die materielle und gesellschaftliche Unsicherheit, die chaotischen Beziehungen nicht nur zu
Frauen, auch zu Freunden, Geldgebern, Verlegern, denen er
mehrfach die gleichen Manuskripte gab und die gleichen Rechte
übertrug. Die »Königsfreundschaft« schafft äußere Sicherheit, und
mit Cosima beginnt die Pflege des Genies. Durch sie kommen Maß
und Ordnung ins Haus, man sammelt Briefe und Manuskripte, die
Kultivierung des »Bewußtseins des Richtigen« setzt ein. Mit Schau-
der und Beben notiert Cosima Wagners Äußerungen, daß er – der die
Sprache eines Priesters spreche, der zu Aischylos' Zeiten hätte leben

sollen und der im Verhältnis zu Bach, Mozart und Beethoven
Offenbarung und Religion sei – gemeinsam mit ihr »Meistersinger«,
»Ring«, »Parsifal«, die »Gesammelten Schriften«, die Autobiographie »Mein Leben«, Wahnfried und Festspielhaus zustande gebracht
habe. Nicht ohne Eitelkeit und Stolz hält sie das Wort der Freundin
und Schriftstellerin Malwida von Meysenbug fest: Ohne sie hätte es
kein Bayreuth, keine Festspiele gegeben. Selbst wenn wir Wagner
nicht in alldem zustimmen mögen, die von Cosima benannten
Schlußsteine seines Lebens sind ohne sie schwer vorstellbar. Und
ohne Zweifel ist es Cosima, die den Fortbestand der Bayreuther
Festspiele sichert.
So regelt sie mit Energie und Fleiß, oft auch mit Härte, Wagners
Beziehungen zur Welt, ist über den Tod hinaus sein »Allerseelen-
weib«. Mehr als alles Geschriebene offenbaren Wagners Träume, was
ihm Cosima war. Diese Träume, in den Tagebüchern überliefert, sind
erfüllt von der immer wiederkehrenden Angst, Cosima zu verlieren:
»Richard träumte den alten Traum: daß er mich gekränkt habe, daß
ich fortgehen wollte und daß er darauf vor Hunger sterben wollte.«
– »Er träumte von einem vollständigen Bruch zwischen uns. ›Was
hilft es, daß man weiß‹, rief er aus, ›daß man sich tiefinnerlichst
angehört, wenn dies doch möglich ist.‹« – »Er sei mit mir einen hohen
Berg hinangegangen und habe gemeint, *er* führe mich, bis er gemerkt
habe, *ich* stützte ihn, und bei einer immer ängstlicher werdenden
Engigkeit des Pfades sei er innegeworden, daß ich mit unsinniger
Anstrengung ihn stützte, darauf sei er erwacht.« – »Richard träumte,
daß wir uns, er und ich, in der Badewanne ertränken wollten. Es wäre
wie eine Art juristischer Fall gewesen, seine Schwester sei gestorben
gewesen – er habe sich gesagt: Cosima macht alles mit.« Und Cosima
fügte dieser Aufzeichnung hinzu: »Gar seltsam berührt mich diese
traumhafte Wiedergeburt meines Sinnens! O wäre ich würdig!«
Doch der schicksalhafte Bund endet nicht wie »Tristan und Isolde«.
Immer wieder hatte sie beteuert: Sein Leiden, meine Todessehnsucht. Sterben mit ihm. Doch für die physischen Anzeichen seines
Leidens, für Herzkrämpfe, Magengeschwüre, scheint Cosima fast
blind gewesen zu sein. Wagner sollte recht behalten: »Du wirst sehen,
ich sterbe dir unter der Hand weg« (1878).
Als sein Leben im Februar 1883 zu Ende geht, raffen Tag- und
Nachtträume seine Stimmung zusammen, Vergangenes konzentriert
sich in Augenblicken. Nietzsches Erbärmlichkeit geht Wagner durch
den Sinn, er träumt von Schopenhauer, klagt über die leeren Paläste,

das Eigentum als Grund allen Verderbens. Seine Parteigänger seien zu nichts Besserem da, als seine Gedanken der Lächerlichkeit preiszugeben, die Festspiele kommen ihm absurd vor, er träumt von der in jungen Jahren von ihm bewunderten Sängerin Wilhelmine Schröder-Devrient, von seiner Mutter. Dann stirbt er. Cosima scheint in ihrem Schmerz zu erstarren.

Neun Tage nach Wagners Tod schreibt der russische Maler Paul von Joukowsky, der die Bühnenbilder zu »Parsifal« entworfen hatte, aus Bayreuth an Malwida von Meysenbug:
»Seit gestern glauben wir hoffen zu dürfen, die Mutter den Kindern erhalten zu sehen. Es ist eine Art Umschlag in ihrem Wesen zu bemerken, welcher wirklich wieder ein Recht zu hoffen gibt. Ihr Herz wird Ihnen sagen, was diese Zeit für uns alle war, der ungeheure Schmerz um den ganz undenkbaren Verlust und die Todesangst um unsere Freundin. Die guten Kinder sind alle wohl und herrlich; sie sind ein Beispiel uns allen, besonders mir, der ich bis vorgestern ganz zu Stein geworden mich fühlte. Dieser Krampf ist nun vorbei, und ich kann Ihnen schreiben, werde suchen, selbst zu beschreiben.
Man sagt, es wären viel falsche Gerüchte gewesen über unseres Meisters Tod. Er war herrlich wie sein Leben; wir alle warteten auf Ihn zu Tische, da er uns hatte sagen lassen anzufangen zu essen. Unterdessen hatte er nach dem Doktor geschickt wegen seiner gewöhnlichen Krämpfe; dann hatte er durch Betty Frau Wagner rufen lassen. Dies war gegen 2½; um 3 kam der Doktor, was uns alle beruhigte; gegen 4 aber wurden wir besorgt, da niemand aus den Zimmern kam; plötzlich kam Georg und sagte nur, *alles sei aus.* Er ist schon um 3 ungefähr, in den Armen seiner Frau, gestorben, ohne Leiden, eingeschlafen mit dem erhabensten und friedvollsten Antlitz, dessen Anblick mich nie mehr verlassen wird. Sie ist den ganzen ersten Tag und die erste Nacht mit ihm allein gewesen. Dann ist es dem Doktor gelungen, sie in ein anderes Zimmer zu bringen. Seitdem habe ich sie nicht mehr gesehn, werde sie nie mehr sehn, denn niemand wird sie sehn, außer den Kindern und Gross mit seiner Frau, welcher der Vormund ist. Sie wird in den obern Räumen des Hauses einzig seinem Andenken und ihren Kindern leben; das übrige Leben hat für sie aufgehört. Schreiben Sie daher nur an die Kinder, denn sie wird keinen Brief mehr lesen. Da ihr sehnlichster Wunsch nicht in Erfüllung ging, mit ihm zu sterben, so wird sie wenigstens tot sein für alle übrigen und das Leben führen, welches ihr einzig gemäß ist, das

einer Nonne, welche ihren Kindern noch ein himmlischer, stünd-
licher Trost ist. Das ist groß und ganz wie alles, was sie getan. Und
wenn auch uns Umstehende, Nahe, dies alles mit dem Schauern der
›Götterdämmerung‹ erfaßt, so ist es zu erhaben und groß und ernst
und herrlich, um nicht den Keim des Trostes und, wie Sie so richtig
sagen, eine Offenbarung der höchsten Art in sich zu schließen [...]«
Am Tag darauf, am 23. Februar, gibt Adolf von Gross, der
Bayreuther Bankier, der zum Vormund der Kinder bestellt wird,
einen offiziellen Bericht an den bayerischen Hofsekretär Ludwig von
Bürkel:
»Ich war abends noch in Wahnfried und verbrachte längere Zeit am
Krankenlager der edlen Freundin, deren Anteilnahme an der
Umgebung und an allem, was dem teuren Verklärten nahestand,
wieder reger wird; durch langsames Einführen auch in materielle
Fragen glauben wir die regere Teilnahme, die sich oft in vielen Fragen
bekundet, hervorgerufen zu haben und fahren fort, sie zu nähren. In
der Nahrungsaufnahme ist leider nur ein kleiner Fortschritt zu
verzeichnen; auch will die Edle außer den Kindern und uns noch
immer niemand sehen, und trotz vieler Bitten wurde der befreundete
Arzt noch immer nicht vorgelassen. Frau Wagner war gerührt, aus
Ihrer Anfrage die huldvolle Teilnahme Seiner Majestät zu ersehen,
und läßt Sie bitten, einstweilen der Vermittler innigster Dankgefühle
zu sein.
Wenn nicht alle Anzeichen trügen, hat sich im allgemeinen eine wenn
auch nur leichte Besserung des Zustandes eingestellt, und es ist mit
mehr Berechtigung zu hoffen, daß uns die edle Frau erhalten bleibt
und die alles lindernde Zeit auch hier heilend eingreift.
Bemerken will ich, daß Frau Wagner mich vorgestern fragte, was
meinen Sie und die Freunde von den vorbereiteten ›Parsifal‹-Auffüh-
rungen, ich gab zu, daß davon schon die Rede gewesen, daß alle
näheren Freunde dafür seien, daß man die Aufführungen nicht
ausfallen lassen dürfe und daß gerade dadurch das Andenken des
teuren Meisters am besten geehrt werden könne etc. etc. Eben
kommt auch meine Frau von Wahnfried und sagt, daß auch ihr heute
Frau Wagner vom Stattfindensollen der ›Parsifal‹-Aufführungen
gesprochen hat, so daß wir wohl annehmen dürfen, daß dies ihr fester
Wille ist [...]«
Aber die Krise ist nicht überwunden. Anfang April erkrankt Cosima
ernstlich, ihre Schwäche nimmt zu, unter heftigen Schmerzen – wie
Adolf von Gross am 9. April Ludwig von Bürckel mitteilt – tritt ein

Stillstand aller körperlichen Funktionen ein; mit einem Aderlaß verschafft Dr.Landgraf der Leidenden Erleichterung. Doch die Todessehnsucht verläßt sie nicht. Am Tag darauf, am 10. April, schreibt sie ihrer ältesten Tochter, Daniela, einen Brief, der wie ein Testament klingt:»Sorgt für Siegfried, dies mein Erstes und Letztes.« Wochen vergehen. Am 28. Juni berichtet Daniela Joukowsky:»Wir nennen uns die Mütter von Mama, denn sie ist wie ein Kind mit uns, wir pflegen, nähren und hüten sie; die tätige Sorge um sie hilft über die schwersten Stunden unseres verdunkelten Lebens hinüber – und Gott sei Lob ist sie doch nicht krank. Sie spricht sogar manchmal mit uns über Papas Leiden und über diesen letzten 13. Februar. Noch vor wenigen Wochen hätte sie's nicht gekonnt. Aber freilich, dem Leben hat sie sich abgewendet [...]« Selbst Daniela scheint nicht zu erahnen, was sich in den nächsten vier Wochen vollziehen wird. Am 25. Juli notiert Julius Kniese, Mitglied der musikalischen Assistenz, lapidar in seinem Tagebuch:»Frau Wagner wünscht die Festspiele für nächstes Jahr.« Was war geschehen?

Wagner hatte kein Testament geschrieben, mit keinem Satz Cosima autorisiert, die Festspiele fortzuführen. Vielmehr hatte er auf zehn weitere Lebensjahre gehofft, um seinem Sohn Siegfried das Erbe übergeben zu können. Die Vorstellung, was wohl nach seinem Tode alles als Wagnerianismus getrieben werde, bereitete ihm traumatische Schrecken. Nach Nietzsches Abfall sah er nur alberne, unfähige Menschen um sich, den Rassentheoretiker Graf Gobineau und den jungen Philosophen Heinrich von Stein ausgenommen. Wagner hatte Schulden, er hatte aber auch Werke hinterlassen, die seinen Erben Tantiemen in Millionenhöhe einbrachten. Zu seinen künstlerischen Absichten hatte er viel – und viel Widersprüchliches – gesagt, manches Tiefsinnige sogar dem eigenen Spott preisgegeben. Eine künstlerische Tradition, auf deren Regelkanon sich die Nachwelt hätte berufen dürfen, hinterließ er nicht. In der langen Theaterlaufbahn Wagners gibt es nur eine einzige Inszenierung, die der »Meistersinger« 1868 in München, mit der er zufrieden war, und nur eine Inszenierung, die er zu einer lebendigen Tradition entwickeln wollte, »Parsifal« 1882. Seine Unzufriedenheit mit dem künstlerischen Ergebnis der ersten Festspiele 1876 ist hinlänglich bekannt. Der Tod schuf ein Vakuum, das sich zunächst nur mit Streit füllte. Vergeblich werden Franz Liszt und Hans von Bülow aufgefordert, die Festspiele vor dem »Semitismus« des »Parsifal«-Dirigenten Her-

mann Levi zu schützen. Nur einer schien an Cosima zu denken: Adolf von Gross. Er regelt alle geschäftlichen und privaten Dinge der Familie, organisiert die Festspiele, berichtet Cosima über die ideologischen und künstlerischen Streitigkeiten und erkennt mit zumindest geschäftlichem Weitblick die Vorteile, die damit verbunden sind, die Bayreuther Festspiele als Familienunternehmung weiterzuführen. Was dann geschieht, zeugt von kluger Dramaturgie: Schritte, konsequent und geheimnisvoll unternommen, denn Wagners Tod ist zunächst die einzige Legitimation für Cosima. Unsichtbar für die Welt – noch Liszt glaubt im Dezember, daß sie sterben wolle – läßt Cosima im »Parsifal« Regieabweichungen gegenüber 1882 protokollieren und skizziert im Herbst selbst einen Festspielplan für die Jahre 1884/89. Sie wehrt sich mit Härte gegen Forderungen des Allgemeinen Wagner-Vereins und greift, als sie vom mangelnden Eifer der Solisten und von Schlampereien bei den Proben 1884 erfährt, selbst ein: Sie läßt sich seitlich auf der Bühne einen Verschlag bauen und kontrolliert von dort die Proben und Aufführungen. An den Dirigenten Hermann Levi und den Spielleiter Anton Fuchs schickt sie täglich Korrekturzettel mit detaillierten Angaben zum szenischen und musikalischen Stil. Am 7. August 1884 schreibt Levi an seinen Vater, den Oberrabbiner: »Daß die Vorstellungen dieses Jahres so vollendet waren, ist zum größten Teil dem tätigen Eingreifen von Frau Wagner zu danken. [...] Ihre Bemerkungen waren so richtig und feinsinnig, enthielten so wichtige Aufschlüsse über die Kunst des Vortrages, daß ich in diesen wenigen Tagen mehr gelernt habe als in zwanzig Jahren meiner Dirigenten-Praxis.«
In den folgenden Jahren inszeniert Cosima neben »Parsifal« und »Der Ring des Nibelungen« das Bayreuther Repertoire: »Tristan und Isolde« 1886, »Die Meistersinger von Nürnberg« 1888, »Tannhäuser« 1891, »Lohengrin« 1894 und »Der fliegende Holländer« 1901. Sie wird zu einer künstlerischen Autorität, der es an Feinden und Verehrern nicht mangelt. Die berühmten Urteile berühmter Zeitgenossen, etwa George Bernard Shaws, Romain Rollands, Albert Schweitzers, Maximilian Hardens oder Ernest Newmans, sollen hier nicht wiederholt werden, nicht die Bewunderung der Künstler, mit denen sie arbeitete, nicht die oft von gekränkter Eitelkeit getrübte Kritik derer (etwa Felix Weingartners), die sie verschmähte: Was wäre Cosima ohne den Streit der Meinungen?
Mit Leidenschaft läßt sie sich auf dramaturgische und inszenatorische Probleme ein. Zwar erhebt sie den Anspruch auf eine authentische,

originale Interpretation und sammelt mit archivalischer Gründlichkeit alle Aussagen Wagners zur Realisierung seiner Werke, alle nur
erreichbaren Berichte zu den Aufführungen, an denen Wagner in
irgendeiner Weise mitgewirkt hatte; auch läßt sie von Germanisten
wie Wilhelm Hertz und Wolfgang Golther, von Kunsthistorikern wie
Reinhard Kekulé von Stradonitz, Hugo von Tschudi und ihrem
Schwiegersohn Henry Thode Quellen zur Stoffgeschichte der Werke
recherchieren. Doch stillschweigend verfährt sie mit den Materialien
nach den Erfordernissen der Theaterpraxis, organisiert sie nach
einem eigenen künstlerischen Prinzip; sie erinnert in diesem Verfahren etwa an Walter Felsenstein. Hinter dem Anspruch auf Authenti-
zität wirkt ein entschiedener eigener Stil. Sie selbst sei eine große
Freundin der Improvisation, habe nichts notiert, schreibt sie an Felix
Mottl 1901. Zu ihrem Stil gehört es, die großen Leidenschaften, die
barocken Haupt- und Staatsaktionen in Wagners Opern zu dämpfen
und wie in das Leben so auch in die Werke Maß und Ordnung zu
bringen. Sie hat eine Vorliebe für den Gestenkatalog der französischen Tragödie, für die aus Wahrheit und Schönheit entstehende
Form des Bedeutenden, wie sie in Goethes »Regeln für Schauspieler« umrissen ist, und für den neugriechischen Geschmack Henry
Thodes. Selbst eine ästhetisch berechtigte Kritik (Dressur künstlerischer Individualitäten, Konsonantenspuckerei, usw.) ändert nichts
an der theatergeschichtlichen Bedeutung ihrer Leistung. Von Wundern ihrer Inszenierungskunst schreiben nicht nur Wundergläubige.
In der Operndramaturgie und -regie setzt Cosima fort, was mit
Wagner begonnen hatte. Sie tut es eigenwillig, doch so überzeugend,
daß die Bayreuther Aufführungen knapp zwanzig Jahre lang zum
Muster und Wertmaßstab aller Wagner-Aufführungen werden.
Zumindest in Deutschland gibt es kein anderes Opernhaus von einer
ähnlich stilbildenden Funktion. Erst als Cosima abtritt, mehren sich
die Stimmen, Wagner mit Bayreuth nicht gleichzusetzen. Dabei hatte
Cosima im Gegensatz zu Wagner nie den Ehrgeiz, auf andere Bühnen
Einfluß zu nehmen oder gar das Theater zu reformieren. Alles, was
sie außerhalb Bayreuths tut – wenn sie etwa den Dirigenten und
Operndirektor Felix Mottl berät, wenn sie selbst »Rienzi« in Berlin
oder »Hänsel und Gretel« von Engelbert Humperdinck in Dessau
einstudiert –, alles wirkt interessiert-beiläufig im Vergleich zu den
Anstrengungen, die sie unternimmt, um Wagners Denkmal in
Bayreuth ideologisch und künstlerisch zu pflegen. Energie und Eifer
sind beispiellos, werden von religiöser Überzeugung getrieben: »Wie

könnte man es in dieser Welt aushalten, wenn man nicht in die Kunst als in die Religion sich flüchtete« – »doch auch die Kunst wäre eine Qual, wenn man sie nicht als Religion erfassen dürfte.« Sie sieht Bayreuth als Monsalvat, als Asyl für die Kunst, wie sie sein soll, und nicht als Theater, das gute oder bessere Aufführungen erarbeitet. Protestantisch im Eifer, jesuitisch in der Wahl der Mittel, erzieht sie ihre Gemeinde. Sie entwickelt dabei durchaus weltliche Fähigkeiten: die, wie Edouard Schuré schreibt, für Könige und Impresarios wertvollsten Eigenschaften, nachhaltige Festigkeit und die Kunst der Inszenierung. Selbst Gegner nennen sie eine »Fürstin von Persönlichkeitsgnaden« (Adolf Weißmann). Sie herrscht und befiehlt, weiß die Intelligenten zu fesseln, die Nutzlosen zu ignorieren, führt die Menschen wie ein geschickter Marionettenspieler, inszeniert ein Schauspiel, in dem es nur Gläubige oder Ketzer gibt.

»Will nun das Schicksal, daß die Kunst religiös aufgefaßt werde, so verhängt es die Entsagung«, schreibt sie ihrer Tochter Daniela. Diese mit irrationalen Begriffen wie Weihe, Zauber, Begeisterung, Ehrfurcht und Treue operierende Ideologie ist von Wagner vorgeprägt. Cosima kultiviert und verabsolutiert sie. Von Wagner spricht sie nur in der indirekten Form: dies wurde gesagt – so wurde es festgestellt – dieser Akt wurde instrumentiert. Der offene Brief an das Präsidium des Allgemeinen Wagner-Vereins, an die Geheimräte von Muncker und von Seckendorff nach den Festspielen 1896, der bewußt an die Ereignisse von vor zwanzig Jahren anknüpft, gipfelt in der Formel: »Die Kraft der Sache hat hier gewirkt.« Cosima wird zur Mystagogin, erhofft eine Bayreuther Freimaurerei Gleichgesinnter, einen Mittelpunkt für Kunst *und* Gesinnung. Im Grunde wiederholt sich, was wir von Wagner kennen: in Theaterdingen nicht nur kühne Ansprüche, sondern auch vielfach neue Lösungen, die indes von den üblen Dämpfen der Orthodoxie umnebelt werden. »Wahnfried« wird vor allem für deutsche Intellektuelle zum Reizwort – »ein von Weihrauch geschwängertes Damenstift« (Maximilian Harden) –, zum Synonym für Kunst als Religionsersatz, dieser Grundströmung des 19. Jahrhunderts. Ausländer reagieren weniger betroffen, dafür neugieriger, drängen sich zu den Wahnfried-Empfängen, von denen es hinreißende Beschreibungen – etwa Romain Rollands – gibt. Heute sind Festspielhaus und Wahnfried getrennt – wobei unterstellt werden kann, daß Cosima Geschmack daran gefunden hätte, Wahnfried als Museum einzurichten.

Sie treibt Wagners Hagiographie voran, kämpft verbissen gegen die

Lawine von Neugierde, glaubt zunächst, alle Veröffentlichungen
– jede Provinzzeitung bringt Erinnerungen, Briefe – verhindern,
zumindest kontrollieren zu können, klagt über die Indiskretion von
Briefpublikationen – schwärmt aber selbst von Bismarcks Briefen an
seine Braut –, ediert, um ein Beispiel zu geben, anonym und mit Takt
natürlich, den Briefwechsel zwischen Wagner und Liszt, beeinflußt
bis ins Detail die Wagner-Biographie Glasenapps, reagiert in tiefster
Betroffenheit, als einer der Getreuen, Wolfgang Golther, die
Wesendonck-Briefe veröffentlicht. Man stelle sich vor: Cosima ist
nahezu siebzig, und jene Ereignisse liegen bald fünfzig Jahre zurück,
doch für immer soll es nur eine Leidenschaft in Wagners Leben
gegeben haben. Schließlich resigniert sie, alles, nicht nur »Parsifal«,
wird frei und gemein. Sie will nichts mehr wissen – die Töchter hätten
gesagt, sie habe Nietzsches Briefe verbrannt ... Hilflosigkeit.
Angesichts von 5000 Seiten Tagebuch und der Sichtung von etwa
4500 Briefen nach Wagners Tod (vermutlich der Hälfte dessen, was
Cosima insgesamt geschrieben bzw. diktiert hat) wissen wir zwar, daß
sie unausgesprochen Nietzsche recht gab, der 1891 meinte, sie
schreibe Wagners Biographie, doch das wahre Ausmaß an Kontrolle
und Beeinflussung kennen wir immer noch nicht. Die unmittelbare
Nachwelt hatte bereits Schwierigkeiten, die Urheberschaft mancher
Texte zu identifizieren, da Cosima in Wagners letzten Lebensjahren
dessen Schreibduktus angenommen hatte. Recht gelassen klärt sie
einmal den Dirigenten Michael Balling auf, nur die Unterschrift
mache den Text wertvoll, sie sei von »ihm«, alles andere jedoch von
ihr.
Cosimas besessene Hingabe an die Etablierung der Festspiele
verschmilzt mit der Idolatrie Wagners in einer dritten Passion, die der
dynastischen Zukunft dient: der leidenschaftlichen Liebe der Mutter
zu ihrem Sohn, zu Siegfried. Wer sich der Hoffnungen erinnert, die
Wagner in seinen Sohn setzte, versteht Cosimas mütterlichen Eifer
noch besser. Ihre Briefanreden sind ebenso warm wie stolz – »Mein
Herz«, »Mein geliebtes Kind«, »Mein Wohlgelungener«, »An dem
ich Wohlgefallen habe«. Seinetwegen setzt sie die Freundschaft zu
Humperdinck aufs Spiel und bricht mit Richard Strauss. Blindlings
kämpft und leidet sie für ihren Sohn. Als Regisseur und Dirigenten
muß sie ihn kaum verteidigen, hier findet er selbst beim Gegner
Respekt, doch der Komponist Siegfried Wagner, von wohlmeinen-
den Freunden auf ein zu hohes Piedestal gestellt, bedarf des
Schutzes: Er sei deutsch, was echt und naiv bedeute – nur Bismarck

war es auch. »Wenn Strauss sagt, daß jetzt nicht mehr naiv geschaffen werden könnte, könnte er ebensogut sagen, daß in der Zeit von Eisenbahnen und allseitigem Draht es keinen Frühling mehr gäbe« (an Siegfried, 22. Mai 1898). So einfach macht sie sich's; ist nicht wählerisch in den Mitteln: Die Zeitschrift »Die Musik« solle endlich anständig über Siegfried schreiben, dann könne der Verlag auch mit Wagner-Manuskripten rechnen! Neben Selbst- und Sendungsbewußtsein fehlt es der Witwe nicht an Geschäftssinn, Wahnfried ist ihr Kontor. Adolf von Gross wird zum mächtigen Kanzler der Festspiele, übernimmt Funktionen, die Cosima bei Wagner wahrnahm. Er führt den Kleinkrieg mit München, den vergeblichen Streit um den Bau des Prinzregenten-theaters und die Freigabe des »Parsifal« – Niederlagen, die von Cosima eschatologisch empfunden werden. Die Geschichte gab den Gelassenen recht; weder die Eröffnung des Prinzregententheaters in München 1902 noch die Freigabe des »Parsifal« 1914 haben die Bayreuther Festspiele geschäftlich ruiniert, wie es Cosima, von allen kunstideologischen Befürchtungen abgesehen, erwartet hatte. Aber man wird mit Blick auf Cosimas Leben auch verstehen, daß sie sich Gelassenheit nicht erlauben durfte. An Vorurteilen gegen ihr Geschlecht hat es nie gefehlt. Im Bereich des Theaters ist ihre emanzipatorische, zunächst klug hinter dem Witwenschleier ver-steckte Leistung geradezu historisch. Die Theatergeschichte kennt keine Frau, die organisatorisch und künstlerisch Vergleichbares vollbracht *und* einen nur annähernd großen Einfluß ausgeübt hätte. Die Nachwelt meint sie vor allem als Gralshüterin zu kennen, doch bei der Auswahl der Sänger wird ihr ein gefährlicher Internationalis-mus vorgeworfen, bei den Inszenierungen ein Neubayreuther Stil, als ob es je einen Altbayreuther Stil gegeben hätte. Der von Wagner oft gerühmte Idealismus der Sänger weicht schnell hohen Gagenforde-rungen. Während ein Bühnenarbeiter 1886 pro Tag 6 Mark erhält, liegen die Gagen für Solisten bereits bei 3000 bis 6000 Mark; sie steigen später auf 10000 Mark, als sogenannte Aufenthaltsentschä-digungen verbrämt. 1894 etwa zählt man 400 Mitwirkende, die Gagen zwischen 400 und 10000 Mark erhalten; 20 Vorstellungen à 1640 Besucher à 20 Mark ergeben 656000 Mark Einnahmen. Noch 1886 hatte man sich mit der Hälfte begnügen müssen, hatte Adolf von Gross Pausenjahre und Verschiebungen (»Tannhäuser«) gegen Cosimas Widerstand durchgesetzt. Der Eintrittspreis steigt später auf 25 Mark (Armut schützt vor Bayreuth!), und selbst der Freund

Humperdinck beklagt in der »Frankfurter Zeitung« 1894, daß die
Festspiele noch immer ein Privileg bevorzugter Klassen seien. In
einem vertraulichen Bericht der Festspielleitung (wahrscheinlich von
Wilhelm Schuler Ende der neunziger Jahre geschrieben) liest man:
»Merkwürdig ist die große Zahl von Habitués, die aus allen Ländern
hierherkommen, sie machen besondere Ansprüche, sind alle ver-
wöhnt. Die vorderen Reihen sind ihre Heimat. Auch eine Anzahl von
Fürstlichkeiten findet sich regelmäßig hier ein. Bei dieser Art von
Leuten tritt der Egoismus, die Anmaßung und die rücksichtsloseste
Unverschämtheit deutlich zutage. Die Feder sträubt sich mir oft
genug, wenn ich irgendeiner unverschämten Durchlaucht oder
hysterischen Prinzessin etwas Angenehmes schreiben muß. Was
diese Bande alles verlangt in bezug auf Wohnung, Dienstbereitwillig-
keit und Lage des Platzes, ist oft haarsträubend.«
Im Umgang mit Sängern erlaubt sich Cosima wenig Sentimentalität.
Sie kümmert sich nicht um Traditionen, besetzt Elisabeth, Elsa,
Sieglinde und Senta nicht mit großen Heroinen, sondern mit
jugendlichen Naiven. Sie kann sich nicht mehr entschließen, von
einer Fünfzigjährigen »Du bist der Lenz« in ein sechzigjähriges
Antlitz singen zu lassen, schreibt sie am 30. Dezember 1898 an
Humperdinck. Rückblickend auf drei Jahrzehnte Bayreuth ist ihr
dann 1908 selbst das nach außen immer hochgehaltene Ideal einer
Genossenschaft von Künstlern nichts mehr wert: »Zynismus des
Umgangs gibt in diesen Kreisen die Norm des Benehmens an, und
Goethe wußte, was er tat, als er die Mimen von seiner Erziehungsan-
stalt fernhielt.«
Wahrscheinlich gab es nur einen Künstler, in den Cosima restlos
vertraut hätte: Hans von Bülow. Zwar waren Hans Richter als
»Ring«- und Hermann Levi als »Parsifal«-Dirigent »eingesetzt«,
doch Bülow, so Cosimas Plan im Herbst 1883, sollte alle anderen
Werke dirigieren. Gewiß, schon Wagner hatte Bülow verpflichtet
– doch vermutlich ging es Cosima um mehr als nur den Vollzug eines
Vermächtnisses, um mehr als den untauglichen Versuch, Schuld zu
tilgen. Entscheidend war wohl ihr Respekt vor der einzigartigen
künstlerischen Autorität Bülows als Wagner-Interpret. Später holt
sie des öfteren durch ihre gemeinsame Tochter Daniela seinen Rat
ein – »doch nur wenn es sich ohne Erregung machen läßt«. Und wie
im Trotz fügt sie hinzu: »Wenn es nicht recht sei, ich habe in unsere
Sache ein grenzenloses Vertrauen.« Als Bülow 1894 stirbt, findet sie
kein Wort, hat später nur ein mäßiges Gedicht für ihn. Erst

fünfunddreißig Jahre später, auf dem eigenen Todesbett, gedenkt sie sein:»Ich bin überzeugt, er würde jetzt sich uns anschließen, er würde gemeinsam mit mir arbeiten, er wäre der einzige Fähige dazu« (zu ihrer Tochter Daniela, 3. Januar 1929). Doch für das Leben war dieser Bund zerschnitten, und so bleiben die anderen: Hans Richter, Richard Strauss und vor allem Hermann Levi und Felix Mottl.

Bei Hans Richter vermißt Cosima bisweilen den rechten Bayreuther Glauben, auch ist sie geradezu eifersüchtig, mit ihm manche Erinnerung, insbesondere an Tribschen, teilen zu müssen. Aber Richter ist nicht nur als »Ring«-Dirigent eingesetzt, er wurde auch schon in Tribschen gleich David in den »Meistersingern« zum Gesell' erhoben, hatte Cosima schon damals als Meisterin empfangen. Richard Strauss wird mit liebevoller Anerkennung behandelt, doch je mehr er komponiert, je offener der Gegensatz zu Siegfried Wagner wird, desto größer wird die Distanz. Für »Also sprach Zarathustra« hat Cosima noch Spott übrig, für »Salome« nur Ekel. Die Beziehungen zu Felix Mottl und Hermann Levi spiegeln sich in umfangreichen, gewichtigen Briefwechseln. Cosimas Briefe an Felix Mottl galten jahrzehntelang als verschollen, sie wurden vor kurzem gefunden und für diese Edition erstmals durchgesehen. Sie richtete mehr als 370 Briefe an ihn, besonders zu Anfang nicht nur in dichter Folge, sondern auch in einer Herzlichkeit, bisweilen Ausgelassenheit, daß man – zu Unrecht – eine intimere Beziehung vermutet hat. 1888 hält sich hartnäckig das Gerücht der Verlobung Mottls mit Cosimas Tochter Isolde. Ähnlich wie gegenüber Richard Strauss wird ihr Ton nach Mottls Heirat kühler, sein Verrat schließlich, nach Amerika und München zu gehen, hinterläßt tiefe Wunden. Mottls Tod ist für Cosima die Erlösung einer dämonischen Künstlernatur.

Die Beziehung zu Hermann Levi ist noch intensiver. Er ist der Älteste, der Major Domus, eine Autorität in allen musikalischen Fragen, gebildet wie kein anderer Künstler, dem Cosima begegnet – aber vor allem ist er Jude. Nach außen schützt sie ihn gegen die vehementen antisemitischen Angriffe auch von Richard Strauss mit dem Hinweis auf 1882, als er in Bayreuth dirigierte, doch persönlich setzt sie sich mit Levi in einer Intensität auseinander, die ein existentielles Betroffensein verrät. Sie leiden aneinander, aber sie ertragen und tragen einander auch.

Cosimas Antisemitismus ist – analog den Worten Walter Boehlichs zu Treitschke im Berliner Antisemitismusstreit – nicht ein isoliertes, erschreckendes Phänomen innerhalb einer sonst gesunden Gedankenwelt. Er ist vielmehr eng verschwistert mit einer ganzen Fülle anderer Anti-Gefühle, hängt mit dem Gefühl der Unterlegenheit und Benachteiligung zusammen, ist Erbteil einer politischen Romantik, einer Suche nach inneren Werten, einer Gegen-Aufklärung, die fordert, daß im Dunkel zu bleiben habe, was für das Volk bestimmt ist. »Schrecklich ist es, daß diese Menschen sich in unsere Kultur einmischen; sie sind begabt, vorzüglich, aber sie wollen mit allen Dingen immer etwas ›machen‹. Wir haben zu wählen, wie sie zu werden oder ihnen ewig traurig und fremd gegenüberzustehen« (an Daniela, 12. Dezember 1887). An Felix Mottl schreibt sie am 10. Juni 1889: »Ich spreche niemals mit Verachtung das Wort Jude aus, sondern wie Franzose, Russe etc.« Der Fremde – und der Jude ist der Fremdling katexochen – wird gehaßt, wenn er mich bedroht. Allerdings ist Cosima zu weltläufig und geschäftstüchtig, um sich einen pauschalen Fremdenhaß zu erlauben. Zwei Beispiele aus Briefen an Humperdinck: »Ich kenne den Ernst und den Fleiß der Franzosen in künstlerischen Dingen, kenne auch den Respekt, den sie vor dem Autor haben. In Paris ist er wirklich der Herr seines Werkes und dessen Aufführung. In Deutschland ist er der Knecht aller derer, die ihm die Gnade erweisen, sich damit zu befassen.« Selbst nach den für sie schmerzlichen Erfahrungen des sogenannten »Parsifal«-Raubs in New York 1903 schreibt sie zwei Jahre später: »Ich habe mich durch das, was man den Amerikanismus nennt, und so manche unerfreuliche Erscheinungen in den größeren Städten nicht irremachen lassen, sondern mir Sympathie für die Jüngere Welt bewahrt.« Andererseits ist sie vollkommen irritiert, als sie in einer Rede Bismarcks 1887 liest, der Sieg über die Franzosen 1870 sei nur ein Zufall gewesen. Ihr Glaube an die eigene, an die deutsche Stärke erträgt derartige Worte nicht. Und sie hat Angstträume ähnlich wie Wagner: Ein Jude wäre gekommen und hätte ihr den Plan, ja den Bau eines ganz ähnlichen Theaters gezeigt, in dem die Werke Wagners und Opern aufgeführt werden sollten – sie habe eine leidenschaftliche Rede dagegen gehalten, schließlich die Konzession gemacht, im Festspielhaus auch klassische Stücke aufzuführen; nur kein anderes Theater und nur keine Opern (Brief an Mottl, 8. Januar 1888). Als Leiterin der Festspiele ist Cosima durchschnittlich zwei bis drei Monate jährlich unterwegs, sie fährt mit der Eisenbahn, klagt wie schon Wagner über die schlechten Verbindungen nach Bayreuth, steigt in eleganten Hotels ab, hält Hof und macht mit Vorliebe »Fürstendienst«. Sie reist, um Kontakte zu pflegen, Künstler zu treffen, Museen zu besuchen, Aufführungen zu sehen, vor allem von Wagners Werken und von Schauspielen. Die deutschen Städte zwischen Hamburg und München, Karlsruhe und Dresden gehören zur jährlichen Routine. Wir treffen sie in der Villa Cargnacco am Gardasee bei Thodes, in Schloß Langenburg bei Prinz Hohenlohe, in Schloß Riedberg bei Mary Levi oder in Castel Ivano bei Gräfin Wolkenstein. Sie reist nach London und Paris (wo sie unter anderem das Atelier von Rodin besucht), nach Rom oder Wien, in die Schweiz, nach Südtirol und Oberitalien, auch der Gesundheit wegen. Bereits 1886 sind ihre Augen so schlecht, daß sie fast alle Briefe diktiert, insbesondere ihrer Tochter Eva, deren Einfluß auf sie nicht zu unterschätzen ist. Zunehmend länger läßt sie sich von Professor Eversbusch in Erlangen und von Professor Schweninger in Berlin-Lichterfeld ärztlich behandeln.

Cosima ist weltoffen, liebt insbesondere den Umgang mit Gelehrten und Fürsten. Die Kraft der Idealität sieht sie in den deutschen Fürstenhäusern, Deutschland zum Segen und, so die vergebliche Hoffnung, Bayreuth und »Parsifal« zum Schutz. Sie glaubt, modern ausgedrückt, ständig Krisenmanagement und -diplomatie betreiben zu müssen. Von Staatsmännern erwartet sie wenig, und selbst der einzige Große, Bismarck, hatte den Makel, Nicht-Bayreuther zu sein. Vergeblich nährt sie die Hoffnung, Kaiser Wilhelm II. – als Prinz war er so begeistert gewesen – als Protektor für Bayreuth zu gewinnen. Der Umgang bei Hofe bleibt gesellschaftliche Übung. Sie schickt offizielle Sendschreiben an Kaiser, König und Reichstag, schreibt liebevolle Mahnungen an Kinder und Enkel, präzise Anweisungen an Dirigenten und Sänger und mit Vorliebe welt- und kunstgeschichtliche Exkurse, die sie an Professoren und Adlige schickt. Erst durch diese Briefe und Aufzeichnungen erfahren wir, mit welcher beispiellosen Energie sie ihr Bayreuth etablierte, welchen kulturgeschichtlichen Einfluß sie ausübte. Sie liest, wen wundert es, Roons »Denkwürdigkeiten« (ein ganzes Herrentum kommt einem entgegen, ein Deutscher, der nur Gott fürchtete), Cromwell und Moltke, mit zunehmendem Alter immer häufiger Luther. Dazwischen, wie einem Fremdkörper, begegnen wir dem Namen Kierkegaard. Man stellt die bekannten Grundströmungen fest, hört aber auch Zwischentöne. So ist zum Beispiel die Beziehung zu ihrem Schwiegersohn, dem Rassentheoretiker Houston Stewart Chamberlain, bei allem prinzipiellen Konsens keineswegs so konfliktlos, wie sie die Tochter Eva später darzustellen suchte.

Kein Verlust, Wagners und Bülows ausgenommen, schmerzt Cosima
so tief und anhaltend wie der frühe Tod des schon von Wagner
geachteten Philosophen Heinrich von Stein. Weder die Schwieger-
söhne Thode und Chamberlain noch die Hausideologen Hans von
Wolzogen und Carl Friedrich Glasenapp sind gleichwertiger Ersatz.
Stein allein hätte *ihr* Nietzsche werden können. Zu Liszts Tod 1886
findet sie später nur die harten Worte: Er sei für sie nichts anderes
gewesen als die letzten fünfundzwanzig Jahre seines Lebens.
Die Gegenwart bietet ihr wenig. Für Nietzsche hat sie nur Abscheu
und Ekel. Durch Literatur und Malerei, lesen wir, gehe ein
widerwärtiger Zug. »Der grüne Heinrich« von Gottfried Keller – ja,
der sei gut und echt und deutsch. Henrik Ibsen dagegen sei Unnatur,
Psychologie sage man wohl dazu. Als sie im Jahr 1892 »Kollege
Crampton« von Gerhart Hauptmann, mit dem sie später persönlich
verkehrt, im Deutschen Theater in Berlin sieht, schreibt sie: »Dieser
Realismus ist wirklich die Schwimmstange der Leute, die unfähig
sind, auf dem Ozean der Phantasie sich frei und dabei mit bestimmter
Richtung zu bewegen.« Stéphane Mallarmés Gedichte findet sie
steril und traurig, grau wie einen Novembertag, umnebelnd wie
schweres Parfüm – nur schade, daß dieser Dichter ein begabter
Anhänger der Bayreuther Sache sei. Sie sucht ihre Zuflucht bei den
Klassikern, Wagners Vorliebe für Trivialliteratur teilt sie nicht.
Rembrandt und Dürer sind ihre Heiligen, die Kunst der Gegenwart
repräsentieren für sie Franz von Lenbach, Arnold Böcklin, Adolf von
Hildebrand – den sie vergeblich animiert, für die Festspiele tätig zu
werden – und vor allem Hans Thoma; ein ihr von Konrad Fiedler
geschenktes Bild von Hans von Marées gibt sie an die Berliner
Nationalgalerie weiter. Mit Empörung registriert sie den Erfolg
zeitgenössischer Opern wie »Cavalleria rusticana« oder »La Gioconda«; »Carmen« ist der Gipfel der Niedrigkeit.
So ist Cosima erfolgreich, starr, schließlich unzeitgemäß und einsam.
Während eines Besuches auf Schloß Langenburg erleidet sie am
6. Dezember 1906 einen Schlaganfall, einen physischen Zusammen-
bruch, von dem sie sich nicht mehr erholen wird. Doch das Erbe
scheint gut bestellt zu sein. Über die Nachfolge wird nicht diskutiert,
auch nicht von Bayreuths Gegnern. Seit 1896 ist der Sohn im
Festspielhaus als Dirigent, seit 1901 neben der Mutter auch als
Regisseur tätig. Ab 1907 leitet er die Festspiele. Er ist siebenunddrei-
ßig Jahre alt, seine Mutter wird siebzig. Ihre Verdienste werden 1910
formal gewürdigt. Die Berliner Universität verleiht ihr die Würde

eines Ehrendoktors mit der Begründung, sie habe fünfundzwanzig Jahre lang Wagners Kunst heiliggehalten, so daß man vom ganzen Erdenrund zusammenkomme, um deutscher Kunst Heiligtum zu besuchen. Doch ähnlich wie Wagner hat auch sie an dem Erfolg keine rechte Freude mehr. Dann beginnt der Erste Weltkrieg, die Festspiele werden abgebrochen. Wie Millionen andere Deutsche hofft Cosima auf die starken Männer Hindenburg und Ludendorff. Die letzten eigenhändigen Aufzeichnungen in kleinen Abreißheften datieren von 1917/19. Geheimrat Schweninger ist zu Besuch, die Trübung des linken Auges schreitet fort, Herzschwäche. Die Schrift ist kaum mehr lesbar. Im Juli 1923 diktiert sie den letzten Brief an den Fürsten Hohenlohe-Langenburg, rühmt die staatsmännische Persönlichkeit Mussolinis, die auf Kraft schließen lasse. Knapp drei Monate später besucht ein junger Mann, vierunddreißig Jahre alt, erstmals Haus Wahnfried. Chamberlain nennt ihn »den unvermittelbaren Gegensatz eines Fanatikers: der Fanatiker erhitzt die Köpfe, Sie erwärmen die Herzen. Der Fanatiker will überreden. Sie wollen nur überzeugen« (7. Oktober 1923). Die Witwe Richard Wagners, die Tochter Franz Liszts ist – glücklicherweise – fast sechsundachtzig Jahre alt, keine »Paradefrau« Adolf Hitlers, sondern ein immer noch lebendes Denkmal, von den Töchtern Daniela und Eva streng gehütet. Beide protokollieren dann »Mamas letzte Worte« – Erinnerungsfetzen, Banales und Tiefsinniges, Leitmotive: Wir tragen gleichsam den Tempel in uns – ist der Stil geschaffen, so ist die Schlacht gewonnen – nichts dem Zufall überlassen, sonst stellt sich Langeweile ein – Goethe habe die Heiterkeit der Seele, Voltaire den Dämon der Perversität – Luther rettete das deutsche Wesen.
1930 notiert Eva in einem Kalender das Befinden der Mutter: Die Nächte sind zunächst gut, wiederholt steht Cosima auf, schwaches, doch gutes Allgemeinbefinden. Ab Sonntag, dem 23. März, verschlechtert sich der Zustand rasch, kurzer Atem, die Temperatur steigt schnell. Am 1. April stirbt Cosima Wagner. Die Welt hält nicht den Atem an. Auf die Tochter scheint das eigene Wort zum Tod des Vaters zurückzufallen: Kaum etwas anderes als die letzten fünfundzwanzig Jahre. Sie war tot, ehe sie starb.
»In die Ehe«, so hatte Cosima 1885 an Gräfin Schleinitz geschrieben, »habe man einzugehen wie in ein Kloster, mit derselben Umkehr aller Eigenwilligkeiten.« – Schicksal . . . Sterne . . . Amt . . . Mission . . . wo dürfe da ein eigener Wille sein? Dies der Welt und möglicherweise auch schon Wagner glauben zu machen, ist ein stärkerer

Eigenwille als der Cosimas kaum denkbar. Ihre Vorliebe für große Tragödinnen wie Adelaide Ristori oder Sarah Bernhardt gibt nicht nur ästhetische, sondern auch charakterologische Hinweise. Nicht zufällig haben alle Beschreibungen von ihr etwas ungemein Theatralisches: »Sieht man sie Gesten und Posen den Künstlern einhauchen, sieht man sie in ihrem Salon in Wahnfried als Königin Prinzessinnen empfangen, beobachtet man diese rätselhafte und lange Gestalt in ihrem schwarzen Kleid, diese winzige und vergeistigte Physiognomie unter ihren weißen Haaren, diese scharfen und beherrschenden Züge ... dies Auge von Bergkristall funkelnd« (Edouard Schuré) – und alle Urteile über sie – »ein großangelegtes Blendwerk« (Annette Kolb). Sie inszeniert ein imposantes Spektakel, dessen Moral, wie in Wagners Werken oder wie in Western, nur Gute oder Böse zuläßt. 1901 hatte Siegfried Wagner ein Photo Cosimas kommentiert: »Mama rafft noch einmal das ganze Jahrhundert zusammen.« In der Tat, sie wird (mit den Worten von Karl Holl 1930) »die bedeutendste Frau des 19. Jahrhunderts im Sinne autonomer Lebensgestaltung und auf dem Gebiete künstlerisch-kulturellen Wirkens«. Als Verweserin von Wagners Werk steht sie vor uns, beispiellos in Stil und Energie. Ihr Traum von Wagners Klassizität hat sich – glücklicherweise – nicht erfüllt. Doch wie bei Wagner, so auch bei ihr: Die Trübungen des Charakters lösen sich auf im Zeichen der Erhaltung eines großen Werkes, das eine Epoche repräsentiert und überwand.

Schon zu Lebzeiten Wagners ist Cosima eine eifrige Briefschreiberin. Diese Briefe, nur wenige sind bisher bekannt, belegen Funktion und Einfluß Cosimas, ergänzen und verändern die Biographie Wagners. Auch wenn man berücksichtigt, daß Cosima kaum Sorgen und Mühen des Alltags hatte – an Personal mangelte es in Wahnfried nicht –, ihr Fleiß ist bewundernswert, wird beängstigend nach Wagners Tod. Ab 1885 schwillt das Briefvolumen gewaltig an, erreicht seine größte Ausdehnung zu Beginn des Jahrhunderts inmitten der Kämpfe um »Parsifal« und gegen das Prinzregententheater (aus dieser Zeit sind allerdings auch Kopierbücher erhalten), nimmt ab mit wachsender Einsamkeit, fortschreitemdem Alter. Die Kontinuitäten der Korrespondenzen sind unterschiedlich, manchmal liegen nur Stunden (die Post war unglaublich schnell!), manchmal Monate zwischen einem Briefwechsel. Während der Proben und Festspiele ist keine Zeit für Briefe, Weihnachten ist die hohe Zeit für Betrachtungen.

Ein nur einigermaßen zuverlässiges Verzeichnis der Briefe Cosimas gibt es nicht. Der Herausgeber hat gelesen, was physisch erreichbar und möglich war, etwa 4500 Briefe. Die Auswahl ist subjektiv, »ausgewogen« wäre der »Sache« nicht angemessen. Themen wie Bayreuther Stil, Erziehung, Judentum oder Wesendonck-Briefe wurden dichter dokumentiert. Manches konnte, anderes mußte trotz des Entgegenkommens des Verlages, was den Umfang dieses Bandes betrifft, weggelassen werden zugunsten der Lesbarkeit. Um Vorstellungen von Größenordnungen zu geben: Cosima schrieb und diktierte mehr als 370 Briefe an Felix Mottl, 310 an Hermann Levi, 500 an Adolf von Gross, 180 an Hans Richter, 170 an Engelbert Humperdinck, 160 an Hugo von Tschudi. Das sind zurückhaltende Angaben, da vieles verschollen, manches schwer zugänglich ist. Ein gewichtiger Briefwechsel konnte aus Gründen, die nicht beim Herausgeber lagen, für diese Edition nicht durchgesehen werden: Cosimas Briefwechsel mit ihrer Freundin und Wagners Mäzenin Gräfin Schleinitz-Wolkenstein, der, wie Cosimas Briefe an Felix Mottl, als vernichtet galt, vor kurzem aber im Besitz der Stadt Bayreuth auftauchte. Wer die Bedeutung der Gräfin für Wagner und Bayreuth kennt – im Nachruf der »Bayreuther Blätter« wird sie in eine Reihe mit Franz Liszt, König Ludwig II. und Adolf von Gross gestellt –, wird das Fehlen bedauern; da die Beziehung jedoch bis in die sechziger Jahre zurückreicht, sich in ihr Wichtiges vollzieht, wäre eine eigene und vollständige Edition wünschenswert.
Neben den Briefen existieren viele Gelegenheitsgedichte und dramatische Versuche Cosimas; zwei längere Aufsätze erschienen zunächst anonym in den »Bayreuther Blättern«, später als gesonderte Publikationen: »Graf Gobineau, ein Erinnerungsblatt aus Wahnfried«, Stuttgart 1907, und »Franz Liszt. Ein Gedenkblatt von seiner Tochter«, München 1911. Andere, kürzere Texte und Aufzeichnungen, teilweise erstmals identifiziert, wurden in diesen Band aufgenommen.
Eine weit über das notwendige rechtliche Einverständnis hinausgehende spontane Zustimmung zu dieser Edition gab Winifred Wagner. Die Wagner-Forschung schuldet ihr weit größeren Dank als mancher öffentlichen Einrichtung. Sie hat Recherchen nicht nur geduldet, sondern gefördert. Die von ihr autorisierte wissenschaftliche Publikation der »Königsbriefe« (1936 ff.) war eine längst fällige, dennoch mutige Entscheidung, die sie zum wütenden Ärger ihrer Schwägerinnen Eva und Daniela traf. Dieses offene Interesse hat sie bis zu ihrem

Tod gezeigt. Für wichtige Hinweise hat der Herausgeber auch Wolfgang Wagner zu danken; für seine Zustimmung zum Abdruck von Briefen dem Oberbürgermeister der Stadt Bayreuth, Hans Walter Wild. In der Richard-Wagner-Gedenkstätte und im -Nationalarchiv in Bayreuth sind die meisten Handschriften verwahrt. Ihr Leiter, Dr. Manfred Eger, und seine Mitarbeiter haben mir mit viel Geduld geholfen. Ihnen und dem Leiter der Handschriftenabteilung der Bayerischen Staatsbibliothek, Herrn Dr. Karl Dachs, in dessen Räumen das Arbeiten ebenso angenehm wie ergiebig ist, schulde ich viel Dank. Gleiches gilt für manche Hilfe, die ich von den im Quellennachweis aufgeführten Institutionen erhielt. Viele Fragen der Konzeption des Bandes wurden mit Walter Fritzsche, München, erörtert. Ihm verdanke ich Anregungen und manche Kritik.

Der Text wurde nach Gesichtspunkten der Lesbarkeit eingerichtet. Der Edition lag, anders als im Fall der Tagebücher Cosima Wagners, kein geschlossener Korpus in authentischer Textgestalt zugrunde: Als Vorlage dienten Dokumente in verschiedenen Handschriften, Ab- und Durchschriften. Rechtschreibung und Zeichensetzung folgen grundsätzlich den heutigen Regeln; Eigentümlichkeiten Cosima Wagners oder auch des früheren Sprachgebrauchs, die nicht als eindeutig falsch zu bezeichnen sind und auch nicht auf offensichtlichem Versehen beruhen, wurden beibehalten. Namen, soweit ohne Zweifel identifizierbar, wurden ausgeschrieben, unterschiedliche Schreibweisen vereinheitlicht und Abkürzungen aufgelöst. Daten und Ortsangaben wurden den einzelnen Briefen in einheitlicher Form vorangestellt. Stilistische und syntaktische Eigenarten blieben erhalten; Nachschriften wurden weggelassen, wenn sie von Dritten, meist den Kindern, stammen und ausschließlich Persönliches (»Wir werden nun doch am Sonntag abreisen...«) enthalten. Wie üblich stehen Zusätze in [ ]. Die Briefe an Ludwig Schemann werden nach der verzeichneten Ausgabe gedruckt. Soweit andere Briefausgaben – antiquarisch – vorliegen, wurden sie zu Rate gezogen; der Vergleich mit den Handschriften ergab oft erstaunliche Abweichungen. Mit Ausnahme des Briefwechsels zwischen Cosima Wagner und Richard Strauss ist keine andere Ausgabe derzeit im Buchhandel erhältlich. Mit ebensoviel Zuverlässigkeit wie Kenntnis hat Irmgard Pflaum, Bayreuth, die Briefe transkribiert und Uwe Steffen, München, den gesamten Text redaktionell eingerichtet. Sie waren die wichtigsten Helfer.

Der Textcharakter – verschiedene Adressaten, Diskontinuität usw. – erforderte eine ausführliche Kommentierung. Manches wurde als allgemein bekannt und leicht nachschlagbar vorausgesetzt zugunsten der Entschlüsselung und Kommentierung zeitgenössischer und privater Vorgänge. Ein hohes Lob gebührt in diesem Zusammenhang dem »Meyer VI«, der berühmten 6. Auflage dieses Konversationslexikons, das von kulturgeschichtlichen Informationen überquillt. Fremdwörter werden nach dem zeitgenössischen Gebrauch (Joh. Heyse, Berlin 1893) erklärt. Bei Angaben zu Bayreuther Künstlern muß der Leser Doppelbesetzungen und Pausenjahre berücksichtigen. Für Hinweise und Mithilfe bei den Anmerkungen habe ich vielen zu danken, vor allem Rudolf Hoffmann, Bayreuth, Eva Mack, Neustadt/Weinstraße, George Marek, New York, Egon Voss, München, Peter Wapnewski, Baden-Baden, und Rainer Ziegler, Berlin. Ergänzungen und Korrekturen erhofft der Herausgeber auch vom Leser, wie er dies in reichem Maße als Mitherausgeber der Tagebücher Cosimas erfahren hat.

Nichts ist so reichhaltig *und* unzuverlässig wie die Wagner-Literatur. Wissenschaftliche Editionen sind abenteuerliche, mühselige Unternehmungen. Freuden und Leiden dieser Arbeit hat Christiane mit mir geteilt.

Thurnau, April 1980   Dietrich Mack

Zeittafel

1883 Richard Wagner † in Venedig am 13. Februar; er ist 69 Jahre alt.
»Parsifal«, dirigiert von Hermann Levi und Franz Fischer.
Cosima Wagner, sie ist 43 Jahre alt, entwirft im Herbst einen Festspielplan 1884–1889.

1884 »Parsifal«. Cosima »korrigiert« die Proben und Aufführungen.

1886 »Tristan und Isolde«, Bayreuther Erstaufführung, dirigiert von Felix Mottl und erstmals inszeniert von Cosima Wagner; dazu: »Parsifal«.
Luitpold von Bayern wird Prinzregent am 10. Juni.
Marie Gräfin von Schleinitz ∞ Anton K. S. Graf von Wolkenstein-Trostburg am 10. Juni.
König Ludwig II. von Bayern † im Starnberger See am 13. Juni.
Daniela von Bülow ∞ Henry Thode am 3. Juli.
Franz Liszt † in Bayreuth am 31. Juli.

1887 Heinrich von Stein † in Berlin am 20. Juni.

1888 »Die Meistersinger von Nürnberg«, Bayreuther Erstaufführung, dirigiert von Hans Richter; dazu: »Parsifal« und »Tristan und Isolde«.
Drei-Kaiser-Jahr: Wilhelm I. – Friedrich III. (99 Tage) – Wilhelm II.

1889 »Parsifal«, »Die Meistersinger von Nürnberg«, »Tristan und Isolde«.

1891 »Tannhäuser«, Bayreuther Erstaufführung; dazu: »Parsifal« und »Tristan und Isolde«.
Friedrich von Feustel † in Bayreuth am 13. Oktober.

1892 »Parsifal«, »Tannhäuser«, »Die Meistersinger von Nürnberg« und »Tristan und Isolde«.
Eröffnung der Stilbildungsschule in Bayreuth am 10. November.

1893 Ernst von Possart wird Generalintendant der Münchener Hoftheater.

1894 »Lohengrin«, Bayreuther Erstaufführung; »Tannhäuser«,

erstmals von Richard Strauss dirigiert; »Parsifal«, zum letztenmal von Hermann Levi dirigiert.

Hans von Bülow † in Kairo am 12. Februar.

1895 Konrad Fiedler † in München am 3. Juni.

1896 »Der Ring des Nibelungen«, zweite Bayreuther Inszenierung, den zweiten Zyklus dirigiert erstmals Siegfried Wagner.

1897 »Der Ring des Nibelungen«, »Parsifal«.

Johannes Brahms † in Wien am 3. April.

Biagio Graf Gravina † in Palermo am 14. September.

1898 Anton Seidl † in New York am 28. März.

Otto Fürst von Bismarck † in Friedrichsruh am 30. Juli.

1899 »Der Ring des Nibelungen«, »Parsifal«, »Die Meistersinger von Nürnberg«.

»Der Bärenhäuter«, Siegfried Wagners erste und erfolgreichste Oper, wird in München am 22. Januar uraufgeführt.

1900 Theodor von Muncker † in Bayreuth am 14. Februar.

Hermann Levi † in München am 13. Mai.

Friedrich Nietzsche † in Weimar am 25. August.

Heinrich Porges † in München am 17. November.

Isolde von Bülow ∞ Franz Beidler am 20. Dezember.

1901 »Der fliegende Holländer«, Bayreuther Erstaufführung (ohne Pause), »Der Ring des Nibelungen«, »Parsifal«, erstmals von Karl Muck dirigiert.

Das Prinzregententheater wird in München am 20. August eröffnet.

Der Deutsche Reichstag lehnt eine Verlängerung der Schutzfrist der Aufführungsrechte auf 50 Jahre ab.

Arnold Böcklin † bei Fiesole am 16. Januar.

1902 »Der fliegende Holländer«, »Der Ring des Nibelungen«, »Parsifal«.

Mathilde Wesendonck † in Traunblick am 31. August.

1903 Malwida von Meysenbug † in Rom am 26. April.

Felix Mottl wird Generalmusikdirektor in München.

Das erste Wagner-Denkmal wird gegen den Widerstand Bayreuths am 3. Oktober in Berlin enthüllt.

»Parsifal« wird in New York am 24. Dezember aufgeführt.

1904 »Tannhäuser« mit neuer Choreographie von Isadora Duncan, »Der Ring des Nibelungen«, »Parsifal«.

Franz von Lenbach † in München am 6. Mai.

1905 Julius Kniese † in Dresden am 22. April.

1906 »Tristan und Isolde« (Wiederaufnahme), »Der Ring des Nibelungen«, »Parsifal«.

Kurz vor ihrem 69. Geburtstag erkrankt Cosima Wagner am 6. Dezember auf Schloß Langenburg so schwer, daß sie die Leitung der Festspiele abgeben muß.

1907 Siegfried Wagner übernimmt die Leitung der Festspiele.

Felix Mottl wird in München Operndirektor.

1908 »Lohengrin«, neu einstudiert; »Der Ring des Nibelungen«, »Parsifal«.

Mary Levi ∞ Michael Balling.

Eva Wagner ∞ Houston Stewart Chamberlain am 26. Dezember.

1909 Aufführungen wie im Vorjahr.

1910 Cosima Wagner erhält von der Universität Berlin den Dr. h.c.

1911 »Die Meistersinger von Nürnberg«, Neuinszenierung; »Der Ring des Nibelungen«, »Parsifal«.

Gustav Mahler † in Wien am 18. Mai.

Felix Mottl † in München am 2. Juli.

Hugo von Tschudi † in München am 23. November.

Bodo von dem Knesebeck † in Kassel.

1912 Aufführungen wie im Vorjahr.

Marie Gräfin von Wolkenstein † am 1. Juni.

1913 Der Beidler-Prozeß beginnt.

Die dreißigjährige Schutzfrist für »Parsifal« endet.

1914 »Der fliegende Holländer«, neu einstudiert; »Der Ring des Nibelungen«, »Parsifal«.

Der Beginn des Ersten Weltkrieges zwingt zum Abbruch der Festspiele.

Daniela wird von Henry Thode geschieden.

1915 Karl Friedrich Glasenapp † in Riga am 14. April.

Siegfried Wagner ∞ Winifred Williams in Bayreuth am 22. September.

1916 Hans Richter † in Bayreuth am 5. Dezember.

1918 Ende des Ersten Weltkrieges.

1919 Isolde Beidler † in München am 7. Februar.

Mary Balling (Levi-Fiedler) † auf Schloß Riedberg.

Max Brückner † in Coburg.

1920 Henry Thode † in Kopenhagen am 10. November.

1921 Adolf von Hildebrand † in München am 18. Januar.

Ernst von Possart † in Berlin-Charlottenburg am 8. April.

1923   Ernest van Dyck † in Berlaer-les-Lierre (Antwerpen) am 31. August.

Adolf Hitler kommt am 30. September erstmals nach Bayreuth.

1924   Wiederbeginn der Festspiele: »Die Meistersinger von Nürnberg«, »Der Ring des Nibelungen«, »Parsifal«.

Hans Thoma † in Karlsruhe am 7. November.

1925   Aufführungen wie im Vorjahr.

Michael Balling † in Darmstadt am 1. September.

1927   »Tristan und Isolde«, Neuinszenierung; »Der Ring des Nibelungen«, »Parsifal«.

Houston Stewart Chamberlain † in Bayreuth am 9. Januar.

1928   Aufführungen wie im Vorjahr.

Adolphe Appia † in Nyon am 29. Februar.

1930   Franz Beidler † in München am 15. Januar.

Cosima Wagner † in Bayreuth am 1. April; sie ist 92 Jahre alt.

Siegfried Wagner † in Bayreuth am 4. August; er ist 61 Jahre alt.

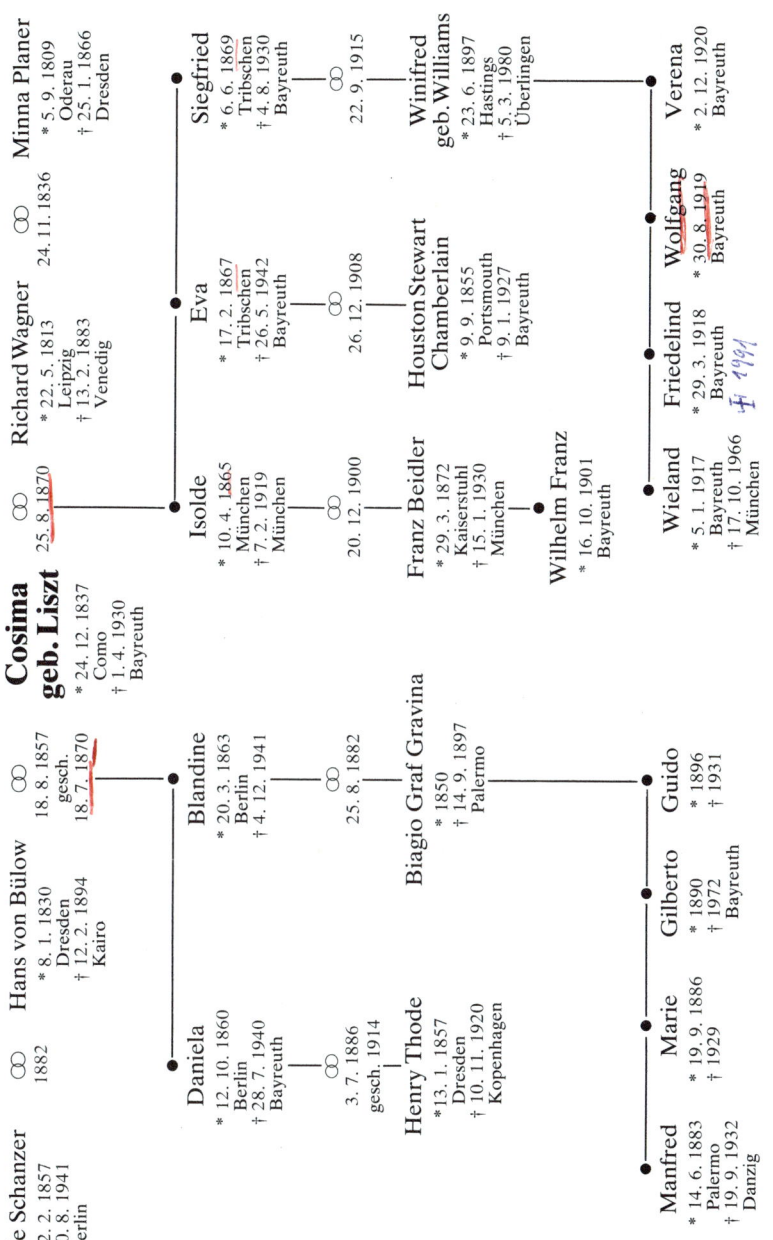

Marie Schanzer
* 12. 2. 1857
† 20. 8. 1941
Berlin

∞ 1882

Hans von Bülow
* 8. 1. 1830
Dresden
† 12. 2. 1894
Kairo

18. 8. 1857
gesch.
18. 7. 1870

**Cosima
geb. Liszt**
* 24. 12. 1837
Como
† 1. 4. 1930
Bayreuth

25. 8. 1870

Richard Wagner
* 22. 5. 1813
Leipzig
† 13. 2. 1883
Venedig

24. 11. 1836

Minna Planer
* 5. 9. 1809
Oderau
† 25. 1. 1866
Dresden

Daniela
* 12. 10. 1860
Berlin
† 28. 7. 1940
Bayreuth

Blandine
* 20. 3. 1863
Berlin
† 4. 12. 1941

Isolde
* 10. 4. 1865
München
† 7. 2. 1919
München

Eva
* 17. 2. 1867
Tribschen
† 26. 5. 1942
Bayreuth

Siegfried
* 6. 6. 1869
Tribschen
† 4. 8. 1930
Bayreuth

3. 7. 1886
gesch. 1914

25. 8. 1882

20. 12. 1900

26. 12. 1908

22. 9. 1915

Henry Thode
* 13. 1. 1857
Dresden
† 10. 11. 1920
Kopenhagen

Biagio Graf Gravina
* 1850
† 14. 9. 1897
Palermo

Franz Beidler
* 29. 3. 1872
Kaiserstuhl
† 15. 1. 1930
München

Houston Stewart
Chamberlain
* 9. 9. 1855
Portsmouth
† 9. 1. 1927
Bayreuth

Winifred
geb. Williams
* 23. 6. 1897
Hastings
† 5. 3. 1980
Überlingen

Wilhelm Franz
* 16. 10. 1901
Bayreuth

Manfred
* 14. 6. 1883
Palermo
† 19. 9. 1932
Danzig

Marie
* 19. 9. 1886
† 1929

Gilberto
* 1890
† 1972
Bayreuth

Guido
* 1896
† 1931

Wieland
* 5. 1. 1917
Bayreuth
† 17. 10. 1966
München

Friedelind
* 29. 3. 1918
Bayreuth

† 1991

Wolfgang
* 30. 8. 1919
Bayreuth

Verena
* 2. 12. 1920
Bayreuth

1883

Es ist mir, mein Herzenslusch, als ob ich in dem Brief, den ich am 13. März an Dich schrieb, sehr unter dem Eindruck Deines damaligen Verhaltens gegen Deine Geschwister gewesen wäre und in Seelenangst nicht mit meiner ganzen Liebe an Dich geschrieben hätte. Dies ist mir ein jammervoller Gedanke, und daher füge ich diese Zeilen heute hinzu, wo ich so viel Freude an Deinem Dich-Zusammennehmen, Beherrschen, seit meiner Ermahnung erlebt habe.

Lebt nun für Siegfried, meine Kinderchen! Alle Eure Gedanken seien hierauf gerichtet; es ist eine schwere, aber eine herrliche Aufgabe, und Ihr werdet, sie ständig erfüllend, mich stets bei Euch fühlen. Hoffentlich ist es mir in der Zeit, die ich unter Euch zu leben hatte, geglückt, Euch zu zeigen, wie unaussprechlich ich Euch liebe, mich Eurer freue, Euch segne, Euer Wohl und Gedeihen genieße. Wenn ich von dannen zu ziehen hätte, so würdet Ihr es also nicht als ein liebloses Verlassen betrachten, oder als ob meiner Seele nicht wohl unter Euch gewesen wäre – nicht eine Stunde habe ich das Glück Eures Besitzes verkannt! –, sondern der Schlag, der mich traf, überstieg dann meine Kräfte. Wohl hätte ich es vermocht, noch Jahre hindurch das Leben uns allen tragen [zu] helfen, wenn ich auch wohl gar oft mich erschöpft fühlte – aber wie ich – – doch das wird Gott bestimmen. Seinem Willen habe ich mich mit ganzer Seele ergeben, wie er es lenkt, wie er es leitet, es wird gut sein, das denkt und fühlt mit mir. Sorgt für Siegfried, dies mein erstes und letztes; Euer erstes Erwachen am Tage sei für ihn, Euere erste Tätigkeit, Euere schönste Sorge. Kinderchen, sollte ich Euch zu verlassen haben, ich denke, Ihr werdet freundlich zu unsrer Ruhestätte blicken und Euch sagen: sie sind, wir sind vereint, ja wir sind es, bleiben es, in alle Ewigkeit! Bonichen, Deiner gedenke ich hier auch. Du besuchst wohl jeden Sommer die Kinder – dereinst mit Deinem Kindchen! Seid gesegnet. Sollte ich zu scheiden haben, Lusch, so trage Sorge, daß meine an Dr. Landgraf ausgesprochenen Wünsche ausgeführt werden.

Ihr sollt aber sogleich auf eine Zeitlang zu Grossens ziehen. Denkt in dieser Zeit bloß an Siegfried, daß er nicht in Dumpfheit verfalle, überwindet Euch für ihn, und Ihr werdet die Seligkeit kennen – *wir sind bei Euch, in Euch!*

11. April

Ich hatte dies geschrieben, als ich den Brief Eures Papas an seine Mama las, mir war es, als ob Siegfrieds Stimme zu mir spräche und mir einen sanften, milden Tod wünsche und verheiße: »von Sterben ist da nicht die Rede, wir leben ja für Dich weiter«, das sagte Papa, das sagt Ihr Eurem Mütterchen, ein Balsam war mir dieser Brief!

An ihren Sohn Siegfried
Bayreuth, 5. 8. 1883

Mein gesegnetes Kind!
Habe Dank und immer wieder Dank! Mit Engelsstimmen möchte ich es Dir, mein Teuerstes, sagen. Sei jeder Deiner Schritte gesegnet! Jedes Wort, jeder Atemzug! Du teure Freude, Du mein Segen! Ach, mein Siegfried. Friede meines Herzens – Sieg der Liebe. Wie möchte ich Dich anrufen, um meinem Herzen zu genügen, um mir es selber zu sagen, was Du mir bist! Gib meinen Gruß den »Kindern«, den guten, geliebtesten, schlaft süß, mein Segen ist über Euch ausgebreitet, mein ganzes Sein ist in diesem Segen aufgelöst. Nichts bin ich innen als Liebe zu Euch, nichts nach außen als Segen für Euch. O Kinder! Kinder!

An ihren Sohn Siegfried
Bayreuth, 18. 8. 1883

Mein Siegfried, ich weiß, daß, wenn auch die herrlichen Dichtungen Dich anziehen, dennoch Dein großer Leseeifer Dir von dem Gedanken, mir Freude zu machen, eingegeben ist, und aus jedem Worte Deiner lieben Briefe lese ich Deine Liebe zu mir, Deine Bekümmernis um mich! Jeder meiner Gedanken ist eine Segensströmung zu Dir, mein teures Kind! Dein Gedeihen meine Herzenssonne!
Mein Lusch! Wie viele Mißverständnisse zwischen uns! Es ist, als ob ein feindseliges Wesen uns immer trennen wollte, nun fürchtest Du Dich gar vor Depeschen von mir! Aber wie schön und trostreich, daß

wir immer siegen, daß Du mir immer bleibst, daß, mich auch zuweilen mißverstehend, Du mich dennoch immer fassest und, manchmal nicht wissend, Du immer glaubest! Sei dafür gesegnet, und walte dieser schöne, alles besiegende Glauben! Und Du, mein Evchen! Die ich immer vor mir sehe, sei es, daß Du Wäsche zählst; oder reuig – da selbst, wo nichts vergangen – Du Dein reines Herz dem Heiland zuwendest, der sicher stets bei Dir ist, oder wenn Du kraft Deiner Liebe himmlisch träumst, oder wie Du schwesterlich beistehst und mitempfindest, Du mein Kind, sei mit der stolzesten mütterlichen Zuversicht gesegnet. Mein guter kleiner Fels. Ach, Ihr meine Kinder! Meine ganze Seele bebt Euch entgegen!

Plan für die Festspiele 1884–1889
Herbst 1883 (?)

1884 Parsifal
1885 Parsifal: Kapellmeister Levi; Tristan und Isolde: Hans von Bülow. Tristan: Winkelmann, Gudehus. Isolde: Malten, Materna. Marke: Betz, Reichmann, Kurwenal: Fuchs. Fräulein Malten ersuchen, die Partie der Isolde mit Frau Schnorr durchzunehmen.
1886 Parsifal: Kapellmeister Levi; Tristan und Isolde, Fliegender Holländer: Hans von Bülow.
1887 Parsifal: Kapellmeister Levi; Tristan und Isolde, Fliegender Holländer, Lohengrin: Hans von Bülow.
1888 Parsifal: Kapellmeister Levi; Tristan und Isolde, Fliegender Holländer, Tannhäuser, Lohengrin: Hans von Bülow.
1889 Parsifal: Kapellmeister Levi; Fliegender Holländer, Tannhäuser, Lohengrin, Meistersinger: Hans von Bülow; Ring des Nibelungen: Hans Richter.
Regie: Fritz Brandt. Das gleiche Sängerpersonal; für Elisabeth, Elsa und Eva eine jungfräuliche Erscheinung (wie etwa Fräulein Belce). Ortrud und Venus: Materna. Senta: Fräulein Malten. Holländer: Reichmann, Siehr. Telramund: Fuchs. König Heinrich: Scaria. Hans Sachs: Scaria, wenn er das Übertreiben im Gurnemanz sich abgewöhnte, und Siehr. Im Tannhäuser möchte Elisabeth sich den Empfang der Gäste von Johanna Wagner lehren lassen (??). Frau Ehn in Wien hat die Elisabeth auch einstudiert und hat sie schön gegeben. – Dekorationen: Gebrüder Brückner, für Fliegenden Holländer Festhaltung der Münchener Dekorationen (1864), Tann-

häuser die Dresdner von Despléchin. Lohengrin [ist] neu zu erfinden. Die Bezeichnungen rechts und links sind immer vom Zuschauer aus gedacht. Die Kemenate im Lohengrin frei (nicht wie in München), damit der Zug gut sichtbar. Die Mittelstufen hoch, damit der Herold sichtbar (2. Akt Lohengrin). Meistersinger: die Münchener Dekorationen und Kostüme, wenn sie dieselben blieben wie 1868.

Tristan: ebenfalls, nur:

[Handschrift bricht ab]

1884

Bemerkungen zu den »Parsifal«-Proben 1884

I. (Akt)
Vor allem die gerührte Anerkennung der gütigen Beachtung jeder Bemerkung und den innigsten Dank für diese große Rücksicht. Durch sie ermutigt werden folgende Vorschläge und Bemerkungen noch beigefügt mit der ausdrücklichen Voraussetzung, daß die Orchesterleistung eine überaus schöne und ergreifende war. Im Vorspiel (Seite 5 von Takt 12 an) noch etwas zarter, damit die Saiteninstrumente nicht dagegen abfallen und die Stetigkeit der Steigerung unterbrochen werde. Das erste Gespräch zwischen Gurnemanz und den beiden Rittern etwas zu gedehnt. Die Figur von Kundrys Eintritt noch etwas schärfer und das Crescendo eindringlicher. Bei »ohn' Urlaub« war das Orchester etwas zu stark. Desgleichen bei »übt sie nun Buß in solchen Taten«, man verstand da den Sänger nicht. Sehr, sehr schön war das Orchester nach »dem verlornen Speer«, aber etwas zu stark in der Begleitung von »Eine Wunde«. Die Begleitung zu: »die Wüste schuf er sich zum Wonnegarten« etwas zu stark und das Ganze vielleicht um ein weniges zu schnell. Die Bläser vor: »ihm neigten sich in heiligster Nacht« wenn möglich zarter und die Pauken nicht so schwer. Das Orchester vortrefflich bei »zu höchsten Rettungswerken« usw. Aber das Diminuendo und der Abschluß etwas unbedeutend. »Ist nun in Klingsors Hand, kann er selbst Heilige usw.«, die Begleitung nicht ganz deutlich. Die Pauke, S. 61 Takt 1–2, um etwas zu langsam. Das Tempo in der Begleitung der Ritter und Knappen (Seite 61) ein wenig anders, wenn das Orchester allein spielte und wenn die Sänger mitsangen, letzteres erschien das Richtigere. Das Eintreten der Begleitung des Chores »Wein und Brot des letzten Mahles« erschien etwas schwankend, es fehlte diesem Chore überhaupt an zartem Fluß, er soll wie eine Engelserzählung (Legende) klingen, nur die Worte »durch des Mitleids« müssen besonders akzentuiert sein, aber auch nicht grell. Die Glocken leider immer durchweg schlimm, ob sie nicht wie im Jahre 1882 eingerichtet werden können. Seite 91 die Begleitung der Knappen etwas marschartiger und bestimmter

(namentlich der erste Akkord), wenn auch piano. Die Triolen zarter, feiner im Vortrag, namentlich Takt 20 und 21.

II. (Akt)

Das Vorspiel ging sehr schön. Die Bratschen mit Dämpfern etwas unpräzis. Bei der Orchesterbegleitung des bläulichen Dampfes möchten die letzten Noten des Crescendo eindringlicher, intensiver sein. Der Eintritt und die allererste Szene der Blumenmädchen war nicht geradewegs zu schnell, aber nahe daran. »Wes war ich je noch eingedenk«, die Violinen darauf etwas eindruckslos. Die Begleitung von: »die Leib und Leben dir gegeben« vielleicht nicht geheimnisvoll genug, etwas platt. Der Eintritt der Flöten bei der Entrücktheit von Parsifal nach »sündigem Verlangen« zarter. Das »schnell belebend«, Seite 185, erschien nicht ausdrucksvoll genug, das mit »sehr leidenschaftlich« Bezeichnete etwas unklar. »In höchster Not« etwas eindruckslos. Die Triolenbegleitung bei »sehend in Todesschmachten« nicht sehr rein. Sehr schön der Schluß des zweiten Aktes, wie überhaupt das Ganze.

III. (Akt)

Auch im Vorspiel Achtel und Sechzehntel durchweg melodisch behandeln. Die Hörner bei »Verzweiflung fassend das Heiltum« (Seite 217) etwas unbedeutend, die Violinen darauf nicht scharf genug, namentlich das letzte Sechzehntel des Crescendo. Die Begleitung zu »die heilige Speisung« nicht ganz fein genug. Desgleichen die Begleitung von »so sei er fleckenrein«. »Die Taufe nimm« war zu gedehnt, woran wahrscheinlich die Bemerkung über die vorgestrige Probe schuld war. Die Aue ganz wunderschön namentlich im Beginn. Im Verlauf wurde seitens der Streichinstrumente der Vortrag nicht ganz festgehalten. Vielleicht könnten auch Oboe und Hörner noch zarter sein bei »es dankt dann alle Kreatur«. Die Verwandlungsmusik wunderschön, dürfte aber ja nicht gedehnter genommen werden. Die Bässe im Piano etwas unbedeutend. Der Eintritt des Chores »Geleiten wir« nicht fest genug. Das erste Achtel nicht bestimmt. Es herrscht immer ein kleines Schwanken zwischen Tempo der Chöre und des Orchesters, sie finden sich zurecht, aber die Chöre erscheinen nicht gestützt, zum Beispiel »wir geleiten ihn heut weil heut noch einmal«. Der Vortrag des Diminuendo nach Eröffnung des Sarges war nicht sehr fein und wie verwischt. Orchester und Chor bei dem »Walte des Amtes!« – »du mußt, du mußt!« wenn möglich viel energischer und bis zum letzten Ton erschreckend. Die Musik bei der Besteigung des Weihetisches seitens Parsifals (Seite

255 Takt 4) möchte verklärter klingen, man möchte dabei die Empfindung haben, als ob die Instrumente kaum von Menschen berührt würden und bei stetem Fluß des Tempos wir ein zartes Zagen dabei wahrnehmen können. Der erste Eintritt $^6/_4$ des Pianos, wie aus einer anderen Welt, Engelsflügelrauschen. Der letzte Chor wohl noch einzustudieren. Übergangsnoten und Übergänge überhaupt, das vermittelnde Element vielleicht noch mehr zu beachten.

»Und lachte«: hier zum Schluß die Bitte, wenn der Sänger etwas pathetisch Angreifendes zu singen hat, es ihn des Orchesters wegen nicht wiederholen zu lassen, sondern das Orchester allein.

*

Wenn es gestattet sein darf, einige Bemerkungen über die ergreifende Orchesterleistung zu machen, die namentlich im dritten Akte (vor allem Vorspiel und Musik zur Verwandlung) übermächtig wirkte, so gingen diese Bemerkungen dahin, daß einzelne Themen mit größerer Bestimmtheit (Plastik) aufgestellt werden möchten. So zum Beispiel das Thema des Vorspieles des zweiten Aufzuges. Die Bezeichnung »ausdrucksvoll«, welche auf Takt 5 dieses Vorspieles steht, schien nicht vom Orchester beachtet zu werden, und das blieb bestimmend für dieses Thema durchweg. Desgleichen Seite 111 des Klavierauszuges, Takt 6, trat das Thema nicht bestimmt und scharf genug auf. Vor allem aber schien die Begleitung von Klingsors Beschreibung des Kampfes Parsifals mit den Rittern undeutlich; die Steigerung (nicht etwa im Tempo) bis zum Eintritt von Parsifals Thema matt und vor allem Parsifals Motiv ohne Glanz, ohne Schärfe, die Triolen darin bedeutungslos.

Seite 113, Takt 6, erschien das »sehr kräftig« nicht anhaltend und gespannt genug, das darauf folgende nicht scharf und klar genug und endlich das zweite, siegreiche Eintreten von Parsifals Thema nicht mächtig genug.

Ob den Hörnern nicht dieses so entscheidend wichtige Thema noch besonders einstudiert werden könnte, um namentlich die Triolen und Sechzehntel darin durchweg bedeutender zu geben. Es tat wirklich dem ganzen schönen Eindrucke rechten Abbruch, daß gerade dieses Thema so unbedeutend musikalisch vorgetragen wurde, worunter nicht etwa der Wunsch nach einer Tempoveränderung gemeint ist, sondern eine feinere, schärfere Akzentuierung der Noten, vornehmlich der Sechzehntel.

Vielleicht wird es gütig verstanden werden, wenn wiederholt gebeten wird, daß Tempi und Themen von vorneherein bestimmter aufgestellt würden; es *wurde* alles immer richtig, aber eben es *wurde* es; das erste Eintreten besonders im zweiten Akt schien nicht sprechend und entscheidend. Außerordentlich ist dagegen die zartfühlende Diskretion des Orchesters in Begleitung der Sänger zu rühmen, und deshalb übersieht man gern, was ihm an Feinheit in dem Mordente abgeht. Der Schluß des zweiten Aktes war sehr schön, dagegen die Begleitung von Klingsors letztem Auftreten nicht scharf und nicht deutlich genug. Noch einmal möchte das Parsifalthema in all seinen Bestandteilen sehr empfohlen werden, zum Beispiel auch namentlich wenn es piano auftritt, wie beim Beginn der Blumenmädchenszene, sogleich nach der Verwandlung. Die geringfügigen Bemerkungen über den dritten Akt sind wohl schon übermittelt worden.

1885

An Adolf von Gross
Bayreuth, Januar 1885

Aufopferungsvoller Beschützer der Kinder,
Sorgender Wächter und unerschütterliche Stütze der Sache,
Getreuer Vollstrecker des Willens des Meisters!
Wenn ich in Kürze es bezeichnen darf, weshalb mir selbst nur die
Erwägung der an mich gelangten Eingabe des Allgemeinen Wagner-
Vereines eigentlich verwehrt wäre, so führe ich dafür zwei Gründe
an:
1. Die Ankündigung von Aufführungen anderer Werke deutschen
Stiles nebst den Werken des einen und einzigen Meisters. Bereits in
den Jahren vor der Vorführung des »Ring des Nibelungen« in
Bayreuth war es zum geläufigen Scherz in Wahnfried geworden
– wenn hie und da eine diesbezügliche Anfrage dort einlief –, daß
vermutlich das Theater hier erbaut würde, um »Freischütz« oder
»Zauberflöte« darauf zu geben. –
Warum hier einzig die Werke des Meisters aufzuführen sind, diese
belehrende Erörterung bleibe den Herrn von Wolzogen und Porges
vorbehalten, welche wohl am geeignetsten sind, sie dem Verein
erschöpfend zu geben.
Der zweite Grund der mir gebotenen Unbeachtung der Eingabe liegt
darin, daß sie soviel wie eine geistige Enterbung des Sohnes des
Meisters bedeutet. Sollten die Herrn in der Lage und gesonnen sein,
für Erlassung des Festspielhauses, der Dekorationen und Kostüme
und des Aufführungsrechtes des »Parsifal« den bedeutendsten
materiellen Ersatz zu bieten, so dürfte auch dieses Gebot mir nicht
einen Augenblick Nachsinnens verursachen ...
Dennoch habe ich mich, aus Achtung vor den Bestrebungen, dem
Eifer und der Sorge der Veranstalter dieser Eingabe, zur Erwägung
derselben entschlossen. – Sie scheint mir aus Unkenntnis der Lage
der Dinge und aus Unklarheit über die in Bayreuth eingenommene
Stellung entstanden zu sein. Die Unkenntnis wird durch Vorführung
von bis jetzt noch unverkündeten Aussprüchen des Meisters leicht
schwinden; die wohl durch mein schweigendes Verhalten verschulde-

te Unklarheit will ich dadurch zu zerstreuen versuchen, daß ich den Weg, den ich – mit der aufopferungsvollen, unschätzbaren Hilfe der Herrn Verwaltungsräte – unerschütterlich zu beschreiten angewiesen bin, kenntlich zu machen mich bestrebe. Und bereits hier sogleich muß ich anhalten und bemerken, daß selbst der Ausdruck »Weg-beschreiten« mir ein unrichtiger (weil dem Eigenwillen zuviel Raum gewährend) scheint und das ein Punkt sei, auf dem unverrückbar zu stehen mir auferlegt ist.

Auf das bestimmteste wurde dieser Punkt in dem Brief an Baron Wolzogen (»Bayreuther Blätter« des April 1882) bezeichnet. In ihm werden

1. »die alljährlichen Wiederholungen des ›Parsifal‹ für vorzüglich geeignet erklärt, »der jetzigen Künstlergeneration als Schule« für den vom Meister »begründeten Stil zu dienen«;

2. »der Zeitpunkt« als gekommen verkündet, »welcher die gegenseitigen Verpflichtungen der Vereinigung löst«.

Herr Friedrich Schön hat sich unter anderen vielen auch das Verdienst erworben, den Meister veranlaßt zu haben, sich eingehend über die Aufgabe des neu zu bildenden Vereines auszusprechen. In einem öffentlichen Schreiben (»Bayreuther Blätter« Juli 1882) erwiderte der Meister auf die Anfrage seines verehrten Freundes, daß die erste und allerwichtigste Aufgabe dieses künftigen Vereines sein würde, »die Mittel zu beschaffen, um gänzlich freien Zutritt, ja nötigenfalls die Kosten der Reise und des Fremdenaufenthaltes, solchen zu gewähren, denen mit der Dürftigkeit das Los der meisten und oft Tüchtigsten unter Germaniens Söhnen zugefallen ist«.

Indem ferner dieser entstehen sollende Verein als ohne alle eigentliche Berührung mit der Tätigkeit des Verwaltungsrates der Bühnenfestspiele erklärt wurde, wurde ihm seitens des Meisters die herrliche Aufgabe zugedacht, »von dem Patron des Kunstwerkes zum Patron des Publikums zu werden, das an dem Kunstwerk sich erfreuen und bilden soll«. Ich würde wohl kaum zu versichern nötig haben, daß diese Worte des Meisters für den Verwaltungsrat und mich endgültig unsre Auffassung der Lage bestimmend geworden sind, wenn es uns nicht schiene, als ob die Herrn des Allgemeinen Wagner-Vereines sie nicht in diesem Sinne beachtet hätten. Unseres Erachtens ist ihnen nichts beizufügen, und indem ich mit ihrer Anführung sie an das Herz der um unsere Sache Bekümmerten lege, glaube ich der Unklarheit über unseren Standpunkt begegnet zu sein.

Die Unkenntnis, welche ich im Anfang dieser Besprechung erwähn-

te, liegt für mich darin, daß die Herrn vom Allgemeinen Wagner-Verein es nicht wissen, daß wir ihrerseits keine Vorschläge annehmen
noch ihnen mit Vorschlägen erwidern dürfen. Wenn es die Herrn
verlangen, so wird mein Herr Vertreter die privatim vom Meister von
mir abgeschriebenen, von den Herrn Verwaltungsräten gekannten
Weisungen mitteilen; ich lege sie, da ich sie anfangs verkündet habe,
diesen meinen Worten am Schlusse bei; lieb wäre es uns aber, wenn
die Herrn sich mit unserer Versicherung begnügen wollten und mit
dem einen, alles in sich schließenden Ausspruch des Meisters vom
September 1882: »Also ein nach meinem Tode eintretendes Komitee
– *will* ich *nicht*!« Nun mögen die Herrn vom Allgemeinen Wagner-
Verein es sich selbst sagen, ob es noch in unsrer Macht liegt oder von
unserem Belieben abhängt, Vorschläge zu empfangen und mit
Gegenvorschlägen zu erwidern. Mit der Verkündigung dieser uns
auferlegten Abwehr wäre wohl die Eingabe des Ausschusses des
Allgemeinen Wagner-Vereines als erledigt zu betrachten; die Herrn
Verwaltungsräte und ich, wir wünschen aber alles Schroffe, welches
beinahe stets einer Abwehr (selbst einer notgedrungenen) anhaftet,
von unserem Benehmen gegen den Allgemeinen Wagner-Verein
fernzuhalten; und so versichern wir, daß, obgleich die Weisungen des
Meisters die Aufführungen in Bayreuth von der Tätigkeit des
Vereines durchaus trennen, wir nichtsdestoweniger diese Tätigkeit
als eine hocherspießliche uns vorzustellen vermögen. – Es bedarf
keiner neuen Stiftung; der Stipendienfonds ist die bereits bestehende, von dem Meister selbst in das Leben gerufene »Richard-Wagner-
Stiftung«.
»Sie wird«, so schrieb der Meister von ihr einem verständnisvollsten
aufopferungsvollen Freunde, »die eigentliche Wohltäterin sein, und
mit allen Kräften werde ich sie unterstützen, sobald dies möglich
wird.«
Die Herrn sehen es; sie auf diese Stiftung hinweisen, heißt: es ihnen
gönnen, in die Fußstapfen des Meisters selbst zu treten und die
»stolze Idee« ihnen zur Verwirklichung zu übergeben, für welche der
Meister ein Patronat angerufen hatte, welches er mit Ankündigung
der Aufführungen gegen Eintrittsgeld zu entsagen gezwungen wurde
und zu welcher er auf diesem Wege wieder zurückkehrte.
Eine andere für uns nicht hoch genug zu schätzende fernere
Wirksamkeit des Vereines liegt unsres Erachtens in der Vertretung
und Verbreitung der Gedanken des Meisters. Die »Gesammelten
Schriften« erläuternd vortragen, sie der unbemittelten studierenden

Jugend zuführen (wir veranstalten zu diesem Zweck eine Volksaus-
gabe derselben), von Baron Wolzogen und den sonstigen Mitarbeitern der »Bayreuther Blätter« öffentliche Vorträge halten zu lassen,
dies ist unsres Erachtens ein würdiges Feld der Wirksamkeit eines
Allgemeinen Wagner-Vereines, und ich habe es mit großer Anerkennung im vorigen Jahre begrüßt, daß nicht nur die »Bayreuther
Blätter« seitens des Vereines übernommen, ihre Fortdauer gesichert
wurde, sondern auch, daß Baron Wolzogen zu Vorträgen aufgefordert worden ist. Wenn die Unterstützung des Stipendienfonds
unserer Bayreuther Sache einen großen materiellen Vorschub leisten
und ihre eigentliche moralische Idee verwirklichen würde, so dürften
solche regelmäßigen Vorträge am allerwirksamsten der Sorge um die
Zukunft begegnen, welcher der Verein mit seiner jüngsten Eingabe
Ausdruck verliehen hat. Dieser Sorge könnten wohl die Herrn als
enthoben sich betrachten, wenn allmählich die deutsche Jugend mit
den Gedanken des Meisters durch die Fürsorge des Vereines vertraut
gemacht worden wäre. Hat der Meister die regelmäßigen Aufführungen des »Parsifal« als die Schule im praktischen Sinne bezeichnet, so
würden solche Belehrungen die eigentliche Schule im theoretischen
Sinne bedeuten.

Vermögen wir es also auch nicht, uns auf das Feld zu begeben,
welches der Ausschuß des Allgemeinen Wagner-Vereines uns
geboten hat, so fühlen wir uns nichtsdestoweniger in gutem Einvernehmen mit ihm und haben es inne, daß, wenn auch unsere Wege
durch höhere Verfügung durchaus geschieden bleiben müssen und
wir ebensowenig in die Angelegenheiten des Allgemeinen Wagner-
Vereines greifen dürfen als dieser Verein in die unsrigen, wir doch ein
gleiches Ziel und eine gleiche Leitung haben.

Hat die Zeit dereinst vieles gereift (in unserer Sache ist alles im
Werden, und verfrühte vorsorgliche Beschlüsse könnten wohl dem
Wachstum schaden), sind die Aufführungen durch die Tätigkeit des
Allgemeinen Wagner-Vereines gänzlich unentgeltlich geworden (wie
eine derselben es im vorigen Jahre durch eine Spende schon war), ist
wenn auch nur ein Teil der deutschen Jugend gewonnen und belehrt,
sind die Sänger durch regelmäßige Aufführungen in dem Stil des
neuen Kunstwerkes befestigt, dann wird der Augenblick der erhebenden Vereinigung gekommen sein. Dann – so Gott will – wird es
der Sohn des Meisters sein, welcher Vorschläge macht und entgegen-
nimmt.

Diesen Augenblick vorzubereiten, bleibe der Herrn vom Allgemei-

nen Wagner-Verein wie unsere emsige Bemühung; durch unsere
Tätigkeit scheinbar getrennt, sind wir in dieser Vorbereitung wie in
unserem Glauben auf das engste verbunden.

An ihre Tochter Daniela
Bayreuth, 24. 2. 1885

Vielen Dank für Deinen lieben Brief, bestes Kind, er hat mich sehr
gerührt. Ich muß jetzt wohl häufig durch Unterlassung sündigen und
als unentschieden gelten lassen, was bei mir beschlossen ist, so die
Begleitung von Eva nach Wiesbaden. Nur gilt es einen großen Kampf
mit ihr, denn sie will davon nichts hören – an und für sich – und nun
und nimmermehr von meinem Mitgehen.
Ungefähr dahin haben sich meine Gedanken gesetzt: Wiesbaden,
sobald nur Eva sich rühren kann, dann Aufenthalt für sie und Loldi
bei Schöns. (Ich nehme auch Loldi mit nach Wiesbaden, damit Eva
etwas Zerstreuung, nicht Pflege nur habe.) Im Hochsommer ein
italienisches Seebad (vielleicht wir alle mit Fidi) in den Ferien.
Einstweilen Konsultation brieflich: Berlin (wen Du denkst, jede
Meinung ist erwünscht), Wien (bereits geschehen), Prof. Schrön,
Neapel (durch Biaginos), Berufung von Prof. Leube. Du bleibst in
Berlin, solange Du dort nötig bist, denn auf 3–4 Wochen gebe ich Fidi
unter Kathrins Obhut mit der größten Sicherheit (Adolf und Maries
Aufsicht). Schaffe Dir das Nötige in Berlin an, schlimmstenfalls mußt
Du es als Weihnachtsgabe von mir ansehen. Loldi besorgt jetzt mit
der Rührigkeit und Klugheit, welche Du an ihr da, wo sie wirklich zu
nutzen hofft, kennst, den Verkauf Deiner Sachen. Partituren
– unmöglich, Kind, die schenkst Du einmal (ich kann sie Dir einmal,
wenn ich ein Geschenk zu machen haben werde, abkaufen). Nur
beruhige Dich, und im ganzen vermeide künftig, soviel Du kannst,
die kleinen Auslagen. Kaufe aber jetzt, was Du bedarfst, und wir
zahlen es etwas später, etwa in drei Monaten.
Nicht unter Gräbern, unter Geistern wandeln wir – ein erhabenes
Wandeln. Es liegt uns ob, die Erlösung zu vollziehen, und zwar
hienieden. Für unsere Schuld gibt es den für uns blutenden Erlöser,
wir sind ihrer frei durch den Glauben. Für unser Leiden durch den
Tod gibt es die Unsterblichkeit, die wir zu verwirklichen haben. Wir
sind es den großen Tröstern schuldig, welche die Weltseele, das Gute,

der Gott – wie im Wirbel der Bewegung Sterne Sterne schaffen – von sich ablöst, ihrem Wirken, ihrem Säen die Ernte entgegen zu bringen; sie dürfen nicht vergeblich für sich gelitten, für uns sich gefreut haben, ihr Trost muß in uns leben, in unseren Herzen ist das Paradies, das sie schufen, wir haben es vor Unkraut und vor der Schlange zu hüten. Dies würde ich als die erste Pflicht betrachten: den Segen der Segenspender nicht der Unfruchtbarkeit durch die üble Traurigkeit zu verdammen. »Ich bitte nicht, daß er Euch von hier nehme, sondern daß er Euch vor dem Übel bewahre!« – Sinne über diese Worte des sterbenden Gottes! – Was ist das Übel? –

Bedenke eines: in dieser Welt, zur Zeit, wo er zum zweiten Male durch Bosheit und Frevel gekreuzigt wird, wird uns der Heiland wiedergeboren! Die ganze christliche Lehre wird uns gereinigt, ewig tönend neu gespendet, aus den Kirchen heraus, die zum Kerker für sie geworden, wird sie der Natur, aus welcher sie als Seufzer entsprang, als Friedenskuß und Lächeln wieder durch die Musik vereinigt. Da sollten unsere Seelen kein hohes Lied anstimmen, über diese Wiedervereinigung?

Und was sagt uns nun diese Lehre jetzt, wo sie mit dem All versöhnt erklingt? Friede und Freude! Freude im Entsagen, Frieden in der Unschuld und in der Entsühnung! Die Dahingeschiedenen sind uns nicht entrissen, wenn wir ihnen leben: dem Leiden sind sie entrückt! – »Wenn du also empfindest«, kannst Du mir sagen, »dann leugnest du das Leiden.« – »Nein, Kind, das Wesen des Lebens ist Leiden, über dem Leben aber wölbt sich der Trost des Himmels, und unsre Seele sollen wir stärken zu dem steten Aufblick!« – Wir lasen vorgestern in Gedanken an den Dahingeschiedenen das von ihm gewählte Lied; es drückt einzig Todessehnsucht aus, warum gedieh es uns zum Wohlgefühl? – Indem wir mit dem Klagenden, Friedenflehenden klagten und flehten, hatten wir die heilige Stätte erreicht und wandelten selig unter Seligen! »Augenblicke sind es!« wirst Du ausrufen. Kind, sie sind die Ewigkeit! »Dann kann man aber nicht in der Welt leben, diese Stimmung ist in ihr unmöglich!« Kind, durch das tätige Mitgefühl, und dies kannst Du bewähren, im Unscheinbarsten, vielleicht nur Dir Bewußten! –

Nun sei gesegnet, mein bestes teures gutes Kind! – Ich glaube, Loldi wünscht sich nun sehr einen Brief; ihr unterbrochener war meine Schuld, wie Du sie kennst, hätte sie alles und alle warten lassen, um weiter zu schreiben, und ich untersagte es ihr.

C.W.

Sieh, wenn ich recht, von tiefstem Grunde der Seele aus, mir
unerträglich bin, sehe ich mich in Euch, in Eurer Liebe zu mir, und
bin verklärt!

An ihre Tochter Daniela
Bayreuth, 21. 5. 1885

Mein liebes Kind,
Daß Du in diesem Jahre, wie Loldi im vorigen, um diese Zeit nicht bei
mir bist, das läßt uns wohl der Macht der Gedanken innewerden,
welche keine Trennung zulassen. – Wir feiern die Zeit des Heiligen
Geistes, der Friedenstaube, des Trösters. Wurde damals den armen
Unwissenden mit dem Glauben die Kraft der zündenden Sprache
geschenkt, so wurde uns ärmeren Wissenden die Macht der Musik
verliehen, welche alles öde Wissen davonschwemmt und jeden
Schein verschenkt – der einzige Trost. In unerforschlichem Drang der
Trostspendung entringt sich die ewige Ruhe durch das Verlangen
hindurch, die göttliche Erscheinung – – in unserem Herzen wiederholt sich der Vorgang, die Not läßt uns den Gott entfesseln, was
bedeutet dieser innere Gott? Es ist die tiefe Empfängnis der
Tröstung! Und immer mehr schwindet, was uns vom Ewigen trennt;
wie das Kleine im Ei die Schale verzehrt, bis ganz dünn sie geworden
und es sie durchbricht, um flügge zu werden, so von innen aus
durchbrechen wir die Form und werden endlich flügge zur Heimat!
Dies beweisen jene Stimmen der »Tröster«, welche, gleich den
Himmlischen, die Berufenen, wie diese die Schutzheilige der Musik
zur Unbeachtung jedes irdischen Tones und Tuns entzücken, erfüllen,
ausfüllen. So lastet auch jetzt nicht auf mir der Gedanke der
Einsamkeit, in welcher ich einige Tage zubringen werde. Ich werde
manchem Innerlichem freien Flug gewähren, welches gehemmt doch
unruhig wirkt. Auch für die Kinder ist es, meine ich, so besser; die
Nachgiebigkeit, welche wohl dem Altern zu eigen ist, fördert ihre
Gesundheit nicht immer, und mein geschriebenes Gebot wird
wirken, derweil eine Ansicht, welche bei jedem Einspruch sich
aufgibt, nicht sehr von Nutzen sein kann. – Ich wünschte Dir und der
Freundin heute ein Buch zu senden, welches für jedes Wort von mir
göttlich eingetreten wäre; allein es erscheint noch nicht, und ich bitte
um Gedulden. Vielleicht auch ist die Zeit des Lesens für Euch nicht
eingetreten. Ihr zieht aus – willst Du es mir nicht übel deuten, wenn

ich also denke, daß vielleicht die neue Behausung nicht unwillkommen sein wird. Dem unabweislichen Alltäglichen sich in einem Raume hingeben zu müssen, in welchem die geheiligte Befreiung vor sich ging, ist wohl das schmerzlich Schwerste; in der fremden Umgebung fühlt man nicht die bange Scheu, und indem Äußerliches mit Äußerlichem stimmt, geruht die vollständige Verinnerlichung jener Empfindungen, die nun das Herz zur einzigen unentweihbaren Stätte haben.

Die Weihen empfangen – so heißt es von denen, welche dem Göttlichen sich zu widmen suchen –, welche Weihen sind es doch, die wir empfingen! Ich glaube, sie sind – selbst durch Schuld – in dem Sinne unverwischbar, als (wie jener Gestalt der Dichtung – die Kreuzgezeichnete) die Einkehr, der Schrecken vor unserer Nichtigkeit und Nichtswürdigkeit der Gnade als höchste Gnade uns aufbewahrt bleibt. Es ist das Pfingstfest, an dem es auch heißt, daß der Vogel, dessen Namen Du führst, zum erstenmal zwitschert – begrüßt er die Taube? Wie sollten wir nicht bei den Verkettungen, die wir nur ahnen, nicht durchdringen können, alle scheidenden Mächte der Sünde, des Hasses und des Vergehens leugnen und uns unschuldig, liebend, ewig vereint fühlen auf dem unteilbaren Elemente der Musik!

C.W.

An ihre Tochter Daniela
Bayreuth, 28. 5. 1885

Geliebtes Kind!
Der Brief von Eva bestätigt die Meinung der Gräfin über »Siegfried«. Wir mußten gestern, Adolf und ich, vor Ergriffenheit weinen, daß ein schlichter Mann – ohne Mittel, ja eigentlich ohne Kapellmeister –, aus dem inbrünstigen Gefühl heraus, eine Aufführung zustande bringt, welche München und Wien beschämt. (In Dresden soll »Tannhäuser« völlig unwürdig gegeben worden sein.) Nun freue ich mich, daß ich Herrn Heckel bereits – infolge des Urteiles der Gräfin – für künftiges Jahr ausersehen, um mir zur Seite zu stehen. Fidichen meldet mir seine Rückkehr für morgen. Beinahe unmerklicher und schneller als ein Traum wird diese Woche vergangen sein; ich glaube, Du wirst lachen, wenn ich Dir sage, daß alles mir immer zu frühe kam und daß ich nie Zeit hatte, zum Beispiel die Hausbücher bis auf

gestern abend verlegen mußte. – Adolf las mir gestern sein Exposé der Batzschen Sache, und es ist wirklich ein *Meisterwerk* zu nennen, vielleicht erwähntest Du dieses in Deinem Brief an Marie. Die Armen! Galerie mit Volksgedränge (Pfingsten) und ein *Feiertags*-»Tannhäuser«, P. als Lückenbüßer!... Dafür sah Adolf den Hofrat (Rechtsanwalt) Ackermann und brachte ein ausgezeichnetes Gutachten desselben mit (in derselben Angelegenheit), das genügt nun diesem einzigen Menschen, um mit einer Reise zufrieden zu sein, die er nur auf mein Drängen hin unternahm! –

Erzählen kann ich Dir nicht viel sonst. Heute früh, wie ich über den Stabreim »Keinem gönnt ich diese Gunst« nachsann, dann über »gönnen und geben«, fiel es mir ein, daß zugleich mit dieser Wiedergeburt der deutschen Sprache die Gebrüder Grimm gelebt, gleichzeitig auch mit der dichterischen Verkörperung des sich brechenden Weltwillens in Wotan Schopenhauer und mit der angestrebten, endlich erreichten Verwirklichung des Gesamtkunstwerkes der vielleicht denkbar beste Staatsmann, und daß diese Großen, die sich im höchsten Sinne in ihren Bestrebungen bestätigt finden sollten, gar keine Kenntnisse oder Erkenntnis sich davon gewinnen konnten. Sollte dies nicht genügen, um die Tragik des Daseins uns zu offenbaren? Hienieden ist kein Glück! Wie kommt es aber, daß uns Glück und Unschuld aus der Musik, diesem Abbild der Welt, entgegentönt? Ich fasse es so: die urewige Ruhe, aus der wir verlangend schieden, ist das Paradies. Die bewußte Rückkehr zur Ruhe ist Erlösung, Seligkeit. Im Genie ist, da es die vollendete Erkenntnis selbst ist, das Begehren durchaus unschuldig, es hängt, namentlich im Musiker, mit dem Paradiese unmittelbar zusammen, im Heiligen aber mit der Erlösung. Das Genie sündigt nicht, ebensowenig wie die Natur, der Heilige kann gesündigt haben und auf dem Wege der Umkehr zur Erlösung gelangt sein. *Genie:* Bejahung des Willens in der Unschuld. *Heiliger:* Verneinung des Willens.

Es ist der Weg vom Paradies zum Monsalvat!

Daß *jeder* Tod eine Apotheose sein soll, wie Schopenhauer sagt, übersteigt in seiner Großartigkeit meine schwache Empfindung, ich glaube, er ist es bei dem Genie und bei dem Guten, dann bei dem Erstorbenen (oder ist er bei Letzterem gänzlich überwunden und bedeutungslos?).

Die Betrachtung des Unterschiedes zwischen dem Stifter einer Gemeinde und den Anhängern dieser Gemeinde hat mich zu diesem

– vielleicht für andere – recht Unklaren geführt. Verspotte mich nicht
(oder tue es, denn ich weiß, Du tust es in Liebe!), wenn ich Dir sage,
daß es mir kaum als zufällig dünkt, daß einige der inbrünstigsten
Erfasser unserer Lehre der Sorge um Kinder vom Schicksal
enthoben wurden (Wolzogen, Rubinstein, Adolf, der König, Mimi).
Eine Entsagung ist ihnen vorbestimmt – wenn auch ihrerseits
unfreiwillig, da der Kunst zuliebe keiner das opferte, was in der
Heiligkeit geopfert wird –, um sie für das andere zu befähigen,
nämlich zur religiösen Auffassung eines Dienstes, sei es des Ideales in
der Person oder des Ideales im Geiste. Dein Vater und Großpapa sind
Fast- (nicht etwa halb) Genies, daher ohne äußerlichen definitiven
Bruch mit der Natur, aber eigentlich ohne jeden Familiensinn; so daß
man sagen könnte, sie bezahlen ihre Außerordentlichkeit in Geist
und Gemüt durch einen Mangel nach der religiösen wie nach der
natürlichen Seite hin. Im Mittelalter durfte der Philosoph, wollte er
Achtung genießen, nicht verheiratet sein. Da die Kunst Versöhnung
mit dem Leben ist, dadurch, daß sie uns es im verklärten Abbilde
zeigt, führt sie nicht die freiwillige Entsagung mit sich wie die
Religion, welche Bruch mit dem Leben ist. Will nun das Schicksal,
daß die Kunst religiös aufgefaßt werde, so verhängt es die Entsagung.
Laß uns unseren Hügel als Monsalvat ansehen!
Ich fürchte, Kindchen, es schwirrt Dir der Kopf. Hätte ich anderes
– Besseres – zu sagen, ich meldete es, aber ich lasse lieber die Kinder
selbst erzählen und gebe Dir, was ich habe, meine armseligen
Gedanken. – –
Glaubst Du, daß die Gräfin es gerne hätte, wenn wir auch nach dem
Po-Tale zögen? Ich weiß, daß sie uns liebt (und wir ihr recht sind) wie
wir sie, doch weiß ich auch, daß man zuweilen gerade die liebsten
Menschen zu entbehren wünscht. – Riviera werde ich wohl aufgeben.
Nur wie südliche Seebäder für Eva, wie Kirchen für Fidi? . . . Das alles
aber wird kommen, wie es muß, und dankbar bin ich genug für Evas
Bessergehen! Lebe wohl, Herz, sei ruhig, was auch sich begeben
möge. Solltest Du Fidichen eine Kleinigkeit für seinen Geburtstag
schenken, so sende auch ein Nichts (etwa: »Bibliothèque des chemins
de fer«, einen Roman von Mme Sand – »Jeanne« vielleicht – für eine
Mark) für Loldchen, deren Geburtstagspende Du vergaßest. Ich
befürchte immer, daß Irrtümer sich einnisten und trübe Empfindungen ausbrüten. Daß Loldi gar nichts davon empfunden, brauche ich
kaum zu sagen. Ich habe aber so manches aufwuchern sehen, davon
ich keine Ahnung hatte, es gesät zu haben, daß ich Dir das gleiche

ersparen möchte. – Wenn Du nicht vorhattest, Fidi etwas zu geben, so fällt alles weg. (Sonst vielleicht irgendein Schlütersches Werk abphotographiert oder im Plan. Pläne sind seine Leidenschaft.)

An Josef Flüggen
Bayreuth, 9.–10. 9. 1885

Werter Herr Professor!
Meine Tochter schrieb Ihnen noch gestern abend in meinem Namen einige Zeilen, welche heute ganz in der Frühe abgesendet wurden; allein, bereits waren Sie abgereist, so erlaube ich mir denn, mit Ihnen schriftlich mich noch zu beraten und Ihnen von dem Mitteilung zu machen, was mir beim Nachsinnen angekommen ist, indem ich alles Besprochene und Bestimmte noch einmal durchgehe.
Isolde: Weißes aufgerafftes Gewand, entweder aus feinster (indischer) Wolle oder aus matter Seide. Gurt blau, reiche Schmuck-Borte oben. Krone. Schwerer Mantel – Art von Gold-Brokat – in tiefem Ton; entweder rot oder hellblau gefüttert, je nachdem es zu dem Oberstoff oder zu dem Gurt stimmt. Dieses Kostüm zweimal.
Aufgegeben habe ich betreffs Isolde: a: Das Pelz-Kostüm, so schön es ist, weil es doch den Begriff der Königsbraut nicht genügend wiedergibt. b: Das Gewand für den II. Akt, weil bei den Aufführungen, München 1865 und Berlin 1876, keine eigene Tracht für den zweiten Akt gefordert wurde; nach reiflicher Überlegung bringe ich der Erhaltung des Typus dieser Aufführungen das Opfer meines Wunsches, wenn ich auch weiß, daß dieser dem Sinn des Werkes und der besonderen Situation nicht zuwiderläuft.
Tristan: Untergewand ungefähr Lederfarbe, nicht auffallend, aber ja nicht dürftig, großer roter Mantel – tiefe rote Farbe, ja nicht Scharlach – mit bläulich violettem Schatten. (Es ist mir der Mantel, welchen Ludwig Schnorr 1865 trug, nicht in Erinnerung geblieben, es ist mir aber, als wäre er blau gewesen – dunkel. Ich will Nachforschungen danach geschehen lassen; ich glaube aber, daß, wenn wir die richtige rote Schattierung bekommen, der Eindruck ein ernster und ruhiger sein wird.) Helm.
Marke II. Akt: Grünes, dunkles, langes Gewand; der Stoff vielleicht gemustert, um die Nüchternheit aufzuheben. Grauer, langer Mantel. Kopfbedeckung aus Pelz (keine Krone), ähnlich dem Besatz. Vielleicht grauer Pelz?

Marke III. Akt: Elfenbeinfarbe mit violettem Mantel – sagt die
Figurine –, doch fürchte ich, daß dies in dem freien Hof, neben der
weißen Isolde, zu hell wirken wird und zugleich Isoldens Erscheinung
unwirksam machen wird; wie wäre es mit sehr dunkelrotem, langem
Gewand und dunkelblauem Mantel? Ich glaube, die Erscheinung
würde dadurch an Kraft gewinnen und Isoldens verklärtes Wesen
besser zur Geltung kommen?

Brangäne: Pelz und Wolle in feinem, hübsch voneinander sich
abhebendem, mit rotem Gurt verbundenem Grau. (Der Pelz könnte
auch eine andere Färbung haben als grau, er muß nur einheitlich
stimmen.) Einen Gold- oder Silberreif im Haar.

Kurwenal und Melot: Nach den Figurinen (nur mit Beachtung, daß
Kurwenal nicht die Farbenschattierung der Brangäne im I. Akt und
im II. nicht die des Mantels von Marke habe).

Frauen vom Gefolge: Einfach, aber ja nicht ärmlich. Wie abgemacht;
für die eine derselben wünschte ich das Gewand, welches ich für
Isolde (II. Akt) aufgebe, aber nicht weiß, da das Weiß für Isolde
ausschließlich vorbehalten bleiben soll; vielleicht eine sanfte Fleisch-
farbe? Zwei Frauen mit Pelz-Taillen – etwas einfacher in Schnitt und
Wert des Pelzes, auch in den Wollröcken, als Brangäne –, 4 in
wollenen Gewändern mit und ohne Stein-Besätze. Keine Mäntel.

Mannen des Gefolges (Ritter, Hofleute, Schiffsvolk): Nach den
Figurinen, nur mit besonderer Beachtung dessen: daß man durchaus
nicht an die »Hermannsschlacht« erinnert werden soll und nicht zu
sehr an den »Ring des Nibelungen«. Irland, Cornwallis und Bretagne
(Careol) dürfen keinen zu absolut wilden, nordischen Charakter
haben; die Eichenkränze dürften kaum dort angebracht sein; die
Pelze sehr gut, aber in schöner Verarbeitung. Der Hof des milden
Königs soll wohl einen rüstigen, ursprünglichen, aber keinen wilden
Eindruck machen. Im zweiten Akt kommen die Hofleute alle in
Jägertracht. Ich habe heute 7 Stücke des Kundry-Kostüms an das
Hoftheater abgesandt; sie sind alle mit erklärenden Zetteln ver-
sehen.

[Schluß fehlt]

An König Ludwig II.
Bayreuth, 27. 9. 1885

Allerdurchlauchtigster Großmächtigster König!
Allergnädigster König und Herr!
Euerer Majestät den Ausdruck meines Dankes in Worten zu Füßen
zu legen – dazu fühle ich mich ohnmächtig! Wollen Euere Majestät es
mir huldvoll gestatten, diesen Ausdruck einzig durch das Buch zu
finden, welches ich untertänigst heute darbringe!
Der allergnädigste Herr wird manches Blatt darin wiederfinden, das
ich vor nun zwanzig Jahren das Glück hatte – Ihn dreifach dabei
segnend! – für den König abzuschreiben! Indem ich sie – diese
Gedanken – dem treuesten Wahrer derselben zustelle, weiß ich gut,
daß ich ihrem eigentlichsten Eigner sie zurückgebe. Denn – wie hätte
dieser Strom seinen Lauf bis zur unendlichen Mündung nehmen
können, wenn nicht, allem Widerwärtigen zum Trutz, der Schutz sich
aufgetan hätte, den als Wunder zu preisen und anzubeten das Herz,
auch im Ersterben, nie aufhören kann?
Meinem schweigenden Danke füge ich einige Worte der Erklärungen
bei, indem ich hoffe, die huldvolle Ermutigung dazu, welche ich in
den so unendlich gütigen königlichen Zeilen finde, nicht irrig
aufgefaßt zu haben.
Indem ich »Tristan und Isolde« wählte, um nebst »Parsifal« hier im
künftigen Jahre aufgeführt zu werden, wurde ich von dem geheimen
Zusammenhange geleitet, welcher die beiden Werke verbindet und
welcher in der allerersten Skizze zu dem 3. Akte von »Tristan« also
lautet:
»Tristan auf dem Krankenlager im Schloßgarten. Zinne zur Seite.
Aus dem Schlummer erwachend ruft nach dem Knappen, den er auf
der Zinne wähnt, ob er noch nichts sähe. Der ist noch nicht da. Auf
seinem Rufe kommt er endlich. Vorwürfe. Entschuldigungen. Ein
Pilger sei zu bewirten gewesen. – Sonst und jetzt. Tristans Ungeduld.
Der Knappe sehe noch nichts. Tristans Bedenken. Zweifel. Gesang
aus der Tiefe sich entfernend. Was es sei? Knappe erzählt vom Pilger
– Parzival. Tiefer Eindruck. Liebe als Qual. Meine Mutter starb, als
sie mich gebar, nun ich lebe sterbe ich daran geboren worden zu sein.
Warum das? – Refrain Parzivals – vom Hirten wiederholt – Die
ganze Welt nichts wie ungestilltes Sehnen! wie soll es denn je sich
stillen – Parzivals Refrain.«
»Parsifal« ist also die Antwort auf die furchtbare Frage des »Tristan«,

welche der Liebestod – versöhnend – einzig für die Liebenden, nicht aber für die Welt zu seligem Schweigen bringt. Dies war der innere Grund zu der Wahl, welche sich nun der allerhöchsten Zustimmung erfreuen darf. Ein äußerlicher Grund bestand darin, daß der szenische Aufwand ein verhältnismäßig geringer ist. Die Dekorationen werden im wesentlichen denen des Hoftheaters Euerer Majestät ähneln; nur im dritten Akte erlaube ich mir das Burgtor etwas vorrücken zu lassen, damit der Kampf an Deutlichkeit gewinne. Darf ich nun das Zweite, mein Leben Ausfüllende, welches Euere Majestät huldreich erwähnen, berühren? Darf ich mich durch die Königliche Gnade ermächtigt betrachten und dadurch aufgefordert fühlen, von meinen – durch die allerhöchsten Grüße beglückten – Kindern zu sprechen? ... Sollte ich hierin auch irren, so bittet mein nur im Fühlen nicht schwankendes, in jeder Äußerung aber unbeschreiblich zagendes, banges Wesen um Vergebung!

Nach schwerer, lebensgefährlicher Krankheit hat sich Siegfried – Dank Gott – so weit erholt, daß er das Gymnasium wieder besuchen kann. Nicht leichten Herzens ließ ich ihn die Schule überhaupt betreten, in welcher so wenig Lebendiges angetroffen wird und in welcher der Sinn für das Große eher – will mich dünken – abgestumpft als gekräftigt wird. Doch war mir der Umgang mit gleichaltrigen Knaben von Wichtigkeit, und für seine Jugend suchte ich ein Gegengewicht zu dem Ernste Wahnfrieds. Auch behagt er sich wohl dabei und lernt willig, muß aber freilich für's erste seiner Hauptneigung (zur Architektur), welche sich durch sehr sorgfältig und fleißig ausgeführte Zeichnungen von eigens ausgedachten Plänen zu Kirchen und Kapellen auffallend kundgibt, entsagen. Ich befrage mich wohl immer und immer, was das Bessere sei, das Gymnasium ihn ganz absolvieren zu lassen oder, zur Ausbildung seiner besonderen Anlage, ihn in einem Jahre in ein Polytechnikum zu geben. Gott wird mich nicht verlassen! Dies ist hier meine einzige Leuchte auf dem Pfade. – In Isoldens und Evas Los hat keine Veränderung stattgefunden, sie bleiben bei mir und stehen mir durch ihre Liebe und ihr reines lauteres Wesen in allem bei. Mein ältestes Kind dagegen hatte manche Prüfung zu überstehen. Ihre Verlobung des vorigen Jahres war mir selbst als ein Zeichen des Himmels erschienen, daß sie unserer Bayreuther Sache zu dienen berufen sei. Ich schätzte sie darum glücklich und glaubte, eine Kraft gefunden zu haben, welcher ich vertrauensvoll die Leitung der Spiele übergeben könne, bis Siegfried dieselbe antrete; alles erwies sich anders, und

nach trüben Erfahrungen glaubte ich mein Kind – so jung noch und
lebenskräftig – der Ergebung und Resignation geweiht. Auch dies
kam anders, und nun ist sie einem Manne versprochen, welcher alle
Eigenschaften des Herzens und des Geistes mir zu haben dünkt,
welche einer Frau es ermöglichen, mit freiem und freundlichem Sinne
die Ehe heiligzuhalten und edel durchzuführen. Dr. Heinrich Thode
gibt – als Kunstgelehrter – ein Buch jetzt heraus – »Franz von Assisi« –,
von welchem es mich innig rühren und wundern mußte, daß sein
Hauptgedanke ein völliger Beitrag zu unserer Weltanschauung
bildet. Inmitten des tiefsten Respektes vor allem, was heute mit dem
Worte »historischen« bezeichnet wird, unterstützt mit allem Gelehr-
ten-Apparat, erhebt sich folgender mit Historie und Wissenschaft gar
weniges gemeinsam habender Gedanke: »Die Renaissance-Kunst
verdankt sich nicht den Ausgrabungen noch dem Einflusse der
Antike, sondern dem Eindrucke von einem großen – heiligen
– Wesen, in welchem das Leben, Leiden und Sterben unseres
Heilandes lebte, litt und starb.« – Dem Manne, der aus sich heraus
also blicken und empfinden konnte, habe ich gern das Haus geöffnet,
das kein »Fremder« betreten möchte, und mein Kind anvertraut! ...
Eine Kunstzeitschrift gibt er heraus, welche zum Zweck hat, weniger
bekannte Bilder der alten Meister zu verbreiten und auch Material
zur Begründung einer neuen Kunstgeschichte zu beschaffen. Euere
Majestät wollen es mir nicht als Mißbrauch der allerhöchsten Güte
deuten, wenn ich – auf Gestattung der untertänigsten Übersendung
harrend – die Blätter des »Kunstfreundes«, und die bescheidenen
Abbildungen meiner guten Kinder, bei dem Sekretär des Königs
deponiere, um Gnade bittend für alles, für Schweigen und für Worte,
für Tun und für Lassen. Unter letzterem begreife ich auch die
Angelegenheit des »Lohengrin« in Paris, von welcher es mir wohl
dünken möchte, als ob ich Euerer Majestät Rechenschaft über sie
schuldig wäre, welche aber so wenig meinem Herzen entspricht und
so vieles des Krumm-gerade-sein-Lassens an sich haben wird, daß ich
sie nicht für würdig erachten kann, Euerer Majestät vorgelegt zu
werden, wenn sie mich auch sehr sorgen muß, und hauptsächlich
wenn sie das Werk betrifft, welches, selbst ein Wunder, das Wunder
bewirkte, das in ewiger Dankbarkeit in mir fortlebt!
Allergnädigster Herr! Hiermit bin ich zum Schlusse angelangt, dies
ist mir Anfang und Ende, und so erlaube ich mir nur noch beizufügen,
daß ich dem Buche, welches ich mit tiefster Demut Euerer Majestät
zu Füßen lege, eine Arbeit des Baron Wolzogen darüber der Sendung

an den Kabinettssekretär des Königs zugeselle. Ich ersuchte genannten Herrn darum und gab ihm die nötigen Data dazu.
Mit der Inbrunst, mit welcher ich von Gott die Ertötung jeder Eigensucht in mir erflehe, damit der Geist, dem ich zu dienen habe, allmächtig in mir walte und das bewirke, wofür ich wohl noch hier gebannt bin; mit der Inbrunst, mit welcher ich das zeitliche Wohl mit dem ewigen Heil für meine armen Kinder zu wahren trachte, erbitte ich Gottes Segen auf das geweihte Haupt des Königs, und in dieser Andacht entsende ich den allesumfassenden Gruß von

Euerer Majestät
in Dankbarkeit ersterbender,
untertänigster Dienerin.
CWagner

An Max und Gotthold Brückner
München, 29. 10. 1885

Hochgeehrte und liebe Herrn!
Ich habe soeben hier mit dem Herrn Professor Flüggen gesprochen und demselben gemeldet, daß Sie, werte Herrn, die ganze Einrichtung des Zeltes mit allen Requisiten übernommen hätten.
Dagegen habe ich ihn – unserem Übereinkommen gemäß (wenn ich nicht irre) – gebeten, das Lager Tristans mit Fell (3. Akt) zu übernehmen. Da er es gern möglichst in Übereinstimmung mit der Umgebung zu bringen wünscht, habe ich ihm versprochen, mich an Sie, hochgeehrte Herrn, mit der Bitte zu wenden, Ihre Skizze des 3. Aktes an Professor Josef Flüggen, Historienmaler, München (K. Hoftheater) senden zu wollen.
Dieser Bitte – für deren Erfüllung ich im voraus freundlichst danke – füge ich noch eine kleine Bemerkung hinzu.
Sollte es Ihnen für die schwierige Herstellung der Bank – 2. Akt – *nötig dünken,* die Blumengesträuche anzubringen, welche ich auszulassen bat, so bitte ich Sie, jetzt wiederum freundlichst dieselben zu verwenden, da ich nicht durch eine persönliche Auffassung die szenische Erleichterung eines wichtigen Momentes verscherzen möchte.
Es gereicht mir zu besonderer Genugtuung, Ihnen, hochgeehrte Herrn, noch einmal – schriftlich – für den Eindruck, welchen Ihre Skizzen mir gemacht, auf das wärmste zu danken. Mit dem größten

Vertrauen und der festesten Zuversicht sehe ich nach dieser Seite hin der Verwirklichung eines Ideals entgegen. Gestatten Sie mir, Ihnen in gerührter Erkenntlichkeit dafür, liebe hochgeehrte Herrn, die Hände zu drücken, in herzlicher Hochachtung Ihnen verbunden und ergeben bleibend!

CWagner.

Ich habe dem Herrn Professor Flüggen die irischen Schlangenwindungen (Semper, »Der Stil«, I. Band) und die keltischen Filigrane (dasselbe Werk, II. Band) zu Schmuck, Agraffen usw. empfohlen, was ich wegen Einheitlichkeit der Motive angebe.

1886

Lieber und werter Freund.

Die energische Teilnahme, welche Sie unserem Werke von je bewiesen, gibt mir den Wunsch ein, Sie von dem jetzigen Stand der Dinge zu unterrichten, und fügt sich dieser Wunsch zu dem Bedürfnisse, Ihnen auf das herzlichste für Ihren Besuch zu danken. Ich weiß, daß, obgleich Sie kein Brieffreund sind, Sie diese meine Zeilen gut aufnehmen werden, und auch für diese Sicherheit danke ich Ihnen warm.

Nachdem ich keinen Schritt unversucht gelassen habe, um Reichmanns Mitwirkung zu sichern (ich entsendete ihm vor zwei Tagen noch einen Freund, der ihm materielle Zugeständnisse machen sollte), ergibt es sich, daß er nur drei Aufführungen uns gewähren kann.

Freund Gross wendete sich an Herrn Bulß; dieser stellte eine so hohe Forderung, daß, auch wenn unsere Verhältnisse ganz andere wären, ich es mir doch überlegen müßte, ob ich der Opferwilligkeit anderer Künstler gegenüber dies Zugeständnis machen dürfte, welches zugleich eine Erschütterung des ganzen Bayreuther Prinzips bedeutet. So habe ich mich denn entschlossen, den Amfortas von 5 Aufführungen des »Parsifal« durch Fuchs, Plank und einen Dritten, etwa Scheidemantel, vertreten zu lassen. Stimmen Sie mir darin bei? Für ein Telegramm im Fall der Negative wäre ich Ihnen sehr verbunden.

Vielleicht hörten Sie schon davon, daß Seidl uns verlassen hat. Er hat es wohl verstanden, daß es mir nicht gut möglich ist, ihm die gleiche Anzahl von Aufführungen zuzuweisen wie den beiden an deutschen Hoftheatern fungierenden Kapellmeistern, welche in unserer Sache seit neun Monaten die ganze so beträchtliche Arbeitslast getragen haben; aber seine Antipathie gegen den einen und seine, wie mir dünkt, nicht gerechte Schätzung des anderen verhinderten es, daß er sich fügen konnte, und keine Freundschaft gegen uns persönlich half ihm über diese beklagenswerten Empfindungen hinweg. Ich habe mit

dem Herzen, welches ich zu Seidl habe, zu ihm gesprochen, aber es
nützte nichts, und so muß ich ihn bei diesen Aufführungen missen.
Viel ist mir alles, was Sie hier zu mir gesprochen haben, durch den
Sinn gegangen, und Sie können sicher sein, lieber Freund, daß jede
Ihrer Bemerkungen für mich den größten Wert hat. Der Eintritt
Tristans hat mich besonders beschäftigt, und hege ich nicht den
geringsten Zweifel daran, daß Ihre bedeutende Individualität sowie
auch die von Fräulein Malten und Frau Sucher durchaus geeignet
sind, schweigend und unbeweglich das Publikum zu fesseln und ihm
den Kern dieser schwierigen Situation zum Bewußtsein zu bringen,
nämlich daß Tristan von seiner Fürstin erwartet, daß diese zuerst
spräche, daß Isolde aber weder sprechen will noch kann und sich
dann auf das von Tristan endlich notgedrungen Hervorgebrachte
stürzt, um das Zwiegespräch in ihre Gewalt zu bringen.
Von Kurwenals Tod heißt es: »Kurwenal, schwer verwundet,
schwankt vor Marke her«; das werden Sie nun, bester Freund,
anzuordnen haben, daß es sich nicht übel ausnimmt.
Wegen der Stellung der Brangäne gleich anfangs des ersten Aktes
möchte ich Sie fragen, ob Sie es nicht für richtig fänden, daß sie links
(vom Zuschauer) beim Vorhang stünde, so daß Isolde zuerst um sich
blicken könnte wie im leeren Raum. Wie gesagt, das müssen Sie nun
schon alles in die Hand nehmen, Großes wie Kleines.
Ich habe mich mit den Pelzschienen ganz versöhnt und in diesem
Sinne an Professor Flüggen geschrieben.
Das ist ungefähr alles, was ich Ihnen zu sagen hatte, mein werter
Freund. Das Beste der Empfindungen muß doch unausgesprochen
bleiben. So erwarten wir Sie denn mit offenen Herzen in nächster
Zeit für eine Weile, die für mich den Inhalt eines Schicksalspruches
haben wird. An Sie, verehrter Freund, kann ich dabei nicht anders
denken als an »das eigentliche Enthusiasmus treibende Element
unseres Vereins«. Sagen Sie sich daher selbst, mein Freund, in
welcher Gesinnung ich an Sie schrieb; Sie wissen auch, daß ich keine
Antwort von Ihnen erwarte, und Ihrer schönen Versicherung, daß Sie
mit der Tat antworten, hätte es nicht bedurft, um mich dessen sicher
sein zu lassen.
Verzeihen Sie es mir, daß ich diese Zeilen diktierte und nicht selber
schrieb: meine Augen wollen nicht besser werden, und einige
Versuche, die ich in jüngster Zeit im Schreiben und Lesen machte,
warfen mich nur zurück, und da die Hand, die ich gebrauche, besser
ist als die meine, werden Sie sie gewiß freundlich aufnehmen.

Bringen Sie meinen besten Gruß Ihrer Frau Gemahlin; reden Sie ihr ja zu, mit Ihnen zu uns zu kommen, und seien Sie von uns allen auf das herzlichste gegrüßt.
In Dankbarkeit und herzlichster Ergebenheit Ihre

C. Wagner

An Felix Mottl
Bayreuth, nach dem 10. 6. 1886

Werter Freund,
Ich habe Sie durch meine Tochter um Empfehlung eines Regisseurs gebeten, heute will ich Sie aber selbst bitten, so gut zu sein, mir bei der Regie des »Parsifal« namentlich beizustehen. Abgesehen davon, daß eine Frau in solchen Dingen nicht das förderliche Element ist, so ist die Schwäche meiner Augen auch ein Hemmschuh, und so erlaube ich mir denn, auch in dieser Hinsicht auf Ihre Unterstützung zu rechnen. Sie werden wohl erfahren haben, daß Herr Fuchs schwer erkrankt ist, und daher mir meine Zumutung an Sie nicht verübeln. Der Eintritt der Chöre im ersten und dritten Akte ist von so großer Wichtigkeit, daß nur ein wahrer Künstler das hier Notwendige zustande bringen kann.
Noch will ich Ihnen auf das herzlichste für die in Ihrer heutigen Karte bekundete Gesinnung danken. Hier liegt ein Irrtum seitens einer mir sehr werten Natur vor, dem ich aber aus dem Grunde nicht nachgeben kann, weil ich es eben für einen Irrtum halte.
Seien Sie, werter Herr und Freund, auf das wärmste bedankt und auf das herzlichste gegrüßt!

C Wagner

An Max und Gotthold Brückner
Bayreuth, 25. 8. 1886

Werte Herren und Freunde,
Jetzt, wo unsere Spiele – und zwar in so überaus glücklicher Weise – zum Abschluß gekommen sind, ist es mir Bedürfnis, Ihnen noch einmal zu sagen, wie Ihre Leistungen mich entzückt haben. Ich kann Ihnen wirklich nicht genug danken, und wiederhole ich es mit der festesten Überzeugung: daß Ihre Anteilnehmung daran wesentlich

unseren Aufführungen zu ihrem Gelingen verholfen hat. Auch ist nur
eine Stimme darüber, und hat es mich ganz besonders befriedigt zu
hören, daß namentlich die Franzosen, welche so große Kenner und
Könner in dem Kunstzweig der Dekorationsmalerei sind, erklärt
haben, etwas Derartiges wie zum Beispiel der II. Akt »Tristan« an
Schönheit des Entwurfes und Feinheit der Durchführung hätten sie
noch nicht gesehen.
Innigsten Dank also und herzlichsten Dank nochmals und immer
wieder. Grüßen Sie bitte Ihre lieben Frauen auf das schönste von uns
allen, und gedenken Sie freundlich unserer, die wir Ihnen allen in
treuer Anhänglichkeit und Erkenntlichkeit treu ergeben sind.
Von Herzen Ihre

CWagner

An Felix Mottl
Bayreuth, 1. 9. 1886

Nach Wien – der Sicherheit halber – entsende ich Ihnen, teuerster
Felix, erst den vor acht Tagen erhaltenen Brief. Vielleicht kennen Sie
das, was er mir mitteilt, schon, doch scheint mir die Art, wie mir die
bedeutende Spende angezeigt wird, wert, daß Sie auch von ihr
Kenntnis nehmen. Vielleicht dient auch das Beispiel – die einzig
wirksame Belehrung! – für anderes. Schicken Sie mir die Zeilen
gelegentlich nur zurück, ich vertraue sie gern der lorbeer-bekränzten,
Levi-bekrittelten Ordnung an und mag Sie nicht zum Schreiben
treiben.
Von unserem Befehlshaber erhielt ich so bedeutende Zeilen, daß ich
nicht umhin konnte, mich von Ihrem Schweigens-Stern ab unter den
– (jedoch nur noch in schräger Linie) – der Replikationen zu
begeben. Nun sinne ich über den Wert der Wahrhaftigkeit nach, den
ich insofern dem Teufel, der einen reitet, vergleichen möchte, als es
uns so oft im Widerspruch mit dem Geist der Liebe handeln läßt.
Vor einem Jahre war es nun wohl, daß Sie uns nach Fantaisie kamen!
Wie hat sich alles erfüllt über jede Ahnung! Wie sind Sie immer gut,
hilfreich, glückbringend gewesen! Und wie gern begrüßt man in
einem Menschen das, was die Sterne uns Freundliches bescheiden
wollen! Noch jetzt lächeln die Götter unserem Werke zu, der
ununterbrochene Sonnenschein meldet, daß wir hier glücklich und
gut waren. Von allen Punkten, wohin wir uns wandelnd wenden,

strahlt uns das Festhaus entgegen, und als ich es neulich in der Morgenbeleuchtung in glänzendem Nebel halb verhüllt erblickte, wollte es mich dünken, als wäre die Weise, wundervoll und leise alles klagend alles sagend, nun zu Stein geworden und flehte lieblich nach Erlösung. Und wie wir darauf auf dem Hügel Banz den Main unter unseren Füßen sich schlängeln sahen, mußten wir das reine Gold der Wellen-Töne vernehmen und der letzten Klänge gedenken, die Sie uns gaben. So rankt sich in unserer Erinnerung – gleichsam wie zartes Laubwerk um den mächtigen Pfeiler – (oder fließt als Nebenfluß in den großen Strom) das einzelne, was Sie uns gaben, um und in das Große, das Ganze.

Nun ziehen Sie als »Landessohn« – wie Ihre Herrin Sie hier nannte – in Karlsruhe ein. Die Kinder wünschen, daß es dort gar keine Muzius gäbe, dagegen von Kaminfegern wimmele. Ich aber segne Ihren Ernst und Ihre Heiterkeit! Sie gelten mir zugleich als das schönste Ergebnis unseres Werkes und als das schaffende Element, welches es zum Tageslicht fördert. Je mehr ich mich in die Beschauung des Erlebten vertiefe, um so weniger will der Begriff einer Aufführung (und sei es der gelungensten) haften! Ein erlebtes, ein durch die Kraft des Guten im Menschen, durch den Segen des Erhabenen gewirktes Wunder ist es mir und läßt mich auf ewig fromm – dankbar! – sein. So grüße ich Sie als Landessohn des echten Landes, des Seelen-Heimat-Landes!

Nun aber, Freund Felix, verehren Sie mich nicht zuviel, sonst bleiben Sie und unsere Sache zu lange aus (dies ist *mein* Aberglauben); bleiben Sie mir aber gut, und gedenken Sie unserer, wenn in Ihrem Tageswerk Ihnen etwas wahre Freude macht oder wenn – so diese Freude ausbleiben sollte – inmitten des Unmutes und der Unbefriedigung das Bild unseres Wunders sich in Ihnen zum Troste erhebt! Herzlichst Ihre

                                                              CW
Bitte grüßen Sie Ihre Mutter und Schwester freundlichst von mir.

An Amalie Materna
Bayreuth, 3. 9. 1886

Meine teuerste Amalie,
Heute vor vierzehn Tagen war unsere letzte Aufführung. »Parsifal«! Daß wir uns sagen dürfen, daß diese letzte Aufführung die allerbeste

war, daß ihr zweiter Akt nie so gedrungen, intensiv und vollendet beherrscht war wie gerade an diesem hehren Abschiedsabend, das hat etwas so Erhebendes und Ergreifendes wie das unmittelbare Wirken der Unsterblichkeit. Es war mir wie die Verheißung der Unvergänglichkeit unseres Bayreuther Werkes, und so ist es mir nicht möglich, nicht heute an Sie, teuerste Freundin und liebe Stütze, diesen Gruß des innigsten Gedenkens zu entsenden.

Möchten Sie auch immer gern unseres gemeinsamen Lebens hier sich entsinnen und für alle Zeiten der Liebe versichert bleiben, mit welcher ich bin von ganzem Herzen dankbar die Ihrige

CWagner

P.S. Meine Kinder wollen auch mit einem Gruße genannt sein. Wir alle empfehlen uns herzlichst Ihrem Gatten und Ihrem Bruder, und um von der Familie zu unserer Sache wieder überzugehen, darf ich Sie bitten, in Erinnerung an letzten »Parsifal«-Abend Winkelmann auf das schönste und wärmste von mir zu grüßen!

Plan für den unentgeltlichen Besuch der Festspiele 1887–1892
Bayreuth, September 1886

Der alle Erwartungen weit übertreffende künstlerische wie materielle Erfolg der diesjährigen Bühnenfestspiele zu Bayreuth fachte bei den Unterzeichneten in gesteigertem Grade die Nötigung zur Frage an, was sie dem Andenken des Meisters schuldig wären, dessen Genius es wiederum bewirkte, daß trotz Schwierigkeiten sondergleichen und gänzlich ohne Schirm und Schutz solche Eindrücke und eine solche ideale Vereinigung von Vertretern und Verehrern der Kunst, zum Staunen aller und zur Erbauung vieler, wieder einmal möglich gewesen waren.

Ohne Schwanken müßten wir uns sagen, daß die einzig geziemende Erwiderung auf die Wohltat dieses unvergleichlichen Erlebnisses die Verwirklichung des Gedankens des Meisters sei. Da das, was Ihm selbst, zum trauernden Schmerze aller Edlen, versagt blieb – (die dauernde Institution der Festspiele zu Bayreuth) –, uns wohl nicht erreichbar sein würde, haben wir den Gedanken gefaßt, mit der Hilfe der Freunde von Richard Wagners Kunst es zu versuchen, auf eine Reihe von Jahren (1887–1892) die Spiele in der Weise zu sichern, daß sie, wie es der Meister beabsichtigte, unentgeltlich allen gespendet würden. Dazu bedürfen wir der Vereinigung von 300

Gönnern, welche sich auf diesen Zeitraum zu der jährlichen Beisteuer von 1000 Mark verpflichten, und suchen wir diese kleine Schar beinahe aus allen Ländern der Welt zusammenzuführen. (Hier kann ein Zusatz über Vereinigungen von 10 Menschen zu 100 M. stattfinden und Adresse von Adolf Gross.) An Deutschland wenden wir uns zunächst und befragen darin die zahlreichen durch den Meister Beglückten und Entzückten, in Zeiten des Leidens Getrösteten, in Stunden der Freude Erhobenen, ob sie nicht das Gefühl einer abzutragenden Schuld gegen *ihn* haben und zugleich auch gegen alle Geistesheroen ihres Vaterlandes, welche unserem Kunstwerke die Wege gebahnt und es ersehnt haben.

Möchte es doch nicht lange mehr heißen dürfen, daß, wenn Richard Wagner einer anderen Nation als der deutschen angehört hätte, diese Nation dem über alle Grenzen den Ruhm und den Einfluß des Vaterlandes hinaustragenden Künstler mit jubelndem Zuspruch die Mittel zur Verwirklichung des Kunst-Ideales, in welchem sie sich wiedererkannt hätte, zur Verfügung gestellt haben würde.

Alle größeren und kleineren Städte Deutschlands, welche nach jeder Richtung des Idealen hin sich durch Richard Wagners Genius gefördert fühlen dürfen, rufen wir an, vornehmlich aber wenden wir uns an vier Städte, welche als in besonderer Beziehung zu ihm stehend betrachtet werden müssen.

Leipzig – Die Geburtsstätte unseres Meisters, welcher es noch auszusprechen bleibt, daß sie der Bedeutung inne ist, die zu allen Zeiten und bei allen Kultur-Völkern der Geburt eines großen Menschen für den Ort, wo diese sich ereignete, beigelegt worden ist.

Dresden, wo der Meister selbst gewirkt hat. Hier gedenken wir feierlich Webers, des großen Vorgängers, dem Wagner dort zu geistigem Leben und zur ihm gebührenden letzten Ruhe in unvergleichlicher Weise verhalf.

Möchte das Doppel-Andenken die Herzen derjenigen zur Tat erwärmen, welche, mit Wohlstand gesegnet, es fähig sind, das in ihrer Mitte geschehene Große nicht als eine flüchtig dahinzunehmende Zufalls-Laune, sondern als eine ernste Mahnung zur Weiterförderung zu betrachten.

München, wo der Meister bestimmt zu sein schien, in glänzendster Weise sein ideales Ziel zu erreichen, wo aber die damals noch herrschende Unkenntnis seines Wesens und Wollens die Errichtung des monumentalen Baues des Festtheaters seitens des größten

Architekten seiner Zeit und die Gründung der Spiele zum Nutzen und Frommen des bayerischen Volkes verhinderte.

Bayreuth bieten wir die Gelegenheit, es zu beweisen, daß es das Andenken des Meisters zu ehren begehrt, welchem es die ungeahnte wie unermeßliche Wohltat seines Kunstwirkens verdankt.

Die Vertreter des Adels im deutschen Lande erinnern wir daran, daß der Meister in seiner Schrift: »Deutsche Kunst und deutsche Politik« ihnen den edlen Ersatz für verlorene politische Rechte in der uneigennützigen Pflege der Kunst zuwies. Den deutschen Bürgerstand aber gemahnen wir daran, daß Richard Wagner es selbst aussprach, daß er in den »Meistersingern von Nürnberg« ein Abbild der eignen wahren deutschen Natur darzubieten geglaubt habe und daß er sich der Hoffnung hingegeben hatte, dem Herzen des edleren und tüchtigeren deutschen Bürgertumes einen ernstlichen Gegengruß abzugewinnen. Bis jetzt blieb dieser noch aus, wir erbitten ihn uns hiermit.

Und diejenigen unter dem deutschen Künstlerstand, welchen der Ruhm zu einer gesicherten Lebenslage verhalf, ersuchen wir, sich selbst in dem größten Kämpfer um die Sache der Kunst zu ehren.

Wir fordern die Freunde Richard Wagners in der österreichischen Monarchie zu dem Beitrag auf; in dem Lande, wo einst die Gönner sich fanden, welche zu ihrem ewigen Ruhme aus freiem Antriebe die Kunst in Beethoven beschützten. Und in dieser Monarchie rufen wir die einzelnen in Ungarn mit dem Hinweis darauf, daß ihr großer Landsmann Franz Liszt, dessen Gedenken ihnen am Herzen liegt, in keiner Art sich entsprechender geehrt fühlen würde als durch die Verwirklichung des Gedankens, für welchen er zuerst großherzig eintrat.

An die schweizerischen Freunde des Meisters wenden wir uns, indem wir dessen gedenken, daß er bei ihnen Gastfreundschaft und die Möglichkeit fand, seine Kunstschriften auszuarbeiten und das Werk zu entwerfen, welches die neue Welt kühn der alten entgegenhalten darf: der »Ring des Nibelungen«. (Schiller)

In Frankreich haben wir treue Förderer unserer Kunst anzugehen. Dort war es, wo – als der »Tannhäuser« von einem geringen Teil der Gesellschaft mißempfangen zu Fall gebracht wurde – sich nicht wenige Stimmen erhoben, um Werk und Künstler mit einer Wärme aufzufassen und anzuerkennen, wie es bis dahin nirgends geschehen war. Aus Frankreich kamen uns die eigentlichen enthusiastischen Kundgebungen eines bedeutsamsten Verständnisses von der Tat der

Aufführung von »Tristan und Isolde« in Bayreuth. In französischer Sprache auch – aus Belgien – ward das uns sonst sich nirgends darbietende Beispiel gekommen, daß das einflußreichste Blatt seit langen Jahren dort unsere Sache mit energischster Begeisterung bestritt und viel zu dem ausländischen Besuche der Festspiele beigetragen hat. Auch nach Belgien entsenden wir unseren Ruf.

Wir fordern unsere Freunde in England auf, sich uns anzuschließen; dort sind in ernstester Weise Schriften und Dichtungen des Meisters übertragen und wenn nicht von vielen, so von den wenigen in bedeutendster Weise aufgenommen worden.

Nach Italien und Spanien wenden wir uns ferner. Dem ersten dieser Länder gehört die Stadt an – die einzige –, welche Richard Wagner zum Ehrenbürger erwählte, von Spanien dagegen wissen wir, daß aus ihm, zur Freude des Meisters, der erste ausländische Beitrag zu seinen »Bayreuther Blättern« einlief.

Auch nach Rußland entsenden wir unseren Ruf; dort, wo die Kunst in ihrer Entwickelung begriffen ist und eine ungemeine Regsamkeit der besonderen Anlage für Musik des slawischen Stammes sich kundgibt, glauben wir auch solche anzutreffen, welche die Wichtigkeit der Einzweigung solcher noch ziellosen Bestrebungen an ein vollendetes Kunst-Gebilde erkennen werden, dessen Schöpfer einst gerade in Rußland die wärmste Aufnahme und die unmittelbarste Gefühlszustimmung fand.

Endlich stehen wir nicht an, bis nach Amerika uns mit der Aufforderung zur Beigesellung an unsere Vereinigung zu wenden. Dort ist die Verbreitung der Werke unseres Meisters im Gange; von dort ebenfalls sind enthusiastische Freunde zu unseren Aufführungen zahlreich nach Bayreuth gekommen, dort auch werden diese Freunde so wie alle uns verstehen, wenn wir ihnen sagen:

Wir wollen dem höchsten Meister das Denkmal setzen, welches einzig seinem Sinne entsprechend ist.

Dieses geistige Denkmal von scheinbar flüchtiger Dauer wird dennoch unserer Überzeugung nach ein unvergängliches sein.

Denn sollte unser Beispiel die Gründung der Festspiele in Bayreuth nicht zu unserer Zeit erzwingen können, so müßte wohl das Ungemeine unserer Bestrebungen gerade, wenn unmittelbar erfolglos, um so mächtiger auf die Tatkraft der künftigen Generationen wirken und diese zur Nacheiferung anfeuern. Würde uns verkündet, daß auch dieses versagt zu bleiben habe, so nennten wir dennoch unser beabsichtigtes Denkmal ein unvergängliches. Als vereinzelte

Tat des Glaubens und der Treue wird sie sicherlich in der Erinnerung derjenigen bestehen, die ihrer bedürftig waren, abgeschieden edel wie das Festhaus, in welchem sie sich ereignete. Deshalb rufen wir die Freunde unserer Kunst auf, uns zu helfen, dieses Denkmal zu errichten.

Unter allen Erfahrungen jedoch soll es die Genugtuung der Unterzeichneten bleiben, danach getrachtet zu haben, durch die angestrebte Erfüllung seines Wollens des Wirkens des Genius teilhaftig zu werden.

An Hermann Levi
Bayreuth, 8. 9. 1886

Gewiß, bester Freund, haben Sie recht, daß die Summe der Zeichnungen an Adolf Gross gewiesen sein muß. Und gewiß haben Sie auch darin recht, daß die Sammlung auf das Ausland ausgedehnt werden muß. (Ich habe Herrn Boissier bereits gebeten, seine Spende an Adolf zu senden.) Eigentlich dürften wir die Spiele nur dann ankündigen, wenn wir sie aus den Zinsen unseres Kapitales geben könnten. Vielleicht ergibt die Sammlung so viel, daß wir 5 Jahre hintereinander spielen können und das übrige dann den Göttern überlassen. Das wäre mir das liebste, wenn nicht überhaupt eine solche Unterstützung uns zukommt (2–3 Millionen), daß das Leben Bayreuths überhaupt gesichert sei. Ich möchte Sie gern hierüber sprechen. Wie ist es mit Ihrer Zeit in München? Die Kinder sollten Sie befragen; aber nach ihrer Depesche scheinen sie Sie gar nicht gesehen zu haben. – Wollen Sie beigelegten Brief, von dem ich gar nicht weiß, wie er ohne Couvert auf meinen Tisch kam, beantworten. Wenn wir unsere Gemeinde im Sinne des Jesuiten-Ordens uns eingerichtet denken könnten, so würde ich Ihnen sagen, daß der darin zu den Claudianern gehört, aber in Gottes Namen, doch dazu. Am liebsten spräche ich Sie über das Viele, was mich beschäftigt; morgen werde ich erfahren, ob ich nach Palermo soll. Dann halte ich in München an, am Montagnachmittag, sonst verbleibe ich still hier, bis die drei Kinderchen mir wiederkehren. – Mein schwarzer Faf verleiht dem Wahnfried-Tag seinen Schatten, wie mein weißer Frisch der Wahr-Hügel-Nacht sein Leuchten verlieh.

Ich glaube, daß ich Sie ganz verstehe, wenn ich den Vergleich zwischen »Oper und Drama« und »Religion und Kunst« auf das

»Kunstwerk der Zukunft« beziehe und dieses dem Langschiff eines
Gebäudes vergleiche, von welchem »Religion und Kunst« gleichsam
die Kuppel sei.

Für »Oper und Drama« möchte ich einen Lehrstuhl an den
Musikschulen errichten lassen können; dies, verbunden mit der
Analyse der Werke, ergäbe dann, glaube ich, daß die Werke
gleichsam von einem, wenn auch schlichten, doch edlen, Vorhofe
umgeben wären und nicht, wie jetzt, in entwürdigendster Begleitung
sich zu unserer Scham zeigen müßten; denn ich meine, daß ein Stil in
der dramatisch-musikalischen Kunst geschaffen werden könnte,
ebensogut als es in Griechenland der Fall mit der Plastik gewesen ist.
Aber freilich wir sind keine Hellenen, sondern?? –
Der Stil bringt mich auf das wieder, was ich Ihnen bezüglich des
Chores andeutete. Ich halte durchaus dafür, daß hier eine Art von
Konvention festgesetzt werden muß (die der Maske des antiken
Theaters nicht unähnlich wäre). Wenn der Chor keine Handlung
auszuüben hat: Ruhe; wenn er in die Handlung eingreift, möglichst
individualisiertes Spiel. Die sogenannte Lebendigkeit und Natürlich-
keit des Chores, das stereotype Sich-Ansehen, Zeichen-Geben etc.,
halte ich vom Übel, als einen groben und unwahren Realismus.
Geradeso wie wir annehmen müssen, daß wir Tristan und Brangäne
vernehmen, während Isolde sie nicht hört, müssen wir die Ruhe der
Umgebung als ein Gegebenes empfangen, auf welche die genannte
Szene sich abhebt. Alles, wobei jedem etwas einfällt, ist hier, meines
Erachtens, auf das sorgsamste zu vermeiden.

Ich komme nun auf das einzelne Gebärdenspiel in »Tristan«: Ihr
Bedürfnis einer Mimik vor »*die kein Himmel erlöst*« teile ich bis zu
einem gewissen Grade nur; denn, bemerken Sie, daß die Figur sich
gleichsam wiederholt. Soll nun Marke da wieder vor »Elend« Gesten
machen? Hier liegen, meines Erachtens, die ungeheuren Schwierigkeiten der Darstellung von »Tristan«, wo das verzweigteste Seelenle-
ben, durch die Musik kundgegeben, kaum eine entsprechende
Gebärde ohne Absurdität zuläßt und wo kaum ein Physiognomie-
spiel der Gewalt der Töne entspräche. Ähnliches wie das Angeführte
ist im ersten Akt bei Isolde: »mit ihr gab er es preis«. Ferner nach:
»Daß dir es Kummer schuf.« »Wie ein Held Eide hält.« »Hei! unser
Held Tristan.« »Da schrie es in mir auf aus tiefstem Grund« usw. –
Ich entsinne mich, daß 1865 die erste Szene des zweiten Aktes nicht
nur an der Stimmlosigkeit, sondern auch an der Unbeweglichkeit der
Isolde etwas litt; jede unpassende Mimik sollte eben vermieden

werden. Ich glaube, wir haben hier mit Hülfe der Begabung von Frau
Sucher diese eine Szene beinahe gut gegeben. Das, was Sie bei Marke
vermißten, könnte ohne Gefahr des Lächerlichen nur jemand wie
Schnorr bringen, der höchstwahrscheinlich bei dieser Stelle tief in
sich gesunken wäre und sich das Gesicht verhüllt hätte (wie ich glaube
es Gura angegeben zu haben). Das sind die Schwierigkeiten des
»Tristan«, welche in der Natur des Stoffes lagen; ich glaube, daß ein
gewisser gut gemeinter Realismus das Allerfremdartigste ist, während die Ruhe, welche gleichsam die Hülle scheint, mit welcher die
vom Orchester angegebene Gemütsbewegung umschleiert wird,
wenigstens unschädlich ist, wenn auch durchaus nicht entsprechend;
ich glaube bestimmt, daß, wenn wir alljährlich spielen, wir (Dank
dem liebevollen Eifer der Künstler, Dank vor allem aber Ihrem
freundlichen Eingehen auf meine oft so abstrus kundgegebenen
Empfindungen) diese Probleme würden lösen dürfen, aber wir
müßten alles Banal-Konventionelle, Realistische, verbannen und
dafür eine erhabene Konvention – den Stil – eintreten lassen.
Antworten Sie mir hierüber schriftlich nicht; ich teile Ihnen nur
summarisch mit, was mich beschäftigt.
Was meine Augen betrifft, so habe ich sie wohl zu schonen, das
ersehen Sie daraus, daß ich diese Zeilen (einem Alumnen) diktiere,
daß ich mir es versagen muß, ein Buch aufzuschlagen, und daß ich
meinen Kindern, denen es Freude machte, in unserer Einsamkeit
nichts mehr vorlesen darf – das will gedeutet werden. Wenn die
Deutung eine Schwere noch hinterläßt, so darf diese vielleicht als
Lebens- und Sünden-Abbüßung, ohne Übermut, betrachtet werden
und im Reiche der Gnade dann die Last zur Stütze – zur Schwinge
– werden.
Über anderes lassen Sie mich schweigen. Glauben läßt sich nicht
eindiskutieren; vielleicht war es das Gefühl davon, welches eifrigen
Menschen, denen nicht mehr das Beispiel des Martyriums freistand,
zum grauenhaftesten Wahn trieb: Mit Feuer und Schwert Überzeugungen einzutreiben. Was soll's aber mehr, wenn Sie »*Religion und
Kunst*« aufnahmen (»Ich weiß, daß mein Erlöser lebt«)? Ihre Frage
nach dem »Warum«, hier, hatte mich dies nicht annehmen lassen;
auch würden wir sagen: »Der Mittler, welcher *wurde*«, nicht wie Sie:
»den sie sich schufen!« Aber lassen Sie uns darüber schweigen; jeder
stirbt als Christ; denn das Christentum ist eine Wahrheit. Selig die,
die es im Leben sein dürfen! Wer könnte so bemessen sein
– abgesehen von dem Bekenntnis –, sich dazu zu rechnen? ...

In einem wirklichem Irrtume sind Sie begriffen, bester Freund, wenn
Sie annehmen, daß je eine Verletzung mir aus Äußerungen und
Gebaren kommen konnte, welche die Folge Ihrer Anstrengungen
hätte sein können. Im Gegenteil besprachen wir es noch mit den
Kindern, wie anmutig und wohltätig die Abende nach den Aufführungen in Wahnfried waren (das, was nach der Generalprobe
vorkam, gehört ganz woanders hin, das wissen Sie wohl, so wie, daß
Sie da nicht zu uns kamen). Wollen Sie es mir aber verdenken, daß ich
von den wenigen Menschen, denen ich noch glaube, in unserer Sache
etwas sein zu können, den gleichen Lebensritus oder – wenn Sie
wollen – Rhythmus erwarte? Lassen Sie auch dies, denn, wie gesagt,
Ihr erster Brief zeigte mir, daß Sie meine Stimmung wußten, und hat
mich dies gerührt. Meine Kinder sollten Ihnen allerlei sagen und Sie
allerhand fragen. Die arme Frau aus Stuttgart hat mir wiederum
geschrieben; wäre, mit Vogl besprochen, ein Gastspiel nicht möglich
als Tristan? Es ist ein Elend! Antworten Sie auch hierüber schriftlich
nicht, denn ich weiß, Sie tun, was Sie können ...
Wenn ich nach München komme, so müssen Sie mich bemotteln,
denn ich weiß wenig, wie man sich für Reisen einrichtet. Besprechen
Sie es aber nicht, bitte, denn ich würde selbst ohne Kenntnis der
Kinder mich aufmachen. Doch wie gesagt, ich hoffe hier still
verbleiben zu können. Briefe kann ich ganz gut lesen, nur will ich Sie
bitten, ein wenig weiter auseinander ihre schöne deutliche Handschrift zu geben. Wenn ich käme, würde ich auch mit Ihnen über das
Werk sprechen (Kostüm und Dekoration der Werke), für welches ich
gern einen Verleger hätte. Ich möchte gern nichts verabsäumen; und
wenn der getrübte Sinn mir auch keinen Trübsinn erweckt, so mahnt
er mich doch und heißt die Zeit sparen.
»Ein Adliger darf sich nicht umdrehen«, sagte gestern Siegfried zu
Faf, der nach hinten schaute. Dieses Wort, welches Siegfrieds ganzes
Wesen ausdrückt, ist heute, wo er nun auch abgereist ist, meine liebe
Gesellschaft. Ich teile es Ihnen mit, als das Beste, was ich habe, und
möchte, es gälte Ihnen als rechter Dank für all das Freundliche, was
Sie mir erwiesen, und für all das Gute, was Sie hier getan.

An Hermann Levi
Bayreuth, 19.–23. 9. 1886

Obgleich ich keine Erwiderung auf meine letzten Zeilen noch habe, so beginne ich das Gespräch mit Ihnen, bester Freund, doch von neuem. Möchte Ihnen dies das Zeichen sein, wie ernstlich ich es mit unserm Verkehre nehme, und möchten Sie das Zeichen ebenso gern empfangen, als ich es gebe.
Die Wiederlesung von den Einführungen und Ankündigungen des zehnten Bandes haben es mir als einen Vorwurf gegen mich selbst empfinden lassen, daß ich Sie nicht in meinen Briefen wiederum dringend an die Analyse, von welcher wir hier sprachen, erinnert habe. Bitte, beschäftigen Sie sich ja mit dem Gedanken an die Ausführung dieses Vorhabens.
Wie vieles ist mir durch diese Wiederlesung bestärkt und verschärft worden; vor allem das Gefühl des Nicht-sich-Behagens noch Sich-Genügens. Heißt es dort immer die Probleme, über welche man sich zu verständigen hätte, wieviel müßten wir unter uns verkehren können, um uns dessen recht bewußt zu werden, was wir hier erreichen wollen. Es beschäftigt mich dies so ernsthaft, daß ich völlige Lebensentschlüsse damit verknüpfen könnte. Denn, daß Sie mir hier (mit Recht oder Unrecht) sagen konnten: Ich hätte Ihnen des öfteren widersprochen, sollte doch nicht mehr möglich sein. – Ein anderes, was mich mit erneuerten Sorgen dafür einnimmt, ist der Stipendien-Fonds; ich habe Porges bereits geschrieben, keine Ruhe zu geben, bis der Verein sich entschließe, einen bedeutend größeren Zuschuß dieser einzigen Stiftung zukommen zu lassen. Das gleiche schrieb ich W. [Wimmer?], und Merz kennt meine Ansicht hierüber gut. Ich will sie Ihnen nur auch noch einmal gesagt haben, damit keine Gelegenheit vorübergehe, wo man nicht auf das tiefe Unrecht der Vernachlässigung dieser Stiftung aufmerksam mache.
Noch eines, wenn Sie meiner Monotonie nicht müde werden wollen. Der Bürgermeister sagte mir hier, sein Sohn wolle in München die »Gesammelten Schriften« vortragen, dozieren; ich beachtete es kaum zuerst, aus Gewohnheit, von draußen eigentlich nur Zeitungsschreiberei zu erwarten. Nun frage ich mich, ob ich nicht sehr unrecht getan, ob der junge Muncker nicht durch die bloße Lektüre der Schriften befähigt worden ist, Beachtenswertes darüber zu sagen. Können Sie, bester Freund – *gelegentlich* – erfahren, ob er über ein einzelnes Werk oder einen Gegenstand (etwa Staat oder Literatur

oder Religion) daraus erklärend reden will? Ist dies der Fall, so
würde ich mich unbedingt darum bekümmern, will er nur im
allgemeinen faseln, dann geht es mich nichts an.

Ihre Mitteilung der Lektüre von »Oper und Drama« hat mich
dermaßen in das Werk selbst versetzt, daß ich, als ob ich es wieder
gelesen hätte, »Über die Bestimmung der Oper« vornahm (von
welcher Schrift ich meine, daß man sie immer nebst »Staat und
Religion« unmittelbar auf »Oper und Drama« lesen sollte). Wie hat
mich das über den Humor bei Beethoven an das hier gespielte
Quartett, an den vollständig übermütigen Eindruck des Werkes
gemahnt, zugleich aber auch mit einer Art Trostlosigkeit (von
welcher Sie die Ursache erraten) erfüllt!...

Ob ich diese Zeilen abschicke, bevor ich ein Zeichen von Ihnen
erhalte, weiß ich nicht. Ich mußte sie schreiben, um von einer Seite
die Last der Gedanken abzulagern, welche in der lautlosen Stille,
welche doch noch nicht jeden Abbruch mit dem Leben bedeuten
darf, sich hoch aufhäufte. Einen Brief werde ich nach längerem
Überlegen beigeben, der Ihnen, Freund, zeigen wird, welcher Art die
Dinge sind, die mich schmerzen; ich hoffe damit für immer jedem
Mißverständnis vorgebeugt zu haben und jeder – wollen Sie den
Scherz freundlich verstehen – bequemen Trostlosigkeit.

Ich verbringe jetzt mit meinen beiden Hunden täglich zwei, drei, ja
öfters vier Stunden im Durchstreifen der Felder und Wälder. Eine
Einkehr in Bauerngehöfte, um den guten Tieren Milch zu verschaffen, bringt mir, außer dem häuslichen Dienst, oft das einzigste an
Menschenstimme. Von allüberall begrüßt mich das Festspielhaus,
dessen Schweigen das meinige entspricht! In diesem Schweigen ging
ich, durch die eine Einführung geleitet, das Leben der Musik durch
und mußte es wohl wundervoll finden, daß sie, von dem Nachtönen
des Seufzers am »Golgatha« – ihre Geburt –, durch das Paradies der
Beethovenschen Symphonie zur Gnaden-Au gelangen durfte.

Dienstag 21. Sept.

Ich fahre in diesem wunderlichen Schreiben fort, annehmend, es sei
gut, weil es für sich selbst da ist. Sie ersehen aus diesem, daß der
zehnte Band mich nicht verläßt, und in der Tat wirkt er bei mir jetzt
beständig Bestärkung, Bereuen oder Vorsatz. Zum zweiten gehörte
mein hier ausgesprochener Gedanke über Aufführungen der Werke
meines Vaters. Was könnten solche Vorführungen je sein im
Vergleich zu den Worten von »Das Publikum in Zeit und Raum«?
Welches Publikum dürfte sich hierüber vernehmen lassen, nachdem

dieser Sternenkranz um dieses Haupt gebunden worden ist? Möchte
doch – wie der Sänger Casella im Purgatorium durch Dante – mein
Vater einzig durch diese Würdig-Sprechung den wenigen bekannt
bleiben, die sie zu lesen berufen sind! Mit eigener Besorgnis erfüllte
mich dagegen der »Rückblick« (1876) bezüglich einiger darin er-
wähnter Künstler. Wenn es auch im indischen Gesetzbuche heißt:
Verstehen sei besser denn auswendig können, so habe ich doch nicht
den richtigen Freimut, um diesen Satz durchzuführen. Doch hatten
wir ein so merkwürdiges Glück in allem, was unsere Vereinigung
betraf, daß ich gern auf dieses bauen will, selbst wenn ich aus
Gewissensskrupeln ihm entgegenarbeite. (Das Glück bringt mich
darauf, Sie zu fragen, ob das wohl auch symbolisch sei, daß unser
Melot mich mit lieben Zeilen in meiner Einsamkeit besuchte, ja
heute mit einem liebenswürdigsten telegraphischen Gruß?)
Ich lasse mich mich aber nicht ablenken und teile Ihnen ungehemmt
das Mancherlei weiter mit, was ich zu Ihnen, meist auf den
Wanderungen, spreche. Diese lassen mich nie unbefriedigt; abgesehen von dem eigenen Charakter, welchen die Gedanken im Freien
annehmen, sind die Begegnungen mit dem Volke mir stets von
größtem Wert. Selbst in der jammervollsten Verkommenheit erleichtert es einem das Mitgefühl, welches die Entartung der bürgerlichen
Welt einem erstarren macht. Fast immer, wenn der Verkehr mürrisch
begonnen, endigt er auf das freundlichste; meine Hunde werden
bewundert, ihrer Vorgänger sich entsonnen. Und welches Beispiel
von Ergebung und Größe gibt einem solch ein Kind, welches, mit
einem schweren Holzkorb beladen, mir gestern antwortete, es könne
nicht ausruhen, weil es nur diese Ladung fertiggebracht und noch
mehrere ähnliche zu holen habe! Mit dem Gefühl der Zusammengehörigkeit – welches mir durch manches, dem einen Worte auf dem
Gottesacker ähnlich, welches ich Ihnen wieder sagte, besonders
lebendig wird – kehre ich meistens heim, ein Gefühl, welches ich
früher in Gesellschaft vergeblich zu empfinden trachtete.
Donnerstag abend.
Eine große Angst, in welche mein Faff durch sein Verschwinden mich
versetzt hat, machte nun den Waldgängen ein Ende; wie aber alles,
was von guten Wesen einem kommt, sein Frommen hat, so ließ mich
diese Angst – vor den Jägern – beinahe mit Behagen dem Regen
zusehen, welcher den Vorhang vor dem Sommer abgibt. Etwas
anders, wenn auch nicht ganz ungleich, ergeht es mir mit Ihrem
Besuch, sosehr ich mich gefreut haben würde, Sie zu sehen, und so

bestimmt ich auch glaube, daß das, was wir zu besprechen haben, wohl einzig gut in der vollständigen Stille ergründet worden wäre, so finde ich es doch besser so und heiße Sie willkommen, wann es Ihnen Gesundheit und Muße erlaubt. Sie müssen in der Tat sehr angestrengt sein; mir bleibt es unverständlich, warum Fischer nicht den zweiten Zyklus dirigieren konnte, da er das doch vermag und Sie doch keinerlei künstlerische Genugtuung von den Aufführungen haben können. Aber es schleppt sich wohl ein jeder mit solchen Wahngebilden von Nötigungen herum! Nun ruhen Sie sich wenigstens jetzt gut aus. – Sie werden mich auf alles und in allem sehr gefaßt finden. Das zweimalige Lesen von »Wollen wir hoffen« hat mich sehr gestählt; das einzige, was ich möchte, weil ich es für möglich halte, wäre eine wahrhaft durchgeführte Gemeinschaft der Gedanken und Gesinnungen, welche uns berechtigte, inmitten der größten Mißerfolge uns als Vorläufer einer glücklicheren Generation zu betrachten. Ist dies nicht, so sind wir eben abenteuerliche Unternehmer, denen bald dies, bald jenes glückt, die aber gewiß nicht den Anspruch, eine Glaubensgemeinde zu bilden, erheben dürfen. Gott gebe, daß wir nicht dazu kommen, finden zu müssen, daß Operntheater grade für uns gut sind. – Besser ist es, glaub' ich, Sie sagen *mir* gewisse Dinge als Adolf, weil sie mich nicht ängstigen. Ich kenne diese Gesellschaft genau und weiß, daß sie alles fähig ist, nur nicht dessen, wozu Mut erforderlich ist. Das Protektorat wünsche ich niemandem anzubieten. Findet sich einer, der dem Volke die Spiele spendet, nun, dann ist er alles, was er will. Bis dahin müssen sich unsere Feste allein beschützen.

Mir war's, als wären wir hier übereingekommen, daß ein solcher Rat an I. nur zu geben wäre, wenn man ihm zugleich die Mittel zur Ausführung zustellte. Auch ist, glaube ich, W. wenig empfänglich für Offenheiten dieses Charakters, weil er sehr sensitiv ist. Doch was nützt alles Reden, ja Widerlegen? ...

Nun aber auf Wiedersehn! Grüßen Sie mir mein loses Völkchen und lassen Sie sich von ihm nicht mißbrauchen, sondern bringen Sie ihm Ernst und Würdigkeit bei. – Ich will hoffen, daß Sie meine Tochter in Bonn wohler antreffen. Seit einigen Wochen verläßt sie kaum das Bett. In ihrem letzten Briefe schrieb sie mir, daß das Bild ihr unbeschreibliche Freude gewähre. »Liebe, die im Geiste zu mir spricht«, ist nicht Sache der Jugend, sie will das schwarz auf weiß noch obenein eingerahmt und aufgehängt vor sich sehen und – hat am Ende recht. Sie haben also da wieder ein sehr gutes Werk getan, und

wenn ich dieses, sowie all der anderen Wohltaten, die Sie in unserer
Sache geübt und noch üben, gedenke, so kommt mir wieder ein
Spruch der indischen Weisheit in den Sinn, welcher besagt:»Wer
häufig mit Vorteilsgedanken das Gute tut, gehört zu den Göttern;
wer aber ohne Vorteil es vollbringt, der wird, von den Elementen des
Körpers losgelöst, dem höchsten Wesen vereint, welches durch sich
selbst strahlt.« Dies sei mein Abschiedsgruß.

An Ludwig Schemann
Bayreuth, 22. 10. 1886

Werter Herr und Freund!
Durch unseren Freund Wolzogen hatte ich erfahren, wie eingehend
Sie sich mit meinem Vater beschäftigt haben, und ist mir dies, auch
ohne daß ich Ihre Arbeit kenne, von großem Werte. Gewiß ist es
nicht leicht, seiner Persönlichkeit im Leben und in der Kunst gerecht
zu sein. Vielleicht dürfte am ehesten die Aufzählung seiner Wohltaten, die Aufzeichnung seiner Werke und die Betrachtung, daß er
völlig besitz- und heimatlos schied, nachdem ihm gleichsam die ganze
Welt offen gewesen, zur Erfassung des Bildes verhelfen. Wenn es mir
wohl begegnet ist, daß vornehme Naturen mit ironischem Lächeln
des Mißbrauches gedachten, dem sie anheimgefallen, so will er mir
als der einzige erscheinen, dem es selbst im tiefsten Innern nicht
möglich war, eines gegen ihn begangenen Unrechtes sich bewußt zu
werden. Wohl hat er in die Welt geblickt wie alle, die über diese Welt
hinaus zu fühlen befähigt sind, doch – war es das innig kindliche
Christentum, welches er im Herzen trug, oder war es sein ureigenstes
Selbst, ich weiß es nicht – nie hat er diesen allgemeinen Blick im
besonderen Falle geübt. Das Bedürfnis, sich nicht als bedeutender zu
empfinden als seine Mitlebenden, war ebenso groß als das, ihnen zu
helfen, und so sehen wir ihn alles, was nur einen Namen in der
Kunstwelt jetzt trägt, aus der Unbekanntheit hervorziehen, und wo
nur eine Regung der Begabtheit sich zeigte, diese mit aller Gewalt der
kräftigen Liebe zu stärken, ja völlig auszufüllen suchen, und war der
Quell der Wehmut bei ihm die immer gewaltsam zurückgedrängte
Erkenntnis, daß vieles doch nicht so geworden, wie er es hoffte, also
nicht so war, wie er es begrüßt hatte. Er glaubte an die Vereinigung
der Edlen zur Erbauung der Stadt Gottes. Die Vereinsamung dieser
Erbauung hat gewiß zu dem gehört, was ihn innerlich weltabwendig

machte, ohne den menschenfreundlichen Zug erschüttern zu können, der nun ohne Hoffnung ferner aus ihm strahlte, wie wir beim Sinken der Sonne es gewahren, daß rosige Wölkchen noch den Himmel beleben, da es denn schon Nacht wird. Auch seine Werke sind ein Teil dieses menschenfreundlichen, mitteilsamen Zuges, er hat in ihnen immer zu jemandem geredet; mehr ein Außersichkommen als ein Insichversenken, wenn Sie wollen; daß der Jemand aber sich nicht fand, um ihn anzuhören, das war ungerecht bis zur Grausamkeit, denn was er zu sagen hatte, war hoch und edel.

Möchten Sie aus diesen Zeilen ersehen, werter Freund, wie Ihre Gefühle für meinen Vater von mir erfaßt und aufgenommen worden sind.

Haben Sie Dank auch für Ihre so freundlichen Worte für mich selbst und lassen Sie mich hoffen, daß Ihre Gesundheit sich gestärkt und gefestigt hat. Bleiben Sie unsern Blättern treu, ich bitte Sie herzlichst darum; sie legen ein schönes Zeugnis ab von Mut und Begeisterung.

Nun leben Sie wohl, grüßen Sie Ihre Gattin schönstens von mir; es ist ein freundlicher Gedanke, neben dem sinnenden, geistig versenkten Manne die liebende Frau zu wissen, die sein denkendes Leben teilt und erleichtert. So sehe ich Sie jetzt befriedigter als in früheren Zeiten und freue mich dessen, wenn ich auch weiß, daß die Lebensschläge nicht minder deshalb empfunden werden. So empfangen Sie auch den Ausdruck meines Mitgefühles für den Verlust Ihres Vaters und glauben Sie an meine treue Anhänglichkeit.

PS. Ganz unaussprechlich hat mir Ihre Spende für den Stipendienfonds wohlgetan, da die Vernachlässigung dieser Stiftung mir ein großer Kummer ist.

C. Wagner

An Heinrich von Stein
Bayreuth, 25. 10. 1886

Siegfried hat Buch und Brief erhalten, mein Freund, und wollte ernstlich Ihnen danken, aber die Schule einerseits, eine jetzt ihm gestellte Aufgabe andererseits würden ihn so lange abhalten, daß ich lieber für ihn eintrete und herzlich für alle guten Nachrichten, guten Worte, schöne Empfindungen und Ermahnungen danke. – Mit der Schule ist es wirklich schlimm, Dienstag und Freitag zum Beispiel von 2–6 und dann noch Aufgaben, welche Siegfried bis 10 Uhr beschäftigen; man weiß kaum, wie einen Spaziergang noch einfügen, die Unlust dazu wächst mit der Schwierigkeit der Einschaltung, und wenn man noch dazu erfährt, daß eine, sehr eingehend, zwischen ihm und mir, besprochene, mit einem Zitat aus »Religion und Kunst« endigende deutsche Aufgabe einfach *schlecht* gefunden wurde, so ist es einem wohl nicht zu verdenken, wenn sehr häufig der Gedanke des vollständigen Bruches mit dieser ganzen Schul-Maschine einem anwandelt. Doch besucht Siegfried sie gern, und daher lasse ich es mit Seufzen sein. Er ist wirklich das beste Wesen von der Welt, und ich glaube, daß kaum je eine Mutter es so leicht und gut mit dem Sohne gehabt hat als ich. Alles tut und versteht er von selbst, er verlangt nichts, ist genügsam, ja sparsam, bei unbegrenzter Herzensgüte, und hat eine Kindlichkeit sich bewahrt, die bei einer ganz überwiegenden Vernunft mich stets aufs neue entzückt. Er ist völlig berauscht von seiner Rhein-Reise zurückgekommen, wo er, wie er sich ausdrückt, »romanische Bogen gefressen hat« und mit meinem Schwiegersohn keiner Ruine Ruhe gelassen hat. Die Aufgabe, die ich vorhin erwähnte, ist das Grabmal meines Vaters. Es ist eine Konkurrenz eröffnet worden, und ich habe Siegfried angehalten, sich dabei zu beteiligen, indem ich sehr hoffe, seinen Plan annehmen zu können. Das geht ihm nun sehr durch den Kopf, Apsiden, Kapitale, Wölbungen, alles ist wieder in ihm lebendig, und was mich am meisten freut, ist, daß er sich nach gar keinem Muster umsieht, sondern ausdenkt. Daß die Sache geheim bleibt, versteht sich von selbst.

Ich freue mich auf Ihr Buch, das wissen Sie, Freund; Heinz liest es mit dem größten Interesse, und ich würde Ihnen schon etwas darüber sagen können, wenn unsere armselige Stadt mir einen Vorleser schaffen könnte; da ich durch meine Augen vollständig brachgelegen bin, haben meine Töchter so viel für mich zu übernehmen, daß ich sie hierfür nicht in Anspruch nehmen kann, und nun warte ich noch, was mich recht peinigt, denn Ihre Arbeiten gehören zu dem, was mich unbedingt fesselt und belebt. Ich habe neulich Franz Muncker auf Ihre Aufsätze über die Sprache gewiesen, weil er mir, durch seine Kenntnis der »Gesammelten Schriften«, auf dem rechten Weg zu sein schien. Zugleich habe ich ihm meine Meinung über das Jahrbuch gesagt und Professor Kürschner eingeladen, mich zu besuchen, um zu sehen, ob aus dieser Trostlosigkeit der guten Gesinnung und der unschicklichen Tatsachen herauszukommen wäre.

Ob die Festspiele sich im nächsten Jahre wiederholen, scheint mir sehr zweifelhaft. Die Eindrücke der Menschen bleiben flüchtig, wie sie selbst, wenn sie noch so lebhaft scheinen, und sie erwarten eigentlich immer, daß Wunder für sie geschähen, ohne sich zu sagen, daß »das Wunder des Glaubens liebstes Kind« ist. Ein Glück, daß sie nichts damit zu tun haben, daß die Sonne auf- und niedergeht! ... Mein ganzer Wunsch wäre, wir könnten fünf Jahre hintereinander unentgeltlich spielen; dies geschehen, wollte ich es gern künftiger Generation überlassen, Besseres zu tun. In diesen 5 Jahren, wüßte ich, hätten wir etwas erreicht, aber der Gott, der dies erreichen läßt, kann eben nach außen nichts bewegen.

Sagen Sie mir bald, Freund, wie es Ihnen geht und ob Sie noch daran denken, mich hier in der Stille zu Weihnachten zu besuchen. Ich sage mich, weil ich meine drei eingesperrten, armen Vögelchen nach München zu einigen Aufführungen ausfliegen lassen werde. Da wird Ihnen Wahnfried doch wohl zu einsam sein? Mir sind Sie immer willkommen, und vergeht kaum ein Tag, ohne daß ich zu Ihnen spreche und weiter mit Ihnen verkehre, wie an jenem Morgen vom Festspielhaus hinauf, in dessen Gedanken ich Sie, mein teurer Freund, auf das herzlichste und innigste grüße.

C. W.

An Hermann Levi
Bayreuth, 12. 12. 1886

Ich kann mir wohl denken, lieber und werter Freund, wie Ihnen bei der Veränderung des Repertoires, von welchem mir die Kinder trübselig sagten, zumute ist, und könnte mir auch, glaube ich, ziemlich genau vorstellen, wie derlei vor sich geht, wenn es nicht sehr vorzuziehen wäre, die Tatsachen als Hiebe einfach dahinzunehmen, ohne den Anteil der Menschen daran zu untersuchen. Ein unausrottbarer optimistischer Zug läßt mich hoffen, daß die Kinderleins dennoch im Theater etwas antreffen, und daß Sie sich ebenso darüber freuen als wie ich, weiß ich, und bleibt es daher bei meinem Dank. Die unerwartete Folge meines Grußes hat mich auf Weilen beschäftigt. Wunderlicherweise sind mir jedesmal, daß ich daran dachte, zwei Bilder vor den Sinn getreten; zwei geschmacklose theatralische Grabmäler, die mir aber durch die Idee, welche sich in ihnen ausdrückte, einmal einen Eindruck machten; auf dem einen ging ein Feldherr emphatisch die Stufen des Lebens zum Tode hinab, auf dem

anderen beugte sich demütig eine Frau unter der Türe des letzten
Einganges. Um mir nun den kuriosen Zusammenhang dieser Bilder
mit meinen Gedanken zu deuten, sagte ich mir, daß jeder Lebensmoment, der nicht mehr von uns abhängt und gleichsam abseits des
gewohnten Stromes unseres Daseins führt, von uns entweder mit
Begeisterung erfaßt oder mit Ergebung dahingenommen zu werden
hat. Dies wollte ich für mich selbst zur Lichtung meiner etwas
verstrickten Stimmung an Sie niederschreiben. Daß ich es nun tue, ist
auch seltsam genug, denn inzwischen hat sich für mich etwas ergeben,
was ich mit Lamoureux zu besprechen habe, und sind daher alle diese
Kreuz-und-Quer-Dinge wie eine Spukgesellschaft durch einen
Lichtbesen weggefegt. – Wollen Sie die Güte haben, Lamoureux zu
bitten, am Weihnachtstage mit uns auf die marienbadische Weise zu
speisen, wenn er sonst nichts vorhat. Sie kommen dann mit ihm oder
früher (ich glaub', das Mittag war immer ½ 2 Uhr), wie Sie wollen und
können. Zwischen 9 und 10 bin ich an diesem Sonnabend (25.) bei
Rothmund, darauf hoffe ich zu Flüggen kommen zu können; der
»Lohengrin« in Paris nimmt mich jetzt auf sehr verschiedene Weise
ein. Einerseits habe ich von der Bedeutung dieser Erscheinung eine
Auffassung, die gewiß den meisten als überspannt vorkommen
würde; andrerseits sind mir Wesen und Dinge dort förmlich
grauenhaft durch ihre Fremdartigkeit. Wenn ich nun es versuche – so
sage ich mir –, einen Zug davon hineinzubringen, und sei es nur in
dem bescheidenen Anteil der Tracht, was das Ganze dieser Gestalt
ausmacht, so muß sich dieser Zug ungefähr wie der neue Fleck im
alten Mantel ausnehmen und eher schädlich als nützlich wirken; nun
aber kommt mein Glaube an die Bestimmung dieser Werke in der
versunkenen lateinischen Welt und mein Glaube an die Macht der
Wahrheit, wenn sie sich auch nur im entlegensten Winkel der
Handlung enthüllt. Daher bin ich denn in Korrespondenz mit Herrn
Lamoureux getreten; ich habe ihm vorgeschlagen, mit Flüggen mich
zu verständigen, um endlich aus der Doppeladler- und Schwan-Wap-
penwirtschaft herauszukommen, welche auf unseren deutschen
Bühnen dem armen »Lohengrin« ein solches Gepräge von Opern-
haftigkeit aufgelegt haben, daß er wie eine arme Leiche unter
falschen pomphaften Decken dahergeschleppt wird und seine ganze
strenge Gottesfürchtigkeit kaum mehr vernommen wird. Da ich nicht
weiß, wann in Bayreuth er einziehen wird, so ist es mir wohl recht,
was mir darüber aufgegangen ist, ausgeführt zu sehen, aber – –??
Herr Lamoureux schreibt mir, daß er die Regie selber führen wird;

ich sehe Sie dabei lächeln, da Sie mein Mißtrauen gegen derartige
Beruhigungen zur Übergenüge kennen. – Vielleicht können Sie mir
in dieser Frage irgendeinen Menschen nennen, den ich empfehlen
könnte. Dieses Thema gehört also auch zu den Münchener Gesprächen.

Glauben Sie, daß mir ein Klavier (kein Flügel) in das Hotel gestellt
werden könnte? Wir nehmen vielleicht etwas aus den »Feen« vor,
und es ließe sich am Ende machen, daß ich Fräulein Dressler hörte.
Ich sage Ihnen dort weshalb.

Mottl schreibt mir, daß er jedenfalls in der ersten Hälfte Januars nach
Bayreuth kommen wird und vorläufig an den von mir ihm angegebenen 7. festhält. Meine Kinder würde ich nur dann in München länger
als die Weihnachtsferien lassen, wenn etwas im Theater zu erwarten
wäre. Auch die Trilogie des Sophokles hätte für mich diesen Wert, da
ich denn zu meiner Beschämung neulich einsehen mußte, daß
Schopenhauer noch christlicher gestempelt ist als wie ich, indem er
die Motive der Antigone und des Philoktet einfach »widerwärtig und
ekelhaft« nennt.

Zum Schluß all dieser geheimen Mitteilungen noch die Krone davon
unter der Form einer Christpalme für Frau von Rothmund. Wollen
Sie die Güte haben, mir dieselbe zu besorgen, beifolgende Karte dazu
geben und am 24. abends hintragen lassen? Da Sie mir immer meinen
Luxus vorwerfen, empfehle ich Ihnen nicht, diese Pflanze sehr schön
auszusuchen.

(Meine Kinder behaupten, daß ich wie gewöhnlich durchaus
unverständlich hier gewesen sei, und bitten in etwas kränken-
der Weise sowohl für Sie wie für mich deutlich um eine *schöne*
Palme.)

Kümmern Sie sich nicht darum, bester Freund, wie Ihre Antworten
ausfallen. Das, woran ich mich bei Ihnen wende (wenn ich schreibend
monologisierend, dennoch bestimmt empfinde, daß an Sie ich mich
richte), dieses Etwas in Ihnen ist gewiß von dem unterschieden, was
sich in Worten und selbst hie und da in Gebaren äußert. Daher kann
ich zuweilen über Antworten erstaunen (ja, da das Streiten mir fremd
geworden, bis zum Verstummen erstaunen), aber nicht irre werden.
Ich überlasse es dann der Zeit und Ihrer eigenen inneren Arbeit,
Ihnen das zu zeigen, was die Ohnmacht meiner Worte nicht
vermögend war Ihnen zu beweisen. Also schreiben können und
sollen Sie immer, auch dürfen Sie sich nicht mit Ihrer Witzlosigkeit
brüsten, wer wird denn darauf ausgehen, witzig zu sein; man ist in

heiterer oder in schwerer Stimmung, jung oder alt (hier meine ich
nicht die Jahre), und je nachdem fällt das Sagen aus.
Nun leben Sie wohl und seien Sie auf das freundlichste mit vielem
Dank für Ihre letzten Zeilen gegrüßt!

CW.

1887

Morgen werden es vierzehn Tage, daß ich München verließ, mein lieber Stein, und seit dieser Zeit bin ich wirklich nicht aus den unergiebigsten Schreibereien und aus den schwersten Gedanken herausgekommen. Immer mehr von der Notwendigkeit des Spielens in diesem Jahre überzeugt, habe ich doch nachgeben müssen, und keine Betrachtung irgendwelcher Art kann mir dieses Nachgeben rechtfertigen, denn das, was man als das Rechte erkannt hat, nicht unter allen Umständen und mit Aufopferung allen noch so Wertvollem durchzuführen suchen, bleibt eine Schuld, welcher der Trost nicht gespendet wird, welcher der dem Ideal frommende Entsagung zufließt. Das Aufgeben meines Willens bedeutet aber hier die Preisgebung des Ideales, und vielleicht entsinnen Sie sich, daß dieses Thema mir im Bild bereits schmerzlich erschienen ist. Ich habe also jetzt unter dem Druck einer Last zu wandeln, welche mir nichts erleichtern kann, für welchen ich auch niemanden verantwortlich machen darf. Dieser Druck ist mir ein so schwerer, daß ich mich frage, ob ich denn berufen sei, unsere Sache hier durchzuführen, da mir der Mut fehlt, einen Freund außer acht zu lassen und zu vermissen. Allein gegenüber der Komplikation unserer Lage in München, den Kriegsaussichten, welche vermutlich im nächsten Jahre viel bedrohlicher sein werden, wäre meines Erachtens das Spielen in diesem Sommer das einzig Richtige gewesen. Auch hat sich in Berlin etwas geregt, was mir wohl Hoffnung einflößen dürfte und was unbeachtet bleibend nach meiner Meinung erstarren wird. Nun muß ich mich stellen, als ob das, was geschieht, durchaus mit meinem Einverständnis vor sich geht, und Sie sind nebst Wolzogen der einzige, dem ich sage, wie es mir ums Herz ist. Ich habe nun die 5jährige Aufeinanderfolge wenigstens als Preis des Opfers dieses Jahres (ich hoffe es wenigstens) gewonnen; aber kaum glaube ich daran, oder vielmehr kaum vermag ich daran zu denken. Fürs erste, bevor angekündigt wird, müssen wir sehen, daß wir in München zu einem förmlichen Verzicht auf den »Parsifal« gelangen. Gott weiß, ob mir das glücken wird! Jedenfalls aber werden wir den gerichtlichen Weg einschlagen, wenn uns nicht gutwillig nachgegeben wird. Sie sehen, mein lieber Heinrich, ob unter solchen Umständen man leicht zum Reden gelangen kann. Glauben Sie es mir, daß ich viel an Sie denke, und wenn Sie es nicht wären, so hätte ich länger noch geschwiegen. Die Unhaltbarkeit der sozialen Zustände bestimmt mich auch in der Ansicht, daß wir gar keine Zeit für uns haben, sondern verzweifelt hastig zu Werke gehen müssen, wollen wir nur überhaupt da sein. Die Rede Bismarcks, sehr außerordentlich in ihrer Weise, hat mich sehr erschreckt, und zwar will ich Ihnen sagen, weshalb. Wohl war es eine höchste Klugheit von ihm und selbst vielleicht für den Frieden eine entscheidende Klugheit, es auszusprechen, daß die Siege des Jahres 1870 ein Zufall gewesen wären; wohin wir aber gelangt sind, zeigt dieser Ausspruch; hatten wir doch alle geglaubt, daß diese unerhörten Erfolge den höchsten Kräften der menschlichen Seele im Dienste des Rechtes, also Gottes Segen, zu verdanken wären. In einem christlich sich nennenden Staat spricht es der bedächtige und energische Leiter desselben aus, es sei Zufall gewesen, und wenn auch dieser Spruch auf die Eitelkeit des Feindes berechnet ist und den Krieg möglicherweise verzögert, so seh ich, seitdem ich ihn gelesen, den Abgrund offen. – Entthront, ja vollständig vernichtet sind die göttlichen Mächte, die aus dem christlichen Gedanken entstanden waren. Wie steht es aber nun mit unserer Wahrhaftigkeit? Ich lese jetzt mit den Kindern den »Peloponnesischen Krieg« und muß gestehen, daß unsere gerühmte Aufrichtigkeit und unser allen Ideen abgewendeter praktischer Blick sich kleinmütig und kurzsichtig neben der großartigen Offenheit und Schärfe der antiken Welt ausnahmen. Dort wird es auch ausgesprochen, daß der Nachbar den Krieg verlangen muß, wenn der andere sich ihm als gefährlich erwiesen hat. Welch eine Lehre, und wie unbedeutend stellt sich dagegen die Erklärung, daß Metz 100 000 Mann wert sei. Am Ende würde doch das, was wir unter klassischer Bildung verstehen, auch dem größten Mut nicht schaden und den praktischen Beschlüssen dieses Mutes vielleicht zum Wohl der Völker einige Weisheit beigesellen, nun stehen wir da, entgöttert und entmutigt, haben dafür Metz und Elsaß, den Zufall als Gott und die rachewütenden Franzosen als Nachbaren. Verfolgen wir nun, wie unabweislich gegen jede Vernunft der peloponnesische Krieg ward, so dürfen wir uns wohl sagen, daß es mit einem Frieden, an welchen niemand glaubt, keinen langen Bestand haben kann und daß wir unser Bayreuth beschleunigend zu erzwingen hätten. Das ist mein Gedanke, es ist mir versagt geblieben, ihm die Kraft der Überredung verleihen zu können, und so bin ich eigentlich, meiner Stimmung nach, am Schluß des Redens.

Der »coulante Geschäftsmann«, »die Vorsehung, welcher man in die Karten sehen kann oder nicht«, Hamlet nach Zeitungen, also in falscher Anwendung zitiert, das sind auch Dinge, wovon ich nicht verstehe, wie sie zu Deutschland kommen, oder Deutschland zu ihnen; aber da sie keinem Menschen auffallen, ist wohl alles recht und gut so; und der einzige Tor derjenige, der anders sieht.

Heute waren Wolzogens bei uns; er hat uns eine sehr schöne Arbeit über die Monatsgötter gelesen, worin ein Xenion von Schiller vorkommt, welches mich wieder entzückt hat. Leider kann ich es Ihnen nicht wörtlich mitteilen, aber der Sinn ist ungefähr dieser: daß man sich bedenken möge, bevor man etwas Neues sage, denn dann würde es einem auf den Kopf gesetzt. Wolzogen hat dem jungen Seidl »Helden und Welt« empfohlen, und will dieser sich daranmachen, mit anderen Studenten das, unbegreiflicherweise, unbekannte Buch zu lesen. Ich meinerseits habe dem jungen Puttkamer in Leipzig (welcher mir von der geglückten Aufführung des »Rheingoldes« mitteilte!) geschrieben, ob er nicht zu einer Vereinigung der Studenten den Grund legen könnte, welche Vereinigung an solche Aufführungen anknüpfend demonstrativ für unsere Sache einzutreten hätte. Am Ende glückt es, und Sie bekommen noch nach dieser Seite hin ein erwünschtes Feld der Tätigkeit; freilich muß man dabei an eine überwältigende Macht der Eindrücke im Theater, gegenüber der Herrschaft der Universitätsweisheit, glauben! Meine Tochter schreibt mir, daß der Rektor in Bonn, B. J. Meyer, sich über Schopenhauer lustig macht, das ist nun auch Zufallsphilosophie! – Die gespannte Aufmerksamkeit Ihrer Zuhörer betrachte ich wie ein Gegengift für den Eindruck dieses spaßhaften Rektors, und nehme ich mir vor, Schillers Brief nachzulesen, wozu ich noch nicht kam. – Vielen Dank auch für Ihre Beschreibung des »Mikados«, welche mein Urteil festgesetzt hat. Was soll man aber dazu sagen, wenn man vernimmt, daß der glückliche Autor eines solchen Spieles nun eine »Maria Stuart« mit Haut und Knochen opernhaft verarbeiten will; dagegen schickte ein »Anhänger« von der strikten Observanz eine »Melusine«, in welcher auch gar nichts mehr von dem Fischschwanz oder Geheimnis übriggeblieben ist, und in solchem

dem Musiker alle Leitmotive im voraus angegeben werden. »Mir
ist's, als hörte ich ein Heer von 100000 Narren!«
Es muß sehr ernst in Ihrer Stube sein, Freund; Schillers Maske, die
Medusa und die schweren Gedanken, welche Sie gewiß öfter am Tage
heimbringen. Doch haben Sie die Gabe, dem Strengen das Edle,
Befreiende abzugewinnen. Mit Rührung entnehme ich es auch Ihren
Worten über Schillers Bild, nachdem ich eben der Schwere Ihrer
Gedanken wegen mir fast vorgeworfen hatte, Ihnen dieses entsandt
zu haben. Sie haben mich nun damit versöhnt, aber künftig werde ich
mich auch an das hülfreiche Trauliche halten, wie die Teemaschine.
Meinen Kindern hat meine Erzählung von der genial freundlichen
Aufmerksamkeit der Gräfin viel Freude gemacht, und ich weiß, daß
Sie den Witz verstehen und sich in unsere Kinder-Märchenwelt
versetzt finden werden, wenn ich Ihnen erzähle, daß sie diese traute
Gesellschafterin »Ihre Teerose« genannt haben, wobei Sie an
Teerose, Dornröschen und was sonst noch (an »Wilhelm Meister«
mag ich nicht erinnern) denken mögen. Und so bin ich mit Hülfe der
Kinder wiederum einmal in die befreiende Region des Humors
versetzt worden, und will ich hier schließen, indem ich aber noch eine
Bitte, oder wenn Sie wollen eine Frage, richte.
Gräfin Voß hat die Güte gehabt, bei ihrem letzten Aufenthalte in
Bayreuth und auch früher meine Kinder aufzufordern, wenn diese
nach Berlin kämen, bei ihr abzusteigen. Nun möchte ich gern, daß
meine Kinder, Isolde und Eva, dem Konzerte beiwohnten, welches
Mottl am 6. oder am 13. März in Berlin dirigieren wird. Ich wünsche
nicht, daß meine Kinder direkt die Gräfin fragen, ob sie bei ihr um
diese Zeit etwa 8 Tage verbringen dürfen, weil ich ihr die Freiheit
ihrer Entscheidung nicht erschweren möchte. Wollen Sie nun, bester
Freund, mir sagen, ob Sie glauben, daß das Leben und der Hausstand
der Gräfin ihr eine solche Gastfreundschaft nicht als lästig erscheinen
lassen müßte. Ich überlasse es Ihnen dabei ganz, entweder mit der
Gräfin offen oder andeutend zu sprechen oder mir nach eigenem
Ermessen zu sagen, was Sie davon halten. Ich wollte einerseits die
freundliche Aufforderung der Gräfin nicht unberücksichtigt lassen,
andererseits aber möchte ich ihr um keinen Preis eine Beschwernis,
und wäre sie ihr noch so angenehm zu ertragen, auferlegen.
Noch eine Bitte füge ich dieser bei: Können Sie mir sagen, ob das
Versacrum – wie ich es glaube – eine kirchliche Hymne ist, und
könnten Sie sie mir verschaffen, meine katholischen Gebetbücher
sind alle verschwunden. Dann wüßte ich gern, ob die Auszüge Rahels

von Saint-Martin leicht zu haben sind und sehr sehr kostbar. Sollten
Ihnen aber diese beiden Anfragen irgendwelche Schwierigkeiten
bereiten, so übergehen Sie sie bitte.

Siegfried hat heute seinen Vortrag über die griechische Tragödie
gehalten und hat dabei eine 2 und viel Lob seitens seines Professors
geerntet. Mit seiner Gesundheit geht es, Gott sei Dank, gut.
Was machen die lieben Heiligen? Wir leben jetzt ganz in der antiken
Welt. Des Morgens die Geschichte, abends die »Odyssee«, mit
solcher Freude daran, daß wir nicht begreifen, wie man sich von
dieser Welt, außer für unsere Bayreuther, trennen kann.

Leben Sie wohl, teurer Freund, möchte ich Sie mit dem Beginn dieses
Briefes nicht zu traurig gestimmt haben, Sie sehen, es geht immer
noch, die Stille hilft sehr dazu, daß man sich irgendwie zurechtfinde,
die Stille und Dornröschens Schloß, wo Sie immer wie der Poet bei
Zeus, sooft Sie kommen, willkommen sein sollen!

C.Wagner.

Wie es auch mit der Gräfin sich entscheide, so wäre es mir lieb, wenn
von dem Besuch meiner Kinder in Berlin nicht gesprochen würde. Ich
erwähne dies, weil das Schweigen nicht immer leicht zu erübrigen
ist! ...

An ihre Tochter Daniela
Bayreuth, 11. 2. 1887

»Wer immer strebend sich bemüht
den können wir erlösen«
Das war die Erscheinung in meinem Sinn, als ich Euch verließ,
Kinderchen. Wie vieles ich auch in der Erziehung gefehlt habe, so ist
mir doch das Bewußtsein geblieben, daß ich mich strebend darum
bemüht habe; und nun, da ich Euer Heim gesehen, weiß ich, daß die
selige Schar mir entgegengekommen ist und das vollendet hat, was
ich anstrebte – wirklich, Kinderchen, ich kann Euch gar nicht sagen,
wie schön ich es bei Euch gefunden habe; diese ruhigen Räume, in
welchen es aussieht, als ob alle Sachen selbst ihren Platz sich
gefunden hätten, nichts Auffälliges und nichts Plattes, vollständige
Unabhängigkeit von allem Modischen und nichts Exzentrisches. Der
Kultus des Idealen und kein Aufwand damit gemacht, was sich in so
naiver Weise in der Aufstellung des Rembrandtes ausspricht, daß ich

ihn für immer dableiben haben möchte; und in dieser Schlichtheit
sehe ich Euren Geist und Eure Freundlichkeit wie Flämmchen
belebend hin und her schweben und knüpfe an diesen Eindruck
tiefgehende Betrachtungen an. Das ist unsere Sitte, das ist unsere
Art, wenn die Liebe von oben an uns teilgenommen hat; so sind die
Menschen unseres Kunstwerkes. Dazu die hübsche stille Stadt und
der wundervolle Strom. Ich gab seinen Wellen, die zu Euch sich
bewegten, alle treuesten Gedanken mit, als ich wiederum die Sonne
über ihn sich ausbreiten sah. Und die schöne Luft bei Euch, die
mangelnden Doppelfenster, die mäßige Heizung, alles hat etwas
Freies, Wohltuendes, was mich ganz eingenommen hat. Ich suche nun
nach all den Bildern und Gedanken, die mir auf dieser Heimreise
gekommen sind; ich sehe ein goldiges Segel, welches sich als der
Dampf des Schiffes von der Sonne beleuchtet herausstellte; dann
sehe ich förmliche Engelscharen, die aus dem Dampfe meines Zuges
sich bildeten und zu Euch zogen. Merkwürdig genug sah ich die
ersten Schneeflocken, wie ich den Rhein aus dem Gesicht verlor, das
Land verwandelte sich merklich, die Erde ganz weiß, grüne Tannen-
hügel und wohl noch ein blauer Himmel, der mir sehr ernst sich zu
wölben schien, als ich daran dachte, daß ich nun der Gralsgegend
mich zuwendete, der abgelegenen. Ein wütender Wind blies
plötzlich von Nürnberg aus, den ich mir so deute wie das Volk,
welches meinte, der Teufel ritte in dieser Gestalt um heilige Kirchen
herum. Wo war ich denn bei Euch, Kinderchen? Ich wüßte es nicht zu
sagen, vielleicht gerade am schönen Saum von Monsalvat zur Welt,
und seid Ihr für mich die Verbinder. Schätzt es nur recht, Euer
jetziges Leben, vielleicht kommt es Euch in dieser Gestalt nie wieder;
und was sind dann die Dinge, welche andere (Menschen) uns
zuführen, wenn die Götter mit uns sind. Wirklich, ich sehe Euer Haus
wie voll bewohnt von beflügelten Putten, Euch dienstbar, Euch
behülflich, mit und durch Euch lachend über die schwere Erbärmlichkeit der Welt. Möchte es so bleiben. Nur eines hat mich besorgt
gemacht, Dein Aussehen, Luscherl. Laß dich *genau* untersuchen (ich
gehe nicht ins einzelne) und lege dem Arzt mein Regime vor: In der
Früh Kakao, um 11 rohen Schinken und ein Glas von Eurem
herrlichen Hochheimer, dann Euer sehr nettes Mittagessen, aber
ohne schwarzen Kaffee nachher, dann vor dem Ausgang in Gottes
Namen die Schönsche Milch (ein Ei wäre mir aber lieber), abends
Euer Abendbrot, um 9 Bier, keinen Tee. Dies eine Zeitlang, mein
Schatz, dazu Minnas Fortgang, an welche, wie Eva sich ausdrückt,

»Hoffen und Schmalz verloren ist«, möglichste Ruhe, und ich zweifle nicht, daß Du in Bälde wieder kräftig bist. Nun aber von meiner Heimkehr: In Nürnberg fühlte ich mich recht matt, ich hatte in Würzburg mich mit einer halben Flasche Boxbeutel versehen, und diese mit einer anderen halben Flasche Marsala genügte, wie Du denkst, um mich so einzuduseln, daß ich Schilda gar nicht bemerkte und die Kinder mich bis in die III. Klasse vergebens suchten. Endlich entdeckten mich Loldchen und Fidchen. So bin ich mehr wie schlafend nach Ithaka gekommen und wurde mit Noah verglichen. Zu Hause aber erfolgte das Erzählen bis nach 1 Uhr. Zum Glück hatte ich mir so ziemlich alles von Euch gemerkt und konnte gut Rede stehen. Der Bonner Plan wurde mit Akklamation angenommen, und nun warten wir sehnlichst auf das Frühjahr. Mir wurde dagegen von einem Abend bei Grossens, wo die Kinder mit Marie »sich gehackt« hätten (über hiesige Geselligkeit), erzählt. Dann von einem sehr hübschen bei Wolzogens. Von Ponsch hörte ich mit Betrübnis, daß Lili Scaleas (Pignatelli) Tod sie so affiziert hat, daß Biagino sie jetzt nach Rom bringt. Gestern vormittag kam nun Adolf; dieser konnte mir nur das Allerunerfreulichste von München mitteilen, wo er heute ist. Gott weiß, was da wird. Nach seinem Fortgang mußte ich den Tag über die Briefe des Königs durchlesen, um Dokumente daraus wo möglich zu schöpfen. Gott wird uns nicht verlassen, denn er ist unsere einzige Stütze. Eure liebe Depesche hatte den Kindern viele Freude verursacht. Der Gedanke an den Tod ist mir dadurch unerträglich schwer, daß ich Euch verlassen müßte, was mir ihn aber durchaus zu dem wieder macht, was er mir natürlich ist, ist das Gefühl, daß ich in Eurer Liebe zueinander immer bei Euch sein werde, und wenn ein Wesen geeignet ist, diese Liebe zu fördern und zu beschwingen, so bist es Du, mein geliebter Heinz, und so begrüße und segne ich Dich als der eigentliche Vollender meines Wirkens. Es war eine große Gefahr, das Streben meiner Erziehung ging dahin, der Individualität die größte Kraft zu gewähren, und aus dieser heraus (gleichsam im Shaftesburyschen Sinn, das Gute ist das Natürliche) die schöne Sitte erstehen zu sehen. Nun sind aber mächtige Charaktere fürs erste nicht ganz leicht verträglich, und so hat es mir sehr gebangt davor, daß, was ich vor allem begehrt habe, daß Ihr ein Zeugnis ablegtet für die große Liebe, die Euch geworden ist, mir nicht gewährt würde. Nun aber habe ich die Gewißheit, daß man es an Eurem Lieben und Zusammenhängen unwiderleglich merken wird, daß Ihr alle den wahren Ring besitzet und der ganzen

Fremde und Öde der Welt gegenüber siegreich Eure Liebe zueinander bewähren werdet. Ich wiederhole es, mein geliebter Heinz, Du trägst mehr dazu bei, als Du ahnst, und in diesem Wissen umarme ich Euch beide von ganzer Seele!

CW

Haben:	Soll:
6 Mark	Gepäckträger
	Droschke
	Telegramm
	Koffer-Aufgabe

Bitte mir meine Schuld zu sagen.
Den feinen Kamm habe ich gefunden, er wird baldigst an Dich abgehen.

An Heinrich von Stein
Bayreuth, 18. 2. 1887

Wir haben in den jüngsten Tagen »Religion und Kunst« mit dem, was dazu gehört, wieder gelesen, also auch den Brief an Sie, mein lieber Stein, nebst dem Ihrigen und die für uns so bedeutsam gewordenen Worte des Solon. Es war gestern ein liebes Fest in Wahnfried, schön ist mir an einigen Abenden bei stiller Wanderung in den Hofgarten die Sonne untergegangen, ein neuer kleiner Insasse, stumm zwar noch, aber doch freundlich, ist in Wahnfried eingekehrt, einer jener Vögel, die uns an jene Zonen erinnern, wo das Glück im Solonschen Sinn sich vielleicht enthüllen wird, und so will ich Ihnen heute schreiben, Ihnen von Herzen für Ihren wundervollen Brief danken, dem sich ganz natürlich das Motto der jüngsten »Blätter« beigesellte: »Zeigt sich der Glückliche mir, ich vergesse die Götter des Himmels; aber sie stehn vor mir, wenn ich den Leidenden seh.«
Sie haben recht, mein Freund, daß ein einzelner Mensch für die Gemeinsamkeit und ihr Genie eintreten mußte, und daß dieser Mensch ein Geschäftsmann zu sein hat, darin liegt alles. Nun sind auch nebst diesem Ihrem Troste die eigentlichen Keulenschläge gekommen und sorgten dafür, daß meine Gedanken nicht mehr von dem, was mich bekümmert, eingenommen wurden. Wenn Sie uns besuchen, worauf wir uns herzlich freuen, werde ich Ihnen alles erzählen, was sich ereignet hat und was bis zu dieser Stunde noch zu keinem Abschluß gekommen ist. Inzwischen habe ich auch Wahn-

fried auf einige Tage verlassen, um in Karlsruhe mit Herrn Lamoureux und seinem Kostümzeichner zusammenzukommen. Mit Interesse erfuhr ich dort, daß in Paris jetzt »Hamlet« an die 60mal hintereinander im Théâtre français gegeben wird und wunderbarerweise dem »Lohengrin« den Weg bahnt. Ich hatte durchaus den besten Eindruck von der Begegnung, den allerbesten aber wieder von Mottl, der mir seinen für die Welt so überraschenden Entschluß des Aufgebens von Berlin mitteilte und meine volle Zustimmung sich gewann. Mit sehr richtigem Instinkt glaubte er nicht an die Möglichkeit der Hebung schlechter Zustände seitens eines einzelnen; was ihn aber bewogen hat, plötzlich dieses Instinktes sich bewußt zu werden und von ihm seine Handlung abzuleiten, hat er mir nicht gesagt, und kann es mancher Deutung unterliegen! Ich habe ihn in unserer Sache willkommen geheißen, und fahre fort, ihn als die wertvollste Errungenschaft derselben hochzuhalten und zu lieben. – Von Karlsruhe aus überraschte ich meine Kinder in Bonn und hatte große Freude an dem einen Tag dort. Wir werden an Heinz noch einen sehr ernsten Gehülfen und Mitarbeiter finden, und meine Tochter unterstützt ihn im Rechten mit größter Bestimmtheit. Träumend sage ich mir, daß wohl da und dort kleine echte Gemeinden entstehen könnten (Heinz liest jetzt mit seinen 5 Studenten »Das Kunstwerk der Zukunft«) und daß ich die Freude haben konnte, diese Gemeinde zu besuchen, und etwas wachsen sehen, davon der Glaube mich nicht verlassen kann. Meine Tochter hat sich die Teilnahme Justis erworben und ihm »Publikum in Zeit und Raum« nach einem, wie es scheint, sehr bedeutenden Vortrag zu lesen gegeben. – Die jüngsten »Bayreuther Blätter« scheinen sehr inhaltsreich; mich rührt die entschiedene Wendung Wolzogens zu Schiller, wie mich Wolzogen überhaupt immer tiefer rührt und ergreift. Wie erbärmlich nehmen sich doch alle Bekrittelungen etwa seines Stiles gegenüber des Beispieles aus, welches er mit unvergleichlicher Unermüdlichkeit gibt. Er ist wirklich erhaben, und das wird bleiben, ob er auch verschiedenen Herren so und so nicht recht ist. Er las uns gestern den ersten Teil seiner Arbeit über die Urgermanen vor und hat mir damit das gespendet, was mich immer wieder neu aufrichtet, nämlich das Gewahrwerden des Weitertreibens der ausgestreuten himmlischen Keime. Bei Gelegenheit der Galater lasen wir einen Teil der Epistel des heiligen Paulus an dieselben wieder durch; bei jedem Worte fast wurde uns luthersch zumute, und die ganze Freudigkeit, die der Kraft entströmt, ergoß sich über uns. Wie wundervoll ist in diesem einen Menschen das Judentum untergegangen; wie kam uns das »erkenne dich selbst« dabei in den Sinn! Wiederholen wird sich das eine nicht, daß das Christentum in einem Herzen das Judentum vernichte, aber das könnte dafür kommen, daß unsere Gemeinde so wahrhaft christlich wurde, daß die Juden darin aufhörten, solche zu sein. – Daß Wolzogen einen herzlichsten Spruch zu Tisch uns sagte und daß er in der Früh ein lieblichstes Gedicht zusandte, möchte ich nur sagen, damit Sie das Bild vor sich hätten, das in meinem Sinn lebt.

Erklären Sie mir eines, lieber Heinrich, wie verstehen Sie den Unterschied zwischen dem nachbildenden Verstand und der über die Natur hinaus in das Leere bildenden Vernunft? – Unter dem Verstand begreife ich etwa den römischen Geist, welcher das griechische Genie nachahmte. Unter dieser Vernunft das griechische, nicht mehr dichterisch produktive, sondern grübelnde Wesen, welches etwa die christlichen Dogmen auf unsere Heilslehre auftürmte. Aber sagen Sie mir bitte, wie Sie es auffassen. Wenn Sie kommen, werden wir uns wiederum eine Menge zu sagen haben, das heißt, Sie müssen mehr sagen als ich, ich bin recht müde nämlich und muß auf große Nachsicht rechnen. So gern würde ich einmal etwas – soll ich es mit dem dummen Wort Leichtes bezeichnen? – lesen, aber jeder Versuch schreckt mich; so neulich eine Novelle von der einzigen Malwida – ich versichere Sie, ich konnte mich kaum erholen, sowohl von den Motiven als den Ansichten und der Durchführung. Nun ist es ein hochgebildeter Geist, aus welchem so etwas kommt, erkläre man sich das.

Erzählen Sie mir wieder ein wenig von Ihrem Leben, wen Sie sehen, was Sie hören. Haben Sie die merkwürdigen Exzerpte aus den Kirchenvätern erhalten? Mir hat diese Übereinstimmung mit »Religion und Kunst« und das Unorthodoxe mancher Ansichten große Freude bereitet. – Haben Sie unter den Mystikern auch den Johannes vom Kreuz beachtet? Ich brauche Ihnen wohl nicht zu sagen, wie ich mich auf Ihre dramatischen Szenen freue. Bereits jetzt ist es mir ein lieber Gedanke, Sie von dem Übermaß des Abstrakten ab der künstlerischen Gestaltung zugewendet mir vorzustellen. – Mit Heinz habe ich auch von Ihrem Buche gesprochen und ihn auf *unsere* Seite (wenn ich nicht irre, 133) aufmerksam gemacht. Die Engländer und die Schweizer waren lebhaft in ihn eingedrungen, weniger die Franzosen, was gewiß an dem Gegenstand selbst liegt und an dem Rettungsversuch, der wohl nicht *ganz* glücken kann. Ebensowenig wie die Einführung des »Mahomet« seitens Goethe auf die deutsche Bühne.

Nun aber leben Sie wohl, ich spreche so abgebrochen Dinge, die durchaus nur im Zusammenhang gebracht werden sollten. Sie sehen, wie ich auf Ihr Verständnis baue, bauen Sie auf alle Zeiten auf das meinige und sagen Sie sich, daß es eine Befriedigung für mein Gemüt ist, Ihnen auf Ihrem Wege von einiger Bedeutung zu sein.

C.W.

An Hermann Levi
Bayreuth, 5. 3. 1887

Herzlichen Dank, bester Freund, für die gütige Zusendung. Bezüglich der Veröffentlichung bin ich noch nicht entschieden, und so werde ich auch wegen der Ouvertüre noch keine Schritte tun. – Dank auch für Regensburg; wollen Sie um den August bitten, so stimmte das am besten mit meinen jetzigen Obliegenheiten. Wenn aber der August nicht geht (ich weiß darin kein Fest, auf welches das »Stabat mater« sich eignen könnte), so würde ich mit den Kindern zum Gründonnerstag nach Regensburg fahren.

Wenn ich nicht dächte, daß Sie mein ferneres Schweigen als ein Zeichen der Erbitterung ansehen würden, so möchte ich gerne dabei verbleiben, da mein Drang nach Mitteilung ein sehr geringer geworden ist, wenn mir nicht große Lust dazu gemacht wird. Warum ich aber keine Lust habe, will ich Ihnen, da Sie es wünschen, sagen.

Daß Sie Ihrem Intendanten ohne jede Veranlassung dazu Mitteilung von meinem Ihnen zur Verhandlung anvertrauten Konzert-Projekt in Berlin gemacht haben – das verstehe ich nicht.

In einer Stadt Südfrankreichs gab es einst einen Brunnen, der sich von der Stadt entfernte, wenn Unrat in ihn geworfen wurde. Seitdem ich die Geschichte kenne, ist der Brunnen mein Freund, und gedenke ich seiner jedes Mal, wo etwas mir Fremdartiges zustößt und mich zur schweigenden Abwendung nötigt. Kommt aber die Festspielarbeit, so wird der alte Brunnen wieder am Platz sein und fungieren, so gut er kann. Glauben Sie mir, lieber Levi, es ist besser so. Ich tauge nicht zum Umgang. Und was werden Sie denken, wenn ich Ihnen sage, daß ich mich noch immer nicht davon erholen kann, daß man hier im Festhause gesungen hat. Daß mir daraus eine ganze Erkenntnis des Frevels als Gegensatz des Maßes geworden ist, das Göttliche des Maßes aber im griechischen Sinne aufgegangen? ...

Ja, wenn ich bedenke, daß etwas scheinbar so Unverfängliches wie die Einladung von Bismarck mich in die Betrachtung verleitet, was ich wohl getan haben würde, wenn ein solcher mir unter allen Umständen unliebsam seiender Besuch erfolgt wäre, und ich den Wunsch in mir aufkommen sehe, es möchte unser Haus oben doch nicht wie ein herrenloses Gut betrachtet werden und mir die Wahrung seiner Würde besser glücken – so werden Sie sich selbst, Freund, sagen, daß ich zu keinem Umgang tauge. Wozu ich aber bis an das Lebensende zu taugen hoffe, und Sie herzlich bitte, mich ferner darin etwas gelten zu lassen, das ist die gemeinsame Arbeit. Gott gebe, daß sie uns bald wieder beschieden sei, dann finden Sie mich an jedem Tag und zu jeder Stunde bereit und unbefangen, herzlich, heiter und – *dankbar.*

Es freut mich, daß Sie von Ihrer Tätigkeit Befriedigung hatten; von der »Tristan«-Aufführung vernahm ich, daß Frau Vogl im II. Akte manches aus der Darstellung von Frau Sucher sich angeeignet habe, so daß die Unklarheit desselben wesentlich geringer gewesen sei; vom ersten hörte ich nichts, der dritte sei gewesen, wie wir ihn kennen, so daß wohl keiner, welcher die Aufführung des Jahres 1865 erlebte, an sie kann erinnert worden sein. Auch von einer merklich von den anderen sich unterscheidenden Aufführung des »Tristan« in Dresden habe ich vernommen, und glaube ich es gern, da Malten und Gudehus wohl die Stimmung unseres Hauses hier nicht gehabt haben werden, aber doch das Charakteristische ihrer hiesigen Leistung wohl beibehielten. Auch hörte ich, daß Schuch seine Tempi merklich den Bayreuthern nachgebildet hätte. Das wären denn so kleine Erfolge, die auch vielleicht Bayreuth zugute kommen können. – Daß Hans von Bülow in Hamburg tätig sein wird, wird uns ebenfalls (und bedeutend, ernst) nützen. Selbst Seidls Anstellung kann von gutem sein, und so sei alles begrüßt, das unsere Arbeit erleichtert und dadurch unsere Aufgabe fördert. Wollen Sie mir gelegentlich sagen, wie groß das im »Tannhäuser« beschäftigte Personal (Ballett) sei, alles in allem: Amoretten, Leda etc. Ich bin immer mehr von dem Gedanken eingenommen, »Tannhäuser« zu geben, und wird mich wohl einzig der Kostenpunkt davon abbringen können. »Tannhäuser« und »Lohengrin« sind meines Erachtens unsere nächste Bayreuther Aufgabe, nachdem »Tristan« unsere erste war; aber die Kosten sind so groß, daß ich sehr fürchte, daran zu scheitern und chronologisch verfahren zu müssen.

Ich habe Sie bezüglich der Feindseligkeiten nicht recht verstanden, was kann sich denn viel in München ändern? Die Werke werden dort wie überall mit allen Erbärmlichkeiten durcheinander gegeben, so war es von je und wird es auch wohl bleiben.

Nun aber leben Sie wohl, mein Freund, ich bitte Sie, versichert davon zu bleiben, daß ich nicht einen Augenblick nicht nur an Ihre Hingebung für unsere Sache zweifelte, sondern auch an Ihre Ergebenheit für mich. Mein einsames Leben bestimmt mich aber zu immer größerer Einsamkeit; denn mich befremdet, was vielleicht keinem Menschen nur auffallen würde. Die Möglichkeit der Fortexistenz draußen besteht im Paktieren, es nicht zu genau nehmen, sich vieles vormachen; die Bedingung meines Lebens aber ist die Ausschließlichkeit und die unerbittliche Wahrhaftigkeit. So kann ich denn nur hier, wo der Geist, der hier waltet, alle gleich mir durchdringt, verkehren; so auch einzig kann ich von einigem Nutzen sein. Daß diese von mir empfundene Notwendigkeit aber im Geiste der Liebe sich erfüllt, das kann ich Sie mit vollster Wahrhaftigkeit versichern, und lassen Sie uns dessen zufrieden sein, alles übrige ist unfruchtbar und sehr beunruhigend.

In herzlichster Gesinnung immer treu dankbar

Ihre CW.

An Adolf von Gross
Bayreuth, April 1887

Mein einziger Adolf,
Ich benutze die Abwesenheit der Kinder, um Dir einiges zu sagen, worüber ich befürchte, mich (– des allgemeinen Gespräches wegen –) nicht so deutlich ausgedrückt zu haben, als ich empfinde.
1. bitte ich Dich, Lamoureux, falls die Sache sich schief anließe, zu sagen (was sich wohl von selbst versteht), daß wir auf alles verzichten.
2. fühle ich das Bedürfnis, Dir genau meine Empfindung bezüglich der Reise der Kinder zu erkennen zu geben.
Einerseits – das versteht sich wohl auch von selbst – wünsche ich sie nichts Unwürdigem ausgesetzt (darunter verstehe ich nicht einen Auflauf *vor* dem Theater, denn das träfe ja Marie ebensogut wie die Kinder, sondern das Spektakel inwendig) zu sehen.
Andrerseits würde ich es immer bereuen, falls, wie wir doch noch hoffen wollen, die Sache gutgeht, die Kinder fern von ihr gehalten zu haben, da die Teilnahme am Werke ihres Vaters – nach allen

Richtungen hin – das einzige ist, worauf ich ihr Leben gerichtet habe, das einzige auch, womit ich es, unter den eigentümlichen Umständen meines Daseins, ausfüllen kann.

Könntet Ihr zu einer zweiten Aufführung bleiben, würde ich diese in das Auge fassen, so muß ich noch hoffen, daß unsere Bedenken gehoben werden können.

Endlich aber das Wichtigste: »Tannhäuser« – Da ich mich zu keinem anderen Werk entschließen kann, muß ich wohl sagen, daß ich für ihn entschieden habe.

Bevor wir ihn aber ankündigen, möchte ich die künstlerischen Möglichkeiten erwägen; daher hielt ich es nicht für unweise, die beiden Monate noch zu Schritte für das Ballett (auch sonstige) zu tun.

Nun aber leb wohl, Du und Marie, das ist mir das allernächste. Erholt Euch beide von Sorgen und Mühen. Es mag sehr törig von mir sein, aber ich sehe die Lage so: entweder Verbot oder Sieg, so hoffe ich für uns alle.

Grüße den lieben ausgezeichneten Lamoureux herzlichst von mir. Er hat es mit dem Bösesten zu tun: den materiellen Interessen.

Sei gegrüßt von ganzer Seele, mein geliebter einziger Adolf!

CW

An Adolf von Gross
Bayreuth, 21. 4. 1887

Mein einziger Adolf,

Fidi ist wohlbehalten zurückgekommen, sieht sehr gut aus, und bitte ich Dich, der Familie Gaupillat meinen innigsten Dank für ihre große Güte auszusprechen. Daß sie seinethalben Beschwerden gehabt haben, bedaure ich herzlich, ich kann mir nichts von dort zusammenreimen und möchte nur bei dieser Unwürdigkeit, daß Ihr selbst bereits hier wäret, da keiner von uns dorthin jetzt gehört und Lamoureux nicht zu helfen ist.

Nach wie vor wird aber berichtet, daß alle großen Zeitungen für ihn seien und nur zwei oder drei kleine Schandblätter gegen ihn auftreten. Freilich, wenn er Zeitungen, selbst gutgesinnte, liest, ist er verloren. Nuitter scheint die Zeit des »Tannhäuser« immer vor Augen zu haben, was sehr begreiflich ist, obgleich sie in keiner Weise sich jetzt wiederholen kann. Aber keine Unklarheit scheint mir

verwunderlich bei einer so unklaren Situation und nehme sie keinem
unserer Freunde übel.

Daß Marie allein zurückbleibe, würde ich auch unter den friedlich-
sten Umständen nicht angenommen haben, also bitte, mein einziger
Adolf, mache Dir gar keine Gedanken, diese »Lohengrin«-Auffüh-
rung ist für uns wie nicht vorhanden, und einzig beklage ich es, daß
Ihr Teuren solchen Eindrücken ausgesetzt seid. Aus den Briefen an
Frau Wille kann absolut nichts die Lage Gefährdendes entnommen
worden sein, und das übrige uns peinlich Berührende kümmert
keinen Menschen dort; es zeigt nur, wie unsere armen Freunde in
Schrecken gejagt sind, daß sie derlei erwähnen.

Darf ich Dich nun bitten, wenn Du den guten Nuitter siehst, ihn zu
ersuchen, Dir zu sagen, ob ich (wenigstens in Abschriften) zu den
Briefen an *Champfleury* gelangen könnte. – Fidi berichtet mir, Du
habest ihm gesagt, Nuitter hätte Dir mitgeteilt, er habe ihn nicht um
Rat gefragt. Aber, Du lieber Himmel, ich habe ja niemals Fidi darauf
gewiesen, sich Rat bei Nuitter zu holen, und schien es das einfachste,
daß Fidi wohl behütet, aber nichts von den Sorglichkeiten merke.
Willst Du so gut sein und Nuitter dies erklären?

Übrigens, daß der Deutschen Haß sich öffentlich spüren lasse, genügt
meines Erachtens vollkommen (auch ohne jede »Lohengrin«-Beimi-
schung), um uns allen den Aufenthalt in Paris zu versagen, und ich
kann Dir nicht genug wiederholen, wie weh es mir tut, Euch dort zu
wissen. Wollt Ihr nicht die Aufführung aufgeben?

In französischer Sprache sagt es uns künstlerisch doch sehr wenig.
Wir sind froh, hier gar nicht mehr daran zu denken, und einzig
Euretwegen ist uns das Herz noch schwer. Montag schicke ich die
Kinder nach Bonn und wünsche nur, daß Ihr möglichst bald wieder
hier seid.

Ach, sind das Torheiten, und ist man selbst töricht, Dinge, die man so
genau weiß, einmal von einem anderen Gesichtspunkte betrachten zu
wollen. Es war, wie gesagt, der persönliche Eindruck, den ich von
Lamoureux empfing, der mir den ganzen Gedanken eingab. Stellt
sich aber die Sache so heraus, und herrscht so wenig Sicherheit und
Bewußtsein, dann muß wohl Paris (und das ist am Ende kein
Unglück) uns Bayreuthern verschlossen bleiben. Glaubst Du zum
Beispiel im Ernst, daß es ein Mensch in Paris gibt, der glaubt, daß,
wenn ich Geld Lamoureux schicken will, ich meinen Sohn zu schicken
brauche. Das sind Hirngespinste der Angst; aber die Angst selbst ist
ein sehr beachtenswertes Symptom, sie hat noch andere als unsere

Freunde zu Fall gebracht; und wenn ich zum Beispiel höre, daß
Lascoux Fidi eine Parodie aus dem »Tannhäuser« vorspielt, so muß
ich mir wohl sagen, daß die innere Macht, die jedem mit Gleichmut
entgegensieht, nicht bei unseren Freunden die religiöse Konsistenz
hat, die ich ihr wünschte. Nun aber, wie gesagt, alles das ist mir
gleichgültig, nur Ihr steht mir immer vor dem Sinne. Grüße bitte die
armen Freunde und habe Dank!
Wir grüßen Dich von ganzer Seele und umarmen Marie.
Innigst Deine
                                                           CW.

An Hermann Levi
Bayreuth, 4. 6. 1887

Herzliche Teilnahme für diesen rechten Überfluß!... Da Sie aber am
10. hier sein wollen und dann, denke ich, einige Tage in Berlin zu sein
haben werden, wollen Sie nicht meinen Vorschlag des sich Treffens
annehmen? Ich käme nach Weiden, führe nach Hof mit Ihnen und
bliebe dort. Mir ist es gleichgültig, wo ich bin, und strengt mich derlei
gar nicht an. Lassen Sie mich nur wissen, wann Sie nach Berlin fahren
(denn diesem Aufenthalte in Berlin gälte unsere Besprechung).
Ich begreife Ihre Ansicht bezüglich der hier aufzuführenden Werke
sehr gut, sie bezieht sich auf das Äußerliche der Sache, und auch dies
muß gewahrt werden. Mich bestimmte, nebst dem einen, die
Verpflichtung gegen das Werk selbst. »Holländer« (1864), »Lohengrin« (1867), »Tristan« (1865), »Meistersinger« (1868), »Der Ring«
(1876) haben einmal gelebt. Es ist ihnen ihr Recht wiederfahren.
»Tannhäuser« noch nicht, nie und nirgends. Es zu versuchen, ihm zu
seinem Leben zu verhelfen, schien mir unsere Aufgabe zu sein. Muß
ich dieser (meiner Verpflichtung gegen »Parsifal« wegen, denn ein
großes Defizit zwänge uns zu schließen) entsagen, so werden wir,
denke ich, in der Wahl des Werkes nur die Klugheit zu befragen
haben...
Gott ist schwer! Es heißt ihn tragen nicht durch die reißenden Wellen
nur, sondern durch die seichtesten Sümpfe! Wollen Sie mich denn,
bester Freund, verstehen, wenn ich von der religiösen Auffassung
unserer Dinge nicht lassen kann und (so streng sie auch sein mag) in
ihr einzig, und in ihrer unerbittlichen Scheidung von allem Halben,
»Mittlen«, meine Hülfe finde? Nur die beiden Welten Schein und

Nichtwähn-Land nicht vermengen. Nur die Blindheit für die eine und das Schauen für die andere sich erhalten dürfen!
Sehr freute es mich zu hören, daß Sie wieder Mut gewannen. Was auch sich ereignet – von den Bösen draußen oder vom Bösen innen –, mein Anteil an Ihnen kann sich nicht ändern, und mich finden Sie unter allen Umständen dieselbe herzlich Gesinnte. Ja ich möchte es heute zu behaupten wagen (wo ich so heftig leide), daß wir nie anders als freundlich heiter zusammen im Wirken sein können.
Auf Wiedersehen denn, sei es unterwegs oder am Ziel. Machen Sie sich kein Bedenken wegen etwaiger Mühen meinerseits; ich versichere Sie, es ist kein Prahlen, wenn ich Ihnen sage, daß ich derlei gar nicht empfinde.
Gute Besserung mit herzlichstem Gruß   CW

An ihre Tochter Daniela und Heinz Thode
Bayreuth, 4. 6. 1887

Meine geliebten Kinder,
Ich will Euch gleich melden, daß die Schwestern gut angekommen sind und nun seit gestern 10 – beinahe ununterbrochen, selbst durch Schlaf! – erzählen.
Habt Dank für Euere Liebe und Güte! Lusch, Du mußt ja hinreißend freundlich gewesen sein, und für Heini haben die Kinder nur das Wort: Engel! Und wie schön, daß der Herzensbund zu der lieben Maria eine holde Bestätigung unserer Zusammengehörigkeit gab. Die Kinder hören nicht auf, von ihrer Lieblichkeit und Schönheit zu erzählen, und mir geht (inmitten von so manchem!) das Herz darüber auf. Wahrt Euch Euer Glück, meine Kinder, laßt es Euch durch nichts trüben. Baut es Euch selbst immer sicherer und sorgfältiger aus. Wisse es recht, mein Lusch, wie Du glücklich bist, durch Dein Geschick, welches Dir zu eignem schönem Wesen nun das Wesen zuführte, welches geeignet ist (wie keines), aus Dir die edle Zufriedenheit, die stolze Zuversicht heraussprießen zu lassen, welche als die Blüte unseres Wesens zu betrachten ist. Du darfst auf Euch beide stolz sein, und damit ist Dir eine Welt geschenkt, welche durch ihre vornehme Befriedigung in sich andren aller Art wie ein Asyl aus der Welt der Unruhe und des Begehrens erscheinen wird. Gott erhalte Euch, was Ihr habt, und stärke täglich in Euch die schöpferische Kraft, dessen – dankbar – bewußt zu sein.

Durch die Mitteilungen der Kinder konnte ich an Eueren Gesprächen teilnehmen. An wie vielem habe ich meinen geistkühnen Lusch
erkannt! Daß Du so gut gegen Loldchen warst, danke ich Dir deshalb
besonders, weil Euere beiden Naturen so – äußerlich – verschieden
sind, daß nur große Liebe da die Harmonie nach außen aufrechterhalten kann, welche doch im Urgrund der Dinge vorgezeichnet ist.
Deine Lebhaftigkeit scheint ihre Ruhe zu kreuzen, ihre Ruhe Deine
Lebhaftigkeit zu hemmen, ist aber die Liebe da, so kann ich mir nichts
Schöneres als Euer Zusammensein denken. Und sie ist da, war es von
je auch zur Zeit der Kindereien und wird ewig währen.
Kinderchen, Euer Bund ist von je das Begehren meines Herzens
gewesen. Ich weiß, Ihr alle (Ponsch, trotz seiner Klagen, nicht
ausgenommen) gehört mit Euerem Besten nicht in die Welt; daher
werdet Ihr Euch fremd in ihr fühlen. Das könnte als eine Trübsal
Euch erscheinen; nun hat Gott Euch vereinigt, Ihr bildet eine kleine
Gesamtheit, Ihr blickt – alle – auf eine Jugend, wie sie keinen andren
geworden ist, und wenn mein guter Ponsch auch klagt, so weiß ich
doch, daß das Klagende eben das ist, was es überall mit hinträgt, die
Schwäche des eigenen Naturells, während der Güte des Charakters,
dem Adel des Geistes eine Sonne gestrahlt hat, die ihnen – zu ewiger
Danksagung – Kraft des Gedeihens verliehen hat. Und in dieser
Erkenntnis werdet Ihr Euch lieben fort und fort; Euch als andere und
anders in der Welt der Nichtigkeit empfinden und Gott preisen, der
zu Euch – aus so anderen, doch wie wir sehen, tief verwandten
Regionen – das Wesen führte, welches von draußen uns zurief: ja!
Das beglückende Ja, welches Dir geworden, mein liebstes Kind! Der
jedem, noch so mächtigem Herzen notwendige Widerhall. Nun seid
Ihr eine liebe schöne Vielheit! Immer schöner wird sich das
ausbilden, und Euere lieben Antlitze werden das ausdrücken dürfen,
dem wir in der Welt nie begegnen: Freude und Frieden!
So auch seid und bleibt Ihr meine Welt, die ich von den andern wohl
nur noch Hindernisse auf meinem Wege oder gänzliches Nichtsein
weiß. Seid gesegnet, meine teuren Kinder (ich möchte sagen:
drei!)... Also, wenn Einquartierungen und Fremdenschwarm da
sind, besucht man Schoosdorf und Bayreuth!... Das stimmt. Nun
lebt wohl. Ich muß jetzt etwas für Fidis Geburtstag ausdenken. Nicht
leicht. Die bösen Kinder brachten: nichts.
Tausend und abertausend Grüße – ein Freundesschwarm zu Euch,
meine geliebten Kinder

CW.

An ihre Tochter Daniela und Heinz Thode
Bayreuth, 10. 6. 1887

Meine geliebten Kinder,
Von ganzem, ganzem Herzen danke ich für die lieben Zeilen von Heinz. Gott, bist Du glücklich, Lusch, ein solches Wesen gefunden zu haben, und wie spricht das auch schön für Dich. Jetzt schwimmt mein Ponsch auf dem Mittelländischen Meer, und ich erwarte mir große Freude für uns alle von dem Wiedersehen, denn ich weiß, daß bei ihr alle kleinen Torheiten im Schwinden sind und daß die Kraft der Liebe alles überwunden hat. So werde ich auch ihr mit größter Sicherheit die Schwestern anvertrauen und wissen, daß sie nur Freude an ihrer Entfaltung, an ihrem Wohlsein und, wollen wir dieser Dummheit noch erwähnen, an ihrem Gefallen finden wird. Sosehr sie sich auch immer der Eitelkeit anklagt, weiß ich doch, daß sie keine hat, denn sie ist stolz und wahr. Es ist nicht wenig damit gesagt, und ich gestehe, daß das Ziel meiner Wünsche erreicht ist, wenn ich mir sagen darf, daß keines von Euch nach irgendeinem Schein trachtet; sei es Stellung, Ruhm, Ansehen und was derlei mehr! Eine wahrhaft göttliche Fügung erkenne ich darin, daß ein solches Wesen (wie ich Euch zu sein von je wünschte) sich in Heinz zu uns gefunden hat. Er ist echt, und in der friedlichen Freundlichkeit seines Wesens erkennt der Sinnige seine vornehme Überlegenheit. Daher erscheint er mir auch wie keiner dazu berufen, das, was ich bei Dir, mein Luscherl, angestrebt habe, zu schönstem Einklang zu vollenden. – Denke nur, daß ich Deine Schwestern recht sehr bezüglich des Zeitungsschreibers gescholten habe. *Bitte,* Kinderchen, *niemals* so jemanden empfangen, und wenn ein Eindringen gegen Willen stattgefunden hat, dann augenblicklich einen Vorwand finden, um dem aus dem Wege zu gehen. Das ist wirklich das ABC der Lebenspraxis, und ich war gestern recht ungehalten. Heute denke ich wie gewöhnlich, daß ein dummer Vorfall dazu nützt, uns zu witzigen.
Dein lieber Brief an Eva hat uns recht herzlich gefreut, und die Abstattung unserer Schuld findet Montag (dem Büchertag!) statt. Die Kinder können mir nicht genug erzählen, wie elegant und schön Du seist, das freut mich denn sehr, denn die Schönheit gehört zum Echten, sie ist nichts Eitles.
Sehr habe ich darüber lachen müssen, daß Maria meinte, wir seien hier ungefähr, wie sie im Schoosdorf, wir läsen die »Ilias«, sie den »Orlando furioso«; jetzt fehlt nur noch der »Messias« von Klop-

stock. – Heute hätte mir bald Eva den Abschied gegeben, bezüglich eines Briefes, den ich an Stein diktierte und in dem, wie sie behauptet, ich Griechenland, Arabien und Indien behandelt hätte! (Ich bin etwas in Sorge um Stein nämlich, seine Gesundheit scheint gar nicht fest zu sein) – aber am meisten mußte ich lachen, wie mir die Kinder gestern die Aufträge aufzählten, mit welchen ich Heinz schon beglückt habe. Ich hatte wirklich gar kein Bewußtsein davon und war recht, wenn auch heiter, erschreckt.

Heute kam ein wundervoller Brief von Glasenapp an Fidi an, mit rührend gehobener Besprechung davon, daß sie im nächsten Jahre nicht würden kommen können, weil sie ohne ihre Kinder die Spiele nicht erleben möchten. Ich bin nun glücklich, die *5000* Mark der einjährigen Überlassung der Symphonie (es gibt nur eine) dem Stipendienfonds zugewiesen zu haben, um nun für diese lieben, einzigen Menschen auch bezüglich der Reise sorgen zu können.

Heute kommen nun die Kapellmeister. (Levi ist bereits hier, will aber erst mit Mottl erscheinen!) Gott weiß, wie das wird. Der Fehler der Pause ist ein unwiederbringlicher, nie mehr gutzumachender, welcher uns, meiner Überzeugung nach, auf einen falschen Weg gebracht hat. So war es denn natürlich, daß diejenigen, die zuerst durch Adolf in die Sache gezogen und von ihm mir als mit ihm stimmend angegeben wurden, von mir aber von der Gefährlichkeit dieser das Künstlerische hintansetzende Methode überzeugt, nun mit großer Heftigkeit und Leidenschaftlichkeit für etwas eintraten, wovon ich ihnen mit höchstem Ernst gesagt, daß es für mich die innere Lebensfrage der Spiele bedeute. Ich glaube, daß nie und niemals einem Menschen ein größeres Zeichen von Anerkennung und Verehrung gegeben werden kann, als wir es Adolf gaben, indem wir unsere Überzeugung ihm opferten. Auf Worte kommt es nicht an, sondern auf Handlungen. Ob wir aber im höchsten Sinne recht mit dieser Handlung, welche nicht ohne bittersten Schrei vor sich gehen konnte, getan haben, das – vermag ich nicht zu entscheiden. Eine unabsehbare Kette von Irrungen steht vor mir, und die Schwere aller Dinge erkenne ich in diesem einen Fall, wo mir die Kraft versagt war, den Freund zu überzeugen, und der Mut gebrach, ihn zu übergehen. Genug davon, ich mußte es erwähnen, damit Ihr doch wißt, wie mir zumute ist, und Euere Ansicht der Dinge nicht eine irrtümliche werde. Das, worauf alles ankommt, daß *ein* Wille hier ausgeführt werde, werden wir außer acht lassen müssen, weil wir es schon außer acht ließen, denn unerbittlich sind die Dinge; ich weiß es wohl, und

daher konnte, wer zu mir hielt, nicht ohne Leidenschaftlichkeit
damals sich äußern, denn damals galt es der Entscheidung.

Nun lebt wohl, meine Kindleins, genießet und pflegt Euer Glück wie
eine seltene Pflanze und haltet alles von ihr fern, was sie beschädigen
kann.

Die Schilderung der vornehmen Studenten, seitens der Kinder, hat
mich wahrhaft entsetzt. Nur nichts mit dieser Welt gemein haben,
sonst *muß* unsere Welt schwinden.

Würde Maria uns nicht einmal in Wahnfried besuchen? Ich verspreche, für diese Zeit die Epen auszulassen; sie muß zu lieb und witzig
sein; und die vierfachen Mitteilungen an Heinz kann ich mir auf das
lebhafteste vorstellen. Er hat wirklich in der Durchführung der
Beschützung ein Meisterstück von Geschick und Liebenswürdigkeit
geliefert.

Kennt Ihr das hübsche Wort von Chamfort, wo es heißt, man möchte
zu seinen Leidenschaften sagen: »Mesdames, si vous ne parliez que
quatre à la fois.«

Welche edlen Leidenschaften müssen wir wohl für die 4 Hennen
aussuchen? Das Taschentuch, welches seinen Weg so richtig fand, ist
ein gar liebes Zeichen, wie es deren immer in der Zusammengehörigkeit gibt. Wie von freundlichen unsichtbaren Mächten ist man da
umgeben, welche immer wieder das Gewebe neu herstellen, das Zeit
und Raum, ja selbst manches in uns selbst zerreißt. Daher gefiel es
mir überaus, von Goethe zu hören, er habe sich nicht mit Schiller
befreundet, sondern sie hätten zueinander gehört. So laßt uns denn
miteinander sein, meine geliebten Kinder, jetzt und immer, seid
gesegnet und denkt, daß es keine Prüfung gibt, für welche der
Gedanke Eures Wertes mir nicht eine Linderung spendete.

Die Mama.

An ihre Tochter Daniela
Bayreuth, 15. 6. 1887

Inmitten großer Unruhe, die Schieferdecker hämmern, die Tapezie-
rer besorgen den Umzug für Boni, muß ich Dir, mein einziger Lusch,
für Deinen lieben, lieben Brief danken. In einer für mich erschöpfen-
den Weise spricht es für mich die Prinzessin aus, worin das Glück
liegt: »wir kennen es wohl und *wissen es nicht zu schätzen.*«

Von Euch, meine geliebten Kinder, nun zu erfahren, daß Ihr das

Glück, wollen wir es den Segen nennen, der über Euch kommt, zu erkennen und zu preisen wißt, das ist das Ziel meiner Wünsche für Euch. – Wie schön ist das Bild von Deinem friedlichen Leben. Ich habe immer in einer gewissen Sorge gelebt, Du mögest, wie ich selbst in meiner Jugend durch dümmste Ansprüche seitens einer Welt, zu welcher wir nicht gehören, in dem Genusse Deines Wohls gestört werden. Ich [weiß] durch mich selbst, in welche unwürdige Präokku-pation man da gerät und wie der erhaben einfache Stolz von unserer Seele weicht, um der unruhig verzehrenden Eitelkeit Platz zu machen. Man frägt sich plötzlich nicht, was man ist, noch was einem wurde, sondern wie man erscheint und ob man es ja recht so macht wie alle anderen Angesehenen auch. Kommt dadurch in ein Unbehagen und, was noch schlimmer ist, zuweilen in eine dumme Freudigkeit, die unserer ganz unwürdig ist. – Wenn ich Dir so eine schöne Predigt halten kann, so ist es, weil ich all das Zeug durchgemacht habe. Nun weiß ich Dich aber gefeit und danke Gott dafür.

Sonntag abend verließ uns Mottl, Montag Levi. An beiden hatte ich unbedingte Freude, und wir waren ein Herz und eine Seele, auch mit dem lieben einzigen Adolf. Freilich – das Heillose der Pause bleibt; ja, es erweist sich für mich nicht schwerer, als ich geahnt habe, aber schwerer, als ich es mir ausgedacht hatte.

Wir werden höchst vermutlich »Tristan« fahrenlassen müssen, da nach zwei Jahren eine bloße Wiederholung unmöglich und in drei Wochen *drei neue* Werke nicht einstudiert werden können. »Tann-häuser« kann wegen der Kosten nicht gegeben werden, wir entschie-den uns für die »Meistersinger«. »Der fliegende Holländer«, den ich vorgeschlagen hatte, falls wir die Reihenfolge der anderen Werke zugleich ankündigen könnten, erwies sich als unmöglich, da diese Ankündigung nicht stattfinden kann. Das ist alles hart, und bitte ich Dich, *nur darüber zu schweigen,* selbst gegen Deinen Vater. Könntest Du vielleicht von diesem erfahren, ob er von Theaterpersonal einige empfehlen könnte, zum Beispiel auch einen gescheiten Regisseur?

Gott gebe, daß der Besuch allseitig befriedigend ausfalle. Ich teile Deine Sorge von ganzem Herzen. Ich glaube aber, daß Ihr beide, Du und Heinz, ein so starkes Element der Gemütlichkeit seid, daß Ihr die Unruhe bewältigen werdet, zum größten Wohle Eures väterlichen Gastes.

Der liebe Heinz! Sag ihm, daß ich mit größter Freude mit ihm über das Thema seiner künftigen Vorträge sprechen werde. Da er ein so

überraschendes Auditorium verkündigt erhielt, meine ich, daß diese
Vorträge möglichst populär und zumeist etwa an »Deutsche Kunst
und deutsche Politik« (die Politik auslassen) zu halten hätten. Aber
Heini wird alles selbst am besten finden, da habe ich keine Sorge. –
Du wirst wohl Levi bald selbst sehen. Er hatte wirklich eine wahre
Niklas-Kiepe von persönlichen Nachrichten, die er Dir selbst am
besten erzählen wird. Wir musizierten schön zusammen, »Idyll«,
»Meistersinger«-Vorspiel und -Versammlung, »Faust-Ouvertüre«,
1. Akt »Holländer« und einiges noch. Ganz wundervoll. Namentlich
letzteres seitens Mottl bleibt für mich unvergleichlich. Daß Unglaub-
lichkeiten vorfielen, wie das Trinkgeldgeben an Georg in unserer
Gegenwart, dann die Ermahnung an Mottl vor Fidi, ob er auch
Trinkgelder gegeben habe, brachte die Heiterkeit zur Erbauung, in
einer für mich so schmerzlichen Zeit; und innig herzlich wie ich sie
empfangen, entließ ich die beiden lieben Freunde.
Beim »empfangen« fällt mir ein, daß aus der Kiepe unter anderem
herausfiel: »Malwida habe gesagt, *sie hoffe,* Boni würde hier gut
aufgenommen werden.« Ich gestehe Dir, daß ich ganz sprachlos
darüber war, und wenn Du die gute Malwida siehst, bitte erkläre ihr,
daß man einige Scherze unter Geschwistern machen kann, ja daß die
eine sich selbst über diese Scherze beschweren darf, ohne daß ein so
grotesk unrichtiges Fazit gezogen würde. Sage ihr bitte, daß ich Euch
5 ganz gleich liebe, von je ganz gleich für Euch gesorgt habe und daß
ein jedes von Euch von mir mit gleicher Liebe empfangen wird. Aber
was muß der gute Ponsch auch gejammert haben, ohne sich zu sagen,
daß manche Dinge schweigsam hingenommen worden sind, die nicht
gerade in den Ritus unseres Lebens gehörten. Anbei sein letzter
Brief, und da sie sich so sehr darauf freut, uns wiederzusehen, muß es
am Ende nicht so schrecklich das letzte Mal gewesen sein, wie es
Malwida (wenn ich nicht irre) mit Hülfe der Ausmalung des Majors,
der gern tragische Linien zieht, sich denkt. Wo Du kannst, Herzchen,
arbeite gegen solche dumme Auffassungen und Einmischung in
unsere Beziehungen, es entstehen dadurch manchmal tollste Mißverständnisse.
Es tat uns leid, daß Maria Euch verlassen hat. Hoffentlich kehrt sie
nicht zu direkt nach dem Berge Ida zurück. Ich habe weiß Gott nicht
das Recht, über Weltentfremdung zu lächeln, aber ich habe dermaßen das Bedürfnis, daß die anderen um mich herum leben, sich
bewegen und freuen, daß es sich bis auf Maria erstreckt.
Sonst wirst Du über meinen dummen Kopf recht erschrecken, wenn

Du mich wiedersiehst. Das Gedächtnis verläßt mich ganz, und man muß viel Nachsicht mit mir im Umgang haben.

Gut, daß ich in Manfreds Träumen lebe, da nehme ich mich gewiß sehr hübsch aus. – Ich verlasse Dich jetzt, um Herrn Schön zu schreiben, auch sind die Schieferdecker unerbittlich. Sturm unterbrach uns 3mal, die Köchin mit Krebsen 2mal.

Adolf hat Euch doch unsere Schuld abbezahlt? Verzeiht, daß es einen Tag länger dauerte. Kindchen, sei froh, daß Du nicht reich bist. Es ist viel hübscher so, steht Deiner Anmut und Heinzens Geist viel besser, und so viele Millionen kannst Du Dir doch nicht wünschen, daß Du mir die freien Festspiele schenktest. Ich finde es gerade so hübsch, wie es jetzt bei Euch ist, und wirklich, Du hättest Maria so eine Andeutung nicht machen sollen. Ganz abgesehen davon, daß ich Deine verehrten Schwiegereltern nicht für reich halte und überzeugt bin, daß sie ihrem Sohne geradesoviel geben, als sie eben können. Was Deine Küche betrifft, so soll sie viel besser als die unsrige sein. Also!

Ich umarme Euch beide von ganzer Seele.

CW

An ihre Tochter Daniela
Bayreuth, Mitte Juni 1887

Die kleine Familie ist nun da, mein Herz, und mit ihr aller Grund zur Freude. Ich bin nicht ganz ohne Sorge über Bonis Gesundheit, aber ich hoffe doch sehr von dem hiesigen Leben für sie. Ihr moralisches Wesen gewährt mir die größte Freude, ja Stolz. Es ist da eine Lauterkeit und Wahrhaftigkeit, welche ihr den Stempel der Großartigkeit verleihen. Gegen ihre Schwestern ist sie überaus gütig und freundlich. Ihr erstes Wort zu mir war: »Gott, sind sie schön«! Was, da man kann wohl sagen, sie die Schönheit selbst ist, für mich etwas Heiter-Rührendes hatte. Gestern abend, als wir alte Familien-Erinnerungen auskramten und vieles uns deuteten und erklärten, sagte sie unendlich einfach: »Ich muß scheußlich gewesen sein.« Dann gestand sie mir, daß sie bis vor 2 Jahren eifersüchtig auf Loldi gewesen wäre, es nun aber gar nicht mehr sei; es sei ihr eine wahre Freude, wenn sie anerkennend von den Mädchen reden hörte, und sie versichere mir, wenn ich ihr die Loldi geben wollte, sie würde nur einen Gedanken haben, daß sie sich wohl fühle und Freude habe. Das ist denn eine schöne, schöne Gabe, die mir noch wird, Euere Liebe untereinander, der vollständige Sieg des Guten über alles Verkehrte. Wie haben wir gestern abend durcheinander gelacht und geweint, wie wir unsere früheren Erlebnisse, unsere Mißverständnisse, uns mitteilten. Ich mußte dabei das Geständnis ablegen, daß ich Boni dadurch ein großes Unrecht getan, daß ich mir ihre eigentümliche Ausdrucksweise als Herzlosigkeit oft gedeutet habe. Nun, Gott lohnt es uns: daß wir alle nie Böses gewollt haben, wenn ich auch oft genug verkehrt gehandelt habe. Meine Vorliebe für Dich und Loldi bleibt aber als Dogma fest, nur wird sie nicht mehr bitter empfunden, und ich blicke auf all das wie auf seltsam gekräuselte Wellen, die sich oberhalb der Tiefe spielen und mit dieser in ihrem Wirren nichts gemein haben.

Ungemein bestimmt hat sich Bonis Wesen ausgesprochen. Sie ist durch und durch Aristokratin. Du wirst es an ihrer merkwürdig vornehmen Art wie an jeder Äußerung und jeder Bewegung bemerken. So hatte ich denn nicht geirrt, indem ich sie in die Welt einführte, deren Lebensnormen ihr am besten entsprechen und in welche sie nun durch den Adel ihrer Gesinnung und Gefühle sich auszeichnet und durch ihre vornehmen Lebensgewohnheiten sich ganz von selbst einfügt. Da gibt es kein Schwanken, keine hin und her Velleitäten, alles ist so ausgesprochen wie nur denkbar, und mit dem vornehmen Biagino bildet sie, meines Erachtens, ein vorzügliches Ganzes, über welches kein Mensch im unklaren sein kann, wohin es gehört.

Manfred ist sehr eigentümlich romanisch, witzig, fein bestimmt, ungemein leicht, in Körper, Geist und Herz. Gar nicht siegfriedisch, aber sehr interessant, und gerne übernähme ich seine Erziehung, wenn ich, ihn nicht vorzüglich bei seiner edlen Mutter geborgen wüßte. – Maria hat uns durch ihre Freundlichkeit und Anmut ganz gewonnen. Gestern erklärte Loldi der Boni, sie habe sie viel lieber als Manfred, sie sei viel hübscher und lieblicher.

Nun, Du siehst, mein Herzi, wie gut und freundlich alles das ist, und Du erzählst es vielleicht der lieben Malwida zu ihrer Beruhigung. Boni war ganz betroffen über das Mißverständnis und frug sich, wie das nur möglich sei, da sie sich wirklich bewußt wäre, nie geklagt zu haben, außer als Backfisch, was doch Malwida bei ihrer Erfahrung nicht könnte so gedeutet haben.

Nun aber vielen, vielen Dank für Deinen lieben Brief. Bitte recht sehr, ich erschrecke nie, wenn Du oft schreibst, sondern wir sind alle

glücklich darüber. Gewiß wäre »Das Kunstwerk der Zukunft« und
»Oper und Drama« viel bedeutsamer, darüber wollen wir sprechen,
und *wie gern.* Daß die Angehörigen die Ideen der Ihrigen nicht
vertreten dürfen, ist ausgezeichnet, da müßte Herbert Bismarck sich
von der Fortschritts-Partei wählen lassen. Sind doch die Menschen
törig, wenn nicht türkisch. Schön ist es aber, eine Natur, wie die
Heinzens, mit solcher Bestimmtheit sich entwickeln zu sehen, und
wie gerne betrachte ich Euch beide als eigenartigstes Gegenbild
meiner lieben Aristokraten. Ebenso bestimmt, ebenso unerschütterlich, ebenso unbefangen sehe ich Euch beide in der höchsten
geistigen Region, alles Eitle fern von Euch, und mit voller Sicherheit
einem Ziele entgegenschreiten, dem der völligen Geistesfreiheit.
– So kann ich denn wohl Gott danken für alles, was er mir gab. Ich will
mich jetzt um Bonis Gesundheit bekümmern. Sie ist auch darin sehr
vornehm großartig, daß sie diese nicht im geringsten beachtet noch
beachtet haben will; aber es ist ein sehr tief leidender Zug bei ihr . . .
Sehr hübsch ist es, wie sie ungläubig lächelt, wenn wir ihr sagen, wie
schön sie ist, und es ist ganz unbegreiflich, daß bei ihrer korrekten
Einhaltung aller gesellschaftlichen Regeln sie nicht eine Spur von
Eitelkeit hat. Es liegt ihr nur viel daran, daß kein Mensch – wenn sie
zum Beispiel durch die Straßen von Palermo rennt, während alle
Freunde fahren – im Zweifel sei, daß sie der vornehmsten Klasse
angehört, und darüber gerät gewiß keiner je in Zweifel.
Ob der Major nach Bonn kommt, weiß ich nicht. Er schweningert
jetzt sehr ernst, und ich glaube, es ist notwendig. Er darf selbst nicht
schreiben, Gott, ist das ein merkwürdiges Wesen! Wir sind hier aus
Staunen und Gelächter nicht herausgekommen. Ich aber auch aus
tiefer Rührung und Ergriffenheit nicht.
Kinderchen, verzeiht, aber *was* versteht Ihr in Steins Vorträgen
nicht? Es klingt sehr anmaßend, mir war aber alles durchaus klar.
(Der arme Stein liegt an einem gastrischen Fieber krank und muß ein
Colleg aufgeben, zu welchem 100 Zuhörer sich gemeldet hatten.)
Über B.C. [»Benvenuto Cellini«] (nicht Börsen-Courier, meint Eva)
teile ich ganz Deine Empfindung. Die Antike ohne Religiosität hat
uns die Perversität gebracht, von welcher der Protestantismus, die
feste Burg ist unser Gott, uns befreite. – Schön ist alles, was Du sagst,
mein Herzchen. Überaus richtig Dein Instinkt. Laß Dich nie irre-
leiten durch irgend etwas ihn Widersprechendes, sei es noch so
anziehend oder so glänzend.
Meine eigentlichen Sorgen sind durch die Sturm- und Lang-Periode

(wie sie Loldi nennt) der Bonischen Einrichtung etwas zusammenge-
drückt worden. Vorhanden bleiben sie wohl bis zum Ende. Ich will
aber Gott danken, in unserer Sache solche Menschen gefunden zu
haben wie Adolf, unsere Dirigenten, Wolzogen, Stein und Heinz.
Vielen Dank für alle die Nachrichten, die immer hier ein sehr
dankbares Publikum finden. Solltest Du Deinen Vater in der rechten
Stimmung dazu finden, so würde ich Dir *vielleicht* etwas für ihn
auftragen. – Der Gräfin schreibst Du wohl immer unsere Grüße.
Hast Du denn Humperdinck die Bücher übergeben?
Evchen will alles übrige selbst mit Dir besprechen.
Lebt wohl, meine Kinderchen. Ich umarme und segne Euch von
ganzer Seele.

CW.

An Wilhelm Tappert
Bayreuth, 21. 6. 1887

Werter Herr und Freund,
Sie haben zu mir mit der Sprache des Herzens gesprochen,
empfangen Sie meinen wärmsten Dank dafür und lassen Sie es mich
versuchen, das große Mißverständnis vollends aufzuklären, welches
zu meinem herzlichen Bedauern zwischen Ihnen und Bayreuth
entstanden ist.
Ich lege hier einige Zeilen bei, welche ich aufgesetzt hatte, als die
Nachricht der irrigen Auffassung meiner Handlungsweise zu mir
gelangte. Sie werden aus den stümperhaften Korrekturen ersehen,
wie mir zumute ist, wenn ich irgend etwas von mir aussagen will, und
so verstand es sich von selbst, daß ich nach der wunderlichen
Mühseligkeit alles unterließ und beim Schweigen verblieb. (Es ist der
Einlage beizufügen, daß die Symphonie zuerst öffentlich aufgeführt
werden sollte – in Leipzig –, daß ihre festgesetzte Geheimhaltung
einzig auf die unerbittlich strenge Beurteilung ihres künstlerischen
Wertes zurückzuführen ist, endlich daß die Persönlichkeit, welcher
ich sie übergeben ließ, mir als eine durchaus wohlanständige
geschildert wurde, welche das Vertrauen der namhaftesten Künstler
unserer Zeit genöß.)
Wollen Sie dieses unbedeutende Blatt als Andenken an einen
Vorgang bewahren, dessen Abschluß ich auf das freundlichste
begrüße.

Da ich keine Zeitungen lese, so ist mir nur von Ihren Aufsätzen berichtet worden. Von lange her daran gewöhnt, an Ihren kritischen Arbeiten Freude zu finden, habe ich dieselben der Kenntnis meiner Kinder empfohlen, und nun mußten dieselben zu ihrem Staunen und zu meiner wahrhaftigen Bekümmernis mir melden, wie Sie plötzlich sich zu uns stellten.

Ich will Ihnen, werter Herr, offen gestehen, daß ich von einem schmerzlich betroffen worden bin; das ist der von Ihnen ausgesprochene Zweifel an meinem Willen. –

Mein Können! – Gott im Himmel – über dieses kann keiner geringfügiger denken als ich. Von dem einzigen Trachten meines Herzens aber hoffte ich den Freunden unserer Sache manches Zeugnis abgelegt zu haben. Nicht einen Punkt der vorjährigen Aufführungen gibt es, der nicht auf das sorgfältigste erwogen und geprüft worden ist und den ich nicht im Einklang mit meinen Erinnerungen zu bringen gesucht habe. Und vielleicht werden Sie diesen Erinnerungen einigen Wert beilegen wollen, wenn Sie bedenken, daß sie das einzige sind, was für mich lebt, und daß ich abseits von jedem Kunsttreiben mich ihnen, so treu ich es nur vermag, erhalte. Für jedes aber, worauf man mich aufmerksam machen kann, was vielleicht meinem Gedächtnis entfallen ist, bin ich – das versteht sich von selbst – dankbar zugänglich. Das werden Sie sich wohl selbst sagen, werter Freund, daß, wem eine solche Aufgabe zufiel, wie sie mir zuteil wurde, an keinem Schein mehr hängt, sondern einzig nach der Wahrheit trachtet.

Alle Bedenken, die Sie mir in Ihrem Briefe aussprechen, verstehe ich durchaus. Ja, ich ging in dem Verständnis so weit, daß ich Ihnen für den Eifer zustimmte, mit welchem Sie gegen die Veröffentlichung der Symphonie ohne Rücksicht auf meine Verpflichtungen sich erklärten, da Ihnen dieselbe nicht in die rechten Hände gekommen schien. Warum aber mußte Bayreuth darunter leiden?

Sie durften ja nur einen Blick auf die Persönlichkeiten werfen, welchen seine Erhaltung anvertraut ist, um bei der richtigen Würdigung seines Wertes zu bleiben.

Betrachten Sie den Vormund meines Sohnes, Herrn Adolf Gross, welcher seit 1872 mit Hintansetzung aller eigener Interessen durch seine Tätigkeit und Hingebung unsere Aufführungen einzig ermöglicht hat.

Sehen Sie auf Herrn von Wolzogen – der unter Schwierigkeiten sondergleichen und mit der Aufopferung eines ganzen Lebens die

»Bayreuther Blätter« im strengsten Sinne festhält und trotz ununter-
brochener Zumutungen und Anfeindungen nicht um eine Haarbreite
von dem steilen Wege abweicht, der ihm gewiesen wurde.

Gedenken Sie der beiden Leiter unserer Festspiele, welche – bei der
außerordentlichsten künstlerischen Begabung – nur von dem einen
Wunsche beseelt und von dem einen Willen getrieben werden, unsere
Aufführungen hier im rechten Geiste zu erhalten.

Wollen Sie es diesen an Opferfreudigkeit und Befähigung so
unvergleichlichen Menschen verdenken, daß sie gern mit mir einig
sich fühlen, gern mit mir die Meinung tauschen, wohlwollend
freundlich meine bescheidenen Andeutungen erwägen und mir eine
Aufgabe ermöglichen, deren Schwierigkeit vielleicht nur von denen
ermessen werden kann, welche die ganze Lage zu übersehen
imstande sind.

Ich glaube, daß diese seltene Eintracht, die sich auf sämtliche
teilnehmenden Künstler erstreckte, unseren Festspielen im vorigen
Jahre den ganz eigentümlich erhabenen, seelischen und künstlerischen Charakter gab, der sie zu einem so einzigen Ereignis
gestempelt hat.

Daß einer, den ich so gerne immer zu den Unsrigen gezählt habe,
dieses nicht gewahr wurde oder vergessen konnte, dies hat mich einen
Blick in das Leben werfen lassen, von dessen Trostlosigkeit ich mich
nur durch das tiefste Mitgefühl befreien konnte. Ihr Brief zeigt mir,
daß mein Mitgefühl recht hatte: lassen Sie mir Ihnen dafür wie für
eine Wohltat danken.

Das Bild, welches Sie mir von Ihnen und Ihrem Leben geben, hat
mich tief ergriffen. Ich möchte, ich könnte Ihnen helfen. Kann ich
Ihnen in irgend etwas dienstbar sein, bitte sagen Sie es mir, indem Sie
mir damit eine Freude zu machen wissen.

Verzeihen Sie es mir, daß ich die Auffindung der Skizze zur
Es-Dur-Symphonie nicht in den »Bayreuther Blättern« erwähnen
ließ. Sie glauben nicht, wie wenig – eigentlich gar nicht – ich an die
Öffentlichkeit denke. Auch bin ich nicht einen Tag ohne sorgenvolle
Gedanken. Dann aber habe ich nicht gewußt, daß Ihnen daran
gelegen wäre. Das war mein Fehler.

Sehen Sie mir, bitte, denselben nach. (Daß Hans von Wolzogen die
Angelegenheiten der Wagner-Vereine berichtet, liegt daran, daß die
»Bayreuther Blätter« das Organ des Vereins sind und daß die
Mitglieder desselben gern voneinander erfahren.)

Nun aber seien Sie gegrüßt und bedankt! Ich freue mich, Sie wieder

zu den Unsrigen zu zählen, und bitte Sie, wenn Sie an Bayreuth
denken, alles zu vergessen, was Sie kränkt, was aber mit Bayreuth gar
nichts zu schaffen hat.
Von Herzen wiederhole ich Ihnen, werter Herr, die Versicherung
meiner vorzüglichsten Hochachtung und Ergebenheit!

C. Wagner

An ihre Tochter Daniela
Bayreuth, 26. 6. 1887

»Und was habe ich an ihm verloren«, sagte gestern Fidi zu seinen
Schwestern. Wir hatten bei den Mahlzeiten – wo wir mit Fidchen
eigentlich nur verkehren – nicht von dem Ereignis gesprochen.
Gestern auf dem Heimwege von Forkendorf, wo wir unser Abendbrot einnahmen, frug er – wie Boni und ich fuhren – Eva und Loldi
nach allem, ernst und sinnig, tief betroffen, mit dem ganzen
Bewußtsein eines Verlustes! …
Ich glaube, er war bestimmt, ein Beispiel zu geben, und dieses hat er
vollbracht. Ich denke, daß das Ausharren weniger beredt gewesen
wäre als dieses Scheiden; und was er mündlich, mit der Zunge den
wenigen zu sagen gehabt hätte, die würdig waren, ihn zu vernehmen,
um wie eindringlicher werden es die geschlossenen Lippen ihnen
verkünden. Doch mit ihnen schließt sich manches, bei mir zumal!
Doch *das* ist kein Unheil, und wer möchte nicht lieber ganz
verstummen als den Freund sich erschöpfend im ungedankten Reden
sich vorstellen, wie ich es von ihm tat!
Wohl hast Du recht, daß im Wahnfrieden eine solche Prüfung anders
aufgenommen wird. Ist es doch wie ein Seeleneinzug, den wir feierten
– sah ich doch den Freund unter dem Flieder und den Rosen mit Hans
Sachs verkehren, war es mir, als ob die Feuer, die auf den Hügeln am
Johannes-Tag brannten, seiner Erlösung eines nach dem anderen sich
anzündeten. – Von welchen wunderbaren Zeichen, Ahnungen und
Stimmungen dieser Tod für mich umgeben war, davon sage ich Dir,
wenn wir uns sehen.
Kommt, meine Geliebten, wann Ihr könnt. Gegen Ende August
denke ich nach München auf einen Tag gehen zu müssen (Kapellmei-
sterkonferenz); ich werde Euch aber den Tag im voraus sagen.
Bezüglich Deines Mädchens versteht es sich von selbst, daß ich sie
sehr gerne aufnehme, nur müßte ich versichert sein, daß sie nicht
– wie das letzte Mal – räsonierte. Denn dieses Beispiel möchte ich

nicht gegeben haben. Will sie schweigsam freundlich in die Hausordnung sich fügen, dann von Herzen gern. Sprich mit ihr darüber, wenn Du für möglich hältst, daß eine Vornahme etwas gegen einen bösen Charakterzug vermag.

Am 3. will sich Boni zu Dir aufmachen. Ihr werdet Euere Freude an ihr haben. Grenzenlos gut und groß ist sie. Gestern erklärte sie der Loldi, wie sie sie verkannt habe. Sie hat in den 10 Tagen ihres Hierseins nur Liebe bezeugt. Dabei geht ihre Großherzigkeit fast in das Groteske: wie ich ihr gestern erzählte, ich hätte der Stiftung den Ertrag der Symphonie zugewiesen, sagte sie mir: »warum hast Du es nicht von den meinigen genommen? Ich hätte es gar nicht gemerkt!« – – Dazu ist sie vom größten Eifer für ihre Bildung. Sie ist – bei unserer jetzigen Lektüre Dantes – unvergleichlich aufmerksam und verständnisvoll, will immer mehr treiben und gründlicher!

Nur macht mir ihre Gesundheit *große Sorge,* und ich weiß nicht, wie ich es anfange, sie zu stärken. Ja selbst die unaussprechliche Güte, die sich in jeder ihrer Regungen ausspricht, trägt dazu bei, mich zu ängstigen. Ich möchte, sie verbliebe bei Schöns in der Waldluft einige Zeit. Gott gebe, daß das Wiedersehen mit Euerem Vater sie nicht angreife. Sie will *sehr geschont, gepflegt* sein!

Das, meine ich, ist für Boni zu wünschen, nicht einen »liebevollen Empfang«, wo er sich von selbst versteht. (Daß Töriges geredet wird, ist am Ende nicht sehr wichtig, nur den Wert ihrer Worte einer verehrten Freundin benommen zu sehen, das tut einem leid, deshalb bat ich Dich um energisches Eintreten.) Vielleicht befrügst Du einen Arzt für Boni?? Schrön – den sie konsultiert hat – empfiehlt Waldluft, Milch, Bier und etwas guten roten Wein. *Er* scheint ohne Sorge. Könnte ich es sein. Auch hier scheint mir eine Lebenskraft im Ermatten! Wohl bin ich mancher edlen wahrhaftigen Frau begegnet, bei keiner aber ist mir diese Energie der Lauterkeit vorgekommen. Diese bestimmt ihre Schönheit und ihre Haltung, deren freie Vornehmheit Dich erstaunen wird wie mich. Gott helfe mir sie stärken!

Mir ist sehr bang, und bin ich – ach leider! – so schwer zu beruhigen. Ich schrieb Dir gern dieses alles selbst. Antworte mir nicht eingehend darauf ...

Manfred behalte ich gern; die Reise bei der Hitze scheint mir nicht rätlich, und für Boni ist es besser, frei von Kindern – – und *bonne* zu sein.

Seid umarmt, meine guten Kinder!   CW.

An ihre Tochter Daniela
Bayreuth, 8. 7. 1887

Mein guter Schatz!
Heute also an Dich meinen Bericht, als Dank für Deinen lieben Brief.
Ich will sofort mit unseren Plänen beginnen. Ich hatte Dich so
verstanden, daß Ihr anfangs August hierher kämet (nach einer
Gebirgsreise) und von hier aus nach Schlesien Euch begäbt. Da habe
ich denn für Boni und Fidi zumeist die Reise nach München, des
klassischen Repertoires wegen, in das Auge gefaßt, auch gehen
Grossens Ende August nach dem Starnberger See. Um dieselbe Zeit
muß ich mit unseren Kapellmeistern zusammenkommen (München
oder Regensburg). Nun seht zu, wie Ihr die Dinge mit möglichster
Gelassenheit einrichtet. Da Biagino wahrscheinlich nicht nach
München wird kommen können, muß ich sehen, wie wir es machen.
Namentlich da durch Bonis Arrangement wegen November in
Hamburg ich München nicht in den Winter verlegen kann. Möchtet
und könnt Ihr (ich meine der Finanzen halber) nach München
kommen? so ließe sich vielleicht alles auf das beste vereinigen. – Was
die Gesundheit von Boni betrifft, so ist hier von keiner Nervosität die
Rede, sondern von einem wirklichen lokalen Übel, welches vorläufig
noch leicht ist, aber durchaus ernst zu nehmen. Schrön hat mir auf das
bestimmteste darüber geschrieben. Gute Kost ist natürlich gut, aber
sie soll Eier, Milch und Rotwein genießen, dann massiert werden, womöglich Moorbäder nehmen und von einem bedeutenden
Arzt in die Kur genommen werden. Ich zerbreche mit den Kopf,
um zu wissen, was ich tun soll. Franzensbad schien mir das Rechte.
Aber wie ich Boni dahin bringe, das ist mir noch ein Rätsel. Die Kinder greifen sie nicht an. Irritiert hat sie nur ein allerdings sehr unerquickliches Verhältnis zu der Bonne, gegen welche sie ungefähr
so ängstlich ist wie seinerzeit gegen Mrs. Cooper. Und welche
segensvolle Bedeutung haben diese lieben Wesen für Blandines
Leben.
Die Kleine ist unbeschreiblich anmutig und wird einst ihrer Mutter
Trost und Freude sein. Manfred hat entschieden ein bedeutendes
Naturell. Wie ich es beinahe an keinem Kind erlebt habe, kann er sich
stundenlang mit ein und derselben Beschäftigung vergnügen. Er hat
viel Witz und, wie mir scheint, sehr viel Verstand. Wir sind die besten
Freunde von der Welt, und überall, bei Schölers zumal, genießt er die
größte Popularität.

Wenn Du Dich über Berlioz endgültig festsetzen willst, so lies
Abteilung V von »Oper und Drama« Seite 341. Insbesondere die
Seiten 348–354. »Romeo und Julia« ist, glaube ich, nebst dem
»Requiem« das bedeutendste Werk dieses Un-Meisters. In diesem
auch zeigt sich die Absurdität der künstlerischen Konzeption beinahe
am auffallendsten, indem er zuerst instrumental das bringt, was er
nachher durch den Chor wiederholen läßt. Wie ich das einst erlebte,
war ich ganz starr und dachte, es müßten zwei Werke sein.
– Bezüglich der »Heiligen Elisabeth« finde ich Dich zugleich etwas
streng und etwas frei. Wenn Du von dem kargen melodischen Inhalt
sprichst, so müßte Dir das doch bei weitem mehr bei Berlioz
aufgefallen sein, und was die Längen betrifft, so sind ja davon ganze
Wüsten bei Berlioz. Subtil und sensitiv würde ich eher Chopin
nennen, aber ich kann mir vorstellen, was Du darunter gemeint hast,
er besitzt eine hitzige französische Phantasie und eine große
Beherrschung der Kunstmittel, aber keine Seele, und daher frage ich
mich immer, wie kommt ein solcher zur Musik. Wie Automaten
erscheinen mir jetzt seine Melodien, ich sage *jetzt,* weil in meiner
Jugend mir seine Werke imponiert haben. – Aber genug hiervon und
selbst zuviel, da Du in »Oper und Drama« das findest, was Dein
Urteil bestimmen wird.
Du hast ja sehr vornehm gelebt! Und ich freute mich, daß Du einen
gerngesehenen älteren Bekannten auch von Heinz geschätzt sahst.
Was Du mir über unseren Gönner sagtest, habe ich nicht verstanden,
hast Du denn Erfahrungen an ihm gemacht? Mir genügt es (und
wahrlich mehr als dies), daß er sich ganz ausgezeichnet gegen uns
benommen hat, und ich weiß wirklich nicht, was Du unter der
»sogenannten Energie« verstehst. Ich stehe jedenfalls in einem
Verhältnis der Dankbarkeit zu ihm und freue mich dieses Verhältnisses.
Denke Dir nur, Lusch, daß ich in die Lage gekommen bin, von dem
Magistrat hier in Schutz genommen zu werden und mich dafür zu
bedanken, ich glaube, es handelt sich darum, ob ich meine Rechnung
bei der Illumination bezahlt habe oder nicht. Das hat aber viel
Entrüstung hier hervorgerufen, und da ich von einer Gemeindesit-
zung hörte, habe ich heute früh dem Bürgermeister gedankt. Ein
Glück, daß Heinz nicht hier ist, ich hätte ihn sonst gebeten, das für
mich zu übernehmen!
Nun zu Ähnlichem. Das Kontrollieren, Kinderchen, ist eine üble
Sache. Es genügt mir, wenn nicht räsoniert wird, das heißt meine

Leute nicht aufgewühlt. Der Einfluß von B's Drachen ist bereits kein sehr guter, so daß ich ein wenig sorglich bin.

Nun lebt wohl, meine Kinderchen. Gib Ponsch die beiliegenden Zeilen, und seid alle auf das innigste gegrüßt und geküßt!

Mama.

An ihre Tochter Daniela
Bayreuth, 21. 7. 1887

Mein guter Schatz,
Der Schritt vom Privatdozenten zum Professor ist, glaube ich, immer ein etwas mühseliger. Auch denke ich, daß Ihr von Dresden bald anderswohin Euch würdet begeben. Die Verpflichtungen (soziale) liegen immer in unserer Hand. Ich habe dies durch alle möglichen Lagen erprobt, und der Ort, den muß man sich am Ende selbst zu etwas machen, wozu Ihr beide Geist und Liebenswürdigkeit genug habt. *Ich* würde also annehmen. Raten aber tu ich Euch nicht dazu, denn Ihr seid Neigungs-Menschen beide. Die Dinge müssen Euch entsprechen, und ein Karrieren-Mensch ist – Gott sei Dank – Heinz nicht. Entscheidet also ganz frei, und seid meiner Zustimmung immer sicher (die Lebensmittel sind in Dresden wohlfeiler als in Bonn).
Tausend Dank für die Korrekturen! Ich werde mit »Jesus von Nazareth« beginnen, welches jetzt herauskommt, und eine innige Umarmung.

Die Mama.

An Max und Gotthold Brückner
Bayreuth, 22. 7. 1887

Hochgeehrte und liebe Herren,
Ich muß Ihnen sogleich sagen, wie schön ich Ihre beiden Skizzen zu dem »Tannhäuser« finde. Es ist ganz unglaublich, wie Sie im Venusberg alle Intentionen verwirklicht haben und zugleich dabei frei und erfinderisch sich bewährt. Ich bin aufs tiefste davon gerührt. Man ist vollständig in die Zauberwelt versetzt, und dabei verläßt einen die Idee des Inneren eines Berges nicht. Die kühne Mischung der Farben ist Ihnen auch auf das schönste geglückt. Es ist etwas, wie ich es, selbst annähernd, auf der Bühne nie gesehen habe.
In ganz anderer Weise freilich, aber nicht minder entzückend, ist die

II. Skizze, deren so feine sorgfältige Ausführung den Blick immer
wieder auf sich zieht. Ja, das ist die Frühlingsstimmung, wie sie
gedacht worden ist...
»Ha, nun erkenn' ich sie
wieder, die schöne Welt...«
Wenn wir – mit Gottes Hilfe – zur Ausführung einmal kommen
dürfen, dann werde ich Sie nur fragen, ob wir den Weg, den Elisabeth
im III. Akt zu der Burg zurückzulegen hat, nicht etwas freier
gestalten können (weil sie lange sichtbar sein muß) und ob wir den
Bergvorsprung, auf welchem das Madonnenbild steht und auf
welchem die jüngeren Pilger zu nahen haben, nicht um eine Idee
höher halten dürften. Das ist aber alles nichtssagend, die Hauptsache
ist da, vollständig da, ganz erfüllt, und wenn es mich auch sehr
wehmütig stimmt, angesichts solcher Resultate [uns] nicht gleich an
die Ausführung gehen zu sehen, so liegt doch für mich in dem bereits zuerst Erreichten eine große Genugtuung und ein wahrer
Trost inmitten mancher Not.
Mit diesen beiden Skizzen beginnt »Tannhäuser« für mich zu leben,
sie sind mir die lieben Vorboten ferneren Gelingens und die schöne
Gewähr, daß auch die kühnsten Gedanken und Intentionen einmal
hier in Bayreuth verwirklicht werden sollen.
Haben Sie Dank, hochgeehrte und liebe Herren, für diese Kunstwer-
ke und alles, was sie mir in der Stille jetzt sagen. Dereinst, ich hoffe es
von ganzer Seele, wird Ihnen die Welt dafür danken.
Grüßen Sie bitte Ihre lieben Frauen, und seien Sie von meinen
Kindern und mir in herzlichster Hochachtung gegrüßt!
                                                           CWagner.
P.S. Am 18. September sollen die »Meistersinger« in München als
Abschluß der klassischen Aufführungen dort aufgeführt werden.

An Hermann Levi
Bayreuth, 24. 7. 1887

Der Besuch meiner Tochter nimmt sich in Ihrem Bericht gar lieblich
aus. Mit dem scherzhaft Überschwenglichem für mich und dem
Viertel für sie sind meine Kinder durchaus einverstanden. Mir
verwandelte sich das übermäßig Artige darin: Daß unausgeführte
Ansätze der Natur, angedeutete Möglichkeiten nun in einzelner
schöner Vollendung sich erfüllten und mir in jugendlicher Holde

entgegenblühen. Das ist trostreich genug, und so danke ich Ihnen
heiter für den Scherz, gerührt aber für die ernste Betrachtung, in
welche er sich wandeln konnte. Gewiß muß es sich schön neben dem
schönen Kinde – noch dazu von einer schönen Mühle das Wasser
getrieben – haben gleiten lassen! Was aber die Certosa betrifft, so
denke ich, suchen wir unsere Gewißheit nur in Wahnfried. Fehlt uns
der Strom, so können wir wandelnd gleiten, und ich wenigstens wüßte
nicht, welche Ruhe ich anderwärts suchen könnte, die ich nicht hier
friedlicher mir gewänne. So mache ich Ihnen den Vorschlag, immer
einen Teil Ihrer Ferien (groß oder klein, nach Ihrer Stimmung) hier
zuzubringen. Wir nehmen dann auch vielleicht Dante – in der
unprofessorlichen, sehr hübschen Übersetzung von Kopisch – vor. Ist
Ihnen aber nicht wenigstens aus unentrinnbarer Subjektivität die
eine Stelle aufgefallen, wo Virgil Dante das Mitleiden am falschen
Ort verwehrt? Ich habe lachen müssen, wie ich daran kam. – Noch
habe ich zwei Dinge aus Ihrem letzten Brief auf dem Herzen: das
erste bezieht sich auf den Überzeugungssatz von Goethe. Wo blieben
denn alle Bekenner, wenn man das, was einem erfüllt, nicht
aussprechen soll? Mich dünkt, Goethe hat sich etwas grillig hier
ausgedrückt, er meint wohl, daß man vor Unfähigen und Unwürdigen
seine Überzeugung nicht sagen soll; und dies geschieht beinahe von
selbst. Seinen Glauben teilt man nur Mitgläubigen oder solchen mit,
von denen eine tiefe Ahnung uns sagt, daß sie zu ihm berufen sind.
Das zweite bezieht sich auf die Anfrage bei Hans von Bülow. Ich
wollte wissen, ob seine Ansicht die Ihrige (über die 3 Werke)
umstimmen würde. Nun antworteten Sie mir über seine Mittätigkeit
im allgemeinen... Ich bin auf das lieblichste unterbrochen worden;
die Amme mit meiner Enkelin trat herein. Jedesmal, daß ich die
schöne Gestalt, die bestimmten edlen Züge sehe, welche ein sanftes
Lächeln den Ausdruck der freundlichsten Resignation geben, empfinde ich den tiefen Trost, der uns ankommt, wenn wir die
Wahrhaftigkeit und die Schwermut der Natur sich in menschlichen
Wesen in stille lächelnde Wehmut auflösen sehn. In jeder Bewegung
dieser Frau, welche das eigene Kind verließ, um das Fremde zu
herzen, spricht sich einfach das erreichte Ziel der Natur aus. Sie
wandelt hier wie ein guter Geist, und neben ihr wüßte ich nur noch
das erhabene Bild unserer guten Freia zu nennen, welche ihre
9 Kleinen mit leidenschaftlicher Hingebung ernährt.
Doch wieder zu unseren Dingen. Hans von Bülow bezüglich, welchen
Sie mir vielleicht nicht ja oder nein sagen wollten, führt mich zum

Regisseur. Ich teile Ihr Mißtrauen durchaus und habe Felix gebeten, sich noch bei Suchers zu erkundigen. Bezüglich Harlacher machten Sie den Vorschlag in meiner Gegenwart. Er hat mir in Karlsruhe recht wohl gefallen. Die Inszenierung der »Meistersinger« aber erfordert noch etwas mehr als die sorgfältige Ausführung der Angaben. Es sind Massen zu beleben, und da gehört Geist und eigene Persönlichkeit dazu, wie sie seinerzeit doch Hallwachs zu eigen waren.

Einen Fremden zuziehen! Gewiß praktisch, aber sehr bedenklich. Es ist uns ja durch Unkenntnis manches entgangen. Zum Beispiel die Sucher als erste Sieglinde. Doch mag ich lieber dies weiter tragen als das Fremdartige uns einfügen.

Ich danke Ihnen sehr für die bestimmte Aussage über Fräulein Dressler. Die Bausch-und-Bogen-Empfehlungen von Aufführungen oder Künstlern, wie ich sie zumeist erfahre, mißmutigen mich, weil sie mir nur an und für sich respektable Stimmungen kundgeben, mir aber nichts sagen. Nun käme es darauf an, ob mit ihren Mängeln und Vorzügen Fräulein Dressler doch nicht den anderen überlegen wäre. Eine sehr schwere Frage ist Betz. Ich möchte ihn, da er ihn (den Sachs) ganz allein einstudiert bekommen hat. Es heißt aber, er würde von keinem guten Einfluß sein, und der Geist, der uns beseelt, ist mir zu teuer, um daß ich ihn gefährden möchte.

Wohl sind wir wenige für das Kloster! Das Festhaus betrachte ich als unser Kloster, nicht kann ich es anders fassen, wozu wohl viele gerufen, wenige aber erwählt sind.

Sehr recht sind mir alle Ihre Vorkehrungen bezüglich Sängerinnen etc., und danke ich Ihnen herzlich dafür. Felix schrieb mir gestern, daß die ersten Tage des Augusts ihm recht wären. Bringen Sie diese auf dem Lande bei München zu, so würde ich fragen, ob ich nicht auf ein paar Tage ein paar Stübchen irgendwo da zur Miete bekommen könnte. Das wäre mir bei weitem das liebste und vielleicht für Sie auch das bequemste. Machen Sie alles mit Felix bitte nach Ihrem Gutdünken ab.

Gestern hatte ich eine Besprechung bezüglich der elektrischen Beleuchtung unseres Hauses. Wie habe ich mich gefreut, Kranich wiederzusehen! Der Licht-Direktor gefiel mir auch sehr. Da er alle möglichen Aufführungen der Werke überall sieht, frug ich ihn, wo er die besten gefunden habe, er sagte: »Weitaus in München.« Es freute mich, diese Empfänglichkeit für gewisse Vorzüge zu finden. Freilich ist er ein Festspiel-Enthusiast, ist beinahe bei allen Aufführungen zugegen gewesen und behauptet, Länge empfände er nie; wenn er

aus dem Theater nach einem Werke käme, wünschte er, es fänge
gleich wieder an. Ich zeigte den 3 Freunden (auch unser Beleuchtungs-Meißner war dabei) die schönen Skizzen zum »Tannhäuser«,
welche die lieben Brückners nach meiner Besprechung mit ihnen
ausgeführt haben. Da ist sie denn, die zauberische Höhle, in Gestalt
und Farben ganz, wie sie gedacht worden ist, und wiederum kommt
mir bei ihrer Betrachtung jene lächelnde Wehmut an, von welcher ich
oben sprach und die, wie es scheint, unser bestes Erbteil hienieden
bleiben soll.
Da Kranich durch die Brückners vollständig unterrichtet war,
sprachen wir vor den Bildern gerade, als ob wir im nächsten Jahr den
»Tannhäuser« aufführten, verloren uns eifrig freudig in die Aufgabe
und endigten mit einem Seufzer! Gott gebe Goethe recht, daß unser
Wollen und Wünschen der Vorbote unseres Könnens sei!
Bitte danken Sie dem Dom-Kapellmeister innigst. Am Ende könnten
wir Ende Oktober zu dem »Stabat« in Regensburg zusammenkommen, das hinge von Ihnen ab. Felix müßten wir wohl auslassen, der
zu weit ab ist. Das besprechen wir nächstens.
Leben Sie wohl, bester Freund; meine Tochter schreibt mir, daß Sie
sehr wohl aussehen; das hat mich recht gefreut, und wünsche ich
guten Bestand. – Ich muß aber noch am Schluß fragen, warum Sie
sich für witzlos ausgeben? Der »Vorzug«! hat uns fast ebenso lachen
machen wie die Frau Staudigl bei Grossens!
Sie sehen, es geht noch, was daran schuld ist, die Skizzen, der
Morgen, die Baglia (welche Krug obstinat »Schoppanina« nennt).
Wer weiß es; gewiß aber bin ich in diesem Augenblick fernab von der
Welt, wo man mit dem Fußtritt auf Köpfe von Elenden und
Verdammten stößt, wie es dem Dichter in der Hölle geschieht.
Seien Sie in dieser guten Stimmung auf das freundlichste gegrüßt!
CW.
Gestern I. Aufführung von »Parsifal«! – –

An Hermann Levi
Bayreuth, 6. 8. 1887

Wo ist nun mein Wissen
gegen dies Wirrsal?
Wo sind meine Runen
gegen dies Rätsel?

So ward ich heimgeleitet! Und aus dieser Frage des notbezwungenen
Herzens kamen mir alle meine Betrachtungen. Ich glaube bestimmt,
daß wenn es möglich wäre, daß wir ruhige Zeiten miteinander und
mit den Dingen verkehrten, die uns bestimmen, Sie finden würden,
daß unsere Empfindungen sich nicht unterscheiden und bloß unser
Ausdrucksvermögen ein verschiedenes ist. Wie man aber das nicht
dichten kann, was man lebt, so konnte ich gestern – so heftig war mein
Mitgefühl – kein rechtes Wort finden, ja, auch keine Träne konnte zur
Erleichterung mir fließen. Ich glaube, in früheren Jahren wäre ich
Ihnen nachgereist und hätte so lange geredet, zugesprochen, geklagt
und gescholten, daß Sie doch – – außer sich geraten sein würden. Nun
ist das Alter und was sich nicht bezeichnen läßt bei mir eingekehrt,
und keine Kraft habe ich mehr als die der Versenkung. Was aus dieser
Versenkung in das, was sich mir gestern enthüllte, sich ergibt, weiß ich
nicht. Ich versuche es, schwach wie ich bin und sehr elend, es mit dem
Wahne aufzunehmen, der Sie besitzt. Ich würde es nicht tun und
würde einzig mit Ihnen klagen und trauern, wenn Sie nicht Künstler
wären und als solcher einer Kunst angehören, welche eine Religion
ist. Sie bedürfen keiner anderen, und gerade daß Sie ihr unter so
furchtbarer Not dienen, das stempelt Sie zu ihrem berufensten
Diener. Gerade daß Sie sich dieses heiligsten Dienstes nicht würdig
fühlen und mir es mit so einfältigem Herzen bekannten, gerade das
ergibt die Echtheit Ihres Berufes. Wenn Sie bedenken, wie Ihr Weg
gewesen ist, so, meine ich, sollten Sie den Himmel preisen. Einem
Stamm angehörend, welchem diese Welt alles ist, von vorneein also
darauf angewiesen, Ansehen, Ruhm, und was derlei mehr ist, als
erstrebenswert zu betrachten, arbeiteten Sie sich bis zu unserer Kunst
durch und über die andere Erfassung der Dinge bis zur völligen
Verkennung Ihrer Verdienste aus. Wie nehmen wir uns dagegen aus,
denen in zarter Jugend – leider nicht praktisch ausgeführt! – Worte
mitgegeben werden und auf ein Bild gezeigt wird, die dem guten
Herzen wohl unverlierbar bleiben, den aber, welcher sie vergessen
kann, den »beiläufigen« Christen, wohl zu der traurigsten unter den
traurigen Erscheinungen ausprägen. – In Wahrheit, mein Freund, ich
begreife es nicht, daß das Judentum Sie im Bewußtsein jemals
belasten könne, und fühlten Sie die Eigentümlichkeiten desselben
noch so stark oder zahlreich in sich, denn Sie haben sich bewährt.
Und wirklich, Ihr Kleinmut ist zu tadeln; es kann nicht anders sein,
als daß er als Gegengewicht einem Übermut zeitweilig weiche, der
Ihnen nicht wohl tut, da Sie doch berechtigt sind, in vollster

Gelassenheit zu tun und zu lassen. Dieses meinte ich, als ich Sie
einmal bat, nicht zuviel leisten zu wollen. Das brauchen Sie nicht – Sie
haben Ihr ganzes Herz unserer Sache dargebracht und es mit Macht
vollbracht. Wie können Sie nun so kleinmütig sein? Ich fürchte, daß
meine Art, sowohl mich auszudrücken als auch die Dinge zu
betrachten, manches zu diesem Kleinmut beigetragen, und das wäre
das übelste Zeugnis für meinen Glauben. Ich kann nicht anders als
heftig das aussprechen, was mich einnimmt, namentlich, wenn es im
Widerspruch mit des anderen Äußerung ist, niemals aber birgt diese
Heftigkeit eine Verdammung oder gar eine Scheidung in sich. Denn
unsere Sache und meine Religion sind eines, und wer unserer Sache
dient, teilt meinen Glauben, möge er sich dessen bewußt sein oder
nicht. Das Unglück des armen, außerordentlichen (die meisten der
unserigen tief beschämenden) Freundes war, daß er, ohne Talent,
unserer Sache nicht dienen konnte. Und ohne ihr zu dienen, wollte er
nicht in dieser Welt sein – ein Gefühl, vor welchem ich die größte
Verehrung habe. Daß dieses Nicht-Wollen gewaltsam, nicht wie bei
Heinrich sanft als Aufgebung des Willens sich ausdrückte, das ist das
Tragische daran, das unser ganzes Mitgefühl in Bewegung bringt; und
in diesem Sinne haben wir wohl den antiken Spruch zu verstehen, daß
der beste Mensch derjenige sei, den die Götter am meisten liebten,
also der glückliche. Stein nenne ich glücklich, Rubinstein unglückse-
lig, heilig ist mir der erstere, verehrungswürdig, ewig angehörig der
andere.
Nun sind Sie aber von der Natur so ausgestattet, daß niemand besser
als Sie unserer Sache dienen kann. Ich glaube nicht, daß uns das
Vorspiel zum dritten Akt des »Parsifal«, ja der ganze dritte Akt je
wieder so erklingen würde als unter Ihrer Führung. Und wie wollen
Sie diese Führung anders bezeichnen als als Gebet? Da mir das Gebet
doch Andacht ist, »Sammlung aus jeder Ferne«, Aufhören des
eigenen Seins? Ist dieses Erklingen nicht Ihr ganzes Bekenntnis?
Mögen Sie es als Kunstleistung dürftig erkennen und bezeichnen, mir
ist es ein anderes; *mit uns* sind Sie, im Paradies? – Nein, im Grabe
selbst.
Daß Ihr Verstand Sie quält, begreife ich nur zu gut, der meinige
peinigt mich genügend, er ist der Gesell, vor dem es Gretchen graut.
Aber daß Ihr Herz nicht deutlicher zu Ihnen beruhigend spricht? Wie
vermöchte ich das zu verstehen? Durfte ich mir wirklich sagen, dürfte
ich es hoffen, daß es mir gelingen könnte, diesem Herzen zu seiner
wahren herzhaften Sprache zu verhelfen? ... Es heißt von einem

stummen Königssohne, daß er die Sprache gewann, als er seinen
Vater in Todesgefahr ersah; nicht Todesgefahr, aber wohl Todesnot
habe ich empfunden, wie Sie gestern zu mir sprachen, will Ihr Herz
darüber nicht sein Recht sich wieder gewinnen? Wie soll ich Ihnen
sonst helfen? Zuweilen erscheine ich mir mit dem Teuren, was ich zu
tragen habe, wie auf tobendem Meere, ohne Ufer, ohne Ziel, im
vollständigen Grauen der Nacht, vor welcher es mir ist, als ob der Tod
selbst davon nicht erlösen könnte. Da leuchtet aber ein Stern. Nicht
weiß ich ihn zu nennen, von innen strahlt er mir zu und erleuchtet mir
die ganze finstere Wölbung, die wie eine undurchdringliche Mauer
des Gefängnisses mich umgibt. Alles wird sanft, und das arme
Lebensgerüst scheint mir auf den Wogen schaukelnd harrend zu
spielen, und auf ihm vernehme ich die Stimmen, die zur Musik mich
geleitet, »beschwichtigend jeden Wunsch«, zur Musik und zum
Traum!
Verwehren Sie sich eigensinnig nicht den Trost. Die Grämlichen, sie
hat unser Dichter in die Hölle verwiesen – das will verstanden
werden: Ihr Gram – bei allem, was mir heilig ist – ist sündhaft und
muß besiegt werden.
»Tannhäuser« ist morgen, der wird es tun, und sollte ich mich
schämen, ihm vorzugreifen und mir einzubilden, daß ich mit Worten
auch nur ein Geringes da vermöchte, wo die höchste Macht ihr
Heils-Amt auszuüben hat. So übergebe ich Sie ihr, scheide jetzt von
Ihnen in Hoffnung und Liebe und ersehne für mich (erbitte ihn) einen
Teil des Trostes, der Ihnen morgen zuteil werden soll und welchen
zum unverlierbaren Gut sich zu machen Ihre Lebensaufgabe ist.

                                                              CW

An Felix Mottl
Bayreuth, 16. 8. 1887

Ausgezeichnet, mein teuerster Felix, und so dankenswert! Da ist gar
nichts zu redigieren, ich schicke den kleinen Freund an Wolzogen, der
ihn gewiß herzlich begrüßen wird. Das einzige, was ich befürchte, ist,
daß die August-Nummer unter Druck sei, und September und
Oktober bringt er zusammen. Wir lassen es aber dann mit der
Anzeige der Festspiele kommen, das gehört hübsch zusammen.
Die Festspiele betreffend habe ich an Herrn von Perfall geschrieben
(bezüglich des Majors) und von demselben eine Antwort erhalten,

welche mich annehmen läßt, daß wir ihn doch ohne besondere
allerhöchste Schritte erhalten. Gudehus hat geantwortet, er kann
noch nichts Definitives sagen, aber er hofft, daß sich alles wird
machen lassen. Freilich frägt er auch, ob wir nicht eine Woche früher
spielen könnten, was aber nicht möglich ist. An die drei Wiener
schreibt Adolf. Soll er aber nicht auch an die in Aussicht Gestellten
schreiben? (für Beckmesser oder David), dann bitte ich um die
Namen. Schrödter.
Wegen der elektrischen Beleuchtung ist er noch in Unterhandlungen,
er meint, es sei nicht die der Edison-Compagnie, welche in Wien
versagt habe, er geht aber vorsichtig zu Werke, und jede Notiz ist sehr
willkommen.
Regisseur Bittong hat angenommen, trug einiges Bedenken, der
Aufführung der »Meistersinger« in München beizuwohnen, er habe
sich in dieses Werk besonders eingelebt und bedürfe dann nur, mit
mir darüber zu sprechen. Ich habe ihm gesagt, daß man sich am
besten verständigt, wenn man etwas sieht, und deshalb für den
18. September Brückners, Kranich und ihn mir in München ausbäte.
Vorher aber, wann Sie, mein teurer Felix, durchreisen, komme ich
auch.
Ich lege den Brief des Freundes bezüglich des »Tristan« bei. Seine
Argumentation ist etwas rabulistisch, doch genügt es, daß Sie beide
den »Tristan« für nicht möglich halten, um daß ich mich ergebe.
Ich habe noch Schweres mit dem Freund durchgemacht, ja, wie einen
Paroxysmus seiner moralischen Krankheit. Ich glaube noch nie in so
herzlicher Not um einen Menschen gewesen zu sein, als ich auf der
Strecke von München nach Landshut, wohin er mich begleitete, um
ihn war. Alles, was er damals nach dem Tode meines Vaters
vorbrachte, kam gesteigert, jammervoll wieder hervor. Ich habe
lange die Lösung des Rätsels gesucht und glaube sie darin gefunden
zu haben, daß er (vielleicht unbewußt) das Gefühl habe, als ob sein
Zusammenhang mit uns es eigentlich erfordere, daß er unbedenklich
erkläre, entweder gibt man mir meinen Urlaub oder ich lege meinen
Taktstock nieder, und daß er nicht den Mut oder das Gottesvertrauen
habe, solches zu tun. Nun half er sich mit der Verzweiflung, daß er
nicht zur Sache gehöre, daß der Fluch seiner Geburt ihn doch immer
trenne, mir gegenüber befangen mache, und so manches trostlos
Ähnliches. Was ich an Mitgefühl habe, habe ich gleich nach meiner
Rückkehr in einem langen Brief an ihn ausgeschüttet, und seine
Antwort bezeichnete die schmerzliche Explosion als die Krisis einer

Krankheit, welche nun, er hoffe es, überstanden sei. Ich habe sofort
an ihn über anderes geschrieben, hier haben Sie seinen zweiten Brief,
der mir wirklich Hoffnung macht, daß dieser Jammer sich für uns
nicht wiederholt.

Ach, Felix, sind das traurige Dinge, und sind wir doch darum zu
beneiden, daß eine erhaben einfache Lehre uns gleich in der Kindheit
den ewigen Dingen gegenüber sicherstellte und daß eine schlichte,
edle Sitte als Gemeingut unserer Kultur uns auch nie verlassen kann.
Beides scheint ganz unersetzlich zu sein. Ungemein ausgestattet ist
unser Freund, er hat die Fähigkeit, edel-geistig und gemischt gesellig
zu zerstreuen, ich hab' aber die Angst, daß er durch mich immer
einem Ernst der Dinge zugewendet wird, der ihn trübsinnig macht,
und daß er daher, trotz seiner wahrhaften Anhänglichkeit an mir,
eine förmliche Scheu trage, mit mir zu verkehren. Gott gebe es
anders! Ich bitte ihn herzlich darum.

Die Beschreibung Ihres Besuches in Kierling hat mir viel Vergnügen
gemacht. Ich sah das Gesicht des Klerikers und entsann mich der
Stimmungen, mit welchen ich solche Prunkexhibitionen, steinfun-
kelnde Schädel und dazu freudeprickelnde Augen, einst gewahrt
habe. Ähnliche Eindrücke sind es, die Luther zu seinem großen
Werke gebracht haben. Er hat Erbarmen mit dem elenden irrege-
führten Volke und Zorn über den Mißbrauch mit dem Göttlichen
empfunden. Er hat den Todesstoß dieser Kirche gegeben, welche,
nach einer sehr richtigen Bemerkung, so lange Leben in sich hatte, als
sie den protestantischen Geist sich noch in etwas aneignen konnte.
(Das geschah mit den Mystikern, dem heiligen Franziskus und
anderen). Von dem Moment aber, wo dieser Geist sich von ihr schied,
mußte sie in immer größerem Aberglauben und Weltlichkeit
verfallen; das ist für mich ihr Tod, und wenn sie sich dabei über die
ganze Welt verbreitete. Freilich ist es Luther nun bitter genug
ergangen; am Schlusse seines Lebens kam er zu dem bitteren
Ausspruch:

»Für diese Leute sind Papst und Kardinäle gerade gut.«

Eine Kirche mußte sein, und damit ergab sich eine Geistlichkeit, was
soviel bedeutet als Fesselung des Geistes und Verknöcherung im
Wort. Aber er hatte doch den Menschen wieder auf sich gestellt und
auf sein Herz, und aus diesem Herzen heraus ließ er die »feste Burg«
erschallen, das Untrüglichste, was wir haben. Dies schuf uns Bach,
der gab uns Beethoven, nun sind wir an unser Kunstwerk gelangt und
dürfen es als die Errungenschaft, den Lohn, möchte ich es nennen,

der ungeheuren Tat dieses schlichten Mönches mit dem wahrhaftigen
Herzen [ansehen]. Auf unserem Hügel ist nun die feste Burg, da
haben wir unseren teuren Heiland frei von allem Unwürdigen,
welches eine traurige Menschheit ihm aufgebürdet. Zu diesem
Gottes-Haus sind alle berufen, die nur wahrhaftig und notgedrungen
sind, und wenn andere ein Ärgernis daran genommen haben, daß ein
Jude den »Parsifal« übertrug und daß ein Jude ihn leitet, so jubelt
mein Herz zu dieser Kraft unserer Sache, welche einzig alle
Scheidungen, die uns schmerzen, wirklich und wahrhaftig aufhebt.
Über Ihre ersten 4 Seiten sage ich Ihnen, mein teuerster Felix, nichts.
Ich laß es denn so sein. Schweigend aber freue ich mich unaussprechlich, daß Sie mir so gut sind und es mir so schön zu sagen sich
gedrungen fühlen.
Am Ende sind wir verwandt miteinander, denn meine Ureltern
waren auch österreichische Schulmeister, worauf ich sehr stolz bin,
während ich überzeugt bin, daß mein Schlechtes mir von meinen
vornehmen normannischen Vorfahren gekommen ist; das, was Ihnen
Angst vor mir gemacht und Sie so lange fern von mir gehalten hat.
Das machte mich dann auch scheu, nun aber kam Johannistag! Er soll
uns schön glänzen im nächsten Jahr. Wüßte ich nur, was dem lieben
Gott besser gefällt, ob man recht still ist oder ihm die Ohren recht voll
klagt. Ich würde es gleich tun, nur um unsere nächsten Spiele zu
einem recht fruchtbaren Ereignis zu bilden. Sollten aber auch wir
nach allen Mühen zu der Bitterkeit kommen, daß die Oper für die
Leute gerade gut wäre, so hätten wir doch die Zuversicht, daß unser
Werk von Gott sei und im erhabensten Sinne bestehen wird.
Von ganzer Seele die Ihrige

CW.

An Adolf von Gross
Bayreuth, 23. 8. 1887

Mein geliebter Adolf,
Erlauben es Deine Freuden und Nöten, so möchte ich Dich gern
heute etwa 9 Uhr abends bei der Bahn oder bei Dir sprechen.
Da ich Betz aufgeben soll, kann ich Gura als Hans Sachs nicht missen,
das ist rein unmöglich. Die mir aufgedrungenen »Meistersinger« hier
sind nach allen Seiten hin eine so fragliche Wahl, daß ich mich an
München, wo eine sehr bestimmte Tradition herrscht, anlehnen muß.

Daher mir die Dressler auch wichtig wäre. Die »Meistersinger« sind im Jahre 68 dort so festgesetzt worden, daß jeder sich einfügt, und kann ich in dem einen Punkt wirklich nicht nachgeben. Daher möchte ich Dich bitten, Gura zu sprechen und ihm zu sagen, daß er unter der Hand das Repertoire mit Levi so einrichtet, daß Gura womöglich den ersten Sachs hier singt. Gura ist ein sehr anständiger Mann und wird nicht reden. 1000 Grüße, mein lieber Adolf. Du bist wohl so gut, wenn Du mit Levi gesprochen hast, mir ein Wort zu telegraphieren. Ich habe an Levi Deinen Besuch gemeldet.
Ich bitte um eine Depesche, weil ich Lulus Ankunft je nach meiner Reise oder meinem Hierbleiben bestimmen will.
Ich schreib Dir das alles für den Fall, daß ich Dich heute abend nicht sprechen könnte.

Innigst Eure CW.

An Adolf von Gross
Bayreuth, 28. 8. 1887

Hättest Du wohl die Güte, mein einziger Adolf, Levi zu fragen, ob im Verlauf des Winters etwa wieder einmal eine *Probe* der »Meistersinger« stattfindet?
Ich begreife es nicht, wie ich so töricht habe sein können, nicht vorige Woche auf Levis Einladung hinzugehen. Jetzt, wenn ich an die Aufführung denke, ist es mir, als ob ich zum Pranger müßte! Ich habe mir alles ausgedacht, wir könnten zu 15 die ganze erste Reihe einnehmen, ich unbeachtet in der Mitte sitzend. – – Nichts, nichts hilft mir, und ich frage mich nur, wie ich einen Augenblick habe glauben können, daß es ging. Vielleicht ändert sich meine Stimmung oder bewältige ich sie, ich fürchte aber nicht.
An dieser einen Torheit sehe ich, wie es mit mir steht und wie wenig Gaben und Aufgabe sich entsprechen. Hätte mir Gott die Fähigkeit verliehen, das auszusprechen, was mich erfüllt, sicher, ich hätte Dich überzeugt, wir hätten in diesem Jahre gespielt, und selbst ein bei geringerer Anzahl der Aufführungen vorherzusehender Mißerfolg mit darauf folgender Pause wäre besser gewesen als die falsche Fährte, in welcher wir uns mit den »Meistersingern« begeben haben, wo ich allem entgegenarbeite, wovon ich weiß, daß es sein soll, und infolgedessen selbst nicht mehr weiß, was ich kann und nicht kann (wie mit der Probe). Du wirst sehen, welche Kosten wir mit den

»Meistersingern« haben, und − − was wir erzielen. Im günstigsten
Falle etwas Gleichgültiges. Vielleicht hilft mir Gott, doch weiß ich
nicht, daß er jemals dem half, der gegen sein Gefühl handelte.
Das ist meine traurige Selbstanklage. Wäre ich besser ausgestattet,
ich hätte Dich überzeugt, das steht so klar vor mir wie Deine Güte
und Deine Hingebung. Verzeih, daß ich Dich auch mit dieser
Erkenntnis meiner Schwäche belaste! Gott! Nicht ein Tag geht
vorüber, ohne daß das, was ich Dir aufgebürdet, mir vor die Seele
träte! Ich werfe es mir − jetzt zum Beispiel, wo ich nicht anders kann
als klagen − vor, bis ich mir sage, daß ich die Kinder Deinem Schutze
übergab und daß, wenn sie nicht gewesen wären, die letzte Hülfe mir
wohl nicht versagt gewesen.
Ach! Verzeih mir! Vielleicht weißt Du wegen der Aufführung Rat.
Am Ende macht Levi *doch* eine Probe, der ich allein beiwohnen
könnte. Denn, sehen möcht ich das Werk, um mit den Leuten zu
sprechen. − − Wie habe ich nur so benommen sein können, nicht vor
8 Tagen hinzugehen?...
Tausend Grüße aus tiefster Seele Dir und der lieben Marie. Das
schöne Wetter freut mich für Euch *sehr*...

CW

An ihre Tochter Daniela
Bayreuth, 28. 8. 1887

Mir ist es, als ob ich Dir nicht genügend gesagt hätte, mein Schatz, wie
der Entschluß von Heinz, über unser Kunstwerk zu lesen, mich
erfüllt. Er gehört dadurch zu jenen seltensten Menschen, für welche
es eine Entscheidung, ein Müssen gibt. »Gott helfe mir, ich kann
nicht anders«, wer das auf seine Weise nicht einmal gesagt hat, der
weiß nichts davon, von einem Gefühle getragen zu sein, der weiß
nichts von der Bedeutung, von dem Gehalt des Lebens. Soll ich das
eigentliche Leiden edel angelegter Menschen, zum Beispiel Levi,
bezeichnen, so liegt es für mich darin, in der bestimmten Stunde nicht
das bestimmte Wort zu finden, sondern − − Ausgleiche, die wie
Ausflüchte blicken, zu suchen. Ich glaube mich dagegen nicht zu
irren, wenn ich annehme, daß Richter einzig mit Genugtuung auf den
Moment seines Lebens blickt, wo er den Taktstock in München
niederlegte und in das Elend zog. − − − Wie sich die Welt zu der
Entscheidung verhält? Das sehen wir an Robert Springer. Nietzsche

hat das Verhalten der Welt ganz irre an sich selbst gemacht. Er hatte keine wahre Überzeugung, war nicht aus sich vorgegangen ... Das ist der Fall bei Heinz, und so weiß ich, daß er seinen Schritt *nie* bereuen wird, weiß im Gegenteil, daß er durch ihn sich seiner selbst erfreuen wird und – wer weiß das? – vielleicht, mit der Zeit, manches zwingen wird, wie ich es doch schon erlebte. Doch daran muß man nicht denken, das kommt oder kommt nicht; was man an sich hat, an seinen Gefühlen, darauf kommt es an, und das ist wohl der Sinn von Schillers Wort, daß die beste Erziehung diejenige wäre, aus welcher die Angst gebannt, das hat Goethe zu der dreifachen Ehrfurcht ausgebildet, Freiheit und Ehrfurcht, so stehen sie, *unsere* Schutzgeister, gegenüber von Angst und Frevel, die Dämonen der Welt. – – Du hast nun, mein Schatz, die schönste Aufgabe, dem seltenen Wesen, dem Du angehörst, den Lohn darzubieten, den die Welt ihm *nie* geben kann. Seine Größe muß Dich steigern, wie er mußt Du jedem Eitlen entsagen, wie ihm muß Dir die Wahrheit alles sein. Dann aber auch weiß ich Euch so beglückt, wie man es nur im Dienste der Wahrheit ist!

Ein – von den Zeitungsschreibern gern gebrauchtes – lateinisches Sprichwort sagt meine Stimmung aus. (In manchem sagte ich: *Veto* für Votum! da kann man Ähnlichkeiten finden!) – Ich rate nicht, Direktor Neumann Euch anzusagen, ich bin aber überzeugt, daß unter Handküssen und Blumenregen Ihr eine Aufführung bekämt, und vielleicht könntet Ihr mir etwas berichten.

Könnte Heinz mir über *Fräulein Hiedler* aus Berlin etwas Zuverlässiges zukommen lassen, sie ist ganz neu engagiert. Wie weit ist Wiesbaden von Bonn? Es wird mir dort ein Beckmesser empfohlen. – Tausend Segensgrüße!

CW.

Hier meine Nachrichten. Ich erwarte Deine Bestimmungen. Prag empfahl ich Dir sehr. Ich habe selten – in Deutschland nie – von einer Stadt einen solchen Eindruck gehabt. Und den lieben Eltern tue ja alles zuliebe. Schenkt ihnen Tage, so viele sie deren wollen. Wer, wie ich, die Reue für Verabsäumtes kennt, der kann guten Rat erteilen.

Meine guten lieben Kinder! Wenn es auch nur ein paar Tage sind, die wir zusammen haben, ich will es zufrieden sein. Noch eines: Willst Du mit mir schlafen? Heinz bezöge dann die Fremdenstube, oder willst Du lieber mit Heinz oben sein, und ich logierte unten. Bitte Antwort.

Hat Heinz, als er die Ordensregel der Franziskaner studierte, die
andren mit ihr verglichen? Zum Beispiel die der Kartäuser, und
kann er mir sagen, ob das Schweigen selbst die Predigt und den
gesungenen Gottesdienst ausschloß und unter keinen Umständen
(zum Beispiel Krankheit) je aufgegeben wurde?
Ihr müßt mich über das, was mir durch den Kopf geht, nicht
auslachen.
Daß Graf Wolkenstein am 26. in Petersburg sein muß, wirst Du wohl
gesehen haben. Demnach wäre das Wiedersehen mit der Gräfin
vereitelt.

An August Harlacher
Bayreuth, 12. 12. 1887

Herzlichen Dank, lieber Herr Harlacher, für Ihre freundlichen
Zeilen. Ich bin Ihnen sehr dafür verbunden, den im Jahre 1868
aufnotierten Klavierauszug aufzuschreiben. Wir werden dann im
Januar, wo ich nach Karlsruhe komme, über alles zusammen
sprechen.
Ich bitte Sie auch, mit »Parsifal« sich bekanntzumachen. Wohl steht
alles für dieses Werk hier fest, doch ist eine Oberleitung immer
notwendig. Haben Sie in Karlsruhe einen talentvollen, nicht zu
anspruchsvollen Ballettmeister? Ich sage, nicht zu anspruchsvoll,
weil wir hier kein eigentliches Ballett haben und es sich nur um
anmutige Bewegungen handeln kann, welche eigentlich die Blumenmädchen von selbst finden möchten.
Wie gesagt, das werden wir alles im Januar besprechen, einstweilen
will ich Ihnen nur für das von Ihnen bereits Erfahrene sowie für das
Erwartete danken und Sie, lieber werter Herr, meiner vorzüglichen
Hochachtung versichern.

C. Wagner

P.S. Ich verstehe nicht recht, welchen Grundriß und Plan Sie
wünschen. Sollte es der des künftigen Jahres sein (nicht der von
München), so bitte ich Sie, sich an die Herrn Professoren Brückner in
Coburg darum zu wenden.

An Hermann Levi
Bayreuth, 13. 12. 1887

Musikalische Assistenz.

Adolf empfiehlt sehr August Schmidt, Kapellmeister in Frankfurt, Otto Gieseker, Kapellmeister aus Freiburg. Diese melden sich seit 83, und der letzte, obgleich immer beiseite geschoben, ist regelmäßiger, zahlender Gast bei den Festspielen und bringt an die 10–20 Menschen mit. Ich melde Humperdinck. Sie haben vielleicht die Güte, ihn aufzunehmen und es ihm zu melden. Er wohnt in Köln (Albertusstraße 17).

Kniese wohnt Breslau (Kronprinzenstraße 42 I). Er ist jetzt für längere Zeit in Breslau, bis er Gillmeister Gurnemanz, Kothner und Pogner einstudiert. – Sehr recht, daß Steinbach ausbleibt, ich habe gar nicht gewußt, daß es solche I-aner gibt.

Fischer.

Graf Platen erklärt, nichts tun zu können, folglich dürfen wir auf ihn nicht rechnen. Wir hätten demnach für Gurnemanz und Pogner: Wiegand und Gillmeister. Meinen Sie nicht auch, daß Plank unbedingt hier auch den Kothner singen muß. Ich denke Klingsor, Kothner und Sachs. Hier will ich mich aber auf Mottls Brief beziehen, der mich in manchem Punkt erschreckt hat. Ich habe folgendermaßen geantwortet: (Kranich war ebenso wie Siehr – nach Ihrem Bericht – ganz erschreckt über Planks Stärke, und Kranich hat doch auch keinen Neid oder bösen Willen.)

Van Dyck.

Ist sofort als ein Versuch betrachtet worden, welcher von der vollkommenen Erlernung der deutschen Sprache abhängig gemacht wurde. Adolf – mit meiner Übereinstimmung – schlägt (vornehmlich im Interesse van Dycks) ein Singen desselben auf der Karlsruher Bühne im Januar vor einem Konsortium, bestehend aus: Ihnen, Mottl, Heckel, Schön, Adolf und mir, vor. So bleibt die Sache unter uns und wird ohne Kränkung für van Dyck entschieden.

Plank:

Ungemein hat es mich überrascht, daß er mit 2 Sachs nicht zufrieden sein könnte. Was machen wir denn mit Gura und Reichmann, welche dem Rufe und der Stellung nach doch voranstehen. Ich hätte nie so gering von Plank gedacht, daß, wenn eine *physische Unmöglichkeit* uns davon abhält, ihn so zu verwenden, wie wir wünschten, er deshalb Bayreuth nicht mehr würde dienen wollen. Wirkt seine Obesität nicht

peinlich, dann wollen wir sehen; obgleich ich in der Tat nicht weiß,
was wir mit Reichmann und Gura angeben. (An Gura schreibt Adolf
heute.) Bezüglich des *ersten* Sachs mache ich mir keine Gedanken.

Beckmesser:

Da ich Kniese geschrieben hatte, daß es bei diesem gar nicht auf die
Stimme ankäme, und ihm dabei den Brief an Herbeck zitieren
konnte, so stimmt er entschieden *für* Ehrke; nun aber sagt Mottl, er
habe schlimme Nachrichten. Ich verstehe das ebensowenig als das
Auszischen von Fischer in Wien, denn wenn Herr von Bülow mir
Ehrke auf das bestimmteste als Beckmesser empfiehlt, so kann ich
nicht umhin, ihm zu glauben, da er genau weiß, was von dem
Beckmesser verlangt wurde. Ich habe Humperdinck gebeten, in
Wiesbaden den Schauspieler (?) zu prüfen. Können Sie Ihrerseits
über Ehrke etwas erfahren, so soll es mir lieb sein. Mit Kürner hat
Mottl schon abgemacht, das war mir unerwartet, da ich wegen
Beckmesser gern noch lange und viel herumgesucht hätte. Wir haben
es hier mit einer gründlich in Deutschland verkehrt gewordenen
Auffassung zu tun, die einzig ein sehr großes Talent uns helfen kann
zu zerstören, und zwar dadurch, daß der rechte Charakter geschaffen
werde. Ob wir, da Kürner bereits engagiert, dreie nehmen und dem
einen auch den Klingsor zuführen? (Ich wollte Sie auch fragen, ob
Gura nicht zu bewegen wäre, den Klingsor zu geben?)

Sucher—Materna.

Ich glaube, die Frage wird sich in Wohlgefallen auflösen. Ich halte die
Materna aufrecht, *weil ihr im Jahre 1882 die Kundry einstudiert
worden ist.* Ich wundere mich nur, daß ich Ihnen das sagen muß,
während ich Mottl erklären mußte, daß ich die Menschen nicht
leichtfertig fahrenlasse!

Braun:

Ist mir ja ganz recht, nur wünschte ich Wieprecht dazu und danke
Ihnen, an denselben geschrieben zu haben. Darf ich bei dieser
Gelegenheit Nagel aus Weimar (Bratschist) in Erinnerung bringen.

Eva:

Ich habe Kniese gebeten, sich mit Stägemann in Verbindung zu
setzen, um eine Aufführung der »Meistersinger« mit Frau Jahns-
Steinbach zu erlangen und dann zu entscheiden. Unter den jetzigen
Umständen müssen wir wohl auf Fräulein Dressler ganz verzichten?
Ich erwarte mir Gutes von der Sucher in vielen Momenten. Und auch
von der Malten, was sie alle sagen mögen.

Nachtwächter:

Herr Ulbrich. Ich schicke darüber den Brief von Kniese, weil ich
seinen Witz über Wiedey ausgezeichnet finde und durchaus ein gutes
Urteil verrät. Hier füge ich meinen besonderen Dank und, wie hohe
Herrn sagen, meine Anerkennung für Ihre Worte über Kniese. So ist
es gescheut, nebstbei, daß es sehr gut ist; und, soviel ich kann, meine
Methode.

Menschliches:

Da wäre ich nun angelangt und fange mit Dank an.

1) für die freundliche Besorgung der Photographie.

2) für den schönen Orchesterplan, dessen Kopie nach Genf gewandert ist.

3) für Ihre guten Worte bezüglich meiner.

Die Härtelsche Hetze, eine wahre Kränkung dazu, meine sehr
sorglichen Gedanken bezüglich der »Meistersinger« (nach allen
Seiten hin), dazu das Schütteln der Eisenbahn, welches man gerade
kein Wiegen nennen kann, ferner Familiennöten, das alles hatte
mich wirklich recht mitgenommen. Nun ist's aber in Ordnung, die
Kinder sind wieder gesund, und was die Not um den Festhügel
betrifft, die kenne ich lange; nur, daß ich auf das Wunder nicht
rechnen kann, auf welches Sie mich verweisen. Draußen glückt so
etwas, das Erstaunen über das Mögliche unter mißlichsten Umständen wandelt sich in Begeisterung. Wenn wir aber hier die Charaktere
nicht aufstellen, so wird uns nichts helfen, und wenn alle Engel des
Himmels mitgeigten oder -sängen. Eines hilft dann einzig: Religion;
diese beruhigt uns darüber, daß wir uns mit dem befaßten, was wir
nicht wirken konnten, und sagt uns, daß wir denn doch nicht
frevelten. Den Briefwechsel werde ich Ihnen also einbinden lassen.
Den Härtelschen lesen Sie, und leihen dann aus, den meinigen
besitzen Sie und schlagen nach. Was Sie mir über den Entwurf gesagt
haben, hat mich gefreut.

Was meine Tochter Gravina betrifft, so versteht's sich von selbst, daß
sie Ihr Schweigen versteht. Sie hat Ihnen zu ihrer eigenen Freude zu
Ihrem Geburtstag geschrieben, und die törige Übelnehmerei ist
wirklich nicht Sache unseres Hauses.

Daß Sie aber so angestrengt sind! Dieses ewige Vielzutunhaben. Ich
darf zwar nicht viel schmähen, da es bei mir auch nicht gerade ge-
mächlich aussieht; aber ich glaube: ich halte es besser aus als wie Sie.

Die Bonner Kinder gedenken Ihrer immer auf das freundlichste und
erwarten auch gar keine Briefe.

Und nun kommt das beste des meinigen, nämlich: daß Sie auf diesen Brief *gar nicht zu antworten haben.* Sie brauchen auch nichts so bald zurückzuschicken!

Ich denke, alles gesagt zu haben und nun auch eine Zeitlang schweigen zu können. Nur Kniese soll als Liebesbote zwischen uns wandeln, wenn er irgend etwas von Bedeutung meldet.

Leben Sie wohl und seien Sie auf das innigste von mir gegrüßt.

CW.

P.S. Diesmal haben Sie wirklich *alles* in meinem Brief erwähnt, Naives und Sentimentales, Ernstes und Würdiges, und Major und Minorit wandelten zweieinig!

1888

Mein werter, teuerer Freund!

Schon 14 Tage sind Ihre lieben Zeilen in meiner Hand; es ist nicht einer dieser 14 Gleitenden verschwunden, ohne daß ich Ihrer schönen Mitteilung mich erfreut hätte, aber auch nicht einer gab mir die Gelegenheit, wie ich es will, mich Ihnen darüber zu äußern. Doch habe ich mich mit dem Gedanken beruhigt, daß die Art, wie wir zueinander sprechen, keinen häufig-eiligen Verkehr zuläßt, vielmehr versetzte mich Ihr lieber Brief in jene Zeiten, wo ein Schreiben ein Ereignis war, welches man als Familienerlebnis feierte, ja selbst den Freunden mitteilte. – Haben Sie Dank für Ihre Wünsche, Dank vor allem, daß Ihnen meine Freude an Ihrer herrlichen Arbeit über meinen Vater von Wert gewesen ist. Wie ich kurz vor Schluß des Jahres durch die Freundlichkeit eines Schülers meines Vaters die symphonischen Dichtungen hier der Reihe nach zu hören bekam, mußte ich Ihres Aufsatzes gedenken, und wenn mir auch sehr wehmütig zumute war, daß der Großherzige diese inbrünstige Erfassung seines Wesens nicht mehr erlebte, so freute ich mich doch ihrer in erneuter Weise, und meine Freude mündete in dem Bewußtsein, daß mein Vater doch verstanden, doch erkannt worden wäre; denn wie gering käme man sich vor, sähe man sich nach einer solchen Empfängnis und Wiedergebung nach vielen, etwa gar nach Publikum um!

Schon lange hatte ich durch unsern Wolzogen gehört, daß Sie mit Ihrer Gesundheit nicht zufrieden sein könnten. Mir scheint aber, daß Sie auf dem rechten Wege sind, ihr beizukommen. Gönnen Sie sich nur Ruhe und Regelmäßigkeit, schreiben Sie möglichst wenig, und lassen Sie sich von Ihrer lieben Frau vorlesen und von Ihrem Kindchen in allem Ernsten immer stören; das ist das allerbeste. Ich biete Ihnen ungefähr ein gleiches Bild. Meine Gesundheit ist zwar immer gut, meine Augen aber sind so elend geworden, daß ich gar nichts mehr für mich lesen kann. Es schien mir dieses zuerst sehr schwer, nun erscheint es mir als Gewinn, da ich die Dinge durch den

Mund und die Stimme meiner Kinder klangvoll erhalte. Und was das
Stören anbetrifft, so übernimmt dies mein Enkel, der sich sehr wenig
darum kümmert, ob der Tag mir Sorge und Not bringt, und eben
immer unterhalten sein will. Das sind Hülfen, wahre wirkliche
Hülfen, danken wir Gott, daß wir sie fanden.
Finden Sie denn einige Lektüre, die Sie nicht zu sehr anstrengt? Der
Zufall einer Weihnachtsgabe seitens Siegfrieds an seine Schwester
Blandine hat uns Stücke von Lope wieder vor den Sinn gebracht. Wir
lasen einen »Kolumbus« und einen »Demetrius« mit größter Freude
daran. Wie unrecht wäre es doch, diesen Stücken die Flüchtigkeit
vorzuwerfen, die gleichsam ihre Lebensbedingung und ihr Lebenszeichen ist. So schafft der Geniale inmitten einer Kultur, deren das
ganze Volk teilhaftig ist. An Ewigkeit, Unsterblichkeit und was
dessen mehr ist denkt er nicht, er erzählt und gestaltet, und inmitten
dieser Leichtigkeit kommen für den Aufmerksamen die tiefsten Züge
der Welterkenntnis vor. Nach Beendigung des »Demetrius« (wir
wurden unterbrochen) wollen wir das Fragment von Schiller wieder
vornehmen, welches allerdings anders lautet. Ob wir uns am Ende
über unsere Kulturlosigkeit, unsere Verwahrlosung nach der Seite
einer jeden Form, sei es im Glauben, sei es im Sprechen, sei es im
Bauen oder sonstwie, freuen sollen, da diese Form- und Normlosig-
keit zu einer Intensität der Empfindung gedrungen hat, welche
wiederum fähig wurde, die höchste, stets neue Form zu schaffen?
Auch bei dieser Wiederannäherung an die Spanier habe ich Ihrer,
teuerster Freund, und unseres Gespräches über dieselben vor langen
Jahren gedacht. Der Vergleich zwischen den Autos und »Parsifal«,
das war auch ein Entwurf. Wir wollen es aber nicht beklagen, daß so
manches nicht ausgeführt werden konnte; was Sie über den
Gegenstand gedacht haben, wird nicht verlorengehen, sondern den
zwei großen Arbeiten, die Sie vorhaben, zugute kommen. Auf
Schopenhauer freue ich mich ganz ungemein. Es ist bei mir zur
Überzeugung geworden, daß, solange die Schopenhauerschen Gedanken nicht zur Grundlage der Ansicht aller Dinge werden, wir aus
dem Hin- und Herfaseln nicht herauskommen können; und da ich
auch bestimmt denke, daß die Jugend selbst Schopenhauer nicht
lesen soll, einfach aus dem Grunde, weil sie ihn nicht verstehen kann,
so glaube ich, daß die Erzieher und Vorgesetzten seine Lehre in sich
aufnehmen sollten und sie dann bei der Deutung der verschiedensten
Erscheinungen in Anwendung bringen. – Dieses wird nun im lieben
Deutschland nicht so bald eingerichtet werden; da ist es denn gut und

sehr gut selbst, daß ein Buch das Amt des Erziehers übernimmt und ihn bei der Jugend ersetze. Nehmen Sie sich Zeit zu der großen Arbeit, damit sie Ihnen recht zur Freude werde.

Schopenhauer hat auf die Sendung des »Rings« nicht geantwortet. Er hat aber bestimmt gesagt, *das* sei ein Dichter, und es sei ihm unbegreiflich, wie uns so fernstehende Gestalten wie die germanischen Götter uns in solcher Deutlichkeit hätten nahegebracht werden können. So viel weiß ich bestimmt, nach dem übrigen habe ich nicht gefragt. Ich habe aber einen Brief von Schopenhauer besessen, den er seinem Freunde in Mainz geschrieben und in welchem unter anderem auch die Juden vorkommen, doch finde ich ihn merkwürdigerweise nicht; ich werde aber noch suchen, und sobald er mir wieder in die Hände kommt, sollen Sie eine Abschrift davon erhalten. – Vergeblich auch habe ich auf die Photographien meiner Kinder gewartet, die wir, da sie uns ausgegangen sind, wieder in München bestellt haben; wenn sie eintreffen, laufen diese auch sofort zu Ihnen. Siegfried werden Sie am allerverändertsten finden, obgleich sein germanisches Wesen sich sehr treu geblieben ist, sehr ernst, sehr gut, übermäßig gelassen, mit sehr heftigem, wenn auch selten ausgesprochenem Widerwillen gegen das Unechte ausgestattet, begeht er jetzt seine 2 letzten Gymnasiumklassen und hat unter anderem den Vorzug, einen Lehrer mit sehr grober Sprache zu haben. Er ist sehr stark im Ertragen, und auf jeden meiner Vorschläge, gegen gewisse Dinge zu remonstrieren, opponiert er durchaus. Er ist sehr schlicht und hat das dem Deutschen eigentümliche Schicklichkeitsgefühl (ich müßte diesen Satz wohl erklären, unter »Deutschen« meine ich immer den unverjüdelten). Vor einem Jahre ungefähr hatte ich große Freude an seinem Verkehr mit Stein. Beide waren dabei, jeder auf seine Weise, wirklich bedeutend. Bei Siegfried sprach sich die Verehrung in stiller, aber ausdrucksvoller Weise aus. Auch das werde ich nicht mehr sehen! Ich glaube wohl, daß Sie recht haben, daß ich am meisten verloren, wenigstens weiß ich, daß viele Empfindungen sich bei mir gar nicht mehr zu Gedanken ausbilden. Ich werde nie vergessen, wie er mich am Tage nach der Aufführung des »Tristan« den Weg zum Theater hinauf begleitete und wie er mir über diese Aufführung sprach. Wie einst in München sie mir einzig für den König veranstaltet schien, so kam es mir vor, als ob diese Vorstellung allein für ihn dagewesen wäre, und einsam schien ich mir mit ihm inmitten dieses so bevölkerten Städtchens. Kaum darf man sagen, daß eine Lücke durch ihn entstanden ist, er war eine Erscheinung, sie zeigte uns, was

hienieden wirklich möglich ist an Adel, Reinheit, Feuer, Begeisterung. Dies zu zeigen, das war seine Bestimmung, die Lehre sich
daraus zu entnehmen, das sollen die anderen selbst tun.

Von unseren Festspielen könnte ich Ihnen wenig sagen, da man Sorge
nicht viel erzählen kann. Ich habe es noch nicht überwunden, daß ich
zur Pause gezwungen war, und muß nun sehen, oder vielmehr hoffen,
daß ich nicht auf das traurigste recht behalte. Geduld muß man
haben! wenn nur mehr mit ihr gefördert würde.

Nun aber leben Sie wohl und haben Sie nochmals Dank. Schreiben
Sie mir nicht zu bald, um sich nicht zu ermüden. Am Ende halten wir
die großen Christtage, die mir immer tiefer am Herzen liegen, für
unsere Korrespondenz fest. Mir wird es immer eine Freude sein, von
Ihnen zu hören und zu Ihnen zu sprechen. Grüßen Sie bitte die liebe
Vorleserin von mir und empfangen Sie beide das Allerherzlichste aus
ganz Wahnfried!

                                                          C. Wagner.

An Hermann Levi
Bayreuth, 17. 1. 1888

Wir sprechen ein ernstes Wort miteinander, mein teuerster Freund,
das ernsteste vielleicht, welches wir, dem praktischen Leben zugewendet, je miteinander sprachen. Gewiß haben Sie mich verstanden;
nur aber sind meine Gedanken viel weiter auf dem Wege gewandelt,
den Sie mit den Ihrigen nun auch betreten; und – mein Weiterschreiten hat mich zur Ergebung geführt. Hören Sie mich an:
Da Sie in die Lage kamen, zwischen Bayreuth und München zu
wählen zu haben, und sich für München entscheiden *mußten,* so habe
ich wohl meinerseits die Möglichkeit einer vollständigen Scheidung
von Ihnen in das Auge gefaßt. Ich sage: *vollständig,* wonach weder
persönlich noch künstlerisch jemals mehr zwischen uns ein Verkehr
stattfinden würde.
Ob wir, Sie und ich, zu diesem – einzig der Lage entsprechendem
– Opfer den Mut haben würden, weiß ich ebensowenig von mir wie
von Ihnen.
Ob wir diesen Mut haben *dürfen?* Dies ist die Frage, die ich mir nach
vielem Nachsinnen mit »nein« beantwortet habe. Und nun lassen Sie
uns die Dinge tragen, wie sie uns auferlegt sind, denn unter den
Halbheiten ist ein halbes Opfer gewiß das allerunergiebigste.

Dirigieren Sie hier so viel, als Ihr Dienst in München es eben zuläßt, und beachten Sie nur dabei, was Sie Ihrer Gesundheit an Hin- und Herreisen zumuten können. Ich versichere Sie, daß ich nie an München denken werde; ich habe genug darunter gelitten, wiederum gezwungen worden zu sein, daran zu denken.

Wie ich Ihren Vorschlag verstehe und er mich wahrhaft gerührt hat, so hoffe ich bestimmt, daß Sie die Gedanken, die mit furchtbarstem Ernste in diesen letzten Zeiten mich eingenommen haben, verstehen werden. Unsere Sache als eine religiöse aufzufassen, ist mir das nächste, und mit dieser Auffassung ergibt sich jedes Opfer von selbst. Wenn wir aber auch unser Festhaus als solche betrachten, können wir sie doch nicht zur Gralsburg machen und verhindern, daß wir in der Welt drinnen stecken und allem preisgegeben, was eben diese Welt bietet: Wir verkaufen Plätze, wir geben »Tristan« und »Tannhäuser« auf und so manches noch, nun, da können wir uns auch gefallen lassen, daß der Dirigent uns halbiert wird, und ich war ganz vergnügt, als mir gestern Parsifals scheckiger Halbbruder in den Sinn kam, den wir als das Symbol des Zusammenhanges mit der Welt nehmen wollen.

Sie werden mich ohne Traurigkeit finden, und ich möchte Sie bitten, keine bei sich aufkommen zu lassen. Ich glaube nicht, daß Sie selbst diese Frage in so schmerzlicher Weise mit sich durchgemacht haben können als ich; wie dem aber auch sei, lassen Sie es abgeschlossen sein, denn ich wiederhole es, das einzigste, was dem, was Sie erfahren haben, dem, was ich weiß, und dem, was unsere Sache ist, würdig wäre, wäre ein vollständiger Bruch nach der einen oder nach der anderen Seite hin. Die Dinge liegen aber äußerlich selten so, daß man sich nach ihrem Wesen entscheiden kann. Zu welchem Lug und Trug schleppen sich alle Beziehungen, Ehen und vieles andere noch dahin! Und deshalb ist vielleicht die Kunst eine so über alles stehende Rettung, weil sie uns noch mehr Vergessen gibt als die Religion, welche von uns unmittelbare moralische Betätigung fordert.

Ich möchte nicht gern auf das einzelne Ihnen erwidern und Sie darauf aufmerksam machen, daß ein für R. R's aufgestelltes Prinzip keine Anwendung auf Sie finden kann, der Sie uns wieder solche Dienste geleistet haben; denn ich spräche damit eine Sprache, die nicht die meinige ist, ich verlasse mich darauf, daß Sie mich wirklich ganz verstehen und daß Sie die Gelassenheit, mit welcher ich zu Ihnen spreche, nicht mißdeuten werden.

Ist es Ihnen recht, so halten wir den 26. in Karlsruhe (falls Mottl mir nicht heute oder morgen absagt, was ich telegraphieren würde) fest. Es ist der Tag, für welchen Adolf sich freigemacht hat und zu welchem ich auch, auf Mottls Vorschlag, Kniese nach Karlsruhe behufs Besprechung so mancherlei – namentlich auch des Beckmessers – beschieden habe. Es tut mir sehr leid, nicht früher gewußt zu haben, daß der 30. Ihnen lieber wäre; Adolf hat mir aber so bestimmt immer den 26. angegeben, daß ich nicht anders glaubte, als daß Sie miteinander über diesen Tag sich geeinigt hätten.

Leben Sie wohl, mein teuerster Freund, Gott wird uns helfen, wenn ich das nicht so fest glaubte, ich rührte keine Hand mehr; wir werden uns manche Nöten mitzuteilen haben, doch auch, so Gott will, einiges Freundliche. Von Ihnen und Glasenapp ist uns bis jetzt das beste zugekommen; von Ihnen Chor und Orchester, von Glasenapp 1000 Rigaer Mark, die mich, glaube ich, weniger verwundern würden, wenn ich sie am hellen lichten Tage hätte vom Himmel herabregnen sehen. Kniese hat uns die 3. Eva (Fräulein Bettaque) zugeführt und vielleicht einen Beckmesser, der aber noch hängt. – Gott, diese Hallwachsschen Noten! das war wieder eine Erfahrung.

Nochmals leben Sie wohl, brauche ich Sie noch etwas zu versichern? Das wäre mir sehr schmerzlich, und mir ist's, als ob mir dies erspart bleiben könnte und ich Ihnen nur eben meinen Gruß zuzusenden habe, um daß Sie wissen, was dieser an Ernst und Tiefe enthält.

CW.

An August Harlacher
Bayreuth, Frühjahr 1888

Lieber Herr Harlacher,
Ich denke, 10 Fürther Mädchen genügen vollauf. Was die anderen Fragen betrifft (Bürgersleute im III. Akt, Gesellen im Gefolge der Meistersinger), so fragen Sie bitte in München an (Musikdirektor Porges, Burgstraße 12 III); derselbe möge Ihnen berichten, wie es damit *im Jahre 1868* gehalten worden ist. Er wird es leicht im Hoftheater dort erfahren.

Wegen des Rasens habe ich mich mit Brückners und Kranich schon verständigt. Es kann aber nichts schaden, wenn Sie, lieber Herr Harlacher, noch einmal schreiben.

Bezüglich der Rauferei wollen wir es ohne Statisten versuchen. Sieht es uns zu leer aus, dann helfen wir uns. Ich meine aber, daß es viel wahrheitsgetreuer ist, wenn eben nur ein Knäuel Menschen (und zwar die Redenden) sich zanken, als wie wenn wir solche stumme Scheinraufer dabei haben (vielleicht müßten wir unseren Chor verstärken; bitte sprechen Sie doch darüber mit Direktor Mottl, denn allerdings dürftig darf es nicht aussehen, aber ich möchte, daß alle sängen).

Die Wohnungsfrage wird besorgt.

Haben Sie einiges in der Regie des »Ringes« verändern können? Die Dekorationen waren allerdings sehr nachteilig, aber einiges, glaube ich, wäre doch nach den Angaben noch herzustellen.

Das Ganze bleibt das Leisten des Unmöglichen, und man weiß dabei nicht, was einem mehr erfüllt, die Bewunderung für die Aufopferungsfähigkeit und das Talent, oder das Beklagen des Verhältnisses des Werkes zu unseren heutigen Theaterzuständen.

Auf Wiedersehen in Bayreuth, lieber Herr Harlacher; haben Sie Dank dafür, daß Sie sich auf unsere gemeinsame Tätigkeit freuen, und seien Sie und Ihre liebe Frau in herzlicher Hochachtung und Ergebenheit gegrüßt!

C. Wagner

An Mary Fiedler
Frankfurt (?), 12.–13. 3. 1888

Teuerste Freundin!

Obgleich ich keine besonderen Nachrichten von unserem Freunde erhalten hatte, haben sich gestern meine Gedanken viel mit ihm befaßt, und nachts träumte ich, daß ich ihm auf eine Bemerkung seinerseits über die »Walküre« sehr eingehend erwiderte. So waren Ihre lieben Zeilen mir nur wie ein Fortspinnen dessen, was mich eingenommen, und ich fahre fort, indem ich Ihnen antworte.

Schon lange betrachte ich den physischen Zustand unseres Freundes als einen nicht leichtzunehmenden und seinen moralischen als einen sehr ernst aufzufassenden. Ich würde es mir unbedingt zutrauen, für den letzteren ihm zu helfen und dadurch vielleicht auch dem ersteren in etwas beizukommen, wenn nicht die Lage der Dinge sich so ausgebildet hätte, daß ich mir sagen muß, daß gerade mein Wesen und mein Wandel die Prüfung, die unserem Freunde auferlegt ist, ihm doppelt fühlbar machen müssen. So bin ich schweigsam geworden, mit dem festen Vorsatz, alles zu vermeiden, was jemals unseren

Freund beängstigend berühren könnte, und glauben Sie mir, teuerste Frau, das ist nicht so gar leicht. Er ist in eine Stellung geraten, in welcher er als Pflichterfüllung das ansehen muß, worüber – wenn der Zufall das Gespräch darauf führt – ich mich nur mit Bitterkeit und ohne Achtung auslassen kann und wovon folglich nichts zu hören mir das Erwünschteste ist. Gewiß hätte er seinem Gefühle und seiner Überzeugung nach, als die ersten Schwierigkeiten zwischen hier und dort entstanden, seine Stellung am liebsten niedergelegt und den Beruf für die Erwählung aufgegeben. Das kann er nicht. Nun ist eine heillose Zwitterlage geschaffen, von deren Eindruck er sich wohl zerstreuen, über die [er] aber sich nie wirklich täuschen kann. Ich habe ihm in ihr dadurch zu helfen gesucht, daß ich Schritte getan habe, die ich sonst unterlassen hätte und von welchen ich selbst wußte, daß sie von nicht sehr großem Nutzen sein können; gern hab' ich's getan und würde es jederzeit für ihn wieder tun, denn die Teilnahme, welche ich für ihn empfinde, ist ungewöhnlicher Art. In unserer Beziehung aber ist dieses Merkwürdige nun eingetreten, daß ich, um ihn zu schonen, schweigen will. Früher hat es kein Thema gegeben, über welches ich nicht auf das unumwundenste, ja schroffste, meine Empfindung ihm gesagt habe; wenn ich eine Weile schwieg, so dachte ich an vollständigen Bruch oder harrte auf seine Frage, um dann, wie kaum je zu einem anderen Menschen, mein Gefühl ihm mitzuteilen. Jetzt aber betrachte ich ihn als das Opfer eines unseligen Zustandes; sein Stern hat es ihm nicht glänzend und gnädig verhießen, für seine Überzeugung ausschließlich zu leben und zu sterben. Daß er darunter leidet, tief leidet, das weiß ich, und dies unterscheidet ihn für mich von vielen, vielen, ja unzähligen, die den Konflikt gar nicht empfinden würden. Nun liegt mir nur ob, ihn zu schonen, und das kann ich, glaube ich, einzig durch ein Schweigen tun, welches nach keiner Seite hin bei der Gestaltung meines Lebens auffällig ist, denn wenn ich es auch versuchen wollte, ihm zu sagen, daß alles so gut ist, er, der mich kennt, würde mir doch nicht glauben. Bei jedem einzelnen Vorkommnisse aber kann man sich fassen, und ich bin ganz sicher, daß die Fassung und die freundlichere Betrachtung der Dinge mich im Umgange nicht verlassen wird, denn diese meine Vornahme ist keine der Klugheit, sondern entquillt sie dem innigsten und tiefsten Mitgefühle, welches der Mensch zum Menschen haben kann.

Dienstag, den 13. März

Ich habe noch bei unserer letzten Begegnung mich, als ich sehr

ernsthaft Dinge erwähnen hören mußte, die mir der Erwähnung nicht
wert schienen, dazu hinreißen lassen, meine Empfindung kundzugeben. Ich hatte damals wohl im ganzen die Auffassung gewonnen, die
ich Ihnen heute mitteile, sie war mir aber nicht so klar bewußt, und
daher war mir das Selbstvergessen möglich. Ich kann mir aber keinen
Umstand denken, der dieses wieder verursachen könnte.

Wäre unser Freund gewöhnlicherer Art, so würde ihm der Kummer
erspart bleiben. Er ist aber befähigt wie einer, zu wissen, was es mit
unserer Sache, was mit der Musik überhaupt es für eine Bewandtnis
hat. Er kennt die religiöse Bedeutung unserer Kunst, und ich bin fest
überzeugt, daß, wenn diese ihre ihr entsprechenden Riten gefunden
hätte, er zu den eifrigsten, wissendsten und befriedigtsten derselben
gehören würde. Nun schwebt unsere Sache gleichsam in der Luft, und
ihr dienen heißt: sich opfern und dem anderen entsagen.

Wer kann das, wer *darf* das? Mir gilt das Leiden um das Nichtdürfen,
und wenn ich auch den Blick von unheimlichen Verquickungen
abwende, so bleibt er doch teilnahmsvoll demjenigen zugewendet,
dessen tiefste Gefühle sich gleichsam ihr Gehäuse nicht schaffen
konnten und demnach dem Heger derselben mehr Pein fast als
Beseligung zuführen.

Werden Sie mich und meine Erwiderung ganz verstehen, teuerste
Frau? Lassen Sie es sich nicht verdrießen, mir darüber ein Wort
zukommen zu lassen und mir offen zu sagen, ob Sie meinen, daß ich
unserem Freunde ein paar Zeilen schreiben sollte. Ich weiß zwar jetzt
nicht recht, was und wie ich schreiben würde, ich bin aber ganz sicher,
daß mein gutes Gefühl zu ihm mir nichts Unrichtiges eingeben würde.
Wenn er einen Urlaub für seine Gesundheit braucht, so soll er doch
um Gottes willen ihn jetzt nehmen und mit uns nach Meran fahren.
Wie wäre es, teuerste Frau? kämen Sie und Doktor Fiedler am Ende
auch mit? Ich höre, daß Sie immer im Frühjahr Italien besuchen.
Könnten Sie diese Station nicht ermöglichen und wir alle nicht eine
friedliche, von Hin-und-wider-Gedanken freie Woche unter freundlichem Himmel zubringen? Reden Sie doch dem Freunde zu, wie er
Ihnen auch zureden soll.

Ich werde wohl kaum vor dem 28. abends in München sein können
und würde auch sonst der Generalprobe nicht beigewohnt haben;
was »Siegfried« betrifft, so befürchte ich allerdings, wie ich Ihnen
bereits sagte, das Übermäßige beim einmaligen Anhören; doch ist er
sehr musikalisch und sehr ernst angelegt und wird sich, meine ich,
zurechtfinden; sein einfacher, aber unbedingter Glaube wird ihm da

behülflich sein, wo das Verfolgen des Künstlerischen ihm zuviel zumuten könnte.

Ich würde Sie und Dr. Fiedler bitten, mit mir und unserem Freunde am Palmsonntage zu speisen, wenn ich die ungemütliche Lokalität des Hotels nicht befürchtete. Wollen Sie mit unserem Freunde abmachen, was Ihnen und ihm bei der ihm obliegenden Anstrengung recht ist. Ich habe in München nur noch zwei Besuche vor, und im übrigen ist es mir recht, wenn niemand davon erfährt, daß ich durchreise. Wollen Sie dies gütigst unserem Freunde sagen, den ich herzlichst zu grüßen bitte.

Für Ihre lieben Worte über meine Kinder werde ich Ihnen mündlich danken; für heute nur noch einen innigen Gruß, die Bitte, mich Dr. Fiedler zu empfehlen und ihm zu sagen, daß es mich freut, ihm für seine Freundlichkeit gegen meine Kinder bald danken zu können.

Und noch eine letzte Bitte füge ich bei, die, mir die Freundschaft auch im Ausdrucke zu erwidern, nämlich Freundin einfach nennen zu wollen, die Sie durch die Tat so liebevoll bewährt haben

Ihrer treu und dankend ergebenen CWagner

An Marie Gräfin von Wolkenstein
Bayreuth, 15. 3. 1888

Ich erhielt Deine Zeilen an dem Tage, wo die Nachricht des Todes des Kaisers uns alle dem tiefsten Nachsinnen übergab. Kurz vorher hatte ich noch mit Siegfried von dem Mahle gesprochen, welches Du ganz allein mit dem hohen Herrn eingenommen, und ich hatte meine Freude an diesem Zusammensein zweier Wesen, welche mir durch eine seltenste Eigenschaft – die Wahrhaftigkeit – als, bei allen sonstigen Unterschieden, gleichgeartet erschienen. Gewiß würde ohne diese schlichte Wahrhaftigkeit der Kaiser, auch durch das größte Herrscherglück und den unvergleichlichsten Waffenglanz, die bestimmten Gefühle nicht hervorgerufen haben, die seinem Andenken nun für alle Zeiten gesichert sind. Ja, sie ist es, die ihn im Ansehen selbst über einen Völkerbändiger, dem das Dämonische gegeben war, erhebt. Dadurch aber, daß Napoleon I. Komödie gespielt hat und bei der ungestümesten Entfesselung der Machtsucht noch vieles scheinen wollte, was er nicht war, verliert er für uns an Interesse, wird völlig nichtig, und sogar will uns sein merkwürdiges Ende auf der einsamen Insel fast als der gut geglückte Aktschluß eines Stückes, in welchem schließlich das Geschick zum Inszenierer wurde, erscheinen.

Durch seine Schlichtheit dagegen reiht sich Kaiser Wilhelm den Helden an, und ich bin überzeugt, daß die größten unter ihnen, wie Gustav Adolf und Bernhard von Weimar, welche in einer heroisch-tragischen Lebensbahn einem Glauben und einer Idee ihr Genie weihten und ihr Leben opferten, ihn, dessen Leben und Wesen so durchaus verschieden von dem ihrigen war, dieser Schlichtheit halber als ihresgleichen begrüßt hätten, was sie gewiß mit Napoleon nicht getan hätten. Ja, ich gehe in der Würdigung dieser seltenen Eigenschaft so weit, daß mir bei der Betrachtung dieser greisen Erscheinung Titurel in den Sinn kam. Gott selbst gab sich in die Hut des Gralsköniges; etwas Göttliches – die deutsche Idee – wurde in die Hut des preußischen Herrn gegeben. Die Einfalt, von welcher es heißt, daß sie mit der Reinheit des Herzens der Flügel ist, der uns zum Himmel trägt, sie hat vor allem, so dünkt mich, Titurel zu seinem sagenhaften Amte geführt; nicht minder verdankt es König Wilhelm seiner einfältigen Gottesfürchtigkeit, daß er dazu berufen war, etwas zu verwirklichen, zu gründen, und zu befestigen, was ohne seine Persönlichkeit ein Luftgebilde geblieben wäre. – Sehen wir uns in unserer Zeit um, betrachten wir die vollzogenen Kreuzungen und Mischungen allüberall, welche gar keine deutliche Physiognomie mehr aufkommen lassen, vernehmen wir die hohlen Redensarten, mit welchen beinahe alle ernsten Fragen behandelt werden, sehen wir, wie das, was des Deutschen Größe ausmachte, der religiöse Grundzug des Charakters, so gut wie gar nicht mehr vorhanden ist, so können wir nicht genug über das, was sich in der Persönlichkeit des Kaisers so unverkennbar aussprach, staunen: Echtheit des Stammes, Schlichtheit des Wesens, männliche Gottesfürchtigkeit, Gradheit des Sinnes, Wahrhaftigkeit in Wort und Tat – sie wirken geradeswegs mythisch und sind von so entscheidendem Werte, daß die sonstigen, wahrlich hochzuschätzenden Gaben des genialischen Geistes uns gleichsam nur wie das dekorative Beiwerk des Grundbaues erscheinen. Auch verliehen sie ihm eine Naivität des Gebarens, welche seinen Äußerungen oftmals völlig das Gepräge der Genialität gab. Was er dem deutschen Volke gewesen ist, ist meines Erachtens ganz unermeßlich. Er hat in ihm das Bewußtsein der Anhänglichkeit und des Zusammenhanges mit dem Fürsten – also ein ideales Lebensmoment – wieder erweckt; er hat ihm das Phänomen der einfachen, starken, von keinem Aberglauben geschwächten Frömmigkeit so deutlich gezeigt, daß das Volk wohl an den Gott glauben muß, dessen sein oberster Herr in so langem, so geprüftem und so glänzendem Leben derart sicher und bewußt blieb.

Es würde meinem Gefühle eine wahre Genugtuung gewesen sein, wenn in ganz Deutschland große Kundgebungen der Trauer stattgefunden hätten. Eine solche Gemeinsamkeit erhebt das Volk über die gemeinen Präokkupationen und fördert das ideale Leben. Auch kann die Ehrerbietung, die man dem Verehrungswürdigen zollt, nie ausdrücklich genug sein, und die Sorge um Tiefe der Eindrücke müßte, meine ich, eine Hauptsorge der Volksleiter sein. Je tiefer der Eindruck gesenkt wird, um so reichlicher wird die Ernte; je lauter, durchdringender und anhaltender die Klage um einen wahrhaftigen Fürsten wäre, um so gewisser würde der Schmerz des Verlustes sich in das bestimmte Innewerden dessen, was wir erlebt und besitzen durften, verwandeln und uns daher einen Trost gewähren, wie ihn der Wechsel der Bilder niemals spenden kann.

Gewiß war die weitumfassende, feste Politik Deutschlands, gewiß war die strategische Kunst, mit welcher die Kriege unfehlbar sicher geführt worden sind, das Werk des Reichskanzlers und des Feldmarschalls. Daß diese beiden Kräfte aber so unbehindert wirken konnten, das ist ebenso das Verdienst ihres Herrn gewesen, dessen moralische Bedeutung nie genug erhoben werden kann.

Es hat etwas tief Ergreifendes, daß, so hochbejahrt er auch war, der Kaiser doch nicht eigentlich an seinem Alter, sondern an seinem Gram um den Sohn gestorben ist. Es schließt dies sein Leben rührend ab. Den Kaiser sehen wir kaum mehr, den ruhmgekrönten Mann auch nicht, sondern den Vater, und dieser natürlichste, hier so tiefschmerzliche Zug vollendet das Bild der Schlichtheit und Wahrhaftigkeit, welches mächtig allen Pomp, allen Ruhm wie das Unwesentliche verflüchtigt, und geleitet uns unmittelbar an das Grab der Mutter, für welches seine Liebe in edler Natürlichkeit sich zu äußern nie aufgehört hatte.

An Adolf von Gross
Meran, 2. 4. 1888

Mein geliebter Adolf,
Dein Brief war ein rechter Ostergruß und erfreute uns alle. Ich gestehe Dir, daß ich ganz traurig war, so lange von Euch nichts zu

hören, und daß ich anfing, mir darüber Gedanken zu machen. »Es wird noch alles gut werden«, sagst Du, und Dir will ich von Herzen gern glauben. Es freute mich, Dein Urteil über Fischer derartig mit dem meinigen übereinstimmend zu sehen. Levi hat wirklich arg an sich und an diesem seinen Genossen gesündigt. Während er, wie mir erzählt wurde, an einem Abende drei Maskenbälle besuchte, erzählte mir Flüggen, daß alle Aufführungen lieber verschoben würden, als daß Fischer daran gelassen worden wäre. Nun entscheidet das Schicksal.

Was nun unsere Dirigentenfrage betrifft, so bin ich, versteht sich, unbedingt für Richter, *aber ob dieser kommt?* Das ist ja die Frage, und wenn ich nicht sehr irre, bist Du selbst überzeugt, daß er nicht kommt. Ich habe so an Mottl geschrieben und ihm gesagt, daß, nachdem ich zweimal mich an Richter gewendet und seine jüngste Antwort die Empfehlung Suchers war, ich nicht wohl wieder schreiben kann. Würdest Du vielleicht, mein lieber Adolf, ihm in meinem Namen den förmlichen Antrag machen? Ich weiß nicht recht, ob man ihm Aufenthaltsentschädigung, ohne ihn zu kränken, anbieten kann? Was van Dyck anbetrifft, so werde ich mich erst dann freuen, wenn er mir schreibt: »ich kann Deutsch«. Mir scheint, unsere Freunde geben sich noch keine klare Rechenschaft davon, was wir in Bayreuth zu vertreten haben, und leben noch in der Einbildung, wir geben gut geglückte Opernaufführungen. Wäre es so, dann stünde ich nicht eine Minute an, van Dyck auftreten zu lassen. Da es aber nicht so ist, muß ich darauf bestehen, daß er Deutsch könne! »Nun lernen Sie Deutsch«, war mein Wort an ihn, als ich mich seiner außerordentlichen Vorzüge überzeugt hatte. Und dabei muß ich bleiben.

Was den Kaiser betrifft, so soll Dr. Bergmann gesagt haben, daß er jeden Tag an einer Verblutung (und das wäre das schmerzlosere Ende) sterben könne. Sonst aber versänke sich das Übel, und da könne es Monate noch dauern und würde der Abschluß ein trostloser sein.

Mit den Gesundheiten hier geht es: so so, la la. Lulu sieht besser aus, muß aber vorsichtig sein. Evchen ist noch sehr empfindlich und Fidchen noch recht blaß. Ich werde dem Rektor schreiben, uns noch einige Tage Nachurlaub zu gewähren, und bitte Dich nur, mein einziger Adolf, mir zu sagen, wann Du meinst, daß ich bezüglich verschiedener Entscheidungen zurück zu sein habe. Du siehst, was ich für einen vornehmen Schreiber habe (o Adolf, so etwas muß ich niederschreiben!). Leider verlassen uns die Kinder morgen, und so regelmäßig wir auch miteinander gelesen haben, sind wir doch nicht bis zur Hälfte von Heinzens Vorträgen gekommen, die ich so gerne ganz hätte kennengelernt. – Oertel war eben hier, er empfahl bloß wieder vorsichtiges Gehen. Das Wetter hat sich endlich gewendet, und hoffentlich bleibt es nun so, daß wir viel im Freien, ohne viel zu gehen, werden bleiben können.

Leb wohl, mein teurer Adolf, wir grüßen Dich und die liebe Marie auf das innigste. Von Boni hatten wir gute Nachrichten, es ereignet sich dort das Merkwürdige, daß trotz Disharmonie mit dem Gatten, Unzufriedenheit mit den Dienstboten, Schwierigkeit mit dem Auskommen alles sich eigentlich heiter ausnimmt, und ich bin entschlossen, da krumm gerade sein zu lassen und nicht mehr einzugreifen. Nochmals lebe wohl, mein einziger Adolf, habe Dank und bleibe gut Deiner

C.W.

An Felix Mottl
Meran, 6. 4. 1888

Mein teurer Felix,
Meinen Dank voraus für die freundliche Zusendung der »Vogelpredigten«. Sie haben sehr recht daran getan, das Exemplar für meine Tochter in Bayreuth zu deponieren, denn sie hat ihr Haus für mehrere Monate verlassen, ist jetzt in Florenz und wird erst gegen Oktober nach Bonn zurückkehren. Ich werde ihr die freundliche Sendung melden.

Ich habe soeben an Richter (dem bereits Adolf geschrieben hat) einige Zeilen gesendet, in welchen ich ihm sage, daß er uns am 11. Juli willkommen ist, und nehme ich dankbar, mein teuerster Felix, Ihren Vorschlag bezüglich der Probenveränderung an.

Was die Einteilung betrifft, so würde ich Sie gern noch vor der Entscheidung sprechen. Am 16. nachmittags bin ich in München (Hôtel Marienbad) und bleibe dort bis zum 17. um 5 abends. Können Sie kommen, sehr schön, sonst müssen wir alles für eine Besprechung im Juni verlegen.

Ich habe Kniese gebeten, auf 8 Tage sich zu van Dyck zu begeben und nach diesem 8tägigem Studium mir zu schreiben, ob in den uns noch bleibenden 3 Monaten van Dyck Deutsch können wird oder nicht.

Denn so steht die Frage und nicht anders. Die Wendung in unserer Kunst geht vom Drama aus, die Bayreuther Bühne bringt uns das durch die Musik verklärte Drama, und das erste Organ betreffs dieses Dramas ist die Sprache. In diesem Punkte hieß eine Konzession soviel als die Verleugnung der Hauptidee Bayreuths. Daher kann auch von ihr nicht die Rede sein.

Wird van Dyck Deutsch lernen können? Das war das Problem; nicht etwa: Wird man ein mangelhaftes Deutsch passieren lassen können? –

In dieser Frage, wie überhaupt in allen unsere Aufführungen betreffend, handelt es sich nicht entfernt um eine Ansicht von mir, sondern um ein Gebot, welches wir alle nach Kräften zu erfüllen haben.

Ich wiederhole das, mein teuerster Felix, damit Sie mich recht verstehen. Wie hehr und froh ich wäre, wenn van Dyck im Sommer Deutsch könnte, das brauche ich hoffentlich nicht zu versichern.

Nun leben Sie wohl, mein teuerster Felix. Adolf hat eine Postkarte von Levi aus Cannstadt, die ihn in guter Stimmung zeigte. Ich weiß zwar gar nicht, auf was sich diese Stimmung beziehen kann, aber ich will auch das Beste hoffen, und am Ende schiffen wir durch Charybdis und Scylla, durch Trauer und Jubelfeier noch glücklich durch. »Es war viel gewagt, nun habt nur Mut.«

Seien Sie gegrüßt, mein teuerster Felix, und Gott mit Ihnen!

CW.

An Felix Mottl
Meran, 8. 4. 1888

Mein teuerster Felix,
In einem sehr lieben Brief schreibt mir van Dyck, Sie hätten ihn für Bayreuth sprachlich fest erklärt. Ich habe ihm nun Kniese für eine Woche angekündigt, nach welcher Kniese erklären soll, ob wir auf van Dyck rechnen können. Kniese kann nämlich nicht auf längere Zeit Breslau verlassen; nun denke ich aber, es sei gut, daß einer, der ganz frisch herankommt, sich also noch nicht an die Eigentümlichkeiten der Aussprache gewöhnt hat, uns sagt, ob auf der deutschen dramatischen Bühne, welche Bayreuth bedeutet, van Dyck 2 Hauptrollen geben kann (ich sage nicht ›singen‹; das kann er in Wien auch mit mangelhafter Aussprache, aber in Bayreuth nicht).

Ich denke, teuerster Felix, nach dem, was Sie mir über die Schwierigkeit, die van Dyck der Parsifal macht, geschrieben, werden Sie mit dieser notgedrungenen Entscheidung einverstanden sein. Ich fürchte immer, daß mehr Gewicht auf die Erlernung des musikalischen Teiles der Aufgabe als auf die Beherrschung der Sprache gelegt worden ist. Möchte ich mich gründlich irren! und meine Bedenken ganz übertrieben sein!
Ich hoffe von ganzem Herzen, muß aber den Schwerpunkt auf die Sprache gelegt wissen. Können zwei Monate van Dyck noch dazu verhelfen, sie vollständig innezuhaben? ... Ich will es hoffen.
Wir haben mit der Oper gebrochen und sind verpflichtet, diesen Bruch auf das schärfste in allem kundzutun; so können wir bezüglich der Sprache keinerlei Nachgiebigkeit zeigen.
Wie gibt van Dyck das *Gespräch* mit Gurnemanz, das mit Sachs? Wie kommt die Sprache bei den leidenschaftlichen Ausbrüchen zur Geltung? ... Dies erfuhr ich nicht, sondern nur im allgemeinen, er könne seine Rollen ... Wollen Sie, mein teuerster Felix, mir recht eingehend die Leistung van Dycks im Deutschen bezeichnen? ...
Seien Sie gegrüßt, bester Freund, und verstehen Sie recht die einzige Aufgabe, die mir zugeteilt ist: die Sorge!
Von Herzen die Ihrige

                                                                      CW

An Ernest van Dyck
Bayreuth, 19. 4. 1888

Lieber Herr van Dyck,
Ich brauche Ihnen nicht zu sagen, wie sehr ich es bedauere, daß für dieses Jahr zwei Rollen nicht mehr in Frage kommen können. Wie ich Ihnen in Karlsruhe sagte, werden die Schwierigkeiten bei der Rolle des Parsifal auftreten. Ich bitte Sie daher sehr herzlich, sich für ihn zu entscheiden und ihm ihre Studien zu widmen. Indem ich dieses letzte Wort ausspreche, rühre ich am wesentlichen Punkt der Frage. Wie Sie wissen, schreibt mir Herr Kniese, daß er Ihr Debüt in Bayreuth für möglich hält, unter der einen Bedingung, daß Sie während des ganzen Monats Mai entweder bei ihm in Breslau oder in der unmittelbaren Nähe unseres Freundes Mottl Quartier nehmen können. Ich meine, daß es keinen Augenblick mehr zu verlieren gibt, wenn wir ein Vorhaben, das uns allen am Herzen liegt, glücklich durchführen wollen. Nun, da die Erfahrung uns gezeigt hat, daß Mottl nicht die

Zeit hatte, sich um Sie so zu kümmern, wie es notwendig wäre, möchte ich Sie fragen, lieber Freund, ob Sie sich nach Breslau begeben können, um mit Kniese zu arbeiten, und ob Sie glauben, daß Ihnen ein Monat bis sechs Wochen genügen werden, um die Diktion dieser Rolle zu beherrschen.

Ich spreche von *nichts anderem* als von der Aussprache; was den Gesang und die Darstellung betrifft, ich glaube es Ihnen schon gesagt zu haben, und ich wiederhole es, lieber Herr, habe ich ein volles Vertrauen in Ihre Fähigkeiten und in Ihr Talent. Was die Sprache angeht – ich schreibe es unaufhörlich seit Monaten an unseren Freund Mottl –, können wir in Bayreuth keinerlei Konzessionen machen. Unsere Bühne unterscheidet sich von allen anderen Opernbühnen Deutschlands dadurch, daß die Aufführungen, die hier gegeben werden, das Drama als Mittelpunkt haben. Die Musik ist bei uns nicht der Zweck, sondern das Mittel; das Drama ist der Zweck, und das Organ des Dramas, das ist die Sprache.

In Wien wird Ihnen eine unvollkommene Aussprache, das Fehlen der Ungezwungenheit im Ausdruck nicht nur nicht schaden, sondern bis zu einem gewissen Grade bei einem Publikum nützlich sein, das noch mit den alten Operngewohnheiten ins Theater kommt und das vor allem den Gesang hören will. Hier sind wir vor allem verpflichtet, die Handlung zu zeigen, sie durch eine klare und sichere Aussprache möglichst deutlich werden zu lassen, und wenn etwas geopfert werden muß, so gilt es eher die Musik der Dichtung als die Dichtung der Musik zu opfern. Dies ist eine Frage des Prinzips, und auf diesem Prinzip beruht die Bayreuther Bühne.

Nachdem ich Sie im vergangenen Monat August bei Levi gehört hatte, gipfelte für mich die ganze Frage – und ich habe nicht aufgehört, es zu sagen – in diesem einen Punkt: wäre es Ihnen möglich, der deutschen Sprache Herr zu werden? Dies hat mich so beunruhigt, daß ich also Herrn Gross bat, mit Ihnen zu repetieren für den Fall, daß es Ihnen möglich sein würde, auf alle Neueinstudierungen in französischer Sprache zu verzichten, um sich ausschließlich dem Studium der deutschen Sprache zu widmen: die musikalische und dramatische Seite der Frage – ich kann es nicht genügend wiederholen – hat mich nicht einen einzigen Augenblick beschäftigt. Als ich die Freude hatte, Sie im Monat Januar in Karlsruhe zu hören, stellte ich mir die Frage, ob vier Monate genügen würden, um Sie in den vollen Besitz der Sprache zu bringen. Ich habe reiflich darüber nachgedacht, wieviel Sie in vier Monaten gelernt hatten, und meine

Antwort war ein Ja, in dem mehr Hoffnung als Gewißheit enthalten
war; und während wir miteinander plauderten, sagte ich Ihnen: »Was
wir in diesem Jahr nicht erreichen, werden wir mit der Zeit schaffen.«
Jetzt erfahre ich, daß zwei von diesen vier Monaten, die mir bereits
nicht ausreichend erschienen, vertan worden sind. Noch einmal:
beurteilen Sie selbst die Situation. Glauben Sie, die deutsche Sprache
in einem Monat beharrlicher Studien in Breslau so zu beherrschen,
daß Sie notfalls ohne Zögern die Rolle des Parsifal ohne Musik
öffentlich vortragen könnten? Ich habe unseren Freund Mottl
wiederholt gefragt, wie weit Sie bei den Szenen seien, die mehr
gesprochen als gesungen werden müssen. Ich habe keine andere
Antwort erhalten als die folgende: »Ich hoffe zuversichtlich, daß van
Dyck die Schwierigkeiten meistern wird.« Seine Erfahrung gibt mir
Hoffnung, und bis zu dieser Stunde habe ich bei keinem anderen
Vertreter beider Rollen angefragt, was uns in eine sehr schwierige
Lage versetzen würde, wenn die Verwirklichung unserer Hoffnung
vertagt werden müßte. Doch ehe ich einen Augenblick die Rangord-
nung der Dinge übersehe, die ich zu beachten habe, ehe ich Sie noch
dazu den Kritiken aussetze, die Ihre ganze Karriere in Deutschland in
Frage stellen könnten, ziehe ich es vor, den Schmerz, den mir Ihre
Abwesenheit bereiten würde, zu ertragen und die Schwierigkeiten
durchzustehen, Schwierigkeiten, die, glaube ich, daher kommen, daß
das Hauptgewicht in Ihren Studien nicht dorthin gelegt worden ist,
wo es hätte liegen müssen: auf die Sprache.
Lassen Sie mich also wissen, lieber Herr, und dies so bald wie
möglich, ob Sie nach Breslau kommen können und ob Sie glauben,
daß Ihnen dieser Aufenthalt genügen wird. Da ich Sie nicht gehört
habe, kann ich darüber nicht urteilen, und ich muß mich auf Herrn
Kniese verlassen, der mir sagt, daß es nicht die ausländische
Aussprache ist, die störend wirkt, sondern Ihr *unfertiges* Deutsch.
Was auch immer geschehen mag, lieber Freund, glauben Sie, daß ich
Ihnen für Ihre Bemühungen und Ihren begeisterten Einsatz zutiefst
verbunden bin und daß ich nie aufhören werde, Ihnen Sympathie,
Hochachtung und Ergebenheit zu bewahren.
Empfehlen Sie mich, bitte, bei Frau van Dyck, die so großen Anteil
an unseren Prüfungen hat, und empfangen Sie die herzlichen Grüße
meiner Kinder.

C. Wagner

P.S. Ich kenne die von Ihnen erwähnte Zeitungsanzeige nicht, ich
kenne nur die aus Bayreuth, in der es heißt: »In Aussicht genommen

Herr van Dyck«. Das kann Sie nicht ärgern, und nach der Lage der
Dinge – so scheint mir – hätten wir einen großen Fehler begangen,
wenn wir eine Beteiligung als endgültig angekündigt hätten, deren
wir noch nicht sicher waren. Jedoch bedauere ich sehr, daß Sie sich
darüber aufgeregt haben.

An Max und Gotthold Brückner
Bayreuth, 3. 5. 1888

Liebe und hochgeehrte Herren!
Ich habe gestern einige Teile der Dekorationen (2 Häuser von der
Gasse, Sachs' Haus und die 3 Teppiche des Podiums) gesehen und
habe eine solche Freude darüber empfunden, daß ich nicht umhin
kann, derselben Ihnen gegenüber Ausdruck zu geben. Inmitten der
Drangsale, welche notwendigerweise mit den Vorbereitungen zu
unseren Spielen verknüpft sind, ist mir der Anblick Ihrer schönen
Arbeiten eine Erhebung und Ermutigung gewesen. Ganz besonders
bin ich Ihnen für die Feinheit in der Durchführung und für die
Zartheit der Farbentöne verbunden. Ich bin der Ansicht, daß gerade
auf der Bühne die feinste künstlerische Durchführung eine zwar
unbewußt bleibende, aber nichtsdestoweniger bedeutende Wirkung
hervorbringt. Gerade wie die sorgfältige, selbständige Führung der
Stimmen in der Partitur, welche wir nicht vernehmen und welche
doch zur Hebung des Eindruckes der Hauptmelodie so wesentlich
beiträgt, so werden auch diese liebenswürdigen Details, wenn auch
im ganzen unsichtbar, das Leben des Gesamtbildes bedeutend
steigern...
So danke ich Ihnen denn, liebe und werte Herren, meine erste Freude
an unseren Spielen; ich nahm sie als guten Vorboten an und hoffe das
Beste, da ich das Schöne schon gesehen. Seien Sie in diesem meinem
Dankgefühl gegrüßt, grüßen Sie Ihre lieben Frauen, und bleiben Sie
meiner vorzüglichen und ergebensten Hochachtung versichert.

                                                    C. Wagner.
P.S. Bezüglich des Fliederbaumes an Sachsens Haus würde es sich,
meine ich, gut machen, wenn die Zweige desselben etwas über die
Türe herabhingen und auch den einen Pfeiler (links) etwas behingen;
wie denken Sie darüber, liebe Herren?

An Ernest van Dyck
Bayreuth, 21. 5. 1888

Lieber Herr van Dyck,
Vor einigen Tagen schrieb ich an unseren Freund Mottl und habe ihn
gefragt, ob es Ihnen passen würde, sich gleich nach seiner Abreise
von Karlsruhe nach Bayreuth zu begeben, um hier vor einem kleinen
Kreis von Leuten zu singen, deren Urteil ich selbstverständlich nicht
etwa einholen, deren Eindruck ich jedoch beobachten möchte. Ich
mißtraue selbst der überbesorgten Art, mit der ich mir alle sich auf
unsere Sache beziehenden Dinge zu Herzen nehme, und ich möchte
meine Bedenken durch eine unvoreingenommene Reaktion entkräf-
tet sehen. Ich meine – wohl verstanden – immer nur die *Aussprache.*
Jedoch bitte ich Sie mir ganz offen zu sagen, ob Sie mit meinem
Vorschlag einverstanden sind, denn ich würde, wenn dies nicht der
Fall sein sollte, selbstverständlich darauf verzichten.
Was die beiden Partien angeht, hat es doch ein Mißverständnis
gegeben. Ich wollte sagen, daß, wenn Sie ab vergangenem Herbst
Ihre Studien besonders auf die deutsche Sprache gerichtet hätten,
und dies unabhängig von den Dichtungen, es Ihnen dann leicht
gewesen wäre, die zwei Rollen zu lernen. Indem Sie aber die Sprache
nur in der Dichtung des Dramas lernten, war es offensichtlich, daß Sie
Parsifal und Walther nicht würden bewältigen können. Dies ist der
Grund, warum ich immer gesagt habe, daß es falsch war, Sie nicht
zuerst Deutsch gelehrt zu haben (und zwar nicht nur das Deutsch
Ihrer Rollen, sondern das des Alltags und der Klassiker). Auf dieser
Grundlage (und ich glaube, man hätte dies in einigen Monaten
geschafft) wäre die musikalische Arbeit für Sie ein leichtes gewesen,
und wir hätten Sie in den beiden Rollen.
Wie dem auch sei, lieber Herr, seien Sie überzeugt, daß ich Ihnen sehr
dankbar bin, sowohl für die schwierige Arbeit, der Sie sich
unterzogen haben, wie auch der großen Güte, mit der Sie die
Schwierigkeiten meiner Lage verstehen. Lassen Sie mich durch ein
Wort wissen, ob Sie am 6. hier sein können, ob Sie in Bayreuth
bleiben können, um weiterhin mit Herrn Kniese zu arbeiten, und ob
es Ihnen nicht mißfällt, vor einem kleinen Kreis meiner Bekannten zu
singen.
Denken Sie, lieber Freund, bei all Ihren Entscheidungen immer
daran, daß ich Sie um alles in der Welt nicht betrüben möchte und daß
die Schwierigkeiten, die wir zu überwinden haben, für mich ebenso

unerquicklich sind wie für Sie selbst. Bitte meine freundlichen Grüße
an Frau van Dyck und von meinen Kindern wie auch von mir
tausend liebe Grüße und die Versicherung meiner liebevollen Hochachtung.

C.Wagner

An Julius Kniese
Bayreuth, 9. 6. 1888

Mein werter Freund,
Ich habe nun zu van Dyck ja gesagt, da seine Leistung mich auf das
höchste überraschte.
Einige Fehler der Aussprache, die geblieben sind, werden entweder
verschwinden, oder man wird sie, glaube ich, als Niederländisch
dialektisch aufzufassen haben. Die Deutlichkeit ist enorm, das
Verständnis vollkommen (wozu ihm vermutlich seine sehr fromme
Erziehung verholfen hat, welche ihn mit der Welt der Wunder
vertraut macht) und der gesangliche Vortrag edel und schön. Es fehlt
seiner Stimme der dunkle Timbre, der eigentlich für den Parsifal
wünschenswert wäre, aber außer bei Schnorr habe ich diesen bei
keinem Tenoristen angetroffen.
Wollen Sie nun die Güte haben, Grüning von mir zu grüßen, ihm sehr
zu danken und zu sagen, daß in jedem Sinne seine Arbeit keine
verlorene gewesen sein wird.
Ich reise morgen nach Dresden (Walpurgisstraße 12, Frau Dr.Bahr)
und werde vielleicht mit Scheidemantel, Gudehus und Fräulein
Malten musizieren. Erlaubt Ihnen Ihre Zeit herüberzukommen?
Eine eigentliche Nötigung dazu ist nicht da, denn die Künstler haben
gewiß ihre Begleitung. Daß ich mich aber freuen würde, Sie zu sehen,
das bedarf wohl keiner Versicherung.
Leben Sie wohl, werter Freund, und seien Sie und Ihre liebe Frau von
uns allen auf das herzlichste mit vorzüglichster Hochachtung gegrüßt.

CW

An Kaiser Wilhelm II.
Bayreuth, 23. 8. 1888

Allerdurchlauchtigster
Allergroßmächtigster Kaiser und König
Allergnädigster Kaiser, König und Herr!
Euerer Majestät Huld ermutigt mich zu dem Schritte, den ich
ehrfurchtsvoll heute begehe und den ich niemals gewagt haben
würde, wenn der Allergnädigste Herr nicht durch das beglückende
Zeichen der Teilnahme an unserem Werke in mir das stolze Gefühl
wachgerufen hätte, daß ich es unserer Sache schuldig sei, Euerer
Majestät von derselben untertänigsten Bericht zu erstatten.
Dafür, daß ich Geduld und Zeit von Euerer Majestät in Anspruch zu
nehmen mir getraue, rufe ich die Gnade von Euerer Majestät an.
Indem ich auf die nun vollendeten Festspiele zurückblicke und alles
ernstlich und gewissenhaft erwäge, darf ich es mir sagen, daß
dieselben von großem künstlerischen Werte und von tiefer moralischer Bedeutung gewesen sind. Durch Gottes Schutz ist es uns
inmitten erschwerendster Umstände geglückt, den »*Parsifal*« getreu
im Geiste wieder in das Leben zu rufen und »Die Meistersinger von
Nürnberg« derartig aufzuführen, daß es wohl kaum einen Zuschauer
gegeben hat, der sich nicht eingestehen mußte, bis jetzt dieses
herrliche Werk nicht wirklich gekannt zu haben. Wir hatten bei den
beiden Aufführungen das Gefühl, uns bis auf das äußerste bemüht zu
haben, die Werke wiederzubringen, wie sie gedacht worden sind, und
empfingen als Lohn für eine an und für sich uns schon beglückende
Bemühung eine Empfindung der Freiheit in der Leistung, welche fast
der Macht des Zauberns sich vergleichen ließe.
Mit dieser künstlerischen Wirksamkeit fiel denn auch die moralische
Erhebung zusammen, welche allmählich jeden Künstler über das
persönliche Interesse hinweghob und ihn sich einzig als ein dem
Ganzen dienender Teil empfinden ließ. Dieser Weihe der Gemeinsamkeit auf der Bühne entsprach dann auch die Stimmung in dem aus
den verschiedensten Ländern sich bevölkernden Zuschauerraum, in
welchem wir das Gleichnis einer Gemeinde erblicken durften, die in
der Erschauung des Ideales sich eng verbunden fühlt.
Nicht weiß ich, auf wie lange die Nachwirkung solcher Momente sich
erstreckt; daß sie aber inmitten unserer beängstigenden Welt möglich
sind, das hat mich so hoch erhoben, daß ich nun vertrauensvoll
Euerer Majestät Allerhöchstes Protektorat für die Festspiele zu

Bayreuth erbitte. Nimmermehr würde ich um diese Gnade zu werben mich unterstanden haben, wenn ich uns nicht ihrer in künstlerischer wie in moralischer Hinsicht nicht ganz unwürdig empfände.

Wollen ferner Euere Majestät es mir huldvollst gestatten, an diese untertänigste Bitte einige Bemerkungen bezüglich des Fortganges der Festspiele anzuknüpfen?

Wir haben in diesem Jahre des zahlreichsten Besuches uns erfreuen dürfen, den wir je gehabt, und der ebenso umsichtige als aufopferungsvolle Verwaltungsrat (diesen hocherfreulichen Erfolg der zweijährigen Pause zusprechend) rät infolge desselben von dem nächstjährigen Spielen ab; hierzu kommt, daß seine an und für sich durch seine Erfahrung sehr gewichtige Ansicht durch den Umstand unterstützt wird, daß mehrere der geschätztesten Künstler im nächsten Jahre schwerlich sich dazu würden entschließen können, die Ferienzeit für Bayreuth wiederum zu opfern, da andererseits bei ihrer angestrengten Tätigkeit im gewöhnlichen Operndienst eine Ruhezeit ihnen zum Bedürfnis geworden zu sein scheint.

In zwei Jahren nun das bloß zu wiederholen, was wir bereits in den Jahren 1886 und 88 brachten (nämlich: »*Parsifal*«, »*Tristan*« und »*Die Meistersinger*«), so verständig es auch in praktischer Hinsicht erscheint, würde mir künstlerisch kaum ein Genüge gewähren; doch würde ich mit Freuden jeden eigenen Gedanken aufgeben, wüßte ich, daß ich damit dem Wunsche Euerer Majestät entsprechen dürfte. Ist es zuviel gewagt, von Euerer Majestät Huld und Gnade mir den Ausdruck des Allerhöchsten Wunsches untertänigst zu erbitten? Sollten Euere Majestät die Wiederholung der diesjährigen Spiele für das Jahr 1889 wünschen, so würden wir, allen Schwierigkeiten zum Trotz, uns an die Verwirklichung derselben begeben. Sollten Euere Majestät die Wiederholung der drei Werke in zwei Jahren für besser zu erachten geruhen, so wird dies sofort angekündigt. Würden aber Euere Majestät den Gedanken hegen, daß wir bei längerer Pause ein ganz neues Werk zu bringen hätten, so würde ich um die Gnade bitten, die Wahl des »*Tannhäuser*« gutheißen zu wollen.

Euerer Majestät Gnade gegen mich ist zu groß gewesen, um in mir die Befürchtung aufkommen zu lassen, Euerer Majestät Unwillen durch meine Bitte erregt zu haben. Dennoch bitte ich Euere Majestät untertänigst, es mir zu verzeihen, daß ich – wohl dazu Allerhöchst ermuntert, dennoch aber nicht dazu aufgefordert – es mir erlaubte, dieses Bittgesuch Euerer Majestät zu Füßen zu legen. Mit Ausnahme des treuen Freundes, welcher die Verwaltung der Spiele in aufopfe-

rungsvollster Weise übernahm, bin ich vollständig einsam und habe
für die Durchführung des Werkes, welches Gott meiner so schwachen
Kraft übergab, nicht eine Stütze. Euerer Majestät gnadenreiche
Worte an mich haben wie ein Gottesruf meine Seele erfüllt, und unter
heißen Tränen habe ich in der Einsamkeit, in welcher ich mich und
das Werk so tief empfinde, Gott dafür gepriesen und gedankt, daß aus
höchster Höhe der Schutz uns kommt, dessen wir bedürfen. Nun
begriff ich, warum ich gelitten, und weit über alles Leiden mächtig ist
das Gefühl der Hoffnung gewesen, welches mit den Worten Euerer
Majestät in mein Herz gedrungen ist.
So mögen es denn Euere Majestät der Erschütterung meiner Seele
zusprechen und es ihr gnädig vergeben, wenn ich in irgend etwas mit
diesem Schreiben Euerer Majestät nicht genehm gewesen sein sollte.
Wie auch die Entscheidung Euerer Majestät falle, ob selbst Euere
Majestät in diesem Augenblicke keine zu fassen belieben, alles soll
mir heilig sein, und in Gefühlen, die ich niemals in Worten zu fassen
vermöchte und die als inbrünstiges Gebet zu Gott sich wenden,
erbitte ich von dem Allerhöchsten Herrn die Gnade, mich nennen zu
dürfen

Euerer Majestät
dankerfüllte untertänigste
Dienerin
Cosima Wagner

An Mary Fiedler
Bayreuth, 12. 9. 1888

Meine teuerste Mary!
Ich bleibe bei der Benennung, die mir hier so leicht von dem Munde
floß, und überlasse es Ihnen ganz, mir zu erwidern, wie es Ihnen
natürlich ist, indem ich Sie versichere, daß, je traulicher und je
unbeachtender des Unterschiedes, welches das Alter zwischen uns
macht, diese Erwiderung ausfallen wird, um so herzlicher sie mich
erfreuen wird. – Wollen Sie es mir glauben, daß der Gewinn Ihrer
Teilnahme für mich mir von großem Werte ist und daß, wenn ich auch
durch den Ausdruck, welchen Sie dieser Teilnahme geben, mich recht
beschämt fühle, ich dennoch durch denselben tief gerührt und
erhoben bin. Der Gedanke, Ihnen, meine teuerste Mary, von einiger
Bedeutung in einem schweren Augenblick gewesen zu sein, gibt mir

vor mir selbst einen Wert. Lassen Sie mich hoffen, daß wir immer öfters zusammenkommen, indem ich weiß, daß dieses soviel bedeutet als immer inniger verbunden werden.

Was unseren Freund betrifft, so erwarte ich ihn Ende des Monats und freue mich auf seinen Besuch. Ja, ich habe eine solche Überzeugung von der Unantastbarkeit unserer Beziehungen durch das Geschick und eine so präsumptuöse Meinung meiner Kraft in gewisser Beziehung, daß ich mir einbilde, unser Zusammensein wird, trotz Krankheit seinerseits und vielem Gram meinerseits, ein durchaus heiteres sein. Ich hoffe nämlich immer bestimmt, daß er bei den nächsten Festspielen wieder einrückt, und wenn es auch nur für ein paar Aufführungen wäre. Wir wollen sehen, und ich verspreche Ihnen, sobald er hier gewesen sein wird, meinen Eindruck von seinem Zustande Ihnen mitzuteilen. Der Satz einer alten Weisen, daß der Glückliche der Beste ist, hat sich mir wohl eingeprägt, und wenn die Menschen in ihren Handlungen den Erwartungen nicht entsprechen, so stellt sich allmählich, nachdem die erste Klage des Erstaunens in mir verhallt, einzig und allein das Mitleiden ein, und dieses befähigt uns dann der freundlichsten Ruhe. Und was unserem Freund die Energie benommen hat, so zu handeln, wie es ihm einzig entsprochen hätte – das liegt sehr tief und ist als Geschick gemeinsam zu tragen. Daß einige seiner Freunde ihn so gering geschätzt haben zu glauben, ihm eine Genugtuung zu geben, indem sie unsere Aufführung bemäkelten, das hat wirklich etwas Tiefempörendes. Wenn es welche gegeben hat, die den in unseren Aufführungen lebendigen Geist nicht empfunden haben, so tun sie mir herzlich leid, aber wenn es solche gegeben hat, welche gegen ein besseres Wissen, um Levi eine Freude zu machen, der Wirkung dieses Geistes sich entzogen hat, so bedaure ich Levi, daß er jemals mit solchen Wesen sich befreunden konnte.

Ich hätte ihn gern jetzt hier gleich gehabt, weil er uns hier zu dritt in absoluter Stille getroffen hätte und also in der Stimmung, welche die vollständige Einsamkeit dem Menschen ermöglicht. Es wird ja nicht gerade bunt Ende des Monats bei uns hergehen, Sohn und Schwiegersohn werden bei uns sein und die Freunde Grossens zurück; das ist am Ende kein trouble, aber wir drei Frauen hätten Spaß daran gehabt, ihn jetzt gerade bei uns zu haben und zu sehen, ob es uns nicht geglückt wäre, hier zu vergessen, daß es ein Leben und eine Welt draußen gibt.

Was ist es denn mit Ihrer Gesundheit, teuerste Mary? Ich höre Sie öfters klagen, und so blühend schön Sie erscheinen, so würden Sie

gewiß nicht klagen, wenn das Unbehagen nicht bedeutend wäre.
Haben Sie einen Arzt befragt? Tuen Sie es doch ja.
Was mich betrifft, so ist die Gesundheit mein bestes Erbteil. Es ist das
einzige, worauf ich mir wirklich was einbilde, und wenn die Schwäche
meiner Augen nicht wäre, so dürfte ich behaupten, daß ich nie durch
meinen Körper an irgend etwas behindert wäre. Wenn Sie mich also
angegriffen sehen, so nehmen Sie immer an, ich hätte einen
besonderen Kummer, etwas, was mich einnimmt, aber kein physi-
sches Übel. Ich weiß nicht, ob das ein Trost ist, aber ich kann nur
sagen, es ist so.
Wollen Sie Dr.Fiedler meinen besten Gruß sagen und ihm melden,
daß ich ihm für die Empfehlung der Schopenhauerschen Briefe an
Goethe unendlich verbunden bin. Ich habe sie herrlich gefunden.
Dürfte ich bei Ihrem lieben Mann anfragen, ob er vielleicht die
Schrift: »*Von ihn, über ihn*« (es handelt sich um Schopenhauer)
besitzt und diese mir auf eine kurze Weile leihen möchte? Ich kenne
den Namen des Verfassers nicht.
Meine zwei Töchter (Isolde ist in Heringsdorf) tragen mir die
herzlichsten Grüße an Sie beide, teure Freunde, auf. Hoffentlich
führt uns ein freundliches Geschick bald wieder zusammen und
können wir uns Gutes mitteilen. Von der Einsamkeit aus sieht man
versöhnlich in die Dinge hinein, ob dieser Blick Recht gegen das
geängstete Schauen, welches uns inmitten des Menschen-Gewim-
mels wird, behält? Wir wollen es hoffen!
Gut stell ich mir aber vor, wie peinlich es Ihnen ist, mit Menschen, die
ohne jeden Zusammenhang mit unserer Kunst sind, zu verkehren.
Diese Pein kann sich bis zur absoluten Unmöglichkeit steigern.
Nun aber leben Sie wohl und bleiben Sie mir gut, wie ich Sie von
ganzem Herzen lieb behalte, mich freue, Ihnen begegnet zu sein, und
Sie mir in so schöner Weise gewonnen zu haben. Seien Sie in dieser
Freude und Liebe umarmt!

                                                              CW.

An August Harlacher
Bayreuth, 17. 10. 1888

Lieber und werter Freund!
Zu meiner großen Freude höre ich durch Direktor Mottl, daß Sie den
»Rienzi« in Karlsruhe mit den ihm gebührenden Sorgfalt und Ernst

vorbereiten und daß sich das edle Werk endlich einer ihm entsprechenden Wiedergabe zu erfreuen haben wird. Unserer prächtigen
gemeinschaftlichen Arbeit hier mit Freuden eingedenk, möchte ich
mit Ihnen über einige Punkte mich verständigen, welche mir als
wesentlich für die Deutlichkeit des Vorganges erscheinen, diese sind:
im ersten Akte das Auftreten der Nobili gegeneinander, dann ihre
scheinbare Vereinigung, dadurch, daß das Volk gegen beide sich
wendet, endlich der Entschluß der beiden Häupter, vor den Toren
von Rom den Streit auszufechten, wobei es denn von ungeheurer
Wichtigkeit ist, daß man Rienzis »*für Rom*« und seinen Entschluß,
die Tore zu verschließen, ungemein deutlich begreife.
Im 2. Akt ist es sehr wichtig, daß man verstehe, unter welcher
Bedingung die Nobili wieder in Rom zugelassen worden sind, dann
die betroffene Bewegung der Gesandten Böhmens, bei den in
ekstatischer Begeisterung ausgesprochenen Worten Rienzis, daß
Rom selbst seinen Kaiser wählen soll. Das darauffolgende Aparte
von Orsini und Colonna muß *sehr deutlich* sein (die Pantomime kann
ihren Eindruck nur erzielen, wenn sie schauspielerisch vorzüglich
gegeben wird), ferner kann der Kampf zwischen dem Rienzi und dem
Volke für und gegen die Begnadigung der Nobili nicht heftig genug
ausgesprochen werden, namentlich müssen Cecco und Baroncelli
sehr bedeutend ihre Worte sprechen und am Schluß die Gruppen gut
verteilt und getrennt sein (1. Colonna, Orsini, Nobili, 2. Baroncelli,
Cecco, 3. das Volk). Im dritten Akt empfehle ich gleich die ersten
Worte des Volks, damit man gleich die Folge des Gnadenaktes Rienzi
wisse, von Baroncelli und Cecco muß man schon empfinden, daß sie
Rienzi aufgeben, obgleich sie ihm noch angehören. Bei Rienzi muß
man empfinden, daß er für seine große Idee die zärtlichsten Bande
zerreißt, seine Erschütterung muß mächtig sein und ungeheuer
unterscheiden in dem Ensemble seine schmerzliche Begeisterung, die
jubelnde Begeisterung des Volkes und die Liebesverzweiflung von
Irene und Adriano. Im 4. Akt endlich die erste Szene *so deutlich wie
möglich* gesprochen, daß man gut verstehe, 1. daß eine geheime
Macht hier wirkt, 2. daß das Volk gegen Baroncelli aufgewühlt ist,
dann muß der Ausruf des Erstaunens darüber, daß der Kardinal bei
dem Zuge ist, auch sehr prägnant sein; sehr energisch muß ferner das
Wort von Cecco sein: »Erwartet still, wie sich's fügt«, dann muß die
Besetzung der Kirchentreppe einen großartigen, durchaus finsteren
Charakter haben, ganz unbeweglich wie Gespenster müssen die
Männer dastehen und sehr gut gemacht die Gebärden der Beschä-

mung, die bei ihnen unter dem Eindrucke von Rienzis Worte
entstehen. Im fünften Akte ist einzig von Schwierigkeit das allmäh-
liche Dunkeln und das »wachsende und abnehmende, aber immer
näherkommende Volksgetümmel« während der letzten Szene zwischen Adriano und Irene. In der letzten Szene sind wiederum Cecco
und Baroncello sehr wichtig.

Ich hoffe in der ersten Hälfte des Novembers nach Karlsruhe zu
kommen und mit Ihnen, werter Freund, noch einiges besprechen zu
können, ich kann Ihnen nicht sagen, wie mir an einer guten
dramatischen Wiedergabe des »Rienzi« liegt. Sie werden wohl bis
dahin noch keine Proben auf der Bühne haben, sonst würde ich mich
sehr gefreut haben, Sie in Ihrer eigensten Tätigkeit, oder vielmehr auf
Ihrem eigensten Boden, in Tätigkeit zu sehen, und so viele Ihrer
Untergebenen sind ja meine Bayreuther Freunde! Da Siegfried mir
erzählte, daß der »Rienzi« zu Weihnachten aufgeführt würde, habe
ich ihm und seinen Schwestern die Reise zu ihm als Christkindchen
bestimmt. Sie sehen, ob ich mir Gutes von der Aufführung erwarte.
Nun seien Sie gegrüßt, lieber und werter Freund, grüßen Sie Ihre
liebe Frau auf das herzlichste von mir und bewahren Sie mir ein gutes
Andenken, die ich Ihnen in freundlichster Hochachtung ergeben bin.

C. Wagner

An Houston Stewart Chamberlain
Bayreuth, 23. 10. 1888

Seit einigen Tagen schon will ich Ihnen, teurer Freund, erzählen, daß
Sie mich in rechte Pein versetzt haben: Ich hatte den Kaiser zu
empfangen, Sie kamen und besuchten mich, und wir verloren uns in
derartigen Gesprächen, daß bereits der Kaiser vorfuhr und absolut
nichts zu seinem Empfang (er sollte bei uns speisen), ja, auch meine
Töchter nicht bereit waren. Dieser Traum hat mir sehr gute Launen
gemacht, und ich hätte ihn Ihnen gleich mitgeteilt, wenn ich nicht
wirklich in lauter Wirtschaftsnöten (das ist so der Schweif der
Festspielzeit) stecke, dann wollte ich einen sonnigen Tag abwarten;
heute glänzte sie freilich wieder an unserem Himmel, aber mein
Siegfried liegt mir zu Bett, ich weiß nicht, ob infolge der unsinnigen
Schularbeiten oder durch Erkältung. Da sagt mir der Arzt, es würde
nichts werden, und so kann ich Ihnen danken, und zwar von ganzem
Herzen, für Ihren lieben Brief.

Sie haben mir in der Briefangelegenheit einen großen, ja unermeßlich großen Dienst erwiesen, denn Ihr Bericht hat mir gezeigt, daß die
Veröffentlichung eine Notwendigkeit ist, und ich schwankte noch
sehr und litt unter diesem Schwanken. Was uns da entgegentritt,
gehört eigentlich zu Balzac, ich erschrecke immer wieder aufs neue,
wenn ich derlei erfahre, und ich beneide Sie um die Gabe der
Gleichgültigkeit, die mir absolut versagt wurde, vielmehr habe ich
einen so einfältigen Zug zu den Menschen, daß ich mir immer
einbilde, wenn ich lange nichts von ihnen gehört, sie seien anders
geworden, oder wenn ich nur herzlich mit ihnen spreche, es käme
alles in Ordnung – ich denke, wir tun jetzt nichts als die Briefe
herausgeben. Unter der Hand will ich mich erkundigen, ob Fräulein
X das Recht hat, das, was ich verschweigen will, auszusagen; unsere
Gesetzgebung ist nämlich auch etwas sehr Hübsches, sie schützt nur
den Besitz, in keiner Weise aber die Sitte, und nun stehen die Herrn
oben, jetzt bei Gelegenheit fürstlicher Tagebücher, wie die Kuh vorm
neuen Tor, nachdem tagaus tagein das geschieht, was sie jetzt – weil
es ihr eigenes Interesse angreift – so entsetzt. Ich habe, um die
Sprache des Ja, Ja, Nein, Nein auf mich diesen widerlichen
Eindrücken gegenüber wirken zu lassen, das »Judentum in der
Musik« wieder gelesen. – Das Wort »bedeutend«, welches ich bei
Ihrer Arbeit gebrauchte, müssen Sie gut verstehen, mein Freund, ich
meinte, es hatte für mich etwas zu bedeuten. Die Erwiderung unter
dem Schutzmantel der Redaktion, das ist wieder echt, und wie Sie mir
von Ihrer wachsenden Abneigung zu Schriftstellern sprachen,
gedachte ich meines Vaters, der mit solcher Großherzigkeit zur Feder
griff und, wenn er auch manchen Irrtum im Urteil beging, doch in
jeder seiner Auslassungen so viel Feuer seines Wesens eingoß, daß sie
dadurch bloß bedeutend wurden. Sie brachten es soweit mit ihm, daß
er nicht nur nicht mehr schrieb, sondern überhaupt nicht mehr sprach
und aus seinem feurig expansiven Wesen zu einem ganz stillen wurde.
Die Tempelhüter, das sind noch die schönsten. Das sind diejenigen,
welche zischen, wenn ein naives Publikum am Schluß des zweiten
Aktes von »Parsifal« den Darstellern den Zuruf spendet, welcher
unter Umständen diesen Armen, sich ganz und gar Preisgebenden
notwendig ist wie einem lechzenden Tier ein Schluck Wasser. Ich
könnte Ihnen ein Lied von diesen Olympiern und meinen Erfahrungen mit ihnen singen. Wie gut begreife ich es, daß Sie sich nach Ihrer
Tätigkeit zurücksehnen und alles vermeiden wollen, was Sie zur
Wiedergewinnung derselben hindert; sehr gern würde ich in Ihrem

Fache (von welchem ich auch nicht das geringste weiß) Ihre Schülerin
werden. Vielleicht kommt das einmal bei einer Wiedergeburt, dies
bringt mich auf den guten Kietz, der – Sie haben recht – eine Seele
von einem Menschen ist, sein Blick erinnert mich immer an den – Sie
werden mich verstehen – eines treuen Hundes, und wenn ich nicht
gerade Begabung an ihm wahrnahm, so finde ich doch, daß er Talent
hat, aber um Gottes willen, wie kommt diese Familie nur zum
Spiritismus, den ich als den tölpelhaften Clown unter den menschlichen Absurditäten betrachtet habe und von welchem ich glaubte, daß
er sich einzig derjenigen bemächtigen könnte, die entweder durch
einen unrichtigen Lebenswandel geschwächt wurden oder überhaupt mit einer fehlerhaften physischen Organisation behaftet seien.
Aber die guten, biederen Kietzens! Nun soll man etwas verstehen.
Und noch dazu haben sie unsere Kunst und lieben dieselbe wahrhaftig.

Vielen Dank für die Auslassung Appias; denken Sie sich, ich wollte
Sie in meinem letzten Brief fragen, ob er nicht einige Skizzen machen
möchte; was er sagt, ist sehr geistvoll und richtig empfunden; das
einzige, was bedenklich wäre, ist das Umgürten des Stoffes beim
Aufstehen der Venus; er vergißt, daß solch eine Bewegung unwillkürlich, gänzlich selbstvergessen ist und daher keine Intention hat.
Ich würde mich aber sehr freuen, wenn er mir einiges zuschicken
wollte, das gäbe eine schöne Arbeit. In dieser Herbstzeit gehöre ich
immer ganz besonders dem »Tannhäuser« an, es ist mir, wenn die
Blätter fallen, stets, als ob der Hörselberg sich nun öffnen müßte und
für die erbleichende Welt des Scheines und gegen die Kälte dieser
Erbleichung nun der Taumel der Lust sich uns eröffnen sollte. Sie
sagen, Freund, Sie werden den nächsten Festspielen nicht beiwohnen, aber wenn der »Tannhäuser« zustandekommt, dann werde ich
Sie bitten, den Generalproben beizuwohnen. Ich würde Sie vermissen, wenn es uns glückte, und Sie würden mir fehlen, wenn es in
meinem Sinne nicht gelänge. Möchten Sie sich doch recht erkräfti-
gen; ich weiß nicht, warum (oder vielleicht weiß ich's zu gut) daß
Dresden für mich so etwas ganz besonders Melancholisches – diesmal
spricht das Gemeinte sich in Ihrer Sprache besser aus – hat; mir
scheint die Bevölkerung dort ganz besonders unrein-menschlich zu
sein, und die Stadt, so schön sie ist, will mir namentlich in der
Erinnerung gar nicht zusagen. Ich teile dagegen Ihre Empfindung für
Böhmen durchaus, und ich erfuhr kürzlich mit vieler Freude, daß
Mozart für das »Spital« (das Orchester in Wien) ungern zu arbeiten

dem Kaiser Josef erklärte, während er auf Prag als den Ort, wo man Musik hörte, wies.

Ich wurde in meinem Brief unterbrochen, Wolzogen zuerst (der Ihre Grüße auf das herzlichste erwidert) und dann der einzige Adolf Gross besuchten mich. Sie werden von letzterem vielleicht gleichzeitig mit diesen Zeilen einen Brief erhalten. Sie haben M. Boissier ganz vorzüglich unsere Lage gekennzeichnet. Wenn es nach mir gegangen wäre, so hätten wir im Jahre 87 wiederholt (»Tristan«) oder in diesem Jahre »Tannhäuser« gegeben. Dagegen war nun alles, alle Tempelhüter samt und sonders, welche finden, daß der »Tannhäuser« ausgezeichnet überall gegeben wird, auch M. Boissier war gegen den »Tannhäuser«. Ich habe nachgegeben, indem ich in meinem großen Schmerze über diese Nötigung meine Zuflucht zu dem vielleicht noch Höheren als die Erkenntnis nahm, nämlich zu dem Glauben, daß es das beste sei, wenn ich gebrochen würde. Der Erfolg unserer diesjährigen Festspiele hat mir mein Nachgeben gelohnt, aber jetzt ist mir eine Ansicht ungemein erschwert. Mein Wunsch wäre es, den »Tannhäuser« daranzubringen, weil ich ihn für unsere eigentliche Bayreuther Aufgabe erachte, es gilt zu erfahren, ob wir (wenn wir's überhaupt dazu bringen können) den ersten Teil mit seiner ganzen Faszination verwirklichen und dem 2. eine solche dramatische Bedeutung zu geben wissen, daß er siegreich trotz der Macht der sinnlichen Einwirkung auch der viel reicheren Instrumentation bestehe. Ich weiß nicht, wie lange ich noch zu leben und auch noch das Augenlicht habe, und da ich glaube, daß mein Gefühl von diesem Werk sich wohl den mitwirkenden Künstlern mitteilen würde, so wünschte ich, es aufzuführen; die praktischen Gründe sprechen für eine einfache Wiederholung, die nichts kosten wird, während der »Tannhäuser« unsere paar Groschen aufzehren und niemand anziehen wird. So steht es, und nun sage ich mit Carl Maria Weber »wie Gott will«.

Sie haben nun, wie ich sehe und erlebte, in diesen Tagen viele Briefe geschrieben, möge es Sie nicht angestrengt haben. »Mein Schreibunlustig« mußten Sie mißverstehen, ich wollte zuerst »schreibunselig« sagen, das schien mir unrichtig, nun wählte ich den anderen, ebenso undeutlichen Ausdruck, indem ich etwa das Unwohlsein als Unlust zum Leben auffaßte; derlei kann aber der andere nicht erraten, und muß es ihm gesagt werden; daß Sie gern Briefe schreiben, hätte ich mir schon, und zwar aus dem einen Grunde, gedacht, weil ich früher so unendlich gern Briefe schrieb und noch jetzt ganz dasselbe darüber denke wie Sie. Ich habe auch öfters erfahren, daß man im Gespräche sich viel weniger sagt, eine Art von Schamhaftigkeit beherrscht einem da, mich beeinflußt auch der Gesichtsausdruck meines Gesprächspartners bis zum völligen Vergessen dessen, was ich sagen wollte. Dies alles schicke ich nur voran, um Ihnen zu sagen, daß ich Ihr Schweigen immer verstehen werde, wie alle Ihre Aussprüche einen Widerhall bei mir finden, ja mich förmlich anheimeln. So Ihre Besorgnis, ob Sie auf Ihren Brief eine Antwort erhalten würden oder nicht. Von einer ganz präsumtuös zuversichtlichen Natur bin ich jetzt zu einem Wesen geworden, das sich jeden Augenblick frägt, ob es nicht diesen oder jenen könnte verletzt haben; ich glaube, Sie haben recht, man wird so in Deutschland, wo es viel Mißtrauen gibt, namentlich gegen zur Freiheit und Heiterkeit angelegte Naturen, wie die meinige eine bis zum Übermute war.

Nun leben Sie wohl und sehen Sie es diesen Zeilen nach, wenn sie etwas unruhig ausgefallen sein sollten; mein Siegfried schläft in der Nähe, er hat den Tag über in einer Art Halbschlummer zugebracht, und wenn dies wohl kein beunruhigendes Zeichen ist, so ist die Stimmung doch gedrückt, der Schmetterling an der Nadel kann wohl nicht bänglicher zittern und zucken als derjenige, dem das Weh zum Haft wurde.

Meine Töchter sind noch in Bonn bei der Schwester, nächste Woche sind sie wieder da und werden sich Ihrer Grüße sehr freuen. Grüßen Sie Ihre liebe Frau auch herzlichst von mir, ich werde ihr schreiben, wenn ich etwas recht Schönes zu berichten haben werde, etwa einen schönen künstlerischen Eindruck. Gedenken Sie freundlich meiner, haben Sie Dank für Ihre Teilnahme, und seien Sie dessen versichert, was Sie eigentlich aus jeder Zeile dieses Briefes lesen können.

CW.

P.S. Ich muß Ihnen doch noch sagen, daß der Umstand, daß man Ihren Aufsatz *gegen* die Sprache gerichtet, also als Angriff betrachtet hat, mich daran erinnerte, daß ein Xenion, welches Schiller gegen einen Stümper gemacht, auf Goethe gedeutet wurde, was begreiflicherweise die beiden großen Männer sehr unterhielt. Ich will nachschlagen, ob ich das Xenion finde, dann schicke ich es Ihnen. Ferner muß ich noch hinzufügen, daß Sie mir entschieden das Schreibmaschinieren lehren müssen, da man damit so schöne Dinge wie psychologische Analysen verfertigen kann.
Endlich aber muß ich Ihnen jede Originalität absprechen, denn wenn

Sie jetzt fürchten, interessante Briefe zu schreiben, muß ich Ihnen sagen, daß, bevor Sie auf der Welt waren, ich mich vor Geistreichigkeit fürchtete.

Schließlich aber bemerke ich, daß ich gar nicht wie Ihr Fischer bin, sondern sehr gut weiß, was in Ihrem Briefe stand. Noch will ich fragen, ob Skizzen von Appia genügen würden, um einen Costumier anzuleiten, oder ob ein richtiger Zeichner sie noch ausführen müßte. Könnten Sie mir die Venus schicken? Und ist es denn zu spät für Appia, etwas Tüchtiges zu werden, etwa Costumier und Lichtangeber für Bayreuth (die Dekorationen zum »Tannhäuser« sind bereits mit Brückners besprochen, und besitze ich eine prachtvolle Skizze des Venusberges).

Nochmals leben Sie wohl, und wenn ich nicht auf alles so geantwortet habe, wie ich wohl gewünscht hätte, es zu tun, so werden Sie sich es erklären. Ich bin nicht in Sorge, aber es ist gar gar still um mich herum, und der Gedanke vollendet sich nicht.

An Hermann Levi
Bayreuth, 22. 11. 1888

Obgleich der Kopf mir vor dem, was ich hier vorgefunden, und dem, was ich hinter mir habe, summt, so muß ich Ihnen doch, mein teuerster Freund, dafür danken, daß Sie sich, wie Adolf mir berichtet, für die Festspiele im nächsten Jahr ausgesprochen haben. Das hat mich um so tiefer gerührt, als ich hörte, daß Sie sich nach der Probe nicht wohl fühlten. Dieses Zeugnis von Glauben und Kraft Ihrerseits hat mir unendlich, und zwar zu einer Stunde wohlgetan, wo ich der Wohltat recht sehr bedürftig bin. – Die Lose sind nun abermals gegen die Wiederholung gefallen. Sehr zu meinem Leidwesen, allein, ich habe nicht viel gekämpft; im Jahre 86 hat für mich die Entscheidung gelegen, ob meine Empfindung von den Dingen durchzudringen hatte; damals unterliegen hieß für mich so gut wie keine Meinung – höchstens noch Wünsche – mehr haben.

Ich bin ganz traurig auch Ihretwegen, da ich überzeugt bin, daß die Tätigkeit in unserer Sache Sie nicht angegriffen haben würde.

Meinen Satz bezüglich der Angriffe haben Sie nicht verstanden. Ich glaubte bestimmt gesagt zu haben, daß das Publikum sich für uns entschieden ausgesprochen. Nun aber meine Reise! Da bin ich wirklich unrecht beurteilt. In Mannheim fehlte der Tristan, was den ganzen Probeplan umwarf und bis jetzt die Aufführung unmöglich gemacht. Ich wohnte 3 unvollständigen Proben (unter anderem einer von 6 Stunden) bei. Da aber die Aufführung nicht stattfand, konnte ich mit dem besten Willen nicht in Mannheim bleiben. In Karlsruhe hatte ich zwei Aufenthalts-Verzögerungen, die eine durch Baden-Baden, wohin ich vorigen Donnerstag beschieden war, und die andere durch Adolf, der erst am Sonntag zur Beratung eintreffen konnte.

So! Sind Sie jetzt beruhigt. Meine Kinder haben mich gerade ebenso empfangen, und ich werde mir wohl die Ungerechtigkeit mein Leben lang gefallen lassen müssen.

Es ist schön von Ihnen, daß Sie Schiller – und zwar meinetwegen – lasen. Aber Sie haben recht, es ist in Ihrer Jugend da etwas verabsäumt worden. Man muß von Schiller das Beste in der Jugend sowohl empfangen als ihm entgegengetragen haben, um für das Leben lang die leidenschaftliche Empfindung für sein künstlerisches Wesen mit sich zu tragen. Ich bin zwar überzeugt, daß, wenn Sie eine wahrhaft gute Aufführung des »Wallenstein« und der »Maria Stuart« sehen, Sie den Eindruck davon erhielten, der ganz unausbleiblich ist. Aber bei dem Gewinsel und Geheul, welches ganz besonders unsere Bühne für Schiller in Reserve hält, ist es unmöglich, trotz seiner Gestaltungskraft und seiner künstlerischen Meisterschaft zu ihm zu gelangen.

Das Jüngste, was an ihm mir aufgegangen ist, ist seine Kühnheit in der Ethik, mit welcher er mit seinem Lehrer Kant vollständig brach und als unmittelbarer Vorgänger von Schopenhauer zu betrachten ist.

Seltsam ist es mir in Karlsruhe mit einem Genius ergangen, gegen welchen meine von »Tannhäuser« und »Lohengrin« beherrschte Jugend durchaus widerspenstig sich verhielt. Ich sah »Figaro« und »Don Juan« und war namentlich von letzterem so hingerissen, daß ich das Odiose des Sujets, die Roheit der Übersetzung, die Stümperei der Darstellung gar nicht merkte und einzig die warme, himmlisch anmutige Seele empfand, welche diese Klänge ausatmete. Nebenbei auch erfreute mich die Meisterschaft darin, die Freiheit der Bewegung auf das höchste, während die Dürftigkeit, die hölzerne Steifheit, das kindisch französische Griechentum in der Gluckschen »Iphigenie« mich ganz trübselig stimmte. Wie habe ich Ihre Hühnerknochen verstanden!

Nun aber grüßen Sie mir Fiedlers schön. Hat Ihnen Mottl etwas von unserem Zusammensein geschrieben? Es war sehr lieb. Auch habe ich mich über sein (schön mit Geigen verstärktes) Orchester sehr gefreut; es klang in den Mozartschen Werken ganz entzückend, und ich mußte so alt werden und so traurig sein, um einen neuen Freund in dem selig göttlichen Meister zu gewinnen.

Eva meldet mir, daß sie nächstens »streiken« wird, sie kann nicht mehr vor Schreiben! Lebewohl also, sage ich von ganzem Herzen mit so warmem Wunsch, wie es nur in einem Herzen leben kann.

CW.

Sie haben die Kinder mit Ihrem Brief wahrhaft beglückt! Das war wieder sehr schön hausmeierisch. Aber daß ich die »Damen« grüßen sollte, hat sehr gekränkt!

An Engelbert Humperdinck
Bayreuth, 1. 12. 1888

Haben Sie Dank, mein lieber Freund, für Ihren eingehenden Brief, und seien Sie versichert, daß alles, was Sie mir aus Ihrer Lebenstätigkeit mitteilen, mich stets interessieren wird.

Ich glaube, daß der Gedanke, die älteren Auberschen leichte Opern hervorzuholen, ein sehr guter ist, denn gewiß sind diese Werke, verglichen mit den heutigen Theatererzeugnissen, wahre Schätze an Feinheit und Einfällen; ganz abgesehen davon, daß das Stück selbst bei den Franzosen beinahe immer vorzüglich gemacht ist und daher dem Komponisten vieles an die Hand gibt. – Haben Sie vielleicht auch »Lestocq« (eine Verschwörungsgeschichte) unter diesen Sachen gefunden? Ich kenne es zwar nicht, weiß aber, daß es originell und lebendig ist.

Wie freut es mich, mein lieber Humperdinck, daß Sie freundlich unserem gemeinsamen Verfolgen der Proben gedenken. Mir hat Ihre tiefe Kenntnis des Werkes und Ihre feine Empfindung für das Große und das Einzelne in der Aufführung sehr wohl getan, und gar gern hätte ich Sie hier, um mit Ihnen musikalisch zu verkehren, da die Musik mir hier doch sehr fehlt.

Ich war vor kurzem in Mannheim und [wohnte] da einigen Proben des »Tristan« bei. Was sich vorbereitete, war aller Ehren wert, allein, ich überzeugte mich wieder, daß die Werke einzig in Bayreuth an ihrer Stelle sind. – Ich hörte in Mainz vor vielen Jahren eine Aufführung des »Fidelio«, die mir keinen üblen Begriff von dem Kapellmeister

Steinbach beibrachte. Aber in dem Metier kommt wohl sehr selten
einer vorwärts. Meine Kinder freuen sich auch sehr, Ihnen, lieber Freund, auf so
überraschende Weise zu begegnen; wir alle gedenken Ihrer stets in
herzlicher Freundschaft und wünschen Ihnen das beste. – Mit
unseren Festspielen wird es wohl für das künftige Jahr nichts, jedoch
ist es noch nicht durchaus entschieden. Leben Sie wohl, bester
Freund, und seien Sie in Hochachtung und herzlicher Anhänglichkeit
gegrüßt.

C. Wagner.

An Otto Eiser
Bonn, 24. 12. 1888

Verehrter Herr und Freund,
Es ist nun 5 Uhr, bis jetzt sind wir nicht entdeckt worden, und es liegt
uns am Herzen, Ihnen und Ihrer lieben Gemahlin zu sagen, wie wir
Ihrer gedenken. Es war unvergleichlich liebenswürdig von Ihnen,
gerade in den Feiertagen, wo ein jeder so viel zu denken und zu
besorgen hat, uns diese ausgiebigste Gastfreundschaft in einer Weise
zu bieten, daß ich, trotz aller Bedenken, nichts anderes wußte, als sie
anzunehmen. Vielleicht wissen Sie selbst kaum, welche Wohltat Sie
mir erwiesen, da meine an Einsamkeit und Stille sehr gewöhnte
Existenz mir jeden trouble und alles Geräuschvolle fast bis zur
Unerträglichkeit peinlich macht. Zu der Befreiung von der fast
unvermeidlichen Reisenot hat sich aber das edele Behagen gesellt,
mich in einem Hause wie dem Ihrigen, wo man sich in einer
Atmosphäre der zartesten und heitersten Sinnigkeit befindet, mit
meinen Kindern heimisch fühlen zu dürfen. Und dazu das Bekanntwerden mit einer künstlerischen Individualität, die mir unbedingt
eine Bereicherung meines geistigen Lebens zugeführt hat. Es will
etwas heißen, sich durch die Jahre durch, mit sehr wenigen
Ausnahmen, von den Erzeugnissen der bildenden Kunst völlig
zurückgestoßen gefühlt zu haben, ja, in ihr am ausgeprägtesten *die*
Schäden empfunden zu haben, welche der Macht *unserer* Kunst
feindselig entgegenstehen, und plötzlich einer Erscheinung gegenüberstehen, welche uns mit einfachster Deutlichkeit es zeigt, wie das
Natürliche und das Stilvolle in der wahren Künstlerseele unzertrenn-
lich sind. Nehme man die lesende Volksfrau von Thoma oder seinen

kauernden Proteus; man wird dasselbe darin finden, was ich unter
dieser Vereinigung der Natürlichkeit und des Stiles verstehe, eine
Vereinigung, die ihn vor jedem Exzeß bewahrt und das göttliche Maß
überall – selbst bei den übersprudelndsten Intentionen – einhalten
läßt.

Aber noch für eines lassen Sie mich danken, verehrter Freund, für ein
Erlebnis ebenso seltener Art als die Begegnung eines wahren
Künstlers. Ich meine, Ihr Freundschaftsbund mit Thoma! Hierüber
kann man wohl kaum sprechen, nur wollte ich es erwähnt haben,
damit Sie genau wüßten, was alles dieser eine Tag bei Ihnen uns
gewährt hat.

So kommen wir denn auf das schönste vorbereitet zum Christkindchen, und wie es Leidensstationen zum Kreuze gibt, erfuhren wir
jetzt, daß es Freuden-Halte zum Baume gibt. – Den Stiftern dieser
Halte einen innigsten Dankes-Gruß in liebevollstem Gedenken

von dem wandernden Wahnfried

1889

An Hermann Levi
Bayreuth, 6. 1. 1889

Ich war soeben bei Adolf, mein teuerster Freund, er meint, daß es nichts schaden könnte, wenn Sie vor der Besprechung mit General Freischlag mit Regierungsdirektor Müller sprächen und vielleicht durch diesen den General für unsere Angelegenheit günstiger stimmen ließen. Es nützt nicht viel, sich hin und her zu fragen, wer gute Absichten hat oder wer einflußreich ist. Was uns feindselig ist, hängt, glaube ich, viel mehr von einem Zustande als wie von Personen ab. Gewisse Dinge gehen einmal nicht zusammen, und wie man sich auch überreden will, daß man das Erhabene mit dem Unwahren zusammenkuppeln kann – es geht nicht, ich weiß es lange genug, habe an solchen Versuchen genug des Leidens durchgemacht. Daher mir auch eine – wenn auch schweigsame – Bitterkeit gegen gewisse Täuschungen, die ich nicht mehr mitmachen kann, geblieben ist. Es ist alles unerbittlich in diesem Leben, und meines Vaters Bestrebungen sind daran gescheitert, daß er immer die Möglichkeit aufrecht hielt, mit der Welt seinen Glauben zu verwirklichen. – – Sollten Sie nicht nach Karlsruhe kommen können, so werde ich Sie in München sprechen, wohin ich mich, nach Karlsruhe (Flüggens wegen), begebe. Nicht viel Erfreuliches werden wir uns, fürchte ich, mitzuteilen haben, aber vielleicht offen Ausgesprochenes, was immerhin besser ist als die trügerische Ungewißheit. Das Zeug von »Institut am Herzen liegen« usw. sollten Sie gar nicht unter die Feder nehmen, dazu sind Sie doch zu gut.

Vor kurzem ist die Frage der »Striche« mir wiederum zur Erörterung anheim gegeben worden. Da ich glaube, daß wir nie darüber gesprochen haben, will ich Ihnen sagen, wie ich mich ungefähr gefaßt habe.

Ich halte es für unmöglich, daß die stehenden Operntheater die Werke ohne Striche geben, und wenn ein Sänger wie zum Beispiel Gura am Schluß der »Meistersinger« ermüdet, ein anderer wie Nachbaur die – unbedingt notwendigen – 3 Strophen des Tannhäuser nicht zu singen vermag, ein dritter, wie Vogl, das »zum Heil den

Sündigen zu führen« nicht herausbringt, wenn endlich im »Ring des
Nibelungen« die 3 Nornen nicht edel tragisch zu besetzen sind, so ist
es meine Meinung, daß – da hier von einer Lässigkeit oder einem
schlechten Willen nicht die Rede sein kann – man ehrlich die
Mißlichkeit der Umstände eingesteht und sagt, wir können nicht
anders; für eine vollständige Aufführung der Werke, dafür ist
Bayreuth da. Mit einem solchen Geständnis fielen allerdings alle
Ausdrücke von: »wundervoll«, »unvergleichlich«, »musterhaft« weg
– man wäre aber in der Wahrhaftigkeit und hätte nun das Recht, die
Anerkennung aller für das unter den gegebenen Umständen höchst
respektable Geleistete zu fordern.
Dies meine Aussage. Ich denke, Sie werden damit einverstanden
sein. Versteht sich, sollen keine Striche geschehen, aber noch
verstehtsicher gehören die Werke nicht auf Opernbühnen, und so
bleibt die einzige Hülfe hier wie überall die Wahrhaftigkeit. (Es ist
dabei vorausgesetzt, daß in München ein jeder sein Äußerstes tut und
nichts dafür kann, wenn die Mittel – infolge des Mißbrauches – ihm
versagen.)
Sie haben mit Gura sehr recht getan. Ich werde zwar Mühe mit den
anderen hier haben und weiß nicht, ob es durchzusetzen sein wird,
aber meiner Gesinnung entsprechend war Ihre Versicherung.
Es scheint wirklich, daß die Welt voller Teufel ist und daß man froh
sein kann, nicht viel davon zu sehen.
Da ist es denn sehr schön von Ihnen, sich so viel gute Laune behalten
zu haben, wie zu dem Reim an Jung-Wahnfried, welcher uns allen
sehr viel Vergnügen gemacht hat. Nach der Lehre Goethes soll man,
wenn ich nicht irre, vergnügt sein, wenn man nicht heiter sein kann.
Das scheint zum Unmöglichen zu gehören, und doch erlebt man es,
indem inmitten der unerfreulichsten Dinge solch ein freundlicher
Gruß einem eine gute Stimmung macht; man kehrt dann
»Zur alten Not« wollt ich sagen – – eine Kiste kam an – – Kleider für
die Kinder! Große Unterbrechung, es *mußte* anprobiert werden, und
da die Kinder über dieses verspätete Weihnachten sehr jubelten, war
auch ich – – wie soll ich sagen? Froh?? Ja froh! Nun geben die Augen
nichts mehr her als einen herzlichsten Gruß. Ich kann Ihnen nicht
sagen, nicht bekümmert zu sein, denn das würde ich nicht wünschen,
aber meine Art, mir zu helfen, indem ich den Sinn auch des
Schwersten mir heraussuche, dies wünsche ich Ihnen, um dann mit
Ihnen zu hoffen! Von Herzen die Ihre!

An Hermann Levi
Bayreuth, 8. 1. 1889

Und *ich* sage, daß alle Striche Konzessionen an die Umstände waren.
Sowohl der im »Tristan« – die einzig giltigen Aufführungen sind die
65 mit Schnorr gewesen, wo an gar keinen Strich je gedacht worden
ist – als die der Strophe des Tannhäuser (welche ich einfach nicht
verstehe, da Herr von Bülow, ich wiederhole es, ganz allein den
»Tannhäuser« in München einstudiert hat und die drei Strophen von
je und immer wieder als obligatorisch aufgestellt worden sind.
Als auch die Nornen-Szene, welche Seidl zu streichen aufgegeben
worden ist (wobei auch keine Sentimentalität aufkommen durfte).
Endlich könnten die Wiener mit vollem Recht anführen, daß in den
60er Jahren der ganze dritte Akt »Tristan« sollte gestrichen werden,
und die Verklärung der Isolde am Schlusse des 2. Aktes angebracht.
Daß Sie die Streichung der Strophe mit der Streichung einer als
Superfétation des Wolfram befundenen Gestalt vergleichen, ist mir
auch ganz unerklärlich.
Freilich müssen bei den stehenden Theatern Striche gemacht werden,
aber das ist ein Unglück. Obligatorisch, autorisiert an und für sich
außerhalb der sehr mißlichen Umstände, ist nicht einer, sonst würde
er in die Partitur eingetragen worden sein wie seinerzeit der Strich in
die Erzählung von Lohengrin.
Das »sich nicht erwärmen können« für ein altes Werk bleibt mir das
Allerunbegreiflichste in Ihrem Brief. Ein Werk, an welchem immer
wieder gearbeitet wurde und für welches schließlich eine ganze
Hauptpartie umgestaltet wurde!
Ich bedaure es sehr, nicht mit Herrn von Bülow über den »Tannhäuser« verkehren zu können, er würde mir gleich sagen, wie es sich mit
dieser Strophe verhält. Ihr Ohr- und Augenzeuge gilt mir nicht ein
Schuß Pulver; ich kenne diese Herren und weiß, wie schön sie alles
verstanden haben, indem sie alle ganz unfähig waren zu begreifen,
aus welcher Bitterkeit gewisse Dinge entsprangen (geradeso wie
einen Augenblick der Lohengrin nicht fortgehen sollte).
Wie gesagt, die »Tristan«-Aufführungen mit Schnorr sind die
maßgebenden gewesen, auch als solche einzig und allein stets und
immer wieder hingestellt worden.
In Paris – ich war nicht dort, aber ich möchte darauf schwören – sind
die 3 Strophen sicher gesungen worden.
Gehorsam! ... Gott, wie kann man die Dinge nur so verdrehen; es ist

wirklich zum Verzweifeln! Versteht sich, wenn wir es mit Krüppeln zu
tun haben, kann man ihnen gewisse Aufgaben nicht zumuten, und ist
besser zu streichen als zu forcieren. Aber eine korrekte Aufführung
ist es dann nicht, sondern es ist ein Sichfügen den Umständen. (Ich
wiederhole, daß der Strich der ersten Strophe nicht authentisch sein
kann.)
Verzeihen Sie, ich bin wieder heftig geworden. Ach Gott, am liebsten
spreche ich gar nicht über diese Dinge. Ich weiß, was ich weiß, und
das soll mir genügen. Nehmen Sie mir aber meine Heftigkeit nicht
übel; ich weiß schon, daß Sie nicht anders können als in dieser
vorsichtigen abwiegenden Art verfahren (und daß der Walther in der
deutschen Partitur und in der Dichtung stehenblieb – im französischen Klavierauszug ist er nicht –, unterstützt Sie sehr, kann mich
aber nicht irremachen).
Nun lassen wir das ruhen wie den Pferdesprung der Frau Vogl und das
Beginnen des »Ringes« mit der »Walküre«. Gewiß sind Sie künstlerisch und moralisch immer vom besten Gefühle geleitet, und ich kann
nur antworten: »Ich weiß es anders.«
Noch einmal, verzeihen Sie mir! Lebt man außerhalb der Welt, so
wird man sehr ruhig zugleich und überleidenschaftlich. Ihre Beliebt-
heit habe ich Ihnen gar nicht vorgeworfen, sondern mich ihrer
gefreut. – Leben Sie wohl, die Kinder erzählen Ihnen alles!

                                                              CW.

An Hermann Levi
Bayreuth, 10. 1. 1889

Die Friedensboten bringen meinen dankbaren Gruß. Ach! Major! Es
ist schrecklich mit uns. Ich werde die Tell-heit nie verlieren, und Sie
bleiben gewiß in der Religion immer der erste. Ich will nur bezüglich
des Walthers noch sagen, daß seine Aufhebung so viel bedeutet als:
das Aufopfern jeder noch so großen dichterischen und musikalischen
Schönheit zugunsten des Dramas, welches Prinzip wir in Bayreuth zu
vertreten verpflichtet sind; während das Streichen der Strophe der
Venus gerade das Drama beeinträchtigt. Sagen Sie mir doch, *wann*
dieser Übergang gemacht worden ist. 1867 waren wir, nach der
Einstudierung des »Lohengrin« (Generalprobe), mit Herrn von
Bülow allein in München, und begann dieser die Proben. Gestrichen,
aus sich, hat Herr von Bülow freilich nie; wie dieser Übergang

entstanden ist, ist mir rätselhaft. Schreiben Sie an Herrn von Bülow
aber nicht, ich will sehen, auf meine Weise das zu ermitteln.
Ihre in Trinkgeldern abondierende Abhandlung über die Dienstboten hat mich unbeschreiblich unterhalten. Sie sind doch ein komplet-
tes Original, und gewiß kann man mit Ihnen nur furchtbar dick
Freund sein oder Ihr Wüterich. Ich habe nach langen Kämpfen mich
für ersteres entschieden; leide aber auch gehörig dafür!
Wann heiraten Sie? Ich möchte gerne Ihre Frau zu meiner Freundin
haben! Wie dem auch sei – störrisch bleiben Sie in allem – auf das
herzlichste grüßt Sie

Tella.

Bezüglich des Walthers gab es aus dem einen Grunde keine »Not«,
weil er in Paris aufgehoben wurde, wo alles in großartigstem
Maßstabe zur Verfügung stand, indem man dort weiß, was ein Autor
und was die Einstudierung eines neuen Werkes zu bedeuten habe.
Für den Walther hätte man 60 Engagements gemacht, bis er genügt
hätte.

An Carl Friedrich Glasenapp
Bayreuth, 24. 3. 1889

Mein teuerster Freund,
Glasenapps kommen! Das ist einfach prachtvoll, und diesmal
kommen auch Gravinas, so daß Riga und Palermo hier zusammentreffen. Auch der Riedelsberg ist bereit, und es wird wieder einmal
alles gut sein. Ach! Es tut not, etwas Freundliches zu erfahren, des
Schweren und Unerfreulichen gibt es unausgesetzt, und wenn ich es
auch gerne trage, so nimmt es mir doch jede Freiheit der Gedanken
für einen herzlichen Austausch. Deshalb auch zögerte ich so lange
mit meiner Antwort auf Ihre lieben, lieben Zeilen.
Daß Sie an Cyriax das nicht schrieben, worum ich Sie bat, verstehe ich
vollkommen; es ist sehr schwierig, hier einzutreten. Vielleicht gelingt
es auf Umwegen, etwa durch Verleger, denn es gilt hier der Wahrung
einer noch sehr bedrohten Lage. Jedenfalls bleiben Sie verschont.
Der ewig verreisende Grote'sche Geschäftsführer ist in seiner kurzen
Angebundenheit wieder ganz echt. Wollen Sie nicht, teurer Freund,
es mit Breitkopf und Härtels versuchen, mit denen ich recht zufrieden
bin. Berufen Sie sich nur auf mich, falls Sie nicht lieber haben, daß ich
selbst Ihre Arbeit antrage, was ich herzlich gerne tue.

Im Lexikon selbst wären, scheint es mir, einige Nachträge notwendig;
der Artikel »Irrtum« zum Beispiel fehlt ganz, und Wolzogen meinte
auf diesen meinen Hinweis: noch einiges.

Wie emsig müssen Sie gearbeitet haben, um so weit vorgerückt zu
sein, teurer, bester Freund! Schön, daß Sie beim Beginn des Jahres so
viele Zeichen der Teilnahme erhielten, ja, *Sie* sind die eigentliche
Seele unserer Gemeinde, und es ist nur recht, daß sich alle an Sie
wenden. Wären wir nur eine Gemeinde unter uns, und alles nicht
dazu Gehörige bliebe still und draußen! 40 Millionen, das brauchte
ich, um den Deutschen die Festspiele zu geben, vielleicht schenkt sie
mir einmal eine gute Seele; ein Jude, der das Unheil seines Stammes
sühnen will. Solches halte ich noch für eher möglich, als daß einige
unserer Freunde verständig werden und mir das Leben nicht mehr
schwer machen.

Morgen kommt Daniela auf ein paar Wochen; es ist Adolfs
Geburtstag und die Verkündigung, ein schöner Zusammenhang. Ich
selbst bin vor zwei Tagen von München zurückgekehrt, wo ich mit
Freund Levi und Adolf beriet. Ein paar Sänger waren anzuhören,
und es gesellten sich dazu »Freischütz«, »Urvasi« und liebe Freunde
wie Sporcks und Ritters. Levis Gesundheit macht mir immer Sorge,
und das ist ein schweres Kapitel. Ich hoffe aber doch bestimmt, daß er
bei uns tätig wird sein können und doch sich schonen.

Leben Sie wohl, teuerste Freunde, nehmen Sie immer fürlieb mit den
ungenügenden Mitteilungen, und seien Sie mit den lieben Kindern
auf das innigste gegrüßt!

CW.

An Hans Richter
Bayreuth, 29. 4. 1889

Mein teurer Richter!

Adolf Gross sagt mir, Sie hätten gewünscht, daß die verschiedenen
Bemerkungen, welche Sie in die Partitur der »Meistersinger«
gemacht haben, in die Stimmen eingetragen würden.

Ich habe soeben die Partitur durchgesehen und verschiedene
Fragezeichen darin gefunden, zum Beispiel II. Akt, S. 184, Bratsche
und 2. Violine, bei »laß sehen«. Dann S. 193, Klarinette und Fagott:
»einfaltig Mann«.

III. Akt: Ferner ist beim David 4/8 notiert bei: »großes d'rauf an«
und »'hannes stand«.

Endlich ist ein Fragezeichen bei den Hörnern (1 und 2) letztes Viertel des zweiten Taktes, Seite 354, nach »fand«. Dann Seite 477, erster Takt Hörner 1 und 2 eine Bezeichnung 1^s?, die ich nicht verstehe. Ist es vielleicht eine Note für den 2. Takt?

Wie soll ich's mit dem halten? Und wär's nicht am besten, daß ich die Partitur und die Stimmen nach München zu einem geübten Kopisten nähme?

Nicht wahr, mein teuerster Hans, Sie werden in diesem Jahre darauf bestehen, daß die richtige Stahlharfe gespielt würde. Ich habe ja gefunden, daß Wiedemann seine Sache sehr hübsch gemacht hat, aber das richtige Instrument muß es sein. Deshalb habe ich Posse in Berlin engagieren lassen.

Können Sie sich entsinnen, warum die Laute damals im Orchester und nicht auf der Bühne von Tombo gespielt wurde?

Ich habe bereits mit Fräulein Dressler aus München die »Eva« vorgenommen, und ich glaube, daß sie ganz vorzüglich sein wird.

Im übrigen habe ich viel Sorge und Not. Unsere drei Hauptsängerinnen wollen oder können keine Proben halten! Ich schrieb soeben unserer Materna, um sie herzlich zu bitten, mir doch unsere Arbeit zu ermöglichen.

Es hat mich sehr gerührt zu erfahren, daß Sie immer wieder die Sänger gemahnen, sich dessen zu erinnern, was sie in Bayreuth gelernt haben. Ich danke Ihnen auf das herzlichste dafür sowie überhaupt für Ihre getreue herzliche Gesinnung gegen mich.

Bewahren Sie sie mir, mein teurer Freund; ich bin auf die Treue und Ergebenheit derjenigen angewiesen, die mit mir gemeinschaftlich erlebten, um das Werk hier weiterzuführen.

Wie wenige wissen noch, worum es sich handelt! Ich sehe es an all den Schwierigkeiten, die sich eher mit den Jahren vermehren als vermindern, da die Teilnehmer an dem Werke es nicht gefaßt haben, daß es hier einem steten Arbeiten, keinen sogenannten Produktionen, gilt; und daß wir hier zusammenkommen, um uns in dem Geiste, der in der Welt sonst nicht weht, zu stärken und zu kräftigen.

Meine Kraft ist sehr gering, um gegen alles aufzukommen, was in der Welt unsere guten Freunde immer ferner ab von uns ziehen muß, doch habe ich nie viel anderes als solche Not gekannt, und so hoffe ich, daß ich sie bis zum Schlusse bestehen werde!

Ich wollte nur eine kleine technische Frage an Sie richten, mein teurer Hans, und nun habe ich aus tiefstem Herzen zu Ihnen gesprochen. Möchten Sie daraus ersehen, wie Sie immer bei mir leben, und darin

den Ausdruck der Gefühle finden, die ich zum Schluß in einem
innigsten Gruße an Sie und Marie zusammenfasse!
Treu die Ihre

C. Wagner

Die Kinder grüßen auf das herzlichste und vereinigen sich mit mir,
um Ihren Kindern den schönsten Gruß zu entsenden!

An Felix Mottl
Bayreuth, 17. 5. 1889

Oh! Katholisches Österreich! ... Sollten wir beide wieder geboren
werden, so würde ich mir vom lieben Gotte die Gnade ausbitten, Sie
erziehen zu dürfen. Sie würden vielleicht dann weniger glatt durchs
Leben kommen, aber wir sprächen die gleiche Sprache, und hie und
da würden Sie etwas Peinliches auf sich nehmen. Am Ende aber
bedanken Sie sich für diese Erziehung und verbleiben bei Ihrem
Aal-Katholizismus.
Wenn ich auch scherze, ist mir doch recht erbärmlich zumute, denn
der Schrecken scheint sehr groß gewesen zu sein, und die Häßlichkeit
der Gesichter scheint mir fast das Allerschlimmste. Freilich trifft Sie
nur die halbe Schuld, denn ich war ja ganz frei und konnte – bei einem
ganz unbestrittenen Erfolge – meine Ansicht behaupten. Der
Leichtsinn, der mir angeboren ist und der mir dadurch verstärkt
wurde, daß, wenn ich mich in die tollsten Patschen begeben hatte, mir
immer geholfen wurde, hat mich leider verlassen, und ich gehe mit
Niedergeschlagenheit dieser Erfahrung entgegen. Fräulein Mailhac
hat sehr freundlich telegraphiert. Wollen Sie ihr von mir auf das
herzlichste danken? Sie scheint mir entschieden Ihre beste Schülerin,
was Vortrag und Gesinnung anbetrifft. – Der Major hat Ihnen doch
»Parsifal« geschickt?
Ich höre, daß er Ihnen auch *seinen* »Cellini« geschickt hat! Du liebe
Zeit. Nein! hätten Sie dieses Gesicht nach der Generalprobe
gesehen, wie wenn er zur Hinrichtung ging; und dann behauptete er,
man könne ein Werk nur nach der Aufführung beurteilen, also nach
dem Erfolg. Er sprach auch nur in Bausch und Bogen, ohne jeden
Unterschied von einem Werk, in welchem so unendlich viel zu
unterscheiden ist. Mich beschäftigen die Eindrücke noch sehr, und
ich habe eben, soweit meine miserablen Augen es erlaubten, die
Partitur der prächtigen Ouvertüre, die wir besitzen, durchgesehen,

worin nebenbei die präzisen Bezeichnungen, die aufgeregten Anmerkungen für die verschiedenen Instrumente (»ôtez les sourdines«,
»reprenez la clarinette ordinaire en *Ut*«, »baguettes de bois«,
»baguettes d'éponge«, »La grosse caisse compte«, »baissez le Si d'un
ton pour la troizième timbale« – nebenbei sind hier die 8 Takte, die
ich so beethovensch finde –) etc. etc. mir den genialen Mann in
seiner ganzen Nervosität wieder nahegebracht haben, wie ich ihn in
meiner Jugend in seinen so mühsam gehaltenen Proben gesehen
habe. Sehr fein ist seine Bemerkung »sans presser« bei der Melodie
für die Bläser gleich nach der oben bezeichneten beethovenschen
Stelle. Da hat er unsere deutschen Herrn Kapellmeister vor Augen
gehabt. Die Violinen *»au moins* trente« und Bratschen *»au moins*
dix« haben mich sehr lachen gemacht. In München klangen sie wie 5,
wenn ich auch gerne zugebe, daß es 3mal soviel waren. Wenn ich dort
wäre, würde ich's versuchen, den jungen Strauss dazu zu bringen, das
Werk umzubilden, namentlich auch dichterisch; er könnte viel bei
einer solchen Arbeit lernen, und es würde ihn aus dem symphonischen Zigarrenrauch-Dusel herausbringen. Meines Erachtens handelt es sich hier darum, das interessante Werk nicht zu halten,
sondern zu retten: der bedeutenden Züge wegen, von denen es
strotzt. Meine Gedanken darauf sehr lebhaft gelenkt, sah ich
plötzlich vor mir eine Schmiede mit ihrem Feuer, den Männern
darum, und das geduldige edle Pferd, für welches das Hufeisen
gehämmert wird. Führen Sie das Bild aus, wie Sie wollen, ich tat es
nicht, nur sagte ich mir, daß auf dem Wanderer, der sich in diesen
Anblick verliert, der Stern dann im ersten Moment danach nicht
wirken kann, der still über die Straße aufgeht. So geht es Ihnen mit
»Joseph« und ähnlichen Werken.
Kennen Sie den Chor der Schatten in »Lélio«? Porges rühmte mir ihn
sehr. Ich würde immer die Aufführung solcher Werke befürworten,
schon um die Schlafmützerei, die sich bei uns in alles einfrißt, zu
vertilgen. Anbei der gute Porges, dem ich nach Wunsch tat. – Wenn
Lievermann und Blauwaert nichts sind, werden wir in großer Not
bezüglich eines Bassisten sein.
Ihr Traumbild-Besuch der »Silvana« hat Sie wohl einige Hülfe bei
Frau Scheurer holen lassen. Ich empfehle namentlich den Sohn für
die Jagdmeute. Die Mutter mehr für die unscheinbaren schwierigen
Verwandlungen in der Grotte! Wie ist der Goldregen bei Frau Holda
ausgefallen? Sie haben ja einen rücklings umgebrachten »Tannhäuser« hinter sich! Gewiß ist viel Herzblut dabei geflossen! Es war

gewiß alles wundervoll. Am allerschönsten aber goldregenartig Ihr
Schweigen darüber. – Oh! Katholisches Österreich!
Mir ist Bängliches bezüglich des Intendanten-Posten zugekommen.
Hoffentlich wird die Wahl eine solche, die Ihnen entspricht. Auch
sonst habe ich keinen Grund, sehr gehoben zu sein.

An Ernest van Dyck
Bayreuth, 20. 5. 1889

Mein teuerster van Dyck,
Sie haben mir eine solche Freude durch Ihren ersten deutschen Brief
gewährt, daß ich es Ihnen sogleich sagen muß, wie mich diese
freundliche Aufmerksamkeit Ihrerseits gerührt hat.
Ich gratuliere Ihnen von Herzen zu dem schönen Erfolg und zu dem
Zeugnis von Ernst und Eifer, welches Sie sich damit gegeben haben.
Karl der Fünfte sagte einmal, daß mit jeder neuen Sprache, die er
erlernte, es ihm sei, als ob er eine neue Seele gewänne. Ich glaube, daß
das Wort dieses fürstlichen Niederländers ganz besonders auf die
deutsche Sprache anzuwenden ist; mit ihr eröffnet sich uns in
Wahrheit eine neue innere Welt, und für den dramatischen Künstler
insbesondere ist sie, wie ich meine, unentbehrlich, denn einzig in ihr
findet er die Aufgaben, die es ihm heute lohnen, ja, ihn mit Stolz
darüber erfüllen dürfen, seine eigene Person zu verleugnen, um in die
andere Gestalt sich zu verlieren.
Nochmals also, seien Sie bedankt für Ihr freundliches Gedenken
meiner und beglückwünscht für die Errungenschaft.
Nun sind Sie auch gleich Schriftsteller geworden! Das hat mich sehr
unterhalten, und es war gewiß die beste Übung.
Wir freuen uns alle sehr, daß Sie uns wiederkommen, und ich danke
Ihnen von Herzen dafür, daß Sie die Schwierigkeiten überwunden
haben, welche Ihnen im Wege lagen. Wir werden aber Ihre liebe Frau
sehr vermissen, dies sagen Sie ihr bitte, mit einem herzlichsten Gruße
von uns allen!
Ihnen, mein teurer Freund, drücke ich warm die Hand und rufe Ihnen
von ganzem Herzen »Auf Wiedersehen« zu.
Treulichst
                                                   C. Wagner.
Meine Kinder, die sich auch sehr über Ihren Brief freuten, senden
Ihnen das Allerbeste und Schönste!

An Julius Kniese
Bayreuth, 23. 5. 1889

Mein werter Freund,
Ich danke Ihnen herzlich für die Nachrichten über Friedrichs. Gott
gebe, daß er sich nicht übernehme. Direktor Engel hatte hier dem
Rat Gross bestimmt versichert, er sei aus Teilnahme für unsere Sache
bereit, Friedrichs von seinem Gastspiele freizusprechen. Ich verstehe
demnach sein Auftreten gegen Friedrichs nicht und möchte noch
immer alles tun, um einen Mißbrauch der Kräfte des mir unersetzlich
dünkenden Künstlers zu verhüten.
Was Sie mir über Blauwaert sagen, hat mir ein sehr bestimmtes und
auch sehr erfreuliches Bild dessen gegeben, was wir von ihm zu
gewärtigen haben. Gewiß wäre es besser, wir könnten für ihn mit
einer anderen Darstellung als die des Gurnemanz (etwa mit der des
Landgrafen) beginnen. Aber die schönen Eigenschaften, die er mitbringt, werden auch dem Gurnemanz sehr zugute kommen, wenn auch
da die Intensität der Empfindung ein Haupterfordernis bleiben wird.
Am *dritten* Juni also bin ich in München.
Was den »Cellini« anbetrifft, so würde ich, wenn ich Musiker wäre,
keine Ruhe haben, bis ich ihn umgebildet hätte, und zwar dramatisch,
deklamatorisch und musikalisch. Den Eindruck von Berlioz' Wesen,
den ich Ihnen flüchtig mitteilte, suchte ich einem anderen Freunde
dadurch klarzumachen, daß ich sagte: Im Gegensatze von dem Auge
des Ohres, von welchem in »Oper und Drama« die Rede ist, schien
mir Berlioz das Ohr des Auges gehabt zu haben. Er hört, was er sieht,
das Niegesehene vernahm er nie.
Aber man könnte viel lernen und viel bewahren an einer Arbeit, wie
ich sie mir denke. Mündlich mehr davon, einstweilen herzlichen Gruß
und innigen Dank für Ihre liebevolle Erinnerung, die mich sehr
rührte! Treu die Ihre
C. Wagner

An Hermann Levi
Bayreuth, 24. 5. 1889

Lieber, guter, einziger Major!
Mottl schrieb mir, es würde ihm lieber sein, wenn unsere Zusammen-
kunft am 3. stattfände, dann Wiedemann, er würde 2 Tage vielleicht
in München zubringen. Ich habe nun Blauwaert für den 3. dorthin

bestellt und werde am 1. abends oder 2. in der Früh in Krähwinkel München eintreffen.

Vielen Dank für Ihre Bemühungen wegen Lievermann. Aus dem beigegebenen Briefe von Kniese ersehen Sie, daß wir bezüglich Blauwaerts Grund zu guten, wenn auch nicht exaltierten Erwartungen haben. Der Brief wird Ihnen gefallen, auch der Richters, den ich wegen der Stimmen-Angelegenheiten beilege. Ich bringe die Stimmen mit; werden Sie mir einen Musiker nennen können, welcher die Zeichen hineinmacht.

Zweierlei macht mir große Sorge:

1) Fräulein Mailhac sagte ab. Wer soll uns nun die 4 ersten Proben halten? Ich suche vergeblich.

2) Das Urteil Schlossers über Luise Reuss bestätigt sich allenthalben. Wollen Sie ein wenig Knappen und Blumenmädchen in Gedanken ausfindig machen, falls wirklich alle recht haben sollten und wir auf die Reuss verzichten müßten. Die *Eva* wäre ja durch die Dressler gedeckt.

Hätten Sie mir doch nur den Klavierauszug von »Cellini« geschickt, damit ich Ihnen eine bestimmte Antwort hätte geben können.

Meines Erachtens ist der »*Cellini*« nur zu retten, wenn man ihn gänzlich umbildet (wollen wir's zusammen im Herbst versuchen?), und zwar vornehmlich das Stück. In der jetzigen Fassung besteht die Anziehungskraft nicht in den dramatischen Momenten, sondern in den musikalischen Einfällen, und halte ich es daher für gewagt, da zu streichen. Im dritten Akt »drängt« gar nichts; denn der Perseus ist das ganze Stück durch viel zu sehr en bagatelle behandelt worden, um daß er uns viel jetzt kümmern sollte. Vielmehr läge in der Hervorhebung der Entführung gegenüber des Gusses ein nicht unbedeutendes Moment, welches man nur dem Bewußtsein des »Cellini« einmal im Texte geben müßte, um es zu erklären, daß die zwei Akte durch Cellini an die Arbeit gar nicht und nur an Theresa denkt. Wie Porges dazu kam, den 3. Akt für den unbedeutenderen zu erklären, verstehe ich nicht; die gräßlichen Unisonos des zweiten, die Voraufführung des »Carnaval Romain«, endlich die schauderhafte Regie machten für mich den zweiten ganz unwirksam, während im dritten, meines Erachtens, die schönsten Momente sind. Aber, wie gesagt, ich müßte Klavierauszug und Text sehen. Können Sie mir nicht wenigstens einen kompletten Text schicken? Die Frage ist im höchsten Grade interessant, und ich glaube, ein echter Künstler könnte sich hier ein großes Verdienst erwerben und zugleich zeigen,

was wir gelernt haben. Tuen wir es doch zusammen. Ich werde Ihnen
alles angeben, was ich meine, wir besprechen es, Sie führen es aus,
und wir bringen einen Cellini-redivivus zustande, den wir dann
– vielleicht fast ohne Striche – Mottl widmen. Die zweite Ouvertüre
müßte aber wegfallen, das ist für mich eine Barbarei, ebenso wie die
Leonoren-Ouvertüre vor Beginn des »Fidelio«.

Humperdinck schrieb mir, es ließe sich in Worten nicht ausdrücken,
wie die Aufführung des neuen »Tannhäuser« in Karlsruhe ihn
ergriffen hätte.

Denken Sie sich nur, Major-Liebe und -Leben, ich habe ganz
vergessen, weshalb ich Sie »Egoist« und »vergeßlich« genannt habe.
Das hat also keine sehr tiefen Wurzeln gehabt und muß sich auf Ihre
Frau Gemahlin bezogen haben! Frau Fiedler – das fällt mir bei der
Vergeßlichkeit ein – hat mir nichts von Ihren Grüßen mitgeteilt. Aber
das tut nichts, ich habe sie mir selber gesagt. Ich habe von unserer
Freundin keine Nachricht seit ihrem Fortgang, das läßt mich
befürchten, daß ihr Vater krank sei. Wo verleben Sie nun diese
wunderbaren Mai-Tage? Ich nehme sie inmitten aller Besorgnis als
eine Verkündigung des Guten und Schönen an. Es ist unmöglich
inmitten dieses Erwachens, dieses fröhlichen Erklingens und Blü-
hens, der Hoffnung sich zu verschließen, und die üblen Nachrichten
haben, wenn das Licht sanft und klar uns umstrahlt, etwas Unwirkli-
ches, was ihnen die Pein benimmt. Ich habe oft und schwer genug
diese Fähigkeit des Hoffens zahlen müssen und zuweilen eingesehen,
daß diese Hoffnung selbst bereits eine Erreichung war. Allein, was
sind Gedanken gegen ein Erlebnis, und diese herrlichen Maitage
sagen mir unaufhörlich, daß unsere heilige Aue hier wieder leben
wird.

Seien Sie in solcher Hoffnung aus freundlichstem Herzen gegrüßt,
und lassen Sie bald hören, wo Sie sind und daß Sie sich wohl fühlen.

CW.

P.S. Erhielten Sie die Zeichnung von Lenbach, und will er so gut sein,
sie mir entschimmeln zu lassen?

An Ludwig Schemann
Bayreuth, 6. 6. 1889

Zwischen Himmelfahrt und Pfingsten liegt in diesem Jahre Siegfrieds
Geburtstag, mein eigentlicher Festtag, zwiefach diesmal gesegnet. Er

soll Ihnen, teuerster Freund, meinen Dank für Ihren lieben Brief
bringen, der mich insbesondere dadurch auch erfreute, daß er Sie mir
wohl und in guter Stimmung zeigt.

Was die Festspiele betrifft, so gehe ich ihnen wie nachtwandelnd
entgegen. Ich habe nicht die leiseste Vorstellung davon, wie tief der
Eindruck davon war und was wir zu gewärtigen haben. Man hat mir
berichtet, daß Mottls Leitung des »Parsifal« schlechtgemacht worden
ist; eine Erscheinung, für die ich keine Erklärung finde, wenn ich
nicht zu den übelsten Motiven mich betrachtend erniedrigen will.
Eine gleich große Errungenschaft wie die Inszenierung der anderen
Werke neben dem »Parsifal« erschien mir diese Leitung, da sie uns
bewies, daß, solange es Talent und Seele gibt, wir ohne Sorge sein
dürfen. Ich war Mottl grenzenlos dankbar und mußte es erfahren, daß
er für diese künstlerische Wiedergeburt geschmäht wurde. Nun hörte
ich in München durch Verwandte, daß eine förmliche und sehr gut
organisierte Verschwörung bestehe, welche zu der scheinbaren
Teilnahme für Bayreuth griff, um es um so sicherer zu vernichten.

Hier kann man nur sagen: wie Gott will! Werden wir in diesem
entscheidenden Jahre verlassen, dann sprechen die Tatsachen bestimmt genug. Die Besetzung hat uns viel Not gemacht und macht sie
uns noch; auch ist wenig Zeit für Proben. Ich baue aber auf den guten
Geist, der uns immer beistand, wenn wir hier vereinigt waren, und
hoffe. Ich glaube auch, daß mit der Schmählichkeit der Angriffe die
Intensität der Empfindung für unsere Sache bei unseren Freunden
wächst; darauf kommt alles an, und ich habe auf das dringendste die
Freunde gebeten, mit welchen ich darüber zu sprechen kam, in keiner
Weise auf irgendeinen Angriff auch nur das Geringste zu erwidern.
Wir haben keine andere Antwort als unsere Leistungen hier.
Erwärmen sie sich Freunde, die treu und fest sind, so ist alles gut.
Gelingt ihnen das nicht, dann steht es so traurig, daß das Hin- und
Hergerede so einerlei dabei ist wie etwa ein Mückenschwarm bei
einem Weltuntergang.

Haben Sie zufällig von einem Buche: »Gedanken über Goethe« von
Victor Hehn etwas vernommen? Ich las nur das eine Kapitel daraus:
»Goethe und das Publikum«, nahm darin wahr, wie nichtig die Dinge
sind, welche selbst ein geistvoller Mann hervorbringt, wenn er in der
sogenannten Literatur steckengeblieben ist, Schopenhauer und die
Schriften nicht kennt und nie auf den Gedanken kommt, Schiller zum
Beispiel als Dramatiker und Vorgänger zu betrachten, sondern als

Kantianer, Rhetoriker, einmal selbst fast als Neider Goethes. Der
schönste Besitz des deutschen Volkes, der Bund dieser beiden Wesen,
ist ihm ärgerlich; er will sie nicht auf einem Standbild beisammen
haben und bedenkt nicht, daß, will man den Deutschen des Besten
nicht berauben, diese Vereinigung in seinem Herzen leben muß. Und
die irrigsten Dinge entschlüpfen ihm dann auch naturgemäß über
Goethe, dessen Werke wie »Elpenor«, die »Iphigenie«, er beinahe
über den »Faust« zu stellen scheint, in welchem er den Pudel als
grobe Erfindung bezeichnet, wo [er] die Neigung zur Metaphysik
durch Schillers Einfluß beklagt. Er erwähnt der Reihe nach alle
namhaften Männer (ja auch Weiber), welche über Goethe sich
ausgelassen haben, um uns zu zeigen, wie wenig er gewürdigt worden
ist, und sein Bestreben ist hierin sehr löblich; da er aber Schopenhauer und die »Gesammelten Schriften« vergißt, so sieht es fast aus,
als ob ohne die dummen Urteile sein Buch gar nicht möglich gewesen
wäre; »Bücher über Bücher«! Ich würde nicht darüber sprechen,
wenn nicht vorzügliche Bemerkungen mit unterliefen und wenn nicht
einige Seiten über die Juden und ihre Art von ausgezeichneter
Schärfe wären.
Ich danke Ihnen herzlich dafür, so freundlich auf meinen Gedanken
einer Arbeit über Stein einzugehen. Gott! Die Näherstehenden!
darauf kommt es nicht an. Paulus durfte sich mit erhabenem Stolze
dessen freuen, daß er den Heiland nicht gekannt, da er sich dessen
bewußt war, ihn so ganz anders lebendig in sich zu haben als die
Brüder in Jerusalem – und für diese Arbeit, wie ich sie im Sinne habe,
gehört der Schwung, die Breite und die Tiefe, auch die eigene
Sprache, welche Sie aus sich sowohl als aus dem trauten Umgang mit
unseren größten Meistern des Stils sich gebildet haben.
Ich freue mich auf Ihren Stein wie auf Ihren Schopenhauer! Ist es
nicht schön, daß die von dem Verein in London herausgegebene
Zeitung ein ganzes Exposé der Schopenhauerschen Philosophie und
die Übersetzung von »Religion und Kunst« bringt. Wir bekommen
auch viele Besuche von England, und es ist gut, sie zu Freunden zu
haben, denn sie haben eigene feste Eindrücke, und man kann ihnen
nicht weismachen, daß das, was sie ergriff und hinriß, schlecht war.
– Ich habe in München soeben »König Lear« gesehen; die
Aufführung mit doppelter Bühne war derart, daß man jede Szene
(ohne Herablassen des Vorhangs) so sah, wie sie geschrieben war,
keine Striche oder Zusammensetzungen waren notwendig gewesen.
Durch das Fallen des Vorhanges am Schluß des Aktes bekam man das

Bild des Baues des Stückes, und was ich dabei empfunden habe, läßt sich in Worten nicht wiedergeben. Es ist diese Aufführung einer der größten Eindrücke meines Lebens gewesen. Mit Ausnahme der Werke (zumal »Tristan«) läßt sich nichts damit vergleichen, und ich lebe noch jetzt fast einzig in der Erinnerung. Wenn ich die Summe dessen ziehen sollte, was in unbeschreiblicher Mannigfaltigkeit in mir dadurch geweckt wurde, so möchte ich es als den Glauben an das Gute bezeichnen, welches uns durch ein Werk wird, in welchem wir doch das Gute nur in Qual und Elend sehen. Nicht Glauben an das Gute, nein, sondern das Leben desselben in uns, welches wir da mit einer solchen Macht fühlen, als ob der große Wecker genaht wäre und das Schlummernde zu neuem Leben geweckt hätte.

So viel für heute, mein teurer Freund! Ich sendete soeben meinen Gruß an Glasenapp und verlasse Sie für Chamberlain, der mich besuchen wollte, der aber von der Eisenbahn wieder heim mußte, weil der Verkehr unterbrochen worden war.

Auf gutes schönes Wiedersehen! Grüßen Sie Ihre liebe Frau bestens von mir und empfangen Sie, teurer Freund, den Ausdruck der herzlichsten Anteilnahme der treu ergebenen Freundin

C. Wagner.

An Hermann Levi
Bayreuth, 8. 6. 1889

Anbei, teuerster Major, mit vielem Dank den Betrag meiner Schuld. Ich denke mir, daß Mottl jetzt bei Ihnen ist. Er ist erst gestern nachts oder heute früh abgereist.

Fischer! Sehr gerne die erste Aufführung ohne Proben. Am Ende sagt man nichts. Die Hitze wird groß, Sie werden am Ende (Verzeihung für die Wiederholung!) doch müde und Mottl auch. Jedenfalls tut es mir leid, daß er nicht zur Probe für Blauwaert kam. Ich werde noch mit Adolf die Sache besprechen und je nachdem an Fischer, wie Sie mir sagen, schreiben oder nicht.

Hier lege ich Kniese bei. Was meinen Sie dazu, wenn Sie schon am 16. hier einträfen und die erste Zeit in Wahnfried abstiegen? Ich würde dann Blauwaert hierher statt nach München bescheiden.

Siegfried kommt Dienstag 4 Uhr nachmittags an; steigt bei Ihnen dankbar ab, kehrt zurück Mittwoch nachts.

Kleine und große Stadt! Davon mündlich. Alles in Deutschland ist

von kleinen Städten ausgegangen. In München hat Lachner geradeso
geherrscht wie Sie in Karlsruhe. Im Konzertsaal kann jeder alles
(Kniese hat den »Christus« von meinem Vater in *Frankfurt* zum
größten Erfolg gebracht). »Wir« haben kein Münchener Publikum
gehabt, sondern den König (die erste Aufführung vom »*Tristan*« war
schlecht besucht) und die Fremden. Gegen die Münchener geschah
alles, was geschah, überall aber, in der kleinen wie in der großen
Stadt, in London wie in Döbeln, gibt es das naive Publikum, auf
welches der Dramatiker rechnen kann. Wären Sie in München
Brahmsianer gewesen, hätten Sie ihn auch da sehr schön beim
Konzert-Publikum durchgesetzt. Was soll um Gottes Willen der
Künstler vom Publikum lernen; er kann es hinreißen, und das
überall, auf jedem Flecken der Welt; und ist überall eine wahrhafte
Hingerissenheit von Wert.
Wenn in München 64–68 noch wirkt, so ist's, weil eine große
Beschämung über eine unter den vielen Niederträchtigkeiten der
Welt, vielleicht eine hervorragendste Niederträchtigkeit, sich unbe-
wußt über die Leute ergossen hat; nun tut man gerne mit; sie waren
selbst unfähig, die Leistung Schnorrs zu würdigen, was ziemlich weit
doch geht. (Ich spreche hier immer von dem, was man »Münchner«
nennt, das gute, niedere, arme Volk, um welches es sich lohnt, ist das
gleiche überall, und die »Holländer«-Ouvertüre wird all bejubelt, wo
sie jetzt gemacht wird.)
Ich glaube, daß, wenn Mottl nur von der Musik im »Cellini«
gesprochen hat, es aus dem Instinkte kam, daß dem Stücke keinerlei
Opfer zu bringen wären, weil es zu schlecht sei.
Ich kann ein Lied von den kleinen und großen Städten singen, kenne
beide sehr genau und habe schließlich gefunden, daß es nur auf den
Menschen ankommt, niemals aber auf die Umstände, welche ihm in
einer großen Stadt sogar weniger gehorchen als in einer kleinen. Ich
versichere Sie, Semper war bedeutsamer in Zürich als in Wien. Und
ich freute mich gestern abend sehr über Kranich, wie er mir sagte, er
habe das stolze Dresden abgeschlagen, wolle in Darmstadt bleiben
und für Bayreuth arbeiten. – Schön soll recht traurig darüber sein,
daß man ihm in München seinen Gedanken mit der Bühne gestohlen
hat. Er hätte seine Pläne nicht herausgeben sollen! – –
Wir lassen aber dieses Thema auch laufen! Es kommt nur darauf an,
daß wir hier in Bayreuth etwas Tüchtiges zuwege bringen. –
Haben Sie Dank für Ihren lieben Brief und bleiben Sie mir gut. – Mit
der Haupt-C. hatte ich gemeint, daß man schwer die Dinge mehrmals

sagt. Ich schrieb neulich an Schemann über »Lear«. Jetzt bin ich
fertig und finde für meine eigene Tochter keine Worte mehr darüber!
– Auf Wiedersehen, Freund, bleiben Sie guten und frohen Muts!

CW.

An Hermann Levi
Bayreuth, 15. 6. 1889

Fischer hat mir geschrieben, bester Freund, daß er den »Parsifal«
unmöglich ohne Proben dirigieren könne, worauf ich ihm erwidert
habe, daß wir Folgendes abmachen wollten:
Merkten wir, daß es mit Ihrer Gesundheit nicht fest stünde, so würde
ich ihn bitten, herzukommen und einen Teil der Proben samt der
zweiten Aufführung zu leiten. Mir schien, unter den Umständen,
dieses Abkommen das beste, sollte er aber anderer Empfindung sein,
so bäte ich ihn, sich mit Ihnen zu verständigen, da es mein dringender
Wunsch sei, daß diese Angelegenheit in herzlich freundschaftlicher
Weise gemeinsam geregelt würde.
Das scheint mir das Rechte.
(Grüßen Sie Ihre Frau Gemahlin und sagen Sie ihr von mir, sie hätte
uns bereits Not genug gemacht!)
Blauwaert ist wohl jetzt bei Ihnen? Ich bin sehr begierig darauf, was
Sie erzielen. Wiegand wird, denke ich, heute eintreffen.
Kleine oder große Stadt! Das ist so einerlei wie etwas! Auch mache
ich keinen so wesentlichen Unterschied zwischen Schaffenden und
Wiedergebenden; hat das Publikum überhaupt eine Einwirkung, so
muß es diese auf alle haben. Nur als Empfangendes erscheint es mir
von Wert; aber auch die geringste Bestimmung würde ich ihm nie
zugestehen, sonst sprängen wir alle auf den Tisch im ersten Akt der
»Walküre« (das sind so die zündenden Genie-Blitze), und in der
Erzählung vom Tannhäuser plauzten wir auf den Boden. Ach nein,
der Künstler, welcher er sei, schaffender oder reproduzierender, muß
in sich sein Bestimmendes haben, was er dann den anderen
– gleichviel ob reich oder gering an Zahl – mitteilt; allerdings ist es
angenehmer, einer größeren Menge etwas Bedeutendes zu sagen.
So, nun gebe Gott seinen Segen zu allem! Kommen Sie uns recht
gesund her, und lassen Sie uns uns gemeinschaftlich an dem einzigen
Quell der Kraft stärken.
Das Schweigen! Ich habe es nicht als zu mir notwendig betrachtet,

sondern zu anderen. Aber dies fällt in das Gebiet der Sitte, von welcher ich Ihnen, glaube ich, einmal sagte, daß der verschiedene Begriff von derselben mir dasjenige schien, was uns in der Auffassung mancher Dinge trennte. Sie ist für mich ein Teil dessen, was ich als Religion erkenne, von welcher Schiller zum Beispiel der hohe Priester ist; etwas, was ich als gemeinsames Band zwischen den Menschen lebendig ahne, wovon aber vielleicht selbst bei den Deutschen wenig Spur mehr vorhanden ist.

Was Shakespeare betrifft, so scheint es mir, daß gerade die Furchtbarkeit der Welt, wie er sie mit unerbitterlicher Wahrhaftigkeit zeigt, uns auf die Notwendigkeit einer erlösenden Offenbarung weist.

»So gnadenreich und heilig ist die Zeit«, sagt Marcellus von Weihnachten, indem er den Volksglauben erwähnt, der, keinen Elfen fahend, keine Hexen zaubernd, keinen Stern treffend, nur die Feier der Ankunft des Heilandes zuließ. Diesem Glauben entsproß Shakespeare, das ist sicher, er hatte ihn nicht zu verkünden, denn der Sprache ist das Amt der Versöhnung nicht wie der Musik gegeben, und er hatte uns diese Welt zu zeigen, wie sie ist, durch die Wahrhaftigkeit von ihr zu befreien, nicht aber aus ihr uns zu führen. Dies ist das Werk des Christentums und seiner seligen Tochter.

Leben Sie wohl, teuerster Freund. Es ist schön, daß wir zueinander so sprechen können und daß Sie meiner so sicher sind, wie ich Ihrer, indem so vieles doch uns in der Betrachtung der Dinge immer trennen wird. Das tut aber nichts, und wenn ich ärgerlich werde, so tut es erst recht nichts, denn wenn ich böse bin, dann bin ich eigentlich sehr gut.

Auf Wiedersehen!

CW.

Ich erhalte Ihren Brief, will mit Adolf darüber sprechen und telegraphiere Ihnen dann. »Varibilität« ist sehr schön!

Blauwaert schicken Sie mir, wann Sie es für notwendig halten.

Der Aufsatz von Mottl gefällt mir auch sehr! Schönen Dank dafür, denn er hatte mir nichts gesagt.

Nach der Telephonierung:

Ich habe Sie soeben gebeten, Fräulein Ternina für die Proben und für eine Aufführung zu engagieren. Diese Aufführung können wir ihr aber nicht bestimmen, denn wir werden viel Parlamentieren nötig haben. Ich meine aber, daß Fräulein Ternina einsehen wird, daß es ihr Glück ist, überhaupt in den Bayreuther Verband einzutreten.

An Mottl wegen der Sucher (ob dieselbe bezüglich der Proben und der einen Aufführung geantwortet hat) haben Sie wohl telegraphiert.
Singt Fräulein Ternina vielleicht die Eva? Könnte und möchte sie für die Reuss (Knappe, Blumenmädchen, Eva) eintreten, falls die Reuss absagte. Er hat mir nämlich noch nicht geantwortet, was mich etwas überrascht.

An Hermann Levi
Bayreuth, 19. 6. 1889

Der 15. Juli ist leider viel zu spät (bereits Hauptprobe), und da kann von Reisekosten-Bestreitung – bei unserer dürftigen Kasse – nicht die Rede sein. Wenn nun Fräulein Ternina so kommt, werde ich mich sehr freuen, sie kennenzulernen. Ich gebe Ihnen Recht, bester Freund, daß man in der Valentine niemanden beurteilen kann, namentlich niemanden, der für uns taugen soll. Was den »Vorzug« betrifft, so bin ich dadurch befangen gemacht, daß immer – auch Ihrerseits – etwas beigemischt wird, was mir ganz fremd ist. Ich frage darüber geradeso, wie ich fragen würde: Ist sie Französin oder Engländerin? Ich habe Jüdinnen von außerordentlichster Haltung gekannt, ruhig, vornehm, dabei zart und gefühlvoll, und ich sehe gar nicht ein, warum sie nicht ebensogut blond sein sollen als andere im Norden Geborene. (Ich bemerke, daß ich Frau Sch. *nie* gesehen habe und keine Ahnung habe, wie sie aussieht. Ich weiß nur, daß man in Frankfurt das Br'sche Haus für ein jüdisches hält.) Viel mehr als in der Physiognomie und in der Erscheinung überhaupt – da so viele Kreuzungen stattgefunden haben – tritt mir das Charakteristische des jüdischen Wesens in den Leistungen hervor, und ich wiederhole, daß ich das nicht etwa in einem absprechenden Sinn verstehe. Schneiders eminente und ergreifende Leistung als Lear ließ mich auf israelitische Herkunft schließen. *Bitte,* mißverstehen Sie mich darin nicht, ich bin sehr ernst bei dieser Frage und habe das feste Bewußtsein, in ihrer Behandlung von jeder Gehässigkeit und jeder Unchristlichkeit frei zu sein.
Daß Fräulein Ternina noch unberühmt blieb, hat nichts zu sagen. Wer hat denn vor Bayreuth von Friedrichs etwas gewußt? und selbst die Sucher ist vor ihrer Isolde hier so wenig anerkannt gewesen, daß im Jahre 82 wirkliche Not wegen Kundrys herrschte.

Meinen armen Hofmüller habe ich gestern – rührend mit Frau und
Kindern – auf Fantaisie ganz verändert und elend angetroffen. Aus
einem frischen, munteren, zuversichtlichen Wesen, als das er hier
wurde, traf ich einen angegriffenen, nervösen, unsicheren Menschen
an. Ich wollte die »Weisen« mit ihm und Kniese durchnehmen, gab
ihn aber zu seiner Erholung frei. Sie haben ihm böse mitgespielt in
Dresden! Ich fürchte, um seine Bedingungen herabzudrücken, haben
sie ihn allerhand vor dem David singen lassen, was er nicht kann;
er mißfiel; nur mit dem David hatte er den größten Erfolg, und
da wurde denn herabgedungen! Das wäre so germanische Vornehmheit.

Ich habe schon gleich gemerkt, daß das »Gefühl« Blauwaerts Feind
ist. Ich fürchte, ich werde ihm mit Gluck zu sagen haben: »Mon ami,
je vous ai reconnu.« Es ist etwas Schreckliches um das Erlernte, nur
wie man's *muß,* so kann man's! Aber Blauwaert hat viel Besonnenheit, und ich hoffe, daß, auf die Gefahren aufmerksam gemacht,
er nicht auch die Stellen zu schön finden wird, um sie piano – das
heißt richtig – zu bringen. In der Generalprobe vergaß hier
plötzlich Reichmann *alles,* weil einige Wiener im Zuschauerraum
saßen.

Was Schwartz betrifft, so liebe ich ihn, und da wissen Sie, daß man bei
mir gut geborgen ist. Ich habe zwar zu Bopp sagen müssen: »Ich liebe
dich, Cassio, aber du bist mein Lieutenant nicht mehr«; ich hoffe
aber, daß Schwartz keine cassiatischen Eigenschaften hat.

Über Fischer freue ich mich sehr! so ist es recht und unserer würdig.

Reuss hat die Wohnung verlangt. Ich gehe nun dem, was hier
bevorsteht, mit großer Ruhe entgegen.

Kapellmeister Mahler kenne ich. Ich habe einen »Tannhäuser« von
ihm gehört; die Vorstellung war schlimmer, als ich es *jetzt* für möglich
gehalten hätte; nachdem so viel bekannt worden ist; aber er selbst
machte mir einen nicht ganz unbedeutenden Eindruck.

Auch auf Perron bin ich begierig, und zwar meinethalben. Mir schien
er als Wolfram die gewisse vornehme Ruhe zu haben, welche – etc.
etc. etc., ich will Sie nicht langweilen, und hier werden wir ja sehen.
Ich bin immer glücklich, wenn meine Besorgnisse irrig sind. Dagegen
sehr niedergeschlagen, wenn ich gut gefunden, was nicht hierher
gehört.

Leben Sie wohl, teuerster Major! Ich sah Sie schon schmunzelnd mit
Ihrer Schönen (ich meine nicht Ihre Gemahlin!) ankommend, wie

seinerzeit mit weiland der St. Schade, es würde sich hübsch gemacht haben.

Auf Wiedersehen aber, und ebenso freundlich, wenn auch mit vereinzelter Schönheit!

Die 5 Milliarden werden nicht erwidert, es hat sich ja erwiesen, daß Frankreichs Zahlung eine viel zu geringe war; nebenbei war sie ein Unheil, also, Major, was fangen Sie nur an, wenn Sie witzig sind! Was das Einschmeicheln aber betrifft, so fühlen meine Mädchen das Bedürfnis, es bei Ihnen zu tun, Sie zögen die Ältesten bei weitem vor, höre ich, was ich mir durch den ungeheuren Aufbau von Bildung und Sentimentalität, dem Sie ja sehr zugewendet sind, erkläre; und der viele Geist, der da verbraucht wird! Das liefern wir in Wahnfried nicht: Ibsen, Tolstoi, Dostojewski, Daudet, Isolde Kurz, Frans Hals, Hölderlin, Zöllner – usw. Oh, Major! Ich darf aber nicht klagen, denn ich gehöre ja auch zu den 1003 Gegenständen Ihres Interesses.

Jetzt aber genug des Unsinnes, Sie sind mit Ihren 5 Milliarden daran schuld. –

In ernster Treue bleiben wir die Ihrigen.

                                                            CW.

An Engelbert Humperdinck
Bayreuth, 9. 10. 1889

Mein lieber Freund Humperdinck,
Nächsten Dienstag übersiedelt mein Siegfried nach Frankfurt, und ist es mein Wunsch, daß derselbe dort gründlich die Musik studiere. Er soll zu Ihnen – wenn es Ihnen recht ist – regelmäßig gehen, dann in das Raffsche Konservatorium sich einschreiben, und ich bitte Sie, es genau mit ihm einzuteilen, wo er Harmonielehre, wo Kontrapunkt, wo das Lesen der Partituren vornimmt. Sehr viel liegt mir an der gründlichen und geistvollen Analyse der klassischen Werke, sowohl Mozarts als der Meister der altfranzösischen Schule, und wünsche ich, daß er möglichst viel aus unserer großen musikalischen Literatur zu hören bekommt.

Wie gesagt, Musik soll jetzt sein einziges Studium sein, und zwar, wie Sie sich wohl denken, kein Klavierspiel noch irgendeine Spielerei. Gerne würde ich es aber sehen, wenn er in Bachschen Werken zum Beispiel – mit der Zeit – mitsingen könnte.

Seien Sie nun so gut, lieber Freund, und sagen Sie mir, ob Sie gerne

Wagners: Cosima, Siegfried, Richard, 1873

45 Jahre später: Cosima und ihr Enkel Wieland, 1918

dieses Lehramt bei ihm übernehmen, und teilen Sie mir mit, wie Sie sich diesen Unterricht ungefähr vorstellten.

Gegen Weihnachten werde auch ich mit meinen Töchtern auf einige Wochen nach Frankfurt kommen, und ich freue mich sehr darauf, Sie wiederzusehen und mit Ihnen von alledem zu sprechen, was uns nahegeht. Wir grüßen Sie alle freundlichst, und ich verbleibe Ihnen herzlich ergeben

C. Wagner.

An Richard Strauss
Bayreuth, 12. 10. 1889

Haben Sie Dank für Ihre Mitteilung, mein lieber Freund! Sie haben mir alles so lebhaft genau beschrieben, daß es mir war, als hätte ich Ihre Aufführung des »Lohengrin« erlebt. Es ist schön von Ihnen, es so ernst zu nehmen, und gerade zu dieser Zeit, wo die großen Theater die Schmach unserer Kunst bezeichnen, ist es rührend und erfreulich zu gewahren, wie an kleineren Bühnen der Geist, der uns Deutsche groß gemacht hat, heiliggehalten wird.

Nachdem eine Aufführung der »Götterdämmerung« in München mich wahrhaft empört hatte, erlebte ich in Karlsruhe einen »Siegfried«, der mich trotz aller szenischen Mängel tröstete. Da waltet eben der gute Geist, von welchem Ihr Brief ein so schönes Zeugnis abgibt.

In München »*sitzt*« eben auch alles, vom »Fliegenden Holländer« an bis zu den Schwänen und Drachen, sie sitzen und besitzen, liegen und lügen, welches letztere Fafner doch nicht tut.

Sehr gerne werde ich zu Ihnen nach Weimar kommen, wenn es nur irgend mit meinen Wegen sich vereinigen läßt. Wollen Sie es mich ein wenig im voraus wissen lassen, wann Sie mich gerne dort hätten. Die so erfreulichen Erfahrungen mit Herrn von Bronsart bestätigen mir das, was ich von ihm meinte; seltsame Gerüchte, die ich aber nie recht verstand, waren bis zu mir gedrungen und hatten mich einen Augenblick befürchten lassen, daß auch er jene Wandlung durchgemacht, welche die Welt oft, selbst bei Menschen von guter Anlage, bewirkt. Um so besser so.

In Karlsruhe habe ich bezüglich des »Lohengrin« nur einige Winke gegeben; die Dekoration des II. Aktes war dort so verfehlt, daß eine gute Inszenierung unmöglich war.

Wollen Sie auch, mein lieber Freund, Ihr Hauptaugenmerk auf die deutliche Sprache lenken, was allüberall noch sehr fehlt. In München zum Beispiel, nebst dem, daß man keinen Ton hörte, verstand man keine Silbe (ich will aber nicht unterlassen, hier beizufügen, daß Fischer seine spezielle Sache sehr ordentlich machte).

Sehr werde ich mich über Ihren Besuch stets freuen, mein lieber Strauss, und wir können allerhand miteinander vornehmen, wenn es Ihnen Vergnügen macht. Wollen Sie aber nicht wegen des »Tannhäusers« unsere große gemeinsame Arbeit hier abwarten und einstweilen sich mit Ihrem vortrefflichen Instinkte behelfen? Mir ist selbst noch so vieles Problem, ich bin noch im vollen Sinnen und Besinnen und möchte erst hier – so Gott will, daß es gelingt – das Muster aufstellen.

Auf Wiedersehen, sei es in Bayreuth oder in Weimar, mein lieber Freund! Es freute mich zu erfahren, daß Sie die Weberschen und die Mozartschen Opern überkommen haben, und sehr gerne würde ich eine derselben unter Ihrer Leitung hören. »Gwendoline« von Chabrier, welche ich in Karlsruhe sah, schien mir zu jenen schlechten Werken zu gehören, in welchen Talent steckt, es ist sehr Hans in allen Gassen – um das vornehme Wort eklektisch zu vermeiden –, erinnert an Gounod, an Meyerbeer, vornehmlich aber an die symphonischen Dichtungen und endigt, wie unvermeidlich, tristanisierend. Ich bin aber überzeugt, daß die nächsten Produkte desselben Autors bedeutend besser sein werden, denn bei allen Entlehnungen war doch Originalität und selbst Naivität wahrzunehmen. Der Text war einfach schmählich und von so jüdischem Mischmasch, daß das naive Spitzbuben-Sujet des »Fra Diavolo« tags darauf mir wie blühende Genialität erschien.

Ich glaube, Auber war der letzte *französische* Komponist; von der edlen Schule des 18. Jahrhunderts wußte auch er zwar wenig und weiß kein Mensch dort mehr etwas.

Nun seien Sie mir bestens und herzlichst gegrüßt, mein lieber Strauss. Bewahren Sie mir ein gutes Andenken und seien Sie meiner ernstlichsten Teilnahme auf das wärmste versichert!

C. Wagner

Meine Kinder tragen mir die freundlichsten Grüße an Sie auf!

An Felix Mottl
Bayreuth, 31. 10. 1889

Wie es bei Königgrätz herging:
Der erste Frühbe-Sucher lächelte über die Veränderung des Repertoires, war dabei ausgezeichnet gutmütig und freundschaftlich. Rosa
leider in Hamburg. – Zu Mittag erhielt ich den Besuch des Grafen, ich
legte ihm meine Wünsche vor und traf bei ihm auf größte
Bereitwilligkeit und, ich kann es nicht anders bezeichnen, auf
vornehme Gesinnung. Mit einem aber erschrak er mich sehr: Da
Schuch jetzt – dem Beispiel von Karlsruhe folgend und aus Malice
gegen Bayreuth – die neue Venusszene bringt, hält sich Hochberg für
verpflichtet, sie nun auch aufzuführen, und so bin ich durch die
unglückselige Schwäche, mit welcher ich Ihnen die Spielerei zuge-
stand, in meiner Hauptbewegung gehemmt. Ich weiß noch gar nicht,
was ich anfange, denn ich kann mit den Leuten dort im Sommer nicht
arbeiten und sie dann verhindern, es in Berlin auszuführen. Wenn ich
nur wüßte, was Sie davon haben, mit mangelhaften Kräften unten
und oben eine Szene zu geben, die einzig ihren Sinn hat, wenn sie
vollendet ausgeführt wird, und an welcher Sie doch viel mehr Genuß
haben, wenn Sie sie in der Partitur lesen und sich das übrige mit der
Phantasie vorstellen. Jedenfalls ist mir der Hauptstreich damit
geschehen, denn man hätte die neue Szene gewiß ruhen lassen, da
München seit 67 sie nicht vorwärts gebracht hatte und dazu der
Zähringer Löwe für die Tripotage! Ach!!!!!! Aber, wie gesagt, ich
spreche mir allein die Schuld zu, denn da ich einzig die Dinge ernst
nehme, so sollte ich auch ernst zu handeln wissen.
Das erste, was ich in Berlin hörte, war der »Holländer«, und in vielem
überraschte er mich sehr angenehm. Betz war größtenteils ausgezeichnet, und wenn er mir auch tags darauf sagte, daß er sich nicht so
errege, wenn ich nicht im Hause wäre, so hat er mir doch wieder die
Fähigkeit des tiefsten Ergriffenseins bei einfachster Kundgebung
dieser Fähigkeit zu meiner großen Rührung gezeigt. Die Szenerie
(Brückners) war von großer Schönheit; das Orchester als Körperschaft vorzüglich und die Leitung Suchers viel aufmerksamer, als ich
erwartet hatte. (Er erzählte mir von einem Abend bei Nettke in
Wien, wo der »Holländer« auseinandergesetzt worden wäre und von
wo er sich einzelne auffallend gute Tempi gemerkt hatte.) Senta,
Erik, Steuermann dagegen so namenlos schlecht, daß ich mich kaum
entsinne, Schlechteres je in Israel gehört oder gesehen zu haben.

(»Th' ist nichts.«) Wie wir in der Fremdenloge vom Orchester
bemerkt wurden, gab es inniges Lächeln und stilles Grüßen; der
Konzertmeister Günther kam selbst herauf und sagte mir, wie sie sich
alle darüber freuten, daß wir drinnen wären.

Klindworth, den ich tags darauf sah, begriff nicht, daß ich mir das
Werk angesehen, er könne es nicht ertragen; mir scheint Ungerechtigkeit hier vorzuliegen, denn sorgfältig war das Ganze vorgenommen. Mit Genugtuung meldete mir Klindworth dagegen, daß er von
München das Material zu der »Feen«-Ouvertüre erhalten. Ich
schwieg dazu und dachte mir, daß ihr alle, alt oder jung, rechte
Spielerische seid. Weil die Konzertprogramme langweilig und ihr
nicht wißt, womit das Publikum anziehen und amüsieren, da wird
teilgenommen an einer der unschönsten Taten eines Hoftheaters und
ein Werk öffentlich aufgeführt, von welchem der Autor nie gewünscht hat, daß es aufgeführt würde.

Ich glaube, man nennt das interessant.

Mein alter Geheimrat Kekulé, der Archäologe, versteht es besser.
Wenn ich ihn und seine Frau nicht mit Gewalt in den »Holländer«
mitgenommen hätte, würde er das Opernhaus nie betreten haben,
und in seinen Vorlesungen vor der Kaiserin hat er, sooft er konnte,
unser gutes Bayreuth im Vergleich zu Griechenland angebracht. Auf
das freundlichste ging er auf meinen Wunsch für Motive zum
»Tannhäuser« ein, und nach dieser Seite hin wenigstens konnte ich
einen kleinen Schritt vorwärts tun. Mit diesem Trost ging ich in den
22. hinein. Es war mir ein lieber Gedanke, daß Sie das Bildnis meines
Vaters für den Tag erhielten, und Ihre liebe Depesche bildete den
Abschluß einer intimen Gedächtnisfeier, die ich mit den Mädchen im
Raume des Konzerthauses gehalten. Dort führte Kellermann mit
recht bescheidenem, aber recht gut gewilltem Orchester: »Préludes«,
»Bergsymphonie«, »Ideale« und »Mazeppa« auf. Es war die
Generalprobe, wir waren allein, und mit den ersten Klängen
schwebte die Gestalt meines Vaters an uns vorüber. Alles war seltsam
und dürftig. Der Dirigent abgemaracht, das Haus, wie ich hörte,
wegen der Niedrigkeit seines Publikums verachtet. Tische und Stühle
standen für den Abendschmaus bereit, und wir konnten nicht umhin,
uns zu sagen, daß die »Bergsymphonie« zum Ochsenmaulsalat eine
recht eigentümliche Zugabe wäre. Trotzdem aber (oder vielleicht
gerade mit dem, da das Leben meines Vaters eine so eigentümliche
Mischung von Glanz und Kümmerlichkeit war) hatten wir das
Gefühl, seinen Tag innegehalten zu haben, und daß ich in der Früh

einige Zeilen Marie Wittgensteins, des »Kindes«, hatte, stimmte
schön zu dem Gedenken einstiger Zeiten.
In dem Ballettmeister Graeb, den ich darauf empfing, lernte ich einen
sehr gutgewillten Mann kennen, durch welchen ich das Ballettperso-
nal in seinem Umfang erfuhr und den ich bat, auf seine Art den
Venusberg zu inszenieren, ich würde es mir ansehen und in Bayreuth
daran anknüpfen. Das Elysium des »Orpheus«, welches ich abends
(vor einer fürchterlichsten Aufführung des »Prinzen von Homburg«
fliehend) sah, zeigte von einem edlen Bestreben, von den üblichen
Absurditäten des Balletts abzuweichen. Fräulein Leisinger als
Eurydike hat mir durch ihre reine Stimme, ihren guten Vortrag und
eine entschiedene Noblesse gefallen, ich glaube aber nicht, daß sie
irgendwie für die Werke zu verwenden wäre. Können Sie sich
unseren guten lieben Giggerl als Orpheus vorstellen? – Ich schloß
gerne den Tag mit diesem edlen Werk. Erhaben kann ich Gluck nur
sehr selten finden, aber ich werde durch seine Naivetät gerührt.
Was werden Sie, Felix, dazu sagen, daß wir bei Helmholtz den
Phonographen sahen und hörten! Sind wir nicht ganz auf der Höhe
der Bildung? Dies scheint mir nun eine rechte Spielerei der
Gelehrten; wozu dies irgendwie nützen soll, bleibt mir ein Geheim-
nis, und wie alles Mechanische ist diese Wiedergabe ein präzises
Ungefähr, welches sich zum Klang der Stimme und auch der
Instrumente wie das Ticktack der Uhr zum Herzensschlag verhält.
Aber es herrscht viel Seligkeit darüber, und da es niemandem was tut,
kann man sich auch damit unterhalten.
Mit Betz speisten wir einmal, er gab uns ein Diner, wobei vor Feinheit
und Üppigkeit der Speisen einem Hören und Sehen vergehen konnte.
Dabei war er äußerst gemütlich, erzählte von dem Karlsruher
Musikfest anno dazumal, wo mein Vater zum ersten Mal die
»Tannhäuser«-Ouvertüre brachte, welche von den lieben Karlsru-
hern ausgezischt, von den Studenten, zu denen Betz gehörte,
gehalten wurde. Da ich auch das Programm des Konzertes wußte,
war unser Gespräch sehr lebhaft. (Sucher sprach wenig, beschrieb
mir nur einen verliebten Hirschen, den er auf der Jagd geschont, in
den lebhaftesten Farben.) – Er brachte, trotz meines Sträubens, das
Gespräch auf die Hebung des Schwertes im »Rheingold«; der Kaiser
habe ihn angeredet und gefragt, warum er es nicht täte: »weil ich es in
Bayreuth nicht gemacht habe, Majestät«. »Doch, Sie haben es
gemacht, ich will gleich fragen«, der Kaiser geht zu Chelius (es war an
einem Hofkonzert): Chelius bejaht. »Betz, Sie haben es doch

aufgehoben.« »Verzeihung, Majestät, ich habe es nicht.« – Die Sache wurmt aber Betz doch, und bei einer Begegnung mit Richter frägt er den: Hans, der ebensogut »nein« hätte sagen können, antwortet aber: »Freili host's.« »Dann habe ich den Kaiser angelogen«, meinte Betz, er ließ es berichten, und seit der Zeit hebt er das Schwert auf. – Nun aber hatte er lauter Gründe dagegen: Es wäre das erste Beispiel, daß eine Verbesserung nicht in die Partitur eingetragen worden sei; die Nibelungen hätten keine Waffen geschmiedet; es sei theatralisch, was den Werken das Zuwiderste sei. Ich erwiderte auf meine Weise eingehend und erregt; da unterbrach mich Betz mit einem ganz schlauen Gesichtsausdruck: »Jetzt weiß ich alles, Sie brauchen gar nichts mehr zu reden, die Idee ist von *Ihnen*.« Dieses ganz Unerwartete ergab, wie Sie sich wohl denken, eine große Heiterkeit. – Sehr hübsch (das will ich nicht vergessen zu sagen) gedachte Betz, der sonst im Urteil sehr streng ist, seines Gastspiels in Königsberg mit Fräulein Mailhac; nicht ihre Schönheit nur, sondern auch die Außerordentlichkeit ihrer Leistung waren ihm in lebhafter Erinnerung geblieben. Er und Sucher gaben uns ihren Segen zu der »*Gioconda*«, von welcher wir 2 Akte sahen. Das ist nun das rechtschaffene Schlechte – nicht das Mittelmäßige, welches als gut kann gelten –, das Textbuch so grotesk italienisch, wie ich nicht geglaubt hätte, daß noch solches auf der Brahmsschen Erde geschrieben würde. Die Musik komisch drastisch (viel drastischer als etwa Chabrier) und naiv. Der Erfolg schien mir das Werk der Firma Bote und Bock, aber im ganzen genommen sehe ich nicht ein, warum das Zeug nicht in den Musikzeughäusern nebst vielem anderen Platz finden sollte. Ein Fräulein Hiedler ist mir da sehr angenehm aufgefallen: Eine wahrhaftige Sopranstimme und Wärme und Schlankheit des ganzen Wesens; sie kann aber noch nicht singen. Sonst wie geschaffen für die Elisabeth. – Freilich habe ich nur zwei Akte ausgehalten.

Wie wir im Wagen einstiegen, um zu Gräfin Wolkenstein zu fahren, bemerkten meine Kinder an der Türe des Theaters allein stehend Tappert. Da niemand mit uns ging, muß er uns gesehen haben, und mit wirklichem Mitleiden dachte ich mir, wie ihm zumute sein muß, während ich das Glück hätte, ihm von ganzem Herzen zu verzeihen. Traurige Leute, Feinde und – Freunde! Ich ergriff die Gelegenheit, dem Vorstand des Vereines anderentags zu sagen, wie seltsam unsere sogenannte Partei sich bei Gelegenheit des »Parsifal« 1888 benommen hätte und wie ich mir unter der Tätigkeit des Vereines rein gar

nichts vorstellen könnte. Derlei Begegnungen verstimmen, wie
überhaupt mancher Eindruck auf mich niederdrückend wirkte. – Von
den »Quitzows« zum Beispiel zu erfahren, daß das große Opernhaus
bei häufigster Wiederholung sich für zu klein erwiesen hätte, und ein
Stück von einer Plattheit und Trivialität anzutreffen, daß wirklich die
Ausdrücke einem dafür fehlen; dann in einem Juwelierladen eine
nicht große Brosche sich in die Hand gedrückt zu sehen mit der
Preisangabe: *85 000* M. und dabei vergebens zu sinnen und sich zu
befragen, wann endlich die Beschützer Bayreuths gefunden werden?
Man rettet sich aus der Schwere dieser Eindrücke einzig durch die
Hoffmannsche Betrachtungsweise, daß gleichsam alles nur Spuk sei.
Und wie ich den 85jährigen Holländer – Werder –, den Sie aus der
Biographie kennen, in gleicher altberlinischer Dünnhäutigkeit und
Lebhaftigkeit nicht ohne große Rührung wiedersah, da empfand ich
eine Art von Heimgefühl in dem Spuk, und mir war's, als ob ich in
einer gewissen Weise, wenn auch mir ganz unerklärlich, damit
zusammenhing.
Von Johanna Jachmann erfuhr ich einiges über den »Tannhäuser«
(1845), welches mir wertvoll war. Sie gehörte auch für mich mit zu
dem Spuke, und dazu, meine Meyerbeerschen Erinnerungen auf-
frischend, eine förmliche Intimität mit dessen sehr liebenswürdiger
Tochter, Cornelie Richter. – Der sehr üble Eindruck des Schauspiel-
hauses wurde uns durch eine Aufführung des »Wilhelm Tell«
gehoben. Die Inszenierung war schön, der Hauptschauspieler Nesper
nicht gut, aber auch nicht unangenehm, und das Werk eine solche
Macht ausübend wie stets. Einer aber fehlte uns bei dieser Anhörung,
ein Unersetzlicher, und wenn das gesamte Deutschland dem »Tell«
huldigte, Heinrich Stein. Es ist wohl nicht zu verwundern, daß wir
seiner gedachten, viel, ja beständig in dieser Stadt, sei es, um seine
Nöte nachzuempfinden, wenn das vorhin erwähnte Spukhafte uns zu
empfindlich wurde, sei es im Verlangen, mit ihm das Große zu
genießen, sei es, um ihn da zu Hause zu finden, wenn zum Beispiel aus
dem Museum (wie gerne würde ich Sie in diesem herumführen und
Ihnen zum Beispiel den alten »Holzschuher« von Dürer zeigen: Einer,
der nicht spaßte, daher von Heiterkeit und Kraft strotzt) tretend der
Blick auf den grandiosen, in Deutschland vielleicht einzigen Platz uns
an die heroische Geschichte Preußens gemahnt. Wie es möglich war,
daß diese uns so naheliegende Geschichte von dem Judentum
überflutet werden konnte, bleibt ein Rätsel. Frankreich, Österreich,
alle etwas südlichen phantasievoll genußsüchtigen Länder, das läßt

sich begreifen, aber dies nicht; und *wie* ist es überflutet worden! Wir
sahen »Faust's Tod« im sogenannten Deutschen Theater. Der Titel
sagt Ihnen eigentlich alles, und doch hatten wir uns dieses Greuel
nicht vorstellen können (welches nicht etwa Spuk, sondern die
garstigste, plumpeste Wirklichkeit ist). Die Einschnitte, die Verände-
rungen, die Darsteller (alles Juden der verschiedensten Arten,
rundliche, knöcherne, lange, kleine, stotternde, lispelnde, fließend-
redende, schlanke, krumme, alles, was je Palästina ausgeworfen),
die Inzenierung, alles zum Schreien empörend; und der Deutsche
geht hin, sitzt da wie ein Esel oder wie Kaspar Hauser und ist um
jedes Besinnen auf sich selbst betrogen. Mir tat es wohl, Sonntagsfrüh
darauf mit meiner Freundin Gräfin Voß in den Dom zu gehen, den
schön gesungenen Choral anzuhören, den Begriff einer christlichen
Gemeinde wieder in mich aufzunehmen und mich dessen zu freuen,
daß ich dieses noch so innig empfinden konnte. Was mich dahin
geführt hatte, waren Reden über Stöcker: Er sei ein Lügner, dies sei
ihm positiv nachgewiesen worden, so hieß es von mehreren Seiten; so
wünschte ich ihn predigen zu hören, und ich fand einen schlichten,
einfachen Mann mit ernster Redeweise, fern von jeder Phrase wie
von jeder Servilität (er hatte die Trauung der preußischen Prinzessin
in Athen zu erwähnen, und es geschah mit größter Einfalt). Als ich
mich wirklich befriedigt mit der Gemeinde erhob, erscholl auf der
Orgel eine Bachsche Fuge, außerordentlich gut gespielt. Es nahm
sich schön als Geleite der sich entfernenden Gemeinde, noch schöner
im ganz leeren Raum aus, und dieser klangreiche mächtige Strom
spülte siegreich alles Häßliche weg, was sich seit gestern auf meiner
Seele gelagert.
Dieser Tag brachte mir auch den letzten Besuch des Grafen
Hochbergs. Auch auf Sie kamen wir zu sprechen, und zwar
eingehend. Wie ich jetzt Dinge und Menschen sehe, glaube ich, daß
Sie sich hier eine sehr eximierte Stellung als ausschließlicher Dirigent
der Werke hätten machen können; die Meyerbeeriaden würden
Ihnen alle erlassen worden sein, und es wäre schön gewesen, einmal
offen zu bekennen, daß die Werke nichts mit gar keinen Opern zu tun
haben, selbst nicht »Zauberflöte« und »Euryanthe«, und daß sie das
einzig wirklich Klassische sind, was wir haben. Davon mündlich
mehr. Ich sagte Graf Hochberg, daß ich, als ich die Sache erfuhr, wie
sie auseinander war, Ihnen durchaus Recht gegeben hätte, da Sie
überall nur eine Ausnahmsweisestellung einnehmen könnten. Ist es
nun zu bedauern? Die Zeit wird es lehren, ich glaube, daß Sie einen

unbedingten großen Einfluß genommen hätten und sich mit Graf
Hochberg schließlich noch vorzüglich verstanden haben würden.
Doch wie gesagt, mündlich das Nähere, was Ihnen das erklären wird.
Den »Freischütz«, der am Sonntag gegeben wurde, besuchte ich
nicht. Weiß Gott warum? Hatte mich die Absage des »Rheingoldes«
verstimmt, oder war ich müde, oder war es mir lieber, mit unserem
Museumsfreund Tschudi die ganze moderne Literatur auf das
unbarmherzigste schlechtzumachen, ich weiß es nicht. Vielleicht war
ich durch die Feier im Dom der Gedankenordnung nahegebracht, die
mich anderen Tages zu Steins Grab führte; er ruht im edlen Friedhof,
nicht weit von Scharnhorst, beinahe unter lauter Helden, und
beschützt diesen heroischen Frieden. Ich verließ ihn, um meinen
Bruder nicht weit davon auf dem katholischen Friedhof meinen Gruß
zu bringen, und so wohltätig ist jedes Gefühl, dem man sich
ungehemmt und ohne Zerstreuung hingibt, daß ich nicht mehr den
Stachel des Verlustes empfand und mit jener Heiterkeit, die einzig
der Ruhe entsprießt, mich den Lebenden wieder zuwenden konnte
und ein freundliches Abschiedsmahl mit Fiedlers und einigen
einnehmen. – Noch eine Umarmung dem alten Werder, ein Blick auf
ein sehr empfohlenes, eigentlich aber recht garstiges Bild von
Böcklin, und die Stunde der Abfahrt war da.
Nun sehen wir, wie wir uns hier ohne Siegfried behelfen. Mir träumte
heute, ich wäre in Ihrer Wohnung, erhielt dort einen Brief meines
Vaters mit Stickerei und Spitzenmuster, und erwachte, indem ich
ganz deutlich das Thema aus Ihrer Hymne: »Wer dann das Innere
begehrt« vernahm. Das führte mich zu dieser endlosen Epistel, zu
welcher alle Heiligen ihren Segen geben mögen!

CW.

An Konrad Fiedler
Bayreuth, 6. 12. 1889

Mein lieber und hochgeehrter Herr Doktor,
Hier erhalten Sie die schöne Bücherauswahl zurück, welcher ich
einige unvergängliche Eindrücke verdanke, wie sie einem aus der
Befassung mit einer großen Persönlichkeit einzig werden können.
Das Leben des großen Menschen scheint mir immer etwas Symboli-
sches zu haben, was uns zu der religiösen Beachtung desselben
stimmt. Er gibt ein Beispiel, gleichsam ohne es zu wollen, und wie
Goethe, das Erbe des vorigen Jahrhunderts übernehmend, gleichsam

segnend die Hand über unsere Zeit hält, so scheint es mir Kleist
bestimmt gewesen zu sein, zu zeigen, wie der zum Dichter gewordene
Adelige die Schmach seines Landes nicht erträgt und ebenso groß das
Leben verläßt wie die Helden der alten Welt.

Mir ist es unmöglich, auch nur das geringste Krankhafte darin zu
finden; er hat die Schmach seines Landes ganz persönlich empfunden, und wer möchte es ihm verdenken, daß ihm die Kraft der
Hoffnung verging, da er nirgends ein Zeichen des Einverständnisses
mit sich fand. So sanft sich Steins Tod dagegen ausnimmt, ist es doch
nicht ungleich, nur da Kleist mehr Kraft hatte, schnitt er ab, während
das Leben Stein einfach ausging.

Diese Betrachtungen reihen sich ganz natürlich an das, was Sie mir,
lieber Herr Doktor, über den Clown-Abend mitteilen. Wie habe ich
Ihnen Ihre Stimmung nachempfunden! Es ist eigentlich schrecklich,
sich den vornehmen Geschmack, der in diesem Hause herrscht, nicht
als im Einklang mit einer edlen Sitte, sondern – so seltsam dies klingt
– als eine Exzentrizität denken zu müssen. So alt ich bin, ich glaube,
wenn ich derlei erleben müßte, ich finge wiederum an, wie in meinen
jungen Tagen, zu weinen, wenn ich in garstigen Gesellschaften
gewesen war. »Nur das Schöne ist das Liebe, und das Nichtschöne ist
nicht lieb«, so las ich neulich von den Hellenen, die mich jetzt in
bezug auf den »Tannhäuser« zu größter Erfreuung recht beschäftigen. Könnten Sie mir, mein werter Herr Doktor, sagen, ob ich in
München einige Sammelwerke fände, wie zum Beispiel die Monu-
mente von Pompei und Herkulaneum? Vasenkollektionen etc.? Ich
käme dann gelegentlich nach München, um mir dieselben anzusehen,
und würde bei Ihnen und Ihrer lieben Gemahlin fragen, wann es
Ihnen recht wäre. Fürs erste führen mich meine Schritte nach
Frankfurt, vielleicht dann nach Berlin.

Es freute mich zu hören, daß mein lieber Fuchs sich als tüchtiger
Bayreuther Regisseur bewährt hat und den »Meistersingern« zu
einer guten Bühnendarstellung verholfen hat. Er wird gewiß Schwierigkeit genug gehabt haben.

In Mailand soll die Hauptsängerin das Quintett so wundervoll, wie
wir es einzig in Deutschland von der Wilt früher hätten hören
können, in der letzten Probe gesungen haben; das geschah aber nach
langen Kämpfen um Fermaten und möglichstes Geschrei, wie wir es
ja auch auf sämtlichen Bühnen Deutschlands erleben können. Der
Beckmesser soll dort höchst talentvoll sein. Dies alles Berichte von
Kniese, der seine liebe Not dort hat.

Der Wein ist noch nicht da, lieber Herr Doktor. Bitte aber, machen Sie sich keine Gedanken darüber, er wird gewiß schön und gut, wie alles, was von Ihrem lieben Hause kommt.

In dieser unerschütterlichen Überzeugung entsende ich von Eva und mir (Isolde hat Kaiser-Zahnschmerzen in Frankfurt!) an Sie und Ihre liebe Gemahlin die schönsten Grüße der herzlichen Hochachtung und Ergebenheit!

C. Wagner.

An Karl Emil Doepler
Bayreuth, 9. 12. 1889

Ich verdanke es gewiß Ihrer Freundlichkeit, daß ich gestern von der Kaufmannschen Kunsthandlung die Prachtausgabe Ihrer Kostümbilder zu dem »Ring des Nibelungen« erhielt. Empfangen Sie dafür meinen herzlichsten Dank!

Sollte ich das bezeichnen, worüber ich mich vornehmlich gefreut habe, so war es, unsere Walküren wieder in ihren vornehmen langen Panzern zu sehen, nachdem die Mieder, welche man ihnen auf unseren Bühnen anlegt, mir geradewegs unerträglich geworden sind.

Aus den so sorgfältig ausgeführten Blättern ersah ich, wieviel Sie noch an den Kostümen ausgearbeitet haben, um mit möglichster Prägnanz die Kultur dieser Vorzeit uns entgegenzubringen. Ich möchte sagen, daß diese Kostüme historischer, deutlicher geworden sind, und eine Fülle des mit Geschmack angeordneten Wissens zeigt sich darin. Der Barde war mir ganz neu; habe ich Sie recht verstanden, so wünschten Sie auch diesen Bestandteil des altgermanischen Lebens zu verwirklichen.

Sehr wahrscheinlich komme ich wieder Ende Januar nach Berlin und werde mich freuen, Sie, lieber und werter Herr Professor, wiederzusehen. Hoffentlich geht es Ihrer Gemahlin besser; bringen Sie ihr, bitte, sowie Ihrer Tochter und Ihrem Sohn den freundlichsten Gruß und seien Sie, lieber und hochgeehrter Herr Professor, unter Wiederholung meines Dankes meiner herzlich ergebenen Hochachtung versichert.

CW.

1890

Ihr Brief, mein lieber Freund, war mir wieder eine große Freude, und ich danke Ihnen herzlich für Ihr Vertrauen zu mir. Bewahren Sie mir dasselbe, und seien Sie überzeugt, daß ich es hochschätze und mit der wärmsten Teilnahme es erwidere. Ich habe hier in dieser wunderlichen Stadt viel an Sie gedacht und mich gefragt, ob Sie hier an der Spitze der Museumskonzerte (Orchester und Chor sollen wirklich gut sein) nicht mehr und Ihnen Entsprechenderes hätten wirken können als in unserem lieben, kleinen Weimar. Es fiel mir dabei ein, daß Mottl in Karlsruhe, Weingartner in Mannheim, Sie – und wahrscheinlich auch bald am Theater – hier, Humperdinck vermutlich in Düsseldorf durchgesetzt, wir die Rhein- und Mainlande recht artig besetzt und gesäubert hätten. Aber nach allem, was ich von hier erfahre und gewahre, scheint nichts anderes übrig zu bleiben, als den Weg der Verrottung es gehen zu lassen. Schade um die schöne Stadt und um einen doch noch, trotz aufgestülptem Judentum und angetünchtem Brahmsianismus, vorhandenen guten Kern in der Bevölkerung. Es hat wirklich etwas Trostloses, den schön angelegten Ort an dem breiten, prachtvollen Strom mit den alten Erinnerungen und den Gedanken an Goethe und Schopenhauer durchzuwandern und, indem man sich der Gescheitheit und Freundlichkeit des Volkes darin erfreut, zu bemerken, daß fast sämtliche Schilde der Läden israelitische Namen tragen, daß das Theater absolut jüdisch ist und daß diejenigen, welche nun den deutschen Geist vertreten sollten, Wesen von so verknöcherter oder eingeschlafener Art sind, daß man sich nicht wundern kann, wenn hier die Juden vollständig obsiegten. Ob eine junge, tüchtige Kraft, wie die Ihrige, hier nicht viel vermocht hätte oder ob sie preisgegeben worden wäre? Frage, die ich nicht zu entscheiden wage.

Das deutsche Volk, nach welchem Sie suchen, ich frage mich auch, wo es denn steckt und bleibt! Und die Misere ist nicht von heute, denn als Goethe seine Vaterstadt darum bat, ihm, dem in Weimar wohnenden, mit 20000 Gulden Vermögen nur Begüterten, die Steuerlast zu erlassen, entschloß sich die gute Stadt Frankfurt, nicht etwa unseren größten Dichter zum Ehrenbürger zu machen, sondern sie strich ihn aus der Liste der Bürger, und als er hier über 14 Tage verweilte, dachte das Theater nicht daran, ein Stück des Unvergleichlichen zu geben, was seine paar Freunde derart entsetzte, daß Willemer die Aufführung des »Tasso« mit Darbringung der beiden Lorbeeren von Virgil und Ariost erfand, welche Satire als Tatsache in verschiedenen Biographien aufgenommen worden ist.

Das deutsche Volk!

In den »Gesammelten Schriften« heißt es, daß alles dem Volke gehört, was die Not empfände. So meine ich, daß wir, die wir die Not der Kunst tief inbrünstig empfinden, als Seele dieses Volkes uns fühlen und hoffen dürfen, daß diese Seele durch die Kraft ihrer Not sich zur Erscheinung verhelfen wird. Und so fühle ich mich einzig mit denen verschwistert, welche dieses Elend empfinden. So hat Ihre Klage um die harmlosen Zuhörer des »Faust« einen Widerhall in meinem Herzen gefunden; man kann ganz trostlos über diese Verwahrlosung des armen Deutschen werden, der noch so viel an guter, menschlicher Empfindung uns entgegenbringt. Weiß es Gott, woher die »Gebildeten« und Leitenden ihre Stumpfheit, ihren matten Herzschlag und elenden Geschmack haben; es kann einen aber zur Verzweiflung bringen, und wenn man denkt, daß Bayreuth dasteht und durch die Übergewalt des Geistes noch lebt und daß die guten Deutschen nichts anderes wissen, als darüber zu jubeln, daß recht viele Fremde hinkommen, so muß man sich mit Gewalt daran erinnern, daß die Hoffnung eine Tugend ist, und diese Tugend in sich nach Kräften erhalten.

»Und wenn die Welt voll Teufel wär,
Ich wollte nicht verzagen«.

Es hält aber nicht leicht!
Ich habe sehr bedauert, sowohl Ihren »Lohengrin« als das Konzert nicht angehört zu haben. Im »Lohengrin« hätten *Sie* mich vor allem interessiert, und Ihre Wirksamkeit wäre mir lebensvoll durch alle Unzulänglichkeiten durch entgegengetreten. Auch hätte ich mit Ihnen bei dem verkehrten Erscheinen des Kahnes gelitten. Der Regisseur eigenhändig! Am 15. Februar habe ich meine Besprechung in Coburg. Von dort käme ich nach Weimar und hörte, was Sie gerade vorhaben. (Wenn eine Wiederholung der »Faust-Ouvertüre« oder des »Idylls« möglich wäre, hätte ich große Freude natürlich.) Ich

erzähle Ihnen dann, wie weit ich mit meinem armen »Tannhäuser«
bin. Ende dieses Monates sehe ich ihn in Berlin und werde mir wohl
das meinige dabei denken. – Eine unausrottbare Influenza herrscht
auf unserer Oper, kein Arzt kann sie vertreiben.

Was unsere Influenza betrifft, so ist sie im Abziehen. Wir sind noch
alle etwas matt, aber doch wieder lebensfähig. Ob ich aber die Kraft
so weit treibe, die »Missa solemnis« unter Herrn Scholz hier
anzuhören, weiß ich nicht. Ich glaube, ich überlasse diese Tugend-
übung Frau Schumann.

Nun aber leben Sie wohl, mein teurer Freund, erholen Sie sich auch
ganz und lassen Sie immer von sich hören in der festen Zuversicht,
daß mich alles von Ihnen interessiert. Meine Kinder vereinigen sich
allesamt mit mir, um Ihnen beste Wünsche und herzlichste Grüße zu
entsenden.

Und – wir wollen hoffen!
Treulich

                                                    C. Wagner
Ritters warmer Aufsatz war sehr rührend.

An Max Koch
Frankfurt a. M., 7. 1. 1890

Mein lieber und werter Herr Professor,
Wir haben – da die Influenza uns nur sehr mäßig zur Lektüre
kommen läßt – den ersten Teil von »Kaiser und Galiläer« gestern
beendigt, und ich bin Ihnen für die Mitteilung desselben sehr
verbunden. Gewiß kennt man Ibsen nicht, wenn man dieses Stück
nicht gelesen hat, dessen Vorwurf allein wert ist, die Teilnahme zu
erwecken, und in welchem, wie mir scheint, eine unleugbare
dramatische Kraft sich kundgibt. Im Anfang schienen mir auch die
Charaktere sehr prägnant gestaltet, und das Auftreten des Konstan-
tius habe ich sogar vorzüglich gefunden. Mit der Weiterentwickelung
aber mußte ich die Wiederholung der Motive, vor allem die
Verflachung des gut angelegten Julians, bedauern, und im V. Akt trat
mir sehr kenntlich der Zug entgegen, der mir als der eigentlich
Ibsensche dünkt, nämlich: die platte Vorführung der greulichsten
Dinge, ohne daß man den geringsten Konflikt in dem Herzen
desjenigen gewahrt, welcher diese Greueln durchmacht. Soviel
Mystisches und Zauberisches in dem Stücke auch aufgehäuft ist, kein

Rätsel tritt einem da entgegen, und in den beiden ersten Akten hatte
ich es, wie in der Gestalt des Julian, zu finden gehofft.
Der Schluß des V. Aktes ist zwar etwas opernhaft, aber doch wieder
sehr effektvoll, und ohne Frage unterscheidet sich dieses Stück sehr
zu seinem Vorteil von denen, die ich bisher las, und stellt Ibsen in die
Reihe der Kraftgenies, wie etwa Grabbe, womit allerdings im
dichterischen und künstlerischen Sinne nicht viel gesagt ist.
Nochmals vielen herzlichen Dank, mein lieber und werter Herr
Professor.

An Hermann Levi
Coburg, 16. 2. 1890

Ich habe soeben, lieber Freund, unsere erste wichtige Besprechung
abgeschlossen und Fuchs gebeten, alles, was wir hier erwogen und
bestimmt haben, für sich zu behalten. Ich bitte Sie, keine Mitteilung
von ihm zu verlangen und in keiner Weise den Münchener
»Tannhäuser« im einzelnen zu verändern. Wer es ernst mit unserer
Sache nimmt, muß schon warten, bis wir in Bayreuth das Ergebnis
unserer Arbeit bekunden. Ich würde Ihnen selbst raten, bei den zwei
Strophen zu bleiben, da Ihre Partitur unzweifelhaft authentisch ist
und das Ganze jetzt ein ganz bestimmtes Gepräge hat, welches durch
Neuerungen nur gestört, aber nicht verbessert werden kann.
Ich glaube, wenn ich Kapellmeister in München wäre, ich hätte den
Aplomb und setzte den alten »Tannhäuser« wieder ein. Weil bei einer
ausgesungenen Sängerin eine angedeutete Venus besser als eine
ausgeführte ist. Aber das können Sie nicht, ich verstehe es sehr
gut.
Betreffs der Striche teile ich sie in zwei Gattungen ein: diejenigen,
welche man zur Korrektur des Komponisten macht, wozu Kongenia-
lität und sicheres Bewußtsein des Einverständnisses mit dem Autor
gehört, und diejenigen, welche man wegen der Unzulänglichkeit der
Mittel sich aus tiefem, künstlerischem Instinkt zu machen genötigt
sieht.
Ihre Münchener Partitur ist ein Beispiel der letzteren für Paris. Die
Herstellung für Dresden war ein anderes solches Beispiel.
Darüber wollen wir einmal mündlich verkehren, wenn es Ihnen
Vergnügen macht, für heute wollte ich nur mitteilen, was ich mit
Fuchs abgemacht habe, und Sie bitten, ihn nicht zu befragen. Auch

Flüggen habe ich gesagt, daß das Geplauder über entstehende Dinge mir unangenehm sei, und so wollen wir dieses Jahr betrachten wie eine Brutzeit, wo man die arme Bruthenne in Ruhe läßt.

Auf Wiedersehen in Bälde, bester Freund, hoffentlich haben Sie eine angenehme Reise und gute lebendige Eindrücke gehabt; was die Kunst betrifft, so glaube ich, bleiben wir unter uns Auguren!

Seien Sie von Eva und mir auf das herzlichste gegrüßt, und bleiben Sie so gut Sie können einem so wunderlichen Wesen wie ich es bin!

CW.

Ihren »schönen« Brief habe ich noch nicht erhalten, dafür aber eine auch sehr schöne Postkarte von Ihnen an das Postamt, und ich habe irgend etwas unterschrieben!

An Mary Fiedler
Bayreuth, 23. 2. 1890

Für so vieles haben wir zu danken, teuerste Freundin! Die schönen Geburtstagsrosen empfingen uns noch zartblühend und duftend, und ihnen voran war die liebe Depesche gegangen, welche mich versicherte, daß die Kiste Melancholia ebenfalls freundlich da aufgenommen wird, wo uns alles freundlich anmutet. Endlich heute Ihre lieben Zeilen, und so beginne ich denn mit dem herzlichsten Dankesgruß! Ist es Ihnen und Dr. Fiedler recht, so träfen wir gegen den 12. März bei Ihnen ein, und sind wir Ihnen nicht lästig, so blieben wir 8 Tage bei Ihnen, da ich ziemlich viel mit Flüggen zu arbeiten haben werde. Unendlich würde es mich freuen, mit Ihnen, teuerste Mary, wieder etwas wie »Heinrich V.« zu erleben. Vor dem »Ring« graut mir ein wenig, ich gestehe es, und viel lieber sähe ich Alvary in sogenannt klassischen Werken. Doch das wird sich alles finden. Wie gerne wir bei Ihnen sein werden – bedarf es da vieler Versicherungen?

Im Augenblick, wo ich das Wort über das Anrücken mit dem Herzen (wenn ich nicht irre, bei Gelegenheit Hermann Levis) aussprach, kam es mir an, daß man derlei ohne Motivierung nicht so ausstoßen sollte, da es leicht mißverständlich ist. Wenn Sie mein Alter erreicht haben werden, so werden Sie auch das Bedürfnis nach dem Zartangedeuteten, sinnig sich Betätigenden, empfinden. Man wandelt da im Leben wie in einem Traum und fürchtet das Aufgewecktwerden durch die heftigen Akzente; es vollzieht sich überhaupt da ein seltsamer

Prozeß, kaum ist man selbst mehr tätig. Das, was sich als nichtig und unbedeutend erwiesen hat, fällt ab wie welkes Laub, das Wahrhafte besteht und befestigt sich, und der einzelne fühlt sich unter einem Gesetz, dem er nicht untreu werden kann. Das, was man von der Gleichgültigkeit des Alters sagt, bezieht sich, glaube ich, auf das Sich-Fügen; ich wenigstens empfinde es also, und dieser Zustand läßt nicht viel Worte zu.

Nun hoffe ich, daß Sie mich verstehen und nicht etwa meinen, ich freute mich nicht, wenn Sie herzlich und liebevoll, wie Sie es tun, zu mir sprechen. Es war etwas ganz anderes, was ich vor mir sah.

Grüßen Sie mir Freund Levi bestens! Warum sollten Sie ihm die Freundschaft nicht treu halten, die er sicherlich verdient und ihn gewiß beglückt. So Gott will, sehen wir uns alle heiter wieder und verleben freundliche Stunden, wie sie sich von selbst in Ihrem lieben Heim ergeben.

Seien Sie umarmt, teuerste Mary, und Gott mit Ihnen!

CW.

Eva dankt noch ganz besonders!

P.S. Da Sie wirklich die große Güte haben wollen, die Kiste auspacken zu lassen, so nehme ich ebenfalls dies dankbarst an.

An Max und Gotthold Brückner
Bayreuth, 26. 2. 1890

Liebe und werte Herrn Professoren,

Seit über eine Woche habe ich Coburg verlassen, und es ist mir noch nicht möglich gewesen, Ihnen die Dankgefühle auszusprechen, die mich überall hin begleitet haben. Ich kann Ihnen nicht sagen, wie ich durch die Art und Weise, in welcher Sie die so überaus schwierige Aufgabe gelöst haben, gerührt und erfreut worden bin! Haben Sie Dank vor allem für die edle Genauigkeit, mit welcher Sie jede Angabe der Dichtung derart beachtet haben, daß Sie in allem selbst gegen mich Recht behielten (so zum Beispiel mit dem hohen Vorsprung für den Hirten und mit dem kühlenden Becken in der zweiten herrlichen Grotte).

Was die Stellung der 12 Trompeter im II. Akt anbetrifft, so will ich noch erfahren, ob sie alle auf einem Haufen und rechts oder links vom Zuschauer oder getrennt, rechts und links, in Paris, Dresden und

Wien aufgestellt waren. Sobald ich es erfahre, werde ich es Ihnen
mitteilen.

Nun leben Sie wohl, liebe und werte Herren! Grüßen Sie die
liebenswürdigen Frauen und Tochter und Sohn auf das herzlichste
von mir und empfangen Sie beide den wärmsten Gruß des Dankes,
der Ergebenheit und der Hochachtung!

C. Wagner.

An Richard Strauss
Bayreuth, 6. 3. 1890

Ich möchte Ihnen, mein lieber Freund, noch aus der Stille einige
Worte zusenden und das Mancherlei berühren, wofür sich draußen
keine Ruhe findet.

Gewiß haben Sie darin recht, daß bei einer guten Organisation das
Herz den Verstand schon bemeistern wird. Aber ich glaube, daß Zeit
und Kräfte erspart werden können, und in dieser Ersparnis scheint
mir der eigentliche Wert der Erziehung zu liegen, welche wir uns teils
selbst zu geben, teils von anderen zu empfangen haben.

Ich glaube, daß bei der musikalischen wie dichterischen Produktion
die erschaute Gestalt das entscheidende ist. Ist diese da, so kommt es,
meine ich, darauf an, sie mit möglichster Prägnanz an das Licht zu
bringen. Jede Unruhe schadet dieser Deutlichkeit, und die Unruhe ist
es, dünkt mich, welche der spielende Verstand hineinbringt.

Wir haben die Vollendung der Kunst erlebt, aber gerade diese
Vollendung lehrt uns Einfachheit. Wenn Sie zum Beispiel das
Verhältnis des »Rheingoldes« zu den drei anderen Teilen des
»Ringes« beachten, so werden Sie erkennen, mit welcher Besonnenheit die Mittel gespart sind, um mit der wachsenden Handlung und
der Verwickelung der Leidenschaften immer reicher verwendet
werden zu können.

Es verlangen Ohr und Gefühl, daß die Gestalt erst festgestellt werde,
und zwar Gestalt und Melodie ganz abseits davon, was ihnen
Handlungen und Modulationen, in welche sie verwickelt werden,
antuen.

Mir ist es in Ihrem »Don Juan« erschienen, als ob mehr das Gebaren
Ihrer Personen Sie eingenommen hätte, als wie daß die Personen
selbst zu Ihnen gesprochen hätten. Das nenne ich eben das Spiel der
Intelligenz gegen das Gefühl.

Es ist schwer, über solche Dinge sich zu äußern, und mir selbst
erscheint alles, was ich Ihnen da sage, als recht töricht, weil
ungenügend. Vielleicht hilft mir ein Gleichnis; ich denke mir, daß die
Gestalt dem Künstler entsteht wie dem Pygmalion das Bildnis und
daß aus der leidenschaftlichen Teilnahme an diesem Bildnis mit dem
Segen der Schönheit die Bewegung wird.
Schon die Wahl Ihres Stoffes zeigt das Vorwiegen der Intelligenz. Mit
dem Lenauschen »Don Juan«, der aus Überdruß der Langeweile sich
ergibt, haben Sie gewiß nicht empfunden, aber der Vorwurf hat Sie
interessiert, und es ist Ihnen eine Menge dabei eingefallen, welche Sie
mit erstaunlicher Sicherheit geordnet haben. Nun sage ich, folgen Sie
den Verlockungen Ihrer Phantasie nicht weiter, sondern ergeben Sie
sich dem, was Ihrem Herzen gefällt, sei es der Glanz der scheidenden
Sonne, das Rauschen der Welle, der dem Untergang geweihte Held
oder die Wahrheit durch die jungfräuliche Unschuld. Denn gerade
unsere Kunst führt uns auf die ewigen Motive zurück und lehrt uns sie
vernehmen und erkennen durch alle Täuschungen der Erscheinungen hindurch.
Was ich Ihnen hier sage, würde ich dem einzigen Kleist, bei
Gelegenheit seiner »Penthesilea«, die ich auch als das Erzeugnis der
erhitzten Verstandesphantasie betrachte, würde ich, ach, Berlioz bei
Gelegenheit jedes seiner Werke gesagt haben. Bei letzterem ist es nur
immer, als ob er *halbe* Eingebungen hätte, als ob sich das Bild ihm
zeigen wollte und er durch seine eigentümliche Unruhe es sich
zerstörte und nun Anhängsel ersänne zur Vervollständigung. Wenn
wir Themen von Berlioz einmal vornehmen, werde ich Ihnen daran
klarmachen, was ich meine.
In den letzten Tagen haben wir »Schauspieler und Sänger« gelesen,
und es freute uns innig, daß wir von selbst für unsere Abendlektüre
auf den zweiten Teil des »Faust« gekommen waren, welcher in der
Schrift so wundervoll erwähnt wird, was mir wirklich entfallen war.
Was uns zu dem »Faust« brachte, waren die »Wahlverwandtschaften«! Wollte ich dieses Buch mit irgend etwas vergleichen, so könnte
ich es nur mit dem geheimnisvollen Elemente, welches darin so
vorwiegt und welches Goethe als den Urgrund aller Dinge betrachtete: das Wasser in seiner sanften Bewegung und schauerlichen Stille,
in seiner Spiegelung des Lichts und der Gegenstände, in seiner
unergründlichen Tiefe, in seiner unerforschlichen Anziehung, vor
allem in seiner Heiligkeit. Es war uns unmöglich, etwas anderes als
wiederum Goethe des Abends vorzunehmen, und so griffen wir zum

»Faust«, um uns wie an einem Wunder daran zu laben, daß der Dichter am Schlusse seines Lebens auf Grund der furchtbar tragischen Einsicht, die ihm geworden, mit dem göttlichsten Humor die unfaßlichsten Gebilde uns vorführt. Und bei dieser Überfülle des Stoffes diese Festigkeit der Form! Bei keinem Stücke sind mir die fünf Akte so gegenwärtig und klar wie bei diesem Werke. Und bei dem vielen, was man trotz guter Bekanntschaft immer wieder entdeckt, ist mir jetzt das eine im ersten Akte aufgefallen: wie die Wolke, welche den Tempel umgibt, sich zerteilt und ertönt, der ganze Tempel zu Klang wird und endlich Paris erscheint, wobei man förmlich das Drama aus der Musik entstehen sieht.

Es wäre schön, sich die Deutschen zu der Bildung angelangt zu sehen, in welcher ihnen diese Dichtung in ihrer unvergleichlichen Volkstümlichkeit aufging. – Da ich das leider nicht kann, stelle ich Sie mir nun als Trost vor, wie Sie auf der einsamen Fahrt an dem schneebedeckten Gebirge vorbei in »Jesus von Nazareth« sich vertieften. Ein Wort aus dieser Dichtung verläßt mich nicht mehr, seitdem ich sie las: der Heiland zu Petrus: »Du folgtest mir hierher, um mich zu verleugnen, nun bleibe, um mich zu bekennen«. – »Sünde, wo ist dein Stachel« darf man wohl nach diesem Worte ausrufen. Und es hat etwas Erhabenes, sich zu sagen, daß, nachdem die Gestalt unseres Heilandes so mächtig scharf gefaßt worden war, gerade aus dieser Erfassung das Bedürfnis entstand, das Göttliche dieser Erscheinung uns zu enthüllen durch die Vermittlung des Heiligen; Parsifal.

Nun aber zu Ihren Fragen, liebster Strauss. Eigentlich bin ich selbst in der Arbeit begriffen und habe manches noch auszudenken. Auch halte ich es nicht nur für gut, sondern für notwendig, daß ein jeder, nachdem er die Angaben der Partitur auf das korrekteste befolgt hat, zu dem übrigen aus seinem Gefühl komme. Und Ihr Gefühl wird Sie gewiß immer recht leiten. Ich sammle zwar alle mir erreichbaren Daten von den drei authentischen Aufführungen des »Tannhäuser«, aber sie widersprechen sich alle. So gut ich jetzt kann, hier meine Antworten:

1) Nicht die Augen schließen.
2) Aufstehen bei der ersten Strophe.
3) Bei der Rede der Venus ruhig stehen.
4) Venus reicht ihm die Harfe.
5) Die Harfe entfällt Tannhäuser bei: »Zieh hin, Wahnsinniger«.
6) Was die Szene zwischen Tannhäuser und Elisabeth anbetrifft, so läßt sie sich im einzelnen nicht angeben, und rechne ich auf van Dyck,

um mich zu verstehen, und dann Blicke und Gebärde aus diesem Verständnis entstehen zu lassen.

7) An Elisabeth denkt Tannhäuser nicht einen Augenblick während des Sängerkrieges!

Über Ihren Aufenthalt in Frankfurt erhielt ich die eingehendsten Berichte, ja, über Ihren »Don Juan« von jedem meiner drei Kinder einen Brief. Ich weiß überall, wo Sie gewesen sind und was Sie gespielt haben, und habe mich des lebendigen Zusammenseins sehr gefreut. Haben Sie besonderen Dank für Ihre Durchsicht der Arbeiten meines Siegfried. Es hat ihn Ihre Teilnahme sehr gefreut, und er schreibt mir heute, daß, wenn er nach Bayreuth zu Ostern kommt, er Sie zuerst besuchen wird.

So wäre alles gut und schön, und da Sie mir versichern, daß es mit Ihrer Intelligenz nicht so weit her ist, will ich mich auch hierüber beruhigen, und das Herz will ich leben lassen, das mir im »Lohengrin« so warm entgegenschlug, und ihm jene reinen Freuden wünschen, die es verdient!

C. Wagner

Grüßen Sie mir Joukowsky herzlich, und auch Lassen, der mir in seinem Verhältnis zu Ihnen so wohl gefallen hat.

Morgen fahre ich nach Wien auf vier Tage (Hotel Impérial), dann München (bei Frau Fiedler, Arcisstraße 32) auf etwa acht Tage. Leid tut es mir, daß Sie Mottl nicht sahen. Er ist Ihnen sehr gut, und diese Freundschaft macht mir Freude.

An Richard Strauss
Bayreuth, 26. 3. 1890

Sie sollen an dem »Tannhäuser«-Tag einen Gruß von mir erhalten, mein teurer Freund, und zugleich die herzliche Aufforderung, immer zu mir klagen zu kommen. – Siegfried schrieb mir neulich, er könne nur heiter sein, wenn er im Einverständnis mit mir wäre. In einem gewissen Sinne wünschte ich, daß meine Adoptivsöhne – diejenigen, welche in Bayreuth ihre Heimat wissen – sich nur frei fühlten, wenn sie tüchtig ihre Not mir geklagt. – Daß Sie nichts in den Einzug der Gäste mitzureden haben, ist sehr ergötzlich. Wir armen Proletarier! Für das nächste Jahr wollen wir uns tüchtig mit Hofmarschällen und Oberzeremonienmeistern versehen, damit es nur schicklich bei uns hergeht!

Wegen des Elendes der Szenerie müssen Sie sich mit meinem armen
Vater trösten, der nichts vorwärtszubringen vermochte, obgleich er
sein Herzblut, seine Persönlichkeit und sein Ansehen einsetzte.
– Wenn Sie es nur so weit bringen können, daß die Schreinerei richtig
sei, nämlich, daß die Leute stehen, gehen und sitzen können, wo es
sein soll.
München war für uns durch meines Neffen Ritter Krankheit recht
trübe. Ich habe ihn gar nicht gesehen. Gott sei Dank hatte er am Tage
unserer Abreise wenigstens eine gute Nacht gehabt. – Die »Graner
Messe« war ein vollständiger Hoffmannscher Spuk! Porges hatte *eine*
Probe gehabt, das übrige können Sie sich denken, daß er hie und da
alla breve für ⁴/₄ schlug, dann plötzlich ⁸/₈, endlich, wie es ihm sehr
schön klang, in die Partitur sich versank und gar nicht mehr
vorhanden war – das kennen Sie ja ungefähr von Ihrer Vis-à-vis-
Wohnung bei den »Parsifal«-Chören! Es schadet aber nichts, er ist
eine große, lautere Seele und mir immer der rührende Beweis, daß
das Judentum sehr wohl durch das Christentum vernichtet werden
kann. Er hat zum Beispiel Kellermann zugejubelt, der ihm – da er ein
viel besserer Dirigent ist – den Boden unter den Füßen raubt.
– Kellermann hat die »Faust-Symphonie« ganz erstaunlich gebracht,
und zwar mit nur drei Proben. Die Zuhörer waren in geringer Anzahl,
aber ist kein Zweifel, daß die Wirkung eine große war! Es scheint für
die Werke meines Vaters zu tagen. »Die heilige Elisabeth« füllt seit
Weihnachten das Wiener Opernhaus, trotz einer etwas theatralischen
Inszenierung hatten wir einen großen Eindruck von dem edlen
Gebilde, und die »Dante-Symphonie« wurde kürzlich auch dort
aufgeführt.
Was ich im Theater in München genoß, war einfach tödlich. Die
berühmte Aufführung des »Barbiers von Bagdad« wirkte opiatisch
auf mich; das »Rheingold« war viel schlimmer wie in Wien (wo es
auch ganz artig schlecht war!), und der »Joseph« wie nicht
vorhanden. Wogegen wir aus einer Aufführung des *»Götz«* bereits
nach dem II. Akt fortliefen, da diese falsche Biedermännigkeit und
schreiige Biertisch-Treuherzigkeit uns wirklich ganz unerträglich
war, da man selbst an der Dichtung durch sie irre wurde.
Mit Berlioz habe ich einen förmlichen Bruch und dann eine
Versöhnung durchgemacht. Ersteres geschah mit dem »Requiem«,
dessen Monstrosität mich wahrhaft entsetzte. Die Versöhnung
verdanke ich »Beatrice und Benedikt«, welches feine Werk, durch
Mottls Rezitative anmutig bereichert, unter Jahn vortrefflich einstu-

diert wurde. Dann haben mir auch vier Chöre aus dem Heft »*Tristia*«
sehr gefallen, und zwar aus dem Grunde, weil der Gedankengehalt
mit den Ausdrucksmitteln im Einklang darin ist.

Es ist gar freundlich von Ihnen, meine kleinen Bemerkungen so gut
aufzunehmen, und ich freue mich auf Ihr neues Werk! Überhaupt
arbeiten Sie darauf los; der Mensch muß alles mögliche von sich
werfen, bevor er zu dem Ausdruck dessen, was ihm im Inneren lebt,
gelangen kann. Es sind wie Hautkrankheiten (Sie werden mir den
Vergleich nicht übelnehmen?), die das Kind durchmachen muß, um
zu seiner eigentlichen schönen Hülle und Fülle zu gelangen. Je
kräftiger das Kind, um so heftiger das, was es von sich scheidet. Und
ist es im Leben anders? Wie viele kräftige Irrtümer, heroische
Wahnvorstellungen muß nicht der bedeutende Mensch durchmachen, bis er zu der ihm eigenen Weisheit gelangt!

Ich habe neulich Ihrer gedacht, als ich ein sehr schönes Gedicht aus
Wilhelm Hertz' »*Spielmannsbuch*«, »Der Tänzer unserer lieben
Frau«, kennenlernte. Ich glaube, es wäre ein schöner Vorwurf zu
einer symphonischen Dichtung, viel lieber freilich gäbe ich Ihnen
einen Stoff zu einem Lustspiele an. Aber da die Zeit zum Suchen mir
fehlt, bin ich auf das, was mir der Zufall in die Hand spielt,
angewiesen.

Ihre originelle Politik erinnerte mich daran, daß ich im Jahre 70
behauptete, die Franzosen bekämen für jeden Takt des »Tannhäuser«, den sie ausgezischt, die gehörigen Schläge. Das kann uns kein
Mensch verdenken, daß wir die Weltdinge von uns aus betrachten
und in diesen glaubenslosen Tagen unseren Glauben überall hinein-
empfinden. Wir sahen kürzlich ein Bild des Kanzlers, sehr wehmütig
im Ausdruck, ich frug mich, ob er jetzt vielleicht, wenn es mir
vergönnt wäre, aus meiner eigenen Stimmung heraus ihm ein Wort
von Bayreuth zu sagen, er es verstehen würde. Ich fürchte aber, daß
ein solcher Lebenslauf dem Zweifel an allem zum Schlusse preisgegeben ist.

Unsere Freundin de Ahna paßt zwar nicht gerade in unser Gespräch,
ich will aber doch erwähnen, daß ihr Vater mich besuchte und mir den
dringenden Wunsch äußerte, sie möge in Weimar bleiben, was ich
begriff. Würden Sie ihn nicht vielleicht über Kassel beruhigen? Die
Sorge der Familie hat mich sehr gerührt, und es tat mir leid, betreffs
der Laufbahn des Fräuleins nichts Bestimmteres zur Beruhigung
sagen zu können.

Und da ich bei den Personalien bin, wollen Sie Joukowsky mit einem schönen Gruße von mir sagen, daß Dr. Fiedler auf meine Veranlassung hin ihm seine Schrift über Marées gesendet habe.

Kniese berichtete geradewegs Entsetzliches über die allgemeinen Theaterzustände. Er glaubt aber einen Bassisten entdeckt zu haben, einen ganz armen, von allem Glücke verlassenen Menschen mit schöner Stimme. Könnten Sie ihn brauchen?

Alvary ist eine höchst erfreuliche menschliche Erscheinung, ein Mann von Ernst und Intelligenz. Was ihm fehlt, ist das gewisse Etwas, das ich Sie gebeten habe, bei sich nicht mit Gewalt totzuschlagen; ich wüßte es nicht zu bezeichnen. In den »Heiligen« von Stein (Elisabeth und Paulus der Einsiedler) lebt es mit wunderbarer Macht der Kindlichkeit. In diesen Gebilden, in der Art, wie er das Geheimnis der Heiligkeit (dem der Künstlerschaft so verwandt) erblickt hat, zeigt sich Stein als Genie. Ich begreife sehr gut, daß die Mystiker Ihnen noch fremd bleiben, das wird Sie später, viel später erfassen.

Der Vergleich mit der Hydra hat mir sehr gefallen; ich versichere Sie, mein Freund, daß es mir hier sehr oft nicht anders gegangen ist. Mir fiel dabei der Blutflecken auf Blaubarts Schlüssel ein, wie denn die ganze Mythen- und Sagenliteratur kaum an Bildern reich genug sein dürfte, um das zu schildern, was die jetzigen Kunstzustände einen durchmachen lassen.

Wunderbar haben uns die Chöre des »Prometheus« in die hellenische Welt versetzt. Ich weiß wirklich nicht, ob das gute Musik ist, ich weiß nur, daß ich das purpurne Meer sah, den gefesselten Halbgott und die ihm Weh und Heil Zurufenden!

Auch Sätze aus Brucknerschen Symphonien habe ich gehört. Diesen guten Mann würde ich zum Hofkomponisten machen und ihm alljährlich eine Kantate, eine Festmesse, ein Tedeum, mit der Sicherheit, daß es sehr gut komponiert sein würde, bestellen. Das Zum-Genie-ausposauniert-Werden macht ihn zu einem Einfaltspinsel; davon mündlich, wie von so manchem.

Nun leben Sie wohl, guter, lieber Freund, und werden Sie's nicht müde, sich zu quälen und Ihre Qualen mir zu sagen. Ich muß Ihnen noch zum Schluß erzählen, daß ich diese Nacht im Traum den »Tristan« hier mit Niemann aufführte; zuerst war er im II. Akt auf ganz unmögliche Weise gekleidet, endlich bei »O sink hernieder« erschien er als Mohr, und wie ich in hellste Verzweiflung darüber geriet, erwiderte er mir, ganz negerhaft lächelnd: »Die Mohren wüßten einzig etwas von Liebe«. Über dem Schrecken wachte ich, wie Sie sich denken können, auf. Ich meine, das hat wohl etwas mit der Mohrenwäsche zu tun gehabt. Wollen Sie sich mit mir trösten, ich kann Ihnen nicht, wie Zeus dem Poeten, meinen Himmel anbieten, aber meinen Frieden biete ich Ihnen an, und soft Sie denselben klagend mit mir teilen wollen, so soll er Ihnen offen sein.

C. Wagner.

Die Meinigen grüßen alle auf das herzlichste.

An Engelbert Humperdinck
Bayreuth, 31. 3. 1890

Jetzt, wo Siegfried bei uns ist, ist es mir auch Bedürfnis, Ihnen, mein lieber Freund, für den Anteil, den Sie in so gründlicher und belebender Weise an seiner geistigen Entwickelung nehmen, von ganzem Herzen zu danken. Ich bin überzeugt, daß mit dem Unterricht, welchen Sie ihm geben, ihm eine Förderung für sein ganzes Leben gewährt ist, und die Freude, die er darüber empfindet, ist mir eine tiefe Befriedigung.

Freilich war es mir recht, daß Sie mit ihm den »Tannhäuser« in der alten und in der neueren Fassung vornahmen. Zu den einfacheren Meistern wird er dann doch gerne zurückkehren, denn was einmal gut war, ist ewig. Dessen habe ich mich kürzlich bei einer Anhörung des »Joseph« versichert.

Sollte einmal in Karlsruhe »Beatrice und Benedikt« von Berlioz gegeben werden, so fahren Sie doch mit Siegfried bitte dahin. Es scheint mir das reifste Werk von Berlioz; ist frei von den Meyerbeeriaden des »Cellini«, ist sehr anspruchslos und dabei fein, und die Rezitative von Mottl dazu sind kleine Meisterwerke.

Wie gerne würde ich Ihnen, mein lieber Freund, einen Lustspielstoff zuweisen! Ich kann mich aber leider nicht auf die Suche begeben, es liegt zuviel für mich vor. Wenn mir aber etwas in die Hände kommt, was mir zu frommen scheint, so werde ich es Ihnen sogleich zuweisen, und ich traue meinem Glück etwas zu! Sehr freute mich der Erfolg Ihrer »Wallfahrt«. Hoffentlich bringen wir es einmal in Bayreuth zu einem ständigen Orchester, und dann würde ich uns allerhand solches aufführen lassen. Über Strauss' »Don Juan« haben Sie ganz meiner Empfindung entsprechend geurteilt. Ich höre, daß die Orchestration glänzend ist. Ich wünschte aber lieber, daß dieselbe nicht in Berlioz-Art wäre, da dieser geniale Mann mir sehr selten die Seele des Instrumentes zu wecken scheint und ich im ganzen in seinem

Orchester kaum je die Verschmelzung empfinde, sondern alle
Bestandteile in mir peinlicher Weise zu beachten gezwungen werde,
es ist ungefähr, wie wenn ich bei einem Gewebe auf die verschiedenen Fäden achten müßte oder bei einem Bilde auf die einzelnen
Farbentöne. Die Einfälle scheinen mir bei Berlioz die Hauptsache zu
sein; daher ich seine kurzen Kompositionen, Chor- und Gesangs-
stücke und seine dramatischen Werke, wo die Handlung die Einfälle
rechtfertigt, bei weitem vorziehe.
Nun leben Sie wohl, mein lieber Freund! Wir grüßen Sie zu dritt auf
das herzlichste und wünschen Ihnen auf gut christliche Weise recht
freundliche Ostern!

                                                          C. Wagner.
Ich freue mich sehr auf Ihre Arbeit über den »Tannhäuser«.

An Hermann Levi
Bayreuth, Ostersonntag, 6. 4. 1890

Ich bitte Sie, bester Freund, mir die Klavierauszüge unfrankiert
hierher senden zu wollen. Ich fand keine Zeit für den begleitenden
Brief (bitte auch um die Rechnung).
Schönstens danke ich für den Bericht über Alvary. Ich kann mir ihn
sehr gut als Lohengrin vorstellen, wie ich überhaupt, seitdem ich ihn
in der Probe in Karlsruhe sah, ziemlich genau gewußt habe, woran
man mit ihm ist. Er gehört zu den schätzbaren Erscheinungen; die
Bestimmung seiner etwaigen Verwendung ist mir noch nicht ganz
klar, und glaube ich doch, daß ich an Winkelmann festhalten werde.
Das »Requiem« von Berlioz halte ich für die übelste unter den
Berliozschen Kompositionen aus folgenden Gründen:
In keinem der anderen tritt das Mißverhältnis zwischen den
angewendeten Mitteln und dem Gedankengehalt so erschreckend
vor; und das ist für mich das Unkünstlerische an sich.
In keinem ist die Dürftigkeit der thematischen Gedanken und die
Trivialität der Melodie so auffällig (»Cellini« ist dagegen wie ein
Füllhorn von Einfällen).
In keinem ist die Torheit, ist das Nachahmenwollen des Unnachahm-
lichen so grotesk (wie kann einer die Posaunen des Jüngsten
Gerichtes *durch die Quantität* wiederbringen wollen).
In keinem merkte ich in gleichem Grade die Verkennung selbst der
physischen Gesetze; so gut wie ein durch Licht geblendetes Auge

nichts mehr sieht, ist ein durch Schall betäubtes Ohr unfähig, etwas zu
hören, und er kann Chormassen aufhäufen, soviel er will, sie wirken
nach seinen absurden Posaunen nicht mehr.

Daß er niemals die Seele eines Instrumentes zu wecken vermochte,
ist mir längst bekannt. In seinen dramatischen Werken aber sind seine
witzigen Kombinationen durch die Situation gerechtfertigt.

Von dem Kindischen seiner Fugen brauche ich Ihnen wohl nichts zu
sagen, und das wird einem doch in seinen Symphonien und Dramen
erspart.

Endlich aber ist ihm in diesem Kirchenstück (mit Ausnahme des
einzigsten Requiem am Anfang, welches ich den besten Teil finde)
keine Gelegenheit gegeben, das, was ich als landschaftliche Melancholie bezeichnen möchte, anzubringen. Und die Melancholie ist sein
bester Teil, wie solche uns auch in dem Blicke des seelenlosesten
Menschen, als wahrhaftes Zeugnis der Trauer über seine Öde,
anzieht.

Fesselnd ist er immer als Persönlichkeit. »Spottgeburt von D . . . und
Feuer«, aber das Wort von Rossini: »wie gut, daß der kein Musiker
geworden ist«, ist ein tiefsinniges Paradoxon.

Dies führt mich auf die »Heilige Elisabeth«. Soll ich mich um sie
bekümmern, so müßte ich zuerst Maler und Maschinist, dann den
Ballettmeister, endlich Fuchs sprechen. Ich müßte aber sicher sein,
daß das geschieht, was ich anordne, sonst szeniere ich sie irgendwo
anders.

Ihr »Pietro di Abano« ist mir auch durch den Sinn gegangen. Ich
meine, er muß kraft seiner Zauberkunst verschwinden, der Chor in
Entsetzen darüber ihn Gott übergeben.

Also inkognito in München! lieber Major Lauenburg! Glück auf
dazu, Eva glaubt nicht daran.

Was das Poltern und übriges anbetrifft, so könnten Sie sich gebärden
wie der Seismos (wir lesen jetzt »Faust« II. Teil), ich fände nichts
dabei. Was mich kränkt, ist Ihnen ganz unbewußt, und ich kann es
Ihnen auch nicht sagen. Daß wir uns gegenseitig eine Prüfung und
Pein sind, wollen wir uns herzhaft eingestehen und dadurch zum
herzlichen Vergnügtsein miteinander kommen. Ich bereue es, Ihnen
schwere Stunden bereitet zu haben, und mit Gottes Beistand hoffe
ich, niemals mehr aus der Gutgelauntheit zu fallen, in welcher wir uns
zuletzt begrüßten und in welcher ich Ihnen heute die besten Wünsche
für Ihr ganzes Ergehen entsende!

CW.

Die Kinder grüßen auf das herzlichste!
Vielen Dank für das schöne Goethesche Zitat, welches ich nicht kannte.

An Engelbert Humperdinck
Bayreuth, 29. 4. 1890

Mein lieber Freund,
Ich bin auf dem Sprung nach Karlsruhe und habe noch vollauf hier abzutuen, will Ihnen aber doch für Ihren lieben, vertrauensvollen Brief, und zwar von ganzem Herzen, danken. Es freut mich innigst, daß Sie auf meinen Vorschlag, nach Frankfurt zu kommen, eingegangen sind, denn keinem anderem möchte ich die musikalische Ausbildung Siegfrieds anvertrauen. Daß Sie nun die »Zauberflöte« mit ihm vornehmen und ihm die außerordentlichen unvergänglichen Schönheiten dieses einzigen Werkes recht würdigen lernen, ist mir eine große Befriedigung. Schön, daß Sie dieses Werk als einführender Schutzgeist in die Musik haben! Wem dieses Glück zuteil wird, der ist gefeit und vor der Gemeinheit bewahrt, wie sie mich neulich in Chabriers »Roi malgré lui« zu meinem Entsetzen angegrinst. Auch finde ich es schön, daß wir in der Kontinuität der großen Geister leben und es wahrnehmen, wie sie sich »die goldenen Eimer« reichen. In diesem Sternenhimmel recht zu Hause sein, heißt die ewige Heimat besitzen, die uns die irdische ertragen, ja lieben lehrt.
Viele Wege sind Sie bereits gewandert, von der »Zauberflöte« bis zu Krupp! Seien Sie aber froh, mein lieber Humperdinck, daß Sie nicht zu früh zum Theater gelangten. Ich glaube in der Tat, daß ich damals Levi von Ihnen gesprochen. Wenn er zu fromm für Sie gesorgt hat, so ist es, vermute ich, weil es nicht geraten ist, in die Münchener Küche zu gucken. Der liebe Strauss kann ein Lied davon singen. Wenn Sie in Frankfurt ankommen können, wäre es schon recht gut, aber der Nachteil des Unsemitismus scheint mir groß! Doch hat mir Direktor Claar einen freundlichen Eindruck gemacht, und am Ende glückt's. Jedenfalls meine ich, daß die Tätigkeit an einem Theater Ihnen trotz allem mehr Freude gewähren wird als Konzertdirektionen.
Auf Wiedersehen in Bälde, mein lieber Freund! Haben Sie Dank, und seien Sie für alle Zeiten meiner freundschaftlichen Ergebenheit versichert!

                                                              C. Wagner

Es wird mich sehr freuen, Ihnen die Arbeit, welche ich mit dem
»Rienzi« vorgenommen habe, zu zeigen. Ich hoffe, daß es uns gelingt,
das edle Werk wiederherzustellen! Es wäre ein schöner Anfang für
Frankfurt.

An Richard Strauss
Bayreuth, 21. 5. 1890

Herzlichen Dank, lieber Freund, für das Eingehen auf meine
Empfehlung! Ich glaube unbedingt, daß Jäger auch das Schauspiel
übernehmen kann. Herzlichen Dank vor allem für Ihre lieben Zeilen!
Wäre es mir möglich, am 8. Juni nach Weimar zu kommen, so würde
ich es unbedingt tun. Die Ritterschen Stücke interessieren mich in
hohem Grade, und Ihre Teilnahme für sie und die ernste Art, wie Sie
sie begründen, macht mir große Freude. Ich muß aber jetzt in
Wahnfried bleiben, zuviel liegt vor, und ich darf mich von meiner
Aufgabe in keiner Weise, auch in der anregendsten nicht, zerstreuen.
Der »Tannhäuser« in Karlsruhe hat es mir wieder recht nahegebracht, wie dieses Werk im argen liegt. Wird es uns hier glücken, es zu
seiner wahren Gestaltung zu bringen? Ich hoffe gegen jede Hoffnung, denn *alles* macht mir Sorge! Orchester, Sänger, Szenerie,
Beleuchtung, Musik auf der Bühne, *alles*! Und ich rette mich vor der
Bangigkeit, die mich einnimmt, nur durch das emsigste Nachforschen
und Vergleichen. Wenn ich mir sage, bloß wie ich mir die Chöre
vorstelle und wie ich sie zu hören seit 35 Jahren verurteilt war, so ist
mir, als ob ich nach einer Fata Morgana steuerte, die ich nie erreichen
könnte.
In Karlsruhe habe ich »Die heilige Elisabeth« vorbereitet und auch
den »Rienzi«. Bezüglich letzteren Werkes habe ich zu Mottls
Kummer manches musikalische Moment zugunsten der Belebung
des Dramas geopfert. Dafür aber eine große Stelle, die selbst in der
Partitur nicht mehr zu finden ist, wieder eingesetzt, es ist im III. Akt.
»Klaget, Jungfrauen, weinet!« Mein Triumph würde es sein, wenn die
wundervolle Idee des Ganzen – (das antike Ideal in einer durchaus
mittelalterlichen Erscheinung verkörpert, diese Erscheinung dadurch zugrunde richtend, daß keiner aus der Umgebung dieses Ideal
teilen kann und einzig und allein die Persönlichkeit hinreißend wirkt)
– den Zuschauern sich deutlich mitteilte; und daraufhin möchte ich
arbeiten.

In der »Heiligen Elisabeth« bin ich sehr kühn gewesen, weiß aber nicht, ob es mir glücken wird, da Dekorationen und Kostüme nicht neu geschaffen werden.

Habe ich Ihnen denn von dem »*Roi malgré lui*« von Chabrier in Dresden geschrieben? Ich kann Ihnen meinen Eindruck gar nicht schildern und habe es nur in der Explosion der Wut zu Mottl getan; so etwas *darf* man nicht bringen, es ist einfach entsetzlich, und ich kann gar nicht ruhig darüber sprechen!

Das ist denn ein ganz anderes Ding mit Berlioz, da hat man es mit einer der bedeutendsten Persönlichkeiten zu tun, welche die Kunst hervorgebracht hat. Und selbst im »Requiem«, welches mich so abgestoßen hat, sind Einzelheiten des allergrößten Stiles, überhaupt, wenn etwas von Berlioz aufgeführt wird, würde ich nie ermangeln es anzuhören, denn er gibt viel zu denken über sich, sein Volk, die Symphonie im allgemeinen, die Begrenzung in der Kunst, kurz, er wirft lauter Probleme auf, und wenn sein Bau ebenso schief ist wie der Turm zu Pisa und man an dem Grotesken, Absurden, leider auch sehr Trivialen keine Freude haben kann, so blickt man doch auf ihn wie auf einen jener Verdammten aus der Danteschen Hölle und schwankt zwischen Entsetzen und Teilnahme. Für die »Lear«-Ouvertüre habe ich in meiner Jugend geschwärmt, und ein Oboenthema aus der Introduktion ist mir als schöne, melodische Gestalt in Erinnerung geblieben. Überhaupt die ganze Ouvertüre als eine der besten Berliozschen. – Kennen Sie seine »Sommernächte«?

Ich habe in der letzten Zeit den »Chopin« von meinem Vater gelesen, und wenn auch eine fremde Feder ihn nicht gerade geschmückt, sondern ziemlich reichlich überschrieben hat, so ist doch so viel von ihm darin, daß ich mich ungemein gefesselt und gerührt fühlte. Allein schon die Komposition des Buches, die Einteilung in die verschiedenen Kapitel, halte ich für meisterlich. Ich habe zugleich einige der darin erwähnten Werke mir wieder vorgeführt, die Polonaise-Fantaisie, das Präludium in fis-Moll, die große Polonaise ebenfalls in fis-Moll mit der Mazurka darin, und habe einen unendlichen Genuß davon gehabt. Die große Sicherheit und Präzision der Form mit einer Fülle der Melodik und eine Eigenart der Empfindung, wie man kaum ein zweites Beispiel dafür in der Klavierliteratur antreffen könnte. Der H-Dur-Mittelsatz in der Polonaise-Fantaisie mutete mich wie eine orphische Inspiration an, und wer versagte seine Teilnahme wohl dieser eigentümlichsten Erscheinung des heroisch klagenden Tanzes. Freilich frägt man sich, was ein solches zartes Gebilde inmitten unserer plumpen Welt soll! Vornehmlich ist es das weibliche Ideal, das uns aus diesen Inspirationen entgegenschimmert, welches wir kaum in Zusammenhang mehr zu bringen vermögen. Durch eine Gedankenverbindung kam ich auf den »Tasso« von Goethe, und wenn das Germanische dem Slawisch-Französischen wohl an Tiefe und Reinmenschlichem weit überlegen ist, so liegt doch die nahe Verwandtschaft in der zarten Schwärmerei:

>   »Und willst du wissen, Tasso, was sich ziemt,
>   so frage nur bei edlen Frauen an«.

Ich freue mich, daß Sie den »Tasso« meines Vaters zu dirigieren bekommen, und würde Ihnen auch den »Prometheus« zugewiesen haben, da für die Aufführung dieser Werke nebst Talent auch Charakter, Persönlichkeit erforderlich ist. Überhaupt finde ich das Verhältnis von Charakter zu Geist dem gleich des heiligen Christoph zu dem Heilandkinde, er muß ihn durch die Fluten des Lebens tragen, und gar oft mag es ihm schwer zumute sein. Sollten Sie für Ihre Tonkünstlerversammlung noch eines Sängers (Bariton) bedürfen, so würde ich Ihnen unseren Ritter, Hüpeden, empfehlen, dem Kniese sehr gut Lieder von meinem Vater und einzelnes aus den »Sommernächten« einstudiert hat.

Ich habe die verschiedenen Sänger, die mich hier besuchen wollen, gebeten, *Ende Juli* zu kommen. Wenn es Ihnen aber, Fräulein de Ahna und Herrn Zeller besser in Ihren Sommerwegen paßt, früher zu kommen, so sind Sie mir willkommen, das versteht sich von selbst.

Humperdinck hat große Freude an seiner Aufführung in Weimar gehabt. Sie wissen doch, daß München »Das eherne Pferd« der Kosten wegen refüsiert hat! Ich habe Humperdinck geraten, eine neue Ouvertüre zu schreiben (nicht zu dem Refus von München!), da Siegfried mir sagt, daß die Aubersche ziemlich vulgär sei. – Skizzen zu einer »Maurischen Symphonie«, die mir Humperdinck spielte, gefielen mir ausnehmend; wir haben es da mit einer ungewöhnlich feinen, musikalischen Natur zu tun.

Daß der »Spielmann« Ihnen gefällt, freut mich sehr. Es gibt so wenig in unserer modernen Welt, dessen man sich erfreuen kann, und ich flüchte mich regelmäßig und fast nach jedem Exkurs in das unromantische Land, zu Goethe, den man, Gott sei Dank, nie auskennt. Da sind mir im 2. Teil des »Faust« einzelne Stellen vorgekommen, die ich wirklich nicht verstand und ebenso wirklich bis jetzt übergangen hatte. Ich habe Siegfried sehr dezidiert auf diesen unseren Gott-Vater gewiesen und hoffe, ihn dadurch vor aller

Telephon-, Phonographen-, Kolophonium- und Rampenlicht-Literatur behütet zu haben, welche man heute die realistische nennt.
Mottl erzählte mir die »Kreutzersonate« von Tolstoi. Levi las mir das letzte Kapitel vom »Katzensteg«, ich glaube, ich habe für zehn Jahre genug und blicke schwermütig in den »Tannhäuser« hinein und frage mich, welche Herzen wirklich vorbereitet sind, um dieses Allerheiligste zu empfangen. Was mich fast am allertiefsten kränkt, ist, zu gewahren, daß »Tristan« zum Beispiel von vielen und manchen mit den odiosen Produkten der jetzigen Literatur vermischt wird.
Ob Mottl zu den Ritterschen Opern wird kommen können, bezweifle ich; wenn ich nicht irre, ist er im Juni bei seiner Mutter in Wien und kann sie nicht gut verlassen. Er wird sich aber sicher dieser Stücke annehmen, denn er hat ein offenes Herz für alles Lebende und Gute. Wollen Sie ihm eine Freude machen, so schicken Sie ihm doch, in meinem Namen, die Abschrift von dem großen Vorspiel zum III. Akt »Tannhäuser«, das Sie aufgeführt haben sollen und das er nicht kennt. Die Abschriftkosten würde ich gerne tragen.
Mir senden Sie bitte Ihren Aufsatz, auch mit den Beleidigungen! Ich habe die größte Teilnahme für alles, was Sie tun, ja treiben, und daß das Herz gut bei Ihnen bestellt ist, weiß ich bestimmt und erwarte noch schöne Blüten daraus.
So seien Sie mir in innigster Herzlichkeit und wärmster Hoffnung gegrüßt, und wenn Sie eine freie Stunde haben, lassen Sie mich wissen, wie es Ihnen geht, mit der Sicherheit, mir damit eine wahre Freude zu bereiten.
Meine Kinder grüßen Sie allesamt in lebhafter Anhänglichkeit und Teilnahme.

C. Wagner

Ich will noch mitteilen, daß der »Mephisto-Walzer« eines meiner Lieblingsstücke meines Vaters ist. Vergleiche man das nur mit dem »Ständchen« aus dem »Faust« von Berlioz, um zu sehen, was Adel in der Kunst ist und wie gleiche Motive anders erfaßt und auch andere Erscheinungen hervorbringen.
Mottl spielte uns die »Vogelpredigt«, die uns in seiner Instrumentation noch gewonnen zu haben schien. Kennen Sie sie? Und seine Bearbeitung vom »Blaubart«? Sie ist wirklich prächtig.

Die Witwe: Ölbild Cosimas von Franz von Lenbach

Der Tempel: »Parsifal« – »Wahnfried«

An Engelbert Humperdinck
Bayreuth, 2. 6. 1890

Ich danke Ihnen herzlich für Ihre Zeilen, mein lieber Freund, und
melde zugleich etwas beschämt, daß weder Siegfried noch ich, noch
auch Kniese das Tatwamasi der Postkarte verstanden haben. Siegfried glaubte etwas aus der »Gezähmten Widerspenstigen« zu
erkennen, fand aber keine Anwendung.
Wie vorzüglich Sie ihn in das herrliche Werk Mozarts eingeführt
haben, ersehe ich aus seiner Freude daran, welche mir wiederum die
größte Befriedigung ist. Es würde mich wahrhaft schmerzen, wenn
mein Sohn zu der Liebe für die Werke der vollendetsten Kunst nicht
die Würdigung der vorangegangenen Schöpfungen anzureihen fähig
wäre. Wenn es Ihnen recht ist, lieber Freund, so nehmen Sie jetzt
»Figaro« mit ihm vor, der, wie mir scheint, orchestral fast noch
bedeutender als die »Zauberflöte« ist, wenn mir diese durch den
melodischen Gehalt lieber ist. – Dann, meine ich, wäre »*Fidelio*« am
Platz, der meines Erachtens den künstlerischen Wert der Mozartschen Stücke nicht hat, wenn er auch im einzelnen (Vorspiel zum
II. Akt, Schluß-Chor) durchaus Beethovenisch ist und daher alles
überragt. Nachher käme die »*Iphigenie*«, welche mir anderen Stiles
zu sein scheint.
Aber alles, versteht sich, mit Ihrer Einwilligung!
Hoffentlich haben Sie Freude an der »Elisabeth« gehabt! Daß das
Militär der armen Heiligen noch den letzten Streich geben mußte, ist
wirklich arg.
Grüßen Sie mir meine Kinder, ich schreibe ihnen morgen. Sie selbst,
mein Freund, seien Sie auf das herzlichste von uns dreien gegrüßt!
Treu anhänglich
                                                          C. Wagner.

An Otto Eiser
Bayreuth, 14. 8. 1890

Mein verehrter, teurer Freund,
Ich müßte Ihnen einen Begriff von der Bängnis zu geben vermögen,
welche mich seit dem ersten Besuche Friedrichs' auf dem Gilgenberg
belastete, um Ihnen zugleich die Vorstellung davon erwecken zu
können, welch eine Wohltat Ihr herrliches Schreiben an Kniese und
Ihre lieben Zeilen heute an mich mir war.

Das Gefühl, welches sich meiner bemächtigt hat, als ich es gewahr
wurde, daß Friedrichs viel kränker wäre, als es eingesehen wurde
oder – in Bremen – eingesehen werden wollte, ist unbeschreiblich.
Ich könnte es niemals in Worten fassen, wie mir inmitten unserer
gerade um diese Zeit ziemlich angestrengten Beschäftigung zumute
war, und es hat der ganze Glaube an unsere Kunst dazu gehört, sowie
die durch dieselbe immer aufs neue mir werdende Kraft, um mir nicht
einerseits jede Ablenkung von der Betrachtung des menschlichen
Elendes als einen Frevel ansehen, andererseits um mich nicht in eine
tiefste Erbitterung gegen die grausame menschliche Leichtfertigkeit
verfallen zu lassen.
Als ich nun im Einverständnis mit Rat Gross den Entschluß faßte,
Friedrichs in die Anstalt auf den Gilgenberg zu bringen, wurde ich
der inneren Pein übergeben, das Rechte nicht getroffen und es mir in
einer gewissen Weise leichtgemacht zu haben. Die Beschreibung,
welche mir Lina Gross von den Folgen der ersten Konsultation
Dr. Falkos machte, steigerte diese meine Stimmung, die ich wohl als
eine qualvolle bezeichnen kann.
Nun kam Ihr Schreiben, verehrter Herr und Freund, und der darin
sich kundgebende Scharfblick, vereint mit dem wärmsten Mitgefühl
und der Bestimmtheit der Empfindung, führten mir eine jener
Erfahrungen zu, deren Tröstlichkeit bei weitem alles erlebte Übel
überwiegt und uns einem Zustand, den ich als den der unbewußten
Hoffnung bezeichnen möchte und der uns für die Aufrechterhaltung
unseres Gleichgewichtes unentbehrlich ist, neubelebt übergibt. Wie
sollte ich Ihnen hierfür danken?
Auch die strenge Wahrhaftigkeit, mit welcher Sie unseren Freund
Kniese geehrt haben, begrüßte ich als eine Unterstützung der
moralischen Förderung, wie ich sie zu meiner Freude diesem
vortrefflichen Menschen hier zuteil werden sehe. Bei einer so
tüchtigen Gesinnung, wie er sie stets bewährte, hat es ihm das Leben
bis jetzt verwehrt, bei jeder Gelegenheit fest den Dingen in das
Antlitz zu sehen. Und wie alle Menschen, die hie und da überflüssig
reden, schweigt er auch zuweilen am unrechten Ort. Da mir
unendlich viel daran liegt, daß er gleichsam zu dem Stolze seiner
vorzüglichen Eigenschaften gelangt, und daher jede Schwächlichkeit
fahren lasse, konnte mir nichts willkommener und hülfreicher
erscheinen als die Worte, durch welche Sie, Verehrter, Ihre Freundschaft für ihn mit wahrhafter Tapferkeit aufs neue bewährten. Und
Kniese ist dies zu schätzen durchaus fähig. –

Jeden Tag freue ich mich über sein Hiersein. Sein Eifer, sein Fleiß,
sein Eingehen auf meine Auffassung unserer Dinge sind unbedingt,
und ich erlebe durch ihn die seltene Genugtuung, einen ganz
außergewöhnlichen Menschen in eine ihm entsprechende Wirksamkeit gekommen zu sehen. Auch an seiner Familie habe ich große
Freude; seine Frau nimmt an allem, was uns beschäftigt, einen regen
seelenvollen Anteil und bringt den Meinigen und mir eine Freundlichkeit entgegen, die uns jedesmal auf das wohltätigste berührt.
Auch scheint sie mir sehr verständig zu sein, und ich glaube, daß im
Fall einer Kollision (die zwar gar nicht denkbar ist) mit ihrem Manne
ich bei ihr die vertrauensvollste und vernünftigste Unterstützung
fände.

Es ist mir, teurer Freund, als ob ich die Verpflichtung gehabt hätte,
Ihnen von dieser mir so wertvoll gewordenen Beziehung etwas
mitzuteilen. Betrachte ich Sie doch als den Paten dieser Beziehung
(bei der Familie Kniese denkt man ja leicht an Taufe!), und weiß ich
doch, daß Sie Freude an ihrem Gedeihen haben werden. Empfangen
Sie meinen Dank für das, was Sie uns wiederum in diesen Tagen
gewesen sind! Meine Kinder vereinigen sich mit mir, um Sie und Ihre
teure Frau auf das innigste zu grüßen! – Peterstal hat sich als die beste
Wahl erwiesen. Isolde ist vollständig hergestellt und Daniela *bei
weitem* wohler und kräftiger als im Frühjahr. Hier findet sie auch nur
Ruhe, denn der Schwarm ist fortgebraust, und ich hoffe, daß das
wahnfriedliche Leben das Gute des Peterstaler Regimes weiter
fördert.

Brauche ich zu sagen, daß wir täglich Ihrer gedenken, verehrter
Freund? Bewahren Sie uns Ihre Güte, und seien Sie meiner
dankbarsten Ergebenheit auf das wärmste versichert!

                                                C. Wagner.

1891

An Houston Stewart Chamberlain
Bayreuth, 5. 3. 1891

Ich habe die letzten 8 Tage in Berlin und die erste Woche hier
gelegen, mein Freund, und dies ist der Grund, weshalb ich Ihnen
nicht für Ihren lieben, mich ungemein erfrischenden Brief dankte.
Was mir gefehlt hat, wüßte ich nicht recht zu sagen, eine große
Mattigkeit ist mir noch zurückgeblieben, und es mag wohl sein, daß
der Schock, den ich durch die plötzliche Nachricht von van Dycks
Renitenz erhielt, die Hauptschuld daran trägt. Van Dyck hat mir
keine großen Illusionen über sein Können oder Wollen gelassen; ich
komme nächstens mit ihm zusammen, und keiner kann bis jetzt
entscheiden, was wird und wie es in den Sternen beschlossen ist. Er
möchte nicht, das ist sicher. Da wir aber einige sind, die möchten, und
mehr Kraft haben wie er, so ist die Sache noch unentschieden. In die
Frage spielt noch die Winkelmannsche Verwickelung hinein. Können Sie mir sagen, wie es mit dessen Stimme und Gesundheit steht?
Gott, habe ich über den Früh-Schoppen Oesterleins gelacht! So was
würde doch keiner erfinden, und dieses allgemeine Wirtshauskon-
ventikel, wo alles besprochen und beraten wird, ganz einzig!
Wien ist ein unglaubliches Nest in seiner Lumpazivagabundus-Bum-
melei (Sie schockieren mich übrigens mit dem Besuche der Lumpen-
bälle gar nicht. Ich habe dagegen für einen Presseball und ein
Ibsen-Souper mit 70 Zeitungsschreibern gedankt!) das vollständige
Gegenstück zu Berlin, wo die Strammheit und Arbeitswut völlig
gespenstisch sind. Auch hat man dort mehr den Begriff der
Wahrhaftigkeit, was am Ende doch etwas Hübsches ist.
Es war mir sehr angenehm zu erfahren, daß ich Herrn Böhler zu
einigem Avancement in die vornehme Welt verholfen habe. Ihre
Erwähnung von den Erdbeeren versetzte mich in jenen phantasti-
schen Abend, wo Wickhoff neben Herrn Höfler und eine Dame
Böhler auf uns wartete und der echevelierte Pianist Löwe uns
Bruckner zum besten gab!
Ich habe aber die freundlichste Erinnerung an diesen Abend, der für
mich etwas ungemein Gutgelauntes hatte.

Ich habe nun doch nicht an Richter schreiben können, wie ich es mir
vorgenommen hatte. Mein Leben gehört mir nicht an, und 14 Tage
Brachlegung bringen mich in allem so zurück, daß eine ganz
eigentümliche Angst mich erfaßt. Ich werde aber doch suchen, bei
irgendwelcher Gelegenheit diesen Dank Richter zukommen zu
lassen.

Hätten Sie uns doch in Berlin besucht! Ich würde mich so gefreut
haben, einiges dort mit Ihnen zu erleben. Unter anderem ein Stück
von Ibsen »Hedda Gabler«, welches ich zumeist in Gedanken an Sie
mir angesehen habe und welches mich gefesselt und sehr eingenommen hat. Gewiß hat man es hier weder mit einem Dichter noch mit
einem Künstler zu tun, doch mit einem eigentümlich ernsten
Menschen, dem es aufgegangen ist, daß die Unbefriedigung wie das
Ideal unseres Augenblickes ist, und der den Mut hat, das Leben ohne
Bedeutung und den Tod ohne Tragik, wie ich es selbst an manchen
Erscheinungen erfahren, zu zeigen. Daß eine getäuschte Leidenschaft bei einer Frau diese Trostlosigkeit zum Ausdruck bringt, war
für mich das Fesselnde. Bedenklich ist, künstlerisch gesprochen, die
Vermischung des Erbärmlich-Lächerlichen, wie der Mann und die
Freundin, mit dem bedeutsamen Motiv dieses verbitterten Frauenge-
mütes. Etwas vornehmer könnte das Ganze gegeben werden. Das
Gefühl, vor einem Abgehäuteten zu stehen, verließ mich nicht, und
die Haut, welche unseren Körper hüllt und verklärt, gehört doch auch
zur Natur. Aber, wie gesagt, ich hatte den Eindruck des Ernstes und
des Nichtandersseinkönnens.

Wie sehr hat mich das, was Sie über »Lear« und Rossi mir
geschrieben, angeheimelt und angeregt. Ich glaube, daß kein Stück
des ungeheuren Mannes mich so erschüttert hat, mir derartig das
Verwandtsein mit allem und jedem enthüllt hat, wie diese unsägliche
Tragödie. Und gerade der Moment, den Sie erwähnen und den Sie so
schön deuten, erschien mir als das ewige Symbol aller Dinge. Immer
wieder muß ich daran denken wie an die unvergängliche Wahrheit,
nur nicht begreifend, warum sie so trostreich ist, da sie uns doch so
furchtbar erscheint. Ich sah einen schlechten Schauspieler als Lear,
das störte mich jedoch nicht. Sie sind aber bezüglich Rossis gewiß im
Rechte gewesen, Sie haben durch die Schwächen des Alters durch die
Kraft der Jugend empfunden, und mir geht es zum Beispiel so mit
jedem alten Frauengesicht, und fast zu gesteigerter Empfindung von
der Schönheit. Von dieser Auffassung des Lear als prästabiliert
Wahnsinniger hatte ich schon vernommen; ich denke mir, daß Rossi

etwas, was er in der Jugend unwillkürlich getroffen hatte, im Alter doktrinär ausgearbeitet und vielleicht übertrieben hat, was Wickhoff gestört haben mag; es ist nicht gut, wenn der Schauspieler sich Rechenschaft von dem gibt, was er mit dämonischem Instinkt schafft. Und ich glaube, daß bei keiner künstlerischen Tätigkeit der Verstand sich in seiner Dummheit so enthüllt wie bei dem Mimen. Sie haben die schöpferische Kraft gehabt, Rossis Genie durch die Gebrechen des Alters zu empfinden und durch ihn zu Shakespeare zu gelangen. Wickhoff mußte als Realist mit der Oberfläche sich begnügen und kam dabei schlecht weg. Im übrigen finde ich es sehr hübsch von Wickhoff, Sie über allerhand zu befragen, und eine sehr freundliche Annäherung, welcher Sie hübsch gemütlich entsprechen sollten. Wenn Sie ihn sehen, wollen Sie ihn sehr herzlich von mir grüßen und ihm sagen, daß ich mit größtem Interesse seinen Aufsatz über den Amor im Mittelalter gelesen habe. Ich würde ihm darüber geschrieben haben, wenn, wie gesagt, ich nicht das meiste hätte unausgeführt lassen müssen.

Sehr habe ich mich auch über Ihre Unterredung mit Herrn von Kallay gefreut, und danke ich Ihnen herzlich dafür, mir solche Momente aus Ihrem Leben mitzuteilen. Wir Frauen bleiben ja nie bei einer Sache stehen, und so frug ich mich, ob Sie nicht einen Ihnen entsprechenden Posten in der Verwaltung, die Sie interessiert, erhielten. Ich stelle Sie mir sehr gut in Bosnien vor, und das würde Sie doch nicht verhindern, nach Bayreuth zu kommen?

In den Regie-Bemerkungen Heines ist sehr wenig zu gebrauchen. Aber das Ganze ist mir recht wertvoll, weil ich da schwarz auf weiß habe, was ich sonst zu meinem Staunen traditionell ausgeführt gesehen habe. – Der gute Oesterlein gehört auch zu den rubrizierenden Deutschen. Ach, sind alle diese unsere Freunde unglaublich! – Ein Konzert in Berlin mit II. Akt »Parsifal« hat mich ganz zur Verzweiflung gebracht, und ich litt zwischen der Teilnahme für den armen, verdienstvollen edlen Klindworth und der Vereinsduselei und allem damit zusammenhängendem Unfug.

Freude war mir in Berlin der wiederholte Besuch des Museums, wo ein höchst liebenswürdiger Assistenzdirektor uns führte, mit welchem ich Sie gar gerne bekannt gemacht hätte. Das geschieht vielleicht in Bayreuth. – Sie sehen, ich habe viel an Sie gedacht, und jetzt in diesen Tagen entsinne ich mich unseres vorjährigen Zusammenseins in Wien. Am 11. März war wohl die »Heilige Elisabeth«, für welche Sie einen Mittagstisch aufgaben? Ich freue mich, daß wir

sie gemeinsam erlebten, und wünsche von Herzen, daß das karge
Leben uns öfters zusammenführe! Ihre Lebensgeschichte müssen Sie
mir noch einmal auserzählen. Fragment darf das nicht bleiben.
Grüßen Sie Ihre liebe Frau herzlich von uns und seien Sie aus dem
stillen Wahnfried mit der Innigkeit der Tiefe gegrüßt!

C.W.

An Ernest van Dyck
Bayreuth, 7. 3. 1891

Lieber Herr van Dyck,
Auf die Depesche, die Herr Kniese an Herrn Paumgartner geschickt
hatte, um bei Ihnen in meinem Namen anzufragen, ob Sie sich,
unserer Abmachung gemäß, jetzt mit mir in München treffen
könnten, bekomme ich die Antwort, daß Sie gegenwärtig die Rolle
des Raoul studieren. Diese Nachricht könnte mich an sich mit Freude
erfüllen, denn es gäbe keinen Zweifel, daß Sie uns den Tannhäuser
geben könnten, wenn Ihre Stimme tatsächlich für eine Rolle
wiederhergestellt ist, die bekanntlich zu den anstrengendsten des
Opernrepertoires gehört.
Ich bin jedoch hinsichtlich der Lage, in der Sie sich befinden,
skeptisch. Ich frage mich, wie man Ihnen, der Sie Ihre Stimme
schonen müssen, Rollen wie des Grieux und Raoul aufbürden kann,
die – koste es, was es wolle – Schreie aus vollem Hals verlangen. Auch
verstehe ich nicht und kann es mir nicht erklären, daß man Sie
künstlerisch so herabwürdigt, nachdem Sie eindeutig bewiesen
haben, zu Schöpfungen anderen Ranges als den eben genannten fähig
zu sein (dazu noch Ihr durch den Parsifal in Bayreuth erworbener
Ruf); und – erlauben Sie mir Ihnen das zu sagen – ich verstehe
einfach nicht, wie Ihr Künstlerstolz einer solchen Behandlung
zustimmt.
Aber gesetzt den Fall, es sei nahezu unerheblich, daß Sie in Wien dies
oder das singen, nicht unerheblich ist, wozu Sie in Bayreuth
aufgerufen sind. Und wenn ich Sie mit allem möglichen Nachdruck
bitte, um keinen Preis die drei mir versprochenen Tannhäuser
preiszugeben, dann ist dies auf Grund des Interesses, das mir Ihr
Talent einflößt, und dies, ich versichere Ihnen, ebenso für Sie und
Ihre Würde als Künstler wie für unsere Aufführungen. Ich weiß wohl,
daß die Sprache, die ich hier führe, im Theater nicht üblich ist, aber es

ist die einzige, die ich mit Ihnen führen kann. Unsere Beziehungen
haben als Grundlage Ihren Lohengrin von Paris, diese Beziehungen
haben sich behauptet durch den Parsifal, und es war in Bayreuth, wo
Sie Ihren Ruf erworben haben. Erinnern Sie sich, bitte, daran, und
wenn Ihre Stimme Schonung verlangt, lehnen Sie ab, sie durch Rollen
ohne Wert zu ermüden, und machen Sie sich an die Arbeit des
Tannhäuser, sobald Sie sich wieder bei Kräften fühlen.
Ich bitte Sie, mit mir am 13. oder 14. dieses Monats in München
zusammenzutreffen, Mottl wird auch dorthin kommen, und wir
werden in aller Offenheit das Problem besprechen.
Ich möchte kein Unglücksprophet sein, aber ich glaube nicht, daß Sie
in irgendeiner Weise daraus Nutzen ziehen, in Wien aufregende und
ermüdende Rollen zu singen, ohne jeden Ausgleich für Ihr künstlerisches Selbstbewußtsein, und Bayreuth zu versagen, was Bayreuth mit
Fug und Recht von Ihnen erwarten konnte.
Lassen Sie mich durch eine telegraphische Nachricht Ihre Ankunft in
München wissen; selbst dann, wenn Sie unsere Vereinbarung nicht
eingehalten und sich den ersten Akt noch nicht angesehen haben
sollten, besuchen Sie mich, denn eine ganz eindeutige Entscheidung
wird unumgänglich sein, und ich möchte mich mit Ihnen darüber
aussprechen. Erkennen Sie, lieber Freund, in dem ernsten Ton, in
dem ich zu Ihnen spreche, die ganze Bedeutung, die ich Ihrer
künstlerischen Persönlichkeit und Ihrer Berufung beimesse, und
glauben Sie an meine sehr herzliche Ergebenheit.

C. Wagner

An Felix Mottl
München, 19. 3. 1891

Nun sind Sie bald zwei Tage fort, mein geliebter Felix, und ich habe
Ihnen noch nicht für die große Freude gedankt, die Sie mir durch
Ihren Besuch gewährt haben. Ich mußte wohl mir recht und ganz
dieser Freude bewußt werden, um sie Ihnen sagen zu können!
Wirklich seit Jahren erinnere ich mich nicht, daß meinem Herzen so
wohl geworden ist, als indem ich Sie *so* wiedersah; so gefestigt, so
bestimmt, so freudig und so mitteilsam. Vielleicht müßten Sie wissen,
wie groß zuallererst, wie unaussprechlich groß meine Hoffnung
gewesen ist, wie ich dann eine Bangigkeit durchgemacht habe, die ich
Ihnen nur hie und da leidenschaftlich äußern konnte, die aber mich

hat jahrelang eingenommen, um zu begreifen, wie ich mich gefreut
habe, Sie so rüstig und künstlerisch vollendet vor mir zu haben! Das
war die größte Stärkung, die Gott mir in dem Jammer meiner jetzigen
Situation schicken konnte! Sie sind meine Freude und – darf ich es
wohl sagen? – mein Stolz!
Sträussle erzählte mir, es sei so öde auf dem Bahnhof bei Ihrem
Fortgang gewesen. Das hat mich ganz traurig gemacht! Hoffentlich
haben Sie es nicht bereut, gekommen zu sein.
Ihr herrliches Spiel des »Tannhäusers« lebt noch in unserem Gemüte.
Und sehen Sie, was Sie für ein liebes Wesen sind, durch Sie ward es
mir möglich, den lieben Ritters eine Freude zukommen zu lassen,
derer sie in so hohem Grade würdig sind, ja, ich möchte sagen, auf die
sie ein Anrecht hatten!
Und nun, mein Söhnlein, bitte ich nur bezüglich des Vortrages
einzelner Motive sich genau an die Deklamation zu halten, zum
Beispiel bei der Strophe des Tannhäuser, wo die stummen Silben
sind, die stummere Note. Zum Beispiel bei: »sei dein Lieben«, da ist
der Akkord in der Ouvertüre, welcher das »sei« bedeutet, stärker als
der darauf folgende, welcher für »dein« eintritt. Bitte auch die
Komma und die Pausen sehr scharf zu akzentuieren. »ewig benei-
det«, da ist das »e« von »det« nicht zu binden mit dem *Cis* von »wer«.
(Ich meine es in Anwendung auf das Orchester.) Dann nicht zu
deklamieren: »Wol-fram«, sondern »Wolf-ram« (und das *f* recht
scharf). Bezüglich der Mordente, so stellen Sie sie auf, wie Sie sich
dessen entsinnen. Was aber den Vortrag anbetrifft, so möchte ich
wissen, ob Rosé imstande sein wird, einen solchen zart und
verschiedenartig, je nach den Themen, anzugeben.
Im II. Akte meine ich, daß das Maestoso des Landgrafen etwas
breiter genommen werden darf und die Begleitung, welche den Weg
der jüngeren Pilger angibt, *sehr geheimnisvoll* in dem Stakkato.
So, mein Felix, damit es ja kein Ende zwischen uns nehme! Ich
möchte allen Sängern in ihre Partien bei jedem Komma einen großen
roten Strich machen; zum Beispiel »Auf / liebe Sänger«, sonst kriegt
man: »Aufliebe« (wie Vielliebchen).
Ich ließ mir gestern vom Major einiges aus dem »*Cid*« vorspielen.
Eine totgeborene Geschichte mit strotzendem Dilettantismus und
einige sehr gut angelegte Stellen, welche durch Müller-Lieder-Reminiszenzen vollständig trivialisiert werden. Sie werden hier einen
Schein-Erfolg wie mit dem »Barbier« machen, und gar nichts [wird]
dabei herauskommen als leere Häuser.

Heute haben Sie Ihre »Norma«. Ich hätte sie zu gerne gesehen; nur,
daß Sie schnurstracks darauf zur Erholung der Mailhac die »Götterdämmerung« bringen, ist schrecklich! Machen Sie doch nicht aus der
Mailhac eine Heilmagd für alles! Denken Sie an den Maulwurf!
Es war zu hübsch von Ihnen, wie Sie sich gegen Dr. Fiedler
benommen haben. Dr. Fiedler, der sonst gar nicht leicht enthusiastisch ist, ist von Ihnen hingerissen und hat mir dadurch große Freude
gemacht, daß er sagte, Sie müßten gewiß ein schaffender Künstler
sein. Ich meinte »ja«! Da hat Sie Ihr sicheres Zartgefühl wieder
geleitet.
Und – les sept pointes! Phaeton ist rein gar nichts dagegen.
Wir haben gestern beim Major Fluten von Champagner getrunken,
und während ich mit ihm über den »Cid« saß, nahmen die anderen
einen Riesen-Eselskopf (von dem Cotillon eines Balles, den er noch
dazu vor Jahren für meine Mädels gab) und setzten den auf seine
Büste mit der Inschrift: »Der störrische Greis«. (Ich hatte ihm
nämlich gesagt, wie er wieder einmal damit anfing, er liebe nur das
Deutsche, könne daher weder Chopin noch Liszt, noch »Norma«
vertragen: er sei ein störrisches Gemüt, und Bellini als normänni-
scher Sizilianer habe vermutlich viel mehr germanisches Blut als der
Slawe Bruckner gehabt.)
Strauss ist so selig über Sie, daß er behauptet, und wenn wir sonst nur
Holzklötze in Bayreuth hätten, der »Tannhäuser« würde wundervoll.
Nun, mein einziger Felix, sagen Sie mir bald, daß Sie es nicht bereuen,
gekommen zu sein, und seien Sie bedankt, gegrüßt und geküßt
von Ihrer alten treuen
                                                        Seelsorgerin.
Morgen nacht bin ich wieder in Bayreuth.

An Mary Fiedler
Bayreuth, 31. 3. 1891

Teuerste Mary,
Ich habe soeben einige Zeilen an den armen, armen Lenbach
geschrieben und bin ganz von der Traurigkeit eingenommen, eine
dunkle Ahnung so schnell und schrecklich in die Erscheinung treten
zu sehen. Möchte wirklich das Schlimmste überstanden sein!
Es ist mir förmlich lieb, daß ich von dem Schrecknis nichts wußte, als
der liebe Strauss eintraf, und daß wir uns unbefangen der lauteren,

wahrhaftigen Natur dieses einzig seiner Überzeugung lebenden,
genial begabten Künstlers erfreuen konnten. – Wir waren den ganzen
Ostersonntag ununterbrochen zusammen, und ich habe von der
Außerordentlichkeit seines Wesens einen solchen Eindruck, daß ich
ihn völlig mit Sorge entließ, da mir in meinem langen Leben nur sehr
wenige (ach, wie wenige!) begegnet sind, welche in der Jugend so
völlig losgelöst von jeder Eitelkeit und jeder Frivolität waren. Echt
durch und durch und daher von einer Festigkeit und Unerschütter-
lichkeit, wie sie das eigentlich Männliche bedeutet. – Es macht
München wenig Ehre, daß es sich dieses Talent und dieses Naturell
nicht anzueignen wußte, welches den größten Aufgaben gewachsen
wäre, denn es hat eine Besonnenheit in der Beurteilung der Dinge,
die mit dem Schwung seiner Empfindung vollständig Flug hält.
Er war nicht sehr erbaut von Alvarys Siegfried, aber gab mir darin
Recht, daß trotz allem Alvary sich dennoch unterscheidet und
inmitten einer wirklich künstlerischen Atmosphäre doch Bedeuten-
deres wird leisten können.
Ich begreife Sie sehr gut, meine teuerste Mary, denn wenn man auf
Ächzen und Krächzen angewiesen ist, ist man für das Piepen schon
dankbar, und eine feine Natur ist Alvary, das bleibt unleugbar.
Wir freuen uns sehr auf Ihren lieben Besuch, und das unbeschreib-
liche Wetter, welches wir hier jetzt durchzumachen haben, läßt uns
hoffen, daß Sie einen freundlichen Himmel hier antreffen.
Bitte grüßen Sie Dr. Fiedler auf das schönste! Wie wir gestern
»Romeo und Julia« lasen und an die wundersame Stelle kamen, wo
Romeo den ganzen Laden des Apothekers beschreibt, kam mir das
Gespräch in Erinnerung, welches ich mit Ihrem lieben Mann über
Melchthals Ausbruch führte, und der Ausspruch Ihres Gatten, daß
auch in Shakespeare ähnliche Ablenkungen des Hauptgedankens
vorkommen. Bei Shakespeare hilft die Schärfe der Sinne und das
Ergreifen der Realität, bei Schiller der Schwung der Gedanken.
Tragischer wirkt dabei der eine, elegisch wehmütiger der andere.
Dies soll mein Gruß an Ihren lieben Mann bedeuten, Ihnen aber,
teuerste Mary, von den Kindern und mir eine herzlich dankende
Umarmung!

C. Wagner.

An Max Koch
Bayreuth, 16. 4. 1891

Lieber und werter Herr Professor,
Ich danke Ihnen herzlich dafür, bei Gelegenheit des »Siegfried« an
mich gedacht und mich mit einer Mitteilung darüber erfreut zu
haben.
Es fällt mir immer schwerer, mir eine Vorstellung von unserer Kunst
draußen zu machen. Jedesmal, daß ich ein Theater betrete, überfällt
mich eine Trauer, die in vollständige Lähmung ausgeht. Der
Mißbrauch der Mittel und der Kräfte, die Wirksamkeit des Guten
durch die Vermischung mit dem Unedlen brachgelegt, dies immer
wieder zu erfahren, übersteigt die menschliche Kraft. Da preise ich
Gott, daß uns Bayreuth geschenkt wurde, und wenn Sie die Güte
haben zu vermeinen, daß ich ihm in etwas dienen kann, so liegt,
glaube ich, die Möglichkeit darin, daß ich so scharf und leidensvoll
empfinde, wie es unserer Kunst überall ergeht.
Merkwürdigerweise habe ich mich auch in letzter Zeit etwas mit
Ibsen befaßt. Die erste Aufführung der »Hedda Gabler« in Berlin
zählte mich unter ihren Zuschauern. Ich gab mir Mühe, dieser mir
sehr widerwärtigen Erscheinung gerecht zu werden, und konnte in
diesem Stücke für all das Häßliche und Absurde wenigstens das
Motiv einer unglücklichen Leidenschaft auffinden. – Nun las ich
»Nora« und fand es so kindisch, chinesisch verständig, nüchtern,
dabei so albern unmöglich, daß ich von nun an mir jede Mühe
ersparen werde. – Es ist aber kein gutes Zeichen für unser Publikum,
daß es an einem solchen Knochenspiel, dem jedes Mark entnommen
und welches daher ganz hohl ist, Vergnügen findet. Ich glaube, sie
sind selig, sich zu sagen: »Aha, das geschieht aus diesem und diesem
Grund, dies ist das Motiv, diese Frau ist als Kind von ihrem Mann ihr
ganzes Leben verkannt worden« etc. etc. Puerilität und Senilität
zugleich, ungefähr wie phantasielose Kinder glücklich sind, wenn sie
hinter die Künste des Taschenspielers kommen, während die
phantasievollen, künstlerisch-angelegten sich selig der Täuschung
hingeben.
Wer von uns hat es nicht empfunden, daß, wenn er irgendeine
Gestalt Shakespeares erklären wollte, er zugleich zuviel und zuwenig sagte, und daß das Geheimnis das Lebendige in jedem Gebilde ist.
Doch, das wissen Sie, lieber Herr Professor, besser wie ich, verzeihen

Sie, daß ich mich durch eine Erscheinung, welche unsere Bestrebungen kreuzt, zu neuen Auseinandersetzungen hinreißen ließ.
Bezüglich Sudermanns teile ich ganz Ihre Ansicht, das ist einfach
schlecht, und die Tendenz bleibt ganz einerlei.
Haben Sie Dank für Ihre Teilnahme an meinen Bestrebungen. Gott
gebe seinen Segen! Ohne Wunder können wir nicht bestehen, möge
die Zahl der Besucher eine noch so große sein!
Grüßen Sie Ihre liebe Frau schönstens von mir, und seien Sie, lieber
und werter Professor, in herzlicher Hochachtung und Ergebenheit
von meinen Töchtern und mir gegrüßt!

C. Wagner.

Siegfried verließ uns gestern, am Schlusse seiner Osterferien, wieder
für Berlin. Er wird sich über Ihr so freundliches Gedenken sehr
freuen und spricht immer mit dankbarer Gesinnung von dem in
Marburg erlebten schönen Tag. Auf allseitiges gutes Wiedersehen bei
den Festspielen! Dies mein Lebewohl!

An Bodo von dem Knesebeck
Bayreuth, 8. 5. 1891

Lieber und hochgeehrter Freiherr,
Als ich Ihre Zeilen vom 14. April erhielt und mich herzlich darüber
freute, nahm ich mir vor, Ihnen dann wieder ein Lebenszeichen zu
geben, wenn irgendein für mich bedeutenderer Eindruck sich
gebildet hätte. Nun ist es ein Zweifel, welcher mich heute zu Ihnen
führt, nämlich der über den Aufenthalt der verehrten Gräfin und die
Annahme der Möglichkeit, daß sie jetzt in Berlin sei. Für diesen Fall
würde ich Sie ersuchen, ihr meinen Gruß und Dank für ihre letzten
Zeilen und zugleich die Nachricht zu übermitteln, daß ich Montag in
München bin, am 15. in Dresden (München: Arcisstraße 32.
– Dresden: Hôtel Bellevue). Da sie vorhatte, nach Venedig um diese
Zeit zu fahren, scheint mir die Möglichkeit einer Begegnung nicht
ausgeschlossen; es wäre ein gar freundlicher Stern, welcher mir diese
zuführte.
Wir haben vollständig still und einsam hier den langen Nachzug des
Winters ertragen und erfreuen uns nun des Mais, welcher dafür
lieblich und mannigfaltig in den Färbungen, wie selten, sich uns
darbietet. In der »Nachfolge« heißt es, daß, um die Süßigkeit seiner
Zelle kennenzulernen, man sie wenig verlassen müßte. Wir dürfen

sagen, daß, da wir sie wenig verlassen, uns eine völlige Beängstigung vor dem Außensein ankommt.

Und es hat einen wunderlichen Reiz, die Fluten der Menge stumm und doch so ausdrucksvoll an sich kommen zu sehen, wie es durch die Anmeldungen zu den Spielen geschieht. Der Zudrang ist bis jetzt groß, das Verhältnis war im April zu dem vorangegangenen Feste wie 5000 gegen 1500, und da Ziffern am Ende die sichersten Dokumente sind, will ich hinzufügen, daß wir im Jahre 1882 – (Schande genug für die Welt!) – an 13 000 Mark für Anzeigen, im Jahre 86: 7000 Mark und in diesem Jahr so gut wie nichts ausgaben. Letzteres gewährt mir eine gewisse Befriedigung, da mein Sinn für das – ich möchte es nicht das Aristokratische, sondern das Stille nennen – sich immer stärker ausprägt und mir nur wohl bei schweigenden Tatsachen ist.

Gar manches Kuriose fällt bei dieser Teilnahme vor. Etliche wollen bloß Wahnfried mit Insassen, keine Aufführungen sehen: Andere wollen im bayerischen Hochgebirge in der Nähe von Bayreuth Luftkur gebrauchen; eine Mrs. Burnett, welche die reichste Frau in England sein soll, ließ mich um mein Haus bitten, indem sie hinzufügte, daß kein Preis ihr zu hoch sein würde; Amerikanerinnen sind enttäuscht, denn sie hatten bloß die großen Mühseligkeiten der Überfahrt auf sich genommen, um Alvary als Tannhäuser zu sehen; der Verein macht die bittersten Vorwürfe, daß er nicht ganz besonders mit Pfeifen und Trommelschlag auf die heurigen Festspiele aufmerksam gemacht worden wäre, und was so des Unsinnes noch mehr ist. Das gibt denn ein Lächeln zu den vielen Nöten und Ängsten! Wir überstanden solche in jüngster Zeit in fast übermäßigem Grade: unsere Maschinen drohten in Brand zu geraten, und was damit gesagt ist, brauche ich wohl nicht auszuführen. Mir war es insbesondere um Adolf Gross zu tun, der sich nahezu in Sorge und in einer Tätigkeit, welche bis in die tiefe Nacht dauern mußte, verzehrte. Zum Glück sind wir jetzt außer Gefahr, aber es war schwer durchzumachen; so schwer, daß einzig das Schweigen, in welchem solche Prüfungen vor sich gehen, wobei der Wert der Menschen so scharf erkannt wird, einem beisteht.

Nun beginnen die anderen Unzulänglichkeiten! Viel Lektüre gibt es daher für uns nicht. Mit vielem Vergnügen haben wir das kleine Buch gelesen, welches Sie mir empfahlen: »Die Barberina«. Die Darstellungsweise ist so eckensteherisch berlinisch, daß wir zuerst große Mühe hatten, vorwärts zu kommen, bis der Humor dieser Abgeschmacktheit uns ankam und wir das Fesselnde von den Gestalten und Vorgängen erfaßten. Höchst merkwürdig ist Friedrich, so willkürlich grausam, beinahe gemein in den Mitteln, die er nicht verschmäht, und dabei eine solche Idealität in der Leidenschaft. Immer wieder, auch in der barocken Aufstutzung, der edle barbarische Germane mit dem Schönheits-Ideal im Herzen. Im Grunde denke ich mir Friedrich Hohenstaufen nicht viel anders, nur in anderer Umgebung und sinnlich üppiger.

Das andere Bemerkenswerte, was wir noch lasen, war eine französische Feerie von Flaubert: »Le château des cœurs«, wobei das Nüchtern-Kindische der Franzosen, sobald sie die phantastische Welt betreten, uns bis zur Langenweile deutlich wurde und uns die Superiorität von Raimund und Hoffmann stark empfinden ließ. Eine vorangehende Vorrede von Bourget, mit einer Untersuchung über den Romantisme und über die einzelnen Produkte von Flaubert, zeigte von viel Schärfe des Geistes, zugleich aber von einer Unkenntnis von allem, was zum Beispiel in Deutschland theoretisch erworben und dichterisch gestaltet worden ist, daß man immer meint, es mit Kindern zu tun zu haben. Mit naiver Sicherheit dekretiert Bourget, daß einzig im Französischen gute Prosa geschrieben wird – so ungefähr –, und man würde ihn gewiß in große Verlegenheit versetzen, wenn man ihn nach den »Wahlverwandtschaften« befrüge. Auch sagte ich mir, indem ich seinen Auseinandersetzungen der getäuschten Sehnsüchtigkeiten der verschiedenen Heroinen Flauberts folgte, daß die Prinzessin im »Tasso« mit ihrem: »Wer ist denn glücklich?« und dem, was sie daran knüpft, in jungfräulich adeliger Weise alles sagt, was hierüber zu wissen ist, und daß es nicht des Durchganges durch alle möglichen Greulichkeiten benötigt, um die Erkenntnis in das Wesen der Dinge sich zu gewinnen.

Hörten Sie von der Bluette »Eduards Traum« von Wilhelm Busch (dem »Max und Moritz«-Busch). Ich habe es noch nicht gelesen, vernahm aber Gutes darüber, und die Persönlichkeit des Autors bürgt, glaube ich, für Echtheit, da er Berühmtheit und Vorteil, ja selbst sein Talent aufgab, um als wahrer Christ in der Stille mit seinen Dorfbewohnern zu leben.

Was Sie mir davon sagen, daß die Zukunft Ihnen nur unter dem Gewande des Jenseits entgegentritt, erscheint mir als eine Errungenschaft, und wenn ich sagen soll, worin mir die Seligkeit der Heiligen aufgeht, so ist es darin, daß sie das Jenseits im Herzen tragen. Ich versuchte dieser Empfindung Ausdruck zu geben, als ich in Karlsruhe einige Andeutungen für die Aufführung der »Heiligen Elisabeth«

den Künstlern zukommen ließ, indem ich bei der Todesszene um die Heilige herum Wolken sehr allmählich aufziehen ließ. Durch jede Wolkenschicht wurde eine neue Engelgruppe sichtbar, und schließlich kam man zu dem Eindruck, daß die Heilige im Himmel ruhe und wohl auch darin, inmitten aller Prüfungen, gewandelt sei.

Nun aber leben Sie wohl, lieber und hochgeehrter Freiherr. Schreiben Sie mir nur, wenn Sie volle Muße dazu haben, und empfangen Sie, mit den schönsten Grüßen meiner Kinder, die Versicherung meiner innigen Hochachtung und herzlichen Anhänglichkeit!

C. Wagner.

An Houston Stewart Chamberlain
Bayreuth, 24. 5. 1891

Ich nehme an, daß Sie blauen Himmel und Hitze haben, mein Freund, während wir nach spärlichen warmen Tagen solche Gewitter erdulden, welche ein graues Zelt über uns ziehen und Frost hinterlassen. So sind Sie entschieden bevorzugt, und wir gönnen es Ihnen von Herzen! Das erstemal, daß Sie in Bosnien waren, schrieben Sie mir, daß Sie von allem sich fernfühlten, am entferntesten aber von mir. So sollte ich Ihnen wohl Ruhe lassen; aber ich habe das Gefühl, als ob ich vor Toresschluß stünde und nicht mehr dazu kommen würde, zu Ihnen zu reden, wie ich es gern tue; und werden Sie mich sehr pedantisch finden, aber es läßt mir nie Ruhe, wenn Sie mir einiges gesagt haben; ich empfinde das Bedürfnis, Ihnen zu melden, daß ich es vernommen habe.

Wohl mögen Sie in Ihrem Briefe von vor einem Monat recht gehabt haben, daß ich »geladen« war. Nachgerade war viel über mich gekommen (wann ist es aber anders?), und es hängt nur von Zufälligkeiten ab, daß man es so übel empfindet, daß die Laus einem über die Leber läuft, wie das Volk sagt. Hätte ich gleich die Upanishaden zur Hand, ginge es besser!

Ihre Mitteilung, daß Sie in meiner Art, mich auszudrücken, und den literarischen Neigungen, die Sie an mir wahrnahmen, etwas Ausgeprägtes fänden, hat meine Jugend mir wieder vor die Sinne gebracht. Nachdem ich in der Schule einzig die französischen Klassiker hatte kennengelernt, wurde ich mit meinem 15. Jahre mit meiner Mutter bekannt und besuchte dieselbe mit meiner Schwester alle acht Tage

auf einige Stunden. Diese Stunden hatte sie die Güte dazu zu
benutzen, uns aus Büchern, welche ihr wert waren, manches
mitzuteilen; von Goethe vornehmlich, dann selbst aus Platon, was sie
für uns faßbar hielt; die »Antigone« lernte ich durch sie kennen; und
wenn sie genug gelesen hatte, führte sie uns in den Louvre, dann
auch, wenn unsere zwei alten Gardedamen es gestatteten, in das
Theater. Einmal »Macbeth«, von einer englischen Truppe vorzüglich
gegeben; dann Madame Ristori als Maria Stuart und Myrrha; endlich
Rachel in »Polyeucte« von Corneille und »Le Misanthrope«. Das
letzte, woran sie uns teilnehmen ließ, war die unter dem Herzog von
Luynes von Simart hergestellte Athene von Phidias. Ich kann den
Eindruck nicht schildern, welchen diese Sonntage auf mich hervorbrachten; ich sehe mich noch die wundervolle Bibliothek meiner
Mutter mit Augen verschlingen, und wenn wir in die Engigkeit
unseres pedantisch strengen Lebens mit zwei 70jährigen Gouvernan-
ten zurückkehrten, da lebten diese Eindrücke in uns, wie wenn wir
aus dem Reiche der Seligkeit gekommen wären. Vor diesem Verkehr
mit meiner Mutter aber war, nach achtjähriger Trennung, mein Vater
nach Paris gekommen. Ich hörte »Siegfrieds Tod« vorlesen, verstand
es kaum, aber war gefangen. »Tannhäuser«-Ouvertüre und »Abendstern« traten in mein Leben, welches periodisch durch solche
Ereignisse den eigentlichen Charakter erhielt. Nach der Aufführung
der »Tannhäuser«-Ouvertüre verlobte ich mich mit Herrn von
Bülow, und meine Hochzeitsreise führte mich zu der Dichtung von
»Tristan«.
Ich habe wohl sehr dumme Teilnahme empfunden, zum Beispiel für
die »Maria Magdalena« von Hebbel; aber es ging schnell vorüber,
und es ist, als ob die abwendende Geste meiner Mutter, wenn ich
irgend etwas Geschmackloses nannte, ihr Lächeln, wie ich für Victor
Hugo schwärmte, mich durch und durch geformt hätten.
Nun ist meine große Einsamkeit gekommen, und bereits seit dem
Jahre 68; in der Einsamkeit hält nur das ganz Große Stich. Die
Griechen, Shakespeare, Goethe und die Spanier waren fast unser
einziger Umgang. Und so habe ich mich denn wenig umgesehen, habe
selbst nie ausgesucht, sondern das empfangen, was mir gespendet
wurde.
Aber wie unklassisch muß ich mich ausgedrückt haben, daß Sie
glauben konnten, ich staune, *während* ich »Faust« lese. Ach nein, ich
liebte ihn nicht so, wenn er mich nicht hinrisse. Das Staunen stellt sich
später ein.

Erhielten Sie vor Ihrem Fortgange noch die »Blätter«? Ich empfand das, was in Ihnen vorgegangen ist, recht nach und wünschte, Sie schrieben es unserem Freunde, welcher der Wahrheit fähig und würdig ist. Ich scheue mich, sie ihm zu sagen, weil sie, von mir kommend, kein Ratschlag, sondern eine Art Vernichtung ist, und bereute es fast, die Bemerkung über die Lüge der heiligen Elisabeth rügend hervorgehoben zu haben.

Hat Ihnen Dr. Boller meinen Brief über den Extrazug gezeigt? Ich bat ihn darum. Gott, Vereine und Minarette!

Ich war in München auf drei Tage wegen der Kostüme und der »Heiligen Elisabeth«, dann in Dresden, wo der Dr. Jenkins nach Ihnen frug und eben auch von einer Art Bosnien zurückgekehrt war, nämlich Kroatien und Dalmatien und ich weiß nicht was. Er war selig.

In Dresden gedachte ich Ihrer und unserer ersten Begegnung, und unter den schönen Baumgängen des großen Gartens wandelnd, frug ich mich, ob Sie wohl öfters in der Stille der Frühe die entzückenden Vögelchen dort gehört hätten?

Daß Sie die letzten 12 Aufführungen sich wählten, sieht Ihnen ganz ähnlich. Sie wissen aber, daß Sie bei meinen Kindern immer Ihren Platz haben. – Ihr Bild kam an, und wir freuten uns der vorzüglichen Photographie, die uns wirklich alles zeigte, die 10 Bände, Wahnfried und die Familiengruppe. Wir ziehen das Bild mit dem gesenkten Haupte vor: das andere ist etwas kampfgerüstet, so mögen Sie bei Herrn von Kallay ausgesehen haben. Vielen Dank Ihrer lieben Frau!

Unserem treuen Strauss geht es besser. Aber ich bin doch noch nicht ganz beruhigt. Sie können sich gar nicht vorstellen, in welch einem Gewebe von Ahnungen, Träumen, sorgendem Wachen wir hier gelebt haben. Wenn ich Sie sehe, werde ich Ihnen von diesem merkwürdigen Menschen, der wie keiner in unserer Kunst fest und sicher ist, erzählen. Ganz so groß wie Stein ist er nicht, aber es wäre mir fast ebenso nahegegangen, ihn zu verlieren.

Können Sie sich etwas Schrecklicheres vorstellen, als sich selbst wiedererhalten, wenn man den anderen verliert? Wie konnten Sie auf den Gedanken mit der Mappe und meinen Briefen kommen? Doch lieber das ganze Zeug verbrennen. Nun, Gott sei Dank, wir werden alle nicht ermordet.

Ist Mime mit Ihnen? Heinz hat das Wiedersehen mit Ihnen sehr gefreut.

Nun aber leben Sie wohl und seien Sie froh! Niemand kann Ihnen es mehr gönnen wie ich. Wie ich kürzlich in zwei buddhistische Sutras blickte, fand ich sie kindisch; eine Abhandlung Meister Eckarts dagegen »Über die Abgeschiedenheit« stimmt mit der brahmanischen Weisheit ganz überein und ließ sie wie eine einheitliche Vegetation der Geister vor einem erstehn. Nochmals, leben Sie wohl!

C. W.

An den Direktor der Opéra Paris
Bayreuth, 29. 5. 1891

Mein Herr,
Ich habe soeben die Skizzen empfangen, und ich beeile mich, sie Ihnen zurückzusenden. Diejenigen der Kostüme sind genau den Anordnungen entsprechend, die ich im Jahre 1887 gegeben habe, aber ich weiß nicht, wie die hauptsächlichsten Kostüme sind.
Was die Dekoration anbetrifft, da sollte sie merklich verbessert werden.
1. Der Brunnen muß näher dem Eingang des Hofes (rechts vom Beobachter) gesetzt werden, da, wo er die szenische Entwicklung nicht stört.
2. Die Stufen, die zur Kathedrale führen, müssen sehr viel breiter sein und in größerer Zahl. Die Handlung vollzieht sich im 2. Akt zum großen Teil auf ihnen. Es genügt, daß man von der Kirche nur das Portal sieht.
3. Die Stufen, die zum Turm führen, aus dem der König und Lohengrin heraustreten und wo sich der Herold aufstellt, müssen viel erhobener sein, derart, daß der Herold die Menge, an die er seine Botschaft richtet, beherrscht.
Endlich muß die Galerie, aus der Elsa mit ihrem Gefolge heraustritt, sichtbar sein, damit der Zug völlig zu übersehen ist.
Es ist nötig, daß die Balustrade des Balkons hoch genug ist, damit Elsa den Ellenbogen darauf stützen kann.
Ich setze voraus, daß alle szenischen Angaben der Partitur angemerkt worden sind.
So: a. Der Vorsprung der Mauer der Kathedrale, hinter der Friedrich versteckt,
b. die verschiedenen Richtungen, aus denen die Mannen des Gefolges, die Edlen und die Schloßbewohner kommen, wie auch der Weg, der zur Stadt führt.
c. Ich mache darauf aufmerksam, daß es Irrtümer der Angaben in der französischen Klavierpartitur gibt.

Ich glaube, daß die Treppe, die zur Terrasse der Elsa führt, zu breit ist, es bleibt kein Platz für die Stufen, die zum Turm des Palastes führen, aus dem der König und sein Gefolge heraustreten.

Auf diese Stufen stellen sich auch die 4 Trompeter, und vorn steht der Herold auf demselben Treppenabsatz. Es ist also sehr wichtig, daß diese Stufen und der Absatz erhöht sind.

Wollen Sie sich, mein Herr, mit dem Regisseur verständigen, der diese äußerst schwierige Szene stellen wird.

M. Lamoureux soll alle Verbesserungsangaben bekommen, die ich gemacht habe, nachdem ich bemerkte, daß die szenischen Angaben der Klavierpartitur stellenweise irrig sind.

Empfangen Sie, mein Herr, den Ausdruck meiner ausgezeichneten Hochachtung.

C. Wagner

Ich öffne meinen Brief nochmals, um zu sagen, daß es den Angaben der Partitur gemäßer wäre, daß der Balkon und die Terrasse der Elsa nur eine wären. So wie ich es eben gesagt habe, diese Terrasse soll sichtbar sein. Und es wäre gut, wenn die Wendung der Treppe, von der Elsa kommt, wie auch die Terrasse derart angeordnet wären, daß Elsa gerade in dem Augenblick dem Publikum gegenüber auf der Plattform wäre, wo er in der Partitur angegeben ist. (Seite 191.)

Es wäre zu wünschen, daß man durch die Dekoration die Konstruktion der festen Burg verstünde und daß man daraus wüßte, wo die Treppen hinführen, und daß sie mit der Terrasse oder der Tür, zu der sie führen, in proportionalen Einklang ständen.

10. 6. 1891

Erste und dritte Dekoration.

Die Bäume, die die Kurve des Flusses etwas mehr nach vorn verdecken, damit man den Fluß wie in der Ferne wiedersieht:

Die Eiche, unter der der König sitzt, sollte mächtiger sein.

Neben dem Ufer eine kleine Erhebung, von welcher diejenigen, die sich darauf befinden, zuerst in der Ferne den Nachen sehen.

Dekoration des dritten Aktes, erstes Bild.

1. Verhüten, daß zu wenig Raum im Brautgemach für die Entwicklung des Zuges bleibt.

2. Anstelle der Bank eine Art von niedrigem Ruhebett.

   Das Fenster am Ende, wenn möglich, vermauert (verdeckt) und das Bett ein wenig nach hinten.

   Das Fenster ist offen.

Für den zweiten Akt mache ich darauf aufmerksam, daß die szenischen Angaben folgende sind:
In der Mitte des Hintergrundes: der Palas (Wohnung der Ritter).
Im Vordergrunde links: die Kemenate (Wohnung der Frauen).
Im Vordergrunde rechts: das Portal der Kathedrale.
Im Hintergrunde rechts: Die Tür des Turmes. Durch den Eingang zum Palas müssen die Trompeter des Königs, der König Lohengrin und das Gefolge hinausgehen.

Hier, meine Herren, meine kleinen Bemerkungen über die Dekorationen des »Lohengrin«.
Ich füge die Versicherung meiner größten Hochachtung bei.

C. Wagner.

An Konrad Fiedler
Bayreuth, 8. 7. 1891

Lieber und hochgeehrter Herr Doktor,
Einige Minuten sind mir gegönnt, um Ihnen zu sagen, daß ich den Aufsatz über Marées, welchen ich Ihrer Freundlichkeit verdanke, soeben mit der Teilnahme gelesen habe, welche sowohl der Gegenstand als die Einführung und Darstellung desselben, wie sie Ihnen zu eigen sind, mir erweckt. Das große Prinzip, in welchem Marées geschaffen hat, den Betrachtern seiner Bilder in Erinnerung zu bringen und damit den Standpunkt zu erhöhen, von wo aus diese schaffende Strebung zu beachten ist, halte ich als durchaus notwendig, und es ist Ihnen geglückt, das Gesetz der großen Kunst, das, was wir unter Stil verstehen, deutlich, ja, prägnant auszudrücken.
Unmöglich war es mir aber, so gerne ich es wünschte, meinen Anteil an dem trefflichen Aufsatz herauszufinden. Nun will ich mich mit fremden Federn schmücken und als Mitarbeiterin brüsten!
Und so drückt Ihnen, hochgeehrter Freund, herzlichst die Hand
Ihre treu ergebene Kollegin

C. Wagner.

Alles Schönste an Mary und auf gutes Wiedersehen. Unsere große Arbeit läßt sich nicht ganz hoffnungslos an!

An Mary Fiedler
Pension Stutz bei Luzern, 31. 8. 1891

Ich möchte nicht länger zögern, um Ihnen, liebste Mary, für Ihre lieben Zeilen zu danken, deshalb bitte ich von vorneherein um Entschuldigung dafür, daß es inmitten mancher Obliegenheit und daher flüchtiger geschieht, als ich es möchte.

Danken Sie auch Dr. Fiedler herzlich für seine Zeilen. Ich hatte nicht anders angenommen, als daß mit meinem ersten Besuch bei Ihnen das ganze dumme Zeug getilgt sei, deshalb nur bat ich Sie, es nicht zu erwähnen. Wie gesagt, meiner Natur nach leichtsinnig, ist bei mir alles gleich vorüber, wenn ich sehe, daß alles Konfusionen und allseitiges Mißverständnis war. Ich konnte mich für meine Heftigkeit damit entschuldigen, daß 6 Menschen mich in der gleichen Weise angeredet hatten, wozu der siebente nur das Rosenblatt hinzugab, welches den vollen Becher überschäumen macht. Wie dies nun kommen konnte, dafür gibt Dr. Fiedler mit einem prägnanten Ausdruck den Schlüssel: das gesteigerte Dasein, welches von innen nach außen zugewendet kaum mehr zurechnungsfähig erhält, und daher keiner für seine Worte verantwortlich mehr ist.

Ich habe immer gefunden, daß man es den Schauspielern nachempfinden mußte, wenn sie es mit ihren Worten und schließlich auch mit ihrer Handlungsweise nicht genau nehmen. Die beständige Erregung erklärt alles. Nun ist der Rausch, in welchem sich das Publikum in Bayreuth befindet, dem nicht ganz unähnlich; wenige wissen, was sie hören und sagen. Ich habe es bis zur Verdrehtheit an den nobelsten Naturen erlebt. Und so kam etwas, was ich nur deshalb beklage, weil Sie gelitten haben. Ich bin die trübsten Erfahrungen dieser Art so gewohnt, daß ich ungemein leicht alles abschüttele und nur Freude an dem Sieg des Guten habe. Möchte es Ihnen jetzt so gehen wie mir und Sie sich recht erholen.

Blandine wird sicherlich und mit tausend Freuden nach Crostewitz kommen. Sie ist jetzt noch in Franzensbad mit Isolde. – Wir sind zu viert in der altbekannten Gegend (Heinz mußte uns leider heute verlassen) und zahlen heute mit einem anhaltenden Himmelsguß einige wundervolle Tage.

In München freute uns die Ausstellung doch wirklich, Thoma zog uns an, und die Ausstellung von Marées erschien uns wieder als der Triumph des künstlerischen Zartsinnes. Die Bilder wirken wie Erscheinungen, und jedes Bedenken hört bei mir auf, da ich durch

Ihren Gatten überzeugt und durch die ganze Einrichtung unwiderstehlich angezogen wurde. Ich entsinne mich eines ähnlichen Eindruckes nur in stillen Kloster-Refektorien oder Sakristeien. Nun leben Sie wohl, teuerste Mary! Grüßen Sie Dr. Fiedler auf das herzlichste. Gedenken Sie meiner beide freundlich und lassen Sie uns dazu gelangen, mit Lächeln der Wahnwirtschaften, die um große Erregungen herum leider unvermeidlich sind, uns zu erinnern.

Ich würde Sie herzlich um Verzeihung bitten, wenn nicht die ganze Kette des Unsinnes so zusammenhing, daß ich mich nicht beschuldigen kann, ohne andere zu verklagen, die irgendeiner Bosheit ganz unfähig sind.

Also Wahn und nichts wie Wahn! Dafür aber hat man ein gutes mutiges Herz, um den zu besiegen, und in dem Gefühle dieser Besiegung umarmt Sie herzlich

Ihre treu ergebene C. Wagner.

An Bodo von dem Knesebeck
Pension Stutz bei Luzern, 3. 9. 1891

Lieber und hochgeehrter Freiherr,
Sie sind mir mit Ihren Zeilen zuvorgekommen, denn es war meine Absicht, Ihnen von hier aus zu schreiben und gleichsam einen kleinen Überblick der Festspiele zu geben, bei welchen wir Sie innig vermißt haben. Nun wird mein Brief anders dadurch ausfallen, da er durch den Eindruck von dem Ihrigen beeinflußt ist. Aber mitnichten könnte ich mich darüber beklagen, denn in ganz eigentümlicher Weise stimmte Ihr freundliches Erscheinen mit dem Wohllaut der Naturumgebung und linderte zugleich eine peinliche Erfahrung, die ich machen mußte.

Wir kehrten gestern abend in kleinem Boot von Luzern zu unserem stillen Heim hier zurück. Am Tage hatten wir in wunderbarstem Himmelblau die Alpenkette vom Rigi aus betrachtet und uns der Erhabenheit des Anblickes mit Ergriffenheit hingegeben. In der Niederung angelangt, senkte sich die Dämmerung sanft über uns, und das leise Gleiten unseres Bootes begleitete das Leuchten des Abendsternes so strahlend, als ob er Wolframs Gesang in sich aufgenommen hätte und denselben uns als Gruß dem Auge wiederspendete. – Da kamen Ihre Zeilen in meine Hand, und die

Gefühle und Gedanken, die aus denselben zu mir quillten, entsprachen wohl dem sanften, trostreichen Licht.

Und des Trostes ist wohl jeder bedürftig, welcher Ernstliches anstrebt. Wie empfinde ich Ihnen die Schwermut über die Torheit und Unbesonnenheit nach. Wenn Joseph de Maistre vom: l'oiseau bleu du bonheur spricht, indem er das Glück mit dem blauen Vogel vergleicht, welcher immer einen Schritt von dem Wanderer, dem nach ihm haschenden, jedesmal enthüpft; so können wir wohl von dem Guten ähnliches sagen, welches wir den Bemühungen der Redlichen wohl entgegenkeimen sehen könnten, wenn nicht die Torheit immer wieder alles zunichte zu machen drohte; und was den Deutschen in seiner Torheit ganz besonders auszeicnet, ist eine eigentümliche Barbarei und Konfusion aller Begriffe, die einem wirklich zuweilen recht verdrießen kann. Doch *fahret fort,* so ruft es einem aus der Brust, denn die erhebenden Momente ergeben sich dem inbrünstigen Streben, und jeder, welcher sich eines leidensvollen, noch so schlichten Bemühens bewußt ist, darf es empfinden in selten gesteigerten Augenblicken, daß das Leben doch schön ist.

So erinnerte mich meine Tochter daran, daß wir heute vor drei Wochen das wahre Glück, den Sieg des Guten, erfuhren. Eine eigentümliche Verkettung von Umständen hatte mich für die Besetzung der Titelrolle im »Tannhäuser« ohne Hülfe gelassen. Hatte mich van Dyck 1½ Jahre hingehalten, um mir dann *nein* zu sagen, so wurde Winkelmann nach Wien abberufen. Alvary hatte in dieser Aufgabe mir Dinge zu gewahren gegeben, welche ich auf unserer Bühne nie erleben zu müssen glaubte, außerdem mußte er für »Tristan« geschont werden. So nahm ich meine Zuflucht zu dem Künstler, den mir Strauss als seinen Schüler empfohlen und in dem ich die ernstesten Eigenschaften erprobt hatte. Er war bei seinem ersten Auftreten so befangen, daß das Zittern nicht bloß seine Stimme, sondern in einzelnen Momenten selbst seine Glieder angriff. Nichtsdestoweniger gewahrten die Gebildeten und Richtigdenkenden das Besondere und gänzlich Unopernhafte seiner Darstellung wohl, und unvergeßlich ist mir der Direktor der Großen Oper, der zu mir kam und mir sagte: »c'est un artiste convaincu, nous n'obtiendrions jamais une représentation de ce genre à Paris.« Aber der Mißerfolg war vollständig, und da leider selbst einige Freunde unserer Sache die Richtschnur nicht behielten, so bemächtigten sich die aus sehr kenntlichen Interessen Übelwollenden der Stimmung, um sie fast bis zu Demonstrationen zu steigern. Unter solchen

Umständen kam es vor drei Wochen zu der Wiederholung; anbetracht der Umstände bat ich, meine Empfindung niederdrückend, Alvary, den Tannhäuser zu übernehmen. Er schlug es mir – aus welchen Gründen, ist mir nicht klar – ab, Wien refüsierte Winkelmann, und so mußte an diesem 13. August unser guter Zeller wieder ins Feuer. Strauss meinte, daß der Gedanke, uns einen Dienst mit seinem Auftreten zu leisten, ihm die Zaghaftigkeit benommen. Kurz, er war nicht nur gut, sondern trefflich, diese Aufführung war die beste, die Bösgewillten waren stumm und die Freude unter uns allen unbeschreiblich. Unsere herrliche Gräfin, immer mit dem hehrsten Beispiel, da, wo es gilt, war auch an der Spitze der Freudigen, und daß es mir Bedürfnis war, Ihnen, lieber Herr von Knesebeck, Mitteilung von dieser einen Episode unserer Spiele zu machen, mögen Sie verstehen.

Ich habe leider nur ungenaue Kenntnis von Ihren Wanderungen erhalten. Zeitungen lese ich so gut wie nicht, und so erfuhr ich nur durch Gräfin Wolkenstein von Ihrem jeweiligen Aufenthalt.

Ich bleibe dabei, sicher zu sein, daß da, wo Sie sind, auch das Gute wirksam ist. Freilich bedarf es immer der Zeit, selbst unter den günstigsten Umständen wirken die Eindrücke nicht ohne ihre Hülfe. Begierig bin ich, ob sie den »Lohengrin« in Paris durchführen. Sehr gute Elemente sind dort, aber sie sind scheu.

Haben Sie vielleicht Kenntnis von der »Revue historique«, welche Gabriel Monod herausgibt? Es sollen die vorzüglichsten geschichtlichen Aufsätze darin erscheinen.

Wir lesen hier, sehr entsprechend unserem Landleben, das soeben publizierte »Journal of Sir Walter Scott«. Eine merkwürdig einfache lautere Natur, welche nur inmitten eines gewissen vornehmen Behagens schaffen konnte. Der Dilettant, im Sinne Schopenhauers, dessen Arbeit der Überschuß eines freundlich gesicherten Lebens war, nun verlor er alles, sank vom Dichter zum Historiker herab und schrieb Ungenügendes. – Ich glaube, es gibt eine ziemliche Anzahl Menschen, welche meinen, dem Genie müsse es schlechtgehen. Walter Scotts Sterilisierung gibt die Antwort darauf.

Nun leben Sie wohl, lieber, hochgeehrter Herr. Haben Sie Dank für Ihre zarte Teilnahme, und seien Sie der innigen Hochachtung und herzlichen Anhänglichkeit versichert, die ich Ihnen so gerne in diesem Sommer mit einem Händedruck ausgesprochen hätte.

C. Wagner.

Meine Kinder empfehlen sich Ihnen bestens.

An Hermann Levi
Pension Stutz bei Luzern, 3. 9. 1891

Wir unterscheiden uns abermals darin, mein Freund, daß ich gar nicht
in mir noch in Ihnen Macht und Recht empfinde, Sie von dem Amt zu
entfernen, in welchem Sie eingesetzt wurden.

Es ist mein völliger Ernst gewesen, wie ich Ihnen gesagt habe: Wir
hätten uns gegenseitig zu ertragen; und zwar liegt das in unseren
Eigentümlichkeiten, die sich sehr entgegengesetzt sind.

Als ich am Schluß Ihrer Tätigkeit in wenigen – gewiß sehr
ungenügenden – Worten meine Empfindung von dieser Tätigkeit
zusammenfaßte, glaubte ich, mich sehr bestimmt ausgesprochen zu
haben. Sie verlangten vor Ihrer Abreise noch eine Explikation,
welche notgedrungen durch die Kürze der Zeit ohne Abschluß
bleiben mußte. Dieser Abschluß wäre gewesen; von so verschiedenen Punkten auch wir ausgehen, und so verschiedene Bahnen wir
wandeln, wir haben miteinander auszuhalten und müssen uns
gegenseitig ertragen. Wo immer ich mich in meinen Ausdrücken oder
in meinem Benehmen verletzend gegen Sie erweise, so bitte ich Sie,
mich an mich selbst zu erinnern, und Sie werden mich jederzeit bereit
finden, mich zu entschuldigen und Ihnen die Erklärung für den
augenblicklichen Unmut zu geben.

Sie können mich der Kleinherzigkeit beschuldigen, daß ich ein
Verhältnis, welches ich als unlösbar betrachte, Ihnen nicht mehr
erleichtere, und in diesem Augenblicke, wo ich ins Gericht mit mir
gehe, klage ich mich selbst dessen an.

Allein, die Musik, und unsere Arbeit in ihr, bringt uns aus dem
Gleichgewicht; was im gewohnten Leben nie möglich wäre, stellt sich
wie ein Bedürfnis der Natur ein, und trifft man *in der Art* des
Denkens, Fühlens und Empfindens nicht zusammen, so stellt sich die
heftige Ungerechtigkeit ein.

Ich kann nur von mir sprechen, denn was die anderen anbetrifft, so
habe ich sie mit ihren Meinungen nie beachtet. Wenn Sie mir nun
sagen, daß das Ertragen meines Wesens Ihnen zu schwer wird, so
erwidere ich, in der Überzeugung, daß Sie mich verstehen werden:
Danken Sie Gott, daß Sie zu ertragen haben, und tuen Sie es
frohmütig, indem Sie sich bewußt sind, alles, was in Ihren Kräften
liegt, getan zu haben, um unser Werk zu fördern. Ich versichere Sie,
daß dies meine einzige Kraft ist, und auf diesem Pfade würden wir
sicherlich uns nicht nur begegnen, sondern miteinander wandeln,

denn, sowenig es davon zuweilen den Anschein haben mag, ich
ertrage manches, und ertrage es freudig, indem das Leiden mir das
einzige erscheint, was uns der Vermittelung des Erhabenen würdig
machen kann.

Krank und wund seien Sie. Mein Gott, wer ist es nicht, und haben wir
nicht gelernt, das Leben als eine Wunde zu empfinden, für welche
Tod oder Reue die Heilung bringt.

Mir erscheint alles sehr einfach, und ebensowenig wie ich mich vom
Leben willkürlich scheiden könnte, ebensowenig verstehe ich es,
mich von dem Auferlegten eigenwillig zu trennen. Lehren Sie mich
meine Empfindung von diesen Dingen besser durchführen, Sie
werden mich zu jeder Stunde erkenntlich für jede Mahnung finden.
Und nun, seien Sie gegrüßt, mein Freund! Ich bin noch sehr müde,
und die Gedanken reihen sich mir recht schwer. Aber hoffnungsvoll,
ja, wenn Sie wollen, leichtsinnig, werde ich wohl bis an mein Ende
bleiben, und so denke ich, es ist alles gut, und Gott wird uns helfen,
wenn unsere Absichten rein sind.

Ich wollte Ihnen für Ihre und Gustavs Depesche danken. Ihr Brief
trifft ein, übernehmen Sie den Dank für sich und Schönaich, und
seien Sie herzlichst gegrüßt von Ihrer treu ergebenen

C. Wagner.

An Ernst Erbprinz zu Hohenlohe-Langenburg
Pension Stutz bei Luzern, 6. 9. 1891

Lieber und hochgeehrter Erbprinz,
Ihre Zeilen vom 26. August sind mir hierher nachgesendet worden
und haben in schönster Weise zu der stillen Vertrautheit dieses
wundervollen Punktes gestimmt, den ich deshalb ausgesucht habe,
weil ich beinahe jeden Steg in ihm kenne und weil in der Einsamkeit,
die wir hier genießen, wir mit Sammlung die erhaltenen Eindrücke
vertiefen und uns des Errungenen bewußt werden dürfen.

Ihr edler Gedanke, lieber Prinz, daß die Taube nicht bloß über die
Gralsritter herabschwebt, sondern auch die Genossenschaft der
Zuhörer unter ihre Schwingen faßt, diesen Gedanken erlebe ich
selbst, als ich einmal nach Beginn eines Aktes mich in den
Zuschauerraum begab und durch die atemlose Stille sowie die
gespannteste Aufmerksamkeit der Menge beinahe ebenso ergriffen
wurde wie von der Erhabenheit des auf der Bühne Vorsichgehenden.

Und diese beiden Faktoren gehören unbedingt zusammen. Die Kunst ist nicht für den einzelnen da. Auch dieses wurde mir einmal sehr deutlich, als ich durch die Gnade des hochseligen Königs von Bayern einer Separataufführung des »Lohengrin«, im großen Theater von München, so gut wie allein, beiwohnen durfte. Gewiß war keiner würdiger, diese Tragödie in ihrer ganzen Bedeutung aufzunehmen, als wie der erhabene Herr, der über mir bei der Vorstellung saß; und dennoch kann ich Ihnen, mein lieber Prinz, die Beängstigung nicht schildern, welche sich meiner, am Schlusse eines jeden Aktes, fast wie ein Alpdrücken bemächtigte. In der Kunst wie in der Kirche ist uns die Gemeinsamkeit ein Bedürfnis; und je mannigfaltiger diese Gemeinsamkeit sich herausstellt, aus je verschiedenen Ländern und Ständen sie sich zusammenfügt, um so wirksamer scheint mir die Kunst walten zu müssen.

Ihre tiefsinnige Auffassung der Drei-Einigkeit empfinde ich Ihnen ganz nach, und es ist echt deutsch von Ihnen, lieber und hochgeehrter Prinz, die Natur und unseren Heiland in solche Verbindung zu bringen zu wissen. Die Natur ist heilig und drängte zur Offenbarung, die also nimmermehr im Widerspruch mit der Natur sein kann. Und dieser Wahrheit dient die Kunst, der heilige Geist, bei dessen Ausströmung es sehr schön heißt, daß diejenigen, die sie empfingen, alle Sprachen verstanden.

Unter der großen Menge, über welche die Taube schwebt, werden es aber gewiß nur wenige sein, welche der Bedeutung des Vorganges sich bewußt werden. Diese möchte ich als die Gralsritter in der Welt bezeichnen. Unerkannt, der Irrnis und der Leiden Pfade durchwandernd, stehen sie ein für das Recht und für das Ideal in jeder Gestalt. Lassen Sie mich, lieber Erbprinz, Sie als einen solchen begrüßen und mich Ihrer und Ihrer freundlichen Gesinnung gegen mich auf das innigste erfreuen.

Ich lese Ihren Brief wieder durch, lieber Prinz, und sehe, daß Sie eigentlich alles gesagt haben, was ich in diesen drei Seiten vorbrachte. Um so mehr freue ich mich, da mir gar nichts an der Originalität liegt, oder vielmehr, da ich mit Carlyle denke, daß der Wert der Originalität nicht in der Neuheit, sondern in der Wahrheit bestünde.

Unter die Bücher, die wir hierher mitnahmen, gehören die Briefe Blüchers, welche uns in ihrer unbeholfenen Schlichtheit wahrhaft erquicken. Völlig wie eine Gestalt aus der Sage steht der Greis vor uns, dessen Unerschrockenheit und Gottesfurcht es beschieden war, dem gewaltigsten Dämon siegreich zu begegnen. Ich glaube kaum, daß es etwas so Erhebendes in der Geschichte gibt als diese Freiheitskriege, namentlich als die Betrachtung dieser Handvoll echter Menschen, welche Preußen damals in sich schloß. Es will mir scheinen, als ob immer in der Geschichte es den tapfer verteidigten, verlorenen Posten beschieden gewesen sei, die gute Sache zu retten; die Zurückeroberung Spaniens seitens der in die Berge geflüchteten und ausharrenden adeligen Geschlechter ist ein Beispiel davon; und wenn ich zuzeiten in tiefe Schwermut über die uns umgebende Welt und die in ihr immer ärger sich aussprechende ekele Gesinnungslosigkeit versinke, so ist der Gedanke, daß vielleicht Bayreuth ein solcher Posten ist, wo es nur wacker auszuhalten und tüchtig seiner Aufgabe bewußt zu sein gilt, der Halt, der mir wird und den ich als göttliche Stärkung empfinde.

Nebst den Briefen von Blücher lesen wir auch das soeben erschienene »Journal« von Sir Walter Scott. Ein sehr melancholisches Buch! Der vornehmst gesinnte Mann, dessen edle Passionen allen zugute kamen, der gemeinsten Not preisgegeben und dadurch der gestaltenden Kraft seiner Phantasie beraubt. Man sieht förmlich, welche Macht es war, die die breite Gelassenheit und das schöne Vertrauen eines solchen Menschen in sich und in Gott benutzte, um ihn um alles zu bringen.

Wir kommen hier wenig von unserer von der Welt ganz vergessenen Ecke heraus. Wenn wir uns aber aufmachen (neulich auf den Rigi, wo der herrliche Anblick der Alpenkette uns inmitten der Licht-Alben versetzte, und gestern nach Brunnen zum Besuche von Freunden), so haben wir jedesmal zu erschrecken über die ausgeprägten Fremdlinge, welche unter der Maske von Engländern, Franzosen, Italienern ihre beängstigende Unruhe und Hastigkeit an den Tag legen. Es ist wohl hohe Zeit, daß wir bekennen, was deutsch sei, möchten doch unsere Fürsten, in deren Bestehen der Hort des Deutschtumes liegt, damit vorangehen!

Es waren unsere Freunde Kekulé, die wir in Brunnen besuchten. Vielleicht hörten Sie den Namen, er ist der bedeutende Archäologe, den unser Kaiser, mit seinem schönen Sinn für das Echte, trotz großer Opposition an das Berliner Museum berief. Er gehört zu den wertvollsten Errungenschaften unserer Spiele; durchaus allem Theaterwesen – wie es sich wohl denken läßt – fremd, besuchte er, auf Veranlassung meines Schwiegersohnes Thode, unsere Aufführungen im Jahre 89 und erhielt davon einen solchen Eindruck, daß er zu den Weitsichtigsten und tief Eingedrungensten unserer Anhänger gehört.

Er hat die große Güte gehabt, mir bei der ersten Szene des
»Tannhäuser« mit seiner Kenntnis beizustehen, und ich verdanke
ihm die bedeutendste Hülfe. Er gehört zu den wenigen, die sich
ärgern, wenn in Bayreuth ein Sängername genannt wird, und par
excellence gehört er zu der Gralsritterschaft, ja, er könnte Gurnemanz sein.

Da wäre ich zu meinem Anfang (mein A und O) wieder gelangt, es ist
also Zeit, daß ich schließe. Möchten Sie in dieser Mitteilung die
Freude erkennen, die mir Ihre Zeilen gewährten, und meiner ferner
in freundlicher Gesinnung gedenken!

Die Meinigen vereinigen sich mit mir, um Sie, lieber und hochgeehrter Erbprinz, zu ersuchen, den verehrten Ihrigen uns auf das
angelegentlichste zu empfehlen und um Sie der herzlichsten und
hochachtungsvollsten Gefühle zu versichern.

Cosima Wagner

P.S. Meine Tochter sprach mir von einer Arbeit über den großen
Kurfürsten, die Sie für das Examen gemacht hatten. Es würde mich
sehr interessieren, dieselbe kennenzulernen, und ich hoffe nicht
indiskret zu sein, indem ich um die Mitteilung derselben Sie, lieber
Erbprinz, freundlichst angehe.

An George Davidsohn
Pension Stutz bei Luzern, 11. 9. 1891

Werter Herr und Freund,

In den 3 Wochen, welche nun seit der letzten Aufführung in Bayreuth
verflossen sind und die ich hier in der Stille verbracht habe, habe ich
die Erfahrungen an mir vorüberziehen lassen, die mir in der
gehaltvollen Zeit zuteil geworden sind, und unter diesen mußte ich
als eine der bedeutsamsten den Nachtrag erachten, den Sie sich
gedrungen fühlten, Ihrer ersten Mitteilung über die Bayreuther
Spiele beizufügen.

Der Eindruck dieses schönen Erlebnisses ist bei mir ein so großer,
daß ich das Bedürfnis fühle, ihn kundzugeben, und ich bitte Sie, es
mir nachzuempfinden, wenn ich diese Kundgebung nicht anders zu
bilden weiß, als indem ich Ihnen das Ergebnis aussage, welches
sich für mich aus unseren jüngsten Bemühungen herausgestellt
hat, und das Ziel dieser Bemühungen Ihnen kenntlich zu machen
suche.

Oper oder Drama, so heißt für uns die Entscheidung, und indem wir mit Notwendigkeit die großen Theater draußen immer opernhafter werden sehen, wird unsere Aufgabe zugleich eine immer schwierigere und immer dringendere. So haben wir selbst mit der im Jahre 86 geschaffenen Darstellung des »Tristan« immer wieder zu tun, weil ihr draußen die Präzision der dramatischen Linie stets aufs neue verwischt wird.

Als ich nun für die diesjährigen Spiele den »Tannhäuser« wählte, war ich mir bewußt, die Bayreuther Aufgabe par excellence uns gestellt zu haben, und ich suchte zuerst alle, die mit mir an der Lösung der Aufgabe zu arbeiten hatten, sich dieser tief bewußt werden zu lassen.

Machten wir eine Opernaufführung (auch im besten Sinne des Wortes), so war es unvermeidlich, daß der musikalische Reichtum der ersten Szene die darauf folgende nicht nur, sondern selbst den II. und III. Akt matt erscheinen ließ. Wogegen, wenn es uns glückte, die Gestalten mit ihrem tragischen Geschick und das Leben des Mittelalters vor die Sinne zu stellen, der vorhin erwähnte musikalische Reichtum als Zauberwerk der Venus sich ergab und die einfacheren Mittel als der natürliche Ausdruck des anderen Lebensmomentes sich erwiesen. Die Herzlichkeit in der Begrüßung des Tannhäuser, die größte Einfachheit und Deutlichkeit in der Sprache, die Vermeidung alles dessen, was in Stellung, Ausdruck, Tempo etc. an ein Septett erinnern konnte, war unser einziges Bestreben, und nur diejenigen, welche die Beschaffenheit der sonstigen Aufführungen kennen, konnten es ahnen, welch eine Arbeit in dieser scheinbar so einfachen Szene des I. Akts verborgen lag.

Verfolgen wir nun weiter, worin sich die Bayreuther Aufführung von den anderen zu unterscheiden hatte, so mußte der Chor, dem ein so wesentlicher Anteil an der Handlung gegeben ist, scharf in das Auge gefaßt werden. Wohl niemandem ist es entgangen, daß von diesem bedeutenden Faktor des Dramas jedes Wort zu verstehen war; daß er sowohl richtig zu sprechen wie gespannt zuzuhören wußte; daß er jede Gebärde mit der Musik in Einklang brachte; daß daher die Leistungen des Regisseurs und Chordirigenten von unvergleichlicher Art bei uns waren. Diesem Chor war es zu verdanken, daß der gewöhnlich abfallende Schluß des ganzen Werkes zu dem wurde, was er zu sein hat: die Verkündigung einer Heilslehre und das enthusiastische Bekenntnis, daß über alle Tragik des Lebens der Mensch sich unter Gottes Führung hochgemut empfindet. Dieser Empfindung verdankt das Mittelalter seine Dome, seine Kreuzzüge, seine Sitte, seine Dichtungen, ich möchte sagen, seine Einheitlichkeit; und es war der Musik vorbehalten, sie uns lebensvoll, in verklärter Schöne wieder zu erwecken.

Ich gelange jetzt zu der Schwierigkeit der Schwierigkeiten bei unseren Aufführungen: die einzelnen Besetzungen. Sah ich mich hierbei wieder um, so fand ich zumeist die Elisabeth den Heroinen übergeben, den Eintritt in die Halle als Glanzarie, die Fürsprache für Tannhäuser als gewaltiges Rezitativ, den Schluß als Ensembleeffekt behandelt. Immer an der Hand des Dramas suchte ich vor allem die jungfräuliche, kindliche Gestalt hinzustellen, welche die erste furchtbare Erfahrung zur Heiligen stempelt, indem sie ihr den Todesstoß versetzt. Nicht kontrastierend genug konnte sie mit Venus sein, in welcher wir die vollste Entfaltung des Weibes in ihrer dämonischsten, zauberischsten Macht zu erblicken haben. – Nach dieser Erkenntnis erwählte ich denn auch die Darstellerinnen, und wenn glänzende Stimmittel mir als Zutat auch gewiß hoch erwünscht gewesen wären, so war ich doch sehr zufrieden, zwei noch ganz jugendliche Künstlerinnen gefunden zu haben, deren Wesen und Mittel, vom Theatralischen gänzlich unberührt, auf jedes sinnige Gemüt die Wirkung erzielten, welche in der dichterischen Absicht liegt.

Über den Tannhäuser selbst verständigten wir uns mündlich; ich will hier nur eine Episode unserer Aufführungen berühren, welche uns zu einer großen Satisfaktion verholfen hat: da *Winkelmann* leider abberufen werden mußte, *Alvary* für seinen zweiten Tristan geschont wurde und *Grüning* die Partie nicht konnte, so bat ich *Zeller,* dessen Lohengrin in Weimar und Heinrich der Schreiber bei unseren Aufführungen günstig aufgefallen war, dieses eine Mal den Tannhäuser zu übernehmen. Außerordentlich musikalisch, daher von absoluter Korrektheit, mit geringen, aber jugendlichen Stimmitteln, mit großem, gebildetem Bewußtsein von seiner Aufgabe und mit einem seelenvollen Gesichtsausdruck begabt, schien mir dieser schlichte Künstler des Versuches wert. Seine Leistung war durch die Zaghaftigkeit, die ihn überkam, beeinträchtigt, so daß nur die Bedeutendsten an Tiefe der Einsicht und Kenntnis dessen, worum es sich in Bayreuth handelt, ihm ermutigend zustimmten, während das große Publikum, begreiflicherweise, verstimmt erschien. Geradezu wundervoll war es, wie das gesamte Künstlerpersonal zu ihm hielt, und ich durfte in diesem erhebenden Momente die eigentliche Errungenschaft unserer Festspiele begrüßen und in ihr die Gewähr für die

Bayreuther Ideologen: Heinrich von Stein, Carl Friedrich Glasenapp,
Hans von Wolzogen

Der Kanzler der Festspiele: Adolf von Gross und seine Frau Marie

Durchführung unserer Kunstprinzipien und für die Verwirklichung
unserer Kunstideale dankbar erblicken. – Nun, da wir das Künstlerpersonal stolz, unbekümmert um Erfolg oder Nichterfolg zum treuen
Genossen und Mitarbeiter an dem eigentlichen Werke von Bayreuth
hatten, konnte auch der äußere Erfolg nicht ausbleiben: bei seinem
zweiten Auftreten (Winkelmann war in Wien immer noch nicht frei,
Alvary sagte mir ab) hatte Zeller die Schüchternheit überwunden,
das Besondere, was er mitbringt, kam zur Geltung; und dieser Abend
konnte uns insofern als der Höhepunkt der Festspiele gelten, als die
edle Gesinnung und das Bewußtsein dessen, was richtig ist, bei den
Künstlern die Kraft gewonnen hatte, sich den Zuschauern mitzuteilen.

Der überaus großen Liebenswürdigkeit Jahns verdankten wir es, daß
Winkelmann uns den letzten Tannhäuser gab, als welcher er allen ein
edles Gebilde von eigentümlicher Entrücktheit und vornehmen
ritterlichen Gebarens bei zarter Wärme der Empfindung im Gedächtnis zurückgelassen hat.

Nichts einzelnes möchte ich mehr berühren, außer die Gestalt des
Wolfram, bei welcher es Scheidemantel war, der mich ganz begriff,
als ich ihn bat, dieser melodisch so reich ausgestatteten Gestalt doch
vor allem die dramatische Bedeutung, das *männlich* Entsagende, bei
allem Schwung der Lyrik fest in sich Geschlossene, zu wahren.

Und so vereinigen sich in meiner Erinnerung ethische Momente und
künstlerische Leistungen zu einem Ganzen, was mich tief ergreift und
erbaut. Indem ich an einzelnen Erscheinungen das verständlich zu
machen suche, was ich Ihnen, lieber Herr Davidsohn, mitzuteilen
wünsche, ist es Madame Zucchi, welche am Schluß dieser Zeilen mir
entgegenkommt. Die Erfahrung, welche ich an dieser Künstlerin
gemacht, gehört zu den ermutigendsten meines jetzigen Lebens.
Gewiß konnte man unserer ganzen Sache nicht fremder gegenüberstehen als diese Frau. Was aber geniale Anlage, wahrhaftes Talent
(und vielleicht auch eine große künstlerische Tradition, wie sie in
Italien doch noch im einzelnen lebendig wirkt) vermögen, dies zeigte
uns diese Fremde, als sie, von Ehrerbietung für die Bayreuther
Bühne durchdrungen, nichts anderes an den Tag zu legen trachtete als
die Unterordnung ihrer eigenen, bis zur höchsten Virtuosität
entfalteten Kunst zugunsten des dichterischen Gedankens, an dessen
Verwirklichung sie mit uns arbeitete. Ihrem Beispiele, ebenso wie
ihrem unvergleichlichen Talente, verdankten wir es, die so schwierige
choreographische Szene, zu deren Ausführung die große Pariser

Oper seinerzeit sich unfähig erklärte, so zustande zu bringen, daß wir allen dichterischen Anweisungen entsprachen und aus jedem der Themen den Rhythmus der Gebärde und seine gleichzeitige Steigerung entnahmen. Ihrem Eifer entsprangen dann auch die technischen Einfälle, welche uns die (durch die wunderbare Dekoration der Gebrüder Brückner) so wohl vorbereitete Täuschung des Herannahens vom Venusberge ermöglichte. Damit trug sie wesentlich zu der Steigerung bei, welche ich in jeder Beziehung, dekorativ, szenisch, gesanglich und dramatisch, von diesem sonst halb und halb vernachlässigten III. Akte verlangte.

Hiermit, werter Herr und Freund, möchte ich schließen, obgleich ich nicht weiß, ob ich nicht zuviel und doch zuwenig gesagt habe. Ich beruhige mich aber mit der Hoffnung, daß ich das eine Ihnen deutlich machen konnte, nämlich: daß wir inmitten ungemeiner Schwierigkeiten einen großen bedeutenden Schritt zu unserem Ziele gemacht haben und daß ich die Genugtuung empfinde, unser Prinzip durchgeführt gesehen zu haben, von welchem auch nur den geringsten Teil zum Opfer gebracht zu sehen mich kein noch so glänzender Erfolg trösten könnte.

Und so durfte ich mich auch des Erfolges, dessen wir ja bedürfen, von ganzem Herzen freuen – noch lange Zeit wird es immer viele unter unsern Zuschauern geben, welche eine gute Opernaufführung erwarten, und daher sich nicht gleich zurechtfinden. Aber die Überzeugung wirkt überzeugend, und wenn wir nur ein wenig Zeit vor uns haben, dann besiegen unsere gesinnungstüchtigen Künstler jede neblige Vorstellung.

Nun aber habe ich noch eine Bitte, lieber Herr Davidsohn! Gewiß trenne ich den Menschen vom Künstler nicht, wohl aber den Freund von seinem Beruf. Betrachten Sie diese Zeilen als ausschließlich für *Sie* geschrieben, und erkennen Sie in ihnen meinen Dank und meine herzliche Hochachtung.

C. Wagner.

An Konrad Fiedler
Pension Stutz bei Luzern, 20. 9. 1891

Lieber und hochgeehrter Herr Doktor,
Ihre Zeilen haben mich sehr gerührt, denn ich erkannte aus ihnen das wieder, was mich im Verkehr mit Ihnen stets so wohltätig bewegt.

Haben Sie den innigsten Dank dafür! – Wir haben hier wundervoll
schöne Tage in der Gegend verlebt, die mir eine zweite teuerste
Heimat ist. Wir bewohnen das Tribschener Ufer, wo es gar keine
Fremden gibt, und bei dieser herrlichen Stille, in diesem wahrhaften
Naturleben, inmitten eines Volksschlages, der, tüchtig und abgeschlossen, kaum etwas von den Torheiten der Welt erfährt, wird
einem die Beruhigung zuteil, welche einzig die Natur zu geben
vermag. Mit Ausnahme von sehr wenigen sind uns selbst Briefe hier
unverständlich, und wenn der meinige heute recht unbeholfen das
ausdrückt, was ich Ihnen, lieber Herr und Freund, sagen möchte, so
denken Sie sich, daß ich in der Mittagsglut draußen sitze, die vier
Jungfern, welche unser Haus halten, in der Nähe schaffen sehe und
beständig von dem Denken in das Sinnen durch den blauen Himmel
und das üppige Laub abgelenkt werde.

Womit wir uns beschäftigten, war »Faust«, den wir von Anfang bis
Ende wiederlasen. Und indem wir uns die klassische Walpurgisnacht
genau rekapitulierten, um sie uns in ihren Einzelheiten einzuprä-
gen, mußten wir finden, daß Psyllen und Marsen, Telchinen und
Kabiren uns viel näher angingen und viel wirklicher erschienen als
alles, was uns aus Lutetia zu Ohren kam. Zugleich mußten wir auch
finden, daß mit Goethe dem Deutschen alles zu seiner Weisung
gegeben worden ist und daß ein Lehrstuhl für ihn an unseren
Universitäten es der Jugend erklären könnte, warum der Deutsche
gerade die klassische Bildung nicht entbehren kann; auch wollte es
uns scheinen, als ob derjenige, dem es versagt ist, sich Goethe
anzueignen, eigentlich von nichts etwas Rechtes weiß. So blieben wir
in der Feststimmung, und zwar schon dadurch, daß wir die ganze
Dankbarkeit gegen einen Genius empfanden, von welchem meine
Mutter mir schon in meiner Kindheit einmal sagte: wenn ihr alles
auch versagt hätte, Goethe habe sie nie verlassen.

Dienstag abend bin ich mit Siegfried in München; zu Marées werde
ich wieder gehen und hoffe durch Sie, lieber hochgeehrter Herr,
vollständig die Kleinlichkeit überwunden zu haben, welche mich in
der bildenden Kunst noch immer an das Äußerliche festhält. Sie
haben mich aber so vollständig überzeugt, daß ich selbst, verzeihen
Sie die Kindlichkeit des Ausdrucks, sehr schön über Marées sprechen
kann und zugleich immer Angst vor dem ersten unmittelbaren
Eindruck habe, weil ich befürchte, in eine gewisse mir sonst sehr
zuwidre »petitesse« des Bedenkens so lange zu geraten, bis ich mich
auf Sie besinne.

Frau Kekulé, welche uns hier die große Freude ihres Besuches gewährte, erzählte mir von einem Neffen (Maler), daß er von der Maréesschen Ausstellung »ganz erschüttert« gewesen sei. Der Ausdruck gefiel mir so, daß ich es Ihnen schreiben mußte. Unsere heutige Oberfläche ist so kurios, daß man kaum etwas von ihr voraussehen kann, sonst wäre es der Deutschen wohl würdig, an dieser Ihrer Ausstellung die Probleme der Kunst, die Schranken der Individualität, den Einfluß der Umgebung und der Herkunft aufs neue zu ergründen.

Auch hiermit kann man sich in unserem jetzigen Naturdasein beschäftigen – möchte das, was dies bedeutet, Ihnen, lieber Herr Doktor, meine ganze Gesinnung ausdrücken und möchten diese Zeilen Sie und die liebe Mary in Wohlsein und Zufriedenheit antreffen. Gedenken Sie beide unsrer freundlich und seien Sie von unserer aller herzlichsten Gefühle und innigsten Hochachtung aufs neue in treuer Ergebenheit versichert.

C.W.

An Hermann Levi
Pension Stutz bei Luzern, 21. 9. 1891

Obgleich Ihr Gedanke mir jetzt in das Stadium gekommen zu sein scheint, welches eine Art von Versteinerung um denselben bildet, die eine längere Zeit nur aushöhlen kann, so denke ich doch, mein lieber Freund, daß Sie eine Antwort von mir erwarten, und will sie Ihnen damit geben, daß ich Punkt für Punkt Ihren Brief mit Ihnen durchnehme.

Fürs erste muß ich festsetzen, daß ich an Schaden oder Nutzen der Sache nicht denke. In ihrem Betreff wende ich das Wort von Luther also um: da sie von Gott ist, wird sie bestehen. Und sollte ich das größte Unheil in ihrem Betreff erleiden, ich könnte in diesem Glauben nie wanken, infolgedessen empfinde ich auch die Tradition anders als etliche und neige ich mich darin der kühnen Ansicht des heiligen Paulus.

Daraus ist mir der Irrtum erwachsen, es für vollständig gleichgültig zu empfinden, ob ich gut mit jemand stünde oder nicht; ich habe gedacht, wir arbeiten alle miteinander an einem Werke; wie wir uns persönlich dabei verhielten und ausnähmen, sei bedeutungslos.

Bismarck erzählte einmal aus dem Kriege, wohl das Erstaunlichste daran wäre gewesen, daß sie sich alle in den Haaren gelegen hätten und die ganze Geschichte so einheitlich aussähe. Zu meinem wahrhaften Schrecken ersehe ich, daß Sie anders empfinden, und ich weiß gar nicht, wie ich das gutmachen soll, denn jetzt ist mein Unrecht ein schreiendes. Ich würde es mir nie verzeihen dürfen, denn gewiß werden Sie ein großes Ungenügen zu empfinden haben, da auszuhalten, wo Ihnen manches künstlerisch zugemutet wird, was ich nicht bezeichnen will, und da zu verlassen, wo die künstlerische Ehre unter allen Umständen hochgehalten wird.

Und vergleichen Sie sich nicht mit dem Soldaten, welcher sich mit dem Schild bedeckt, eher mit dem, der das Schlachtfeld verläßt. Sollten auch, was ich nicht hoffe, Ihre physischen Kräfte nicht ausreichen, so würden Sie sicherlich mit mir lieber in Bayreuth zugrunde gehen als woanders bestehen.

Sie sagen, ich hätte Ihnen kein herzliches Wort gesagt – ich habe geglaubt, ich hätte es getan, und zwar öfters, und wenn Sie von Ihrer Passivität bei »Tannhäuser« und »Tristan« sprechen, so versichere ich Sie, daß ich beim »Parsifal« mich *fast* durchgängig enthalten habe. Das war von uns beiden eine gute Absicht, aber vollkommen verkehrt. Ich will Ihnen sagen, was zwischen uns beiden ist; die Eigenschaften, die bei Ihnen mich verletzen, gehören Ihrem Stamme an, und alles Gute und Vortreffliche ist Ihr Eigen und kann daher nicht hoch genug gerühmt werden. Bei mir ist's umgekehrt: das Gute habe ich ererbt (angenommen, daß etwas Gutes an mir ist), das Üble dagegen, das ich gerade Ihnen nicht aufzuzählen brauche, ist ganz mein Eigen. Was Sie meine Genialität nennen, ist mir nie und nirgends bewußt, und was die jungen Menschen anbetrifft, die Sie mir zuweisen, so weiß ich nur Kniese, mit dem ich gearbeitet habe, und den können Sie doch nicht meinen.

Nun sein Sie großherziger gegen mich, als ich es gegen Sie war, und lassen Sie es uns noch einmal miteinander versuchen. Es gibt ja Wiedergeburten der Gefühle und der Beziehung, und benehmen Sie mir nicht den Glauben, daß Wahrhaftigkeit, Einfachheit und guter Wille in einem Verhältnis nicht das besiegen könnten, was die Menschen oberflächlich trennt.

Wenn wider Sternenlauf der Verrat geschieht, lassen Sie doch gegen Weltenlauf das Gute siegen und belasten Sie mein Herz nicht mit einem Vorwurfe, den ich bis an mein Lebensende schwer mit mir tragen würde und von dem ich nie geahnt habe, daß er mir werden würde.

Morgen abend bin ich in München auf 3 Tage. Bitte, antworten Sie mir nicht, ich weiß, daß die Zeit mir beisteht, und preise sie darum. Seien Sie in treuer Freundschaft gegrüßt, herzlich und innig von uns allen, und üben Sie Großmut mit mir.

C. W.

An Engelbert Humperdinck
Bayreuth, 1. 10. 1891

Mein lieber Freund,
Ich kann Ihnen gar nicht sagen, wie sehr mich Ihr Brief gefreut hat. Nichts Lieberes weiß ich mir als wie die eingehende Erörterung der Probleme, die uns hier in Bayreuth beschäftigen, und zwar die Besprechung unter uns Mitarbeitern, denn was die Zeitungen für gut befinden, nach wie vor gegen Bayreuth vorzubringen, das kümmert uns wenig, und Sie haben ganz recht, gerade das, was, wie man mir sagt, angegriffen worden ist, hat auf die einzelnen gewirkt. Und somit habe ich noch aus dem Drucke eine kleine Zusammenstellung hervorgeholt, welche ich mit der Absicht verfaßt hatte, Ritter, den ich in großer Entrüstung über das Zeitungs-Unwesen antraf, den positiven Teil seiner Arbeit zu ermöglichen. Ich übergebe sie Ihnen hiermit, in ihrer ganzen Einfachheit, mit der Bitte, sie für sich zu behalten und nur, wenn Sie es am geeigneten Orte finden, Mitteilung davon zu machen. Die Hauptsache ist doch, oder vielmehr das einzige, worauf es ankommt, daß wir unter uns recht bewußt und fest in unserer Aufgabe werden.
Und nun zu Ihren Fragen: Die Bewegung nach den Worten des Landgrafen begreife ich sehr gut, nur habe ich keine Erfahrung dafür. In Wien, soviel ich mich entsinne, geschah nichts, und das Allegro bezeichnete nur die Wendung des Landgrafen an die Sänger. Ich glaube, daß man sich sehr hüten muß vor einem Spiel, welches nicht entweder in Gesang endet oder in Gesang sich ausdrückt. Auch glaube ich, daß wir alle, wenn ein Fürst uns das meldete (was übrigens des öfteren auf der Wartburg stattfand), was der Landgraf von dem Preise sagt, wir uns gewiß nicht einander ansehen würden und Zeichen des Beifalls geben.
Nun zum Abendstern: Meiner Erinnerung nach erschien er in Wien gar nicht. Da mir aber gesagt wurde, daß er in Dresden geschienen ist (wie es in Paris war, weiß ich nicht), so gab ich es an, und zwar mit

dem Tremolo, welches ebenso überraschend eintritt, wie der Stern
uns jeden Abend überrascht, wenn wir am Himmel ihn erkennen. Ich
will aber sehr gerne auf das »pianosforzato« ihn kommen lassen. Bei:
»es ist gänzlich Nacht geworden« (lento) ist er verschwunden, wobei
(wenn überhaupt bei dem Eintreten des Tannhäuser noch jemand an
den Dekorations-Himmel guckt) man Wandeln der Sterne annehmen kann.

Nun aber den Gesang der jungen Pilger. Dafür habe ich den Vorgang
in Wien und auch den in Paris als Muster. Ich glaube, daß Sie das »erst
allmählige Auftreten des ganzen Chores« etwas mißverstehen; sie
müssen von verschiedenen Seiten und ganz frei auftreten, aber doch
mit möglichster Fülle. Sie zogen bei uns einher, hielten an bei der
Erkennung der Menschen im Tal und sangen alle das »Heil«. Es sind
dieselben jüngeren Pilger, die im I. Akt ausgezogen sind und welche
nun heimkehren. Wie gesagt, der Vorgang in Wien hat mich
entschieden, möglicherweise aber könnte ich das Auftreten aus den
verschiedenen Seiten noch etwas mehr markieren.

Haben Sie Dank, mein teurer Freund, für die lebendige Teilnahme an
unserem Werke, welche Sie mir mit Ihren Fragen bekundeten. Dank
auch für Ihre Arbeit in der Mainzer Zeitung. Behalten Sie Mut in
Ihrer Verlassenheit, an welcher ich den innigsten Anteil nehme. Es
fiel Thodes sehr schwer, sich von Ihnen zu trennen, denn es gehörte
zu ihren Freuden in Frankfurt, Ihnen ihr Heim geboten zu haben. Das
beständige Scheiden gehört zu dem Ermattendsten im Leben; man
fürchtet, völlig dagegen stumpf zu werden!

Von Siegfried erhielt ich heute einen Brief, der schreibt mir sehr
interessant über »Uthal« von Méhul, das er in Karlsruhe gesehen.
Vielleicht träfen wir uns in Karlsruhe, es sollte mich innig freuen. Am
liebsten aber berief ich Sie ganz hierher. Ich gebe den Gedanken
unserer Schule noch nicht auf und will hoffen!

Seien Sie in inniger Anhänglichkeit und Ergebenheit auf das wärmste
von uns allen gegrüßt!

                                                        C. Wagner.

Meine Kinder grüßen alle herzlichst!

Unveröffentlichte Einleitung
zu
der Besprechung der Festspiele 1891
in den Bayreuther Blättern
seitens A. R.

> *Motto:* Das Wahre und Echte würde leichter
> in der Welt Raum gewinnen, wenn nicht die,
> welche unfähig sind, es hervorzubringen,
> zugleich verschworen wären, es nicht auf-
> kommen zu lassen.
>
> Arthur Schopenhauer

Stimmen über Bayreuth

Aus dem Festspieljahre 1891

Ein Wirtshaus in einem abgelegenen Viertel einer norddeutschen
Stadt. Studenten verschiedener Fakultäten und verschiedener Teile
Deutschlands, ungefähr 15 an der Zahl, sitzen an Tischen und
debattieren; ein Fremder tritt herein, es ist ein von ihnen allen gut
gekannter Musiker, der in Bayreuth als Geiger mitgewirkt hat. Sie
eilen ihm entgegen und sagen wie aus einem Munde: »Wo habt Ihr
denn gesteckt? Erzählt, wie war's! was ging schlecht, was ging gut?
Wie war das Orchester? Wer hat dirigiert? Wer waren die Sänger, wie
war der Erfolg, die Ausstattung, das Publikum? ...! Wird wieder
gespielt?«

DER MUSIKER: Ist es denn möglich? Über 4 Wochen sind seit den
   Festspielen vorbei, und ihr wißt noch nichts? – Ich aber war im
   Gebirge und habe meinen Eindrücken nachgelebt.
STUDENTEN: Wie sollen wir etwas wissen; jeder von uns erhielt etwas
   anderes berichtet.
MUSIKER: Wie das?
EIN BERLINER: Bei mir hieß es, »Parsifal« sei bei weitem die beste
   Aufführung gewesen, und zwar
FRANKFURTER *(unterbrechend):* Ei was, bei mir hieß es: es sei nun
   endlich Zeit, »Parsifal« freizugeben.
DIE ÜBRIGEN *(lebhaft):* Warum? Aus welchem Grund?
FRANKFURTER: Weil in München der »Fidelio« so schön aufgeführt
   würde! *(Sie lachen.)*
DER MUSIKER: Im Ernst: was ist gut, was ist schlecht befunden
   worden?

ALLE: Nichts stimmt! Dem einen gefällt dieses und mißfällt jenes, dann umgekehrt; wir wurden nicht klug! Nur die Sängerinnen der Elisabeth sind ziemlich allgemein übel weggekommen. Für die, sagte unter andrem einer, reise man nicht nach Bayreuth.

MUSIKER: Sehr mit Recht; nach Bayreuth kommt man für die Werke. Der bedeutendste unter den Sängern, Albert Niemann, meinte in seiner hochherzigen Weise damals, sie sollten alle gar nicht genannt werden und würden darin ihre höchste Befriedigung finden.

EIN FRANZOSE *(der bis dahin stumm geblieben, nähert sich und sagt):* pardon monsieur, mais puisque vous parlez d'Elisabeth, je dois vous dire que dans le journal que je lis et où de tous les artistes de Bayreuth on n'apprécie que Madama Sucher, la cantatrice qui donne Elisabeth, est vantée comme une des personnes ayant le plus grand avenir. J'ai oublié son nom.

ALLE *(durcheinander):* Wiborg, de Ahna, de Ahna, Wiborg.

DER MUSIKER: Soll unter anderem über die Darstellung der Elisabeth richtig geurteilt werden, so muß man sich fragen, was als der Kernpunkt ihrer Leistung zu gelten hat und ob er zur Wirkung kam. Dieser ist und bleibt das Gebet, welches der Meister selbst also gekennzeichnet hat: »Der eigentliche Triumph der Darstellerin der Elisabeth würde nun darin bestehen, daß sie nicht nur das vollständige Gebet zur Wirkung brächte, sondern diese Wirkung noch dahin festzuhalten wüßte, daß sie das ganze pantomimische Nachspiel desselben unverkürzt durch ihre fesselnde Darstellung ermöglichte. Ich weiß, daß dies eine nicht minder schwierige Aufgabe als der Gesangsvortrag des Gebetes selbst ist, und nur wenn die Darstellerin der Wirkung dieses feierlichen Gebärdenspieles sich ganz gewiß fühlt, will ich daher die vollständige Ausführung dieser Szene gestattet wissen.« Sowohl das Gebet als das pantomimische Nachspiel gehörte in Bayreuth zum Ergreifendsten, was ich auf der Bühne überhaupt erlebt... Aber ich meine, gute Kinder, man läßt die Leute Gutes und Böses reden, nach Belieben. Zur richtigen Beurteilung dramatischer Vorführungen (ich sage nicht zur Freude daran) gehört fürs erste: genaue Kenntnis der Aufgabe, zweitens: Sinn für das Lebendige im Schönen, endlich aber: ein solcher Zusammenhang mit den verschiedenen Kultur-Epochen, um erkennen zu können, ob ohne Schädigung des Reinmenschlichen das Ganze das Gepräge des Zeitrahmens an sich trägt, in welchem die Handlung vor sich geht – und solche Erfordernisse sind keine ganz häufige Ware. In Bayreuth kannte ich zwei Choristen, von denen der eine sich gekränkt wähnte und der andere sich geschmeichelt fühlte (vermutlich beides Temperamentssache!) – dieser schrieb günstig, jener ungünstig, sie teilten mir ihre Entscheidungen mit; ich ließ beide ohne Anstand laufen, denn sie taten sich ein bene damit, das uns armen Teufeln immer zu gönnen ist.

EIN MÜNCHENER: Ihr glaubt also, daß solch ein ungünstiger Bericht der Sache keinen Schaden zufügt?

MUSIKER: Nein! Wer einen tiefen Eindruck erhalten hat, hält ihn fest, teilt ihn mit und liest kaum darüber. Gesetzt aber, er läse, so glaube ich selbst, daß gehässige Angriffe insofern nützen, als sie die Intensität des Eindruckes steigern und diesen zur Kraft der Gesinnung erheben. Nur ein Beispiel: Als der »Tristan« im Jahre 1886 zur Aufführung gelangte, flößte diese Unternehmung kein Vertrauen ein und gewährte vielen kein Pläsier. Die Aufführungen waren spärlich, so gut wie kaum, besucht; sie wurden auch weidlich schlechtgemacht, und – im Jahre 89 und 91 ward der »Tristan« das begehrteste Werk. Das sind die Dinge, welche Bedeutung haben und Beachtung verdienen.

BERLINER: Ihr habt gut reden, Ihr, die Ihr mitarbeitet, und die anderen, welche beiwohnen können; wir aber, die wir draußen sind, woran sollen wir uns halten, wenn nicht an Berichte?

MUSIKER: Hoffentlich werdet ihr nicht immer draußen bleiben; sondern es wird das Ziel erreicht werden, dem man sich – ein guter Stern leuchtet über Bayreuth, das versichere ich euch! – in erfreulichster Weise mit jeder Aufführung nähert; ich meine, daß die Mittel den Festspielen immer reicher zufließen und daß dank der stets besser dotierten Stipendienstiftung eine wachsende Anzahl Unbemittelter die Aufführungen wird besuchen können. Die enormen Kosten wurden in diesem Jahre wirklich gedeckt, und wir können über alles Erwarten ohne Defizit weiterarbeiten.

EIN RHEINLÄNDER: Wir hörten von einem großen Überschuß in diesem Jahre?

THÜRINGER: Nein, mir ist gesagt worden, es sei kein Geld da, und man würde nicht weiterspielen.

MUSIKER *(lacht)*: Das gliche sich wieder aus, und es bliebe die Wahrheit: Die Kosten sind gedeckt, nicht mehr und nicht weniger. Dieses Resultat ist allerdings ungeheuer, da die Kosten enorm waren, und bedeutet auch etwas: nämlich wie die Festspiele in Ansehen stiegen.

Doch wir kommen von unsrem eigentlichen Thema ab. Laßt uns nicht weiter abspringen oder abschweifen, sondern, da ihr gern etwas Genaues wissen wollt, stellt nur bestimmte Fragen und sagt mir dabei, was ihr vernommen.

EIN WIENER: Warum ist gerade der »Tannhäuser« zur Aufführung gekommen? Er ist nicht für das verdeckte Orchester geschrieben; er besteht aus verschiedenen Stilen und ist in Deutschland so eingebürgert, daß er Bayreuths nicht bedurfte. So hieß es bei mir.

MÜNCHENER: Nein, so nicht!

EIN ANDERER MÜNCHENER: Doch!

HAMBURGER UND MAINZER: Nein, die Wahl des »Tannhäuser« soll ganz richtig gewesen sein!

BRAUNSCHWEIGER, WEIMARANER UND KARLSRUHER: Gar nicht, es war ganz verkehrt.

DRESDENER: Kein Mensch schert sich um den »Tannhäuser« in Bayreuth, den kennt man auswendig.

FRANZOSE: Pour moi, j'ai lu, que »Parsifal«, »Tristan« et »Tannhäuser« faisaient un ensemble; que quelquesuns avaient blamé le choix de cette œuvre, que cependant il était juste.

MUSIKER: Das läßt sich schon hören. Die Sache liegt aber einfach: der Meister wollte, daß »Tannhäuser« in Bayreuth aufgeführt werde, und so wurde er aufgeführt. Diese Weisung schließt jedes weitere Wort eigentlich aus; sollte aber dennoch etwas gesagt werden müssen, so würde ich den »besser-wissenden Unverständigen«, wie sie der Meister nennt, also erwidern: außer dem »Ring« und »Parsifal« ist *kein* Werk für ein verdecktes Orchester geschrieben worden, folglich gehört keines von ihnen oder alle von dem »Holländer« an nach Bayreuth; von den »Meistersingern« hat ihr Schöpfer selbst gesagt: er habe sich mit ihnen »scheinbar ganz im Geleise des gewohnten Herkommens in betreff theatralischer Aufführungen zeigen wollen«, und was den »Tristan« anbetrifft, so weiß ein jeder, daß der Meister ihn sowohl in Wien als in Karlsruhe aufzuführen gedachte, was ihm auf die Art, wie sie jetzt noch in Schwung ist, vereitelt wurde. – Die Verschiedenheit des Stiles!... Hierüber gestattet ihr mir wohl zu schweigen; der Meister hat den Stil für Deutschland geschaffen; er war es, der die neue Szene für notwendig hielt, ich käme mir daher recht absurd vor, wollte ich im Jahre des Heils 1891 den Meister verteidigen.

EIN DRESDENER: Wenn aber der Meister »Tannhäuser« in Bayreuth zuerst aufführen wollte, warum wurde dieser denn nicht vor »Tristan« und den »Meistersingern« gebracht?

MUSIKER: Gute Kinder, weil das Geld nicht vorhanden war. Es mußten durch »Tristan« und »Meistersinger« die Festspiele in Ansehen und Zudrang so gewachsen sein, daß man guten Muts unter riesigen Opfern sich ebenso riesigen Mißverständnissen entgegenstellen konnte; nach einer Erfahrung von bereits 40 Jahren mußte man auf manches in Deutschland gefaßt sein, und nur stark gerüstet durfte man sich an die unvergleichlich schwierigste Aufgabe des »Tannhäuser« begeben, wollte man sich dem gerechten Vorwurf des Leichtsinns nicht aussetzen.

DER BERLINER: Weshalb wollte der Meister den »Tannhäuser« aufführen?

MUSIKER: Weil der »Tannhäuser« nirgends seinen Intentionen entsprechend aufgeführt worden war.

BERLINER: Und warum ist er für Bayreuth die Aufgabe par excellence, wie ich irgendwo gelesen?

MUSIKER: Es freut mich, daß derlei geschrieben wurde; er war die Aufgabe par excellence, weil es sich bei ihm um Kampf auf Leben und Tod zwischen Oper und Drama handelte und weil die melodische Fülle des Werkes bis jetzt jeden dichterischen Gehalt derart überflutet hat, daß es auf eine dramatische Neugestaltung ankam, in welcher die Musik, trotz ihrer melodischen Fülle, nicht mehr an sich, sondern als der Ausdruck bestimmter Gestalten und Situationen zu wirken habe.

FRANZOSE: Pardonnez moi, monsieur, je ne vous ai pas bien compris!

EINIGE ANDERE: Wir auch nicht ganz.

MUSIKER: Ich will versuchen, deutlicher, das heißt anschaulicher zu sein, obgleich derlei erlebt und nicht besprochen werden will. Ein Beispiel für viele: War die Durchführung der choreographischen Szene, getreu nach des Meisters Anweisungen, so lebendig, daß niemand es einfallen konnte, hier die Musik als überreich zu empfinden, so mußte sich mittels der Darstellung der darauffolgenden Szene die einfache Orchestration und die deutsch-liebenswürdige adlige Melodik aus der vornehmen Treuherzigkeit und Schlichtheit des ritterlichen Gebarens von selbst erklären.

Es mußte, sollte anders das Drama siegreich aus dem Kampfe hervorgehen, der Abschluß des I. Aktes genau nach den Angaben

ausgeführt werden, die ich euch, des Verständnisses halber, hier
mitteilen will.

Der Meister verlangt: den freudigen Tumult des von allen Seiten
die Bühne füllenden Jagdtrosses, er beabsichtigte damit einen
überwältigend heiteren Eindruck, welcher eine wohl entsprechende Steigerung der auf die frischeste Lebensäußerung gerichteten
Stimmung zu bieten haben sollte. – Was er selbst in Dresden
(»wegen der ungemeinen Steifheit und Befangenheit unserer
gewöhnlichen Theaterstatisten und Komparsen«, wie er sagt) nicht
erlangen konnte, wurde endlich in Bayreuth mit Berücksichtigung
jeder Forderung (sogar der für Paris verlangten 24 Hörner auf der
Bühne) erreicht. Von der dämonischen Berauschung im Venusberg
gelangte man durch die Einfalt der Rührung zur natürlichsten
übermütigsten Freudigkeit, womit auch die Stimmung des II. Aktes eingeleitet war, wie dies in der Absicht des Meisters liegt.

MÜNCHENER: Etwas Ähnliches habe ich gelesen; es war selbst
gesagt, daß bei der Verwandlung und dem Ertönen des Pilgerchors
vielen die Tränen in die Augen gekommen seien und daß dieses
Altbekannte wie ein neues Erlebnis gewirkt hätte.

MUSIKER: Wollt ihr nach diesem einen Moment im Aufbau des
I. Aktes nun den Charakter der ganzen Aufführung euch vorstellen?

BERLINER: Gewiß, wir können ihn uns ganz gut denken.

MUSIKER: Ich komme nun auf die Wahl der Elisabeth zurück, weil
in ihr ein Merkmal des Bayreuther Wesens sich kundgab. Auch für
diese Wahl liegen Weisungen vor: eine allgemeine, indem der
Meister nach seiner Angabe, zugunsten der bestimmten Erscheinung, »manchen vorzüglichen Sänger bei seinen Aufführungen
unherbeigezogen ließ«; um eine besondere: die sechs Blumen-
Mädchen im Jahre 1882 musternd und eine einzelne (damals
gänzliche Anfängerin) ins Auge fassend, sagte der Meister: »Mit
einer solchen würde ich die Elisabeth versuchen.« Und dement-
sprechend wurde Gestalt, Talent und Erscheinung, dem Vorbilde
ähnlich, aufgesucht. Gewiß lag hier eine bedeutende Schwierigkeit
vor, da mit zartester unberührter Jugendlichkeit selten auch große
Stimmittel und Reife des Vortrags verbunden sind. Johanna
Wagner vereinigte diese schönen Gaben, als sie im Alter von 19
Jahren die Elisabeth zum ersten Male in Dresden gab. – Möglicherweise könnte im Verlaufe der Zeit sich Ähnliches wiederfinden. Doch sei hierbei erwähnt, daß die eine der Bayreuther

Darstellerinnen eine schöne Vortragsweise und eine sichere
Beherrschung der Mittel besitzt, während die andere, welche noch
nicht in solchem Grade diesen Vorzug erreicht hat, dafür mehr
Fülle der Stimme aufwies: beide aber wirkten vor allem rührend,
durchaus kindlich vornehm und untheatralisch.

Fragt aber weiter: was möchtet ihr sonst noch wissen? Worüber
seid ihr im unklaren? Habt ihr vom Chor etwas gehört?

ALLE: Darüber ist nur *eine* Stimme! so etwas Vollendetes an Gesang,
Spiel, Deutlichkeit der Aussprache, Freiheit und Vornehmheit der
Gebärde sei noch niemals und nirgendwo erlebt worden. – Jedes
Wort hätte man verstanden und jede Situation.

MUSIKER: Ich will noch hinzufügen, daß durch sein eingreifendes
Eintreten am Schluß der ganze Gehalt der Tragödie: die Verkün-
dung von Gottes Barmherzigkeit über alle Leiden und Irrnisse der
Welt, zum ersten Male enthüllt wurde – und *dafür* wurde
»Tannhäuser« in Bayreuth aufgeführt. – Vernahmt ihr etwas über
die Inszenierung?

ALLE: Meist nur Gutes; Dekorationen, Kostüme, Beleuchtung,
Regie, das alles wurde gerühmt!

MUSIKER: Nun, da ist man gnädiger verfahren als im Jahre 1876;
denn der Meister schreibt: »Nur wenigen unter unseren Zuschauern scheint dagegen die bisher nirgendwo noch übertroffene
Gesamtleistung der Szenerie, deren mannigfaltigste Ausführun-
gen wir ihnen in vier Tagen hintereinander mit rastloser Folge
vorführten, von so bestimmendem Eindruck gewesen zu sein, daß
jene verschwindend geringen Gebrechen davor ihrer Beachtung
entgangen wären.«

DRESDENER: Ich las, daß es ein unverzeihlicher Fehler sei, im ersten
Akt die Pilger nicht über die Mitte der Bühne gehen zu lassen.

MUSIKER: Dafür liegen die Angaben des Meisters in Paris, Wien und
Dresden vor. – – – Nun das Orchester?

MEHRERE: Wurde sehr schön gefunden.

EINIGE: Die Tempi seien aber nicht ganz richtig gewesen!

ENGLÄNDER: Der Hymnus an die Venus wie ein wahrer Trauer-
marsch!

MUSIKER *(lacht)*.

FRANZOSE: Pourquoi riez-vous, monsieur?

MUSIKER: Weil ich die Geschichte der Tempi seit dem »Parsifal«
1888 kenne und immer mein Vergnügen daran habe. Gottlob, ich
kann euch beruhigen: der Meister hat »Tannhäuser« in Wien 1875

aufgeführt; der Dirigent dieses Werks in Bayreuth hat den Proben in Wien beigewohnt; folglich weiß er ganz bestimmt, wenn er es auch nicht durch sich selbst und sein Talent hätte auffinden können, wie es zu sein hat. Und – zu eurer gänzlichen Befriedigung: »Tannhäuser« ist metronomisiert!... Ohne uns aber bei derlei aufzuhalten, wäre es wohl mein Wunsch, daß ein Musiker vom Fach einmal über diese Orchesterleistung schriebe und auf ihre Bedeutung, namentlich auf den Charakter dieser Bedeutung, aufmerksam mache. Es wäre sachlich sehr der Mühe wert, indem diese Leistung vornehmlich zu der Aufgabe gehörte, welche in Bayreuth gelöst wurde und welche das erfüllte, was der Meister für den Vortrag des »Tannhäuser« in seiner Mitteilung an die Dirigenten und Darsteller fordert!

BERLINER: Schreibt Ihr doch darüber!

MUSIKER Ich kann nicht schreiben und überlasse das Gebildeteren!

ALLE: Wir haben das Orchester nur sehr rühmen hören!

MUSIKER: Ach was! rühmen! Auf Lob und Tadel kommt es nicht an, sondern auf das, was bei einer solchen Gelegenheit Bedeutendes erörtert und Gescheites gesagt wird. Du liebe Zeit, wo wären die Werke, wo wäre Bayreuth, wenn es auf Lob und Tadel ankäme!

(Es entsteht eine Pause; der Musiker versinkt in Nachdenken; die Studenten besprechen untereinander das von ihm Mitgeteilte, und ein sehr junger Badenser, der, wie es schien, besonders häßliche Auslassungen über die Festspiele gelesen, sagt: es sei doch sehr traurig, daß angesichts eines künstlerischen Vorganges von der allgemeinen Bedeutung Bayreuths pöbelhafte Angriffe möglich seien. Bei anderen Nationen würde dies sicherlich unmöglich vorkommen!)

ANDERE: Pöbelhaft sind wohl nur die wenigsten gewesen!

(Der Musiker versinkt in immer tieferes Nachsinnen.)

WIENER *(zum Badenser):* Traurig ist es aber doch; kann man ja auch nicht wissen, was wahr und unwahr ist, was man so liest.

BERLINER: Hör mal, du; das merkt man doch gleich dem Tone an, was dahinter steckt: klingt er gehässig, so weiß ich, daß die Geschichte faul ist.

(Da der Musiker im Sinnen verharrt und nicht daraus zu erwachen scheint, entfernen sich einige, unter ihnen der Franzose und Engländer. Es bleiben nur 4 zurück, die den Musiker mit Befremden betrachten. Endlich geht der BERLINER zu ihm und stößt ihn leise an.)

BERLINER: Warum redet Ihr denn nicht mehr?

MUSIKER: Ihr habt mich traurig gemacht. Wer von dem Bilde eines einmütigen, ernsten und edlen Strebens ab in das Wirrsal blicken muß, welches abseits dieses Strebens entsteht, dem kann der heitere Sinn wohl getrübt werden. – Das Bild des Meisters stand vor mir und die jammervoll schmähliche Weise, in welcher zuerst seine Werke, dann sein Werk – ich meine den Gedanken von Bayreuth –, endlich auch seine Aufführungen in Deutschland behandelt worden sind. – Ich entsann mich seines Ausspruchs: »Mögen meine Freunde mich als vom Unverstand und der Gemeinheit besiegt und zum Schweigen gebracht ansehen!« – so war ich verstimmt und verstummt.

WIENER: Faßt Euren Frohmut wieder! Sprecht uns vom heurigen Bayreuth, wir erzählen's den anderen, welche gingen, als Ihr so nachsannt.

MUSIKER *(sich umsehend):* S'ist wahr, sie sind gegangen, und ich weiß auch nicht mehr, was ich sagen soll. Meine Gedanken haben andre Richtung genommen, eine solche, die sich eher dem Schweigen als dem Reden zuwendet. – Die Sprache wurzelt in der Unwahrheit, so kündet die indische Urweisheit, man sagt immer zuviel und zuwenig, und mehr das Mißverständliche. – Doch was wollt ihr noch von mir wissen? über »Parsifal« oder »Tristan«?

DIE VIER: Nein, die sind in der Meinung fest! Nur der »Tannhäuser« scheint in Frage zu stehen.

MUSIKER: Gebt ihm nur Zeit; er wird vielleicht etwas länger brauchen als die anderen Werke in Bayreuth, weil er in dem Nachteile steht, daß er allbekannt ist und daher das Stoffliche an sich nicht so unmittelbar in ihm wirken kann. Da nun in Deutschland der Sinn für Form wenig entwickelt ist, wie wir an unserer Sprache, Sitte und unsren gesamten künstlerischen Zuständen bemerken können, ist etwas wie zum Beispiel das Bild des Mittelalters, welches der zweite Akt in Bayreuth gegeben hat, nicht so leicht verständlich. – Und doch, ich irre, denn mir selbst sind die bedeutendsten Aussprüche darüber zugekommen, und dies in nicht geringer Anzahl und von Menschen, welche auf diesem Gebiete etwas zu sagen haben. Ferner, ist es nicht sprechend genug, daß man sofort in Mailand den »Tannhäuser« nach Bayreuther Muster, und zwar mit dem Bayreuther Wolfram, vorbereitet und bereits in Lyon, Bordeaux und Paris das gleiche vorhat? Dies sind doch Ergebnisse.

WIENER: Erzählt vom Publikum!

MUSIKER *(erstaunt):* Vom Publikum? kommt das auch dran? Ihr seid wohl nicht bei Trost!

BERLINER: Doch! Es wurde geschrieben: das reichste Protzentum habe darin geherrscht. Man habe nichts mehr von der stimmungsvollen Versammlung von 76 und 82 gemerkt.

MUSIKER: Ich kenne die Ansprüche Ihres Gewährsmannes nicht, weiß daher nicht, ob er bloß Kollegen in Bayreuth vermutet und gewünscht hat, oder wieweit seine Toleranz sonst geht. Zu eurer Beruhigung (denn, ich glaube, ihr seid Patrioten) sei bemerkt, daß der Statistik nach nie so viele Deutsche in Bayreuth waren als in diesem Jahre, und zwar aller Stände. Ich für meinen Teil habe das Publikum vorzüglich gefunden. Was nun das »Stimmungsvolle« vom Jahre 76 betrifft, so will ich euch darüber die Worte des Meisters anführen:

»Kam es den Sammlern vor allem nur darauf an, eine möglichst große Anzahl von beisteuernden Mitgliedern zu werben, so konnte es nicht ausbleiben, daß sich hierunter auch solche einfanden, denen der Gedanke der Unternehmung durchaus fern lag und die nur durch die Aussicht auf einen Losgewinn, welcher dann durch vorteilhaften Weiterverkauf einbringlich zu verwerten war, herbeigezogen werden konnten. Die üblen Folgen hiervon stellten sich im bedenklichsten Sinne heraus: Die Plätze zu den Festspiel-Aufführungen wurden öffentlich ausgeboten und ganz wie zu großstädtischen Opernaufführungen verkauft. Zu einem sehr großen Teile hatten wir auch hier wiederum mit einem recht eigentlichen Opernpublikum, mit Rezensenten und allem sonstigen Ingredienz zu tun, welchem gegenüber alle unsere Vorkehrungen, wie zum Beispiel die Enthaltung des Darstellers und des Autors von der üblichen Entgegennahme des sogenannten Herausrufes, allen Sinn verloren. Wir wurden wieder kritisiert und heruntergerissen, ganz wie wenn wir für's Geld uns zum besten gegeben hätten.«

Der Meister schließt: »Dies waren die Bayreuther Festspiele von 1876. Wollte man mir deren Wiederholung zumuten?«

BERLINER: Donner-Wetter, wird – – –

MUSIKER *(unterbrechend):* geredet!... Windthorst sagte mir einmal, da ich ihm von der Bedeutung des Protestantismus für Deutschland zu sprechen mir erlaubte, ob ich einen papierenen Papst lieber hätte als einen von Fleisch und Blut. – Der papierne

Papst fällt mir immer wieder ein und macht mich wieder guter
Dinge, wenn ich sehr trübgemut darüber zu werden beginne, daß
der Meister vor mir zu sagen sich gedrungen fühlte: »Dies scheint
aber die wunderliche Lage zu sein, in welche das deutsche Volk
geraten ist: während zum Beispiel der Franzose und der Engländer
ganz instinktmäßig sicher weiß, was er will, weiß dies der Deutsche
nicht und läßt mit sich machen, was ›man‹ will.«

WIENER: Nun aber das Publikum 1882?

MUSIKER: Es war wenig zahlreich, man kam sozusagen mit einem
blauen Auge und nur »durch huldvollste und reichlichste Hilfsge-
währungen« seitens des Königs Ludwig davon. – Dieses wenig
zahlreiche Publikum, aus Deutschen und Fremden in gleichem
Verhältnis wie jetzt bestehend, bildet noch den Kern der Bayreuther Zuschauer. Dieser Kern hat sich in erfreulicher Weise
vergrößert. Er hat an Ernst der Auffassung und an Bewußtsein
unserer Sache sehr gewonnen, so sehr zwar, daß in der kleinen
Gemeinde in diesem Jahre die Frage der Zugehörigkeit zu
Bayreuth, und worin diese bestehe, aufgeworfen und in folgender
Weise, wie mir scheint streng endgültig, beantwortet werden
konnte: »Die in Wahrhaftigkeit des Wesens wurzelnde und in
Phantasietätigkeit sich äußernde innere Kraft, die Dinge frei von
jeder Beziehung auf den individuellen Willen zu betrachten, bildet
die Zugehörigkeit zu Bayreuth.« – Nun, ich meine, daß damit
etwas gesagt ist, und zwar etwas Tiefes und Entscheidendes, daher
nicht so leicht abzufertigendes. Wie natürlich, gibt es in Bayreuth
manche Passanten und Touristen; ich habe nicht mit ihnen
verkehrt, aber am Ende hat ihr Gewährsmann einen unglücklichen
Tisch in der Restauration erwischt, wo man in ungehöriger Weise
über die Festspiele sprach, was ihn natürlich verstimmt hat.

SACHSE: Vielleicht waren ihm zu viele Amerikaner da!

BERLINER: Nun, da kann er sich trösten, denn die amerikanischen
Zeitungen haben alles schlechtgemacht, wie man uns sagt.

MUSIKER: So? – Ach! – *(Pause.)*

WIENER: Wie verhält sich aber der Verein zu Publikum und Festspielen?

MUSIKER: Gut! Er bildet die »*Moralische Stütze des Unternehmens*«,
wie der Meister es gewünscht hat. »Ich sehe das Band der
bisherigen Vereinigung unserer Freunde zu einer nur noch rein
theoretischen Beziehung geworden«, äußerte er ferner; seitdem er
sich genötigt sah, die Festspiele im Jahre 1882 von der Öffentlich-

keit erhalten zu lassen, fiel dem Verein die hohe Aufgabe zu, für
Verbreitung und Kenntnis der »Gesammelten Schriften« zu sorgen und dadurch gleichsam Bildner des Bayreuther Publikums zu
werden: »War dieser Verein bisher der Patron des Kunstwerkes, so
wird er nun der Patron des Publikums sein, das an jenem sich
erfreuen und bilden soll.« Bei einer Gelegenheit wie die des
»Tannhäuser« zum Beispiel treten seine Mitglieder mit der
Kenntnis der Aufgabe auf und bilden die Phalanx, mit welcher das
Rechte verfochten wird, und zwar unter unvermeidlichen konfusen Ansichten (da Bayreuth nicht das wäre, was es ist, wenn es
nicht sehr vereinsamt inmitten alles herrschenden Öffentlichen
stünde und bestünde). – Von einem Mitgliede, und zwar einem der
hervorragendsten des Vereins, stammt die schöne Definition von
der Zugehörigkeit zu Bayreuth.

MÜNCHENER: Wir haben aber gehört, daß der Verwaltungsrat mit
dem Verein uneinig geworden ist, weil der Verwaltungsrat nur
geschäftliche Interessen vertrete; daß zum Beispiel die oberste
Galerie verkauft würde, von welcher der Meister gewünscht habe,
daß sie für Unbemittelte reserviert bleibe.

MUSIKER: Das hat der Meister nie und nimmer gewünscht, er konnte
es schon aus dem Grunde nicht, als im eigentlichen Zuschauerraum noch viele Plätze im Jahre 1882 frei waren; vielmehr hat er
schließlich, wie er es selbst aussprach, an die »vollkommene
Öffentlichkeit« sich gewendet. »Da sind wir nun jetzt durch die
Not der letzten Erfahrungen wieder dahin gedrängt worden, die
Fortdauer der Bühnenfestspiele durch Überlassung des Zuschau-
erraumes an das reichlich zahlende Publikum zu versuchen, und
werden demnach, wenn auch kein Kamel durch ein Nadelöhr und
kein Reicher durch das Himmelstor geht, doch vorzüglich nur
Reiche in unser Theater eingelassen werden müssen.« So die
Worte des Meisters. Was aber den Verwaltungsrat anbelangt, so
verweise ich ebenfalls auf den Meister: »Trotz der wahrhaft
heldenmütigen Bemühungen unseres Verwaltungsrats, dessen
aufopfernde Tätigkeit gar nicht genug zu rühmen ist«... ich
dächte, diese Worte entschieden. – Stellt euch aber nur vor, daß
diese aufopfernde Tätigkeit seit der Grundsteinlegung des Festspielhauses nun fast an die 20 Jahre andauert, daß es sich zuerst um
den Bau des Theaters, fast ohne Geldmittel, dann um seine
Erhaltung und Bereicherung (an Lichteinrichtungen, Räumlich-
keiten und was es sonst des Schwerst-Sorglichen noch gibt, wovon

ihr alle keine Ahnung haben könnt, ferner um die Ertragung eines
Defizits, welches von niemandem abgenommen wurde, da die
Festspiele schlechtgemacht worden waren und selbst »die besten
Freunde exzentrische Übertreibung dem Meister zur Last legten«
– dann um die Durchführung der Festspiele nach dem »Parsifal«
1882, unter den schwierigsten, die Festspiele beinahe dem
Untergange nahebringenden Umständen handelt! Bedenkt, was es
heißt, ein Personal von 400 Menschen von allen Weltgegenden
zusammenzubringen, in schönster Ordnung und Frieden zu
erhalten, dazu das Publikum befriedigend in der kleinen Stadt
unterzubringen, und ihr werdet mit mir darüber staunen, welche
Kraft der Aufopferung eine große Überzeugung in sich schließt,
und mit mir finden, daß, wer eine solche Bestimmung erfüllt, durch
sein Bewußtsein von der einsichtigsten Würdigung unberührt und
für blöde Verkennung unerreichbar bleiben dürfe. *(Nach einer
Pause fährt der Musiker fort:)* Die Dinge liegen in Bayreuth sehr
einfach; sie bestehen aus 5 Faktoren:
der *Verwaltungsrat* trägt die ganze Sorge der Unternehmung;
die *Künstlergenossenschaft* bringt die Aufführungen zustande und
gibt dabei, wie früher, so jetzt, das Beispiel der Einmütigkeit,
Freudigkeit und des eifrigsten Ausharrens bei der Aufgabe, noch
immer in vollstem Maße des Lobes des Meisters würdig: »Gewiß
hat nie einer künstlerischen Genossenschaft ein so wahrhaft nur
für die Gesamtaufgabe eingenommener und ihrer Lösung mit
vollendeter Hingebung zugewendeter Geist innegewohnt, als er
hier sich kundgab«;
die *Öffentlichkeit* trägt die Kosten der Unternehmung, erhält also
die Festspiele;
der *Verein* sorgt für das Verständnis der höheren Absichten dieser
Festspiele, indem er die Prinzipien, nach denen sie geleitet werden,
nach außen vertritt;
die *Stipendienstiftung* endlich sorgt für den unentgeltlichen Eintritt
der Unbemittelten, gemäß den Worten des Meisters: »So stellt es
sich mir nun als die erste und allerwichtigste Aufgabe für ein
neuzubildendes Patronat dar, die Mittel zu beschaffen, um
gänzlich freien Zutritt, ja nötigen Falles die Kosten der Reise und
des fremden Aufenthaltes, solchen zu gewähren, denen mit der
Dürftigkeit das Los der meisten und oft Tüchtigsten unter
Germaniens Söhnen zugefallen ist«, womit denjenigen, welche im
Ernst meinen, daß es der Unbemittelten zuwenig unter dem

Publikum gibt, die Aufgabe zufällt, die Stiftung, sei es durch eigene Spenden, sei es durch Sammlungen, zu bereichern.

WIENER: Wir hörten noch, daß in Bayreuth experimentiert würde, und auch, daß man nicht für Nachwuchs sorge. Experimentieren darf man doch nicht.

MUSIKER: Wohl darf man das, gute Kinder, und soll man es sogar. Der Meister selbst hat es getan, und zwar mit Anfängern: im Jahre 76 zum Beispiel mit dem Siegfried von Unger und für seine erste »Meistersinger«-Aufführung im Jahre 1868 mit dem David von Schlosser – mit Schlosser glückte das Experiment vollständig, mit Unger nicht ganz; auch 82 hat er versucht. – Was heißt aber Experimentieren?... Wenn für eine Aufgabe kein Darsteller sich findet, welcher musikalische Korrektheit, dramatische Begabung, entsprechende Erscheinung, schöne Stimme, wie zum Beispiel Scheidemantel, vereinigt, oder Prädestination für die Aufgabe mitbringt, wie Frau Sucher für Isolde, muß man zwischen dem Wesentlichen und Unwesentlichen entscheiden, und nun kommt das Experiment; es stellt sich heraus, ob das Wesentliche als überzeugend und eindringlich genug sich erweist. – Was nun den Nachwuchs anbetrifft, seht euch doch das Personal an! Bei jedem Festspiele werdet ihr neue Kräfte eingereiht sehen. Im Chor zum Beispiel eine große Anzahl von Solisten, welche bei dieser Gelegenheit kennengelernt werden. Alvary, Grengg, Fräulein Mailhac waren in diesem Jahre neue Kräfte und haben sich auf das tüchtigste bewährt. Im Jahre 88 hatte Bayreuth die Kühnheit, den fremden van Dyck zu berufen, nachdem ihm erst die deutsche Sprache gelehrt worden war; bis zu Drohbriefen ging damals das Unverständnis, und wie hat sich diese Kühnheit gelohnt? Jetzt, wo er in Paris Lohengrin gibt, heißt es von ihm: man merke ihm die Schule von Bayreuth, zum Unterschiede von dem ganzen noch so guten Personale, deutlich an. – – »Nun ich ein Herz gefaßt, verschwindest du«, sagt Brutus dem Geist. Nur Herz behalten, und die Gespenster schwinden! Und dieses Beispiel zu geben, nicht minder als wie Aufgaben zu lösen, dafür sind wir in Bayreuth da. – Horch, habt ihr nicht etwas gehört? Oder war es eine Täuschung?

DIE VIER: Was hörtet Ihr? Wir vernahmen nichts.

MUSIKER: Aus den »Meistersingern«, ganz leise, ferne: »Wie sie das frohe Singen zu Schaden könnten bringen« –

DIE VIER: Nein, Ihr irrt!

DER ENGLÄNDER *(kommt zurück):* Oh, ich wollte sehen, ob Sie noch da wären, und wollte fragen nach dem »Tannhäuser«, ich meine nach dem Sänger.

MUSIKER *(lacht): Darsteller,* wollen Sie sagen! So nennen wir mit dem Meister unsere Künstler, so gut wie wir mit ihm nur vom *Drama* sprechen. – Es ist jetzt spät geworden; gewiß bringen die »Bayreuther Blätter« einen Aufsatz über die Aufführungen und die Künstler. Wartet darauf – es bedarf der Zeit, um sich über solch ein Thema gründlich zu fassen. Was der Meister von seinem Tannhäuser forderte, lest in den »Gesammelten Schriften« nach. Wie er sich über die Art der Künstler, welche er für seine Werke am geeignetsten hielt, aussprach, vernehmt es aus der drastischen Stelle eines seiner Briefe an Liszt: »Fragst Du mich nun, was zu tun sei? Soll man einem geringeren Sänger *das* zumuten können, was ein T. nicht herausbrachte? Darauf sage ich Dir, daß gerade T. trotz seiner Stimme überhaupt vieles nicht herausbrachte, was viel unbemittelteren Sängern möglich war. In der ›Tannhäuser‹-Probe, der ich in Weimar beiwohnte, hat der ganz invalide Götze Stellen herausgebracht und Intentionen verständlich gemacht, die mir T. stets schuldig blieb.« Dies sind alles Wegweiser für die Aufführung in Bayreuth. Nach ihnen muß man sich richten, um den Bruch mit allem Opernhaften immer deutlicher und bewußter zu vollziehen. Wie weit käme man mit anderen Rücksichten! Doch es ist ja spät geworden; laßt uns nach Hause gehen!

In diesem Augenblicke tritt der Eilbote in das Wirtshaus ein, wohin er von der Wohnung des Musikers gewiesen worden war, und übergibt ihm ein Telegramm: er öffnet es, betrachtet es und singt vor sich hin: »Das heiß ich Mut, singt der noch fort!«

Draußen aber ertönt hell und sonor die Stimme, welche vermutlich der Musiker vorhin von der Ferne bereits gehört: »Fanget an!«

Der Musiker springt freudig auf und geht der Stimme nach. Die Zurückgebliebenen blicken in die liegengelassene Depesche und lesen: »Künftigen Sommer Festspiele in Bayreuth: ›Parsifal‹, ›Tristan‹, ›Tannhäuser‹, ›Meistersinger‹.«

An Wolfgang Golther
Bayreuth, 16. 10. 1891

Lieber und werter Herr Doktor,
Ich habe sogleich gestern die erste freie Stunde benützt, um die
Aufsätze zu lesen, mit welchen Sie mich erfreut haben. Sie haben
mich in vielfacher Beziehung interessiert und zum Nachdenken
aufgefordert. Ich glaube zum Beispiel, daß in betreff der nordischen
Mythologie, nachdem, wie es scheint, nachgewiesen ist, daß ein
großer Bestandteil derselben christlich und ungermanisch ist, es nun
erübrigte, die Züge nachzuweisen, welche unvermischt und unzweifelhaft dem germanischen Heidentum angehören.
Die Theorie des Alp-Traumes als gestaltend für die Vorstellung
dieser Geister war mir ganz neu und beschäftigt mich jetzt sehr,
indem ich bis zu der Kenntnis derselben mir vorgestellt hatte, daß die
Wahrnehmung der äußeren Erscheinungen, wie Wolkenzüge, Wind-
brausen, Wogenbrechung und Reigen, die menschliche Phantasie auf
Entwerfung der Schutzgestalten oder feindlichen Wesen gebracht
hätte. Man ertappt sich selbst ja auf das Sehen solcher Gestalten, und
mir wäre es eher angekommen, einem bösen Alp den lästigen Traum
zuzuschreiben, als den lästigen Traum für den Erzeuger der Alben
anzunehmen. Aber der Dilettant läuft Gefahr, immer der Phantasie
zu sehr nachzuhängen und den realen Boden zu verlassen.
Ein anderes Moment, welches mir auch zum Nachsinnen gegeben
hat, ist die Progression der niedrigeren Geister bis zu den Göttern.
Unwillkürlich hatte ich mir dabei mit der Rassentheorie Gobineaus
geholfen und angenommen, daß die begabteren, erobernden Stämme
ihre ihnen entsprechenden Gottheiten sich ausbildeten, während die
niederen und unbegabteren Völkerschaften ihre guten und bösen
Geister ihrer Art gemäß sich schufen und daß sie dann gegenseitig
voneinander einiges annahmen, wie man zum Beispiel in Indien den
Shiva-Dienst sich in die brahmanische Religion, mit der Verbreitung
derselben im Süden, einschleichen sieht. Ungemein gerne würde ich
mit Ihnen, lieber Herr Doktor, alle diese Punkte besprechen. Sie
haben solch eine bestimmte, klare Weise, Ihr Wissen mitzuteilen, daß
der Laie Belehrung davon nehmen kann und sich jedenfalls einer
großen Anregung erfreuen darf.
Auch den Zigeunern wiederzubegegnen, war mir von Wert. Vor
langen Zeiten hat mich dieses Thema dadurch beschäftigt, daß die
Ansicht meines Vaters, es seien in ihnen wohl die Schößlinge der

indischen Parias wiederzufinden, meine Phantasie anregte und
dadurch auch, daß in seinen »Ungarischen Rhapsodien« mir die
künstlerische Behandlung volkstümlicher Weisen ungemein prägnant geglückt zu sein schien. Immer wieder aber ist es Ungleichheit
und Bedeutung der Rassen für die menschliche Kultur, welche mir als
das sprechendste Moment aller Fragen schon deswegen erscheint,
weil bei uns es sich wohl um Leben und Tod unseres ganzen Wesens
hierbei handelt.

Ich wurde gestern unterbrochen, ein Beileidsgang zu einer Freundin
ließ mich den Himmel in wundervollster Abendpracht erblicken. Wie
losgelöste Schleier lagen die goldenen Wolken über dem blauen Duft.
Unwillkürlich gedachte ich der Helena, der Leukothea, und mir
war's, als ob ein jeder von uns in seiner Kindheit bei solch einem
Anblick eine Geschichte dazu erfunden und die Gestalt dabei
gesehen hätte. Genau wie später die Erlebnisse in die Dichterseele
sich einsenken und dort zu der Kraft des Typischen sich erheben.

Es freute mich, durch Sie von einer guten Aufführung der »Meistersinger« zu vernehmen, denn die letzte, die ich dort sah, war recht,
recht mittelmäßig, kaum ein Zug aus der Aufführung 68 war noch
darin zu finden. Wenn ich mir auch sage, daß Sie nicht mit den
gleichen Anforderungen an die Lösung der Aufgabe kommen wie
ich, so ist doch der Eindruck, den Sie erhielten, mir dafür Gewähr,
daß es sich gebessert hat. Unser ausgezeichneter Fuchs wird wohl die
Regie geführt und dafür Sorge getragen haben, daß mehr Korrektheit, mehr Lebendigkeit, kurz mehr Bayreuther Geist in die
Aufführung kam, und das freut mich.

Dafür entnahm ich aber Ihren Zeilen einen wahrhaften Schrecken.
Ich habe nicht anders bei meiner Aufforderung an Sie verstanden, als
daß Sie zu den drei Aufführungen kämen. Da Sie mir nur von
»Parsifal« sprechen, befürchte ich ein Mißverständnis. Der »Tannhäuser« war in diesem Jahre unsere Hauptarbeit, mit welcher etwas
sehr Entscheidendes gesagt worden ist; sagte mir doch mein
unvergleichlicher Kniese kürzlich, es sei ihm ungeheuer bang vor der
Ausführung des Chores: »Ihr habt's gehört« gewesen, da mit der
richtigen dramatischen Aufstellung eine musikalische Schwierigkeit
von ungeahntem Charakter verbunden war. Und derlei gab es zu
Haufen! Das Miterleben dessen läßt sich wohl nicht ersetzen, doch
möchte ich Ihnen etwas zuschicken, was die später in den »Bayreuther Blättern« erscheinende Arbeit Ritters ergänzen sollte. Es war
nämlich unter den Freunden die Frage aufgeworfen worden, ob man

Notiz oder nicht von allem möglichen nähme, und um Ritter die
positive Arbeit zu ermöglichen, wurde eine Art Kompilation aller
Aussprüche und Erwiderungen der Freunde gemacht. Schließlich
fanden wir es alle für besser, es nicht zu veröffentlichen und aus dem
Drucke herauszunehmen. Vielleicht bringt es Ihnen ein Bild der
heurigen Aufgabe. Bitte die Mitteilung als ganz vertraulich zu
betrachten und sie in beigelegtes Couvert an meine Nichte nach
Lektüre abzuschicken.

Und nun leben Sie wohl, lieber und werter Herr Doktor. Von Herzen
wünsche ich, daß Sie aus den Mühen und Nöten befreit werden und
sorgenlos Ihrer geistigen Tätigkeit leben können.

Seien Sie versichert, daß jede Mitteilung von Ihnen eine rege
Teilnahme bei mir findet, und seien Sie und Ihre liebe Gattin in
herzlicher Hochachtung und Anhänglichkeit gegrüßt
von Ihrer ergebenen

C. Wagner.

An Konrad Fiedler
Bayreuth, 16. 12. 1891

Mein lieber und hochgeehrter Herr Doktor,
Freund Levi wird Ihnen gesagt haben, wie herzlich wir es alle
bedauert haben, daß der Plan der Münchener Reise sich wegen des
Gesundheitszustandes als unausführbar erwies. In der Tat reichten
die Kräfte meiner Tochter knapp für die Berliner Expedition aus, und
ich selbst war nicht so wohl auf, daß Isolde mich gerne verlassen
wollte. Sie und die liebe Mary gestatten es uns wohl, das Versäumte
nachzuholen und in zwei Gruppen uns einzufinden. So Gott will,
beginnt das nächste Jahr kräftiger, als dieses abschließt.

Für Sie hat ja dieses Jahr den Abschluß einer bedeutenden
Beziehung vollbracht. Und ich kann es mir gut vorstellen, unter
welchen Empfindungen Sie sich von Bildern trennten, an welchen Sie
einen so ungewöhnlichen Anteil haben und welche für alle Zeiten mit
Ihrer Teilnahme daran verknüpft sind. Aber die Wahl von Schleiß-
heim scheint mir eine sehr glückliche zu sein, und gerade zur Zeit, wo
durch abgeschmackte Vorlautheit die Meisterwerke aus den vornehmen Behausungen in grelle und schreiige Umgebung zu sein
verurteilt werden, tut es einem wohl, den Künstler, der abseits des
Modischen den tiefen Eindruck dieser Meisterwerke in freier Weise

zu gestalten trachtete, in edler Einsamkeit zu dem fürstlichen Heim wandeln zu sehen.

Sie können sich, mein lieber Herr Doktor, die Absurdität des Wiener Museums gar nicht vorstellen. Die ruhigsten Bilder, wie die »Heilige Justina«, in grellstem Licht und protzigen Rahmen gebracht! Öfen in ägyptischen Stil, gewichste Parketts und wie Speck glänzende Palisandertüren. Zu den hellsten Räumen gelangt man durch eine dunkle Rotunde, in welcher man sich bereits tödlich und sterblich empfindet. Ich kann Ihnen meine bis zur Sprachlosigkeit gediehene Verzweifelung nicht beschreiben, und da kann man selbst nicht sagen, guarda e passa, denn gerade das guardare macht einem dort elend.

Sind Sie auch der Ansicht, daß Lenbach die Technik von Tizian wieder aufgefunden hat? Es klingt so wunderlich, daß bei Levis Bericht ich nicht umhin konnte, Ihr schweigsames Lächeln dabei zu sehen. – Wer wird die Zeichnungen von Tizian auffinden?

Wenn man in der Stille, in welcher wir jetzt leben, so von den Dingen vernimmt, gewinnt das Humoristische in der Betrachtung das Übergewicht. Während, wenn man selbst, wie ich in Wien, halb und halb mitmacht, zum umgekehrten Peter Schlemihl wird, nämlich zum Schatten, der nach seiner Leibhaftigkeit sucht. Aus den Theaterzetteln zum Beispiel zu ersehen, daß die Feier für Mozart überall durch die »Cavalleria« unterbrochen wird, und von anderswo zu erfahren, daß der Hervorruf der Sänger bei offener Bühne zu Ehren Mozarts wiederhergestellt wird, und was es des Unsinnigen mehr gibt, davon drängt sich uns zuerst das Lächerliche auf, während bei dem Erleben das Leiden jede Heiterkeit wegspült.

Was einem aber bei ruhiger Betrachtung immer mehr aufgeht, ist die Nutzlosigkeit aller noch so dünkelhaft sich gebärenden Veranstaltungen.

Wie ich meine, hat es wohl kaum einen Zeitpunkt gegeben, an welchem man – was man so »man« nennt – in der bildenden Kunst so fürchterlich gründlich Bescheid wußte, und was gebaut, errichtet und hergestellt wird, stimmt einem ungefähr wie ein amerikanischer Ofen.

So hat sich auch jede größere Opernbühne mit der Aufführung der Werke gebrüstet. In jeder Stadt hatte man ein besonderes Publikum, das wurde einem mit eigens feierlichem Gesichte gesagt. Nun kommt die »Cavalleria«, alles jagt nach, und Roß und Reiter sah ich niemals wieder. – Ich meine, wir dürfen uns keinen großen Illusionen hingeben!

Ob dies eine Illusion ist, daß mir Caprivis Rede so sehr gut gefallen
hat? Ich las sie heute früh gegen den Wunsch meiner ganzen Familie
und hatte Wohlgefallen an der Klarheit, der Bestimmtheit, der
Objektivität und der, wie mir scheint, sehr großen Klugheit. Das
scheint mir im besten Sinne des Wortes Politik.

Das chinesische Buch kenne ich nicht, selbst in Auszügen nicht, und
ich verlasse mich auf Ihre Güte, um mir einiges beim Wiedersehen
daraus mitzuteilen. Mit größter Standhaftigkeit versage ich mir die
Gedichte von Keller und insbesondere darin die Strophen an Schiller,
von welchen ich, wenn Sie sie mir lesen, die Vertreibung des
schrecklichen Eindruckes erwarte, welchen Heyses Prolog an Mozart
mir gemacht. Es bleibt unbegreiflich, wie die Beschäftigung mit
einem solchen Gegenstand auch nicht einen wahren Brustton,
sondern nur Falsett, und noch dazu unvirtuos behandeltes Falsett,
hervorbringt.

Der Umstand, daß Freund Strauss die »Iphigenie auf Tauris«
bearbeitet hat, hat mich nicht nur zu den beiden Iphigenien von
Gluck, sondern auch zu der Euripideischen und der Goetheschen
geführt. Die unvergleichliche Größe des Griechen ging mir dabei
wieder auf, und zwar als Wahrhaftigkeit, als sich mit dem Befassen,
was man weiß und kennt, was keine poetischen Annahmen ersetzen
kann. Bei Gluck ist mir eine Seite diesmal besonders aufgegangen,
die Auffassung der Musik als Klage, und zwar resignierte Klage; was
ihn dazu bringt, selbst der Klytämnestra die wehmütigen rührenden
Akzente zu geben.

Sonst ist es Luther, welcher die Kosten unserer geistigen Anregung
getragen hat. Wir lesen seine Lebensbeschreibung durch seinen
Zeitgenossen Dr. Jonas, und ich kann die Freude an dieser Lektüre
nur als Wohltat bezeichnen. Gegen allen Griesgram und Krimskrams
des Tages dieses wandelnde Gottesgehäuse vor sich zu haben, ist eine
solche Stärkung, wie sie einem nur noch, wenn auch freilich in
vermindertem Maße, von seinen Vertretern, Gustav Adolf, der große
Kurfürst. Und wie erbärmlich erscheint einem die ganze bilderreiche
Renaissance gegen diesen einen Mann mit nur einem Bilde im
Herzen, aber dieses zu voller Lebendigkeit in ihm geworden.

Luft ist gereinigt
Atme der Geist!

»Wenn Sie alles besser selber wissen, schreiben Sie das Stück selber«,
sagte mir einmal ein Dichter, der mich um meine aufrichtige Meinung
über ein Stück gebeten hatte. Dies fiel mir bei Gelegenheit von Füssli

ein, der wohl artiger seine Empfindlichkeit ausgedrückt haben wird. Aber es ist unglaublich, wie die begabtesten, besten Menschen, wenn es sich um ihre Produkte handelt, eigentlich unmöglich werden. Mein Vater erzählte gerne von einem Schöngeist aus der Empire-Zeit, Geoffroy, der von seinen Zeitgenossen sehr überschätzt wurde, wie er einmal mehrere junge Leute bei sich zu Tisch hatte, disputierten die unter sich über ihn, stellten ihn samt und sonders weit über Voltaire, nur einer wagte zu sagen: »Disons l'égal de Voltaire.« »Jeune homme, j'aime cette rude franchise«, sagte Geoffroy, indem er ihn auf die Schulter klopfte.

Ich hörte, Hildebrand sei zum Kaiser beschieden worden, und wie jetzt jedermann dem Kaiser will Caprivi empfohlen haben, fange ich auch an und möchte denken, daß ein Gespräch mit einem dem Kaiser Nahestehenden etwas bewirkt hat. Aber diese Pretension nur Ihnen gebeichtet, da man nur mit seinen Freunden sich gerne ridikül zeigt. Der Begassche Brunnen wird wohl am beredtesten für Hildebrand sprechen!

Nun aber leben Sie wohl, mein lieber und hochgeehrter Herr Doktor, schreiben Sie mir bitte nur wieder, wenn Ihr Krampf nachgegeben hat, was hoffentlich sehr bald der Fall ist. Mary übernähme es vielleicht freundlich, für Sie einzutreten und uns Nachricht zu geben? Bitte übermitteln Sie unserer lieben Freundin die herzlichsten Grüße, und seien Sie, lieber Freund, in inniger Hochachtung, Anhänglichkeit und Ergebenheit von den Meinigen und mir gegrüßt!

C. Wagner.

1892

An Amalie Materna
Bayreuth, 4. 1. 1892

Meine liebe und hochgeehrte Freundin,
Ich danke Ihnen herzlich für Ihre freundlichen Zeilen und erwidere
Ihre guten Wünsche auf das wärmste, in der Hoffnung, daß die
erfreulichen Nachrichten, welche Sie mir über Ihre durch die Kunst
gehobene Stimmung geben, immer festeren Grund erhalten, und daß
Sie mit Ihren Leistungen die große Anzahl Ihrer Verehrer noch lange
werden begünstigen können.
Blickt man um sich, teure Materna, so wird man immer mehr der
Kraft inne, die in Ihnen wohnt! Und hieran möchte ich das Anliegen
knüpfen, was ich an Sie auf dem Herzen habe.
Von verschiedenen Seiten kommt es mir zu, daß Sie bestimmt erklärt
haben, bei unseren Festspielen nicht mehr mitwirken zu können; und
Ihr Fortgang von Bayreuth, an welchem Sie mir nur einen freund-
lichen Gruß hinterließen, bereitete mich auf diese Entscheidung: Ich
verstehe das Zartgefühl gut, welches Sie daran verhinderte, mir selbst
Ihren Entschluß mitzuteilen, und bedenke ich die Opfer jeglicher
Art, die Sie uns eine ununterbrochene Reihe von Jahren bringen, so
bleibt mir nur, mich in das von Ihnen Bestimmte zu fügen und Ihnen
aus vollstem Herzen meinen wärmsten Dank entgegenzubringen.
Verübeln Sie es mir aber nicht, meine liebe Freundin, wenn ich in
Erinnerung an alles, was uns verbindet, und vornehmlich an die
unvergleichlichen Dienste, welche Sie unserer Kunst in so großherziger Weise geleistet haben, Sie bitte, unsere Festspiele in diesem
Jahre wenigstens zu eröffnen, wonach Sie Ihre ganze Zeit für Ihre
Erholung frei und wir doch die Genugtuung hätten, Sie noch
einmal zu begrüßen und Ihnen unseren tiefgefühlten Dank auszusprechen.
Ich weiß sehr gut, daß ich Ihnen ein großes Opfer damit auferlege,
meine liebe Freundin, aber Sie haben uns schon manches gebracht,
sie waren immer gütig gegen uns, und so glaube ich denn, daß Sie
meine Bitte freundlich aufnehmen werden.
Seien Sie darum bedankt, empfangen Sie die Grüße und Glückwün-

sche meines ganzen Hauses und die Versicherung herzlichster
Ergebenheit und Hochachtung

Ihrer C. Wagner

An Mary Fiedler
Bayreuth, 14. 2. 1892

Ich kann es Ihnen nicht sagen, teuerste Freundin, wie peinlich ich es
empfunden habe, auf Ihre lieben Zeilen vom 25. Januar nicht bälder
haben erwidern zu können! Wie es noch mit meiner täglichen
Existenz werden wird, weiß ich nicht, aber ich kann nur sagen, daß
seit dem Beginn dieses Jahres ich nicht zu Atem gekommen bin.
Sie haben aber gewiß nicht an meiner Teilnahme für den Verlust, den
Sie erlitten, gezweifelt? Ich sah Frau von Herzogenberg nur einen
Augenblick, aber ihr Bild hat sich mir eingeprägt, denn es sprach sich
adeliger Sinn und Wärme des Herzens darin aus. Und ich denke mir
leicht, daß Sie die liebliche Erscheinung schwer vermissen.
Auch an meinen Dank für die meinen Kindern gewährte Gastfreund-
schaft haben Sie gewiß nicht gezweifelt? Diese haben wieder den
Aufenthalt unter Ihrem freundlich schützenden Dach recht genossen
und denken noch immer mit Dankbarkeit daran. Es ist sehr lieb von
Ihnen, teuerste Mary, eine solche Herzlichkeit meinen Kindern
entgegenzubringen und eine solche Fühlung mit jedem von ihnen zu
bewähren. Das Verständnis für dämonische Naturen, wie zum
Beispiel Isolde eine ist, ist nicht immer ganz leicht, und so habe ich
Ihre freundlichen Worte über sie besonders begrüßt.
Wir sind eben von Berlin und Dresden zurückgekehrt, wo wir einige
hübsche Tage hatten. Wir haben stets von der Reichshauptstadt und
ihren Einwohnern den freundlichsten Eindruck, und ich kann mich in
die Stimmung Ihres verehrten Vaters lebhaft versetzen, und wie ihm
so manches doch gesellig fehlen muß. Das Museum fanden wir wieder
in Umstellung begriffen. Manches auf dem Boden, was man sonst
hoch in den Lüften gesucht hat! Es wird dort eine Art 30jähriger
Krieg mit der Ruhe geführt, aber ich kann nicht leugnen, daß ich viel
Vergnügen an dem Verkehr wieder empfand. Ich finde nämlich
Berlin amüsant, viel viel amüsanter wie Wien, und dadurch sich von
ganz Deutschland sehr unterscheidend. Nur das Theater ist langweilig; aber, wo ist es dies bei uns nicht? Auf seiner Rundreise hat Kniese
wieder allüberall die »Cavalleria« angetroffen. Bei meiner Vorliebe

für die ausgesprochenen Dinge und meinem Widerwillen für das Scheinbare finde ich dies sehr gut, weil genau uns zeigend, wo wir stehen und wer wir sind.

In Dresden hatten wir einen wunderlichen Eindruck von dem »Titus«; leeres Haus und leere Bühne, dazu der jetzt obligate dunkle Zuschauerraum, der noch von dem alten Opernhaus den letzten Rest von Heiterkeit verscheucht! Aber trotz allem und allem liegt in dem Gebaren des Genius ein solcher Zauber, auch wenn er nicht aufgelegt ist, einem Besonderes mitzuteilen, daß ich doch ohne Ärgernis an den gespenstischen Abend zurückdenke und vielmehr einige Züge unsäglicher Anmut und Hoheit mir neu gewonnen habe.

In Berlin sahen wir den II. Akt »Tannhäuser«!... »Lohengrin« gingen wir aus dem Wege und stießen dabei auf den »Collegen Crampton«! Hierüber mündlich, denn auf Ihre freundlichste Aufforderung, teuerste Mary, kommt nun meine Anfrage, ob Eva und ich Ihnen und Dr. Fiedler zwischen 10. und 12. März genehm wären? Was macht denn der Major? Ich träumte diese Nacht von einem Brief von ihm. Wird er uns ein nettes Repertoire machen? »Idomeneo«, »Cid«, »Benvenuto Cellini«, kurz das, was keinem Menschen gefällt! Wenn Sie uns nicht herauswerfen, blieben wir 8 Tage. Wir freuen uns sehr darauf, insbesondere auch auf die Gedichte von Gottfried Keller!

Von den »Tanten in Rom« (wie meine Enkel das Dreigestirn nennen) haben wir gute Nachrichten. Sie leben dort zeitlich, nicht ewig, was ich ganz vernünftig finde. Ihr und Dr. Fiedlers Verständnis für Biagino freute mich sehr, da ich eine sehr besondere Meinung von ihm habe.

Thodes geht es auch gut, und so Gott will, fühlt sich jetzt Siegfried auf dem Ozean ebenso wohl, als wie er London verließ.

Da hätten Sie so ziemlich alles, was über uns zu sagen ist, teuerste Mary, nehmen Sie es mit unseren wärmsten Grüßen freundlich auf, und seien Sie und Dr. Fiedler von meiner herzlichsten Ergebenheit aufs neue versichert!

C. Wagner.

Schönsten Gruß an Levi und die Bitte, bei Lenbach nachzusehen, ob das Portrait von Frau von Muchanoff an die Besitzerin abgeschickt worden ist.

An Ernst Erbprinz zu Hohenlohe-Langenburg
Bayreuth, 22. 2. 1892

Lieber und hochgeehrter Erbprinz,
Endlich gelange ich dazu, Ihnen für Ihre Zeilen vom 24. Januar zu danken und Ihnen zu sagen, daß ich Ihre Dichtung »Roland« mit der ganzen Teilnahme gelesen habe, welche sie erweckt und welche ich an allem nehme, was von Ihnen, lieber Prinz, kommt.
Viel Spontaneität, viel Kraft und ein großer breiter Zug spricht aus dieser Dichtung. Und daß sie manche äußerliche Reminiszenz enthält, störte mich nicht im geringsten, da ich kaum ein Erstlingswerk, weder von Dichtern noch von Musikern, kenne, das sich nicht an ein bestimmtes Muster anlehne. Ja, es hätte für mich etwas Beängstigendes, wenn in einem solchen Werke mit einer gewissen Absichtlichkeit Anklänge vermieden würden, denn es zeugte von unnatürlichem Eigensinn und, was noch schlimmer ist, von Verleugnung der erhaltenen Eindrücke. Allmählich erst aber vertiefen sich die Eindrücke in das Gemüt, befruchten die Keime, die sie vorerst gleichsam bedecken, auf daß etwas völlig Originales entstehe.
Soll ich nun aber sagen, was Ihrer Dichtung mir zu fehlen scheint, so ist es: Konzision. Ich halte drei Liebesszenen in einem Drama für bedenklich. Ferner auch die Wiederholung durch Erzählung von dem, was bereits erlebt wurde. Endlich aber halte ich das Rätselhafte, Unausgesprochene, Geheimnisvolle für einen wesentlichen Faktor des Dramas. Wie wir alle als Motor unserer Handlungen das in uns haben, was wir nicht aussprechen, ja, kaum selbst kennen, so ist es notwendig, daß wir es an den Handlungen, mehr als an den Worten der Personen, eines Dramas erfahren. Eigentlich muß uns alles in Erstaunen setzen (ein frappantes Beispiel dessen, was ich meine, ist die Heftigkeit von Faust, welche den Brand der friedlichen Hütte zur Folge hat.) Was wir glatt verfolgen und uns erklären können, fesselt uns weniger.
Nehmen wir »Tristan und Isolde« als einfachste Liebeshandlung. Das erste, was uns entgegentritt, ist die verschleierte Liebe Isoldens, die sich als Rachebegehren kundgibt, und die geheimnisvolle Schwermut Tristans, die kaum Worte findet. – Das zweite, was ich auch als sehr wesentlich halte, ist der ununterbrochene Gang der Handlung. Ich nehme hierfür wieder das Beispiel von »Tristan und Isolde«, und zwar gerade den II. Akt, weil er gewöhnlich bloß als Liebeserguß aufgefaßt wird und es sich doch um eine sehr bestimmte innere

Vom Meister eingesetzte Dirigenten: Hermann Levi

und Hans Richter

Entwickelung handelt. Zuerst die Erwartung Isoldens mit der Angst, welche uns durch Melots Verrat und die anberaumte Jagd eingeflößt wird. Dann der große Moment des Löschens der Fackel, wo Isolde wie die Todesgöttin vor uns steht. Endlich die Szene mit Tristan: 1) Jauchzen; 2) leidenschaftliche Vorwürfe; 3) die Entscheidung Tristans für den Tod; 4) das Verständnis und Eingehen Isoldens auf diesen Gedanken; 5) die gemeinsame Todesweihe. Dies ist eine ganz bestimmte, wenn auch unendlich zarte und seelische Handlung, die vor sich geht.

Im gleichen können Sie, lieber Erbprinz, dieses auch im III. Akt derselben Dichtung, von dem Vernehmen der Weise bis zu der Vision des Schiffes, verfolgen. Es geht immer etwas vor, und bloße Kundgebung von Gefühlen werden Sie, glaube ich, kaum in den Werken finden. So zum Beispiel der Beginn von »Tannhäuser«; der Held will fort; nicht, daß er damit anfängt, den Venusberg und die Göttin anzusingen, sondern der Konflikt ist gleich da. Ja, selbst in dem scheinbar an Handlung so dürftigen »Tasso«, wo die Gestalten uns minder plastisch entgegentreten als in den Werken und Shakespeare, sind doch die beiden Momente, die ich als die Faktoren des Dramas [ansehe], das rätselhaft Dämonische der Gestalt und die beständige ununterbrochene Entwickelung der Situation, mit dichterischer Besonnenheit gewahrt.

Endlich aber, meine ich, daß jeder Akt zu gleicher Zeit etwas in sich Abgeschlossenes sein und bei uns die Frage erwecken muß, was wird nun?

Wenn ich gleichsam die Technik des Dramas berühre, so sage ich Ihnen wohl deutlich genug damit, lieber Erbprinz, welche Vorzüge in Ihrer Dichtung mir entgegengekommen sind und wie sehr ich es für die Mühe lohnend erachte, daß Sie die schönen Anlagen, die Ihnen wurden, in eine strengere Form gössen.

Die Bedeutung, welche ich den Szenen beilege, über welche wir bereits verkehrten, liegt vornehmlich in der Präzision, mit welcher Stein die Gestalt erkannte, die er wiederzugeben trachtete, in den rätselhaften Worten, durch welche er die geheimnisvollen Widerstreite in der menschlichen Brust bis zum Sieg der einen oder der anderen Regung wiedergab, dann in der Erfassung des Konfliktes und der Flüssigmachung desselben in eine bestimmte Handlung, welche Anfang, Mitte und Ende nachweist.

Ich würde zum Beispiel die großen Gedanken, die in dem Buche vorkommen, nicht so besonders hoch anschlagen, wenn sie nicht jedesmal genau dem Charakter des Helden entsprächen und aus der Situation entsprängen, in welcher dieser Charakter in Konflikt mit der ihn umgebenden Welt geraten ist. Der Konflikt führt meistens zu einer Tat, die wir als Schuld empfinden und an welche sich die Entscheidungen, sei es des persönlichen Willens oder des Schicksales, knüpfen. So Timoleons Brudermord, die Ermordung des Kleitos seitens Alexander, die Entwendung des Ringes seitens Wotan, die Ehelichung der Schwester durch Siegmund, der Bruch der Treue durch Tristan und so vieles mehr.

Möchten meine so ungenügenden Worte Sie, lieber Erbprinz, zu weiterem Schaffen anregen, indem Sie der Wärme und Begeisterung, welche man Ihrer schönen Diktion überall wie musikalisch nachfühlt, noch die Schärfe der Betrachtung Ihres Gegenstandes und die vorsichtige Behandlung desselben hinzufügen, worin wir den Widerschein des Lebens erkennen, und dem Knochengerippe der Handlung ein festeres und dadurch erkennbareres Gepräge erteilen.

Haben Sie den herzlichsten Dank für Ihr Vertrauen, und sagen Sie mir, wohin ich Ihren mutigen »Roland«, der Sie mir mit Ihrem ganzen von mir so hochgeschätzten Wesen nahegebracht hat, senden soll?

Ihre Zeilen trafen mich in Berlin, wo ich die Freude hatte, den Prinzen Max zweimal zu sehen, und den schönen Eindruck zu erneuern, den er im vorigen Jahr auf mich wie wohl auf jeden gemacht. Im übrigen hatte ich Vergnügen an Berlin, welches in seiner Rastlosigkeit förmlich etwas Humoristisches bekommt. Auch habe ich die Empfindung, als ob wir dort mit die besten Freunde unserer Sache hätten. Freilich, die Kunst, die dort sich entfaltet – über diese läßt sich nur schweigen. Im Museum verbrachten wir schöne Stunden. Zumal in der antiken Abteilung unter der Führung unseres Freundes Kekulé, der mir als das lebendige Symbol gilt des Zusammenhanges und der Gleichartigkeit von unserer Bayreuther Kunst mit der erhabenen Kunst der Hellenen. – Leider war das, was wir im Theater antrafen, sehr traurig. Ein II. Akt »Tannhäuser« förmlich bedrückend; und »College Crampton« öde und nichtig, wenn auch die Hauptfigur nicht ohne Talent gezeichnet und von dem Schauspieler Engels sehr gut gegeben war. Es geht aber ein widerwärtiger Zug durch unsere ganze Literatur und Dramatik. Und ich finde diesen widerwärtigen Zug selbst nicht mit Genialität ausgestattet.

Wie verstehe ich es, daß Sie sich, lieber Erbprinz, in die Musik flüchten! Unsere gesamte Welt der Erscheinung ist so unschön und reizlos, daß man nur allzu gut die Macht begreift, welche die tönende Tiefe auf uns übt. Ich kann Ihnen nicht beschreiben, was es uns in Berlin war, eine Sarabande von Bach (recht gut von einer Dilettantin ausgeführt) zu hören. Mit einem Ton schien alles beseelt, oder vielmehr die eigene Seele geweckt und zu ihrem ewigen Leben gerufen. – Mein Sohn hat auch völlig die Architektur überdrüssig bekommen, für welche er ein schönes Talent besitzt, und neigt sich immer stärker zur Musik. Was sollte man jetzt bauen, meinte er, Bahnhöfe, Parlamentsgebäude, im besten Falle Museen! Doch hoffe ich, daß die großen Eindrücke, welche er jetzt erhält, ihn zu dem, was seine Bestimmung schien, zurückführen. Er telegraphierte von der Alhambra.

Die Welt, die Sie umgibt, ist auch gewiß nicht geeignet, Sie zu fesseln; das mir Fremdartigste in den Eindrücken meines Lebens kann ich auf das Element zurückführen, welches Sie mir schildern. Und ich kann mir denken, wie gut Balzac in Ihre Stimmung darüber paßt. Er ist der unerbittliche Entreißer der Maske, vor ihm besteht in jedem Stande nur das ganz Echte. Dieses gibt er uns aber wundervoll lebendig und individuell, so zum Beispiel Véronique in: »Le curé de village« (wie mir scheint, sein Meisterwerk). In diesem Buche hat er einen jener Züge, auf die ich anfangs verwies: das »Non Monsigneur«, mit welchem auf dem Sterbelager Véronique sich gegen den gesamten Klerus aufbäumt, die Versöhnung von sich weist, die ihr keine guten Taten, kein Spruch der Kirche, sondern nur das öffentliche Bekenntnis erwirken kann. Und wie es nur auf das eigene Herz ankommt und die Wirklichkeit für die Wahrheit geringfügig ist, zeigt Balzac sehr fein, indem er sagt, daß die Versammlung des Dorfes die Stimme der Bekennenden nicht vernahm.

So wäre ich auf Umwegen eigentlich wieder zu »Roland« gekommen, und das ist mir sehr lieb, denn es ist mein Hauptthema. Ich möchte Ihnen, lieber Erbprinz, einzelnes hervorheben, zum Beispiel im II. Akt, wo Roland Oda wiedersieht, was sehr geglückt ist, jedoch meiner Ansicht nach noch wirkungsvoller wäre, wenn er im I. Akt sie nur etwas von einer Verfolgung befreit, sie nicht gesprochen, ihr Bild aber unauslöschlich empfangen hätte. Aber über das einzelne verkehren wir hoffentlich mündlich, und mit meinem wiederholten Danke versichere ich Sie, lieber Erbprinz, meiner herzlichsten Anhänglichkeit und meiner innigen Hochschätzung!

C. Wagner.

Meine Kinder hatten das Glück, mit den verehrten Ihrigen in Rom zusammenzukommen und viel in ihrer Gesellschaft sein zu dürfen. Worüber ich mich mit ihnen unendlich freute und wofür ich der Fürstin, Ihrer hochverehrten Mutter, meine Dankbarkeit zu übermitteln bitte!
Von Gräfin Wolkenstein erhielt ich seit Weihnachten keine Nachricht. Ich schrieb zu ihrem Geburtstag. Sie ist doch nicht krank?

An ihren Sohn Siegfried
Bayreuth, 1. 3. 1892

Mein lieber, lieber, lieber Fidi,
Wer mir gesagt hätte, daß ich Dir nach Indien schreiben würde, was hätte ich dem wohl getan?! Doch nichts davon. –
Dein Brief aus Granada war uns die größte Freude! Er war auch wirklich herrlich in jeder Beziehung. Erstens, daß Du uns so eingehend schriebst, dann *wie* Du alles empfindest und wiedergibst. Lieber, lieber Fidi! Ach, werde ja nicht krank, und wenn Du unwohl von der Hitze wirst, dann flüchte Dich sofort ins Gebirge! Ich bitte Dich herzlich darum.
Jetzt sei nicht böse, daß ich immer wieder meine Sorge Dir vorkehre, und laß Dir erzählen.
Deinen Brief empfingen wir, denke Dir, in Nürnberg! Du wirst uns darum nicht beneiden, aber ich versichere Dir, daß die Stadt uns ungemein gefallen hat. Mit wem haben wir sie angesehen? (»Wer denn, der Junker?« »nichts da«) mit – Levi, der sehr freundlich sofort auf meine Aufforderung, Mulderlein dort zu hören, herübergerutscht war. Da habe ich Dir denn gleich »Stichwort und allen Plunder« gesagt, nämlich, daß Mulder dort ihr Debüt, und zwar als *Eva,* und zwar recht gut, gemacht hat.
Vorigen Dienstag also trafen wir mit dem Major zusammen (Kniese weilte schon dort). Gefrühstückt, etwas fremdartig, wie wenn man sich zum ersten Mal wiedersieht, Germanisches Museum, sehr echt nach zwei Seiten hin. Sieh, Fudela, ich finde halt dieses Museum sehr schön! Dann Lorenzkirche, so innig und traulich wie wenige Kirchen. Endlich Theater. Zu 4 im Parkett. Die »Meistersinger« ohne Striche! Keine Juden und ein eigentümlichstes Ergebnis, nämlich, daß die Bayreuther Aufführung ganz in uns wiederlebte und wir die Pein des

Ungenügenden überwanden. – Tags darauf Besuch bei dem Direktor, der ein guter Christ und sehr freundlicher Mann.
Ich muß Dir aber Nürnberg noch anpreisen: das Rathaus, Märkte, Plätze und Gassen, vor allem der Johannes-Friedhof mit der großartigen Kreuzigung von Adam Krafft! Es hat alles sehr zu uns gesprochen, denn der Tag war wunderschön, der Ausblick von der Burg lieblich und das Ganze doch nicht tot.
Freilich kam uns ein Lächeln an, indem wir unsere Eindrücke mit den Deinigen verglichen, Alhambra und etwa das Tuchersche Haus! »Ach, wir Armen« sagt Gretchen.
Ich wäre sehr begierig gewesen, was Du zum Beispiel von Burgos für einen Eindruck nach Granada erhalten hättest.
Deine Postkarte aus Gibraltar erhielten wir und freuten uns, daß unser Brief in Deine Hände gelangt sei.
Meinem alten Kopf ist ein wenig viel zugemutet und meinem Herzen mit: die Vorbereitungen zu den Festspielen und Euch alle Gott weiß wo zu suchen! Die Weltlichen sind, glaube ich, jetzt in Palermo, nachdem sie in Neapel sich gut unterhielten. Der Ponsch auf einem Ball mit dem Kronprinzen getanzt (der Gast dabei zu Hause! Ein Rätsel, welches Dir vielleicht die Brahmanen lösen. Von Montemaggiore hörten wir nichts mehr, ich glaube, *Du* mußt die Geschichte in Ordnung bringen. Fandest Du seinen Brief in Aden?) und – ein Gedicht von Bourget dediziert erhalten habend! Eva und ich haben sehr gelacht, weil in Wahnfried im großen und Schilda insbesondere sich derlei sehr drollig ausnimmt.
Von den Mohren erfährst Du wohl direkt? Es geht ihnen ganz leidlich. – Mit den Kindern hier versuchen wir Erziehung, so gut es geht. Sie sind aber sehr nett, sehr heiter und in diesem Augenblick maskiert auf einem Ball in der Harmonie. Manfred als *David*, was ihm ausgezeichnet steht. Und Marie, Rokoko, auch allerliebst.
Du wünschst Zeitungsausschnitte? Aber alles wird so alt sein. Hier die Rede des Kaisers, das jüngste Ereignis. Sie hat ungemein viel Aufsehen gemacht und wird allgemein sehr verurteilt. Ich verstehe das nicht. Gefährlich könnten solche Äußerungen doch nur sein, wenn er ein absoluter Monarch wäre und die Leute wirklich verbannen könnte, die er wegwünscht.
Unangenehme Szenen soll es aber in Berlin gegeben haben. Aufstände des Pöbels und plötzlich bei einem Spazierritt dicht beim Brandenburger Tor der Kaiser von einer Menge umringt, welche

tobend: »Brot und Arbeit« verlangte. Nur 3 Schutzleute waren
zugegen, welche mit Mühe diese Menge auseinanderstoben.
Vor kurzem schrieb ich an den Kaiser, um denselben zu bitten, unsere
Eingabe an das Justizministerium behufs Vertretung des Schutzes
von »Parsifal« nach Österreich seine Stütze angedeihen lassen zu
wollen. Adolf fährt nach Wien nächste Woche und will sehen, ob er
dort etwas in Bewegung in diesem Bezug setzen kann.
Eva und ich, wir gehen währenddem nach München auf 4–5 Tage,
weil ich dort die ganze Regie von »Tannhäuser« und »Meistersinger«
mit Fuchs wieder durchnehmen will. – Die Anmeldungen zu den
Festspielen sind immer zahlreich, meist Deutsche, Engländer, auch
viele Franzosen, fast keine Amerikaner.
Es hält bis jetzt noch schwer an, das Sängerpersonal zusammenzubringen; und Kranich ist krank. Aber Gott ist bei uns und wird uns
nicht verlassen. Es hat sich schon alles in bezug auf den »Tannhäuser«
merklich geklärt, und manche Beschämung ist wahrzunehmen.
Wenn Du diese Zeilen erhältst, werden wir vermutlich in Dresden
wieder sein. Der dortige Augenarzt wünscht mich auf einige Wochen
zur Stärkung meiner Augen, und Eva braucht Dr. Jenkins. Hoffentlich ist es hübsch und können wir auf der Elbe umherfahren. Ich will
dann auch Schuch den von mir eingerichteten »Rienzi« empfehlen,
wie er bereits in Karlsruhe gegeben wird. Ich hoffe, ich habe richtig
gehandelt und gut gearbeitet und das schöne Werk einem neuen
Leben zugeführt. Das walte Gott! Die »Bayreuther Blätter« hierbei.
Ich glaube, sie machen Dir Vergnügen und werden sich in Indien sehr
gut ausnehmen.
Unsere Lektüre besteht zuerst aus *Lavisse,* der uns sehr unterhält.
Molières »*Tartuffe*« und »*Précieuses*« lasen wir, weil Thodes Coquelin darin gesehen und von ihm hingerissen war. Sehr nüchtern,
tüchtiger Vertreter des gros bon sens erschien uns Molière. – Dann,
die Riesen-Rektoratsrede von Mr. Balfour. Ach, Fidi! . . . 100 pikier-
te Gesichter ertragen, um einem solchen edlen und hochbegabten
Manne zu begegnen und sein freundliches Entgegenkommen zu
genießen! – Wie vorsichtig und scharf setzt er der Jugend seinen
Zweifel an der Phrase des Fortschrittes der Menschheit auseinander!
Dann Bismarcks Briefe. Reizend, nicht englisch, aber pommersch,
interessante Persönlichkeit, keine Kultur, Einfälle. Im Hebe-Stil, läßt
sich am besten zusammenfassen. In der Tat aber sind die Briefe sehr
prägnant und die Energie der Gesinnung und des Gemütes darin das
Leben überhaupt sehr weckend. – Dann immer wieder Goethe–

Biedermann. Erbauung und Erheiterung, eine erhabene Bewegung, wie von dem schönsten Strom zwischen lieblichen Ufern bei Sonnenuntergang.

Und heute am Fasching-Dienstag, wunderlich genug, begann ich ein Buch: »*Psyche*«, über den Seelenkultus in den homerischen Gesängen. Kekulé hat es mir empfohlen, Rohde (auch einst ein Tribschener) hat es geschrieben, und es fesselt mich sehr.

Der liebe Adolf hat jetzt wieder Not mit der Maschine oben, aber es ist wenigstens nicht so schlimm als im vorigen Jahr. Ernst Wolzogen ist hier, las uns ein sehr drollige Novelle, »Das gute Krokodil«, vor, und nimmt sich unglaublich in der Ecke drüben aus. In einem Kulturmoment gesetzt, hätten seine leichten anmutigen Gaben gewiß Gutes hervorgebracht. In dem jetzigen Deutschland ist er einer gewissen Seichtigkeit preisgegeben.

Ritters sind für den »Faulen Hans« in Karlsruhe. – Strauss hat den glücklichsten Tag seines Lebens mir gemeldet, wo er den »*Tristan*« in Weimar dirigierte.

(Da fällt mir ein, was Levi in Nürnberg mir erzählte: In diesem Sommer, nach einer »Parsifal«-Aufführung, hätte er mir gesagt: »Grüning mache sich doch recht gut«, worauf ich: »Es gibt Leute, welche Freude an der Mediokrität haben, *ich nicht*«.) Hier auch mein letzter Humperdinck.

So, Engelskind, ich habe Dir wirklich alles gesagt. Unsere Liebe kann ich Dir nicht sagen! Sie ist die Psyche, die von uns scheiden wird, wenn wir Geist und Leib aufgeben. Das vernahm ich heute früh von den Hellenen, und es sprach mich an.

Auch Lulu über »Frangipani« lege ich bei, weil es uns Vergnügen machte.

Leb wohl, sei gesund, grüße den lieben Clement, seid beide recht vernünftig, und sei gesegnet, mein lieber, lieber, lieber Sohn! Was doch die Sprache ein unbeholfenes Ding ist! Leb wohl!

Mama.

Herzensfudelein, ich danke Dir noch ganz gerührt für Deine Geburtstagsworte, welche viel zu gut für mich waren. Dein Telegramm tags vorher hatte ich übrigens bereits stolz als schönste Aufmerksamkeit genommen! Außerdem war das Bild Deines letztjährigen Eintretens mit Flasche und Blumen noch so lebendig vor mir, daß Du ganz stumm hättest bleiben können und ich doch Deiner Wünsche sicher gewesen wäre! –

An ihre Tochter Isolde
Meran, 10. 4. 1892

Mein geliebtes Kind,
Ich blicke auf den Tag zurück, an welchem Du die Welt mit dem
freundlichsten Schrei begrüßtest, und gedenke Deiner Kindheit und
erster Jugend wie auf das Schönste, was mir beschieden war. So
lieblich und friedlich Du von dem ersten Augenblicke an mir hingst,
so durchaus zufrieden bliebst Du allüberall, nichts begehrend, nichts
beneidend, und die seltenste Gabe, die göttliche, der Harmlosigkeit,
schien Dir in so reichem Maße beschieden, daß ich nicht anders
glauben konnte, als daß Gott in mein damals so harmvolles Dasein
Dich gesendet, um mir zu versichern, daß doch alles gut sei. Und
wenn ich mich viel mit dem Geschick Deiner älteren Schwestern
beschäftigte und mich frug, wie ich es zum besten wenden könnte, für
Dich sorgte ich mich nicht.
Das eigentümlich Menschenfreundliche, auf welches Großpapas
Genialität basierte, schienst Du mir in weiblicher Weise geerbt zu
haben und noch anderes dazu. Du warst so fügsam, so leicht lenkbar,
überall warst Du daheim, und wiederum dachte ich hier an
Großpapa, dem es gleich war, ob er im Neste Weimar saß oder in
Rom weilte, mit Göllerich verkehrte oder mit einem Fürsten-Primas
– und was ich unter Glück verstehe, schien mir dadurch Dir
beschieden.
Nun bist Du mir wie entschwunden, bei jedem Worte, was ich
spreche, frage ich mich, ob Du mich denn vernimmst, und an
heftigen Erwiderungen, die Du mir gegeben, mußte ich mir wohl
sagen, daß das nicht mehr sei, was mir einst so unaussprechlich viel
gewesen.
Und ich sann darüber nach. Ein jeder von uns erhält sein Naturell;
das zweite Moment ist die Begegnung dieses Naturells mit der Welt;
das dritte endgültige, *wie* das Naturell aus dieser Begegnung
wiedererſteht.
Ich glaube, daß einer seltenen Natur, gerade von der Art der
Deinigen, die Begegnung mit der Welt nicht taugt und daß sie Dich
eigentlich aus Deinem Geleise gebracht.
Fühlte ich Dich befriedigt, glaub mir, mein Kind, ich spräche so nicht
zu Dir.
Aber Du hast Dich gleichsam außer dem allgemeinen Gesetz gestellt.
Du verlangst und denkst nicht daran, aus welcher Gegenseitigkeit

alle Beziehungen bestehen. Aber mir ist es, als ob jetzt der Augenblick gekommen wäre, wo der Irrnis Wege für Dich ihrem Ende entgegengingen, und ich wähle Deinen Geburtstag, um Dir die Bedingungen unseres besonderen Daseins zurückzurufen.

Bayreuth, das ist unser Boden, von da aus kommt uns der Segen, von da aus aber auch kommt alles, was uns an freundlicher Beachtung zuteil wird.

Dann haben wir den Ort, wo Fidi seine Studien macht (vermutlich einen kleinen), dann der Punkt, wo eine Tochter aus Wahnfried, durch die Ehe, ihr Heim hat.

Palermo halte ich für einen Segen Gottes; das schöne Land, die freundlichen, an Naturbegabung so hervorragenden, vornehmen Menschen ließen mir, wie allen, die sie kennen, den günstigsten Eindruck zurück.

Gewiß ist die große Welt dieselbe überall, London, Neapel, Wien, Paris, Berlin, es ist ganz dasselbe; aber, wir besprachen dies mit der Herzogin von Mecklenburg, in Palermo hat diese große Welt sich eine Auffassung der Gastfreundschaft, des Verhältnisses zu dem Fremden bewahrt, wie es in dieser Weise nirgends mehr anzutreffen ist und den jeder Fremde von Bildung mit Dankbarkeit und Anerkennung der Genialität dieses Zuges empfindet.

Das sind unsere Gegebenheiten, mein Kind, nirgends außer Bayreuth und den Filialen von Wahnfried haben wir das geringste zu suchen, und unser Stolz muß darin bestehen, das zu wissen.

Wirst Du Dich aber darein finden können, daß ich immer fester an Bayreuth gekettet sein werde? Wir gründen unsere Schule und höchstens auf 8–10 Tage, wie diesen Winter in Berlin (wo wir eigentlich nur Kekulés und Helmholtzens sahen und gar keine Zerstreuung sonst hatten), werde ich unsere Heimstätte nicht verlassen.

Willst Du wie Eva mit mir aushalten, mir in meinem Werke beistehen und helfen, willst Du die Häuslichkeit, oder willst Du *Dein* Leben nun führen, wobei ich überzeugt bin, daß das Wesen, was in Dir ist und was nur falsche Vorstellungen trüben konnte, zu neuer schönster Blüte kommen würde.

Als uns Großpapa nach Berlin, unter freilich unendlich bescheidenen Verhältnissen, entließ, sprach er zu meiner Schwester und zu mir mit einer solchen Schärfe, daß wir wie vernichtet fürs erste uns empfanden. Nicht einen Monat aber waren wir draußen, ohne seine Strenge zu segnen, und noch heute weiß ich, daß, wenn der Umgang

mit jedem Menschen mir bis zur Leichtigkeit möglich ist, ich es ihm
verdanke.

»Ihr seid leidlich hübsch und nicht übel begabt«, sagte er zu uns,
»bildet euch aber nicht ein, daß das euch den geringsten Anspruch
auf irgendeine Beachtung gibt. Was euch einzig und allein zu diesem
Anspruch berechtigen wird, das ist, wenn ihr für jeden, dem ihr
begegnet, die nötige Rücksicht, den Respekt der Individualität, sei es
der Person, sei es des Landes, sei es des Standes und was es sei, ohne
Unterschied. Auf nichts habt ihr Anrecht«, so schloß seine sehr
eingehende Rede.

Und wie man ihm einmal böswillig berichtet hätte, wir verglichen
Berlin mit Paris und machten uns über Berlin lustig, kam er selbst von
Weimar herüber und frug uns, ob wir so verwildert wären, daß wir
nicht wüßten, was für den Gast in einem fremden Land sich ziemt und
woher wir »*das alberne Recht*« der Beurteilung irgendeines Verhältnisses und irgendeines Menschen uns nähmen. Er fände niemanden
dümmer oder schlechter wie wir.

Wenn ich Dir das sage, so ist es, damit Du siehst, daß jeder in die
Schule zu gehen hat und daß wir uns genau immer selbst befragen
müssen, wer wir sind, was wir leisten, wohin wir gehören, um das
rechte bescheidene Verhältnis zu den anderen zu finden. Mir ist es
unschätzbar gewesen, nichts verlangt zu haben und für jedes
Gebotene tief dankbar zu sein und zu bleiben.

Ein anderer Punkt, auf den ich Dich noch aufmerksam machen
möchte, sind unsere Vermögensverhältnisse: sie sind nicht glänzend,
und daher auch können wir in keiner Weise mit den Reichen Schritt
halten. – Unendlich günstig ist es, wie gesagt, daß Boni durch ihren
Mann wirklich zur Aristokratie gehört, und zwar zur ersten, und in
Italien Dich in die Welt einführen konnte, in welcher Du gerne bist.
Einen so günstigen Punkt fändest Du nirgends in der Welt. Und nun
kommt noch dazu, daß Blandine ganz besonders geeignet ist, in
dieser Welt sich zu bewegen.

So wollen wir denn Sizilien hoch in Ehren halten und es zu
schätzen wissen. Meine besten weltlichen Eindrücke erhielt ich
dort.

Du wirst mich gewiß verstehen, mein geliebtes Kind. Gott, wie
gedenke ich Deiner, und wie wünsche ich Dir alles nur denkbare
Glück! Nehmen wir an, du schlössest heute mit der zweiten Periode
ab und kehrtest wie die großen Genies, nach Entfernung von Dir
selbst, wieder mit größter Kraft zu Dir zurück!

Die dritte Periode lassen wir leben. Bei Beethoven summiert sie sich
in: Freude, schöner Götterfunken.
Freude warst Du mir, wie Du kamst, und gerne will ich alles in
Deinem Betreff getragen haben, wenn ich mir sagen kann, daß Du zu
Friede und Freude heute aus dem Unbehagen der Entfremdung
zurückkehrst! Gott segne Dich, mein geliebtes Kind, und möchten
die Strahlen der mütterlichen Liebe und Sorge Dein Herz durch-
leuchten.

Mama.

Wir hatten lange nichts vom lieben Ponsch. Auf meine letzten Briefe
nichts. Ich denke, die Reise kam dazwischen.
In Bozen brachten wir einen lieben Tag mit Kekulés zu. Heute sahen
wir die Pracht, Schleinitzens, vornehm durch das Wohlwollen und
von staunenswerter Bildung. Ich möchte es wirklich als den Triumph
des Geistes und der Bildung, aber auch des Herzens bezeichnen, daß
Oelchen, welche vom Protestantismus zum Katholizismus übergetreten ist, und ich, die ich vom Katholizismus zum Protestantismus
überging, wir uns in allem einig fanden. – Was sind Konfessionen, was
sind Nationalitäten, was ist Stand, wo Herz und Geist durchgebildet
sind und jeder den anderen liebend zu verstehen befähigt ist.
Grüße den guten lieben Ponsch, grüße auch Biagino und alle
Freunde, die Dich mit Wohlwollen aufnehmen, dankbar von mir.
Meran-Obermais, Villa Lauretta, wo es sehr hübsch bei herrlichem
Wetter und blühenden Bäumen ist.

An Richard Strauss
Bayreuth, 18. 5. 1892

Mein lieber Freund,
Richter *muß* in der Probezeit in London und bei den letzten zwei
Aufführungen in Wien sein. Deshalb kann ich Ihnen nur das
gewähren, was ich Ihnen anbot.
Bitte schicken Sie meinem teuren Neffen Ritter die Briefe, worin ich
Ihnen auseinandersetzte, weshalb ich Ihnen in diesem Jahr »Tristan«
und »Tannhäuser« nicht übergeben kann.
Für den »Tristan« haben wir kaum Proben, und für den »Tannhäuser« betrachte ich das vorige Jahr als die Vorarbeit, für welche jetzt
die Vollendung erreicht werden soll. Die Arbeit, die ich gemeinsam
mit Mottl vornahm, kann ich *jetzt* nicht von neuem beginnen.

Nun ist eine Möglichkeit der Verschiebung des Ganzen. Levi soll recht elend daran sein, möglicherweise werden wir für den »Parsifal« einen zweiten Dirigenten brauchen. Dann würde ich Mottl bitten, »Parsifal«, »Tannhäuser«, »Meistersinger«-Proben und zwei letzte Aufführungen zu übernehmen, und ich übergäbe Ihnen »Tristan«. Ob dies zum Vorteil des Ganzen geschähe, bleibe dahingestellt. Mein Freund, mir scheint das Lebendige die Hauptsache. Daß Sie in Reih und Glied bei uns eintreten, darauf kommt es an; und dem Lebendigen beugt sich auch das Leben. Ich kann Ihnen nichts anderes sagen und glaube, daß Sie wohl daran täten, einfach meinem Ruf zu folgen.

Wie mir scheint, unterschätzen Sie Richter. Das Metier, welches er gezwungenermaßen treibt, ist kein förderliches. Wollen wir nicht vergessen, daß er den »Ring« hier dirigierte, daß er wie keiner mit den »Meistersingern« zusammenhängt, da er die Komposition derselben erlebte, die Sänger einstudierte, die Chöre dirigierte und obendrein den Kothner sang, daß von ihm geschrieben steht: »Mein Unmögliches leistender, viel erprobter, für alles einstehender Hans Richter«, und daß, wenn sein Leben es ihm auch nicht ermöglichte, diese Vergangenheit nach außen hin zu vertreten, wie wir es ihm gewünscht hätten, es gerade die Sache Bayreuths ist, an dieser Vergangenheit festzuhalten und an das Ewige dessen [zu] glauben, was einmal war, möchte es so wenig für andere noch zu erkennen sein.

Ich glaube, daß, wenn ich anders dächte und empfände, ich gar nicht dahin gehörte, wo ich stehe; oder vielmehr, daß mit Bayreuth solche Empfindungen verwachsen sind.

Ich denke, ein jeder von uns arbeitet hier so gut, wie er kann, und sollte Ihnen Richter Ihre Intentionen verderben, so versichere ich Sie, daß mancher schon mir die meinigen verschüttet hat; und sollten Sie schlechtgemacht werden, so kann ich Ihnen nur wiederum mich als Genosse anbieten, und so gut wie ich doch noch weiterarbeite, würden Sie eben auch weiter hier dirigieren, und wenn kein gutes Haar an Ihnen gelassen worden wäre.

Mottl ist als Dirigent des »Parsifal« so schlechtgemacht worden wie kaum je ein Dirigent, und er wird ihn doch wieder dirigieren und hat ihn bereits wieder dirigiert.

Ich dächte, wir faßten die Dinge unbefangener an und sähen uns das Draußen gar nicht an.

Doch – wie Sie wollen. Was ich kann, habe ich Ihnen dargelegt, und da ich nie einen Vorschlag tue, ohne mir ihn sehr lange überlegt zu haben und ohne daß die Umstände mich zu ihm führen, so kann auch ich höchst selten zurück.

Nun gebe Gott seinen Segen! In jedem Menschen ist sein Dämon, und wenn der Ihrige Sie dazu treibt, mich zu verlassen, so wünsche ich nur, daß Sie es guten Mutes tun, in der Überzeugung, daß ich es tief beklagen werde, aber hoffen, daß Sie sich dabei wohler fühlen, und Ihnen gut bleiben und wieder einmal einzusehen haben, daß die Dinge nicht in unserer Macht liegen und daß unser bester Wille von geringerer Bedeutung über die Verhältnisse ist.

Lassen Sie mich durch eine Depesche wissen, wie Sie entscheiden, weil wir jetzt ankündigen müssen!

Treulich

C. Wagner

Als P.S. noch die Bemerkung, daß Sie die Dinge, glaube ich, hier zu monumental auffassen. Eine gut gehaltene Probe halte ich schon an und für sich für einen Gewinn in der Kunst. Das nenne ich eben das Lebendige, worunter manche Verschüttung mitlaufen muß.

Ich habe die Sorge, nicht herzlich genug in meinem Briefe gewesen zu sein. Es ist aber spät abends, und der Tag bringt mir immer mancherlei. Füllen Sie das Fehlende mit Ihrem Wissen von mir aus!

An Hans Richter
Bayreuth, 25. 8. 1892

An unserem Trauungstage.

Mein teurer Richter,

Heute vor einer Stunde entfernten sich die letzten Festspielgäste, und jetzt, wo alles ganz still ist, will ich Dir für Deinen herrlichen Brief aus der Tiefe des Herzens danken.

Sieh, mein teurer Hans, über alle Zerstreuung des Lebens hinweg reichten wir uns bei Gelegenheit der »Meistersinger«-Aufführung wieder die Hand, und zu empfinden, daß sie ebenso fest sich faßte wie früher, daß in uns gleichartig Tribschen weiterlebte, daß in Dir der Geist so fortwirkte, daß es Dir möglich war, unter den abnormsten Verhältnissen uns *unsere* »Meistersinger« herzustellen und unseren »Tannhäuser« so zu empfinden wie kaum ein anderer, sieh, mein teurer Richter, das läßt uns an den Sieg des Guten glauben, um welchen die Alten die Götter anflehten.

Du erinnerst mich an Siegfrieds Geburt und an Dein teures Versprechen. Ich vergaß es nie, in welchen Stunden Du bei uns warst und daß Du der Pate meiner beiden Tribschener Kinder bist. Und wie Du in unser Haus kamst und Deinen Stempel dort erhieltest, so soll Siegfried in das Deine kommen und von Dir das lernen, was er nur von Dir lernen kann. Und so wird das innere Band, was nie zerreißen kann, aller Welt sichtbar, und was Treue ist, zeigen wir beide.

Ich danke Dir für Deine lieben, lieben Worte! Allen habe ich Deine Grüße übermittelt, und alle erwiderten auf das herzlichste!

Ach, wie waren sie schön, Deine »Meistersinger«, und wie haben sie mich beglückt!

Nach Weihnachten also, wenn es Dir recht ist, kommt Siegfried zu Dir. Ein modus vivendi wird sich wohl finden, denn wenn ich von Dir und Deiner lieben Frau alles annähme, so kann ich Dir doch kein siebentes Kind aufladen!

Lebe wohl und sei mit den Deinigen gesegnet und fühle stolz, was Du uns hier gewesen bist.

Deine CW.

An George Davidsohn
Bayreuth, 7. 9. 1892

Werter Herr und Freund,
Nun sind beinahe drei Wochen seit dem Schluß der Festspiele vergangen, und erst jetzt komme ich dazu, Ihnen einen Dank auszusprechen, den ich mit mir trage, seitdem eine Freundin mir mitteilte, wie schön Sie wieder für unsere Sache eingetreten sind, indem Sie erklärten, daß nicht »Parsifal« allein, sondern auch die anderen Werke in Bayreuth zu ihrer Würde gelangen.

Ich bedaure diese Verspätung um so mehr, als ich heute ein Anliegen an Sie habe.

Es handelt sich um einen Künstler, den nicht nur ich, sondern die Dirigenten alle und alle künstlerisch Berufenen für eine ganz besondere Erscheinung auf unserer Bühne erachten. Es ist Kaschmann, der hier Amfortas und einmal Wolfram gab. – Wie ich nachträglich erfahre (ich lese nichts und höre ungemein wenig), ist seinen Leistungen mit dem Vorurteil entgegengekommen worden, wie es von van Dyck ab alle neu auftretenden Künstler hier durchzumachen haben. Wenn wir im nächsten Jahre spielten, so würde ich ihn einfach wieder auffordern, und es würde sich für ihn dasselbe herausstellen wie für die anderen Künstler auch. Nun spielen wir nicht, und ich halte es für meine Verpflichtung, diesem Künstler das Zeugnis zu geben, daß er hier einen Eifer und einen Ernst an den Tag gelegt, wie sie nur selten vorkommen, und eine Würdigung der Bedeutung unserer Bühne und unserer Kunst, die ich zu den schönsten Beispielen zähle, die ich von Künstlern erlebt. Außerdem besitzt er eine Vortragsweise, wie wir sie kaum mehr kennen und wie sie jedem künstlerisch Gebildeten Wohlgefallen erregt.

Das Tremolieren, wie es in den südlichen Ländern üblich ist und welches eine Manier, die man am Ende [als eine] der vielen Gang-und-gäbe-Unarten in unserem heutigen Gesang dahinnehmen könnte, legte er mit jeder Aufführung immer auffälliger ab, und sowohl dies wie die skrupulöseste musikalische Korrektheit haben mich wie alle ernsten Freunde unserer Kunst zu Dank verpflichtet.

Fast möchte ich behaupten, daß, wenn er weniger Respekt vor dem Boden gehabt hätte, auf dem er sich als Neuling fühlte, wenn er weniger gewissenhaft in der Befolgung aller Angaben gewesen wäre, kurz, wenn er auf den Effekt, den er als anerkannter italienischer Sänger durchaus beherrscht, gespielt und gesungen hätte, dann wäre ihm wohl der Italiener nicht an den Kopf geworfen worden, wie dies, wie ich höre, in nicht gerade sehr gebildeter Weise geschehen ist. So verkehrt sind nun einmal die Dinge.

Ihnen und Ihrem Feingefühl überlasse ich es nun, werter Herr und Freund, die Form zu finden, in welcher Sie Gerechtigkeit üben (vielleicht, indem Sie die Bayreuther Künstler Revue passieren lassen?).

Diesen Brief bitte ich Sie als durchaus nur an Sie gerichtet zu betrachten.

Ihnen im voraus dankend, versichere ich Sie, lieber Herr Davidsohn, meiner freundlichsten und hochachtungsvollsten Gesinnung!

C. Wagner.

An Ernst Erbprinz zu Hohenlohe-Langenburg
Bayreuth, 11. 9. 1892

Lieber und hochgeehrter Erbprinz,
Wie schön ist doch das gewesen, was Sie mir über unsere Festspiele und insbesondere über den »Tannhäuser« geschrieben haben! »Das

Ewig-Weibliche zieht uns hinan« hat in Ihnen gelebt, indem Sie auf so einzige Weise das Walten und Wirken der Heiligen durch das Ganze empfanden. Ja, so ist es, für eine solche Seele atmet die ganze Welt! – Wir besprachen es gestern mit meiner Tochter, wie eigentümlich es wäre, daß man es noch nie, wenigstens unseres Wissens, hervorgehoben habe, welch eine dichterische Inspiration darin lag, die Gestalt der heiligen Elisabeth von allem Realen, was ihr anhaftet, zu befreien, sie uns als Jungfrau gleichsam wiederzuschenken, und damit an der Wunderbaren ein Wunder zu vollbringen. So etwas geschieht ohne jede Absicht, förmlich unpersönlich, und man denkt eigentlich auch nicht an die wirkliche Elisabeth. Es ist aber, als ob ihre Seele diese verklärte Wiedergeburt geschaffen hätte.

Nun wäre ich so ziemlich in medias res, um Ihnen, lieber Erbprinz, von der Dichtung zu sprechen, welche Sie die Güte hatten mir zu entsenden. Ich habe sie mit großer Teilnahme gelesen und in ihr wieder die Züge der Kraft und der Begeisterung, vor allem des Adels, gefunden, welche allem zu eigen sind, was von Ihnen kommt. Mein Bedenken bezieht sich auf das Allegorische, das für den Leser nicht recht vorstellbar und für die Bühne nicht gut darzustellen ist. Der Abfall Luzifers und seine Verbindung mit der Gaia (abgesehen von der Vermischung der hellenischen und der semitischen Konzeption) sind nicht recht motiviert. Und wie soll sich dieses erste Paar von dem zweiten: Adam und Eva, unterscheiden? Der Gedanke von der Identifikation Adams mit Eleutheros ist wie sein Ursprung aus der Vermählung eines gefallenen Engels mit der Erde sehr sinnig, aber es ist mir immer zuviel Gedanke; das Drama will das Greifbare, die Konflikte der Leidenschaften; man darf nicht vom Symbolischen ausgehen, sondern dieses muß sich ergeben. Im »Rheingold« raubt Alberich das Gold, weil er von den Rheinmädchen verhöhnt worden ist, und flucht der Liebe. Daraus, aus der Handlung, ergibt sich für den Nachsinnenden der Gegensatz zwischen Gold und Macht und der Liebe. Unendlich lehrreich ist es in diesem Sinn, daß die herrlichsten aller Verse:

>»Nicht Gut, nicht Gold
>Noch göttliche Pracht« usw. bis
>»Selig in Lust und Leid
>Läßt die Liebe nur sein«,

daß gerade diese Verse bei der Komposition ausgelassen wurden. Weil eben im Drama die Sentenz überflüssig ist. Bei weitem das Geglückteste scheint mir in Ihrer Dichtung, lieber Erbprinz, der Teil:

Kain und Abel; eben, weil es sich hier um leidenschaftliche Konflikte, um Eifersucht, handelt; und Ihre Gestalt des Kain war mir sehr deutlich.

Ich hätte aber nicht den Mut, Ihnen zu raten, Ihren Plan auszuführen, so phantasievoll und eigentümlich er ist, weil ich mich wiederum vor den Abstraktionen fürchte und weil ich keinen greifbaren Moment sehe, an welchem die Erlösungsidee sich verwirklichen soll. Freilich ist das Ihre Sache und wissen Sie darüber mehr wie ich. Würden Sie aber nicht zur Übung der dramatischen Praxis sich einstweilen vornehmen, eine Novelle zu dramatisieren, indem Sie alles, was Ihnen daran nicht tauglich erschiene (sei es in Situationen oder in Gestalten), ausließen, etwa das *»Erdbeben von Chili«* von Kleist. Schiller nahm für seinen »Don Carlos« solch eine Novelle von Saint-Réal vor. Wenn Sie hier wären, lieber Erbprinz, würde ich Ihnen einen Entwurf zeigen, den ich einmal in sehr müßigen Stunden einer Andeutung von Prosper Mérimée flüchtig skizzierte; vielleicht sagte es Ihnen zu.

Ich meine, daß wir vor allem unserer Gestalten ganz sicher sein müssen und dann die Situationen, welche aus den Gestalten entspringen, so klar haben, daß wir sie einem Kinde erzählen können. Drei Wochen werden es morgen sein, seit unserem letzten schönen Zusammensein, welches Sie, lieber Erbprinz, so freundlich erwähnen. Ich sah uns durch Ihre Schilderung zuletzt noch zu fünft unter Blitz und Donner einen Rückblick auf unsere Arbeit werfen und eine Beratung jener Schule vornehmen, die nun das große X ist. Gott weiß, was da wird! – Jetzt ist alles zerstreut und unsere armen Künstler in ein Joch gespannt, unter welchem sie künstlerisch und menschlich herabsinken müssen. Gelingt es mir, hier eine Stätte für stolzfühlende Künstler zu gründen, so würde ich wohl mich befriedigt erklären können, und wenn auch nicht dem Augenblick sagen: »Verweile doch«, wenigstens dem Werke: »Gedeihe denn.«

Wieviel denke ich an Stein gerade jetzt bei diesem Beginne. Er gehörte zu den wenigen, die nie aufhörten, an den Aufbau des Guten zu glauben und zu arbeiten. Es freute mich sehr, daß Sie, lieber Erbprinz, seine »Heilige Elisabeth« lasen und diese herrliche Dichtung würdigten. Es ist mir, als ob nirgends die Genialität der Heiligkeit, dieses leidenschaftliche Sich-Preisgeben, diesen das Leben überspringenden Trieb zu Gott, so deutlich gestaltet worden sei. Und wie wundervoll, unter vielem anderen, das Gespräch des Landgrafen mit Wolfram. Wie hat man da die ritterliche Frömmigkeit vor sich; diese Wesen, für die das Irdische der Verbindungsstrich zu dem Himmlischen war.

Darf ich hinzufügen, daß ich in Ihrer hochverehrten Familie das Atmen dieses Geistes noch empfinde und daher die ernsteste Empfindung zu derselben hege. Gewöhnt man sich, in der Außenwelt mit einer gewissen Geläufigkeit der Abwesenheit zu verkehren, so habe ich das Gefühl, mit den Ihrigen das Beste meines Inneren mitteilen zu dürfen.

Meine Tochter Gravina ist einer überaus gütigen Aufforderung der Fürstin, Ihrer innigst verehrten Frau Mutter, gefolgt und weilt jetzt in Langenburg. Wie gerne weiß ich sie dort! Ich gab ihr Ihre Dichtung mit, da Sie mich gebeten hatten, die erste dort zurückzusenden.

Wie steht es nur im »öden Osten«? Es ist mir ganz wehmütig, Sie, lieber Erbprinz, dort suchen zu müssen. Hoffentlich können Sie bald wieder in die Heimat und treffen wir uns in den Gauen um München, Stuttgart, Karlsruhe herum. Den Oktober werden wir am Gardasee zubringen.

Leben Sie wohl, lieber Erbprinz, haben Sie Dank für Ihr Mit-uns-Fühlen, und seien Sie in herzlicher Anhänglichkeit auf das wärmste gegrüßt.

C. Wagner.

Die Meinigen tragen mir die angelegentlichsten Grüße auf!

An Bodo von dem Knesebeck
Bayreuth, 4. 11. 1892

Innig und hochgeehrter Freiherr,
Wie schön von Ihnen, daß Sie meiner bei dieser erhebenden Veranlassung gedacht, und wie recht haben Sie gewußt, daß diese Feier meine ganze Teilnahme habe.

Vor Jahren besuchte ich Wittenberg und war durch die Verlassenheit, ja Verkommenheit dieser Stätte niedergeschlagen. – In seiner Schlichtheit hat auch hier Kaiser Wilhelm I. einen großen Gedanken gehabt, und daß unser Kaiser es ermöglichte, in so einfacher und bedeutungsvoller Weise den Gedanken auszuführen, muß uns eine Genugtuung sein. Aber daß ich durch Sie, lieber Herr von Knesebeck, das Bild dieser Feier erhielt, daß Ihr reiner edler Sinn und Ihre dichterische Auffassung mir sie wiedergab – für diese seltene Freude kann ich nicht genug danken.

Ein eigentümliches Zusammentreffen hat in den letzten Zeiten mich mit Cromwell ernst befassen lassen, von dem es unter seinen Soldaten hieß, die Seele Gustav Adolfs sei in ihn gefahren, und diese unnahbarste der geschichtlichen Erscheinungen brachte mich auf die Betrachtung, daß seit der Reformation alle Helden Protestanten gewesen seien. (Napoleon kann ich ebensowenig wie Attila oder Tamerlan zu den Helden zählen.) Cromwell war auch ein Rebell, einer von den Schöpferischen, dem die furchtbar erhabene Bestimmung ward, die Monarchie durch das Blutgericht hindurch wieder zur Wahrheit zu führen. – Der Rebell, den wir feierten, hatte die unendlich verklärtere Bestimmung, den Glauben zur Wahrheit zurückzubringen, und ein Bild, welches mich nicht verläßt, ist das in der Novelle von Saint-Réal gegebene von Karl dem Fünften, im Kloster sich über die Thesen, die er von sich gewiesen, mit seinem Beichtvater und dem Erzbischof von Toledo beratend, welche beide der Ketzerei später beschuldigt wurden.

Mir will es scheinen, als ob der Mönch, von welchem der Kaiser verächtlich zu Worms gesagt: dieser würde mir nicht gefährlich sein, ihn durch die Macht seines Inneren zur Abdankung getrieben. Und nichts scheint mir in der Geschichte so tröstlich und der Betrachtung so wert als die Kraft der inneren Überzeugung gegenüber der äußerlichen Gewalt.

Den zweiten Rebellen, den Sie berühren, ist eine jener Erscheinungen, die einen nicht zur Ruhe kommen lassen, und mir ist es, als ob sein Schatten noch gefährlicher werden wird als sein Dasein. Vergeblich sucht man Parallelen für ihn; ungerecht empfindet man sich im Preisen und im Verurteilen. Mit Cromwell suchte ich ihn zu vergleichen, aber er hat mit dem doch nichts gemein.

Ob er Recht vor der Geschichte behält? Er gehört doch in einem gewissen Sinne der Vergänglichkeit an, während Luther wie die Verkörperung des Unvergänglichen und Schöpferischen uns erscheint.

Wenn die Fügung es gewollt hätte, daß der Gründer der Einheit Herr der staatlichen Dinge und der Vertreter der Monarchie die Kulturaufgabe mit stolzer Resignation einzig als die seinige betrachtet hätte – das wäre wohl zuviel Glück für diese unsere arme Erde gewesen.

Gern hätte ich ein Werk von Bach bei dem Gottesdienst gesehen; denn dieser unergründliche Geist ist die eigentliche Schöpfung Luthers, und aus der festen Burg sind alle seine unvergänglichen Werke entsprungen. Und sein Leben der äußersten Dürftigkeit und

Verborgenheit entspricht so ganz dem, was wir mit inniger Rührung als das evangelische heilighalten.

Die Kniebeugung freute mich, denn die Trennung der Gebärde von der Empfindung ist, gleich der der Kunst von der Natur, das ärgste Schisma.

Darf ich fragen, ob Sie die kleine Schrift »Was ist Deutsch« kennen, von welcher Bismarck einmal vergeblich ersucht wurde, Kenntnis von ihr zu nehmen, um dem Kulturgedanken, dem Bayreuth den Ausdruck verleiht, einige Aufmerksamkeit zuzuwenden.

Gern hätt' ich's, Sie erhielten dieselbe von mir.

Gewiß stünde Bayreuth nicht, wenn Luther in Worms nicht gestanden hätte. Haben Sie Dank, tiefen ernsten innigen Dank, dies empfunden zu haben und mir als Gegenanblick zu den Festspielen dieses schöne Bild der Kirche in Wittenberg mit dem jungen einsamen Kaiser im Sonnenglanz und mit dem wohltuenden Schatten Ihrer tiefen Betrachtung gegönnt zu haben. Dank für Gedenken, für Worte, für Sendung. Das Buch lege ich als Vorhut vor meiner kleinen Bibliothek, die Thesen schlage ich an meine Türe, und Ihren lieben Brief bewahre ich als ein seltenes Kleinod.

Ich erfuhr manches Schwere bei der Heimkehr. Hemmungen und immer wieder Hemmungen, und so wirkt eine Erinnerung wie die Ihrige wie eine Wohltat. Unser Werk wird schwer bleiben, aber wunderlich genug, ich habe nicht das Gefühl, gegen den Strom zu schwimmen, sondern daß der Strom immer und immer wieder gestaut wird. Gebe Gott, daß dieses Stauen seine Kraft vermehre.

Ich war soeben in Baden, wo ich die großherzoglichen Herrschaften sah und bei ihnen die gleiche Teilnahme für unsre Sache vorfand. Ich hörte dort einiges von der Taufe.

19. November werde ich in Berlin sein für die »Heilige Elisabeth« meines Vaters erstens, dann aber für die neue Inszenierung des »Rienzi«, welche Hochberg in freundlicher Weise vornimmt. Ob ich alles erreiche, was ich für und durch dieses Werk wünsche, ist mir zweifelhaft, es ist aber ein Schritt vorwärts nach außen, und als solchen begrüße ich die Begebenheit. Hoffentlich kann ich Sie da sehen.

Ich erhalte soeben einen wahren Schrecken durch die Nachricht des Unfalles der Gräfin, unsrer Freundin. Glücklicherweise sagt mir Lex, daß die Ärzte die Heilung binnen vier Wochen versprechen. Wie zu erwarten, trägt sie diese Prüfung mit dem heitern Mute, der ihr als schönste Gabe verliehen wurde und der einzig in allen Fragen wirksam ist. Sie ist Protestantin par excellence, und sie wird gewiß an der bedeutsamen Feier den größten Anteil nehmen. Ich habe die Rede des Kaisers sehr schön gefunden, gerade wie sie sein sollte, und wir können fest annehmen, daß, wenn es uns glückt, einfach zu sein, wir auch bestehen.

Ich erhielt bei meiner Heimkehr einen Brief meiner Tochter Gravina, welche mir ihre jetzige Niederlassung auf Ramacca auf das hübscheste schildert. Sie wurden als Herren des Landes wie in den patriarchalischen Zeiten empfangen, und als sie in die kleine halbverfallene Kapelle eintraten, stieg der eine Geistliche auf die Leiter, um ein wundertätiges Madonnenbild zu enthüllen, wobei die Gemeinde Evviva la Madonna rief, während der zweite Geistliche an dem Nebenaltar Lotterie für die Madonna hielt, und zwar auch unter Jubel und Tanzaufspielen auf der Orgel. Da wäre man denn weit genug von dem Schwan von Wittenberg, der sich darüber zu trösten wissen muß, daß er nicht zu der ältern Linie gehörte. Der alte Fürst Hechingen sagte mir einmal, an die Könige von Preußen denkend: Il faut convenir que les cadets ont fait du chemin!

Meine Kinder sind noch in Salò, wo es wirklich wundervoll schön ist. Nur Siegfried ist bei mir, welchem ich den Anfang dieser Zeilen diktierte und der sich auf das angelegentlichste empfiehlt.

Nun aber leben Sie wohl, innig Hochgeehrter, möchten Sie aus meiner Erwiderung sehen, wie wohl es mir getan hat, in geistiger Gemeinsamkeit mich wieder einmal mit Ihnen zu fühlen, und bleiben Sie dessen versichert, was in meiner Empfindung für Sie so besonders und selten ist, daß mir der Ausdruck gerade jetzt nach Empfang Ihrer Gaben versagt.

CWagner

An Bodo von dem Knesebeck
Bayreuth, 9. 11. 1892

Kaum hatte ich den Satz von der Vergänglichkeit an Sie, innig und hochgeehrter Freiherr, geschrieben, als ich ihn für unrichtig empfand.

Sie haben ganz recht: der eherne oder Erz-Rebell wird wohl nicht vergehen. Das Verhängnis war, daß er über das Dienen hinausgeraten mußte, geradeso, wie er ein Anrecht auf Unsträflichkeit besitzt und er plötzlich außerhalb von allen Normen sich fühlen mußte und gefühlt wurde.

Das Werk ist seine Person, das ist gar keine Frage, und in dieser Person waltet ein Dämonium, welches man selbst in der Mäßigung (einst seine größte Seite) empfindet. Denn seine Mäßigung war nicht aus der »temperance society«, und er hat die Summe der deutschen Aspirationen zusammengezogen, wie große Geister auf dem Gebiete der Dichtung und Kunst den Abschluß der vorangegangenen Bestrebungen bilden.

Wie ist es aber zu verstehen, daß er zugleich so undeutsch war, daß kein Kulturgedanke in ihm aufstieg, ja, daß sein Haus ein Herd der Roheit wurde?

Als wir uns von der Schweiz aufmachten, um das Werk von Bayreuth zu beginnen, schrieb mir meine Mutter: »jamais plus grand artiste ne trouva plus grande circonstance.« – Kein Mensch konnte daran zweifeln, daß die ideale deutsche Kaiserkrone, die das Glück hatte, in ihrer Auferstehung mit der Schöpfung des »Ringes des Nibelungen« und mit der vorausgegangenen Gestalt des Königs Ludwig zusammenzutreffen, nun in erhabenen Volksfesten ihre Verherrlichung und auch in tieferem Sinn Begründung finden würde. Und so undeutsch war derjenige, der Deutschland einigte, daß er weder sah noch hörte. Werden Sie mich sehr phantastisch finden, wenn ich meine, daß, hätte er das Werk von Bayreuth ergriffen, er heute noch unsre Geschicke lenkte.

Es ist eine Erscheinung zum Verzweifeln. Denn – Sie haben recht – ich muß es Ihnen zugeben. Schön! diese Gerechtigkeit. Es ist das einzige, was uns über die Qual der Widersprüche erhebt und uns Dichter sein läßt. (Der Dichter vom Metier hat für mich etwas Absurdes, ungefähr, wie er bei Shakespeare im »Cäsar« vorkommt; während das Dichterische, in dem einzelnen als Erkenntnisfähigkeit anzutreffen, mir als das gilt, wozu der Mensch eigentlich berufen ist). Unser Kingsmaker war auch dieser Fähigkeit in hohem Grade teilhaftig, trotz seiner schrankenlosen Leidenschaftlichkeit. Dabei bleibt alles Dichterische ihm fremd bis zum Entsetzen! Er würde in die Königsdramen hineingehören, wenn die Idee, der er diente, ihn nicht so ganz woandershin versetzte.

Ich habe behufs meiner jetzigen Arbeit in Sismondi die Kapitel über »Rienzi« gelesen. Wenn Sie das Buch bei der Hand haben, schlagen Sie das doch nach! Als Gegenstück zur Gestalt, die uns beschäftigt, ist der angebliche Sohn Heinrichs VII. mit seiner Bildung, Beredsamkeit, Humanität, Freundschaft mit Petrarca, Sinn für Pracht und Leben in der Vergangenheit, mit dem Begehren des Unmöglichen, etwas zu Merkwürdiges.

Sismondi scheint mir ihn nicht ganz zu verstehen, und gewiß würde man in Friedrichsruh die Achsel über ihn zucken, wie die Söhne des Hauses mit dem »Figaro«-Redakteur schlechte Witze über Bayreuth gemacht.

Ich ahne, von wem der Psalm war! Je ne connais que celà und bin ziemlich resigniert, was die Kunst betrifft. Einerlei, die feste Burg war da, und das ist die Hauptsache.

Chi ha fatto il mondo? frug ein Geistlicher ein römisches Kind. Das Kind, mit großer Zuversicht: »la vergine«. – A, ma diche! ruft entsetzt der Geistliche aus. – »Alora S. Giuseppe! – »Ma bontà di Dio, chi ha fatto il mondo?« – Das Kind (mit Achselzucken): Chi lo sa? –

Dieser Zweifelsausdruck der Italiener enthält eigentlich die Verachtung für die Frage. Ich antworte mit lauter Fragen auf Ihr so bestimmt und richtig Gegebenes. Verübeln Sie es mir nicht, und haben Sie Dank, mir wieder einige Augenblicke geschenkt zu haben. Von Ihnen zu hören, ist mir eine seltene edle Freude. Seien Sie aus dieser Freude gegrüßt

C. Wagner.

Zu meiner großen Beruhigung hörte ich, daß die Herstellung unsrer Freundin gesichert ist.

Ich muß noch sagen, daß die drei Standarten mir viel Vergnügen machten. Rienzi ließ drei Gonfalons: Freiheit, Gerechtigkeit und Friede, vorantragen.

Ansprache bei der Eröffnung der Bayreuther Stilbildungsschule am 10. November 1892

Nachdem die Bayreuther Festspiele, seit der Aufführung des »Parsifal« 1882, in einer stetigen Entwickelung begriffen sind, deren deutliche Kennzeichen nach zehnjähriger Tätigkeit in diesem Jahre die Aufführung der vier Werke »Parsifal«, »Tristan«, »Meistersinger« und »Tannhäuser« war, ergab sich für die Leitung und die Verwaltung der Festspiele der Wunsch, die Errungenschaften, welche dieser Wirksamkeit entsprossen sind, einer Anzahl von Kunstbeflissenen zugute kommen zu lassen; und es erging aus Bayreuth der Ruf, dem Sie, meine Herren und Damen, Folge leisteten.

Will ich Ihnen nun den Charakter der Errungenschaften bezeichnen, von welchem wir wünschen, daß sie Ihnen zugute kämen, so liegt er in der bewußten Erkenntnis der künstlerischen Merkmale, welche zu der Teilnahme an dem Werke von Bayreuth und zu seiner Vertretung nach außen befähigen. Diese Merkmale werden auch den Unterricht, den Sie hier erhalten, bestimmen.

1. Für die *gründliche musikalische Sicherheit* und daher *tadellose Korrektheit*, durch welche einerseits der Stil der Aufführung begründet wird, andererseits der Respekt sich bekundet, den wir vor allem den Werken der Kunst zu bezeigen haben, für diese gründliche musikalische Ausbildung wird die Tätigkeit an Aufführungen von großen Chorwerken Sorge tragen.

2. Für die *deutliche, sinngemäße Aussprache,* diesen so wesentlichen Faktor bei der Ausführung aller dramatischen Werke, insbesondere aber der Werke des Meisters (welche vor allem Drama sind), wird das Erlernen und Ausführen von Schauspielen eintreten.

3. Zur Förderung der Freiheit der Bewegung auf der Bühne werden körperliche Übungen zu machen sein. Mimik und Gebärde sollen der Gegenstand eines besonderen Unterrichtes werden.

4. Zur Bewältigung der gesanglichen Schwierigkeiten unserer musikalischen Kunstwerke werden durch Gesangsunterricht Ihre Stimmorgane diejenige Schulung zu erhalten haben, die sie zum sinnlich lebensvollen und unmittelbar eindringlichen Ausdruck der seelischen Bewegungen des Kunstwerkes befähigt.

5. Endlich aber, und vor allem, werden die Werke des Meisters und seiner Vorgänger Ihnen einstudiert, wie sie im Geiste der Bayreuther Aufführungen zur Wiedergabe gelangen sollen.

In der Wahl aller Erzeugnisse der Kunst, mit welchen wir uns befassen werden, wird die strengste Sonderung stattfinden, da die Gewohnheit, *nur* mit dem *Besten* in der Kunst sich zu beschäftigen, *selbst* ein Moment der Schulung ist; indem es nämlich unser *Urteil* bildet, ermöglicht es uns zugleich die Kritik der eigenen Leistung und damit ein stetes Fortschreiten.

Im Sinne dieser geistigen Bildung sind wir auch für später auf Vorträge bedacht gewesen über das Leben von Dichtern und Musikern, über die Bedeutung ihres Schaffens, über ihre Stellung zur Außenwelt, und zwar im Zusammenhange mit der Darstellung des Wirkens und Schaffens der Helden der Kunst in den »Gesammelten Schriften« des Meisters.

Gelingt uns diese auf Grund der Musik angestrebte künstlerische Ausbildung, so hätten wir es erreicht, Sie in lebendige Fühlung mit dem Meister zu bringen, und eine künstlerische Genossenschaft wäre

gegründet. Das *Bewußtsein* dessen, was wir dem Meister schuldig
sind, der unter unaussprechlichen Prüfungen die deutsche dramatische Kunst schuf, der *Wille,* diesem Bewußtsein einen Ausdruck zu
geben, würden das Kennzeichen dieser Genossenschaft sein.
Durch diese Gesinnung, in welcher die Würde des künstlerischen
Standes liegt, würde diese Genossenschaft die Basis unserer Bayreuther Aufführungen bilden und den auswärtigen Künstlern das
Beispiel eines geistig und ethisch fest gegliederten Gefühles geben.
Wir haben fürs erste einen Probe-Monat vor uns, wonach dann erst
die verschiedenen Zweige des Unterrichts sich ergeben werden. Es
wäre schön, wenn wir am Schlusse des Monats so vereint blieben, wie
wir jetzt sind – eine große Hoffnung könnte sich für unser
künstlerisches Wirken daraus ergeben. Und in der freudigen Erwartung dieser Hoffnung lassen Sie uns den Weckgesang aus dem Werke
anstimmen, welches alles Hoffnungsreiche des deutschen Volkes und
Lebens in sich schließt:
Wachet auf! –

An Ferdinand Graf Sporck
Bayreuth, 15. 11. 1892

Hochgeehrter Graf,
Ich hatte es freundlich zu verstehen gesucht, daß fern, wie Sie dem
standen, womit ich verwachsen bin, der Weisungen bar, die mir
geworden, und unkund der Bestimmungen, die ich erhielt, Sie meine
Tätigkeit ohne Wohlwollen beurteilen. Diejenigen, welche das
kannten, womit ich seit meinem 17. Jahr vertraut wurde, diejenigen,
welche auch wissen, was ich unumschränkt überkam, endlich aber
auch diejenigen, die Teilnahme für eine Frau empfinden, welche nach
Kräften die ihr allein anvertraute Aufgabe erfüllt, halten gütig zu mir.
Sollte ich Ihnen nun, hochgeehrter Graf, einen Vorwurf daraus
machen, daß Ihnen diese Verknüpfung mit unserer Vergangenheit
abging und daß es mir nicht glückte, Ihnen für meine Bemühungen
Teilnahme zu erwecken? Das wäre töricht gewesen, und so nahm ich
alles mir Wiederbrachte Ihres Auftretens gegen mich herzlich gerne
dahin.
Ein anderes aber ist es, wenn es das Ansehen gewinnt, als seien wir
über das Schickliche nicht einer Empfindung. Wenn Sie zu meinen
Kindern als »Wahnwitz« das bezeichnen, was ich hier angab, so muß

ich (da das Unschickliche bei Ihnen nicht denkbar) glauben, Sie
fänden für den Wunsch einer Trennung keine bessere Äußerung.
Sie haben Ihre geringe Meinung von meiner Befähigung meiner
Aufgabe bis zur Verhöhnung kundgegeben, es wird Ihnen demnach
diese Trennung eine Erleichterung sein. Mir fällt sie schwer. Ich habe
die Beziehungen zu Ihnen hochgehalten und dies, wo ich es
vermochte, bezeugt. So bedeutet dieser mir unbegreifliche Vorgang
eine der traurigsten Erfahrungen meiner Lebensbahn.
Möchte die Stunde nie kommen, die Ihnen die Erkenntnis davon
bringt, daß der Vorgang mir unbegreiflich bleiben mußte!
Indem ich fest auf das blicke, wovon ich annahm, daß es uns einte,
wird es mir wieder einmal klar, daß solche Prüfungen das Geleite der
bestimmten Aufgabe sind; die Kränkung schwindet, und frei von
jeder Bitterkeit ergeht an Sie, Graf, mein trauriges Lebe-wohl!

C. Wagner.

An Konrad Fiedler
Bayreuth, 4. 12. 1892

Hochgeehrter Freund,
Mit dem Eintreffen der ersten Weihnachtsüberraschungen hat man
das Gefühl, sich in etwas Nichtzuüberwältigendes zu begeben und als
ob man von allem Sonstigen Abschied nehmen müßte. Zumal, wenn
man schräg vis à vis von sich eine »Ressource« hat, die einem
tagtäglich in Anspruch nimmt. So werde ich sehr ungenügend auf
Ihre lieben Zeilen von dem vorigen Monate erwidern, aber schreiben
will ich doch; falle es aus, wie es möge!
Inzwischen war ich in Berlin und hatte wieder meinen gewohnten
Eindruck davon. Ich finde die Leute dort gescheut, artig und bei
weitem wahrer als an anderen Punkten unseres Reiches. Kekulé und
Bode zeigten uns wieder das Museum; die neue Antike (Aphrodite)
ist wundervoll, und die neue Bronze- und Terrakotten-Stube, etwas
im Stil Ihrer Maréesschen Stube, hat mir sehr gefallen.
Und Duse und Bellincioni, da ist es doch der Mühe wert, ins Theater
zu gehen! Nur daß letztere eine große Tragödin ist, erstere das, was
wir unter modern begreifen, bis in die höchste, ja hinreißendste
Virtuosität darstellt. Beide außerordentlich schön. Man atmete
wirklich auf.
Was mir ferner eine Genugtuung war, das war der Umgang mit den

Vorständen der Oper bezüglich des »Rienzi«. Ich weiß nicht, woran
das liegt, aber so verschieden ein jeder von uns war, wir fühlten uns in
einem Punkt des festen Ernstes gleich.

Unserem Freunde Muck geht es, zu meiner Freude, dort sehr gut, und
er wird »Rienzi« dirigieren.

Hier möchte ich zwei Anfragen beilegen: Kennen Sie, oder besitzen
Sie, da Sie alles haben (nur Tieck nicht!) »*Cola di Rienzo und seine
Zeit*« von Dr. Felix Papencordt, und dürfte ich darum bitten für eine
kleine Zeit.

Ferner, wüßten Sie jemanden, der mir das Kostüm des Rienzi für den
II. Akt entwerfen würde können? »*Er erscheint als Tribun in
phantastische und pomphafte Gewänder gekleidet.*« Ich weiß, daß er
roten Sammet mit goldenen Fransen getragen hat; aber das genügt
doch nicht? Und so lieb mir die Berliner von dem Kaiser bis zum
Eckensteher sind, gruselt's mir doch ein wenig vor der dortigen
Phantasie.

Ich habe an Hildebrand gedacht. Er verachtet aber gewiß das
Theater, wie alle gebildeten Menschen! Aber vielleicht, wenn er hört,
daß Kekulé und Bode mir beistehen, daß letzterer mir Teppichmuster
aus dem XIV. Jahrhundert zuweist; und vielleicht, wenn er denkt,
daß er mich von meiner bedenklichen Sache trennt und immer sehr
freundlich war, läßt er sich herab, etwas zu erfinden??

In Berlin habe ich lauter Gelächter dadurch hervorgerufen, daß ich
Mme Bellincioni, im vollen Lenze ihres Ruhmes, veranlassen wollte,
für mich und Bayreuth Deutsch zu lernen. Die Überzeugung muß
eine große Harmlosigkeit an sich haben! Vielleicht lachen Sie auch
über mich und meine Wünsche! Jedenfalls aber geschieht es in der
Weise, die mir wohltut.

Daß Caprivi seine Reichstagsrede mit dem sachten Refrain der
»Wacht am Rhein« beschloß, war erstaunlich, wenn auch Bismarck
das Beispiel der Verehrung der Liedertafel gegeben hat. Sonst gefiel
mir die Rede recht gut; aber von allen Seiten höre ich, sie sei schlecht.
König Anton von Sachsen war es, glaube ich (er ging noch mit Muff
spazieren!), der bei einem Straßenputsch frug: »Habe ich denn
schlecht regiert?« Jetzt ist bei uns die Parole ausgegeben, wir seien
schlecht regiert, und damit ist gut, und kann sich Caprivi abmühen,
die beiden Igel sitzen an den beiden Enden des Weges, und der arme
Hase kann sich dazwischen totlaufen, er kommt immer zu spät...

Hoffentlich hat Mary nicht allzu trübe Eindrücke in Leipzig erhalten.
Ich glaube, daß die Möglichkeit, sich in sich zurückzuziehen, dem

Schmerze den beängstigenden Stachel benehmen kann. Aber wenigen Existenzen ist diese Möglichkeit vergönnt. Möchte es der Fall bei den Ihrigen sein!

Leben Sie wohl, mein hochgeehrter Freund! Grüßen Sie Mary schönstens von uns allen und seien Sie in inniger Hochachtung und Ergebenheit gegrüßt!

C. Wagner.

P.S. Eva schrieb nach Crostewitz an Mary. Ob der Brief sie wohl noch erreichte?

An Konrad Fiedler
Bayreuth, Dezember 1892

Wie gut haben Sie mich gekannt, mein hochgeehrter Freund, und gewußt, daß Wahrhaftigkeit Lebensbedingung der Beziehungen für mich ist. Nun kommt aber noch bei dieser Gelegenheit hinzu, daß ich Ihrer Ansicht bin; und wenn ich auch dies ausschließlich Ihnen sage, so liegt es daran, daß es leider wenig lebensfähige Beziehungen gibt. Mein »leider« ist kindlich; es kann wohl nicht anders sein, an dem Werte, den wir dem wahrhaftigen Verkehr beimessen, erkennen wir wohl, daß er neben seiner absoluten Bedeutung auch eine bedingte, die der Seltenheit, besitzt.

Nebst meinem herzlichsten Dank für die Äußerung Ihres letzten Briefes habe ich Ihnen noch meine Freude über die Zusendung des »Rienzi« zu sagen. Ich war ganz perplex, ihn so schnell ankommen zu sehen, denn ich hatte mir vorgestellt, es sei etwas ungemein schwierig zu Erlangendes, und, auf Ihre mir so oft bewiesene Güte bauend, mich deshalb an Sie gewendet.

Nun habe ich mich zu entschuldigen, daß ich zugleich Leichtes und Unmögliches begehrte! Es tut mir sehr leid, daß Hildebrand nicht will (im Sinne von können). Wirklich, er war mir einzig eingefallen, denn für das, was ich meine, gehört erfindungsreiche Phantasie und ein souveräner Geschmack. Alles muß neu sein und doch die alten Formen wiederbringen. Ich sehe es schon kommen, daß ich wieder stümpern muß und dann zum Stümper gehen, und aus zwei Negationen des Könnens springt endlich die Affirmation des Schneiders heraus! – Ach, lieber Herr Doktor, es ist ein Elend in dieser Welt, namentlich, wenn man durch Lappen zur Unsterblichkeit gelangen will!

An Rudolf Seitz hatte ich auch gedacht – (ich glaube, er hat sich vor Urzeiten einmal schlecht benommen, für derlei habe ich aber, zur Verzweifelung von dem teuren Adolf, der ein Charakter ist, kein Gedächtnis) –, aber ich fürchte mich vor einer gewissen Gnomen-Rübezahl-Phantasie, welche für mich dicht neben dem »Alpen-Salon-Käse« weilt, den kürzlich der hiesige Kolonial-Waren-Händler anbot.

Und in Berlin finde ich schon recht niemanden, trotz meiner großen Vorliebe. Der Gerechtigkeit zur Ehre muß ich Ihnen gestehen, daß ich Ihr Wort, des vielen Tuns und wenig Schaffens, nachempfand. Ich glaube, es ist ein Drang zur Wahrhaftigkeit, den ich dort fühle und der mir woanders fehlt. Aber ich weiß es nicht bestimmt zu sagen.

Ihre schönen Worte über Strauss erhielt ich zugleich mit einem Briefe dieses begabten Menschen. Und ich habe mich so über Ihren Eindruck gefreut, daß ich hier den Brief beilege, weil ich weiß, daß seine Äußerungen Sie interessieren und in Ihrer Teilnahme für ihn bestärken werden.

Ich möchte, Sie hätten ihn in Berlin sein »Tod und Verklärung« dirigieren sehen! So einfach, so kindlich und männlich, das Erstaunliche dahinnehmend, daß ein Bier trinkendes und strickendes Publikum allmählich bewegungslos wurde und ihn mit Beifall überschüttete. Das waren meine guten Berliner, welche nun auch den »Genesius« von Weingartner auf das energischste ablehnten.

Gott gebe, daß Strauss sich erhole! Er ist wohl, nebst Mottl, der Begabteste in unserer Kunst.

Haben Sie vielleicht den »Baumeister« von Ibsen in Händen gehabt? Das ist wirklich der Mühe wert zu sehen, wie weit so einer es bringt, von dem man mit feierlichen Gesichtern als Schopenhauer der Bühne spricht! Ich glaube, wir hätten viel Scherz miteinander über den bloßen Inhalt gehabt!

Zum Schluß, als das Eigentlichste, möchte ich Ihnen noch sagen, wie leid es uns tut, daß Mary sich immer nicht wohl fühlt! Einen Augenblick dachte ich daran, Sie beide um die Gastfreundschaft einer Nacht zu bitten, wenn Andrade den Don Juan deutsch auf der Münchener Bühne sänge. Aber wenn Mary nicht wohl ist, verlege ich den Besuch auf später.

Und nun leben Sie wohl, mein hochgeehrter Freund, haben Sie Dank für alles, »Rienzi« und Wahrheit und noch so vieles (mit Graf Sporck hatten Sie recht, er hat mir geantwortet, und es war sehr traurig), herzliche Grüße an Mary und Ihnen die innige Versicherung ernster Anhänglichkeit und Ergebenheit!

C. Wagner.

Wohnten Sie dem Porgesschen Konzerte bei? Ich glaube, der Chor meines Vaters: »Rosen, ihr blendenden« würde Sie interessiert haben.

Meine Kinder tragen mir die herzlichsten Grüße an Sie und Mary auf, und wir möchten gerne erfahren, wie es unserem lieben Professor Hertz geht, unsere diesjährige Festspiel-Errungenschaft! Und apropos Festspiele schicke ich einen Aufsatz von Chamberlain und bin auf Ihre Meinung begierig.

An Ernst Erbprinz zu Hohenlohe-Langenburg
Bayreuth, 22. 12. 1892

Teuerster Erbprinz,
Wenn ich erst heute Ihnen für Ihre freundlichen inhaltreichen Zeilen und auch für den Besuch danke, an den ich mit immer erneuerter Freude denke, so ist es in der Absicht, daß Sie an dem Christabend ein Zeichen aus Wahnfried erhalten; geht es nach Wunsch, nämlich, wenn der Verleger mir rechtzeitig schickt, so begleitet diese Zeilen eine Sammlung Briefe, aus denen ich weiß, daß die Persönlichkeit, die sie schrieb, in ihrer Besonderheit Ihnen entgegentreten wird. Nehmen Sie, teurer Erbprinz, die kleine Gabe als das Zeichen eines herzlichsten Gedenkens!
Seit Ihrem Fortgang haben wir ungemein still, ja, klösterlich regelmäßig gelebt. In der Schule sind wir von 24 auf 16 reduziert, worunter nur mehr vier Männer. Wie gewöhnlich stellt es sich heraus, daß die Frauen bei weitem mehr Eifer und mehr Talent haben. Nächsten Sonntag sollen sie sich (diese 16) in Wahnfried produzieren, und ich bin gespannt auf die Herausstellung unserer 6wöchentlichen Arbeit. Anfangs Januar lasse ich Komödie spielen, und zwar: »Minna von Barnhelm« – ich fürchte, daß das harmlose Stück manche Exekution nach sich ziehen wird. – Zur Lektüre kamen wir wenig. Die Einleitung zu Sonetten von Shakespeare seitens eines Professor Krause, anknüpfend an eine, wie mir scheint, sehr ingeniöse Arbeit des Engländers Gerald Massey, hat uns eine sinnige Auffassung dieser, ich glaube, nicht leicht zu entwirrenden, so

exzentrischen Dichtungen gebracht. Vielleicht kommt Ihnen die Arbeit Masseys in die Hand?

Wir sind da sehr weit von »Dalmatien«, welches sich allenthalben recht »schreiig« breit macht. Bei kaum einer Frage stellt es sich mit solcher Kraft heraus, daß es sich darum handelt, sich zu bekennen und behaupten, ganz abgesehen von Zielen und Erfolgen. »Was ich nicht will, weiß ich, was ich will, kann ich nicht sagen«, meinte Cromwell. Und wenn ich Regierung wäre (!), würde ich Dalmatien nie in den Mund nehmen, tun, als ob ich's nicht merkte, aber umgekehrt wie Wotan mit Siegfried handeln und trachten, von Grund aus deutsch zu sein.

Es steckt noch so viel Gutes und Echtes in unserem deutschen Volke, so vieles, was unterstützt werden müßte, wenn es nicht schändlich mißbraucht werden soll. Neulich, an der Türe von Knieses, sah ich einen Bauer aus Mistelgau, der Nüsse und Äpfel anbot und, zurückgewiesen, resigniert meinte: »da bin ich umsonst in der Stadt gewesen«. Er hatte ein vorzügliches Gesicht, ganz wie sie Dürer uns gebracht, ich nahm ihn mit nach Hause, und wie wir durch das Tor eintraten, hielt er an und sagte: »Das ist schön.« Wir legten die Allee zurück, er betrachtete das Sgraffitto und frug, ob Wotan ein Bildnis sei, das des Herrn des Heimes. Ich ärgere mich noch jetzt, daß ich ihm nicht gesagt, es sei der liebe Gott mit dem Wünschelhut. Ich frug ihn, ob er denn nie hier gewesen? »Nein, die Tür ist ja zu.« Den König sah er auch mit sinnigem Blicke an, und wie er in die unteren Räume gelangte, sagte er, wenn er gewußt hätte, daß er in dieses Haus käme, er hätte ganz andere Äpfel gebracht. Er hat uns für die Weihnachtszeit ausgezeichnet versehen und ist so bescheiden in seinen Forderungen, daß die Vornehmheit der deutschen Natur so recht bei ihm sich ausdrückte. – Ich erkundigte mich nach dem Dorfe Mistelgau und erfuhr, daß es einst das reichste in der Umgegend gewesen, nun von Juden vollständig ausgesogen und elend sei! Das ist das Unglück, daß unsere Staatsmänner keinen Blick in diese Zustände werfen können und nicht wissen, daß des Deutschen vornehme und edle Eigenschaften geschützt werden müssen; sie konnten auch nichts erfahren von dem, was die Natur in dem Unterschiede der Rassen unerbittlich ausspricht, und daß Kulturen das Werk der Rassen sind, welches wohl fremde Elemente vernichten, nicht aber weiterentwickeln können. Humane Gesinnung und Reden können da nichts ändern noch nützen; grausam sprechen die Tatsachen. Möchte doch die konservative Partei einen befähigten, festen, gründlich unterrichteten, besonnenen Führer erhalten! Ich glaube, es wäre noch Zeit, den sich regenden Instinkt zu einer guten Gestaltung zu bringen.

Ich erhielt einen Brief, den ich hier beilege, weil ich glaube, daß die ruhige Darstellung von ernsten Eindrücken Sie interessieren wird. Die Anhänglichkeit des Volkes an seine Fürsten ist ein Moment, welches bei uns hoch zu schätzen ist. Ach, möchten die Fürsten ihre Bestimmung, ihre Kultur-Bestimmung recht erkennen!

Die Kraft der Heiterkeit, von welcher Sie so schön, teuerster Erbprinz, in bezug auf Wahnfried sprechen, verdanken wir, glaube ich, dem Protestantismus, welcher uns die Fähigkeit gewährt, tief in uns zu gehen und den Gott, den wir vergebens in der Verwirrung der Außenwelt suchen, im eigenen Herzen zu finden. Er lernt uns zu erkennen, daß keine Bestrebung verloren ist, ja, daß, wenn es noch so verzweifelt aussieht, unsere gute Tat in künftigen Tagen anderen zugute kommt. – Ein solches Bekenntnis hat mir Bachs Kunst geschenkt. Diese lebt noch für uns, und Ihre schönen Worte darüber, teuerster Erbprinz, waren mir ein liebes Zeugnis davon.

Ja, Sie sind deutsch! Sie haben die Breite, die Tiefe, den Ernst und die Heiterkeit, die Wahrhaftigkeit und Lauterkeit dieses Wesens! Möchten Sie von Ihrem neuen Aufenthalt einen freundlichen Eindruck erhalten haben. Ich fürchte, daß gerade im Dezember die Nebel recht stark dort seien. Doch Sie kennen es ja, und das geistige Leben tritt wenigstens dort als Entschädigung für die Ungunst des Himmels ein. – Hier haben wir heute einen schönen Sonnenschein. Ich entsende die Freudigkeit, die aus seinen Strahlen zu uns dringt, als Festgruß zu Ihnen und füge ihm in dieser Zeit der Wünsche eine Bitte bei, mir zu Ostern die Gegengabe einer Dichtung zu spenden! Denn ich bin noch immer nicht über meinen Ärger gegen mich hinweg.

Leben Sie wohl, teuerster Erbprinz, vermitteln Sie bitte den hochverehrten Ihrigen Wahnfrieds schönste Wünsche für das kommende Jahr, und seien Sie in warmer Anhänglichkeit und Ergebenheit von Herzen gegrüßt!

C. Wagner.

Hans Thoma, Selbstbildnis 1895

Cosima Wagner, Ölbild von Hans Thoma, 1899

1893

Wie freundlich, mein lieber Herr von Tschudi, und wie erfreut mich
Ihre Teilnahme für meine Arbeit! Der Name Heydens ist mir
bekannt, ja, ich habe in den 50er Jahren selbst einen gekannt,
welcher in einem Album die Portraits schöner Damen einzeichnete
mit Devisen (etwa: per aspera ad astra, oder: je länger je lieber!),
aber derselbe müßte so alt sein wie Höhl' und Wald, oder ich selbst,
und daher seiner Phantasie Sprung»federn« nicht zu Kostüm»spielen« parat (es muß ein anderer, vielleicht sein Sohn sein), denn
Phantasie ist für das Kostüm, welches ich meine, vor allem erheischt.
Die Form ist ja gegeben (antik), sie muß aber phantastisch-pomp-
haft, im Sinne des letzten Tribunen, verarbeitet und ausgeschmückt
werden.
Ich schrieb neulich dem Maschinenmeister Brandt in Berlin (einem
ungemein tüchtigen Manne, welcher mir ein ausgezeichnetes erstes
Szenario entworfen hat) und frug, welcher wohl der Künstler sei, der
die Kostüme für die Berliner Oper zeichnete. Ist es Ihnen recht,
lieber Herr von Tschudi, so warte ich auf seine Antwort und bitte Sie
dann, mit Herrn von Heyden für mich zu konferieren, und wälze eine
kolossale Verantwortung von meinen auf Ihre Schultern. Ich würde
Ihnen vorschlagen, daß wir zusammen mit August von Heyden
konferierten, allein, mein Aufenthalt in Berlin verzögert sich gegen
Wunsch. Ich werde fürs erste (immer wegen »Rienzi«) nach Coburg;
dann aber, wegen meiner Augen, die noch viel schlechter sind als das,
was sie zu sehen bekommen, nach Erlangen mich begeben müssen.
Ende Februar, denke ich, sind wir Reichshauptstädtler. Kann Ihre
Weltlust *so* lange warten? Ich gestehe, daß der Gedanke, mit Ihnen
wieder einige von den Kampagnen durchzumachen wie die vorigen
Winter (wo selbst die Äpfel nicht zu sauer waren!), uns ungemein
reizt. *Bitte* warten Sie und erzählen Sie vorerst, *wie* Sie zu Circe
kamen? Sie hat eine sehr wichtige Rolle bei uns zur Silvester in einer
Scharade: »Festspielnot«, gehabt und durch unbezwingbare heitere
Freundlichkeit uns sehr unterhalten! So sperren wir uns denn allseits

jetzt ein, was dieser mörderischen Kälte ganz entspricht, und öffnen die Schleusen der Weltlichkeit mit den ersten Veilchen. Aber zur Gräfin Voß gehen Sie ja, denn ich hänge sehr an ihr (diesen Grund lassen Sie gewiß gelten), und sie repräsentiert etwas – ein Gemisch von vornehmster leichter Form und Tiefe der Erkenntnis, mit übersprudelnder Fähigkeit, sich zu äußern, dem man nicht mehr begegnet. Und grüßen Sie sie schön von mir, mit Dank für ihre Karte, und erzählen Sie mir dann von Ihrem Abend.

Und das Museum, wie freue ich mich darauf! Auf den Cinquecento-Thoma und auf den Rembrandt, für mich fast das schönste Bild (den Apotheker in Ehren!) der ganzen Sammlung. »Natura lo fece e poi ruppe la stampa«, diesen Spruch kann man auch auf die einzelnen Werke der Meister anwenden, es ist, als ob sie die Form zerschlügen, aus welcher sie so etwas gestalten. Und solange man nicht das Gefühl der Einzigheit vor einem Werke hat, kann man sich, glaube ich, sagen, daß man vor dem Mittelmäßigen steht. – Ihre Eindrücke aus Spanien haben mich auf das lebhafteste interessiert, und ich bin Ihnen um so dankbarer, sie mir mitgeteilt zu haben, als ich es weiß, wie schwer es einem fällt, das Erlebte noch einmal vorzunehmen und es zu resümieren. Es ist, als ob einem alles dabei zu Staub würde.

Nun mußte man Ihnen in Madrid von unseren Festspielen erzählen! Haben Sie kein Schuldbewußtsein dabei gehabt? (Radowitzens waren mir hier sehr angenehm.)

Aber – was gleich neben Festspielunterlassungssünde kommt – *wovon* erzählen Sie mir nicht?? Mottl! Er hat in Berlin dirigiert, Sie waren gewiß im Konzerte nicht, und Sie wissen, daß gleich neben Prinzen Max Mottl kommt!! Ich werde mich an die liebe Frau Steinmann wenden, die gewiß da war. – Bitte grüßen Sie sie einstweilen herzlichst und sagen Sie ihr, ein andermal keine Skrupeln zu haben.

Auch wir hatten diesmal zu Weihnachten keine Kinder, dafür aber Tiere. Siegfried bekam ein Pferd und meine Töchter einen schönen Neufundländer. Und was Sie von der Macht der Natur auf unsere Stimmung so richtig sagen, dehnt sich gewiß bis auf die Tierwelt aus. Der schlanke feurige Gang von »Grimgerde« belebt unseren Garten, und als ich neulich wegen Erkältung das Abendbrot für mich einnahm und die Gedanken über mich kamen, welche die Bewohner der Einsamkeit sind, war es ein langer wundervoller Blick der Hündin, der mich der Reflexion enthob und mich gleichsam in den Pulsschlag des Lebens wieder versetzte...

Madame Duse hat mir zuwenig von dem Tier; das ist das, was ich als
das Moderne bezeichne. Aber, Sie haben vollständig recht, ich kann
sie nicht beurteilen, und sie würde mich gewiß ganz in der
»Locandiera« gewonnen haben. Sie war so freundlich gewesen, mir
sagen zu lassen, daß sie für mich dieses Stück und überhaupt anderes
ansetzen würde. Aber in den vier Tagen meines Aufenthaltes wäre es
eine Zumutung gewesen, sie an das Versprechen zu erinnern, ich
kenne die Not der armen Künstler zu sehr dazu, und versagte mir
lieber ihre Würdigung.

Meine Tochter Thode hat sich sehr über Ihren Brief gefreut; sie
gehen nun bald an die Cargnaccosche Niederlassung; mir noch ganz
wunderlich! – Gott gebe seinen Segen! –

Nun aber leben Sie wohl, mein lieber Herr von Tschudi, und haben
Sie herzlichsten Dank! Empfangen Sie die besten Grüße meiner
Kinder und bleiben Sie meiner warmen Anhänglichkeit und Erge-
benheit für immer versichert!

C. Wagner.

Angelegentlichste Empfehlungen Ihrer Frau Mutter! ich bitte.

An Hermann Levi
Bayreuth, 23. 1. 1893

Mein lieber Major,

Wir werden den guten Kor recht vermissen, wenn wir zu Ihnen
kommen. So ein liebes Tier, mit dem seelenvollen Blicke, ist im
eigentlichsten Sinne unersetzlich, auch wenn es Stellvertreter
bekommt.

Ich habe einen großen Teil meines früheren Lebens ohne Hund
zugebracht, weil mich der Verlust meines King Charles Dandy von
diesem Teil der Tierwelt ganz abgewendet hatte.

Ich bin überzeugt, daß die Tiere glauben, wir könnten sie vom Tode
retten, und uns ebensowenig begreifen wie wir Gott.

So haben Sie denn einen lieben, gescheiten Freund verloren! Recht
unbedeutend erscheinen daneben die Händel der Welt. Nichtsdestoweniger will ich Ihnen für die freundliche Gesinnung, die das
Münchener Theater jetzt Bayreuth bezeigt, bestens danken! Es ist
recht erfreulich und eigentlich normal, daß München und Bayreuth
sich vertragen, und an mir soll es nicht liegen, wenn das gute
Einvernehmen nachlassen sollte.

Die Zeitungsnotiz hatte ich nicht beachtet, und ich hätte kaum an eine Erwiderung gedacht. Nun, da sie geschah, hätte ich sie lieber in der rechten Form gesehen. Aber ich habe nicht einen Augenblick daran gedacht, daß sie von Ihnen herrührte.

Von dem »Ring« (da er nicht auf Opernbühnen gehört) muß ich ganz fernbleiben.

»Tannhäuser« halte ich, anderswo als hier, unmöglich (nämlich der Bayreuther). Nimmt man einzelnes heraus, so müssen dieselben grotesk, leblos wirken.

»Lohengrin« hoffe ich hier zustande zu bringen und habe mich erst dafür zu sammeln.

Kann ich Ihnen aber für »Holländer«, »Rienzi« (nach Berlin) und »Feen« (da diese Unseligen nun einmal aus ihrem Frieden verscheucht) etwas Geringes helfen, so stehe ich zu Diensten. – Mit dem Wunsche, daß es mit der Zeit Ihren Bestrebungen gelingen möge, die Bühne wieder zu heben, auf welcher einst Gutes und Großes lebendig war, entsende ich Ihnen, mein lieber Major, meinen besten Dank und füge ihm die allseitigen herzlichsten Grüße von ganz Wahnfried bei!

CW.

An Konrad Fiedler
Bayreuth, 26. 1. 1893

Mein hochgeehrter Freund,
Ich möchte nicht, daß der erste Monat des Jahres vorüberging, ohne daß ich Ihnen selbst Nachricht von uns gegeben. Und wenn Ihnen auch Rat Gross und Freund Fuchs unsere Grüße gebracht, so genügt mir das doch nicht, und ich habe das Bedürfnis, persönlich wieder in die stille Bibliothek einzutreten und unter der stets dort empfundenen Einwirkung des Raffaelischen Genius Ihnen zu danken.

Von selbst führt mich Raffael zu der Antike und unserem neuesten Strauss. Mir ist, als ob Sie sich über meine Freude an seinem Brief etwas getäuscht hätten. Nicht die Gedanken, die er aussprach, waren es, die mir den Eindruck gelassen, sondern die eigentümliche Lebendigkeit einer originellen leidenschaftlichen Natur.

Die »Heiterkeit der Griechen« war bei uns so zum Scherz-Sprichwort geworden, daß Nietzsche in seiner Abhandlung über die Tragödie, welche er für uns verfaßte, diesem unserem Lachen über die Verkehrtheit der Ansicht Ausdruck gab. Übrigens glaube ich, daß Strauss unter dem Optimismus einzelne weltberühmte Sätze (unter

anderem der des Achill) gemeint hat, welche allerdings *nach* der
christlichen Offenbarung ebensowenig mit dieser Bejahung des
Lebens vernommen worden sind, als der menschliche Leib mit
solcher Kraft, Größe und Unsterblichkeit wiedergegeben worden ist.
Nun aber weiter zu einem Neuen: Die Schuld für die Zusammenset-
zung von Ausstellung und Festspielen trage ich. Es schien mir nicht
unbedeutend, daß im selben Jahre einerseits ein solcher Unfug, wie
diese Ausstellung, von allen Mächten der Welt so unterstützt wurde,
daß die kostbarsten Reliquien und Schätze aus den Bibliotheken zur
Verfügung gestellt wurden und daß bei einem Appell an alles
Gewöhnliche im Menschen doch kein eigentliches Publikum sich
fand; andererseits, daß gänzlich ununterstützt und so ernst, wie es ist,
Bayreuth gut bestand.
Daß Chamberlain in leidenschaftliche Akzente verfiel, ist doch nicht
zu verwundern. Wer den Spuren des Genius nachwandelt, geht, im
eigentlichen Sinne, die via crucis; und daß auf ihr die blutigen Tränen
fließen, wissen alle, welche hier religiös empfinden. – Schon lange
wollte ich Sie darum bitten, lieber Herr Doktor, Kenntnis von den
»Gesammelten Schriften« zu nehmen und sich nicht dadurch
abhalten zu lassen, daß einzelnes der Musik insbesondere gewidmet
ist. Ich würde Ihnen die Abhandlungen bezeichnen, an deren
Kenntnis mir vor allem liegt, wenn ich nicht wünschte, daß Sie einen
Eindruck von dem Ganzen erhielten, und wenn ich nicht den Ernst,
die Schärfe und die Tiefe Ihres Geistes kennte.
Daß Sie das Konzert von Porges nicht besuchten, verstand ich gut.
Wenngleich ich eine solche Anhänglichkeit an Porges habe, daß ich
ihm immer Teilnahme wünsche. So Gott will, erhält er jetzt die
»Heilige Elisabeth« meines Vaters, für welche ich möglicherweise auf
1 oder 2 Tage nach München käme und bei Ihnen anklopfte.
Andrade habe ich doch recht bedauert, nicht gehört zu haben, wenn
er auch vermutlich nicht den alles verführenden, mit allem spielenden
andalusischen Kavalier wiedergegeben hat. Aber die Erzählung von
seinen Tempi hat mir wohlgetan, da ich, seitdem ich in Deutschland
»Don Juan« zu hören genötigt war, es buchstäblich mit dieser
Unkenntnis der Dinge nicht aushielt. Von meinem Vater hatte ich in
frühester Jugend die Mozartschen Intentionen, die in seiner Jugend
noch lebendig waren, kennengelernt. Wie naiv übrigens Mozart das
ganze Schicksal seines Helden auffaßte, zeigt der Titel »opera
giocosa« und das Schluß-Ensemble, wo sie sich herkömmlich freuen
über den Untergang des Bösewichts. Die Spanier nahmen es

ebenfalls ganz harmlos. Es macht wohl dem Deutschen Ehre, wie
[E.T.A.] Hoffmann zum Beispiel das Tragische zu erfassen, wo es
liegt. Allein, es liegt auch eine Gefahr darin. Und der Romane steht
der Sache vielleicht doch näher.

Wenn Sie unserem lieben Professor Hertz begegnen, wollen Sie ihm
meine herzlichsten Grüße und auch meine Gratulation zu dem
Maximiliansorden sagen. Es gibt wohl keine Auszeichnung, die man
ihm nicht gönnte, da die Art, wie er sie empfangen wird, die
Auszeichnung adelt.

Solness heißt der Baumeister! Diese Wohltat will ich Ihrem Gedächtnis erweisen; wogegen ich das ganze Stück vergessen habe und nur
Ihrer vorzüglichen Worte über Ibsen eingedenk bin.

Rat Gross hat große Freude an seiner Abend-Unterhaltung mit
Ihnen, lieber Herr Doktor, gehabt, und Sie werden es wohl
empfunden haben, wie sehr er sich mit Ihnen verstand. Nur eines, was
er mir mitteilte, hat ihn und mich in Verwunderung gesetzt,
Hildebrands Brief an Thoma. Dieser meiner Verwunderung nach-
hängend und jeder Verurteilung der Handlungsweise anderer fremd,
frug ich mich, warum mich so etwas so überraschte und ich mir sagen
müßte, daß mir und denjenigen, die ich zu den Meinigen rechne, ein
solcher Akt nicht möglich wäre. Ich geriet nur bei diesem Nachsinnen
auf Fragen. Liebt Hildebrand Thoma so leidenschaftlich, daß er bei
jeder Veranlassung um sein Wohl besorgt ist?

Meint er, daß durch die Vereinigung mit Thode Thoma sich schade?
Glaubt er die Kunst durch die unschuldigen »Federspiele« in
Gefahr?

Hätte er Heinz seine Meinung geschrieben und hinzugefügt, er
glaube, daß Thoma hiermit kein Dienst erwiesen sei, verstünde ich es
noch. Der Schritt, den er getan, bleibt mir ganz unverständlich und
zeigt mit einmal wieder, wie Gobineau recht hatte, indem er den
Unterschied zwischen den Menschen in den Eigentümlichkeiten
suchte. So ist mir jede moralische Perhorreszierung fern. Aber ich
weiß nur, daß eine Menge Dinge mir unmöglich erscheinen, und zu
diesen gehört für mich Hildebrands Brief (vorausgesetzt, daß ich
über dessen Inhalt gut unterrichtet bin).

Ich lese jetzt die Briefe meines Vaters durch und sehe darin, wie
unbedingte Wahrhaftigkeit mit stets bereiter Menschenfreundlich-
keit zu verbinden sind. Und so manche brüske Wahrhaftigkeit habe
ich aus einem ganz falschen, schlechten Grunde wie einen Pilz
entstehen sehen.

Mein Brief wird unmäßig lang. Ich breche ab, indem ich mich zu dem Freundlichsten wende, meiner Beziehung zu Ihnen, lieber Herr Doktor, und Sie und Mary auf das wärmste grüße!

C. Wagner

An Hugo von Tschudi
Bayreuth, 11. 3. 1893

Mein lieber Herr von Tschudi,
Heute vor 8 Tagen habe ich zum letzten Mal das Museum unsicher gemacht, und wenn ich der vielen lieben Stunden [gedenke], die ich in den edlen Räumen geweilt, so scheint es mir doch das Geringste, daß ich Ihnen ein Wort des Dankes entsende und Ihnen sage, wie die dort empfangenen Eindrücke in mir lebendig sind. Ja, ich darf wohl behaupten, daß ich einzig in dem feierlich traulichen Gebäude die Stimmung immer wieder fand, die hier mein Eigen und die mir fast beständig draußen verlustig zu werden droht.
Unsere Reise verlief ganz erträglich. Ich fand meine Kinder wohlauf, und an der Türe von Wahnfried angelangt, legte mir der schwarze Pudel seine Vorderpfoten auf beide Schultern und entlud durch seine kohlschwarzen Feuerglotzen alles, was man nur als Treue und Dank sich vorstellen kann, während der Neufundländer löwenartig gemessen mir die Hände leckte. Im Kindersaal schmetterte der Papagei eine Kadenz, die weit beethovenscher war als die d'Albertsche. Und so war ich denn daheim und blickte auf die vergangenen Tage und mußte mir sagen, daß leider die Eindrücke meiner eigenen Kunst gering gewesen waren. Wogegen die der Ihrigen, zumal einzelnes von Dürer, mich wirklich tief erfüllt haben. Und es war hübsch, von den Bergen zu mir gekommen zu sein, und daß ich nicht brauchte hinaufzuwandern, sondern unter Ihrer freundlichen Führung die wundervollen Blätter betrachten.
Herr von Kekulé mußte über eine Äußerung von mir lachen: »Man streitet sich doch nur mit den Menschen, mit denen man sich versteht«; und so erkläre ich es mir auch, daß, indem ich mich so herzlich über jedes Zusammensein mit Ihnen gefreut habe, ich doch nicht anders konnte, als das, worin wir uneinig sind, zu besprechen.
»Ich seh es, aber ich glaube es nicht«, sagte einmal Goethe, und so können Sie mir, lieber Freund, soviel Sie wollen, von den Gefechten sagen, für mich waren Sie nicht dort. Das einzige, was mich über das

gräßliche Elend unseres Daseins erhebt, ist das stets lebendige Gefühl der Einheit alles Atmenden. Das ist meine Religion, und wenn ich auch es in keiner Weise vermag, dieses Gefühl mitzuteilen, so empfinde ich es doch als allmächtig, als die Wahrheit, nach welcher Pilatus frug. Und wo ich dagegen freveln sehe, habe ich nur die Gegenwehr des Schmerzes, indem ich es vermessen von mir finde, wenn ich das in Worte zu kleiden trachte, was das Schweigen der Tiere mir sagt.

Ich höre, daß der Kaiser einen von ihm geschossenen Vierzehn-Ender als Schaustück für den »Freischütz« bestimmt hat. Ich könnte keine Freude an dieser Wolfsschlucht mehr haben, vielmehr sehe ich Dürers »Hubertus« vor mir und den Heiland am Kreuz zwischen dem Geweih und sage mir, daß diese Volksdichtung die Wahrheit und mein Glauben ist und der Quell unserer Kunst. Das ist für mich auch Natur, und alle Nützlichkeitserwiderungen schlagen bei mir nicht an gegenüber dieser alles beherrschenden Empfindung.

Und – Sie haben mir gesagt, Sie würden derlei sich nicht mehr ansehen, und das genügt mir und läßt mich froh sein, wenn auch A.K. über mich lachte und nicht wußte, wie ernst es mir war und auch Ihnen.

Von dem Spielmann habe ich recht gute Nachricht. Seine Frau ist bei ihm, und er ist fest entschlossen, die Sache durchzuführen. Ende April kommt seine Oper »Firdusi« zur Aufführung, welcher ich, wenn es irgendwie geht, beiwohnen will.

Sonst habe ich hier bis jetzt nur abzuwickeln gehabt. Bin kaum zur Lektüre gekommen. Ein Kapitel in »Cromwell« gestern. Mein Leben hat mich darauf gewiesen, in der Geschichte die großen Charaktere aufzusuchen und ausschließlich Interesse für diese und ihre Not zu haben. Diese Not und das Mitgefühl mit ihr gehört auch zu meiner religiösen Empfindung. Daher meine Empfindung für Stöcker, der gewiß kein großer Mann im Sinne der Heroen des Protestantismus ist, der aber die Not seines Volkes wahrhaft empfunden hat und dieser Empfindung sein Leben widmet. Er tut es auf seine beschränkte Weise, weiß nicht, wie man es anzufangen hat, in der Welt zu gefallen, und glaubt, er muß gefallen, um seiner Sache zu nützen. Das sind alles die Konflikte, in welche ein einfaches, tiefes Gemüt gerät, und die Schranke ist schließlich die Bedingung der Erscheinung. Es ist großartig von ihm, daß er wirklich an die Taufe für die Juden glaubt! Und wenn er an diesem Irrtum scheitert, so ist es einer jener kräftigen Irrtümer, wie sie der Welt zugute kommen. Er ist schüchtern und traurig und sieht für viele heiter und anmaßend aus. Aber ich habe ein zu heftiges Gefühl für alle Wesen, welche um andere leiden und zu helfen suchen, um nicht Scheu zu tragen, durch Verkennung das Werk der Edlen und Mutigen (sei die Begabung größer oder geringer, seien sie in der Vergangenheit oder Gegenwart) zu beeinträchtigen. Es ist mir, als sähe ich all die ernsten Antlitze, die leidensvollen vorwurfsvoll auf mich blicken, zu denen ich um jeden Preis, wenn auch nur als bescheidenstes Glied der Gemeinde, gehören möchte. Und ich glaube, Stöcker ist Pförtner in der Ritterschaft!

Nun nehmen Sie mir das Glaubensbekenntnis nicht übel! Es entspringt aus dem Drange, daß Sie mich ganz kennen, denn darin sind wir ganz verschieden, ich habe das Bedürfnis, von mir und meinen Empfindungen zu denen, die mir wert sind, zu sprechen und *alles* zu sagen, groß und klein. So ärgere ich mich zum Beispiel sehr, daß ich Ihnen nicht für Ihre freundliche Aufmerksamkeit an jenem lieben Abend bei Ihnen gedankt habe, indem Sie der einzigen Speise gedachten, für welche ich wirklich Geschmack habe. Ich hatte es auf den Lippen, aber die bösen Stiere verdrängten »le cardinal des mers«, wie Gautier ihn in der Zerstreuung nennt, indem er vergißt, daß das arme Tier nur im siedenden Wasser rot wird! – Ich hole also meinen Dank auf das herzlichste nach und freue mich noch des Abends, allem Kummer zum Trotze! Und grüßen Sie Ihre liebe Mutter schönstens von mir und Frau Steinmann mit dem warmen enthusiastischen Herzen. Und grüßen Sie die Unechten, insbesondere die herrliche »Predigt« und vor allem den Künstler des Mérode-Altars, der Sie recht zur Arbeit anfeuern soll und von dem Sie mir erzählen müssen.

Es schneit! Da ist es nicht möglich, die Einladung nach Bayreuth zu wiederholen! Ich verlege sie auf das Grünen.

Wie fängt man das an, Bode zu wissen zu geben, wie schön er den Abend bei Ihnen in der Entrüstung über Bosse aussah? Ganz anders in Haltung, Ausdruck und Breite, als wenn er von seinen Bilder kaufenden Juden erzählt. (Das Portrait von Liebermann!!!!! es verfolgt mich noch jetzt!)

Gott, wie steht es nur mit Schöne? Ich denke in einem fort daran und habe das Zantesche Erdbeben unterschrieben, in der Hoffnung, den Angewidmeten, der die Liste geschickt, zu gewinnen. (Das ist Stöckersche Harmlosigkeit.)

Nun aber, leben Sie wohl, lieber Freund, ertragen Sie mich ferner und

seien Sie meiner herzlichsten Anhänglichkeit und Ergebenheit
versichert!

C. Wagner

Wenn Sie diese Zeilen erhalten, ist Siegfried in Berlin, welcher dort
die Maquettes für »Rienzi« ansehen soll.

Nicht wahr, Sie vergessen meinen »Rienzi« nicht!

Meine Töchter tragen mir die allerherzlichsten Grüße an Sie auf. Der
»Snob« kann sich in die hiesigen kleinbürgerlichen Verhältnisse gar
nicht finden.

An Konrad Fiedler
Bayreuth, 13. 3. 1893

Mein hochgeehrter Freund,
Ihre Zeilen erreichten mich in Berlin inmitten des Lebens, welches
man dort führt, aber ich wußte mir doch einige ruhige Augenblicke zu
verschaffen, um sie mit Sammelung zu lesen und mich ihrer zu
erfreuen. Ich danke Ihnen vornehmlich für das, was Sie mir über die
»Gesammelten Schriften« sagen, und insbesondere dafür, daß Sie
noch einmal einzelne Abhandlungen vornehmen wollen, weil ich
überzeugt bin, daß, wenn diese Anschauungsweise auch nicht die
Ihrige werden kann, die Tiefe Ihres Geistes doch fähig ist, sie aufzunehmen und auf besondere Art zu verwerten. Und mir liegt viel
an der Kenntnis dieser Schriften seitens einiger weniger.
Berlin war wieder ziemlich bunt, begann mit der Wiederbegegnung
Mottls, deren ich mich herzlich freute und der zu meinem größten
Vergnügen die Ouvertüre zu »Rienzi« aufführte. D'Alberts Klavier-
spiel, welches ich zum ersten Mal hörte, interessierte mich in mancher
Hinsicht. Das Konzert meines Vaters spielte er außerordentlich
schön, mit einer Beherrschung der technischen Schwierigkeiten, wie
ich sie selten antraf, und das Thema des Adagios von dem
Beethovenschen Konzert hat er so wiedergegeben, daß ich es mir
nicht besser vorstellen kann. Aber im ganzen empfand ich durch sein
Spiel durch einen Mangel, wie er mir durch unsere ganze jetzige
Musik durchzugehen scheint. Novalis sagt: »Genie ist Rhythmus«,
und das eigentümlich Ungeniale der meisten Produktionen äußert
sich für mich in dem mangelnden Rhythmus. Ungenial und willkürlich zugleich, da das Genie uns die Gesetze offenbart.
Nachdem die ersten Tage der Musik gewidmet waren, habe ich viel

mit der bildenden Kunst verkehrt. Die Ausstellung Dürerscher Zeichnungen und Stiche hat mich ganz erfüllt, und die wiederholte eingehende Betrachtung des Pergamenischen Altars unter Führung Kekulés gehörte auch zu den unverlierbaren Momenten des Lebens. Die Ausstellung der »Elfer« dagegen hat sich mir förmlich eingehakt, solch eine Erinnerung spukt nach und schießt in die Gedanken hinein, wie man sagt, daß der Teufel hinter dem Kreuze stecke. Ein Portrait von Liebermann unter anderem, von dem alles, was etwas versteht, behauptete, es sei prachtvoll gemacht, ist mir ganz unheimlich in dem Sinn geblieben. Was meine eigene Angelegenheit betrifft, so habe ich Furore mit Papencordt gemacht und mich, wie gewöhnlich, mit fremden Federn geschmückt. In Herrn von Heyden, welcher den Entwurf zu den Kostümen freundlich übernahm, habe ich eine sehr angenehme Beziehung gewonnen und einen ungemein kundigen Mann gefunden. Das war mir von Wert.

Mündlich erzähle ich Ihnen noch, welche Eindrücke ich sonst in Berlin erhielt (die Isolde so begeisterten, daß sie einen 26 Seiten langen Brief ihrer Schwester Blandine darüber schrieb), wo ich immer gerne einige Zeit mich aufhalte und wo ich das unbedingte Gefühl des Lebendigen habe.

Wollen Sie und die liebe Mary Eva und mir gestatten, gegen Ende des nächsten Monates uns auf einige Tage zu melden?

Das Kunst-Avenement in München hat mit so vielen Ankündigungen begonnen – (von Paris aus schreibt man mir von pomphaften Annoncen, frägt: »est ce que c'est dirigé contre vous«; in Berlin hielt man mich darüber an, daß ich Festspiele in München gäbe, und erkundigte sich, ob man hingehen solle) –, daß ich es für geratener fand, mich abseits vom Schusse zu halten. Ich denke mir aber, daß sich alles im April verlaufen haben wird, und wenn es draußen grünt, pflegt es im Theater zu dörren, so daß wir einzig Ihrer Freundlichkeit und der freien Luft werden leben können. Scherz beiseite, ich darf, nach Eversbusch, in kein Konzert und kein Theater. Und so wähle ich gerne diesen Zeitpunkt, vorausgesetzt, daß er Ihnen und Ihrer lieben Gemahlin genehm ist.

Es freute mich sehr, daß Sie die Bellincioni sahen und mit mir in dem Eindrucke von dieser seltenen Erscheinung übereinstimmten. Sie ist die einzige, die ich mir als Elsa vorstellen kann. – – Nun muß man sich behelfen!

Von Strauss erhielt ich aus Luxor einen übermütigen Brief, der ihn ganz wiedergibt. Er hat Schopenhauersche Philosophie getrieben

und instrumentiert seine Oper inmitten der grandiosen Denkmäler
und einer warmen Natur. Die Naivetät und Überlegenheit seines
Wesens kommt wiederum sowohl bei seiner Zusammenfassung
Schopenhauers als bei seiner Schilderung der Eindrücke, die er von
Himmel und Erde erhält, prägnant zum Ausdrucke.
Bei Schopenhauer fällt mir die Frage ein, ob Sie wohl die Briefe
erhielten, welche Dr. Schemann soeben veröffentlichte und unter
welchen die von Johanna Schopenhauer mir ein ungemeines Vergnü-
gen verursachten. Und besitzen Sie vielleicht die Biographie Johannas seitens Düntzers?
Nun aber will ich schließen, sonst verliere ich mich in das Plaudern,
was ich zu gerne mit Ihnen, lieber Herr Doktor, tue. Grüßen Sie bitte
Mary auf das herzlichste, und seien Sie, hochgeehrter Freund, in
Anhänglichkeit und Ergebenheit wärmstens gegrüßt!
                                              C. Wagner.
P.S. Zu meinen Notizen über die bildende Kunst in Berlin möchte ich
eine Erwähnung hinzufügen: Die einer Anzahl Radierungen (Gelnhausen) seitens eines Schülers von Thoma, Herr von Pidoll, welche
mir vortrefflich erschienen sind.

An Richard Strauss
Bayreuth, 15. 3. 1893

Mit Ihrem Brief, mein teurer Ausdruck, sind Sie direkt in meine
Stube getreten, und es war mir wie an jenem Ostertag, wo wir hier
zusammensaßen und so ziemlich von allem miteinander plauderten.
Ich glaube, wir haben damals auch die Schopenhauersche Philosophie nicht ausgelassen, deren Haupterkenntnis Sie mir so ausgezeichnet zusammenfassen. Was mich betrifft, so kann ich nicht sagen, daß
ich Schopenhauer studiert hätte; was ich von ihm weiß (ich meine
gründlich), ist das, was ich mir durch »Beethoven« angeeignet habe,
und Ihre Auffassung entspricht meiner Neigung, die Dinge zu
nehmen. Ob aber Schopenhauer nicht recht hat und ob der Wille
nicht einzig im Heiligen völlig erlöst ist, das ist eine andere Frage. Ich
glaube, wir täuschen uns dadurch, weil wir uns in die Heiterkeit des
Heiligen nicht ganz versetzen können. Während die Heiterkeit des
Genies uns bis zur Mitteilnehmung verständlich ist. Goethe sagt
einmal (besser als ich es hier aus dem Kopf anführe), er glaube wohl,
daß mit der Zeit der Mensch sich immer mehr um die Not des anderen

kümmern werde, aber dann würde die Welt das Aussehen eines Lazaretts bekommen. So empfindet der Künstler, und darin liegt eben der Haken. Stein, der sich mit dem Problem der Heiligkeit, vielleicht wie keiner, beschäftigt hat, sagte mir einmal, er könne nicht mehr. Wir wollen also leben, und was uns diesem Leben entgegenzustehen scheint, bleibt uns Geheimnis; und in dem Leben, wie wir es empfinden, ist das künstlerische Schaffen uns das Göttliche, Befreiende! Wehe aber dem Künstler, der von diesem Schaffen in die Wirklichkeit zurücktritt. Ein Blick auf Beethovens Antlitz, auf Dürer oder Rembrandt sagt uns wohl alles, und genügte das nicht, so würde das Flüchten Goethes in die Naturwissenschaften uns auch manches erklären. Aber – wir können uns positiv in den Heiligen nicht versetzen. Ja, kaum ihn lieben, da er unserer gar nicht bedarf! Und so bleiben wir fest und treu beim Genie und laben uns an ihm und wissen, daß wir es ihm schuldig sind, sein Wirken und sein Leiden fruchtbar zu erhalten.

Ich freue mich auf das von der Sonne Ägyptens gezeitigte Drama! Im April bringt Mottl seinen »Firdusi« zur Aufführung, und ich habe ihm versprochen, nach Karlsruhe dafür zu kommen. Er wollte nicht nach München. Nun ist er aber glücklicher Ehemann geworden, sein Intendant hat ihm abgeschlagen, seine Frau zu engagieren, die Münchner wollen sie nehmen, und so wird er aus holder Nähe folgen. »Tannhäuser« wird er nicht dirigieren. Wollen sehen, wie es wird! Sie kündigen dort auf Tod und Teufel überall an, und ich wurde schon von der Harmlosigkeit gefragt, ob ich in München Festspiele dieses Jahr gäbe? Wenn eine Schwalbe keinen Sommer macht, so macht gewiß ein Grüning keinen Frühling, und Wand und Winkel auch kein Haus! Es ist mir aber nicht ganz angenehm, daß die guten Leutchen dort in das grelle Souffleur-Licht setzen, was sie nicht können. Und so jeder Nimbus fällt. Aber ich glaube, die Münchner werden sehr zufrieden sein, und das ist wohl die Aufgabe.

Meine »Minna« ging vorüber und konnte sich ganz gut mit den Federn, die ich ihr geschenkt, sehen lassen. In der Tat, wie ich vor kurzem die »Vasentasenâ« im Berliner Schauspielhaus sah, dachte ich mit Genugtuung an unseren Abend. Siegfried hat seine Sache wacker, mit größter Ruhe, gemacht, und er fährt fort, hier mit der Militärkapelle zu arbeiten.

Meine Schule ist aber sehr reduziert. Die meisten ergaben sich als unbrauchbar. Jetzt sind wir nur noch vier Frauen und drei Männer, wovon der eine recht talentvoll, leider brustkrank ist. Ob noch

Anmeldungen kommen, ist fraglich, da jetzt die Menschen, welche
Stimme haben, gar nichts lernen und gleich zur Bühne laufen. Ich
habe aber Freude an den paar, die hier sind, da sie mit großem Eifer
sich ausbilden lassen und selbst Freude an dem Verhältnis, welches
ihnen zu ihrer Kunst wird, empfinden.
Kniese ist zum zweiten Mal auf Reisen wegen unserer künftigen
Festspiele. Die Ernte ist gering! Unser armes Land ist ausgesogen,
und Talent findet man nur in solcher Dürftigkeit, daß man zuerst
eigentlich füttern müßte. Ja, die lieben Deutschen! Der gute
schnarchende Michel! Er ist über Nacht um alles gebracht worden.
Sahen Sie das Gedicht von Heyse an die Ratsherren von Düsseldorf
(bei Gelegenheit der höchst anständigen Ablehnung eines Denkmals
für *Heine*)? Es hat mich empört, und ich bin überzeugt, daß der gute
Deutsche das liest und reizend findet, weil ihm alles gefällt,
»Lohengrin« und »Rantzau«, Schiller und Sardou, *alles.* Er ist
Universalgenie! In Berlin herrscht Mascagni, so daß ich in die Oper
nicht kann.
Sieht denn das Arabergesindel wenigstens hübsch aus? Um diesem
Stamm gerecht zu werden, muß man, glaube ich, seinen Aufenthalt in
Spanien studieren, wo er entschieden eine Kultur, auf seine Weise,
hervorbrachte. Jedenfalls ärgert er einen nicht so wie der deutsche,
dem alles geschenkt wurde und der gar nicht weiß, was er hat, und mit
seinen höchsten Gütern den Fremdling hausen läßt. Doch genug von
dem alten, traurigen Lied! Die Vögel zwitschern draußen, und es läßt
sich (freilich immer unter grauem Himmel!) wie Hoffnung an.
Ich finde Ihre Reisepläne ausgezeichnet. Meine Tochter wird sich
unendlich freuen, Sie wiederzusehen. Taormina wird Sie entzücken!
Es ist wundervoll und wird Sie gewiß an Griechenland erinnern.
Perugia ist fast mein Lieblingspunkt in Italien gewesen. Und Sie
werden gewiß (was ich leider nicht konnte) Assisi besuchen, wo die
Heiligkeit sich das herrlichste Kunstdenkmal setzte.
Daß Rienzi ein Freund und Schüler der Franziskaner war, erfuhr ich
kürzlich mit Freude. Meine letzte Arbeit war das Szenario von
»Rienzi« für Berlin. Ob es ganz so durchzuführen sein wird, weiß ich
nicht. Fürs erste habe ich Freude an Muck, Brandt, Brückner und
dem Costumier. Mit den Sängern werde ich erst Ende Mai zu tun
haben. Der Chordirektor soll schlimm sein! Das Belcanto wird uns
wohl da nicht sehr stören!
Am Ende treffen Sie mit Siegfried in Sizilien, da er auch seine
Schwester besuchen möchte. Die Begegnung mit Clement unterhielt

uns sehr. Bayreuth in der Wüste! In Deutschland ist es auch so ziemlich in der Wüste! Wenn Sie schon so über mich gelacht haben, daß ich bei den Festspielen an den »Peloponnesischen Krieg« dachte und ihn empfahl, was würden Sie dazu sagen, daß ich unmittelbar nach den vorjährigen Aufführungen die Geschichte Cromwells begann? Ich glaube, es ist das Bedürfnis nach der Äußerung der Kraft (und zwar einer gestaltenden Kraft) in der Geschichte, welche mich zu so unzusammenhängenden Lektüren treibt. Mit Cromwell bin ich noch nicht fertig und kaum zu einer in Worte sich fassen lassenden Auffassung gelangt. Vielleicht ist die Unerbittlichkeit der Dinge niemals zu solchem Ausdruck gekommen wie bei dieser großen, beinahe bis zur Unpersönlichkeit großen Individualität.
Nun aber, mein Ausdruck, leben Sie wohl. Genießen Sie Ihr Dasein voll und ganz, kommen Sie uns recht gesund zurück und seien Sie von ganz Wahnfried auf das herzlichste gegrüßt!

C.W.

Im nächsten Jahr: »Lohengrin«! Ich habe aber weder Lohengrin noch Telramund, noch König, noch Elsa, noch Ortrud. Aber wir geben die christliche Trilogie: »Parsifal«, »Tannhäuser«, »Lohengrin«! Dann kommen die Heiden.

An Hermann Levi
Bayreuth, 1. 4. 1893

Mein lieber Major, Generaldirektor und Poet dazu!
Kniese mußte verreisen, und da Schlosser auf Ferien, sehe ich meine Beschäftigung mit den »Trojanern« unterbrochen. Ich hatte sie mir für die letzte Fastenzeit vorgenommen, um mit Ostern mich an »Lohengrin« zu begeben. Nun ging Kniese am Gründonnerstag und kehrt erst Dienstag wieder zurück. Ich bitte Sie also, mein lieber Major, mit den zwei Akten fürliebzunehmen, welche übrigens, glaube ich, genügen werden, um Ihnen meine Ansicht mitzuteilen.
Es kann für keinem, der sich ernstlich mit Ihrer Arbeit befaßt, ein Zweifel sein, daß dieselbe ungemein sorgsam, gewissenhaft und mühevoll war.
Ich wäre nur von einem anderen Prinzip ausgegangen; Sie haben gesucht, Silbe für Silbe zu entsprechen, keine Note zu verändern und den Reim beizubehalten.

Ich hätte danach getrachtet, den dichterischen Gedanken in Verbindung mit seinem musikalischen Ausdruck festzuhalten, und hätte den Reim und hie und da eine Note geopfert. Dies wäre das Gesetz gewesen, welches mir die nötigen Schranken aufgelegt hätte.

Will man den Reim, diese künstliche Form, so muß alles auf die Diktion gegeben werden, keine Füllseln stattfinden und die Reimpaare mit außerordentlicher Feinheit gewählt werden. Sonst stecken wir in der Beckmesserei. Und wenn Sie schon zwei Zeilen wie: »*Diesen Festtag den schönen*« »*Will ich des Friedenswerk und den*« »*Fleiß Eurer Hände krönen*« zusammenreimen, so heben Sie derart die Formen auf, daß von dem Reim und seinen Gesetzen kaum mehr die Rede ist.

Am empfindlichsten waren aber für mich die Inversionen. Wenn jemand danach getrachtet hat, den Gedanken musikalisch wiederzugeben, so ist es Berlioz, der die Musik wie eine Sklavin selbst aller äußerlichen Momente der Vorstellung behandelt hat. Daher hätte ich mir hier nicht die geringste Freiheit gestattet.

Ich bitte Sie nicht um Entschuldigung für die Unumwundenheit meiner Bemerkungen. Eine von mir an Ihnen hochgeschätzte Eigenschaft ist die, daß Sie die Wahrheit gerne vernehmen. Und daß ich hie und da übermütig geworden bin, werden Sie mir nachsehen. Diese ganzen »Trojaner« haben etwas so unbeschreiblich Absurdes und zugleich Ernstes; und man könnte bei Berlioz das ganze Verhältnis der Franzosen zum Drama, zur Musik, zur Klassizität und zur Romantik studieren. »Langeweile auf Draht«, sagte Byron; und dazu die prosodielose Sprache! Nein, dieser Merkur! – mit »Italie«. Das alles hat mich übermütig gestimmt, da man darüber doch nicht trauern kann, und daher meine schlechten Witze, die ich zu entschuldigen bitte.

Also, ich hoffe auf die »Trojaner«, etwa am 20.

Und jetzt eine Bitte. Eva würde ungefähr am 15. mir vorangehen. Würden Sie die große Güte haben zu ermitteln, ob Oertel da wäre, und Eva bei dem amerikanischen Zahnarzt von Frau Fiedler für diese Tage vom 15. bis zum 18. melden zu wollen?

Ich käme nach am 19. *Wer* ist noch da? Eisner! Meine Kinder sahen ihn an der Seite einer Schönsten Ihres Stammes gestern prangen (Sie sehen, Dianas Pracht hat mich angesteckt!). Vielleicht zieht Sie das nach Bayreuth?

Über Mottl–Strauss etc. mündlich, wie über so manches.

Und – herzlichsten Gruß, auch an den Pudel! über dessen Erziehung ich mich um so mehr freue, als der unsrige wirklich entsetzlich ist. Auf Wiedersehen also, mein lieber Major, und bis dahin alles Beste!

CW.

Bismarcks Geburtstag 1893.

An Ernst Erbprinz zu Hohenlohe-Langenburg
Bayreuth, 21. 5. 1893

Teuerster Erbprinz,
»Pfingsten, das liebliche Fest« ist gekommen, ich blicke auf Ostern zurück, Sie und Ihre liebe Sendung stehen vor mir, und ich frage mich, wie es nur möglich war, daß ich so lange auf Ihren letzten und inhaltreichen Brief nicht erwiderte! Die Antwort gebe ich mir, indem ich Ihrer freundlichen Teilnahme erzähle, wie es bei uns zuging.

Auf »Les Avants« bei Montreux empfing ich Ihre letzten Zeilen; auf einer wundervollen Höhe, wo man förmlich von der Luft getragen wurde und wo der Anblick der einzigen Bergbildungen mir das Gefühl der Ruhe und der Entlastung wiedergab, wie ich es seit lange nicht gehabt habe und wie ich meine, daß man es nur in der Schweiz wiederfindet. Nebst diesen erhabenen, durch das Spiel des Lichtes unendlich mannigfaltigen Massen war es auch das üppige Blühen um uns herum, was einem unsäglich wohltat, und da der Punkt nicht übermäßig besucht war, hatten wir ein Gefühl des Daheim-Seins. Unser Freund Chamberlain besuchte uns dort und belebte unseren Aufenthalt. Auch ein Gönner unserer Festspiele, Monsieur Boissier, kam von Genf; er brachte mir einen Band Gedichte von seiner Tante, Gräfin Gasparin, eine sehr merkwürdige Frau, deren verstorbener Mann zu jener kleinen Gruppe der französischen Protestanten gehörte, welche in Gesinnung und Bildung des Geistes wohl das Beste aus unserem Nachbarland vertritt. Beide traten bei Gelegenheit des »Tannhäusers« in Paris mit Entrüstung auf; und es rührte mich der Fall dadurch um so mehr, als sie in den 30er Jahren eine enthusiastische Schülerin meines Vaters war und man ihr den künstlerisch aufgedrückten stolzen Stempel dabei nachempfand. Nach drei Wochen Aufenthalt traten wir den Rückweg über Karlsruhe, München an. An ersterem Ort trafen wir Mottl mit dem Studium seines »*Firdusi*« voll beschäftigt. Wir wohnten zwei halben Proben bei und empfingen aus den Fragmenten einen höchst angenehmen Eindruck. Alles darin ist edel und anmutig, von wohllautender Natürlichkeit und mit ungemeiner künstlerischen Besonnenheit behandelt. Die Aufführung versprach recht gut zu werden, denn sein Künstlerpersonal hängt enthusiastisch an ihm und spielt, singt, fidelt und bläst mit voller Liebe. Das Karlsruher Theater repräsentiert für mich immer ein Idyll, durch den gutmütigen, ehrlichen Zug, den Mottl hineingebracht hat. – Ich sah ihn zum ersten Mal als Ehemann; von seiner Frau war mir in vagen Umrissen manches zugekommen; ich freute mich, sie beide zufrieden anzutreffen und in ihr etwas zu beobachten, was man als einfache, übermütige Kraft der Natur bezeichnen könnte, was bei den tollsten Streichen sich doch sehr vom modernen zweideutigen Wesen unterscheidet. Ich verglich sie mit einer jungen Zentaurin, und Mottl verstand, was ich damit meine; sowohl die latente Kraft, die ausschlagen will, als wie der Zug vom Tier zum Menschen und auch der naiv-antike, vielleicht etwas plumpe Charakter der Schönheit. Da er sie künstlerisch und sozial in die Hand genommen hat, möchte ich das Beste hoffen, wie ich es wünsche.

Chelius, mit dem ich über unsere politischen Verhältnisse mich unterhielt, teilte mir mit, daß Fürstenberg in der Organisation einer Reichspartei begriffen sei, welche sich aus allen konservativen und reichsfreundlichen Parteien der deutschen Lande bilden sollte. Mir schien dies sehr wünschenswert, ganz abgesehen davon, daß es immer erfreulich ist, einen reichsunmittelbaren lebhaften patriotischen Anteil an unseren öffentlichen Angelegenheiten nehmen zu sehen. Gott weiß, wie es wird?

Das Gefühl ist voller Vertrauen und Hoffnung; der Verstand raunt einem Sorglichkeit zu, und nach so manchem, was man vernimmt, hätten sich die Leitenden ihre Aufgabe zuerst schwieriger machen mögen (zum Beispiel eine Steuervorlage ausdenken), um dann leichter durchzukommen. Aber wer draußen steht, hat leicht reden. – In München begann ich mit den Vorarbeiten für den »Lohengrin«, die dadurch nicht ganz leicht sind, daß wir sehr spärliche Dokumente von der Zeit haben. Freundlich zur Seite stand mir ein junger, sehr begabter Germanist, Anhänger unserer Sache. Dr. Golther. Und unseren lieben Wilhelm Hertz, dessen Sie sich vielleicht von der Festspielzeit erinnern, befrug ich auch über manches. – Ganz entgegengesetzt dem Karlsruher Idyll fand ich nun das Theater in wüster Uneinigkeit und dabei mit hochfliegenden Plänen! Es ergibt sich dort recht das Charakteristische des Judentums, welches, bei

aller Begabung, kulturunfähig bleibt. 20 Jahre hat der gewiß sehr mit
Fähigkeiten ausgestattete Levi diese Bühne mit eximierter Stellung
beherrscht, welche er als die erste Bühne Deutschlands antraf, und
sie ist jetzt fast als die letzte zu bezeichnen. Possart, gut gewillt und
scharf erkennend, möchte helfen und muß Defizit decken. Nun
werden »Muster-Aufführungen« der Werke angekündigt, wobei
man an »echantillon« und nicht an »Modèle« denken muß, denn
Proben gibt es nicht, und nur bekannte Namen werden vorgeführt.
Dabei nimmt es sich wunderlich aus, daß unsere deutschen Sänger als
Virtuosen produziert werden, da sie allenfalls Anlagen haben, aber
keiner eine Vollendung dieser Anlagen aufweisen kann.
Gerne blickte ich dort von unserer Kunst weg und erfreute mich der
Plastik. In Hildebrands Atelier sah ich die in Gips ausgeführten
Gruppen seines Brunnens, von dem ich bestimmt glaube, daß er die
schönste Zierde Münchens sein wird. Die Verwendung und Leitung
des Wassers durch die verschiedenen Behälter scheint mir ungemein
glücklich. Und zwei Masken, die er als Ornament sich gedacht hat,
gefielen mir durch ihre Breite und Charakteristik sehr. Er selbst ist
ein sehr merkwürdiges Wesen; in ihm kämpft der Germane auf Tod
und Leben gegen die jüdische Mischung, und ich würde sagen:
siegreich – denn er ist auf das Ernste gespannt, will nur das Echte und
Freie und ist bar jeder Eitelkeit –, wenn man nicht das Gefühl hätte,
als ob der Schwung gehemmt wäre, der letzte Flügelschlag ihm nicht
vergönnt sei. So ist er ungemein freundlich gegen mich, aber scheu
gegen Bayreuth; und in seinem Äußeren drückt sich ein seltsames
Gemisch von jugendlicher Kraft und Naivetät [aus] und dazwischen
plötzlich wie ein unheimliches Grinsen, was nicht dazu gehört, und
ein unausgeglichenes Organ, was sein Wesen nicht wiedergibt und
uns nicht auf Harmonie schließen läßt.
Bei Lenbach war so gut wie nichts, und seine Geburtstagsrede in
Friedrichsruh, die er uns mitteilte, füllte die Lücke nicht aus.
In München fiel mir auch die jüngst erschienene französische
Übersetzung des »Faust«, von Sabatier, in die Hände. Und sie ist so
erstaunlich vortrefflich, daß man nicht umhin kann, an ihr, wie an der
Teilnahme, welche die Franzosen für die Werke zeigen, ernste
Hoffnungen für die Belebung des idealen Sinnes dort zu fassen. Ich
weiß nicht, ob Sie, teuerster Erbprinz, davon hörten, daß, bevor die
»Walküre« aufgeführt wurde, ein Vortrag über das »Rheingold«, von
Mendès, angekündigt war. Er wollte ihn im Foyer der Oper halten,
nun war der Andrang so groß, daß der *große* Saal für drei Vorträge bis

zum letzten Platze gefüllt war. O Deutschland! und dazu haben die Franzosen Regen und Üppigkeit, während wir Armen in jeder Beziehung dürre daran sind.

Bei unserer Rückkehr wurden wir hier mit der Aufführung der »Missa solemnis« begrüßt, sie glückte vollständig, und die Macht der Überzeugung und des aus ihr entquillenden Fleißes lernten wir wieder erkennen. Das Werk wirkte unaussprechlich ergreifend, und es ist mir, als ob man in keinem sonst Beethovens persönliches Empfinden von den heiligen Dingen so deutlich empfände.

Nun arbeite ich wieder mit unseren guten Schülern und Passanten, denn manche stellen sich bereits für das nächste Jahr vor.

Wie ist es Ihnen nun ergangen, teuerster Erbprinz? Ihr schöner Brief hat Sie mir in so wohliger Verfassung gezeigt, so abseits von »Majoritäten« und »Minoritäten«, daß ich mich daran erlabt habe.

Ich sende Ihnen nun den »Ahasverus« zurück und trenne mich nur insofern leicht von ihm, als ich mich auf die Sorgfalt, die Sie ihm angedeihen lassen, sehr freue!

Haben Sie Dank für die Teilnahme, welche Sie mir bei Gelegenheit meines Unwohlseins bewahrten, und glauben Sie, daß diese Teilnahme mir von größtem Werte ist.

Ihre Beschreibung von dem Sitze des Herzogs von Manchester hat mich sehr interessiert, und es ist mir unmöglich, Katharina von Aragonien nennen zu hören, ohne die Shakespearsche Gestalt, mit dem ungebrochenen Hochmut nebst frommer Ergebenheit, vor mir zu haben.

Der Mrs. Leslie glaube ich mich zu entsinnen und ganz bestimmt des verstorbenen Herzogs von Manchester, den Gräfin Usedom mir vorstellte.

Wie wird es nur mit der »Homerule«? Sie hatten wohl recht, die Äußerung Balfours als politisch bedenklich zu finden; ich glaube aber, das, was damals aus ihm sprach, war die Verzweifelung des echten Engländers, der seinen Stamm in Lebensgefahr empfindet. An der Bitterkeit einer Äußerung von Lord Churchill ersah ich, wie die Echten sich in dem Dunst der Humanitätsphrasen und des Zeitungsschwalles getroffen fühlen. Und ich mußte an Lord Chatham denken, als er den Abfall von Amerika voraussah. Scheinbar im moralischen Unrechte zu sein und dabei das Gefühl zu haben, daß man die Lebensbedingung eines Volksstammes zu erhalten trachtet, das muß zu Äußerungen der Gewalttätigkeit führen.

Aber Sie haben recht, wir wollen uns möglichst frei von diesen schwer

drückenden Fragen halten! Ihre schöne Teilnahme für meine Sorge um den »Recken wert« soll mir den Schluß dieser Zeilen geben. Ich danke Ihnen dafür, wie für alles, was von Ihnen kommt und was so echt und wahr ist! Breit und gefürstet.
(Ich muß doch noch einen Sprung aus den Lüften auf die Erde tun und sagen, daß Stöcker mir seinen Besuch nach Bayreuth für das nächste Jahr versprochen hat und daß ich überzeugt bin, daß er günstig für uns wirken wird.)
Leben Sie wohl, teuerster Erbprinz, empfehlen Sie uns den verehrten Ihrigen bitte auf das angelegentlichste, und danken Sie insbesondere der Fürstin, Ihrer Frau Mutter, für ihre gütige Frage nach meinem Befinden.
Meine Kinder grüßen Sie auf das schönste, und ich wiederhole die Versicherung meiner herzlichen Anhänglichkeit und meiner innigsten Hochschätzung!

C. Wagner

Ich mache dem König von Württemberg noch Abbitte, schon deshalb, weil ich mit der dreizehnten Seite nicht schließen will, denn sein Lieblingswerk soll »Cavalleria« sein!

An Hugo von Tschudi
Bayreuth, 11. 6. 1893

Mein lieber Herr von Tschudi,
Als ich so lange nichts von Ihnen vernahm, dachte ich wirklich, Sie hätten uns ein bißchen vergessen, und wollte mahnen. Nun kam Ihr Brief und zeigte mir, daß Bayreuth doch noch ein Plätzchen bei Ihnen einnimmt, und ich möchte nicht länger zögern, um Ihnen zu sagen, wie mich dieser Brief gefreut hat, und zu erzählen, was aus uns geworden, nachdem wir »Les Avants« verließen.
Ein Halt in Karlsruhe ließ uns die Bekanntschaft mit Mottls Frau und Oper machen. Erstere sehr schön, zweite sehr lieblich. – In München brachten wir einige Tage in dem Fiedlerschen Hause zu, was uns öfters mit Hildebrand zusammenführte, dessen Brunnen Ihnen gewiß gefallen würde, da er ein seltenes Zeugnis von verständiger Anordnung, Formsinn und Gestaltungsfähigkeit ablegt. Lasen Sie seine Schrift über »Das Problem der Form in der bildenden Kunst«? Fiedler hält große Stücke davon. Ich erwarte Heinz, um es mit ihm zu lesen, denn ich traue Hildebrands Scharfsinn und seinem auf das

Echte gespannten Wesen Gutes, auch in der theoretischen Richtung,
zu, wenn es auch vielleicht etwas eng begrenzt sein würde. Ich
habe gerne mit ihm persönlich verkehrt, da er lebhaft ist und sehr
bestimmt in der Beurteilung der Dinge. Unserer Kunst ist er freilich ganz fremd, und ich glaube, daß der Semit ihm da in dem Wege
steht.

Noch sah ich bei Fiedler etwas, was mir sehr gefiel: Den Plan einer
Bibliothek für Basel, von einem Herrn La Roche, Schüler Hildebrands, ausgeführt. Ich kenne in der modernen Architektur nichts so
Hübsches, so Behagliches und Zweckentsprechendes, und dabei
habe ich das Hochgefühl, daß der Architekt eine kleine unbedeutende Bemerkung über den Unterbau beachtete, was mich an das
Hochgefühl im Berliner Museum erinnert. Wie gerne würde ich
den neuen Dürer sehen und die alte »Heimsuchung« wieder vornehmen. Auch weiß ich, wie hübsch Berlin im Frühjahr ist,
davon zu geschweigen, daß Prinz Max den Blumen-Corso mit
Nil-Rosen eröffnete. Allein, man hat dort viel Besseres zu tun, als
an meinen armen »Rienzi« zu denken, und so mußte ich mich bescheiden.

Aber hübsch ist es auch in Bayreuth um diese Zeit! Würden Sie uns,
mein lieber Herr von Tschudi, nicht besuchen? Und wenn es auch nur
darum wäre, unserer Hülflosigkeit beizustehen? Wir haben ein
hübsches Lawntennis, und kein Mensch kann es spielen, und die
Regeln nützen, wie gewöhnlich, gar nichts.

Wie gut ist doch der Bruch mit Herman Grimm. Ich finde, daß nichts
notwendiger ist, als der Anmaßung bestimmt zu erklären, daß man
sie als solche erkennt. Ich selbst habe in unserer Sache lange Zeiten
mit Geduld Dünkel und Ignoranz ertragen, bis endlich die Unverschämtheit so groß wurde, daß ich sie als gefährlich erkennen mußte
und ihr nicht durch Aufrechterhaltung äußerer Beziehungen Nah-
rung und Ansehen mehr geben mochte. Im Jahre 55, als junges
Mädchen, sah ich Herman Grimm zwei Monate lang so gut wie jeden
Tag. – Arnims (Brentano!) kehrten vom Lande zurück, er ver-
schwand auf Nimmerwiedersehen, und ich erfuhr nur, daß er aus
einem begabten, originellen Menschen ein tückischer und seichter
geworden war, der dicke oberflächliche Bücher schreibt, und aus dem
mißglückten Poeten einen schwülstigen Kunsthistoriker aus sich
gemacht hat.

Es freute mich sehr, daß Lenbachs neuester »Bismarck« Ihnen
gefallen hat. Denn er gefiel uns in seinem Atelier sehr wohl; und die

kommende Zeit wird doch Lenbach zu Dank verpflichtet sein, die Hauptgestalten unserer Epoche mit Sinn für ihre geistige Bedeutung wiedergegeben zu haben.

Mit Ihren lilafarbigen Impressionisten dagegen ist mir sehr schwer zu gehen! Und ich kann mir kaum vorstellen, daß man plötzlich die Natur entdeckt. – Ich liebe Violett in meiner Umgebung sehr, es hat etwas Beruhigendes, aber in der Malerei scheint es mir falsch wie Galgenholz!

Unser guter Thoma! Ich glaube, Sie haben recht, daß das Rampenlicht der Zelebrität nicht für ihn taugt und daß er Gefahr läuft, wie der Schmetterling seine Flügel zu versengen. – Und hier komme ich auf die Spiele: Ich denke bestimmt, daß meine Tochter nur einer sehr momentanen Stimmung an Harck Ausdruck gegeben. Gesetzt, die Spiele wären ernst genommen, um so mehr müßte der wahrhaftige Austausch der Meinung unter Freunden erwünscht sein. Mir wäre nichts peinlicher als der Gedanke, daß man unter sich sich Komplimente zu machen habe. Und obgleich ich, nach Ihrer Ansicht, die Urheberin der »Federspiele« bin, habe ich doch Heinz ruhig gesagt, daß ich die Gedichte sorgfältiger ausgeführt gewünscht hätte. Auch liegt in dem kleinen Vorwort: »Hans der kann's«, es ja gesagt, daß es hier auf die Zeichnungen ankommt. Ich bitte Sie, mein lieber Herr von Tschudi, bleiben Sie ja dabei, Heinz immer Ihre bestimmte Meinung einfach auszusprechen, sowohl er wie meine Tochter sind dessen wert.

Gestern kehrte Siegfried von München zurück, wo er als Staatskrüppel erklärt und selbst vom Landsturm befreit wurde. Er traf in der Eisenbahn mit einem Vetter von Bode zusammen, der ihm sehr gefiel. Bode selbst war an unserer Tür, in Nürnberg. Hat aber gewiß nicht einen Augenblick gedacht, daß es ein Bayreuth auf der Welt gibt. Wollen Sie ihm dies mit Vorwurf sagen? »Bezähme deinen Schritt« möchte man diesem »von Geist und Mut begabten«, »immer trabenden Reiter« zurufen. Und gewiß erwiderte er: »Ich raste nicht.« Und was sind Eilebeute, Habebald und Haltefest im Vergleich zu ihm und seinen Streifzügen!

Sahen Sie die jüngste Übersetzung des »Faust« von Sabatier? Sie ist ein schönes Moment unserer so zusagenden Kultur und reicht inmitten der Militär-Vorlagen den Ölzweig des Friedens.

Sahen Sie Gräfin Wolkenstein? Oder sahen Sie *nur* meinen Schneider? Bitte, *wer* schickt Sie in eine Wohltätigkeits-Aufführung? Ich hätte dazu nie den Mut, nur zu Strauss' »Tod und Verklärung« oder zum Olymp der Frau vom Rat oder zum sauren Apfel-Paradies presse ich Sie! Ich baue daher auf Anerkennung.

Von Friedrichsruhe hörte ich nur einen Witz des Fürsten; sein jüngster Gast begab sich zu ihm, als er einsam für sich ein Glas Wein trinken wollte: »Levi –, levissimus«, rief gutmütig der Gestörte aus. (Was sagt Frau Kaufmann dazu?)

Nun aber leben Sie wohl, mein lieber Herr von Tschudi, und wenn Sie etwas Muße haben, lassen Sie mich wissen, wie es Ihnen geht.

Wie steht es mit der vorgenommenen Arbeit? Bleiben Sie bitte meiner warmen Teilnahme für alles, was Sie betrifft, überzeugt, und empfangen Sie in einem herzlichsten Gruße den Ausdruck meiner Anhänglichkeit und Ergebenheit!

C. Wagner.

An Hans Richter
Bayreuth, 18. 6. 1893

Mein teurer Richter,

Ich danke Dir von ganzem Herzen für Deine lieben Worte über Siegfrieds Talent, welches, da es sich mir als Bestimmung enthüllte, von mir wie ein Segen der Gottheit empfunden wurde.

Ich brauche Dir wohl nicht zu sagen, *wie* ich das verstehe, was Du über das Komponieren sagst! Allein, die Jugend hat das Bedürfnis nach Expansion. Wird diese gehemmt, so sucht sie einen Ausweg, der nicht immer der glücklichere ist.

Auch fand ich es richtig, daß er sich und anderen bewies, er könne mit den Instrumenten umgehen, eine korrekte Partitur schreiben, Sinn für Form zeigen und für eine wahre Empfindung einen natürlichen Ausdruck treffen; und – neben dem Ewig-Monumentalen, Unsterblichen, mag das Lebendig-Vergängliche auch der Sonne sich freuen.

Mündlich mußt Du mir einmal, mein teuerster Richter, sagen, was Du unter den »Geckereien« verstehst. Es hat mich sehr frappiert, denn wenn etwas mir Siegfried auszuzeichnen scheint, so ist es die Einfachheit und die Freiheit von jeder Eitelkeit. Sollten im Lande der Schrullen ihm Schrullen angeflogen sein? Ich kann es schwer denken. Oder hättest Du Eigenart mit Angenommenem verwechselt. Jedenfalls danke ich Dir herzlich für Deine Teilnahme und Deine Aufrichtigkeit?

Dank auch für den zweiten Brief, den Du in der Hetze des

Abschiedes mir schriebst. Adolf hat Macintyres Adresse; er wird sie
auffordern.
Kniese dagegen an Miss Strong schreiben. Eine Reserve-Brünnhilde
zu haben wäre wohl günstig. Dafür müßte sie aber (der Sprache
halber) hier bis zu den Festspielen bleiben. Jedenfalls fordert sie
Kniese auf zu kommen, das übrige wollen wir sehen.
Adolf erwartet nun die Liste der Orchestermitglieder. Freilich hatte
es Zeit bis zu Deinem Landaufenthalt. Möchte dieser Dir recht gut
bekommen!
Leb wohl, mein teurer Hans! Vielen, vielen Dank für Deinen Eifer
und Deine Bemühungen!
Grüße Deine liebe Frau herzlichst; sag ihr, wie wir uns freuten, daß
sie nächstes Jahr käme!
Die Kinder grüßen aufs wärmste!
Treu Deine

                                                                    CW.

An Wolfgang Golther
Bayreuth, 5. 7. 1893

Mein lieber und werter Herr Doktor,
Es ist zu freundlich von Ihnen, meiner Anliegen immer zu gedenken,
und ich danke Ihnen von Herzen für die neue Bereicherung.
Ich bin so ziemlich im klaren mit den großen Einteilungen. Jetzt
fehlen mir nur noch Namen (für 4 brabantische Grafen und mehrere
Sachsen und Thüringer) und mit diesen Namen zusammenhängende
Zeichen für Schild und Banner. – Gerne erführe ich auch, ob die
Freigelassenen nicht das Abzeichen ihres Herrn trugen.
Und – können Sie sich, mein lieber Herr Doktor, vorstellen, aus
welchem Werke der verschiedenartige Gebrauch des Schwertes
seitens Brabanter und Sachsen in unserem »Lohengrin« entnommen
ist.
Ich freue mich auf Ihren »Holländer« und finde es vorzüglich, daß
von einem bestimmten Wissen und Berufe aus einzelne sich in
unseren »Blättern« vernehmen lassen. Allgemeines Gerede, Philo-
sophieren, Auffassungen und Richtung, derlei hätten wir gerade
genug gehabt, und wirkt dies auf mich fast immer wie eine
Vivisektion.
Vielen Dank auch für Ihre Mitteilung über Mottls »Holländer«. Er

hat unter all den bekannten Dirigenten meines Erachtens am meisten
Inspiration.

Leben Sie wohl, mein lieber Herr Doktor, herzlichste Grüße von
ganz Wahnfried Ihnen und Ihrer lieben Gemahlin und mit erneuer-
tem Danke die Versicherung meiner Ergebenheit und Hochachtung!
C. Wagner.

An Konrad Fiedler
Bayreuth, 16. 7. 1893

Mein hochgeehrter Freund,
Den wärmsten Dank Ihnen und der lieben Mary voraus für Ihre
Teilnahme an meinem Befinden, welches jetzt ganz leidlich ist und
mir nur einige Vorsicht auferlegt.

Was unsern Freund anbetrifft, so bin ich eigentlich ohne Meinung
über seine jetzige Lage. Da er anscheinlich kam, um uns seinen
Entschluß mitzuteilen, und uns diesen damit begründete, daß er
weder die Art seines jetzigen Vorgesetzten noch den Ton auf der
Bühne und die Angriffe der Presse ertragen könnte, gab ich ihm
unbedingt Recht und fügte nur den Wunsch hinzu, er möchte seinem
Entlassungsgesuch dadurch einen bedeutenden Inhalt geben, daß er
ihm ein ernsthaftes künstlerisches Motiv unterlegte. Die im August
stattfindenden Aufführungen schienen mir keiner Erwähnung wert,
erstens wußte ich nicht, daß er sie eingeleitet habe, zweitens kann
meiner Meinung nach jeder zu solchen gänzlich ohne Vorarbeiten
lancierten Entreprisen den Takt schlagen.

Nebst dem Wunsche, seinen Entschluß uns mitzuteilen, wollte Levi
noch wissen, ob er, wenn er nicht mehr Münchener Kapellmeister
wäre, »Parsifal« dirigieren könnte. Mit gutem Gewissen konnte ich
das bejahen und ihm versichern, daß ich von allem, was draußen
geschähe, nicht die geringste Notiz nähme.

Hierauf meinte er, das würde ja »das Paradies auf Erden sein, ein
lästiges Amt loszusein und in Bayreuth zu dirigieren«.

Eines erregte meine Verwunderung: nachdem er Strauss für die
kommende 3 Jahre engagiert hat, schilderte er ihm die Zustände in
München so schwarz, insbesondere die Disposition gegen Strauss (ja
er ging so weit, ihm die »Allgemeine Zeitung« mit einem, wie es
scheint, heftigen Aufsatz gegen Strauss zu zeigen), so daß dieses sehr
kindliche Wesen erschreckt meinte, er bliebe am Ende lieber in

Weimar. Nach solchem Vorgehen konnte man ihm (Levi) wohl selbst nur wünschen, schleunigst einen Posten zu verlassen, der, wie es scheint, nicht allzu ehrenvoll ist; denn die Art, wie sich der jetzige Leiter der Bühne über Levi äußert, läßt eine Behandlung erwarten, die nicht zu ertragen ist. Aber da beim Theater alles nicht so schlimm ist, so genügt es, daß Levi zu bleiben geneigt ist, um daß ich keinerlei Wert auf meine Zustimmung zu seinem ersten Entschluß lege.

Strauss, der wie ohne Falsch, so auch ohne Arg ist, ließ ich (obgleich noch ziemlich elend) an mein Lager auf dem Riedelsberg kommen, um ihm zu sagen: nur unbefangen zu bleiben, das Gespenstische (wozu das Zeitungsunwesen gehört) begegne man nur durch Unbeachtung; München, von wo er gebürtig sei, fiele seinem Talent ganz natürlich zu, und selbst wenn Sänger und Orchester gegen ihn aufgewiegelt würden und Töriges im Publikum ausgestreut, solle er nur diese 3 Jahre bis zu Weingartners Kommen tapfer arbeiten, ein guter Erfolg würde nicht ausbleiben.

Sollten Sie, mein lieber Herr Doktor, Levi Ihr Schreiben an mich mitteilen, so bitte ich Sie, ihm von mir aus zu sagen, daß er unter allen Umständen am besten fahre, wenn er Ihren Rat, hochgeehrter Freund, befolgt. (Ich gab eine Zustimmung und keinen Rat.) – Mein Schwiegersohn hat mir eingehend über das Buch Hildebrands, welches er so schätzt, berichtet, und will so freundlich sein, mir einige Kapitel daraus zu lesen, da ich jetzt zu keiner anhaltenden Lektüre komme; was er mir daraus mitgeteilt, hat dank auch seiner ungemein prägnanten Wiedergabe mich ungemein gefesselt, auch bei diesem einzelnen Fall sah ich, wie er sich von seinen Fachgenossen unterscheidet, denn was ich sonst über das Buch vernommen, erschien mir als ziemlich oberflächliche Behandlung. So habe ich die Freude und Genugtuung, in meiner nächsten Umgebung Wesen zu haben, die der schönen Definition entsprechen, welche Sie mir von dem freien Menschen in Ihrem vorletzten Briefe gaben. Ich wollte auf diesen Brief eingehend erwidern, allein es ist mir leider nicht möglich – jeder Tag bringt neue Erscheinungen, um welche ich mich zu kümmern habe, und wenn ich gleich Freude an der schönen Gesinnung und vielfachen Begabung, die mir entgegengebracht wird, habe, so sind meine Kräfte doch nicht mehr frisch genug und reichen nicht mehr zur Hingebung an Gedanken, die nebst meiner eigentlichen Bestimmung mein Leben ausfüllen.

Ich will nicht schließen, ohne Ihnen zu sagen, daß der »Tristan« von

Hertz eine allgemeine Familienfreude geworden ist, ein wahrer
Genuß, diese Erzählung in dieser unvergleichlich liebenswürdigen
und warmen Sprache.

So endige ich denn mit unsrer aller Dank und grüße Sie und die liebe
Mary im Namen unseres ganzen Hauses. Bleiben Sie mir gut, mein
hochgeehrter Freund, und seien Sie meiner Anhänglichkeit, Ergebenheit und innigen Hochschätzung aufs neue versichert.

C.W.

P.S. Ein Brief von Strauss an Siegfried meldet soeben, daß Levi ihm
geschrieben, er bliebe (auf Ihren dringenden Rat). Possart dagegen
hielt die Frist von 14 Tagen nicht ein, die er für die Entscheidung von
Strauss' Engagement gestellt; jetzt heißt es bis Oktober; da aber
Strauss bereits bis zum 15. September in Weimar sein *muß*, wenn
jetzt er nicht in München abschließt, sieht die ganze Sache wie ein
schlechter Witz aus – entweder ist Levi mit Possart einig gewesen,
was nicht anzunehmen ist, denn wozu dieses Gaukelspiel mit
Strauss?, oder er wird in einer Weise behandelt und verleugnet in
einem wichtigen Fall, wie es wohl zu einem Motiv des Entlassungsge-
suches werden könnte. Sie sehen, mein Freund, daß mir hier nichts
übrig bleibt, als keine Ansicht zu haben – nur möge sich Levi keiner
Täuschung darüber hingeben, daß solche Vorfälle eine unhaltbare
Situation schaffen, in welcher er mit jedem Tage einer ihm gewiß
schmerzlichen und mit der Zeit nicht zu ertragenden Verkennung
verfällt. –

An Adolf von Gross
Gardone, 12. 10. 1893

Mein teurer und einziger Adolf,
Ich danke Dir herzlich für Deine beiden, im ganzen recht beruhigenden, Briefe – mir scheint auch die Rechtsfrage zweifellos. Eigentlich
haben wir *drei* solche mit München: *Der Festbau,* wobei ich nicht nur
an die Verweigerung des Aufführungsrechtes denke – sondern an das
Recht des Baues überhaupt, da Sempers Plan nur die Ausführung
einer ihm nicht eigenen Idee war – *»Parsifal«,* der wohl bald
entschieden sein wird. Ich schrieb an Fürstin Hohenlohe und bat sie,
an Grafen Schönborn sich zu wenden; um zu erfahren, welche
Aussicht das Gesetz wohl habe.
»Lohengrin«; mir ist gar nicht damit gedient, daß die Aufführung im

Juni stattfindet, sondern ich muß darauf bestehen, daß sie vor Bayreuth nicht zustande käme; oder aber, Flüggen, Fuchs und Brückner müßten sich mir eidlich verpflichten, nicht eine meiner Angaben zu benutzen, was sie nicht können.

Sei so gut, mein lieber Adolf, zeige beiden (Fuchs und Flüggen) meinen Brief an Possart *(Du sagst mir nicht, ob Du ihn erhalten hast)*, bevor Du ihn diesem übergibst, und verlange von ihnen, meinen Standpunkt zu vertreten. Ich habe soeben an Levi geschrieben, ihm den Inhalt meines Briefes an Possart mitgeteilt und von ihm verlangt, daß er auch meine Ansicht vertrete. Geschieht dies ordentlich, so muß Possart nachgeben, aber lieb wäre es mir, du befrügst in dieser Angelegenheit auch einen tüchtigen Rechtsanwalt, denn mein »Lohengrin« unterscheidet sich sogar in der Zeitepoche von dem bisher üblichen, und ich kann mir dies nicht im voraus verballhornen lassen. Bitte auch hierüber scharf mit Possart zu verfahren – *nach* unseren Aufführungen können sie dieselben verwerten. Ich hoffe *doch,* daß Du Fuchs tüchtig finden wirst. Frau Mottl sagte Siegfried, er sei sehr deprimiert.

Ob man private Kontrakte in die Zeitungen bringen darf, dies wäre doch auch bei dem Rechtsanwalt zu ermitteln.

Über Frau Mottl schrieb Siegfried, sie habe im Spiel noch *alles* zu lernen – und er wisse nicht, ob die Stimme für Elsa reiche; wogegen ein Amerikaner, vierfacher Besucher der Festspiele und sehr kritisch über die Münchener Produktionen, nicht genug des Lobes für Madame Nordica hatte, sowohl was Stimme, Erscheinung und Spiel anbetrifft. Gräfin Wolkenstein nahm halb und halb an, daß der sehr üble Ruf von Henriette Mottl in Berlin der Anstellung ihres Mannes schaden würde. – Was M. Jullien über die Münchener Aufführungen schreibt, ist ziemlich gleichgültig – mir lag nur daran, daß er über uns belehrt wurde. Vielen Dank.

Mein Befinden? es ist das gleiche, aber ohne Schmerzen. Ich habe Schweninger meine Abreise gemeldet, und Eva bittet soeben Oertel in Meran, uns am 16. in Bozen zu treffen, da doch Schweninger sehr unsicher. Am 17. finden wir uns also in München, mein geliebter Adolf. Gott segne alle Deine Bemühungen. Ich habe in England durch Chamberlain eine Notiz des Inhalts veröffentlichen lassen, daß die Festspiele in Bayreuth verblieben und nicht nach München verpflanzt würden, wie sich nach einem Brief, den wir aus Wales erhielten, die Nachricht dort verbreitet hatte.

So, mein geliebter Adolf, auf gutes Wiedersehen; es hält schwer in jeder Beziehung, hier zu verlassen, aber ich möchte bald mit der absurden Kur zu Ende sein. –

Über die Ankündigung des »Ringes« für 95 und vorbereitende Schritte sagst Du mir nichts; ich nehme an, daß Du's für besser hältst, bis 96 zu warten – wenn München nicht wäre, sagte ich: *ja;* davon mündlich! Und jetzt nur noch den herzinnigsten Gruß Deiner dankbaren

C.W

An Ernst von Possart
Bayreuth, 9. 11. 1893

Hochgeehrter Herr Generaldirektor,
Meinen Dank vorerst für die freundliche Erwiderung meines Briefes vom 3. Oktober, der Ihnen erst am 4. November übergeben wurde, weil es inzwischen hieß, daß »Lohengrin« in München fürs erste nicht neuinszeniert würde.

Zunächst muß ich dann bezüglich meines Briefes vom 12. Juni dieses Jahres den von Ihnen, werter Herr Generaldirektor, angeführten Passus ergänzen, auf daß sein Sinn sich richtig herausstelle:

»Im gleichen mit ›Lohengrin‹. Als Sie mir in derselben Loge sagten, Sie würden denselben in *diesem Jahre* nicht aufführen, verstand ich, daß es sich um künstlerische Zwecke handle und daß Sie lieber das Werk nach seiner Feststellung in Bayreuth neu inszenieren wollten als vorher. Irrte ich mich darin, so bitte ich Sie, werter Herr Direktor, sich in keiner Weise als gebunden zu fühlen und den ›Lohengrin‹, wenn es Ihnen angemessen dünkt, *dem Zyklus des Sommers* einzureihen.«

Nach diesem Satze ist es zweifellos, daß es sich darum handelte, »Lohengrin« in neuer Besetzung, aber nicht in neuer Inszenierung (welche vom Juni bis August nicht zu bewerkstelligen gewesen wäre) in den Zyklus der Aufführungen dieses Sommers aufzunehmen oder nicht; und daß ich auf Ihre sehr freundliche Berücksichtigung Bayreuths mit dem Wunsche erwiderte, Sie in keiner Weise beschränkt zu sehen, und da Sie vom »Holländer« (ja, von den »Feen«) bis zu dem »Ring des Nibelungen« alle Werke gaben, auch »Lohengrin« Ihnen freizustellen, dessen Ausbleiben gewiß bemerkt werden würde.

Letzteres geschah denn auch, und wurde die Rücksicht auf Bayreuth hervorgehoben und nach Belieben kommentiert.

Aus diesem Kommentar ergibt sich nun die Forderung von Presse und Publikum, von welcher Sie, werter Herr Generaldirektor, mir sprechen, deren Bedeutung für ein Königliches Hoftheater sich meiner Beurteilung entzieht, die ich aber auf Ihre Anweisung hin als entscheidend für die Entschlüsse der Hoftheater-Intendanz annehme.

Es fragt sich nun, in welcher Form diese von außen auferlegte Neuinszenierung des »Lohengrin« vor sich zu gehen hätte, um der von Ihnen, werter Herr Generaldirektor, kundgegebenen freundlichen Gesinnung gegen Bayreuth nicht zuwider zu laufen und auch selbst nur das Aussehen eines Zwiespaltes zu vermeiden, da die beiden Kunstinstitute in demselben Lande sich befinden und des gleichen Allerhöchsten Protektorates zu erfreuen haben.

Hätten Sie, werter Herr Generaldirektor, in Ihrer am 14. Juni dieses Jahres gegebenen Erwiderung auf mein Schreiben vom 6. Juni Ihr Vorhaben kundgegeben, den »Lohengrin« für das Jahr 94 neu zu inszenieren, so hätte ich, wenn auch mit großem Bedauern und sicherer Kenntnis dessen, was ich dabei einbüßte, Professor Flüggen von unserer Bestellung entlastet.

Wenn Professor Flüggen erklärte, daß es ihm nicht schwerfallen würde, gegen Bayreuth wie gegen München seinen Verpflichtungen nachzukommen, so halte ich dies ihm sehr zugute, indem ich darin erkenne, wie es ihm am Herzen liegt, keinen Konflikt aufkommen zu lassen, und was in seinen Kräften liegt zu tun, um den Zwiespalt, den ich oben erwähnte, zu vermeiden.

Die Dinge liegen aber anders, und es ist meines Erachtens kaum möglich, daß er diese Doppel-Inszenierung zustande bringe. Zumal bei seinem sehr angegriffenen Gesundheitszustand.

Große Schwierigkeiten stehen dem entgegen. Schon die Wahl des X. Jahrhunderts liegt nicht so auf der Hand, als es bei flüchtiger Betrachtung den Anschein haben möchte.

Als im Jahre 1867 in München und im Jahre 1875 in Wien die zwei einzigen authentischen Aufführungen des »Lohengrin« unter persönlicher Anleitung von dessen Schöpfer stattfanden, wurde als Zeitepoche der Inszenierung das späte XIII. Jahrhundert, die Zeit der »Lohengrin«-*Dichtung,* gewählt.

Es geschah dies der großen Mannigfaltigkeit halber, welche diese Zeit, in jeder Hinsicht, bietet. Erst nach langer Überlegung entschied ich mich, indem ich mir aber bewußt bin, daß die Künstler, die damals die Inszenierung für München vollführten, nicht etwa einen groben Irrtum begingen, sondern einer sehr berechtigten Ansicht folgten.

Als Beleg dafür lege ich Ihnen den Brief eines in diesen Dingen durchaus Kundigen bei, aus welchem Sie ersehen werden, welch gewichtige Gründe für die Annahme der späteren Zeit gesprochen haben.

In der Tat sind die Motive des X. Jahrhunderts äußerst spärlich; ihre Verwendung und Bereicherung beruht lediglich auf Einfällen der Phantasie. Die Aufgabe, die ich Professor Flüggen in der Annahme stellte, daß er sich ihr mit Freude und Freiheit würde widmen können, ist demnach eine der schwierigsten seines Faches.

So wende ich mich denn an Sie, in Ihrer Eigenschaft als Künstler viel mehr als in Ihrer Eigenschaft als Direktor des Theaters, und ersuche Sie, hochgeehrter Herr, es einem Künstler nicht zuzumuten, bevor er eine schwierige Aufgabe gelöst, sich mit Modifikationen derselben zu beschweren.

Ein günstiges Resultat wäre dabei nicht zu erwarten, da, wie Sie ebensogut wissen als ich, ein künstlerisches Schaffen nicht unter einem solchen Zwang der Umstände möglich ist.

Und ein Zwang müßte es für Professor Flüggen sein, beständig daran denken zu müssen, ob er nicht mit diesem oder jenem Motiv mein geistiges Eigentum veruntreut, da er meine ganze Arbeit jetzt in Händen hat und mit der Ausführung derselben sich zu befassen die Güte mir erweist.

Noch eines aber übergebe ich, werter Herr Generaldirektor, Ihrer künstlerischen Erwägung: Die Fonds, über welche die bestdotierten Hoftheater für eine solche Neuinszenierung verfügen, genügen nicht, um dieselbe von Grund aus, mit allem, was dazu gehört, auszuführen. Verändern Sie nun so gewaltig die ganze Basis des »Lohengrin« in München, so werden eklatante Disharmonien in Wappen, Zeichen, und was der Dinge mehr sind, nicht zu vermeiden sein.

Mein Vorschlag geht nun dahin, da, wie es scheint, die anfänglich aufgegebene Inszenierung unvermeidlich geworden ist, dieselbe auf Grund der authentischen, von allen Seiten her bewunderten und berühmt gewordenen Aufführung im Jahre 1867 zu erneuern.

Ich brauche es wohl nicht zu sagen, daß es der Münchener Hofbühne sehr gut anstehen wird, die geschaffene Grundlage nicht zu verlassen. Damit wird auch die Konkurrenz mit Bayreuth vermieden, was immerhin kein gutes Licht werfen würde, endlich aber, und daran liegt mir vor allem, einem verdienten Künstler die Lösung seiner

Die Familie, von links: der Schwiegersohn Henry Thode, Isolde, Cosima, Daniela (Thode), Blandine, Eva und Siegfried, um 1888

Cosima im Garten von Wahnfried, um 1888

Aufgabe erleichtert anstatt erschwert und die Erfüllung seiner Pflicht ermöglicht.

Diesem meinem Vorschlage füge ich noch, hochgeehrter Herr Generaldirektor, den Ausdruck meines Dankes für die Freigebung des Oberregisseurs Herrn Fuchs hinzu und die Versicherung meiner vorzüglichsten Hochachtung!

C. Wagner

Nicht möchte ich es unterlassen, Ihnen, hochgeehrter Herr Generaldirektor, meinen verbindlichsten Dank dafür auszusprechen, daß Sie die »Legende der heiligen Elisabeth« in ihrer Vollständigkeit aufführen ließen, und füge den herzlichen Wunsch hinzu, daß der Erfolg Ihnen dafür lohnen möge.

An Felix Mottl
Bayreuth, 22. 11. 1893

Der heilige Felix soll gelobt sein für sein hübsches apropos, und Sie auch, mein Spielmann, für Ihren lieben Brief.

Siegfried sahen Sie wohl schon in Hamburg? Er soll dort Birrenkoven hören. Bitte sagen Sie mir auch Ihre Meinung. Es ist zwischen ihm und Wulff die Frage (Lohengrin, Parsifal).

Daß unsere Morosini die Wahrheit schonte, nehme ich ihr nicht übel, da ich weiß, wie das Rampenlicht das Verhältnis zum Tageslicht aufhebt. Wie gut bezeichnen Sie das Sichselbstvernichtende, was in ihr und in ihrem Talente liegt! Das ist wirklich ihre Größe und zugleich ihre Unbequemlichkeit.

Nun aber zu uns: Ich weiß, daß Sie mir keine Reussitten machen werden! Niemals haben Sie mich, selbst da nicht, wo Sie ein Recht dazu hatten, behelligt. Darum handelt es sich aber nicht, sondern um meinen Wunsch.

Nun stehen die Dinge so: An der »Tannhäuser«-Besetzung möchte ich nichts rütteln, hauptsächlich meines physischen Zustandes wegen, und auch, weil Wiborg in Erscheinung, Ausdruck und Darstellung und Gesang die Hauptmomente wiedergegeben hat.

Nun: *Elsa!* Ob die Stimme Ihrer Frau sich dafür eignet, darüber erhielt ich von keiner Seite eine bejahende Antwort, und es wurde mir gesagt, daß sie sich noch keine Gewandtheit in der Darstellung erworben.

Nun hat sich mir der Stern, Madame Nordica, für die Elsa angeboten, und Richter so wie alle, die sie hörten, rieten unbedingt zu, sie sei schön, dramatisch begabt und habe eine wundervolle Stimme und Vortrag. Sie studiert jetzt Deutsch, kommt im Mai her, wo sich binnen 8 Tagen die Möglichkeit entscheiden wird.

Nun habe ich, wie gesagt, den größten Wunsch, Ihre Frau einmal als *Elisabeth,* einmal als *Elsa* auftreten zu lassen. Ist Nordica das, was man mir sagt, und kommt sie zur Beherrschung der deutschen Sprache, dann leiste ich allerdings Ihrer Frau einen schlechten Dienst, wenn ich sie als Elsa auftreten lasse. Einstweilen möchte ich gerne mit ihr arbeiten, und zwar in Hinsicht auf die nächste »Lohengrin«-Aufführung in Karlsruhe. *Kann* ich irgendwie mit meinen unsicheren Kräften, so komme ich.

Haben wir die zwei Aufführungen gewonnen, so würde ich den *Hirten* vorschlagen, für welchen ich mir denke, daß die Stimme Ihrer Frau sich reizend eignet.

Elsa ist dramatisch die schwerste Aufgabe, gar nicht unter der Isolde; wer den zweiten Akt zu geben vermag, der ist eine große Tragödin. Bellincioni würde es, sie hat das seelische Leben in den Gliedern, Füßen, Fingerspitzen, *alles.* In Deutschland weiß ich keine, außer der Sucher, wenn man in ihrer Jugend mit ihr gearbeitet hätte. – Elisabeth ist viel leichter, sie erfordert nur die sehr zarte Erscheinung der Heiligen und Todgeweihten.

Immer die Dinge von Bayreuth aus betrachtet.

Ein guter Stern hat uns immer geleuchtet, mein Spielmann, er wird sich uns nicht verdunkeln, da wir ehrlich und rechtschaffen zueinander sind.

Das Programm Ihres Konzertes ist sehr schön! Alles Glück dazu!

Der Major schreibt »resigniert über die Opernwirtschaft«. Nach den Triumphen des August ist das erstaunlich.

Tausend Grüße von ganzem Herzen

CW

An Konrad Fiedler
Bayreuth, 8. 12. 1893

Mein hochgeehrter Freund,
Haben Sie Dank für Ihr zartes Mitempfinden, für welches Sie noch die Gabe haben, die ausdrucksvollsten Worte zu finden. Sie vernimmt man mit Freuden auch dann, wenn man zur Stille sich

begeben hat. Bitte danken Sie auch der lieben Mary für ihre Teilnahme.

Der Abend in Leipzig muß sehr schön gewesen sein. Leistung und Auditorium begeistert, und einige Freunde, die zugegen waren, machten Eva das Beiwohnen heimisch. Strauss gehörte zu diesen. Zu all seinen guten Eigenschaften und Fähigkeiten hat er noch die eine, sich an dem anderen enthusiastisch zu freuen, was bei einer solchen Gelegenheit ungemein wohltätig ist und ihm jetzt um so schöner steht, als die unwürdige Weise, in welcher er behandelt wurde, sein harmloses Wesen sehr getroffen hat!

Was mich betrifft, so habe ich meine Beziehungen zusammengefaßt, weil das Kunterbunt derselben mich befürchten ließ, daß sich mir alles verwischte. Ich lege die Abfassung hier bei, indem ich Ihre Teilnahme, lieber Herr Doktor, für alles, was uns betrifft, kenne. Nur wenigen Freunden, welche den Vorgang nicht verstanden, übergebe ich diese seine Darstellung. Levi kennt ja die Sache genau, daher teile ich sie nicht mit.

Sollte ich aber das nennen, was mich am tiefsten getroffen hat, so würde ich sagen: Wir geben uns hier redliche Mühe, den jammervoll entwürdigten Künstlerstand wieder dadurch zu heben, daß wir arbeiten und alles entfernen, was irgendwie der Eitelkeit dient. Mit den Aufführungen im August dieses Jahres ist jedem Ernst Hohn geboten worden, dem Virtuosentum (noch dazu ohne Virtuosität!) Tür und Tore geöffnet. Ich habe nie eine größere Anzahl Werke hier angekündigt, wenn nicht jedes Werk einige Jahre zuvor vorbereitet gewesen war, und mit einem Zynismus ohnegleichen wird eine Reihe Werke vorgeführt, als ob diese Werke so zum Schlechten gehörten, daß sie keiner Arbeit bedürften. Und unsere Arbeit dadurch bis aufs äußerste beschwert, unser Beispiel durch den Lärm der Possenreißer übertäubt.

Doch gehört wohl eine solche Erfahrung auch zu meiner Lebensbahn, und wenn ich nicht gezwungen werde, daran zu denken, vergesse ich sie gerne und weile auf den Gefilden hoher Ahnen und darf diesen sagen, daß mein Sohn ein Künstler ist.

Vielen, vielen Dank Ihnen und der lieben Mary für Ihre Güte gegen Isolde und – Albi! Wegen letzterem bin ich nicht ohne Sorge, er ist unaussprechlich ungezogen, ich fürchte für die Teppiche, für die Küche, für den Hund, für die Menschen! Bitte schicken Sie mir ihn heim, wenn er zu unausstehlich ist. – Wann der Gast par excellence heimkehrt?? Mir scheint, daß die Anwesenden sehr Recht behalten.

Mein lieber Herr Doktor, Sie werden glauben, daß wir hier
»Napoléon intime« wie »die Kritik der reinen Vernunft« studieren!
Die Wahrheit ist, daß wir nur abends dazu kommen zu lesen. Recht
bald aber erhalten Sie das wunderliche Buch zurück, in welchem die
persönlichen Züge des Extraordinären uns sehr unterhalten haben.
Lasen Sie Bode über Amerika? Es hat mir sehr gefallen und war mir
ganz neu.
Nun aber leben Sie wohl, mein hochgeehrter Freund, und seien Sie
und die liebe Mary in herzlicher Anhänglichkeit innigst gegrüßt!
                                                        C. Wagner.

An Hans von Wolzogen
Bayreuth, Dezember (?) 1893

Hochgeehrter Freiherr,
Verschiedentlich kommen mir seitens unserer Vereine Anfragen über
das Verhältnis zwischen der Münchener Bühne und Bayreuth zu.
Nach reiflicher Erwägung erkenne ich mich für verpflichtet, die
Anfragen der bewährten Freunde unserer Sache als berechtigt zu
achten.
Ihnen, hochgeehrter Freiherr, übergebe ich, als an den in jeder
Hinsicht dazu Befugten, die Vermittelung meiner Antwort an die
geschätzten Mitglieder des Allgemeinen Richard Wagner-Vereines.
Bei der Übernahme der Leitung der Münchener Hofbühne schrieb
mir der Generaldirektor derselben einige freundliche Zeilen, in
welchen er das gute Einvernehmen zwischen München und Bayreuth
als so wünschenswert anerkannte, daß er mich um meine Anteilnahme an einzelnen Aufführungen ersuchte.
Ich dankte und erklärte, daß die vorzüglichen Kräfte, über welche die
Münchener Hofbühne zu verfügen hat, so bewährt wären, daß es in
keiner Weise meiner bedürfe.
Die sogenannten Musteraufführungen wurden angekündigt. Es
geschah dies genau in der Form unserer Bayreuther Aufführungen
(in bezug auf Karten, Anzeigen etc.), was einige Verwirrung im
Auslande erregte und zur Folge hatte, daß wir in Bayreuth des
öfteren gefragt wurden, ob wir denn im Jahre 1893 in München
spielten.
Nicht lange vor den Aufführungen in München erklärte mir der
Theaterdirektor dort, er habe aus Rücksicht für Bayreuth »Lohengrin« nicht in den Zyklus der Mustervorstellungen aufgenommen.

Ich bat, nur ungehindert dieses Werk mit aufzunehmen, und erklärte, daß unsere Aufgabe in Bayreuth eine von den Opernvorstellungen ganz verschiedenartige sei, indem ich mich auf den Brief an Baron Ziegesar (Briefwechsel zwischen Richard Wagner und Franz Liszt S. 85) bezog.

»Lohengrin« wurde aber nicht in die Reihe der Münchener Mustervorstellungen aufgenommen.

Ferner wünschte der Leiter der Münchener Hofbühne von dem Verwaltungsrate die Zusicherung, daß wir die Bayreuther Festspiele des Jahres 1894 eine Woche früher als gewöhnlich schlössen, und das Versprechen, den »Ring des Nibelungen« vor 4–5 Jahren nicht geben zu wollen.

Der Verwaltungsrat der Bühnenfestspiele erwiderte:

Daß der Zeitlauf unserer Aufführungen seit der Gründung der Festspiele normiert und unabänderlich sei und daß wir bereits in den Vorarbeiten für die Aufführung des »Ring des Nibelungen« in Bayreuth für 1896 begriffen seien.

Inzwischen gingen die Mustervorstellungen in München vor sich und endigten, wie mir erzählt wurde, mit einer Preßhetze gegen Bayreuth und mit Verleumdungen der verschiedenen Faktoren der hiesigen Unternehmung.

Indessen auch hatte ich mit Hülfe gütig gesinnter, kompetenter Mitarbeiter meine Vorkehrungen für den »Lohengrin« getroffen und den Münchener Künstlern, die bis jetzt an dem Bayreuther Werk mitwirkend waren, eingehende Mitteilungen gemacht. (Diese Künstler gehören der Münchener Hofbühne an.) Nicht leichten Herzens und nur nach reiflicher Erwägung des Für und Wider hatte ich mich entschlossen, das noch bei der Vorstellung in München (1867) von dem Schöpfer des »Lohengrin« festgehaltene *13.* Jahrhundert aufzugeben und die in der Dichtung gesetzte Zeit des *10.* Jahrhunderts als Ausgangspunkt unserer Aufführung zu bestimmen.

Ich tat dies, um unseren »Lohengrin« ein von dem »Tannhäuser« unterschiedenes auch äußerliches Gepräge zu geben und weil ich uns in Bayreuth getraute, durch angestrengte Arbeit ein szenisches Charakterbild zu erlangen, welches den reicheren Schmuck und die größere Mannigfaltigkeit der ritterlichen Zeitepoche ersetzen könne.

Als nun diese Vorarbeiten in München von mir vollendet waren, kündigte der Generaldirektor der Münchener Hofbühne »Lohengrin« für das Frühjahr 1894 zuerst nur in kurzen Worten an.

Überrascht und betroffen und vornehmlich in Sorge um die bei uns mittätigen Künstler der Münchener Hofbühne, für welche es mir beinahe eine Unmöglichkeit schien, die doppelte Inszenierung gleichzeitig vorzunehmen, schrieb ich an den Generaldirektor und bat ihn, bis nach Schluß der Bayreuther Festspiele mit seiner neuen Inszenierung des »Lohengrin« warten zu wollen, wo ich ihm gerne alles, was an unserer Vorstellung ihm gut dünken würde, überlassen und mich freuen würde, wenn München Bayreuth überflügelte.

Ich sagte ihm, daß in den Angaben an die Münchener Künstler alles mein Eigen sei; ja, bis zu der Festsetzung der Zeitepoche des X. Jahrhunderts hätte ich alles angegeben.

Der Generaldirektor lehnte meine Bitte ab und kündigte diesmal in eingehender Weise »Lohengrin« mit neuer Inszenierung und Festsetzung des X. Jahrhunderts an.

Wir haben bis jetzt hierzu geschwiegen, und ich glaube auch, daß wir ferner schweigen könnten. Ich meine, daß der Vorgang in München uns nicht schädigen kann.

Fürs erste, wenn die Verhältnisse in München so geblieben sind, wie ich sie früher gekannt habe, sind die Mittel, über welche man dort für eine solche Neuinszenierung verfügt, nicht derart, daß sie von Grund aus geschehen kann. Irre ich nicht, so ist kaum nur die Hälfte dafür verwendbar, von dem, was wir in Bayreuth dafür bestimmen, so daß mutmaßlich einiges in die Augen Fallende »stilgerecht« sich ergeben, während der größere Teil der Ausstattung nicht neu sein wird.

Dies, um nur den äußerlichen, bei weitem geringfügigeren Teil der Sache zu berühren.

Was das andere Moment, die lebensvolle Darstellung, betrifft, so scheint mir mit Gastspielen insofern wenig geholfen, als nur eine eingehende Arbeit mit den fremden und einheimischen Künstlern den einheitlichen Stil einer Aufführung bewirken kann.

Die Tradition des Jahres 1867 ist jetzt in München verschwunden, und die Losreißung des letzten losen Zusammenhanges mit ihr, die Vernichtung der äußeren Hülle dieser Aufführung, wird wohl kaum dazu beitragen, den Pfad zu der Tradition zu weisen.

Wenn ich also nicht ferner geschwiegen habe, so ist es, wie ich anfangs sagte, lediglich, weil ich den fragenden Freunden einer Antwort mich schuldig erkannte. Auch erscheint es mir richtig, einer möglichen Steigerung der Verwirrung entgegenzusteuern, da es denkbar wäre, daß die Auslassung des »Lohengrin« bei den Münchener Vorstellungen des Herbstes 1894 wiederum als Rücksicht für Bayreuth vorgegeben würde. –

Frügen mich nun unsere Freunde nach dem Grunde dieser erstaunlichen Vorgänge, so müßte ich die Antwort schuldig bleiben. Herrscht hier planlose, chaotische Verwirrung aller Begriffe? Waltet eine bösartige Absicht, Bayreuth zu schädigen? Kommt es bloß darauf an, Lärm und immer wieder Lärm zu schlagen, in der Angst um die Füllung des Hauses? Ich ersuche unsere Freunde, mir die Frage zu erlassen und sich mit der Darstellung der Tatsachen zu begnügen. Haben Sie die Güte, hochgeehrter Freiherr, mit der Mitteilung dieser Zeilen auch meinen freundlichsten Gruß an sämtliche Vorstände des Allgemeinen Richard Wagner-Vereins zu übermitteln und den Ausdruck meiner innigsten und wärmsten Wertschätzung zu empfangen!

C. Wagner.

1894

Mein lieber Adolf,
Ich habe mir die Mitteilung überlegt, welche Du mir gestern gemacht hast, und habe Folgendes darauf zu erwidern.

Wenn Levi darauf besteht, daß Merz entlassen wird, so bitte ich, dies Merz zu schreiben und auch denjenigen zu melden, welche verwundert sein werden, daß ein im Jahre 1882 Eingesetzter plötzlich nicht mehr fungiert.

Es versteht sich von selbst, daß (wenn die Frage so gestellt wird) zwischen einem musikalischen Assistenten und dem Dirigenten des »Parsifal« wir auf Seite des Dirigenten sind.

Ich möchte aber Levi seine Handlungsweise zu bedenken geben, da ich überzeugt bin, daß er sich über dieselbe nicht klar ist.

Wenn es sich darum handelte, Oskar Merz neu anzustellen, so würde ich begreifen, daß er sein Veto gegen diese Wahl einlegte. Ihn aber entlassen, welcher im Jahre 1882 genommen wurde, liegt eigentlich nicht in unserer Macht und ist ein Akt der Willkür und der Rache.

Wenn Levi sagt, es störe ihm die Stimmung, so jemandem zu begegnen, so erwidere ich: er verkehrt doch jeden Tag mit jemandem wie Possart, der ihn, nach seiner eigenen Aussage, auf das roheste behandelt und ihn zynisch desavouiert, so daß er, wie zum Beispiel Strauss gegenüber, völlig wortbrüchig oder schwadronierend erscheinen muß. – Und daß Merz die Dinge, die er tut, öffentlich begeht, scheint *mir* ein großer Milderungs-Grund zu sein.

Levi hat Dir gesagt, man würde ihn für charakterlos halten, wenn er mit Merz zugleich hier mitwirkte.

Ich erwidere darauf, daß es ziemlich einerlei ist, was die Menschen von einem sagen oder nicht und daß es nur darauf ankommt, was man sich selbst sagt. Dieser Vorwurf der Charakterlosigkeit ist Levi bei ganz anderer Beziehung gemacht worden. Es gibt manche, die es nicht verstehen, daß, nachdem er hier zum ersten Dirigenten Bayreuths geworden ist, er noch Umgang pflegt mit Menschen, die

als die berüchtigtsten Gegner von Bayreuth gelten müssen (ich nenne
nur Joachim).
Er macht sich daraus nichts, und ich gebe ihm Recht. Aber dann muß
er konsequent sein und nicht gleichsam sagen, das schändliche
Benehmen gegen Bayreuth und die Werke ist mir einerlei, wenn aber
meine Person angegriffen wird, dann stehe ich meinen Mann.
Gib ihm das in seinem Interesse freundschaftlich zu erwägen,
versichere ihm aber im übrigen, daß, wenn er wirklich bei Gelegenheit des »Parsifal« nicht das Böse mit Gutem vergelten kann, wir auf
seine Bedingung eingingen und auf seinen ausdrücklichen Wunsch
den nicht von uns Angestellten entließen.
Herzlich Deine
                                                        C. Wagner
Wenn Levi sich das Leben und Regieren aller guten Fürsten
betrachten will (unter anderem auch Kaiser Wilhelm I.), so wird er
sehen, daß sie niemals Notiz von persönlichen Feindseligkeiten
nahmen und daß ihre Verwaltung meistens aus Menschen bestand,
die einander nicht ausstehen konnten und *doch* der Sache gemeinsam
dienten.

An Hans Richter
Bayreuth, 6. 1. 1894

Mein teurer Richter,
Ich danke Dir herzlich für Deinen Brief, den ich mit Ruhe hier
erwartet habe, indem ich sicher wußte, daß, sobald Du mir
Bestimmtes würdest sagen können, Du mir schreiben würdest.
Unser Probeplan ist noch nicht ausgearbeitet. Aber ich nehme Dein
Datum vom 5. Juli an, indem ich Dich nur bitte, falls es Dir möglich
sein würde, früher schon zu kommen, es zu tun.
Auch mir wäre es lieb, daß Du die ersten Aufführungen des
»Parsifal« dirigiertest, und ich hoffe bestimmt, es so einrichten zu
können.
Ich danke Dir von ganzem Herzen für Dein Kommen und begrüße
Dich im voraus beim Bühnenweihfestspiel!
Ich danke Dir auch von ganzem Herzen für Deine liebevolle
Teilnahme an Siegfrieds Entwickelung. Ich glaube, Du wirst mit ihm
zufrieden sein; seine Begabung ist groß und seine besonnene
Überlegenheit erstaunlich! Er ist mir eine Illustration zu dem Worte,

dessen Du Dich vielleicht aus Tribschen entsinnst: Daß man nicht zum Dirigenten *wird*, sondern daß man es sofort *ist* (nachdem man Musiker geworden ist) oder nie. – Sehr lieb wäre es mir, wenn Siegfried *unter Deinem Patronat* in Wien auftreten könnte. Wüßtest Du eine Gelegenheit?

Wir haben von Wien in diesem Jahre Rosé, Grengg, van Dyck und Freund Reichmann; sie haben alle zugesagt, haben aber ihren Urlaub noch nicht. Ich glaube, wegen Jahns Erkrankung. Weißt Du, ob da Schritte zu machen nötig wäre? und bei wem?

Nun aber schließe ich mit meinem Glückwunsch zu Richardis Verlobung! Ich möchte Dir das gleiche von Isolde melden; allein, sie ist eigensinnig, wartet auf Tristan oder Lohengrin! Schade, daß Du sie nicht alle in Tribschen gefreit hast, da jede Dich genommen hätte!

Deine liebe Frau nimmt mir diesen Seufzer nicht übel, ich grüße sie herzlich, und Dir, mein teurer Richter, entsende ich alles Beste, was der Mensch nur empfinden kann.

Treulichst

CW.

P.S. Gräfin Wolkenstein schrieb mir, daß sie große Freude an einem »Tristan« unter Deiner Leitung gehabt. Nach den »Most«er Aufführungen in München ist ihr das eine Wohltat gewesen.

Der Most bringt mich auf unsere gute Verenli, welche uns einen wahren Herzensschrei über die törige Zeitungsnotiz in Deinem Betreff schrieb. Das einzige Gute dabei ist der Volksglaube, daß solche Aussage uns Longävität versichert!

An Ernst Erbprinz zu Hohenlohe-Langenburg
Bayreuth, 9.–10. 1. 1894

Teuerster Erbprinz,

Das neue Jahr ist nun im Rollen, und wie viele Gedanken hat es Ihnen bereits von mir gebracht!

Das alte schloß für uns mit dem Konzerte meines Sohnes in Berlin, an welchem Erbprinz und Erbprinzeß Reuß gütigen Anteil nahmen. Es freute mich zu erfahren, daß er sich wieder so gut bewährt hat und daß alle Künstler ihm ihre Zustimmung spendeten. Doch kann ich nicht leugnen, daß, wie ich erfuhr, daß auch *er* nun von der Zeitungsschreiberei eines gewissen Schlages in der üblichen Manier mitgenommen worden sei, ich nicht ohne Bitterkeit mir sagte, warum mir denn wieder bestimmt sei, durch ein teuerstes Glied mit unserer Öffentlichkeit in Kontakt zu kommen? Ich wünsche immer dringend, *nichts* zu erfahren. Allein, es glückt nur halb, weil die Freunde es nicht lassen können, von dem, was sie verachten, Notiz zu nehmen, und darüber entrüstet sich zu mir auszulassen.

Dem ganzen Schwall gegen Bayreuth im vorigen Sommer bin ich, dadurch daß ich in Italien war, entgangen und genieße dies förmlich noch jetzt. Es war mir aber nicht möglich, es mir fernzuhalten, was mit meinem Sohne in einigen Zeitungen geschah, und ich habe fast mehr Verstimmung gegen die Freunde als gegen die Boshaften, von denen ich doch weiß, was sie sind, und an die ich sonst nie denke.

Doch ich sollte meinen Brief an Sie, teuerster Erbprinz, mit einer solchen im Grunde recht kleinlichen Klage nicht beginnen. Es erinnert mich dies an den alten Kapellmeister Schindelmeißer, der an einem schönen Sommertage nichts anderes bemerken wollte als Fliegen und Mücken!

Vielmehr will ich mit Rührung dessen gedenken, daß Sie am 25. sich die Zeit gewannen, mir so eingehend zu schreiben! Der Plumpudding als Sinnbild der Christzeit unterhielt mich sehr, und ich konnte mir gut vorstellen, wie Sie sich, trotz regstem Verkehr, dort einsam fühlen müssen, wie Mr. Chamberlain – der uns in diesen Tagen, nachdem er in Berlin dem Konzerte beigewohnt hatte, besuchte – von dem Verhältnis der Engländer zur Musik und zu unserer Kunst erzählte. Er teilte unter anderem mit, daß Armbruster (seit 82 Mitglied unserer musikalischen Assistenz), wenn er einen Vortrag über Bayreuth hält, zuerst mit der Laterna magica auf der deutschen Karte zeigt, wo der Ort liegt, erklärend, daß es nicht Beirut sei; dann Reiseroute angibt, mit Kosten; dann die Tage, endlich aber auch Werke und ihre Bedeutung. Die Engländer wollen entschieden über Gravelotte nach den Thermopylen geführt werden. Und doch – wunderlicherweise, die Anmeldungen ihrerseits sind zahlreich, und wir erhielten kürzlich zugeschickt einen Roman von Mrs. Barrington (»Lena's Picture«), der nicht nur zum größeren Teil in Bayreuth während der Festaufführungen spielt, sondern worin eingehende Gespräche, über das einzige der künstlerischen Erscheinung und über den dichterischen Gehalt der Werke und ihre Einwirkung, stattfinden. Manches ist sehr kindlich, aber der Sinn ist ernst und die Bedeutung des Phänomens in unserer Zeit tief erfaßt.

Dagegen zeigte mir Chamberlain einen Band lyrischer Gedichte von Stéphane Mallarmé, der jetzt als der bedeutendste und zumal der sprachkundigste unter Frankreichs Poeten gilt; und ich erschrak förmlich über den Eindruck, den ich davon erhielt. Erstens fand ich die Sprache so »contournée« und »alambiquée«, allem zusteuernd, nur nicht der Deutlichkeit, daß ich mich frug, wie aus dieser klaren, präzisen, scharfen Sprache derlei hat werden können. Dann ist eine Traurigkeit darin, die mir wie der Ausdruck der Sterilität erscheint, und ein ewiges Spielen mit unerfreulichen Bildern. Auf mich wirkt das wie ein November-Morgengrauen und gewisse den Kopf umnebelnde Parfums, von denen man nicht weiß, sind sie gut oder schlecht. Das quälendste dabei ist das Talent und die Mitteilung, daß der Autor ein liebenswürdiger, begabter Anhänger unserer Sache ist! Mir fällt dabei die kleine Zeitungsnotiz ein, die Sie die Güte hatten mir mitzuteilen; man möchte in der Tat glauben, daß Offenbachs »Schöne Helena« Frankreichs Muse geworden ist, alle influenziert, selbst diejenigen, welche sich am weitesten von ihr wähnen, und sogar die politischen Alliancen bewirkt!

Da ist es denn schön und trostreich, daran zu denken, wie (IX. Band der »Gesammelten Schriften«) in dem Briefe an einen italienischen Freund die Verbindung der beiden Genien Italiens und Deutschlands, durch »Lohengrin« vermittelt, erwähnt wird.

Italien ist noch sehr schlimm daran, und bei uns sieht es ja auch nicht sehr schön aus. Aber solche Gedanken sind doch möglich und daher Ursache, nicht zu verzweifeln.

Ein Buch, welches mich in dieser Stimmung bestärkt, ist: Roons »Denkwürdigkeiten«. Was einem da entgegentritt, ist das, was besteht. »Und wenn die Welt voll Teufel wäre.« Von der unbeugsamen Festigkeit des Charakters geht da die Erleuchtung der Intelligenz aus, und jedes Wort, so einfach es ist, ist beachtenswert. Der protestantische Glaube, mit seiner auf sich selbst beruhenden Kraft, durchdringt alle Empfindungen; und man fühlt, daß, wenn es in der Welt nur ein paar Menschen dieses Schlages gibt, das Gute nicht zugrunde gerichtet werden kann. Einige Ausdrücke, wie »Crapule« und »Canaille«, welche ihm in der Erregtheit der Märztage 48 entschlüpfen, muß ich bedauern, denn Nichtsnutzige gibt es in jedem Stande, und wenn das Verwerfliche uns im Gewande der Not erscheint, hat es noch immer so viel Anrecht auf unser Mitgefühl, daß wir ihm die verächtliche Bezeichnung ersparen sollten; denn die Not tilgt von der Wiege aus jede Spur des adeligen Berufes des Menschen und liefert ihn uns als Bestie, deren Schlechtigkeit uns ein Vorwurf ist. Es ist aber, als ob Roon selbst doch anders empfunden hätte, als seine

Ausdrucksweise verkündet, denn, von dem Ausrufe des Volkes sprechend, sagt er: »hätte das Gesindel recht, wenn es den König von Preußen als Kaiser von Deutschland ausruft?«, und er knüpft an diese Frage eine Betrachtung, die als eine Ahnung dessen, was später sich ereignete, gelten kann. Von Shakespeareschem Humor ist seine Bemerkung, daß, nachdem die »Bürgergarde« als höchste Errungenschaft eingesetzt worden ist, die neuen Gardisten, welche Gevatter Schneider und Handschuhmacher sind, gar nicht den Dienst mehr machen wollen und sich nach der Rückkehr der Truppen sehnen! Wie recht haben Sie, teuerster Erbprinz, in der Betrachtung der Judenfrage, und daß einzig und allein mit einer vollständigen Veränderung aller Geldverhältnisse man diesem Feinde beikommen kann. »C'est une question sans issue«, sagte mir Mr. Balfour, nachdem ich auf sein Verlangen versucht hatte, ihm die Sache ein wenig auseinanderzusetzen. Mir erscheint vorläufig nur das möglich, aber zu gleicher Zeit auch heilsam, scharf zu erkennen, *worin* der Schade liegt, der uns angetan wird, und *wodurch* wir dieser Macht verfallen. Jemanden wie Roon wird kein Jude je etwas anhaben können, wogegen Bismarck, der mit finanziellen Operationen sich zu tun machte, in eine Art von Compagnonage mit Bleichröder geriet. Möchte das »Spielmannsbuch« Ihnen, teuerster Erbprinz, einige freundliche Augenblicke gewährt haben und Sie ganz aus der Aktenluft herausgezogen haben! – Am 23. gab ich noch eine Kleinigkeit auf die Post. Ich habe die Skizze niedergeschrieben, von welcher ich Ihnen im Herbste erzählte, und freute mich, sie in Ihre Hände zu geben! Ich wünschte, daß das dünne Manuskriptlein nicht verlorengegangen wäre, weil ich es in dem herzlichsten Gedanken an Ihre dichterische Begabung niederschrieb. Uns ist in diesem Weihnachten alles kunterbunt gegangen, die meisten Sachen zu spät, einige gar nicht angekommen.
Nächstens mache ich mich nun wieder auf, um in München meine armen Kostüme und Schweninger zu sehen. Dann denke ich nach Karlsruhe zu kommen, um dort »Hänsel und Gretel« von Humperdinck kennenzulernen. Ein liebenswürdiges deutsches Werk, dem ich Leben auf unseren Bühnen wünsche, weil es ein Zeichen wäre, daß die jüdisch-italienische Lärmmacherei nicht unser Publikum ganz verroht hätte. Dann schleppe ich meine Augen zu Professor Eversbusch in Erlangen. Ich werde aber nicht über 8–10 Tage draußen sein und bitte Sie, teuerster Erbprinz, nach Wahnfried zu adressieren.

In Berlin scheinen sie nun doch endlich Ernst mit dem »Rienzi« zu tun; er soll im März darankommen, und Graf Hochberg ließ mich ersuchen zu kommen. Sosehr mir an dem teuren Werke liegt, fällt mir das sehr schwer. Ich erwarte mir außerhalb Bayreuths wenig, schon dadurch, daß ich die Nebensächlichkeit von allem empfinde, wie man es dort betrachtet, und eine Zaghaftigkeit sich meiner bemächtigt, die natürlich nichts schafft.

Doch werde ich es schon, wenn die Gesundheit es mir erlaubt, Mucks wegen tun, der sich wieder auf die liebenswürdigste Weise gegen meinen Sohn benommen hat und mir in warmen Ausdrücken seine künstlerische Freude an ihm mitgeteilt hat.

10. Januar. Ich wurde gestern unterbrochen, und zwischen diesen Zeilen liegt die Nachricht von dem großen Brande in Paris, wobei sämtliche Dekorationen der Oper, mit Ausnahme von nur ein paar, worunter »Lohengrin« und »Walküre«, vernichtet wurden. Fast der ganze Meyerbeer ist durch das reinigende Element gegangen, und man frägt sich, ob es für der Mühe wert erachtet werden wird, »Robert« und Compagnie neu auszustatten. – Daß bei dieser Gelegenheit wieder einmal Feuerwehr, Verwaltung, alles in Unordnung befunden wurde und daß an Stelle der Hülfe das Stehlen begann, ließ an die Offenbachsche Muse abermals denken. *Ich* kann mir von diesem Volk keine Gefahr her erwarten.

Da ich bei der Oper angelangt bin, möchte ich Sie, teuerster Erbprinz, fragen, ob Sie jemals Mme Nordica in Covent Garden gehört haben und welchen Eindruck Sie von ihr erhielten? Sie hat sich mir als Elsa angetragen, und ich bin auf Richters Empfehlung gerne unter der Bedingung darauf eingegangen, daß sie *deutsch* gründlich könne.

Richter ist nämlich nicht gestorben und wird, so Gott will, nächsten Sommer einen Teil »Parsifal« bei uns dirigieren. Das Lügen der Zeitungen wird so grotesk, daß man sich sehr gut den Augenblick vorstellen könnte, wo kein Mensch mehr ein Blatt in die Hand nähme!

In so liebenswürdiger Weise sagen Sie mir, teuerster Erbprinz, daß meine endlosen Briefe Sie nicht langweilen, daß ich daraufhin sündige! Jenem Sterneschen Pfarrer ähnlich, der so lange predigte, daß dem Kutscher die von ihm wieder abgeholte alte Frau auf seine erstaunte Frage: »has he not yet done?« erwiderte: »of course he has done, but he never finishes«!

So breche ich denn ab, wenn ich schon fühle, daß ich Ihnen gar nicht

genügend für alles Schöne, warm Teilnahmsvolle Ihres letzten Briefes
gedankt habe! Bitte sagen Sie sich es selbst, was ich bei Ihren Worten
empfinde, und empfangen Sie, teuerster Erbprinz, mit den besonderen, erkenntlichsten Empfehlungen meines Sohnes und den herzlichsten Grüßen meiner Töchter die erneuerte Versicherung meiner
tiefen Anhänglichkeit und unaussprechlichen Freude an jeder
Kundgebung Ihres hohen Wesens!

C. Wagner

P.S. Man sagt, daß im P.S. stets das Eigentliche des Briefes käme! Ich
möchte hier um eine Photographie von Ihnen herzlich gebeten
haben.

An Max Brückner
Bayreuth, 18. 1. 1894

Mein lieber und hochgeehrter Herr Professor,
Ich habe heute die Skizzen erhalten und finde sie herrlich und danke
Ihnen von ganzem Herzen für die hohe Freude, die Sie mir damit
gewährt haben! Mit Rührung betrachte ich es, daß Sie uns nun
sämtliche nach Bayreuth gehörende Werke geschaffen haben (der
einzig fehlende »Fliegende Holländer« wird mit Gottes Segen auch
darankommen!), und ich danke Ihnen für alles Ergreifende, was für
mich in dieser Betrachtung liegt.
Ihre Skizzen sind von der schönsten Naturwahrheit, alles ist darin
organisch und gehört also durchaus zu dem großen Werke, dem es
sich anschließt! Ich danke Ihnen insbesondere für die Herstellung des
II. Aktes *»Walküre«* so genau nach der Dichtung. Die kleinen
Bemerkungen, die ich zu machen habe, werde ich jeder Skizze
beigeben.
Was das *letzte* Bild (»Götterdämmerung«) anbetrifft, so habe ich
verabsäumt, Sie darauf aufmerksam zu machen, daß die Beschreibung im Klavierauszug von der Beschreibung in der Dichtung
abweicht. Im Klavierauszug sieht man das *Innere* von Walhall, den
»Saal«, und die Götter, wie sie Waltraute beschrieb (»Götterdämme-
rung« I. Akt). Ich lasse das abschreiben und schicke es mit den
Skizzen.
Das Bild der vergehenden Götter stelle ich mir aus Wachspuppen
dargestellt vor.
Oder wüßten Sie Besseres? Übermorgen, den 20., gehen diese

herrlichen Werke an Sie ab. Ich verdanke Ihnen eine schöne Stunde des Entrücktseins allem Gewöhnlichen und des Versenktwerdens in jene Dichtung, die vielleicht wie keine andere uns das Göttliche der Natur empfinden läßt.

Seien Sie, mein lieber, inniggeschätzter Herr Professor, in Freundschaft und Dankbarkeit gegrüßt!

C. Wagner

An Mary Fiedler
Bayreuth, 31. 1. 1894

Teuerste Freundin!
Von Ihnen war es gütig, uns zu empfangen, und so haben wir zu danken!

Ich bin es mir nur zu traurig bewußt, wie wenig der Mensch dem Menschen sein kann, wenn die Stunde des Schmerzes geschlagen hat; und es ist mit einem Gefühl der Trostlosigkeit darüber, daß ich Ihnen genaht bin.

Es tat mir wohl, daß wie von selbst die Schranken fielen und daß Ihr lieber Vater wie zugegen bei uns war.

Mit der gestaltenden Kraft des Schmerzes vergeht auch sein Stachel, den wir nur empfinden, wenn er nicht ganz unser Herr ist und die Welt uns noch etwas anhat, so daß wir uns vor ihm zu schämen haben. Ist er unsere Zuflucht, so wissen wir auch, was Religion ist, und finden den Gott des Leidens, vor dem die Täuschung der Erscheinung schwindet. Das ist unser Halt, von ihm aus blicken wir mit Sympathie auf alles Unglück, was die Welt ausmacht, und fühlen uns von dem beängstigenden Traum befreit.

So schwer Sie den Dahingeschiedenen vermissen, würden Sie ihn wohl in den Kreis des Leidens wieder zurückrufen wollen, aus dem er nun erlöst? – Mit dieser einen Frage ist eigentlich alles gegeben; die Erlösung von ganzem Herzen zu gönnen, ist die zarte Blüte des Schmerzes, die wir mit unseren Tränen zu zeitigen haben. Glückt uns diese Zeitigung, so haben wir teil an der Erlösung, und wir dürfen es ausrufen: Tod, wo ist dein Sieg!

Ein Glück ist Ihnen beschieden, teuerste Mary; in der Nähe eines so zarten Geistes, eines so innig mitempfindenden Gemütes zu leben, daß Ihr Leiden sanft umgeben, sich ganz und unverletzt angehören kann. Es ist mir dies für Sie ein wohltuender Gedanke, wie wenn man einen lieben Kranken in zarter Pflege weiß.

Seien Sie beide aus tiefem Herzen gegrüßt, teuerste Freunde; Sie,
liebe Mary, innig umarmt, in treuen mitfühlenden Gedanken.

C. Wagner

P.S. Für Herrn La Roche lege ich hier die gewünschte Liste bei.

Gedicht zum Tod von Hans von Bülow
Februar 1894

Von der milden See mit den bunten Ufern
Wandert das Schiff zu dem wildwogenden Meer.
Wellen umschäumen es, sich hebend und brechend,
Eintönig Geräusch auf der wüsten Öde,
Drüber die Wolkenschicht in schwerer Last,
Unabsehbare Nacht dehnt sich über Himmel und Flut:
Einsam unbeweglich stumm fährt in heilger Ruh
Der rastlose Ungestüme durch des Lebens schauriges Meer:
Da – an Tristans Fels
Hebt die Sinkende sich noch einmal vor dem Untergang:
Überströmt blutig golden Wasser und Himmel,
Erhebet sich und sagt: Ich komme, ich scheide
Und scheuche scheidend das nächtliche Heer,
Banne der Böen dunkle Wut,
Gebe dir Einsamen mein göttlich Geleit!
Erhebe, Ermatteter, dich zu mir,
Und ich singe feierlich dir mein Lied:
Heil dir, Lauterer, meine Boten, die Strahlen, grüßen dich!
Heil dir, Mutiger, sieh mein Gewand, wie es dich umfängt!
Heil dir, Edelguter, das Himmelsauge saugt dich ein,
Heil dir, Feuriger, die leuchtende Mutter übergibt dich der Glut!

An Engelbert Humperdinck
Bayreuth, 9. 2. 1894

Mein teurer Freund,
Ich danke Ihnen von ganzem Herzen für das, was Sie mir über
Siegfried sagen, und das, von Ihnen kommend, mir von unschätzba-
rem Werte ist.
Ich weiß es auch, wem Siegfried es verdankt, so bestimmt und fest den

richtigen Weg, auf dem er nun selbständig wandelt, geleitet worden zu sein, und trage dafür in meinem Herzen die tiefste Rührung und Erkenntlichkeit.

Hat er Ihnen auch erzählt, wie die Freude über »Hänsel und Gretel« bei uns andauert. Ich möchte es gleich wieder sehen! indem ich weiß, daß die Freude an diesem meisterlichen Werklein bei mir sich steigern würde. Lebendigkeit und Maß, Fülle der Einfälle und des Humors und Einfachheit, Naivetät und Stil, Empfindung und Technik, ich finde alle Eigenschaften darin vereinigt und möchte es Ihnen bis ins einzelne sagen können, *wie* wert mir dieses Werk geworden ist! Möchten Sie noch ferner rechte Freude daran erleben, vor allem daraus etwas Muße gewinnen, um uns wieder eine Arbeit zu schenken!

Ich muß Ihnen doch noch erzählen, daß ich gestern endlich amtlich erfuhr, daß Ihre Weihnachtsgabe in Triest *gestohlen* wurde! sie wird ersetzt und kommt hoffentlich mit hänselgretelscher Traumseligkeit zu Ostern an!

Leben Sie wohl, mein teurer Freund! Ich freue mich auf unser Wiedersehen im Sommer. Hoffentlich wird unser »Lohengrin« recht schön! Ich träume ein Vorspiel, wie man es noch nie und nirgends gehört hat! und so manches dazu, wenn Gott uns gnädig ist. Und dann geht es an den »*Ring*«!

Viele Grüße Ihrer lieben Frau, beste Wünsche für Wolfram und aus Wahnfried das Innigste, Herzlichste und Wärmste an Sie, lieber Freund!

C. Wagner.

An Wolfgang Golther
Bayreuth, 10. 3. 1894

Mein lieber und werter Herr Doktor,
Ich bin Ihnen für die freundliche Zusendung Ihres Aufsatzes, den ich soeben mit großer Befriedigung gelesen, herzlich dankbar. Die Kürze der Fassung, die Einfachheit der Sprache werden das ungemein Bedeutende, was Sie darin aussprechen, Ihren Lesern sehr nahebringen. Sie haben ausgezeichnet *das* hervorgehoben, worin der Wert der Belebung eines Vergangenen liegt. Und mit dem Worte, daß nicht aus Not, sondern aus Verlegenheit die verschiedenen Nibelungen-Dichter zu diesem Stoffe griffen, eigentlich alles gesagt.

Ich bin Ihnen um so dankbarer für diese Arbeit, als vor kurzem der Aufsatz: »Mythenstein« in Gottfried Kellers Nachlaß mich recht gekränkt hat. Dieser Aufsatz ist in seiner Schluß-Folgerung beinahe ganz aus: »Ein Theater in Zürich« entlehnt, und dabei scheut sich der Verfasser nicht, unser Kunstwerk von oben herab zu erwähnen und von dem »Tändeln mit dem Stabreim« zu sprechen.

Ich danke Ihnen herzlich für die Mitteilung dreier Momente, die ich als höchst erfreulich begrüße: die deutschgesinnten Gymnasiallehrer aus Württemberg, dem guten Schwabenland. Dann die Volksschullehrer, die bei Ihnen Mittelhochdeutsch lernen. (Hieran möchte ich eine Bitte knüpfen: Sie sind, versteht sich, zu unseren Aufführungen mit Ihrer lieben Frau eingeladen; wollen Sie die Güte haben, unter Ihren Volksschullehrern einige auszusuchen und dieselben mit Anführung meines Wunsches Herrn Max Gross, Laineck bei Bayreuth, zu nennen. Er ist Direktor unseres Stipendienfonds; derselbe ist leider noch immer nicht sehr groß, aber ich hoffe bestimmt, daß meinem Wunsche entsprochen werden kann, und Sie kämen mit den trefflichen Hörern.)

Endlich die Studenten, die Sie um den »Fliegenden Holländer« baten! – Ach, es gibt noch viel Gutes und Edles bei uns, und ein »wütender Ekel« erfaßt einem, wenn man dieses Gute so gar nicht gefördert sieht.

Daß Sie empfunden haben, aus welcher innigsten Teilnahme meine dürftigen Worte entstammten, dafür habe *ich* zu danken. Ich tue es aus gerührtem Herzen und möchte, ich hätte Macht!

Empfangen Sie, mein lieber und werter Herr Doktor, den herzlichsten Gruß der innigsten Wertschätzung und Anhänglichkeit!

C. Wagner.

Noch muß ich Ihnen sagen, wie sehr ich mich über Ihre Erwähnung Humperdincks gefreut habe.

An Ernst Erbprinz zu Hohenlohe-Langenburg
Bayreuth, 9. 4. 1894

Teuerster Erbprinz,
Ihre Zeilen darf ich immer als den Lichtstrahl bezeichnen, der durch die Nebel dringt, und ich muß es Ihnen immer wiederholen, wie es mich rührt, daß Sie in Ihrem so vielfach in Anspruch genommenen Leben sich immer noch die Muße erzwingen, um mir eingehend von

sich und von Dingen, die, durch Sie berichtet, mich immer anregen
und bereichern, Mitteilung machen.

Das Bild Ihres Zusammenlebens mit den innig und hochverehrten
Ihrigen hat mich sehr erfreut, und die gewonnenen 4 Monate Urlaub
nicht minder. Ich glaube, daß Sie zu den Naturen gehören, denen das
Zurückkehren zu sich eine Notwendigkeit ist und die aus dieser
Zurückkehr immer deutlicher entfalten, was in ihnen ist.

Ihr trefflicher Ausdruck »der fatale Zauber der Welt« gelangt zu mir
in einem Augenblicke, wo, durch die eigenen Gedanken überbürdet,
ich mich frug, ob die Menschen, die einfach von Zerstreuung zu
Zerstreuung gehen, nicht der Furchtbarkeit des Lebens gegenüber im
Rechte sind, denn die Stunden, wo wir in uns unseren Gott finden,
der uns mit allem versöhnt, sie sind selten!

Ich erlebte eine solche in der Karwoche durch die Macht der Kunst
und die Gewalt des Glaubens. Kniese hatte den letzten Teil der
»Matthäus-Passion« am Gründonnerstag aufgeführt, und am Morgen darauf gingen wir in die Kirche, wo von der Gemeinde dieselben
Choräle gesungen wurden, wie sie Bach vorführt, und wo der
erhabene Vorgang andächtig gefeiert wurde, den der große Künstler
abends vorher durch seine erschütternden Klänge uns verkündigt
hat. Von innerem Schauen gleichsam zum Erleben geführt, kann ich
wohl sagen, daß ich an diesem Morgen selig war und die ganze Kraft
der Wahrheit unseres Glaubens sowie seines Zusammenhanges mit
seiner Offenbarung durch die Musik empfunden habe. Nun dachte
ich an »Parsifal«, und es war mir, als ob das, was ich in tiefster Brust
empfand, nun in verklärter Gestalt an mir vorüberzog und als ob die
ganze Welt durch die Schmerzensklänge durch zum Paradiese sich
verwandelte.

Was uns immer wieder den Schein des Paradieses gibt, das Frühjahr
ist bei uns eingezogen! Es ist beinahe ängstlich warm, und alles sehnt
sich nach Regen. Ich denke mir London jetzt in seinem hübschesten
Stadium und gönne Ihnen, teuerster Erbprinz, von Herzen den
Austritt aus Nibelheim.

Was Sie von Berlin mir erzählen, bestätigt meine Eindrücke. Das
Parteiwesen hat dort ganz die Oberhand gewonnen, und man späht
vergeblich nach Vernunft. Immerhin sagten alle Menschen, die etwas
davon verstehen können, es sei *gut,* daß der Handelsvertrag
abgeschlossen sei. Und so muß man sich nicht viel darum kümmern,
mit welcher Hülfe dies geschah, genau wie Goethe uns im »Faust«
zeigt, mit welchen Alliierten die Schlacht gewonnen wird.

Der gute Eindruck, den Sie vom Kaiser hatten, macht im Grunde alles gut. Frische und Kraft, unschätzbare Güter! Möchte sein Instinkt ihn immer leiten, diese seltenen Gaben zum Besten zu verwerten.

Am meisten bedauere ich die Haltung der konservativen Partei und kann nicht umhin, die Schuld von der Zerfahrenheit in diesem Lager der Behandlung [durch] Bismarck zu geben. Die Art, wie er diese treuesten Anhänger der Monarchie in den Jahren 66 und 67, unter anderem bei den Diskussionen über die Provinzialfonds, behandelte, hat einen Riß hervorgebracht, deren Tiefe und Bedeutung er selbst gewiß nicht geahnt hat. Ich glaube, daß man diese Partei, welche das eigentliche charaktervolle Preußentum repräsentierte, hätte reorganisieren und als Haupt- und wohltätigster Faktor im Regierungswerk erhalten können, und beklage, daß es nicht geschah. Denn so verrannt sie jetzt ist, vertritt sie doch Ehre und Sitte und kennt wenigstens die Phrase nicht. Die Phrase, die sogar das wortkarge England in der zweiten Generation beherrscht. Bei der jetzigen strahlenden Sonne denke ich an das Derby-Rennen und meine, daß man sagen kann: »ein Oberhaus für ein Pferd«. Wir haben aber gar keinen Grund, hier den Engländern irgend etwas nachzusagen, 4000 Plätze sind bereits dorthin gewandert, und ein anglikanischer Gottesdienst wird hier mit zwei englischen Geistlichen für die Zeit der Festspiele eingerichtet. – Auch die Franzosen regen sich. Mottl hat dort einen großen Erfolg gehabt, sollte das zweite Konzert dort dirigieren, da fand sich Levi ein, Gott weiß wie!

Ich komme eben von München zurück, wo ich mit meinem armen Costumier, der ganz nervenschwach geworden ist, mich herumzerren mußte. Wir stehen dort mehr unter dem Zeichen des Schützen als des Schützers! Nichtsdestoweniger erfuhr ich, daß der Regent, wie ihm der Münchener »Lohengrin« angekündigt wurde, gefragt hätte, wie es sich zu Bayreuth verhielte. Die Antwort des einzig bei ihm Vortrag habenden Sekretärs (ehemaliger Theaterkassier) lautete, »es nütze Bayreuth«; und nun ist es gut und wird eine Rauchstube im Theater gebaut, damit der Regent diesen »Lohengrin« aushalten könne, denn die »Locandiera« war ihm schon zu lang. – Von künstlerischen Eindrücken kann ich nur »Hänsel und Gretel« wieder verzeichnen, das mir abermals ungemein gefiel. Ich glaube, daß man von dem Komponisten noch Vorzügliches erwarten darf, und ich freue mich dieses Erlebnisses um so mehr, als die zweite Anhörung der symphonischen Dichtung »Tod und Verklärung« von unserem jungen talentvollen Strauss mich wirklich durch die geschraubte Dürre der Einfälle und die souveräne Beherrschung der technischen Mittel unglücklich gemacht hat. Er dirigierte diese seine Komposition in Würzburg selbst und brachte mit den dortigen Musikschülern ganz Erstaunliches hervor.

Die Sezessionisten besuchte ich auch in München und mußte staunen über die Verirrung und Verwirrung, in welchen ich selbst kein Talent finden kann, was die meisten der Kunstkenner behaupten.

Die Germanisten Golther und Hertz sah ich; beide mit vielem Interesse. Ersterer windet sich mühsam durch, gelangt zu keiner Professur, muß fürs Brot schreiben und wird nun von den grosbonnets angeklagt, daß er »populäre Schriften« veröffentliche. Doch ganz die Zunft! Sogar Hertz, ein so dichterischer Kopf, meinte von »Hänsel und Gretel«, daß man Märchen nicht dramatisieren *dürfe*. Er will sich nächstens an eine Übertragung des »Parzival« von Wolfram machen. Bei dieser Gelegenheit erfuhr ich, daß Wolfram seine ganz eigene, willkürliche, fast barocke Sprache habe und daher viel schwerer zu übersetzen sei als Gottfried, der das klassische Mittelhochdeutsch geschrieben hätte.

Mein Aufenthalt in München galt eigentlich Schweninger; aber trotz dreifacher Rendezvous ging ich leer aus, wie alle seine Patienten dort, und mußte mir sagen: »Die Sterne, die begehrt man nicht!«

Auch ich mußte zu meinem Bedauern Prinz Max' Aussehen sehr leidend finden, und so töricht die Art ist, welche jeden verleitet, mit Hülfsmitteln sich zu nähern, so kann ich doch nicht umhin mitzuteilen, daß unser Maschinenmeister, der 2mal in gefährlichster Weise die Krankheit des Prinzen, Ihres Vetters, durchmachte, neulich *blühend* bei mir erschien und auf mein erstauntes Fragen mir erwiderte, er verdanke diese siegreiche Genesung der Naturheilkunde.

Schweninger sagt mit Recht: Es werden jetzt keine Ärzte, sondern nur Mediziner erzogen, und diesem empfindlichen Schaden tritt eine besonnene Naturheilmethode, wie mich dünkt, günstig entgegen.

Sehr hat mich die Schilderung interessiert, die Sie, teuerster Erbprinz, mir von Kaiserin Friedrich zu geben die Güte haben. Diese hohe Frau muß einen unwiderstehlichen Zauber besitzen, und obgleich ich nie die Ehre hatte, ihr nahezutreten, hat sie doch dadurch in freundlichster Weise in mein Leben eingegriffen, daß sie meine älteste Tochter, als diese in Berlin bei Schleinitzens wohnte, in liebenswürdigster Weise entgegenkam. Auch gegen meine jüngeren

Töchter erwies sie sich, bei Gelegenheit eines Basars, sehr gnädig. Unserer Sache aber blieb sie fremd, ja, wie mir Marie Bülow erzählte, sie hielt ihren Gemahl, den damaligen Kronprinzen, davon ab, sich, wie er es zuerst wollte, zu beteiligen. Der Schritt vom Schönen zum Erhabenen ist ihr, wie es scheint, versagt geblieben, und ich habe es immer sehr bedauert, daß diese begabte, vorurteilsfreie Fürstin unserer Kunst unzugänglich blieb. Die »rechnenden Raubtiere«, die sie als Träger der Kultur betrachtet, mögen auch daran die Hauptschuld tragen.

Hier muß ich etwas sehr Hübsches, Germanisches, was sich unter der Hand ereignet hat und geheimgehalten werden soll, um keine Komplikationen hervorzubringen, erwähnen: Die Mitglieder der Berliner Hofbühne haben sämtlich ihre Mitwirkung bei den »Musteraufführungen« in München versagen müssen, und zwar: um Bayreuth keinen Schaden zu verursachen. Eine erste, positive Unterstützung, für welche ich selbst nicht danken kann, die ich aber freudig erkenne und dem Grafen Hochberg sehr hoch anrechne.

Ach ja, es gibt doch in Preußen viel, viel Gutes und Rechtschaffenes und auch Kraft, dies zu vertreten.

In Bälde werden wir Roons »Denkwürdigkeiten« aus den Händen geben. Dieses Buch hat mich wirklich erhoben! Das Beste des deutschen Wesens gibt sich da in preußischer Strammheit kund! Das christliche Heldentum! Ergreifend ist der Augenblick, wo er bei Sedan seinen Sohn verliert. Der Tod dieses Sohnes mit der Freude über den Sieg, den Ausruf an den Heiland; dann die Art, wie die ganze Familie diese Prüfung erträgt, zeigt zu gleicher Zeit die Ungebrochenheit der Charaktere, wie die antike Welt sie aufweist, und den verklärten Geist, wie wir ihn dem Christentum verdanken. Ein herrliches Denkmal deutschen Wesens ist dieses Buch, und es flößt einem die Hoffnung ein, daß diese Art Menschen bei uns nicht aussterben.

Ganz anderer Art wirkte die Lektüre von Balzacs Briefen an Mme Hanska, welche in den drei ersten Nummern der »Revue de Paris« erschienen sind; sie sind aber schön und durch Intensität und Idealität des Gefühles gar nicht französisch, wenigstens nicht in dem Sinn, den man diesem Worte jetzt beilegt.

Ich möchte nicht zu erwähnen unterlassen, daß, wie mir authentisch erzählt wurde, Paul Heyse sich über »Roons Denkwürdigkeiten« dahin ausgelassen hat, daß die Frömmigkeit sie recht unbedeutend mache! Als ob je große Taten ohne Glauben verrichtet worden wären, denn auch Friedrichs skeptischer großer Geist wurde von einem gläubigen Volke getragen. – Die andere Äußerung Heyses über den »Ring des Nibelungen« will ich, scherzhalber, hier auch erwähnen: »Es sei schade um Stoff und Musik, daß nicht die rechte Dichtung sich deren bemächtigt habe«.

Aber ich glaube, Sie müssen, teuerster Erbprinz, einen Urlaub nehmen, nur um diese Zeilen zu lesen! Und so will ich denn nur noch Ihnen herzlichst für Ihre Teilnahme an dem Auftreten meines Sohnes danken, dessen Auftreten in Brüssel ungemein erfreulich war. Für jetzt hat er alle sonstigen Konzerte abgelehnt, er ist doch etwas angegriffen. Im Oktober aber denkt er nach London zu kommen, und ein Engagement nach Amerika für 95 liegt bereits vor!

Möchten diese Zeilen Sie, teuerster Erbprinz, wohl und zufrieden antreffen und möchten Sie in ihnen das lesen, was ihr Hauptgehalt ist, die wärmste Teilnahme und Anhänglichkeit und innigste Freude an Ihrem Wesen und Wert!

C. Wagner

Mein Sohn empfiehlt sich auf das angelegentlichste, meine Tochter grüßt schönstens, und wir bitten uns alle den hochverehrten Ihrigen in wohlwollende Erinnerung zu bringen.

An Engelbert Humperdinck
Bayreuth, 28. 4. 1894

Mein lieber, innig geschätzter Freund,
Ihre Zeilen sind denen vorgekommen, die ich die Absicht habe Ihnen zu schreiben, seitdem ich »Hänsel und Gretel« zum zweiten Mal gesehen habe. Sie haben mir gar nicht zu danken, denn meine kleine Weihnachtsgabe ist beschämend spät angekommen, ich aber habe Ihnen wohl dafür zu danken, daß Ihr liebenswürdiges Werk seinen ganzen Zauber für mich behalten hat, daß ich es jeden Augenblick wieder anhören möchte und daß ich freudig darüber bewegt bin, daß der Unsrige, der Sie sind, die Fahne unserer deutschen Kunst hochgehalten hat inmitten allgemeiner Panik und Desertion oder absurder Gespreiztheit. Es ist mir unmöglich, ohne tiefste Rührung der Aufführung dieses Werkes zu folgen, und es hat mich so umsponnen, daß ich, wie ich nach Hause kam, es mit Kniese noch einmal von Anfang bis Ende durchgenommen habe. – Ich habe das Bild der Inszenierung so ziemlich vor mir und möchte Ihnen einiges

darüber mitteilen. Fürs erste finde ich, daß das Gretel etwas weniger zierlich, natürlicher sein könnte als Fräulein Borchers; obgleich diese ihre Sache sehr niedlich machte.

Für den *Hänsel* wünschte ich als Anzug einen Kittel oder Bluse, sehr faltig, wenn auch in ärmlicher, verwaschener Farbe und geflickt. Ich möchte, daß man die weiblichen Formen nicht zu deutlich sähe.

Den Milchtopf möchte ich auf dem Herd, damit bei der Jagd auf Hänsel die Mutter ihn etwas natürlicher umwerfen könnte, als dies in München und Karlsruhe geschah.

Dann aber habe ich für das erste Bild eine Bitte an Dichterin und Komponist:

An der Stelle, wo der Vater nach den Kindern frägt, müßte die Antwort der Mutter *deutlicher* sein als: »Ja wüßte man's, doch das weiß ich klar wie Tag, daß der Topf in Scherben brach.«

Ich verstehe sehr gut, daß der zerbrochene Topf sein Recht haben muß und daß die Mutter das zuerst zeigt. Aber dann, bevor sie den Ilsenstein nennt, müßte sie in drastischer Weise und unter möglichst geringer Begleitung des Orchesters erzählen, wie sie die Kinder in den Wald geschickt.

Die schöne Waldszene verlor in München all ihren Zauber; keine der Angaben der Dichtung wurden beachtet, und die beiden liebenswürdigen Männchen wurden zu öden Virtuosen. Wenn wir es gemeinsam inszenieren, müssen Sie mir sagen, ob Sie, wie ich es mir denke, das »St« vom Sandmännchen sich für das Streuen des Sandes gedacht haben.

Das dritte Bild ist bei weitem (die Hexe inbegriffen) das schwerste. Ich würde vorschlagen, daß beim Zerstreuen der Nebel die Tannen sich hinter das Knusperhäuschen zurückziehen. Der Ilsenstein müßte recht deutlich gekennzeichnet sein. Hauptsache der Regie ist dann, daß die Kinder ihren Entzückungswalzer nicht vor der Rampe, sondern, untersuchend, am Knusperhäuschen singen.

Eine schwerste Sache ist der Besenritt. Ich würde vorschlagen, daß neben dem Ofen eine Art Besengaul stünde, auf welchen die Hexe sich schwänge (walkürenartig!), bald verschwände, und man hinten über dem Dach und Stock und Stein eine Puppe auf diesem Gaul reitend fliegen sähe.

Ferner würde ich vorschlagen, daß, wenn die Hexe als Kuchen aus dem Ofen gezogen wird, das Knusperhäuschen krachend verschwindet, an seiner Stelle, vielleicht an dem Ilsenstein angelehnt, die Kuchenstatue angelehnt.

Hier habe ich noch eine Bitte an Dichter und Komponist: Daß Vater und Mutter mit zwei Worten von den Kindern erzählt werde, daß sie die Hexe verbrannt haben. Und irgend etwas müssen die Bürsten-Eltern den Kuchenkindern sagen (natürlich dürfen die vielen Eltern nicht erscheinen).

Endlich fände ich es gut, daß, nach dem Gebete, die Kuchenkinder wie einen kleinen Triumphmarsch für Hänsel und Gretel einrichteten, indem sie den Käfig auseinandermachten und zu einer Art festlicher Tragbahre richteten, wo auch der Wacholderbusch zu seinem Rechte käme.

So, mein lieber Freund, in wenigen Strichen meine Idee von der Darstellung.

Wollen wir es in *Dessau* zusammen versuchen?

Ihre Darstellung von Darmstadt hat mich sehr unterhalten.

Ich hatte das Fräulein Egli gebeten, mir hier einiges aus »Hänsel« vorzusingen. Das war so großartig, daß sie entschieden muß hoffähig gewesen sein.

Mit Kranich hatte ich gesprochen. Es freut mich, wenn er es gut machte. Könnte ich Ihnen das liebe Werk, seinem zarten Sinn gemäß, aufführen! *So* allein könnte ich Ihnen den Dank aussprechen, den ich dafür empfinde, und meinen Dank überhaupt!

Wenn es noch nicht »zieht«, so wird es sich doch halten und mit der Zeit ziehen. – Anbei Breslau, das mich *sehr* gefreut hat. Wollen Sie es mir umgehend zurückschicken, weil Siegfried antworten muß.

Ich freue mich darauf, wann Sie kommen, mein Freund, und Gott gebe uns einen echten, lebendigen »Lohengrin«.

Die Partitur könnte ich zwar jetzt nicht mehr mit Ihnen lesen, die Augen versagen es mir. Aber *wie* gerne hätten wir Sie vom Anfang an dabei! Doch, kommen Sie, wann Sie können, immer sind Sie willkommen, immer bei uns zu Hause!

Wir grüßen Sie alle von Herzen, senden alles Beste Ihrer lieben Frau und hoffen auf ein gutes Wiedersehen!

Treulich

CW.

An Hermann Levi
Bayreuth, Juni (?) 1894

Mein lieber Major,
Ich danke Ihnen bestens für die so freundliche Bemühung, mir von
der Aufführung in München ein Bild zu geben, dessen Richtigkeit aus
seiner faßlichen Bestimmtheit hervorgeht.
Nur die Ansicht, mit welcher Sie den Bericht einleiten, muß ich wider-
legen, und zwar abermals, denn bereits im Herbst sagte ich Ihnen:
»›Tannhäuser‹ in Berlin wurde nicht *mit meiner Arbeit,* vor Bayreuth
gegeben.«
»Berlin steht zu Bayreuth nicht in dem Verhältnis wie München, wo
Sie den Taktstock führen.«
»Niemanden konnte die Absicht des Münchner Intendanten entge-
hen.« (Diese Aufführung trägt also den Stempel der gemeinsten
Bosheit, des Diebstahles und des Zynismus!)
Ferner konnte es mir nicht gleichgültig sein, daß auch der letzte
lockere Zusammenhang mit der Aufführung 1867 mit roher Hand
zerrissen wurde. War es nur die Hülle, so sagte diese Hülle, wie ein
letzter schwacher Nachhall, etwas von diesen verschollenen Tagen.
Und Seidls Wort hat mir förmlich wohlgetan.
Was mich für hier bewog, konnte für dort nicht maßgebend sein. – – –
Daß die Chöre gut waren, hat mich etwas gewundert, denn ich fand
sie nie so, und ich weiß, was dazu gehört, um – nicht Bewegung
– sondern Seele diesem Komplex Menschen einzuhauchen. Terninas
Ortrud stelle ich mir gut vor; es wird ihr an der Hauptsache – an
dämonischer Gewalt – gefehlt haben, aber sie hat wenigstens die
Fähigkeit, dem, was ihr fehlt, den Anschein des Stiles zu geben. – – –
Alles sonst! Ja, wenn Herr Possart »Lohengrin« aufführen könnte,
dann wären wir Freunde.
Kommen Sie getrost her, lieber Major, und glauben Sie nicht, daß
irgend jemand Sie verleumdet hat.
Vieles hat sich uns aufgedrungen, und Adolf Gross hat Ihnen nur von
seinem eigenen Eindruck gesprochen. Der ganze Fehler hat aber an
meiner Vorstellung gelegen, und daß ich von der Kindheit an auf das
Ekstatische des Bekenntnisses gewiesen wurde, das in Bayreuth für
mich seine Krönung erhielt.
Das macht einseitig und intolerant; auch in dieser »Lohengrin«-
Angelegenheit. Aber ich allein trage die Schuld; niemand beeinflußt
mich – glauben Sie mir.

Und nun leben Sie wohl! Bitte teilen Sie diese Zeilen, unter herzlichsten Grüßen, unseren lieben Freunden Fiedlers mit. Ich habe so viel mit ihnen über diese traurige Begebenheit (die sich als Feier schminkte) gesprochen, daß ich gern hätte, sie wüßten mein letztes Wort hierüber.

Ist es Ihnen recht, so kommen Sie nach unseren »Lohengrin«-Proben für die von »Parsifal«? Nach dem, was Sie mir über ein bestimmtes Verhältnis gesagt, ist es, glaube ich, so besser. Ich hoffe, daß die neue Kundry und der neue Parsifal sehr gut werden.

Von Seidl (aus New York) soll ich Sie sehr grüßen; er schrieb mir sehr hübsch, in der alten traulichen Sprache der Nibelungen-Kanzlei.

Wurden Sie auch zum Bibel-Musik-Drama in Stuttgart eingeladen? Unsere Welt scheint so beschaffen, daß jede große Erscheinung sie nur verdreht und noch unsinniger macht!

Paul Heyse soll Weimar gewählt haben, um Goethes »Technik« (!) zu kritisieren.

Frau vom Rat ist von dieser Feier enthusiasmiert nach Berlin zurückgekehrt. Vielleicht hebt sie auch Christus aus der Taufe, in Stuttgart.

Schönsten Gruß, mein lieber Major, die Kinder sind fort, sonst würden sie mitgrüßen!

Verzeihung für den Lapidar-Stil. Ich bin gar nicht napoleonisch angehaucht, aber mein schlechtes Gesicht zwingt mich zum Imperator. Ein Wort-Witz fällt mir hier ein: Impos-sar-teur! Und daß die Impotenz von der Imposture nicht so weit ab ist, daß diese imponiere, sagt das Wortspiel.

Donnerstag.

Ein kleiner Nachtrag zu meinem heutigen Lapidarerguß.

Es kann mir auch nicht gleichgültig sein, das Werk von Bayreuth gehemmt zu sehen.

Wurde »Lohengrin« in München, nach Bayreuth, aufgeführt, so geschah, was mit »Tristan«, »Meistersingern« und »Tannhäuser« geschehen; einige der prägnantesten Momente wurden festgesetzt angenommen, und das wirkt dann weiter.

Jetzt ist der arme »unselig holder« »Lohengrin« an die Torheit genagelt. Und von der Stätte aus, wo wir einst waren und wo Sie jetzt sind, mit Hohn proklamiert: was ihr in Bayreuth arbeitet, worum ihr euch bemüht, ist uns einerlei, wir kreieren!

Gott! lieber Major, ist das denn so schwer zu empfinden. Und konnten Sie wirklich, ohne Grauen und Lähmung Ihrer Kräfte, mit

einem Menschen gemeinsam an einem Werke arbeiten, der eine
solche Gesinnung – hegt? Nein, proklamiert! Nun, nichts mehr! Wir
wollen hier arbeiten und auch uns freuen, und an mir soll es nicht
fehlen!

CW

An Max Brückner
Coburg, 4. 9. 1894

Noch bevor ich Coburg verlasse, will ich Ihnen, mein lieber und
hochgeehrter Herr Professor, meinen Dank für die große große
Freude, die mir wiederum bei Ihnen geworden ist, aussprechen.
Ebenso wie ich die Freiheit der Konzeption in den Bildern, die
Mannigfaltigkeit der Darstellung der Natur, in Ihrer großen Arbeit
bewundere, ebenso rührt mich die gewissenhafte, liebevolle Beach-
tung aller Angaben der Dichtung und die treue Erinnerung der
Angaben vom Jahre 76.
Tiefes Gemüt und schwungvolle Phantasie, wie sie nur dem
Deutschen zu eigen sind, haben mich wieder zu dem Werke ermutigt,
vor welchem mir sonst wohl bangt.
Empfangen Sie den Ausdruck meiner wärmsten Erkenntlichkeit
dafür!
Und Ihrer lieben Frau auch unseren innigsten Dank für die liebe
Gastlichkeit. Es geht mir das Herz unter Ihnen allen auf, alles ist so
gut, so echt, so deutsch.
Gott segne Sie und erhalte Sie alle gesund! Ich wiederhole meinen
dringenden Rat zu einem dreiwöchentlichen Aufenthalt in Salò. Der
Himmel ist *zu* schlechtlaunig jetzt; ich weiß gar nicht, was er hat. Am
Ende sieht er auch manches, was ihm nicht gefällt, etwa München?,
und wir müssen es büßen!
Wir nehmen unsere Veilchen und Rosen mit nach Bayreuth und auch
die grüne Schleife von dem Korb.
Vor allem aber das Gedenken der schönen Stunden in Ihrem Hause
und der großen künstlerischen Eindrücke!
Seien Sie alle, liebe inniggeschätzten Freunde, gegrüßt, bewahren Sie
uns ein freundliches Andenken, und lassen Sie mich auf ein gutes
Wiedersehen hoffen!
Treulichst

C. Wagner

An Konrad Fiedler
Bayreuth, 6. 9. 1894

Mein hochgeehrter Freund,
Gestern las ich die Übersetzung, welche Edouard Schuré von dem
»Brief aus Bayreuth« gemacht hat. Mir scheint sie vorzüglich, wenn
sich mir auch hierbei die Wahrnehmung wiederholte, wie unzertrenn-
lich beinahe Gedanken und Sprache sind. Er sendet nun seine
Übersetzung an den Redakteur der »Revue«. Ich bin begierig, ob es
aufgenommen wird. In alten Zeiten war diese periodische Schrift
unseren Dingen durchaus abgeneigt.
Ich hatte Schuré auch den Brief über »Tannhäuser« geschickt. Er hat
ihn nicht übersetzt, vermutlich in der Annahme, daß die Aktualität
der Lebenswahn auch der »Revue« ist.
Bezüglich Hardens muß ich mich noch entschuldigen. Er hat mir
einen geradezu widerlichen Eindruck gemacht, und ich könnte mir
gar nicht erklären, wie ich zu einem solchen Vorschlag kam, wenn ich
nicht die kuriose Erfahrung gemacht hätte, daß ich mit Levi Dinge
sage, die ich gar nicht denken kann, ja, zuweilen auch solche tue.
Wollen wir das die Macht der Persönlichkeit nennen? Aus Ihren
Zeilen, lieber Herr Doktor, glaube ich zu erraten, daß Harden gegen
Bayreuth sich geäußert hat. Gott segne es ihm! Es wäre wirklich
unheimlich, wenn solche Wesen anfingen mitzutun. Schweninger
stellte mir diesen dunklen ehrlosen Mann vor, Levi meinte, er sei sehr
angenehm, verbrachte die ganze Nacht mit ihm und behauptete, sein
Schweigen sei das Zeichen tiefster Ergriffenheit. Ich hatte keine
Meinung, sondern das unheimliche Gefühl, daß die heiligsten Güter
von solchen Wesen befleckt werden. Der Begriff der Sünde – ein mir
eigentlich fremder – geht mir bei solchen Begegnungen auf. Bestehen
können wir ihnen gegenüber nur durch eine alles besiegende,
unerschrocken bejahende Kraft der Idealität. Ich glaube, daß sehr
viele unserer guten deutschen Naturen dadurch unterliegen, daß ihre
Gutmütigkeit die instinktive Repulsion bei ihnen zurückweist und sie
nicht die Vorstellung der Abscheulichkeit eines solchen Wesens sich
zu bilden die Schärfe haben.
Da wäre ich denn zu dem Thema gelangt, welches Sie, teuerster
Freund, mit solcher Sicherheit in Ihren letzten Zeilen behandeln.
Seit geraumer Zeit bereits habe ich meinen Bruch mit der Geistreichigkeit vollzogen und scherzhaft erklärt, ich liebte die Langweiligen.
Ich meine, daß unser Heiland »die Armen im Geist« also verstanden

hat, nämlich die, bei denen der Verstand durch das Gemüt befruchtet wird.

Eine Kälte (außer wenn es tierisch-sinnlich zugeht), eine Sterilität geht von jenen Witzigen aus, die ich für das germanische Wesen weit verderblicher als alle Kriegs- und Krankheitszufälle erachte.

Ich habe hier den entscheidenden Kampf gegen dieses kritische Unwesen geführt. Ich habe ihn mit dem leidenschaftlichen Instinkt geführt, daß es sich um Tod und Leben handle. Nun, daß die Lebenskeime gerettet sind, ein genialisches Naturell wie das Mottls für unsere Kunst ergiebig und im vollsten Besitze seiner unvergleichlichen Gaben geworden ist, nun ist mir alles recht, und keine Heftigkeit ist mehr von mir zu gewärtigen.

In einem Aufsatz des »Journal des débats«, den mir Adolf Gross zu lesen gab und der eine ungemeine Anerkennung des hier Geleisteten enthält, fiel mir eines sehr auf; daß die Obergewänder von Lohengrin und Elsa auf Sitzen bei dem Bett niedergelegt wurden, darüber hält sich M. Jullien auf und meint, in Paris gäbe dies ein Gelächter. Fällt Ihnen dabei nicht Byrons Wort über die französische Tragédie ein? »Langeweile auf Draht«. Jede Natürlichkeit im Erhabenen macht sie stutzig; sie sind dadurch kindisch und unanständig zugleich.

Meine Tochter wird uns heute Nachrichten aus Crostewitz bringen. Hoffentlich recht gute! Wir bleiben dann alle zusammen hier bis Anfangs Oktober, wo wir die Wanderung nach dem Süden begehen und auch die Trennung.

Auf der Rückkehr frage ich dann an und freue mich im voraus schon auf das trauliche Leben.

Herzlichste Grüße an die teure Mary und Ihnen, mein hochgeehrter Freund, die innigste Versicherung meiner ganzen Sympathie!

C. Wagner.

Meine Töchter tragen mir an Sie beide die herzlichsten Grüße auf. Siegfried ist noch in der Schweiz.

An Alexander Ritter
Bayreuth, 6. 9. 1894

Mein teurer Neffe,
Du hast mit übergroßer Güte eine Mitteilung aufgenommen, deren Ungenügen mir so peinlich bewußt war, daß ich ihre Absendung, sobald sie geschehen war, bereute.

Ich danke Dir lebhaft für die Freude, welche Du mir durch Dein liebevolles Verständnis bereitet hast. Besser als Verständnis: Divination.

Ich glaube mich unter anderem zu entsinnen, daß ich das gar nicht ausgesprochen habe, worauf, es zu sagen, mir alles ankam; nämlich das Leiden!

Wie die Natur durch die unschuldige Grausamkeit bis zur Erlösung durch die Offenbarung sich durchdrang, so wandelt der Mensch durch das Leiden zur Seligkeit der Allversöhnung. Das Leiden darf aber kein willkürliches, erfundenes und abstraktes sein, wie das Guntrams oder Firdusis, sondern es muß ein wahrhaftiges, aus der Natur des Menschen und dem Konflikt dieser Natur mit ihrem Schicksal hervorgegangenes Leiden sein, eine Notwendigkeit.

Was unsere Dichterlinge auch stets vergessen, das ist, ihren Stücken eine Vergangenheit zu geben. Es fängt immer alles, platsch platsch, eben an. Aus diesem außerhalb des lebendigen Werdens gestellten Produzieren entsteht die Leblosigkeit und tödliche Langeweile. Frag, welches der Werke Du willst, und Du wirst sehen, daß, wenn der Vorhang aufgeht, bereits sehr viel vor sich gegangen ist, wovon die beginnende Handlung die Fortsetzung ist.

Wie gerne unterhielte ich mich mit Dir über diesen so wichtigen Gegenstand.

Du siehst, wie es mich freut, daß Du ihn Dir zum Vorwurf genommen, und wie wichtig ich es finde, daß den Talentvollen unter uns durch einen so Berufenen, wie Du einer bist, die Augen geöffnet werden. Entsinnst Du Dich des Briefes an Röckel No. IV; er enthält wichtige Weisungen, unter anderem S. 37:

»Ich glaube mich dagegen mit ziemlich richtigem Instinkte vor einem allzu großen Deutlichmachungseifer gehütet zu haben, denn meinem Gefühle ist es klargeworden, daß ein zu offenes Aufdecken der Absicht das richtige Verständnis durchaus stört. Es gilt im Drama durch Darstellung des Unwillkürlichen zu wirken.«

Laß Dich ja nicht abhalten, Deine Abhandlung auszuarbeiten, und mach uns ein Weihnachtsgeschenk damit.

Tausend Dank nochmals, auch für Deine lieben Worte über unseren »Lohengrin«. Du hast uns doch sehr gefehlt, und es gehört die ganze Tendenzlosigkeit unserer Beziehungen dazu, daß ich es Dir so gar nicht nachtrage.

Sei herzlichst gegrüßt und bleibe gut Eurer Getreuesten

CW.

Der Kunstgelehrte und -mäzen Konrad Fiedler,
Zeichnung von Hans von Marées, um 1878

Henry Thode, Zeichnung von Hans Thoma, 1892

1895

An Konrad Fiedler
Bayreuth, 23. 1. 1895

Mein hochgeehrter Freund,
Durch Adolf Gross erfahren wir, daß Sie wiederum von Ihrem alten Leiden befallen worden sind, und ich kann es Ihnen gar nicht aussprechen, *wie* betrübt wir darüber sind und wie herzlich wir wünschen, daß Sie von dem lästigen Übel möglichst bald befreit werden möchten.

Daß unsere Neujahrsgrüße diese Form würden annehmen müssen, hatte ich freilich nicht geahnt, indem ich es mir vornahm, erst nach der Rückkehr von Berlin sie Ihnen zu entsenden.

Goethes Wort: »es ist zuweilen besser, nichts zu schreiben, als nicht zu schreiben«, ist mir, seitdem ich Ihre letzten schönen Zeilen erhielt, recht gegenwärtig gewesen, und jetzt zumal, wo ich auf eine solche Fülle der Mitteilung blicke, die ich täglich im stillen an Sie ergehen ließ, daß ich wirklich das Beginnen scheue, indem ich das Ende nicht absehe.

Der Dank hilft mir aus der Befangenheit! Als ich auf das vergangene Jahr, an seinem letzten Tage, zurückblickte, ergab sich unter dem Wertvollsten, was mir darin gewährt wurde, Ihre, in so unvergleichlicher Weise kundgegebene, Teilnahme an meinen Bestrebungen! Innig und herzlich habe ich Ihnen dafür gedankt! Ich glaube, Sie wissen gar nicht, welche Wohltat Sie mir erwiesen haben. Denn der Weg ist einsam, und sich gänzlich davon entwöhnen müssen, auf die menschliche Stimme zu achten, ist eine schwere Aufgabe, zumal für ein Herz und für einen Sinn, die offen sind und keinen Gefallen an der Eigenheit haben.

Möchte mein Dank die Kraft haben, Ihnen auf dem Krankenlager eine kleine Befriedigung zu bringen!

Wie Sie wohl erfuhren, sind wir nach Berlin gefahren, um dem Konzerte meines Sohnes beizuwohnen. Ich habe große Freude daran gehabt. Das bestimmte, ruhige Wesen, welches durch den Glanz der Jugendlichkeit verklärt wird, gab sich mit solcher Prägnanz zu erkennen, daß, so genau ich es kenne, es doch wie überraschend auf mich wirkte. Ich glaube nicht zuviel zu behaupten, wenn ich meine, daß kein günstiger noch ungünstiger Zufall des Glückes ihm etwas anhaben kann und daß seine Unbefangenheit, sein Ernst, seine Festigkeit genialische Kräfte sind, die ihn nie im Stich lassen werden. Als er am Schluß seiner großen Arbeit mit ruhiger Einfachheit, aber ekstatischem Blick zu mir trat, kam er mir vor wie der Taucher, der aus der Tiefe der Flut mit dem gehobenen Schatze sich näherte!...

Wie habe ich es Ihnen nachempfunden, was Sie über das Gastspiel-Dirigieren sagen! Bei Levi zumal, der im Alter ist, wo die Ruhe dem Menschen am besten steht und bekommt. Wohl durch die Unstetheit dieses Gastspielwesens getrieben, hat er in Pest etwas getan, was mich verletzen würde, wenn ich in seinem Betreff nicht ein General-»Major«-Pardon an die Tagesordnung gestellt hätte! Er wußte genau, denn ich hatte es ihm gesagt, daß mein Sohn sich das »Siegfried-Idyll« für sein Programm bedungen hatte. Nichtsdestoweniger scheute er sich nicht, dieses Werk, welches wie kein anderes meinem Sohn als Erb und Eigen angehört, ja, dessen Veröffentlichung einzig durch seine Beteiligung an der Aufführung für mich überwunden sein kann, ihm vorweg zu dirigieren!

Es hat mich sehr gefreut, daß Mary einen solchen Eindruck von den symphonischen Dichtungen unter Mottls Leitung erhielt. Er hat den für diese Kompositionen unerläßlichen Schwung, ganz aus sich, so wie er für Mozart, durch seine österreichsche Geburt, den naiven Zugang hat. Da ist alles lebendig und natürlich! und von ihm strömt Wärme aus.

Das unleugbare Talent Weingartners dagegen wurde von Isolde treffend mit dem Klingerschen »Tod als Ritter« verglichen. Es ist da, wie ein galvanisches Leben ohne Seele und ein Glanz, der an den Schuppenpanzer über Knochen gemahnt, und eine ähnliche Bewältigung der Schwierigkeit.

Sie sehen aus dem Vergleich, womit wir uns auch befaßt haben! In der Tat haben mich einige Blätter des genialen Illustrators sehr eingenommen und angeregt. Vor allem die »Entführung des Prometheus«.

Ich bin etwas zaghaft, indem ich dies sage, und wende mich schleunig zu dem neuen Rembrandt, der uns nun zu einem unveräußerlichen Besitz geworden ist. Die Gestalt dieser Frau verläßt einem kaum mehr, wenn man sie gesehen hat; es ist fast das Rührendste, was ich je gesehen, und jedes Wort versagt.

Unsere Freunde vom Museum sahen wir, soviel wir nur konnten. Und selbst Bode hatte die Freundlichkeit, mich an dem Lager zu empfangen, wo er nun bereits seit 19 Wochen schmerzlich gefesselt ist. Er war aber ebenso lebhaft wie immer, und über das Mitleiden siegte noch die Freude über diese wirklich einzig-eigenartige Persönlichkeit.

»Die Weber« sahen wir auch! Ihrer und der Darstellung Ihres Eindruckes von Ernst Wolzogens Tätigkeit gedenkend. Unsere Aufführung war nicht gut, und das Stück hatte uns bis zum Gähnen gelangweilt, als der Schuß auf den braven Weber plötzlich uns von der schlechten Kunst mit ihrer ganzen Gestaltungs-Unfähigkeit in die furchtbare Realität der Dinge so gewaltsam versetzte, daß auch das Verurteilen des Stückes uns ausging und wir stumm und ernst heimkehrten.

Was soll ich Ihnen, lieber Herr Doktor, sonst über Berlin sagen. Man ist dort in einem beständigen Zwiespalt. Einmal erscheint einem die Stadt erdrückend trist und öde, ein andermal, wenn man etwa vom Museum zum Tiergarten wandelt, weht einem etwas wie Kraft und Hoffnung an. Vieles ist dort zum Verzweifeln, und doch findet man nirgends die energische Empfindung davon wie dort. Und Ausbrüche des Widerwillens, wie ich sie selbst von Optimisten dort vernahm, haben mir den Eindruck des Lebens gemacht. Viel Tüchtigkeit ist noch da, und das Volk fand ich wie immer intelligent und freundlich. Man sagte mir freilich, daß die ganze Öffentlichkeit jüdisch sei. Ein Offizier erzählte mir angewidert, daß eine Aufführung des »Requiems« von Berlioz unter Herrn Siegfried Ochs ihm 20malige Hervorrufe *in dem Saal* eingebracht habe, wo Mottl durchgefallen ist, weil jetzt alles von den Juden eingenommen sei. Ich habe davon so gut wie nichts bemerkt. Das Konzert Siegfrieds hatte ein ernst teilnehmendes, anständiges Publikum; auch im »Rheingold« war das mir von früher her gekannte gute Auditorium, wo von solchen Tobereien und Börsenspektakeln keine Rede ist. Und die Freunde, die ich in Berlin sehe, meinen es ernst in jeder Beziehung.

Auch einem Gottesdienst bei Stöcker wohnten wir bei. Weit ab, am Halleschen Tor, ist die Kirche, die seine kleine Gemeinde ihm erbaut hat. Es war sehr rührend, ja erhebend; seine Predigt einfach, kräftig, sein Gebet begeistert und der Gottesdienst würdig und andächtig. Auch die Lieder schön gewählt. Mit der traurigen Empfindung, daß hier eine Kraft brachgelegt sei, welche in unseren unruhigen Zeiten zum Wohle des Ganzen hätte benutzt werden können, verließ ich den

»Johannestisch«, wo der Geächtete seine Predigt auf dem Grunde
gelegt hatte, daß nur aus der Wahrhaftigkeit der Glaube entsprießen
könne.
Wir beschlossen unseren Aufenthalt in Berlin mit einem dreitägigen
Besuch bei Anna Helmholtz. Wir fanden sie tief erschüttert, und ich
bin nicht ohne Besorgnis für ihre Gesundheit. Ich fürchte auch, daß
sie die Erbärmlichkeit der Menschen zu stark empfindet, um zum
Frieden zu gelangen! Sie hat mich durch ihre Herzlichkeit und ihr
Vertrauen sehr gerührt sowie durch ihre große Intelligenz sehr
angeregt.
Ein Neffe Hildebrands traf ich bei ihr. Und da muß ich Ihnen doch
mitteilen, was meinen Gedanken keine Ruhe läßt! Ich möchte, daß
der hochgeschätzte Künstler bei seinem Hubertusbrunnen sich
entschlösse, die Legende nicht außer acht zu lassen, die doch mit
diesem Namen ewig verknüpft ist, und dem Geweih des Hirsches das
Bild des Erlösers am Kreuze beigeben. So würde das Gehäuse die
Bedeutung einer Kapelle erhalten, der Schatten darin erschiene uns
heilig, und wir verstünden, daß das edle Tier dorthin das Edelste
geflüchtet und gerettet hätte, und geweiht begrüßten wir sein
Geweih. Unsere Kultur ist nun einmal eine christliche, man kann dem
nicht entrinnen, und die Legende des Hubertus enthält jene
wundervolle Verbindung von Natur und Gnade, wie sie einzig in
unserem Glauben inbegriffen ist. Und *wie* versöhnend, ja, fast
hoffnungsvoll über allen Wahn der Grausamkeit hinaus, daß Hubertus zum Schutzheiligen der Jäger gemacht wurde. Wollen Sie mich
– uns? – vertreten, lieber Freund?
Wie hätte ich mich gefreut, Sie in Dessau als Publikum zu haben! Ihre
Worte über »Hänsel und Gretel« ließen mich dies wieder recht
empfinden. Ich glaube, Sie hätten dort die Einheit zwischen Musik
und Handlung wahrgenommen, und das dritte Bild, worin die
eigentliche Schwierigkeit des Werkes liegt, hätte Ihnen, so hoffe ich,
zugesagt. Es war wenigstens vor der grotesken Monotonie bewahrt.
– Vielleicht machen Sie einmal von Leipzig aus den Sprung nach
Dessau und sagen mir Ihren Eindruck.
Daß meine mittelbare Quälerei Ihnen zu einer schönen indischen
Decke verholfen hat, sieht Ihnen ganz ähnlich! Ja, der Gemüts-
schrank! Ich könnte viel darüber sagen. Man sieht es ihm an, was er
birgt! wenn er sich auch selten öffnet. Ich grüße ihn von ganzem
Herzen, wie einen besten Freund, und trage ihm manches zu, was
ganz still ist und keinen Raum einnimmt.

Hier schließe ich Siegfrieds Bild an und lege tausend Grüße von uns allen an Sie und die liebe Mary bei und *viele* herzlichste Wünsche für Ihre baldige Genesung.
In Anhänglichkeit

Ihre CW.

An Richard Strauss
Bayreuth, 25. 1. 1895

Mein lieber Freund!
Wie Sie sich wohl denken, habe ich meine Arbeit sorgfältig gemacht und nicht aus Übermut Kürzungen vorgenommen. Ich bin von der Ökonomie des Ganzen ausgegangen, und mit vorsichtiger Anwendung dessen, was ich auch über den »Rienzi« erfahren habe, habe ich es versucht, den dramatischen Gehalt am deutlichsten zur Erscheinung zu bringen und zugleich das Ohr des Hörers vor Übermüdung und die Stimme des Sängers vor Anstrengung zu hüten. Ich bitte daher, sich zu entscheiden: Entweder die autographische Partitur oder meine Bearbeitung genau, wie sie ist, zu akzeptieren. Zu einer Vermengung von beiden gebe ich das Aufführungsrecht nicht; denn ich halte das für künstlerisch unrichtig. Auch kann ich keinen Präzedenzfall gestatten, wo dann Wien, Dresden, Hamburg etc. jeder einen anderen Wunsch bezüglich des Werkes kundgäben. Entschließen Sie sich also, ich bitte, und sagen Sie mir Ihren Entschluß.
Ich habe die Stretta des 2. Aktes aus dem Grunde gestrichen, weil ich, wie gesagt, keine Übermüdung vor der eigentlichen Peripetie eintreten lassen wollte.
Was den Schluß des 3. Aktes betrifft, so sehen Sie sich die Dichtung in den »Gesammelten Schriften« an, und Sie werden finden, wie es gewollt wurde. (Offengestanden erstaunt es mich, daß Sie nicht die dramatische Notwendigkeit von Adrianos und Irenes schmerzlicher Trennung gerade inmitten der Triumphklänge empfanden.) – Was die andern Striche anbetrifft, so bitte ich die Künstler zu erwägen, daß wir zum Beispiel keine Sängerin haben, welche die Koloraturen des Duettes im 5. Akt singen kann. Rienzis Antwort auf Irene ist so drastischer.
Wie gesagt, meine ganze Bearbeitung ist von einem bestimmten Prinzip ausgegangen und gründet sich auf Unterweisung. Ich kann

also nichts daran ändern, werde es aber sehr zufrieden sein, wenn Sie sich an die autographierte Partitur halten und dieselbe genau bringen, wie sie ist. Dies ist ein Ganzes, wie auch meines ein Ganzes ist.

Ich bin Ihnen gar nicht böse, seien Sie mir es auch nicht, denn wirklich, ich kann nicht anders.

Herzlich und treulich

C. Wagner

Nachschrift:

Wenn Sie sich, lieber Freund, für meine Bearbeitung entscheiden, so wiederhole ich nochmals, daß unter allen Umständen Berlin vorangehen muß, denn ich habe mich verpflichtet. Kniese wird morgen Fuchs in München von der Lage der Dinge unterrichten und daß ich das Aufführungsrecht nur unter der einen, von mir gestellten Bedingung geben kann.

An ihren Sohn Siegfried
Bayreuth, 6. 3. 1895

Mein Herzenskind,

Ich danke Dir von ganzer Seele für das Schreiben, welches ich soeben erhielt! Du glaubst nicht, *welche* Freude Du mir mit Deinen Worten über Beethoven gewährt hast! Sieh, Kind, diese Werke sind Offenbarungen, und sind es dadurch, daß sie Welt der Erscheinung, wo alles Wahn und Irrtum ist, verneinen. Daher ist es eine Welt, in welche man sich versenken muß, diese Offenbarung, und sich ihr ganz hingeben, um alles zu vernehmen, was in ihr ist.

Ich war auch sehr durch das, was Du mir über das feste Einhalten des Tempos sagst, erfreut. Denn darin liegt die Aufgabe, unter der strengsten Gesetzmäßigkeit dem leidenschaftlichen Gefühle, welches alles eingab, sein Recht zu geben und die Gestalten in vollster Deutlichkeit zu bringen.

Ich habe die Pein, die Du durchzumachen hattest, recht mitempfunden! Ach Gott, der Verkehr mit den Menschen ist für eine wahre Natur, die es ernst mit ihrer Bestimmung nimmt, überaus schwer! Dafür war aber der Umgang mit den Musikern ein herzerfreuender! Auch für mich. Und – blickt man wohlwollend auch das uns Fremde an, so gewinnt die Sache mehr Erträglichkeit. Mündlich besprechen wir dieses Thema.

In wenigen Stunden trittst Du nun auf, und Du kannst Dir wohl denken, wie wir Dich umgeben. Schwer würde ich es ertragen, nun auch Dich, mein teuerstes Wesen, in der Öffentlichkeit zu wissen, wenn Deine ganze Art nicht eine so überlegene wäre und wenn ich Dich nicht sowohl über die Gefahren des Erfolges als über die Niedergeschlagenheit durch Verkennung durch Deine innere Kraft gestählt wüßte. Auch hast Du eine Bestimmung, die sich wie durch Gnade offenbart hat und die Du jetzt auf diese Weise zu bekunden hast.

So segne Dich Gott, mein Kind, und gebe Dir Freude, die mir zum Lebenshauch wird.

Freilich ist das ein gutes Zeichen, daß ich Deine »Sehnsucht« im Kopfe habe.

Von uns ist nur zu erzählen, daß das Ereignis des Tages ein wunderschöner, sehr ernster Brief von Tschudi kam. Wo wir »Jongleur« sagen, sagt er: »Clown«. Dieses Thema ist bei mir ein ganz trauriges geworden. »Brahman ist Schweigen« heißt es in den Vedanta.

Leb wohl, mein Herzensschatz! Ich umarme Dich und segne Dich und bin glücklich durch Dich!

Mama.

An Hugo von Tschudi
Bayreuth, 31. 3. 1895

Es hat mich *sehr* gefreut, mein lieber Herr von Tschudi, daß Sie in der ersten Aufführung des »Rienzi« waren, und ich danke es Ihnen um so mehr, daß Sie mir davon berichteten, als ich sonst nichts erfuhr! Muck hatte mir telegraphiert und geschlossen: »Brief folgt«, allein, seiner Pünktlichkeit und Promptheit zum Trotz ist noch nichts eingelaufen. Möglicherweise stocken die Aufführungen, weil sie große Anforderungen an das Personal stellen. Gerne – hätte ich mit Frau Herzog ihre Rolle durchgenommen; diese ist klein, will aber doch mit Geist und Lebendigkeit ausgeführt werden.

Ich überstand die Reise sehr gut, fahre im ganzen, durch Gegenden wie Hof und Leipzig, nachts recht gerne, und weckte meinen Sohn, der noch im Schlaf sein Kindergesicht hat, den ich aber doch etwas blaß fand! Die Musik ist, wenn man sie nicht als Metier verarbeiten kann, eine verzehrende Herrin. Ich selbst habe es in Berlin jetzt sehr stark empfunden, und man taugt unter ihrer Macht zum Verkehr absolut nicht, denn man begreift nur Lieben oder Hassen und ist der Leidenschaft preisgegeben! So hatte ich das Gefühl, ganz kribbelig am letzten Abend gewesen zu sein, und deshalb bat ich Sie, lieber Freund, es mir nachzusehen.

Auch fand ich es töricht von mir, einen Gegenstand, den ich, weiß Gott, des langen und breiten im Winter, dem Gefühle nach, behandelt, noch einmal, bei gänzlichem Mangel an technischen Argumenten, wieder vorzunehmen.

Eine solche Erscheinung, wie die Raffaels, hat für mich etwas von einer derartigen Gesetzmäßigkeit, daß die Kritik mir ausgeht. Er ist mir wie ein Sendling, der etwas Bestimmtes auszusagen hat, was sonst kein anderer melden könnte. Und sollte ich in Worten fassen, was sich eigentlich nur empfinden läßt, so würde ich sagen, daß er die Schönheit und die Harmonie in unserer häßlichen, von Dissonanzen schreienden Welt als das Natürliche und einfach Siegreiche hingestellt hat.

Daß die griechische Welt ihn beeinflußt hat, wie könnte einer so prägnanten Individualität eine Schwächung daraus entstanden sein! Unsere ganze deutsche Musik, die *so* ihren Charakter hat, verdankt sich als Kunst den Italienern! Und hat denn Goethen Griechenland geschadet? Raffael vorwerfen, daß seine Landschaften unbedeutend sind, ist ungefähr, wie wenn man dem »Tasso« oder der »Iphigenie« vorwürfe, keine Volksszenen zu enthalten! Und daß er, wie Sie meinen, im Portrait unbedeutend sei, würde nur beweisen, daß eben seine Aufgabe eine andere war; wie Beethovens »Fidelio« – so herrlich er ist – sich nicht mit seinen Symphonien vergleichen läßt.

Wirkt nun Raffael nicht mehr auf die Kenner, dann überkommt mich die eigentliche Traurigkeit der Welt! Dann weiß ich nicht, warum solche Wesen in ihr erscheinen, dann herrscht das Interessante, Willkürliche, Amüsante, Witzige, »Zeitgemäße«! Und alles, was wir unter »Stil« begreifen, unter »Kultur«, alles, was demjenigen, der unter der Disharmonie leidet, eine Zuflucht und eine Erhebung ist, alles ist dahin!

Doch ich will nicht disputieren und kann nicht überzeugen! Vielleicht sprechen wir noch einmal mündlich, wenn ich vorher keine Musik getrieben habe!

Ich mache den kühnen Sprung von Raffael zu Bismarck! Und gratuliere zu morgen mit der kleinen Hildebrandschen Medaille, welche Ihnen hoffentlich gefällt!

Die große Bronze-Arbeit ist außerordentlich schön; und ich freute mich, auf diese Weise dem Manne gerecht zu sein, der uns alle einen Augenblick an die Möglichkeit einer großen Bestimmung des deutschen Volkes hat glauben lassen! Und der jetzt es erfährt, was es heißt, selbst nur einseitig über andere hervorzuragen. Auch nimmt er sich jetzt aus: »come se aveva l'inferno in gran sdegno«. Und daß die Hölle hienieden ist, darüber brauchen wir mit Dante nicht zu rechten!

Das von mir vermutlich falsch gegebene Zitat bringt mich auf: »Le vrai peut quelque fois n'être pas vraisemblable.« Wollen Sie Kekulé mit einem schönen Gruße von mir sagen, das sei in *Boileau* (L'art poétique, chant III, v. 48).

Berlioz hatte in seiner Manier daraus gemacht: »Le vrai peut quelque fois n'être pas vrai, sans blague.« Sie erinnern sich vielleicht, daß wir bei Mucks diesen Ausspruch beredeten und daß Kekulé mich bat, nach dem französischen Ursprung zu forschen. Wilhelm Hertz hat mir geholfen.

Siegfried ist nun in Rom und scheint sich dort zu gefallen. Vermutlich kommt meine Tochter Gravina hin. Ich lege ein Blatt von ihr bei, welches Sie an unser Gespräch erinnern wird. Und da es Sie vielleicht unterhält, etwas von dem schönen Cargnacco zu sehen, sende ich die Bildchen zur Ansicht, die eine Freundin der Kinder mir geschickt. Das erste Blatt, ein heiliger Christoph von Thoma, habe ich ahnungsvoll oder -los Heinz vor Jahren beschert, und da ich mich zu Weihnachten, vom Christkindchen unterstützt, hie und da auf den Pegasus schwinge, setze ich ein Paar Reime darunter. – Demnach hätten Sie recht, und wäre ich die Urheberin oder Schwiegermutter der »Federspiele«. Sie müssen aber zugeben, daß der Ursprung dürftig ist! Gefällt Ihnen das Blättchen (es ist durchaus nicht raffaelisch!!), so bitte ich es zu behalten. Das übrige schicken Sie mir nur sehr gelegentlich zurück.

Nun leben Sie wohl, mein lieber Herr von Tschudi! Bleiben Sie mir gut, und seien Sie meiner herzlichsten Anhänglichkeit immer wieder versichert!

C. Wagner

Meine Töchter grüßen »heiter« und freuten sich zu hören, daß wir uns wieder gut gesehen.

Sollte Ihre Frau Mutter noch bei Ihnen sein, empfehlen Sie uns bitte herzlich, und der musikalischen Seele, Frau Steinmann, alles Liebe! Wie geht es Bode??

An Hans Thoma
Bayreuth, 11. 4. 1895

Mein teuerer, verehrter Freund,
Ich bin *ganz entzückt* von den Bildern und weiß gar nicht, wie ich
Ihnen danken soll! Noch dazu, da ich eine große Bitte an Sie habe:
Würden Sie mir noch *Gunther* und *Froh* entwerfen mögen? Damit ich
das Paar Froh und Freia und die Trias: Gunther, Hagen, Gutrune von
Ihnen habe: Eine schönere Osterfreude als diese Sendung hätte mir
nicht werden können; und wenn ich denke, daß Sie inmitten von
Krankheit und Sorge diese liebenswürdigsten Gebilde entworfen
haben, bin ich ganz gerührt!
Lassen Sie mich hoffen, daß Ihnen selbst diese Blätter Trost und
Ablenkung von der Not des Lebens gewährt haben.
Darf ich fragen, *wie* Sie den zu bemalenden *Stoff* der Freia sich
gedacht haben und auch den von Gutrune?
Verzeihung! Und noch eines: *Wo* ließe man das Gewand der Freia
malen?
Nochmals, innigsten Dank! Ich kann Ihnen nicht sagen, *wie* dankbar
ich Ihnen bin! Ich bin ganz glücklich!
Innigste Grüße, verehrter Freund! Viel Liebes Ihrer guten Mutter
und Schwester, und aus der Fülle Erkenntlichkeit meine Ergebenheit!

C. Wagner

Darf ich wirklich auf Ihre liebe Frau für den Wanderers*hut* rechnen??

An Ernest van Dyck
Bayreuth, 14. 5. 1895

Lieber Freund,
Ich danke Ihnen für Ihren lieben Brief, und ich bin sehr gerührt über
die Beweggründe, die Sie zu ihm veranlaßt haben. Unter allen
Künstlern, mit denen mich die Arbeit in Verbindung gebracht hat,
weiß ich keinen, auf den ich so große Hoffnungen gesetzt habe, und
keinen, auf den ich mich so verlassen habe wie auf Sie.
Als ich mich an die Aufgabe gemacht habe, den »Tannhäuser« in
Bayreuth aufzuführen, habe ich bei der Wahl des Interpreten keinen
Augenblick gezögert. Von unserer ersten Begegnung an war mein
Vertrauen in Ihre Fähigkeiten unbegrenzt, obwohl ich Sie noch nicht

auf der Bühne erlebt hatte und Sie mit der deutschen Sprache nicht vertraut waren. Dies war meinerseits gar kein Verdienst, denn die Natur hat Sie so reich ausgestattet, daß es keines großen Scharfsinns bedurfte, um an den Erfolg des gewagtesten Vorhabens, dessen Träger Sie sein würden, zu glauben. Als Sie hier in einer so unvergleichlichen Weise »Parsifal« gegeben hatten, wäre mir nicht in den Sinn gekommen, daß Sie von allen Künstlern, mit denen ich in Verbindung getreten bin, derjenige sein würden, der mir die tiefste Enttäuschung und den bittersten Verdruß bereiten würde. Sie lehnten Tannhäuser ab. Sie konnten ihn nicht singen – wie Sie mir sagten. Obgleich diese Ablehnung in der letzten Minute mich in eine grausame Verlegenheit brachte, habe ich mich darüber hinweggesetzt und geglaubt, daß Sie tatsächlich den Tannhäuser nicht singen konnten und daß Sie viel Zeit dafür aufgewendet hatten, um sich dieses Nicht-Könnens zu vergewissern.

Kam Lohengrin. Muß ich Sie daran erinnern, wie unmöglich es uns war, an der Rolle gemeinsam zu arbeiten, und welchem Zufall Sie uns ausgeliefert haben, unser Werk und mich? Ich trage Ihnen deshalb nichts nach, lieber Freund! Wenn ich es tun würde, hätte ich für Paris einen anderen Interpreten für den Tannhäuser aussuchen können. Aber ich kann nicht leugnen, daß mein Vertrauen erschüttert ist, und rückblickend auf unsere Beziehungen meine ich, daß Ihre Entwicklung nicht den anfänglichen Erwartungen entspricht, und ich frage mich, ob ich nicht in Demut die Lehre hinnehmen muß, die das Schicksal mir erteilt hat.

Ich glaube nicht, daß Sie mich falsch verstehen können und daß ich Ihnen erst versichern muß, daß ich mich – persönlich – nicht verletzt fühle, aber Sie haben mich in einer unsagbaren Weise in unserem Werk getroffen und mir den Mut zum Vertrauen geraubt. Ich selbst weiß kein Mittel gegen dieses Übel. Wissen Sie eines? Sie sind noch jung, und es ist für Sie vielleicht eine Lebensnotwendigkeit, die Dinge weniger eingehend zu betrachten. Ich bin überzeugt, daß Sie im hohen Maße zum Erfolg des »Tannhäuser« werden beigetragen haben, denn in Ihrem Talent steckt das verbindende und mitreißende Element, und ich danke Ihnen, daß Sie sich freundlicherweise meiner und der Arbeit in Bayreuth erinnern.

Sehen Sie bitte in dem Freimut, mit dem ich zu Ihnen spreche, den Ausdruck des Wertes, den ich unseren alten Beziehungen beimesse, und seien Sie überzeugt, werter Freund, daß keine Erfahrung in mir die Erinnerung an die höchsten künstlerischen Freuden, die ich Ihnen

verdanke, hat mindern können und erst recht nicht die in mir
geweckte Hoffnung, in Ihnen den großen Gestalter der Bayreuther
Bühne zu finden.
So drücke ich Ihnen herzlich die Hand!

C. Wagner

An Hugo von Tschudi
Bayreuth, 24. 5. 1895

Mein lieber Herr von Tschudi,
Diesmal habe *ich* mich zu entschuldigen, und ich tue es ohne
schlechtes Gewissen, denn ich habe seit Empfang Ihrer letzten Zeilen
wie ein gehetztes Wild gelebt. Und auch heute erwische ich nur einen
Augenblick, weil eine Sängerin durch Anwohnung von Manöver sich
ermüdet fühlte!
Es hat mich sehr gefreut, daß die kleine Medaille von Hildebrand
Ihnen so gefallen hat. Merkwürdigerweise hat sie sich wenig
verbreitet. Aber was ist in Deutschland merkwürdig? Auch hatte sich
in München ein eigenes Komitee dafür gebildet, und da ist man des
Begrabens ganz sicher.
Ich habe Hildebrand ziemlich viel gesehen, und immer mit großem
Interesse. Es steckt wirkliche Kraft in ihm, einen naiven Widerwillen
gegen alles Konventionelle, und bei Kühnheit der Ansichten eine Art
Schüchternheit, die mir gefällt. Sein Brunnen – ein sehr elaboriertes
Werk – wird, glaube ich, sehr anmutig wirken. Und ich glaube, daß,
wenn er in München sich niederläßt, er einen bedeutungsvollen
Einfluß auf jüngere Künstler nehmen wird. Er war so freundlich, uns
in die Pinakothek zu führen und uns einige Bilder zu zeigen, für
welche er eine Vorliebe hat. Unter diesen war die bekannte,
wundervolle heilige Familie von Raffael, gewiß eines der schönsten
Bilder, die es gibt. Ich gedachte wehmütig unseres Gespräches und
frage mich, wie es nur möglich ist, daß die Dinge so verschieden auf
einem wirken! Und da ist doch große vollendete Kunst, sonst würde
jemand wie Hildebrand nicht die gleiche Bewunderung wie ich dafür
empfinden.
In München sah ich Bilder und Radierung nebst Lithographie von
dem jungen Maler Boehle, die mir sehr beachtenswert erschienen.
Levis Portrait ist merkwürdig durch die Erfassung des Unerklärli-
chen in dem Gesicht, was ihm eine typische Bedeutung gibt – das

Zersetzte und Zersetzende des Judentumes ist in breiter Form und mit Einfachheit wiedergegeben.

Siegfried hat in Rom Ludwig Hoffmann viel gesehen, ihn persönlich liebgewonnen und an seinen Bildern Vergnügen gefunden. Er verteidigt jetzt das Violett, zum großen Ärger meiner Tochter Isolde. Hörten Sie etwas von Kekulés? Die Sorge um sie hat sich wie ein Schatten über dieses ganze Halbjahr gelagert. Ich höre, daß die Frau jetzt erst auf die Couchette etwas getragen wird! Es ist schrecklich! Und Bode??

Ich höre nichts, weil, wie gesagt, ich in meiner Korrespondenz sehr zurück bin. Seien Sie freundlich, lieber Herr von Tschudi, und geben Sie mir Nachrichten.

Ich schickte Hugo Kekulé eine Medaille von Bismarck (in einem Osterei), erfuhr aber nie, ob sie ankam.

Ich habe mich in München auch mit dem »Rienzi« beschäftigt, und ich erfahre soeben, daß die gestrige Aufführung sehr gelungen war. Es freut mich in mancher Hinsicht und auch für Strauss, dem man hart dort zusetzt und der mir wieder ausgezeichnet gefallen hat. In seiner Häuslichkeit ist es behaglich und originell, und er ist entschieden eine unserer saillanten musikalischen Persönlichkeiten. Richter besuchte uns, wir besprachen das künftige Jahr, und ich freute mich, ihn so ernst dabei und bei so frischer Kraft zu finden. Mottl ist Komtur des Zähringer Löwen geworden, und seine Gemahlin hat die Huld unseres Kaisers sich durch ihren hübschen Vortrag Mozartscher Lieder erworben. Er dirigiert jetzt »Tristan« in London, und Siegfried fährt am 2. Juni dorthin, wo er unverzagt eine Komposition von sich aufführt.

Rom hatte es ihm so angetan, daß, wenn die Schneiderei hier es zuläßt, ich mit den Kindern gerne Oktober und November dort zubrächte; es sind die Monate, vor welchen ich mich fürchte. Jetzt ist es hier schön, ja einzig traulich, Wiese und Wald, und einige sind hier, die mir Hoffnung erwecken, unter anderem der liebe Friedrichs, unser Beckmesser, der nach langem Gemütsleiden sich wieder an die Arbeit macht. Ein rührender Vorgang! Noch ist er gedrückt, aber ein Hoffnungsschimmer leuchtet wieder durch sein Auge, und die geniale Ader, die sein Gemüt durchzieht, mir sehr wahrnehmbar.

Ich wurde unterbrochen und will nur noch abschließen, indem ich Sie frage, ob eine Möglichkeit ist, daß Sie in unsere Gegend kämen und uns besuchten.

Siegfrieds Häuschen ist nun ganz eingerichtet, er würde sich freuen,

Sie aufzunehmen, und ich mich sehr, Sie einmal auch ohne Festspiele
hier zu sehen. Erzählen Sie mir, bitte, wie es Ihrer Frau Mutter geht
und Steinmanns, die ich bestens grüße, vor allem sagen Sie mir, wie
Sie diese zwei Monate zugebracht, was in der Galerie vor sich ging
und *wann* Sie wieder in das »Repertorium« schreiben; auch, was Sie
lesen? Wir haben an Lektüre nur Goethes »Annalen« vorgenommen, was Ihnen wohl ziemlich antiquiert erscheint, nicht?
Nun geht auch mein Papier zu Ende! Leben Sie wohl, und seien Sie in
herzlichster Anhänglichkeit von ganz Wahnfried gegrüßt!

C. Wagner

An Mary Fiedler
Bayreuth, 8. 6. 1895

Ich begrüße Sie, teuerste Mary, bei dem Eingang in ein neues,
gänzlich verwandeltes Dasein, und wenn mein Gruß auch tonlos
ausfällt, so wird Ihr geistiges Auge mich erblicken und das Mitgefühl
wahrnehmen, welches vergeblich nach Worten sich bemüht.
Tief, tief werden Sie in Ihr Innerstes steigen müssen, gänzlich abseits
von der ganzen Welt der Erscheinung, um Ihren Schmerz als Kraft
der Wiedergeburt zu finden.
Diese Kraft wird Ihnen dann auch den Schutzgeist wiedergeben, der
von Ihnen geschwunden, doch auf diesem Wege ewig unverlierbar
wiederzugewinnen ist.
Auf diesem Wege einzig! In der tiefsten Stille und im heiligen
Schweigen vollbringt sich dieses Wunder, welches zu wirken unsere
seelische Aufgabe ist.
Mit Mut dürfen Sie in die dunkle Tiefe steigen, Sie wurden geliebt
und haben beglückt! Dies sei Ihre Leuchte!
Ich lege einige Zeilen von einem Wesen bei, das wert ist, den Freund,
der schon hier den Weg der Verklärung wandelte, zu würdigen.
Mir wäre es unmöglich, mich zu fassen!
Ich kann Ihnen nur sagen, daß an jenem erschütternden Tage mich in
der Früh bereits alle Kräfte verließen. War es Ahnung? Oder wollte
der Himmel mir eine Zeit der gänzlichen Abgeschiedenheit spenden? Ich habe es ihm gedankt, denn, so groß meine Schwäche auch
war, ich habe mit andächtiger Feierlichkeit, in lautloser Stille, die
Befreiung des reinsten Geistes erlebt und ihm die Erlösung von
unserem Dasein, auf welche er wie keiner einen Anspruch hatte, ganz
und voll gegönnt!

Niemand außer meinen Kindern werde ich sprechen können. Nebst
Ihnen und der Unermeßlichkeit Ihres Verlustes gedachte ich Hildebrands, und *viel!*
Ja, mir war es, als ob er und ich wir in gleicher Weise verloren und
entbehren würden! Ihm würde ich gerne die Hand drücken, wenn er
einmal das Bedürfnis danach empfindet!
Ihnen, teuerste Mary, kann ich nur sagen, betrachten Sie unser Haus
wie das Ihrige! Ich bin noch nicht auf, aber ich denke, es wird werden.
Nicht hätte ich geglaubt, daß ich nach Heinrich Stein noch so tief an
einem Menschen hängen würde – und der christliche Satz, gegen
welchen sich unsere ganze Natur sträubt, daß wir an der Kreatur nicht
haften dürfen, steht in seiner Unerbittlichkeit vor mir!
Levi sagte den Kindern, Sie würden sich bald an das Ordnen der
Papiere machen müssen. Ich wünschte, solche Beschäftigung bliebe
Ihnen erspart, und erst später, nachdem Sie beschaulich mit Ihrem
Schmerze gelebt, könnten Sie sich an die Tätigkeit begeben.
Der Eintritt ins Kloster, den bei schweren Prüfungen große, gläubige
Naturen begehen – wir können ihn auch in unseren Mauern
vollziehen, wenn wir diesen Mauern die Weihe der Stille aufprägen.
Stehen Sie aber unter einem Zwang, und müssen Sie ordnen, so
würde ich bitten, falls Blätter von mir Ihnen in die Hände kämen, sie
zu verbrennen. Was ich Ihrem Gemahl schrieb, galt ihm einzig und
allein, und diese Gedanken und Gefühle möchten ihm nachwandeln.
Gott stärke Sie, meine teuerste Mary, und lasse Sie uns in dem
heroischen Mut der Resignation wiedersehen!
Wir haben jetzt hier eine unruhige Zeit; viele Künstler kommen ab
und zu. Aber Sie werden still in unserem Häuschen sein können.
Gott mit Ihnen!
In treuestem Gedenken

                                                                    C. Wagner

An Hugo von Tschudi
Bayreuth, 29. 7. 1895

Mein lieber Herr von Tschudi,
Ich würde früher erwidert haben, wenn ich nicht seit Anfangs Juni
gewesen wäre, was die Franzosen patraque nennen; auf deutsche
Umschreibung kann ich nur sagen, daß mein alter Kopf so müde war,
daß es mir fast beständig schwindelte.

Schweninger reiste zufällig durch, riet zur Ruhe, und so kam ich auf den Gedanken, Haus und Hof zu verlassen und drei Wochen ein phantastisches Idyll auf dem Theater zu führen. Ich bewohnte die Stube, wo ich zu unvergeßlichem Eindruck die Kaiserin von Österreich gesprochen; meine Jungfer daneben den Vorraum der Fürstenloge, hinter uns der leere Zuschauerraum und die offene Bühne, die wie hungernd nach einem Gegenstand mir erschien. Auf der Treppe hatten sich Rotschwänzchen eingenistet, die in der Früh um uns herum zwitscherten.

Doch waren wir nicht einsam, denn im Malersaal arbeiteten an die hundert Schreiner und sonstige Handwerker. Eine Riesenmaschine, für den Beleuchtungsapparat notwendig, wurde unter unbeschreiblichen Schwierigkeiten heraufgewälzt, zwei Maschinenmeister stellten sich ein, begannen die Bühnenarbeiten, der Beleuchtungsinspektor gesellte sich hinzu, und – brochant sur le tout – der Jude als Inspektor überall zu sehen, aber nichts wissend und nichts tuend, und von allen entweder gänzlich unbeachtet oder mit Achselzucken verlacht.

Ich habe meine Zeit meist in dem Walde zugebracht und mich in der Stille der großen Mannigfaltigkeit der Eindrücke erfreut. Die in diesem Jahre wundervollen Wiesen blühten noch; die durch den Hunger des Winters zahm gewordenen Tiere liefen dicht an mir vorbei. Die wundervollen Schatten des Morgens warfen ihren beruhigenden Schleier im voraus auf den Tag. Und mehrere Abende hintereinander lauschte ich einer Lerche und einem Finken, die sich wie ein Rendezvous gegeben hatten und ein entzückendes Zwiegezwitscher miteinander sangen. Auch hörte ich noch den letzten Ruf des Kuckucks!

Zu meinen sonstigen Unterhaltungen gehörten noch die Johannisfeuer, die auf unseren Hügeln rings herum brannten und die ich auch zum ersten Male in der Nähe sah, was mir den Goetheschen Vers erklärte:

> »Johannisfeuer sei unverwehrt,
> Die Freude nie verloren!
> Besen werden immer stumpf gekehrt
> Und Jungens immer geboren.«

Dann das Hebefest für den neuen der Maschine zugedachten Schornstein, auf welchem ein angebundenes Tannenbäumchen sich wunderlich genug ausnahm. Das Wunderlichste aber war wohl eine Unternehmung zu den Glühwürmchen, die ich Ihnen deshalb schildern will, weil sie meinem Hause viel zu lachen gegeben hat.

Unser Beleuchtungsmann hatte mir gesagt, auf dem Siegesturm wimmelte es von den kleinen Wesen. Ich wollte das durchaus sehen, konnte aber zu Fuß bei meinem taumeligen Zustand nicht hinauf. Kein Rollstuhl in ganz Bayreuth zu haben! Da schlug mir unser guter Aufseher die Bahre von Amfortas vor. 4 Schreiner würden mich tragen. Ich nahm an, und richtig spät abends wurde ich auf die königliche Sünderbahre mit Purpurdecke gelegt, die Schreiner hatten zur Ehre der Feierlichkeit Feuerwehr-Uniform angetan, Fuchs gab mir als Gurnemanz das Geleite, meine Jungfer folgte andächtig, und ein trübseliger roter Mondschein beleuchtete den nächtlichen Zug. Glühwürmer sahen wir wenige, es war zu kühl!

Einige Dekorationen wurden mir zur Ansicht aufgestellt. Und ich glaube, daß das »Rheingold« sehr schön wird. Ich sah meine Tochter Isolde den neuen Schwimmapparat probieren und sich sicher und leicht in der Luft ergehen.

Wie es kalt wurde und doch es mich wieder hinunterzog, da eine Anzahl Sänger meiner harrten, nahm ich Abschied. Ein freundlicher Zufall wollte, daß am Abend eines sehr trüben Tages noch ein wundervoller Sonnenuntergang mir strahlte und ein schöner Regenbogen in mir die Hoffnungsstimmung wachrief, die sich an das schöne Zeichen knüpft. Unter dem berauschenden Duft der Linden verließ ich den Hügel, und gerne gedenke ich, wie Sie sehen, dieses Aufenthaltes.

Meine einzige Lektüre dort war der »Grüne Heinrich«. Er stimmte durchaus, und ich habe dieses gute, echte deutsche Buch sehr genossen. Ich wüßte nichts aus der modernen Literatur ihm an die Seite zu stellen (ach Gott, die Russen!).

Es ist sehr freundlich von Ihnen, lieber Herr von Tschudi, daß Sie gerne ein freundliches Wort von Keller über mich lasen. Ich kenne die Briefe nicht und also auch dieses Wort nicht. Aber es gehörte viel Wohlwollen seitens Kellers, mich gütig zu beurteilen, denn wenn ich jetzt auf meine damalige Jugend und den überwältigenden Eindrükken zurücksehe, so habe ich das Bild einer scheuen Exzentrizität vor mir.

Wissen Sie, lieber Herr von Tschudi, daß Sie mich mit der Beschreibung des kleinen Juden von Rembrandt recht gekränkt haben? Ich habe ihn ja bei Ihnen gesehen, und wir haben eingehend darüber miteinander gesprochen. Das geht wirklich noch über »die Kartoffelernte«!!

Aber Ihr mangelnder Ehrgeiz als Kunsthistoriker macht alles gut!

Und noch mehr Ihr Versprechen, uns zu besuchen! Aber wie wollen wir das einrichten, damit Sie uns nicht wie Lohengrin verfehlen und statt unserer nur den Ichthyosaurus antreffen, von dem man mir sagt, es sei ein Unikum in der Welt, den ich aber seit meinem 23jährigen Aufenthalte hier nicht gesehen habe und den ich selbst nicht zu schreiben weiß.

16. August verlassen wir Bayreuth (da ist nämlich alles fort, Sänger und Arbeiter). Zuerst gehen wir zum Mürren, wonach ich mich förmlich sehne, dann nach Como, später – Ende Oktober – Gardone, und Mitte November wieder zurück. Könnten wir uns irgendwo treffen? Ferien müssen Sie doch endlich auch haben?

Siegfried ging es in England recht gut, und er hat so viel Vergnügen an seiner Komposition dort gehabt, daß er bereits mit etwas anderem (einer Ouvertüre) fertig ist. Er steht mir kräftig bei, in allen unseren Vorbereitungen, und das hilft mir, meinen deprimierenden Zustand ruhig, ja heiter zu ertragen.

Möchten Sie Ihre Frau Mutter wohl antreffen! Ich kann mir den Eindruck vorstellen, den ihr das entsetzliche Unwetter gemacht. Wenn man von solchen Nöten hört, findet man sich erbärmlich, es in einer Welt auszuhalten, wo man vom Elend umringt ist!

Von Bode habe ich nichts gehört seit Ihrem Briefe. Ich denke öfters an ihn mit den herzlichsten Wünschen!

Jetzt aber muß diese Epistel ein Ende finden! Sie werden es ihr anmerken, daß sie unter vielen Unterbrechungen geschrieben wurde. Schreiben Sie mir nur, wenn Sie ganze Lust und Muße dazu haben! Nur keinen Zwang! Auch selbst nicht aus Freundlichkeit. (Bitte immer nach Wahnfried zu adressieren.)

Noch möchte ich Ihnen für Ihr Schweigen danken, welches ganz Ihrem Zartgefühl entsprach! Ich habe nicht die Kraft gehabt, die arme Witwe zu sehen, und fühle mich jetzt feig einem solchen Eindrucke gegenüber, suche es auszulöschen.

Von Kekulés hatten wir, Gottlob, *etwas* bessere Nachrichten.

Leben Sie wohl, mein lieber Herr von Tschudi, gedenken Sie meiner freundlich, und seien Sie meiner herzlichsten Sympathie und wahren Anhänglichkeit versichert! Meine Kinder grüßen freundschaftlich!

C. Wagner

P.S. Um ja nicht zu enden, will ich noch melden, daß ich die Gedichte von Johanna Ambrosius ein wenig kenne, sie rührend gefunden habe, aber nicht eigentlich volkstümlich. Die Gartenlauben-Bildung hat der heiteren Kraft des Volkes Abbruch getan.

Siegfried und Strauss haben sich in München so im Restaurant über Kunst gekampelt, daß die sonstigen Gäste überrascht zusahen und hörten und Strauss wütend schloß: »Du bist der reinste Klassizitäts-Simpel.«
Ich fürchte, Sie denken ein wenig das von mir??

1896

Über Wagners Beziehung zu Mathilde Wesendonck
Januar 1896

Eva von mir mitgeteilt:
Im August 1858, als, Bülow und ich, wir nach Zürich kamen, waren die Beziehungen zwischen deinem Vater und Mathilde Wesendonck abgebrochen. In seinem Tagebuch hatte er geschrieben: »Sie hat mich an ihren Mann gänzlich verraten. Schönste, aber schmerzlichste Täuschung.« Die Briefe waren gegenseitig zurückgegeben, auf Wunsch von Frau Wesendonck, und alle Manuskripte ihm wieder eingehändigt.
Ich besuchte Frau Wesendonck, eine Aufklärung versuchend. Inmitten meines Besuches erschien überraschend dein Vater; ich wollte mich entfernen, er rief mir zu: »Bleib«, und so vernahm ich ungefähr den Inhalt des einen Briefes. Wie er beendete, verweigerte Frau Wesendonck die Hand. Wir entfernten uns. Und bald geschah unsere Abreise in Verzweifelung darüber, daß die Niederlassung aufgegeben wurde.
Nach den vergeblichsten Versuchen, Frau Wesendonck umzustimmen, rief eines Tages dein Vater zu Minna: »Pack ein, Minna, die ist eifersüchtig!«
Wie der Entschluß des Fortganges gefaßt war, geschah durch Vermittlung von Frau Wille die Versöhnung, die den Charakter der exaltierten Überschwenglichkeit annahm. »Mein Gott, sollte auch dies nichts gewesen sein«, sagte mir dein Vater, als er mir dies mitteilte.

Folgende Äußerungen sind mir im Laufe der Jahre von deinem Vater über diese Beziehung gemacht worden:
»Das Bedürfnis war so ungeheuer groß.« »Sie war sehr lieblich.« »Sie hat mir hübsch bei der Arbeit geholfen« (durch anmutige Aufmerksamkeiten im täglichen Leben). »Sie gab einem hübsch wieder, was man ihr gab.«
»Es war eine Beziehung, an welche die Prüfung nicht hätte herantreten dürfen.«

Als im Jahre 1864 Frau Wesendonck den Brief anzunehmen verweigerte, der in höchster Not an sie geschrieben wurde, schrieb dein Vater in sein Tagebuch: »Übler Eindruck«. Das war das letzte Wort, was dein Vater über sie in sein Tagebuch äußerte. Mir sagte er in Starnberg: »Sie hat es verspielt, je einen Brief von mir zu erhalten.« Daher wurde ihr auch die Berufung durch den König nicht gemeldet. Daher hatte ich auch sie um die Manuskripte zu bitten. Und nur weil sie auf meine Bitte direkt anfrug, erhielt sie die Antwort, in welcher vom König steht: »der weiß, was Liebe ist«.

Frau Wesendonck schickte verschiedene Kleinigkeiten zu Weihnachten etc. (1864/65), ohne ein Wort des Dankes zu erhalten. Einen Eierkocher hatte sie mit der Bemerkung begleitet: »das Ei der Unsterblichkeit«, worauf dein Vater lachend zu mir sagte: »Schumann macht dumm.« Er hatte gehört, daß sie viel Schumann trieb, wie später Brahms.

Ein Band Märchen, den sie ihm schickte, veranlaßte ihn zu der Äußerung: »Sie erzählt das ihren Kindern.« »Eckhart« von Scheffel, den sie schenkte, wurde Vreneli gegeben.

Als »Tristan« herannahte und ihrer dabei nicht gedacht wurde, übernahm ich es, ihr zu schreiben und sie aufzufordern zu kommen. Sie erwiderte: Nur eine Einladung des Meisters könne sie dazu bewegen; daß er den Wunsch nicht habe, dem entnähme sie einen irdischen dürftigen Trost: den, daß es so besser sei. Ich zeigte ihre Antwort deinem Vater, und darauf erfolgte das kleine Briefchen. Sonst wurde ihr nichts mitgeteilt. Auch später unsere Trauung nicht. Als ich meinte, ich möchte sie ihr doch anzeigen, gab dein Vater mir zur Antwort: »Sie wird dich überbriefen.«

Der Brief, der von Mathilde Wesendonck verweigert wurde, wurde im Laufe des Jahres 1865 Frau Wille zurückgeschickt mit der Bitte, darauf zu dringen, daß er gelesen würde. Zugleich auch alle anderen Briefe, als nicht mehr der Wahrheit entsprechend, zu vernichten. Frau Wesendoncks Briefe wurden zerstört. Als Frau Wesendonck den Brief gelesen hatte, schrieb sie an Frau Wille ihren Eindruck. Dieser mitgeteilte Eindruck gab deinem Vater Veranlassung zu dem Brief an Frau Wille vom September 1865. Von da ab bis zum Jahre 1870 waren alle Beziehungen abgebrochen. Als Frau Wesendonck mich in München im Jahre 1868 besuchte, frug sie mich: Ob ich es denn in der Musik aushielte. Und fügte hinzu: »Finden Sie nicht, daß das Leben immer interessanter wird, für eine Lücke, die entsteht, erhält man reichlichen Ersatz.« Ich wußte, daß sie mir damit kundtun wollte, daß sie sich gefaßt habe.

Die Entfremdung wuchs immer mehr von da ab, und als sie im Jahre 1876 den »Ring« hier hörte, sagte sie mir: »Ach, die Kriemhilde heißt hier Gutrune.« – Alle Ansichten über Wissenschaft, Vivisektion, Christentum wurden unter anderen Einflüssen entwickelt, und den Siegel zu dieser Entfremdung gibt diese Veröffentlichung.

Beziehungen zu »Tristan«:
Als der »Tristan« konzipiert wurde, war die Beziehung noch eine liebenswürdig-anmutige. Mit der Vollendung der Dichtung (bei welcher bereits die Hauptthemen des Werkes entstanden waren) verwandelte sich die Beziehung in eine schwärmerisch-exaltierte.

Die »Träume« und »Im Treibhaus« wurden mit bereits vorliegenden Themen des »Tristan« »illustriert«, wie sich dein Vater ausdrückte. Demnach ist nicht der II. Akt aus den »Träumen« entstanden.

Als Frau Wesendonck ihren Unmut gegen Minna nicht überwinden konnte, schlug ihr dein Vater vor, mit ihm Zürich zu verlassen und das Leben mit ihm zu teilen. Sie erwiderte: »Das wäre Sakrilegium.«

Als im Jahre 1862 Frau Wesendonck Mutter eines Knaben wurde, schrieb dein Vater an Frau Wille einen sehr ernsten Brief: *So* habe er die Resignation nicht aufgefaßt.

In späteren Jahren, als dein Vater hörte, man nähme an, daß »Tristan« die Darstellung von Erlebnissen und Personen wäre, wurde er sehr heiter und sagte: »Marke namentlich ist besonders getroffen.« Das Volkslied aus dem Hotel in Luzern sagt in seinem Scherze alles. Die Orchesterskizze zu »Tristan« und die Partitur wurden Frau Wesendonck nicht verehrt.

Als es sich um die Herausgabe der 5 Gedichte (die aus Not geschah) handelte, sagte mir dein Vater in freundlichem Ton: Mathilde Wesendonck habe es ihm nicht verhehlen können, daß es ihr schmeichele, mit ihm gemeinsam in die Öffentlichkeit zu treten. Später schrieb er mir bitter: »Das, was ihr Heiligstes hätte sein sollen, gab sie preis, so daß mir diese Lieder wertlos sind und ich sie ausgesungenen Sängerinnen schenke.« Wie die Zahl der Dichtungen von Frau Wesendonck sich mehrte, sagte mir dein Vater: »Wenn ich den geringsten Eindruck hervorgebracht hätte, wäre ein kolossales Schweigen erfolgt.« Und bei dem Eintreffen irgendeines Dramas: »Sie blamiert einen recht.«

Nach dem, was ich erlebte und erfuhr, bin ich sicher, daß dein Vater
willig den exaltierten Charakter der Beziehung aufgegeben, sie in das
Geleise der wohltuenden, liebenswürdigen Traulichkeit zurückge-
führt hätte, wenn Mathilde Wesendonck sich hätte entschließen
können, Minna zu verzeihen. Da sie dies nicht vermochte und er
notgedrungen (*nicht* freiwillig!) das Asyl verlassen mußte, wurde sie
zu einer entsagenden Heiligen gestempelt.
Wie es einmal hieß, Mathilde Wesendonck hinge mit dem »Tristan«
zusammen, sagte dein Vater: »Das arme Kind würde erschrecken,
wenn es wüßte, was im ›Tristan‹ steckt.«
»In dieser Beziehung bin ich von einem Familienereignis zum
anderen gekommen.« – In einem Brief an Frau Wille bedankte sich
dein Vater für die Briefe »im Gouvernantenton«.

Als wir in Zürich gegen Weihnachten 1869 waren, machten wir keine
Besuche, es begegneten uns hintereinander zwei Wagen, in dem
einen saß Dr. Wille, in dem anderen Frau Wesendonck. Beide sahen
uns nicht. Dein Vater sagte scherzhaft: »Was ich nicht wollte und was
ich mir vorstellte.«

An Bodo von dem Knesebeck
Bayreuth, 28. 2. 1896

Innig und hochgeschätzter Freiherr,
Ich möchte Sie den Wanderstab nicht ergreifen lassen, ohne Ihnen
meine besten Wünsche auf dem Wege zu geben! Gewiß wird Ihnen
die Wanderung wohltun. Zuerst der herz- und geisterquickende
Aufenthalt bei W.s, dann der Zug nach dem Süden. Wenn ich in
meiner Arbeit stecke, merke ich nicht viel, und es wäre mir ziemlich
einerlei, wenn ich sie auch in einem Tunnel verrichten müßte; aber
wenn, wie jetzt, ich bettlägerig bin und feiern muß, dann bin ich
geradeswegs entsetzt über die öde Starrheit unserer Natur! Man
glaubt an gar keinen Frühling mehr, und die Fahlheit des Sonnen-
glanzes gemahnt mich an das Licht des Fegfeuers!
Also, Glück auf von ganzem Herzen! Sie werden sich bald erholen.
Ich weiß, wie wohl es einem tut, plötzlich in eine ganz andere Sphäre
versetzt zu sein, und dabei haben doch meine Beschäftigungen nichts
Konventionelles und ist es ein Müssen von innen. Während die bloße
Vorstellung von Neujahrskarten und derlei mich verwirrt.

Auch alles sonstige, freilich wichtigere, in den Erscheinungen der heutigen Welt wird Ihnen schwinden. »Laß mich ein Kind sein, sei es mit mir«, dieser ergreifende Ruf der königlichen Gefangenen, die die Natur wieder erlebt! Wir rufen ihn alle aus, wenn wir dem Kerker der Dinge entrinnen, die unser jetziges Leben ummauern.

Ich las neulich zufällig die Beschreibung einer sozialistischen Versammlung; die kindische Roheit der Gedanken und Empfindungen, der Fetischismus, der mit der mißverstandenen Wissenschaft getrieben, der wohlfeile senile Hohn auf die Religion, ich kann Ihnen nicht sagen, wie mir zumute wurde. Stöcker versuchte die Existenz Gottes an der Zweckmäßigkeit der Natur zu beweisen. Das konnte nicht gelingen. Gewiß hätte Luther den persönlichen Gott zitiert. Er wäre auch gekommen, und mit welcher Gewalt! Aber das kann ein zweiter nicht. Ich war erstaunt, daß Stöcker nicht den Vermittler anrief, das freiwillige Leiden, das Reich der Armen, die Religion des Mitleidens. Vermutlich ist ihm in der Umgebung alles vergangen.

Mit solcher Unterlage haben Feste – abgesehen davon, daß sie bei uns des Klimas halber nie volkstümlich sein können – keinen rechten Sinn. Es ist, als ob man in Erinnerungen und mit Worten sich berauschte, um auf Augenblicke wenigstens die Dinge nicht zu gewahren, wie sie sind. Wer feiert aber mit? Ich habe auf Ihre Empfehlung hin den »Cavour« von Treitschke mir ausgeliehen. Da der Band mit einem Aufsatz über den Deutschen Orden beginnt, war ich unwiderstehlich angezogen. Diese wunderbare Erscheinung faßt die ganze Anlage des germanischen Wesens und seine Kulturbestimmung in sich, und ich bin wahrhaft erhoben, indem ich diese Geschichte durchgehe.

Auf »Cavour« freue ich mich schon deshalb, weil meine Mutter, die genau Bescheid in diesen Verhältnissen wußte, mich etwas unterrichtet hat. Preußen und seinen Helden gegenüber ist in Italien ein lebendiges Bild. Man kann nicht leugnen, daß Pio IX., Viktor Emanuel, Massimo d'Azeglio, Cavour und der letzte Condottiere Garibaldi Persönlichkeiten waren, die einem einnehmen und denen die italienische Einheit sich verdankt.

Inmitten all dieses Ernsten behauptet mein Chodowiecki seinen Reiz, und jedesmal, daß ich einen Blick in dieses liebenswürdigste Büchlein werfe, wird mein Sinn erheitert. Einige Briefe von Goethes Mutter an Herzogin Amalie stimmten ganz zu diesem Eindruck. Man glaubt sich wirklich in das Paradies versetzt, wenn man sich dieser

Naivetät, dieser Heiterkeit, dieser Spontaneität und Anmut erfreut. Alles übrige erscheint einem wie ein Hirngespinst.

Es rührte mich, von dem Missale zu hören, welches König Ludwig hat ausführen lassen, und ich hätte es gerne gesehen. Sein hoher Sinn wirft noch Strahlen in diese Welt, und, wunderbar zu sagen, sein tragisches Geschick hat für mich etwas Versöhnliches.

Wollen Sie die Gräfin herzlichst von mir grüßen, ich habe ihr zu ihrem Geburtstag geschrieben und keine Erwiderung erhalten, was ich aber, versteht sich, vollkommen begreife. Sie wird von Wien aus manches über meines Sohnes Auftreten dort wohl gehört haben. Es war eine schöne Erfahrung und hat unser Jahr gut eingeleitet.

Unser Freund Tschudi ist nun in eine neue Würde gekleidet. Ich weiß nicht, warum ich mir einbilde, daß Sie auf diese vorzügliche Wahl einen Einfluß ausgeübt haben, womit ich aber nicht etwa danach frage.

Mit Bode bin ich in jüngster Zeit in lebhafter Korrespondenz gewesen. Ich bat ihn um seine Mithülfe. Herr von Heyl hat den schönen Gedanken, der Stadt Worms einen Brunnen zu schenken. Adolf Hildebrand hat dafür einen so geschmackvollen, zierlichen und sinnigen Entwurf gemacht, daß ich sehr wünschte, der Spender möchte diesen Künstler auserlesen. Wenn die Gelegenheit sich dazu bietet, lassen Sie, lieber Baron Knesebeck, sich von Bode die Abbildung zeigen, vielleicht üben Sie auch auf Heyl einen Einfluß zu Nutz und Frommen der nicht gerade sehr üppig blühenden deutschen bildenden Kunst.

Nachdem ich Ihnen geschrieben hatte, erschienen Reichskanzler, Kriegsminister e tutti quanti auf dem Preßball. Mir machen solche unnütze Konzessionen den Eindruck der Szene in der »Zauberflöte«, wo Mohr und Papageno sich voreinander fürchten. Angst! Und zwar vor Gespenstern; wenn man das aus der Welt treiben könnte!

»Aussi résolu que résigné«, sagte mein Vater von sich. Ich finde, daß der Spruch auf Sie, lieber Herr von Knesebeck, paßt. Deshalb möchte ich mit ihm schließen und ihm nur noch die herzlichsten Wünsche und die wärmsten Grüße der innigsten Hochschätzung beifügen!

C. Wagner

An Max Brückner
Bayreuth, 24. 4. 1896

Mein lieber und hochgeehrter Herr Professor,
Vielen Dank für Ihre Zeilen! Ich bin freilich zu jeder Konzession
bereit, welche dem Ganzen förderlich ist, und bitte Sie, den Felsen in
der Höhe so einzurichten, wie er im Jahre 76 war, vorausgesetzt, daß
die herrliche Dekoration dadurch nicht verdorben wird.
Wollen Sie die Güte haben, sich darüber mit Kranich ins Einvernehmen zu setzen, ich glaube, es ist besser, wenn dies direkt als durch
meine Vermittelung geschieht.
Wir hatten neulich eine kleine Probe für das Pferd, II. Akt
»Walküre«, es hingen nur die Wolken, aber diese sind so schön, daß
wir ganz durch sie in Stimmung versetzt wurden. Die Klänge des
Huldigungsmarsches, den wir dazu spielen ließen, versetzten uns
ganz in diese Wolken, wo wir unseres Königs gedachten, dem wir das
Festhaus verdanken und die Möglichkeit, weiter in dieser Kunst zu
wirken.
Es freute mich zu lesen, daß Sie der Prinzessin mit Motiven aus der
»Götterdämmerung« gehuldigt haben, denn der Erbprinz Hohen-
lohe ist ein echter Freund unserer Sache.
Montag häufen wir den *Hort* hier auf. Ich freue mich schon darauf.
Leben Sie wohl, mein lieber Herr Professor, und seien Sie mit den
werten Ihrigen von uns allen auf das wärmste gegrüßt!

C. Wagner

An Ludwig Schemann
Bayreuth, 29. 4. 1896

Lieber und werter Freund!
Immer etwas in Hast, und die Gedanken sehr eingenommen, kann ich
Ihnen nicht schreiben, wie ich es wünschte, namentlich nicht auf
Ihren letzten inhaltvollen Brief gebührend erwidern. Aber einen
Gruß kann ich entsenden, und was mich dazu drängt, nicht länger auf
eine ruhige Stunde zu warten (die doch nicht kommt), ist Ihr Aufsatz
über die Briefe meines Vaters, den ich gestern gelesen habe.
Alle Eigenschaften, die Sie auszeichnen, habe ich mit Rührung
wieder in diesem Aufsatze erkannt, und mit Erkenntlichkeit gedenke
ich Ihrer und sage mir, daß in Ihrem tiefen Gemüte und in Ihrer
schwungvollen Phantasie das getreueste Bild von ihm lebt!

Bezüglich der Transkriptionen möchte ich Ihnen (indem ich Ihren Zweifel sehr gut verstehe) zu erwägen geben, daß mein Vater den Irrtum begangen hat, die Erscheinung Meyerbeers als eine bedeutsame auf dem Gebiete der dramatischen Kunst zu betrachten. Er glaubte in ihm den Vertreter des ernsten Dramas gegenüber der italienischen Oper und der Opéra comique zu erkennen. Erst als er unsere Werke kennenlernte, wurde ihm Meyerbeer fremd; dieser bemerkte mit Bitterkeit: »La seule scène d'Allemagne où le ›Prophète‹ n'a pas été donné, c'est Weimar; il est vrai que j'y ai un ami.« Mein Vater, treu seinen einstigen Empfindungen, bearbeitete dann aus dem »Propheten« die Motive, welche ihm als die geeignetsten erschienen. Und was die Bearbeitungen an sich anbetrifft, so gehören sie in jene Klavierliteratur, die er in solcher Weise mit Einfällen und allen Merkmalen der meisterlichen Behandlung dieser Kompositionsgattung bereichert hat, daß kein Klavierspieler jetzt ein Konzert gibt, ohne eines von diesen Stücken spielen zu müssen. Gleichsam um zu zeigen, welche Klangmöglichkeiten im Klaviere *selbst* liegen und welchen Vortrag und Technik er sich angeeignet hat. Daß »wir« keine besondere Bedeutung diesen Stücken beilegen können, versteht sich von selbst; er tat es auch nicht, wenn er sie gleich sorgfältig und gewissenhaft verfaßt hat (in letzter Zeit meist für seine Schüler).

Von einer der Verdischen Fantasien hat ein französischer Schriftsteller gesagt: »C'est un grandseigneur présentant un mannequin.« Die Don-Juan-Fantasie halte ich für ein Meisterwerk.

Ich war zuerst erstaunt, daß Sie die Zitate aus den Briefen nicht anbrachten. Der Schluß Ihres Aufsatzes belehrte mich aber über den praktischen Grund dieser Auslassung. Wollen sehen, ob der Erfolg eintritt! Der Deutsche ist ziemlich zähe. Er ist aber auch mittellos, wenn er gebildet ist. Leben Sie wohl, mein lieber Freund, möchten Sie gute Tage am Genfer See haben. Unser Frühjahr ist gotteserbärmlich!

Herzlichste Grüße von uns allen.

In treuer Ergebenheit

C. Wagner.

An Houston Stewart Chamberlain
Bayreuth, 13. 5. 1896

Nicht länger möchte ich zögern, um Ihnen zu der Vollendung Ihrer wissenschaftlichen Arbeit Glück zu wünschen, und zwar von ganzem Herzen. Ich betrachte Sie als Botaniker von Beruf (gleichsam der Boden, auf dem Sie stehen), Ihre Arbeiten in unserer Sache als Ihre Bestimmung (die Ausflüge in den Himmel, wenn Sie auch links und rechts dabei auszuschlagen haben!).
Also, Hoch dem Beruf und Heil der Bestimmung!
Wir anderen, Sterbliche und Himmelsbewohner zugleich, werden wohl nichts von Ihrer irdischen Arbeit zu sehen bekommen? Verzeihung, Eva erinnert mich daran, daß doch etwas für uns Verständliches darin ist. Ich freue mich also darauf!
Daß Sie mit den Graphologen zu Ende sind, verstehe ich! Wo die Unwahrheit beginnt (und Auslassungen sind Unwahrheiten!), hört die Forschung auf und ist der Schwindel nahe.
Ihr Satz über die Treue in der Freundschaft hat mir zu denken gegeben. Ich könnte es nicht, denn die Freundschaft ist doch auf etwas anderes begründet als auf Überrumpelung durch die Sinne, wo Lüge, Verrat, jedes Verbrechen dahingenommen wird, weshalb auch solche sinnliche Beziehungen nicht allzu hoch in unserer Achtung stehen. Das Schönste über dieses Thema hat wohl Platon im »Symposion« gesagt. Wir trennen Freundschaft und Liebe nicht. Verehrung und Bewunderung sind doch wie der Flügelschlag der Liebesempfindung?
Ich habe in diesen Tagen Appias »Notes sur l'Anneau du Nibelungen« vorgenommen, in der Hoffnung, etwas Verwendbares darin zu finden. Leider vergebens. Appia scheint nicht zu wissen, daß 76 der »Ring« hier aufgeführt wurde, folglich in bezug auf Dekorationen und Regie nichts mehr zu erfinden ist. So ist in seiner Schrift alles Richtige überflüssig, weil den Angaben der Partitur entsprechend, das übrige unrichtig bis zur Kinderei. Hier nur einige Beispiele:
Warum sollen die handelnden Personen des »Rheingoldes« keine Götter sein, da sie Götter sind?
Warum keinen Schmuck haben, da doch Schmuck von jeher das Kennzeichen der Hochgearteten war? (Kein Gold, das versteht sich!) Auch haben sie Attribute, wie Wotan den Speer, Froh die Sichel etc. (dies alles wurde auch 76 bestimmt).

Hunding im Schatten! Siegmund und Sieglinde mit den gleichen Gebärden!

Die Szene, die Appia als gleichgültig bezeichnet, die erste »Walküren«-Szene, wurde 76 am meisten probiert, um die äußerste Deutlichkeit bei ihr herauszubringen. Im »Siegfried« fordert Appia, die Höhle solle so eng sein, daß Siegfried »mal à l'aise« sich darin befände. Nun ist aber Mime an die »unabsehbare Kluft« von Nibelheim gewohnt. Für den Lauf mit dem Bären, für die Schritte des Wanderers, für die große Bewegung von Siegfrieds Schmieden ist Raum unumgänglich! Wenn Appia gesagt hätte, eine geringe Öffnung nach dem Walde zu, das wäre richtig, weil Mime das Tageslicht scheut.

In der »Götterdämmerung« verlangt Appia für die Kostüme oder die Umgebung: »une bigarrure étouffante«. Nun denken Sie sich das zarte zauberische Thema von Gutrune mit dieser »bigarrure«!

Das stärkste unter den Mißverständnissen ist aber die Stellung, die Appia Hagen in der Szene von Siegfrieds Tod gibt. Abgesehen davon, daß die Stellungen auf das genaueste festgesetzt sind, ist zu erstaunen, daß Appia nicht empfunden hat, welche Gewalt die dichterische Kraft hier erreicht, indem durch Siegfrieds Wesen und seine Erzählung wir alle Gefahr, ja die unmittelbar vorangegangene Weissagung der Rheintöchter vergessen und ganz uns seinem Übermute und dem Zauber seiner Erzählung hingeben. Da soll Hagen als »Samiel hilf« hinter und über ihm stehen!

Ähnlich, wenn auch nicht so stark, ist seine Empfindungslosigkeit gegen das dichterische Leben in der »Walküre«, I. Akt, wo er das Abstrakte, la volonté de Wotan, zugegen haben will. Während da auch der ganze Zauber darin liegt, daß wir an nichts anderes denken als das, was wir erleben und wiederholt ausdrücklich 76 gefordert wurde, daß die anspielenden Themen möglichst fließend, unmerklich im Orchester gespielt würden, so daß sie den geheimnisvollen Untergrund bilden, auf welchem das Leben unmittelbar sich abspielt. Ich nehme an, daß Appias Bedeutung auf dem Gebiete der Technik liegt, und zwar der Beleuchtungstechnik. Da ist noch ein großer Spielraum auszufüllen, wenn die Intentionen wirklich ausgeführt werden sollen, denn das elektrische Licht ist da, aber noch sehr grell. Die Übergänge zu bewerkstelligen, zarte Modifikationen hervorzubringen etc., etc., dazu gehört ein Techniker, der in seinem Fach zu erfinden weiß, nur muß Appia nicht *dunkel* wollen, wo die Dichtung *hell* sagt, und vice versa.

Denken Sie sich, wir haben das Stück von Thorel gelesen! und es ist in drei Akten und hat große Längen, so daß ich den Mißerfolg verstehe. Aber es hat eine schöne Szene zwischen den beiden Frauen, welche mich veranlassen würde, den Autor zu ermutigen.

Stark ist mir dabei das Konventionelle des französischen Wesens aufgefallen und die eigentümliche trivialisierende jetzige französische Sprache.

Eva fährt getreulich in Ihrem Buche fort; sie ist bei »Parsifal« angelangt und hat mir das Schönste von den Nibelungen berichtet. Über die »Meistersinger« wünschte ich mit Ihnen zu verkehren. Ihre Auffassung von Sachsens Liebe zu Eva stimmt nicht ganz zu der meinigen; vielleicht werden Sie die meinige verstehen, wenn ich Ihnen sage, daß ein gesprochenes Lustspiel geplant war, »Hans Sachsens Hochzeit«, wo Eva und Walther als Trauzeugen dem Bund des noch älter gewordenen Mannes mit einem jungen Mädchen den Segen geben sollten. Sachs wollte singen, nicht um Eva für sich zu gewinnen, sondern um sie vor den anderen Bewerbern zu behüten. Die zarte, unbezeichenbare Neigung, die er für sie empfindet, läßt ihn dieses Singen vor ihr als den schönen Abendtraum bezeichnen. Er ist resigniert als Mann und als Dichter, gönnt Walther das ihm versagte Glück und das Genie. Die Resignation, die sich in ihm ausspricht, ist nicht die der leidenschaftlichen Liebe, er begehrt nicht mehr, auch das Erfreulichste nicht, er hat den Blick in die Welt getan (das alles *vor* Walthers Eintreten). Als kräftige Natur spielt er gleichsam mit dieser Resignation, stellt sich vor, wie es sein könnte, wenn er sie nicht hätte. Dies alles ist sehr schwer in Worten zu sagen, denn wie Eva sich ihm an die Brust wirft, ist er beinahe überwältigt und greift zum polternden Scherz, um sich zu helfen. Evas Worte »nur dich erwählt' ich mir« beziehen sich auf das Spiel, welches sie mit ihm im II. Akt zu spielen versuchte; sie will ihm gleichsam sagen, glaub nicht, daß ich so schlecht sei, nur dich haben gebrauchen zu wollen, ich liebe dich und verehre dich. Der Zauber dieser Empfindungen liegt im Unaussprechlichen. Eva ist für Sachs der Inbegriff des zur Jungfrau erblühten Kindes, der holden Weiblichkeit, das Lächeln des Lebens. Ein Abendtraum. Nun wird sie ihm entrückt, ja, entführt; da kommt wohl Schmerz über ihn. Er hat sie aber nie begehrt.

So wenigstens empfinde ich. Ich will aber, wenn mein eiserner Schrank mir zugänglich, die Prosaskizze wieder lesen, vielleicht finde ich etwas darin, was uns belehrt.

Vielen Dank für die steten freundlichen Zeichen Ihres Gedenkens!
Jedes kleine Zettelchen ist eine Belebung!
Nehmen Sie fürlieb mit der Kürze und daher auch vielleicht
Unklarheit, mit welcher ich mich faßte. Wir hatten gestern Kostüm-
probe, heute »Siegfried« und »Walküre« in verschiedenen Gestalten,
ich kann nicht sagen, daß ich müde bin, aber ich fühle mich nicht sehr
schlagfertig.
Sehen Sie in diesen Zeilen meinen Glückwunsch und auch den
Wunsch, mit Ihnen mich immer über alles, was uns nahegeht, zu
verständigen.
Tausend wärmste Grüße.

                                                                          C. W.

An ihre Tochter Isolde
Bayreuth, 22. 5. 1896

Laß uns im Geiste zusammen sein, mein Kind, zusammen sein und
feiern! Diesen Tag segnen, der der Welt und Euch das schenkte, was
Ihr nie verlieren könnt! Von überall her lebt Dir das ewige Leben
entgegen, blickst Du zum Himmel, so strahlt in Sonne und Sterne Dir
Siegfried und Walther entgegen, schaust Du in das Auge eines Tieres,
so fühlst Du das Mitleiden, wie die Menschheit es nur einmal also zu
verkünden befähigt war, leidest Du unter dem Gespenstigen des
Tages, so klingt Tristans Klage Dir trostspendend entgegen, vernimmst Du einen hohen Gedanken irgendeines Weisen und Sehers,
so findest Du immer das eine, den einen wieder, dem alles große
Gedachte neu zu denken und zu erfüllen beschieden war. Von überall
tönt es Dir zu, mein Geliebtestes, das, Du und Deine Geschwister, Ihr
nicht verlieren könnt, und dieses ewige Leben in Euch zu pflegen und
zu hüten habt. Hütet es durch standhaftes Ertragen der Prüfungen,
wie wollten wir in einer Welt ohne Kummer sein, in welcher der
Große, der Edle, der Heilige leidensvoll sich müht? So diese Prüfung
unserer Trennung – – laß sie uns segnen, mein Kind! Wer weiß, ob wir
morgen nicht dadurch, daß wir hienieden getrennt sind, nicht viel
enger in jenem Reiche verbunden sind, das Reich Gottes laß es mich
nennen, das kein Wann und kein Wo kennt.
So laß mich Dich denn schauen, verklärt und friedensvoll den
einzigen Glückstag preisen! *Ich* weiß es, daß auch Du in Wahnfried
einzig frei atmest. Von unsrem Kloster aus wirst auch Du aber Dein

Leben Dir bauen, und das wird ein schönes, reines, edles, frieden-freudiges Leben sein, wie Du selbst bist. Dies kündet Dir, mit Untrüglichkeit, mein Mutterherz, welchem von Deiner Geburt an bis zum heutigen Tag nur Freude von Dir aus strahlte!

So sei ruhig, friedlich, in Dir selig, mein seliges Kind, in Dir, wenn Du Dich darin versenkest, findest Du alles – das All und Eine! – wieder, darin wir sind, darin wir leben, darin wir vergehen, ertrinken, versinken, unbewußt, höchste Lust!

CW.

An Hans Richter
Bayreuth, 6. 6. 1896

Mein teurer Richter!
Ich war ja darauf gefaßt, daß Du nicht die sämtlichen Zyklen würdest dirigieren können, da ich Deine unausgesetzte aufreibende Tätigkeit kenne. Nichtsdestoweniger hat mich Dein Brief und sein Anliegen überrascht...
Es soll nach Deinem Wunsche geschehen. Laß uns darüber nicht weiter sprechen.
Ich möchte heute, an dem Tage, an welchem Du auch einen Anteil hast, nicht betrübt sein. Und so sage ich Dir nur, froh wider alles Leid, auf Wiedersehen!
Ich hoffe, Du wirst mit uns zufrieden sein; wir haben gearbeitet. Allein Du kennst, ebenso gut wie ich, den Zustand unserer Kunst. Bevor wir an das Eigentliche kommen, müssen wir zwei Drittel der Zeit mit Ausmerzen der schlechten Gewohnheiten zubringen. Und wenn man nur die Menschen zur Arbeit bekäme! Zum Beispiel Grengg: er schreibt mir, er müsse sich von der unsinnigen Reper-toire-Anstrengung erholen. Er könnte aber dies hier tun – wir würden nur eine Stunde täglich mit ihm arbeiten, und er könnte dann sich im Freien ergehen. Willst Du nicht suchen, ihn dazu zu überreden? Wenn ich an den Hagen denke und was er erfordert an Darstellung und Charakter, stehen mir die Haare zu Berg. – *Bitte* hilf mir dabei! – Dem Talent nach hätte Elmblad das Zeug, aber die Stimme entspricht nicht, und wir arbeiten jetzt den Fafner.
Nochmals auf Wiedersehen, mein teurer Richter! Komme uns recht frisch, und das übrige findet sich. Wir alle grüßen Dich und die lieben Deinen aus treuestem Herzen.

C. Wagner

Engelbert Humperdinck, Komponist und Lehrer Siegfried Wagners

Der Sohn: Siegfried Wagner

An Ernst Erbprinz zu Hohenlohe-Langenburg
Bayreuth, 8.–10. 6. 1896

Teuerster Erbprinz,
Ich schreibe allerdings in dieser Zeit keine Briefe, aber Ihnen will ich
schreiben, weil ich es muß, weil Ihr Brief mir eine so große Freude
gewesen ist! Und so nehme ich eine schöne Morgenstunde inmitten
von Vogelgesang und allen Verheißungen, wie diese ersten Juni-Tage
sie noch enthalten, um Ihnen meinen Dank zu sagen!
Inmitten unserer Arbeit denke ich wohl zu Zeiten daran, für wen wir
uns wohl bestreben. Und da kommen Sie, mit Ihrem edlen Ernst und
Ihrem inneren Feuer, in erster Linie in meine Gedanken. Ich freue
mich, Ihnen sagen zu können, daß Ihre Plätze umgetauscht wurden.
Ich glaube, Amerikas Sterne haben wiederum dazu verholfen! Sie
sind in der Mitte der 12. Reihe und Erbprinz und Erbprinzessin
Leiningen neben Ihnen. So werden Sie alles ohne den widerlichen
Operngucker verfolgen können! – Nun gebe Gott seinen Segen! Wir
arbeiten, was wir können, aber vielfach wird unsere Arbeit unterbun-
den. Mit Mühe bekommen wir die Künstler her, und in *welchem*
Zustand ist unsere arme Kunst geraten! Von der stolzesten Fürsten-
tochter zur elendesten Bettlerin ist kaum ein solcher Abstand wie
hier zwischen dem Ideal und der Realität.
Ich danke Ihnen, teuerster Erbprinz, für Ihre Teilnahme an unserer
Arbeit und an dem Gedanken von Bayreuth!
Ihnen die Wahrheit zu sagen, war es mir nicht angenehm, daß man
sich an Sie gewendet hat. Ich hatte es mir vorbehalten, im Lauf der
Zeit einmal mit Ihnen über die Stiftung zu verkehren und Ihre
Ansicht mir zu erbitten darüber, was ich wohl tuen könnte, um diese
Stiftung der Teilnahme der Fürsten zu empfehlen. Ob etwas Direktes
von mir aus oder nichts. Denn – ich weiß, wie es steht, und habe mich
gewöhnt, im Vertrauen auf Gott die bitteren Erfahrungen und die
Enttäuschungen als einen Teil (ich möchte sagen, einen Hauptteil)
meiner Kraft zu betrachten, in der trostreichen Annahme, daß, mutig
ertragen, sie einen Keim in sich tragen, der einmal, vielleicht in
spätesten Zeiten, seine Frucht tragen wird. – Die Anziehung, welche
die Geschichte auf mich übt, liegt für mich darin, daß wir es doch in
ihr verfolgen können, wie das Leiden und Tun bedeutender Menschen *doch* nicht verlorengeht, und daß, wenn sie unter mißlichsten
Umständen und schwersten Prüfungen ausgeharrt haben, ihnen
Erben entstehen, welche diese wundersame Erbschaft zum Heile der

Menschen zu nützen wissen! Die Geschichte Preußens ist nach dieser Seite hin eine der lehrreichsten. Darf ich Sie bitten, dem Fürsten Statthalter, Ihrem Herrn Vater, meinen tief empfundenen Dank für die Zusendung einiger Lehrer und Glieder des geistlichen Standes (auf letztere lege ich einen besonderen Wert) auszusprechen. Dies ist ein edles Beispiel! Und Sie selbst, teuerster Erbprinz, möchte ich bitten, künftig für den Beitrag, den Sie unserer Stiftung gütig zuweisen, einige Menschen zu nennen, die Sie als berücksichtigungswert erachten. Erstens wünschte ich, diese wüßten, wem sie die erhebenden Eindrücke verdanken, dann aber traue ich Ihrem Blick viel zu und bin sicher, daß, wen Sie uns schicken, auch würdig ist. Landgeistliche sind mir erwünscht; trotz aller Angriffe auf sie und manches in ihr, was mir nicht ganz zusagen kann, baue ich fest auf unsere protestantische Kirche und halte sie für lebensfähig. Wie ich neulich in Erlangen in der Augenklinik war, hatte ich die Freude, mit ihrem Direktor, dem ausgezeichneten Professor Eversbusch, mich darüber zu verständigen, daß wir jetzt einen Glauben zu bekennen hätten, der auf das schnödeste angegriffen wird und der, gerade in der Form der evangelischen Konfession, die tiefste christliche Inbrunst, mit der freiesten Forschung vereinigt, zuläßt. So liegt unendlich viel daran, daß die evangelische Geistlichkeit nicht aus dem Leben geschieden sei und große Eindrücke der Kunst in sich aufnähme. Sie bringen auch mehr Bildung mit als die Schullehrer, welche leicht der Trivialität der Zeitungsschreiberei verfallen. – Die Reformation ist identisch mit dem germanischen Wesen! Ich werde mir dessen immer bewußter, und möge man gegen die protestantische Geistlichkeit noch soviel zu sagen haben, sie hat unter den schwersten Umständen, unter den dürftigsten Verhältnissen, die wahre Bildung aufrechterhalten und jene Vereinigung, von welcher ich vorhin sprach, ermöglicht.

»Schon hör ich einen auf dem Gang«, ich muß mich unterbrechen!
10. Juni:
Siegrune, Fafner und Wotan No. 2 waren es, die mich unterbrachen. Darauf sind zwei Tage vergangen, in mancherlei Nöten, wobei ich nur sagen kann, daß das Vertrauen und der Eifer der Künstler mich immer wieder ermutigt. Heute ist ein Dirigenten-Konflikt das Neueste. Ich denke, es wird sich schlichten. In ruhiger Bestimmtheit und nur immer eintretend, wenn es gilt, beweist mein Sohn mir jeden Tag mehr, wie nötig er uns ist. Gott schütze ihn!
Durch alle unsere Wirren durch findet sich doch der Moment, um

Anteil an dem Allgemeinen zu nehmen. Soeben telephonierte der Verwaltungsrat von dem Auftreten des Prinzen Ludwig in Moskau. Ich bin begierig, wie lange man Geduld haben wird.

Und daß ein Fremder die Subtilitäten der Separatrechte Bayerns nicht kennt, ist erklärlich. Dies ist aber ein ernstes Kapitel und wird, fürchte ich, einmal zu einer Entscheidung führen müssen.

Es freute mich, durch Sie, teuerster Erbprinz, das bestätigt zu hören, was ich schon von dem Zaren vernahm. Seine Regung, die Festlichkeiten nach dem Unglück aufzuheben, war schön, und ich wünschte, seine Räte hätten so edel gefühlt wie er. – Bei dem Untergang der »Elbe« war es mir, als ob man eine Trauerfrist hätte anbefehlen sollen und als ob in den Kirchen das heroische Beispiel des Kapitäns Gossel hätte der Gemeinde anschaulich nahegebracht werden müssen! Denn diese Schicksalsschläge sind es vornehmlich, bei welchen der Fürst das Band, das Gott sei Dank noch enger besteht, als manche es wünschen, zwischen ihm und seinem Volk fest verknüpfen soll.

Daß aus der Katastrophe in Moskau nun von den Demagogen Mißbrauch geschlagen wird und abergläubische Zeichen, ist widerlich! Wenn der Zar seiner Regung hätte folgen können, hätte man dies nicht zu ertragen gehabt. –

Dem Gefühle folgen ist doch alles!

Ein ehrwürdiges Beispiel gibt der Kaiser von Österreich. Seine Betonung des Dreibundes, gerade nach der Niederlage der Italiener, ist von Edelsinn eingegeben. Vor allem aber sein Empfang Luegers. Er hat da gezeigt, was der Fürst unter den schwierigsten Umständen vermag, wenn er persönlich und rein menschlich auftritt. Nichts hätte diese komplizierte Frage in ein so richtiges Geleise bringen können wie diese weise und mutige fürstliche Handlung, in welcher die Bedeutung der Monarchie einem drastisch entgegentrat.

Die antisemitische Bewegung, von welcher Arthur Balfour mir sagte: »C'est une question sans issue«, hat in Österreich Dimensionen gewonnen, welche zu denken geben werden. Und überall regt es sich. Ein Aufsatz in der »Quarterly Review« (»the modern jew«) hat mich durch seine Schärfe und seine Kenntnis der Sache erstaunt. Leider ist man in Preußen noch recht blind.

Doch wohin verliere ich mich in der alten Gewohnheit, mit Ihnen, teuerster Erbprinz, von allem und noch etwas dazu zu plaudern! Ich kehre zu Ihnen und zu uns zurück, um Ihnen das zu sagen, was mir zumeist auf dem Herzen liegt: Meine Betrübnis darüber, daß wir die geliebte Fürstin, Ihre hochverehrte Frau Mutter, hier missen müssen. Möchte sie sich recht in Nauheim erholen und kräftigen! – Kurz nach Ihrer Vermählung sahen wir in einer illustrierten englischen Zeitung die Abbildung der Fürstlichkeiten, welche zugegen waren. Unsere Augen ruhten auf dem Antlitz der Fürstin! Die Güte, die Lauterkeit des Wesens, die Abwesenheit jeder eitler Präokkupation, welche der Vornehmheit ein vornehmstes Gepräge verleiht, dies alles erkannten wir da wieder und sagten uns, das ist das Ideal der deutschen Fürstin! – Wollen Sie unsere ganze Verehrung ihr entrichten? Ich bitte Sie auch, der freundlichen Gesinnung Ihrer Königlichen Hoheit der Erbprinzessin, Ihrer Frau Gemahlin, uns zu empfehlen.

Ihnen, teuerster Erbprinz, sage ich von ganzem Herzen auf Wiedersehen! Sie sind nun vollendet, wie der Mann es in der Ehe wird, und niemand kann sich Ihres Glückes mehr freuen als ich! Ich sehe Sie förmlich jetzt in Langenburg, höre Sie den »Ring« spielen und singen und finde, daß diese hehren Klänge in der edlen liebevoll belebten Abgeschiedenheit ganz dort zu Hause sind!

Meine Kinder tragen mir wärmste Empfehlungen auf, und ich drücke Ihnen die Hand mit den Gefühlen der freudigsten Teilnahme und Anhänglichkeit!

C. Wagner

An die Geheimräte von Muncker und von Seckendorff
Bayreuth, 31. 7. 1896

Hochverehrte Herren!

Darf ich Sie bitten, den Ausdruck meines wärmsten Dankes den Herren Mitgliedern des Vereines, welcher sich das edle Ziel der Förderung unserer Sache gestellt hat, übermitteln zu wollen.

Ich bin durch die in dem an mich gerichteten Schreiben niedergelegte Gesinnung sehr gerührt und wünschte, es wäre mir gegeben, für meine Empfindung die rechten Worte zu finden.

Das Wohlwollen, welches aus diesem Schreiben mir entgegenkommt, das Wohlwollen ist es, welches mich freudig bewegt.

Was aber die übermäßig ehrenvolle Anerkennung meiner Anteilnahme an unseren Festspielen betrifft, so möchte ich es mir gestatten, hier eine Überzeugung auszusprechen, welche bei mir unerschütterlich ist, die Überzeugung, daß jeder in meiner Lage das gleiche getan hätte.

Die Kraft der Sache hat hier gewirkt. Dieser heiligen Kraft zu
dienen, dies war mein Trachten, und dieses Trachten hat mir die
Stützen unserer Sache erhalten und neue Freunde und Helfer zugeführt.

In erster Linie muß ich des Freundes gedenken, ohne welchen die
Festspiele unmöglich geblieben wären. Überblicke ich in diesen
zwanzig Jahren die Tätigkeit Adolf von Gross', die ich vielleicht allein
in ihrem Umfange und in ihren Mühsalen und Prüfungen kenne, so
erhebt sich mein Dankgefühl zu Gott, der einen solchen Freund und
Förderer uns bestimmte.

Von da ab blicke ich auf alle diejenigen, die sich freudig in den Dienst
unserer Sache stellten, die mir beistanden mit Rat und Tat, mir stets
die Schwierigkeiten zu überwinden halfen und unermüdlich so
manche Widrigkeit mit mir ertrugen. Ich gehe von der Bühne aus und
nenne unsere Freunde Julius Kniese und Anton Fuchs, um welche
sich als musikalische Assistenz seit Jahren eine erlesene Genossenschaft ausgezeichneter Künstler scharte, alle einzig von dem Wunsche beseelt, der Sache zu dienen, ja, jede persönliche Regung ihr zu
opfern. Dann aber betrachte ich mit Rührung und Genugtuung die
Reihe der angesehenen, bewährten Dirigenten, welche durch ihre
Tätigkeit, sei es hier oder draußen, vor allem durch ihre gütige
Teilnahme und ihr Verständnis für mein Trachten, unser Werk so
wesentlich gefördert und mich persönlich stets ermutigt haben. Mit
Stolz und Dank nenne ich: Hans Richter, Hermann Levi, Felix Mottl,
Josef Sucher, Karl Muck, Richard Strauss und füge diesen Namen
zwei hinzu, welche für mich die Bedeutung haben, die die Fahnen bei
der Armee einnehmen. Von den allerersten schwersten Zeiten an
haben Heinrich Porges und Karl Klindworth unserer Sache angehört,
sie haben für sie gelitten. Daß diese ältesten unter den echten, die
durch die Vermittlung meines Vaters zu unserer Kunst kamen und
ihre Ehre durch alle Zeiten hochhielten, daß sie sich mit unseren
Bestrebungen in Bayreuth einig fühlen, dies erwähne ich als eine
besondere Befriedigung meines Gemütes.

Nannte ich die ältesten, so entspräche es meinem Gefühle nicht, da
ich ein Bild unserer Gemeinsamkeit zu entwerfen versuche, wenn ich
des jüngsten, meines Sohnes, nicht gedächte. Im Beginn seiner
Laufbahn begegnete er dem mißgünstigen Zweifel, wie er in unserer
Welt zu erwarten war; er besiegte ihn, sicherte seine Stellung als
Orchester-Dirigent und widmete nun unserem Werke seine Dienste
auf der Bühne. Die Rheintöchterszene in ihrer ganzen Anordnung,

sowie die gesamte Durchführung der ungemein komplizierten dekorativen Angaben, verdanken sich ihm.
Er bietet mir durch diese Tätigkeit den Übergang von der Musik zur bildenden Kunst. Gleich muß ich hier als Hauptstütze unseres Werkes Professor Brückner bezeichnen, der seit 1876 hier bei uns mitschuf und in seiner letzten Schöpfung, den Dekorationen zum »Ring des Nibelungen«, uns gezeigt hat, welche unvergleichlichen Resultate eigne Kraft der Phantasie und liebevolle treueste Versenkung in die Absichten der Dichtung zu erringen vermögen.
Als Errungenschaft unserer diesjährigen Spiele muß ich anführen, daß Hans Thoma für mehre der Hauptgestalten die Kostüme zu zeichnen die Güte hatte. Jeder, der Empfindung für deutsche Art und Kunst lebendig in sich fühlt, wird meine Freude darüber verstehen. In dieses Künstlers Wesen und Schaffen ist etwas, das ich als mit unserer Kunst Verwandtes zu bezeichnen wage. Ihm zur Seite brachte uns Schmidhammer die Gestalten: Wotan im »Rheingold«, Siegmund und Sieglinde, Donner, Mannen und Frauen, alle in charakteristischer Ausführung, in welcher jedes Detail als echt sich erweist. Nicht versagen kann ich es mir, hier zu erwähnen, daß, wie bei der Ausstattung des Venusberges im »Tannhäuser«, ein bedeutendster und angesehenster Archäologe die Güte hatte, uns den Schatz seiner Kenntnisse und seines überlegenen Sinnes und Urteiles zugunsten unserer Gruppierungen zu öffnen, so jetzt ein namhafter Germanist uns mit Quellenangaben und Weisungen freundlichst versah. Dieser Gelehrte hat auch öfters in den »Bayreuther Blättern« über die Sagen, welche dem »deutschen Drama« zugrunde liegen, in ebenso gründlicher wie sinniger Weise sich geäußert.
Die »Bayreuther Blätter«! Sie bestehen nun seit achtzehn Jahren und haben ohne Schwanken den Geist vertreten, in welchem sie gegründet wurden. Es hat keine Schwierigkeit gegeben (und durch manche sind wir gegangen!), wo nicht diese Blätter die Sache Bayreuths hochgehalten und nach jeder Seite hin das verfochten hätten, wofür wir hier eintreten. Durch sie wurde uns zuerst ein Name bekannt, der jetzt zu so großem Rufe und so ausgeprägter Bedeutung gelangt ist, daß es genügt, Houston Chamberlain zu nennen, um mit ihm den Kämpen für die Idee und die Sache Bayreuths zu bezeichnen, welcher berufen war, in Deutschland sowohl wie im Auslande durch die Gewalt seiner Begeisterung, durch die Schärfe seiner Beredsamkeit, durch seinen allumfassenden Sinn Klarheit über unsere Sache und ihre Bedeutung zu verbreiten.

Indem ich hier vor meinem Geiste die Faktoren unseres Werkes vorüberziehen lasse, erscheint es unmöglich, das Ausland nicht zu beachten. Seit einer Reihe von Jahren bereits haben sich uns namhafte fremde Künstler genähert, welche unter bedeutendem Aufwand von Zeit und Mühe die deutsche Sprache erlernten und sich den Stil, den wir hier zu pflegen trachten, aneigneten. Manche sind hier aufgetreten, andere haben im Auslande, da wo sonst die italienische Oper herrschte, in deutscher Sprache die deutsche Kunst vertreten. Bedenke ich, daß in früheren Zeiten es umgekehrt der Fall war, daß deutsche Künstler italienisch lernten und unter italienischen Namen auswärts ihre Kunst zum besten gaben, so erkenne ich darin dankbar, welche Wandlung sich vollzogen hat. Und so ist es auch mit unserem Publikum. Es besteht vornehmlich aus Deutschen, zu welchen Angehörige aller Kulturvölker in bedeutender Anzahl sich gesellen; alle Stände und fast alle Bekenntnisse sind hier vertreten. Man merkte es bei den zwei ersten Zyklen, die soeben beendet sind, daß nicht Neugierde noch Zerstreuungssucht die Zuhörerschaft versammelt hatte, sondern das ernste Bedürfnis der Andacht unter einem gemeinsamen Eindruck. Viele darunter bringen beträchtliche Opfer der deutschen Kunst zu Liebe und zu Ehren. Die so freundliche Aufnahme, welche dieses Publikum in den jüngsten Tagen den Künstlern bereitete, welche entweder zu den direkten Schülern Bayreuths gehören oder längere Zeit zum Studium sich hier aufhielten, zeigte, in welchem innigen Verbande man sich befand und wie wir mit dem, was wir anstreben, verstanden worden waren. So bestärkte sich mir, wie durch einen Widerhall, die Empfindung der Einheitlichkeit, welche ich durch die ganze Zeit der Arbeit hindurch zu meiner Beseligung empfunden. In dem liebenswürdigen Verkehr mit den Künstlern, welche unser Werk darstellen, fühlte ich eine wechselseitige Förderung; die Bedeutendsten unter ihnen sowie diejenigen, deren Ruf von hier erst ausgeht, sind mir mit einem Vertrauen, ich darf wohl sagen, mit einer Liebe entgegengekommen, die ich als das schönste Ergebnis unserer zehnjährigen hiesigen Tätigkeit begrüße. Das Orchester, mit seinen unvergleichlichen Dirigenten eins im Feuereifer, bewährte den gleichen Geist der unbedingten Hingebung an unser Werk. Der Chor nicht minder. Ist es da zu erstaunen, wenn die Wirkung auf die Zuhörer als von unmittelbarer Gewalt sich erwies?

Ein Zeugnis dieser Wirkung hebe ich hervor; die Bedeutung der Persönlichkeit, von welcher es ausging, ihr enger, ich füge hinzu schöpferischer, Zusammenhang mit unserm Leben und unserer Kunst, gibt diesem Zeugnis einen innigsten Wert. Engelbert Humperdinck gab mir seine Zustimmung zu erkennen. Er hat in unserem Hause gelebt, hat die Partitur von »Parsifal« geschrieben und Eindrücke empfangen, Weisungen erhalten, deren Blüte ganz Deutschland in seinem Märchenspiel begrüßte. Er hat nicht aufgehört, an unserem Werke mitzuarbeiten, er ist der Lehrer meines Sohnes geworden und hat mir durch den wohlwollenden Anteil, den er mir bekundete, jene Ermutigung zugeführt, die jeder zu schätzen weiß, der jemals sich ernstlich bemüht hat.

Auch anderer Freunde aus der Nibelungen-Zeit möchte ich Erwähnung tun; sie waren an der Spitze der damals sogenannten »Nibelungen-Kanzlei«. Franz Fischer, welcher bald nach unseren Vorstellungen hier durch den verdienstvollen Gründer des ersten Patronatvereines, Emil Heckel, nach Mannheim berufen wurde und dort eine Aufführung des »Ringes« bewerkstelligte, wie sie noch jedem, der ihr beiwohnte, in Erinnerung blieb. Auch ihn wie seinen damaligen Bayreuther Kollegen, Herman Zumpe, hatte ich die Freude bei unseren diesjährigen Spielen mit uns empfindend zu begrüßen. Anton Seidl, der im Jahre 1880 die Aufführung des »Ringes« in Berlin dirigierte, hat auf meine Anfrage nach seinen Erinnerungen auf das liebenswürdigste erwidert und mich seiner Teilnahme aus der Ferne versichert.

Nachdem ich mit Wohlgefallen bei der Aufzählung dieser ermutigenden Erscheinungen verweilt habe, liegt es mir ob, einer der erfreulichsten Erfahrungen dieses Jahres zu gedenken: die bedeutende Hebung der Stipendienstiftung. Ein rühmlich bekannter edler Gönner unserer Sache hat sich abermals dieser Stiftung angenommen und einen Aufruf erlassen, der, durch den allgemeinen Verein vermittelt, der bis dahin ziemlich Vernachlässigten bedeutende Spenden zugeführt hat. Da diese Stiftung uns unaussprechlich am Herzen liegt, so danke ich hier dem edlen Gönner, danke dem angesehenen Künstler, der den Aufruf mit unterschrieb und sich der Mühe seiner Verbreitung unterzog, und danke dem Verein für die Vermittlung an die Mitglieder und für die Spenden. Wir konnten in diesem Jahre eine weit größere Anzahl freier Eintritte verteilen als sonst, und wie das uns beglückt, brauche ich wohl nicht besonders zu erwähnen. Dazu kommt, daß durch die Gnade hoher fürstlicher Gönner aus verschiedenen deutschen Landen Stipendiaten uns huldvoll zugesendet worden sind, meist aus dem Lehrer- und

Musikerstand, so daß wir hoffen dürfen, daß durch die Eindrücke,
welche diese Besucher hier erhalten, auch in den weitesten Schichten
unseres Volkes der Gedanke von Bayreuth einen Eingang finden
wird.

Zu der Verbreitung dieses Gedankens tragen ebenfalls diejenigen
wesentlich bei, welche seit langen Jahren in der Presse unermüdlich
das unterstützen, was wir hier vertreten. Ich müßte des Undankes
geziehen werden, wenn ich hier einen Namen nicht hervorhöbe, der
mit der ersten Aufführung des »Lohengrin« in Weimar in Zusammenhang steht und seit diesen Zeiten des Aufkeimens unserer Sache
mit ihr in enger Verbindung blieb: den Namen Richard Pohls. Mit
diesem Namen muß ich mich des Raumes halber begnügen, und nur
im stillen der andern gedenken, die unser Werk draußen fördern und
uns das Weiterschreiten erleichtern. Man sagt mir, daß sie noch in der
Minderzahl seien. Dies erhöht ja für uns den Wert ihres mutigen
Eintretens. Hie und da wurde mir durch die Jahre hindurch von
Böswilligkeit und absichtlicher oder absichtsloser Verkennung unseres Strebens und der Schwierigkeiten, denen es ausgesetzt ist,
gesprochen. Abgesehen von der Wehmut, welche uns wohl immer bei
der Wahrnehmung menschlicher Bosheit und Verkennung be-
schleicht, hat mich ein eigenes Gefühl bei diesen Andeutungen
angewandelt. Ich könnte es als freundlichen Aberglauben bezeichnen, wie er der alten Welt etwa zuteil gewesen sein mag, wenn sie den
Neid der Götter für irgendeine Errungenschaft durch Leidenswillig-
keit zu beschwichtigen suchte; so will ich denn gern in diesem
feierlichen Jahre sogar das Unerfreuliche als – in einem wundersa-
men Sinne – zu unseren Gunsten mitwirkend betrachten. Hier
berührt sich Scherz und Ernst, wofür ich um nachsichtige Aufnahme
bitte, indem ich diese Erwiderung zu ihrem Schluß führe.

Die Gemeinsamkeit der Arbeit habe ich darin zu schildern gesucht.
Diese Gemeinsamkeit ist es, welche unser Werk hervorbringt; mein
Anteil daran ist nicht bedeutender als der eines jeden, der es redlich
mit Bayreuth meint und auf seine Weise und in seinem Bereiche ihm
dient. Es ist meine erhebende Überzeugung, daß, wenn ich heute die
Augen schlösse, unser Werk weitergeführt werden und gedeihen und
daß mein Verschwinden kaum bemerkbar sein würde. Dieses
auszusprechen fühlte ich mich angesichts des Wohlwollens, welches
mir durch die geschätzten Herren des Vereines in so überaus
liebenswürdiger Weise bekundet worden ist, gedrungen.

Nun wollen wir alle unter Gottes Beistand weiterarbeiten und uns der

Aufgabe, die uns geworden ist, durch den Ernst unserer Gesinnung würdig zeigen.

Dem Verein verbleibt nach wie vor ein bedeutendes Feld der Tätigkeit: die Verbreitung des Verständnisses für das, was wir hier anstreben. Nochmals dankbar des Zeichens seiner Sympathie gedenkend, füge ich für Sie, hochverehrte Herren, welche das Schreiben unterzeichneten, den Ausdruck meiner Erkenntlichkeit für Ihr langjähriges, treues Festhalten an unserer Sache sowie für die Beweise persönlicher Gewogenheit hinzu und schließe mit dem Ausdrucke meiner vollkommensten Hochachtung und Ergebenheit

Cosima Wagner

An Engelbert Humperdinck
Bayreuth, 25. 8. 1896

Mein teurer Freund,
Soeben ließ ich mir Ihren Aufsatz über die Bayreuther Festspiele vorlesen; er ist nebst einem Aufsatze von Chamberlain in der »Deutschen Rundschau« das einzige, wovon ich Kenntnis nahm und nehmen werde. Wie alles, was von Ihnen stammt, trägt er den Stempel der Vollendung. Es nimmt mich wunder, wie es Ihnen möglich war, in dem kurzen Raum nicht das Wesentliche nur unserer Darstellung zu kennzeichnen, sondern auch das einzelne mit Schärfe zugleich und Gerechtigkeit zu berühren. Auch gibt Ihnen das Schicklichkeitsgefühl das Geschick, die Schwierigkeit zu umgehen (die 2 Brünnhilden!!) und dabei uns nicht im Zweifel zu lassen, worauf es ankommt und was hier entweder erfüllt oder unterlassen war. Der ganze Aufsatz ist liebenswürdig und dabei von gründlichster Wahrhaftigkeit. Ich danke Ihnen insbesondere dafür, daß Sie das so klar bezeichnet haben, worin das Wesen unserer Bayreuther Kunst liegt!
Hoffentlich bekommen wir eine größere Anzahl von Schülern, auf daß wir auf der eingeschlagenen Bahn weiterschreiten können. Ich bin nicht mehr jung, und das Sich-Herumschlagen mit den Operngewohnheiten ist ein schweres Handwerk. Nur der Erfolg vor Burgstaller hat Grüning zu einem akzeptablen Siegfried im letzten Zyklus gemacht. Alle unsere Arbeit wäre ohne diesen Erfolg vergeblich gewesen.
Nun aber zu freudenvolleren Tönen, zu Siegfried! Wären Sie nur hier

bei seinem Zyklus gewesen! Ich müßte lange schreiben, um Ihnen das
deutlichmachen zu können, worin sich diese Leistung unterschied.
Ich will es in einem Ausdruck, das Männlich-Geistige, fassen, von
welchem die sinnliche Schwelgerei ausgeschlossen, in welchem aber
die klangvolle Gefühlsexpansion inbegriffen ist. Wie eng die moralische und die künstlerische Welt verbunden? nein, verwachsen sind,
ist mir hier aufgegangen, und es war mir, als ob die Wahrheit aus
jedem Ton mir entgegenstrahlte. So blicke ich mit inniger Befriedigung auf dieses Festspiel, welches die drei bedeutsamen Momente
aufwies: daß wir ohne »Parsifal« bestehen können, daß unsere
Schule, und was sie anstrebt, unmittelbar erfaßt wurde, vor allem,
daß Siegfried sein Erbe antrat.
Bezüglich des Einsturzes der Halle möchte ich Ihnen noch sagen, daß
er sich vervollkommnet hat!
Und nun leben Sie wohl, mein lieber Freund, und haben Sie Dank für
Ihre Teilnahme. Gott gebe uns ein Weiterschreiten, auf daß wir die
göttlichen Werke hier lebendig erhalten!
Hoffentlich auf baldiges Wiedersehen! Wenn es mir irgend möglich
ist, bin ich in München für die »Königskinder«. (Allerdings verlasse
ich Bayern bereits im Oktober, aber vielleicht treffe ich es auf der
Heimreise.)
Seien Sie, mein teurer Freund, mit Ihrer lieben Frau herzlichst
gegrüßt, und wenn Sie einen freien Augenblick haben, lassen Sie von
sich hören. Sie wissen, wie uns jedes Zeichen von Ihnen erfreut.
Treulichst
C. Wagner
Siegfried weilt augenblicklich in den italienischen Alpen.

An ihren Sohn Siegfried
Bayreuth, 26. 8. 1896

Mein Kind,
Es war mir hart, Dich vorigen Donnerstag so abziehen zu lassen; und
ich empfand es wie eine Schuld, daß ich Gäste hatte, am Morgen
unseres Abschiedes, wo ich Dir so vieles hätte sagen mögen!
Sagen? Ja, da sitz ich in aller Frühe und möchte Dir gerne etwas
sagen, und finde die Worte nicht, und fürchte mich vor dem Worte.
»Unausgesprochen bleib es denn ewig« – Doch eines kann ich
aussprechen: daß ohne Dich unser »Ring« unmöglich gewesen wäre.

Daß diese sichere Empfindung mir einen solchen Frohmut verlieh,
daß ich heute frisch wie ein Fisch im Wasser mich befinde, als ob
nichts sich ereignet hätte, vor allem nichts Verstimmendes, dessen es
doch *Männig*liches (ohne ¨) gegeben. Etwas ist mir durch Dich
aufgegangen, was ich wohl wußte, es aber in diesem Grade nicht
erlebte; nämlich: wie die moralische Welt und die künstlerische eines
sind. Es ist nicht gleichgültig, ob ein wahrhaftiger, ein männlicher
Mann den Stab führt. Und wenn Du wüßtest, welch einen eigentümlichen Rückblick ich von dem Strahl Deiner Direktion erleuchtet
zurückgeworfen habe. »Alles ward mir frei« – – – Sei gesegnet, mein
Kind! Mein Herzenskleinod! Du unser alles, und laß mich
schweigen!
Hier zwei Briefe! Den Mottls zerreißt Du vielleicht wegen Nennung
von Namen. Tirol! Entschieden nicht für uns geschaffen! Ich war
froh, wie ich Dich in Trient wußte. Gönne Dir Ruhe, auch Deinen
Gliedern, strenge Dich nicht mit Bergtouren an – Du bist Höhen
genug hinaufgeschwungen! Und arbeite auch nicht mit dem Kopfe.
Denke an Kranich und Pohlig. Ersterer nahm einen heiteren
Abschied. Die Gräfin fuhr strahlend ab und wie der freundliche Stern
unserer Spiele. Sonntag machte uns Adolf die übliche Nach-Fest-
Spiel-Visite. Ich hatte wieder etwas gesagt; er wollte das Amt
niederlegen. Er war, scheint es, sehr müde; ich bat ihn, eine Weile
vorübergehen zu lassen, bis wir das Künftige besprächen.
Die Kinder sind gestern von Fantaisie hier eingezogen und allerliebst.
Gil machte die Bemerkung: Gran mama has three Houses.
Es hat unaufhörlich geregnet; heute früh scheint ein bißli Sonne, ich
glaube, ein Gruß von Dir!
Aufgeräumt *habe* ich noch nicht; ich *bin* es nur! ...
Chamberlains leisteten uns freundlichste Gesellschaft; sie verlassen
uns morgen. Er las mir seine Einleitung zum Werke: »Geschichte des
XIX. Jahrhunderts«. Ausgezeichnet wie alles, was er schreibt.
Ich bin sehr gespannt auf Deinen »Heiligen Petrus«. Ob die
Bezeichnung Fremder genügt, um ihn uns lebendig vorzubringen,
wenn man ihn vorher nicht als Petrus gesehen hat (Wotan–Wanderer)? Aber ich will nichts sagen, bevor ich las. Jedenfalls tust Du gut,
die Motivierung der Handlung zu bereichern. Der Kriegsschluß
schien auch mir vom Zaun gebrochen. Ich will heute den Hertzschen
Petrus lesen. (Ob »Branden-Stein« anging als Name?)
Wir lasen mit Chamberlains: zwei Zwischenspiele von Cervantes,
gestern begannen wir die »Vögel« von Aristophanes, vorher die

Einleitung von Droysen; so sehr Cervantes glückte, so sehr miß-
glückte Aristophanes bei den Kindern; mich hat es doch sehr
gefesselt, wenn es auch mir nicht leichtfiel zu folgen.
Nun aber lebe wohl – Du Lichtkind Du!
Kein Jahr war wie dieses, und ich muß auf die Stunde Deiner Geburt
zurückblicken, um ein gleiches zu begrüßen!
Der Bruder Chamberlain schenkte mir einen prächtigen japanischen
Stoff mit Störche eingewoben; diese bedeuten langes Leben. Gern
will ich lang leben, da Du da bist! Du machst mich überflüssig, und
deshalb will ich gern weilen – bei Euch, mit Euch, für eines. Sei
umarmt und gesegnet, mein teuerstes Wesen!

CW
d. h. Mama!

An Marie Richter
Bayreuth, 2. 9. 1896

Meine teuerste Marie,
Habe Dank für Deine lieben Zeilen, die mich rührten und be-
schämten, denn Deine Güte für mich ist zu groß! Habe Dank
auch für die freundlichste Behaltung des Taschentuches und für
die Zusendung des neuen, das nun auch mir ein liebes Andenken an
Dich und Miezi ist! Die Stickerei ist so genau ähnlich der anderen,
daß ich ein kleines Zeichen in dieses Tuch machen lasse, um immer, wenn ich es gebrauche, an Euere Liebenswürdigkeit erinnert
zu werden.
Was Du mir von Helene Augusz mitteilst, hat mich ergriffen. Solche
Entschlüsse der Ersterbung müssen uns Respekt einflößen, und je
widriger uns die Frivolität der Welt anmutet, um so ehrerbietiger
blicken wir auf die strenge Abwendung.
Allein, die Härte gegen sich führt leicht zur Härte gegen andere! Und
ich habe es des öfteren erlebt, daß, indem solche große Naturen sich
einzig der aufopferungsvollen Pflege, sei es Kranker oder Kinder,
weihen, die Liebe, welche doch alles ist, bei diesem Opfer ausbleibt.
So daß ich mich frage, ob Helenens Patienten von ihr das empfangen,
worauf doch mehr ankommt als auf leibliche Fürsorge.
Vielleicht – ich glaube es – sind nur äußerst wenige dafür geboren,
mit der Welt zu brechen und in die Abgeschiedenheit den Geist der
Liebe mitzutragen. Gott und Natur sind nicht zu scheiden, und am

Ende leidet Gott, wenn wir die Natur ertöten! – Helene hat ihren
Entschluß im Sinne einer Buße für die Schuld des Vaters gefaßt, und
das ist edel! Aber so viel Vertrauen zu Gott müßte sie haben, daß sie
wisse, daß um ihretwillen Gott ihr Geschlecht in Gnade aufnimmt,
und nicht den Untergang wünschen.

Es hat mich gerührt, daß sie noch so viel Teilnahme für mich bewahrt
hat, um nach meinen Kindern und ihrer Religiosität, auch nach
meinem Übertritt, Dich zu befragen.

Von Wechsel des Glaubens kann man nicht sprechen, Protestantismus und Katholizismus sind zwei Formen des christlichen Glaubens.
In dem einen steht der Christ vor seinem Gotte und nimmt keine
andere Vermittelung an als die unseres Heilandes Jesus Christus. In
dem anderen Bekenntnis tritt die Kirche als Vermittelung zu Gott
ein. Ich glaube, daß es der Mehrzahl eher entspricht und daß der
Protestantismus, aus der Minderzahl der germanisch Empfindenden
entstanden, sich durch diese erhält. Diese Betrachtungsart habe ich
nahezu im gallikanischen Katholizismus (wie im österreichschen
Josephinismus), in welchem ich erzogen worden bin, angetroffen.
Die Dinge haben eine Wendung nicht zum Guten genommen.
Man ist, katholischerseits, intolerant geworden; es ist aber meine
Hoffnung, daß dies vorübergehend ist und daß der Katholizismus nicht dem finsteren Fanatismus verfallen kann! Stelle nur einmal im Geiste die Frage vor dem Gericht unseres Heilandes; kann
es da ein Zweifel geben, daß die Entscheidung im Sinne der Duldung, der Liebe, ausfallen wird? Leider sind wir sehr weit ab von
dem evangelischen Genius! Die gute Helene, fürcht ich, am aller-
weitesten, und der protestantische Satz, daß nicht die Werke, sondern die Gnade selig machen, wird durch einen solchen Fall recht
erleuchtet.

Nur so viel, meine geliebteste Marie, Deinem liebevollen Herzen.

Der arme Hans! Ich kann mir seine Verstimmung unter den
Verhältnissen vorstellen. Ja, sie macht ihm Ehre, und es ist
schrecklich, der Kunst da zu dienen, wo man sie, und noch dazu bei
feierlichen Veranlassungen, preisgeben muß!

Seine Depesche über Reichmann zeigte mir auch, welchen Wust von
Unsinn er jetzt über sich ergehen lassen muß. – Adolf Gross erzählte
mir, so und so viel Künstler, die wir nicht aufgefordert, rühmten sich
jetzt, uns abschlägige Antworten gegeben zu haben.

Grüße Deinen teuren Mann herzlichst von uns allen! Wie gerne
führen die Mädchen mit Euch nach Schottland! Aber einstweilen

bleiben wir hier mit Blandine und ihren Kindern, dann wird es wohl
nach dem Süden gehen, um einige Sonne aufzusuchen.
Lebe wohl, meine teuerste Marie! Ich umarme Dich zärtlich
als Deine treu ergebene
　　　　　　　　　　　　　　　　　　　　　　　C. Wagner
Meine vier Töchter entsenden Dir alles Liebevollste. Siegfried ist auf
einer Höhe, Madonna di Campiglio, bei Trient.

An Engelbert Humperdinck
Bayreuth, 18. 9. 1896

Mein teuerster Freund,
Freilich haben Sie mit den Ambossen recht! Aber wenn Sie wüßten,
wie wir daran herumgewirtschaftet haben!! Und wir waren alle der
Meinung, daß die Klangwirkung wie im Jahre 76 gewesen ist (auch
Richter und Mottl). Um die richtige Klangtiefe zu erlangen, müßte
man Ambosse von einer solchen Größe haben, wie wir sie nicht
unterbringen könnten. Wir haben uns gemäß der Angaben 76 mit
Eisenstäben geholfen und an die gleiche Stelle wie 76 die Schläger
postiert. Aber ich war auch nicht befriedigt und hatte mir schon
vorgenommen, für die Wiederholung wieder Versuche anstellen zu
lassen. Ich danke Ihnen herzlich, mich darin zu bestärken, und wenn
Sie irgendeinen Einfall dafür haben, so bitte ich Sie, mir ihn
mitzuteilen.
Es freute mich sehr, daß unsere Aufführung des »Rheingoldes« Sie
befriedigt hat, denn sie schien mir die abgerundetste, einheitlichste.
Die Kräfte reichen dafür hin, wenn sie willig sind und wenn man das
Glück hat, einen dämonischen Alberich zu finden.
Dann war mir Siegfried zur Seite, um den notwendigen Beleuch-
tungszauber herzustellen, und somit hatte ich selbst den Eindruck,
als ob die Darstellung dem Werke entspräche. Und daß das
fast am gröbsten mißhandelte Werk hier in seinem unvergleichlichen Wert erkannt wurde, war mir eine unaussprechliche Genugtuung!
Wie recht haben Sie mit dem Worte »klassisch«! Ich denke, bei dieser
Klarheit, dieser Vollendung, immer an Phidias! Und wie mein Vater
die Partitur im Manuskripte zuerst sah, sagte er: »Das ist die
›Zauberflöte‹ der Zukunft«. Der Deutsche hat nun dafür gesorgt, daß
es als langweilig gälte und daß viele Bestellungen aus unserem

Vaterlande für »Walküre« und »Götterdämmerung« allein erfolgen,
was dem Auslande nicht in den Sinn kommt.

Ich muß Ihnen sehr dafür danken, daß Sie meine bescheidenen
Zeilen an den Verein so freundlich beurteilten. Inmitten des vielen
Hin- und Her-Geredes seit 20 Jahren, und einen Blick auf meine
Erfahrungen werfend, war es mir ein Bedürfnis, mir selbst und
unseren Freunden zu sagen, wie und von wem ich mich unterstützt
fühlte. Es war ein Tribut der Dankbarkeit, den ich abstattete, mit dem
Wunsche, die Unklaren unter uns oder den Unklaren unter uns den
Weg etwas zu erhellen. Hätte es die Grenze eines solchen Schreibens
gestattet, so wäre ich bei Erwähnung Ihres Namens länger verweilt
und hätte eingehender das bezeichnet, was ich gesagt habe.

Siegfried ist heimgekehrt. Er war auf Madonna di Campiglio unter
Regenfluten, er hat sich aber doch erholt und arbeitet jetzt wieder
tüchtig nach seiner Art. Es tut mir sehr leid, daß *Sie* seinen Zyklus
nicht hörten! Nun, auf ein andermal! Leben Sie wohl, mein teurer
Freund, grüßen Sie Ihr Frauchen, und seien Sie von uns allen in treuer
Anhänglichkeit innigst gegrüßt!

C. Wagner

An Max Koch
Bayreuth, 15. 10. 1896

Lieber und sehr geehrter Herr Professor,
Besten Dank für die freundliche Zusendung der beiden Hefte von der
»Zeitschrift der vergleichenden Literatur« und für die liebenswürdige Beigabe Ihres Vortrages »Tiecks Stellung zu Shakespeare«. Ich
freue mich, von Buddha zu Shakespeare unter guter Führung zu
gelangen!

Dank auch für die Zusendung des »Deutschen Wochenblattes«.
Meine Kinder haben mit großem Interesse Ihren Aufsatz über die
Festspiele darin gelesen und mir gesagt (ich nehme hier Bezug auf die
vertrauensvolle Äußerung in Ihrem Briefe), daß sie sofort gemerkt
hätten, daß die Absicht, eindringlicher zu wirken, Ihnen manche
Vorsicht auferlegte. Wer zu Felde zieht, muß die Gesetze der Taktik
beachten. Und wer jetzt einzig die Stimme der Begeisterung laut
werden läßt, kommt in Gefahr, gar nicht angehört zu werden. Wem es
nun auf Angehörtsein, aus dem Drange, das Gute zu fördern,
ankommt, muß mit diesem Faktor rechnen.

Was mich anbetrifft, so ist es mir zur Gewohnheit geworden, so gut
wie nichts über unsere Aufführungen zu lesen. Ich habe nur meine
Kinder gebeten, wenn von geistvoller, verständnisvoller, echt gesinnter Seite Einwendungen gemacht würden, mir diese mitzuteilen.
So erhielt ich denn Kenntnis von den Ihrigen, lieber Herr Professor,
und Sie gestatten mir wohl, auf sie einzugehen.

Ich war sehr dadurch überrascht, daß die Bewegungen des Chores Sie
nicht befriedigt hatten, da sie der Gegenstand zahlloser, bis zum
Schluß der Aufführung sich fortsetzenden Proben gewesen sind. Das
Auftreten in »Hast und Eile«, das Ausbrechen in »schallendem«
Gelächter, das deferente Sich-Aufstellen, das Betroffensein, endlich
der höchste Aufruhr bei: »Hilf Donner«, wo nicht ein Mann auf
seinem Platz blieb und Frauen und Männer durcheinandergeworfen
waren, war der Gegenstand der eingehendsten Arbeit, wobei immer
zu beachten war, 1) die Steigerung, 2) die Deutlichkeit der Einsätze,
3) das Hervortreten der Hauptaktion; endlich die Primitivität,
welche, wie in der Musik, so in der Darstellung, diese Chöre *von
Grund* aus von denen des »Lohengrin« und der »Meistersinger« zu
unterscheiden haben! Hier sprach ich vom II. Akt. Was nun den III.
anbetrifft, so mußte er sich, da – im Unterschied von der früheren
Fassung (Siegfrieds Tod) – er nichts zu singen hat, in Hauptmomente
der Empfindung einteilen. »Ungeordnetes Auftreten« – das geschah
– Dazwischentreten zwischen Gunther und Hagen – item – »Teilnahme der Frauen bei Gutrunes Scheiden« – item – endlich: »Schmük-
ken der Leiche«. Letzteres hatten wir mit äußerster Diskretion
angeordnet, nichtsdestoweniger sagte mir Hermann Levi, es wäre
ihm zuviel Handlung, man dürfe Brünnhildens Gesang in keiner
Weise mit auch nur der leisesten Bewegung begleiten. Ich blieb aber
dabei, weil die Vorschrift es erfordert, und wenige Ensembles haben
wir *so* durchgearbeitet wie *die* der »Götterdämmerung«, eben um
antike Einfachheit und Empfindung hineinzubringen und keinerlei
Störung der Haupthandlung durch Ablenkung aufkommen zu lassen.
Was nun den Scheithaufen anbetrifft, so war es 76 als ein großes
Ärgernis empfunden worden, daß er nicht in die Mitte gebracht
werden konnte. Dies geschah nun. Da unmöglich ein lebendiges
Pferd in Flammen springen wird, so hatten wir die Anordnung derart
getroffen, daß Mannen und Frauen Brünnhilde umringen, ihr nur den
einen Ausweg von der Seite lassend, den sie dann auch nahm, wobei
es sich erklären läßt, daß, um den Sprung zu tun, sie die Wendung und
den Anlauf, seitwärts unsichtbar, nehmen muß!

Freilich ist das ein Notbehelf, aber wenigstens nicht naturwidrig; sollten sich einst ein Roß finden, das in die Flammen springt, und eine Sängerin, die auf dieses Roß sich schwingt, um so besser. Wir behalfen uns der Aufgabe gegenüber ähnlich wie 76 und können nur sagen, daß es wohl überdacht war!

Wenn Sie die Gruppe der Götter in der Nähe gesehen hätten, lieber Herr Professor, so würde Ihr Urteil anders gelautet haben. Sie war sehr eindrucksvoll! Die Gesetze der Perspektive erheischten sie klein, so daß die Wirkung nicht *die* sein konnte, wie wenn sie in Lebensgröße erschienen wäre.

Weiß einer einen Vorschlag für dieses letzte Bild (N.B. indem die Vorschrift genau beobachtet wird!), werde ich ungemein dankbar dafür sein, sie zu erfahren. Was ich bis jetzt vernommen habe, war ein Umgehen der Schwierigkeit und keine Lösung. Zu dieser Umgehung könnte ich mich niemals verstehen.

Die Kostüme der Rheintöchter sind eine Frage. Hier gilt es auch einem Prinzip! Ich war glücklich darüber, daß ein *wahrer* Künstler – meines Bedünkens der erste jetzt lebende in Deutschland, welcher durch deutsche naive Gemütsart und Phantasie unserem Kunstwerke so innig verwandt sich fühlt wie sonst keiner der Plastiker – sich der Aufgabe unserer Kostüme zu unterziehen die Güte hatte: Das war ein Entweder, Oder! Ich nahm dankbar an, was er entwarf. Nun kommt aber hinzu, daß mir persönlich wie vielen meiner malerisch und künstlerisch ausgebildeten Bekannten der Einfall mit den Fischschuppen-Leibchen ein genialer und die Tracht ungemein kleidsam erschien. Das Verhältnis zum Künstler, den man aus bestimmten Gründen gewählt hat, ist Prinzip. Das Gefallen an seinen Leistungen ist nun persönlich. Die Kostüme der Frauen in der »Götterdämmerung« sind dagegen kein Werk der Phantasie, sondern nach eingehendstem Studium von Schmidhammer entworfen und weisen in Schnitt und Schmuck lauter echte Motive nach.

So, mein lieber Professor, möchten Sie in diesen Erwiderungen nur das Bedürfnis erkennen, Ihnen zu zeigen, daß wir durch Bedachtsamkeit und gewissenhafte Arbeit Ihrer mir so wertvollen Teilnahme nicht unwürdig sind! – Bitte grüßen Sie Freund Elmblad herzlichst von uns. Ich denke immer mit Freude an unser gemeinsames Studium, und sein Fafner hat wesentlich zur Charakteristik unseres »Rheingoldes« beigetragen. Auch im »Siegfried«, wo seine Leistung in das Erhabene (durch die letzten Worte) überging. – Armer Breuer! Es tut mir leid um ihn, denn er ist sehr talentvoll und eifrig.

Er müßte wohl an ein größeres Theater kommen, wo er nur die
Aufgaben erhielt, für welche sein Talent von der Natur bestimmt ist. –
Nun aber ist es Zeit, daß ich schließe, lieber Herr Professor! Ich will
nur noch für die Teilnahme an dem jungen Tüpke wärmstens danken
und Ihnen und Ihrer werten Frau Gemahlin den Ausdruck unserer
herzlichen Hochachtung in einem freundlichsten Gruße entsenden!

C. Wagner

Es freute mich, von dem Eindruck, den Ihr Söhnchen festhält, zu
hören. Mein Enkel Manfred (Mime), Walther Kniese (Siegfried),
meine Enkelin Mariechen (der Bär) und ein Freund der Kinder
(Wanderer) führten uns den I. Akt »Siegfried«, Wort für Wort, so
vortrefflich auf (einzelnes mit Gesang), durchweg mit dem Ton-
akzent, daß daraus wiederum ersichtlich war, wie Einfachheit und
Deutlichkeit die höchsten Meisterwerke bedingen.

An Max Koch
Bayreuth, 25. 10. 1896

Lieber und sehr geehrter Herr Professor!
Anbei mit vielem Dank die indischen Legenden zurück, die wir mit
großem Vergnügen gelesen haben, uns immer darüber befragend, zu
welcher Zeit sie wohl entstanden und niedergeschrieben sein
mochten. Ich denke mir, ziemlich spät nach »Buddhas« Geburt, aber
es ist ein solcher Zug von Naivität darin, daß es sehr schwer zu erraten
uns scheint.
Ihren interessanten Vortrag behalte ich und danke Ihnen herzlich
für seine Zusendung. Ich finde, daß Sie sehr schön das hervorgehoben haben, worin Tiecks Verdienst liegt und was man nicht
übersehen darf, möge auch sein kritischer Geist nicht so scharf gewesen sein, wie man es demjenigen wünscht, welcher sich mit Kritik
abgibt.
So haben Sie einen Akt der Gerechtigkeit vollbracht, für welchen
man Ihnen Dank schuldig ist, ich meine, daß die Bemühungen
begabter Menschen, das Wirken der allerbegabtesten lebendig zu
erhalten, wohl auch Respekt verdienen.
Respekt! ... Was Sie mir von Herman Grimms »Insulten« sagten, hat
mich schmerzlich berührt. Wie ist es möglich, sich mit einem Geiste
wie dem Goethes zu befassen, ohne – was die Berechtigung dazu gibt
– in dessen Wesen einzudringen. Goethes Zorn blitzt mir entgegen,

wenn er von einer Geringschätzung seines erhabenen Freundes erfahren hätte.

Wie steht es um unsere Bildung, so müssen wir immer wieder fragen.

So weit war ich gekommen, als Ihr liebenswürdiger Brief eintraf, mein lieber Herr Professor.

Breuers Benehmen ist durchaus unbegreiflich, ich hoffe aber, daß er noch zu Vernunft kommt.

Die Theater draußen scheinen alles konfus zu machen, da er aber Elmblad zur Seite hat, wird er wohl zur Räson kommen.

Herzlich dankend für die Mitteilung, behalte ich sie für mich, versteht sich.

Die Begründung Ihrer Einwendung nehme ich mir ad notam – wenn man viel mit Menschen arbeitet, läuft man Gefahr, das, was man wiederholt angegeben hat, als erreicht zu betrachten, das sehe ich.

Stürmisches Hereineilen, scharfes, ruhiges Zuhören, tobendes Lachen, »ehrerbietiges Sich-Reihen«, das, glaubte ich, hätten wir in der Mannenszene erreicht, aber ich will genauer auf die Ausführung aufpassen.

Bezüglich der letzten Szene bin ich an die Vorschriften der Dichtung und an die Weisungen von 1876 gebunden, da war Gunthers Leiche verlassen, nachdem die Mannen sich zwischen ihn und Hagen geworfen hatten.

Ferner, der Scheithaufen muß in der Mitte sein, dies weiß ich zu genau, um davon ablassen zu dürfen – Levis Bemerkung bezog sich auf das Schmücken, nicht auf die Stellung.

Möglicherweise haben sie in der einen oder der anderen Aufführung die Mannen den Kreis nicht dicht genug um Brünhilde geschlossen, woher Ihr Eindruck, lieber Herr Professor. Brünhilde schwingt sich vom Boden (in der Kulisse hinauf zum Scheithaufen in dieser Linie), also muß es wohl den Eindruck machen, daß sie von unten kommt.

Frau Vogl wurde in München der Steigbügel gehalten und ihr auf das Pferd von einem Reitknecht verholfen, demnach nicht im entferntesten das Bild des Sich-auf-das-Pferd-Schwingen, gegeben. Nun aber die Rheintöchter, wir gehen davon aus, daß Thoma die Kostüme entwarf und auf den Gedanken der Schuppen kam. Nun kam alles darauf an, wie man sich zu seinem originellen Einfall verhielt, denn von der Volkssage können wir annehmen, daß sie immer weiter bildet und neue Formen annimmt. (Von der Schlange der Bibel bis zu dem paradiesischen Schlangenweib ist ein weiter Weg.)

Mir schien das Gegenbild zu den Sirenen, welche Flügel und Krallen haben, glücklich erfunden, dann gefiel mir die Markierung des Elementes. Wie wir die Geschöpfe der Luft mit Flügeln sehen, so däuchte mir Thomas Charakterisierung sinnig, vor allem naiv, unreflektiert, daher künstlerisch (da die richtige Erscheinung ohne Gewand nicht möglich ist). Im »Faust« sagen die Sirenen zu den Nereiden: »Wissens wohl, in Meeresfrische Glatt behagen sich die Fische, Schwanken Lebens ohne Leid«; dann – auf der Bühne – ist das Wasser ein Stoff, und die Gestalten sich gut abheben zu lassen, war ein anderes Material günstig.

Doch *ich* kann hier nur sagen, *mir* war Thomas Einfall gleich verständlich, und seine kühne Naivität – vereinigt mit Alberichs Ausruf – schien mir hier entsprechend zu sein.

Da aber eine gewichtige Stimme, wie die Ihrige, lieber Herr Professor, erklärt, daß die Sache nicht überzeugend wirkte, müssen wir es uns wohl überlegen, und ich will sehen, wie abzuhelfen ist, ohne in das konfessionell Nichtssagende zu verfallen.

1876 waren auch diese Kostüme nicht befriedigend ausgefallen. Ich habe – wie stets – alles festgehalten, was hier als richtig erklärt wurde, und nur da verändert, wo ich wußte, daß der Aufgabe nicht entsprochen worden war. Nochmals vielen Dank, lieber Herr Professor, wir können uns ja hier nichts Besseres wünschen, als daß unsere Vornahmen ernstlich erwogen werden.

Bitte grüßen Sie Ihre liebe Frau Gemahlin schönstens, auch Ihren geweckten, verständigen Knaben, und seien Sie in herzlicher Hochachtung von meinen Kindern und mir freundlichst gegrüßt

CWagner

1897

Innig geschätzter Freiherr,
Ich vermag es kaum, Ihnen mein Erstaunen zu schildern, als ich den
Hain der Vestalinnen auf meinem Weihnachtstisch erblickte!
Vor drei Jahren sah ich dieses Bild zum ersten Mal im Baseler
Museum und erhielt davon den größten Eindruck, der mir je von
einem Böcklinschen Bilde zugekommen ist! Ja, es ist gleichsam zu
einem Symbol meines inneren Lebens geworden, indem es sich mir
vor das geistige Auge stellte fast jedes Mal, daß ich sehnsüchtig an
eine gemeinsame Zuflucht in ein Heiligtum dachte!
Ich habe wenig über diesen Eindruck gesprochen, wie es im Alter also
geht, und gewiß habe ich mich zu Ihnen nicht darüber ausgelassen, da
ich Sie leider so wenig in diesen Zeiten gesehen habe. Dieses
geheimnisvolle feierliche Bild, in welchem die Heiligkeit des germanischen Waldes mit der Schönheit der griechischen Erscheinung
nächtlich weihevoll verbunden wurde, ist mir nur ein liebes Zeichen
dafür geworden, wie die Fäden zwischen Menschen sich abseits des
Zusammenlebens weiter spinnen dürfen, und das ist trostreich!
Es freute mich zu vernehmen, daß der »Spielmann« Sie anmutet!
Denn ich liebe dieses Buch sehr! Es ist mir fast eines der liebsten
unserer deutschen Lyrik, sowohl durch seinen Inhalt wie durch seine
Sprache.
Mögen Sie nicht auch den »Tänzer unserer lieben Frau« am meisten?
Um sich einen Begriff zu machen, wie hoch der Deutsche, wenn er
der Rechte ist, über die anderen steht, muß man diese kleine
Dichtung mit der Bearbeitung desselben Stoffes seitens Anatole
France vergleichen. Ich sende Ihnen letztere und bitte, die Blätter nur
zu behalten.
Ich möchte Ihr Herz nicht schwer machen, allein ich kann nicht
umhin, Ihnen zu sagen, daß ich Sie im vorigen Jahre hier sehr
vermißte! Ich erhielt ja schöne Zeugnisse über erhaltene Eindrücke,
und ich will es gewiß nicht unterschätzen, daß nach jedem Zyklus die
Versammlung kaum das Haus verlassen mochte, allein, gerade in

solchen Momenten gedenkt man des einzelnen! Auch ist das, was wir hier anstreben, derart anders als das, was sonst vor sich geht, daß wir auch von der unbekannten Menge sagen dürfen: »ihr Beifall selbst macht meinem Herzen bang«.

Es war mir eine Genugtuung, in einem Goetheschen Gespräch eine Auslassung über sein Theater zu finden, welche derart zu unseren Zielen stimmt, daß ich nicht umhin kann, eine Abschrift hier beizulegen.

Und – ich hoffe, Sie in diesem Sommer hier zu sehen! »Die Hoffnung ließ ich mir nicht rauben«, ruf ich mit Hans Sachs! Es sieht ja nicht schön um uns herum aus. Glauben und Sitte scheinen im Schwinden, und es ist, als ob nur die zwei großen Gruppen der Vaterlandslosen (durch Konfession und durch Rasse) Ziele hätten, während alles übrige der Apathie, dem Leichtsinn oder der wüsten Begierde preisgegeben ist.

Aber gerade die Prägnanz dieses traurigen Zustandes ist mir Bürge dafür, daß bei den einzelnen eine Einkehr stattfindet. Unmöglich kann sich jetzt Wohlgefälligkeit oder Eitelkeit auf uns selbst bei uns ausbilden. Und bei dem schrecklichen Zerrbild, welches die um sich greifende Fusion der Rassen uns darbietet, scheint es mir unabweislich, daß endlich die Wahrheit des Christentums mit gestärkter Kraft aufleuchte und *dem* abermals ein Ende mache, was bereits in Fäulnis übergeht.

Wenn uns einmal wieder ein Stündchen gemeinsam vergönnt ist, dann tauschen wir vielleicht gesprächsweise Resignation und Hoffnung.

Einstweilen fahre ich fort, überall, wo ich von etwas Gutem vernehme, Ihre Hand mir im Spiel zu denken! Zum Beispiel bei Tschudis Anstellung als Direktor der National-Galerie! Ich habe mich darüber gefreut! Er ist da an seinem Platze, und ausnahmsweise kommt hier ein begabter Mensch zur Ausübung der in ihm liegenden Kraft!

Ich habe mein neues Jahr mit einer mir ganz entsprechenden Arbeit begonnen. Ich nehme den Wotan mit einem jungen Künstler durch, der durch sein Wesen mir besonders für diese Aufgabe geeignet erscheint. Er ist Holländer (van Rooy mit Namen), hat eine kräftige Gestalt, ein ungetrübtes spontanes Wesen und eine der schönsten Stimmen, die ich gehört habe. Er hat die natürliche Bildung des begabten Menschen und weiß, gottlob, sonst gar nichts, ist daher ebenso heiter als ernst. Ich agiere und tragiere nun mit ihm nach

Kräften, und so Gott will, schlagen wir für Bayreuth etwas Gutes heraus. Wir sprechen aber nicht davon.

Ich weiß schon, daß er persönlich unserer Freundin sehr gefallen wird, denn er hat genialische Kraft.

Durch meine Tochter hörte ich vor kurzem, daß alles in der Botschaft wohl sei. Wie wir alle kommt sie stets angeregt und belebt von diesem Umgang. Der Graf hat für die Leistung meines Sohnes in diesem Sommer eine Kraft des Miterlebens gehabt, die sich mir unauslöschlich in das Gemüt eingeprägt hat. Solche Momente sind wohl entscheidend zwischen Menschen.

Leben Sie wohl, teurer Freiherr! Und seien Sie meiner ernsten Anhänglichkeit und meiner innigsten Hochschätzung versichert!

C. Wagner

Meine Töchter tragen mir herzlichste Grüße an Sie auf; mein Sohn verbringt den Winter in Rom, wo er sehr gerne verweilt.

Goethe:

Virtuosität muß von der dramatischen Kunst ferngehalten werden, keine einzelne Stimme darf sich geltend machen, Harmonie muß das Ganze beherrschen, wenn man das Höchste erreichen will. Darum laßt uns in unserem Streben so fortfahren; denn manches findet sich noch, was, besser ins Auge gefaßt, zu größerer Geltung gebracht werden kann. An Ausdauer von meiner Seite, gutem Willen und Fleiß von seiten des Personals fehlt es nicht, und so ist mit der Zeit das Beste zu erwarten.

An ihren Sohn Siegfried
Bayreuth, 6. 1. 1897

Also »ganz frisch«? So lautete Deine Depesche gestern, ich will es, ich *muß* es glauben!

Nun bin ich, wie Du mich kennst, sehr besorgt um Deine Heimreise nach Rom! Sind Deine Stuben warm? Hast Du gute Bettdecken? Bitte *spare nichts!* Und sei so gut, schicke mir die ersten 5 Tage jeden Morgen eine Karte, wo *nur* darauf steht: »Wohl«, oder »nicht ganz wohl«, kurz, die ganze Wahrheit, denn das allein beruhigt mich.

Und jetzt kein Wort mehr, damit ich Dich nicht plage! Ich schrieb gestern nach Palermo an Dich. Boni schickt Dir es wohl?

Gestern hat van Rooy uns wieder ergriffen! Die Szene mit Fricka und der Monolog Wotans wird *einzig!*

Dr. Kraus ist ein merkwürdiger Mensch, sehr begabt und gebildet. Seine Stimme hat einen nächtigen Glanz, und er hat uns einige Lieder von Schubert: »Grenzen der Menschheit« unter anderem, außerordentlich schön vorgetragen. Vor allem aber war sein König Marke ein Zeugnis von tiefem künstlerischen Eindringen in die Dichtung. Ob wir ihn verwenden? Er ist bis Ende Mai für Konzerte in Anspruch genommen. Und da er ganz den Gelehrtenhabitus hat, das gerade Gegenbild von van Rooy, so weiß ich nicht, ob nicht viel Zeit notwendig wäre, um ihn dramatisch frei und sicher zu machen. Er war zuerst sehr reserviert, gestand mir am Schluß des Abends, er wäre gestern nach seiner Ankunft mit van Rooy in die Eule gegangen, sehr gespannt, Burgstaller, von dem man ihm so viel erzählt hatte, kennenzulernen. Mit Entsetzen hätte er daran gedacht, etwa 6 Wochen oder 2 Monate dies als einzigen Umgang zu haben! Er war von dieser Unbildung geradezu abgeschreckt, und es wäre ihm jetzt unheimlich gewesen, wie Burgstaller sich hingestellt hätte und Siegmund ausgezeichnet gut gesungen habe. – Ich dachte an Dich und Deinen Umgang hier! Oh Gott!!! Leb wohl, sei gesund, Gott sei mit Dir, sei recht vorsichtig, ich beschwöre Dich! Und sei umarmt und gesegnet!

Mama.

An Engelbert Humperdinck
München, 28. 1. 1897

Mein lieber, liebenswerter Freund! Noch aus München! – Und zwar jetzt wegen meiner Eva, welche ebenfalls an Halsentzündung darniederliegt. Nun fürchte ich, daß Sie mein Schweigen nicht verstehen würden und am Ende gar glauben: Ihre wonnige Musik hätte mich unempfänglich gefunden – deshalb schreibe ich trotz etwas gedrückter Stimmung und bitte nur um Nachsicht für die Dürftigkeit meiner Äußerung. Also, Ihre Musik hat mir Freude gemacht, große und wahre! Sie hat mich ganz in die träumerische Stimmung versetzt, die Sie beabsichtigen. Auch das Vorspiel hat mir gefallen, wenn ich gleich weiß, daß es nicht Ihr Eigentliches ist. Die Liebesszene, I. Akt, hat mich gerührt sowie die letzte Szene und das ergreifende Vorspiel zum III. Akt. Der II. Akt unterscheidet sich ungemein glücklich von den zwei anderen, und das künstlerische Bewußtsein, welches über dem Ganzen waltet, hat mir wohlgetan. Ohne Klavierauszug kann ich leider auf die vielen Einzelheiten, die ich hervorheben möchte, nicht eingehen. Ich habe *sehr* aufmerksam zugehört – wie Sie sich denken; aber ein einmaliges Hören läßt nur einen Gesamteindruck zu.

Die Aufführung war – gut. Mit Röhr sprach ich nach der Aufführung und bat ihn: den II. Akt musikalisch mehr zur Geltung zu bringen und im Vorspiel die Streicher mehr hervortreten zu lassen; sie schienen mir durch die Bläser recht gedeckt.

Nun aber das Problem des gesprochenen Tones oder des gesungenen Wortes? Davon habe ich gar nichts gemerkt, die Schauspieler haben geschrien, so daß ich am Schluß nichts mehr verstand, weil mein Ohr das Schreien nicht verträgt. Die ganze Zeit habe ich mich gefragt: hat hier Freund Humperdinck Noten gesetzt oder nicht? Und dieses Suchen und Nicht-Finden war recht qualvoll.

Jetzt das Stück. – Meines Erachtens ist eine bestimmte Motivierung unumgänglich notwendig und müßte diese nachgeholt werden, wenn das Ganze lebensfähig werden soll.

1.) Die Gänsemagd muß königlicher Abstammung sein. Das Königtum ist ein Stand. Man wird heilig durch seine Tugend, aber nicht König – ebensowenig wie Graf oder Offizier oder Pfarrer etc.

2.) Die Hexe könnte aus Rache, wegen Mißhandlung, das Kind den Königseltern geraubt haben, es zur tiefsten Erniedrigung dem Henkerpaar zugewiesen, endlich es zu sich zur Verhexung genommen haben.

3.) Der Spielmann weiß davon – das ist seine Macht über die Hexe.

4.) Der Königssohn dürfte auch nicht so zum Vergnügen weggelaufen sein und abstrakt Bauer werden wollen, sondern ein untreuer Ohm und Regent verstieß ihn, und ein treuer Knecht gab ihm das Krönchen als Zeichen seiner Würde mit.

5.) Wie die beiden zusammen fliehen wollen, sollte der Wald zu spuken anfangen und die Gänsemagd sich als wirklich darin gebannt fühlen, worauf der Königssohn ein Entsetzen vor ihr bekäme, welches er dann, von ihr getrennt, durch die Sehnsucht verliert.

6.) Ohne es zu wissen, müßte die Gänsemagd als ausgesandter König unter dem Tor erscheinen.

Was den dritten Akt anbetrifft, so müßte der ganze erste Teil umgemodelt werden und das Essen des Kuchens ausbleiben. Es könnte sehr rührend sein, wenn sie unter der Linde vor Erschöpfung einschliefen.

Die Sprache müßte von etlichen ungrammatikalischen Gewaltsam-
keiten befreit werden.

Ich glaube, daß mit einer solchen Begründung der Sache und mit
durchgeführtem Rezitativ ein Ganzes und Ungewöhnliches geschaffen werden könnte. So aber ist die Disharmonie und die Willkür grell,
und Deutungen werden gesucht. Sporcks zum Beispiel glauben, daß
die Geschichte des Judentums in diesem Stücke symbolisch dargestellt sei.

Werden Sie mit der Dichterin sich einigen können? Ich ließ ihr durch
Porges sagen: ich würde sie gern sprechen.

Nur so viel für heute. Nehmen Sie fürlieb, und lassen Sie sich die
Hand drücken für all das Innige und Sinnige, das wieder von Ihnen
ausgegangen ist. Grüßen Sie Ihre liebe Frau, mit der ich herzlich hier
mitgefühlt habe, und seien Sie von meinen Kindern und mir, in treuer
Anhänglichkeit und Freude an Ihrem Wesen und Schaffen, gegrüßt.

C. Wagner

An ihren Sohn Siegfried
München, 29. 1. 1897

Mein Engel!
Wir sind noch hier, weil Eva jetzt, erkältet, das Bett auf einige Tage
hüten muß. Es ist wie verhext! Wir haben aber hier einige angenehme
Begegnungen gehabt.

Von den »Königskindern« wäre zuviel zu schreiben. Wie die Sache
jetzt ist, scheint sie mir durchaus verunglückt; Musik und Text ohne
Verbindung. Der Text leidet an Willkürlichkeit und Abgeschmacktheit; es ließe sich aber – meines Bedünkens – etwas herausschlagen.
Die Musik hat einen großen Zauber – sie könnte thematisch
bedeutender sein; aber sie nimmt ein und rührt. –

Wir hatten einen allerliebsten Abend bei Sporcks, unter lauter
Selbstverständlichkeit. Und die Kompositionen von Strauss – in
Großpapaschem Stil – gefielen uns gut. – Der arme Strauss! Das
Orchester ist gegen ihn geradezu abscheulich, Perfall verfolgt ihn,
und Possart hält ihn nur so lange, bis er einen anderen hat. Er schadet
sich durch seine Harmlosigkeit und etwas auch durch den mangelnden Stolz. Sein »Guntram« hat ihm einen schlimmen Streich gespielt,
und seine Freunde werden ihn vollends verderben. Schillings erzählte
mir heute, daß ein Herr Rösch jetzt eine Broschüre herausgäbe, wo,

unter dem Vorwand, Strauss zu verteidigen, er Porges in der
unwürdigsten Weise angreife. Strauss wußte davon nichts, doch
jedermann wird es ihm in die Schuhe schieben. Es tut einem leid für
einen talentvollen Menschen.

Mottl und seine Gemahlin feiern Triumphe in Paris und geben
geflügelte Worte von sich. Ich habe ihr die »Eva« für die Große Oper
angetragen und werde sie vorschlagen.

Könnte ich Dir schildern den Eindruck, den mir gestern »Die
Entführung« von Mozart gemacht hat! Ich sah leider nur zwei Akte,
aber sie waren hinreißend! In den zwei Arien des Belmonte – der
ganze deutsche Jüngling, und in allem ein Geist, ein dramatisches
Leben, ein Reichtum der Einfälle, daß man sich wie im Paradies
fühlt! – Ich habe mit Strauss eingehend dann gesprochen, damit er
auf die Zartheit des Melos, die Anmut der Modulationen im Vortrag
etwas mehr eingehe. Die Aufführung wird recht gut.

Fudula, ich bin noch unter dem Schrecken Deiner Verkennung: Wir
sollten Deine Skizze einem andern zu komponieren geben?! So etwas
ist so monströs in der Vorstellung, daß ich mich gar nicht beruhigen
kann. Wie ich Dir in der gestrigen Postkarte schrieb: Humperdinck
wollte gern Deine »Bärenhäuter«-Dichtung *lesen*. Nun, wenn Du
gesund bist, so ist mir alles recht und also auch das.

Lebe wohl und sei umarmt. Montag sind wir zu Hause. Heute abend
geht *Loldi* in die Gedenkfeier von Onkel Sascha, und Onkel
Jachmann ([unleserlich] auch er!) chaperonniert sie. Lebe wohl und
sei umarmt.

Dettel

An Engelbert Humperdinck
Bayreuth, 7. 2. 1897

Nein, nicht verbrennen; sondern – – – sondern!
Ich meine so: Der jetzige Erfolg scheint mir nicht von Dauer sein zu
können, und dann können Sie auftreten, Frau Bernstein ersuchen,
einen Operntext aus dem Stück zu machen, das besorgt Ihre
Schwester (diese Wette ist sicher!), und Sie komponieren die Sache
durch, nachdem sie umgemodelt, und wir erhalten zu unserer Freude
ein Seitenstück zu »Hänsel und Gretel«! Zu der Ummodelung würde
unter anderem gehören, daß der Spielmann im II. Akt dem Volk
seine Blödigkeit vorhält und die königliche Geburt der Verstoßenen

erklärt. (Natürlich müßte die Gänsemagd ahnungslos, naiv durch das Tor kommen!)

Im III. Akt wartete er dann (ohne Beinbruch!), daß die Königskinder sich da einfinden und die Abgesandten des Volkes kämen, um von ihm Rat zu erholen, wie sie ihre Untat gutmachen könnten, etc. etc. Das ist also Zukunfts-Musik neueren Stiles, und ich spiele hier Wahrsagerin.

Ihre zauberische Musik *muß* noch zu ihrem Rechte kommen, und ich kann's mir nicht anders denken als so. Nur kein Melodrame! In Band VIII, Seite 360, von den Biedermannschen Gesprächen, sagt Goethe seine Meinung über das Melodrame, und man muß ihm beipflichten. Die Stelle über die Punktuation, die Sie zu wissen wünschten, ist in demselben Bande Seite 311.

Ich bin nun sehr begierig, ob Ihnen das Parlando-Singen mit Ihren Künstlern gelingt? Aber selbst wenn das gelänge, könnte ich nicht umhin, als eine Ummodelung des Stückes, Ihrer Musik wegen, wünschen! Mir fehlt die Ursache zu der Wirkung.

Siegfried wünscht Sie nach Rom! Ich auch, denn dort wird einem des Vergessens gütiger Trank von allem deutschen Ärger geboten.

Frau Bernstein sah ich nicht mehr. Porges teilte ich meine Haupteinwendung mit. Er stimmte mir nicht bei, meinte, diese improvisierte Königswürde sei märchenhaft. Aber das ist nicht richtig, in allen Märchen ist die hohe Abstammung der Gänsemagd volkstümlich drastisch festgestellt.

Nun aber genug! Alle unsere Wünsche sind mit Ihnen, auf daß Sie einige Freude in Frankfurt erleben! – Thodes waren unglücklich, Sie verfehlt zu haben!

Herzlichste Grüße Ihrer lieben Frau, deren ruhige und feste Haltung mir in München so sympathisch war, und Ihnen, teuerster Freund, unsere ganze Teilnahme und Dank und freundschaftliche Treue!

C. Wagner

An Michael Balling
Bayreuth, 8. 2. 1897

Mein lieber und wertgeschätzter Herr Balling,

Es fällt uns sehr schwer, Sie zu missen, und ich weiß, wie nahe diese traurige Nachricht meinem Sohne gehen wird! Aber ich verstehe nur zu gut, was der Kampf ums Dasein für Entbehrungen auferlegt, und ich will nur wünschen, daß die Zeit, welche Sie nicht bei uns zubringen, Ihnen gute Resultate bringt! Zwei Freunde mußten wir uns in dem öden London förmlich im Kampf mit der Not vorstellen, Sie und Pohlig! Und ich kann Ihnen nicht sagen, wie schmerzlich das uns war!

Wie könnten wir tüchtige Kräfte, wahrhaftige Künstler in Deutschland brauchen! Und nun müssen wir sie uns in der Fremde denken, mit der Sorge um das Leben gequält!! Ach Gott, die Schubert-»Feier« ließ einem in dieses ewige Elend wieder blicken, und da ich bei Gelegenheit einer Aufführung der »Entführung aus dem Serail« eine Biographie von Mozart wieder öffnete, mußte ich diesen »Licht- und Liebes-Genius« wie ein gehetztes Wild in Wien, trotz seines Ruhmes, sein Leben jagend fristen sehen! Und das Urteil des Kaiserlichen Kammerdieners ihm eine Anstellung versagen. Dafür war Joseph II. ein regelrecht durchgebildeter Musiker!

Des Seufzens gibt es für den Hellsichtigen kein Ende!

Ich habe Ihrer viel und mit innigster Teilnahme im Herbste gedacht. Den Menschen, welche durch das Gefühl leben, stellt sich Staat, Familie und Kirche entgegen. Erstere im Namen der Vernunft, letztere im Namen des Christentums, welches die Aufopferung von uns fordert. Man könnte wohl mit Vernunft und Christentum erwidern, allein, der Rest ist Schweigen.

Mir haben ähnliche Betrachtungen den Stoff zu einem Stück eingegeben, das ich Ihnen einmal erzählen werde, und ich suche Trost für Sie in der Vorstellung, daß die Ritterkeit Ihres Schmerzes in Ihre Kunst sich ergießen und verklären wird.

Ich sah Strauss in München; dem Armen geht es dort übel genug! Er ist ein guter und begabter Mensch, und ich möchte die Verirrung des »Zarathustra« zu den überstandenen Kinderkrankheiten rechnen, nach welchen der Mensch um so gesünder ist. Er gab sich viel Mühe mit der »Entführung« und hatte ebensoviel Freude an dem entzükkenden Werke als ich.

Siegfried ist noch in Rom, und ich beschwöre ihn, dort zu bleiben, da unser Wetter, so bekannt es uns sein könnte, uns doch durch seine Scheußlichkeit überrascht!

Leben Sie wohl, lieber Freund, und wenn Sie einen Augenblick haben, schreiben Sie mir, wie es Ihnen geht und ob Sie irgendwelche Eindrücke erhalten, die Sie ein wenig erheben!

Bleiben Sie meiner innigsten Teilnahme versichert, und seien Sie von meinen Töchtern und mir auf das herzlichste gegrüßt!

                                                          C. Wagner

Ich habe Lilli Lehmanns Erinnerungen nicht gelesen, war nur sehr
überrascht zu hören, daß, nachdem wir ganz freundschaftlich von hier
geschieden waren und ich mir große Mühe gegeben hatte, ihren
Mißerfolg hier ihr auszugleichen, sie sich bemüßigt gefunden habe,
uns schlechtzumachen! Nun sagt man mir, daß sie ihre Rentrée in
Amerika dadurch vorbereitet, daß sie ihren »sensationellen Erfolg«
in Bayreuth verkünden ließ! Demnach wäre das arme Bayreuth nicht
so schlecht!
Ach, sind das Unsinnigkeiten, man ist nur froh, wenn man weiter
arbeiten kann, und allerdings stecken wir jetzt ziemlich tief drin, da
wir viele neue Genossen erhalten!

An Ernst Erbprinz zu Hohenlohe-Langenburg
Bayreuth, 17. 2. 1897

Teuerster Erbprinz,
Ihr herrlicher Brief traf in dem Augenblick bei mir ein, wo ich mich
anließ, Ihnen für Ihre Zeilen aus Coburg zu danken. War ich schon
gerührt, daß Sie inmitten des unruhvollen Jahresschlusses Zeit
fanden, mir zu schreiben, so war ich völlig beschämt, daß Sie mir
vorauskamen und in Ihrer Tätigkeit im Elsaß abermals Muße sich
schufen und mir die Freude Ihrer eingehenden Mitteilung gewährten.
Diese Freude ist eine unsäglich große! Jedesmal, daß ich von Ihnen
ähnliche Auslassungen erhalte, sage ich mein: »e pure si muove«,
nämlich, es gibt noch ein Deutschland!
Sonst frägt man sich wohl, ist es noch da?
Ich habe mich des Zeitungslesens gänzlich entwöhnt, da das, was man
daraus entnimmt, einem so wenig ermuntert, und ich bin nur froh,
wenn ich nicht an der Arbeit verhindert werde und wenn ich durch
den Umgang mit den großen Geistern zu der Hoffnung mich erheben
darf, welche so schön aus Ihren Zeilen mir entgegenstrahlt!
Sie haben recht, wir haben kein Beispiel von einem Volke, welches
sich aus wiederholten Unterdrückungen immer wieder erhob wie das
deutsche, und mit Ihnen denke ich, daß dies nicht vergeblich sein
kann. Bei den Spaniern sehen wir nur das einmalige Zurückwerfen
der Araber, worauf eine große Kulturblüte kam, dann ein unaufhalt-
samer Niedergang, der wohl der Allmacht der katholischen Kirche
zuzuschreiben ist! Alle Ketzer verbrannt und viele der größten
Naturen durch die Klöster absorbiert. Der Protestantismus hat uns

gerettet, und ich finde, daß wir in Deutschland sehr undankbar gegen ihn sind. Die Engherzigkeit einzelner unserer Geistlichen ist doch sehr unschädlich und kommt gar nicht ins Gewicht der großen Wohltat gegenüber, ein guter Christ sein zu dürfen und volle Freiheit des Geistes dabei zu bewahren.

Ich habe in den letzten Zeiten einige Schriften von Luther gelesen, unter immer sich steigernder Verehrung dieses Mannes, der mir wie der Stammvater aller unserer Genies nach ihm erscheint. Es ist auch bemerkenswert, daß die Juden den Protestantismus viel mehr angreifen als die katholische Kirche, deren mächtiger Realismus und Sinn für Besitz sie anheimelt und ihnen imponiert.

Ich brachte einige Tage vor kurzem in München zu und konnte mich wieder des unversöhnlichen Hasses gegen Deutschland vergewissern. »Der König von Preußen oder wie sie ihn nennen«, erwiderte ein Volksmann, als er über die Flaggen am 27. Januar befragt wurde!

Und Sie haben abermals recht, teuerster Erbprinz, der Kulturkampf konnte uns gegen diesen Feind nicht nützen. Nur ein tiefes Sich-Besinnen auf das, was man ist und wodurch man etwas bedeutet, kann gegen Jude und Jesuit uns helfen.

Ich halte dafür, daß Stöcker ein Mensch ist, dessen Kraft man zum Wohle des Volkes hätte ausnützen können. Und der Schutz, den ihm Kaiser Wilhelm I. angedeihen ließ, gehört zu den großen Zügen, von denen das Leben dieses schlichten Monarchen so viele aufweist. Ich lege hier Stöckers Verteidigungsrede bei dem jüngsten Prozeß bei, weil sie mir bezeichnend erscheint.

Was die ultramontanen Umtriebe anbetrifft, so erfuhren wir kürzlich, daß ein Kollege meines Schwiegersohnes, Dr. Bredius, welcher die größten Verdienste um das Museum in Haag sich erwarb, von seiner Stelle als Direktor der dortigen Galerie enthoben wurde, weil er als Protestant mißliebig sei! *Das* in Holland!

In München sah ich die »Königskinder«. Ich sollte besser sagen: hörte ich sie, denn es war die Musik von Humperdinck, welche mich anzog. Das Stück selbst ist eine der wunderlichsten Sammelsurien aus den verschiedensten Märchen (ein völliger Ausverkauf!), ohne Motivierung, ohne Zusammenhang und mit dem beliebten jetzigen Realismus zusammengekittet! Der Deutsche ist harmlos in die Sache hineingetalpt und hat eine liebliche Musik zu Königsohn und Gänsemagd geschrieben. Wie er die Sache in der Nähe besah, bekam er einen Schrecken; ich fand ihn ganz unglücklich in München, er wollte seine Partitur zurückziehen, und jetzt schrieb er mir, daß,

Lieblingsdirigenten: Felix Mottl

und Richard Strauss

wenn er der Aufführung in Frankfurt kein anderes Gesicht geben könne, er seine Arbeit verbrennen und über sie einen Grabstein mit hebräischer Inschrift errichten wolle!

Qu'allait-il faire dans cette galère? Warum ließ er sich da ein? Diese Frage führt auf die, welche Sie, teuerster Erbprinz, aufwerfen, ob das Fremde bei uns nicht bereits *zu* stark eingedrungen ist, ob wir es werden abschütteln können? Theater, Literatur, Sitte, Sprache, Kunst, alles ist bei uns infiziert, und die Jugend vernimmt jetzt zuerst bei uns das Widrige, was ich eben nur unter dem Begriff des Fremden fassen kann.

Wird man sich einmal oben besinnen? Wird man die Luft reinigen, indem man die Gefahr erkennt, in welcher wir sind? Für jetzt hat es nicht den Anschein, und wenn Bismarck wehmütig seine Krankheit als »mangelnde Lebenslust« bezeichnet und erklärt, daß er sogar an der Politik kein Interesse mehr nähme, so begreift man, wie ihm zumute ist und was er sich von dem Gehalt seines Werkes und von dessen Fortführung sagt.

Es geht die Sage, daß im Kloster von St. Just Karl V. keine Ruhe über die Stellung, die er der reformatorischen Bewegung gegenüber eingenommen, hatte und daß er mit seinem Beichtvater eingehende theologische Auseinandersetzungen über die neue Lehre hielt.

Gewiß wird niemals Bismarck der Gedanke an Bayreuth vorwurfsvoll heimsuchen; und doch hat er durch die feindselige Indifferenz, mit welcher er das hemmte, was Kaiser Wilhelm zu tun gewillt war, eine Schuld von unabsehbaren Folgen auf sich geladen. Er hat mit dem geistigen Wohle des deutschen Volkes das politische Schachspiel weitergespielt, welches, mit den äußeren Mächten wohl angebracht, ihm so glänzend glückte. Im Inneren hätte er aber auf die wahre verborgene Stimme des Volkes lauschen müssen. Das war ihm ganz fremd. Er hatte nur Scharfblicke für die Feinde in der Ferne; die Not des Volkes, die ein Wesen wie Luther so jammert und ihn zum Schöpfer einer neuen Ordnung der Dinge macht, die hat er nicht geahnt. Und so verdanken wir ihm unsere Einheit und – unser Elend! Jetzt baue ich auf die einzelnen, welche in der Stille tiefe Eindrücke von diesem Elend empfangen. Und ich muß Ihnen gestehen, daß, wenn ich von diesen einzelnen spreche, ich an Sie, teuerster Erbprinz, denke!

Mit Unico Groeben sprach ich in München von Ihnen noch eingehender, als ich es zu Ihnen kann! Er hat mir durch seinen Ernst sowohl wie durch seine Offenheit wieder sehr gefallen. Er verließ

München ungern, und ich bedauere seine Versetzung, weil ich glaube, daß durch seine Geburt und seine Persönlichkeit er geeignet war, die dortige Gesellschaft gut kennenzulernen und über den schwierigen Boden gute Berichte dahin gelangen zu lassen, wo man diesen Boden nicht gut zu kennen scheint. Das ist wiederum ein Schachbrettzug ohne Beachtung der menschlichen Faktoren.

Ich sah auch (anderen Stiles!) Heinrich Frankenstein, der dort an der Spitze von 5 Salons, mit Bibelots, die höchste Volée empfängt! Mit freundlicher Langmut hört er die *eine* Predigt, die ich ihm seit Jahren, und jetzt ohne große Illusion auf Erfolg, von der Notwendigkeit irgendeiner Tätigkeit für einen Mann halte. Er erzählte mir von einer Unterhaltung, die er mit dem Prinzen Rupprecht (wie es scheint, dem best Deutsch-Gesinnten unter den dortigen Prinzen) über Bayreuth gehabt, welche seitens des Prinzen mit den Worten schloß: »meine Mutter würde mir nie erlauben, nach Bayreuth zu gehen«.

Seit ich Ihnen, teuerster Erbprinz, schrieb, habe ich in Dingen Bayreuths manches durchgemacht. Das Schwerste kam mir von einer Seite, von welcher ich es nimmermehr erwartet hatte! Felix Mottl schrieb, unter Umschweifen, seine Teilnahme an unseren Aufführungen quasi ab. Ich hatte ihn aufgefordert, »Parsifal« zu dirigieren, und noch hoffe ich, ihn dazu zu bewegen, dieser Aufforderung zu entsprechen. Wenn ich aber bedenke, daß ich ihn vor 12 Jahren, noch wenig bekannt, berief, daß es keine Teilnahme gibt, die ich ihm nicht bezeigte – (nicht eine Kunst war mir bekannt, die zum Heil nicht half seinem Geist, kann ich sagen) – von hier aus ging sein Ruf, und ich hoffte, in seiner Jugend die eigentliche Stütze für Bayreuth, den treuen Freund für meinen Sohn gefunden zu haben! wenn ich das alles bedenke und mir jetzt gestehen muß, daß, da er Bayreuth nicht mehr braucht, er ihm einfach den Dienst kündigt, so bin ich so betroffen, daß ich darüber selbst mit meinem Sohn nicht sprach. Gott wird helfen, des bin ich gewiß! Und so klage ich nicht, sondern teile nur Ihrem mitfühlenden Herzen, was mich beschäftigt hat, mit; ich würde sagen, eingenommen, wenn nicht die Erkrankung meines Sohnes in Palermo mich so mit Sorge erfüllt hätte, daß das übrige mir wohl als geringfügig gelten muß. Gott sei gedankt, er hat sich erholt; doch da er noch mit Husten behaftet ist, habe ich ihn dringend gebeten, seine Heimreise zu verzögern und die ersten Frühlingstage, die jetzt in Rom anbrechen, dort zuzubringen. Er ist ja überall arbeitsam. Er beschließt jetzt den I. Akt eines Märchenspieles, welches er sich gedichtet und nun in Musik setzt.

Ich freue mich auf den »Stein der Weisen«! Und bitte, ihn mir möglichst bald zu schicken, da ich auf Ihre Umarbeitung sehr gespannt bin. – Ein Graf Sporck las mir in München zwei Lustspiel-Dichtungen (»für Musik«) vor: »Die Schildbürger« und »Der Pfeiferkönig aus dem Elsaß«. Da sie mir gut gefielen, konnte ich nicht umhin, als ihm sagen, ich hielt es für die Pflicht aller derjenigen, welche deutsche Art und dichterische Begabung in sich fühlten, sich zu betätigen, zur möglichsten Vollendung ihrer Anlagen bringen und es versuchen, unser Theater aus der Abscheulichkeit, in welche es verfallen, zu reißen. Gleichviel, ob es gelänge oder nicht, der Versuch muß gemacht werden, und unser deutsches Publikum zeigt doch immer noch, wohin es den Zug hat: die Werke stets überfüllt, das gleiche Schiller. Der Erfolg des kindlich naiven »Hänsel und Gretel«, ja selbst der Zudrang zu »Heinrich IV.« ist ein gutes Zeichen, denn es ist der großartige Stoff, der anzieht. Es interessierte mich sehr, von Ihnen, teuerster Erbprinz, etwas über dieses Stück zu hören, und ich würde es mir jedenfalls ansehen, wenn ich mir auch die Leidenschaftsausbrüche (wie von den zwei wilden Männern im preußischen Wappen!) nach den »Quitzows« und dem »Neuen Herrn« gut vorstellen kann!!
Eine Sängerin aus Coburg, Fräulein Altona, sang mir in der ersten Woche des Jahres hübsch vor; sie erzählte mir von einer Aufführung der »Meistersinger«, welcher der ganze herzogliche Hof bis zum Schluß beigewohnt hätte, ja, noch lange nach dem Schluß Bezeigung des Beifalls gespendet hätte. Ich sagte, der Erbprinz zu Hohenlohe war gewiß dabei. Oh ja, erwiderte sie enthusiastisch, und ich konnte aus ihrem freudigen Bericht zugleich ersehen, von welcher Einwirkung der einzelne ist und welche Bedeutung der Teilnahme der Fürsten seitens des Volkes beigelegt wird. Ich fühlte mich durch diese kleine Erzählung wie unmittelbar in Berührung mit Ihnen, teuerster Erbprinz! Wogegen es einem völlig niederdrückt, wenn in München eine sorgfältige Neueinstudierung des entzückenden Werkes von Mozart »Die Entführung aus dem Serail« ohne jegliche Teilnahme seitens auch nur eines Mitgliedes der königlichen Familie vor sich geht!
Wir lesen jetzt infolge des Eindruckes von der »Entführung« Mozarts Biographie von Jahn unter Freude und Schmerz. Freude über das wundervolle Wesen und unaussprechliches Weh über die Behandlung, die ihm seitens der Welt wird. Sein Kaiser, für den er das fürstliche Anerbieten des Königs von Preußen ausschlägt, läßt die

Höhe des Gnadengehaltes von seinem Kammerdiener bestimmen, so daß es zu einem kläglichen Almosen wird! Selbst die zweite Kapellmeisterstelle wird ihm nicht gegönnt; trotz des großen Erfolges der »Entführung« wird die *deutsche* Oper aufgegeben, die italienische wieder berufen, und all das bei dem größten Ruhm, den sich Mozart im Aus- und Inland bereits erworben. Daher dachte er an Auswanderung, er ruft bitter aus: »Will mich Teutschland, mein geliebtes Vaterland, worauf ich (wie Sie wissen) stolz bin, nicht aufnehmen, so muß in Gottes Namen Frankreich oder England wieder um einen geschickten Teutschen mehr reich werden – und das zur Schande der teutschen Nation.« Die Fürsten!

Doch heute ist ein Frühlingstag, die Sonne strahlt, und ich schreibe dem Sprossen eines hohen Geschlechtes, der alle Eigenschaften besitzt, die wir als die echten deutschen bezeichnen und lieben. Und dies allein will ich jetzt betrachten! und zum Hauptpunkt gelangen, zu Ihrem Glück! *Wie* ich mich dessen freue, das wissen Sie! So begrüße ich auch in Gedanken Ihre Heimkehr nach Langenburg und die neue Pflanzung eines Baumes! Ob es eine Linde sein wird? Ich würde es wünschen und die strahlende Heiterkeit von »Siegfried« und von den »Meistersingern« dem gesegneten Ankömmling dabei zudenken! Ich werde alles, was möglich ist, tun, um einige freie Tage Ende April mir zu gewinnen, um Ihrer und der Frau Erbprinzessin überaus liebenswürdigen Einladung Folge zu leisten.

Ich kann Ihnen nicht sagen, teuerster Erbprinz, wie schön ich es von Ihrer hohen Gemahlin finde, Ihnen in Ihren ernsten Interessen und edlen Lektüren also zu folgen ! Betrachtet man ihre zarte Jugend, die Gewohnheiten ihres früheren Lebens, so spricht sich darin ein so edler Sinn und eine solche Liebe zu Ihnen aus, daß mir das Herz aufgeht, wenn ich daran denke! Ich bitte, mich und die Meinigen Ihrer Königlichen Hoheit auf das angelegentlichste empfehlen zu wollen und ihr zu sagen, wie die uns bezeigte freundliche Sympathie uns erfreut.

Dem Fürsten Statthalter einen verehrungsvollen Gruß des gesamten Hauses, Ihrer geliebten Frau Mutter den Ausdruck unserer innigsten Freude über ihre Besserung! Möchte sie sich nicht anstrengen und einer Gesundheit leben, die so vielen ein teures Gut ist!

Diese Bitte lege ich der Fürstin besonders an das gütige Herz!

Und nun, teuerster Erbprinz, schließe ich diesen Brief, der zu einem Unband geworden ist! Lesen Sie daraus, was ich nur ungenügend sagen kann, empfangen Sie die herzlichsten Grüße meiner Töchter und von mir meinen Dank, meine Freude an Ihnen, meine Hoffnung auf Sie und die innigste Anhänglichkeit und Ergebenheit!

C. Wagner

An Hans Richter
Bayreuth, 7. 4. 1897

Mein teurer und hochgeschätzter Freund!
Die Herren von der Gesellschaft der Musikfreunde haben meinen Kindern und mir die Ehre erwiesen, uns von dem Hinscheiden Johannes Brahms' die Nachricht zukommen zu lassen. Ich wüßte keinen Besseren und Befugteren als den treuen Freund unseres Hauses, um die Vermittlung unseres Dankes für diese auszeichnende Aufmerksamkeit zu übernehmen. Und so trage ich sie Dir auf. Mein langjähriges Fernsein dem ganzen Konzertleben hat mich in völliger Unbekanntschaft mit den Kompositionen des Dahingeschiedenen erhalten. Mit einzigster Ausnahme eines Kammermusikstückes kam, durch die Eigentümlichkeit meines Lebens, keine seiner zu so großem Ansehen und Ruf gelangten Arbeiten mir zu Gehör. Auch persönlich hatte ich nur eine flüchtige Begegnung mit ihm, in der Direktionsloge in Wien, wo er die Freundlichkeit hatte, sich mir vorstellen zu lassen. Aber es ist mir nicht unbekannt geblieben, wie vornehm seine Gesinnung und Haltung in Betreff unserer Kunst gewesen ist und daß seine Intelligenz zu bedeutend war, um das zu verkennen, was ihm vielleicht fern lag, und sein Charakter zu edel, um Feindseligkeit aufkommen zu lassen. Und dies ist wahrlich genügend, um ernste Teilnahme zu empfinden. Ich bitte Dich, ihr den Ausdruck zu geben. – – –
Durch Chamberlain und Schönaich hörten wir von Deiner IX. Symphonie. Sie muß so gewesen sein, wie ich es erwartete! Das will viel sagen. – Die Kinder sind unglücklich, sie nicht gehört zu haben! Siegfried insbesondere, der sich Entscheidendes für sich daraus versprach. Aber es wäre ja riskiert gewesen, ihn reisen zu lassen – der Arzt war entschieden dagegen. Denn wenn er auch jetzt auf ist, so ist er doch noch nicht sein Übel ganz los. »Entbehren sollst du, sollst entbehren«, das ist, was heiser jede Stunde schreit. – Denkst Du an eine Wiederholung? – Ich selbst mag an gar nichts denken, so viel habe ich der Sorge in diesem Winter durchgemacht.

Ein neues Glied in der Kette unsrer Genossenschaft: van Rooy, wird
Dir Grüße von uns bringen. Ich glaube, daß seine Art und seine Kunst
Dir gefallen werden. Er ist glücklich, hier unter Deiner Leitung
singen zu können. Lebe wohl, mein teurer Richter, grüße Deine liebe
Frau und sei von uns allen in treuer Anhänglichkeit wärmstens
gegrüßt.

C. Wagner.

1898

An Michael Balling
Bayreuth, 6. 1. 1898

Mein lieber Freund,
Ich habe mir ebensowohl erklären können, daß Sie auf den Vorschlag
eingingen, mit einem genialen Darsteller Shakespeares sich zu
einigen, als ich es verstehe, daß Sie wenig Befriedigung von dem
Umherziehen einheimsen. Zumal die Eindrücke, die Sie mir schil-
dern, ganz niederschlagend sein müssen, und zwar menschlich wie
künstlerisch. Und obenein der unsinnige Deutschenhaß der guten
Engländer. Mir ist in Florenz erzählt worden, daß die berühmte
Broschüre »made in Germany« auf russische Instigation und
Bezahlung geschrieben worden wäre, um England mit Deutschland
zu verhetzen. So wäre denn wieder einmal die Leidenschaftlichkeit
als Marionette im Dienste der klugen Politik!
Nun aber wieder zu uns, zu Ihnen! Herzlich soll es mich freuen, einen
Bayreuther Dirigenten, dereinst, in Ihnen zu begrüßen. Ich frage
mich aber jetzt, wie ich Ihnen zu den Stufen dazu verhelfen könnte.
Am Ende wäre es dafür besser gewesen, Sie hätten in Karlsruhe
ausgehalten, sich mit Mottl über Ihre Pläne verständigt. Er ist sehr
gutmütig, anderen gerne gefällig, er hätte gewiß, bei seinen häufigen
Abwesenheiten, Gelegenheiten geschaffen, um Ihnen den Dirigen-
tenstock in die Hand zu geben. Orchester haben alle gerne solche,
welche von der Pike auf dienen (siehe Richter, Hornist, Chorrepeti-
tor, Kapellsänger, Chordirigent), wogegen sie renitent gegen alles
von oben ihnen Oktroyierte bleiben. Mottl ist auch am besten
imstande, Dirigentenstellen zu ermitteln. Er hat jetzt Pohlig nach
Coburg gebracht.
Ich schreibe Ihnen dies in der Annahme, daß Sie vielleicht mit Mottl
wieder anknüpfen könnten, falls die Gründe zu Ihrer Entfernung
nicht unüberwindlicher Art sind.
Wie dem auch sei und werde, bleiben Sie, lieber Freund, meiner
herzlichsten Teilnahme versichert, und empfangen Sie zu dem neuen
Jahr die herzlichsten Wünsche und Grüße von ganz Wahnfried.

C. Wagner

An Hugo von Tschudi
Bayreuth, 23. 2. 1898

Mein lieber Herr von Tschudi,
Ich werfe es mir vor, so lange Zeit haben verstreichen zu lassen, bevor
ich Ihnen für Ihre liebenswürdige Erfüllung meiner Bitte dankte!
Wenn es spät geschieht, so geschieht es nicht minder herzlich.
Inzwischen habe ich öfters von Ihnen gehört, und zu meiner Freude
immer Gutes. Meine Tochter schrieb: Sie wandelten wie ein König in
Ihrer mit wunderbarem Geschmack angeordneten Galerie, welche
sie mit lebhaftestem Interesse besichtigte. Meinungsverschiedenheiten sind ja unvermeidlich, und die Leidenschaftlichkeit, mit welcher
meine Tochter für das eintritt, was sie einnimmt, gibt dem Umgang
mit ihr etwas unvergleichlich Anziehendes.
Sie sahen nun auch den armen Heinz nach dem jähen Schlag, der ihn
getroffen. Adolf Gross, der ihm vor kurzem in Nürnberg begegnete,
beruhigte mich über sein Befinden; aber die Betrachtung, die Sie
anstellen, gehört zu denen, die uns das Leben in seiner schrecklichen
Wahrhaftigkeit zeigen und aus welcher man sich förmlich flüchten
muß.
Levis waren auch vor kurzem hier und erzählten mir gleichfalls von
der Nationalgalerie. Ich habe schon lange einen Plan, den ich aber aus
einer mir selbst unbegreiflichen Mutlosigkeit wieder nicht ausgeführt
habe! Ich möchte Mary Levi bitten, in ihrem Namen den Marées, der
hier zu uns paßt wie die Faust aufs Auge und gar kein Licht hat, Ihnen
stiften zu dürfen. Wollen Sie mir erklären, warum, bei herzlicher
Freundschaft, man sich nicht getraut, etwas so Einfaches auszuführen?
Van Rooy ist wieder gestern bei uns eingetroffen, er will hier
studieren. Da Schwabachs *zu* christlich für Sie sind, konnte ich leider
nicht nach Ihnen fragen; ich ließ mir aber den Abend im Marmorsaal
mit goldenen Fauteuils, mit französischer falschsingender Sängerin
und mit dem Beschluß des Abends seitens des Haussohnes mit einer
Geige, wie sie Paganini nicht besessen, beschreiben! und so war ich
denn in voller Behrenstraße! Er hat seinen Wotans Abschied
gesungen, so gut und schlimm es ging, und wird wohl so bald keinen
Schwabenstreich mehr begehen!
Frau Steinmann konnte er nicht besuchen, er war nur ein Tag dort
und überhaupt, wenn er zu Gast singt, muß er sich sehr zurückgezogen halten.

Haben Sie von dem arkadischen Fest in München etwas gehört? Ich gestehe, daß es mich trübselig gestimmt hat, da darin sich das monatelang vorbereitete Ideal der Münchener Künstler verdeutlicht hat.

So gewagt es ist, so begreife ich doch, daß man in unserer Welt der Häßlichkeit sich danach sehnt, ein Bild von der hellenischen Schönheit sich hervorzuzaubern, und daß diese Sehnsucht die Umstände der Münchener Erscheinungen und eines modernen Opernhauses als Räumlichkeit übersieht. Aber da muß es ernst sein; da muß man wenigstens Griechenland kennen, wissen, wer Orpheus, wer Dionysos ist! Auch von Arkadien sich einen Begriff gemacht haben. Aber dieser Zug, mit Philosophen à la douzaine, welcher obenein zu nichts führt, sondern nach welchem das gesamte Publikum auf die Bühne stürzt, um in der Nähe die Akropolis von Papiermaché und die Athene in carton pierre zu bewundern, das ist, von Künstlern ausgehend, jammervoll! In der Tat, es macht den Eindruck, als ob sie sich vor der Langeweile der hellenischen Tracht gefürchtet hätten, und nun haben sie Assyrer, Ägypter zu Hülfe gerufen, und *was* durfte als Abschluß nicht fehlen? die Juden, denn 9/10 Juden bildeten das Publikum, und zwar das echte Judentum mit dem goldenen Kalb! Hätten sie die Juden nur wenigstens herumtanzen lassen, das wäre noch ein Einfall! Aber so steif und langweilig als Abschluß eines griechischen Zuges, es ist unsäglich!

Nun kann man mir sagen, Gott, es war ein Scherz; dann finde ich es aber viel zu prätentios und scheinen mir die alten Opernbälle im Domino, wo die Novellisten so manches Liebesabenteuer sich abspielen ließen, bei weitem geistvoller und künstlerischer!

Ich rette aus dem Papierkorb die Beschreibung, damit Sie mein Staunen verstehen.

Dagegen haben wir uns hier mit »Jery und Bätely« beschäftigt. Wir führen es Freitag auf und haben keine Mühe gespart, um dem kleinen Werk eine lebendige, seiner würdige Wiedergabe zu schaffen. Mich rührt das Stück sehr; da ist wahre Natur und ein beständiger innerer Vorgang, dem man mit Wohlgefallen folgt. Van Rooy will uns an dem Abend auch etwas von Wolfram und Wotan singen. Wüßte ich Sie frei, so würde ich Sie bitten, unser Gast zu sein!

Vielen Dank für das, was Sie mir von Meunier sagen. Es hat mich sehr gefreut, und ich nehme mir vor, ihn für unsere nächsten Festspiele einzuladen, da mir viel an solchen in unserem Auditorium liegt.

Schweninger hat mir große Freude durch seine öffentliche Erklärung
über die Vivisektion gemacht. Hoffentlich gesellen sich ihm noch
menschliche Ärzte zu! Den Aufruf von der Malerin Parlaghy habe ich
unterschrieben. Der Himmel gebe, daß es etwas nütze.
In diesem Augenblick ist es entschieden, ob Zola verurteilt ist. Das
Gute bei dieser traurigen Sache ist, daß sie deutlich zeigt, *wer* sich
gegenübersteht: Juden und Jesuiten! Ich begreife nicht recht, daß
man Zola den Prozeß machte, da sie einfach hinter dem Geheimnis
des Kriegsgerichtes sich zurückziehen konnten. Zola hätte ich
weniger theatralisch gewünscht; und so kann man für keinen
Interesse empfinden.
Dieser Brief schwillt übermäßig an! Mir fehlt die Haupttugend des
Schriftstellers, die Kürze. Halten Sie sich aber ja nicht für verpflichtet, mir zu antworten, denn dies ist ein Dank! Auch mein zerknitter-
tes Abbild der Unbildung brauchen Sie mir nicht zurückzuschicken.
Ich sage auf Wiedersehen, Ende März kommen wir nach Berlin. Wir
haben schon einen strategischen Plan entworfen, um nicht immer zu
viert zu erscheinen, aber auf die Nationalgalerie machen wir einen
Massenangriff! Wir freuen uns alle lebhaft darauf! Ihnen dies
versichernd, entsende ich Ihnen, lieber Freund, die wärmsten Grüße
der anhänglichsten Sympathie!

C. Wagner

Schönste Grüße an Steinmanns bitte von uns allen!

An Hermann Levi
Bayreuth, März 1898

Mein lieber Major!
Ich muß Ihnen gleich sagen, daß wir Fräulein Hoffmann reizend
finden. Hübsche Erscheinung, helle, metallene Stimme, sehr gute
Gesangsart. Wir glauben entschieden ein erstes Blumenmädchen,
eine Wellgunde, vielleicht Ersatz Eva aus ihr zu schlagen.
Siegfried hätte sie gern für sein Luisl. Ich will sie heute fragen, ob sie
kündigt oder ob sie gekündigt wird.
Übersetzung: Ich würde so verfahren, den Sinn des Textes festhalten
und die Worte nur dann, wenn Mozart ihnen selbst musikalisch eine
Bedeutung beigelegt hat. Anbei meine Übersetzung auf die Noten.
Paßt es Ihnen, so mache ich die ganze Arie des Figaro. Es ist ein
kleiner Fehler, daß das »ling« auf das Viertel kommt, aber immerhin

ein kleiner. »Du wirst nicht mehr« ist absolut unmöglich. Das »du« bekommt durch die punktierte Note eine falsche Deklamation.
Amoroso heißt nicht »geliebt«, sondern »verliebt«. Das Beispiel »Deines Auges Glut etc.« paßt nicht, denn die Note auf die stumme Silbe ist nicht punktiert. Das Lied vom Cherubin will ich mir überlegen. Vorläufig halte ich den Relativsatz für nicht möglich, weil die Sache zu leicht ist.
Canzonetta sul aria würde ich übersetzen »Canzonetta zur Arie« oder, was aber schwerfälliger ist: Neues Liedchen zur Arie. Die Reime bei Cherubin würde ich ruhig aufgeben.
Der Papagei wird gesucht, also ein Genie.
Vielen Dank, liebste Mary, für Ihre lieben Zeilen. Glück auf die Reise und alles Beste von ganz Wahnfried.

An Hermann Levi
Bayreuth, 7. 3. 1898

Mein lieber Major!
Canzonetta sul aria heißt »Liedchen auf die Arie«, das ist zweifellos, aber wenn Sie noch einen Beweis wünschen, schlagen Sie Beaumarchais, Akt II, Szene III, auf. Da steht:
Chanson nouvelle sur l'air. Qu'il fera beau ce soir sous les grands marronniers... Qu'il fera beau ce soir...
Demnach gab es eine bekannte Arie aus einer Oper oder auch nur ein Volkslied mit diesem Text, welches auf ein Rendezvous sich bezog und das Mozarts Dichter in die Pinien des Bosketts verändert hat. Zweitens.
Ich würde Manco male als Meno male verstehen, welches bei den Italienern sehr üblich ist und heißt: um so besser. Der Ausruf von Marzelline darauf heißt: Scharf geurteilt, und das Brava ist ironisch. Drittens.
Die Übersetzung, die Sie für das: »non più andrai« vorschlagen, kann ich leider nicht gutfinden, weil sie die rhythmische Zäsur nicht festhält; auch kann man »mehr« nicht von »nicht« auf diese Weise trennen. Dann müssen Sie suchen, leichtere Worte, die dem Rhythmus besser entsprechen, zu finden. Es ist etwas sehr schwerfällig. (Ewiges Beispiel: das sogenannte Lenzeslied.) Ich schlage vor: wirst nicht mehr, Schmetterling leicht und lose (da haben Sie gleich Ihren Reim: Rose, gesichert), oder: Wirst nicht mehr, los und leicht,

stets verliebt; aber das ist auch etwas plump, ersteres ist besser, doch kann man gewiß noch Besseres finden. Ich glaube, wenn der musikalische Rhythmus Ihnen ganz in den Gliedern stecken wird, werden auch die Worte sich finden, obgleich die deutsche Sprache zu schwer für diese mit dem Italienischen ganz verwachsene Musik ist.

Ich bin jetzt auf der Suche nach einem Grauen (er fällt mir bei meinen Theorien ein); Sie müssen mir aber sagen, wie Sie ihn wünschen, genial oder gelehrt. Unter genial verstehe ich einen wie den unsrigen, der nichts konnte, von uns aber allerlei sich ablauschte (hoiotoho, Hüon, mein Gatte, ein Bachsches Motiv) und jedes je nach der Persönlichkeit, die ihm nahekommt, singt. Für mich ist es immer Hüon und ein Anklang an Tristan.

Unter gelehrt verstehe ich diejenigen, welche in verschiedenen Sprachen Sätze gelernt haben und auch Motive.

Bitte um Ihren Wunsch.

Was den Vorgang betrifft, den Sie nicht zu bezeichnen wissen, so möchte ich ihn nicht mehr berühren, weil ich ihn nicht verstehe. Es war unklug von mir, davon zu sprechen, und es tut mir leid, daß Sie beunruhigt wurden und mit Ihrem Telegramm auch dort alarmierten. Hoffentlich ist jetzt Mary wieder wohl. Grüßen Sie sie herzlichst von uns allen.

Was den Wein anbetrifft, so liegt da wieder ein Zeugnis für die Eingenommenheit vor. Siegfried kann die Pfälzer Weine nicht leiden und schwor, der schöne Wein, den Sie ihm generös geboten hätten, wäre ein Moseler, denn einen Moseler suche ich. Bemühen Sie sich also nicht mehr und haben Sie Dank für das bereits Getane.

Schönste Grüße von uns dreien, gute Wünsche auf Ihrer Fahrt. Sie werden froh sein, von unserem abscheulichen März weg in den italienischen Lenz zu kommen.

Nochmals Ihnen beiden, liebe Freunde, schönste, beste Grüße.

CWagner

An Hermann Levi
Bayreuth, 21. 3. 1898

Mein lieber Major!
Meines Erachtens korrespondiert die deutsche Silbe »ling« genau dem italienischen »lon«; dann meine ich, ist das Viertel der

Zeitdauer wohl, aber nicht dem Klang nach als Viertel gedacht. Man
kann es als Achtel, mit Achtelpause darauf, singen. Das Allegro
vivace erfordert selbst diesen Staccato zum Vortrag.
Übrigens habe ich an das Wort »Schmetterling« nur gehalten, weil
Sie es für unumgänglich erklärten.
Faltergleich
zart beschwingt (dann flatternd frein')
minnetoll
Kecker Bub
und zahllose andere Wendungen sind zu finden.
Was Herzpein statt Herzenspein anbetrifft, so werden Sie, glaube ich,
diese Verengung bei vielen Dichtern finden, Herzweh, Herzleid etc.
Zumal bei den mittelalterlichen (Sie werden auch Reime auf ling
finden, wonach der längere Akzent wohl auf diese letzte Silbe
zulässig ist); doch habe ich Ihnen zulieb einige Varianten gesucht.
Noch die Schönen versetzen in Unruh
Ein Narziß und Adonis dazu.

–

Noch die Herzen bezaubern durch Schönheit
Ein Narziß, ein Adonis der Zeit.

–

Noch den Schönen erwecken das Mitleid
Und die Männer erfüllen mit Neid.

–

Noch den Schönen erwecken die Sehnsucht
Schlimmer Wicht ohne Zucht.

–

Noch den Schönen erhitzen den Herzschlag
Neu verliebt, neu betrübt jeden Tag.
Mir scheint, mein lieber Major, daß Sie unerschütterlich fest in der
Grammatik sind, aber daß die lebendigen Möglichkeiten unserer
Sprache Ihnen nicht aus den Adern in die Feder fließen. Meine
Vorschläge bitte ich mit Freimut zu kritisieren und verwerfen, denn es
sind lockere Einfälle, in welchen keine Arbeit steckt.
Ihre Deklamation von Schmetterling ist für mein Gefühl unmöglich,
weil durch sie der musikalische Rhythmus zerstört wird und dabei
auch der Sprache Gewalt angetan wird.
Lassen Sie sich durch die italienische Sprache nicht irreführen; sie hat
eine solche Biegsamkeit auch in der Prononciation, daß sie nicht als
Muster angeführt werden kann. Geben Sie nur acht, keine schwerfäl-

ligen deutschen Worte zu wählen, weil dieser Ballast dem Sänger das
Einhalten des Tempos unmöglich macht.
»Ihr stellt sie selbst und folgt ihr dann.« Ich würde mir als Gesetz den
musikalischen Rhythmus stellen und meine Worte danach suchen.
Bezüglich des Reims wäre ich frei und gebrauchte den Endreim nur,
wo die Musik ihn fordert. Hie und da würde ich mich auch des
Stabreims bedienen. Wie gesagt, alles nach der Musik.
Füßen und Wissen ist von den Meistern unserer Sprache ganz
akzeptiert. Ü und i, ö und e sind üblich. Ich finde Sie in bezug auf die
Sprache zu ängstlich und in bezug auf die Musik zu frei.
Breitkopf und Härtel scheint mir, wie Ihnen, in vielem ganz
akzeptabel.
Ja, wenn Mozart von Dur nach Moll geht, da hat es etwas zu sagen, er
hat das Genie und daher den Zartsinn der Modulation.
Leider ist es mir verwehrt, die kleine Übersetzung, wie ich es
vorhatte, zu unternehmen. Meine Augen sind zu schlecht.
Auch nur von Ihrem Astronomiebüchlein Nutzen zu ziehen, da ich
die Sterne nicht viel besser sehe als Vater Gobbo. Aber meine Kinder
sind höchlich erfreut, und sie nehmen sich einen Kursus mit den
Gravinaschen Kleinen vor, danken herzlich für die Fürsorge um ihre
Bildung, die nach dieser Seite ziemlich vernachlässigt wurde.
Ich meinerseits danke Ihnen und der lieben Mary für die neuen
schönen Abschriften. Sie werden beide die Einfachheit dieses
Dankes nicht verkennen.
Nun gehaben Sie sich wohl und genießen Sie die herrliche Stadt in
Frühlingspracht. Wir haben endlich heute Sonne, zwar mit Kälte,
aber es ist doch Sonne, und unsere Blümelein im Garten rühren uns,
wie alles Deutsche es tut.
Fast vergesse ich Possart. Das ist ja großartig! Und Sie tragen diese
»Bärenhäuter«-Aufführung wie Adam Krafft das Sakramentshäuschen, da zweifle ich an keinen Bestand. Scherz beiseite – vielen Dank
für die Vermittlung; ich glaube, Siegfried wird Knote wählen, und der
wird auch den neuen Stern anhören, aber seit 20 Jahren entstehen in
München neue Mallinger, die wie nichts verschwinden. Wissen Sie
noch unsere »Euryanthe«?
Doch ist mir diese Aufführung in schöner Erinnerung geblieben.
Grüßen Sie Hildebrands alle, die unmusikalischen, aber sehr
angenehmen und talentvollen (da er das Wort Genie haßt, werde ich
ihm das Elend nicht antun, es auf ihn anzuwenden).
Grüßen Sie mir lawinenartig die Gravinen. Sie sehen, Ihre Reimsucht

hat mich angesteckt. Grossens kommen nächstens nach, dann
Thodes. Ein Käse nacheinander, den ich da hinunterrolle!
Haben Sie die Lutherschen Briefe gelesen? Es gibt auf der Welt
nichts Eindrucksvolleres.
Jetzt aber schließe ich und wünsche alles Gute von uns allen!

CWagner

An Hugo von Tschudi
Bayreuth, 3. 5. 1898

Mein lieber Freund!
Ich beginne mit einem Sermon, denn ich finde es gar nicht hübsch von
Ihnen, immer an Wahnfried vorüberzurennen. In einem gewissen
Sinn höre ich gar nicht gern von meinen Freunden erzählen, da ich sie
selbst sehen mag.
Meine Tochter Gravina und Grossens gaben uns Nachricht, und wenn
ich Ihnen allen das Zusammensein wohl gönnte, so habe ich doch
gewünscht, daß ein paar Stunden dabei für uns abgefallen wären.
Und nun mein zweiter Vorwurf. Thoma! Und der Besuch seines
Ateliers ohne Aneignung. Ach! tun Sie mir die Liebe und warten Sie
nicht, bis Thoma nicht mehr unter den Lebenden ist, um einige von
seinen Bildern der Nationalgalerie einzuverleiben. Er und Böcklin
werden, ich glaube sicher, einst die deutsche Malerei unserer Zeit in
sich verkörpern, und wenn Sie diese beiden gut vertreten haben, dann
kann man Ihnen die Franzosen nicht mehr vorwerfen. (Wenn
überhaupt diese Vorwürfe bona fide sind.)
Ich habe es Ihnen recht nachempfunden, daß die Verteidigung Ihnen
noch peinlicher als der Angriff war. Wenn man sich bewußt ist, etwas
zu vertreten und von einem Prinzip auszugehen, so gerät man in
Erstaunen über die Art, wie dies verteidigt wird, nämlich mit
Entschuldigung. Wir leben aber in einer kuriosen Welt und müssen
uns in derlei finden.
Ich höre, daß Sie sich mit Heinz recht geneckt haben. Das hat mich
unterhalten, denn ich finde, daß es kein besseres Zeugnis für die
Freundschaft gibt, als wenn die Verschiedenheit der Ansichten sich
humoristisch ergeht!
Wenn Sie einmal ein wenig Muße haben, erzählen Sie mir von
Florenz und den verschiedenen Eindrücken; zum Beispiel über
Hildebrands Arbeiten.

Von uns kann ich heute Besseres berichten. Wir haben aber in
dieser Zeit in rechtem Trübsinn gelebt. Seidls Verlust ist uns in einer
Weise nahegegangen, daß ein Schatten sich auf alles lagerte. Dann
waren meine 3 Kinder krank. Mancherlei Unerquickliches gesellte sich dazu, und ich frug mich öfters, ob es auszuhalten ist
und ob dies Aushalten nicht das Zeichen einer verwünschten Trivialität sei.
Heute fühle ich mich wieder in einer Art Geleise. Ich nehme die
Freundesbriefe vor und suche in dem traulichen Austausch mich
selbst friedlich wiederzufinden.
Ich habe in die »Bayreuther Blätter« einige Zeilen des Nachrufes für
Seidl (ohne Namensunterschrift) gebracht. Ich glaube, daß der Ton,
in dem sie geschrieben sind, nicht gerade der ist, der Ihnen ganz
entspricht, gerade deshalb würde ich gerne von Ihnen erfahren, ob
Sie dennoch ein Bild von dieser Persönlichkeit erhielten, welche der
Tod für mich erst in ihrer intensiven Bedeutung erkennen ließ...
Ich darf diese Trauer nicht berühren, ohne zugleich die Freude dieser
Zeit zu erwähnen. Siegfried probierte mit unserer schlechten
Militärkapelle den II. Akt seines »Bärenhäuters«, und das hat mir
wohlgetan! Begnügen Sie sich mit diesem kurzen Wort.
Ich komme auf Thoma zurück. Ich habe Sie völlig verstanden, aber es
ist bei Thoma etwas Einziges, und selbst Böcklin gegenüber möchte
ich für ihn das vindizieren, was ich für unsere Landschaft und unseren
Frühling der italienischen wiedergeborenen Natur gegenüber zum
Preise hervorhebe: es singen die Vögel. »Die Schwarzwälder
Schwerfälligkeit« hat die deutsche Innigkeit in sich, und es liegt etwas
darin, dem ich im Alter immer mehr mich zuneige.
Hätten Sie uns besucht, so hätte ich Sie gebeten, mir in einem Kampfe
beizustehen, den ich hier mit den Ratskollegien (Gremium nennen
sie das) geführt habe. Es soll ein Konzertsaal gebaut werden. Ein
Legat ist dafür da, natürlich viel zu gering, jetzt wählten sie einen
Platz, wobei sie uns den Main überbrücken, das staubige Pflaster
vermehren, alte Bäume niederhauen, ein schönes altes Haus herun-
terreißen und den Konzertsaal in eine Ecke hineinpferchen, wo sie
der angrenzenden Kinderschule Luft und Licht rauben. Seit den 26
Jahren, die ich hier bin, haben sie nun das schöne Städtchen in einer
Weise zugerichtet, daß einem die Haare zu Berge vor dieser Roheit
stehen könnten. Wenn Sie ein Wort gesprochen hätten, hätten Sie uns
sehr geholfen, weil sie alles wie im Versteck machen und keiner etwas
verantwortet.

Das ist hier auch Parlamentarismus im kleinen.

Nun aber trenne ich mich und sage Lebewohl. Haben Sie in London vielleicht etwas zu tun? Ich werde wohl im Juni dorthin müssen, und ich sehe wohl, daß ich Sie in der Fremde erwischen muß, da Berlin–Bayreuth nicht geht.

Herzlichste Grüße von uns allen. Siegfried hat sich *sehr* gefreut, mit Ihnen in Berlin zusammen zu sein.

Grüßen Sie, bitte, Steinmann schönstens.

In freundschaftlicher Anhänglichkeit und Teilnahme

Treulichst

CWagner

Nachruf auf Anton Seidl 1898
(geb. zu Budapest den 7. Mai 1851, gest. in New York den 29. März 1898)

Ein Wort aus dem Kreise der Bayreuther Seelen
»Gehet hin in alle Welt und lehret alle Völker.« Wir Bayreuther, welche seit nun 20 Jahren diese Blätter zu uns sprechen lassen und ihres Geistes froh und gewiß eine feste Gemeinde um sie bilden, wir dürfen uns bei dem teuren Namen, welcher an der Spitze der heutigen Zeilen steht, jenes Wort des Evangeliums, ohne uns mißzuverstehen, deutend und tröstend zurufen. Denn er, um welchen wir trauernd im Geiste geschart sind, war berufen worden, die Lehre unserer heiligen deutschen Kunst in ferne Lande, zu fremdem Volke, lebendig zu verpflanzen. In früher Jugend hatte ihn sein Weg in unsere Mitte geführt, an das Herz seines und unseres Meisters, von dem er die Ausstrahlung lebendiger Kraft demütig-inbrünstigen Sinnes schweigend empfing, um sie unverloren treu bis ans Ende in sich zu bergen. Er durfte der Entstehung des eigentlichen Bayreuther Werkes in nächster Nähe folgen, die ersten musikalischen Aufzeichnungen des »Parsifal« mit eigener Hand nachzeichnen, die ersten Weisungen und Andeutungen darüber vernehmen und unbewußt sich verwachsen fühlen mit dem ihm so Vertrauten, Anvertrauten. Sein Meister war es, der ihm aus stiller Arbeitsklause hinaus den Weg in die Welt wies, zur Entfaltung seines Talentes, zur lauten Betätigung des in der Stille Empfangenen. Immer weiter fernab von uns führte ihn dieser Weg im Dienste unserer Kunst; Tausenden und Tausenden wurde durch seine Hand jene *Weltbeglückung* zuteil, von welcher wir wissen, ihr

gebühre der Rang noch vor der *Welteroberung*. Nach langen Jahren
doch kehrte er heim, in unsere Mitte wiederum zurück. Die Leitung
des Bayreuther Werkes ward ihm im vergangenen Sommer übertragen. Das einst seiner Jugend geschenkte Samenkorn, es war zur
herrlichen Frucht gereiften Mannesalters gediehen. Wir haben es
erlebt. Hatte er uns mit seiner Wiedergabe des Vorspiels zu
»Parsifal« gleichsam durch andachtsvolle Gebets-Versenkung auf
das Kommende vorbereitet, so führte er uns nun mit hingebender
Treue, ohne eigenes Hinzutun, mit einer – wir dürfen den Ausdruck
gebrauchen – evangelistischen Einfalt des Herzens das wunderbarst
erschütternde Drama vor die Seele, um schließlich im III. Akte, von
schwärmerisch schmerzlicher Inbrunst gedrängt, das volle Opfer
seiner Persönlichkeit an das Werk zu vollziehen, und damit zugleich
den Sieg dieser seiner Persönlichkeit zu erringen, den Sieg des
Künstlers über sich, über uns, über die ganze Welt! Wir, die wir die
letzte »Parsifal«-Aufführung des Sommers 1897 erlebten, wir
werden ihrer – zu seinem Gedächtnis – nimmer vergessen. – Doch
war ihm noch ein anderer letzter Sieg vorbehalten. – In doppeltem
Sinne dürfen wir ihn heute als selig *Heimgekehrten* grüßen und uns in
dem tiefsten Wunsche vereinigen, sein sterbliches Teil an jene Stätte
zur Ruhe zu geleiten, die seines unsterblichen Teiles Heimat war:
nach Bayreuth. – – –

An Hugo von Tschudi
Bayreuth, 2. 9. 1898

Mein lieber Herr von Tschudi,
Wohin soll ich diese Zeilen senden? Noch immer unter dem Schutze
von Kaiserin Augusta; über ein Monat ist es her, daß ich Ihre
liebenswürdigen Zeilen erhielt, und ich möchte nicht länger zögern,
Ihnen dafür zu danken. Immer ferner rückt uns wohl beiden England
(höchstens möchte Lord Crew ab und zu Ihre Träume beleben!), aber
immer noch gedenke ich des Opfers, daß Sie mir brachten, und freute
mich zu hören, daß es Ihnen wenigstens keine Unannehmlichkeiten
gebracht hat. Meinen Sonntag holte ich in München ein, wo ich
Wolkensteins besuchte, die sich dort einige Tage aufhielten. Wir
wanderten durch die beiden Ausstellungen, die Lenbachsche schien
mir sehr geschmackvoll eingerichtet, es fiel mir aber wenig darin auf;
wogegen die Meuniers bei der Sezession mir außerordentlich gefallen

haben, zumal ein Bronze-Relief, Kopf eines Arbeiters, wie es schien. Ich sah auch die Landschaft von Thoma, die Sie – nicht gekauft haben, mir schien sie etwas ausgedehnt, aber Heinz erklärte mir, daß diese Ausdehnung seine Absicht sei, indem sie ganz den Charakter der Campagna wiedergäbe. Der kleine Orpheus im roten Mantel, der Sie so geniert hat, würde mir nicht aufgefallen sein, er ist doch für den Bändiger wilder Tiere recht bescheiden!

Bei weitem aber der größte Eindruck, den ich erhielt, war in Lenbachs Atelier, durch eine Skizze von dem Fürsten Bismarck nach seinem Tode (Kreidezeichnung) und eine Ölskizze von ihm, vor einem Jahr. Ich wünschte, Sie könnten letztere für Ihr Museum erwerben! Alles, was man jetzt bei der Betrachtung dieses Lebens, seiner Größe und seiner unversöhnten, furchtbaren Tragik empfindet, steigt in einem auf, wenn man diese zerfallende Kraft und diesen mächtigen Blick auf etwas geheftet sieht, das man als die unerbittliche Gewalt des Geschickes, die grausame Wahrheit der realen Dinge bezeichnen möchte. Bismarck hat uns Bayreuthern mehr geschadet als irgendein Mensch, aber daß er diese Erscheinung nicht faßte, das gehört auch in die Tragik seines Daseins. Ich habe manches von ihm gelesen und mit unauslöschlichem Eindruck. Heinz hat sich ganz in seine Reden vertieft, er nahm die 12 Bände gründlich durch. Vor 10 Tagen hat er uns mit seiner Frau verlassen. Ich lege eine zweite »Kartoffel-Ernte« bei, damit Sie sich ein Bild unseres gesamten Tier- und Menschendaseins in dieser Zeit machen. Die zwei schönen neuen Wahnfriedler sind irische Wolfshunde, die uns durch ihre Originalität und Freundlichkeit viel Freude verursachen.

Bald verläßt uns die kleine Gesellschaft nach dreimonatlichem Aufenthalt. Wir selbst bleiben zu Hause, viele unserer Künstler kommen zum Studium (van Rooy, der Liebling, und andere), und so rühren wir uns nicht vom Fleck. Auch hat Siegfried jetzt viel mit seinem »Bärenhäuter« zu schaffen. Er ist in München angenommen, hat auch einen Verleger gefunden, und infolgedessen gibt es Korrespondenzen, Korrekturen, Entwürfe für Dekorationen und Kostüme und was es derart mehr gibt, so daß das Dichten und Komponieren bei weitem als das leichtere erscheint. Er macht aber dabei freundliche Erfahrungen und hört manches Schöne über sein erstes Werk.

Kommen Sie auf Ihrer Tiroler Reise an Partenkirchen vorbei, wollen Sie nicht Levis dort besuchen, welche nun in ihrer von Hildebrand gebauten Burg behaglich hausen? Oder würden Sie als Absteigequartier Stöckers Hospiz, einige Schritte davon, vorziehen?? Aber was würden Ihre Berliner jüdischen Freunde dazu sagen!!

Frau Steinmann hat uns ihren Besuch in Aussicht gestellt, etwa für Mitte September.

Lassen Sie mich doch, lieber Freund, wissen, wann Sie in München sein werden? Siegfried würde sich dann, wenn irgend möglich, einrichten, Sie dort zu sehen. Er hat jetzt, wie gesagt, viel zu tun.

Über Ihre Jagd-Naturfreuden schweige ich. Ich werde Sie nicht überzeugen, und ich kann darüber nicht scherzen, weil die Heilighaltung des Lebens der Tiere zu meiner religiösen Auffassung der Dinge gehört. Aber von dem »Meister von Flémalle« will ich Ihnen sprechen und Ihnen auf das herzlichste für die liebenswürdige Sendung danken. Ich habe auch angefangen, darin zu lesen, wurde aber durch *meine* Meister abgehalten. Heinz hat mit größter Anerkennung von dieser Ihrer Arbeit zu mir gesprochen, er war erstaunt und erfreut, daß Sie sich die Zeit dafür gewinnen konnten. Muße werden Sie wohl nie für eine Arbeit haben, die ich so sehr erwünsche, nämlich ein Lebensbild von Konrad Fiedler für die »Bayreuther Blätter«? Wenn dies möglich wäre, würde ich Ihnen zwei Briefe schicken, die er über »Tannhäuser« und »Lohengrin« in Bayreuth geschrieben und welche die »Allgemeine Augsburger Zeitung«, deren stetiger Mitarbeiter er war, ihm zu seiner tiefen Verstimmung zurückschickte. Ich getraue mir aber nicht zu hoffen, daß Sie meinen Wunsch erfüllen können, denn Sie haben zu viel zu schaffen.

Nun wünsche ich, daß Ihre Reise Ihnen lauter freundliche Eindrücke zuführe! Erzählen Sie mir, wie Sie Jakobshof fanden und was daraus wird? Bleiben Sie mir gut, lieber Freund, und seien Sie meiner herzlichsten Sympathie und Anhänglichkeit für immer versichert.

CW.

An Bodo von dem Knesebeck
Bayreuth, 31. 12. 1898

Innig geschätzter Freiherr,
Sie haben mir mit der Übersendung der schönen Nachbildung der herrlichen Rembrandtschen Landschaft eine große Freude gewährt, und ich wünschte, meine Dankesworte könnte sie Ihnen ganz versinnlichen. Von Ihren Mitteilungen wissen Sie, lieber Herr von

Knesebeck, welchen Wert ich ihnen beilege. Freilich wäre es mir Befriedigung, wenn solche häufiger stattfinden könnten; aber ich habe mir hierüber meine Philosophie, das heißt Resignation, ausgearbeitet, mit dieser ist die Heiterkeit im Gefolge, und so begrüße ich jedesmal »den Einjährig-Freiwilligen« mit besonderem Frohmut und finde ihn bedeutungsvoll durch das, was er mir sagt, und durch den Zeitabschnitt, den er mir vorstellt.

Wollen Sie meinen Zeilen das gleiche antun, so fühle ich mich ermutigt, vertrauensvoll zu plaudern.

Ich habe viel Ihrer bei den Berichten über die Orient-Reise gedacht und mir vorgestellt, daß Sie keine Sympathie für die von Muselmännern belebte öde Landschaft haben würden.

Ich persönlich würde die heilige entweihte Stätte meiden. Mein Glaube an die Offenbarung ist unerschütterlich. Ich habe aber dabei das Bedürfnis der Idealität. Ich mag das Wo und das Wie der Erhabenheit nicht sehen. Und so unsäglich wertvoll mir das heilige Antlitz von großen Künstlern wiedergegeben ist, so unmöglich wäre es mir, ein reales Bildnis zu betrachten.

Ich glaube, daß ein Aufenthalt in Italien, vor allem in Rom, solche Empfindungen sehr steigert. Ich kann Ihnen nicht sagen, wie die Größe, ja die Würde des Protestantismus mir dort zum Bewußtsein kommt. Und ich mußte lachen, als ich in Bismarcks Erinnerungen die angebliche Vornehmheit der katholischen Kirche mit der Superiorität seiner Ironie behandelt sah. Was ist denn vornehm? Das ist, sich nichts aus dem Schein zu machen, Reichtum und alles Äußerliche verachten, seiner Überzeugung leben und keinem etwas vormachen. So war einst der kriegerische Adel Preußens in seiner Armut vornehm.

Diese Gedanken, in das Unendliche ausgesponnen, erfüllten mich in Rom und verhinderten mich nicht daran, den Aufenthalt intensiv zu genießen. Im Gegenteil! Die Macht, die uns sonst als anti-deutsch erdrückt, erscheint einem in den Trümmern aus vielen Vergangenheiten auch als dem Untergang geweiht, und es ist einem, vielmehr man fühlt, daß nur der Hirt mit seiner weidenden Herde in der Campagna das Bestehende ist. Wenn der Philosoph sagt, daß es kein Objekt ohne Subjekt gäbe, so möchte ich sagen, daß es kein Italien ohne dem germanischen Auge gäbe, und das bildet uns dort eine Heimat, abgesehen von der Wonne, Sonne und blauem Himmel stetig zu genießen.

Ich nannte vorhin Bismarck, wohl das Unromanischste und Unromantischste, was es gibt. Wir sind noch im Anfang seiner »Erinnerungen« begriffen und kämpfen unter den sich kreuzenden Eindrücken. Die Kraft dieser Realität, dieser Wahrhaftigkeit, siegt über die Unmöglichkeit, sich mit diesem Mangel jedes Idealismus zu befreunden. Denn diese Kraft hat schließlich einer Idee gedient, die er 48 unfähig zu empfinden war.* Die Rachsucht geht bei ihm ins Großartige, nibelungenliedartig!

Ein anderes Buch, was das Weihnachten uns brachte, ist das absolute Gegenbild. Ich stehe aber nicht an, es hier zu nennen: »Der Lebensabend einer Idealistin«. Da ist alles großherziger Idealismus, eine selten hohe Intelligenz, ganz in dem Dienst eines kindlichen Herzens; sie irrt so gut wie beständig, und dabei fühlt man Sonnenwärme und Wahrheit. Ich scheue mich nicht, Ihnen dieses Buch sehr zu empfehlen, obgleich sie mich übertrieben wohlwollend erwähnt. Da sie sagt, daß sie mich liebt, ist alles damit erklärt. Sonst ist es mir peinlich, meinen Namen gedruckt zu sehen. Bei Malwida von Meysenbug schwinden alle solche durch die Welt uns aufgenötigten Schranken. Man wandelt frei mit ihr, wie im Paradies! So ist auch ihr Heim in Rom mir wie das kräftig schlagende Herz dieser Stadt erschienen. Ihre Liebe zu meinen Kindern ist mir wie ein Segen für diese, und ihre Freude an dem »Bärenhäuter« war von hinreißender Genialität. Über dieses Werk möchte ich zu Ihnen sprechen, das würde mich aber zu weit führen, und − kann man über Glück sprechen?

Bei Gräfin Wolkenstein verlebte ich in Ivano herrliche Tage! Auch einen Raubritterturm von ihrem Geist und ihrer Anmut bewältigt zu sehen, war eine neue Variation auf das alte herrliche Thema ihres Wesens!

Hiermit will ich schließen, hiermit sind wir ganz eins!

Leben Sie wohl, lieber Herr von Knesebeck, und empfangen Sie die Versicherung, daß Sie uns wohl Ihre Teilnahme bewiesen. Bewahren Sie sie mir und den Meinigen und gedenken Sie ab und zu meiner als Ihnen von Herzen anhänglich und ergeben!

C. Wagner

* Ich muß das zurücknehmen, nachdem ich weitergelesen. Diese Erscheinung ist furchtbar schwer zu beurteilen, nur Shakespeare könnte ihr gerecht werden.

1899

An Karl Heckel
Bayreuth, 27. 2. 1899

Lieber und werter Herr Heckel
Eine mehrwöchentliche Erkrankung, die mich jetzt noch im Bett
hält, die aber, so Gott will, im Schwinden ist, hat mich zu meinem
Bedauern daran verhindert, Ihnen bis jetzt auf Ihre liebenswürdigen
Zeilen in der Angelegenheit der Übersetzung zu erwidern.
Es ist sehr schön von Ihnen, lieber Herr Heckel, Mr. Ashton Ellis die
Übertragung Ihrer Schrift in das Englische in so entgegenkommen-
der Weise zu erleichtern, und ich danke Ihnen dafür.
Sie gestatten mir wohl, Ihnen eine Bemerkung über die Bedingung
der absoluten Übertragung Ihrer Schrift ohne Auslassungen zu
machen. Ich habe diese Schrift, wie gesagt, nicht gelesen, zwei Stellen
daraus aber sind mir mitgeteilt worden, gegen welche ich Einspruch
erheben muß und über die ich mich mit Ihnen besprechen will. Zum
ersten sollen Sie gegen das Überwiegen der Fremden unter unseren
Künstlern sich erklären.
Darauf erwidere ich, daß die Deutschen bei weitem bei uns stets in
der Überzahl waren und sind.
Ferner möchte ich Sie befragen, wen Sie unter den Fremden
verstehen? Das kann ich mir aber nicht denken, denn sie sind an allen
unseren Theatern eingebürgert und von je in unserem Festspielhause
beschäftigt worden. Die Slawen der österreichischen Monarchie?
Wie Materna, Scaria und manche noch, welche mit prononciertem
Dialekt die deutsche Sprache sprechen; oder die dem deutschen
stammverwandten Völker wie Angelsachen (Madame Nordica – Lohengrin), Niederländer (van Dyck – Parsifal), Holländer (van Rooy
– Wotan), denen Frau Gulbranson (Brünhild) anzureihen wäre.
Diese letzteren haben Sie wohl gemeint, allein ich denke, daß es nur
darauf ankommt, daß diese den Deutschen Stammverwandten die
deutsche Sprache wirklich erlernen. Und wenn Sie bedenken, daß
einst manche der von Ihnen als fremde Länder bezeichneten dem
deutschen Reiche angehörten, so werden Sie die Sache anders
beurteilen. Sollten wir nach politischen Grenzen verfahren, da hätten

wir vor 1870 keinen Elsässer beschäftigen dürfen, nach 1870 aber wäre es gestattet gewesen.

Die erste Darstellerin der Isolde, Frau Schnorr, war eine Dänin französischen Ursprungs (Garrigues). Elisa Wiborg, in Stuttgart ohne Anstand verwendet, ist eine Norwegerin.

Romanen haben wir keine in unserem Personal. Der Ehrlichkeit halber will ich aber sogleich hinzufügen, daß, wenn ich bei den Romanen ein großes Talent vorfände, welches die deutsche Sprache und den deutschen Stil sich anzueignen gewillt und fähig wäre, ich nicht zögern würde, dieses zu gewinnen.

In der französischen Oper haben sie es von je als im Geiste der Suprematie Frankreichs in der Kunst betrachtet, wenn deutsche Künstler sich der französischen Kunst widmeten, die Stoltz, die Heinefetter, die Coivelli (Kniesel hieß sie), die Sontag und zahllose andere Beispiele zeugen dafür.

Der Direktor der Conservatoire-Konzerte, welcher die Beethoven-schen Symphonien in Frankreich einführte, Habeneck, war ein Deutscher, und wenn unsere »Fremden« in London den »Ring« deutsch geben und es erzwingen, daß die berühmtesten italienischen Sänger deutsch mitsingen müssen, so meine ich, daß damit etwas gesagt ist.

Zum andern ist mir gesagt worden, Sie behaupteten, daß das eingehende Studium, welches wir hier mit den Künstlern vornehmen, ihnen die Schaffensfreudigkeit raubt. Wenn Sie unter allen Künstlern, mit denen wir hier Hauptpartien durchgenommen haben, einen einzigen finden, der Ihnen das zugibt (nehmen Sie Isolde – Frau Sucher, Wotan – van Rooy, Parsifal – van Dyck, Siegfried – Burgstaller, kurz, wen Sie wollen), so will ich schweigen. Diese Bemerkung, wenn Sie sie wirklich gemacht haben, lieber Herr Heckel, beruht auf Unkenntnis der Dinge. Vielmehr haben mir alle bedeutenden Künstler, mit denen wir hier arbeiten, versichert, daß sie hier erst wirklich sie selbst wären.

Ich bitte also um Auslassung dieser beiden Stellen in einer Übersetzung, zu welcher ich meine Zustimmung zu geben habe.

Sollten Sie diese Auslassungen nicht zugeben können, dann würde ich Mr. Ellis bitten, die Briefe an Ihren Vater mit einer Einleitung aus seiner Feder herauszugeben.

Es ist mir ferner gesagt worden, daß einige irrtümliche Daten in Ihrer Schrift vorkommen, aber die sind gewiß irrelevant, und da ich sie nicht kenne, kann ich auch nichts darüber bestimmen.

Empfangen Sie etc. [Abschrift ohne Schlußformel]

An Houston Stewart Chamberlain
Bayreuth, 26. 3. 1899

Mein Freund, ich hatte nicht die Absicht, Ihren Vortrag zu lesen; der Eindruck, den ich um mich herum wahrnahm, bewog mich dazu und nötigt mich zu dieser Mitteilung.

Was ich zum ersten zu sagen habe, ist, daß Sie im Irrtum bezüglich der Tatsachen sind. Das Verhältnis [Wagners] zur Philosophie ist ein anderes gewesen, das Studium der Philosophen ein grundverschiedenes von dem, was Sie darstellen. Ich lege hauptsächlich Ihretwegen ein Gewicht darauf; denn die Tatsachen werden ja alle dereinst in ihrer Richtigkeit erkannt werden.

Um eine fast scherzhafte, unbedeutende Einzelheit hervorzuheben: Wenn Sie Wille und Herwegh gekannt hätten, so würden Sie die Komik der Aussage empfinden, die Sie anrühren. Sie nennen beide immer vereint; zu Wille hat aber gar keine freundschaftliche Beziehung stattgefunden (er hat Schopenhauer nicht vermittelt), wogegen zu Herwegh, der ein feiner, mit reichen Kenntnissen ausgestatteter Kopf war, wohl; nur mußte sie sich lockern, da Herwegh keine Tiefe und keine Energie besaß. Weder Wille noch Herwegh haben auch nur durch die geringste Schrift, ja selbst nicht durch einen Brief Zeugnis von ihrer philosophischen Begabung abgelegt. Ich glaube, man könnte Herwegh als einen geistigen Sybariten bezeichnen.

Eigentlich wäre ich mit der Rektifikation der Tatsachen oder besser mit der Angabe, daß die von Ihnen angeführten irrig sind, zu Ende. Doch werden Sie es, denke ich, verstehen, wenn ich des weiteren mich ergehe, da ich schon den Entschluß zu sprechen faßte.

Daß ein Künstler kein Philosoph von Fach ist, versteht sich dermaßen von selbst, daß ich mich frage, ob Sie der Aufgabe, die Ihnen gestellt wurde, im eigentlichen Sinn entsprachen. Sie haben in der Einführung Ihres Vortrages mit der Ihnen eigenen Klarheit den Unterschied zwischen Philosophie und Weltanschauung aufgestellt. Zugleich haben Sie sehr richtig bemerkt, daß wir das Wort Philosophie nicht eng zu fassen brauchen; so dünkt mich, wären Sie sich selber treuer geblieben und hätten die gemeinte Aufgabe besser erfüllt, wenn Sie entweder die Weltanschauung vorgetragen oder das Wort Philosophie im weitesten Sinne gefaßt hätten, etwa als die Fähigkeit, dem Welträtsel nachzusinnen und ihm auf eigene Weise beizukommen. Dann wären auch Philosophie und Weltanschauung so ziemlich ineinandergeflossen.

Friedrich der Große hatte wohl die Theorie der Musik studiert, er war aber kein eigentlicher Kontrapunktiker (ja, er schrieb sogar falsche Quinten), dennoch hat er für mich mehr Musik in sich als Brahms, und ist ein Buch: »Friedrich der Große als Musiker« durchaus berechtigt. So meine ich, wenn Sie nach der Scheidung zwischen Philosophie und Weltanschauung oder nach Aufstellung eines weiten Begriffes von Philosophie die Schrift »Beethoven« analysiert hätten, würde dem Sinn der Aufforderung besser Genüge geschehen sein; ebenso, wenn Sie die Übereinstimmung des tragischen Abschlusses des »Ringes« mit dem Ergebnis der Schopenhauerschen Philosophie dargestellt hätten.

Hier muß ich hervorheben, daß Ihre Erwähnung der Erweckung der Erda mir nicht ganz richtig gedeutet erscheint. Die Brechung des Willens hat bei Wotan stattgefunden, und dieses haupttragische Moment ist nicht entfernt in der Edda zu finden; auch gleicht es nicht dem Tag, der dem Abend, dem Herbst, der dem Frühling weicht. Die schmerzlichste Erfahrung hat den Wunsch des Unterganges bewirkt. Auch sind durchaus nicht alle Greise resigniert, vielmehr bemerken wir bei den meisten eine mit ihrer Ohnmacht kontrastierende Lebensgier, wovon das Verhältnis des Mißtrauens und der Abneigung seitens der regierenden Fürsten zu ihren Söhnen ein häufiges Beispiel uns liefert.

Was Sie als Widerspruch gegen die Schopenhauersche Anschauung anführen, der Satz aus dem 3. Teil von »Religion und Kunst«, muß mißverstanden werden, wenn die ganze Abhandlung nicht gründlich gekannt ist. Es wird von einem Phantasiebild gesprochen, und wenn Schopenhauer sagt, daß man das Wesen der Welt nicht historisch fassen kann, so folgt doch nicht daraus, daß man sich keinen vorgeschichtlichen paradiesischen Zustand vorführen dürfe, welcher den Pessimismus ausschlösse. Hierfür verweise ich Sie auf: »Was nützt diese Erkenntnis?«, welchen Aufsatz Sie vergessen haben müssen, sonst wären Sie gewiß nicht auf die Idee des Widerspruches geraten? Es ist mit solchen Lehren nicht unähnlich wie mit einem Strom; er erscheint anders an seiner Mündung als bei seinem Ursprung, ist aber doch der gleiche, nur bereichert. Ihre Behauptung erscheint mir ebenso irrig, als wenn Sie aus dem Schluß von: »Erkenne dich selbst«, wo uns ein Ausblick auf die Möglichkeit des Schwindens des Juden durch unsere eigene Reinigung eröffnet wird, die Folgerung eines Widerspruches mit Gobineaus Ansicht von den Rassen zögen.

Wenn Sie mir als Laien (und noch dazu als weiblichen Laien!) das Recht zuerkennen, über diese Dinge zu sprechen, so gestehe ich, daß ich, Ihnen entgegen, den Satz über Kant gut fasse und durchaus nicht farblos finde (was heißt überhaupt hier farblos?). Sie stellen dann auf, daß:»wäre ein so genial begabter Mann jemals in Berührung mit Kant getreten, so hätte er sofort – wenn auch nicht seine Philosophie verstanden – so doch die überragende Größe der Persönlichkeit empfunden«. Aber gerade in dem Satz, den Sie »farblos« finden, heißt es: »der große *Kant*«. Ebenso in dem andren: »uns lehrte *der große* Kant das Verlangen nach der Erkenntnis der Welt der Kritik des eigenen Erkenntnisvermögens nachzustellen«. Also immer »der Große«, demnach ist doch die Größe empfunden und gekannt worden. Und was wollen Sie denn mehr als folgendes Wort: »Auf dem Wege der Kritik des Denkens selbst hat uns Kant das Licht für die richtige Erkenntnis der Dinge angezündet«? Da ich bei Kant angelangt bin, meine ich, Sie hätten lieber seine Definition des Philosophen nicht Ihrem Vortrage vorangestellt, sondern dafür Ihren eigenen Gedanken: »Jeder Dichter ist ein Philosoph«, und Ihren Ausruf beachtet: »Gott weiß, was ein Philosoph in abstracto sein mag!«

Sehr richtig heben Sie von Schopenhauer hervor, was er alles von seinen Lesern voraussetzt. Aber Sie hätten auch hinzufügen müssen, daß man dies als Vorbeugung gegen engsinnige Kritik seitens beschränkter Fachgelehrter auffassen könne, denn, das weiß ich bestimmt, er freute sich ungemein, wenn begabte Laien seine Schriften lasen. »Ich habe eine Festung eingenommen«, rief er freudig aus, als junge Offiziere aus ihrer Garnison ihm ihre Bewunderung für sein Hauptwerk mitteilten. Ja, selbst die Lektüre seitens Frauen war ihm angenehm, und glauben Sie nicht, daß, wenn das Genie dem Genie begegnet, die Beweise durch die Naturwissenschaft entbehrlich werden?

Wer eine eigene Weltanschauung hat, liest anders als wer keine besitzt, wenn auch sicherlich nicht, um von vornherein eine Übereinstimmung zu finden.

Was ich da alles anführe, gebe ich Ihrer Kritik gerne preis, da ich sehr entfernt auch von dem geringsten Wissen bin. Wovon ich aber, glaube ich, sprechen darf, das ist von dem Beispiel, welches Sie mit diesem Vortrage gaben. Die edlen Gemüter in Ihrem Auditorium werden – so befürchte ich! – wehmütig berührt gewesen sein, die anderen, arroganten und oberflächlichen, werden, heimgekehrt, die »Gesammelten Schriften« als philosophische Pfuscherei von obenherab betrachtet haben ... Kothner mit der Tabulatur Walther Stolzing als Dichter den Laufpaß gebend. –

Ich fand für Ihr Verfahren die Erklärung, daß Sie sich gegen die philosophische Fakultät der Universität verpflichtet fühlten, sich als Fachmann zu bewähren. Ach! Wären Sie Dilettant geblieben wie bei Ihrem Buche, und hätten Sie Ihr Goethesches Zitat beherzigt: »Das Beste, was wir aus der Geschichte gewinnen, ist der Enthusiasmus.« Doch alles, wie Sie es gedacht haben, hätten Sie für mein Gefühl sprechen mögen, und ich hätte mich an dem, was mir unrichtig erscheint, nicht gestoßen. Was mich befremdet hat, das ist die Form. Wenn der Franzose recht hat, indem er sagt, daß der Ton das Lied ausmacht, so ist dieses Vortragslied kein gutes.

Es ist ja wahr, daß der, der über einen Gegenstand sich zu äußern hat, ihn ganz zu beherrschen glaubt, häufig den Ton der Überlegenheit annimmt, welcher beinahe wie Anmaßung klingt. Allein, ich habe noch etwas beobachtet. Es will mir scheinen, als ob der Irrtum der anderen Sie irritiere, und daß Sie Ihre Gereiztheit nicht bloß diejenigen empfinden lassen, welche ihn begehen, sondern auch dem Gegenstand des Irrtums, wobei Sie die Würde des Gegenstandes vergessen und den Adel der Sprache verlieren. Daher wohl auch die heftige Art der Beweisführung, welche geradezu irrige Schlüsse hervorbringt. Zum Beispiel wenn Sie aus einem Brief, der möglicherweise die Feuerbachsche Terminologie aufweist, aber auf eigenen Gedanken aufgebaut ist, schließen, daß Feuerbach bis zu diesem Jahre 1854 den Geist beherrscht habe, was nicht der Fall ist. Dann, wenn Sie aufstellen, dieses oder jenes Buch sei nicht gelesen worden, denn es komme in den »Gesammelten Schriften« und in den Briefen nicht vor. Ich kann Sie versichern, daß manches Buch gelesen ward, welches nicht erwähnt wurde. Dann, wenn Sie behaupten, ein Mann, der sich 40 Jahre lang mit Philosophie nicht beschäftigt hätte, beweise keine Anlagen dafür. Abgesehen davon, daß die Tatsache unrichtig ist, könnten Sie ebensogut behaupten, daß Cromwell keine Anlagen zum Staatsmann oder zum Feldherrn gehabt, weil er sie so spät an den Tag gelegt hat; wenn es sich nicht um eine Fachausbildung handelt, hat die Zeit, meines Erachtens, wenig zu sagen. Dann endlich, wenn Sie aus dem Umstand, daß das Kapitel über das Geistersehen einem Freunde empfohlen wurde, das *»Stürzen«* auf dieses Kapitel folgern (eine absolute Unrichtigkeit).

Diese Erwähnung führt mich zum Thema der Ausdrucksweise. Ich

verstehe nicht recht, wie Sie zu der Bezeichnung kamen, welche Sie
dem Kapitel Schopenhauers gaben. Möge man davon denken, was
man wolle, es ist das Erzeugnis eines großen Geistes und will daher,
bei noch so scharfer Kritik, ehrerbietig behandelt werden.
Der Ausdruck »drollig« in bezug auf die »angebliche philosophische
Entwicklung« fiel mir in gleicher Weise auf. Das »Klebenbleiben an
Feuerbach« ist erstens nicht richtig, zweitens im Ausdruck unglücklich gewählt. Das »flüchtige Hinweghuschen« dünkt mich ebenfalls
ein ungehöriges Bild, zumal es wiederum einen irrigen Satz abschließt, den: daß die eigentlichen philosophischen Grundlagen, die
theoretischen Wurzeln der Schopenhauerschen Gedankenwelt, nicht
bekanntgeworden seien. Und dabei lassen Sie es nicht bewenden,
sondern als ob Sie es bewiesen hätten, stellen Sie folgenden Satz auf:
Wir hörten ja vorhin, daß die eigentliche Philosophie Schopenhauers
mit »unerhörter Schnelligkeit durchflogen« worden wäre. Von wem
aber hörten wir dies? Keiner könnte diese Frage beantworten!
Daß die Bedeutung der Philosophie in den »Gesammelten Schriften«
»niedrig« anzuschlagen sei, daß der Verfasser »*vielleicht*« ein
interessanter und anregender Denker war, das sind Aussprüche, die
Sie gewiß nicht getan hätten, wenn Sie ruhig zu Werke gegangen
wären.
Dieser nicht leicht erklärlichen, heftigen Stimmung verdanken wir
wohl auch Scherze wie der Luftballon und die Gänsefüßchen, welche
einer so strengen, ja vernichtenden kritischen Arbeit füglich fernge-
blieben wären. Wie gesagt, Sie kamen mir bei dieser Gelegenheit
heftig, hastig-unbehaglich vor, und daher fehlt mir in Ihrem Vortrag
das besonnene Urteil und die gelassene Fassung, welche ihm wohl,
seines geweihten Gegenstandes wegen, gebührt hätten. –
Ich habe lange über diesen Brief nachgedacht und hoffe, Sie werden
dies ersehen. Alles, was man nur zur Erklärung eines uns befremden-
den Vorganges sich vorhalten kann, habe ich mir vorgeführt, und ich
habe ein Gefühl der Genugtuung darüber, daß es mir in meiner stillen
Einsamkeit möglich war, die Traurigkeit, die mich einnahm, ohne
Bitterkeit zu empfinden.
Wollen Sie diese Berichtigung freundlich empfangen, wie ich sie
Ihnen friedlich entsende.

C. Wagner.

Nachtrag:
»Von Leibniz weiß Wagner nichts weiter, als daß er ein Portrait von
ihm in französischer Kleidertracht gesehen hat.«

Also, weil die Erscheinung des angesehendsten deutschen Geistes des 17. Jahrhunderts hervorgehoben wird, um das Grauen vor der unseligen Zeit des Verfalles zu schildern, deshalb soll Leibniz weiter nicht gekannt gewesen sein? Sind denn die »Gesammelten Schriften« eine Geschichte der Philosophie, in welcher mit Notwendigkeit die bedeutenden Persönlichkeiten auf diesem Gebiet alle biographisch eingehend erwähnt werden mußten? Erwägen Sie ferner, ob es nicht bedenklich sei, einen Passus fast in das Lächerliche des Unbedeutenden herabzuziehen, aus einer Schrift, von welcher es so wichtig wäre, daß die Universitäten sie beachten möchten, und worin die zwei Stellen über Leibniz den Kernpunkt des Schmerzes über unsere Verkommenheit gleichsam bilden. Gerne hebe ich dieses Beispiel einzeln hervor, weil es die drei Momente in sich faßt, in welche ich meine bescheidene Erwiderung geteilt habe: Irrige Tatsachen, mangelhafte Beweisführung, bedauerliche Form.

An Felix von Kraus
Bayreuth, 17. 5. 1899

Mein lieber Herr Doktor,
Ich schicke voraus, daß ich bestrebt sein werde, Ihren Wunsch zu erfüllen. Ich muß Ihnen aber die Gründe auseinandersetzen, weshalb mir dies schwerfällt.
Erstens kann ich unmöglich jemanden jetzt einzig für das Blumenmädchen engagieren.
Zweitens werden Sie sich selbst sagen, daß, wenn ich Miss Osborne damit betraute, es sich um ein Ganzes in Stimme und Erscheinung handelte, welches, wenn durch einen bedeutenden Faktor beeinträchtigt, nicht so leicht zu ersetzen ist. Die Stimmlage des Ihres Fräulein Braut zugedachten Blumenmädchens entspricht genau der Stimmlage der Fricka, um welche Sie mich für sie baten. Dieses Blumenmädchen ist das tiefste und das erste, welches auftritt.
Sie gebrauchen für diese Aufgaben einen Ausdruck, den ich nicht kannte, und hier gelange ich zu dem Punkte, welcher mir die Erfüllung Ihrer Bitte sehr schwermacht.
Unsere Blumenmädchen werden von den ehrbarsten Damen gegeben. Keine von ihnen hat jemals daran gedacht, daß damit eine Exhibition der Person gemeint sei, wie sie etwa in mir unbekannten

Operetten stattfindet. (Ich beklage es sehr, daß Sie Ihrer Braut die
Unbefangenheit rauben, mit welcher sie ebenfalls gewiß diese
Aufgabe erfüllt hätte.) Der Charakter der Musik, das Werk selbst
und unsere Bühne schließen derartige Gedanken aus.

Ich erkläre mir Ihre Bedenken, lieber Herr Doktor, nur daraus, daß
Sie dem Drama völlig fremd noch sind und sich nicht zu sagen
imstande sind, daß, wenn eine (übrigens kindlich unschuldig wie die
Natur gehaltene) Verlockungsszene vor sich geht, diese Parsifal gilt
und nicht das geringste mit dem Publikum zu tun hat. Dieses Thema
ist ein sehr weitgehendes, und die bürgerliche Welt bejaht dabei
öfters die gröbsten, unkünstlerischen – ich gehe weiter, unkeusche-
sten Mißverständnisse. Allein dieses Gebiet ist Ihnen fremd, und
daher respektiere ich die aus einer hochangesehenen bürgerlichen
Abstammung und Erziehung Ihnen eingegebenen Bedenken. Ich
suche also nach Ersatz, wenn auch mit Bedauern wegen des Verlustes
der Kraft Ihrer Braut, andererseits wegen der Auffassung, die ich der
Kunst wie der Ethik nicht würdig finde.

Ich weiß, mein lieber Herr Doktor, Sie werden mich verstehen, denn
Sie nehmen es ernst mit der Kunst. Das Drama ist Ihnen nur noch
fremd, und daher kennen Sie seine Bedingungen nicht und verwech-
seln seine einzelnen Aufgaben.

Sobald ich Ihnen etwas Bestimmtes bezüglich Miss Osbornes
Ersetzung sagen kann, werden Sie es erfahren. Sollten aber meine
Zeilen Sie eines Besseren belehrt haben, würde ich mich glücklich
schätzen.

[Abschrift ohne Schluß]

An Hugo von Tschudi
Luzern, 17. 9. 1899

Ich habe in den vergangenen Tagen viel an Sie gedacht, lieber Freund,
und mitfühlend Sie mir in Jakobshof vorgestellt, wie Sie von Ihrer
Jugendzeit mit all ihrem Zauber Abschied nahmen! Die ganze
Schwermut dieses einsamen Vorganges ist meiner Sympathie nahe
gewesen, und ich würde Ihnen sagen: Ich bin froh für Sie, daß es
vorbei sei, wenn solche Augenblicke einen Abschluß hätten; sie sind
aber eine Entscheidung. Berliner werden Sie auf keinen Fall, und
dem tiefen Ernste Ihrer Natur traue ich es zu, dieses Schwere in das
Bedeutende zu wandeln.

Hier bin ich an dem Punkte, wo auch für mich das Los des Verlassens einer teuersten Stätte fiel! Es war zwar nicht wie bei Ihnen eine heimatliche Stätte, sondern eine Zuflucht, ein Rettungsort, und was mir dafür wurde, war die spätgefundene Heimat, denn bis dahin war ich nur von Land zu Land verschlagen worden. Wer von uns will sich hier als der Begünstigtere heißen? Sie, der für den Jugendtraum die Heimat, ich, die ich für des Alters Schwere die Heimat fand? Ihre schönen tiefen Worte über unsere Festspiele haben mir wohlgetan. Betrachte ich meine bescheidene Tätigkeit und die ihr entgegenstehenden immer schlimmer werdenden Verhältnisse unserer Kunst, beachte ich die wunderlichen Erfahrungen, die mir aus diesem Übel selbst seitens der Künstler werden müssen, fühle ich mein Alter und meine recht müden Geister, so kann ich nicht leugnen, daß die Genugtuung über das, was man Erfolg nennt, in keinem Verhältnis zu der wehmütigen Stimmung steht, die mich einnimmt. Da kommt denn ein liebes ernstes Wort, wie Sie es mir aussprechen, als eine unmittelbare Wohltat zu einem; das scheinbar Vergebliche und dadurch so Niederdrückende des Trachtens schwindet vor dem Sinne wie ein Dunstnebel, und nur die Erbauung an der Wirkung auf edle Gemüter strahlt wie ein edler Stern zu uns durch. Das erste Nachspiel der Feste, von welchem Freund Adolf meldete, war: daß boshafte Leute, welche Dezennien lang unsere Aufführungen resultatlos schlechtgemacht haben, es nun bei einem anderen Zipfel anfassen und die Feuergefährlichkeit unseres Theaters, an welche sie selbst nicht glauben, dem Ministerium in München denunzieren. Dort werden wir scheelen Blicks angesehen, weil unser Theater gut besteht, während das ihrige, wie es heißt, übel daran ist. Und so wird unser armer Adolf zum dritten Male in diesem Jahre mit der Feuersgefahr und der nötigen Abhülfe gepeinigt.

Ich denke mir, daß die Unannehmlichkeiten, denen Sie entgegengehen, ungefähr gleichen reinen Stiles sind.

Die Entzauberung, die Sie in Bayreuth gewahrten (»Parsifal« in der blauen Flanelljacke! oh wandelnde Schauer!), wollte Siegfried um keinen Preis erleben. Daher unsere Flucht. In München waren wir lauter Bayreuther beisammen. Leider war die Aufführung recht mäßig. Mich freute es aber, Siegfried dirigieren *zu sehen,* so unkünstlerisch und von mir ungehörig dies klingt.

Lenbach führte uns in Sezession und Künstlerhaus. Bei ersterem war Böcklin mit den Reitern siegreich. Das übrige, außer einer schönen Jugendlandschaft von Thoma, Arbeiten von Hildebrand und Radie-

Die Herrin von Bayreuth: Cosima Wagner, um 1900

und im August 1899

rungen von Greiner, dünkte mich geringfügig. Zwei Bilder von Degas, Tänzerinnen im eklen Ballettkostüm, erschienen mir der Kunst, wie gewiß auch des bedeutenden Künstlers, unwürdig. – Aber das Künstlerhaus! Ich entsinne mich nie, einen so humoristischen Eindruck von einem Gebäude erhalten zu haben. Der Hauptraum riesig groß, mit Decke von St.Stefano, die Gobelins von Cluny als *Malerei* an der Wand, eine Art ägyptisch-assyrisches Eingangstor (Königin von Saba!), eine Galerie, wo man nicht aufrecht stehen kann, davor eine Prachtterrasse mit Aussicht auf das Bernheimersche Geschäft und jüdischen Kasernen-Miethäusern. Eine Kegelbahn auf goldenen Karyatiden ruhend, kurz alles, was Sie sich an münchenerischer Phantasie-Ausschweifung vorstellen können, dabei nicht zuwider, sondern erheiternd. Bei dem Bibliothekraum dachte ich an diejenigen, welche nun Studien hier anstellen sollten, mein guter Fischer mit Frau zum Beispiel. Ich frug mich, wer wohl die Büchersammlung veranstalten würde, und erhoffte für die Jahrgänge der »Fliegenden Blätter« einen Ehrenplatz.

Auf dem Axenstein verbrachten wir 14 schöne Tage, wo mir als Lektüre meine Tochter Thode das Leben des Oraniers vorschlug. Jedesmal, daß man sich eingehend mit einem uns als groß bekannten Menschen befaßt, erstaunt man darüber, ihn immer weit erhabener und weit tragischer geprüft zu finden, als man es wußte. Das Dasein dieses einzigen, auf Üppigkeit und Frohsinn angelegten Menschen ist eine ununterbrochene Kette von schwersten Schlägen, die seinen Mut wie seine überlegene Besonnenheit nie erschüttern konnten. Über alles behutsam, wenn es sich um das Wohl seines Volkes handelte, verschmähte er es, auf sein seitens der Jesuiten stets bedrohtes Leben auch nur jene Rücksicht zu üben, die sein hoher Stand natürlich mit sich brachte. –

In dieses unser stilles Höhenleben fuhr eines Abends Freundin Rat ein und brachte eine Windsbraut von Nachrichten aus der ganzen Welt, ohne Klassenunterschied. Durch sie werde ich auch »L'anneau d'améthyste« erhalten, denn es gibt kein Buch, welches sie nicht besitzt und kennt; sie notierte denn auch augenblicklich Deussen über die Upanishaden, wovon Heinz mir sprach. Dieser ist zu unserer größten Freude mit uns hier, um anfangs Oktober Thoma in Frankfurt den Abschiedsgruß als Vortrag zu geben. Meine Tochter Eva, die uns jetzt auch eingeholt hat, sah in dessen Atelier schöne eigenartige Kompositionen und fand ihn unter anderem beschäftigt, einen Auftrag der Großherzogin auszuführen, der darin besteht, der

Bauernschnitzerei im Schwarzwald durch charakteristische Zeichnungen einen Wert zu verleihen.

Es freute mich zu hören, daß Sie Chamberlain nähergekommen sind,
und bin ich auf den Eindruck begierig, den Sie von seinem Buch
erhalten werden. – Meine beiden Bände bitte ich nur zu behalten,
solange Sie es wünschen. Es freut mich, Bücher bei Freunden zu
wissen und auf diese Weise in Verkehr zu bleiben.

Die Jagd! Sie haben recht, die Offenherzigkeit ist der Beginn zu
allem Guten; auch glaube ich, daß die Menschen in wenigem so sehr
täuschen als in der Zerstreuung, die sie gegen trübselige Eindrücke
suchen. Das ist der zweite Teil ihres Leidens. Doch die Freude am
Dasein des anderen, das Gefühl für das Anrecht an das Leben seitens
aller Geschöpfe, dieses muß uns anerzogen werden.

Ich verlasse Sie, um von Heinz mir etwas aus Deussen vorlesen zu
lassen. Die unergründlich tiefe Weisheit des indischen Geistes wird
uns dereinst, vielleicht, sehr zugute kommen. Und was mir dabei eine
besondere Befriedigung gewährt, das ist, sie als eine Bekräftigung
und Unterstützung der christlichen Wahrheit betrachten zu dürfen.

Leben Sie wohl, lieber Freund, schreiben Sie mir wieder, wenn Sie
viel Zeit und Muße haben, indem Sie meines Anteiles an dem, was Sie
betrifft, sicher sein können. Siegfried trägt mir die allerherzlichsten
Grüße an Sie auf. Er hat den wütenden Ingrimm über die Kritik
seines Hutes überwunden. Heinz und meine Töchter wollen freundschaftlichst genannt werden. Meine Gesinnung und meine Gefühle
kennen Sie, teurer Freund, und so schließe ich mit dem wärmsten
Gruße, dieses Wissen anrufend!

                                                        C. Wagner

Bewundern Sie nicht meine Diskretion, die sterngewollte Chape-
ronage nicht zu berühren! Erhielten Sie die Postkarte meiner Kinder
aus München? Ende Oktober sind wir in Bayreuth. Anfangs in
Pallanza, dann Ivano. Bis Ende dieses Monats sind wir hier.

An Herman Grimm
Bayreuth, 4. 11. 1899

Hochgeehrter Herr Geheimrat,
Meine Kinder in Heidelberg haben mir den Aufsatz entsandt,
welchen Sie in der »Nationalzeitung« dem Andenken meines Vaters
widmeten.

Es ist mir daraus der Eindruck, den die Persönlichkeit meines Vaters auf Sie gemacht hat, so deutlich entgegengetreten, daß ich nicht umhin kann, Ihnen einige Zeilen des Dankes zu schreiben und zugleich, um Ihnen den Wert, welchen ich Ihrer Darstellung beilege, am besten zu beweisen, einiges Irrtümliche zu berichtigen.

Mein Vater war nicht reich. Nachdem er für seine Kinder ein bescheidenes Kapital beiseite gelegt, verschenkte er bis auf eine sehr geringe Summe alles, was er hatte, so daß er in seinem Alter sogar sparsam sein mußte.

Mein Vater hatte ein Ziel seiner Tätigkeit in Weimar gestellt, nämlich, der dramatisch-musikalischen Kunst eine Stätte zu gründen. Wäre er unterstützt worden, so stünde das Bayreuther Theater bei Weimar, und »Der Ring des Nibelungen« wäre dort mindest fünfzehn Jahre vor Bayreuth aufgeführt. Hatte sich doch Joachim für das Nibelungen-Orchester in einem Briefe, der mir vorliegt, als erster Konzertmeister gemeldet!

Das war sein Ziel! Wofür er seine bescheidene Stellung als Weimarer Kapellmeister zu benutzen trachtete, war, diese Bühne den jüngeren Talenten zu öffnen, um ihnen die Gelegenheit zu geben, an der lebendigen Aufführung ihre Fehler zu erkennen, zugleich auch das Publikum in ein Verhältnis zu der zeitgenössischen Kunst zu erhalten. Die letzte Oper, die er dirigierte, war der »Barbier« von Peter Cornelius; er wurde, als er an das Pult kam, ausgezischt.

Sie haben, hochgeehrter Herr Geheimrat, das Glänzende und das Geheimnisvolle dieser Erscheinung erfaßt und wiedergegeben, auch das Wundersame des damaligen Lebens in Weimar. Ich bedaure es, daß Sie die Schlichtheit und die Fähigkeit des Sich-Bescheidens bei ihm nicht kennenlernten. Eine Frau von großem Geist und großem Herzen sagte neulich: Wer Liszt nicht in Bayreuth gesehen hat, hat seine Größe nicht gekannt, indem sie ganz richtig die Größe in der Schlichtheit und in der Kraft, dem anderen gegenüber sich zurückzusetzen und dabei an Bedeutung nichts zu verlieren, erkannte.

Der Mut, für eine Überzeugung und für verkannte und verfolgte Menschen einzutreten, hätte, glaube ich, bei der Hilfsbereitheit, die Sie erwähnen, hervorgehoben werden müssen. Ferner die unbedingte, fast an das Pedantische gehende Wahrhaftigkeit gegen sich und andere. Ich meine, daß das Bild, welches Sie dichterisch entwarfen, durch diese prägnanten Züge an Klarheit und Festigkeit gewonnen hätte.

Ich verstehe, was Sie meinen, wenn Sie sagen, daß mein Vater keine

Gedanken hatte. Sie müssen aber sich erinnern, daß er seine
Gedanken musikalisch faßte. Er hat es öfter beklagt, keine klassische
Bildung genossen zu haben, und ich glaube, er verband damit das
Bedauern über den Mangel an philosophischen Studien.
Aber, wie gesagt, er war Musiker, und ich wüßte nicht, daß man
jemals anderen Musikern das vorgehalten hätte.
Wie dem aber auch sei, ich habe mich doch über Ihre Zeilen gefreut
und fühlte mich gedrungen, es Ihnen zu sagen. Kaum kann ich
erwarten, daß Sie sich unserer flüchtigen Beziehungen von vor 44
Jahren entsinnen. Sie gehörten aber in das Ausstrahlen der Weimarer
Periode bis Berlin und in eine Zeit, die Sie schildern, und ich habe sie
in freundlicher Erinnerung bewahrt.
Nehmen Sie daher diese Zeilen mit Wohlwollen auf und empfangen
Sie
[Abschrift ohne Unterschrift]

An Wolfgang Golther
Bayreuth, 13. 11. 1899

Mein lieber und werter Herr Doktor!
Sie haben mir mit der Zusendung Ihres Vortrages eine große Freude
bereitet, und ich danke Ihnen herzlich dafür. Gerade in diesen Tagen
und bei Betrachtung der Art, wie man unsern größten Dichter
gefeiert hat, und in der Unbefriedigung, die bei mir darüber entstand,
frug ich mich unter anderm, welcher Art müßte ein Vortrag über
Goethe sein, in welcher Weise könnte man diesem alles umfassenden
Gegenstand nahekommen, und Ihr Vortrag erscheint mir wie die
Antwort auf meine Frage. Der Held, dem wir Verehrung zu zollen
haben, der Befreier der Jugend. »Habt' acht, uns drohen üble
Streiche.« In der Tat, wenn man um sich blickt, zum Beispiel das
Unsittliche gewahrt, welches in Büchern, Bildern und Liedern der
Jugend und dem Volk förmlich aufgedrungen wird, wenn man
andererseits den Aberglauben sich immer krasser ausarten und
politisch mächtiger werden sieht, wenn man das Vaterlandslose in
Ultramontanen, Sozialisten und Semiten allenthalben wirksam
gewahrt, so könnte uns um unser armes Deutschland wohl bange
werden. Da gibt es nur einen Heilsruf: der Anruf unserer Helden!
Vor allem Goethe, mit dem jeder Deutsche leben müßte, um ganz ein
Deutscher zu sein, und man könnte es als das Gute in dem üblen

Augenblick, den wir durchleben müssen, betrachten, daß die
Tüchtigen unter uns die Gefahr erkennen und uns das Heilsmittel
reichen können.

Das Buch von Chamberlain erachte ich mit Ihnen als von unermeß-
lichem Wert, und es ist schön von Ihnen und durchaus in Goethe-
schem Geiste, daß Sie dieses Buch Ihren Zuhörern empfahlen, denn
es ist eine Summe und schließt unser Jahrhundert würdig ab.
Wissen Sie, woher das Zitat ist: wir gehören dem Geschlechte an, das
aus dem Dunkeln ins Helle strebt? Chamberlain weiß es selbst nicht
mehr, und wenn ich nicht irre, hat er's umgekehrt, vom »Hellen in das
Dunkle«, angewandt. Mir ist es ganz bekannt, wie Sie es angeben,
aber ich weiß nicht, wo es suchen.

Kennen Sie das Gedicht aus einem Maskenzuge Brunehild–Siegfried, in welchem Goethe uns, seinem eigenen Geständnis zum
Trotze, gezeigt hat, wie deutlich er die beiden Gestalten erblickt und
die tragischen Motive erkannt hat? Welche Sage mag ihm wohl da
vorgeschwebt haben, denn auf das Nibelungenlied bezieht sich das
nicht.

Endlich möchte ich von Ihnen wissen, wie Sie sich zu der Korrektur
der Zueignung: »Mein *Leid* ertönt der unbekannten Menge« – statt
»mein *Lied*«.

Ich weiß, daß man im Goetheschen Manuskript Leid liest, desgleichen in den Ausgaben von seiner Hand. Aber es können Schreib- und
Druckfehler sein, und Riemer hätte doch die Korrektur nicht ohne
Angabe Goethes gemacht. Ich weiß nicht, ob es die Gewohnheit ist,
aber mir will »Leid« gar nicht Goetheisch erscheinen.

Herzlichen Dank noch für die freundliche Erwähnung der Goethe-
Feier in Weimar. Die Goethestiftung, welche meinem Vater damals
sehr am Herzen lag, wurde, wie bei uns so manches, in die
Unbeachtung gewiesen. Sie sehen, lieber und werter Freund, wie Sie
mich durch Ihren Vortrag angeregt haben. Eigentlich müßten bei uns
jährlich Goethe-Feiern stattfinden an Universitäten und Theatern,
und es wäre schön, wenn wir auf diese Weise unseren germanischen
Kultus zu bekunden begännen!

Viele herzliche Grüße Ihrer lieben Frau und Ihnen von ganz
Wahnfried in freundschaftlichster Hochachtung

CWagner

An Carl Friedrich Glasenapp
Bayreuth, 15. 11. 1899

Mein teurer Freund!
Anbei sende ich Ihnen die Mitteilungen, welche ich mir von Vreneli
erbeten habe. Ich glaube, daß diese Beziehung, in welcher sich das
Verhältnis zum Volk in dessen bester Verkörperung widerspiegelt,
von seltener Bedeutung ist, und daher läge mir daran, daß sie durch
Sie, teuerster Freund, auf Ihre Weise wiedergegeben würde. Wünschen Sie die Briefe an Vreneli zu lesen, so stehen sie zu Ihrer
Verfügung (wie überhaupt alles).
Es ist ergreifend, sich vorzustellen, daß dieses einfache Hausmäd-
chen zur Zeit, wo wiederum einmal völlige Vereinsamung eingetreten
war und mit dieser die Nötigung des widrigen Hotellebens, nun dafür
sorgte, daß Ruhe für die Arbeit, für die Fortsetzung von »Tristan«
geschaffen wurde. Dieses schlichte, brave, ehrbare Volkskind ist von
unschätzbarem Werte gewesen, und wie Tribschen aufgegeben
werden mußte, wurde ihr gesagt: »Wenn der ›Ring‹ angesteckt wird,
da werden Sie dabei sein.« Sie kam denn auch 1876 und wohnte den
ersten Aufführungen bei.
Noch muß ich hinzufügen, daß sie aus ihren kleinen Ersparnissen
Ruß schenkte.
Sie hat sich bei ihrer Schlichtheit so gestrichen in ihren Mitteilungen,
daß ich mich frage, ob Sie ein rechtes Bild von ihr erhalten. Sie ist ein
einziger Charakter an Treue, Hingebung, und dabei hat sie einen
ungemeinen Verstand und viel Mutterwitz bei einem Schicklichkeitsgefühl, welches selbst bei Gebildeten selten angetroffen wird. Kurz,
alles Gute, was wir mit dem Begriffe »Volk« verbinden, vereinigt sie,
und daher liegt mir an der Hervorhebung dieser Beziehung.
Wie ich in Luzern war, sprach ich einen Schlosser, der in Tribschen
gearbeitet hat. Er will sich einiger Begegnungen erinnern. Dies ist
natürlich ganz unwesentlich im Vergleich zu Vreneli, aber ich habe
ihm doch gesagt, seine Erinnerungen Ihnen zu schicken. Er ist so eine
Art Volksdichter, daher weiß ich nicht, ob nicht manche Fiktion mit
unterläuft. Dies beurteilen Sie am besten.
Humperdinck schrieb mir neulich, welche Freude er an Ihrem Buche
habe. Überhaupt jeder, der es liest, ist von seiner Schönheit, Wärme,
Beredsamkeit erfüllt.
Wir sind nun daheim. Siegfried arbeitsam und ich mit ihm die
kommenden Festspiele erwägend und beratend.

Das Buch von Chamberlain füllt unsere Abende auf das lebendigste
aus. Das ist doch eine Freude, daß die Bayreuther Weltanschauung
einen solchen Ausdruck gewonnen hat. Was ich einzig bedaure, ist
das Kapitel über Luther, und ich will ihn bitten, es umzugestalten.
Diesen Glaubenshelden hat er merkwürdigerweise gar nicht verstanden.
Anfangs Dezember wird Siegfried den »Bärenhäuter« zugunsten des
Orchester-Pensionsfonds in Wien dirigieren.
Das wären so unsere kleinen Nachrichten, aus dem Novembernebel
Ihnen entsandt. Hoffentlich geht es Ihnen allen gut. Grüßen Sie Frau
und Kinder, und seien Sie, mein teurer Freund, auf das herzlichste
und innigste von uns dreien gegrüßt

CWagner

An Kuno Fischer
Bayreuth, 23. 11. 1899

Hochgeehrter Herr Geheimrat!
Daß Sie in so liebenswürdiger Weise mit der Übersendung Ihres
Vortrages über Goethe meiner gedachten, hat mich in hohem Grade
erfreut, und ich möchte nicht verabsäumen, Ew. Exzellenz gleich
nach Kenntnisnahme dieses Vortrages meinen wärmsten Dank
auszusprechen. Ich habe ihn – das versteht sich von selbst – mit
größtem Interesse gelesen, und ich finde es ungemein glücklich, daß
Sie als Thema sich die Beziehung von Goethe zu Heidelberg stellten.
Als ich von der geplanten Feier dieses größten Geistes hörte, frug ich
mich, wie man wohl, seiner würdig, in Deutschland ein solches Fest
begehen könnte, und es war mir, als ob es einzig gelingen würde,
wenn jede Stadt ihn in einer besonderen Weise, sei es in Beziehung zu
ihr oder in einer einzelnen seiner mannigfaltigen Eigenschaften,
feiern würde. Ich dachte auch, daß jedes der großen Theater einen
Zyklus seiner verschiedenartigen dramatischen Werke zu bringen
hätte. So einzig, stellte ich mir vor, würde die beinahe unübersehbare
Tätigkeit dieser unvergleichlich deutschen Erscheinung zu einem
Gesamtbilde werden, in welcher auch die geistige Einheit Deutschlands sich widerspiegeln würde. Dies sind Gedanken, wie sie einem in
der Stille ankommen, indem der unschätzbare Wert einer solchen
Persönlichkeit immer deutlicher aufgeht und der Wunsch, daß ihre
allumfassende Bedeutung von dem Volke wahrhaft gewürdigt werde,

reger und reger sich einem kundgibt. So können Sie sich denken,
verehrte Exzellenz, wie sehr es mich freute, daß Sie den Gedanken
faßten, Goethe in seiner Beziehung zu Heidelberg uns wiederzugeben. Und wie schön ist Ihnen die Lösung der Aufgabe gelungen! Wie
haben Sie das Geheimnisvolle, das Dämonische erfaßt, welches
Goethe zu einer Trennung trieb, für die es keine Erklärung im
gewöhnlichen Sinne des Wortes gibt. Und nicht harmonischer hätten
Sie die sinnige und anmutige Darstellung beschließen können als mit
dem zarten Gedicht Mariannens, in welchem noch der ganze Hauch
des Goetheschen Wesens weht. – Nehmen Sie, hochgeehrter Herr
Geheimrat, fürlieb mit diesen ungenügenden Worten, und empfangen Sie mit meinem wärmsten Dank den Ausdruck besonderer
Hochschätzung, mit welcher ich bin
Ew. Exzellenz sehr ergebene

                                                                        C.W.

An Wilhelm Hertz
Bayreuth, 28. 11. 1899

Verehrter Herr und Freund!
Eine echte Weihnachtsfreude haben Sie mir durch die so gütige
Übersendung der neuen Auflage Ihres »Spielmannsbuches« bereitet.
Ich darf sagen, daß dieses Büchlein nicht nur bei uns in Wahnfried,
sondern in unserem ganzen Kreis heimisch geworden ist, ja daß wir es
uns ganz angeeignet haben.
Nichtsdestoweniger oder, besser gesagt, eben deshalb begrüßte ich
sein Wiedererscheinen auf das wärmste. Ich habe den »Sperber«
gleich gelesen und Ihre einzige Gabe der Sprache und der Erzäh-
lungskunst mit erneuter Lebendigkeit empfunden. »Aristoteles« soll
heute folgen, und ich bin froh darüber, die Gelegenheit zu haben, die
Einleitung noch einmal zu lesen, auch wenn Sie ihr nichts hinzugefügt
haben.
In Ihrer genialisch anmutigen Wirksamkeit, mein lieber Herr
Professor, verehre ich die Erfahrung, daß das, was einstens wertvoll
war, wertvoll bleibt, wenn nur unser Boden die Geister weiter zeugt,
die würdig sind, als Glied in die große Kette sich einzufügen. Finder
des Vorhandenen, Verdichter des gebotenen Stoffes, das sind die
Poeten, gleichviel, ob sie aus dem Leben, aus der Volkssage oder aus
uns durch Zeit und Räumlichkeit fremd gewordenen Dichtern

schöpfen. Und so begrüße ich Sie dankbar als unseren echtesten deutschen Poeten und wünsche dem lieben Büchlein die größte Verbreitung. Es tut uns not, an unsere Art uns wieder zu erinnern, wir sind weitab davon geraten und bedürfen der uns Heimführenden, ja mitunder Heimleuchtenden.

Ich denke nächstens nach München zu kommen und freue mich darauf, Sie und Ihre Frau Gemahlin wiederzusehen. Einstweilen nur diese wenigen Worte und von meinen Kindern und mir den Ausdruck innigster Hochschätzung und Ergebenheit.

C.W.

An Konrad Heinrich Gustav von Studt
Bayreuth, 30. 11. 1899

Hochgeehrter Herr Minister!
Ich ersuche Eure Exzellenz, den Umstand, daß ich, gänzlich unbekannt, mit einem Anliegen mich zu nähern erlaube, deshalb wohlwollend zu beurteilen, weil es sich hier um Wichtiges handelt.
Ich erfahre, daß die Beratung über die Schutzfrist für die Autoren bevorsteht, und gestatte es mir, Eure Exzellenz als Kultusminister auf einen Punkt aufmerksam zu machen, welcher vielleicht bei der Debatte gar nicht hervorgehoben werden wird.
Es handelt sich um »Parsifal«, das Bühnenweihfestspiel von Bayreuth, von welchem der Meister wünschte, daß es auf keiner anderen Bühne als auf der seinigen aufgeführt wird. Der Grund zu diesem Wunsche liegt in dem Inhalte des Werkes, welches die heiligsten Mysterien unseres Glaubens aus inbrünstiger Andacht feiert.
Seit vielen Jahren bin ich darauf bedacht, wie ein Schutzgesetz für dieses Werk zu erlangen wäre, welches es vor Profanation durch Aufführung unter gewöhnlichen Umständen behütet.
Als ich davon hörte, daß die Gesellschaft der Autoren die Schutzfrist von 30 auf 50 Jahre zu verlängern anstrebte, begrüßte ich diese Bewegung als den ersten Schritt zur Erreichung des gewünschten Zieles.
Ich kann Eurer Exzellenz versichern, daß, obgleich ich Mutter einer zahlreichen Familie bin, nicht im geringsten die materiellen Interessen, welche mit der verlängerten Schutzfrist verbunden sein mögen, in Betracht kommen und daß einzig und allein meine Pflicht für die Wahrung des mir anvertrauten Werkes mich veranlaßt, Ew. Exzellenz als Kultusminister hier anzurufen.

Indem ich Ihnen, hochgeehrter Herr Minister, für ein gütiges Verständnis meiner Sorge im voraus danke, bin ich, unter Versicherung vorzüglichster Hochachtung,
Euer Exzellenz sehr ergebene

C.W.

An Adolf Hildebrand
Bayreuth, 18. 12. 1899

Mein lieber und sehr geschätzter Herr Professor!
Gestern las ich Ihren Aufsatz: »Über die Bedeutung von Größenvorstellungen in der Architektur« und habe eine solche Freude daran genossen, daß ich nicht umhin kann, Ihnen noch einmal auf das herzlichste für die Gabe zu danken. Sofort bin ich durch Ihren Vergleich der nächtlichen Grashalme eingenommen worden und habe durch dieses unübertrefflich glückliche Bild verstanden, was Sie sagen wollten, und daß Sie dieses Bild festhalten, beweist seine Notwendigkeit und ergibt, wie einmal gesagt wurde, nicht nur eine richtige, sondern auch, in einem gewissen Sinne, auch poetische Sprache. Aber alles, was Sie in dieser Arbeit aufstellen, erscheint mir entscheidend, und sie ist in ihrer meisterlichen Knappheit so gehaltreich, daß ich sie noch einmal lesen will.
Die Klarheit Ihrer Denkkraft ist so eindringlich, daß ich Ihnen, die ich doch gar nicht vom Fache bin, ohne jede Schwierigkeit gefolgt bin. Bei jeder Zeile empfindet man, daß es einer ist, der etwas kann und der des Könnens bewußt ist, der zu einem spricht. Und wenn ich Ihnen sagen darf, was mir fast den größten Eindruck gemacht hat, so ist es die Männlichkeit Ihrer Kundgebung.
Mit großer Weisheit haben Sie auch die Beispiele, welche zur Faßlichkeit dienen, gewählt und – gespart; und ich glaube, daß man kaum plastischer in Worten den romanischen und den Barockstil sich gegenüberstellen kann.
Ich müßte aber jeden Satz anführen, wenn ich Ihnen sagen wollte, was mich belehrt, überzeugt und erfreut hat. Ich begnüge mich mit der Erwähnung, daß Ihre Besprechung der Stile und des Mißverständnisses, welches sie umgibt, mich daran erinnerte, wie Siegfried schon vor langen Jahren verstimmt erwiderte, als er gefragt wurde, in welchem Stil Wahnfried erbaut sei: »In gar keinem Stil.« Er hatte instinktiv empfunden, was Sie unwiderleglich bestimmt aussprechen.

Besonders ist es mir wieder bei dieser Gelegenheit aufgegangen, wie derjenige, der etwas zu sagen hat, die ihm ganz eigene, markige, deutliche Sprache findet und er darin aus der Wahrhaftigkeit seines Denkens etwas Neues schafft.

Als ich heimkam, fand ich einen Brief und eine Sendung von Baron Heyl. Ich freute mich, indem ich ihm dankte, ihm zu erzählen, daß ich in Ihrem Atelier gewesen wäre und den schönen Brunnen sowie die Skizze zu der Bibliothek gesehen hätte. Von der Figur des Siegfried habe ich nicht gesprochen.

Nun aber leben Sie wohl, mein lieber und hochgeschätzter Herr Professor, grüßen Sie Ihre liebe Frau und die begabten Kinder schönstens von mir, grüßen Sie aber auch die herrliche Büste von Pettenkofer, die ich noch immer vor mir sehe, und seien Sie unter besten Weihnachtswünschen herzlichst von mir und meinen Kindern gegrüßt.

C.W.

Ihr Aufsatz hat mir auch unsern teuren Fiedler wieder nahegebracht. Was wäre das für ein Gegenstand des Gespräches und des innigsten Verständnisses zwischen uns gewesen!

Anstatt die Kritik der heutigen Erzeugnisse der Kunst zu geben, die Gesetze dieser Kunst aufsuchen und aufstellen und damit die eigentliche fördernde Kritik zu schaffen, das wäre ganz in dem Geiste des Freundes gewesen, oder vielmehr: ist in seinem Geist.

An Felix Mottl
Bayreuth, 21. 12. 1899

Mein lieber Spielmann!

Wollen Sie die Güte haben, mir zu melden, nach welcher Partitur Sie Ihre Partitur vom »Holländer« eingerichtet haben. Kniese und ich revidieren nämlich die gestochene, bei Fürstner erschienene und vergleichen mit der Münchener, mit der Original-Manuskript-Partitur, mit der Weimarer, welche, merkwürdigerweise, ganz nach der Kopie der Original-Partitur ist. Also nichts von Bearbeitung enthält. Auf die Fährte der an Uhlig für meinen Vater im Jahre 1852 geschickten Bearbeitung können wir noch immer nicht kommen. Wüßten Sie etwas darüber?

Wie waren Sie zufrieden mit Ihrem »Pfeifertag«? Ich fand es sehr hübsch von Ihnen, ein empfehlendes Wort für das Werk zu schreiben.

Mir scheint man ungerecht für den Dichter, denn als treue Bayreutherin glaube ich an keine Wirkung der Musik, wenn die Dichtung die Ursache dazu nicht bietet.

Wien hat uns wiederum sehr gefallen. Prill sprach mir von Ihrem Quartett mit großer Wärme. Schönaich, den wir sehr viel sahen und immer mit Freude trotz gewisser Fetischismen, sagte mir, daß Sie und Ihre liebe Frau vollkommen hergestellt sind.

Hörten Sie von einer Publikation Goethescher Novellen seitens unseres Majors? Er nimmt es so ernst, daß ich nicht den Mut habe, mit ihm darüber zu scherzen.

Nun habe ich noch eine kleine Bitte. Könnten Sie mir ein Textbuch der »Trojaner« von Berlioz zuschicken? Der unermüdliche, gesundheitlich dazu ganz elende Porges führt nächstens »Romeo und Julie« ohne jeglichen Strich auf. Er hat schon so viel mit den Münchnern zustande gebracht, daß er möglicherweise dies auch durchbringt.

Nun aber leben Sie wohl, mein lieber Spielmann, grüßen Sie Ihre Frau schönstens von mir, ganz Wahnfried wünscht Ihnen frohe Feiertage, und ich bewahre Ihnen durch Dick und Dünn die alte Teilnahme.

C.W.

An Max Brückner
Bayreuth, 21. 12. 1899

Lieber und hochgeehrter Herr Professor!

Mit Dank sende ich die zugesendeten Skizzen, die uns sehr gut gefielen, zurück und füge ihnen nur folgende Bemerkungen bei:

1. Die Stube Dalands im II. Akte möchte vielleicht nicht ganz so blockhausartig ausfallen.

2. Das Bild daselbst wäre vielleicht länglich, ungefähr, wie ich es mit roter Tinte angedeutet habe, dadurch zweckentsprechender, als die Gestalt des Holländer größer erscheinen würde. Der übrige Teil der Wand müßte mit Karten, Schiffsmodellen etc. behangen sein und das Ganze einen behaglichen Eindruck machen, welches das große Bild als nichts zu Extraordinäres in diesem Raum erscheinen ließe. Ich meine, daß selbst der Kamin etwas primitiven Zierat haben kann oder Gerätschaften. Ich habe soeben beim deutschen Botschafter in Wien solche alte norwegische Gefäße (Milch, Butter etc.) von großer Charakteristik, und man kann selbst sagen Schönheit, gesehen.

3. Bei dem dritten Bild müssen die Schiffe umgekehrt stehen, das des

Daland links beim Hause des Daland, das des Holländer rechts vom Zuschauer und zwar in einiger Entfernung, etwa dem vierten Bogen. Der Fels, von wo Senta sich hinabstürzt, ist ebenfalls rechts vom Zuschauer und darf, ziemlich hoch, eine bedeutende Bildung haben. Das Haus des Daland könnte 2 Türen haben, so daß Erik mit Senta durch den einen, Holländer durch den andern Eingang heraus kämen; etwa so

[folgt eigenhändige Zeichnung]

Verzeihung für die abscheuliche Zeichnung.

Mein Sohn nimmt sich vor, Ihnen, lieber Herr Professor, einige Umrisse zu senden, um unsere Meinung verständlicher zu machen.

4. Der Vorhang. – Mein Sohn glaubt, daß gemalte Falten und natürliche nicht gut zusammen gehen. Nun kommt es darauf an, ob man den oberen Teil mit wirklichem Stoff und wirklichem Keil aufraffen könnte und ob die Falten des eigentlichen Vorhanges nicht zu kurz sind. Wäre es nicht geraten, eine Probe davon zu halten, sei es hier oder in Coburg. Bei einem guten Gedanken ist doch auch eine Hauptsache, wie die Ausführung ausfällt. Das wissen Sie am allerbesten, mein lieber Herr Professor.

Ganz Wahnfried grüßt Sie und die lieben Ihrigen auf das herzlichste und wünscht Ihnen allen recht gute Feiertage und einen guten Beginn des neuen Jahres.

Treulichst

C.W.

An Michael Balling
Bayreuth, 24. 12. 1899

Lieber Freund, Sie haben sehr Recht getan, mir auf Ihre Weise zu schreiben und mir Ihr Leid mitzuteilen, mit welchem ich aus tiefstem Herzen fühle! Es ist geradezu schrecklich, einen Menschen von Ihrer Begabung und Ihrer Gesinnung in solch einem Pfuhl zu wissen. Und es ist, als ob gewisse Herren sich einen Spaß daraus machten, den guten Willen, den wir zeigen, uns auch in die leidigsten Verhältnisse zu fügen, zu verhöhnen! Ihre Forderung für Ihre Arbeit ist von einer solchen Bescheidenheit, daß wir über die Behandlung, die Ihnen zuteil wurde, ganz empört sind! Freilich – Heine muß jetzt gefeiert werden! Daher kein Feier-Tanz! Für Heine geht es seriös her! Aber eines halten wir doch fest, Ihre Arbeit; sei es, daß sie Ihnen genügt oder daß Sie, wie Sie sagen, etwas dabei lernen. Dadurch, daß ich die

Welt nur in Bayreuth bei den Festspielen sehe, kann ich so wenig auf
draußen einwirken. Ja, ich habe ein dunkles Gefühl davon, als ob
man förmlich Angst hätte, Menschen, welche wir empfehlen,
draußen anzunehmen, aus Sorge, man könnte uns etwa berichten,
wie es dort hergeht; als ob wir's nicht wüßten und es uns überhaupt
interessiere! Aber es versteht sich von selbst, daß, Siegfried und ich,
wir alles tun werden, was in unseren Kräften steht. *Sie tuen unbedingt
Recht, Ihre Entlassung zu nehmen!* Gott wird helfen. Da muß man wie
die lieben guten Buren sein und daran glauben.

Unser Aufenthalt in Wien war kurz, aber schön! Viel Wärme tragen
Sie dort Siegfried entgegen, vor allem das gesamte Personal. Er war
auch sehr zufrieden mit seiner Arbeit in Pest. Er hatte sich vier
Proben ausbedungen und scheint eine vorzügliche A-Dur-Symphonie herausgebracht zu haben. In Wien freute ich mich über seine
Besonnenheit und Sicherheit. Er hatte nur eine einzige Probe *am Tag
der Aufführung,* dabei machte er beträchtliche Striche auf. Der Wirt
übernahm um 11 Uhr seine Partie! Der Alte war erkrankt. So konnte
er sich nur mit dem riesengroßen Personal in Kürze verständigen, und
dabei ging es ausgezeichnet von a–z, wie durch ein Wunder. Und ein
Wunder ist wohl ein liebevoller Magnetismus zwischen Künstlern, in
dieser schauderhaften Opernwelt!

Das Wort Liebe führt mich zu Glasenapp! Sie haben so schöne Worte
für sein Buch gefunden, nein – nicht schöne Worte, sondern Sie
haben dessen ganzen Wert ausgedrückt, daß ich Sie darum beneide.
Ich habe das Buch nicht gelesen, aber ich weiß, wie es ist, aus
Auszügen und aus dem Wesen Glasenapps, und ich bin glücklich, daß
Sie diesen Halt haben.

Könnten Sie mir sagen, *welche* Partitur des »Holländer« in Hamburg
ist? und ob die Bearbeitung aus dem Jahre *52* eingefügt wurde. Ich
revidiere nämlich die gestochene Partitur mit Kniese. –

Von uns habe ich wenig zu sagen, wir leben hier still und arbeitsam.
Thodes kommen morgen. Anfangs Januar verläßt uns Siegfried für
Rom. Verkehr haben wir nur mit Wolzogens und Grossens.

Chamberlain haben wir gelesen. Es ist ein höchst merkwürdiges
Buch, von welchem ich mir viel Gutes durch seine Verbreitung
erwarte. Daß er Luther nicht verstand, hat mich etwas überrascht.
Aber das schadet nichts, diese Art Wesen und ihre ewige Wirkungs-
kraft stehen über das Verständnis hinaus! Unsere Sache zum Beispiel
geht auch ohne Universität!

Was soll ich Ihnen nun zum Schlusse sagen? Ach, ich wünschte, es könnte etwas recht, recht Erfreuliches sein, und ich möchte, wie in meinen Kindertagen, dafür beten. – – –

Ich ließ diese Zeilen unabgeschlossen, aus einem Umstand, der heute sich erledigte. Und nun kann ich bei Ihnen anfragen, wollen Sie zu uns als Mitarbeiter? Was ich Ihnen bieten kann, ist gering, 200 M. im Monat, mit Erhöhung in der Festspielarbeitszeit.

Können Sie gleich kommen, um so besser. Es liegt jetzt keine eigentliche Arbeit vor, aber immer viel Beschäftigung mit dem, was uns angeht. Und dann sind wir Mensch mit Mensch und lesen und musizieren zusammen! Da Herr Bittong Sie nicht mehr ansieht, wird er Sie wohl früher ziehen lassen?

Dies ist mein Christgruß, möchte er Ihnen willkommen sein! Ganz Wahnfried vereinigt sich mit mir in diesem Wunsche!

C. Wagner

Über Plank *kann* ich *nicht* sprechen...

An Bodo von dem Knesebeck
Bayreuth, 31. 12. 1899

Innig geschätzter Freiherr,
Shakespeare und kein Ende, sagte unser Dichter – Goethe und kein Ende, haben wir jetzt zu sagen. In der Tat, ich glaube, daß eine stetige Beschäftigung mit diesem lichten Geiste uns zu unserm Heil von mancher Torheit zurückbringen würde und daß wir ihm die Stelle einräumen müßten, welche Homer bei den Griechen einnahm, ohne philologisch mit ihm zu verfahren. So habe ich denn die Bilder, welche Sie die Güte hatten mir zu entsenden, auf das herzlichste begrüßt, mich an der Betrachtung der beredten Hülle eines solchen Geistes gefreut und Ihnen, lieber Herr von Knesebeck, lebhaft dafür sowie für Ihre Zeilen gedankt.

Nur eines hat mich in letztem etwas bekümmert, daß Sie sich gleichsam dafür entschuldigen, nicht der Angelegenheit des »Bärenhäuters« sich anzunehmen. Nicht entfernt hätte ich jemals an derartiges gedacht. Es lag mir einzig daran, daß Sie unterrichtet seien, weil ich aus Erfahrung weiß, daß, wenn man einem ein Unrecht antut, man sich gewöhnlich aus der nicht immer bequemen Lage dadurch zieht, daß man einem verleumdet. Dem wollte ich bei einigen wenigen vorbeugen. Ich kenne das Theater und würde niemals jemandem Ihrer Art zumuten, sich auch nur im geringsten damit zu

befassen. Auch hat mich nur der Wortbruch etwas überrascht – ich
weiß kaum, ob an der Aufführung einem viel liegen kann. Die
»Piersönlichen« Gründe haben mich sehr unterhalten; diese scheinen hier verschwunden, wenigstens wird uns die Aufführung für
Februar angekündigt. Ich kann nicht leugnen, daß, sosehr ich mich
freuen werde, einige meiner Freunde wiederzusehen, ich doch eine
Art Scheu trage, nach Berlin zu kommen; gewiß wird sie schwinden
von dem Augenblicke, wo ich dort sein werde – aber ich fürchte die
Störung der Gedankenkreise, die mir eine Zuflucht geworden sind.
Ich fühle es Ihnen ganz nach, daß der Tod von Anna Helmholtz eine
unausfüllbare Lücke in Berlin hinterläßt – ich glaube, daß in dem
Getriebe der Stadt man zu der Erfassung des Todes gar nicht gelangt
und nur seine jähe Dissonanz schmerzlich empfindet. Ich habe
meinen Sinn dahin gerichtet, ihn als den Vollender der Persönlichkeit
zu betrachten; das Leben gibt uns das Stückwerk, die Unterbrechung, das Unstete – er bringt den Abschluß wie die Kuppel zum
Gebäude, und ist uns durch eine Vergünstigung des Daseins die Kraft
der Liebe gegeben, so bildet er wie eine Besitzergreifung der
abgeschlossenen Persönlichkeit. Die beiden Reiche sind dann für uns
kaum geschieden, und fast möchte ich sagen, daß unsere Herzenstä-
tigkeit dabei eine größere, festere und ruhigere ist als wie im Leben.
Wir geben den Abgeschiedenen die Seligkeit in unserer Seele und
werden dadurch ihrer Ewigkeit teilhaftig. Aber dieser Prozeß kann
sich, glaube ich, nur in der Stille vollführen – der Schluß-Dreiklang
der Empfindung ist inmitten all der Interessen und Tätigkeiten wohl
kaum möglich. Ich weiß, daß diese ernsten Betrachtungen Ihnen zum
Beginn des neuen Jahres nicht fremdartig erscheinen werden – auch
mir sagen diese Zeitübergänge so gut wie nichts, und ist es mir völlig
gleichgültig, wann man das Jahrhundert beginnen will. Ich werde an
Sie denken heute abend und Sie mir bei dem Gepränge vorstellen
– und es ist schon viel, sich inmitten des Geräuschvoll-Hohlen einen
vorstellen zu können, der die Täuschung durchdringt. Das ist etwas
Positives.
Sowenig wir nun von Jahres- und Jahrhundertwende halten, so
schließe ich doch mit den wärmsten Wünschen, innig geschätzter
Freiherr, an welchen mein ganzes Haus teilnimmt, und mit der Bitte,
mir Ihre freundliche Teilnahme ferner zu bewahren und meiner
herzlichsten Sympathie sicher zu bleiben.

C. Wagner

1900

An Carl Friedrich Glasenapp
Bayreuth, 3. 1. 1900

Mein teurer Freund,
Wollen Sie mir den Dienst erweisen, beifolgenden Aufsatz auf Ihre
Weise umzuschreiben, mit Ihrer Unterschrift zu versehen und mir
zurückzuschicken, damit wir versuchen, ihn in die »Frankfurter
Zeitung« zu bringen. Das Ganze müßte möglichst schnell erfolgen.
Uns drohen üble Streiche! Hoffentlich wird uns der heilige deutsche
Geist beschützen. Und wenn die Welt voll Teufel wäre, wir werden
doch bestehen.
Wenn Sie zum Beispiel die Sache umstellen wollen und mit der
erneuerten Schuld von München schließen, habe ich nichts dawider.
Verfahren Sie ganz frei und haben Sie Dank!

CW.

Erwiderung
3. Januar 1900

Als zur Weihnachtszeit die Kunde des bevorstehenden Theater-
Baues in München sich verbreitete, frugen wir an geeigneter Stelle
dort nach dem Grunde dieses Vorganges.
Wir erfuhren, daß der Leiter der Münchener Hofbühne üble
Geschäfte am Schlusse des Jahres zu verzeichnen habe, ja daß sogar
im Sommer, wo München von Fremden überfüllt ist, das Hof- und
Nationaltheater schlecht besucht gewesen sei. Große Verwaltungs-
Sorgen sollen dem Direktor trotz seiner Begünstigung seitens eines
der ersten Finanzbeamten aus dieser Situation erwachsen sein, und es
ging selbst das Gerücht umher, er habe sich um die Direktion einer
anderen Bühne beworben.
Wir erfuhren zugleich, daß über die Isar hinaus, an der Straße, es
Grundstücks-Besitzer gäbe, welchen es gelegen käme, wenn dorten
ein großer Bau ein so gut wie neues Stadtviertel entstehen ließ.
So begegneten sich denn verschiedene Interessen zur rechten Zeit,
und um aus einer Verlegenheit zu geraten, wurde das erwähnte
Projekt ersonnen.

Diese Antwort auf unsere Erkundigung ließ uns über den ursprünglichen Zweck des Semperschen Theater-Baues nachsinnen, welcher nun jetzt, seiner Flügel beraubt, an einem entlegenen Punkt der Stadt errichtet werden soll.

Dieses wundervolle Gebäude, zu welchem eine ebenfalls von Semper entworfene Straße und Brücke führen sollte, war dazu bestimmt, bei seltenen, höchsten Feierlichkeiten für Festaufführungen zu dienen, welche der König an von ihm eingeladene Gäste darzubieten beabsichtigte.

Als dieser Plan vereitelt wurde und nachdem er sein Werk »Der Ring des Nibelungen« vollendet hatte, beschloß der Meister, auf reichliche Erfahrung und reifliches Nachdenken gestützt, sein Theater nicht in einer großen Stadt, sondern fernab von allem Getriebe an einen kleinen Ort hinzustellen:

»Ich bin nicht darauf ausgegangen, meine Unternehmung im Glanze einer reichbevölkerten Hauptstadt bespiegeln zu lassen, was mir allerdings minder schwierig gefallen wäre, als mancher zu glauben vorgeben mag.«

»Und dies dünkt mich ein schönes Zeugnis für die Güte meiner Sache, von welcher ich immer deutlicher erkenne, daß sie [nur auf einem] von unserem großen Weltverkehr und den ihn vertretenden öffentlichen Mächten gänzlich abliegenden Boden gedeihen können werde.«

»Somit rage unser provisorischer, wohl nur sehr allmählich sich monumentalisierender Bau für jetzt als ein Mahnzeichen in die deutsche Welt hinein, welcher es darüber nachzusinnen gäbe, worüber diejenigen sich klar geworden waren, deren Teilnahme, Bemühung und Aufopferung es seine Errichtung verdankt.

Dort stehe es auf dem lieblichen Hügel bei Bayreuth.«

Man sieht, der jetzt projektierte Bau widerspricht in jeder Hinsicht der Absicht des Meisters, ja er stellt sich ihr geradezu feindselig gegenüber, und unter anderer Form würde zum zweiten Mal die gleiche Schuld gegen den Meister in München verübt werden.

Die beinahe unmittelbar nach der Ankündigung des neuen Theaters in den Zeitungen erfolgte Notiz, daß das Festspielhaus in Bayreuth baufällig sei, hat wohl wenige getäuscht.

Nachdem wir die Gründe des Vorhabens ermittelt und seiner Bedeutung nachgeforscht, bleibt uns die Frage übrig, weshalb denn die Hof- und Nationalbühne für München und seine Fremden nicht mehr genügen sollte?

Auf ihr hat unter Hans von Bülows Leitung die erste Aufführung von
»Tristan und Isolde« und von den »Meistersingern« mustergiltig
stattgefunden. Auf ihr sind ferner »Lohengrin«, »Tannhäuser« und
»Holländer« und das gesamte größte Opern-Repertoire so vorzüglich aufgeführt worden, daß der Zudrang des Publikums früher
niemals fehlte.
Und hierauf eine letzte Frage:
Wenn der jetzige Leiter der Münchener Hofbühne nicht das Glück
hatte, diese auf ihrer Höhe zu erhalten oder wieder zu erheben,
glaubt man, daß es ihm gelingen könnte, ein unter so wunderlichen
Auspizien inauguriertes Theater von unklarer Beschaffenheit sicherer zu führen?
Wir möchten es bezweifeln!

An Anton van Rooy
Bayreuth, 6. 1. 1900

Mein teurer Marke und was noch alles Schöne und Große! Ich habe
soeben Ihre lieben Zeilen erhalten und will Ihnen sofort sagen,
welche große Freude Sie mir verursacht haben. Vor allem, daß Sie
gesund drüben angekommen sind und noch einige Zeit Ruhe haben,
bis Sie auftreten. Daß Sie Berlin absagten, war mir sehr recht. Ich
wünsche, daß Sie sich sehr schonen, weil solche Kräfte wie die Ihrigen
zarter Art sind. Ich freute mich, von Ihrem Studium des Holländers
zu hören, und weiß sicher, daß Ihnen Mottl das Beste angegeben
haben wird. Was wir dann zusammen zu tun haben werden, wird ein
Geringes sein, aber ich freue mich unbeschreiblich wieder auf eine
Arbeit mit Ihnen. Ja, Sie sind der echte, wahre Bayreuther Künstler,
und wenn ich so manche schwere Sorge durchmache, da unser
Gedeihen und unsere Erfolge uns viel Neid und boshafte Anschläge
zuführen, so denke ich an Sie, und daß Gott Sie uns geschenkt hat,
und finde meinen alten Mut wieder.
Wir waren wiederum, die ganze Familie mit Ausnahme meiner
Tochter Gravina, zu Weihnachten beisammen und gedachten Ihrer.
Aber einen Pelzmärte gibt es nicht mehr. Wenn man stolz Wotan als
Knecht Rupprecht gehabt hat, will man doch nicht herunterkommen.
Eine Hauptgabe dieses Jahres war das Thoma-Album.
Siegfried ist über München, wo er das »Weihnachtsoratorium« von
Wolfrum anhörte, nach seinem geliebten Rom gereist. Ich werde ihm

Ihre guten lieben Wünsche mitteilen und danke Ihnen in seinem Namen dafür.

Wir sind jetzt ganz allein, meine Tochter Eva und ich, und es ist sehr still, aber wir haben es gern so, und Ihre alte Wala denkt über manches nach und agiert manchmal ganz allein für sich den Holländer. Fräulein von Mildenburg kommt nächstens, um die Isolde hier zu studieren, was mich freut.

Nun aber leben Sie wohl, lieber Bayreuther Stern. Wenn es Ihnen nach meinen Wünschen geht, so werden Sie lauter Freude und Glück in diesem Jahre erleben. Möchte es uns in unserer Kunst wieder heiter aus jener Heiterkeit, die aus dem tiefsten Ernste als Boden erblüht, vereinigen.

Meine Tochter verbindet sich mit mir, um Ihnen das Allerherzlichste zu sagen. Fahren Sie fort, zu wirken, wie Sie es einzig tun, und in dem schönsten Künstlerberuf sich befriedigt zu fühlen.

Treulichst

CW

An Adolf von Gross
Bayreuth, 15. 1. 1900

Mein verehrter Freund!
Seit Deiner Rückkehr aus München und der Mitteilung über das dort Erlebte bin ich in stetiger Überlegung begriffen. Was Du mir mitzuteilen hattest, war im Vergleich zu den vorangegangenen Eindrücken für mich erfreulich.

Vor allem war es das Wort Seiner Königlichen Hoheit des Prinzregenten, welches mich mit Genugtuung erfüllt. Es hat mich eigentlich nicht überrascht, weil die huldvollen Zeilen, welche der hohe Herr bei Gelegenheit der Annahme des Protektorates unserer Festspiele mir schrieb, zu bestimmt sind, um einen Zweifel über die gnädige Gesinnung des Regenten aufkommen zu lassen, andererseits aber, weil ein fürsorglicher Landesherr in seinem Reich keine Konkurrenz unterstützen würde, welche einem bewährten Unternehmen Schaden bringen könnte, und endlich, weil Spekulations-Motive bei einem Fürsten von Geblüt nicht aufkommen.

Als ich in überraschender Weise durch die Zeitung zuerst von dem beschlossenen Bau *unseres* Theaters erfuhr, frug ich mich, ob ein solches Benehmen wirklich möglich sei! Seit den 27 Jahren, daß wir nach Bayreuth gezogen sind, hat die Wirksamkeit unserer Kunst dem

Lande Bayern Ehre und auch Gewinn eingetragen. Die Betroffenheit
darüber, einfach nicht beachtet, ja sogar durch eine elende Agitation
in den Zeitungen angegriffen zu werden, ließ in mir einen Augenblick
den Gedanken aufkommen, unsere Festspiele zu schließen, Bayern
zu verlassen und öffentlich den Freunden unserer Kunst im In- und
Auslande die Mitteilung über die erfahrene Behandlung (unsere
stillschweigend ertragenen Erlebnisse überhaupt) vorzulegen. Wie
ich es am Eingang dieses Briefes erwähnte, haben mich Deine in
München erhaltenen Eindrücke anders gestimmt.
Ich ersehe daraus, daß die ausgeübte Rücksichtslosigkeit gegen uns
von keiner Absicht eingegeben war und daß man mit dem neuen Bau
keine Feindseligkeit gegen uns verbinden darf noch will. Auch, daß es
sich bei dem Unternehmen um ein Experimentieren, was man als
eine Spekulation in jeder Hinsicht betrachten darf, handelt.
Gern, sehr gern, Du weißt es, sind wir hier friedfertig. Wir haben uns
hier nur gegen Angriffe gewehrt, niemals gegen alles, was uns in den
Weg gelegt worden ist, die Presse gebraucht, niemals auch haben wir
in München eine Unterstützung angestrebt und haben nur getrachtet,
Du durch eine umsichtige Verwaltung, ich durch künstlerische
Tätigkeit, das uns überkommene Erbe gut zu erhalten und nach
Kräften zu fördern. Ich darf sagen, daß Gottes Segen auf unserem
redlichen Willen inmitten unsäglicher Schwierigkeiten ruht.
Nun gerate ich aber mit meinen friedfertigen Absichten in eine
seltsame Lage.
Der Meister hat öffentlich bestimmt, daß sein Theater in keiner
großen Stadt errichtet werden dürfe, sondern lediglich in Bayreuth zu
stehen habe, und er hat der Hoffnung Ausdruck gegeben, daß
einstens der hiesige provisorische Bau durch Anerkennung unserer
Anstrengungen sich zu einem monumentalen umwandeln würde.
König Ludwig II. hat zugunsten Bayreuths auf den Bau des Theaters
in München verzichtet. Das jetzige Münchener Projekt ist also
geradeswegs der Absicht des Meisters wie dem Willen des Königs
entgegengesetzt.
Du weißt, daß einer der rühmlichst bekannten, bewährtesten
Vertreter unserer Sache im Ausland, indem er nach meinem
Verhalten und nach den Umständen sich erkundigte, mir schrieb:
Man würde doch in München nicht zum zweiten Male die gleiche
Schuld gegen den Meister verüben, seine höchste künstlerische
Absicht zum zweiten Mal zu vereiteln trachten und dieses Mal noch
dazu mit dem gleisnerischen Vorgeben, seiner Kunst und der

Verwirklichung seiner Idee dienen zu wollen, also gleichsam ihn selbst gegen sich zu Felde führen?!

Du weißt, daß wir den für eine der verbreitetsten Zeitungen Europas bestimmten Aufsatz dieses auswärtigen Enthusiasten unserer Kunst zurückhielten mit der Bemerkung, er sei verfrüht und würde vielleicht eher schaden als nützen.

Du kennst die Fragen aus allen Ständen und allen Ländern, die zu mir über den Münchener Bau gelangen, und Du weißt, daß ich bis jetzt Stillschweigen beobachtete.

Was soll ich aber nun tun, und in welche Lage hat man mich, gänzlich unvorbereitet, versetzt?

Ich darf, kann und will der Bestimmung des Meisters nicht untreu werden. Der Segen unserer Bestrebungen liegt in unserer Treue.

Fern ist es dabei von mir, irgendeinem Unternehmen einen Schaden zuzufügen zu wollen. Ich habe mich niemals um irgendeine Aufführung draußen bekümmert, und so vielfach mir die schlimmsten Berichte darüber zugekommen sind, habe ich, den Zustand beklagend, geschwiegen.

Was aber jetzt tun? Ich frage Dich und mich vergebens.

Vielleicht findet der Geheime Hofrat von Klug, von welchem Du mir meldest, daß er sich freundlich verständnisvoll erwies, einen Ausweg. Vielleicht erdenkt er und setzt für das neu zu errichtende Theater Bestimmungen auf, welche mit solcher Präzision jeden Gedanken einer Konkurrenz-Unternehmung gegen Bayreuth ausschließen, daß ich, ohne dem, was ich zu vertreten habe, untreu zu werden, den eingeweihten Gönnern unserer Kunst Bescheid geben kann.

Ich bitte Dich, den in dieser Sache so entscheidend bedeutungsvoll gewordenen Mittler zu ersuchen, dieses Friedenswerk zu vollbringen.

Gewiß wird er selbst ungern an einen Bau gehen, welcher durch die Motive seiner Errichtung keinen Segen in sich tragen könnte. Das Gedeihen einer solchen Unternehmung ruht nicht auf mehr oder minder findiger Spekulation, sondern auf idealen Faktoren. Die ganze Geschichte unserer Kunst in Bayern liefert dafür den Beweis.

Empfange bei dieser Gelegenheit, mein verehrter Freund, den erneuerten Ausdruck meines Dankes. Wenn ich bedenke, wie es ohne Dich uns ergangen wäre, so erkenne ich wiederum Gottes Fügung, und diese rufe ich an, wie ja jetzt auch das Wort eines Fürsten von Gottes Gnaden mein einziger Halt in dieser schweren Prüfung ist.

                                                         CW.

An Felix Mottl
Bayreuth, 22. 1. 1900

Teuerster Freund!
Ihr Brief, wo Sie mir die Zusendung der »Tristan«-Partitur ankündigen, ist vom 18., und heute, am 22., ist sie noch nicht angekommen. Ich habe auf ihr Eintreffen gewartet, um Ihnen zu danken, doch dauert es mir ein wenig lang, zumal da ich Ihnen auch für die liebenswürdige Besorgung des Kranzes für unsern armen Plank danken will und Sie bitte, mir, womöglich umgehend, die Rechnung zusenden zu lassen.
Eva las mir die Feier vor. Es tat mir leid, unsere kleine bescheidene Huldigung nicht angeführt zu sehen. So gleichgültig mir dies auch sonst ist, so hätte ich in diesem Fall gern gehabt, Bayreuth würde zu seinen Ehren erwähnt.
Es ist doch nicht möglich, daß man die Familie im Elend läßt! Es wurde mir gesagt, die Frau habe ein Anrecht bei dem Unfall auf Unterstützung des Theaters, und gewiß werden die großherzoglichen Herrschaften für die armen Kinder etwas tun.
Armer Plank! Ein ganz eigener, bestimmter Gemütston ist mit ihm von dieser Welt geschieden, und das hat etwas zu sagen.
Die Kinder erzählten mir, wie genial sein »Bärenhäuter«-Bürgermeister gewesen sei. Nur aus der Tiefe der Empfindung einzig aus einem warm schlagenden Herzen erblüht der Humor, diese göttliche Gabe, die nichts mit dem elenden Witz und der Ironie zu schaffen hat.
Es ist gut, daß solche Leistungen, wie die Planks, einen so tiefen Eindruck nach sich ziehen, sein unsterblicher Teil lebt auch in uns, und gerade jetzt, wo ich mich wieder mit »Tristan« befasse, ist es mir, als hätte ich ihn zur Seite.
Die schwüle Stimmung, die jetzt bezüglich der heldenmütigen Buren uns einnimmt, suchten wir gestern abend etwas dadurch zu zerstreuen, daß wir eine nicht ganz unähnliche, siegreich gewendete Lage uns in der dichterischen Schau vorführten. Wir lasen die »Perser« von Aischylos! Ach!, ist das groß und erhebend! Es ist einem, als würde man plötzlich von einem holprigen Weg in die Lüfte gehoben und auf Wolken getragen...
Ich kehre auf den holprigen Weg zurück. Schalk ist Subdirektor in Wien: Mahler ist lebenslänglich engagiert. Mildenburg, die für ihn schwärmt und nicht genug des Vorzüglichen von ihm erzählen kann, sagt aber auch, wie alle, er sei verhaßt. Neulich, wie er an das Pult

getreten sei, rief einer: Da kommt der Krampus, der schwarze Teufel.
Eine höchst merkwürdige Erscheinung gerade in Wien, diese
Persönlichkeit.

Fidi ist an seinem Lieblingsort Rom und sehr zufrieden dort, wo sein
alter plastischer Sinn Genüge findet. Sie sollten doch einmal hin. Ich
bin sicher, es würde Ihrer Phantasie zusagen, wenn nicht die
Obeliskenanhänglichkeit bei Ihnen zu stark eingewurzelt ist. (Oder
ist es eine Pyramide?)

Wollen Sie die »Trojaner« wiederhaben? Ich wollte sie lesen und
schreckte vor der gähnenden Langweile zurück, da ich meiner Augen
wegen derlei nicht mehr überfliegen kann, sondern vorgetragen
erhalte.

Wer hat Ihnen den Text zum »Pan« gemacht? Ich bin nun einmal ein
Textfex und finde leider wenig Vergnügliches für diese meine Art.

Nun aber leben Sie wohl; es freute mich, mit Ihnen auf alte Weise
wieder etwas zu plaudern. Gott, wieviel denke ich beim »Tristan« an
1886 und Ihre Leistungen! Auch das ist unvergänglich, und mein
Gemüt neigt immer mehr dazu, das Grausame des Schicksals und die
Tücke des Zufalls nicht in sich aufkommen zu lassen, sondern nur die
guten Erfahrungen lebendig zu pflegen, die dann wie edle Treibhaus-
pflanzen der nebligen Winterlandschaft durch ihr üppiges Grün Trotz
bieten. – Leben Sie wohl, Freund, grüßen Sie Frau und Kind
herzlichst von mir, und seien Sie in steter Teilnahme und unter besten
Wünschen wärmstens gegrüßt.

CW.

Sie haben mir nichts von Ihrem Studium mit van Rooy (Holländer)
erzählt. Ich hatte ihm geraten, sich an Sie zu wenden, da wir nicht
mehr zusammenkommen konnten.

An Alexandra Prinzessin zu Hohenlohe-Langenburg
Bayreuth, Ende Januar (?) 1900

Gnädigste Frau Erbprinzessin!
Die Nachricht von dem Dahinscheiden der Herzogin von Schleswig-
Holstein, Eurer Durchlaucht Frau Tante, hat auch Wahnfried
schmerzlich berührt, und ich erlaube mir, Sie, gnädigste Frau
Erbprinzessin, zu bitten, dem Fürsten Statthalter, Ihrem Herrn
Vater, den Ausdruck meiner und meiner Kinder wahrhaft empfunde-
ner Teilnahme übermitteln zu wollen.

Schon mein Vater war durch die Gewogenheit der Herzogin bevorzugt worden, und uns in Wahnfried hat die hohe Frau durch ihre unendliche Güte beehrt und erfreut. Wir hatten immer gehofft, sie wieder hier begrüßen zu dürfen, nun hat sie vollendet, und wir suchen die gütige Frau in besseren Welten mit unseren Gedanken auf.

Diesem Ausdruck unserer Mittrauer möchte ich noch meinen lebhaftesten Dank für die warme Teilnahme, welche Eure Durchlaucht an unseren Geschicken zu nehmen die Güte haben, beifügen.

Ich gebe hier die Abschrift eines Briefes, den ich unserem bewährten Freunde Adolf von Gross zur Mitteilung an Hofrat von Klug schrieb. Dieser jetzt ziemlich omnipotente Herr (in Geldangelegenheiten) war einst Theaterkassier und ist durch Terraineinkäufe bei dem neuen Bau stark beteiligt. Er hat noch nicht geantwortet. Ob er die Sprache faßt, die ich in diesem Briefe gebrauche, weiß ich nicht. Allein sie ist die einzige, die ich zu sprechen weiß. – Durch Fürstin Oettingen erfuhr ich, daß die Fabel der Baufälligkeit unseres Theaters und des geringeren Wertes unserer Aufführungen in den oberen Schichten sorglich verbreitet wird. Ich halte mich an die Kundgebung des Regenten, der seine Zustimmung zu dem neuen Bau nur unter der Bedingung, daß es Bayreuth nicht schade, und in der Annahme gab, es würde ein Volkstheater.

Wir verhalten uns vorläufig ganz still und lassen nichts verlauten. Ihre Güte, gnädigste Frau Erbprinzessin, und die von uns gekannte Teilnahme des Erbprinzen bewegt mich zur Mitteilung. Darf ich auch bitten, gelegentlich bei einer Begegnung mit dem Erbprinzen, Ihrem Herrn Bruder, ihm Mitteilung von diesen Dingen machen zu wollen? Indem etc. etc. [Abschrift ohne Schluß]

An Luitpold Prinzregent von Bayern
Bayreuth, 2. 2. 1900

Allerdurchlauchtigster Prinzregent,
Allergnädigster Regent und Herr!
Eure Königliche Hoheit bitte ich ehrerbietigst, es mir gestatten zu wollen, meinen tiefempfundenen Dank dafür darzubringen, daß der gnädigste Protektor unserer Festspiele bei der Bewilligung des neuen Theaterbaues in München ein huldvolles Wort zugunsten des Festspielhauses zu Bayreuth auszusprechen geruhten.

Als wir, lediglich durch die Öffentlichkeit, von dem neuen Projekt erfuhren, begab sich unser Verwaltungsrat zu dem Geheimrat von Klug in der loyalen Absicht, ihn auf möglicherweise später entstehende Mißhelligkeiten aufmerksam zu machen.

Durch den Geheimrat von Klug hörten wir die gnädige Bestimmung Eurer Königlichen Hoheit, daß der neue Bau Bayreuth nicht schaden dürfe, und beglückt durch diese Bestätigung der huldvollen Worte, mit welchen Eure Königliche Hoheit einst das Protektorat anzunehmen die Gnade hatten, ließ ich Herrn von Klug freundlich ersuchen, uns Vorschläge zu machen, welche dem allerhöchsten Worte die Erfüllung sicherten.

In liebenswürdigster Weise hat der Geheimrat diese Vorschläge für die nächste Zeit in Aussicht gestellt.

Und so vertraue ich auf das Beste in einer Lage, in welcher einzig der edle Sinn, die Gerechtigkeit und die Güte unseres hohen Protektors mein Stern der Hoffnung ist.

Meine Lage ist dadurch eine schwierige, daß der Meister ausdrücklich und öffentlich erklärt hat, sein Theater dürfte nirgends anders stehen als in Bayreuth, und daß das jetzt in München zu erbauende Theater einzig von ihm erfunden war; Semper führte nur aus.

So bringe ich denn Eurer Königlichen Hoheit einen Dank dar, den der allergnädigste Herr und Regent nach der Wichtigkeit des Gegenstandes für mich ermessen möchten, und mit dieser ehrerbietigsten Danksagung bitte ich, mich immer nennen zu dürfen
Eurer Königlichen Hoheit
Gehorsamst untertänigste

CW.

An Anna von Mildenburg
Bayreuth, 15. 2. 1900

Mein teures Fräulein!
Ihr schöner Brief hat mich sehr gerührt, und ich danke Ihnen vielmals, daß Sie sowohl am Tage der Aufführung wie am Morgen darauf meiner gedachten und es mir aussprachen. Es freute mich auch sehr, daß unsere Arbeit sich so gut lohnte, und ich sehe aus dem Erfolg, wie vorzüglich Sie alles noch ausgearbeitet haben. Schreiben Sie mir gelegentlich, was Ihrer Empfindung nach Ihnen als das Geglückteste erschienen ist. Haben Sie an die Assunta für den Schluß

gedacht?, an diesem Ausdruck der seligen Exaltation liegt mir viel.
Er muß ganz mit der »wundervollen Weise« übereinstimmen.
Nicht wahr, Sie haben sich mit der Stimme nicht zu sehr angestrengt?
Halten Sie ja darin Maß, in dem Verhältnis liegt der Zauber der
Wirkung.
Vor allem wünsche ich Ihnen Glück zu Ihrer Erfassung der Kunst,
dann wird sie Ihnen alle ihre Tröstungen schenken und Sie zu jener
Heiterkeit führen, die ich Ihnen immer hier gepredigt habe.
Seien Sie auf das innigste gegrüßt, mein teures Fräulein, haben Sie
Dank, und glauben Sie an meine wärmste Teilnahme.

                                                                    CW.

Meine Tochter trägt mir die herzlichsten Grüße und Glückwünsche
auf.
Wenn gute Bilder von Ihrer Isolde abgenommen werden, bitte,
schicken Sie mir welche. Wie war es denn mit den verschiedenen
Stellungen? (Brangäne etc.) Wurde alles eingehalten? Und das
Verhältnis zum Orchester?
Es freute mich sehr, daß Direktor Mahler mit dem Resultat unserer
Arbeit zufrieden war. Bitte, sagen Sie ihm das.
Sehr gern werde ich auch die Besprechung durch gescheite Leute
lesen.
Nun seien Sie recht froh und üben Sie nur das einzelne technisch
etwas aus, um eine immer größere Freiheit zu Ihrer eigenen Freude
zu erlangen.
Nochmals meinen Glückwunsch.

An Heinrich Porges
Bayreuth, 18. 2. 1900

Mein teurer Freund!
Herzlichsten Dank für Ihre beiden Briefe. Es ist mir sehr recht, wenn
Sie mit Merz zu Herrn Knorr gehen und ihm Mitteilung meines
Schreibens machen. Mir liegt daran, daß man wisse, der Meister
wollte sein Theater nirgends anders als in Bayreuth errichtet wissen.
Daher haben wir allen Vorschlägen glänzendster Art, welche uns von
Frankreich und England gemacht wurden, energisch gewehrt.
Ob das jetzt noch möglich sein wird, lasse ich dahingestellt. – Hierin
liegt für mich der Schwerpunkt der Angelegenheit, das, was mich
verpflichtet hat, auf meine Weise still das zu vertreten, was ich weiß.

Was die Konkurrenz anbetrifft, so hat man sie ja von München aus stets gegen uns versucht, und wir haben sie gut bestanden. Um diese handelt es sich um so weniger, als der Regent, unser Protektor, zu wiederholten Malen erklärt hat, er gäbe seine Zustimmung dem neuen Unternehmen unter der Bedingung, daß es keine Feindseligkeit gegen Bayreuth ausübe.

Dieses Wort hat uns bewogen, in Unterhandlungen zu treten, weil das ein fürstliches Wort ist, auf welches man bauen kann, und ich glaube, daß diese Unterhandlungen auf gutem Wege sind.

Das, was ich vertrete, bleibt immer vorbehalten.

Sie haben absolut recht, mein teurer Freund, in dem, was Sie von idealen Bestrebungen und den Gefahren, denen sie ausgesetzt sind, sagen. Sie haben so viel mit uns erfahren, daß Sie ein ebenso grelles Lied davon singen können als ich.

Die Zukunft wird alles lehren; für mich handelt es sich hier darum, wie ich mich zu verhalten habe. Ich hoffe, das Rechte getan zu haben, und nun bleibt abzuwarten, was einem noch zu Hülfe kommt.

Wenn Sie Knorr Mitteilung meines Briefes gemacht haben werden, bitte senden Sie ihn mir zurück.

Adolf Gross wird gewiß bei seinem nächsten Aufenthalt sich mit Merz in Verbindung setzen. Er hat ihn mehrmals bei den beiden jüngsten Aufenthalten in dem Café aufgesucht, wo er sich sonst aufhält, ihn aber nicht angetroffen. – Nun leben Sie wohl, mein teurer Freund, grüßen Sie die lieben Ihrigen herzlichst, und seien Sie in treuer Genossenschaft von mir gegrüßt.

                                                                          CW.

Vielen Dank dafür, daß Sie unserm guten Bürgermeister einen Nachruf widmeten. Die »Bayreuther Blätter« (in welchen Sie Ihren Namen in gebührender Weise finden werden) können erst im Mai eine biographische Skizze bringen.

An Anton Fuchs
Bayreuth, 20. 2. 1900

Mein teurer Freund!
Ich habe Ihnen den Beweis dafür gegeben, wie ich unsere Beziehung auffaßte, indem ich keine Verstimmung und keine Entfernung zwischen uns aufkommen ließ, sondern mich direkt an Sie wandte und Sie um Erklärung bat. Mit Ihrem Brief ist die Sache erledigt, und

die beste Erwiderung auf die falschen Gerüchte wird die Fortdauer unserer guten Beziehung sein.

Ob man mit dieser oder jener Besetzung einverstanden ist, hat nichts auf sich, weil die Meinungen sehr verschieden darüber sein können; ich zitiere hierfür Dr. Kraus, welcher vielen als der Typus des Hagen erschienen ist, während andere sich daran hielten, daß der Ruf im II. Akt keine Klangfülle hatte.

Dann aber, und dies ist die Hauptsache, weil es darauf ankommt, ob selbst bei einer minder geglückten Besetzung man doch nicht den Stil Bayreuths und die Korrektheit, welche durch diesen bedingt ist, erkennt. Seit 1876 haben wir stets einzelne ungenügende Besetzungen gehabt und werden es haben, da der künstlerische Zustand draußen nicht derartig ist, daß man auf Glück in allen Einzelheiten bauen könnte.

Ich hätte gewünscht, Sie hätten, mein lieber Freund, mit mir die Meinung hierüber ausgetauscht, weil das Problem, welches hier in Betracht kommt, zu den wichtigsten gehört.

In Sistermans zum Beispiel habe ich mich getäuscht. Seine Stimme genügte nicht, aber ich glaube, daß, wer gerecht sein will, zugeben muß, daß sein Vortrag von seltener Vornehmheit und das Ganze durchaus unopernhaft war. Vergleichen Sie die Dietz, welche auch nicht genügte, mit den verschiedenen anderen Gutrunen draußen, so, glaube ich, werden Sie zugeben, daß sie sich zu ihrem Vorteil unterschied. (Im Jahre 1876 gab die Scheffsky die Sieglinde, Unger den Siegfried!)

Doch genug! Ich danke Ihnen für Ihren Brief und freue mich, daß unsere Beziehungen die gleichen bleiben.

Sie hatten es schwer, und ich glaube, daß niemand so mit Ihnen gefühlt hat wie ich.

Leben Sie wohl, lieber Freund, grüßen Sie Ihre liebe Frau herzlich von mir, und lassen Sie uns den Beweis liefern, daß man auch unter den schwierigsten Umständen eine Beziehung, welche eine solche Begründung wie die unsrige hat, durchführen kann.

In freundlichster Hochachtung

CW.

An Anna von Mildenburg
Bayreuth, 26. 2. 1900

Mein teures Fräulein!
Ich danke Ihnen herzlichst für die zweite eingehende Mitteilung über die Darstellung der Isolde, welche mich sehr interessiert hat.
Es rührte mich, zu erfahren, daß ein wertvolles Andenken, das Bild der Assunta, Ihnen zu der Wiedergabe des Schlusses behülflich war. Möchte es uns immer vergönnt sein, alles Schmerzliche, welches wir, sei es durch uns, sei es durch andere, mit uns führen, in die Verklärung der Kunst zu leiten und zu verwandeln.
Winkelmanns Sprung hat mich sehr unterhalten, bei der nächsten Aufführung aber bitten Sie ihn sehr herzlich in meinem Namen, erst da aufzustehen, wo ich es Ihnen angab, weil es zu wichtig ist.
Wir begeben uns auf längere Zeit in die Fremde. Zuerst Berlin, dann Italien. Wollen Sie Direktor Mahler sagen, daß, wenn er noch Schmedes mir wegen Studium des Tristan senden will, dies erst im Sommer geschehen möge, weil ich nicht früher zurückzukehren gedenke.
Und nun, mein teures Fräulein, alles Beste und Herzlichste! Gott segne Ihren Ernst und lasse Ihnen immer schönere Früchte daraus ernten.
In Sympathie

Ihre CW

An Gabriel Seidl
Bayreuth, 27. 2. 1900

Lieber und hochgeehrter Herr Professor!
Nur mit zwei Worten möchte ich Ihnen für die große Güte danken, die Sie uns bewiesen, indem Sie uns Ihr schönes Museum zeigten, und Ihnen sagen, daß ich überzeugt bin, daß dieses erstaunliche Werk Ihnen eine unbeschränkte Anerkennung erringen wird. Es schwindelt einem förmlich vor der Aufgabe, die Ihnen zufiel, und man kann die Ingeniosität nicht genug bewundern, mit welcher Sie die Aufgabe bewältigt und schöne künstlerische, ja behagliche Räume geschaffen haben. Die Ungleichheit des Baues nach außen beeinträchtigt seine malerische Wirkung keineswegs, und er wird, dies ist meine Überzeugung, ein geistvolles Zeichen der architektonischen Möglichkeiten unserer Zeit bleiben.

Was nun den letzten Raum anbetrifft – den von König Ludwig II., da Sie die Güte hatten, mich zu befragen –, so möchte ich noch einmal herzlich bitten, aus diesem Raume Betten und Fauteuils auszulassen, welche viel besser in den Schlössern, für welche sie geschaffen wurden, verbleiben – und alles darauf verwenden, die großen Gedanken und Taten des Königs für die Kunst und für die Einheit Deutschlands auf das drastischeste hinzustellen.

Der Sempersche Bau und die Pläne, die Originalpartituren, Portraits, die Statuetten von Zumbusch, die er bestellte; die deutsche Einheit wäre auch am besten durch Portraits wiedergegeben (vielleicht die der bayrischen Generale, welche im Kriege 1870 sich auszeichneten), aber da weiß ich nicht, inwieweit man da gehen kann.

Bitte, lieber Herr Professor, schließen Sie das Museum würdig und groß. Gewisse Liebhabereien haben da nichts zu sagen, und ganz Ihres Museums würdig wäre es, wenn man aus dem letzten Raum mit einem einheitlichen Gedanken über Kunst und Deutschtum träte.

Verzeihen Sie, daß ich Sie nochmals darum bitte, und empfangen Sie die Wiederholung unseres herzlichsten Dankes, unserer großen Freude an Ihrem Werke und unserer herzlichst ergebenen Hochachtung seitens meiner Tochter und mir.

CW.

An Marie Freifrau von Bülow
Bayreuth, 28. 2. 1900

Hochgeehrte Freifrau!
Es hat mir sehr leid getan, aus der Mitteilung von Musikdirektor Kniese ersehen zu müssen, daß ich mich in meinem Briefe vom 10. August 1898 an Sie unklar ausgedrückt habe.

Ich glaube, daß mein Fehler darin bestanden hat, daß ich nicht Punkt für Punkt Ihrer Anfragen, wie Sie sie präzisierten, erwiderte, sondern diese Punkte verschmolz, wie es scheint bis zur Undeutlichkeit, während ich im Wahne war, bestimmt geantwortet zu haben.

Da Sie vielleicht keine Abschrift Ihres Briefes haben, schreibe ich Ihre Fragen auf und setze meine Antwort darunter.

»a. ob eine mir seinerzeit von kompetenter Seite gemachte Angabe richtig ist, daß ein – quantitativ wie qualitativ – bedeutendes Briefmaterial von dem Meister Richard Wagner an Bülow und von letzterem an den Meister existiert und in Ihrem Besitz ist?«

Antwort: Ja; das heißt nur der eine Teil, der zweite Teil, die Briefe von Herrn von Bülow, sind bei meiner Tochter Daniela Thode in Heidelberg.

»b. ob das negative Resultat meiner Bitte, mir dasselbe zugänglich zu machen, als ein definitives zu betrachten wäre, oder ob

c. Sie nicht jetzt, oder zu einem späteren, etwa von Ihnen ins Auge gefaßten Zeitpunkt geneigt sein würden, für die Herausgabe wertvoller Briefe Bülows gegen eigene an ihn gerichtete Briefe einzutauschen, deren Besitz, des wichtigen Inhaltes wegen, Ihnen möglicherweise erwünscht sein könnte.«

Antwort: Die Veröffentlichung dieser Briefe erscheint mir jetzt nicht an der Zeit. Ob ich noch den Augenblick erlebe, wo die Publikation mir rätlich erscheint, bezweifle ich. Jedenfalls habe ich nicht das Recht, die Briefe von Herrn von Bülow zu publizieren. Was nun meine eigenen Briefe anbetrifft, so übergab sie Hans von Bülow seiner Tochter mit einer Äußerung, aus welcher ich schloß, daß es in seinem Wunsche lag, daß diese Papiere durch seine Tochter zu mir wieder gelangten. Daher nehme ich an, daß nur durch ein Versehen einzelne Briefe von mir zurückgeblieben sein konnten, und bat Sie, hochgeehrte Freifrau, um eine gütige Zurücksendung. Wenn Sie aus Äußerungen von Herrn von Bülow zu entnehmen hatten, daß diese Briefe mit Absicht zurückbehalten wurden, dann habe ich mich getäuscht und muß mich für meine Bitte entschuldigen. Diese Absicht würde aber den Tausch, den Sie mir freundlich vorschlagen, recht erschweren, sonst würde ich mit meiner Tochter darüber verkehren und sie fragen, ob sie einzelne Briefe Ihres Vaters gegen die in Ihrer Hut liegenden wenigen zurückgeben möchte.

Wollen Sie, hochgeehrte Freifrau, mich hierüber aufklären.

Soweit meine Antworten.

Was nun Musikdirektor Knieses Sendung anbetrifft, so hatte ich ihn beauftragt, behufs Korrektur der »Holländer«-Partitur alle Partituren nachzusehen, die ihm Aufschlüsse geben konnten. Nachdem er die verschiedensten verglichen hatte, blieb noch die von Herrn von Bülow nachzusehen.

Ich höre, daß dieselbe verpackt in Hamburg liegt, demnach kaum zu erreichen. So lebhaft ich das bedaure, so müssen wir wohl darauf verzichten, bis Sie, hochgeehrte Freifrau, wiederum in den Gebrauch Ihrer Bücher und Papiere gelangen. Vielleicht haben Sie dann die große Güte, Musikdirektor Kniese die Möglichkeit der Vergleichung zu eröffnen.

Inszenierungen: Isolde (Rosa Sucher) und Brangäne (Gisela Staudigl)
im I. Akt, 1886

Walküren um Brünnhilde (Ellen Gulbranson), 1896

Bilder: In Dalands Haus, »Der fliegende Holländer«, 1901

Am Ufer der Schelde, »Lohengrin«, 1908

Jedenfalls bin ich der Begegnung zufrieden, da sie mir die Möglichkeit gab, ein von mir ungeahntes Mißverständnis aufzuklären.

In der Hoffnung, dieses Mal deutlicher gewesen zu sein, und mit dem Wunsche, Ihnen, hochgeehrte Freifrau, entgegenzukommen, versichere ich Sie meiner vorzüglichsten und ergebensten Hochachtung.

Cosima Wagner

An ihre Tochter Daniela
Bayreuth, 28. 2. 1900

Mein geliebtes Kind!
Ich lege anbei die Abschrift meines Briefes an Frau von Bülow bei. Bitte, hebe sie mir sorgfältig auf. Kniese erzählte mir, wie er um die Einsicht in die »Holländer«-Partitur Deines Vaters bat, erwiderte sie: Für Leistung Gegenleistung. Sie wolle wissen, welche Briefe ich besäße. Sie zeigte ihm meinen Brief, indem sie es »eigentümlich« fand, daß ich um meine Briefe zurückgebeten habe, denn diese seien mit voller Absicht zurückbehalten worden. Sie beklagte es, mit Euch ohne Zusammenhang zu sein. Das bedaure ich ja, ohne zu wissen, ob es hätte vermieden werden können. – Was nun meine Briefe anlangt, welche bei Dir sind, so sei so gut und verbrenne sie. Sage mir dann gelegentlich, ob Du für rätlich oder auch nur möglich hältst, den Tausch auszuführen, den sie vor zwei Jahren vorschlug.
Sie lebt, wie es scheint, im chambre garnie, und Kniese hörte von bösen Zungen in Hamburg, sie habe an einen spanischen Grafen, der ihr die Ehe antrug, M 80 000 verloren. Demnach wäre sie vielleicht auf Einnahme angewiesen, was immer vieles entschuldigt.
Übermorgen abend also sind wir in Berlin auf wenige Tage, dann geht es nach Florenz. Ich bin recht müde und freue mich auf einen milden Himmel und etwas Ausspannung.
Die letzten Nachrichten von den armen Buren haben mich auch sehr niedergedrückt.
Über München erzählte Eva. Maries Wesen glänzt wie ein Stern erster Größe an unserem inneren Himmel. Wir waren, denke Dir, ganz übermütig miteinander, wie die Zugehörigkeit das mit sich bringt.
Levi hat freilich, wie er selbst sagt, das Buch Chamberlains massenhaft verbreitet, aber der III. Band hat ihn empört. Er sagt es laut. Ich halte die Verbreitung für sehr dienlich.

Wußtest Du, daß Elisabeth Nietzsche Luxus führt, Equipage, Dienerschaft und Hofhaltung?!
Dies führt mich auf den Gast. Hat er an Spitzer geschrieben wegen Ratenzahlung, was ich für das einzig Richtige halte? Ferner bitte ich, daß er seine Auslagen notiere, um sich etwas Rechenschaft über die Ausgaben des von hier geschickten Geldes zu geben. Endlich aber, wenn Du seinem Leben eine bestimmte Beschäftigung, welche es sei, geben könntest, wäre es der einzige Weg.
Wir freuen uns unsäglich auf Fidi, hoffen, ihn wohl anzutreffen, und wünschen, daß Berlin nicht allzu ermüdend oder drückend sei.
Wir sehen uns also in Assisi? Das ist schön, das ist herrlich!
Lebt alle wohl, Kinder, und seid gegrüßt, umarmt und gesegnet
                                                        Mama

An Richard von Chelius
Bayreuth, 1. 3. 1900

Mein lieber Freund!
Ich dachte anfangs vorigen Monats nach Karlsruhe zu kommen und Ihnen mündlich das mitzuteilen, was in unserer Sache sich ereignete; durch verschiedene Angelegenheiten abgehalten, muß ich zur schriftlichen Auslassung greifen, denn es liegt mir daran, daß Sie, lieber Freund, der Sie zu den bewährtesten Stützen unserer Sache gehören, genau wissen, was vorliegt und wie wir uns verhalten.
Ende vorigen Jahres wurde unter gehörigem Posaunenton öffentlich angekündigt, daß der Sempersche Bau nun beschlossen sei und München seine alte Schuld abtragen würde. Im Jahre 1901 würde dieses Theater mit den »Meistersingern« eröffnet werden.
Zugleich wurde verbreitet, unser Theater in Bayreuth sei baufällig, Siegfried würde Kapellmeister bei dem neuen Unternehmen, und ich erhielte die Leitung.
Wir befrugen uns, Adolf Gross und ich, was demgegenüber unsererseits zu tun wäre, und nach etwa 14 Tagen ging er nach München, suchte den Hausminister von Crailsheim auf, der sehr spröde sich ausnahm, und erklärte, er habe mit der ganzen Sache nichts zu tun, das ginge ihn nichts an und ähnliches. Adolf wandte sich darauf an den Hofrat Klug, Verwalter der Zivilliste, und legte ihm ein Gutachten des Rechtsgelehrten, Geheimrat Ackermann, vor (wel-

ches er vor ungefähr zwei Jahren sich erbeten hatte, als das
Theaterprojekt durch den Minister Müller uns mitgeteilt worden
war; damals wurde dieses Projekt aufgegeben).

Nach diesem Gutachten nämlich wären wir im Rechte, die Aufführungen unserer Werke in dem neuen Theater zu inhibieren.

Aus dem Gespräch zwischen Adolf und Klug ergab es sich, daß, was
dem neuen Theater zugrunde läge, eine reine Bauspekulation wäre.
Die Besitzer von Terrains, die sich nicht bis jetzt rentieren, waren auf
den Gedanken gekommen, durch den Bau ein neues Viertel
entstehen zu lassen. Eine Pfälzer Bank mit einem jüdischen Direktor
gibt die Fonds dazu, und Possart kam die Sache gelegen, weil die
schlechten Geschäfte, die er macht, dadurch – so hoffte man
– ausgeglichen würden. Die Zivilliste zahle 55 000 Mark Pacht. Der
Regent sei ungemein schwer für das Unternehmen zu gewinnen
gewesen und habe seine Unterschrift nur mit der wiederholten
Bedingung hergegeben, daß Bayreuth mit dem Theater nicht
geschadet würde. Der Rechtsstandpunkt Adolfs erschreckte augenfällig; »machen Sie uns keinen Affront«, sagte der Minister
Crailsheim, und Klug sagte: »wir würden dann das neue Theater
ankaufen, was uns allerdings sehr wenig passen würde. Sehen Sie zu,
daß wir in Frieden auskommen, machen Sie uns Vorschläge.« –
Adolf kam heim, wir berieten zusammen, und der Erfolg unserer
Beratung ist der Brief, den ich an ihn richtete und den ich hier beilege.
Inzwischen und fast unmittelbar, nachdem Adolfs und Klugs
Besprechung stattgefunden, erschien, aus München geschrieben,
A.O. unterschrieben, im »Berliner Fremdenblatt« ein Aufsatz der
gemeinsten injuriösesten Art gegen mich, voller Unwahrheiten, aber
mit ein oder zwei Momenten, welche einzig aus einer Kenntnis des
Gespräches zwischen Adolf und Klug, demnach von Possart,
entstammt sein konnte.
Abermals begab sich Adolf nach München. Diesmal mit einem
Schreiben von mir an den Regenten versehen, in welchem ich dem
Regenten für seine gütige Fürsorge für Bayreuth dankte und ihm das
eine aussprach, daß der Meister sein Theater einzig und allein in
Bayreuth haben wolle. Mit diesem Schreiben und meinem Schreiben
an ihn begab sich Adolf zum Flügeladjutanten von Zollern. Auch
dieser war in der Angelegenheit sehr zugeknöpft, erklärte, nichts von
dem neuen Bau zu wissen, erbot sich aber, mein Schreiben an den
Regenten zu übergeben. Darauf ging Adolf zu Klug. (Jetzt der
einflußreichste Mann in Bayern.) Diesen fand er in Betreff des

Theaters bereits kleinlaut, und er hatte den Eindruck, als ob, wenn sie mit der Sache zurückgehen könnten, sie es tun würden.

Merkwürdigerweise erwiderte mir der Regent nicht durch Herrn von Zollern, sondern durch Hofrat Klug, und zwar folgenderweise: Der Regent bewahre Bayreuth durchaus seine freundliche Gesinnung und ließe mich ersuchen, meine Vorschläge bezüglich des Verhältnisses zu der neuen Unternehmung zu machen.

Durch einen höheren Diplomaten erfuhr ich, daß der Regent die Absicht gehabt habe, mir persönlich zu antworten, daß er aber davon durch Klug abgebracht worden sei, indem dieser ihm vorhielt, es wäre gut, wenn in diesem Schreiben mir das Ansinnen der Vorschläge zugeführt würde.

Ich dankte Herrn von Zollern für die Übergabe meines Briefes und dankte Klug für die Vermittlung der Antwort des Regenten. Von Zollern erhielt ich einen durchaus höflichen, aber steifen, aus der Sache sich ziehenden Brief, von Klug ein sehr freundliches, durchaus scheinbar gutgewilltes Schreiben.

Adolf setzte *vorbehaltlich aller unserer* Rechte, unsere Vorschläge auf und erinnerte in seinem Briefe daran, daß bei der letzten Unterredung Hofrat Klug ihm das Dementi des injuriösen Münchener Aufsatzes in der Berliner Zeitung zugesagt habe. Auf letzteren Punkt erwiderte Klug, das Dementi wäre an die »Allgemeine Zeitung« (die Zeitung Dr. Büncklins!), welche immer die offiziellen Mitteilungen erhielt, abgesandt, der Redakteur wollte es aufnehmen, Baron von Mensi habe erfolgreich dagegen opponiert.

Unsere Vorschläge waren folgende:

1.) daß in dem gleichen Jahre nicht die gleichen Werke wie in Bayreuth in dem neuen Theater aufgeführt werden dürften

2.) daß unser Künstlerpersonal inklusive der Kapellmeister nicht in Anspruch genommen werden sollten.

Vor 8 Tagen war nun ich in München und hatte vorigen Sonnabend eine Unterredung von einer Stunde mit Hofrat Klug.

Zu wiederholten Malen sagte er mir, daß der Regent durchaus Bayreuth gewogen bleibe und gegen meine Person wohlgeneigt sei, daß ich infolgedessen für jede Beschwerde mich mit der Sicherheit, Gehör zu finden, an ihn wenden könnte.

Das Theater sei das Unternehmen einiger Spekulanten. Es habe sich nur darum gehandelt, ob die Zivilliste eine gefährliche Konkurrenz aufkommen ließ oder dieses Theater selbst in Pacht übernähme. Sie müßten ihre Bühne wegen notwendiger Reparaturen schließen, die

Erhaltung des Personals ohne Verwendung brächte große Unkosten,
so hätten sie den Pacht, der ihnen sozusagen nichts kostet, da der
Abend auf 3/400 Mark ihnen nur kommen würde, übernommen. Der
Regent sei durch den Gedanken, billiges Schauspiel für das Volk zu
geben, gewonnen worden und sei auch durch die geschäftliche
Darlegung von der Richtigkeit der Übernahme überzeugt. (Von der
Baufälligkeit der Münchener Bühne wurde mir von anderer Seite
versichert, sie sei nicht vorhanden.)
Ich erwiderte, daß für Spekulationsgedanken der Sempersche Bau
doch zu bedeutend sei und daß niemand ein Recht an ihn hätte, da
dieser Gedanke eigentlich nicht von Semper sei und der König auf
das Theater für München verzichtet hätte, worauf er mir sagte, solche
Dinge seien rechtlich nicht geschützt und daher die Beute der
Spekulation. Auch hielte sich der Architekt Littmann an das
römische Amphitheater. Er fügte hinzu, möglicherweise würde
dieses Theater Possart ganz zufallen, da vielleicht über kurz oder lang
ein Herr aus dem Adel die Hoftheater-Intendanz wieder übernähme.
Die ultramontane Partei sei gegen den Bau. Sie wünsche keine
Volksschauspiele.
In einigen Tagen würde er unsere Vorschläge, die er durchaus billig
fände, uns aber mit Behauptung des Münchener Rechtsstandpunktes
zurücksenden.
Ich benutzte meinen Aufenthalt, um einige Menschen zu informie-
ren. Merz und Fuchs sind, wie mir schien, von Possart gedungen. Ich
hatte ihnen die Schlechtigkeit des Vorganges dargelegt. Dem
Redakteur der »Neuesten Nachrichten« ließ ich durch Porges
meinen Brief an Adolf vorlesen. Er erwiderte, er verstünde mich
sehr wohl, aber als Münchener müsse er sich freuen, wenn ein
schönes Theater gebaut würde. An einzelnen Stellen des höheren
Adels habe ich auch Mitteilung gemacht. Levi habe ich zu stempeln
gesucht.
Kurz, ich glaube, daß ich getan, was ich konnte. Das übrige wird die
Zukunft lehren.
Mir läge wohl daran, daß die großherzoglichen Herrschaften durch
Sie, lieber Freund, unterrichtet würden. Sie müssen am besten
beurteilen, ob und wie dies tunlich sei, ferner möchte ich Sie bitten,
Freund Mottl meinen Brief an Adolf Gross vorzulesen, ohne ihn aus
der Hand zu geben.
Diesen Brief möchte ich Sie bitten entweder zu behalten oder mir
zurückzusenden, je nachdem Sie glauben, daß er Ihnen behülflich

sein kann, um an entscheidenden Stellen über diese Dinge aufzuklären.

Wenn ein leichtes Unwohlsein, welches mich heute befiel, morgen
früh ganz vorbei ist, treffen wir abends mit Siegfried in Berlin ein.
Sein »Bärenhäuter« wird am 6. dort aufgeführt, dann begibt er sich
nach Paris, wo er aufgefordert ist, bei Colonne zu dirigieren. Wir
gehen nach Florenz, um etwas Frühling zu genießen und auszu-
ruhen. Meine Adresse in Berlin ist: Hotel Petersburg – Unter den
Linden.

Hoffentlich treffen Sie diese Zeilen in bestem Wohlsein mit all den
Ihrigen an. Grüßen Sie Ihre liebe Frau schönstens von uns, und seien
Sie, lieber Freund, in herzlichster Anhänglichkeit freundschaftlichst
gegrüßt

CW.

An Anton van Rooy
Bayreuth, 2. 3. 1900

Mein teurer Freund!
Ich will Ihnen sogleich für Ihren lieben Brief danken, weil ich in
wenigen Tagen mich auf die Reise begebe und man unterwegs nicht
leicht die Muße und die Ruhe findet, in welcher ich Ihnen gern
schreibe.

Ich danke Ihnen herzlichst für Ihre Vermittlung bei Plançon und
ersehe wohl, daß kaum Hoffnung vorhanden ist. Ich glaubte, er habe
Deutsch gelernt. Wenn das nicht ist, dann ist es natürlich unmöglich.
Ihr Bericht über die »Meistersinger« in Amerika hat mich sehr
interessiert, und ich habe mich wiederum dabei Ihres einfachen,
wahrhaftigen, vornehmen Wesens gefreut, da Sie mir sagen, daß Sie
einen geringen Erfolg als Sachs, Friedrichs dagegen einen großen als
Beckmesser gehabt. Die Gründe kann ich mir leicht selbst sagen, und
was ich von den Vorstellungen in Amerika gehört habe, läßt mich
keine sehr guten Schlüsse ziehen. Natürlich wirkt die Drastik des
Beckmesser in der genialen Darstellung Friedrichs' unfehlbar, während der gemächliche Humor Hans Sachs' bei einem Publikum, das
die Sprache nicht versteht, kaum zu merken ist. Es wundert mich aber
sehr, daß die letzte Anrede, in welcher Sie so unvergleichlich sind,
nicht wirkte. Sie wissen, daß ich gern einzelnes aus dem Sachs noch
mit Ihnen durchgenommen hätte; Sie hatten wenig Zeit. Sicher ist

mir aber, daß, je öfter Sie ihn singen, um so mehr das Publikum Ihre Wiedergabe erfassen wird. In der Überzeugung, mit welcher der Künstler an seine Aufgabe herangeht, liegt die sichere Gewähr der Wirkung auf das Publikum. Diese tritt mit der Zeit unfehlbar ein. Nun habe ich wieder eine Bitte, an Sie, mein teurer Freund. Wie stehen Sie mit Bertram, wie finden Sie ihn, glauben Sie, daß er uns in Bayreuth gute Dienste leisten könnte, ist er jetzt in so geordneten Verhältnissen, daß er im Sommer behufs Studium zu uns kommen könnte, und wollen Sie mir das vermitteln? Sie sehen, wie hoch ich Sie stelle, daß ich Sie bitte, mit einem direkten Kollegen so zu verhandeln, und wie ich Ihre Gerechtigkeit und Unparteilichkeit kenne, daß ich Sie um Ihr Urteil hier bitte. Ich habe Sie eben genau kennengelernt, und Sie sind mir in jeder Hinsicht eine große, große Ausnahme.

Unser Loisl hatte einen Riesenerfolg als Siegmund in Frankfurt, ja, man schrieb es ihm zu, daß die Aufführung bedeutend besser als sonst gewesen wäre, da alle Künstler durch ihn belebt sich gezeigt hätten. Jetzt gibt er Konzerte. – Der »Bärenhäuter« soll nun am 12. März in Berlin aufgeführt werden. Wir treffen Fidi dort. Er wird sich über Ihre Grüße sehr freuen. Am 25. ds. dirigiert er bei Colonne in Paris. Wir gehen nach Italien, wo wir bis Mitte Mai zu bleiben gedenken. – Nun leben Sie wohl, mein teurer Freund, haben Sie Dank, und seien Sie auf das herzlichste von Eva und mir gegrüßt. Gedenken Sie immer freundlich der alten Wala

CW.

Die letzten Nachrichten über die Buren haben mich unglücklich gemacht, Gott gebe bald Frieden, daß diese herrlichen, tapferen, gottesfürchtigen Leute nicht ganz hingeschlachtet werden.

An Mathilde Wesendonck
Bayreuth, 8. 6. 1900

Verehrte Frau und Freundin!
Es hat lange gewährt, bis ich mein Wort einlösen konnte und von meinen Gewährsmännern die Beweise für ihre Äußerungen erhielt. Die Blätter waren meistens verschwunden, so ist auch die Auslese eine zufällige, und mir wird gesagt, daß die elendesten Äußerungen nicht dabei seien, immerhin genüge es für den Beweis. Ich selbst habe nichts gelesen.

Meine Ansicht über die Veröffentlichung intimer Briefe steht, glaube ich, in Widerspruch mit der jetzt publizistisch vertretenen. Auch glaube ich, daß die Verfasser dieser Briefe meine Ansicht teilten. Nichtsdestoweniger hege ich einen viel zu großen Respekt vor den Gründen, welche Sie, Freundin, zu solcher Publikation veranlaßten, um jemals mein Autorenrecht auf diese Blätter durch freundschaftliches Ersuchen, die Publikation zu unterlassen, Ihnen gegenüber geltend zu machen; auch weiß ich, daß Sie sie nimmermehr in der Zeitschrift veröffentlicht hätten, wenn Sie von der bezeichneten Gesinnung derselben auch nur die leiseste Vorstellung gehabt. Nur werde ich dadurch zu einer Bitte veranlaßt: wenn Sie die etwa noch vorhandenen Briefe gern mitzuteilen geneigt wären, diese Mitteilung den Blättern zukommen zu lassen, in welchen die Aufsätze des X. Bandes erschienen: den »Bayreuther Blättern«.

Ich hatte die große Freude, Ihren Sohn in Florenz zu sehen. Seine vornehme, ernste Art war mir wiederum sehr sympathisch, und für mich gehört er zu den seltenen Wesen, welche die Prüfungen, die uns allen beschieden sind, zu einem Werk des Guten wandeln. Wollen Sie ihn sehr schön von mir grüßen!

Mit dem Band Euripides haben Sie mir schöne Stunden bereitet, insbesondere »der Mütter Bittgang« hat mich ganz leidenschaftlich eingenommen, und ich habe förmlich Propaganda für das wenig gekannte, großartige Stück gemacht.

Aber auch Ihre »Alkestis« hat mich begleitet, und ich habe bei der Lektüre bewundert, wie Sie sich den Geist des Originals angeeignet haben und wie frei dichterisch Sie doch verfahren sind. Die seltene Beherrschung der Form, die Ihnen zu eigen ist, ist mir auch hier wiederum aufgefallen, und ich bin Ihnen mit Behagen in jene Welt des Schönen gefolgt, in welche man sich so gern zur Erholung von der Dissonanz der Häßlichkeit flüchtet.

Ich will jetzt die »Alkestis« von Euripides vornehmen, und es wäre interessant, zu vergleichen, welche Bearbeitung des Stoffes Gluck benutzt hat. Ich habe leider seine »Alceste« nie gesehen.

Haben Sie Dank, teure Frau, für die Freude und Anregung, welche Sie mir mit den dichterischen Gaben bescherten.

Ich habe den Aufenthalt in Italien dieses Mal sehr genossen. Florenz im Frühjahr ist zauberisch, und das Leben mit Tochter und Enkelchen war traulich wohltuend. Nun sind wir heimgekehrt, und es liegt ziemlich viel Arbeit vor, da wir drei Monate abwesend waren. Entschuldigen Sie daher, wenn ich nicht Ihnen eingehender meine

Befassung mit Ihrer Dichtung schildere, und nehmen Sie fürlieb mit den Andeutungen der Teilnahme, die sie mir erweckte. Es ist mir ein lieber Gedanke, Sie in dieser einzigen Welt so heimisch zu wissen, deren edle Einfachheit uns nie erscheint, ohne daß wir wie durch einen Zauber von ihr berührt werden.

Sie sind wohl jetzt auf Ihrem Landsitz in Gmunden, aber ich richte diese Zeilen der Sicherheit halber nach Berlin. Möchten sie Sie in Frieden und Wohlsein antreffen. Diesem Wunsche füge ich meinen wärmsten Gruß bei und die Versicherung treuer Ergebenheit

Ihrer

CWagner

Es versteht sich von selbst, daß ich die Erbärmlichkeiten nicht zu lesen zumute. Sie bedeuten nichts als die Rechtfertigung meiner Gewährsmänner durch den Beweis für ihr Urteil.

Meine Kinder tragen mir verehrungsvollste und herzliche Grüße an Sie und die lieben Ihren auf.

An Felix Mottl
Bayreuth, 9. 6. 1900

Lieber Freund!
Nur heute eine sachliche Anfrage. Wollen Sie mir ganz vertraulich Bericht über van Dycks Stimme (Tremolieren, Distonieren etc.) geben. Ich weiß, daß er wünscht, wieder nach Bayreuth berufen zu werden, und ich will ihm den Wunsch gern erfüllen, unter der Bedingung, daß die Fehler, die bei seinem letzten Auftreten hier sich bedenklich ankündigten, sich nicht entwickelt haben.

Meine zweite Anfrage betrifft Bertram. Ist er in London? Singt er dort? Mit welchem Erfolg und mit welcher Leistungsfähigkeit? Ich halte viel von seiner Begabung, weiß aber nicht, ob sie seiner Lebensauffassung Stich halten kann. Würden Sie die Vermittlung bei ihm übernehmen: ob er auf einige Zeit nach Bayreuth behufs Studium und darauf folgender Berufung für das künftige Jahr kommen könnte.

Es war mir wunderlich, in Karlsruhe zu sein und Sie nicht dort. Ihre Frau war auch abwesend. Ich hatte große Freude an dem Wiedersehen mit Chelius gehabt, und wir erlebten einen idyllisch-gemütlichen Abend bei Thoma in der alten Eislöwenbehausung. Gar manches kam mir da durch den Sinn, und es war mir lieb, daß die damaligen

Träume sich in die Traulichkeit unseres Bildners verwandelt hatten.
Man erlebt gewöhnlich Schlimmes durch die Wandlungen.
Siegfried war sehr gerührt durch Ihr Gedenken inmitten all der
Geschäftigkeit. Er ist heute in Coburg, um mit Kranich und Brückner
zu verkehren. Er ist wieder voller szenischer Einfälle, und wie wir
neulich von der Direktionsverteilung sprachen, antwortete er mir
ganz ernsthaft: Am liebsten bin ich beim Beleuchtungsapparat.
»Oper und Drama« ist nicht vergeblich für ihn geschrieben worden.
Lasen Sie die Briefe an Bülow in den »Bayreuther Blättern«? Sie
wären sehr zu beherzigen, namentlich der erste, und ich hoffe, man
wird sie beachten.
Leben Sie wohl, lieber Freund, vergessen Sie uns nicht ganz. In
Florenz bei einem unbeschreiblichen Frühlingszauber gedachte ich
Ihrer, und wenn wir das Landhaus zu mieten bekommen, welches ich
hoffe, müssen Sie uns dann besuchen.
Auf gutes Wiedersehen und einstweilen die herzlichsten Grüße von
uns allen

CW.

An ihren Enkel Manfred
Bayreuth, 12. 6. 1900

Mein guter Manu!
Schönen Gruß zu Deinem Geburtstag! Onkel Adolf sandte in
meinem Namen einen kleinen Betrag an Deine Mama, welche, soviel
ich weiß, ihn in die Sparkasse gibt. Lasse Dir aber davon Lire 20
geben zu Deinem Vergnügen, um, wenn es Dir Spaß macht, mit
Kameraden eine kleine Abschiedsfeier zu halten.
Mit dem Austritt aus Prado wirst Du schon zum Mann. Ich kann Dir
zu diesem Momente nur sagen, bewahre und stärke in Dir die
Fähigkeit, Dich über Recht und Unrecht zu befragen, und gib dir
selbst Dein Gesetz, um es unerschütterlich zu befolgen. Was Dir das
Gewissen sagt, gelte Dir mehr als irgendein menschliches Wort und
menschliches Ansehen, und dann noch eins: Lasse Dich durch die
äußerliche Richtung, welche Deine Kirche genommen, nicht von der
Wahrheit des Christentums entfernen! Halte Dich an den Gott am
Kreuze, der unsere Schuld auf sich nahm und für uns starb. Dieses
erhabene Geheimnis, in welches Du immer tiefer eindringen wirst, je
mehr Du das Leben kennenlernst, rette es Dir, und laß nicht
oberflächlichste, nichtige Scheingeistreichigkeit Dich um dieses Heil

bringen. Das ist unsere ganze Religion, aus ihr fließt ganz von selbst das Mitgefühl für alle Kreatur der Welt, Menschen wie Tiere. Trägst Du dieses Geheimnis in Deinem Herzen, so wird es sich in Deinem Tun offenbaren. Praxis ist etwas verhältnismäßig Gleichgültiges gegenüber dem, worum es sich handelt.

Du bist ein vortrefflicher Junge, mein guter Manu, und habe ich mich Deiner sehr gefreut. Bis jetzt wurdest Du geschützt, von nun an wirst Du Dich selbst zu schützen haben. Ich baue auf Deinen adeligen Sinn, um alles Gemeine von Dir zu weisen.

Dein Onkel und ich, wir würden uns gefreut haben, wenn Deine Mutter ihren Sitz in Deutschland genommen hätte, weil wir dafür halten, daß die Laufbahn eines Mannes in Deutschland ihm bedeutendere Gelegenheit zur Entwicklung seines Charakters und seiner geistigen Fähigkeit gibt. Auch hatte Dein teurer Vater diesen Gedanken ausgesprochen. Die Umstände haben es anders bestimmt, und überall, auch unter ungünstigen Verhältnissen, kann der Mann sich bewähren. So sende ich Dir denn meinen Segen zu der Wandlung Deines Lebens, mein teures Kind, und ich habe das beglückende Gefühl, daß wir uns immer inniger vertraut werden.

Ich frug Mariechen, ob sie einen Brief von Dir habe, sie sagte mir, nur Photographien. Es sieht noch ein wenig chaotisch bei dem armen Schelm aus. Bevor das Gefühlsleben bei ihr rege war, hat sie sich mit ihrem Äußeren beschäftigt, nun ist's nicht ganz leicht nachzuholen. Bezüglich der üblen Dinge, welche vorfielen, sagte ich ihr, sie möchte sich entscheiden, zu wem sie gehören wolle, ob zu wahrhaftigen und anständigen Menschen oder zu anderen. Die Dinge lägen sehr klar. Es schien ihr Eindruck zu machen, und ich glaube, sie wird sich zurechtfinden, wenn sie Liebe ahnt.

Nun aber Glückauf, mein teurer Junge, ich wünsche, daß Du bestehst, weil Du es Dir wünschest, aber ich werde wissen, wenn es nicht so kommt, daß Du nicht daran schuld bist, und nur der große Zudrang Dich auf das nächste Jahr verlegt, da Du fleißig warst und Dir die Zufriedenheit in Deiner Schule erwarbst.

Bei der deutschen Marine sind im Gegenteil zu wenige Anmeldungen, hat man mir gesagt.

Unsere armen Buren haben jetzt einen Schein von Erfolg. Man kann aber nichts mehr hoffen.

Leb wohl, mein liebes gutes Kind, Gott mit Dir und die zärtlichsten Grüße Deiner alten

Großmama

An Richard von Chelius
Bayreuth, 18. 6. 1900

Nur zwei Worte des Dankes und der großen Genugtuung darüber, mein teurer Freund, daß Sie mit der Stellung, die wir München gegenüber genommen, einverstanden sind. Die Zeit wird nun das übrige bringen; es ist mir sehr schmerzlich, dieses Theater dort als das Werk von Spekulanten und Schwindlern stehend mir zu denken, aber nichts darf einem erspart bleiben. – Vielen Dank für die Bemühungen um die Schutzfrist. Ich habe auch schon mit einigen Mitgliedern des Zentrums und der konservativen Partei gesprochen. Vom Zentrum erwarte ich mir am meisten, weil seine Glieder gewohnt sind, für eine Idee einzutreten. Dank auch für die Empfehlung des Tenors. Kniese wird ihm schreiben, hierher zu kommen. – Der junge Plank, der hierher kommt, ist nicht der ältere, sondern der jüngere Sohn Fritz. Er macht einen gutartigen Eindruck, kann ungefähr 18 Jahre alt sein und hat eine gute, gänzlich unkultivierte Stimme.
Herzlichen Glückwunsch zu dem geglückten künstlerischen Unternehmen und auf gutes Wiedersehen in Bälde. Herzlichste Grüße Ihrer lieben anmutigen Frau, gute Wünsche Ihren Kindern und Ihnen meinen freundschaftlichen Händedruck.

CW.

An Felix Mottl
Bayreuth, 19. 6. 1900

Mein teuerster Spielmann!
Vielen Dank für Ihre Zeilen von Karlsruhe. Jetzt denke ich Sie mir in London und beneide Sie darum. *Müssen* Sie denn aber Ihre edlen Kräfte also mißbrauchen.
Mit Dank nehme ich Ihre freundliche Vermittlung an und bitte Sie:
1. Wegen van Dyck van Rooy noch einmal ernstlich zu sprechen über den jetzigen Zustand seiner Stimme, auch seiner Erscheinung, denn es hält schwer, einen aufgeschwemmten Parsifal hinzustellen; auch erführe ich gern seinen Aufenthalt.
2. Bertram! Vulgär habe ich ihn auf der Bühne nie gefunden, vielmehr vornehm und stattlich. Was er im Leben ist, das weiß leider jedermann. Würden Sie in meinem Namen mit ihm sprechen, ihn

fragen, ob er längere Zeit zur Arbeit hierher kommen könnte. *(Seine Stimme ist doch noch schön??)* Und getrauen Sie sich in meinem Namen ihm vorzuhalten, von welcher Wichtigkeit es für ihn sein könnte, hier einen bedeutenden Erfolg zu haben, und wie er doch gewisse Gewohnheiten seiner Zukunft opfern sollte. Ich sehe Sie über diesen Auftrag lachen, aber Sie kennen mich, und daß ich an wenig verzweifle.

3. Slezak, der Tenor: Er war vor 2 Jahren hier. Seine Stimme war gut, Erscheinung auch. Er war aber etwas wüst. Hat er sich durchgearbeitet, wie finden Sie ihn, und meinen Sie, daß wir hier etwas mit ihm anfangen könnten? Wenn ja, so bitte ich, mit ihm zu sprechen und ihn zu fragen, ob er hierher kommen könnte.

Nur so viel für heute, teurer Spielmann. Pohlig ist hier und erfreute uns gestern durch den Vortrag einer Beethovenschen Sonate, in welcher ich Stil und Schulung meines Vaters begrüßte.

Ich habe Frau von Wolzogen Ihren Wunsch nach den Blättern ausgedrückt. Sie wußte nichts davon und wollte gleich senden. – Die beiden Briefe, vornehmlich der erste, sind entscheidend.

Leben Sie wohl, teurer Spielmann, haben Sie Dank für Ihre Mitarbeit an unserem Werke. Sahen Sie Richter?

Herzliche Grüße von uns allen. Wir sprechen öfters von Ihnen, und wie, das wissen Sie.

Treulichst

                                                    CW.

An Otto Purschian
Bayreuth, 21. 6. 1900

Sehr geehrter Herr Direktor!
Ich bin Ihnen für Ihre liebenswürdige Mitteilung von gestern sehr verbunden und wünsche Ihnen und den beteiligten Künstlern herzlich Glück zu der gelungenen Aufführung des »Rheingold«.

Ich erachte dieses Werk als eine der schwierigsten Bühnenaufgaben, und es gibt kaum eines, mit welchem wir in Bayreuth so viel Mühe hatten, bis wir die richtige Bewegung auf der Szene und die richtige Deklamation erlangt hatten. Auch ist es ungemein schwierig, die verschiedenen Figuren des Stückes, Götter, Riesen, Zwerge, charakteristisch zu besetzen.

Ist Ihnen dies auch nur einigermaßen gelungen, so daß die Götter-

schuld, welche das haupttragische Motiv der ganzen Dichtung bildet,
wirklich empfunden wurde, so ist Ihnen zu gratulieren.

Ich tue es mit diesen Zeilen, sehr geehrter Herr Direktor, und füge
ihnen die Versicherung meiner vorzüglichsten Hochachtung bei

CW.

An Anton van Rooy
Bayreuth, 24. 6. 1900

Einziger Wotan und unser teuerster Wahnfrieds-Marke!
Ihre lieben Zeilen vom 22. haben mir wieder eine große Freude
verursacht. Haben Sie Dank dafür. Wie können Sie daran zweifeln,
daß Sie mir unter allen Umständen herzlich willkommen sind. Ich
glaube, wenn ich auf dem Totenbette wäre und Sie mich bäten, etwas
mit Ihnen durchzumachen, würde ich mich wieder aufraffen, um mit
Ihnen gemeinsam künstlerisch tätig zu sein. Ich habe, mein lieber
Freund, von der ersten Stunde unserer Begegnung gewußt, wer Sie
sind und wie Sie sich unterscheiden! Ich weiß es aber immer
bestimmter und freue mich Ihrer mit immer gesteigertem Bewußtsein.

Es ist mir sehr lieb, daß Sie den Holländer noch nicht gaben. Ich traue
Ihnen auch in der Darstellung jetzt das Beste zu, aber ich glaube, es
ist besser, wenn Sie ihn von Bayreuth aus feststellen. Sie werden
selbst sicherer sein, und die törichten Einreden, denen man draußen
immer seitens der Nichtwisser und Nichtschaffenden begegnet,
werden dann an Ihnen abprallen.

Was den Sachs anbetrifft, so stehen die drei Hauptmomente (zwei
Monologe und Anrede) fest und sind unübertrefflich schön. Es bleibt
nur übrig, den Dialog etwas lebendiger, volkstümlich naiver heraus-
zuarbeiten. Dies ist für Sie natürlich schwerer, weil Sie auf das
Tragisch-Pathetische mit unvergleichlicher Begabung angelegt sind.
Ich danke Ihnen auch für das Zeugnis, welches Sie van Dyck
abgaben. Ich liebe es vor allem, wenn Menschen für etwas eintreten.
Es gehört dazu Mut, und Ihrem Urteil traue ich unbedingt. Meine
Meinung über van Dyck kennen Sie, auch meine Erfahrung. Ich habe
ihn so hoch geschätzt, daß ich ihn als den Pfeiler unserer Aufführun-
gen betrachtete, bis ich ihn sich schmählich verwerfen sah. Möchte
Ihre Freundschaft ihm noch helfen! Wenn etwas es kann, so ist es Ihr
Ernst und Ihre Leistung, die er durchaus fähig ist zu würdigen. Wenn
ich ihn auffordere, so haben Sie es bewirkt.

Ich brauche Ihnen nicht zu sagen, wie weh es mir tut, Sie und Ihre
edlen Kräfte in dieser Wirtschaft gemißbraucht zu sehen. Ich mache
Ihnen keinen Vorwurf. Bei Gott nicht, denn ich kann mir die
Verhältnisse denken, die Sie zwingen, aber es tut mir weh. Das
einzige, woran ich mich in diesem traurigen Gefühl halte, ist die
Vorstellung, daß Ihr Beispiel und Ihre vernünftigen Ermahnungen
Ihren Kollegen möglicherweise doch etwas nützen. Möchte es so
sein!
Danken Sie Ernst Kraus für seine Grüße bestens. Grüßen Sie, bitte,
Fräulein Ternina auf das schönste von mir und sagen Sie ihr, ich freute
mich wieder auf sie.
Und nun auf Wiedersehn im echten Land, mein teurer Freund.
Siegfried und seine Schwestern entsenden das Allerherzlichste, und
ich drücke Ihnen die Hand mit der Gesinnung, die Sie kennen und die
unwandelbar, innig und warm ist.

CW.

An Felix Mottl
Bayreuth, 24. 6. 1900

Mein treuester Spielmann!
Als meine Eva bereits in der Mitte des Vorlesens Ihres Briefes
angelangt war, trat Tochter Isolde hinzu, lauschte einen Satz, und
nicht wissend, von wem das Schreiben war, rief sie aus, das muß ein
bedeutender Mensch sein, der das schrieb. Ich erzähle Ihnen das, weil
Sie gar nicht eitel sind und daher derlei ungefährlich ist. Nun wünsche
ich vor allem, daß Sie der Sorge um Ihre Frau enthoben seien und
gute Nachrichten von ihr erhielten. Wünschen Sie ihr von mir
freundlichst baldige Genesung. Als ich sie im vorigen Jahr hier
empfing, fand ich sie sehr angegriffen und gab in Gedanken deshalb
sogleich jedes ernste Studium auf. Wer sie aber in ihrer ersten Jugend
so blühend gesehen hat wie ich, der weiß, welch eine kräftige Natur
sie ist und daß sie sich gewiß vollständig erholen wird.
Nun aber vielen herzlichen Dank für Ihre Bemühungen und Ihre
Berichte. »O Zeus, was schufst du Weiber«, fiel mir bei Ihrer
Schilderung Bertrams ein, denn er war wirklich eine vornehme
Erscheinung auf der Bühne, hatte auch Noblesse im Vortrag. Ihm
werde ich nicht schreiben, schreibt er, so werde ich ihm antworten,
daß nur ein längerer Aufenthalt Sinn hat.

Slezak dagegen werde ich Ende der Woche durch Kniese bitten lassen, hierher zu kommen. Ich will wenigstens alles angehört haben. Danke vielmals auch für die Form, welche Sie fanden, die für mich die günstigere ist.

Für Ihr Elend dort habe ich das größte Mitgefühl. Sie müssen sich nun entschließen, der Karpfen im »Hechtteich« zu sein, und möglichste Gleichgültigkeit sich aneignen; es ist trostlos. Für die Kunst habe ich mir die Engländer niemals ausgesucht, da muß ich doch recht sehr bitten, aber ich kann nicht leugnen, daß sie ein kulturförderndes Volk sind; wo sie hinkommen, gibt es Bäder und Seife, ihre Behandlung der Tiere ist etwas, was ich geradezu verehre. Die Kindererziehung ist weit vernünftiger als bei uns, ihre Institutionen, Bibliotheken etc. sind großartig, sogar in der Mode sind sie originell und vornehm, und es ist gar keine Frage, daß sie als Weltmacht die Erben der Römer sind. Bei einzelnen von ihnen habe ich die größte Originalität unbedingten Freimuts und Stolz gefunden. Freilich liegt der Fluch auf allem, was Macht ist, und die jetzige Unternehmung gegen die Buren empört jedes Rechtsgefühl. Ich fürchte auch, daß sie, trotz scheinbaren Sieges, zu dem moralischen Unrecht und der Schmach der Überzähligkeit noch sehr üble Folgen von dieser Unternehmung ernten werden. Roheit, Dummheit, Heuchelei, alles gebe ich Ihnen als Folge der Weltmacht und der in ihr eingeschlossenen Raubpolitik zu, aber nicht als Grundzüge des Charakters. Daß kein Künstler sich bei ihnen wohl fühlen wird, das versteht sich, und daß Carl Maria von Weber seine edle Seele dort aushauchen mußte, schneidet einem ins Herz.

Kein Künstler! Ich vergaß Richter!

Ich habe förmlich die »Freischütz«-Ouvertüre durch Ihre Schilderung gehört und den Karfreitagszauber item.

Ihre »verschleppten Tempi« haben mich inmitten der blühenden Aue einstiger Dummheiten hier versetzt. Gottlob, darüber sind wir hinaus. Man muß nur ruhig bei seiner Sache bleiben, und dann schweigt schon das Gekreisch. Freilich muß man dafür eine Überzeugung haben und wissen, von wem man etwas hält und von wem nicht.

Es liegt mir viel daran, daß Sie namentlich den einen Brief lesen, weil Sie zu denen gehören, die ihn verstehen und Nutzen daraus ziehen werden.

Fritz Plank ist durch eine merkwürdige Verwechslung jetzt bei uns. Ich hatte ihn in Frankfurt gehört, man sagte mir, es sei der jüngere, er sei zwischen 17 und 18 Jahre, da glaubte ich, würde noch etwas für ihn zu tun sein. Nun stellt es sich heraus, daß es leider der ältere, leider unrühmlich bekannte ist. Ich werde ihn hier ein paar Monate behalten, bis er wieder so ein kleines Engagement findet. Das Ganze ist mir recht peinlich.

Chamberlain hat einen herrlichen Aufsatz über Stein in der »Revue des deux mondes« geschrieben. Suchen Sie ja, ihn zu bekommen. Das wundervolle Wesen unseres Freundes ersteht da vor einem. Wie Wallenstein von Max, wie Chiron von Herakles empfinde ich, daß wir solch einen nicht wieder begrüßen werden, und in dieser Empfindung liegt ein Kultus des Unwiederbringlichen und Unvergänglichen. Johannistag ist heute. Es freuet sich ein jeder, wie er mag. Mein Mögen und Vermögen der Freude ist auf den Höhen, von unserem Festhügel an bis zu den Gipfeln, die der Blick nicht mehr erreicht. Seien Sie mir gegrüßt.

CW.

An Houston Stewart Chamberlain
Bayreuth, 28. 6. 1900

Sie haben, Freund, mit wenigen Worten wiederum Wesen Levis und Beziehung zu ihm schlagend hingestellt. Ich danke Ihnen herzlich dafür, daß Sie mir diesen Wunsch erfüllen, und erwarte mit Sicherheit etwas Außerordentliches. Wolzogen ist ebenfalls sehr erfreut durch Ihre Zusage. Nun würde ich Ihnen gern einiges mitteilen, vor allem die Briefe an Levi (mit Kommentar). Im August habe ich Gräfin Wolkenstein versprochen, auf einen Tag nach München zu kommen, wenn mich hier nicht die Arbeit absolut festhält.
Könnten wir uns da treffen?
Vier Punkte sind es, die Levi als besonders für den Dienst unserer Sache hinstellen. Sie sind:
1. Seine hohe geistige Kultur, welche ihn befähigte, die »Gesammelten Schriften« zu fassen.
2. Seine Gewissenhaftigkeit in den praktischen Dingen, welche machte, daß Adolf von Gross' schwere Aufgaben durch ihn wesentlich erleichtert wurden (Orchesterengagements etc.).
3. Seine Generosität, welche ihn jede Entschädigung von sich weisen ließ und ihn zu einem der Hauptgönner unseres Stipendienfonds gestempelt.
4. Seine Erfassung des Gedankens der Schule. (Wir verdanken ihm

die Zuführung Burgstallers, die Empfehlung der Brema und manches anderen Künstlers.)

Was nun schwere Konflikte herbeiführte, das war das, was seinem Stamm als Fluch mitgegeben ist: Mangel an Glauben da, wo er Überzeugung hatte, Mangel an Andacht, sogar da, wo er verehrte; daher Witzeleien im Orchester, welche einige Mitglieder desselben tief kränkten.

Er hat sehr darunter gelitten, Jude zu sein: er hat es mir gesagt. Aber dieses Leiden war nicht tief genug, um eine Wandlung hervorzubringen. Er hatte einen merkwürdigen Sinn für jede echte Erscheinung, auch im Volk, aber ein dämonischer Instinkt trieb ihn dazu, wo er es konnte, den Germanen zurückzudrängen und den Juden zu fördern. Für Schiller fehlte ihm jedes Verständnis. Dagegen war er bei Goethe zu Hause. Als Stein in seiner letzten Krankheit lag, besuchte er ihn in Berlin und empfing da einen großen Eindruck. Er verehrte Stein.

»Tannhäuser«, »Lohengrin«, »Holländer« waren ihm ein Buch mit sieben Siegeln, allmählich fand er sich hinein (durch den Erfolg aufmerksam gemacht). Mir sagte er noch in den 70er Jahren, er verstünde die Szene im Brautgemach zwischen Lohengrin und Elsa nicht, und die letzte Anrede Sachs' fand er damals überflüssig. Aber in alles fand er sich mittels seiner Intelligenz hinein, wenn er die Wirkung auf andere merkte.

Ich finde es als das Bezeichnendste für ihn, daß das Vorspiel zum III. Akt »Parsifal« seine größte Leistung war. Dieses Irren und Suchen (freilich bei Parsifal anderer Art) war sein Los, und der Tod ist sein Gralsgebiet, sein Endziel gewesen. Levi sagte seiner Frau in den letzten Tagen: Du kannst ruhig sein, ich werde anständig sterben; dafür habe ich Wagner und Schopenhauer genug gelesen.

Wieviel wäre über diese Persönlichkeit zu sagen! Sie haben sie aber bereits ganz gefaßt! Er konnte öfters förmlich als Dämon Versucher erscheinen. Man hat ihm nachgesagt, daß er gern Mischehen zwischen Germanen und Semiten vermittelte. Der Realismus des Juden hat ihn vermutlich darin ein Heil ersehen lassen.

Doch genug.

Ich schreibe jetzt an den Redakteur der »Revue«, um die Erlaubnis zur Übersetzung zu erhalten.

Viele herzliche Grüße von uns allen.

Treulichst

CW.

Ich freue mich sehr über die Zusätze in Ihrem Stein, wie es mich auch
sehr freut, daß meine schwachen Worte Ihnen eine Genugtuung
verschaffen durften.
Vor längeren Jahren, nachdem Levi mit Wilhelm Busch (ein christlich
überzeugter Protestant) eine romanische Abtei besucht hatte,
schrieb er diesem: Warum hast Du mich damals nicht in jener Krypta
gleich in das Taufbecken geworfen und mich befreit? Worauf Busch
erwiderte: als bloßer wohlwollender Humanitätsfreund kommt man
nicht durch die enge Pforte, und für gewisse Maskenscherze wäre
doch mancher zu alt.
Ich zitiere aus dem Kopfe, also nur dem Wortlaute nach genau.
An seinem Grabe wurde ein Brief von ihm an den Intendanten Perfall
gelesen, der einen an jedem Ernst der Gesinnung könnte zweifeln
machen, aber das ist eben die Waage, von welcher Sie sprechen, kein
besseres Bild hätte man finden können.

An Carl Friedrich Glasenapp
Bayreuth, 10. 7. 1900

Teuerster Freund!
Es scheint mir eine Ewigkeit, seitdem ich zu Ihnen sprach, und so will
ich denn unmittelbar nach Empfang Ihrer rührenden Zeilen Ihnen
dafür danken und ein wenig erzählen, wie es uns allen ging. Vor allem
bemerke ich, daß ich Ihr Schreiben vom 8. März erhielt und daß ich
Sie bitte, alles Ihnen Zugesandte so lange zu behalten, als Sie nur es
wünschen.
Der »Bärenhäuter« in Berlin war ein sehr freundlicher Eindruck,
Aufführung und Aufnahme über Erwarten gut. Dann fuhr Siegfried
nach Paris, wo er feurig ward empfangen, jedes Stück seines
Programms wiederholen und ein zweites Konzert geben mußte. Wir
trafen in Florenz wieder zusammen, wo wir sehr schöne zwei Monate
zubrachten. Blandine war leider etwas angegriffen, aber doch nicht so
schlimm, daß wir nicht gemütlich mit ihr und ihren Kindern die
Schönheit des Frühlings dort hätten genießen können. Manfred
verläßt jetzt sein Gymnasium und bereitet sich für das Marine-
Examen in Livorno vor. Er ist ein großer, lieber, freundlich begabter
Junge.
Blandine erholt sich jetzt in Valombrosa, einem waldigen Hügel bei
Florenz. Am 15. Mai verließen wir Italien und sind seit der Zeit unter

der Fuchtel der Eismänner. Vielleicht hatten wir im ganzen 10 schöne
Tage. So wurde mir denn auch Eva wieder krank. Zuerst in Frankfurt,
dann hier. Aber gottlob, es geht besser, und wenn der Himmel uns
endlich gnädig wird, hoffe ich auf volle Genesung. – Hier liegt uns
ziemlich viel Arbeit vor, Vorbereitung für das nächste Jahr. Siegfried
ist bereits an seinem zweiten Akt. Dieses neue Werk wird Ihnen
sicherlich gefallen; es ist sehr bedeutend in Vorwurf und Ausführung.
Lasen Sie in den »Blättern« meine Besprechung von den Briefen
meines Vaters? Diese Veröffentlichung hat mich betrübt, es war wie
der letzte, stärkste Strahl aus einer Beziehung, die ich nur als eine
Knechtung seines besseren Wesens betrachten kann. Ich habe es
versucht, ein richtiges Bild davon zu geben. Die gute Fürstin war
keine Deutsche, der Name Iwanovska sagt alles, und daher der
Äußerlichkeit preisgegeben. Ihr Einfluß auf meinen Vater war kein
günstiger, und sie hat ihn schließlich gequält! – Meine Kinder
erzählen mir von einer unglaublich konfusen Schilderung der
Grundsteinlegung seitens Adelheid Schorns. Zum Glück ist Ihr Buch
da. – Der Aufsatz von Chamberlain über Stein ist von seltener
Schönheit, mir eine seiner liebsten Arbeiten. Ich erhielt heute einige
Ergänzungen, die mir wichtig waren. Die »Revue des deux mondes«
hat gestrichen, was sich auf den Protestanten, auf die Heiligen und
auf das Wort »Gesinnung« als besonders charakteristisch für Stein
bezog! – Wolzogen ist vor kurzem von einer kleinen Erholungsfahrt
nach Freiburg zu seiner Schwester zurückgekehrt und sieht sehr
erfrischt aus. Da haben Sie denn unsere kleinen Nachrichten, mein
teuerster Freund. Möchten sie Sie in Wohlsein mit den lieben Ihren
antreffen! – Vielen Dank für das gute Bildchen von Eva. Herzlichste
Grüße an die glückliche Senta, nach welcher auch Miss Schwarz, jetzt
in Granada weilend, frug. – Ich wurde gestern durch einen Alberich
(nicht Friedrichs) unterbrochen. Mein Motto ist jetzt: »Schon hör'
ich einen auf dem Gang«, und so ging mein Brief nicht so schnell ab,
als ich wünschte. – Es freute mich, daß unser kleines Angebinde
Ihnen Freude machte, und lieb ist es mir, daß wir eine Vorstation bei
Glasenapps machten, bevor wir zu Bolton wandern. Dieser kleine
Ständer hat eine ganze Lebensgeschichte. Sie glauben nicht, wie
lange es dauerte, bis wir die paar Bilder, dann die Unterschriften
zusammen hatten. – Gern habe ich Hans Richter darauf mitgegeben,
weil diese Gruppe eine Wiederbelebung Tribschener Momente ist
und weil Richter durch eine öffentliche Rede, in welcher er Bayreuth
als den Hafen der Kunst erklärte, mir Freude bereitete. Soeben

erhielt ich ein Schreiben von Humperdinck, in welchem er mir das Günstigste von der Aufführung seines »Hänsel und Gretel« in Paris mitteilt. Wiederum sind es die Franzosen, welche der Einstudierung des deutschen Werkes Ernst und Gründlichkeit gewährt haben! – *Gestern las ich in der* »*Deutschen Rundschau*« *den Briefwechsel zwischen Nietzsche und Stein.* Stein ist rührend und erhaben in seinem Drange, dem Ernsten zu helfen, in der Deferenz, mit welcher er ihm naht in der Hoffnung, ihn wieder geheilt zu sehen. Mir ist es unfaßlich, wie man nicht gleich empfunden hat, daß der arme Nietzsche ein kranker Mensch war und daß das alles entschuldigt, sonst wäre er ja nur ein Abscheu erregendes Wesen an Herzlosigkeit, Dünkel und aufgeblähter Torheit. Ich hatte ihn gleich als leidend kennengelernt und von einer Kurzsichtigkeit, die erschreckend war, so daß er buchstäblich nichts beachtete, was um ihn vorging. Er, der immer düster war, will Stein zur Heiterkeit bringen! Wem fielen da nicht Schillers Worte aus seiner Arbeit »Über den Zusammenhang der tierischen Natur des Menschen mit seiner geistigen« ein: »Eben diese ungewöhnliche Heiterkeit des tödlich Kranken hat mehrmalen auch eine physische Ursache zugrunde und ist äußerst wichtig für den praktischen Arzt. Man findet sie oft in Gesellschaft der tödlichsten Zeichen des Hippokrates, und ohne sie aus irgendeiner vorgängigen Krisis begreifen zu können; diese Heiterkeit ist bösartig« etc. Gern sähe ich dieses Thema und die Beziehungen Nietzsches zu uns, dann zu der bis zum Absurden sich traurig benehmenden Welt, endlich zu Stein von Ihnen behandelt. Könnte es in Ihrem Buche noch Raum finden, und würden Sie gern Nietzsches Briefe an mich dafür sehen? Es steht Ihnen *alles* zur Verfügung, und bitte ich, mir Ihre Wünsche jederzeit auszusprechen.
Nun aber leben Sie wohl, Freund, Sie und alle die Ihrigen, so wohl, wie Sie es verdienen, dann würden einmal die Bäume in den Himmel wachsen. Der beständige Regen, den wir haben, gibt ihnen ohnedies Gelegenheit dazu!
Das ganze Wahnfried grüßt Sie in treuer Liebe.
Von Herzen die Ihre

CW.

An ihren Enkel Manfred
Bayreuth, 20. 7. 1900

Mein gutes Manuchen!
Du wirst mir sehr willkommen die drei Monate sein, vor dem Du
Deinen zweiten Kursus durchmachen mußt, wenn Du nicht gleich
angenommen wirst. Du hast Dich so gut entwickelt, mein lieber
Junge, und bist so nett geworden, daß Du Dich immer an mich
wenden kannst, auch mir schreiben, da ich mir immer Zeit für Dich
gewinnen werde. – Herzlich wünsche ich Dir Glück zu Deinem gut
bestandenen Abiturium. Das ist der erste Schritt in das Leben, und
sehr freut es mich, daß Du ihn fest begehst. Es war mir auch lieb zu
hören, daß Ihr keine Exzesse begingt bei Eurer Feier. Es wäre ja
keine übermäßige Sünde gewesen, wenn anders, aber sehr viel besser
ist es so.
Halte Dich immer recht fest und achte nicht auf lockere Burschen, die
sich über die ordentlichen ärgern, sie lächerlich zu machen suchen,
um sie zu verlocken, ihnen ähnlich zu werden. Blicke um Dich, und
Du wirst sehen, daß die Natur alles straft, was Unmäßigkeit ist, und
daß alle tüchtigen Leistungen, wie auch die Gesundheit, auf einem
streng gesitteten Leben beruhen. Und auch alle wahre Heiterkeit.
So mußt Du jetzt Dein eigener Meister sein, und je strenger Du gegen
Dich sein wirst, um so leichter wirst Du es bei den anderen haben.
»Ihr stellt sie selbst und folgt ihr dann.« Diese Regel der Dichtkunst
gibt Hans Sachs dem Walther. Es ist auch ein Gesetz der Moral. Gib
Dir selbst Dein Gesetz und folge dann unverbrüchlich, dann bist Du
ein tüchtiger und freier Mann.
Nun wünsche ich Dir alles Glück zu Deinem schweren Examen und
möchte, ich könnte Dir dabei behülflich sein. Kommst Du jetzt nicht
durch, so kommst Du nach Wahnfried auf 3 Monate, wo Du Dich gut
für die zweite Examination vorbereiten kannst. Baden-Baden wäre
nichts.
Leb wohl, Guter! Der Onkel arbeitet, das versteht sich von selbst,
und wir bereiten nach Kräften unsere nächsten Aufführungen. Sei
vorsichtig bei der Hitze in Livorno, und wenn Dir etwas schwer wird,
gedenke meiner, meines Anteils an Deinem Leben und daß ich die
Hoffnung auf Dich setze, daß Du uns Freude und Ehre immer
machen wirst.

Treu Deine alte Großmama.

An Leo Slezak
Bayreuth, 20. 7. 1900

Sehr geehrter Herr Slezak!
Ich erfahre, daß das Breslauer Theater bereits Mitte September
wieder eröffnet, und so möchte ich Sie bitten, etwas früher als anfangs
September hierher zu kommen, weil ich, wenn wir einig werden, gern
gleich mit Ihnen an das Studium ginge. Sie haben gewiß aus einzelnen
Leistungen ersehen, was unter dem Bayreuther Stil verstanden wird,
und die Erlangung desselben beruht darauf, daß den Proben ein
Studium vorangeht, welches die Künstler befähigt, bestimmt und
sicher auf die Bühne gleich beim ersten Auftreten in den Proben zu
kommen.
Die Proben sind dann Ensemble-Studien, Ausarbeitung des Details.
Bitte also, sehr geehrter Herr Slezak, etwas früher zu kommen
zugunsten eines künstlerischen Zwecks.
Mich sehr auf Ihre Bekanntschaft freuend, entsende ich die freundlichsten Grüße der vorzüglichsten Hochachtung.
                                                                CW.

An Hans Richter
Bayreuth, 21. 7. 1900

Mein teurer Richter!
Deine Antwort an Adolf legt mir die Feder in die Hand. (Besser
gesagt, das Diktat in den Mund.)
Daß Du »Parsifal« »auch« gerne dirigierst, diese Antwort entspricht
nicht der Frage. Ich ließ Dir durch Adolf die Direktion des »Parsifal«
antragen. »Parsifal« ist hier unser Hauptwerk, und deshalb trug ich
Dir seine Einstudierung und seine Aufführung an. Mir will es aus
Deinen Zeilen erscheinen, als ob Du lieber ein anderes Werk hier
dirigiertest. Sprich mir dies, bitte, unumwunden aus.
Als Dirigenten habe ich Dich, Mottl, Muck und Siegfried ausersehen.
Als Werke: »Parsifal«, den »Ring« und »Holländer« bestimmt.
Als ich Siegfried frug, welches Werk er gerne dirigieren würde,
antwortete er mir: »am liebsten stehe ich beim Beleuchtungsappa-
rat.« Eine Antwort, die manchen beschämen könnte.
Wenn dies sowohl künstlerisch wie menschlich sehr schön ansteht, da
es einerseits seine Erkenntnis von der Wichtigkeit der Bühne,

andererseits sein freundliches Zurücktreten hinter den älteren Kapellmeistern bekundet, so bin ich doch gewillt, ihm ein Werk zuzuteilen –

Deshalb frage ich nun Dich, mein teurer Richter: Welches Werk wünschst Du hier einzustudieren und zu dirigieren? Danach werde ich dann die andere Distribution erfolgen lassen.

Hocherfreut bin ich, zu hören, daß Du von Anfang hier sein kannst, da gerade die Vorstudien das Wichtigste sind und in einem gewissen Sinn nie wieder einzuholen. Auch bezüglich des Orchesters bitte ich Dich, mit Adolf rechtzeitig Dich ins Einvernehmen zu setzen, damit nicht später Klagen entstehen, welchen keine Rechnung mehr getragen werden kann und die nur dem überbürdeten Adolf das Leben schwermachen.

Sehr freute es mich auch, daß Du mit der Berufung Mucks einverstanden bist, weil ich ihn ungemein schätze.

Also, mein teurer Hans, erkläre Dich rundweg und unumwunden, Du kannst meines Verständnisses sicher sein. Hoffentlich bleibst Du mit Deiner neuen Niederlassung zufrieden, Du und Deine liebe Frau.

Van Rooy ist hier und erzählte mir auch von Dir. Es ist mir wiederum die größte Freude, mit diesem außerordentlichen Künstler zu arbeiten.

Sei von ganzem Herzen gegrüßt, mein teurer Hans. Die Tribschener bleiben Dir treu.

Herzlichst

                                                          CW.

An Ernest van Dyck
Bayreuth, 22. 7. 1900

Lieber Herr van Dyck!
Unser Freund van Rooy hat mir von Ihnen erzählt und Ihre Überlegungen hinsichtlich Bayreuth geschildert. Niemand weiß es besser als Sie, lieber Herr, welchen Wert ich auf Ihr großes Talent lege. Besser auch als irgendein anderer haben Sie, dank Ihrer Intelligenz und der Kultur dieser Intelligenz, das Wesen unserer Kunst und was man ihr schuldet gewürdigt. Sie kennen mich ebenfalls, Sie verstehen, was ich hier inmitten der Schwierigkeiten, in die Sie ja einen Einblick haben, zu verwirklichen suche, und ich weiß, daß Sie mir im Grunde beipflichten, wenn ich von unseren ersten

Künstlern erwarte, daß sie selbst mich bei meiner Aufgabe unterstützen, unsere Bühne in dem Geiste, der sie geschaffen hat, zu erhalten.
Ich habe Ihnen nicht verheimlicht, daß es eine meiner schwersten
Enttäuschungen gewesen ist, Sie hier eine völlig gegensätzliche Linie
verfolgen zu sehen als diejenige, die ich vorzuzeichnen habe. Das war
der Grund unserer Trennung. Heute, nach meiner Unterhaltung mit
van Rooy, stelle ich Ihnen die Frage, ob Sie in unsere Reihen zu den
Bedingungen, die Sie ja kennen, zurückkehren wollen: Wenn Ihre
Zeit Ihnen erlaubt, bald zu kommen, um einige Rollen (Siegmund,
Erik) zu erarbeiten und Parsifal aufzufrischen; wenn Sie all unseren
Proben beiwohnen können; und schließlich wenn die materiellen
Forderungen, die Sie uns stellen, dem Geist unseres Unternehmens
angemessen sind, das ja nichts mit den geschäftlichen Praktiken von
Amerika oder London gemein hat; denn wir machen hier kein
Geschäft, wir schlagen uns durch und erwarten von unseren
Künstlern, daß sie sich dem Gedanken verbunden fühlen, der unser
Theater begründet hat.
Ich darf Ihnen, lieber Herr van Dyck, versichern, daß es mir eine
große Freude sein wird, Sie hier wiederzusehen, und bitte Sie, indem
ich den Ausdruck meiner Zuneigung wiederhole, an meine herzliche
und vorzügliche Hochachtung zu glauben.

CW

An Karl Pohlig
Bayreuth, 22. 7. 1900

Lieber Freund!
Es freut mich sehr, daß Sie einen angenehmen Eindruck von Ihrem
hiesigen Aufenthalt mitnahmen. Wir unsererseits haben Ihren
Besuch in angenehmster Erinnerung. Unsere besten Wünsche
begleiten Sie in die neue Niederlassung. Ihnen und Ihrer lieben Frau
wiederhole ich die Empfehlung, schweigsam durch die unausbleib-
lichen Erfahrungen durchzugehen. Ihre Stütze werden Ihre Leistungen, das Wohlwollen des Hofes und die Intelligenz einer Künstlerin
wie Elisa Wiborg, welche durch ihre Freundschaft mit Harlacher für
Ihre Bestrebungen auf der Bühne den Boden ebnen kann, sein.
Wenn Sie mit Wohlwollen den Menschen, mit denen Sie zu tun
haben, entgegenkommen, so werden Sie, dessen bin ich überzeugt,
viel fördern.

Bülow traf den Ton mit den Orchestermitgliedern nicht. Er hatte nicht die Gemütlichkeit, die nötig ist. Seine unvergleichlichen Leistungen, sein Geist, sein aufopferungsvoller Edelsinn erhielten ihn immer obenauf; aber er hätte sich manches erspart und erleichtert, wenn er nicht bloß Herzensgüte, sondern auch Temperaments-Gemütlichkeit gehabt hätte.

Diese Betrachtungen entsende ich Ihnen, damit Sie sich nicht überflüssige Schwierigkeiten auf einen Weg legen, der schwer genug ist. Und nun nur noch die allerfreundlichsten Grüße von ganz Wahnfried für Sie und Ihre liebe Frau.

CW.

An Ernest van Dyck
Bayreuth, 2. 8. 1900

Lieber Herr van Dyck!
Ich bin sehr gerührt durch Ihre freundlichen Worte, und ich danke Ihnen aufrichtig dafür, sie mir geschrieben zu haben. Wäre ich frei, würde ich nicht versäumen, mich mit Ihnen statt in Bayreuth mehr in Ihrer Gegend zu treffen, aber ich werde hier unentwegt durch die Besuche von Künstlern zurückgehalten und bin von deren Urlaubsterminen abhängig.

Wenn es sich machen läßt, werde ich Mitte September in Boppard am Rhein, zwischen Godesberg und Bonn, Humperdinck besuchen. Wäre ich zu weit weg für Sie, oder werden Sie etwa bereits auf dem Weg nach Amerika sein? Ich sehe Sie mit gewisser Sorge diese Tournee machen, denn ich bin der Ansicht, daß man dort überfordert wird, und Sie werden nach diesen Anstrengungen der Ruhe bedürfen. Unsere Proben beginnen am 15. Juni, aber ich mag unsere Künstler nicht übermüden, und darum bitte ich sie alle, schon im Laufe des vorhergehenden Jahres zu kommen, um in einer entspannten Atmosphäre zu arbeiten. Zu meinem großen Bedauern verhindern Sie Ihre Pläne, dies zu tun. Entscheiden Sie selbst, lieber M. van Dyck, wieviel Zeit Sie nötig haben werden, um Parsifal noch einmal durchzugehen und Siegmund und, wenn möglich, Erik neu zu studieren. Ich glaube in der Tat, daß diese letzte Rolle etwas hoch ist, aber ich lege viel Wert darauf, daß sie mit Leuchtkraft geboten wird, und ich frage mich, ob es nicht sinnvoll wäre, eine gewisse Transponierung vorzunehmen, zumal uns die Erlaubnis hierzu in den

Bemerkungen über die Aufführung des »Fliegenden Holländers« erteilt worden ist.

Entscheiden Sie daher, lieber Herr, über den im Hinblick auf die anstehende Arbeit richtigen Zeitpunkt Ihres Kommens. Auch glaube ich, es wäre nicht überflüssig, wenn Sie sich unbedingt wieder an das Deutsche heranmachen würden, denn ich habe anläßlich Ihrer letzten Mitwirkung bei unseren Vorstellungen festgestellt, daß der französische Akzent wieder etwas stärker zum Durchbruch gekommen war.

Sie haben recht, van Rooy ist ein Freund. Es ist unsagbar, mit welcher Wärme er Sie verteidigt hat. Er ist nicht nur ein großer Künstler, ein ganz außergewöhnlicher Künstler, sondern auch eine erlesene Natur, und ich verdanke ihm nicht nur die höchsten künstlerischen Erlebnisse, sondern auch das Gefühl, durch ihn in meiner Grundauffassung unserer Kunst, ihrer Mission und der Würde der zu ihrer Repräsentation Auserwählten unterstützt zu werden. Niemand hätte, wie er, zwischen Ihnen und mir ein besserer Vermittler sein können. Nun denn auf Wiedersehen, lieber Herr van Dyck, und dies sobald wie möglich.

Ich war wirklich durch Ihre Zeilen gerührt, und ich danke Ihnen, mir jene Empfindungen bewahrt zu haben, an die ich seit unseren ersten Beziehungen geglaubt habe und auf die ich große Hoffnungen gesetzt hatte. Tausend Grüße von mir an die Ihren. Auch soll ich Sie von meinen Kindern sehr herzlich grüßen. Glauben Sie, bitte, an meine hohe Wertschätzung für Ihr Talent, an meine Dankbarkeit für die freundschaftliche Verbundenheit, die Sie mir bezeugen, an meine Genugtuung über die Erneuerung unserer alten Verbindung aus ihrem wahren Geist und, wenn es Gott gefällt, zum Wohl unserer Kunst und zu seiner Ehre.

Ganz die Ihre, lieber Herr van Dyck.

CW

An Willy Rauscher
Bayreuth, 11. 8. 1900

Sehr geehrter Herr!
Gewiß begehen Sie keinen Irrtum, indem Sie annehmen, daß das Schwert, mit welchem Wotan Walhall begrüßt, dasselbe sei, welches er in die Esche stieß, und da Sie Wolzogen und Porges für sich haben, sind Sie geborgen.

Ich persönlich enthalte mich gern solcher Untersuchungen und lasse das Geheimnis walten, welches der Dichter nicht enthüllt, aber sicher spricht nichts dagegen, daß es ein und dasselbe Schwert ist, welches durch das ganze Werk verworfen, erhoben, gestoßen, geschwungen, zerschlagen und wieder geschweißt wird.

Diejenigen, welche das Schwert in »Rheingold« lieber als ein Symbol betrachten, können sich darin auch, meines Erachtens, genügen.

Ich, wie gesagt, frage darnach gar nicht, und so kann ich auch schwer antworten.

Nehmen Sie fürlieb mit diesem Geringen, was ich Ihnen zu geben vermag, und empfangen Sie den freundlichsten Gruß der vorzüglichsten Hochachtung.

CW.

An Houston Stewart Chamberlain
Bayreuth, 14. 8. 1900

Mein Freund!
Denken Sie nur niemals, mir einen Brief schuldig zu sein, und gar, wenn Sie nach so schwerer Arbeit und einem ernsten Unfall so wenig Zeit zur Erholung sich gönnen.

Es freut mich, Sie in den Bergen gedankenlos zu wissen. Ich selbst spediere jetzt bloß noch Briefe. Ich kann nicht sagen, daß ich welche schreibe, und ich gewöhne mich immer mehr, in gedanklichem, unausgesprochenem Geistesverkehr mit meinen Freunden zu leben. Also la marge ist unbegrenzt. Dies bringt mich auf Brunetière. Er hat mir nicht geantwortet, was mich von einem Franzosen erstaunt. Da ich seinen Namen nicht kannte, habe ich bloß an »Mons. le redacteur de la revue des deux mondes« geschrieben. Könnte ihn das verstimmt haben?

Die Photographie von dem armen Levi gehört Ihnen und wurde Ihnen von seiner Witwe zugedacht.

Ihre Bemerkungen über den Briefwechsel haben mich sehr interessiert. Daß noch keiner darauf gekommen ist, sich zu sagen, daß ein Mensch, welcher diejenigen, die ihm nur Gutes getan, verleugnet, ja insultiert, der sein Vaterland schmäht, seine Muttersprache verkennt, ohne irgend etwas wirklich Großes geleistet zu haben, sich als Prophet hinstellt, entweder ein Monstrum oder ein Wahnsinniger sein muß, zeigt uns die jämmerliche Beschaffenheit des Urteilsver-

mögens in unserer jetzigen Jugend. Es wundert mich auch, daß
niemand auf den Gedanken kommt, zu zeigen, woher Nietzsche alles
nahm. Zuerst die »Gesammelten Schriften« und Schopenhauer,
dann die Enzyklopädisten, die Engländer etc. Selbst das Wort
Übermensch stammt von Goethe! Der arme Mensch war bereits
krank, als ich ihn kennenlernte. Er klagte fast beständig über
Kopfweh.
Was nun die Schwester anbetrifft, so ist mit dieser die wunderlichste
Wandlung vorgegangen. Ich höre, daß sie gegen uns »Stiche« losläßt.
Wir sind immer nur freundlich gegen sie gewesen, wie gegen ihren
Bruder. Er ist ganz schuldlos, und sie scheint mir durch den
Ruhmeswahn etwas verdreht. Die neue Religion oder Philosophie,
welche sie verrät, scheint mir ein deutliches Zeugnis davon abzule-
gen, und wenn das Ganze nicht so furchtbar traurig, in seinen Folgen
erschreckend wüst wäre, so könnte man sich der Heiterkeit nicht
erwehren. Am besten, man blickt weg und vergißt. Einzig Stein
konnte mich verleiten, wieder dahin zu sehen, und er ist da, wie
überall, groß und herrlich.
Soeben erhalte ich die Nachricht, daß mein Enkel Manfred Marinekadett geworden ist. Er hat sich gut bewährt, denn das Examen ist
schwierig, nur 50 unter 200 werden aufgenommen. Das hat mir
Freude bereitet, damit will ich schließen und Ihnen die herzlichsten
Grüße von uns allen entsenden.

CW.

Van Rooy war hier und hat uns einzige Stunden bereitet. Er ist ein
großer Künstler, und seine ernste, immer auf seine Kunst gespannte
Natur sagt mir unendlich zu.

An Vult von Steiern
Bayreuth, 15. 8. 1900

Mein teurer Freund!
Herzlichsten Dank für Ihren lieben Brief vom 11. und 13. Es hat mich
sehr gefreut, von der Vernünftigkeit E.s [Elmblad?] zu vernehmen,
und gewiß erweisen Sie ihm den größten Dienst, wenn Sie ihn auf
Regie-Versehen aufmerksam machen. Sein früheres ungebundenes
(um nicht zu sagen zügelloses) Leben hat seiner Begabung nicht die
Richtschnur geben können, welche eine scharfe Aufmerksamkeit
erzeugt. Er begnügt sich noch mit der Wirkung der Dinge auf ihn,

ohne sich mit ihrer Ursache forschend abzugeben, daher die Vergeßlichkeit und das Versinken in dem Opernhaften, welches ja, wie wir wissen, die Wirkung ohne Ursache ist. Es freut mich aber, wie gesagt, sehr, daß er es einsah, wie sehr Sie im Rechte sind und welchen Dienst Sie ihm erweisen. Damit ist der Grund zu einer gedeihlichen Wirksamkeit gelegt.

Nun zu *unserem* »Holländer«. Vielen Dank für Ihre Bemühungen. Alles, was Sie auf diesem Gebiete ausfindig machen können, ist mir von Wert, also auch die norwegischen Landschafts- und Architektur-Bilder, ferner der Matrosentanz, über welchen einzelnes zu erfahren mir sehr wertvoll sein wird.

Könnten Sie mir in nicht allzulanger Zeit das Brautkostüm der Norwegerinnen entsenden, so würden Sie mich sehr verbinden, weil wir bald an den Entwurf des letzten Bildes gehen.

Der »Holländer« spielt im 17. Jahrhundert, aber bei dem beharrlichen Charakter dieses Volkes wird, denke ich, die Brauttracht durch die Zeiten durch ziemlich die gleiche geblieben sein.

Sehr wünschte ich, daß diese Tracht weiß sein könnte, und ich denke mir, daß es wohl kein Gesetz (wenigstens kein absolutes) für die Farbe gegeben hat, aber ich bin für jede Auskunft dankbar, weil das, was charakteristisch ist, auch wenn wir es für den nächsten Zweck nicht brauchen können, uns doch anregt und eine Weisung gibt.

Es geht uns ganz erträglich, ziemlich arbeitsam. Meine Kinder Thode sind hier, verlassen uns aber bald, er seiner Gesundheit halber, um nach dem Engadin zu gehen.

Manfred ist Marinekadett geworden, zu unserer großen Freude, und Siegfried ist mit seinem II. Akt fertig. Kniese und ich arbeiten weiter, wie Sie wissen; so Gott will, wird man die Erfolge nächstes Jahr ersehen.

Nun, mein lieber Freund und Mitarbeiter, haben Sie Dank und seien Sie auf das herzlichste gegrüßt von uns allen, insbesondere von Ihrer freundschaftlich ergebenen

CW.

An Felix von Kraus
Bayreuth, 30. 8. 1900

Mein lieber und sehr geschätzter Herr Doktor!
Ich habe Herrn Knüpfer gebeten, zu einer Besprechung nach Bayreuth zu kommen. Es sind bis jetzt keinerlei Engagements

gemacht worden, aber wir haben den Gebrauch, alle Partien, welche
für die künftigen Festspiele nötig sind, verschiedenartig einzustudieren.

Eine doppelte Besetzung ist unter allen Umständen nötig. Sie
entsinnen sich, lieber Herr Doktor, in welche Verlegenheit wir
kamen, als Sie uns den Hagen kündigten und zu welchem verzweifel-
ten Ton der Bitte ich Ihnen gegenüber geraten mußte, ein Ton, der für
eine Frau, zumal für eine alte, nicht ganz würdig zu bezeichnen ist und
für welchen ich eben nur dadurch zu rechtfertigen bin, daß es sich um
unsere Sache handelte.

Als ich Ihre freundlichen Zeilen mit der Ankündigung Ihres
Besuches erhielt, mutete mich die Zusammenstimmung sehr an, denn
ich hatte mich in Gedanken viel mit Ihnen beschäftigt. Es ist mir unter
den Eindrücken des vorigen Jahres gewesen, als ob Ihr Eintritt in die
dramatische Genossenschaft Ihnen nicht behaglich gewesen wäre
und dies Ihnen daher ein äußeres Gebaren eingegeben hätte, welches
völlig den Anschein der Verächtlichkeit gegen die Umgebung
annahm. Zu dieser Erinnerung kam der Umstand, daß wir im
nächsten Jahre durch verschiedene Umstände nicht in der Lage sein
würden, die von Ihnen beanspruchte Entschädigung zu gewähren.

Dies alles ging mir durch den Sinn, als Sie mir Ihren Besuch
ankündigten, und zwar nur aus Freundlichkeit und ohne Bezug auf
unsere Aufführungen. So bat ich Sie, zu kommen und sich mit mir zu
besprechen, da das geschriebene Wort die Dinge immer anders
hinstellt als das gesprochene, wo die Herzlichkeit von Ton und Blick
dem Thema gleichsam die Instrumentation verleiht.

Ich habe lebhaft bedauert, den Tag, den Sie mir angaben, nicht
annehmen zu können. Ich bin jetzt beständig im Zu- und Absagen.
Ein wichtiges Rendezvous, welches ich in München hatte, konnte ich
nicht einhalten; dafür sagte mir Dr. Muck wieder ab, trifft aber
übermorgen ein. Es rückt sich schließlich immer alles zurecht, aber
Kreuz- und Querungen muß ich ertragen.

Gern hielt ich an unserer Besprechung, losgelöst von aller Verpflichtung, fest, und wenn Sie in Leipzig wieder sind oder hinziehen, sollte
sie sich doch ermöglichen lassen?

Grüßen Sie, bitte, die jugendliche, glückliche Mutter freundlichst von
mir. Es freute mich, von Ihrem Familienidyll in der großartigen Natur
wieder zu hören, und ich danke Ihnen herzlichst dafür, daß Sie
meiner dabei gedachten und mir das gleiche Aufatmen wünschten.
Ich bin an dem Punkte angelangt, wo man froh sich fühlt, wenn man

nur weiß, wofür man hienieden ist, und wenn ich einmal bei der Einstudierung auch der kleinsten Partie erschöpft einschlafen würde, würde ich dies als eine Gunst des Geschickes empfinden.

Auch Sie, mein lieber Herr Doktor, nehmen es ernst mit der Kunst, und Sie brachten in Ihrem Vortrag uns das entgegen, was wir in jedem Teil der Wiedergabe unserer Werke zu erreichen trachten. Daher habe ich die Gewißheit, daß, wie auch sonst die Verhältnisse sich ausbilden, meine Beziehung zu Ihnen eine freundliche, künstlerisch innig-verständnisvolle bleiben wird, und Ihnen dafür sowie für die durch Sie erhaltenen, unvergleichlichen Eindrücke dankend, entsende ich Ihnen von mir und meinen Kindern die schönsten Grüße der herzlichsten Hochachtung

CW.

An Felix Mottl
Bayreuth, 9. 9. 1900

Mein Spielmann!
Vielen Dank für die Zusendung des überaus geistvollen Briefes Schönaichs über Nietzsche, den ich hier zurücksende. Ich wünschte, er könnte gedruckt werden (natürlich mit Auslassung der freundlichen Worte über meine bescheidenen Briefe), denn man kann das Richtige nicht genauer treffen und nicht bedeutender ausdrücken. Der Ausspruch, daß dieser Prophet des Individualismus keine Individualität war, ist einzig und schlagend. Erzählen Sie doch Schönaich, daß unser Neffe Brockhaus mir in den Jahren 1868/9 sagte: Wenn Nietzsche um die Gedanken Schopenhauers und des »Kunstwerks der Zukunft« sowie der anderen Schriften herumgekommen sein wird, wird ihm nur eines übrigbleiben: sie zu bekämpfen.
In Wahnfried wurde einmal gesagt: Der Mensch hat nicht einen Tropfen eigenen Blutes.
In den nächsten »Bayreuther Blättern« werden Sie einen Brief Nietzsches finden, der Ihnen darlegen wird, daß der arme Unselige im Jahre 1876 über jahrelanges Leiden klagt. Ich habe ihn von der ersten Bekanntschaft an immer kränkelnd gesehen, und zwar an Kopfweh. Er war übermäßig kurzsichtig, nie heiter. So hat Schönaich durchaus recht, wenn er diesen traurigsten Fall von der Physik aus erfaßt.

Helden: Siegfried (Alois Burgstaller) mit dem Bären, 1896

und Holländer (Anton van Rooy), 1901

Schiller sagt in seiner Abhandlung: »Über den Zusammenhang der tierischen Natur des Menschen mit seiner geistigen«: »Genug, deucht es mich, ist es nunmehr bewiesen, daß die tierische Natur mit der geistigen sich durchaus vermischet und daß diese Vermischung Vollkommenheit ist.«

Ich glaube, man könnte bei jedem Ausspruch von Nietzsche den Nachweis liefern, woher er ihn hat. Die »Gesammelten Schriften«, Schopenhauer, die Inder, die Griechen, die Enzyklopädisten, die englischen Humoristen. Und wenn er nicht mehr ausgeführt hat, so ist er als Gegner aufgetreten, wobei der Gedankenhaft bei dem Angegriffenen liegt. Wenigstens so dünkt es mich nach Berichten, denn ich habe nichts gelesen.

Daß seine späteren Schriften sich so verbreiteten, nachdem die ersten unbekannt blieben, zeigt, wie wenig gute Originale gelesen werden, und bildete dem Armen ein Publikum aus jenen, die sich freuen, mit dem Großen und dem Gesetzmäßigen fertig sich zu sehen. Das traurigste Publikum von allen!

»Un sot trouve toujours un plus sot, qui l'admire!« sagt das französische Sprichwort. Man müßte es hier so wenden: ein Tor findet immer einen noch größeren Toren, um ihn zu bewundern.

»Die oft bemerkte Verwandtschaft des Genies mit dem Wahnsinn beruht eben hauptsächlich auf jener, dem Genie wesentlichen, dennoch aber naturwidrigen Sonderung des Intellekts vom Willen.« Vielleicht ist kein solches Beispiel dieser Verwandtschaft so augenfällig wie das Nietzsches.

Ich verstehe nicht recht, warum ich dies alles schreibe, da Gustav Schönaich geradezu erschöpfend diese traurigste aller Erfahrungen berührt hat. Es soll Ihnen und ihm nur zeigen, wie mich sein Urteil wiederum zur Erwägung dieses für mich kaum mehr vorhandenen Erlebnisses bestimmt hat. Ich lasse einige Abschriften von Schönaichs Worten nehmen, um sie Wolzogen und einigen Freunden noch mitzuteilen.

Dr. Felix Kraus, dem ich sie zeigte, war durch sie in Staunen versetzt, auch durch die Kürze der Zusammenfassung.

Wie geht es unserem Freunde?

Und wie geht es Ihnen? Die Mendel ist schön, ich kenne sie. Sind noch so viele Professoren und Lodenmäntel da? Ich habe eine urgemütliche Erinnerung an unsern Aufenthalt. – Muck war 3 Tage hier, jetzt ist Friedrichs da. Bertram erwarten wir heute, nächstens Richter, und so geht es in einem zu.

Siegfried war aufgefordert, in Paris zwei Konzerte zu dirigieren, er hat gedankt, da er vollauf hier zu schaffen hat, aber seinen »Bärenhäuter« dirigiert er am 17. oder 18. in Frankfurt. Kämen Sie dazu hin? Das wäre schön, ich würde mich, und wir alle, ungemein freuen, Sie wiederzusehen.

Danken Sie Ihrer Frau, schönstens grüßend, für die Niederschrift, und seien Sie in unwandelbarer freundlichster Gesinnung von ganz Wahnfried gegrüßt, besonders von Ihrer alten Mitarbeiterin

CW.

An Karl Muck
Bayreuth, 2. 10. 1900

Mein lieber und hochgeschätzter Herr Doktor!
Ihren eingehenden dankenswerten Brief erhielt ich heute früh und muß mich entschuldigen, daß ich heute früh wieder schrieb. Heute meldete mir auch Kniese, daß er seinen Klavierauszug zurückerhalten habe. Ihr Urteil über Bertram entspricht ganz meiner Auffassung seines Talentes und Wesens. Die Schwierigkeit liegt hier einzig in den Verhältnissen. Diese scheinen allerdings phantastischer Art zu sein. Er bat mich, ihn von Grau loszukaufen! Nun habe ich keine Ahnung von seinem Kontrakt – dann, ihm 1000 Mark direkt zu schicken. Ich hatte ihn gebeten, hierher zu kommen, um alles zu besprechen, und ihm vorläufig Reise- und Aufenthaltsgeld entsandt.

Ich habe eine große Nachsicht für solche Schwulitäten, aber sie erleichtern den geschäftlichen Verkehr und die sachlichen Abmachungen nicht.

Bezüglich Ernst Kraus tritt das ein, was ich befürchtete, nämlich die Einwirkung Unberufener. Hier war er ganz mit Erik zufrieden, gab meinen Töchtern zu, oder vielmehr erwähnte von selbst, daß er als Siegfried hier keinen Erfolg gehabt. Wollen Sie, mein lieber Herr Doktor, die Güte haben und ihm sagen:

1.) daß der »Holländer« unser neues Werk nächstes Jahr ist und daher in einem gewissen Sinn eine besondere Aufmerksamkeit auf sich zieht.

2.) daß die Rolle des Erik Schnorr in München zugedacht wurde, weil sie als so wichtig für das Werk gehalten wurde.

3.) daß ich gern bei einer Besetzung bliebe, weil ich dies für den Stil der Aufführungen günstig erachte, da man alle Proben der einen Besetzung zuweisen kann.

4.) ob er denn die Zeit haben würde, hier Siegfried von Grund aus zu studieren.

Wir sind ja mit dem Erik selbst noch nicht fertig geworden. Wollen Sie auch diese Punkte Geheimrat Pierson mitteilen und sagen, daß Schmedes und Burgstaller hier Siegmund und Siegfried durchgearbeitet haben und daß diejenigen Künstler, welche das nicht tun, es hier mit einem Mißerfolg zu büßen haben. Ob wir also Kraus für ein gründliches Studium des Siegfried erhalten können?

Über diesen Punkt bäte ich um möglichst baldige Antwort auch seitens Kraus', weil davon unsere anderen Engagements abhängen. *Wir brauchen ihn als Erik.*

Besten Dank für Fräulein Destinn. Ich erwarte sie demnach in der zweiten Hälfte des November.

Armer Knüpfer! Es ist ein Jammer, solch einen Mißbrauch zu erleben!

Nach Ihrer Mitteilung rechne ich also, daß ich gegen Mitte Januar ungefähr in Berlin nützlich sein könnte.

Van Dyck! Er war hier und fiel mir wieder durch seine eklatante Begabung auf. Parsifal nahmen wir gar nicht durch. Er sang mir die Erzählung Loges vor und erinnerte mich daran, daß ich ihm in Wien nach der Darstellung dieses Charakters sagte: c'était très mauvais. Ich konnte an meinem Urteil nicht viel ändern, lachte und sagte ihm, es kommt darauf an, von wem das Schlechte ausgeht. Und so ist es. Die fesselnde Persönlichkeit steckt hinter allen, dem Sinne seiner Aufgaben noch so fremden Leistungen. Den Siegmund nahmen wir ganz durch. Er hatte sich, scheint es, die Flucht des Helden als bestimmend für die Tempi gedacht und die französische Passion an Stelle der germanischen keuschen Leidenschaft vorgestellt. Auch liegt im Charakter der Stimme und im kecken Glanz des Auges nicht die Schwermut des Wälsung oder Wehwalt. Aber man kommt doch wenigstens mit ihm zu der Besprechung dieser Dinge, und er faßt mit Blitzesschnelle das, worum es sich handelt. So würde ich ihm gern einige Parsifals zudenken. (Intonation und Sprache waren besser, als ich erwartet hatte.) Aber das hängt von Kraus ab. Besteht dieser auf Siegfried, dann muß ich die anderen Partien zwischen Burgstaller und Schmedes verteilen, deshalb muß ich bald wissen, ob Kraus zur Vernunft kommt?

Vielleicht unterhält es Sie, zu hören, daß Thomaschek Wahnfried nach allen Richtungen hin für Ansichtspostkarten zeichnet und photographiert. (Die Hunde mit inbegriffen.) Ich hoffe, ihm eine

kleine Erwerbsquelle, zumal bei Engländerinnen, eröffnet und ihn
von der Kühnheit der Tragik wie der menschlichen Formen für leichte
Verkehrsziele abgebracht zu haben.

Jetzt habe ich eine Bitte, mein lieber Herr Doktor. Es ist unausbleiblich, daß ich Sie immer wieder behellige. Erweisen Sie mir die Liebe,
ohne jede Umstände nur per 1,2,3 mir zu antworten, sonst mache ich
mir bei Ihrer Überbeschäftigung Vorwürfe.

Herzlichsten Dank nochmals und viele Grüße Ihnen und Ihrer lieben
Frau.

Treulichst

CW.

An Malwida von Meysenbug
Bayreuth, 8. 10. 1900

Meine geliebte Malwida!

Wir haben Deine Aufsätze über den »ersten Nietzsche« (ich möchte
sagen, den einzigen Nietzsche) gelesen und wurden tief davon
ergriffen. Du hast ein herrliches Werk damit getan, wie es nur Dir
gelingen konnte, und sehr rührend ist es, daß sein wahres Bild gerade
vor Dir auftauchte im Augenblicke, wo er endlich, endlich erlöst
wurde. Ich habe keine von seinen späteren Schriften gelesen. Was ich
davon vernahm, war so abschreckend, daß mir gleich es aufging: er
erliegt seinem Leiden, und wir wohnen einem Zersetzungsprozesse
bei. Auch fiel mir bei dem, was mir mitgeteilt wurde, der völlige
Mangel an Originalität auf. Es erschien mir wie eine neue Auflage der
Enzyklopädisten und einzelner, geistvoller hirnverbrannter Deutscher, wie Max Stirner.

Daß die Jugend sich darauf warf und lieber solche Art Philosophie
las, als wie mühsam Kant und Schopenhauer zu studieren, ist kaum zu
verwundern. Sehr auffallend ist in dem »ersten Nietzsche« seine
große Bescheidenheit, während die Anmaßung, der Größenwahn,
der sich in seinen Briefen an Stein kundgibt, einem doch gleich zeigt,
daß der Arme, Unselige überboten wurde und daß er hätte Lehrer in
Basel bleiben sollen, wie er es Dir so rührend gesteht.

Es ist eine traurige Geschichte, aber Du hast es verstanden, uns das
Erhebende darin wieder zu schenken. Sei dafür gepriesen!

Vielleicht interessiert Dich, was Gustav Schönaich an Mottl über
Nietzsche schrieb. Er war nicht befreundet mit ihm, und folglich

spricht aus seinen Worten nur ein leidenschaftsloses Urteil. Als solches aber finde ich es vorzüglich. Bei der Physik ist es zu fassen, einzig und allein und so traurig dies ist, so rettet es einen doch vor dem Grauen, welches einen befallen müßte, wenn man einen Menschen das verleugnen sieht, was er geliebt und woraus er seine eigentliche Bedeutung schöpft. Doch ich will nicht sprechen noch denken, sondern einzig mich an das halten, was Du uns brachtest, und Dir von ganzer Seele danken.

Dein teurer Brief an Eva war uns wieder eine Labung. Sie schickte mir ihn nach Riedberg, dem Wohnhaus der armen Mary Levi in Partenkirchen. Levi hatte auf seinem Sterbebette gewünscht, mich noch einmal zu sehen. Ich war damals in Florenz erkrankt, konnte den Wunsch nicht erfüllen und suchte dies nun durch den Besuch seiner Witwe auszugleichen. Sie trägt ihre schwere Prüfung mit großer Fassung und sucht ihren Trost da, wo er einzig zu finden ist. Sie gehört ganz zu Bayreuth und faßt die Bedeutung der Kunst in unserm Sinn religiös auf.

Nächsten Dienstag mache ich mich auf nach Ivano, zu Gräfin Wolkenstein, wo ich mit Daniela zusammentreffe, Heinz holt uns dort am 26. ab. Wir fahren über Heidelberg nach Frankfurt, wo Siegfried seinen »Bärenhäuter« dirigiert.

Eva und Loldi vereinigen sich mit der von Versailles kommenden Blandine in Wiesbaden, wo Eva die Kur gebrauchen soll. Ich erhielt heute einen schönen Brief von Klindworth. Er hat zu seinem 70. Geburtstag von vielen Seiten die rührendsten Zeugnisse der Teilnahme und der Verehrung erhalten, und so zeigte es sich hier wieder einmal, daß man nicht vergeblich tüchtig und treu ist, daß es doch seine Wirkung ausübt. In diese Gedanken flüchte ich mich immer wieder und wende die Blicke ab von dem Getriebe, welches mir immer fremder wird. – Über das Geschick der Buren kann ich nicht sprechen. Ich habe zu viel darüber geweint.

Diese Zeilen begleiten zwei Blätter von Greiner. Da Du ihm nicht hast sitzen wollen, habe ich es getan, und ich muß gestehen, daß es sehr ermüdend war. Ich glaube aber, daß Du die Blätter gut finden wirst. Sie legen Zeugnis von einem großen Talente ab.

Nun leb wohl, meine Malwida, sei zärtlich von uns umarmt. Die Kinder küssen Dir die Hand, und ich bin in unwandelbarer Liebe

Deine Cosima.

An Marie Gräfin von Bülow
Bayreuth, 13. 11. 1900

Meine geliebte Marie!
Du wirst es gewiß natürlich finden, daß ich das Bedürfnis fühle, Dir zu
melden, daß meine Tochter Isolde sich verlobt hat, ganz nach ihrem
Herzen und zu meiner Freude, indem der junge Musiker, Franz
Beidler, den sie erwählt hat, uns schon ein tüchtiger Mitarbeiter
gewesen ist und für unser Bayreuther Werk von immer größerer
Wichtigkeit werden wird.
Ich weiß, meine geliebte Marie, daß auch inmitten der unendlichen
Ansprüche, welche jetzt an Dich geschehen, Du doch im Inneren mir
so gut bleibst, einen Anteil an meinem Hoffen und Zagen zu
bewahren.
Darf ich Dich bitten, dem Grafen Reichskanzler, Deinem Gemahl,
unser ganzes Haus zu Wohlgeneigtheit zu empfehlen.
Du bist wohl die anmutigste Reichskanzlerin, welche die Weltge-
schichte vorzuführen hat, und daß durch Dich Sizilien wieder mit den
deutschen Geschicken so bedeutungsvoll verflochten wird, gemahnt
an die Hohenstaufenzeit, und es liegt ein die Phantasie anregender
Zug darin.
Nun aber lebe wohl, gedenke freundlich meiner und der Meinigen,
und sei in treuer Liebe zärtlich umarmt von Deiner alten Freundin
CW.

An Felix Mottl
Bayreuth, 13. 11. 1900

Mein Spielmann!
Unsere Briefe haben sich gekreuzt, und ich danke Ihnen vielmals, an
meine Bitte gedacht zu haben. Es tut mir sehr leid, daß Beidler nicht
zuerst bei Ihnen auftreten kann, aber die Dinge sind stärker als wir,
und ich habe eine gewisse Virtuosität darin erlangt, im Fehlschlagen
einer Hoffnung mir gleich zu sagen, daß es vielleicht besser so sei.
Sehr dankbar wäre ich Ihnen aber, wenn Sie seiner gedenken wollten,
falls eine Anfrage an Sie käme (bezüglich eines Kapellmeister-
postens). Er hat ja hier zu tun vollauf, aber es liegt mir daran, daß er
in die Dirigententätigkeit sich begibt.
Vielen Dank für Ihre lieben Worte über Siegfried. Über dieses

Thema versagt mir die Sprache, weil die göttliche Fügung, die ihn in allem so ausstattete, wie es not für seine ungeheuer schwere Aufgabe tat, und so, daß er einen Namen, der jeden hätte erdrücken müssen, mit frohmütiger, stolzer Schlichtheit trägt – weil diese Fügung mich zu tief ergreift.

Bleiben Sie ihm schön zur Seite, helfen Sie ihm später, wenn ich entweder schwach oder geschwunden bin.

Wenn man so begabt ist wie Sie, kann man gewiß wahre Befriedigung nur darin finden, eine Überzeugung durch sein Talent zu bekennen.

Leben Sie wohl und nochmals haben Sie Dank.

CW.

An Arthur Seidl
Bayreuth, 14. 11. 1900

Sehr geehrter Herr Doktor!

Ich danke Ihnen vielmals für Ihre freundlichen Wünsche sowohl bezüglich der Verlobung meiner Tochter als der Berufung meines Schwiegersohnes nach Berlin. Vor allem aber danke ich Ihnen dafür, daß Sie sich gedrungen fühlten, mir innere Vorgänge von Bedeutung anzuvertrauen.

Ich habe keine der Schriften gelesen, welche Sie anführen, wußte daher nichts von der Wendung, welche Sie mir andeuten. Ich komme sehr wenig, zu meinem größten Bedauern, zur Lektüre, und wenn ich einen Augenblick mir dafür abgewinne, so suche ich meistens das Gekannte, nie genügend Angeeignete, auf. Beschränkung ist wohl das Merkmal des Alters.

Sehr gut verstehe ich, daß die Worte Herrn von Wolzogens Ihnen mehr zusagten als die Äußerung, welche ich Ihnen mitteilte. Aber Sie dürfen nicht vergessen, daß letztere intimer Art war, eine Mitteilung an einen Freund, schnell aufgesetzt, während Wolzogen (abgesehen von der Unvergleichlichkeit seiner Persönlichkeit) sich zu sammeln und für unseren Kreis ein entscheidendes Wort zu sprechen hatte. Im Grunde sagte er dasselbe, denn er stellt das Leiden voran, und das ist betreffs des bejammernswürdigen Nietzsche das Richtige. Wie Sie wissen, habe ich ihn in den letzten 60er Jahren gekannt; schon damals klagte er mir über schreckliche Kopfschmerzen und eine Kurzsichtigkeit, die ihn die Blindheit befürchten ließ. Niemals war er heiter, und meine Kinder hatten eine förmliche Scheu vor ihm. Der Eindruck,

den er in Tribschen erhielt, war zu gewaltig für seine physische
Konstitution. Ich habe gleich ein Gefühl der Angst um ihn gehabt:
Das Eigenartige dessen, was er leistete, macht mir den Eindruck
einer Halluzination, eines Rausches. Eines Tages kam er zu mir und
sagte, heftig abgebrochen, es käme ihm vor, als ob alles, worin er sich
jetzt bewege, falsch sei, worauf ich, befreit, ihm erwiderte: Gottlob,
Sie sind Hellenist, bleiben Sie dabei, unsere Freundschaft wird
mitnichten dadurch verringert, und Sie wandeln einen sicheren Pfad.
– Ein Neffe von mir, welcher die Dinge nicht mit meiner Sympathie
verfolgt und welcher als Kollege Nietzsches in Basel sich an seiner
angeblichen Überschätzung stieß, sagte mir, als ich meine Teilnahme
für den Freund ausdrückte: Was wird ihm übrigbleiben, wenn er um
die Gedanken vom »Kunstwerk der Zukunft« und von »Oper und
Drama« nebst denen von Schopenhauer herumgekommen sein wird,
als sie zu widerlegen. – In der Unruhe, welche sein körperliches
Unbehagen und die überstarken Eindrücke auf ihn hervorbrachten,
begann er zu musizieren. Er brachte mir Kompositionen, vor allem
phantasierte er auf meinem Klavier. Auch da hatte ich den Eindruck
der Halluzination, und war ich mit Bangigkeit gefesselt. – Als wir im
Jahre 1872 Tribschen verließen, war er so heftig davon bewegt, daß er
mir sagte: Sie werden sehen, es endet schlecht mit mir. Als ich nun
einen Blick in das »Menschliche, allzu Menschliche« warf, erkannte
ich mit Traurigkeit das Unabwendbare. – Vielleicht ist noch niemals
in einem so drastischen Beispiel die Verwandtschaft des Wahnsinns
mit dem Genie, wie Schopenhauer erkannt hat, lebendig dargestellt.
Der Größenwahn, der sich zum Beispiel aus dem Briefwechsel mit
Stein kundgibt, berührt einen schmerzlich, vor allem aber betrachten
Sie die Physiognomie des Unglücklichseligen. Da die Natur mit
unverkennbarer Deutlichkeit spricht, vergleichen Sie sie, ich meine
nicht etwa mit den göttlichen Köpfen von Goethe oder Schiller,
sondern – mit denen großbegabter Menschen einfacherer Art, etwa
Jakob Grimm oder Rückert; in den letzteren ist alles Festigkeit,
Klarheit, und da sieht man einen Krampf! Wie aus einer Verschüttung dringt der nichts gewahrende Blick zu uns und erregt unser tiefes
Mitgefühl. Die Formen sind weichlich, die Kraft, welche Beethoven
als seine einzige Moral pries, fehlt ganz. – Wenn ich nach einem
Analogon suche, so stellt sich mir Pascal vor, der auch nur mehr
aphoristisch-abgebrochen dachte, aber es ist Pascal erspart worden,
in seiner Krankheit das zu schmähen, was er geliebt hatte und von
dem er geliebt wurde. Er hat nicht Freund und Meister verleugnet,

sein Vaterland geschmäht, das weibliche Geschlecht beschimpft.
Seine Krankheit hatte eine mildere Form angenommen, das Schicksal war erbarmungsvoller mit ihm, während es erbarmungslos grausam gegen Nietzsche war. – Als er eines Tages – auch in Tribschen – zu mir kam und mir ankündigte, er stamme von polnischen Grafen, sagte ich ihm: Wie schade, ich finde Sie als Sohn eines bescheidenen thüringischen Pastors weit interessanter. Aber es gehört viel mehr dazu, an seinem Vaterland trotz allem, was einem darin verletzt und quält, treu zu hängen, viel mehr dazu, die Wahrheit des Christentums abseits aller Verirrungen der Kirchen zu empfinden, auch die erhabene Mission des Weibes, möge das Geschlecht sich uns darstellen, wie es wolle, [zu] erschauen, als nach ziemlich häufigen und bekannten Mustern sie zu lästern. – Vor allem Kraft! Und daher versteht man Beethovens tiefsinniges und kühnes Wort. – Welche Stellung einmal dem »Zarathustra« angewiesen werden wird – ? – das wird die Zeit lehren. Ich glaube, eine nicht allzu ferne.

Wollen Sie, sehr geehrter Herr Doktor, in dieser eingehenden Antwort auf Ihre Zeilen das Zeichen des Eindruckes wahrnehmen, welches sie auf mich hervorgebracht. Es versteht sich, daß sie einzig an Sie gerichtet sind.

Die Alteration in Weimar bezüglich der Veröffentlichung der Briefe ist gewiß bereits geschwunden. Frau Förster hat in ihrem Buche unsere Briefe, ohne mich im voraus davon zu verständigen, publiziert, und so habe ich angenommen, daß ich das gleiche tun dürfe. Ich habe keine Briefe von Nietzsche behalten, nur diese beiden haben sich ganz zufällig, wo ich sie gar nicht suchte, vorgefunden. Mir schien dies wie ein Wink, denn wer diese Briefe zu lesen versteht, findet in ihnen alles.

Nun aber leben Sie wohl, sehr geehrter Herr Doktor, bleiben Sie meiner Teilnahme versichert, und empfangen Sie für das Ringen, welches Sie mir andeuten, den warmen Wunsch, daß es sich zum Frieden und zur Harmonie löse.

Herzlichst grüßt Sie

                                                                    CW.

An Marie Fürstin zu Hohenlohe-Schillingsfürst
Bayreuth, 15. 11. 1900

Liebe und Liebste,
Ich flehe Sie an, grämen Sie sich nicht wegen des Textbuches, ich habe
Ihnen nur ungern davon erzählt und weil man mich von allen Seiten
bestürmt hat. Aber ich will nicht klagen, da mir der Vorfall Ihren
lieben Brief beschert hat. Meine Tochter bittet mich, Ihnen all ihren
Dank zu übermitteln, sie ist glücklich, ihrem Zukünftigen ein
Andenken von so außergewöhnlichem Wert, wie diesen »Christus«,
mit einigen Noten von der Hand meines Vaters zu schenken.
Mein Schwiegersohn ist ein leidenschaftlicher Verehrer der Musik
meines Vaters, und er hat sich am Leipziger Konservatorium
Mißlichkeiten ausgesetzt, indem er auf einem der Konzerte als
Prüfungsstück bestanden hat. Dank also und von ganzem
Herzen.
Der Aufenthalt unserer vortrefflichen Adelheid bei Ihnen hat mich
amüsiert, und sich sehe schon seine Ansichten in ihren Äußerungen
durchschimmern. Mein Vater war schließlich zu der Auffassung
gekommen, daß die Vorsehung etwas von einem Spion an sich habe,
und hier zog er es vor, sie nicht zu haben. Als er krank wurde, fand
ich, daß meine vier Töchter und ich ausreichten, um ihn zu betreuen.
Sie hebt dies sehr treuherzig in dem fraglichen Artikel hervor. – Die
in Form von Seitenhieben der Indiskretion geübte Rache ist in
unseren Tagen sehr im Schwange. Mir fällt besonders auf, daß Leute,
die in einer früheren Epoche gar nicht an diesen Schnickschnack von
Berühmtheit gedacht hätten und ruhig und wohlerzogen geblieben
wären, daß sich diese Leute heute benehmen wie aus einer anderen
Welt. – Ich empfange heute morgen einen Brief von Frau Förster-
Nietzsche, der wahrlich den Gipfelpunkt solcher Verirrung darstellt.
Ich kann der Versuchung nicht widerstehen, Ihnen einen Satz
mitzuteilen, der uns in schallendes Gelächter ausbrechen ließ: »Es ist
mir schon oft gesagt worden, wie wunderbar es sei, daß an der Spitze
der beiden die moderne Welt beherrschenden Geistesrichtungen
gewissermaßen als Repräsentanten zwei Frauen stünden.« Wenn
man die Dinge einfach betrachtet: sie hat doch nichts mit diesen
Ungereimtheiten von Zeitungen und falschem Ruhm zu tun, man
fällt aus allen Wolken, wenn derartige provinzielle Unsinnigkeiten
dahergeredet werden. – Um auf meinen Vater zurückzukommen, ich
glaube, Ihnen sagen zu können, daß in einem Augenblick seines

Lebens sich ein Mysterium an ihm vollzogen hat, das ihn von allem vollständig losgelöst hat. Von nun an hat er weder auf die Ehe noch auf sonst irgend etwas Wert gelegt, und so ist alles, was man über ihn redet, irgendwie falsch. – Was das Bild, das er hinterließ, angeht, seien Sie ohne Sorgen, meine Liebste, es bleibt rein und leuchtend, einige Klatschbasen werden daran nichts ändern. – Dank im voraus für das Buch, das Sie mir freundlicherweise ankündigen. Ich umarme Sie zärtlich und verbleibe stets ganz die Ihre

Cosette

An Elisabeth Förster-Nietzsche
Bayreuth, 15. 11. 1900

Meine teure Elisabeth!
Ich möchte Dir unmittelbar nach Empfang Deiner Zeilen erwidern und lege deshalb einiges beiseite, welches ich zu erledigen hätte.
Empfange meinen herzlichsten Dank für Deine freundliche Teilnahme an Isoldens Wesen und Glück. Sie vereinigt sich mit mir, um Dir dafür einen wärmsten Gruß zu entsenden.
Was nun die Veröffentlichung der Briefe Deines Bruders in den »Bayreuther Blättern« betrifft, so tut es mir sehr leid, daß sie Dir unerfreulich ist. Ich habe es mir nicht so vorgestellt. Du hast unsere Briefe ohne Verständigung mit mir veröffentlicht, und so habe ich gedacht, daß ich das gleiche tun dürfte. Ich lese keine Zeitungen und habe daher Dein Verbot nicht gelesen. Deine Argumentation, weil ich Dir keine Briefe Deines Bruders übergeben konnte, wärest Du genötigt gewesen, ohne mich zu befragen, unsere Briefe zu publizieren, verstehe ich nicht.
Die Äußerung aus dem Jahre 1875, welche Du mir mitteilst, ist mir gleichfalls unverständlich, denn sie widerspricht dem, was Gebrauch, um nicht zu sagen Prinzip, in Wahnfried war und ist. Diesem Gebrauch gemäß sind die Briefe Deines Bruders vernichtet worden. Ganz zufällig und da, wo ich sie am wenigsten mir vorgestellt hätte, fanden sich in verschiedenen Zeiträumen die beiden, welche Du gelesen hast. Da ich wußte, daß Du die Veröffentlichung von Briefen nicht als einen Diskretionsbruch betrachtest und da Du, wie gesagt, freimütig in bezug auf die unsrigen vorgegangen bist, war ich auch freimütig.
Ich ersehe aus Deinem Brief, daß Du anders denkst, und wenn ich

auch nicht recht verstehe, weshalb diese Veröffentlichung Dir
unangenehm ist, da Du im Prinzip nicht gegen Veröffentlichungen
dieser Art bist und diese beiden Briefe in edler Weise eingeführt
wurden und in würdiger Umgebung erschienen, so genügt es mir, daß
diese Publikation Dir unangenehm war, um Dich herzlich um
Entschuldigung zu bitten.
Lebe wohl, meine teure Elisabeth, und empfange mit der Wiederholung meines Dankes meine besten Wünsche für Deine Gesundheit
und die Versicherung herzlicher Ergebenheit
                                                              Deiner CW.

An Breitkopf & Härtel
Bayreuth, 19. 11. 1900

Sehr geehrte Herren!
Gestern abend beschloß ich die Lektüre der Briefe an Anton
Pusinelli, und ich mußte zu dem Beschluß kommen, daß sie sich nicht
für eine Veröffentlichung eignen.
Alle Briefe über Frau Minna, das versteht sich von selbst, müßten
ausbleiben. Dasselbe gilt von denen über König Ludwig, und jede
Erwähnung meiner Person würde gestrichen.
Die freundschaftlich-geschäftlichen Briefe haben kein Interesse für
das größere Publikum, und auch von diesen meine ich, daß sie sich
der Publizität verschließen.
Vielleicht wäre ich von mir aus zu dieser Auffassung der Intimität und
der Öffentlichkeit gelangt, jedenfalls ist sie mir übertragen worden,
und habe ich sie zu vertreten.
Nun begreife ich wohl, daß es Hofrat Pusinelli ein herzliches
Anliegen ist, das Andenken seines Vaters geehrt zu sehen, wie es
diesem außerordentlichen Manne gebührt. Ich nehme mir daher vor,
Baron von Wolzogen aufzufordern, ein Lebensbild des treuen, edlen
Freundes für die »Bayreuther Blätter« zu entwerfen, in welchem alle
Äußerungen des Dankes und der Liebe aufgenommen würden.
Einige ganze Briefe, der erste, der letzte, ein mittlerer mit der
Übergabe der Pflege von Frau Minna und vielleicht noch eine Anzahl
anderer würden dabei veröffentlicht.
Die Persönlichkeit Baron von Wolzogens gibt uns die Gewähr für
eine dieser seltenen Beziehung durchaus ebenbürtige Arbeit.
Gerne hätte ich Hofrat Pusinelli selbst geschrieben, da er sich aber

nicht direkt an mich gewendet hat, entnahm ich daraus, daß ihm der Weg der Vermittlung angenehm sei.
Empfangen Sie, sehr geehrte Herren, mit der Bitte um diese Vermittlung, die Versicherung meiner vorzüglichsten Hochachtung.

CW.

An Gustav Mahler
Bayreuth, 19. 11. 1900

Lieber und hochgeehrter Herr Direktor!
Es tut mir sehr leid, daß Sie sich verpflichtet erachten, auf Empfehlungsschreiben, welche ich hier und da an Sie zu richten mir gestatte, besonders zu antworten, und mit diesen Zeilen ersuche ich Sie, es fernerhin auszulassen.
Bei Ihrer übergroßen Tätigkeit würde es mich einschüchtern, wenn ich mir sagen müßte, daß ich Ihnen eine überflüssige Korrespondenz auferlege. Ich kenne Ihre freundliche Rücksicht auf mich oder vielmehr Ihr Wissen, daß ich Ihnen nicht leichtfertig für die Wiener Hofbühne Künstler empfehlen werde. – Leider muß ich Ihnen in dem einen Fall gestehen, daß ich dadurch enttäuscht wurde, als eine Entwicklung sich als unerreichbar erwies und die Persönlichkeit wohl mit einer gewissen wilden Anlage begabt ist, aber nach meiner jetzigen Erfahrung der Ausbildung dieser Anlage zu einem künstlerischen Bewußtsein mir nicht fähig dünkt.
Soeben höre ich von einer »wundervollen Aufführung« der »Meistersinger« unter Ihrer Leitung, und ich danke Ihnen von Herzen, lieber Herr Direktor, dafür, daß Sie unsere angestrengten Bemühungen um die Gründung des Stiles in der Darstellung unserer Werke dadurch unterstützen, daß Sie das hier von den Künstlern Erlernte erhalten und fördern und die Merkmale der Inszenierung bei ihnen einpflanzen. Auf solche Unterstützung müssen wir bauen, soll anders unsere Arbeit gedeihen.
Ich denke, daß Freund Schönaich Ihnen die Verlobung meiner Tochter Isolde mitgeteilt haben wird, aber es liegt mir daran, sie Ihnen selbst zu melden. Mein künftiger Schwiegersohn ist ein junger, tüchtiger Musiker, der sich seit etlichen Jahren bei uns schon bewährt hat und in welchem ich hoffe eine tüchtige Stütze zu finden. Sollten Sie einen Assistenten bedürfen oder einen Volontär-Dirigenten gern bei sich aufnehmen, so würde ich mich freuen, ihn einige Zeit bei Ihnen zu wissen.

Ich wiederhole aber, geben Sie mir keine Antwort. Die Tatsachen sprechen, und Ihres freundlichen Willens bin ich überzeugt.

Empfangen Sie, lieber und hochgeehrter Herr Direktor, mit einem herzlichen Gruß die Versicherung meiner vorzüglichsten und ergebensten Hochachtung

CW.

An Franz Xaver Kraus
Bayreuth, 27. 11. 1900

Lieber und verehrter Herr Geheimrat!
Auf die Gefahr hin, Ihnen schwatzhaft zu erscheinen, kann ich nicht zögern, Ihnen den Eindruck mitzuteilen, welchen die zwei Darstellungen, die ich Ihrer Güte verdanke, auf mich hervorbrachten.
Ich kenne Ihre Kunst des Portraits und habe durch Sie manche Persönlichkeit von Bedeutung deutlicher kennengelernt, als ob ich ihnen begegnet wäre, L'abbé Roux und Joubert sind meine jüngsten Errungenschaften. Die Gestalt des einsamen Geistlichen hat mich unsäglich gerührt und mich in Ihrer gefühlvoll lebendigen Schilderung an den »Curé de village« von Balzac gemahnt. – Mit den beiden Persönlichkeiten, die Sie uns vorführen, bringen Sie für mein Gefühl den echten französischen Typ, den man jetzt kaum mehr kennt; ein eigentümlich zartes, wehmütiges, der Resignation zugewandtes, dabei scharf beobachtendes Wesen (wie Roux's witzige Bemerkungen über die Bauern beweisen).
In der Musik haben wir als ähnliche Erscheinungen Isouard, Méhul, Grétry, Boieldieu, welche feine künstlerische Individualitäten weggeschwommen wurden, als der israelitische Kosmopolit Meyerbeer die Monstruosität der großen Oper aufbrachte.
Das Pathetische gehört, meiner Empfindung nach, den Franzosen nicht an, und wenn sie sich ihm hingeben, sind sie im Widerspruch mit dem Geiste ihrer Sprache und demnach auch ihres Wesens und geraten in das Falsche. Daß Joubert Lafontaine den besten Dichter seiner Landsleute nennt, unterschreibe ich, so auch das Urteil von Roux über Corneille und Racine, denn die französische Tragödie hat es nur mit der Form zu tun (»Langeweile auf Draht« nannte sie Byron), Gestalten hat sie nie hervorgebracht, und als Beurteilung des Ausdrucksvermögens der beiden Dichter finde ich den Satz von Roux richtig.

Merkwürdig, daß bei dieser Unfähigkeit, Gestalten zu schauen und wiederzugeben, wie dies den Griechen, den Spaniern, den Deutschen und Shakespeare zu eigen ist, die Franzosen das ausgesprochene Talent für das Theater haben. Es liegt wohl in der Fähigkeit, sich zu geben, zu bewegen, zu äußern; Latitude ist eine ihnen sehr geläufige Vorstellung. So hat mich auch etwas bei dem sinnigen Abbé frappiert, daß er von dem Genius spricht, qui attend son heure. Mein Gott! wann schlägt denn die Stunde des Genies? Er meint entschieden: der Augenblick der Anerkennung, der Ruhm, ist dem Franzosen eigentlich alles. Wie wenig ist das dem Genie, dem es einzig auf das Wirken ankommt und das hehr und froh wäre, unbekannt zu bleiben, wenn nur seine Gedanken Wurzel faßten und Blüten trieben! Aber das ist unfranzösisch, daher sagt auch Joubert, daß das größte Werk größer als sein Schöpfer sei, weil sie in Frankreich Geister alles überragender Art, wie die Nationen, welche ich vorhin nannte (und Italien dazu), nicht kennen.

Und hier möchte ich (wenn Sie mich nicht vermessen nennen wollen) bemerken, was ich von der Literatur der »Pensées« meine. Nämlich, daß sie den Völkern zu eigen ist, welche keine gestaltende dichterische Kraft besitzen und die daher auf die pointierte Reflexion sich werfen. Römer und Franzosen würde ich als Beispiel anführen. Die Franzosen haben kein Nationalepos, keinen Nationalhelden, und ihre dichterischen Erzählungen sind voller Anmut und Einfälle, können sich aber mit dem nicht messen, was unsere Minnesänger aus diesen Motiven gestaltet haben. Vielleicht hängt das mit diesem Zug zum Äußerlichen zusammen, den ich vorhin erwähnte. Die welterobernden Römer waren auch nicht die Meister der dichterischen Anschauung, und England wird wohl auch keinen Shakespeare wieder sehen, dafür vielleicht Menschen, welche die Wehmut und die Nichtigkeit der Weltherrschaft empfinden.

Und da ich in dieser Danksagung es mir gestatte, meine sehr bescheidenen Eindrücke mitzuteilen, so gehe ich noch weiter und wage es zu widersprechen. Sie sagen, verehrter Herr: Unser Jahrhundert zeigt die höchste Ausbildung der mechanischen Künste – – – aber kein Schaffungsvermögen auf dem Gebiete der Kunst, keine geniale Initiative auf dem der Metaphysik. Aber die Entwicklung der Musik von Beethoven bis zum Kunstwerk von Bayreuth, das heißt, bis zur Erzeugung des nationalen Dramas und Schopenhauers Metaphysik, gehören dem 19. Jahrhundert an!
Ob wir von nun ab ganz amerikanisiert oder chinesisch verzopft

werden, weiß ich nicht, jedenfalls aber bis zum 20. Jahrhundert bestehen wir dichterisch, künstlerisch und auch metaphysisch, und zwar groß, ja unvergleichlich.

Gros Jean, qui en remontre à son curé, so sage ich mir und bitte, meine Verwegenheit zu verzeihen.

Wollen Sie, verehrter Herr, in diesem langen Schreiben und doch so flüchtigen Sätzen nur das Zeugnis der großen Freude und des lebhaften Interesses, mit welchem ich Ihre beiden schönen Studien gelesen, erblicken. Ich besaß seit geraumer Zeit einen alten feinen Einband, der immer leer blieb; nun lege ich die beiden liebenswürdigen Schriften hinein, indem ich finde, daß sie durchaus dahin gehören.

Möchten diese Zeilen Sie wohler antreffen als das letzte Mal, daß Sie mir schrieben.

Ich denke oft an Sie, verehrter Herr Geheimrat, und in diesen bösen Novembertagen mit innigem Mitgefühl.

Wir leben hier wie in einem Tunnel, das drückt auch auf mich derart, daß ich ein paar Tage ganz schwindlig war. Ich wünsche so sehr, einmal wieder mit Ihnen zu verkehren, daß ich Reiseprojekte an diesen Wunsch für das nächste Jahr anknüpfe. Wenn ich meine Kinder in Heidelberg besuche, möchte ich nach Freiburg, um Ihnen für vieles zu danken und mich in vielem belehren zu lassen. Aber vermutlich werden Sie über die Berge ziehen, und das gönne ich Ihnen von ganzem Herzen. Doch nun genug, wenn nicht zuviel!

Nochmals vielen herzlichen Dank, daß Sie meiner gedachten, lieber und verehrter Herr Geheimrat, und die Versicherung meiner Hochschätzung und Ergebenheit.

CW.

Meine Kinder tragen mir die ehrerbietigsten Empfehlungen auf, und ich erlaube mir, das erste öffentliche Wort beizulegen, welches mein Sohn gesprochen hat, weil mir daran liegt, daß Sie wissen, wes Geistes Kind er ist. Der Verstorbene war eine der seltensten Persönlichkeiten, welche mir begegnet sind. Israelit, wurde er Christ, weil er es war. Er hat sein Leben der Kunst geweiht, war eine der populärsten Erscheinungen, und jede äußere Auszeichnung, jeder Wohlstand, alles blieb ihm fremd. Er hob diese Dinge auf, wie er das Judentum aufhob. Man mußte bei ihm immer an die ersten Apostel denken. Sein Tod ist mir sehr nahegegangen, und doch fühle ich mich durch ihn erhoben.

An Luise Großherzogin von Baden
Bayreuth, Anfang Dezember 1900

Allerdurchlauchtigste, allergnädigste Frau Großherzogin!
Euere Königliche Hoheit wollen es mir gestatten, bei Gelegenheit
des Geburtsfestes der geliebten Hohen Gönnerin meine und meines
Hauses innigste Segenswünsche ehrerbietigst darzubringen.
Es ist mir, als ob ich in diesem Jahre mich besonders gedrungen
fühlen müßte, Euerer Königlichen Hoheit die Gefühle der Dankbar-
keit und Verehrung kundzugeben, da der auf die gütige Teilnahme
der Großherzoglichen Herrschaften gegründete Entschluß meiner
Kinder, im Lande Baden zu bleiben, mich nun dieses Land als eine
Familienheimstätte betrachten und lieben läßt.
Es gereicht mir zu besonderer Genugtuung, daß das, was mein
Schwiegersohn auf seinem Gebiete vertritt, die fördernde An-
erkennung Euerer Königlichen Hoheit und des Großherzogs fand
und daß er sich sagen darf, die idealen Bestrebungen der Hohen
Herrschaften nach jeder Richtung hin mit seiner Tätigkeit zu ver-
treten.
Wir hier in Bayreuth fahren nun fort, auf unsere schlichte Weise die
Aufgabe zu erfüllen. Sie wird uns im allgemeinen nicht erleichtert,
weil die dramatische Kunst, anstatt sich zu heben, durch den Stempel
des Geschäftsbetriebes immer tiefer sinkt, die Gesinnung bei den
Künstlern nicht gehoben wird, so daß das Gefühl, gegen den Strom zu
schwimmen, mich immer stärker einnimmt. Aber die rege Teilnahme,
welche sich uns jetzt wiederum gleich bei der Ankündigung unserer
Spiele bekundete, dann auch die jugendliche, feste Kraft meines
Sohnes, nebst dem Gefühl, daß man da auszuharren hat, wo man
hingestellt wurde, diese drei Momente flößen mir Mut zu, und die
Betrachtung, daß die Hoffnung eine Tugend ist, zu welcher man sich
auch inmitten der schwersten Erfahrungen anspornen soll, läßt
meinen Blick sich ab von den Widerwärtigkeiten, welche sich vor
unseren Augen gleichsam monumentalisieren, zu den Höhen wenden, wo hehre Geister walten und uns Trost und Stärkung spenden.
Nicht möglich ist es mir, das zu berühren, was mein Dasein erfüllt,
ohne zugleich den Dank zu empfinden, den ich den Hohen Gönnern
dafür schulde, daß Sie für unser Werk hier einzutreten die Gnade
hatten. Wenn auch der unmittelbare Erfolg kein absoluter sein
konnte, so liegt doch so viel moralische Tugend in dem gewährten
Schutze, daß meine Erkenntlichkeit dafür unsäglich ist.

Hier küsse ich Euerer Königlichen Hoheit denn schweigend die Hand und bitte mich immerdar nennen zu dürfen
Der allergnädigsten Frau Großherzogin gehorsamste Dienerin.

An Anna von Mildenburg
Bayreuth, 10. 12. 1900

Mein liebes und sehr geschätztes Fräulein!
Unser Verwaltungsrat Herr von Gross teilte mir Ihren Brief mit, und ich habe augenblicklich an Direktor Mahler geschrieben, um von ihm einen Urlaub nach den Festspielen für Sie, mein liebes Fräulein, zu erwirken.
Direktor Mahler hat sich stets so freundlich gegen Bayreuth erwiesen, daß ich der Hoffnung einer Zusage bin. Ja, ich habe das Gefühl, als ob auf der Wiener Hofbühne das vertreten und erhalten bleibt, was wir hier wirken. Ihr eingehendes Studium der Isolde hier, welches mir eine solche Genugtuung gewährte, das, was man mir von Ihrer Brünhilde als durchaus in Bayreuther Stil gehalten, gesagt, dazu alles, was ich von den Inszenierungen vernehme, sind mir Bürgen für diese meine Annahme.
Von Ihnen, mein liebes Fräulein, weiß ich, wie ernst Sie es mit der Kunst nehmen und daß Sie daher uns gern Ihre Kraft zur Verfügung stellen.
Ich danke Ihnen dafür und bitte Sie, wenn dies möglich wäre, mein Anliegen bei Direktor Mahler zu unterstützen. – Ich erbat mir von ihm ein Telegramm, und herzlich wünschend, Sie hier als Kundry wiederzusehen, entsende ich Ihnen die freundlichsten Grüße der herzlichsten Sympathie

CW.

An Anna Kekulé von Stradonitz
Bayreuth, 11. 12. 1900

Mein geliebtes Ännchen!
Wie schön, daß Ihr kommt! Ich kann es Euch gar nicht aussprechen, was das uns ist, und danke Euch aus der Tiefe meiner Seele dafür. So innig zugehörig Ihr uns seid, so habe ich doch das Gefühl der Festlichkeit durch Euer Kommen. Nichts Schöneres hätte uns

werden können für diesen Bestimmungstag. Seid gesegnet für Eure Liebe.

Dein letzter teurer Brief hat mich sehr bewegt. Ich selbst war so schwankend, im Für-und-Wider, daß ich mich jeder Ansicht enthob und Heinz sagte, was er beschließe, würde mir das Rechte sein. Ich weiß aber, daß das Aufgeben des Zusammenlebens und Wirkens mit Euch den beiden Kindern das schwerste Opfer gewesen ist. Das hat den Kampf ausgemacht, da Heinz für Berlin keinen Sinn hat und daher nicht hinpaßt.

Nun aber will ich nur denken, daß Ihr kommt, und dann Euch erzählen, daß ich anfangs Januar nach Berlin komme und, da ich wegen Arbeit mit vier Sängern dort bin, keinerlei große Gesellschaft annehme und nur mit Euch, teuerste Freunde, soviel Ihr mich haben wollt, verkehren werde.

Siegfried ist fertig mit seiner neuen Oper; ein eigenes Geschick will, daß sie in München, von dem wir uns ganz scheiden, zuerst aufgeführt wird, weil er an dem Abend bei Levi Possart, der ihn darum bat, es versprach. Wer weiß, wozu das Schlimme gut ist, sage ich mir jetzt immer bei schlimmen Dingen, die ja nie ausbleiben; aber auch dies ist uns nahegegangen.

Jetzt seht Ihr Grossens und werdet von uns erfahren. Hümpchens Annahme von Berlin geschah, glaube ich, im Traum. Wie ich ihn frug, ob er sich gute Bedingungen erbeten, antwortete er: Ich habe es vergessen.

Porges' Scheiden hat mich erschüttert. Es war eine 40jährige Gemeinsamkeit in künstlerischem Freud' und Leid. Im Oktober sah ich ihn in München; er erzählte mir von seinen Proben zum »Christus«, den er zum vierten Mal dort aufführte. Er war sehr angegriffen, ich sagte ihm: Heinrich, Sie richten sich zugrunde mit dieser Aufführung. Er erwiderte mit unvergeßlichem Nachdruck: So *will* ich sterben. Nach der Generalprobe fiel er um, um nicht wieder sich zu erheben. Seine letzte Bewegung war der Auftakt, sein letztes Wort (im Wahne, er spräche zu seinem Chor) »Wenn ich erst oben bin«. Die Hand sank, er war oben! Der Geist vom Irdischen befreit. »Der stille Mann« wurde er in München genannt, und dieser stille Mann ohne Ansehen, ohne jede Mittel, nur seinem Ideal hingegeben und alles darüber vergessend, hat eine Teilnahme gefunden, wie sie den Berühmtesten, scheinbar Beliebtesten versagt bleibt. Die Reinheit dieser Seele hat weithin ausgestrahlt. Er war Jude, aber ein solcher Christ, daß, als er zum Christentum übertrat, dies einem als die Besiegelung seines Wesens erschien. Schön, daß Hugo bei seiner Bestattung war, danke ihm, bitte, von mir dafür. Diese Bestattung war von Liebe getragen und hatte ein ganz christliches Gepräge. Das »Pater noster« aus dem »Christus« wurde ihm gesungen, und Siegfried sagte mir, daß niemals dieses innige Werk mehr zu seiner Wirkung gelangen könnte als bei diesem Scheiden von einem lautren unschuldigen Menschen.

Ich weine auch viel, wenn ich an Porges denke, weil fast mein ganzes Leben mit seiner Erscheinung verbunden war, aber ich bin nicht traurig, denn ein solcher Tod verleiht uns Mut fürs Dasein.

Nun aber lebe wohl, mein geliebtes Ännchen, drücke Deinem teuren, verehrten Mann innig dankbar die Hand, küsse die schöne Marie, und von ganzer Seele »Willkommen«!

Deine alte, Dich mütterlich liebende Freundin

CW.

An Michael Balling
Bayreuth, 13. 12. 1900

Lieber Freund!

Die am 20. bevorstehende Trauung meiner Tochter, die Weihnachtstage, die für mich darauf folgende Reise nach Berlin und Dresden in künstlerischen Angelegenheiten, endlich die vermutliche Aufführung »Herzog Wildfangs«, Ende Februar in München, lassen es mich befürchten, nicht so bald mehr die Muße zu finden, Ihnen eingehend, wie ich es wünschte, auf Ihren jüngsten Brief zu erwidern. Heute kann ich es auch nicht, aber ich bin doch etwas ruhiger, als es in der nächsten Zeit sein wird, und so spreche ich Ihnen meinen Dank für Ihre Mitteilung über die Aufführung des »Tannhäuser« herzlichst aus. Ich weiß es von der Tätigkeit meines Vaters in Weimar her, was man mit geringen Mitteln erreichen kann, und ich wünsche Ihnen Glück dazu, die Kraft der Überzeugung und den Eifer der Begeisterung bewährt zu haben. – Sehr recht taten Sie, die Dichtung von dem Personal vorlesen zu lassen, denn die Opernangewohnheiten bringen es noch immer mit sich, daß die guten Leute nicht wissen, was sie singen, und es ist gut, einem jeden zu zeigen, von wo wir ausgehen. Ihre Freude über das Ereignis habe ich von ganzem Herzen mitgefühlt, doch aber nicht so weit, daß ich Ihnen zustimme in Ihrer Auffassung des Glücks.

Wie die Freiheit, ist das Glück ein Geheimnis. Bismarck setzt es kurzweg in die Gesundheit, was ihm sehr gut steht – ich neige mich der Auffassung der Prinzessin in »Tasso«: »Es gibt ein Glück, allein wir kennen es nicht, wir kennen es wohl und wissen es nicht zu schätzen.« Dieses letztere ist unser Unglück. Das Glück, welches ohne Reu ist, ist die Verbindung zweier edler geistig und seelisch gleichgesinnter Menschen. Möge es getrübt werden, möge es von kurzer oder langer Dauer sein, die Reinheit dieser Empfindung, wie sie uns in dem Leben unserer größten Menschen entgegengebracht wird, sie ist das Beglückende, welches dann von selbst eine edle Tätigkeit hervorbringt. Das sittlich Höchste und das sinnlich Höchste sind da verbunden: Heil denen, welche dieses Glück kannten! Ob wir uns noch vor den Festspielen sehen? Jedenfalls erwarten wir Sie mit Freuden anfangs Juni, und in dieser Erwartung entsende ich Ihnen von uns allen die herzlichsten Grüße und Wünsche für das Gedeihen Ihrer künstlerischen Wirksamkeit.
Treulichst

                                                               CW.
Wenn Sie irgendeinen tüchtigen Sänger oder Choristen bei sich haben, bitte, melden Sie es Kniese.

An Franz Beidler
Bayreuth, 17. 12. 1900

Mein teurer Sohn,
Indem ich Dir mein Kind jetzt übergebe, spreche ich es Dir noch einmal aus, daß ich sie Dir von Herzen zuversichtlich anvertraue und Dich als echtes Glied unserer Familie innig begrüße.
Da dem Manne die Führung des Hauses zukommt, wirst Du monatlich bei Adolf von Gross 800 Mark erheben, Loldis Rente und Dein Gehalt vereinigt. Ihr könnt in Bayreuth nicht nur gut damit auskommen, sondern Ihr werdet das, was die Einrichtung des Hauses über die Summe, die ich dafür bestimmte, betragen wird, abzahlen, und wenn dies geschehen ist, auch etwas zurücklegen, was im Leben notwendig ist, will man den Zufälligkeiten nicht preisgegeben sein.
Du wirst Deinerseits Deine Einkünfte durch Unterricht für's erste und später durch eine Anstellung mehren. Unter dem »Vertrauen«, was ich Dir anfangs wiederholte, verstehe ich, daß ich Deiner männlichen Fertigkeit gewiß bin und weiß, daß es Dir am Herzen

liegt, zu dem Wohlstand und dem ehrenvollen Ansehen Eurer Ehe das Deinige beizutragen. Unter ehrenvoll verstehe ich Arbeit, jedwede sie sei, denn die Ehre kommt uns nicht von außen, und so freue ich mich schon, daß Du die Chöre zu der »Missa solemnis« einzustudieren bekommst und daß sich Deine Schüler melden.

Ferner erwarte ich von Dir, daß Du Deine Frau in der Führung des Lebens lenkst, wie es dem Manne zukommt und der Frau heilsam ist. Das Reale ist ihr noch nicht geläufig, das mußt Du vertreten; sie wird Dir willig folgen, Deine Vernunft einsehend.

Und so segne ich Dich, mein lieber Franz, und nehme Dich ganz als meinen Sohn auf und freue mich dessen und weiß, daß Gottes Segen auf denen ruht, die reinen Willens sind!

Von Herzen Deine Mama.

An Malwida von Meysenbug
Bayreuth, 28. 12. 1900

Meine geliebte Malwida!

Du sollst noch vor Schluß dieses Jahres und Jahrhunderts einen Gruß von mir erhalten, einen Gruß des innigsten Dankes für Deine teuren Wünsche, welche an meinem alten Geburtstag als bestes Vorzeichen zuerst eintrafen.

Das dreifache Fest wurde sehr freundlich bei uns begangen. Ich hatte die Genugtuung, daß sowohl beim Standesamt als in der Kirche die Ansprachen gefühlvoll-würdig waren. Kniese hatte schön für Musik von Beethoven, Bach und etwas aus »Lohengrin« gesorgt. Kekulés, Humperdincks, Küchlers waren aus der Ferne gekommen; nur traute Freunde. Bei dem Mahl in unserer Halle hatte Heinz das erste Wort. Er sprach sehr schön und tiefsinnig über das Wesen der Liebe. Unser neuer Bürgermeister bekundete die Gefühle der Stadt für unser Haus. (Diese Gefühle hatten sich durch einen großen Andrang in der Kirche und in den Straßen bereits freundlich kundgegeben.) Siegfried erwiderte in einer wirklich herrlichen Rede. Er knüpfte an die flüchtigen Salzburger Protestanten, welche hier von Markgraf und Markgräfin wirtlich aufgenommen wurden, und sagte, daß im Jahre 1872, also 140 Jahre darauf, Kunstflüchtige hier Schutz gesucht und ihn gefunden. Ich möchte Dir seine Worte ganz wiedergeben, aber er hat improvisiert, und so kann ich es leider nicht. Das Gedicht aber, womit Wolzogen schloß, lege ich hier bei. Es hat uns tief ergrif-

fen und machte einen würdigen Abschluß zu der ernst traulichen
Feier.

Die Neuvermählten sind nun sehr gemütlich und heiter in dem alten
Colmdorf, welches sie bereits am Abend der Trauung mit einem Tee
für die Hochzeitsgäste einweihten. Heute sind wir nachmittags dort.
Franz spielt uns den I. Akt »Wildfang«. Zu meinem Geburtstag
spielte uns Siegfried eine Ouvertüre. Ja, Du hast recht, es wäre wohl
Zeit für Fidi, an die Ehe zu denken, und ich habe ihm erklärt, mir
würde jede willkommen sein, aus welchem Stande, aus welcher
Nation, von welchen Eigentümlichkeiten sie sei, mein einziger
Wunsch wäre Freundlichkeit. Aber ich glaube, er ist noch zu voll von
Gedanken und Konzepten, und mir scheint, daß erst das Müssen der
Leidenschaft eine Entscheidung bei ihm erzeugen wird. Kaum ist er
mit seinem neuen Werke fertig, und bereits sind neue Entwürfe im
Schwang. Ich möchte ihn daher zur Erholung jetzt fort haben, ins
Engadin oder an die Riviera oder nach Rom. Er würde letzteres
wählen, wenn er nur seine jungen Freunde um sich dort sehen
könnte, aber er muß Besuche machen, und das verdirbt ihm jede
Freude.

Ich denke, Greiner hat Dir seine Blätter zugeschickt. Doppelt
genäht, hält gut, sagt man. Verschenke die Blätter, wo Du weißt, daß
man uns gut ist und Verständnis für Radierungen hat.

Auch ich habe die Bismarckschen Briefe auf meinem Weihnachtstisch gefunden und erfreue mich daran. Es ist wundervoll, sich zu
sagen, daß die größten staatsmännischen und kriegerischen Taten auf
dieser Grundlage der Gottesfurcht, des Familiensinnes, der schlich-
testen Wahrhaftigkeit und der Liebe zur Natur beruhten. Das ist
deutsch. Alles andere bei uns ist fremdartig, daher steril.

Wie Du, habe ich die ersten Reden von Bülow glänzend gefunden.
Sein Vorbeugen der Diskussion über den Toleranz-Antrag war ein
Meisterstück. Aber die Rede über die armen Buren fand ich sehr
bedauerlich und erstaunlich mittelmäßig für einen Mann von dieser
Bedeutung. Die Ironie, die er sonst so meisterhaft behandelt, hat
einen da verletzt, und sie wollte kläglich erscheinen. Er kann nichts
dafür, die Lage ist nun einmal geschaffen, und da tat er mir leid.

Ein bedeutender Schüler Bismarcks sagte kürzlich: Wenn der Fürst
da gewesen wäre, so würde es überhaupt gar nicht zu diesem
entsetzlichen Kriege gekommen sein.

Ich glaube, daß man jetzt England den größten Dienst erweisen
würde, wenn man intervenierte. Genau wie Du empfange ich jetzt die

Zeitungen; ich habe kaum den Mut, mir die Nachrichten mitteilen zu
lassen, und wenn ich für mich bin, muß ich alle Kraft aufbieten, um
nicht immer wieder in Tränen auszubrechen.

Die Sachen in China verfolge ich gar nicht, wünsche nur, daß unsere
tüchtigen, wackeren Leute baldmöglichst, möglichst unversehrt
heimkommen. Es freute mich, daß Du einen so angenehmen Kreis
um Dich hast, und insbesondere Frau Ebner-Eschenbach würde mich
sehr interessieren. Aber Du tust sehr recht, Dich zu schonen, nichts
greift so sehr an als das Sprechen, und zwar das Sprechen der
Plauderei. Halte Dich gut, uns allen zuliebe, und empfange Wahnfrieds wärmste Wünsche.

Ich umarme Dich zärtlich; die Kinder küssen Dir die Hand.

                                        Treu Deine Cosima
Alles Schöne an Monods, wenn Du ihnen schreibst.

1901

Mein teurer Manu!

Geheimrat Kekulé hat mir zu Weihnacht eine kleine Schrift geschenkt, die mir einen solchen Eindruck gemacht hat, daß ich sie Dir übersende. Es sind kurze Montagsandachten des Joachimsthaler Gymnasiums.

Du gehörst einem Lande an, wo leider Kirche und Staat Feinde sind und daher im Volke sich jene Kraft des freien Glaubens nicht entwickeln kann, die hier bei uns alle unsere großen Taten hervortrieb. Ich sagte Dir schon, welchen Eindruck nach dieser Seite Bismarcks Briefe auf mich machten.

In der kleinen Schrift finde ich den Geist des Christentums ausgedrückt, wie er unsere Helden erfüllte, ein Geist des Freimuts, ein festes Bewußtsein der Einheit aller Dinge, die Empfindung der Heiligkeit der Natur, und der Allgegenwärtigkeit Gottes. Ein Geist, der keine Forschung der Wissenschaft scheut und der dem Tod wie dem Leben, der Freude wie dem Leide ruhig ins Antlitz schaut. Gerade in der Zeit, die Du jetzt durchzumachen hast, liegt mir daran, daß Du des Segens dieses Geistes teilhaftig werdest. Lies solch eine kurze Andacht jeden Sonntag mit konzentrierter Aufmerksamkeit. Nichts ist steriler und wohlfeiler als der Unglaube. Mögest Du, mein guter Manu, davor behütet sein, ebenso wie vor jedem Aberglauben, und als fester, freier Mensch in Deiner Brust jede Empfindung lebendig fühlen, die den Menschen adelt, steigert und schaffensfreudiger macht. Möchten diese Zeilen Dich bei gutem Wohlsein antreffen.

Wir haben die bitterste Kälte. Tante Lulu verläßt uns heute, Onkel Fidi zieht zur Erholung nach Meran, Tante Eva und ich gehen nach Berlin, wenn wir ganz wohl sind, und Tante Loldi mit Onkel Franz bleiben hier und in ihrem Colmdorf selig, wo es allerdings wunderhübsch ist.

Hoffentlich auf gutes Wiedersehen beim »Wildfang«, mein Guter. Halte Dich recht tapfer, und sei gesegnet von Deiner Dich zärtlich liebenden

Großmama CW.

An Bodo von dem Knesebeck
Bayreuth, 10. 1. 1901

Innig geschätzter Freiherr!
Ich dachte bereits vorgestern abend zur Absolvierung meines kleinen Pensums einzutreffen, und nun hält mich eine ziemlich starke Erkältung hier zurück. Ich bedaure es um so mehr, als sich jetzt in Berlin etwas entscheidet, was für uns von größter Wichtigkeit ist: das Gesetz über Urheberrecht. – Geht die Vorlage durch, so ist »Parsifal« wenigstens auf längere Zeit geschützt und eine Hauptgefahr der Münchener Spekulation mit dem neuen Theater abgewehrt.
Die erste Debatte schien mir wenig verheißungsvoll. Wie zu erwarten war, sind die Sozialisten gegen den Gesetzentwurf, aber ich hoffe auf die Kommission, und hier möchte ich bei Ihnen, lieber Herr von Knesebeck, anfragen, ob Sie gelegentlich durch Arenberg erfahren könnten, wie es steht, ob es nützlich wäre, daß Adolf Gross in Berlin einträfe.
Wir haben natürlich alles getan, was möglich war. Adolf Gross war bei den Herren des Justizministeriums, ich habe an den damaligen Reichskanzler Fürsten Hohenlohe geschrieben, und von verschiedenen Seiten ist uns gute Aussicht gestellt worden. Wir möchten nichts unterlassen, aber auch nicht in den Vordergrund uns stellen, weil gerade das, was wir bei dieser Gelegenheit schützen mögen, als begehrenswerte Beute für Spekulanten aller Art erscheinen würde. Hier stellt sich wieder einmal die Absurdität des allgemeinen Stimmrechtes heraus. Es ist unmöglich, mit Aussicht auf Erfolg es vor der Reichsversammlung auszusprechen, daß der Schöpfer des »Parsifal« dieses Werk einzig für Bayreuth bestimmte und daß die heiligen Mysterien des Christentums nicht gewöhnlichen Bühnen preisgegeben werden dürfen. Wie auf Schleichwegen und uns an Komponisten- und Verleger-Interessen anklammernd, suchen wir in einem geringen Teil das zu erreichen, was ein fürstlicher Gnadenakt oder der begeisterte Ausspruch eines Kulturvolkes offenkundig proklamieren würde.
Mir erscheint dieses allgemeine Stimmrecht wie das Geschwür am Reichskörper, in welchem alle üblen Säfte zusammenlaufen. Wer wird der kühne Chirurg sein, der die Operation vollzieht, die jedem Vernünftigen jetzt als notwendig erscheint?
Wunderlich genug, daß Bismarck uns dieses Merkmal der französi-

schen Demagogie hinterließ, durch welches man niemals die Stimme des deutschen Volkes vernehmen wird.

Ich las die neuliche Thronrede und fand sie ausgezeichnet, fest, einfach, klar und würdig. Am meisten fast habe ich aber die Rede bewundert, durch welche der Reichskanzler die Diskussion über den Toleranz-Antrag abgelehnt hat. Das schien mir ein Meisterstück, heillose Diskussionswirren sind uns damit erspart worden, und mir ist, als ob dies nicht genügend anerkannt worden wäre. Bezüglich der späteren Reden kann ich leider nicht den gleichen Ton anstimmen. Den Unterschied zwischen Gefühls- und Realpolitik fasse ich nicht recht, ebensowenig wie das Herz Antonios ohne Blutstropfen der übrigen Körperteile gesondert werden kann, ebensowenig, meine ich, kann beim Staatsmann wie beim Privatmann das Gefühl von der Verfolgung der Interessen getrennt werden. Was bedeutete unser Krieg gegen Frankreich? Die Wahrung des Ehrgefühls. Worin lag die Größe Bismarcks in der Behandlung Österreichs nach der Niederlage: in der Schonung des besiegten Feindes. Hier sieht man, was Politik ist, nämlich, wo das edelste Gefühl als höchste Weisheit sich kundgibt. Gustav Adolf rettete den Protestantismus in Deutschland mit dem Opfer seines Lebens.

Freiherr vom Stein war ein so großer Staatsmann, weil er die gefühlvolle Bewegung des deutschen Volkes begriff, und der Unternehmung in China hat der Kaiser ganz mit Recht Gefühlsmotive untergelegt: Sühne für den Mord des Gesandten und Schutz unseren Missionären, denn bloß für Kohlenstationen, Diamanten oder Goldminen oder für Länderraub gibt es keinen Heldenmut. Cromwell, welcher England großmachte, war ein dunkler, unerbittlicher Gefühlsmensch, der mit der Seele seines Volkes anders verbunden war als die Herren Rhodes und tutti quanti, und was verleiht den Buren diesen unerhörten Mut, den Gott segnen möge? das *Gefühl* der Verzweiflung...

Ich hatte gottlob sehr gute Nachrichten von Wolkensteins und hoffe auf ein Wiedersehen anfangs März bei der Aufführung des »Herzog Wildfang« in München.

Ich habe soeben eine sehr interessante Studie von Kraus über Petrarca gelesen und mich ebenso an der Darstellung wie an dem Gegenstand gefreut. Wie viel möchte ich noch sagen auf Ihre lieben Zeilen vom 29. Dezember, aber ich habe schon zuviel für Ihre Zeit geplaudert.

Hoffentlich auf baldiges Wiedersehn, wo ich die Freude haben werde, Ihnen mündlich zu sagen, wie ich in allem, was Sie sagen, übereinstimme. Der schwere Abschluß in Kronberg steht vor mir wie eine Szene in Shakespeare, und von dem Reichskanzler glaube ich mit Ihnen, daß er alles hat, um auszuhalten, und seine Überlegenheit immer prägnanter kundzugeben.

Doch genug, wenn nicht schon zuviel, und nur noch die Wiederholung der besten Wünsche und die Versicherung herzlicher Anhänglichkeit und warmer Hochschätzung

CW.

An Hugo von Tschudi
Bayreuth, 27. 2. 1901

Lieber Freund,
Ich habe viel an das Konzert gedacht, welches Montag stattfand, und mich gefragt, ob Sie einigen Genuß von Produktionen erhielten, deren künstlerischer Wert recht zweifelhaft ist? Dann habe ich mich auch gefragt, wie die Wanderung durch die Nationalgalerie mit van Rooy ausfiel? Er interessiert mich in allen seinen Äußerungen durch die Kraft seiner Naivetät, und einer seiner großen Vorzüge ist, daß er nur wünscht, an den Rechten zu kommen, und sich dann mit unbedingtem Vertrauen leiten läßt.

Ich habe als Haupt-Eindruck von der Galerie die gebeugte Gottesmutter mitgenommen und schäme mich recht der Zerstreutheit, die mich diese Größe nicht empfinden ließ!

Hier leben wir nun ganz still. Siegfried ist leider noch nicht von seiner Heiserkeit befreit. Er ist aber auf der Besserung. Und am 15. März soll sein »Wildfang« in der Kunststadt München vor sich gehen. – Leipzig folgt dann 5 Tage darauf, und ich arbeite an ihm herum, daß er selber dirigiere, da er dort keinen – Juden als Kapellmeister hat! (Sie sehen, daß Sie Schule machen.)

Die Radierungen von Kolbe, die er mitbrachte, scheinen mir sehr hübsch. Wogegen die Kreuzigung von Greiner mir nicht zusagen wollte. Ob man diesen Gegenstand ohne Empfindung für seine Bedeutung darstellen kann, bleibt mir zweifelhaft? Oh, Dürer!

Es freute mich aber sehr zu hören, daß Greiner seinem Freunde Langheinrich gesagt, er sei glücklich diesen Sommer in Wahnfried gewesen, er habe nicht gewußt, daß es solche Menschen auf der Welt gäbe, denen man alles sagen könnte.

Raten Sie, *was* unsere jetzige Lektüre ist? »Also sprach Zarathustra«! Da ich von jeher den krankhaften Zustand des Verfassers
gekannt, war ich auf Wahnwitz und konfuse Genialität gefaßt. Daß
ich es aber bis zum Blödsinn *dumm* finden würde, ist wider
Erwartung. Die Spasmen der Impotenz, so möchte ich dieses Buch
betiteln. Alles ist auf Antithesen und Widersprüche des Gegebenen
gegründet. *Nicht ein* wahrhafter Gedanke; weil die Nächstenliebe
gepredigt worden ist, heißt es: »Fernstenliebe«; die »Bescheidenheit«
muß »eitel« sein (liebt Eure Feinde, sagt das Evangelium. »Haßt
Eure Freunde«, macht Nietzsche daraus); den »Langohrigen«
(wobei man den Esel als Sinnbild der Dummheit sieht) werden die
»Kurzäugigen«, wobei man nichts sehen noch denken kann, beigefügt! Und die Idee, daß man durch Predigt eine Gattung vernichten
kann und eine andere hervorbringen, ist so grotesk absurd, daß ... ich
will den Satz nicht vollenden!
Dabei spricht ein gequältes Gewissen aus vielem heraus, und ich
könnte die Deutung geben. Ist die Gestaltlosigkeit ermattend, so
kommt die Monotonie der apokalyptischen Sprache hinzu, um einem
zu erschöpfen. Wüßte ich nicht, daß der Verfasser krank war, würde
ich mich fragen, ob er sich einen Scherz mit dem Leser gemacht. Was
besonders an diesem Buche zuwider ist, ist das Hereinziehen des
Christentums und seines Stifters, weil dieses erhabene Motiv doch
immer das Wirkungsvollste bleibt! Wie ehrlich und freimütig sind die
Enzyklopädisten dagegen, denen diese Recherche ganz fremd war
und die nur Christentum und Kirche verwechselten.
Krank war Nietzsche, aber wird man durch Krankheit schlecht?
Lenau und Hölderlin haben ihre Umnachtung sanft erwartet, und
Pettenkofer und Pidoll hatten den Mut, durch den Selbstmord ihr zu
entgehen.
Ich könnte noch viel sagen, fürchte aber, Sie zu ermüden! – Noch
habe ich meine Arbeit nicht wiederaufgenommen, weil ich meiner
noch nicht ganz sicher bin. Aber mit meinem Schwiegersohn ging ich
einige symphonische Werke durch und freute mich wiederum, in ihm
einen vorzüglichen Musiker zu finden, aus dem gewiß ein ausgezeichneter Dirigent werden wird. – Die Colmdorfer Idylle blüht weiter; es
sind die zufriedensten Menschen, denen man begegnen kann. Und
nun bringe ich zum Schluß, womit ich beginnen wollte, Ihnen und
Ihrer lieben Frau für Ihren letzten Besuch: herzlichst zu danken! Sie
machen sich über das deutsche Gemüt lustig, und dabei haben Sie es
so tief in sich, daß ich es bei jeder Begegnung stärker empfinde. Nun

ärgern Sie sich, und seien Sie von meinen Kindern und mir mit Ihrer
Gemahlin freundschaftlichst gegrüßt!
In herzlicher Anhänglichkeit

C. Wagner.

An Eugen Gura
Bayreuth, 2. 3. 1901

Hochgeehrter Herr und Freund!
Mit Vergnügen ergreife ich die Gelegenheit, mich Ihnen in Erinnerung zu bringen, indem ich eine künstlerische Frage an Sie richte. Es
handelt sich um die erste Gibichungenszene: nach den Worten
Gunthers: »wie fänden wir ihn auf«, ist traditionell, daß Gutrune
ihrem Bruder Wein einschenkt. Ich habe es immer machen lassen,
jetzt aber kommt mir Zweifel an, ob diese Angabe authentisch sei,
denn ich sehe nicht ein, warum Gunther nicht ruhig auf die Antwort
Hagens warten soll, indem er das Horn nicht hört, welches Hagen aus
der Ferne vernimmt. Wollen Sie, lieber Herr und Freund, mir sagen,
ob diese Angabe 1876 gemacht worden ist?
Ich gedenke Ihrer viel in dieser Zeit, denn das ist meine Art, das
Jubiläum zu feiern, indem ich in meinem Herzen den Künstlern
danke, welche durch ihren Eifer und ihre Begabung das kühnste Ideal
zu verwirklichen halfen.
Dürfen wir hoffen, Sie in diesem Sommer hier zu sehen? Mein Sohn
und ich, wir laden Sie herzlichst ein.
Ferner habe ich noch die Bitte, wenn Sie Briefe aus dem Jahre 1876
haben, würden Sie erlauben, daß sie in die »Bayreuther Blätter«
gedruckt werden, und würden Sie mir freundlich Abschriften davon
zusenden?
Herzlichst Ihnen im voraus für alles dankend, entsende ich Ihnen und
Ihrer Frau Gemahlin meine und meiner Kinder freundlichst hoch-
achtungsvollste Grüße

CW.

An Richard von Chelius
Bayreuth, 7. 3. 1901

Lieber Freund!
Indem ich Ihnen herzlich für Ihre Zeilen vom 5. danke, möchte ich
Ihnen etwas Ihrer Teilnahme anvertrauen, was nicht ohne Wichtigkeit für unsere Sache ist. – Nachdem in der ersten Kommission die
Verlängerung der Autorenschutzfrist von 30 auf 50 Jahre durchgefallen und die Aussichten in Berlin dadurch ungünstig erschienen, daß
der Jurist der Zentrumspartei, Herr Spahn, sich gegen die Vorlage
der Regierung mit dem Vorschlage geäußert hatte, die 30jährige
Schutzfrist bestehen zu lassen und dafür 10 Prozent für Aufführungen für unbemittelte Komponisten oder ihre Erben zu bestimmen, ist
in der zweiten Kommission die 50jährige Schutzfrist mit solcher
Majorität angenommen worden, daß Prinz Arenberg mir den Erfolg
im Plenum zusichern und dazu Glück wünschen konnte. – – So wäre
denn »Parsifal« noch auf einige dreißig Jahre geschützt und sein
erhabener Inhalt vor frevelhafter Berührung bewahrt. Mein sehn-
licher Wunsch wäre, daß *mit der Zeit* Schritte geschähen, welche ein
Schutzgesetz für dieses Werk vorbereiteten, das es Bayreuth erhalte
von der Zeit an, wo es frei wird. – Ich weiß, Sie werden sich über den
ersten Erfolg freuen; mündlich besprechen wir dann das andere.
Meine zweite Mitteilung ist die Übersendung der Dichtung »Herzog
Wildfang«, dessen erste Aufführung am 21. März in München
stattfinden soll. Ich habe es gern übernommen, Ihnen dieses Stück zu
senden, und würde mich sehr freuen, wenn Sie der ersten Aufführung
beiwohnen könnten. Ich wage zu glauben, daß Ihr Eindruck ein
bedeutender sein wird.
Seit unserer Rückkehr leben wir sehr stille. Durch mein Unwohlsein
in Berlin bin ich jeder größeren Gesellschaft enthoben gewesen,
dafür einiger wertvoller Begegnungen teilhaftig geworden. Ich will
hier nur Harnack erwähnen, dessen »Wesen des Christentums« mich
sehr eingenommen hat und dessen Persönlichkeit diesem Eindruck
ganz entsprach.
Auch wir lesen die Briefe Bismarcks und mit unbegrenzter Freude
daran. Man kennt nichts Ähnliches in dieser Gattung, und ich glaube
ihn buchstäblich manchmal zu hören. Die Gewalt der Natürlichkeit,
der Ursprünglichkeit, des Freimutes, der Losgelöstheit vom Amte,
des Familiensinnes, der Liebe zur Natur ist unwiderstehlich, und von
wie großem Werte ist es, sich zu sagen, daß der Mann, der die

deutsche Einheit schuf, ein echter gläubiger Christ war. Bemerkten
Sie jene Stelle vom 20. Juli 64: »Der König dankte mir« etc.
Dagegen nahm sich eine andere Lektüre »Der Zarathustra« von
Nietzsche kläglich aus. Ein solcher Bankrott an Gedanken, an
Einfällen, an Gestaltungsvermögen, an dichterischer Kraft und
Phantasie ist jämmerlich, und dazu die moralische Schlechtigkeit.
Doch wir wollen das alles als Krankheit bezeichnen, und wenn ich
mich empöre, so ist es wegen des Lärmens um dieses traurige Buch.
Ich habe das Züricher Blatt erhalten und mich daran erfreut.
Doch nun genug für heute. Hoffentlich auf nicht allzu fernes
Wiedersehn und einstweilen, teuerster Freund, Ihnen und Ihrer
lieben Frau die herzlichsten Grüße der treuen Ergebenheit.

CW.

Siegfried ist jetzt in Hamburg in »Wildfang«-Angelegenheiten.
Würden Sie die große Güte haben, das veränderte Datum der
Münchener Aufführung Freund Mottl mitzuteilen, und ihn ersuchen,
es Dr. Bürklin zu melden, den Siegfried zu dieser Aufführung
eingeladen hat.

An die Mitglieder des Deutschen Reichstages
Bayreuth, 9. 5. 1901

Hochgeehrte Herren!
Wider Erwarten bin ich in der Diskussion des § 33 der Urheber-
rechtsvorlage nicht nur genannt worden, sondern es wurde erklärt,
daß es sich eigentlich mit diesem Paragraphen lediglich um die
Interessen meiner Familie handle und damit der Ausschlag zur
Ablehnung gegeben.
Da diese Behauptung mich unrichtig dünkt und tatsächliche Irrtümer
ausgesprochen wurden, erachte ich mich für verpflichtet, diese
Irrtümer anzugeben.
Ich nehme mir die Freiheit, diese Angabe durch wenige, zur Sache
gehörige Bemerkungen einzuleiten.
Wenn der Abgeordnete Herr *Eugen Richter* behauptet, daß von 100
Prozent der Komponisten nur 50 Prozent die Verlängerung der
Schutzfrist zugute kommen würde, so wäre darauf zu erwidern, daß
unter diesen 50 Prozent sich vielleicht die hervorragendsten Persönlichkeiten befinden könnten und daß die Anzahl in solch einer Frage
nichts zu bedeuten habe.

Cosima Wagner mit dem Sänger Alfred von Bary, 1904/06

Cosima mit ihrem Schwiegersohn Houston Stewart Chamberlain, 1913

Um mich klarer auszudrücken, führe ich die Werke außerordentlicher Musiker an, welche sogar nach langer Zeit, trotz großen künstlerischen Wertes, wenig gegeben werden. Vor allem »Euryanthe« von *Weber;* diese Oper ist musikalisch dem »Freischütz« mindest ebenbürtig, doch gelangt sie, aus Gründen, die hier nicht zu erörtern sind, jetzt noch äußerst selten zur Aufführung.

»Der Barbier von Bagdad«, von *Peter Cornelius,* eine feine, liebenswürdige, echt deutsche Schöpfung, wurde im Jahre 1858 in Weimar zum ersten Mal gegeben, abgelehnt, und es verstrichen etwa 20 Jahre, bis die zweite Aufführung in München stattfand. Der Erfolg dieser Wiederbelebung brachte es aber nicht mit sich, daß das Werk häufig aufgeführt wird, obgleich nur *eine* Stimme über dessen Wert herrscht.

Von Engelbert Humperdinck erfreute sich »Hänsel und Gretel« augenblicklich der größten Verbreitung, die »Königskinder« weniger, weil er darin ein Problem der Deklamation aufgestellt hat, welches vielleicht erst nach langer Zeit in seiner Bedeutung gewürdigt werden kann. Der unmittelbare Erfolg und die schnelle Verbreitung sind nicht der Maßstab für den Wert eines Werkes, für seine dereinstige Stellung und für das Anrecht seines Autors und dessen Nachkommen auf seine späteren Erträgnisse. Gesetzt aber, daß die genannten Werke auch in Zukunft nur spärliche Aufführungen zu gewärtigen hätten, um so mehr erfordert die Gerechtigkeit gegen den Komponisten und seine Nachkommen die verlängerte Schutzfrist.

Die Umstände, welche den Meister nötigten, seine Werke (»Lohengrin« darunter) so gut wie ohne Honorar zu vergeben, können sich unter anderer Form wiederholen.

Ich erinnere daran, daß, trotzdem »Tannhäuser« und »Lohengrin« nach größter Opposition sich auf verschiedenen Bühnen eingebürgert hatten, »Tristan und Isolde« sechs Jahre zu warten hatte, bis es zur Aufführung auf Befehl des Königs Ludwig II. von Bayern kam. Wäre dieser Befehl nicht erfolgt, so würde das Werk vielleicht bis heute noch nicht aufgeführt sein, da seine Unsangbarkeit und als Unmöglichkeit erklärte Neuheit allgemein als unumstößlich sicher angenommen wurde.

Nach den Aufführungen 1865 in München dauerte es neun Jahre, bis dieses Werk in Weimar wieder dargestellt wurde.

Ohne das Eintreten des Königs Ludwig II. von Bayern würden weder der »Ring des Nibelungen« noch die »Meistersinger«, noch »Parsifal« je vollendet worden sein.

Die »Meistersinger« wurden in Berlin bei ihrer ersten Aufführung, April 1870, mit Zischen und Pfeifen empfangen.

Die symphonischen Dichtungen von *Franz Liszt,* zwischen den 50er und 60er Jahren geschrieben, beginnen jetzt erst populär zu werden.

Diese wenigen Tatsachen dürften wohl genügen, um die Rechtfertigung des § 33 einzubringen, wenn nicht von dem Grundsatz ausgegangen wird, daß der Dichter oder der Komponist kein Recht habe, für die Seinigen zu sorgen. Es ist in bezug hierauf die Frage aufgeworfen worden, warum der Komponist oder Dichter nicht für alle Zeiten ein Anrecht auf den Ertrag seiner Werke haben sollte, ebensogut wie Männer anderer Stände.

Der Abgeordnete Herr *Eugen Richter* erklärte: Dichter und Komponisten bezögen ihre Werke vom Volk; dem ist gewiß so. Der Dichter schöpft aus der Volkssage, der Komponist aus der Volksweise. Er gibt es aber in der geschlossenen Gestalt des Kunstwerkes dem Volke zurück; das ist geistiger Austausch.

Wenn, sobald sich ein Autor auszeichnet, das Volk durch den Staat ihm die Lebensbedingungen verschaffte, durch welche er mit Muße Werke schrieb, die keine Aussicht auf unmittelbaren Gewinn haben, die aber der Nation zum Ruhme gereichen, so würde es begreiflich sein, wenn der Staat nach einer bestimmten Zeit über einen Teil der Einnahmen zu gemeinnützigen Zwecken verfügte. Dies wäre dann der materielle Austausch zwischen Volk und Künstler.

Nach diesen Vorbemerkungen gelange ich zu den tatsächlichen Irrtümern, welche zu zerstreuen mir angelegen sein muß.

Der Abgeordnete Herr *Eugen Richter* hat von 900 000 Mark gesprochen, welche dem Meister für den Bau seines Theaters in Bayreuth zur Verfügung gestellt worden seien. Dem ist nicht so.

Tausend Patrone wurden in Deutschland gesucht, welche die für nötig erachtete Summe aufbrächten und die 1876er Festspiele in Bayreuth unentgeltlich ermöglichten. Diese Anzahl fand sich nicht. Die Patronatscheine mußten in einzelne Teile zerlegt und schließlich selbst einzelne Plätze ausgegeben werden. Andererseits betrugen die Kosten der Unternehmung (obgleich viele Künstler damals großherzig auf jede Entschädigung verzichteten) 380 000 Mark mehr als die erwartete Patronatssumme von 900 000 Mark.

Da durch die Patrone und für einzelne Plätze nur 725 000 Mark einkamen, mußten 340 000 Mark vom Autor selbst gedeckt werden durch Erträgnisse von im Laufe mehrerer Jahre gegebenen Konzerten und durch andere Opfer.

Der Rest des Fehlbetrages wurde von einer Verwaltung zu decken übernommen und ihr gegenüber durch Verzicht auf Tantiemen unsererseits getilgt.

Der Vorschuß, welchen König Ludwig II. die Gnade hatte, dem Unternehmen als Betriebsfonds für den Bau unseres Theaters zu gewähren, wird allmählich von uns zurückerstattet. – Der Abgeordnete Herr *Eugen Richter* ist, wie gesagt, im Recht, wenn er anführt, daß der ursprüngliche Gedanke gewesen sei, die Festspiele unentgeltlich zu geben. Er irrt aber, indem er sagt, daß jetzt nur ein ziemlich exklusiver Teil der Gesellschaft sie besuche.

Es besteht eine Stipendienstiftung, welche von dem Allgemeinen Richard Wagner-Verein, von hochherzigen Gönnern und von hier aus unterstützt, es ermöglicht, eine ziemlich große Anzahl unbemittelter, würdiger Zuhörer einzulassen, und es ist selbst davon die Rede, daß vom Auslande aus bedeutende Zuschüsse dieser Stiftung gespendet werden, um von dort Stipendiaten nach Bayreuth zu entsenden.

Huldreiche Fürsten haben regelmäßig aus ihren Landen uns Lehrer zuzusenden die Gnade gehabt. Im Jahre 1884 wurde eine ganze Aufführung frei gegeben, und alle hiesigen Bestrebungen zielen dahin, diese Stiftung möglichst zu unterstützen. Dies der Charakter, dies die Grundzüge einer Unternehmung, welche von allen an der Leitung Beteiligten ohne jeden Vorteil geführt wird, ja deren Verwaltung seit 29 Jahren aufopfernd jedes persönliche Interesse zurückdrängt und Zeit und Kräfte daran setzt, unter den größten Schwierigkeiten das Werk des Meisters zu erhalten und es zu fördern. Daher wird es mir wohl nicht als Vermessenheit angerechnet werden, wenn ich hoffte, daß die erste Erwähnung der Bühnen-Festspiele im Deutschen Reichstage von einem anderen Gesichtspunkte aus und in anderer Form geschehen würde!

Überaus peinlich wird es mir, auf persönliche Verhältnisse einzugehen. Da sie aber in das Spiel geführt wurden und zwar mit der Absicht und dem Erfolg, den Dingen die ablehnende Wendung zu geben, sehe ich mich genötigt, dem Abgeordneten Herrn *Dietz* zu erwidern, daß er einerseits stark übertrieb, wenn er je eine Million für uns jährlich bei der verlängerten Schutzfrist in Aussicht stellte, andererseits insofern zuwenig sagte, als uns eine Million geboten wurde, wenn wir einem Unternehmer »Parsifal« für fünf Jahre freigäben.

Dem berühmten Komponisten *Richard Strauss* wird es seitens des Abgeordneten Herrn *Eugen Richter* vorgehalten, daß er hinter den

Kulissen die Bewegung leite und große Einnahmen bezöge. Hofkapellmeister *Strauss* ist Vorstands-Mitglied der Genossenschaft deutscher Komponisten. Demnach ist es seine Verpflichtung gewesen,
diese Bewegung zu leiten, und er hat es gewiß mit dem berechtigten
Stolz des Künstlers, nicht hinter den Kulissen, sondern offenkundig,
wie man eine Pflicht erfüllt, getan. Wenn er dabei seine und der
Seinigen Interessen wahrt und fördert, so tut er dabei, was jeder
Mann in jedem Berufe tut. Und es berührt eigentümlich, dem
Künstler einen Wohlstand ungünstig vermerkt zu hören, da, abgese-
hen von der Gemüts- und Sinnesart des Künstlers, sein Beruf und
seine Unternehmungen meist auch vielen anderen zugute kommen.
Ein letzter Irrtum bleibt mir zu berichtigen, bevor ich zu dem
Hauptpunkt meines Schreibens gelange.

Es ist von den Herren Abgeordneten *Richter* und *Dietz* vorgebracht
worden, wir hätten die Herren von der Regierung sowohl als die
Herren vom Reichstag zu beeinflussen gesucht. Hierbei hat die
Verwechslung zwischen Beeinflussung und Aufklärung stattgefunden. Als ich nach der ersten Lesung im Reichstag manche Irrtümer in
den Aussagen bemerkte, bat ich (sicher, daß diese Irrtümer in gutem
Glauben vorgebracht wurden) den Hauptvertreter unseres Hauses
und unserer Sache, einige der Herren Abgeordneten, wenn möglich,
über den Stand der Dinge aufzuklären.

Da die ganze Sache zu einer Familienangelegenheit gestempelt war,
mußte wohl die Aufklärung von der Familie ausgehen.

Ich gestehe unumwunden, es zu bereuen, nicht viel früher Informationen über die Beschaffenheit unserer Dinge gegeben zu haben. Ich
verabsäumte diese Pflicht gegen die Autoren-Genossenschaft aus
Scheu, in meinen Motiven verkannt zu werden. Aber ich glaube
bestimmt, daß auch der Herr Abgeordnete *Eugen Richter* weit lieber
sich früher hätte unterrichten lassen, als irrige Tatsachen dem Hause
vorzutragen.

Daß die Herren von der Regierung sich nicht in Dienste von
Familieninteressen begeben, darüber bedarf es wohl keines Wortes.

Ich weiß nicht, ob eine auf irrtümliche Angaben und Annahmen
basierte Abstimmung – zumal bei geringfügiger Mehrheit und
Abwesenheit eines dritten Teiles des Hauses – zu redressieren ist,
aber ich möchte hier – kraft der Bedeutung des Namens, den ich
trage, zugunsten aller Künstler, unserer Kollegen, an das Gerechtig-
keitsgefühl des Hauses, insbesondere den nun unterrichteten Herren
Opponenten mich herzlich wenden!

Diese Aufklärung der Irrtümer bedeutet nur die Einleitung meines Schreibens. So deutlich mir die Gerechtigkeit des § 33 ist, so fühle ich mich durch die Behandlung der Angelegenheit gedrungen zu erklären, daß es mir vor allem – ja einzig und allein – auf den Schutz des Bühnenweihfestspiels »Parsifal« ankam und ankommt. Öffentlich (ich wiederhole, weil ich dazu genötigt wurde) bitte ich um diesen Schutz.

Richard Wagners Wunsch und Wille war es, daß sein Theater einzig auf dem Hügel zu Bayreuth stehe und daß einzig in diesem Hause sein Bühnenweih-Festspiel »Parsifal« aufgeführt werde. Dies ist sein Vermächtnis an die deutsche Nation.

Ich habe in diesem Schreiben nur flüchtig andeuten können, welche Prüfungen der Meister in seinem Vaterlande zu tragen hatte. Wenn *Bach, Mozart, Schubert, Weber* gequält lebten und elend starben, so sind dem Meister Verkennung seines Wesens, Verleumdung seines Charakters, verabscheuungswürdige Angriffe nach arger Not zuteil geworden, und ich muß es hier wiederholen, daß ohne den König von Bayern ein Teil seiner Meisterwerke unvollendet geblieben wäre; daß das Theater, welches er unter unerhörten Drangsalen errichtete und durch seine Aufführungen weihte, von 1876 bis 1882 geschlossen bleiben mußte, drückt nur einen Teil des Leidens des Künstlers aus.

Seine Kunst ist ein Bindungsmittel, ein Friedensbote zwischen Deutschland und dem Ausland geworden. Sein eigenes Denkmal hat er sich unter Leiden ohne Zahl in Bayreuth errichtet.

Ich wende mich an die Vertreter der deutschen Nation und bitte sie, das geschehene Unrecht auszugleichen und den größten Meister mit der Ausführung seines letzten Willens zu ehren.

Ich hatte den Hauptvertreter unseres Hauses und unserer Sache gebeten, dieses mein Anliegen vorzubringen und in unserem Namen die Verzichtleistung auf die Erträgnisse der verlängerten Schutzfrist vorzulegen (falls diese Erträgnisse uns mißgönnt werden sollten), um den endgültigen Schutz für »Parsifal« zu erlangen.

Es wurde mir erwidert, dies ginge nicht an, es handle sich um eine allgemeine Sache, nicht um eine Familienangelegenheit.

Nun, da sie zur Familienangelegenheit gemacht worden ist, bekenne ich, worauf es mir und meinem Hause ankommt.

Bedarf es für eine alte, der Öffentlichkeit durchaus fernstehende Frau der Versicherung, welch ein schwerer Kampf dem Schritte vorangegangen ist, den sie hiermit begeht, und daß einzig eine Macht,

welche über unsere Neigungen und Abneigungen gebietet, ihn
ermöglichte?

Ich bitte Sie, hochgeehrte Herren, um wohlwollende Auffassung
dieses Schrittes und um gewogene Beachtung seines Endzieles.

Mit dieser Bitte habe ich die Ehre, mich zu zeichnen als der
hochgeehrten Herren sehr ergebene

C. Wagner.

An Helene von Heldburg
Bayreuth, 14. 5. 1901

Teure, verehrte Freundin!

Ich weiß, daß Sie mir Ihre freundliche Gesinnung bewahren und daß
Sie auch unserer Sache treu bleiben. Daher erlaube ich mir, Ihnen ein
Schreiben zuzusenden, zu welchem ich genötigt wurde.

Zugleich erfuhr ich, daß die Komponistengenossenschaft beschlossen habe, den Bundesrat zu ersuchen, dem Gesetzentwurf, wie ihn
der Reichstag beschlossen, seine Zustimmung zu versagen. Ich
erlaube es mir, durch Ihre Vermittlung seine Hoheit, den Herzog,
herzlich zu bitten, in dieser Angelegenheit uns gnädig zur Seite zu
stehen.

Vor 25 Jahren gehörte Seine Hoheit zu den ersten unter den Fürsten
Deutschlands, die unser Theater mit begründeten und unser Haus
durch ihre Gegenwart ehrten. In dieser Erinnerung bitte ich Ihn,
unseren Hohen Gönner, »Parsifal« Seinen Schutz angedeihen lassen
zu wollen.

Ich weiß, teuerste Freundin, daß Sie mich verstehen und mir
beistehen werden. Ich danke Ihnen dafür. – Wollen Sie mich und
mein Haus dem Herzog ehrerbietigst empfehlen, Ihnen, teuerste
Freundin, entsende ich den Ausdruck unwandelbarer herzlicher
Anhänglichkeit Ihrer treu ergebenen

CW.

An Adolf von Gross
Bayreuth, 14. 5. 1901

Mein verehrter Freund,

Ich lege hiemit das Schreiben des Herrn Intendanten von Possart mit
dem Bedauern bei, den in ihm ausgesprochenen Wunsche nicht
erfüllen zu dürfen.

Wie es verabsäumt wurde, bei Gelegenheit dieses neuen Baues in
München bei mir anzufragen, wie es mit dem Aufführungsrechte
unserer Werke bestehen würde, so hat man unterlassen, sich bei mir
zu erkundigen, welche die Intentionen des Meisters bezüglich seines
Theaters gewesen wären.
Man hat es selbst nicht für der Mühe wert erachtet, uns auch nur eine
Anzeige von dem beabsichtigten Bau zukommen zu lassen.
So muß ich jetzt erklären, daß der Meister sein Theater nur in
Bayreuth zu stehen haben wollte und daß er in keiner großen Stadt,
am allerwenigsten aber (aus Gründen, die ich gerne mitteilen will,
wenn man sie zu erfahren wünscht) in München.
So würde ich mich versündigen, wenn ich die geringste Angabe von
hier aus mir gestattete.
Wie friedliebend wir sind, kann der Herr Intendant daraus ersehen,
daß ich ihm diese Antwort privatim zukommen lasse. Wir haben auch
nicht erwidert, als es überall hieß, mein Sohn würde das neue Theater
in München eröffnen, einen Marsch dafür komponieren etc. Nur das
Gerücht von der Baufälligkeit unseres Theaters mußte redressiert
werden.
Ich bitte dem Herrn Intendanten seine freundlichen Grüße verbind-
lich zu erwidern und ihm mein Bedauern auszusprechen.
Dankbar verehrungsvoll

                                                                                C. Wagner.

An Gustav Mahler
Bayreuth, 18. 5. 1901

Lieber und hochgeehrter Herr Direktor,
Mein Sohn teilt mir mit, wie entgegenkommend Sie sich wiederum
gegen uns in der Angelegenheit des Paukisten erwiesen haben, und
ich möchte seinem Dank den Ausdruck meiner herzlichsten Erkenntlichkeit beifügen. Zugleich lege ich hier den Abdruck meines
Schreibens an die Deutschen Reichstagsabgeordneten bei, weil ich
bei Ihnen, lieber Herr Direktor, Teilnahme dafür voraussetze. Es läge
mir viel daran, daß die Künstler mich in dem Schutz von »Parsifal«
unterstützten, und wenn Sie Mittel und Wege wüßten oder ersännen,
um von Österreich aus eine künstlerische Demonstration dafür zu
organisieren, würde mir dies eine große Genugtuung sein. Ich glaube,
daß hier die Künstler ein Wort zu reden hätten.

Empfangen Sie, lieber und hochgeehrter Herr Direktor, mit meinem
wärmsten Dank die Versicherung meiner freundlichsten Hochachtung

CW.

An Malwida von Meysenbug
Bayreuth, 18. 5. 1901

Meine geliebteste Malwida!
Unsere Briefe haben sich gekreuzt, was mir ein liebes Zeichen
unseres Zusammenhanges war. Habe Dank dafür, daß Du mir in
Deinen Leiden so eingehend schriebst. Hoffentlich ist das Frühjahr
nun auch bei Dir. Wir haben es hier sehr genossen, und Daniela
schrieb, wie sie von Italien kamen, wahrhaft entzückt von der
Baumblüte im Neckartal. –
Auch wir haben uns mit Euripides etwas beschäftigt, lasen den
»Herakles« unter großem Eindruck und teilen ganz Deine Ansicht,
nur daß die Übersetzung von Wilamowitz uns etwas modern
anhauchte. Sehr interessant müssen die russischen Memoiren sein.
Ich beklage es, so wenig Zeit für Lektüre zu haben.
Ich dachte Dich über den »Wildfang« unterrichtet, deshalb schrieb
ich Dir nichts darüber. Die Aufführung war in München weniger als
mäßig. Die Aufnahme sehr freundlich, mit Ausnahme von einigen
Zischern und Pfeifern, welche, wie es heißt, gedungen worden waren,
was zu dem ganzen System der Gemeinheit gegen Bayreuth von
gewissen Seiten gehört. In Leipzig soll die Aufführung ausgezeichnet
gewesen sein, die Aufnahme entsprechend, und in Hamburg, wo
Siegfried die Regie selbst führte, soll es am allerbesten und
enthusiastischsten gewesen sein. Siegfried ist jetzt bereits wieder mit
Plänen beschäftigt.
Es freute mich zu hören, daß Du eine so begabte Leserin wie Frau
Schücking hast. – Glaubst Du, daß sie in der Angelegenheit der
Schutzfrist etwas wirken könnte. Ich höre, daß sie in das »Berliner
Tagblatt« schreibt. –
Ist es nicht merkwürdig, daß die »Frankfurter Zeitung« meinen Brief
an die Reichstagsabgeordneten, obgleich wir ihn überschickten, gar
nicht druckte. Und daß die Freisinnigen und Demokraten es sind,
welche die Gerechtigkeit mit Füßen treten und lauter Unwahrheiten
vorbrachten, um den freiesten Stand, den der Dichter und Künstler,

zu benachteiligen! Mir wurde aus Berlin geschrieben, daß der ganze
Haß sich gegen den einen Namen wende, der den Ruhm Deutsch-
lands über die ganze Welt verbreitet hat. – Kannst Du mit Deinem so
mit Recht hochangesehenen Namen in dieser Sache durch Freunde
etwas bewirken?
Ich bin sicher, daß Du die Empörung empfindest, die jetzt alle
Gebildete bei uns erfüllt...
Wie hübsch, daß Jane Dir Gesellschaft leistet und Dich erheitert.
Mich lenkt jetzt von der Bitterkeit meiner Empfindungen das
Studium der Kundry mit Frau Wittich aus Dresden ab. Ich erhoffe
mir sehr Gutes davon.
Nun aber leb wohl, meine geliebteste Malwida, nochmals sei bedankt
für Deinen teuren, inhaltsreichen Brief und zärtlichst gegrüßt von
Deiner

C.

Ich lege ein Exemplar meines Briefes für Fräulein Schücking bei.

An Breitkopf & Härtel
Bayreuth, 21. 5. 1901

Sehr geehrte Herren!
Anbei mit Dank die Dichtung des »Lohengrin« zurück. Ich schlage
vor, den Titel »romantische Oper« zu belassen, weil er ursprünglich
authentisch angegeben wurde und er ein bedeutendes Zeugnis davon
ablegt, daß die Dinge ohne jede abstrakte Tendenz sich vollführt
haben. Auch beweist dieser Titel noch den rührenden Zusammenhang mit Carl Maria von Weber. Ich möchte überhaupt alles
Authentische festgehalten haben, weil es sich hier um eine Bühnen-
dichtung handelt, die nicht die Abschrift der Dichtung aus den
»Gesammelten Schriften« zu sein hat und weil die Unterschiede in
solchem Falle eine Bereicherung sind, als verschiedenartige Einfälle
des Dichters, zum Beispiel Gerichtseiche für große mächtige Eiche.
Ergänzungen sind natürlich willkommen.
Dies wäre mein Prinzip. Bitte, es Dr. Golther mit freundlichstem
Gruß zu unterbreiten.
Hochachtungsvoll

CW.

An Fritz Kunert
Bayreuth, 3. 6. 1901

Hochgeehrter Herr!

Sie sind der erste (bis jetzt der einzige) von den Herren Abgeordneten, welcher auf mein Schreiben mir erwidert. Sie haben meine
Schlußbitte: mit Wohlwollen und ernster Beachtung dieses Schreiben
aufzunehmen, erfüllt; so fühle ich mich Ihnen gegenüber zu Danke
verpflichtet und spreche Ihnen diesen auf das herzlichste aus.

Nie kann mich ein Unterschied der Ansicht oder eine Verschieden-
artigkeit der Überzeugung verletzen, wenn ich, wie bei Ihnen,
hochgeehrter Herr, die rechtschaffene Gesinnung und die Achtung
vor dem anderen erkenne.

Was mich bestimmt, ist der Wille des Meisters, und ich meine, daß er
für sein Volk so viel getan, daß dieses Volk nun auch mit mir diesen
Willen ehren sollte. Ich fühle Ihnen nach, was Sie beseelt, indem Sie
eine allgemeine Verbreitung der Kunst für das Volk wünschen.

Ich halte diesen Wunsch aber von einer Täuschung eingegeben.

Wir haben die billigen Ausgaben der Klassiker, öffentliche Museen,
leicht kann man sich Gipsabgüsse der antiken Meisterwerke verschaffen – finden Sie, daß in unserm Gebaren, in unserer Presse, in
unserer Sitte auch nur das geringste von dieser Popularisierung zu
bemerken sei?

In der Volksvertretung durfte ein namhafter Abgeordneter einer
allgemeinen Sache eine persönliche Wendung geben, eine Familie
und insbesondere eine Frau in das Treffen führen, ignoble Motive
ohne Begründung unterlegen, persönliche Verhältnisse ununtersucht
vorbringen, um die niedrigsten Regungen im menschlichen Wesen
wachzurufen (Neid und Mißgunst), und niemand brach ihm das Wort
ab. Wie ist unsere Bildung beschaffen, wie steht es mit unserer Sitte;
ist von dem Schiller-Goetheschen Geiste auch nur ein Hauch in die
Allgemeinheit gedrungen?

Dem Beispiele der Volksvertretung möchte ich der Kürze halber nur
eines noch beifügen: Privatbriefe werden, ungeachtet, ob die
Verfasser noch leben, publiziert und an der Möglichkeit ihrer
Publikation Pressionsversuche ungehindert ausgeübt.

Was könnte ich noch an Beispielen hinzufügen, um zu beweisen, daß
unsere großen Weisen, Meister und Dichter nicht Gemeingut
geworden sind? Nicht auf Verbreitung kann es demnach ankommen,
sondern auf Vertiefung.

Gewiß verstehen Sie mit mir (ich durch Bismarck angeleitet) unter Volk die Gesamtheit aller Stände von dem König bis zum Bettler. In diesen Ständen gibt es die für die Kunst Begabten und Empfänglichen und diejenigen, welche es nicht sind.

Eine Sache der Erziehung wäre es meines Erachtens, die Begabung zu steigern und bei den Unbegabten die Verehrung für das Ungenossene zu wecken. Hätten wir solche Erziehungsanstalten im Geiste Goethes erlangt, dann können Sie sicher sein, hochgeehrter Herr, daß alle Zöglinge einstimmig für eine Kunststätte eintreten, welche das Ideal eines größten Künstlers, soweit dies mit irdischen Kräften möglich ist, rein erhält. Sie würden wissen, daß unsere gegenwärtigen Kunstinstitute dieses nicht vermögen; Sie würden uns in unserm Bestreben, immer mehr Unbemittelte in unser Auditorium aufzunehmen, unterstützen, bis der Gedanke des Meisters gänzlich verwirklicht wäre, während doch niemals weder bei stehenden Theatern noch bei reisenden Unternehmern daran gedacht wird, Aufführungen unentgeltlich zu geben.

Während im Theaterrepertoire ein Eindruck sich durch die Vermengung mit allem Erdenklichen verwischt (ungefähr wie bei der Zeitungslektüre das durch einzelnes geweckte Mitgefühl), so wirkt der hier empfangene Eindruck nachhaltig; er wird fruchtbar in dieser oder jener Weise, um als Tat oder Werk Gemeingut zum Wohle des Volkes zu werden.

Sie werden mir erwidern, solche planmäßige Erziehung und Erhebung eines Volkes, etwa wie der Gang der Sterne, sei ein Ding der Unmöglichkeit; es ginge chaotisch in unserem Dasein zu, und man müßte froh sein, auf irgendeine Weise einen Brocken des Ideals zur flüchtigen Tröstung zu erhaschen.

Ich gebe Ihnen das Pandämonium der Welt zu und weiß, daß das Evangelium der Liebe vielleicht nur noch mehr Hast und Grausamkeit entfesselt hat, aber um so wichtiger ist es, wenn in dieser furchtbaren Dissonanz ein Grundakkord für diejenigen, die seiner bedürfen, erklingt, und dieser wird nur außerhalb der dissonierenden Welt vernommen werden können.

Eine Stätte und ein Werk rein erhalten als Zeugnis der Kraft der deutschen Kunst, glauben Sie mir, hochgeehrter Herr, daß dies von ungeheurem Werte, selbst nur in der Vorstellung derjenigen, welche nicht daran teilnehmen können. Die Kunst und ihre Ausübung hat durch die Verbreitung unserer Werke auch nicht das geringste gewonnen; befragen Sie sämtliche Künstler darüber.

Ich kann natürlich für die Beschaffenheit meiner spätesten Nachkommen nicht stehen. Wenn wir die preußische Geschichte zum
Beispiel befragen, so sehen wir als Träger der in dieser Geschichte
von alters her rühmlichst bekannten Namen sehr tüchtige Männer.
Doch sollte in unserem Fall dies nicht eintreffen, so hätte das wenig
auf sich, da mit der durch die Zeit gefestigten Tradition sich ein Werk
ergeben hätte, woran gar nicht mehr zu rütteln wäre. Ich gebe Ihnen
dankbar zu, daß jetzt eine bestimmte Befähigung, nicht nur
Gesinnung nötig ist, und so danke ich Gott täglich, daß er mir den
edlen, hochbegabten Sohn schenkte, der jetzt den größten Teil
meiner Aufgabe übernimmt und mir die Zukunft sichert. Später wird
die Künstlergenossenschaft dieses verrichten.

So handelt es sich hier mitnichten um einen Familienbesitz, sondern
um ein Asyl für die Kunst und um die Reinerhaltung eines einzig
weihevollen Werkes.

In Ihrer Tätigkeit können Sie, hochgeehrter Herr, sich keine
Vorstellung von den Empfindungen des großen Künstlers in unserer
heutigen Welt bilden. Da, wo Sie eine via triumphalis in Berlin
damals erblickten, war es eine via crucis der schwersten Art. Wie
könnte der Künstler, der einen Kultur-Gedanken mit sich trägt, sich
durch einen momentan noch so gewaltigen Eindruck und noch so
brausenden Akklamationen befriedigt erkennen, wenn dieser sein
Gedanke unverstanden bleibt?

Ist nicht vielmehr diese Verkennung und Verlassenheit gerade
inmitten des Zujubelns von einer Tragik, welche uns auf das Wesen
der Dinge führt, uns den Gehalt aller großen Dichtungen und aller
tiefen Religionen vor den Sinn ruft und uns die Notwendigkeit einer
idealen Stätte mit der zwingenden Macht des verehrungsvollen
Mitgefühls empfinden läßt?

Sollte es meiner geringen Feder nicht beschieden sein, Sie, hochgeehrter Herr, zu meiner Überzeugung zu gewinnen, so möchte ich
an Ihr Gefühl für Gerechtigkeit mich wenden.

Warum soll einzig dem Musiker das Recht auf seine Werke
verweigert werden, das jedem Industriellen, jedem Dotation erhal-
tenden Staatsmann oder Feldherrn gewährt wird? Der Gerechtigkeit
gegenüber erscheint sogar eine 50jährige Schutzfrist gering, und sie
wurde auf Grund irriger Daten und persönlicher Gehässigkeit
abgelehnt!

Ich glaube aber bestimmt, daß der Gerechtigkeitssinn im Reichstag
wieder erwachen wird. Ich habe mich einzig an das Gefühl gewendet

und kann es einzig. Sie, hochgeehrter Herr, haben mir gefühlvoll erwidert, und das hat mich sehr gerührt.

Ihre Schilderung der Aufführung in Konstantinopel zugunsten der Hungernden hat mich bewegt. Solche Erscheinungen würden niemals durch unsere Kunststätte und »Parsifal« als Heiligtum darin gehemmt.

Wie ich Ihnen bereits sagte, verkehre ich gern mit Andersdenkenden (unter der Bedingung der gleichen Gesinnung und der Achtung voreinander), entweder werde ich von meinem Gegner überzeugt und verliere einen Irrtum, oder ich überzeuge ihn von der von mir erkannten Wahrheit. – (Ich mußte über die Schreckensparole des Einflusses lächeln, wenn wir auch in dem gegebenen Fall gar keinen ausgeübt. Beruht denn nicht alles auf gegenseitigen Einfluß und Einwirkung, üben Bücher, Menschen, Kunstwerke nicht Einfluß auf uns, ja, würden im Reichstag Reden gehalten, wenn man nicht beeinflussen wollte, man könnte sonst nur die Vorlagen der Regierung anhören und dann abstimmen.) – Oder aber – ich werde meiner Überzeugung mir klarer bewußt, auch wenn ich nichts erwirke.

So haben Sie Dank, hochgeehrter Herr, daß Sie mir zu diesem Austausch Gelegenheit gaben. Sie sagen mir, daß Sie mir als Mensch, nicht als Parteigänger Antwort geben, und zu dem Menschen, dem freundlich gesinnten, sprach ich von Herzen und vertrauensvoll. Ich bitte, diese Mitteilungen als vertrauliche zu betrachten, und schließe mit dem erneuerten Ausdrucke meines Dankes und der Versicherung meiner vorzüglichsten Hochachtung.

CW.

Weit besser, als ich es vermöchte, haben zwei hervorragende Persönlichkeiten, Hans von Wolzogen und Houston Chamberlain, das Thema unserer Korrespondenz besprochen. Ich erlaube mir, die Aufsätze deshalb zu senden.

An Adolf Hildebrand
Riedberg, Partenkirchen, 20. 9. 1901

Hochgeschätzter Herr und Freund,
Siegfried gibt mir seine Antwort, und sie fällt aus, wie ich es im voraus wußte: Er hat es ausgesprochen, daß Hermann Levi um das neue Theater gewußt habe, aber als Erwiderung auf den Ausruf der

Orchester-Musiker: »Wenn Levi gelebt hätte, wäre das nicht geschehen.«

Alles übrige ist eine Zutat, wie sie sich notwendig bei solchen Erörterungen ausbilden.

Marys große Natur hat nun die schmerzliche Erschütterung überwunden, welche ihr die Mitteilung verursachte, und ich sage: Es gibt einen Geist des Guten in dem Übel, wer ihn nur achtsam herauszuziehen wüßte! (Gogo wird wissen, wo das steht, und ich versuche die Herausziehung.)

Hermann Levi ist verhältnismäßig spät zu unserer Kunst gekommen; diese Kunst war dadurch zu einer Sache geworden, als die gesamte Presse, die Universitätskorporationen, die Theater-Intendanzen und die spezifischen Konzertmusiker sich ihr aggressiv-feindselig entgegenstellten, so daß ihre Vertreter sich darauf gefaßt machen mußten, keine Anstellungen zu erhalten und keine Erfolge zu haben.

Das große Publikum, einzelne hervorragende Künstler und Geister entschieden die Dinge anders, als man erwartete. Der König von Bayern trat ein, und von da ab gab es kaum einen Kapellmeister mehr, der nicht am liebsten die Werke unserer Kunst dirigiert hätte.

Der erste Brief Levis behandelt noch Kürzungen in den »Meistersingern«, die er wünschte. Er war in einer Umgebung groß geworden, welche unserer Welt feindselig gegenüberstand. Daher wurde er von unseren sämtlichen Freunden (*nicht* von uns!) mißtrauisch betrachtet, und dieses von ihm empfundene Mißtrauen lähmte seine an und für sich nicht zur Schroffheit angelegte Natur.

Er war in München angestellt worden, um einen Riegel der Berufung Bülows, welche der König wünschte, vorzuschieben. Demnach, um der scharfen Vertretung unserer Ideen entgegenzustehen. Er war der Beamte der uns feindseligsten Verwaltung und wurde der Dirigent des »Parsifal«. Er hat sich, was er konnte, bemüht, diese unversöhnlichen Gegensätze auszugleichen, und mußte von beiden Seiten (ich spreche niemals von uns!) der ungünstigsten Beurteilung verfallen.

Als ich im Jahre 84 unserer Festspiele mich annehmen mußte, wiederholte sich gegen Levi der Sturm, der bereits im Jahre 82, als man erfuhr, daß er der Dirigent des »Parsifal« war, sich erhoben hatte. Ich erbat mir von den Anstürmern schriftlich die bündige Erklärung: »Daß Generalmusikdirektor Levi moralisch unwürdig und künstlerisch unfähig sei, ›Parsifal‹ zu dirigieren«. Daraufhin wollte ich die Sache untersuchen und entscheiden. Alles schwieg, und es blieb, wie es war.

Diese Erklärung gibt die Grundlage meiner Beziehung zu Levi. Eine Beziehung, in welcher ich bei jeder Gelegenheit ihm die Mißverständlichkeit seiner Handlungsweise durch seine Lage, oft in heftigster Weise, ausgedrückt habe.

So schmerzlich ihn diese immer erneute Einsicht in Dinge, die er sich gerne verhüllen mochte, sein mußte, so konnte er's mir doch nie verargen, weil er wußte, daß ich ihn festgehalten hatte und daß selbst Ausbrüche der Leidenschaftlichkeit Teilnahme an der Sehnsucht seiner Natur bezeugten.

Wenn er von dem Theater in München gewußt hat – und alles spricht dafür, da er nicht nur mit Possart befreundet war, sondern seine Ernennung zum Intendanten bewirkt hat –, so hat er sich gewiß die Möglichkeit eines Zusammengehens mit Bayreuth, etwa die Direktion von Siegfried dort, vorgespiegelt.

Ich erzählte Ihnen, verehrter Herr und Freund, einige Details von diesem Wunsche, Unverträgliches zu verbinden, was jedesmal dem Ärmsten meinerseits die unerfreulichsten Auslassungen zutrug.

Chamberlain hat diesen inneren Zwiespalt, der zu einer äußeren, unhaltbaren Situation Veranlassung gab, mit Recht als *tragisch* aufgefaßt, und Sie selbst haben, ohne Kenntnis der Dinge, den Blick des Künstlers auf den Geprüften geworfen und ein Werk von einzigem Werte geschaffen.

Wie oberflächlich haben dagegen diejenigen gesehen, welche in Levi nur den kultivierten, begabten, menschenfreundlichen, leichtlebigen Menschen erkannten, und wie unfähig müssen sie bleiben, eine Beziehung von dem Charakter und der Bedeutung der unsrigen zu ihm zu verstehen!

Wenn ich nicht krank gewesen wäre, so hätte ich auf den Wunsch des Dahinscheidenden die Reise unternommen und hätte ihm mit den herzlichsten Gefühlen die Hand gedrückt.

Seine Bestattung in München galt dem dortigen Beamten aus dem bestimmten Kreis. Wir hatten da fernzustehen. Aber Bayreuth wurde durch seine Hauptstütze vertreten.

Durch seine Vermählung mit Mary hat Levi gezeigt, *wo* das Schwergewicht seiner Natur lag.

Ganz von sich aus – von ihrem edlen Vater unterstützt – hat Mary sich gleich in erster Jugend von unserer Kunst übermächtig angezogen gefühlt. Sie hat mit dieser Kunst auch die Weltanschauung sich zu eigen gemacht, die mit ihr zusammenhängt, und hat in Levi den

Vermittler dieser Kunst geliebt (abgesehen natürlich von der
menschlichen Sympathie).

Diese Liebe, unterstützt von Ihrer Kunst, hat hier eine würdige
Ruhestätte geschaffen, zu welcher wir in ernsten Betrachtungen
wandeln.

So ist denn alles Friede! Und wie Unrecht ist es von Menschen, diesen
Frieden zu stören!

Ich überlasse es Ihnen ganz, hochgeschätzter Herr und Freund, die
Antwort dem Hofmusiker nach Ihrem Ermessen zu geben oder gar
keine, wenn Sie es für überflüssig erachten, was ich sehr gut
verstünde, denn was liegt denn an der Beurteilung der Unwissenden!

Sie aber bitte ich herzlich, zu dem Aufsatz von Chamberlain noch die
Briefe zu lesen. Was ich hier nicht eingehend berühren konnte, wird
Ihnen dort ergänzt werden: »Verlieren Sie nichts von Ihrem
Glauben, aber gewinnen Sie auch einen starken Mut dazu« – »viel-
leicht – gibt's eine große Wendung für Ihr Leben« –

Diese Wendung war die Vermählung mit Mary und der Tod!

Sie sehen, es ist alles ernst und wahrhaftig, und wir dürfen alles sagen!

Ich habe Ihre Zeit sehr in Anspruch genommen, ich baue auf Ihre
Freundwilligkeit gegen mich und auf Ihre Liebe zu Mary, um es mir
gerne nachzusehen. Ich danke Ihnen für erstere und wiederhole in
ihrem Betreff meine Überzeugung, daß nur üble Konstellationen,
wie unsere chaotische Welt sie unheimlich oft erzeugt, Sie unserer
Kunst fremd erhielt und daß, wenn Sie 50 Jahre später geboren
wären, wo sie mit absoluter Autorität Ihnen entgegengetragen
worden wäre, Sie in ihr Freude und Erhebung genossen hätten!

Bitte antworten Sie mir nicht! Wenn Ihre Herzlichkeit es nicht anders
zuläßt, senden Sie mir ein Telegramm.

Grüßen Sie Ihre liebe Frau schönstens und Ihre Töchter (Gogo ja
nicht zu vergessen!), und seien Sie, hochgeschätzter Herr und
Freund, auf das herzlichste von mir gegrüßt!

                                                    C. Wagner

Bitte, wenn Sie abermals einem Gerede begegnen sollten, ähnlich
dem, der diesen Brief hervorrief, erwidern Sie: Ich kenne Wahnfrieds
Beziehungen zu Hermann Levi genau. – Damit ist alles abgeschnit-
ten, und ich habe selbst mir jeden Klatsch durch solche Erwiderungen
vom Leibe gehalten. – – – Ich habe Ihrem Sinn gemäß mich bemüht,
jeden Pathos zu meiden, sosehr mich der Gegenstand und mein
Gefühl dahin geneigt hätten, und bin Ihnen zulieb einfach, ich
fürchte bis zur Trockenheit, gewesen.

An Wolfgang Golther
Bayreuth, 24. 10. 1901

Lieber Freund,
Die Mitteilung, welche mir Kniese über seine Begegnung mit Ihnen
machte, läßt es mich als eine Verpflichtung gegen Sie erkennen, die
Abschrift eines Briefes Ihnen zuzusenden, den ich mich genötigt sah
diesen Sommer zu schreiben.
Bekannte haben mir erzählt, daß das neue Theater inmitten eines
gemeinen Häuser-Haufens stehe, daß unmittelbar davor ein Riesen-
plakat: »Grundstücke zu verkaufen« sich erhebe, daß inmitten der
Aufführungen die Türen auf- und zugingen, daß Kapellmeister und
Direktor am Schluß sich vor der Rampe für den Applaus bedankten,
daß die Akustik schlecht wäre. So schlimm das ist, so ist es doch nicht
das Wesentliche, es handelt sich hier um die Idee Bayreuths. Und
diese wünsche ich Ihnen, lieber Freund, weil uns so viel an Ihnen
liegt, nahezubringen.
In Partenkirchen, wo ich mich 4 Wochen aufhielt, sah ich Stöcker.
Er weiß, was es heißt, einer Idee zu dienen, und sagte mir die
beherzigenswerten Worte: »die Menschen wollen wohl Religion,
aber keinen Glauben, sie mögen das Gute, aber das Schlechte auch.«
Er ist merkwürdig rüstig und heiter inmitten einer Welt, von welcher
sich gänzlich abzuwenden die tägliche Versuchung des ernsten
Menschen ist.
Wir spielen im nächsten Jahre wieder, wiederholen die gleichen
Werke. So Gott will, gelingt es wie heuer!
Daß die ganze Presse gegen uns von München aus gehetzt wurde,
wird uns, denke ich, ebensowenig schaden, als es ihnen genützt hat,
sie zu dingen und zur Herrin des Hauses zu machen.
Ich hätte nicht geglaubt, die Erlebnisse der 60er Jahre in München als
fratzenhaftes Satyrspiel wieder durchmachen zu müssen!
Ich lege meinem Brief auch eine kleine Schrift bei. Ich kenne den
Verfasser nicht. Der Aufsatz soll in einem Zentrumsblatt gestanden
haben. Auch die Katholiken wissen, was es heißt, für eine Idee
einzutreten, und wissen daher zu unterscheiden. Bitte die kleine
Schrift zu behalten und im gegebenen Falle mitzuteilen, die Abschrift
meines Schreibens bitte ich mir möglichst bald zurück. Hoffentlich
treffen Sie meine Zeilen wohlauf, Sie und Ihre liebe Frau, die ich
freundlichst grüße!
Siegfried kehrte in diesen Tagen zurück. Leider von seiner ungeheu-

ren Arbeit des Sommers nicht so erholt, als ich wünschte, weil die Witterung zu ungünstig war.

In Colmdorf trat ein freudiges Ereignis ein. Ein Knabe wurde dort geboren, sehr gesund und die Mutter – gottlob – den Umständen nach wohl. Das ist ein kleiner Bayreuther, der hoffentlich ein echter, tüchtiger, entrüstungs- und begeisterungsfähiger sein wird!

Ich schließe mit dieser freundschaftlichen Mitteilung und lege die herzlichsten Grüße bei!

C. Wagner

Beilage

Sehr geehrter Herr!

Empfangen Sie vor allem den Ausdruck meines warm empfundenen Dankes für die Teilnahme, welche Sie unserer Sache bewähren, und für das Wohlwollen, das Sie meiner bescheidenen Persönlichkeit beweisen.

Ich weiß diesen Dank nicht beredter auszusprechen, als indem ich das Schweigen breche, welches sich mir bezüglich des neuen Theaters in München der Öffentlichkeit gegenüber aufgedrungen hat, und Ihnen auf Ihre ernst freundliche Anfrage die gleiche Antwort gebe.

Wenn ich Ihnen sage, daß es des Meisters ausdrücklicher Wille war, daß sein Theater einzig und allein in Bayreuth stehen sollte, daß an diesen Willen sich der Wunsch knüpfte, daß dereinst die Monumentalisierung dieses Theaters hier auf unserm Hügel vor sich ginge, also es hier keinen provisorischen Bau gibt, wie Freund Merz sich unrichtig ausdrückte, so habe ich eigentlich alles gesagt.

Der erste Gedanke des Meisters war: sein Theater »fern von dem Ruß und Qualm der großen Städte« an einem kleinen Ort wie Zürich und wie Weimar zu errichten.

Als König Ludwig, der erhabene Protektor unserer Kunst, in das Leben des Meisters schützend eintrat, mußte wohl der ursprüngliche Gedanke, zugunsten Münchens und zugunsten eines ganz andern Gebäudes, als das unsrige, der einfache Theaterplan, aufgegeben werden.

Es entstand der großartige, wahrhaft königliche Sempersche Bau, besser gesagt, dessen Entwurf.

München vereitelte dem König seine hochsinnigen künstlerischen Absichten. Der Meister beschloß, *sein* Theater (nicht den Semperschen Bau) in Bayreuth aufzurichten. Er bestimmte es als das einzige deutsche Festspielhaus, und aus Dank gegen seinen erhabenen

Beschützer wählte er die Stadt in *Bayern* aus, wiederum zu seinem
ursprünglichen Gedanken zurückkehrend, die kleine Stadt. Der
König entsagte für München dem Bau, wohl einsehend, daß der
gewählte Ort der geeignete war und daß die Festspiele in Bayreuth
dem ganzen Lande Bayern Ehre und Nutzen brächten.
Die einzige Art, durch welche München sein Gebaren gegen den
König und den Meister hätte sühnen können, würde darin gelegen
haben, Bayreuth auf jede mögliche Weise zu unterstützen, uns
Stipendiaten zu entsenden, künstlerische Kräfte zur Verfügung zu
stellen, usw. Nicht nur, daß davon nichts geschah, sondern wir
könnten Ihnen, sehr geehrter Herr, einen ganzen Stoß von Akten zur
Verfügung stellen, welche Sie wenig erbauen würden.
Lassen Sie sich von einem Erfahrenen (um nur ein Beispiel unter sehr
vielen hervorzuheben) die Geschichte des »Lohengrin« im Jahre
1894 in München erzählen, um einen Begriff von der Art und Weise
zu erhalten, wie gegen uns vorgegangen wurde, und um die Vorläufer
zu dem neuen Theater kennenzulernen. Werden Sie es glauben, daß
dieses Theater, das uns ganz allein angehört, da der Meister sein
einziger Erfinder ist und da wir alle Vorschüsse, die uns darauf
gemacht worden sind, zurückerstatteten, daß dieses Theater in
München errichtet wurde, unser Name noch schließlich dafür
genommen wurde, ohne daß man es auch nur für der Mühe wert
gehalten hat, uns zu befragen. Wir mußten staunen vor dieser
Tatsache, fragen, was das heißen solle und was man sich von uns aus
für ein Verhalten erwarte.
Man hat sich nicht gescheut, den großartigsten königlichen Gedan-
ken in eine Aktiengesellschaft und Terrainspekulation (was der
Meister mit Entrüstung von sich wies) zu verwandeln. Als erstes
Motiv zu dem Bau wurde durch die ganze Welt ausgesprengt, unser
Theater sei baufällig; wir würden nach München übersiedeln, mein
Sohn würde dort dirigieren, usw. usw. Neulich sagte uns ein
Franzose: er wohne den Aufführungen in Bayreuth mit besonderer
Emotion bei, da sie die letzten sein würden; auf das erstaunte
Befragen erwiderte er, im Ausland sei verbreitet worden, Bayreuth
schlösse und übersiedelte nach München. Wenn wir dem Ursprung
dieser Gerüchte nachforschten, haben wir stets den gleichen gefun-
den. Zuletzt noch hat die Münchener Intendanz einen Sekretär
hierhergeschickt, um bei sämtlichen Herrn der Presse für das neue
Theater zu werben. Man hat, ohne uns zu befragen, gemeinsame
Bayreuther und Münchener Plakate gemacht.

Ja, um auch das Lächerliche zu streifen, man hat angekündigt, daß die Sitze in München bequemer sein würden als die unsrigen. Man hat Indiskretionen, wie wir sie dort noch nicht erfahren, begangen, um Zeitungsartikel, wie ich Ihnen einen hier beilege – also Schmähungen gegen uns – hervorzurufen, und alles, wie gesagt, stammt aus einer Quelle.

Wir haben geschwiegen. Wenn nun aber der Verein, der den Namen des Meisters trägt, daher auch verpflichtet ist, seinen Willen zu vertreten – wenn der Verein seine Pflicht erkennt und erfüllt, indem er bestimmt und bündig erklärt, das Theater des Meisters dürfe einzig in Bayreuth stehen, wer wird ihm, nachdem er von den Dingen unterrichtet ist, einen Vorwurf daraus machen?

Sie sprechen, sehr geehrter Herr, von der Notwendigkeit eines neuen Baues, von der schlechten Akustik des Hof- und Nationaltheaters: ich kann Sie versichern, daß, wenn in den 80er oder 90er Jahren das Geschick gewollt, daß ich in München, anstatt in Bayreuth, mich an den Aufführungen zu beteiligen gehabt hätte, ich (vorausgesetzt, daß ich von den gleichen Verwaltungs- und Kunstkräften unterstützt worden wäre) mich anheischig gemacht haben würde, vorzügliche Leistungen hervorzubringen. Das Hof- und Nationaltheater hatte die schönste Akustik in ganz Deutschland. In ihm sind musterhafte Aufführungen unter Hans von Bülow, nicht nur der Werke des Meisters, sondern aller vornehmen Opern jeder Gattung, geleistet worden.

Ich weiß, daß man die Akustik durch ungeschickte Vorkehrungen etwas verdorben hat. Wer nicht zu erhalten und zu pflegen weiß, der verändert und verdirbt, aber auch unter Hermann Levi haben vortreffliche, sehr gut klingende Aufführungen stattgefunden. Und ich mache Sie auf eines aufmerksam: das verdeckte Orchester läßt die Mängel der Sänger und Darsteller weit greller hervortreten als das offene. Nichts hätte verhindert, daß solche Aufführungen bei bestimmten Festlichkeiten unentgeltlich den Unbemittelten dargeboten wurden. Das Haus hat eine große, fürstlich künstlerische Vergangenheit – diese Tradition zu erhalten, wäre wohl eine würdige Aufgabe gewesen.

Sie werden, sehr geehrter Herr, aus meiner Darstellung ersehen, welche Motive und welche Gesinnung gegen Bayreuth den neuen Bau eingegeben haben. Ich weiß aber auch, daß Mißwirtschaft daran ihren Anteil hat; man überdeckt eine mißliche Lage mit einem Projekt.

Ich wiederhole: wir schweigen. Eine Erklärung, die ich nach dem
Aufruf aufgesetzt, habe ich zurückbehalten und nur der einen
Persönlichkeit zukommen lassen, welche ich mich für verpflichtet
hielt aufzuhellen.

Mein Sohn hat in einer kleinen »76er Vereinigung« eine Ansprache
gehalten, in welcher er erklärte, daß wir in ernster Stimmung hier
seien, da wir in diesem Jahre des Jubiläums die zwei Ereignisse
erleben mußten: die Reichstagsdebatte in der Schutzfrist-Frage und
den Raub unseres Theaters. (Mein Sohn hat das Wort »Raub« aber
nicht gebraucht.) Dies war aber im Freundeskreis gesprochen. Nicht
ein Wort ist unsererseits in die Öffentlichkeit gedrungen; wir haben
keines von den absichtlich verbreiteten Gerüchten dementiert; die
»Bayreuther Blätter«, unser eigentliches Organ, haben den neuen
Bau in München nicht mit einer Silbe erwähnt.

Wir besitzen, ich darf sagen, in allen Ländern, namhafte literarische
Freunde, welche sehr gern auf unsere Anregung in bedeutenderen
Revuen sich kundgegeben hätten, ja es ist mir der Vorschlag gemacht
worden, einem berühmtesten Schriftsteller das Aktenmaterial des
Verhaltens gegen Bayreuth zu einer Besprechung zu übergeben – und
ich habe es abgelehnt.

Wir schweigen, weil diese Erfahrungen sich dem Schwersten anrei-
hen, was uns beschieden worden, weil dieses neue Theater das
Satyrspiel auf die einstige Tragödie in München bedeutet und weil die
Tiefe der bittersten Empfindungen keine Worte zuläßt.

Daß trotz unseres Schweigens es abseits von Wagner-Vereinen
Menschen gibt, die das Unrecht empfinden, welches an dem Meister
und an seinem Vermächtnis geschieht, welche wissen, daß, wenn Er
erstünde, Seine Entrüstung über den Vorgang keine Grenzen hätte
– – – das ist etwas, was keine Macht aufhalten kann!

Sie haben die Güte, sehr geehrter Herr, und sprechen mir von der
Verkennung, welche möglicherweise ein Auftreten unsererseits nach
sich ziehen würde. Ich habe Sie in diesem Brief wiederholt unserer
Enthaltung versichert, aber ich möchte aus der Freundlichkeit, mit
welcher wir in so schwerwiegender Sache zueinander sprechen, Ihnen
mitteilen, daß ich an allem, was ich liebte und verehrte, eine über
40jährige Verleumdungs-Erfahrung besitze; daß dies wohl die Wege
sehr hemmte und erschwerte – daß aber eines mir dabei erwiesen
wurde: der Wahrhaftige und Tüchtige stellt sich heraus, der
Gespensterspuk schwindet wie vor der gesunden Luft der Moder-
geruch. So wäre mir auch nicht bang vor der Verleumdung, wenn ich

aufträte, aber ich werde es nicht tun, denn der Schmerz, den ich über meine Ohnmacht empfinde, bei jedem in Deutschland die Ehrfurcht vor dem Willen des Meisters zu erwecken, ist ein so tiefer und bitterer, daß er nur *einen* Ausdruck kennt: das Schweigen, und nur *ein* Sehnen hat: das Vergessen.

Ich begreife nun vollständig, sehr geehrter Herr, die schwierige Lage, in welcher Sie sind. Es sind große materielle Interessen im Spiel. Das Hof- und Nationaltheater hat seinen einstigen höchsten Ruhm verloren. Viele Wohldenkende, welche die Dinge, die ich Ihnen hier anvertraue, nicht wissen, wünschen der Stadt eine geistige Belebung – wollen Sie mir einen herzlich gemeinten Rat gestatten, so wäre es der, an den neuen Bau selbst keine ferneren, weittragenden Äußerungen mehr zu knüpfen, sondern die Aufführungen zu besprechen wie die eines jeden Theaters – zustimmend beifällig, wenn sie gelingen, kritisierend, wenn sie mißlingen.

Vor allem aber ersuche ich Sie, sehr geehrter Herr, in diesem so eingehenden Schreiben den Wert zu erkennen, den ich auf Ihre Anfrage gelegt.

Ich schließe, womit ich begann, mit meinem herzlichst empfundenen Dank für die Sympathie, welche Sie uns unter den schwersten Umständen bekundet haben, mit der Hoffnung, daß diese Ihre Teilnahme an unserem Werke uns bewahrt bleiben wird, und mit der freundlichsten Versicherung meiner vorzüglichsten und ergebensten Hochachtung.

Bayreuth, 2. August 1901.

Nachschrift.

Sehr geehrter Herr,

Als ich Ihnen gestern mitteilte, daß man es in München nicht für nötig erachtete, uns auch nur mit einem Worte von dem Vorhaben des neuen Baues zu unterrichten, unterließ ich es in der Eile, mit welcher ich schreiben mußte, mitzuteilen, daß in Paris und London man sich mit der Anfrage bezüglich eines solchen Baues bereits vor Jahren an uns wandte, große Vorteile uns versprach und daß wir, wie es sich für uns von selbst versteht, die Sache ablehnten.

Empfangen Sie freundlich diesen Nachtrag, der Ihnen vielleicht nicht unwesentlich erscheinen wird, mit der Versicherung meiner vorzüglichsten und ergebensten Hochachtung.

Bayreuth, 3. August 1901

An Gustav Manz
Bayreuth, 31. 10. 1901

Lieber und sehr geehrter Herr Doktor,
Meine Kinder teilen mir mit, Sie hätten in Ihrem geschätzten Blatt die
Notiz abgedruckt, welche die »Neuesten Nachrichten«, wie ich
meine, im Auftrage der Hoftheater-Intendanz veröffentlichten.
Dürfte ich Sie bitten, diese Notiz dahin zu berichtigen, daß weder
eine Entzweiung, daher auch weder eine Versöhnung, zwischen
München und Bayreuth stattgefunden hat. Die Lage ist nach wie vor
die gleiche: die Rechtsfrage ist noch nicht geltend gemacht worden.
Warum jetzt Fräulein von Mildenburg und Herr Bertram erwähnt
werden, verstehe ich nicht, wir haben keinen an der Mitwirkung dort
verhindert, es ist nur ein Abkommen getroffen, nach welchem man in
München nicht die gleichen Werke mit unserem Personal im selben
Jahr aufführen darf. (Dieser letzte Passus, die Künstler betreffend,
teile ich Ihnen privatim mit, lieber Herr Doktor, es erscheint uns
überflüssig, das Gerede der Turbulenz nachzuahmen.)
Wenn ich mich recht entsinne, habe ich Ihnen, lieber Herr Doktor,
meinen Brief an den Redakteur der »Münchner Neuesten Nachrichten« Herrn Mordtmann mitgeteilt? Sein Inhalt ist entscheidend, an
ihm kann sich nie etwas ändern.
Vielleicht würden Sie im Verlauf der Zeit es für angebracht erachten,
die Frage des neuen Theaters in München, seiner Berechtigung und
seiner Notwendigkeit, zu untersuchen, Berechtigung in bezug auf den
Willen des Meisters, Notwendigkeit betreffs München und der Hof-
und Nationalbühne gegenüber.
Diese letzte Bühne hat eine große Geschichte. Sämtliche Werke
unserer Kunst und die der Früheren sind in mustergiltiger Weise dort
aufgeführt worden. – Ich weiß von mehreren, Unbemittelten
(Schullehrern, kleine Beamte etc.), die in der Ferienzeit nach
München reisten, um die Werke des Meisters dort zu sehen. Jetzt ist
ihnen das verwehrt. Und so gäbe es gar vieles, was man bei dieser
Gelegenheit ernstlich in das Auge fassen könnte. Von der Entwür-
digung des meisterlichen Theaters zu einer Bau-Spekulation geschweige! Aber was beredter spricht als alle Worte, ist die schlechte
Akustik dieses Baues, während – trotz aller schädlichen Eingriffe
– im alten Hause die Akustik bei weitem besser ist. Alles dies nur
Ihnen, lieber Herr Doktor, privatim mitgeteilt. Sie werden es am
besten später ermessen, wann der Moment zu einer solchen festen

und ruhigen Erörterung gekommen sein wird. – Vielleicht kennen Sie eine kleine Schrift nicht, die mir – abgesehen von ihrer Richtigkeit – auch dadurch aufgefallen ist, daß ich ihren Verfasser gar nicht kenne.

Gerne habe ich diese Gelegenheit ergriffen, um Ihnen, lieber Herr Doktor, die erneuerte Versicherung meiner freundlichsten Hochachtung auszusprechen.

Meine Tochter und mein Sohn tragen mir herzlichste Grüße an Sie auf!

C. Wagner

An Theodor Mommsen
Bayreuth, November (?) 1901

Hochzuverehrender Herr,
Es wurde mir der Bericht über den Delegiertentag des Goethe-Bundes in Berlin zugesandt, und mit Spannung, wie es sich bei Äußerungen Ihrerseits, verehrter Herr, von selbst versteht, las ich die Worte, welche Sie gesprochen. Ich bedauerte lebhaft, daß Sie die Gründe gegen das Erbrecht des Schriftstellers nicht ausführlich kundgaben, denn einfach mit Laienaugen betrachtet will es einem scheinen, als ob der Schriftsteller und der Komponist ein ebensolches Recht an ihren Erzeugnissen haben müßten als Gewerbe- und Handeltreibende, und dies um so mehr, als für den Autor der Ertrag seiner Werke sich oft sehr spät einstellt, so daß ihm die Möglichkeit, für seine Familie zu sorgen, versagt bleibt.

Sie sprachen jedoch, verehrter Herr, von der Freude, welche man allgemein, als die Werke Goethes frei wurden, empfand. Wollen Sie mir nun gütig die Frage gestatten, ob Sie finden, daß in unserer jetzigen Literatur, in unseren Theaterstücken, in unserer Presse, in unseren Wahlergebnissen, in unserer Sprache, in unserer ganzen Öffentlichkeit sich die Verbreitung der Schriften Goethes und mit ihr die Einwirkung seines Geistes spüren läßt?

Ich vermag es nicht.

Wir erlebten es, daß in einem jener jetzt wie Pilze entstehenden »Brettern«, welche im übelsten Sinne die Welt bedeuten, ein Coupletrefrain Goethe und seine Beziehung zu Frau von Stein herbeizog und daß niemand – (meines Wissens) – weder im Publikum noch in der Presse das geringste darin fand! Mit diesem Beispiel

meine ich nicht die Einwirkung oder Nichteinwirkung des Goetheschen Geistes, von welcher ich vorhin sprach, zu bezeichnen; ich ging
weiter, um zu zeigen, daß wir sogar den einfachsten Anstand gegen
unsere größten Männer ungerügt verletzen dürfen.
Ich glaube, daß die Herren, welche den Goethe-Bund geschlossen,
sich fragen dürften, wie Goethe sich hier verhalten würde. Er hat
gesagt, eine Idee darf nie liberal sein; er hat uns gelehrt, die Religion
aus der Ehrfurcht entsprießen zu lassen; er wünschte das Bild des
Gekreuzigten verschleiert.
So scheint es mir keinem Zweifel zu unterliegen, daß er die Ehrfurcht
vor dem Willen des Schöpfers eines Werkes fordern würde; daß er
dem Schöpfer zugestimmt hätte, welcher ein Werk, worin die heiligen
Mysterien des Christentums wiedergegeben sind, nicht auf sämtlichen Bühnen neben Erzeugnissen gewöhnlichster Art preisgegeben
sehen wollte.
Als Dichter und Künstler – dies entnehme ich meiner bescheidenen
Kenntnis seiner Schriften – würde er es begrüßt haben, daß es eine
Stätte gibt, wohin die Menschen (zuweilen unter großen Opfern)
wandern, um sich in der Kunst zu sammeln und an einem Werke von
tiefreligiösem Gehalte sich zu erbauen. Auf Ihre Nachsicht ferner
bauend, verehrter Herr, erlaube ich mir zu bemerken, daß es mit
einem dramatischen Werk von so komplizierter Art wie »Parsifal«
noch anders beschaffen ist als mit einem Buche.
Nicht nur die Einreihung in ein gewöhnliches Repertoire, sondern
Aufführungen, wie sie durch den täglichen Betrieb einzig möglich
sind, schaden dem Werke und seiner Wirkung bis zur Vernichtung.
Seit über 40 Jahren werden die anderen Dramen des Meisters auf
allen Bühnen aufgeführt, und es ist noch nicht ermöglicht worden,
dort den erforderten Stil in der Darstellung auszubilden, sondern sie
werden wie sonstige Opern, von welchen sie sich doch von Grund aus
unterscheiden, gegeben, wodurch ihre fördernde Kultur-Bedeutung
bis zur Unwesentlichkeit beeinträchtigt wird.
Ich gestatte es mir, einen Aufruf hier beizulegen, aus welchem Sie
ersehen werden, daß der bedeutendste jetzige deutsche Komponist,
ein hervorragendster Maler, der berühmteste Darsteller und ein
außerordentlich geistvoller Schriftsteller – der unsere Kunst und ihre
Aufgabe in der deutschen Kultur (welche Aufgabe einzig in Bayreuth
zu ihrem Ausdruck gelangt) wie wenige erfaßt hat – den Schutz für
»Parsifal« fordern. Einen anderen hohen Namen dürfte ich diesen
beifügen: es ist der Helmholtzens. Dieser unvergleichliche Mann

gehörte zu den ersten Patronen Bayreuths, er beehrte und förderte unsere Bestrebungen mit seiner unschätzbaren Sympathie und seinem Verständnis für die Loslösung des Bühnenweihfestspieles »Parsifal« von jeder Theatergemeinsamkeit.

Wie stolz wäre ich gewesen, wenn ich an die Stelle seines Namens den unvergänglichen Ihrigen hätte setzen dürfen! Dieser Gedanke kommt mir, weil ich die große Auszeichnung einstens genoß, zwischen Ihnen, hochgeschätzter Herr, und Helmholtz an dem Ehrentisch der Wissenschaft zu sitzen. Ich rufe diese Namen zu meiner Unterstützung an, indem ich es mir wohl bewußt bin, wie unbedeutend meine Stimme Ihnen erscheinen muß. Sie werden es mir dann vielleicht nicht als Vermessenheit anrechnen, daß ich sie einer so gewichtigen wie der Ihrigen gegenüber erhob. Wollen Sie sich auch mit Wohlgeneigtheit sagen, daß ich ein Gut zu hüten habe und daß ich vor keinem Schritte zurückschrecken, ja selbst die Gefahr, unbescheiden zu erscheinen, nicht scheuen darf.

Indem ich Sie bitte, verehrter Herr, mit dem Blicke, der Ihnen zu eigen ist, meine Lage und meine Nötigung zu erkennen und daher meinen Versuch, Sie – so gut dies in der Kürze angeht – über unsere Sache zu unterrichten, wohlwollend zu begreifen, schließe ich mit dem Ausdrucke der größten Verehrung, in welcher ich bin, hochgeschätzter Herr

Ihre sehr ergebene CW.

An Hugo von Tschudi
Bayreuth, 25. 11. 1901

Lieber Freund,
Sie haben mir eine große Freude durch die liebenswürdige Zusendung Ihrer Schrift über Böcklin bereitet, und ich danke Ihnen von Herzen, an mich damit gedacht zu haben. Wenn man so still und ruhig lebt, wie wir hier, erhalten solche Zeichen des Gedenkens eine besondere Bedeutung. Nun kommt noch hinzu, daß in diese Stille schwere Sorgen und unheimliche Eindrücke sich vielfach einschleichen. Da ist denn das geistige Eintreten eines Freundes, der einem den Anteil an seine Wirksamkeit gönnt, eine Wohltat! Es ist mir, als ob Sie ganz Sie selbst in jeder Beziehung seien, wenn Sie von Böcklin sprechen; und nachdem ich Sie bei mir hatte eintreten sehen, war es mir, als ob ich in den traulichen Raum der Nationalgalerie, wo wir so

gerne immer weilten, versetzt wäre und ich mit Ihnen die bekannten immer neuen Gebilde des großen Künstlers betrachtete und in dieser Betrachtung von vielem und manchem mächtig abgelenkt würde.
Ich mußte lächeln, als ich in Ihrer Schrift die Anrufung des Staates zugunsten der Kunst traf! Der Staat! Da halte ich es denn doch noch lieber mit den Fürsten, trotz allem und allem! sie sind doch wenigstens von Fleisch und Blut!
Die schöne Handschrift von Böcklin, welche etwas in ihren freien, weichen Zügen an die Goethes erinnert, hat mich auch erfreut. Aber wie muß einem da wieder der Inhalt betrüben! Er wollte den Engel auf der Pietà nicht malen, und man scheint ihn dazu gezwungen zu haben. Ach, auch dieses Künstlers Dasein, wie ernst stimmt es einem!
Sie haben, lieber Freund, in anregendster Weise die kleinen biographischen Notizen eingeflochten, und das Mißverhältnis des hervorragenden Künstlers zu seiner Mitwelt tritt dramatisch uns entgegen. Möchte es lehrreich sein!
Ihre Schilderungen der Bilder sind so knapp lebendig (zum Beispiel die des Portraits Böcklins mit dem Tod, daß ich es ganz vor mir hatte).
Und sehr dankbar war ich Ihnen auch für die Hervorhebung der technischen Vorzüge, in welchen Böcklins gestaltende Phantasie sich als malerische Kunst bekundete. –
Siegfried hat soeben in Frankfurt ein Bacchanal von ihm gesehen, das ihn entzückte.
Wohl haben Sie recht, er war der größte Maler des 19. Jahrhunderts! Und ein stolzer, vornehmer lauterer Mensch dazu. Mein Hang zur Beschaulichkeit läßt mich die Wiederbelebung empfangener Eindrücke besonders genießen, und so danke ich Ihnen herzlichst für Ihre Gabe, die erste Weihnachtsgabe, die in Wahnfried einlief.
Wie geht es Ihrem kleinen Mirakel? Ich kann Sie mir als Vater gar nicht vorstellen! Siegfried wird mir Nachricht darüber geben, in einigen Tagen kommt er nach Berlin. Am 3. Dezember ist bereits Diner angekündigt bei Donna Anna! Sind Sie dabei?
Gerne wären meine Tochter und ich mit nach Berlin, aber meine Venengeschichte läßt mich noch immer nicht ganz los! und so müssen wir es uns versagen.
Leben Sie wohl, lieber Freund, grüßen Sie bitte Ihre liebe Frau von uns, und seien Sie in herzlichster Gesinnung und Sympathie gegrüßt!

                                                            C. Wagner

1902

An Mathilde Wesendonck
Bayreuth, 7. 1. 1902

Verehrte Frau und teure Freundin!
Ich weiß die gütige Wahrhaftigkeit Ihrer lieben Zeilen vom 13. Dezember nicht besser zu würdigen, als indem ich auf sie von Grund aus eingehe. In dem, was Sie mir sagen, tönte mir die Meinung hervorragendster Menschen wieder entgegen, zugleich aber das, was mir von unbedeutender Seite zukam.
Ich frug mich nach der Ursache dieses seltsamen Phänomens und fand sie in der Unkenntnis.
Gestatten Sie es mir, dieser zu entgegnen. Ich werde nur andeuten können, dabei aber doch, fürchte ich, lang ausgedehnt sein müssen. Für Mangel wie Übermaß bitte ich um freundschaftliche Nachsicht. –

Der ursprüngliche Gedanke des Festspielhauses war, es in einer kleinen Stadt, in landschaftlicher Umgebung zu errichten.
Dem Könige zuliebe wurde dieser Gedanke aufgegeben – (um auf einer Anhöhe in großartiger Parkanlage an dem Ufer der Isar Sempers monumentalen Bau dem »Ring des Nibelungen« vor eingeladenen Festgästen zu weihen) –, später mit Nachdruck wiederaufgenommen und in Bayreuth verwirklicht.
Als dieser Verwirklichung fast unüberwindliche Hemmnisse entgegenstanden, wurde, wie es schien, mit Aussicht auf Erfolg, eine Aktiengesellschaft vorgeschlagen und mit Entrüstung zurückgewiesen.
Prinzipielle Auslassung der Presse gehörte ebenso zu dem Plan des Ganzen wie die Lage im entlegenen Winkel und die Loslösung von jedem Spekulationsgedanken.
Der Bau selbst sollte in ursprünglichster Einfachheit von innen nach außen sich kundgeben. Endlich ward einer späteren Zukunft anheimgegeben, das *einzig für sich stehende Theater in Bayreuth* zu monumentalisieren.
Die Aufführungen, durch die Gründung einer Schule unterstützt,

sollten von lange her vorbereitet werden, um dem gewöhnlichen Theaterbetrieb gänzlich entrückt zu sein.

————————

Das neue Theater steht nun in einer großen Stadt, inmitten eines Häusermeeres und dem Geräusch, Qualm und Ruß der jetzigen geschäftigen Welt.

Es verdankt seinen Ursprung der Bauspekulation einer Aktiengesellschaft; vor seinem Eingang stehen die Terrain-Verkaufsplakate.

Die gesamte Presse wurde nicht nur als Gast zur Förderung des Geschäftes hinzugezogen, sondern gedungen, über Bayreuth sich entsprechend auszulassen. (Baufälligkeit unseres Theaters, Übersiedlung Wahnfrieds nach München, Anrecht auf »Parsifal« etc. etc.)

Die Verfälschung des Stiles unseres Gebäudes entspricht der Spekulation mit der Idee. Der angesehenste Bildhauer-Architekt staunte über die gewordene Unklarheit und Wandlung der Einfachheit in abgeschmackte Zieraten.

Die Aufführungen sind genau wie in jedem anderen Theater; es ist keine Zeit zur Vorbereitung da, man spielt mit dem üblichen Personal unter Zuziehung von Gästen, wie sie eben aus anderen Bühnen – ohne Studium – kommen.

Sie würden, teuerste Freundin, zurückschaudern, wenn Sie die Motive der Unternehmung und die Mittel ihrer Durchführung kennenlernten. Genüge es Ihnen, zu wissen, daß der General-Adjutant des Regenten, welcher die Kanzlei unter sich hat, die Verwaltung des neuen Theaters mit den Worten: »das ist eine schmutzige Sache«, von sich wies, so daß jetzt eine eigene Verwaltung dafür besteht.

Daß die Akustik verfehlt sei, wie Mitwirkende und Zuhörer bezeugen – das gemahnte mich an die Erhebung von Siegfrieds Hand zur Wahrung seines Ringes.

————————

Es gibt hier keine Partei, sondern eine Sache, welcher man angehört. Wenig, so gut wie nichts hat sich draußen verändert. Das einzige, was sich bildete, ist eine kleine, feste Gemeinde, welche sich immer bewußter ist, was ihr Meister mit der Gründung Bayreuths beabsichtigte, welche Kulturgedanken auf allen Gebieten er damit verband und weshalb er sein Bühnenweihfestspiel »Parsifal« für diese Stätte schuf, mit der ausdrücklichen Bestimmung, daß es nie nirgends sonst zur Aufführung gelangen dürfe.

————————

Daß Sie abgeschlossen haben, verehrte Frau, wie sollte ich das nicht verstehen! Von meiner ersten Jugend auf war ich durch den Kreis, der sich der Verbreitung unserer Werke widmete, in einem gewissen Sinne bereits der Ausschließlichkeit zugeführt. Vom Jahre 1864 ab ward mein Kreis noch enger geschlossen; ich durfte in bescheidener Weise nicht nur erfahren, sondern mithelfen, und nun hege ich nur noch einen Gedanken in meiner Abgeschiedenheit.

Doch habe ich den Ruf: »Schafft Neues« zu laut vernommen; den Wunsch, unsere Werke nicht wie in einer Wüstenei einherwandeln zu sehen, mit der bittersten Klage über diesen Zustand zu heftig sich äußern erlebt; ich habe die Teilnahme für jede Regung im Sinne eines bewußt-belehrten Schaffenstriebes zu warm erfahren, um mich nicht zu freuen, wenn ich davon höre, daß das zu Erlernende allmählich, wenn auch leider sehr spärlich, empfangen wird; wenn es verlautet, daß hier und da die Deklamation sich bessert, eine weisere Anwendung der Mittel sich kundgibt und manches mehr, so daß man hoffen darf, unsere Werke nicht wie Geächtete in schnöder Verlassenheit, sondern wie Fürsten in einer ihnen entsprechenden Umgebung einherschreiten zu sehen. Daß am eigenen Herde diese Erfüllung des heißesten Künstler-Verlangens mir wird, das ist eine Himmelsgabe.

Sie selbst, liebe Freundin, legen ein Zeugnis von der Weiterbildung ab. Gewiß sind Homer und die griechischen Tragiker einzige, unerreichbare Gestalten. Doch wird sich ein jeder Sinnige an Ihrer »Kalypso«, »Nausikaa«, »Alkestis« erfreuen. Und so haben Sie im besten Sinne nicht abgeschlossen.

Ein guter Bekannter sagte etwas übermütig zu Siegfried: »Sie sind nicht in Gunst bei Frau Wesendonck, ihr Orakel ist Lessmann.« Siegfried lachte, und man muß über solch einfältiges Zeug lachen, zugleich aber müßte man staunen darüber, daß es Menschen gibt, welche annehmen, man könnte den Vater in lebendiger Wahrheit lieben und ehren und keine Teilnahme für den Sohn empfinden, zumal wenn der Sohn diese Teilnahme verdient. Doch worüber möchte man sich wundern in unserer wunderlichen Welt?

———————

Mein Brief-Drama hat sich in 5 Akte geteilt. Mir bleibt nur übrig, wie die Spanier, um Nachsicht für die Fehler des Autors zu bitten und einen Epilog nachzusenden.

Wenn Sie, verehrte Freundin, von der Öffentlichkeit gänzlich zurückgezogen sind, wie ich, so haben Sie doch den Vorzug, mit Ihrer Ansicht (die sich in der Un-Unterzeichnung des Aufrufes für den

Schutz des »Parsifal« bekundet) mit dem Strom zu schwimmen; der
Reichstag, fast die gesamte Presse, der Goethe-Bund, die hervorragendsten Gelehrten, die namhaftesten und bedeutendsten Künstler
sind gegen diesen Schutz.

Unser Stern beschied uns anders, abseits von der Welt und von dem,
was in ihr gilt, zu der abgelegenen Stätte, die hier geschaffen wurde
und die wir hier gemäß dem Willen ihres Schöpfers zu hüten und zu
wahren haben. Wenn wir allein und verlassen wären, wüßte ich uns in
der Wahrheit und in dem Geiste, aus dem wir sind. Doch wir haben
ernste, stille Freunde, die mit uns den Mut haben, für Bayreuth in
dem Sinne des Schutzes für »Parsifal« einzutreten, und ich erhielt die
rührendsten und erhebendsten Zeugnisse aus allen Ständen. Ob aber
diese inbrünstige Kraft der großen Macht, die ihr gegenübersteht,
etwas erreichen wird? ...

Für eine Sache leben, heißt für sie leiden; diesem Leiden die
Hoffnung entnehmen, daß es eine wirkende Kraft in sich trage, ist
vielleicht das Höchste, was wir hienieden erreichen dürfen. Und so
nehme ich jede Enttäuschung willig dahin, auch wenn sie mir von
teurer, hochverehrter Hand kommt.

Nun aber schließe ich wirklich, und zwar mit den besten Wünschen
für das neue Jahr, für Sie und all die Ihrigen. Möchte es Ihnen nur
Freundliches und Gutes bringen, möchte der kleine Patient am Tage
der drei Könige seinen Baum angezündet erhalten haben und der teuren Großmutter durch seine Gesundheit und seine Freude lohnen!

Die Meinigen sind bereits alle zerstreut, und es wird wieder ganz still
nach bunten Familientagen.

Bitte, grüßen Sie Karl besonders herzlich von uns, empfangen Sie die
unwandelbare Verehrung meines ganzen Hauses und den Ausdruck
innigster Anhänglichkeit Ihrer

                                        treu ergebenen CWagner

Ich erwarte keine Antwort auf diesen Brief und bitte nur, die
einzelnen tatsächlichen Details als ausschließlich Ihnen anvertraut zu
betrachten.

Für meine sonstigen Angaben finden Sie Belege und Ergänzungen in
den »Gesammelten Schriften« und in den veröffentlichten Briefen.

Ich sende auch einen kleinen Aufsatz, von welchem ich weder den
Verfasser noch die Zeitung kenne, in der er erschien. Nicht wahr,
Freundin, einzig und allein Ihnen habe ich mich mitgeteilt; es ist dies
der höchste Beweis meiner Verehrung, denn Bayreuth und Wahnfried schweigen.

An Christoph Krafft Graf von Crailsheim
Bayreuth, 1. 3. 1902

Hochgeehrter Herr Graf!

Ein bedeutender und berühmter Vertreter unserer Sache berichtete mir von Euer Exzellenz Aufenthalt in Karlsruhe, daß Sie, hochgeehrter Herr Minister, den Unterschied zwischen Wagnerianer und Bayreuthianer als bestehend betont hätten.

Es kann mir nicht gleichgültig sein, wie der Ministerpräsident und Minister des Königlichen Hauses in Bayern sich über eine Unternehmung äußert, welche seit 25 Jahren diesem Lande zu Ehre und Nutzen gereicht und unter dem Protektorat seines Regenten steht.

Ich meine, daß es dem Minister auch von Wert sein müßte, über diese nicht unbedeutende Erscheinung richtige Kenntnisse zu erlangen. Daher gestatte ich mir, Euer Exzellenz Zeit und Aufmerksamkeit in Anspruch zu nehmen.

Der Gedanke, ein Festspielhaus an abgelegenem, stillem Orte zu erbauen, stammt bereits aus dem Jahre 1850. Damals war eine Wiese in der Nähe des früher sehr kleinen Zürichs ausgesucht worden.

Im Jahre 1851, als der Gesamtplan des vierteiligen Werkes »Der Ring des Nibelungen« sich aus der Gestaltung von Siegfrieds Tod ergeben hatte, wurde die Gegend am Rhein ins Auge gefaßt.

1852 ward Weimar bestimmt.

Die Idee des Festspielhauses schloß ursprünglich jede größere Stadt prinzipiell aus.

Dreizehn Jahre mußte der Meister seinen Gedanken aussichtslos mit sich tragen, denn die Jünger, welche sich um meinen Vater geschart hatten, hatten sich zu bescheiden und mit der Lösung der einen Aufgabe zu begnügen: die Werke unserer Kunst zu verbreiten.

Nun trat König Ludwig II. ein. Die kleine Stadt, das einfache Bühnenhaus wurden dem hohen Gönner zuliebe aufgegeben; in dem Semperschen Monumentalbau auf der reich bewachsenen Anhöhe an der Isar sollte einem eingeladenen Publikum aus allen Ländern der »Ring des Nibelungen« von Künstlern, aus allen Bühnen Deutschlands erwählt, vorgeführt werden.

Dieser fürstliche Plan scheiterte, wie man weiß, und nun wurde, mit voller Zustimmung des Königs, auf die ursprüngliche Absicht zurückgegriffen und 1871 Bayreuth bestimmt.

Berlin, London, Chicago boten sich dem Meister für die Verwirklichung seines Gedankens an: alles wurde (trotz der unendlichen

Cosima und Siegfried Wagner, 1911

,,Ihr Sohn dirigiert ja mit der linken Hand'', erzählte man Richard Wagner.
,,Das hab ich schon herausgehört'', erwiderte er traurig.
(Münchener Jugend.)

Siegfried Wagner, Karikatur von Olaf Gulbransson

Erleichterung, welche diese Wahl mit sich gebracht hätte) zurückge-
wiesen, um in der kleinen Stadt das Festspielhaus zu errichten.
Für diese Stätte wurde – nachdem die ungünstigen Verhältnisse die
Preisgebung des »Ringes« an Opernbühnen erzwungen hatten – das
Bühnenweihfestspiel »Parsifal« geschaffen. Das Vermächtnis des
Meisters an Deutschland und insbesondere an seine Anhänger heißt:
»Parsifal« für Bayreuth erhalten und Bayreuth nach Kräften
unterstützen.
Wagnerianer und Bayreuthianer ist demnach eines.
Was würden Euer Exzellenz wohl zu einem Wagnerianer meinen, der
den Willen des Meisters nicht achtete? ...
In früheren Zeiten, als es galt, gegen die Feindseligkeit vieler Höfe,
der Theaterdirektoren, der Musiker, der Universitäten, der Presse
die Werke zur Aufführung zu bringen, bedeutete Wagnerianer sein,
sich mit großer Opferwilligkeit diesem Ziele widmen. Mein Vater
stand, wie gesagt, an der Spitze dieser kleinen, wahrhaft begeisterten,
daher jedes persönliche Interesse verneinenden Jüngerschar.
Seitdem die Werke unserer Kunst sich nicht nur über ganz Deutschland, sondern über die ganze gebildete Welt verbreitet haben, in Paris
zum Beispiel sich einige Theater um den Besitz des »Tristan« streiten,
seitdem nicht nur in den großen Städten des Auslandes, sondern in
den Provinzwinkeln von dem Publikum diese Werke gefordert
werden, seitdem jeder Kapellmeister sie am liebsten dirigiert, jeder
Sänger, schon des Erfolges halber, sie am liebsten singt, seitdem sie so
Gemeingut geworden sind, daß jetzt mehr Mut dazu gehört, sie
anzugreifen als sie zu verteidigen, seitdem hat die einstige Bezeichnung Wagnerianer keinen Sinn mehr. Wer sich jetzt Wagnerianer
nennt, will damit bekunden, daß er den Lebensgedanken des
Meisters erfaßt hat und diesen Gedanken gegen alle Angriffe zu
vertreten opfermutig entschlossen ist.
Derselbe Schlag Menschen, welcher einst die Werke unserer Kunst
verpönte, tritt nun gegen Bayreuth auf, und derselbe Schlag
Menschen, welcher die Werke begeistert vertrat, steht zu Bayreuth!
Was ist nun Bayreuth?
Es ist die Stätte, welche der Meister abseits der Welt aussuchte, um
den Stil der Darstellung seiner Werke (der auswärts nicht zu erzielen)
zu gründen und erhalten zu sehen, und zugleich um diese Darstellung
einer Schar von Menschen entgegenzubringen, welche es nicht
scheuen, mit allen geistigen und materiellen Gewohnheiten der

großen Städte zu brechen und sich hier zu sammeln, anstatt zu zerstreuen.

Bayreuth begreift aber noch anderes in sich. Wer die »Gesammelten Schriften« kennt – und diese Kenntnis unterscheidet den Wagnerianer von der Allgemeinheit der Kunstliebhaber –, weiß, was der Meister mit dem Namen Bayreuth noch verband.

Er berief zur Vertretung seiner Gedanken über das Verhältnis der Kunst zu den anderen Kulturerscheinungen *Freiherrn Hans von Wolzogen,* welcher das schwere Opfer brachte, sein engeres Vaterland zu verlassen, um in den »Bayreuther Blättern« bis zur heutigen Stunde mit Hilfe anderer treugesinnter Männer diese Bestimmung zu erfüllen.

In gleich exzeptioneller Weise, wie hier mit unerschütterlicher Treue und Opferwilligkeit der Ideenkreis des Meisters vertreten wird, geschieht es mit der Verwaltung unserer Festspiele. Diese ruht seit dem Jahre 1872 in den Händen *Adolf von Gross',* welcher durch die schlimmsten Zeiten hindurch sie mustergültig geführt hat und dem sich daher das Gedeihen unserer Unternehmung vornehmlich verdankt.

Über die künstlerische Beschaffenheit unserer Festspiele brauche ich wenig zu sagen. Die Namen der Orchesterleiter, welche seit 1876 daran sich beteiligten: *Hans Richter, Hermann Levi, Felix Mottl, Anton Seidl, Franz Fischer,* die jüngeren: *Richard Strauss, Karl Muck* genügen wohl, um Gewähr zu leisten. Ich will nur noch hierzu bemerken, daß wir, hier ansässig, eine Kraft in *Julius Kniese* besitzen, welche das bewirkt, wodurch sich unsere Aufführungen von den üblichen unterscheiden, nämlich: die andauernde vorbereitende Arbeit.

Über diese Arbeit und ihren besonderen Charakter können Eure Exzellenz bei unserm gesamten Personal seit 1886 sich erkundigen und werden darüber entscheidenden Bericht erhalten.

Es wäre bis zur Abgeschmacktheit töricht, wollte ich Euere Exzellenz auf die Wichtigkeit der Kontinuität, der Tradition in der Kunst wie auf jedem Gebiete des Kulturlebens hinweisen. Diese Tradition wird, kraft seiner Geburt, seines Charakters, seiner Begabung, kraft des väterlichen Willens, durch meine Vermittlung in meinem Sohne verkörpert.

Der vorjährige »Holländer«, welchen mein Sohn inszenierte, war ein schlagendes Beispiel hierfür. (Eine freundliche Fügung hat mir noch einen Schwiegersohn zugeführt, der, ganz hier ausgebildet, nun auch mit Bewußtsein das vertritt, was der Wagnerianer als bayreuthisch in der Kunstausübung erkennt.)

Wenn ich meine Vermittlung erwähnte (so gern ich mich sonst auslasse), so geschah es, weil ich von meinen Jugendjahren an zu dem Kreis der ersten Wagnerianer gezogen wurde und dort alles kennenlernte, was der Meister seinen Jüngern als Stil seiner Werke mitteilte.

Von 1864 an war ich stetiger Zeuge des künstlerischen Wirkens und Schaffens und habe eingehendste Mitteilungen darüber erhalten.

So sind wir berechtigt, von Tradition zu sprechen, und mit Gottes fernerem Segen wird sie hier erhalten bleiben.

Freilich ist unsere Aufgabe eine schwere. Wir haben mit allen schlechten Gewohnheiten der Theater und übeln Tendenzen der Zeit zu kämpfen.

Ich deute Euer Exzellenz nur eines hierbei an: das Verhältnis zur Presse, oder besser gesagt, ihre Unbeachtung, wie sie vom Meister als Prinzip aufgestellt wurde.

Unsere Unternehmung ist die einzige, die lediglich durch sich selbst besteht und auf ihrer eigenen Kraft beruht.

In der Zuversicht, daß Sie, hochgeehrter Graf, die ethische Seite unseres Wirkens, wie ich sie in ihren verschiedenen Erscheinungen schilderte und wie sie mit unsern künstlerischen Bestrebungen eng verwachsen ist, nicht unterschätzen, rufe ich den Schutz und die Teilnahme Euer Exzellenz für eine Stätte an, welche bereits zu einem Symbol der deutschen dramatischen Kunst, ja der deutschen Kultur im Auslande geworden, welche die edelsten Freunde in ganz Deutschland sich erwarb und welche dem Lande Bayern zur Zierde gereicht.

Gewiß werden die hochgesinnten Fürsten, die mutigen, glaubensfesten, treuen Anhänger des Meisters, welche jetzt seinen Willen erfüllen und Bayreuth stützen und fördern, dereinst rühmlich neben den ersten Gönnern unserer Kunst genannt und dankbar gepriesen werden!

Ich würde mich dafür entschuldigen, Euer Exzellenz Zeit so lange in Anspruch zu nehmen, wenn ich es nicht als meine Verpflichtung fühlte, Sie, hochgeehrter Graf, von Dingen zu unterrichten, welche zwar nicht unmittelbar in Ihren umfassenden Wirkungskreis gehören, dennoch aber, wie ich anfangs sagte, dem bayerischen Ministerpräsidenten nicht fremd bleiben dürfen.

Und danken will ich Euer Exzellenz, mir durch die Äußerung

Gelegenheit geboten zu haben, mich mit der Darstellung der Sache in freundliche Erinnerung zu bringen.

Mit der Bitte, diese Darstellung wohlwollend entgegenzunehmen, schließe ich, indem ich mich und mein Haus Ihnen, hochgeehrter Graf, und der liebenswürdigen Komtesse Crailsheim auf das herzlichste empfehle und mich nenne
Euer Exzellenz hochachtungsvoll ergebene

C. Wagner

— — —

Ich gebe die Belege für meine Äußerungen in einem Sonderkuvert bei und bitte noch Euer Exzellenz, sich nicht mit einer Antwort bemühen zu wollen, da dieses Schreiben eine aufklärende Erwiderung bedeutet.

— — —

»Hier würde ich auf einer schönen Wiese bei der Stadt von Brett und Balken ein rohes Theater nach meinem Plane herstellen und lediglich mit der Ausstattung an Dekorationen und Maschinerie versehen lassen, die zu der Aufführung des ›Siegfried‹ nötig sind.«
        Brief R. Wagners an Uhlig, Zürich, 20. September 1850.

— — —

»Am Rheine schlage ich dann ein Theater auf und lade zu einem großen dramatischen Feste ein; nach einem Jahre Vorbereitung führe ich dann im Laufe von vier Tagen mein ganzes Werk auf; mit ihm gebe ich den Menschen der Revolution dann die Bedeutung dieser Revolution, nach ihrem edelsten Sinne, zu erkennen. Dieses Publikum wird mich verstehen; das jetzige kann es nicht. So ausschweifend dieser Plan ist, so ist er doch der einzige, an den ich noch mein Leben, Dichten und Trachten setze. Erlebe ich seine Aufführung, so habe ich herrlich gelebt; wenn nicht, so starb ich für was Schönes. Nur dies aber kann mich noch erfreuen.«
        Brief R. Wagners an Uhlig, 12. November 1851.

— — —

»Ich rechne auf Ihre Aufführung gar nicht, wenigstens nicht, daß *ich* sie erleben werde, und am allermindesten in Berlin oder Dresden. Diese und ähnliche große Städte mit ihrem Publikum sind für mich gar nicht mehr vorhanden: ich kann mir unter meiner Zuhörerschaft nur eine Versammlung von Freunden denken, die zu dem Zwecke des Bekanntwerdens mit meinem Werke eigens irgendwo zusammenkommen, am liebsten in irgendeiner schönen Einöde, fern von dem Qualm und dem Industrie-Pestgeruche unserer städtischen Zivilisa-

tion: als solche Einöde könnte ich höchstens Weimar, gewiß aber
keine größere Stadt ansehen.«

Brief R. Wagners an Liszt, 30. Januar 1852.

– – –

»Ostern 1856 ist alles fertig; dann geht es ans Unmögliche: mir mein
eignes Theater zu schaffen, mit dem ich vor ganz Europa mein Werk
als großes dramatisches Musikfest aufführe.«

Brief R. Wagners an Fischer, Februar 1854.

– – –

»Ein schöner, kräftiger Sohn mit hoher Stirn und klarem Auge,
Siegfried Richard, wird seines Vaters Namen erben und seine Werke
der Welt erhalten.«

Brief R. Wagners an Pusinelli, 12. Januar 1870.

An ihren Sohn Siegfried
Bayreuth, 11. 3. 1902

Mein Herz,
Gestern nahm ich ein Bad bei Dir! Liebe Schächtelchen begrüßten
mich in Deiner Schlafstube, Doversches Pulver, Chinin etc. Darauf
schob ich den Thoma ekstatisch ins Dunkle und suchte nach Deiner
Dichtung. Paul sagte mir, Du hättest sie mitgenommen. Enttäuschung für mich, ich wollte sie wiederlesen, weil sie mich einnimmt.
Nun sage ich Dir meine Gedanken darüber mit ungenügender
Stützung. Nimm fürlieb!
Dein Vorwurf mit dem Kobold und dem Mädchen ist vorzüglich; die
erste Szene rührend. Auch die Mutter sehr charakteristisch und
volkstümlich. Mir schien es nicht schlecht, wenn sie in ihren barschen
Worten an Eckhart sagte: Woher kommst du denn her, was weiß man
von dir; bist du ein Späher, etc. Worauf er: Was du zuwenig von mir
weißt, weiß ich von dir zuviel. Womit ich glaube, daß Drastik und
Geheimnis, wie sie die Bühne fordert, gebracht werden.
Das Auftreten von Friedrich wünschte ich schon etwas in Verbindung
mit der Gräfin. Er bemerkt Verena nicht. Ist beunruhigt, die Gräfin
hat ihn an verschiedenen Orten spielen gesehen, hat ihm schreiben
lassen, sie wolle ihn ausbilden lassen in Paris, er gehöre nicht zu den
gewöhnlichen Gauklern etc.
Verena bemerkt seinen Zustand, er ist verstimmt, und halb zum
Scherz, halb im Ernst will sie die Kraft ihres Steines versuchen. Nun

müßten sehr künstlerisch ihre persönliche Einwirkung und die Macht des Steins ineinander greifen. Wie er ganz ihr innerlich und äußerlich zugewendet ist, wird sie übermütig, rennt ihm davon und neckt ihn vom Fenster aus. Da tritt die Mutter auf. Und in der Erregung sagt er: »Ich will deine Tochter.« Die Mutter weist brüsk ab. Liebesszenen auf dem Präsentierteller sind für mein Gefühl nie glücklich. Und die Szene mit den Haaren sagt mir nicht zu. Ich kann Dir keinen Grund dafür angeben, vielleicht fehlt mir die Naivetät, aber es berührt mich nicht unschuldig.

Nun kommen die Kameraden. Die lachen ihn aus und müssen sich für mein Gefühl sehr bald an das Aufwerfen ihres Theaters machen. – Jetzt will ich Dir gestehen, daß die Gespräche über die gräfliche Familie und über den Zwerg Laurin unverständlich geblieben sind. Ich weiß nicht, ob das Volk sich über die Echtheit eines Grafen befrägt, und die ganze Sache macht mir den Eindruck, als ob der Dichter sich da auseinandersetzen wollte, etwas über seine Personen erklären, was immer lähmend ist.

Ich nehme an, daß das ganze Stück in Westfalen (also mehr *Wein-* als Bier-Land. Das *Faß* überließen wir demnach Schillings!!!) unter König Jerôme spielt, daß etwa mit der württembergschen Gemahlin Jerômes diese vornehmen Leute dorthin gezogen und nun ganz französische Zivilisation. Das Volk (die Gaukler) sind in Widerwillen gegen die französische Herrschaft, keiner will eigentlich etwas Rechtes treiben, nun werden sie Seiltänzer, Spielleute, und wenn nicht gerade in einer Verschwörung, so doch in einem Zustand der Widerhaarigkeit. Und wenn sie schon eine Ballade (den Scherz mit »Papa« gäbe ich auch ganz gern daran) singen sollen, würde ich ihr einen geheimen Spott-Charakter auf das, was sie weder ertragen noch abschütteln können, geben. Bei den Kräftigen wie Trutz ist in verschiedenartiger Charakteristik der Galgenhumor. Bei Friedrich, der feinere, die Unruhe und die Verstimmung.

Nun träten Graf und Gräfin auf. Sie wollen dem Schauspiel beiwohnen; die Gräfin sucht bei jeder solcher Gelegenheit Friedrich zu sehen, sie finden die Bühne miserabel, den Boden feucht, der Graf drückt sein Mißvergnügen an dem volkstümlichen Publikum aus, entsteht der Vorschlag, im Schloß sie spielen zu lassen, und die vornehmen Leute entfernen sich. Dazwischen kann sehr gut die Szene zwischen Jeannette und Verena sich abgespielt haben (ich gehe nicht der Reihenfolge nach, sondern fasse meine Gedanken in Bildern, weil ich meine Gedanken nicht bei der Hand habe). Aber

Jeannette und Verena müßten sich bereits wiedergesehen haben.
Jeannette nur fragen: Nun bist du noch nicht entschlossen. Willst
mir's nicht nachmachen, Hofzofe werden, oder ziehst du deine
Lumpen vor. Und nun müßte der Kampf in Verena, bis der kindliche
Ehrgeiz über die Wahrung ihres Geheimnisses siegt, *viel* vorbereite-
ter und feiner ausgearbeitet sein.

Das Wegreißen seitens der Mutter, das Fortziehen des Grafen und
der Gräfin, die letzte wehmütige Szene sind vorzüglich. Für mich ist
kein Raum für das Lied von Verena. Vielleicht kannst Du's finden.
Wann Verena wieder auftritt (ich würde nicht zweimal an das Fenster
kommen lassen), müßte feinfühlig ausgedacht werden.

Was nun die Schlußworte von Trutz an das Publikum anbetrifft, so
bin ich mir auch darüber nicht klar, ob das sehr wirkungsvoll sein
kann, daß er die Zunge ausstreckt. Ich meine, er könnte die Leute
im Volk auffordern, ihnen schnell zu helfen, ihre Baracke abzubre-
chen. Was unter Murren des bereits verstimmten Volkes geschehen
könnte.

Nun kommt das Verhältnis der Schloßherrschaft zu diesem Dorf. Ich
meine, daß irgend etwas Seigneuriales dabei sein müßte, was ein
wenig einen lebendigen Verband gäbe.

Ich will Dir sagen, wie ich Deine Dichtung auffasse: Du hast die
Hauptgestalten und Situationen vor Dir gehabt, und gleich ist Dir die
Musik gequollen. Nun bist Du ungeduldig geworden auf's Komponieren und hast Dir keine Mühe der Schärfe in der Ausarbeitung
gegeben. Daher gewisse unverkennbare Opernmomente, wie Du sie
sonst nie hattest! Ich schätze diesen musikalischen Drang wohl und
liebe das Lockere und Lose sehr, verstehe Deine Abneigung gegen
gespreizte Monumentalität. Aber Du darfst die Gefahr nicht
verkennen, die da vorliegt.

Noch ein Punkt: Ich glaube, es wäre besser, wenn der Graf Verena im
ersten Akt nicht beachtet und erst im zweiten durch ihr plötzliches
Erscheinen auf seine Gedanken kommt.

Das ist freilich schwer auszuführen. Vielleicht fällt Dir etwas ein.

Ob nicht die Zahlung des Steines anders als durch Geld, etwa durch
Freigebung des kleinen Anwesens, geschähe? Das weißt Du besser
als ich, wie solche Züge zur Wahrhaftigkeit der Dinge gehören.

Nun hat Dettelchen *noch* eine Bemerkung, sie bezieht sich auf die
Deklamation. Sie ist mir – Du wirst lachen – etwas romanisch. Das
Charakteristische des deutschen Akzentes ist mir durch die Rhyth-
mik im Dialog nicht prägnant genug gegeben. Es geht fast alles immer

in einem Zug auf das letzte Wort zu. In den großen Gesangsnummern ist es nicht, aber im Dialog, und daher eine gewisse Monotonie.
Um mich etwas klarer auszudrücken: In der wonnigen Erzählung von Reinhart hätte ich »was lag der Maid daran« »lag« als punktiertes Achtel gemacht. Auch »plätschert« manches der Zeitwörter noch: »Ich *hüt* ja deine Schuh«. Die Zeitwörter sind mir etwas romanisch behandelt. Das kommt daher, daß wir unsere Sprache schludrig sprechen und ihrem Wesen dadurch untreu werden. (Als Pedanterie: *daran* kommt von »da heran«, daher müßte man eigentlich d*a*ran sprechen. Dies zum Spaß!)
»Seid Ihr nun fertig«, wirst *Du* mir sagen! Sieh zu, was Du aus meinem Kram brauchen kannst. Wenn nichts, so ist es auch gut. Nur, *gib Dir Zeit!* Mache keine bestimmten Monate ab, es wäre ein Jammer, um alles, was wieder in diesem Entwurfe steckt.
Dank für die lieben Karten und Liebes-Segen!
Eva schreibt die Erlebnisse heute abend!

Mama

An Hans Richter
Bayreuth, 15. 7. 1902

Mein teurer Hans! Eva hat mir die Worte gesagt, durch welche Du Dein Mitleben mit uns und Deine völlige Zugehörigkeit abermals uns bekundet hast, und innig gerührt entsende ich Dir meinen Dankesgruß und drücke Dir fest die Hand. Eine große Hoffnung, was sage ich »Hoffnung«, eine Sicherheit trug ich zu Grabe und erfahre schmerzlich, was die Welt aus unseren Bestrebungen macht! Für Kunst – Virtuosität, für Stil – Manier, für Einfachheit – Affektiertheit. Für seelische Stärke und Zartheit – Stimmkraft und Gesangskünstelei! Für gesetzliche Korrektheit – effekthaschende Willkür! Ich war so traurig und gedrückt, daß nur Siegfrieds Stern mich tröstete und erhob. Dieser aber ganz! Habe Dank, daß Du mit uns fühlst, da *keiner* ahnen wird, was wir durchmachen. Der Glaube hat gefehlt, und so konnte das Böse seine Macht ausüben.
Auf gutes Wiedersehen, Gott segne Dich! Treu Deine

C.W.

Bitte zerreiße diese Zeilen, welche ausschließlich an Dich gerichtet sind.

An Wolfgang Golther
Bayreuth, 1. 9. 1902

Lieber Freund,
Wir verdanken Ihnen, meine Töchter und ich, die angeregtesten
Stunden, welche uns die Wohltat erwiesen, uns noch im Zusammenhang mit unseren Spielen zu erhalten. Und ich möchte Ihnen
herzlichst dafür danken. Wir haben Ihre Schrift, »Die sagengeschichtlichen Grundlagen des ›Ringes‹«, mit größtem Interesse
gelesen, und ich glaube nicht, daß man besser das Verhältnis des
Dichters zu den Quellen hinstellen kann. Alles, was Sie anführen,
auch aus den Briefen, ist belehrend und belebend zugleich, und ich
wünsche von Herzen, daß diese vorzügliche Schrift sich möglichst
verbreite. Daß Sie den Sagenstoff vollkommen beherrschen, trägt
natürlich ungemein dazu bei, Ihrer Darstellung die wohltuende
Freiheit zu verleihen.
Nur zwei Punkte sind mir aufgefallen, in denen ich nicht mit Ihnen
übereinstimme: das ist Loges Teilnahme für die Rheintöchter, welche
ich von ihm nur als hämischen Zug gegen Wotan empfunden habe
(die Kadenzform in der Musik »denn darum flehen sie dich« ist sehr
bezeichnend). Dann Ihre Annahme einer absoluten Wandlung bei
Brünnhilde durch das Mitleid mit Siegmund, denn schon in der Szene
mit Wotan sehen wir sie leidenschaftlich für Siegmund eintreten.
Dürfte ich fragen, welche Beziehung das Opfer des Auges seitens
Wotans mit Siegfrieds Ursprung hat? Ich sinne nach, ohne es zu
finden.
Sie sehen, lieber Freund, wie mich Ihre Schrift beschäftigt, und ich
freue mich jetzt auf Ihre Worte über den »Holländer«.
Lasen Sie in der Zeitschrift »Die Gesellschaft« den Aufsatz von
Appia über das Prinzregenten-Theater? Ich möchte ihn Ihnen
empfehlen, weil er ganz vorzüglich ist. Noch nie ist unser Bau so
eingehend und richtig gewürdigt worden.
Übermorgen ziehen wir nach Partenkirchen. Ich möchte aber das
Haus nicht verlassen, ohne Ihnen wärmstens gedankt zu haben.
Herzlichste Grüße von uns allen Ihnen und Ihrer lieben Frau.
                                                          CWagner

An Adolphe Appia
Riedberg, Partenkirchen, 4. 9. 1902

Sehr geehrter Herr,
Ich möchte Ihnen für Ihre Zeilen danken und ein Mißverständnis
ausräumen, dessen Ursprung mir nicht ganz verständlich ist.
Ich weiß nicht, ob mein Sekretär mich mißverstanden hat oder ob
mein Diktat fehlerhaft war. Ich weiß nur, daß ich niemals daran
gedacht habe, weitere Artikel von Ihnen zu verlangen. Mein Wunsch
war, daß Studien, wie Sie sie so scharfsinnig im Bereich der
Architektur gemacht haben, meines Erachtens auch auf dem Gebiet
des Stils unserer Aufführungen und dessen, was ihm widerspricht,
vorgenommen werden sollten, und zwar in allen Bereichen musika-
lisch-dramatischer Aktivität, wie Regie, Deklamation, Gestik, Bühnenbilder, Kostüme. Es wäre eine Befriedigung für mich, all dies
einer gründlichen Prüfung unterzogen zu sehen und zu vergleichen,
wo sich Widersprüche auftun.
Ich habe jedoch niemand ins Auge gefaßt und Sie, werter Herr,
vielleicht am allerwenigsten, da ich niemals die Gelegenheit gehabt
hatte, mit Ihnen diese Themen zu erörtern und ich nicht weiß, ob Sie
genügend Deutsch können, um den Stil der Deklamation beurteilen
zu können.
Ebenso habe ich nicht an das Publikum gedacht.
Wir haben in Bayreuth eine wachsende Gruppe von Personen, die
genau wissen, was wir wollen, und den Unterschied zwischen unseren
Aufführungen und denen anderer Theater kennen. Dieses immer
größer werdende Publikum genügt uns, und es braucht keine
Belehrung.
Auf eine echte Kunstkritik lege ich an sich durchaus Wert, und es
hätte mich schon interessiert, mir durch die kritische Arbeit eines
anderen über das, was wir machen, ein Bild zu verschaffen.
Hinsichtlich der »luxuriösen Aufführungen« teile ich, werter Herr,
nicht Ihre Meinung. Sie sind, wie ich glaube, das völlige Gegenteil der
poetischen Absichten unserer Kunst, die Einfachheit verlangt.
Darüber gäbe es viel zu sagen, denn um die Schlichtheit der Wirkung,
wie ich sie verstehe, zu erreichen, bedarf es sehr großer Mittel.
Was die Aufführungen im Ausland betrifft, sind keine Vergleiche
möglich; es ist ein Herumprobieren. Der Geist, aus dem diese Werke
entstanden sind, ist so außerhalb aller bisherigen Gewohnheiten,
aller Traditionen (eine werktreue Übersetzung scheint mir unmög-

lich), daß es einfach ungerecht wäre, an ihnen den Maßstab strenger
Kritik anzulegen. Viele unserer französischen Freunde spüren es und
lernen Deutsch.
Ich glaube, daß Ihr Artikel in der »Gesellschaft« in Frankreich ein
sehr gutes Publikum finden würde, und ich hätte mich darüber
gefreut, ihn in einer Pariser Zeitschrift erscheinen zu sehen.
Ich hoffe, werter Herr, daß ich Ihnen Klarheit über das verschafft
habe, was ich unserem Freunde Chamberlain sagen wollte und was
ich wahrscheinlich etwas unklar ausgedrückt habe.
Empfangen Sie, sehr geehrter Herr, die nochmalige Versicherung des
hervorragenden Eindrucks, den Ihre Arbeit auf mich gemacht hat,
und den Ausdruck meiner vorzüglichen Hochachtung.

C. Wagner

An Adolf von Gross
Riedberg, Partenkirchen, 17. 9. 1902

Mein teurer Adolf,
Abermals bitte ich Dich um Deinen Rat, das heißt um Deine
Entscheidung, da ich weiß, daß Du ebenso weitherzig als vorsichtig
bist und noch besser als ich weißt, was wir tun können, ohne unsere
Mittel zu überschreiten.
Anbei Herr von Chelius' Brief. Ich lasse willig alles fahren, so
wertvoll es mir wäre, und fordere nur die Papiere, welche der
Skandalsucht ein Vergnügen bereiten könnten. Wenn Du meinst, daß
wir die verlangten 1100 M in diesem Jahre nicht gut leisten können,
würde ich *verzichten* auf:
I. Briefe des Königs
II. Briefe an das Ehepaar Schnorr aus der »Tristan«-Zeit
III. die 40 Briefe an Ludwig Schnorr.
Und würde *bitten um*:
IV. Briefe an Frau von Schnorr
V. von Frau von Schnorr an Frau von Bülow
VI. Phantasien von Fräulein von Rheutern (Hauptklatschgegen-
stand)
VII. Briefwechsel zwischen Herrn und Frau von Schnorr.

––––––––––

Da ich die Dinge überlasse, welche ohne Vergleich den größten Wert
haben, könnte ich vielleicht die anderen 4 Nummern zu nicht zu

hohem Preise erlangen, ich meine die 500 M, die wir bereits auszahlten.

Hättest Du die große Güte, ganz nach Deinem Ermessen an Chelius zu schreiben.

Habe im voraus Dank, wie Du auch entscheidest, und sei mit unserer teuren Marie innigst gegrüßt

von Deiner CW.

An Wolfgang Golther
Riedberg, Partenkirchen, 27. 9. 1902

Lieber Freund.

Herzlichen Dank für Ihre Zeilen vom 11. September, die mich sehr angeregt haben. Ich danke Ihnen besonders für die Mitteilung Ihres Eindruckes von dem Standbild meines Vaters. Gewiß haben Sie recht, daß Bronze für unser Klima ein geeigneterer Stoff ist, und was die anderen Nachteile betrifft, so hoffe ich, daß man abhelfen wird. Das Opfer von Wotans Auge wird wohl zu jenen mythischen Zügen gehören, die unerklärlich bleiben, und meines Erachtens ist es gut, daß es solches in der Dichtung gibt. Wenn es gewiß wertvoll wäre, durch die Forschung zu erfahren, wie Fricka und der Erkenntnisquell zusammenhängen. Bezüglich Loges kann ich Ihnen aber leider nicht recht geben. Das Wort »hämisch«, was ich gebraucht habe, ist gewiß nicht richtig; ich hätte sagen sollen »listig« (Wotan sagt ihm: »Törig bist du, wenn nicht gar tückisch! Mich selbst siehst du in Not: wie hülf' ich andern zum Heil?«, und das unmittelbar, nachdem Loge den Wunsch der Rheintöchter erfüllt hat). Schon die Art und Weise, wie Loge das vorbringt, zeigt, daß es ihm gar nicht darum zu tun ist, den Rheintöchtern das Gold wiederzugewinnen, sondern, nachdem er gesagt, daß er nirgends einen Ersatz für Freia gefunden, erzählt er von dem Ring, und von da ab beginnt das Begehren nach dem Ring. Er merkt dieses Begehren und verstrickt bereits Wotan in Schuld, da er sehr gut weiß, daß mit dem Ring Wotan Freia befreien werde und nicht etwa die Rheintöchter befriedigen. Ich habe dem Studium Vogls öfters beigewohnt und niemals gehört, daß ein besonderer Nachdruck auf diese bittenden Stellen gelegt wurde. Die melodische Linie ergibt diesen Vortrag von selbst. Er sagt es »rührend«, aber nicht gerührt. Sehen Sie nur, lieber Freund, wie die Stellen deklamiert sind: »Dir's zu melden versprach ich den Mädchen – nun löste Loge

sein Wort« und »Schlimm dann steht's um mein Versprechen, das ich
den Klagenden gab« – das hat gar kein Gefühl, drückt völlige
Gleichgültigkeit aus, und wie wären die letzten Worte Loges möglich,
über welche die Götter in Gelächter ausbrechen, wenn Loge
wahrhaftes Mitgefühl mit den Rheintöchtern hätte. – – –
Konnten Sie sich die Nummer der »Gesellschaft« (15/16) mit dem
Aufsatz von Appia verschaffen? Er ist wirklich vorzüglich, und ich
wünschte, wir hätten Kritik dieses Stiles über jeden Teil unserer
darstellenden Kunst; und es geschähe die Vergleichung auf jedem
Gebiet. Aber es fehlt uns in Deutschland an Schärfe des Urteils, an
Prägnanz des Ausdrucks und vor allem an der Empörungsfähigkeit.
Ich frage mich immer, warum die Franzosen, die doch in keiner Weise
es mit uns aufnehmen können in dieser Hinsicht, uns voranstehen.
Der unselige Kultus Nietzsches (ich meine seine letzten Schriften)
wäre, glaube ich, in Frankreich unmöglich. Wie seinerzeit es
unmöglich war, eine Kritik über Rossini dort in eine Musikzeitung zu
bringen, weil das einfach als unschicklich betrachtet wurde, so würde
jetzt ein Angriff auf Victor Hugo selbst in kleinen Blättern nicht
aufgenommen. So groß ist dort der Respekt vor einer Persönlichkeit,
die sich auszeichnet und dem Lande Ehre bringt. Bei dem Verfall
unserer Nachbarn hat dieser Zug doch etwas Imponierendes.
Ich schließe diese Zeilen mit meinem herzlichsten Dank für die
Zusendung Ihres Aufsatzes über Erwin Rohde, der mich sehr gefreut
hat. Sie haben die Größe dieser Persönlichkeit und ihren Zusammenhang mit Bayreuth ganz gefaßt. Und ich hoffe, daß Ihre beredten
Zeilen dazu beitragen werden, das Buch von Crusius, vor allem über
die Schriften von Rohde, zu verbreiten.
In einem Punkte bin ich nicht ganz mit Ihnen einverstanden, das ist in
Ihrer Begeisterung für Chamberlains Worte über Nietzsche. Gewiß
war es gut, bestimmt zu erklären, daß die traurigen Schriften
Nietzsches aus dem Irrsinn geschrieben sind. Aber der Ausdruck
»wie schön« und »wie wohltuend« für diese bejammernswertesten
Niederträchtigkeiten, das ist doch ein Paradoxon, dem man nicht
beistimmen kann. Wenn Nietzsche ruhig seiner Krankheit verfallen
wäre, sanft und still, wie man Beispiele kennt, und man nur von ihm
seine ersten wundervollen Arbeiten hätte, so wäre doch das weit
schöner. Nichts kann trauriger sein, als daß bei der Zerrüttung des
Geistes ein schlechter und gemeiner Charakter sich enthüllt. Die
Natur hat doch da nicht mütterlich, sondern auf das grausamste
verfahren. Ich finde, daß solche Geistes-Verwegenheiten dem

Sophismus sehr nahe verwandt sind, und diese Auslassung von
Chamberlain, nur auf eine einfache, ehrliche, in der höflichsten Form
gebrachte Frage Thodes, hat mich förmlich beängstigt, weil ich große
Teilnahme für Chamberlain empfinde.
Leben Sie wohl, lieber Freund, nehmen Sie meinen Widerspruch mit
gewohnter Freundlichkeit auf, und seien Sie mit Ihrer lieben Frau in
herzlichster Hochachtung gegrüßt.

CWagner

Ich vergaß noch einige Stellen in meiner Beweisführung anzubringen,
sie folgen hier nach. Wotan sagt im 2. Akt »Walküre«: »Listig
verlockte mich Loge«, wodurch er doch zeigt, daß er nicht an Loges
Ernst in betreff der Rheintöchter glaubt.
Ferner als Fricka Loge nach dem Golde frägt, erwidert er ihr, daß,
wenn sie diesen Ring besäße, sie der Treue ihres Gemahls sicher
wäre, was er ihr gewiß nicht sagen würde, wenn ihm die Rückgabe des
Goldes am Herzen läge.
Er hat den Rheintöchtern versprochen, zu tun, was er könnte, und
gebraucht dieses Moment mit dem Gleichmut der Intelligenz, um die
Motive Wotan vorzulegen und den sich entscheiden zu lassen,
wodurch er eine bewußte Schuld auf ihn wälzt. Nicht einmal macht er
ihn etwa darauf aufmerksam (selbst nach dem Fluche Alberichs
nicht), daß er das Gold nur rauben dürfte, wenn er es den
Eignerinnen zurückgäbe.
Ich kann ihn nur mit der Intelligenz vergleichen, die losgelöst von
jedem Gefühle und welcher sein Element, die flackernde Flamme,
ganz entspricht.

An Gustav Manz
Riedberg, Partenkirchen, 29. 9. 1902

Lieber und sehr geehrter Herr Doktor,
Ich fühle mich verlegen, indem ich Ihnen auf Ihre freundlichen Zeilen
erwidern muß; ich weiß gewiß, daß Ihre Absicht die beste ist, und ich
kann nicht leugnen, daß der Abdruck intimster Briefe mich empfindlich getroffen hat.
Da das Autor-Recht mir gehört, weshalb befragen Sie mich nicht?
Mir ist die Aufgabe zugefallen, soweit es in meinen Kräften liegt, alles
zu verhüten und zu verhindern, was dem Geiste, welcher diese Briefe
eingegeben, entgegen ist. Nun kann nichts dem schroffer entgegen

sein als die Veröffentlichung der zartesten Geheimnisse, der Dinge,
die ein heiliges Leben haben, dessen sie durch die Heranziehung an
das grelle Licht der Öffentlichkeit beraubt werden.
Ich weiß auch gar nicht, wie die Familie Wesendonck durch solche
Publikation berührt wird. Ich schrieb gleich dem Sohne von Frau
Wesendonck und frug ihn um seine Meinung und was er von mir in
dieser Angelegenheit wünsche.
Sie werden mir antworten, lieber Herr Doktor, daß über kurz oder
lang all diese Blätter frei werden und ihre Verbreitung unaufhaltsam
wird. Das ist wahr. Aber dann bin ich eben machtlos.
Bedenken Sie auch die Folgen! Ich muß schon protestieren, wenn ich
nicht will, daß jeder mein Recht übergehe und dadurch unaufhörliche
Verletzungen verschiedenartigster Gefühle entstehen.
Der armen Minna im Grabe gönne ich auch Ruhe! – – –
So bitte ich Sie herzlich, lieber Herr Doktor, mir die übrigen Briefe
zur Ansicht zu übersenden. Ich werde sie durchsehen, das entfernen,
was für mein Gefühl der Öffentlichkeit sich noch zu verschließen hat,
alles Allgemeine lassen (wie ich es mit dem Briefwechsel mit meinem
Vater hielt, womit ich ein Beispiel zu geben dachte) und sie Ihnen zur
Publikation zurückschicken. Es tut mir unaussprechlich leid, Ihnen,
lieber Herr Doktor, dessen edle Gesinnung ich so kenne, dies
schreiben zu müssen. Entschuldigen Sie mich mit meiner heiligsten
Verpflichtung, und empfangen Sie den Ausdruck meiner herzlichen
Hochachtung.

C. Wagner.

P.S. Wenn Sie die Güte gehabt hätten, mich aufmerksam auf die
Briefe zu machen, so hätte ich sie augenblicklich gekauft.

An Bodo von dem Knesebeck
Bayreuth, 28. 11. 1902

Innig geschätzter Freiherr,
Wie freundlich von Ihnen, meiner zu gedenken, mir ein so eingehendes Lebenszeichen zu geben und Ihren Eindruck von unserer
Freundin mitzuteilen! Ihre Ansicht ist ganz die meinige. Als ich im
vorigen Frühjahr von Paris heimkehrte, sagte ich meinen Kindern,
jetzt bin ich weniger um den Grafen als um die Gräfin besorgt. Der
Schock, den ihr unverantwortlicherweise Metzger verursachte, hat
sie aus dem Gleichgewicht gebracht, sie ist der Unruhe preisgegeben,

und nun, wie Sie sagen, die vielen Ärzte! Napoleon I. äußerte: »Qui a gagné la bataille? Celui qui croit l'avoir gagnée.« So meine ich, »wer ist gesund? der, der es zu sein glaubt«.

Und dazu das ihr antipathische Paris! So muß man auch hier mit Paulus wider Hoffnung hoffen!

Wir hatten vor kurzem in Heidelberg eine sehr schöne Feier. Die Bilder von Thoma, welche in der Kirche enthüllt wurden, sind außerordentlich eindrucksvoll durch die Innigkeit der Empfindung und durch die edle stilvolle Komposition; sie sehen aus, als ob sie immer an dieser Stelle gewesen wären. Der Gottesdienst, welcher diese Feier begleitete, war feierlich-andächtig. Das Osteroratorium von Bach wurde aufgeführt, und die Choräle, durch Daniela ausgewählt, vollendeten die Erbauung. Selten ist mir etwas so einheitlich erschienen, und selbst die Predigt, obgleich sie etwas Hölzernes an sich hatte, störte nicht, denn sie beruhte auf die wundervollen Worte Pauli: »Nun aber spiegelt sich in uns allen des Herren Klarheit, mit aufgedecktem Angesicht; und wir werden verkläret in dasselbe Bild, von einer Klarheit zu der anderen, als vom Herrn, der der Geist ist«, und konnte dadurch schön auf die Bilder überleiten. Daniela hat über die Opposition der Reformierten vollständig gesiegt und in ihre Kirche die Kunst im Dienste des Glaubens eingeführt. Der sinkende Petrus und die den Heiland suchende Magdalena werden immerdar gläubige Seelen still bewegen.

Tags darauf besuchten wir die Protestationskirche in Speyer. Durch die Vorhalle, welche Luthers Standbild belebt, kamen wir in den leeren, breiten und schönen Raum des unvollendeten Gebäudes. Die Orgel ertönte mächtig, und bei »Eine feste Burg ist unser Gott« stiegen ernste Gedanken in uns auf.

Gewiß haben Sie recht, lieber Herr von Knesebeck, wenn Sie in der katholischen Kirche die einzige fest bestehende Autorität erkennen. Sie hat den Bruch mit der Vernunft konsequent vollführt, kennt nichts anderes als Gehorsam bei ihren Angehörigen und hält es mit der Schwäche der Intelligenz und des Charakters (sage ich $2 \times 2 = 5$, kann ich ebensogut sagen $2 \times 2 = 7$, erwiderte mir Otte Loë, als wir von dem Unfehlbarkeitsdogma [sprachen]), sie ist daher die größte Macht, die wir kennen – gibt es heute noch eine Kraft, welche dieser äußerlichen Macht als das Innerlich-Lebendige gegenüberstehen kann? Blicke ich auf Theologen wie Harnack und andere, blicke ich auf die Schwäche und Indifferenz allüberall, möchte ich daran zweifeln und daher verzweifeln. Und doch, *ein* Ton von einem Choral sagt mir unwiderruflich, daß der Geist ewig lebt und schafft. Wir lesen jetzt die Einleitung zu der IV. Auflage der »Grundlagen« von Chamberlain. Ich möchte sie Ihnen sehr empfehlen; sie behandelt unübertrefflich für meinen Sinn die Rassen, das Bibel und Babel, das Thema: Dilettantismus und Gelehrten; den Schluß »Rom und katholisch« kenne ich noch nicht, bin aber sehr gespannt darauf. Was Sie mir von den englischen Arbeiter-Delegierten erzählen, hat mich äußerst interessiert. Immer wieder, trotz der schrecklichen Eindrücke des Burenkrieges, blickt man auf diesen eigentümlichen germanischen, zur Weltherrschaft bestimmten Stamm. Was Sie an Ihren Gästen rühmen, die Einfachheit, Natürlichkeit, Breite, Freimut und mit diesem die großen Mittel, welche ihrer Bewegung eine ruhige Sicherheit geben, wirken immer wieder imponierend anziehend auf mich. Wie ferne sind wir von allen diesen Eigenschaften. Was Sie mir von dem mangelnden Vertrauen in die eine Persönlichkeit sagen, wurde mir durch jemand, der es wissen muß, dahin ergänzt, daß im Ausland keiner ihm traute. Das ist nicht sehr erfreulich, und ich bin begierig auf den Mann, der bei uns den Mut haben wird, das allgemeine Stimmrecht und die Freiheit der Presse zurückzunehmen. *Dem* müßte man Tempel erbauen! Die Rede des Kaisers in Essen hat allen wohlgetan, und wir freuen uns hier stets, wenn seine spontanen Regungen so dem allgemeinen Volksgefühl entsprechen. Denn die journalistischen Wühler, welche die Arbeiter aufhetzen, vertreten, bei Gott, unser *doch* sehr gutes Volk nicht! Gott erhalte unseren Kaiser in Fühlung mit der Volksseele! Von uns und unseren Dingen kann ich Ihrer Teilnahme nur berichten, daß wir im stillen immer gegen denselben Feind uns zu wehren haben. Mein Sohn ist soeben von Wien zurückgekommen, wo er und seine Leistungen mit dem größten Enthusiasmus aufgenommen wurden. Er hat das Glück, daß seine persönlichen Erfolge der Sache dienen, die er vertritt. Ich gehe mit mir um, ob ich Gräfin Bülow einige Zeilen über die geplante Denkmalfeier im nächsten Oktober in Berlin schreibe. Es kam mir zu Ohren, daß Mascagni und Massenet Italien und Frankreich mit ihren Kompositionen vertreten sollen, ich höre auch, daß ein Schminkfabrikant das Ganze anordnet, weil er die Mittel gibt. Jeder Stand ist mir ehrwürdig, und gewiß (wenn auch leider!) hat die Schminke viel bei dem Theaterwesen zu sagen. Dennoch bekam ich einen solchen Schrecken über diese Auffassung einer internationalen Feier, daß ich Freund Pückler nach Luxemburg ein Programm anderen Stiles und Farbe zum Vorlegen an Hochberg sandte. Ich bat, mich nicht zu nennen, aber Gräfin Bülow in Kenntnis zu setzen. Der Eindruck könnte nämlich ein desastreuser werden! Da wären wir denn in Berlin angelangt, wo die Kunst förmlich eine Lächerlichkeit ist! Ich empfinde Ihre Stimmung ganz nach; sagen Sie sich aber immer, hochgeschätzter Herr und Freund, wieviel Gutes Sie wirken; nirgends ist es leicht auszuhalten und mit frohem Mut dies zu tun! Ich sehe mich nur nach den Dingen um, die mir diese Kraft erhalten. Und wenn Sie mir erlauben, sende ich Ihnen bald etwas sehr Schlichtes, woraus mir aber Stärkung und Erhebung erwuchs.

Nochmals haben Sie Dank für Ihr liebes, mir so wertvolles Gedenken; da ich genau weiß, *wie* Sie in Anspruch genommen sind, bin ich gerührt, daß Sie gleich nach der Heimkehr mir diese Freude zudachten.

Bewahren Sie mir Ihre Gesinnung, und seien Sie meiner Anhänglichkeit versichert.

CWagner

Tochter und Sohn grüßen und empfehlen sich angelegentlich.

1903

An Hans Richter
Bayreuth, 16. 1. 1903

Mein teurer Richter, ich lege Dir anbei zwei Zeitungsnotizen bei, welche Dir zeigen werden, wie man sich zu dieser Feier anläßt! Darf ich Dich bitten, Deine Stimme öffentlich in einem Briefe an das Komitee zu erheben und es daran zu erinnern, *wen* es feiern will! Frage bitte, *welcher* Musiker heutzutag bei der Enthüllung dieser Gestalt sich wohl getrauen kann, Musik dazu zu machen? Und sage, daß einzig die größten Meister der Ton- und Dichtkunst berufen wären, eine solche Feier zu verherrlichen! Du bist dazu berechtigt, mein teurer Hans! Ich füge hinzu, kraft Deiner Vergangenheit, *verpflichtet.* Du schreibst ebenso gut, als Du richtig denkst. Dein Ansehen als Musiker (wir nennen Dich scherzhaft in Wahnfried Gott Schiwa unter den Musikern!) ist so groß, daß Dein Wort gehört werden wird. Diese Tat wird sich dem Kothner und dem Niederlegen des Taktstockes beim »Rheingold« beifügen! Deshalb erbitte ich sie von Dir. Habe Dank im voraus und sei auf das herzlichste von der Tribschener Brüderschaft gegrüßt!

C. Wagner.

An Engelbert Humperdinck
Bayreuth, 22. 1. 1903

Mein lieber Freund!
Ich lege anbei das Programm, welches ich entwarf, als ich von einer internationalen Feier vernahm.
Ich nehme an, daß die Mittel nicht vorhanden sein werden, um etwas in solchem Stil zu veranstalten.
Aber wenigstens könnte verhütet werden, daß etwas geradezu dem Geiste Entgegengesetztes veranstaltet werde, zum Beispiel ein historisches Konzert. In den »Gesammelten Schriften« steht von den historischen Konzerten, welche von Ästhetikern versucht wurden, die nicht selbst wirkliche Musiker waren und die teils mit redlicher

Absicht, teils aber nur, um auf die Neugierde des Publikums zu spekulieren, und welche nur auf das Publikum von dem Eindrucke sein konnten wie in den Text gedruckte Zahlenbeispiele eines wissenschaftlichen Werkes.

Und auf dem in den Zeitungen kundgegebenen Programm steht zuerst von einem historischen Konzert!

Ferner wird ein musikwissenschaftlicher Kongreß angekündigt.

»Ist nun die Auflösung der Wissenschaft die Anerkennung des unmittelbaren, sich selbst bedingenden, also des wirklichen Lebens schlechtweg, so gewinnt diese Anerkenntnis ihren aufrichtigsten unmittelbaren Ausdruck in der Kunst, oder vielmehr im Kunstwerk...«

»Die anatomische Wissenschaft begann ihr Werk und verfolgte den ganz entgegengesetzten Weg der Volksdichtung: wo diese den Zusammenhang sich darstellen wollte, trachtete jene nur nach genauestem Erkennen der Teile, und so mußte Schritt für Schritt jede Volksanschauung vernichtet, als abergläubisch überwunden, als kindisch verlacht werden. Die Naturanschauung des Volkes ist in Physik und Chemie, seine Religion in Theologie und Philosophie, sein Gemeindestaat in Politik und Diplomatie, seine Kunst in Wissenschaft und Ästhetik, sein Mythos aber in die geschichtliche Chronik aufgegangen.«

So heißt es ebenfalls in den »Gesammelten Schriften«.

Daß eine Hymne von einem, unserer Kunst gänzlich fremden, Händel-Dirigenten, auch von den Zeitungen angekündigte, erwähnt [wird, gehört] dazu.

Nun gelangt gerüchtweise zu mir noch die Kunde, daß man an eine Konzertaufführung von »Parsifal« gedacht hat und an eine Festaufführung von Fragmenten aus den verschiedenen Werken unserer Kunst (Perlenpotpourri).

Die Frage steht demnach so: Soll diese Feier eine absolute Unkenntnis unserer Kunst oder, wenn auch nur andeutungsweise, eine Kenntnis derselben bedeuten?

Klindworth schrieb mir, er freue sich, Ihren, Richters und Mottls Namen nicht bei dem Komitee zu sehen, denn er sieht ganz schwarz und verächtlich in dieser Angelegenheit. Ich glaube, daß eine aufklärende Einwirkung noch das Allerschlimmste, ja künstlerisch Schmähliche verhüten könnte.

Deshalb bitte ich Sie, lieber Freund, unter der Hand mit einzelnen Komiteemitgliedern zu sprechen und sie auf die Bedeutung unserer

Kunst und den Sinn, den eine solche Feier haben muß, aufmerksam zu machen.

Es freute mich zu hören, daß es Ihnen allen gutgeht. Bei uns steht es leidlich, und ich will es so zufrieden sein.

Im voraus Ihnen von Herzen dankend, entsende ich die herzlichsten Grüße von der Wahnfriedung zur Grunewaldung.

CWagner

Was Sie mir über den »Armen Heinrich« als Schauspiel und als Oper sagen, hat mich sehr interessiert. Es scheint doch, daß die Musik eine andere Affinität mit dem Wunder als die bloße Dichtkunst hat. – Auch der Eindruck, den Sie von dem Fest, losgelöst von jedem künstlerischen Gedanken, hatten, sprach sehr zu mir. Ich gratuliere aber doch zu dem Orden und freue mich für diesen, daß Sie ihn erhielten.

»Orden genieren nur, solange man sie nicht hat«, sagte mein Vater. – Herzlichst grüßt Sie und Ihre liebe Frau ganz Wahnfried.

An Hermann Graf Keyserling
Bayreuth, 11. 4. 1903

Lieber Graf Keyserling!

Ich bin Ihnen ungemein dafür verbunden, daß Sie meiner gedachten und mir Ihren Aufsatz über die Aufführung bei Gräfin Béarn sandten. Die Aufmerksamkeit an sich erfreut mich, und das Mitgeteilte regte mich in bedeutender Weise an; so danke ich Ihnen herzlich.

Gern hätte ich der von Ihnen lebendig enthusiastisch geschilderten Vorführung beigewohnt, und gewiß ist Beachtenswertes zutage dabei gefördert worden. Ich konnte mir durch Ihre Mitteilung die Beschwörung der Astarte gut vorstellen, und gewiß war gerade diese Szene geschickt gewählt, um die Bühnenideen von Herrn Appia zu verwirklichen. Die Szene fordert keine Umgebung, und alles muß da in der Beleuchtung liegen. »Carmen« habe ich vor langen Jahren gesehen und keinen Eindruck davon erhalten, so daß die Szene, die Sie erwähnen, mir entschwunden ist, aber nach Ihrer anschaulichen Wiedergabe muß auch da die Kunst des Herrn Appia die rechte Aufgabe gefunden und erfüllt haben. Gern hätte ich gesehen, wenn er sich unter anderem des »Freischütz« angenommen hätte. Die Wolfsschlucht mit den verschiedenen Erscheinungen und der wilden

Jagd hebt die Waldumgebung auf und versetzt alles in Lichtwirkungen. Dazu wären seine Effekte von Webers himmlischer Musik unterstützt worden, während die schwerfällige, gestaltlose Komposition Schumanns ihm wenig Unterstützung geleistet haben wird. In der Tat bietet gerade die »Manfred«-Ouvertüre ein auffälliges Beispiel für die sogenannten Schusterflecken oder Rosalien, wie sie Schumanns Kompositionen bedauerlich zu eigen sind, und es wunderte mich ebensosehr, daß Sie durch dieses Vorspiel erschüttert wurden, als daß ein byzantinischer Saal mit modernen Toiletten und Trachten darin Sie, lieber Graf, zu Manfreds Weg in die Unterwelt stimmte.

Ich erklärte es mir damit, daß Musik überhaupt uns die andere Welt eröffnet (wenn sie nicht geradezu gemein ist) und daß diese Generosität der Gastgeberin, gleichviel ob im byzantinischen, romanischen, gotischen oder Rokokorahmen, an und für sich günstig wirkte.

Nun komme ich zu der Hauptfrage, zu der Anwendung der Ideen von Herrn Appia auf unsere Kunst. Da vergaßen Sie eines, lieber Graf, daß der Schöpfer unserer Kunstwerke, der Schöpfer des Dramas aus dem Geiste der Musik alles für die Ausführung seiner Werke auf das genaueste angegeben hat. Selbst die Beleuchtung der einzelnen Gestalten oder Gruppen in den verschiedenen Momenten ist bestimmt. Sie brauchen nur die Angaben in den Partituren nachzusehen. Und, gottlob, der Meister hat seine sämtlichen Dramen selbst inszeniert und mitgeteilt, was bei diesen Aufführungen geglückt und was nicht.

Hier ist nichts zu erfinden, sondern nur im einzelnen zu vervollkommnen, und gewiß wird der Schöpfer des Dramas selbst nichts gefordert und aufgestellt haben, was diesem Drama nachteilig wäre.

Auch würden diese Werke nicht so gewaltig gewirkt haben, wenn die Umgebung das Drama gestört hätte. Das Zelt der Isolde, der Meerprospekt für Tristan im III. Akt, der Wald für Siegfried, kurz und gut, alles hat zu bleiben, wie es von dem dramatischen Schöpfer angegeben wurde, und es läßt sich da nur im einzelnen, wie gesagt, vervollkommnen.

Auch die Lichteffekte sind auf das bestimmteste angegeben.

Hier ist nichts zu erfinden, sondern lediglich treu und mit immer besserer Technik wiederzugeben.

Ich darf also dieser Aufhebung der Umgebung zugunsten der Lichteffekte ebensowenig zustimmen, als ich der Um-Instrumentierung der Beethovenschen Symphonien seitens geistreicher Dirigenten zustimmen kann.

Vor allererst Respekt vor dem Geschaffenen, Gegebenen, was allerdings weit mühsamer und bescheidener ist, als durch die Anregungen, welche uns seitens gewaltiger Kunstwerke gegeben werden, sich verleiten lassen, »Neues« darin zu schaffen.

Der Gehalt der Beethovenschen Inspirationen ist so ungeheuer, daß er förmlich erdrückt. Nun sucht man dieses Unbehagen, welches im Mißverhältnis von unserer Begabung zu der des Genies liegt, wenn man Geist hat, dadurch auszugleichen, daß man technisch mitzuschaffen sucht. Ein großer Irrtum! »Zum Himmel klettern und nach Gott tappen«, nennt Luther das in seiner kräftigen Sprache. – Hier ist nur Andacht und Ehrfurcht geboten und die Verleugnung jeder Eigenart, um den Genius ganz sich anzueignen und nur das auszuführen, was er angab.

Wenn Sie, lieber Graf, sagen, hier wird die Partitur zum Licht, als Gegenbild, hier wird der Raum zur Zeit, so ist das geistvoll. Sie vergessen aber, daß die Partitur bleibt, während die Zeit aufgehoben wird. Auch darf die Bühne kein Gemälde sein, ebensowenig als der Darsteller eine Statue zu sein hat; sie ist ein Bild, ein gesteigertes Abbild des Lebens, und was Sie aussprechen, lieber Graf, würde Sie in die bildende Kunst wieder versetzen und in geradem Gegensatz zu dem stehen, was im »Kunstwerk der Zukunft« ausgesprochen ist.

Ich wüßte eine schöne Aufgabe für Herrn Appia: Shakespeare zu inszenieren. Wir wissen von dem, was dieser größte Dichter in bezug auf die Darstellung seiner Werke wollte, nichts; der beständige Szenenwechsel bietet ein zu lösendes Problem, und Lear in der Heide, Macbeth bei den Hexen und wie vieles noch böten Gelegenheit zur freiesten Entwicklung des größten Bühnengenies! Auch »Faust« II. Teil würde ich empfehlen; da wäre selbst eine Bühne dafür zu bauen, und was könnte die klassische Walpurgisnacht nicht für einen Stoff für Entdeckungen, Erfindungen, Einfälle darbieten! Glückte es Herrn Appia da, den Dichter zum höchsten Ausdruck seiner Absicht zu verhelfen und ihn nicht etwa darin zu stören, so würde er Großes, ich möchte sagen, Unvergängliches erreicht haben.

Ebenso wie der Schöpfer unseres Kunstwerkes seine Bühne sich baute, hat er auch seine Inszenierung endgültig festgesetzt.

Shakespeare und Goethe aber taten dies nicht.

Wollen Sie, lieber Graf, aus meiner Offenheit das Interesse lesen,

welches sowohl Ihre Darstellung als der Gegenstand selbst mir
einflößt.

Empfangen Sie zum Schluß die Wiederholung meines schönsten
Dankes und die freundlichste Versicherung meiner ausgezeichneten
Hochachtung.

C.W.

An Olga Monod
Florenz, 28. 4. 1903

Meine geliebte Olga,
auf seine edle Weise hat uns Dein teurer Mann die Kunde von dem
Verscheiden unsrer einzigen unvergleichlichen Freundin gegeben.
Gewiß ist es eine Erlösung, und das ganze Leben unserer Malwida
kann man als eine Vorbereitung auf den erhabenen Akt der
Heimkehr bezeichnen. Dennoch scheidet mit einem solchen Wesen
so unaussprechlich viel, daß, indem man ihr die Ruhe von ganzem
Herzen gönnt, man doch auf das schmerzlichste getroffen ist.
Ich empfinde jetzt ganz mit Dir, beinahe möchte ich sagen, wie Du.
Ein Herz, welches nur Liebe war, in unserer liebelosen Welt wissen zu
müssen, das ist weit schwerer, als es sich in Worten fassen läßt. Die
Außerordentlichkeit des Geistes Malwidas, ihre umfassende Kultur,
alle Eigenschaften des Gemütes, die ihr zu eigen, alles floß zurück zu
diesem warmem Zentrum der Liebe, das ihrem Wesen den Stempel
gab. Du verlierst Deine Mutter in ihr, meine Kinder eine mütterliche
Freundin, ich eine Beziehung, die ich nicht zu bestimmen weiß, aber
in welche alles hineinspielte, was mir heilig ist und wovon ich lebe.
Das ist ein Verlust, der ein Bestandteil des Daseins wird – –
Gern wüßte ich, wann Malwida und wo zur letzten Stätte gebracht
wird, um sie mit meinen Gedanken in das Reich zu geleiten, dem sie
durch ihr erhabenes Wesen eigentlich schon lange angehörte. – Laß
uns, meine teure Olga, in ihrem Geiste und Gedenken vereinigt
bleiben – zähle Du auf mich und auf die Meinigen, in deren Namen
ich Dir auch schreibe, für jetzt und immer. Drücke Deinem teuren
Manne die Hand und danke ihm für seine schönen Worte an
Blandine, grüße Germaine und Yvonne in tiefer Mittrauer von uns
allen.
Treu Deine

CWagner

An Carl Friedrich Glasenapp
Bayreuth, 13. 6. 1903

Mein teurer Freund,
Ihr Genie der Liebe hat die Scheu überwunden, mit welcher ich in die
Vergangenheit zu blicken meide, und durch Ihre Divinationsgabe
geleitet, darf ich sagen, daß ich mit Freuden Ihren Band gelesen habe,
ja, ich habe es sogar überwunden, mich selbst vorgeführt zu sehen,
was ich nicht für möglich gehalten hätte, denn dies ist wohl der
allerempfindlichste Punkt bei dem Menschen, der ein inneres Leben
hat. Noch immer frage ich mich, war es oder wäre es nicht möglich,
mich auszulassen? Meine Kinder entscheiden so unbedingt für Nein,
daß ich dies nicht berührt hätte, wäre es nicht, um Ihnen zu sagen, daß
Ihr Sieg ein vollständiger ist! – Und nun kein Wort mehr hierüber,
wenngleich ich Sie strenger gewünscht hätte.
Eva sagt mir, daß Sie Bemerkungen von uns wünschen. Diese können
nur Unwesentliches betreffen. Doch auf Ihr Verlangen füge ich sie
hier bei:
Ich beginne mit Verenli: I. Sie unterschied sich von Grund aus von
Mrazeks, welche treu und anhänglich, aber verworren und schlampig
waren. Diese haben ihre Briefe veräußert; Verenli ist ein großer
Charakter, dem die Verschwiegenheit zu eigen ist.
Sie war Stubenmädchen im Schweizerhof und wußte so für die
kleinen Bedürfnisse zu sorgen, daß ihretwegen die Dependence
verlassen und für das Haupthaus umgetauscht wurde. (»Ich weiß
nicht, der Kellner bringt mir immer laues und Sie mir immer frisches
Wasser«, sie lief dafür trotz ihrer großen Beschäftigung hinaus an den
Brunnen.) Im Augenblick des Abschiedes wurde ihr gesagt: »Wenn
es mir gutgeht, werden Sie von mir hören.« Und gleich nach der
Berufung durch den König wurde dieses Versprechen gehalten und
sie nach München beschieden. – Alles hat sie mitempfunden und
verstanden, ohne daß ein Wort über ihre Lippen gekommen wäre.
Ihre Intelligenz ist so bedeutend, daß sie viermal in den »Tristan«
geschickt wurde. Ein Schicklichkeitsgefühl sondergleichen beherrscht alle ihre Äußerungen (unbehindert des echten Volkshumo-
res!). In Tribschen entfaltete sich ihre ganze Tätigkeit. Kämpfe über
Kämpfe hat sie mit den Arbeitern bestanden, um die Ausbeutung zu
verhindern. Sie hat auch aus ihren Ersparnissen Ruß geschenkt, was
niemand außer ich je erfuhr. Ihren Mann, der brave, tüchtige Jakob,
ein unabhängiger Bauer, heiratete sie nur unter der Bedingung, daß

er nach Tribschen zog und Diener wurde. Aus diesem einzigen Wesen erwiderte die Volksseele dem Meister! (Verenli führte das Haus in München und in Tribschen. Ich habe es ihr nie abgenommen.) Sie ist aus dem Kanton Zürich, in Ermbach, gebürtig und ein Zeugnis für die vorzügliche Erziehung in den schweizerischen protestantischen Volksschulen.

II. Hörten Sie nichts von dem Maximilian-Orden, der im Jahre 65 (?) abgelehnt wurde? Der Sekretär, welcher die Absicht des Königs mitteilte, unterließ zu melden, daß die Ritter dieses Ordens ein Kapitel bilden, welches die neuen Mitglieder erwählt, wozu der König nur seine Sanktion verleiht. Die Ablehnung geschah mit dem Bemerken an den Sekretär, daß der König so viele Gnaden bereits erteilt, daß diese neue als zuviel erschien und möglicherweise aufreizen könnte. Die Ablehnung machte mit einem Schlag alles, was die Intelligenz Münchens vertrat, zu Feinden, und die Unterlassung des Sekretärs sah nach einer Absicht aus. Vielleicht könnten Sie sich über diesen Vorgang noch näher unterrichten, die Tatsache weiß ich bestimmt. Gerne würde ich Ihnen noch einmal die Briefe Pfistermeisters und des Königs zur Verfügung stellen. Ich weiß, daß, wie die Dinge unentwirrbar unklar erschienen, ein Brief Pfistermeisters an den König mitgeteilt wurde, worüber Pfistermeister äußerst verletzt schrieb. Von da ab war seine Feindseligkeit unverhüllt.

III. Ich habe Schurés Brief nach der Aufführung des »Tristan« gesucht und leider nicht gefunden; er drückte ganz anders, naiver, natürlicher und wahrer sein Erlebnis aus als die späteren wogenden, stürmischen Schiffbruch-Bilder! die eigentümlich zu dem Vorspiel von »Tristan und Isolde« passen!! Überhaupt die Erinnerungen! Wenn fast jeder von dem Abspringen im Gespräch mitteilt, so kann ich es mir nur damit erklären, daß die Aufmerksamkeit ausließ, und wenn sie sich wieder vorfand, war die immer stetig fortschreitende Mitteilung an einem anderen Punkt angelangt. *Wie* zerstreut die Guten zuhörten, merkt man daran, daß sie immer schildern und nie etwas zitieren. Mme Serow sieht unseren guten Jakob mit weißen Haaren! Er war höchstens 40 damals und hatte braune Locken; sprach so gut wie nie, so daß diese Rheinwein-Geschichte mir auch sehr fraglich ist.

IV. Und Mendès!!! Können Sie diese Zutaten (die anderen authentischen sind sehr dankenswert) nicht auslassen, denn sie stören Ihre schöne, würdige Erzählung und trüben das klare Bild, welches man durch Sie erhält. –

Wollen Sie sich nicht von Richter genau die Probe erzählen lassen, wo
Strauss plötzlich ablehnte, im Orchester mitzuwirken, wo er, Richter,
resolut von der Bühne herab erklärte, er würde in der Probe das Horn
blasen. Als ihm Strauss' Horn gereicht wurde, sagte er verächtlich:
»Posthorn blase ich nicht.« Man brachte ihm seines, welches er
zärtlich erfaßte und natürlich zur höchsten Zufriedenheit Bülows
blies.
V. Die Reihenfolge der »J«s ist: Junker, Jude, Jesuit. –

– – –

Sie sehen, Freund, blutwenig ist zu erinnern, aber noch weniger kann
man loben; denn Ihr Werk ist über alles Lob erhaben!
Nun ein ernstes Wort: Erweisen Sie mir die Liebe, die eine der
Schulen, mit denen Sie sich plagen, bis zur Vollendung Ihres Werkes
aufzugeben und während dieser Zeit von uns monatsweise den
Gehalt, den Sie von dieser Schule beziehen (2000 Rubel), zu
empfangen.
Ich bitte Sie, mir dies zu erweisen, daß Sie nicht nachts arbeiten und
mit einigem Behagen Ihr Werk vollenden. –
Und nun Gott mit Ihnen und aus tiefer Ergriffenheit meinen Gruß!
                                                              C. Wagner.
13. Juni 1903, um die Stunde des erhabenen, rettenden Todes
unseres Königs.

An Adolf von Gross
Berlin, 12.–13. 9. 1903

Mein einziger Adolf,
seit ich Deinen dritten teuren Brief vom 11. heute gegen 10 Uhr
erhielt, habe ich bis jetzt um 7 durch alle Beschäftigungen durch über
dessen Inhalt nachgedacht.
Es versteht sich von selbst, wie ich es Dir telegraphierte, daß, wenn
meine Reise nach Amerika von entscheidender Wichtigkeit für die
Sache sein kann, ich mich dorthin begebe. Und in meiner Lage täte
dies ein jeder. Meine Beidler würde ich schon zu überreden wissen.
Allein bei unserer Auffassung des Rechtsspruches scheint es undenk-
lich, daß eine Gegenwart (noch so charming) einen Einfluß ausüben
könnte. Vielmehr würde dies bei uns den Eindruck einer versuchten
Pression machen. So unlieb mir alles ist, was mit der Öffentlichkeit
zusammenhängt, so würde ich mich für diese Sache nicht scheuen,

selbst vor Gericht zu treten. Aber ich fürchte, es würde lediglich eine Schaustellung sein. Nun kommt noch eins hinzu, daß ich in allen unseren Vertragssachen gar nicht beschlagen und eine sehr armselige Geschäftsfrau bin. Ich könnte auf das meiste nicht erwidern. Endlich aber unsere nächstjährigen Festspiele, welche mich doch auch in Anspruch nehmen.

Nur Du, mein einziger Adolf, Du wärst natürlich dort von ganz anderer Wichtigkeit als wie ich, denn Du kannst auf alles Bescheid geben. – Aber auch hier tritt die Frage erstens Deiner eigenen Beschäftigung, zweitens Deiner Tätigkeit in der Festspielangelegenheit entgegen. (Abgesehen davon, daß ich Dir diese Reise und die Trennung von Marie nicht nur nie zumuten könnte, sondern es nie übers Herz brächte, es von Dir anzunehmen.) Schuler ist wohl zuwenig unterrichtet und zuwenig schlagfertig, um hier uns zu nützen; sonst würde ich ihn als Sendboten vorschlagen. Ich weiß mir buchstäblich keinen Rat und bin nur etwas überrascht, daß Mr. Horse so spät mit solch einem Vorschlag kommt, den wir mit ihm hätten mündlich erörtern müssen. Der Sohn Schirmer schrieb mir, daß er Mr. Horse mit dem berühmtesten Rechtsanwalt Brown in Boston in Verbindung gebracht. Nun kommt noch eins: Muck hat mir erzählt, daß ein ähnlicher Prozeß in Autorrechtsdingen in New York angestellt wurde, sich endlos in die Länge zog, währenddem ruhig das fragliche Stück auf dem Theater durchgespielt wurde.

Ich meine, wir müßten die Sicherheit erhalten, daß unser Prozeß die Aufführung sistiert. Wenn Du an Horse schreibst, willst Du in diesem Sinne ihm schreiben, oder soll ich es tun?

Sonntag früh. Ich wurde gestern durch das Abendbrot unterbrochen und fahre nun fort.

Vorerst Dank für Deinen lieben 4. Brief vom 12. Du kannst immer sicher sein, daß ich mit allem, was Du bestimmst oder rätst, dankbar einverstanden bin. Ich sah hier Braunschweig, welcher mir die Bestimmung von Herrn von Hülsen mitteilte. Humperdinck, Muck, Sternfeld sah ich, Dernburg traf ich leider nicht an. Morgen früh fahre ich also nach Schloß Graetz. Am 22. bin ich sicher wieder heim. Du hast ganz recht, die Konferenz muß verfrüht werden. Ich will noch in Breslau mich aufhalten, um Matray zu hören.

Soeben erhielt ich einen Brief von Mottl. Er spielt ein gewagtes Spiel Ich traue ihm zu, daß er es gewinnt. Ich bedaure aber sehr, daß seine Natur und die Verhältnisse ihm nicht gestatteten, ein offenes »Nein« dem Engagement überhaupt zu sagen. Wäre es nicht so aus dem Weg,

ich besuchte ihn. Er hat Conried den Klavierauszug gezeigt, nicht die
Partitur gegeben. Er hat sich bei Conried beschwert. Er baut noch auf
die Unmöglichkeit der Aufführung und schreibt, daß Conried bereits
telegraphiert, sie kämen mit den Chören nicht zu Fach.
Ich frage mich, ob man mit seinem Chordirektor sprechen sollte.
Vielleicht lieber nicht. Nicht wahr, Du berührst diese Fragen mit
niemand. Das ist auch ein Fall des großen Schweigens.
Es ist sehr schönes Wetter heute; die Stürme hoffentlich vorbei. Leb
wohl, mein teurer Adolf, sei nicht zu bekümmert; ich habe doch
Zuversicht, daß es sich zum Guten wendet. Hättest Du die Güte, mir
durch ein Telegramm wissen zu lassen, ob Du diese Zeilen richtig
erhieltest. Ich bin etwas besorgt. Innigste Grüße Dir und der teuren
Marie und ewig dankbar die Deine.

C. Wagner.

An Ludwig Ritter von Klug
Bayreuth, Ende September (?) 1903

Lieber und hochgeehrter Herr Geheimer Rat!
Meinen herzlichsten Dank für Ihre gütigen Bemühungen zuvor! Ich
zweifle nicht daran, daß diese eine Besserung der Lage bewirken
werden.
Anbei ebenfalls mit Dank das Schreiben des Herrn Intendanten
zurück.
Ich bin diesem für den am Schluß gegebenen Rat bezüglich »Parsifal«
in Amerika verbunden; den Schritt, den er uns als rätlich zu tun
angibt, haben wir zwar zu allererst vollzogen und darauf die Antwort
erhalten, daß rechtlich dort nichts zu erlangen sei; allein ich könnte
ihn wiederholen.
Freilich erschwert die Erneuerung dieses Schrittes der Umstand, daß
der Herr Intendant in einem Interview soeben öffentlich davon
gesprochen hat.
Die Bedingung des Erfolges solcher Schritte ist doch, daß man sie in
der Stille begeht.
Meine Vorstellungen an die einzelnen unserer Künstler wären
jedoch, auch wenn wir rechtlich geschützt wurden, erfolgt, denn sie
berühren die ethische Seite meiner Beziehungen zu ihnen; ebenfalls
wäre von diesen Vorstellungen nichts in die Öffentlichkeit gedrungen, wenn nicht von München aus das Gerücht meiner Zustimmung

zu der Mitwirkung unserer Künstler am »Parsifal« in New York sich verbreitet hätte.

Hier bin ich an den Punkt gelangt, den der Herr Intendant ausführlich und bis in das einzelne behandelt, und fühle mich, der Klarheit zuliebe, genötigt, meine Abneigung, gewisse Dinge zu besprechen, zu überwinden.

Vorerst erkläre ich fest, daß ich unter den Feindseligkeiten, welchen die Unterstützung der Aufführung von »Parsifal« in New York die Krone aufsetzen würde, jene Feindseligkeiten gemeint habe, welche uns einst in München verfolgten, welche den Bruch mit München, das endgültige Aufgeben des Festspieltheaters dort und den Plan von Bayreuth herbeiführten.

Das, was Bayreuth und mein Haus seit dem Jahre 1893 bis jetzt von München erfahren, ist eine Sache für sich, auf welche ich nicht angespielt habe.

Ich kann dem Herrn Intendanten aber versichern, daß, wenn durch die Reihe der Jahre durch ähnliche Notizen von München aus über Zeitungen sich ergießen wie diese: ich gäbe meine Zustimmung zu der Aufführung des »Parsifal« in New York, wir regelmäßig vernehmen – (ob mit Recht oder Unrecht, weiß ich nicht) –, daß sie von der Münchener Hoftheater-Intendanz herstammen.

Darf ich, was Feindseligkeiten betrifft, an die zahllosen Hetzartikel gegen uns erinnern, von denen durch Ihre Güte einer, als von der königlichen Intendanz indirekt beeinflußt, nachgewiesen wurde?

Der Name desjenigen, welcher für solche Leistungen vornehmlich gebraucht wird, er ward uns auch nicht verheimlicht, ebensowenig wie das Hauptorgan, dessen man sich bedient.

Dies schafft unterirdisch einen Zustand der unwürdigsten Art, und wenn der Herr Intendant es bedenken will, so wird er mir zugeben, daß mein Sohn die Unwürdigkeit aufhob, indem er eine ehrliche Feindschaft annahm und anerkannte.

Über die Zwischenträgereien, welche der Herr Intendant erwähnt, kann ich nur bemerken, daß das Gespräch in Heidelberg, auf welches er insbesonders anspielt, ein so einmütiges war, daß meine Kinder mir ihr Erstaunen nicht verhehlen konnten, als sie die Reihenfolge der Namen des Komitees vom Prinzregententheater lasen. Das Gespräch wurde von der betreffenden Persönlichkeit eingeleitet, und zwar mit der rühmlich hervorgehobenen Nachricht von dem Bruch Hermann Levis mit seinem ehemaligen Freunde, dem Herrn Intendanten.

Ungern und gezwungen teile ich dies mit und bitte, keinerlei Gewicht darauf zu legen. Grundsatz wie Gewohnheit meines Hauses sind, niemals Gleiches mit Gleichem zu erwidern und das Widerliche mit Schweigen zu übergehen.

Es erstaunt mich aber, daß bei der Menschenkenntnis, welche der Herr Intendant sich doch angeeignet haben muß, er diejenigen, welche ähnliches ihm zuführen (also die Lage zwischen München und Bayreuth, welche an sich schwieriger Art ist, noch zu erschweren suchen), nicht erkennt.

Nun aber zu dem wirklich Wichtigen dieser Situation:

Es verwunderte mich, den Zeilen des Herrn Intendanten zu entnehmen, daß »Parsifal« der Zivilliste angehöre. Davon weiß ich nichts, und bevor der Herr Intendant dies nun auch öffentlich aussprach, hätte er, meines Bedünkens, sich genau unterrichten müssen. Ebenfalls erachte ich es für bedenklich, alles auf dem Zeitungswege auszuladen. Doch will ich dies heute nicht erörtern, sondern zur Bezeichnung unserer Gesinnung meine Auffassung (um nicht zu sagen mein Wissen) der Entstehung des Prinzregententheaters hier niederlegen.

Dies wurde durch den Unglauben an Bayreuth gezeugt und reicht ziemlich weit zurück. In der Tat war unsere Lage eine so schwere, daß ich es denjenigen nicht verdenke, welche an unserem Bestehen zweifelten. Unser Bestehen verdankt sich einzig dem Glauben, der Treue und dem Opfermut, der meinem Sohne und mir entscheidend hülfreich zur Seite stand.

Ich weiß durch Levi, der mir alles darüber anvertraute, daß man daran gedacht, uns nach München übersiedeln zu lassen und an dem Plane (der Verwirklichung des einstigen Semperschen Baues) mit den Festspielen darin Anteil zu geben.

Es bestand also eine wohlmeinende Absicht, nur wurde vergessen, daß der Meister sein Theater einzig in Bayreuth haben wollte und jede Hauptstadt, insbesondere aber München, davon ausschloß; demnach durften wir diesem neuen Unternehmen nicht zustimmen. Wir können aber friedfertig still sein, erbitten uns jedoch dafür ein Gleiches und vor allem das Unterbleiben ähnlicher Handlungen wie die Beurlaubung des Herrn Fuchs nach Amerika. Es ist jetzt durch den Brief von Fräulein Ternina enthüllt: die Kontrakte sind mit vollem Wissen, daß es sich um »Parsifal« handle, abgeschlossen worden.

Nebenbei gesagt, werden unsere Werke alle in Amerika seit Jahren in

Szene gesetzt, und niemand hat an den Münchener Regisseur gedacht. Es konnte sich also bei diesem Engagement lediglich um »Parsifal« handeln. Das hätte sich der Herr Intendant sagen sollen, wenn er nicht die Vermutung erwecken wollte, die Unternehmung »Parsifal« in New York käme ihm gerade recht.

(So wäre es auch dem anständigen Verhältnis, welches ich meine, entsprechend gewesen, wenn auf Herrn Conrieds öffentliche Anzeige, daß er von dem Münchener Intendanten in seinem »Parsifal«-Unternehmen unterstützt würde, dieser ihm ein öffentliches Dementi gegeben hätte.

Freilich, wenn, wie verlautet, der Herr Intendant mit Herrn Conried nahe befreundet ist, kann man letzteres nicht von ihm erwarten.)

Ich füge hinzu, daß, wenn wir Herrn Fuchs nicht mehr für unsere Regie aufforderten, dies aus dem Grunde geschah, daß im Jahre 1899 er nach München abberufen wurde und wir hier 14 Tage während unserer Festspiele ohne Regisseur sein mußten. Zur Verhütung solcher Kollisionen mit der Münchener Hofbühne gaben wir seine Mitwirkung auf.

Möchte diese durch Ihre so dankenswerte Vermittlung entstandene Auseinandersetzung doch zu einer endgültigen, würdigen Gestaltung der Lage führen, hochgeehrter Herr Geheimer Rat!

Das neue Theater in München ist aus einem Irrtum entstanden. Der Meister hat sein Festspielhaus einzig und allein in Bayreuth gewollt unter Unterstützung sämtlicher Theater Deutschlands, denen unsere Bühne dann die verschiedenen Künstler, in seinem Stile ausgeprägt, zurücksenden sollte. Ebenso hat der Meister »Parsifal« ausschließlich für Bayreuth bestimmt.

Das Hof- und Nationaltheater in München hat musterhafte Aufführungen unserer Werke gebracht und hätte sie weiter, dank auch seiner vorzüglichen Akustik, bringen können. Der Irrtum ist nun aber begangen worden, und wenn ich auch gutgemeint glaube, daß er bedauert wird, so steht er doch ausgeführt da. Nun handelt es sich um die würdige Durchführung eines mißlichen Verhältnisses. – Wir in Bayreuth gestatten die Aufführung unserer Werke im neuen Theater in München, schweigen zu dem, was wir nicht billigen dürfen, und enthalten uns jeder störenden Einmischung, erwarten aber von dem Herrn Intendanten die Unterdrückung von Feindseligkeiten, wie sie unablässig von München aus gegen uns persönlich und gegen unsere künstlerischen Bestrebungen gerichtet werden. – Unsere Unternehmung gereicht Bayern zur Ehre, und ihre Würdigung gehört zu der

Die »Gralshüterin«, Karikatur von G. Brandt, 1905

Cosima Wagner in Wahnfried, um 1912

Tradition des königlichen Hof- und Nationaltheaters. Sie bringt aber
auch München Nutzen, denn ich glaube behaupten zu dürfen, daß in
unseren Festspieljahren gewiß mehr Besucher dorthin wandern als in
unseren Pausezeiten.
Eine offene Anerkennung dieser Tatsachen seitens der Hoftheater-
Intendanz durch Unterlassung all dessen, was ich berührte und was
bis zur Teilnahme an den Aufführungen des »Parsifal« in Amerika
durch Mitwirkung des Münchener königlichen Hoftheaterregisseurs
gipfelt, dürfen wir mit Billigkeit fordern, auf daß wir nicht gezwungen
werden, von unserem Rechte Gebrauch zu machen.
Indem ich mich nochmals mit der Wichtigkeit der Angelegenheit
dafür entschuldige, daß ich Ihre Güte so stark in Anspruch nehme,
schließe ich etc. etc.
                                                                                    C.W.
Ich erlaube mir, ein Exemplar der »Bayreuther Blätter« mit dem
Brief an Friedrich Feustel beizulegen, aus welchem der Herr
Intendant die Bestimmung über das Festspielhaus und über »Parsifal« zu seiner Aufklärung kennenlernen wird.

An Hans Richter
Bayreuth, 23. 9. 1903

Mein teurer Hans, herzlichsten Dank für Deine lieben Zeilen! Die
Originalpartitur des »Parsifal« ist *hier* in Wahnfried. Unter Original-
partitur versteht wohl Herr Conried »Orchester-Partitur«, zum
Unterschied von dem Klavierauszug, den man auch *Score* im
Englischen nennt. Aber bei den Unwahrheiten, welche dieser Herr in
die Welt setzt, ist es auch möglich, daß er vorgibt, die Originalpartitur
zu besitzen. Eine englische Schauspielerin, Miss Stettith, hat Deine
Auslassungen über »Parsifal« übersetzt, und ich habe diese Übersetzung an Mrs. Schirmer nach Amerika zur Veröffentlichung in dortige
Zeitungen zugesendet. Mehrere englische Blätter haben Miss Stettith
abgeschlagen, diese Übersetzung aufzunehmen. Wenn Du noch
etwas schreiben willst, was natürlich von größtem Werte ist, so, bitte,
lasse es in amerikanische Zeitungen inserieren. Mir wird es immer
klarer, daß die Unternehmung in New York von München ausgeht.
Possart ist der intime Freund Conrieds, wurde durch diesen als
Schauspieler in Amerika eingeführt. Seine Tochter ist dort engagiert,
und Fuchs wurde für die Regie dorthin abgegeben. Das Interesse

Possarts daran ist folgendes: Wenn »Parsifal« in Amerika gegeben wird, ist es für uns unmöglich, das Schutzgesetz zu erwirken, und dann tritt München mit seinem vermeinten Vorrecht vor den andern Bühnen vor. Ferner: Die Sänger, die im »Parsifal« singen, die Künstler überhaupt, die dort mitwirken, nehmen wir nicht mehr, sie gehen uns ab, Possart bekommt sie für billiges Geld, da sein Freund Conried sie überschwenglich zahlt. Alles Böse der Welt ist naturgemäß gegen unser Bayreuth verschworen! Möchte das Gute Kraft haben, es gibt viele Schwächlinge unter uns! Unsere Künstler hatten es in der Hand, die Sache zu retten. Unser Prozeß ist nun im Gang, ob mit Aussicht, weiß ich nicht. Aber wir wollten auch mit Verlust unsere Stimme protestierend erhoben haben. Soeben depeschiert unser Advokat, Adolf und ich, wir möchten hinkommen, aber wir können wegen der nächstjährigen Festspiele nicht. Habe Dank für Deine Treue! Du bist rechtschaffen, und das ist viel! Von Herzen grüßt ganz Wahnfried. Auf gutes, so Gott will, freundliches Wiedersehen!

C. Wagner.

Wenn *Du* nach Amerika könntest, würdest Du uns dort gewiß große Dienste leisten.

An Felix Mottl
Bayreuth, 28. 9. 1903

Mein teurer Spielmann,
Wie von einem bösen Traum bin ich seit Ihren letzten Briefen erwacht, und Ihr gestriger an Adolf hat mich tief gerührt. Ich sandte Ihnen unseren Cosmas-Gruß, welcher sich mit dem Ihrigen kreuzte; auch ein freundliches Moment. Sie wissen, wie ich Sie und Ihre Lage verstehe, ja, ich glaube, ich verstehe sie noch mehr, als Sie wissen! So habe ich gleich Ihren Zug nach Amerika nicht nur nicht begriffen, sondern begrüßt; darauf sind alle die schamlosen Mitteilungen von Conried gekommen. Das hat uns einen Augenblick verwirrt, aber nur insofern, als ich bei Ihnen anfrug. Überall bin ich für Sie eingestanden, daß Sie nichts mit »Parsifal« zu tun hätten, und Kniese ist sogar eine Wette mit Schuch darüber eingegangen. Gegenstand der Wette: Schuchs Direktion in Bayreuth! Sie sehen, wir sind selbst zum Übermut in dieser Angelegenheit gekommen!
Nun München! Für mich ist es kein Zweifel, daß die Anregung zum »Parsifal« in New York von Possart ausgegangen ist. Er hat seine

guten Gründe dazu; dadurch wird unser Trachten nach einem
Schutzgesetz vereitelt, und einige unserer Hauptsänger gehen uns
verloren.

Nebst dieser entscheidenden teuflischen Feindseligkeit kreuzt das
neue Theater und sein Betrieb unser ganzes Bestreben. Es ist der
Triumph der Gastspiele. Burrian erzählte in Dresden, wie er am
Nachmittag um 3 Uhr in München angelangt sei und abends
Tristan, ohne zu wissen, wo er zu stehen habe, gesungen. Alle
Hoftheater, ärgerlich über das skandalöse Verfahren durch die
Presse, kündigen nun den »Ring« im Sommer an, wodurch uns
ebenfalls die Möglichkeit der Arbeit erschwert wird. Dieses Theater
ist die Affenfratze unseres ernsten, müheseligen Strebens. Alles Lüge
und Hohlheit, und das Schluß-Tableau, mit Erhebung des Vorhanges
auf das Gesamt-Personal, gibt Ihnen das Abbild des Ganzen. Es ist
das Treiben an Stelle des Strebens. Der Schacher an Stelle des
Dienstes. Und der ganze Preß-Rummel stempelt es zu einer Jahr-
markts-Erscheinung.

»I never saw something worse«, sagte Miss Duncan, die Tänzerin,
welche Sie hier als erste Grazie kennenlernen werden. Wolzogen war
im Nymphenburger Park mit Kellermann vor kurzem, Prinz Ludwig
Ferdinand begrüßte letzteren und sagte: »Niemand will kommen,
Mahler kommt nicht, Nikisch nicht, Mottl nicht.«

Wollen Sie nicht Merz fragen, warum man denn nicht Fischer-Franzl
vorrücken läßt, der im kleinen Finger ein besserer Musiker ist, als der
arme Zumpe in seiner ganzen aufgebauschten Gestalt es war.

Fuchs veröffentlicht, wie ich höre, Auszüge aus meinen Briefen, um
sich in Amerika ein Ansehen zu geben! Das gehört alles zur
Jahrmarkts-Bude. Wie München der Marktplatz für New York durch
die Intimität zwischen Possart und Conried geworden ist. Der
»Proteus« von Herrn Louis wird als Dank dort aufgeführt. Wären
die Dinge nicht so ernst, man käme aus dem Lachen nicht heraus,
und Aristophanes fehlt, um diese Welt der heiteren Kunst zu
schenken.

Dahin gehören Sie nicht, mein Spielmann, dafür sind Sie zu gut, und
ich sähe Sie lieber in Köln, wo das neue Theater sehr schön sein soll
und die Aufführungen durchaus nicht schlechter, ja besser als im
Regententheater, mit Nordica als Brünnhilde, Knote als Siegfried
und Bauberger als Wolfram!!

Doch bei weitem Amerika am besten, wenn »Parsifal« überwunden,
wenn das, so Gott will, geschieht. Burgstaller soll elend bei Stimme

sein und sehr gedrückt durch seine ihm von der Not auferlegte Zusage für »Parsifal«.
Der heilige Cosmas war Arzt und heilte alle bösen Schäden. Er wird weiter wirken, und die schlimmen Tage werden zu den guten für die Menschen, die sich bewähren und die treu aneinander unter einem höheren Gesetz bleiben.
Seien Sie in Cosmas und im Cosmos (dem Schmucke) gegrüßt!

CW.

An Adolf von Gross
Bayreuth, 1. 10. 1903

Mein einziger Adolf,
Du mußt schon verzeihen, wenn ich Dir schreibe, weil ich auf uns *das* nicht ruhen lassen darf, daß Du uns Deine Ansicht nicht mehr aussprichst.
Auch sprichst Du sie uns gottlob aus, denn wir kennen sie und beachten sie. Das hast Du erst gestern durch meinen Brief für Klug erfahren und ersiehst es wieder aus diesen Zeilen.
Wir sind *ganz Deiner* Ansicht, ich wiederhole es, daß es *sehr* zu begrüßen wäre, wenn wir junge Leute mit guten, ausgebildeten Stimmitteln und hübschen Erscheinungen behufs weiterer Ausbildung hierher bekämen. Hadwiger erscheint uns als solcher, und daher scheuten wir die Opfer nicht. Er soll – nach äußerst kurzer Zeit des Stimmunterrichtes – im Januar hierher kommen. Alle diejenigen, die uns vorgesungen haben, waren, meines Erachtens, aussichtslos.
Wir haben in unserer Schule, durch die Jahre durch, eine große Anzahl von Schülern gehabt, welche, mit Ausnahme von Burgstaller und Breuer, sich als untauglich erwiesen.
Wenn Wildbrunn für Köln, Wiesbaden und Berlin sich als nützlich erweist, so kann ich nur sagen, daß er hier den Tenor-Ritter so ungenügend sang, daß Kniese mit ihm die Geduld verlor.
Versuchen aber tun wir immer und wollen wir immer tun. Rains hatte eine ganz trockene Stimme und erwies sich beim Einstudieren des Gunther als völlig talentlos.
Wenn wir daher nach so vielen schlimmen Erfahrungen vorsichtig mit den Stipendien wurden, so ist es, weil wir doch andererseits immer zunehmende Auslagen haben.
Mottl ist jetzt ein teures Objekt, Bertram ist ziemlich unabsehbar,

Gulbranson steigert uns usw., worunter ich Dekorations- und Beleuchtungs-Sachen, als sehr wichtig, einschließe.

Und nach meiner Auffassung gehören: Gulbranson, Bertram, Ernst Kraus, Felix Kraus, Friedrichs, van Dyck, Wittich, Sucher, Brema, Wiborg, Plank, Mailhac, Reuss, Briesemeister zur Schule von Bayreuth ebensogut wie Burgstaller und Breuer, sie sind die Träger dieses Stiles nach außen, und ich finde, daß wir keinen Grund haben, nicht auf sie recht stolz zu sein, denn sie erkennen laut an, was sie hier lernen. Da wir im Prinzip einig sind, so kommt es nur darauf an, daß Du meinem [und] Siegfrieds Urteil traust, wenn wir jemanden untauglich finden. Ist einer tauglich, so kannst Du sicher sein, daß wir Dich sofort um ein Opfer bitten werden.

Den Bary habe ich erst gehört, als er von Dresden bereits festgehalten war, er hat jetzt zu mir darüber geklagt!

Wenn wir jemanden wie Matray von Breslau aus seinem Engagement reißen könnten und ihn hierher für einige Jahre gewännen, würde ich augenblicklich selbst für ein großes Opfer sein. Und ich habe Kniese gesagt, sich immer in ähnlichem Sinne umzutun.

Ich schrieb Dir gern, mein teurer Adolf, weil Du sagst, daß ich im Gespräche heftig werde. Mit der Feder ist man ruhig; und wenn Du mir auch sehr wehe mit solchen Äußerungen tust, wie die, daß Du Deine Ansicht nicht mehr sagst, so kann ich mich doch im Schreiben gelassen zusammenfassen und Dir beweisen, daß wir ganz einig sind. Und so wird es auch bleiben, und bitte ich Dich, nur immer ferner uns mit Deinem guten Rate treu zu bleiben, den wir dankbar zu schätzen wissen.

Herzlichst

Deine C.W.

An Wolfgang Golther
Bayreuth, 10. 11. 1903

Mein lieber Freund!

Ich ersehe aus Ihren guten Zeilen, daß ich mich mißverständlich ausgedrückt habe, und will nun suchen, mich deutlich zu erklären.

Nicht entfernt befürchte ich eine Indiskretion oder einen ungünstigen Eindruck, auch nur von einem Wort. Diese Betrachtungsart (bezüglich des Eindruckes) ist mir gänzlich fremd.

So hat der öffentliche Brief an Schwester Claire nichts hier zu bestimmen oder zu beeinflussen.

Die Sache liegt so:
Der Meister wollte seine Briefe zerstört und verpönte jede intime Publikation (selbst die Briefe Goethes an Frau von Stein). Frau Wesendonck hat die Briefe nicht zerstört und wünschte ihre Veröffentlichung.
So stehen Herr von Wesendonck und ich als Vertreter gegensätzlicher Wünsche sich gegenüber, wobei das eine Gute, ja Unschätzbare ist, daß wir uns gegenseitig achten und jeder dem anderen entgegenkommend zu sein wünscht.
Am liebsten überlasse ich die ganze Entscheidung Herrn von Wesendonck.
Ich kenne das Tagebuch, kenne den Inhalt der Briefe, kenne Anfang, Mitte und Ende der Beziehung.
Weshalb ich Sie, lieber Freund, gerne *ganz* unterrichtet wüßte, ist: damit einstige Veröffentlichungen nicht in Widerspruch mit dem, was Sie etwa in Ihrer Einleitung sagen, geraten. – Deshalb bat ich Sie, zu kommen und Kenntnis von einzelnem in der Biographie zu nehmen.
Auslassungen in den Briefen haben, wie Sie sehen, nicht den geringsten Sinn, und hat darüber nur Herr von Wesendonck zu bestimmen. Die Frage ist von weit ernsterer Art: Soll der Wille des Meisters erfüllt werden oder nicht.
Ich warte, da Sie es wünschen, auf die Zusendung des Manuskriptes, obgleich Sie nach meiner Mitteilung einsehen werden, daß sie wenig zu sagen hat. Ich wiederhole: ich kenne alles. –
Ich las gestern abend Ihren schönen inhaltsreichen Aufsatz über das Denkmal und danke Ihnen herzlich dafür. Es kann jetzt nicht genug Nachdruck darauf gelegt werden, daß das Festspielhaus einzig und allein in Bayreuth stehen sollte, und Sie haben es mit warmer Beredsamkeit ausgesprochen. Nur Ihr Urteil über Berlin wünschte ich etwas modifiziert. Sie haben unbedingt darin recht, daß Berlin kein Ort für Kunst ist; aber in unserer Sache hat es sich schon durch das Eintreten von Gräfin Schleinitz außerordentlich hervorgetan; ohne dieses Haus Schleinitz und seinen Anhang stünde unser Theater nicht in Bayreuth. Dresden und Leipzig sind von je niederträchtig gewesen, und über München brauche ich wohl kein Wort zu sagen, das ist »die Hölle«, wie es in einem Brief an einen Freund heißt. So bliebe Wien, welches sich sehr gut benahm, wenn auch nicht mit der intensiven Energie, wie sie von dem Hause Schleinitz ausging.
Leben Sie wohl, lieber Freund, und sagen Sie mir ein wenig im

voraus, wann Sie mir Ihren Besuch machen können. Im Januar wird der »Kobold« in Hamburg aufgeführt, da werde ich dort sein.
Herzlichste Grüße Ihnen und Ihrer lieben Frau, in freundschaftlicher Gesinnung

C. Wagner

An Wolfgang Golther
Bayreuth, 3. 12. 1903

Lieber Freund!
Es freute mich sehr zu hören, daß Sie sich behaglich in Wahnfried gefühlt, und ich danke Ihnen von Herzen für die warmen Worte, durch welche Sie mir dies ausdrücken.
Auch mir bleiben diese Stunden in angenehmster Erinnerung, und wir meinten mit meinen Töchtern, es sei dies ein Besuch wie in den »Wanderjahren«.
Ich kann es Ihnen nicht genug wiederholen, lieber Freund, daß ich es als eine Fügung betrachte, daß Ihnen die Angelegenheit anvertraut wurde, welche uns diesmal zusammenführte. Wie könnte ich Ihnen zürnen, da Sie gänzlich unschuldig an dem Vorgang sind.
Der Vorgang selber ist dem Geiste, in welchem wir zu leben und zu wirken trachten, so fremd, daß er mich gespenstisch anweht und trübselig stimmt.
Mit Bangen sehe ich daher dem Ferneren, wenn es mir auch nichts Unbekanntes bringen kann, entgegen; denn ich habe das Dunkel, in welches diese Dinge gehüllt bleiben sollten, heiliggehalten. Davon zu sprechen oder sprechen zu hören, kostet mich ein Opfer und führt mich von meiner Lebensrichtung ab.
Über »Tristan und Isolde« kann ich sprechen, und so möchte ich bitten zu beachten, daß es die Tragödie der unüberwindlichen Liebesgewalt ist, welche mit Notwendigkeit, wenn die Vereinigung im Leben gehemmt, zum Tode führen muß. Und so steht Isolde wie die Todesgöttin vor uns, wenn sie die Fackel auslöscht, nachdem sie es erzwungen hat, daß Tristan aus dem Schweigen hervorträte. Nichts kann der Resignation ferner sein.
Die Dichtung der Resignation wäre etwa »Tasso«.
»Das wirklich Erlebte hat zu keiner Zeit einer epischen Erzählung als Stoff dienen können; den Seherblick für das Nieerlebte verliehen göttliche Mächte von je aber nur an ihre Gläubigen«, heißt es im

X. Band, und epische und dramatische Dichtung sind hier gleichbedeutend. Wenn es soweit ist, werde ich das, was ich mitteilte, noch mit einigem ergänzen.

Ein wunderlicher Zufall wollte, daß beim Nachsehen in den Briefen Malwida von Meysenbugs meine Tochter etwa 10 Briefe von Frau Wesendonck vorfand, welche wahrscheinlich Malwida mitgeteilt wurden und daher aus der Sammlung fielen, welche zurückgestellt wurde, um vernichtet zu werden.

Wenn Herr von Wesendonck mich besucht, werde ich es ihm anheimstellen, diese Blätter in die Publikation aufzunehmen. Ich glaube, da es schon veröffentlicht werden soll, dies als Vervollständigung betrachtet werden könnte. Aber ich begebe mich jeder Meinung, denn, wie gesagt, ich bin da in einer mir gänzlich fremden Welt.

Nochmals herzlichsten Dank für Ihre lieben Zeilen, teurer Freund, und herzlichste Grüße an Sie und Ihre liebe Frau von meinen Töchtern und mir.

In freundschaftlicher Gesinnung

treulichst

CWagner

An Wolfgang Golther
Bayreuth, 15. 12. 1903

Teurer Freund,

Meine Lektüre der Briefe und Tagebücher neigt sich dem Ende zu. Wie ich es Ihnen sagte, brachten sie mir nichts Neues! Das Tagebuch kannte ich Zeile für Zeile in seiner Urschrift. Es wurde vernichtet zur Zeit, wo alles vernichtet werden sollte.

So kann ich denn mein Autor-Recht zugunsten einer Veröffentlichung nicht gebrauchen; aber um Herrn von Wesendonck es zu ermöglichen, den Willen seiner Mutter auszuführen, um seine Fürsorge und Ihre Beteiligung dabei zu retten, kann ich mich meines Rechtes zu seinen Gunsten entäußern, und das will ich gerne tun.

Ich erbitte mir dagegen die Zurückstellung der Originale – Briefe und Tagebücher.

Frau Wesendonck wurden einst ihre Briefe zurückgesandt.

Unter Malwida von Meysenbugs Papieren haben sich eine kleine Anzahl vorgefunden, die ich, wie es sich von selbst versteht, nebst einigen Büchern mit eigenhändiger Widmung zur Verfügung stelle.

Sie sagten mir, daß Herr von Wesendonck die großherzige Absicht
habe, diese Briefe zugunsten des Stipendienfonds von Bayreuth zu
veröffentlichen. Danken Sie ihm auf das herzlichste dafür, und sagen
Sie ihm, daß nichts meinem Sinne entsprechender sein könnte.
Die eine Photographie, welche dem Buche, wie Sie mir sagten,
beigegeben werden soll, würde ich wohl unsäglich gerne für meine
Kinder erhalten.
Aber einen Anspruch darauf kann ich nicht erheben und gönne
jedenfalls das Bild dem befreundeten Hause.
Ich habe in dem Text natürlich gestrichen, was sich auf mich bezieht,
und dann auch, was noch Lebende verletzen könnte (zum Beispiel
über Wille, dessen Söhne noch da sind).
Nun freue ich mich auf Ihre Einleitung, lieber Freund! Wie
bedeutend kann diese werden! Den Brief an Schwester Cäcilie lassen
Sie, denke ich, aus, erstens die Veröffentlichung war eine Indiskretion, die man nicht sanktionieren darf, dann aber berührt er einen so
intimen Punkt, daß der Abdruck nicht zulässig ist. Auch erwies sich
dieser Punkt als ein Irrtum.
Das Gedicht, welches Sie strichen, war sicherlich von Frau Wesendonck.
Auch »das unbeschriebene Blatt« ist ohne Zweifel ein Ausdruck von
ihr.
Nun erwarte ich Ihren oder Herrn von Wesendoncks Bescheid, um
meine *zwei* Sendungen abgehen zu lassen.
Übermitteln Sie, bitte, meine herzlichsten Gefühle Herrn von
Wesendonck, und seien Sie in treuer Freundschaft schönstens
gegrüßt!

C. Wagner

1904

Lieber Freund!
Anbei sende ich Ihnen mit vielem Danke Ihre Einleitung zurück. Ich bedaure es, daß Sie es sich versagten, in freier Auffassung ein Bild Ihres Eindruckes zu geben, und sich an Zitate hielten, welche wir doch im Verlauf der Briefe kennenlernen.

Aber Sie mußten wohl so verfahren; Ihre Aufgabe war in jeder Hinsicht eine schwierigste, und da sprechen zu sollen, wo Schweigen geboten wäre, läßt keinen freien Schwung zu.

Gewiß haben Sie bereits selbst eingesehen, daß kein Vergleich zwischen der Publikation der Briefe an den König und der Veröffentlichung des Briefes an Schwester Claire möglich sei; jene waren ein Raub und eine Ausnützung fremden Gutes, diese die Preisgebung eines zarten Geheimnisses.

Doch da diese Preisgebung stattfand, gebe ich Ihnen bei reiferer Überlegung Recht, und gehört dieses Zitat zu den übrigen.

Sicher haben Sie nur mit Scheu die Blätter in Händen genommen und durchforscht. Ich selbst, die alles kannte, entschloß mich mit schwerstem Herzen zur Durchlesung.

Die Wunderwelt ist uns in den musikalischen Schöpfungen, in den Dichtungen, in den Schriften erschlossen.

Ich könnte mir Edelgesinnte vorstellen, welche mir von New York aus schrieben, es habe sich mit »Parsifal« dort ihnen eine Wunderwelt offenbart.

Und wie qualvoll sind diese Blätter, welche wir nun zur Unterhaltung darbieten!

Wie Gott will; ich gehe nun zu den Bemerkungen über.

1. Ich bitte, die Worte über die Bestimmung dieser Briefe gleich im Anfang zu setzen, und zwar für sich. Ich gebe das Muster in Ihrem Manuskript.

2. Ich meine, daß in der Biographie von Frau Wesendonck ihre Schriften erwähnt sein müßten; sie zeigen ihr eigenes, geistiges Leben nach der Trennung, bis zu ihrem Tode.

3. Ob diese Trennung eine unvermeidliche war, würde ich weder im bejahenden noch im verneinenden Sinne zu behaupten wagen.

4. Ich kenne Chamberlains Buch nicht, doch wenn er wirklich über die Züricher Freunde ungünstig geschrieben, so ist dies äußerst bedauerlich. Ich kann es mir nur damit erklären, daß er es scharf beurteilt, daß das Theater in Zürich nicht zustande kam und daß er den Brief an Herwegh aus dem Jahre 1870, den, wie meine Tochter mir sagt, Glasenapp zitiert, gekannt hat. Aber bedauerlich bleibt es immer im höchsten Grad.

5. Ich halte dafür, daß die Anspielung auf Loges Worte »Weibes Wonne und Wert« im Lied der Engel auf einem Irrtum beruht. Gewiß ist diese Anspielung nicht gedacht gewesen.

6. Sie sprechen von »Orchesterskizzen« des »Tristan«. Diese wurden aber, wie ich schon mitteilte, Frau von Kalergis (später Muchanoff) geschenkt. Die Skizzen, um die es sich hier handelt, sind die ersten Bleistiftskizzen.

7. Endlich bitte ich davon abzusehen, die Skizze zu »Tristan und Isolde« mit abzudrucken, weil ich die Absicht habe, den Band der Entwürfe, etwa zu nächste Weihnachten, mit dieser Skizze, der zu den »Meistersingern« und der ebenfalls umfangreichen zu »Parsifal« zu vergrößern. Ich behalte daher die Abschrift dieses Entwurfes und werde bei dem Druck bemerken lassen, daß er Frau Mathilde Wesendonck verehrt wurde. –

Lieber Freund!

Ich erhalte soeben Ihre Zeilen und danke Ihnen herzlich dafür.

Das Bild betreffend, wollte ich Ihnen schon schreiben, denn ich überlegte mir, daß gewiß die Bestimmung von Frau Wesendonck ausgegangen sei, und ich fand mich kleinlich, noch etwas, das wie ein Wunsch aussähe, auszusprechen.

Bezüglich der Originalbriefe und Tagebücher wird mir der Entschluß nachzugeben schwerer, als ich es sagen kann. Ich verstehe Sie vollkommen, ob Sie mich verstehen, weiß ich nicht??

Dürfte ich wenigstens um die Zurücksendung des Tagebuches aus Venedig bitten? Die anderen Blätter mögen dann bei Ihnen verweilen. Ich zweifle nicht daran, daß sie wohl aufbewahrt sind und daß niemand einen Einblick in sie erhält oder gar sie in Händen bekommt.

Ich bin mit dem Satz über Malwida von Meysenbug vollkommen einverstanden. Es lag mir nur daran, daß diese treue, große Seele auch nach ihrem Tode nichts Kränkendes erführe.

Würden Sie, lieber Freund, mir über die Zusendung des Tagebuches aus Venedig ein Telegramm zukommen lassen? Ich glaube, Sie dürfen ohne Anfrage mir diesen Gefallen erweisen. Herr von Wesendonck und Baron Bissing sind zarte, edle Menschen.

Ich füge Ihrem Manuskripte noch einiges wenige ein (zum Beispiel über die liebenswürdige Aufnahme meines Sohnes bei Frau Wesendonck, wie er seiner Studien halber in Berlin verweilte), um das Bild der freundschaftlichen Beziehungen zu vervollständigen, und sende dann erst Ihr Manuskript zurück.

Wollen Sie, lieber Freund, versichert bleiben, daß ich Gott danke, daß unter den gegebenen Bedingungen ich es mit Ihnen und den vornehmen Besitzern dieser Manuskripte zu tun habe. Ein freundlicher Stern scheint mir das, und ich weiß es zu würdigen.

Empfangen Sie mit dieser Versicherung den herzlichsten Ausdruck meiner freundschaftlichen Hochachtung und Ergebenheit.

CWagner

An Felix Mottl
Bayreuth, 16. 1. 1904

Dank für Ihre Zeilen vom – die ich vor drei Tagen erhielt, mein Freund! –

Daß Sie nicht dorthin gehören, wo Sie jetzt sind, und daß Sie sich elend da fühlen, empfinde ich mit größter Teilnahme, und es gereicht Ihnen zur Ehre, daß Sie nicht der Mann dieser Gesellschaft sind.

Ich habe mich oft gefragt, wie es denn Seidl mit seinem inbrünstigen Naturell es zuwege brachte, dort heimisch zu sein. Vielleicht kam es daher, daß er ganz angesiedelt war, und daß er in Grau, wie man mir versichert, einen Menschen besonderer Art hätte. Wunderlich war das, was wir vor kurzem über ihn hörten: daß sein Hauptumgang mit den Matrosen in den niedrigsten Spelunken des Strandes war. Darin drückt sich wohl viel aus, und seine Bestattung soll etwas unbeschreiblich Volkstümlich-Großartiges gewesen sein. Es war ihm vergönnt, nichts mehr nach »Parsifal« zu dirigieren, und durch ihn sehe ich ein anderes Amerika als diese grauenhafte, gespenstische Spukwelt, in welcher Sie nun verirrt sind.

Können Sie sich ein wenig Ruhe für Lektüre gewinnen? Und haben Sie Stimmung dafür? Ich möchte Ihnen Balzac empfehlen, der mir in der Zerrissenheit der Münchner Hölle mir manchmal auf Augenblicke half.

Wir lasen gestern abend das Gespräch »Denker und Dichter« von Stein und waren ergriffen durch diese Kenntnis des dichterischen Genies, seiner Zaubermacht, seinem Blick. Es liegt viel persönlich Erlebtes, wenn auch nicht Erfahrenes darin, und der Gegensatz der rohen, dann gemütlich werdenden Schifferknechte zu den brutal-seichten Kavalieren ist einzig getroffen.

Vorher haben wir den »Timon« von Shakespeare vorgenommen. Wundervoll und doch dadurch fast niederdrückend, daß der Held seinen Erfahrungen unterliegt. Nur die Schlechtigkeit der Menschen, nicht aber die Tragik der Welt geht ihm auf, und so flucht er bis in das Grab hinein.

Ich danke Ihnen dafür, daß Sie mit unseren traurigen Sängern sprachen und es versuchten, sie vor der Schmach zu retten, der sie nun anheimfielen. Weder Besinnung noch Gewissen, ebensowenig als Bildung scheint ihnen zu eigen zu sein.

Soeben beschloß ich den ersten Akt »Parsifal« mit unserem kleinen Müller. Er hat sich gut entwickelt, und so arbeite ich gerne an diesem Werke mit ihm und kann dessen Macht ganz auf mich wirken lassen.

Frau Wittich meldet sich mir zum Studium der Isolde, da werde ich denn zum ersten Mal wieder seit unseren Zeiten dieses Werk vornehmen. Es ist mir ganz ferne gerückt, und mit einer eigenen Wehmut gehe ich daran.

Das, was Sie auszeichnet, was Sie mit so hinreißender Gewalt damals kundgaben, dazu Ihre Losgelöstheit von aller Ruhmsucht, Preßwesen und was noch alles, hatte Sie mich in den Zeiten als den erkorenen Vertreter Bayreuths begrüßen lassen. Ich werde es Ihnen nie vergessen, welche Hoffnungen Sie in mir erweckten, welches Vertrauen ich in Sie setzte! Von den künstlerischen Freuden ganz zu geschweigen.

Es hat eine Stunde in Ihrem Leben gegeben, welche alles in sich eingeschlossen hat; mich an ihr nicht beteiligt zu haben, mache ich mir jetzt zum Vorwurf. Es hat mir der Mut der Freundschaft gefehlt, und ich hatte auf die Sterne gebaut!

Wir können schwer miteinander sprechen, das empfand ich und wollte schweigen. Sie verlangten, daß ich reden sollte, und sagen mir jetzt, daß das Unaussprechliche zwischen uns lebt und unvertilgbar ist.

Ich habe immer an das Gute in Ihnen geglaubt, und jetzt, wo ich gar nicht begreife, was wurde, habe ich das Gefühl, als ob wir wie abgeschiedene Geister miteinander verkehrten.

In einigen Tagen fahren wir nach Hamburg, wo am 29. der »Kobold« von Siegfried aufgeführt wird. Ein sehr wundersames Werk, in welchem er mit kindlicher Dichter-Naivetät und reiner Fülle der Melodik das Tragische unseres Daseins in einem Geister-Zauber gebannt hat. Sie sind Siegfried ziemlich fern geblieben, Ihre beiden Naturen sind heterogenster Art, aber ich weiß sicher, daß, wenn Sie dieses Werk unbefangen betrachten, es zu Ihnen sprechen wird; wie ich der enthusiastischen Anerkennung Ihrer Leistungen bei Siegfried immer sicher war.

Ein junges Münchner Quartett spielte gestern in unserer Halle. Es fehlte an allen Ecken und Enden, das brauche ich Ihnen nicht zu sagen, aber der erste Geiger interessierte mich durch seine Sensibilität und Wärme. Sie spielten uns das Es-Dur-Quartett von Mozart. Ach! Gott sei dafür gedankt, daß man sich keine so schlimme Zeit und keine solchen Erfahrungen vorstellen kann, wo diese seelenvolle Schönheit nicht wie ein Engelsgruß auf uns wirkte!

Leben Sie wohl!

C. Wagner

An Adolf von Gross
Berlin-Lichterfelde, 11. 2. 1904

Mein Adolf,
Anbei der Brief von Müller; mit Didur ist es also nichts, wir sind aber jetzt gedeckt.

Gestern waren wir bei Miss Duncan, da einige Gäste da waren, ließ es sich nicht ausführen, das Geschäftliche in Ordnung zu bringen.

Ich sprach mit dem Bruder, der mir nicht ganz geheuer ist, er sagte, er habe Deinen Brief nicht lesen können, weil er Deutsch geschrieben sei! ... Ich habe mir die ganze Gesellschaft zu morgen eingeladen und will:

I. Die Bedingungen erfahren.

II. sehen, mit wem sie als II. und III. Grazien tanzen kann. Die beiden ihr von Braunschweig vorgeschlagenen Tänzerinnen sagen ihr nicht zu. Die Schwierigkeit ist hier die, die sie besonders für uns eignet: Ihre Loslösung von der Ballett-Konvention macht es so gut wie unmöglich, ihr zwei Mittänzerinnen zu finden. Ich habe an Mädchen aus unsrem Blumenchor gedacht, aber da fehlt die Gelenkigkeit der Glieder. Ich habe Braunschweig gebeten, morgen zu kommen, und

will ihn beauftragen, hier in den Zirkussen oder bei den kleinen
Theatern zwei junge Mädchen ausfindig zu machen, mit denen Miss
Duncan wie ihrerzeit Frau Zucchi mit den ihrigen im voraus arbeiten
könnte.

Kniese hat mir noch nicht aus Dresden geschrieben, ich würde gern
auch mit Perron ein wenig den Wolfram vornehmen. Wenn Knieses
Gesundheit die Begleitung verhindert, ließ ich Müller kommen, da
Rémond jetzt, scheint es, keine Zeit für Parsifal hat. Letzteres wird
sich aber noch zeigen.

Nur diese paar Nachrichten für heute, mein teurer Freund, und die
herzlichsten Grüße von Eva und mir

C. Wagner

An Adolf von Hildebrand
Bayreuth, 16.–17. 4. 1904

Lieber und hochgeschätzter Freund!

Ich nehme Ihre letzten Zeilen wieder in die Hand und bemerke, daß
sie 3 Monate alt sind, was sonst für ein Kind in der Wiege etwas
bedeutet, wieviel mehr aber für einen Brief, nur in umgekehrter
Weise, da ich mir albern vorkäme, wenn ich an das anknüpfe, was Sie
mir sagen und gewiß längst vergessen.

Soviel ich mich von mir selbst entsinne, wollte ich Ihnen von einem
künstlerischen Eindruck schreiben, und dies war bei meiner Rückkehr der Anblick von Siegfrieds Büste. Es ist wohl wunderbar, daß in
der Vollendung der Form da alles wiedergegeben ist, was aus diesem
Kopfe zu mir spricht und was ich eben in Tönen durch sein neues
Bühnengebilde empfangen habe. So sage ich Ihnen denn täglich
Dank.

Haben Ihre Ohren Ihnen nicht geklungen in den Tagen, wo Crusius
bei uns war und wo wir im übermütigen Austausch der Einfälle stets
Ihrer gedachten und Sie unter uns wünschten. Ich hatte erfahren, daß
Sie leidend waren, freute mich zu hören, daß es vorbei sei, denn das
paßt ganz und gar nicht zu Ihnen, und ich hütete mich wohl, Ihnen
meine Teilnahme zu schreiben, da ich bei Ihnen damit ungefähr so gut
angekommen wäre wie bei meinem Vater, der ein für allemal
Gespräche über Gesundheit strich und sagte: si vous êtes malade,
soignez-vous.

Crusius erzählte uns unter anderem, daß Sie einen großen Eindruck

von dem Tanz von Miss Duncan zur Beethovenschen Musik erhalten. Das zeigte mir wieder, wie frei und unmittelbar Sie das Künstlerische empfinden – (wenn nicht irgendein dummes Zeug dazwischen kommt) – denn – ich gestehe es, mir behagte diese Vornahme nicht, und ich würde Bedenken getragen haben, diese Beethoven-Tanz-Abende zu besuchen. Diese Künstlerin ist eine merkwürdige Erscheinung, und dadurch, daß wir ihr eine Aufgabe stellten, lernten wir sie genau kennen. Gewiß geht sie von der Musik aus, dabei ist sie nicht musikalisch und tanzt nicht rhythmisch. Am bedeutendsten erscheint sie mir im bacchischen Taumel; was sie aber anstrebt und betont, ist die Belebung und Verbindung von Relief-Posen aus der Antike. Sie will das Natürliche in der Tanzkunst und vergißt, daß der Tanz (der ursprüngliche) eine Werbung ist. Sie will eine Schule gründen und erklärte, sie könne die zwei Mit-Grazien, welche neben ihr hier wenn nicht tanzen sollen, so doch gruppiert werden müssen, nicht unterrichten. Sie verkennt die Bedeutung der Gewandung und hat eine Gestalt, welche diese Gewandung wohl erforderte. Nichtsdestoweniger, trotz aller Widersprüche, Beschränktheiten, törigem Eigensinn, steht eine Individualität von wahrhafter künstlerischer Bedeutung vor uns, und alles, was sie uns getanzt hat, sei es der »Chor der Schutzflehenden«, »Der Tod und das Mädchen«, die Mazurka von Chopin – alles hat mich gefesselt oder hingerissen, und so bin ich ihr sehr dankbar, daß sie die erste Grazie in unserer »Tannhäuser«-Szene übernahm, und erwarte mir Bedeutendes. Nebst der Beziehung zu ihr war es in Berlin eine Vorführung des Domchores, welche mir den größten Eindruck hinterließ. Eine Motette von Bach und »Christus am Ölberg« von Orlando di Lasso zeigten mir, wie aus derselben Grundanschauung zwei verschiedene Gebilde sich ergeben. Bei Bach ergibt die Vertiefung des christlichen Glaubens zur heroischen Kundgebung nach außen sich ergießend, bei dem Italiener diese Vertiefung als Beschaulichkeit sich uns gebend. Luther und die Mystiker oder ein Bergstrom und ein Bergsee.
Sonntag früh.
»Schon hör' ich einen auf dem Gang« – ich wurde gestern unterbrochen; ein netter österreichischer Jüngling mit hübscher Tenorstimme war es, mit dem ich Froh durchnahm, um wieder bewußt zu werden, wie in diesen Werken die kleineren Aufgaben so essentiell bedeutend sind, daß, wie bei Shakespeare, die Nebengestalten in anderen Stücken gleich die Helden sein könnten.

Abends kam Eversbusch, der die Güte hat, meine müden Augen zu
untersuchen. Als ob Sie da wären, plauderten wir bis über die
Mitternacht, und ich hatte eine helle Freude an diesem echten, in sich
begründeten, festen und originellen Wesen. Vor seiner Ankunft lasen
wir »Iphigenie auf Tauris« von Euripides, und zwar durch die
Goethesche angeregt, welche uns bängliches Kopfschütteln abgenö-
tigt, und da ward uns wieder wohl in der Festigkeit, in der
Abwesenheit von Vornahmen, Absichten etc. etc.
Ach, nur davon reden, wo man zu Hause ist! Auch die Legenden von
Keller haben mich mit ihrer Witzelei als Professorenliteratur
angeweht!
Sie sind mir zwar über die Feder gefahren, lieber Freund, ich habe mir
aber doch weiter erlaubt, Ihren Aufsatz mitzuteilen und sogar mit
Schmoller darüber zu sprechen. Mir sind alle Stände gleichgültig
(also auch die Fachmenschen), in jedem begegnet man doch dem
einzelnen, der frei zu urteilen vermag.
Wir gehören also nicht mehr zur Heyls-Armee? Ich weine dem
Brunnen und dem Hause eine Träne nach, freue mich aber auf die
Botschaft.
Daß der Mäzen sich so wunderlich benahm, hätte ich nicht erwartet,
aber es ist mir, als ob jedes Gefühl für den Verkehr mit dem Künstler
verlorengegangen sei und als ob er der Gegenstand wäre, welcher die
Gemeinheit der Welt förmlich herausfordert.
Mit Michelangelo habe ich mich durch Thodes Buch etwas befaßt,
seine Sonetten haben mich in Erstaunen gesetzt. Die künstlerische
Freiheit und Heiterkeit fehlt ihnen ganz. Ein Wort von ihm über die
Darstellung des Erlösers hatte ich mir aber tief eingeprägt:
»In der Tat, das verehrungswürdige Antlitz des Heilands einigermaßen annehmbar wiederzugeben, ist eine schwierige Unternehmung,
daß es nicht genügt, wenn ein Maler ein großer und kundiger Meister
ist. Vielmehr bin ich der Ansicht, auch sein Lebenswandel müsse rein
und womöglich heilig sein, damit der heilige Geist seine Gedanken
lenke.«
Von einem Menschen dieses Könnens und dieses Gestaltens gibt
dies wohl zu denken. Doch – ich breche ab, es kommt jetzt
meine Konsultation, und ich komme mir ganz töricht vor, indem
ich Ihnen schreibe. Sie sind kein Naturell für Briefe, weder zu
schreiben noch zu empfangen. Sehen Sie ja diese Blätter als eine Erwiderung an, und halten Sie sich nicht für verpflichtet, mir wieder
zu schreiben.

Eva und ich, wir grüßen Sie auf das herzlichste. Wenn Sie es nicht vergessen, bringen Sie uns bei den Ihrigen in freundliche Erinnerung. Ich drücke Ihnen freundschaftlich die Hand und wünsche Ihnen alles denkbar Freundliche und Gute!

CWagner

An Wolfgang Golther
Bayreuth, 19. 4. 1904

Lieber Freund!
Von den verschiedensten Seiten wird mir mitgeteilt, Sie hätten einen Vortrag über die neue Briefpublikation gehalten und darin erklärt, ich hätte meine Genehmigung zu dieser Publikation gegeben. Ich werde dabei gefragt, wie es möglich ist, daß ich einer solchen Publikation meine Genehmigung erteile.
(Die Worte taktlos, indiskret, unschicklich werden dabei geäußert.)
Nun wissen Sie doch, daß ich nur mit dem äußersten Widerstreben, und weil ich diese Blätter nicht endgültig schützen konnte, meine Erlaubnis gab. Sie wissen, daß ich Ihnen gesagt habe, daß diese Veröffentlichung dem Geiste des Meisters entgegen ist, daß ich sie im kleinen für einen Akt derart wie die Aufführung des »Parsifal« in New York erachte.
Wenn Sie von meiner Genehmigung sprechen, weshalb fügen Sie denn das nicht hinzu?
Ich weiß wohl, daß die ganze Sache so ist, daß man einerseits alle Intimitäten kundgibt, andererseits aber doch nicht die Wahrheit sagt. Dem sei aber, wie ihm wolle, wenn es sich aber um *meine* Anteilnahme an dieser Veröffentlichung handelt, so muß ich um die ganze Wahrheit bitten.
Ich habe dem Drängen nachgegeben, um Herrn von Wesendonck nicht in Konflikt mit dem letzten Willen seiner Mutter zu bringen und weil ich diese Blätter doch nicht retten konnte. Ich bitte mir nun aus, daß Sie dies in Ihrer Einleitung auf das bestimmteste sagen, denn diese Dinge sind mir kein Scherz.
Einen zweiten Punkt, der mir seitens geistvoller Menschen hervorgehoben wurde, erwähne ich noch, obgleich ich nicht anders annehme, als daß man Sie mißverstanden hat. Sie hätten gesagt, diese Briefe erschlössen einem den Sinn einzelner Werke oder das Verständnis einzelner derselben. Nun muß man wirklich keine Ahnung von

Kunstwerken haben, um anzunehmen, daß es persönlicher Mitteilung bedürfe, um sie zu fassen. Wir müßten Shakespeare, Aischylos
und was sonst noch alles beiseite legen, da wir keine literarischen
Dokumente zu ihrer Erklärung besitzen. Nur weil mir gesagt wurde,
Sie hätten mit einer Art von schlechtem Gewissen sich gleichsam mit
einer solchen Erklärung rechtfertigen wollen, teile ich es Ihnen mit
für den Fall, daß Sie sich noch einmal über diesen bedauerlichsten
Vorgang äußern müssen.
Aber weshalb auch ein Vortrag, ich verstehe das alles nicht. Aus
meiner Teilnahme für Sie, lieber Freund, bitte ich Sie, da Sie schon
einmal dies übernahmen, sich aber ganz genau die Wahrheit
einzugestehen, und wenn Sie sich schon äußern, sie auch anderen zu
sagen. Da Sie sich mit Werken und Schriften des Meisters genau
befaßten, können Sie doch nicht einen Augenblick im unklaren über
dessen Gefühl einer solchen Veröffentlichung gegenüber sein!
Zu dem vielen Traurigen gehört nun auch dies Traurige. Aber man
kann es mit der Würde der Wahrheit durchführen.
Leben Sie wohl, lieber Freund. Sie werden verstehen, in welche Lage
Sie mich brachten und daß ich nicht umhin konnte, Sie um
Redressierung der Scheinwahrheit zu bitten.
Sie und Ihre liebe Frau freundlichst grüßend
Treulichst

                                                              CWagner

An Wolfgang Golther
Bayreuth, 22. 4. 1904

Mein lieber Freund!
Ich danke Ihnen für Ihre Zeilen und hoffe, doch noch zu einer
Einigung mit Ihnen über die vorliegende Angelegenheit zu gelangen,
deshalb erwidere ich Ihnen.
Die Sache hat eine ethische und ästhetische Bedeutung; ich beginne
mit der ersten als mit der ungleich wichtigeren.
Darüber kann wohl kein Zweifel sein, daß diese Publikation gegen
den Geist des Meisters im schreiendsten Widerspruche steht; und
wollen wir anders moralisch vor uns selbst bestehen, so müssen wir
uns dies unumwunden scharf bekennen. Von diesem Bekenntnis aus
haben wir nun unser Verhalten nach außen zu bestimmen, und da
kommt zunächst meine Einwilligung.

Man kann über die Dinge schweigen, wenn man sie aber berührt, so ist es unsere Schuldigkeit, sie genau anzugeben, wie sie sich verhalten. Die Wahrheit umgehen, ist der Beginn der Unwahrheit. Ich wiederhole, daß Schweigen nicht nur hier erlaubt, sondern geboten gewesen wäre. Und so bleibt mir Ihr Vortrag unbegreiflich, lieber Freund.

Sie müssen selbst eine dunkle Empfindung davon gehabt haben, daß es nicht gehörig war, sonst hätten Sie doch gewiß, bei Ihrer freundlichen Gesinnung gegen mich, die Rücksicht gegen mich gehabt, mich darüber zu befragen. (Abgesehen davon, daß ich das Autorrecht auf die Briefe habe.)

Sie täuschen sich selbst, indem Sie sich sagen, der Autor müßte ein Werk einführen; Sie haben ja gerade durch diesen Vortrag die Beute den Zeitungen im voraus hingeworfen und verhindert, daß einige wenige das Buch still in die Hand bekamen. Und wie konnten Sie es nur über das Herz bringen, solche Briefe vorzulesen?...

Daß der Erfolg der war, den ich Ihnen berichtete, darauf lege ich wenig Wert. Mir liegt einzig daran, daß Sie sich nichts vorspiegeln, denn darin liegt das ethische Moment.

Daß meine Bestimmungen bezüglich der Veröffentlichung beachtet wurden, das, glaube ich, verstand sich wohl von selbst, da ich zur Ehre derer, welche sich an solch einer Veröffentlichung beteiligen, annehme, daß sie die gleichen Bestimmungen getroffen haben würden.

Eine Ergänzung zu der Biographie Glasenapps darf man diese Veröffentlichung nicht nennen, denn gerade das zeichnet das Werk Glasenapps aus, daß es ganz im Geiste seines Gegenstandes entstanden und ausgeführt wurde. Er hat die ganze Wahrheit gesagt und keine Unzartheit begangen, und sollte einmal die Autobiographie erscheinen, so wird sie ihm die ehrenvollste Bestätigung werden. Ich bedaure es auch, daß Sie den Verleger nicht unterrichteten; da Sie ihn schätzen, wären Sie es ihm schuldig gewesen, meine ich. Aber – Sie haben sich gescheut, der Wahrheit ins Antlitz zu sehen. Ich kann es mir erklären, lieber Freund, bedaure es aber – aus meiner ernsten Gesinnung für Sie – lebhaft.

Beteuerungen Ihrer Gefühle in dieser Sache bedarf es mir gegenüber nicht, aber da, wo wir es heilig ernst mit einer Sache nehmen, da müssen wir uns vor allem vor einer Selbsttäuschung hüten und genau die Sache selbst und unser Verhältnis zu ihr (genau und unerbittlich) prüfen.

Ich habe ja meine Einwilligung gegeben (aus den Gründen, die Sie wissen), ich habe mich aber nicht einen Augenblick darüber getäuscht, daß es eine Schuld ist, in welche ich hier verstrickt wurde. Warum können Sie als Mann nicht das gleiche sich eingestehen wollen? ...

Das ästhetische Moment, welches scharf kritisiert wurde, habe ich, wie ich es Ihnen bereits schrieb, gleich durchschaut, und zwar als Mißverständnis.

Sie müßten ja nicht eine Zeile der »Gesammelten Schriften« kennen, dem Geiste der Kunst im allgemeinen und unserer Kunstwerke im besonderen fremd sein bis zum Äußersten, um anzunehmen, daß Privatverhältnisse das Verständnis von Kunstwerken erleichtern oder gar erschließen. Für Stümpereien mag das gelten, und möglicherweise sind Gedichte von Heine oder Lenau durch intime Briefe zu erklären, aber solche Werke!

Ich habe es nur erwähnt, um Ihnen, lieber Freund, zu zeigen, welche Wirkungen erzielt werden, wenn man nicht aus dem Geiste handelt, den man zu verkünden sich anläßt.

Mit freundlichstem Gruß

Treulichst

CWagner

An Ernst Erbprinz zu Hohenlohe-Langenburg
Bayreuth, 3. 8. 1904

Teuerster Erbprinz,

Ruhetage bringen uns für gewöhnlich einen Zuwachs an Arbeit – es ist mir aber Bedürfnis trotz geringer Muße, für das Schreiben zu danken, welches mich so tief bewegte.

Wie ein Traum liegen die Tage hinter mir, wo wir im Festspiel-Hause nebeneinander saßen und so gemeinsam empfanden, daß man in dem Zustand der seligen Geister sich wähnen durfte. Ihr Brief, teurer Erbprinz, hat mir den Traum und den Zustand wieder zugeführt: die Schilderung Ihres Heimgangs nach unserem Abschied, das Meteor, welches Ihnen leuchtete und von Ihnen so erhaben gedeutet wurde, begleitet mich – es entspricht diese tiefe ernste Betrachtung unseres Daseins mit den umgebenden Erscheinungen ganz dem Wesen, wie es sich bei mir durch meine Lebens-Schickung ausgebildet hat, und fester und fester bleibe ich von dem Segen der Sterne auf ein gutes Werk überzeugt.

Sie, teurer Erbprinz, haben inmitten der größten Erschwernis bewährt, was es heißt, mit Charakter ein gutes Werk durchzuführen – der Segen dafür wird auf Ihnen ruhen.

Unsere Aufführungen nahmen bis jetzt einen guten Verlauf – der letzte »Tannhäuser« war der Gipfelpunkt in bezug auf einheitliche Wiedergabe und Wirkung. Wir hatten eine echt deutsche Zuhörerschaft – meist aus bürgerlichen Kreisen, und als am Schluß, man darf wohl sagen, das ganze Haus in den Ruf »Siegfried« ausbrach, rührte es mich sehr, daß er [sich] als Bayreuther Kind durch seine Art und seine Leistung in die Herzen dieser uns unbekannten, aber ganz zugehörenden Menschen eingeschrieben hat.

Mit diesen Namen will ich denn auch schließen, teurer Herr, Freund und Gönner, die Frau Erbprinzessin erlaubt mir, sie zärtlichst zu umarmen, ich übermittle noch die wärmsten Empfehlungen meiner Kinder und bin in treuer Anhänglichkeit Ihre innigst ergebene

C.W.

An Adolf von Gross
Riedberg, Partenkirchen, 28. 9. 1904

Mein teurer Adolf,
Herzlichsten Dank für Deine lieben Zeilen, welche durchaus nicht flüchtig, sondern eingehend und sehr klar waren. Die Gründe, welche Du für die Nichtwiederholung vorbringst, sind so triftig, und mein eigenes Gefühl in anderer Hinsicht stimmt derart damit überein, daß ich auf Deiner Seite stehe.

Ich habe Deinen Brief mit dieser Mitteilung an Siegfried geschickt und erwarte seine telegraphische Antwort, wonach wir uns in München träfen oder nicht.

Du siehst, ich habe selbst mit Siegfried nicht über die Frage gesprochen. Du bist hierin irrig berichtet.

Auf die mannigfaltigen Anfragen, welche mit Beglückwünschungen an uns kamen, erwiderten wir: »Wahrscheinlich nicht.« Cheliusens Mitteilung kam unaufgefordert, und ich erwiderte ihm, mit Begründung, das Negative.

Mit Richter allein hatten wir ein oberflächliches, allgemeines Gespräch über unsere Sache, welches ich Dir mitteilte.

Überrascht hat mich auch in Deinem Brief die Äußerung, daß das Verhältnis der künstlerischen Leitung zu der Verwaltung sich verändert habe. Unmittelbar vor Beginn der Proben gaben Siegfried und ich wir uns das Wort, Dich abwechselnd jeden Tag aufzusuchen, und wir haben es durchgeführt.

Die Besetzung schwankte zuweilen bis zum letzten Tag wegen Komplikationen (Muck–Balling, Metzger–Geller-Wolter, [F.v.] Kraus–Knüpfer, Matray–Rémond). Ich dachte nicht anders, als daß Kniese Dich stets benachrichtigte; sollten wir aber ohne Wissen und gegen Willen eine Unterlassungssünde begangen haben, so bereue ich es sehr und bitte Dich für mich und für Siegfried herzlich um Verzeihung. Ein andermal sei doch so gut und frag telephonisch an. Eine andere Äußerung befremdete mich ebenfalls, Deine Bemerkung über unser Personal. Ich war erstaunt, daß wir ein solches zustande brachten. Hier muß ich Dir gestehen, daß Urteile aus dem Publikum für mich wertlos sind; ich muß mich auf das meinige und das Siegfrieds verlassen. Einzig und allein, wenn man uns bessere Kräfte nennte, würde ich aufmerksam sein. Bis jetzt fiel aber alles Derartige lächerlich aus.

Der unbestrittene und unvergleichliche Erfolg dieses Jahres zeigt, daß wir doch das Rechte trafen. Humperdinck schrieb, daß sogar die Presse einmütig in der Anerkennung dieses Erfolges gewesen wäre. Es gibt einen Punkt, in welchen Du uns verkennst, das ist, wenn Du sagst, daß wir keine Ahnung von der Schwierigkeit Deiner Aufgabe hätten! Was würdest Du denken, wenn ich Dir sage, Du hast keine Vorstellung von der Schwernis der künstlerischen Arbeit? Gewiß kennen wir viele Einzelheiten der drückendsten Art nicht, aber wir ahnen sie wohl und fühlen mit Dir. Wir können Dir nur mit unserem Vertrauen danken, das ist wenig, und doch ist es unbegrenzt.

In bezug auf »Lohengrin« hast Du mich mißverstanden. Ich meinte nicht, daß er ohne Gründe aufgegeben war, ich sagte nur, sollen wir »Tannhäuser«, wie einst »Lohengrin«, beiseite geben.

Ich wiederhole es Dir, ich hatte kein Für noch Wider, weil die Sache mir über persönliches Belieben steht, und erwartete von einer gemeinsamen, ruhigen, vertrauensvollen Erwägung die Entscheidung.

Damit Du auch genau verstehst, lege ich die Liste unseres Personals mit *meinem* Urteile bei; es wird Dir zugleich zeigen, nach welcher Richtung hin wir unsere Verbesserungen anstreben. –

Lebe wohl, mein teurer Adolf, möchten diese Zeilen einzelne Irrtümer gelichtet haben und Dir bewähren, wie ich in treuer Dankbarkeit bin

Deine CW.

Bässe: **Felix Kraus, Knüpfer:** Beide die besten, die wir haben
konnten, unserem Stil vertraut, der erste sogar unvergleichlich.

Rains: als Hagen nicht genügend, jedoch besser als
Typus wie Mayr und durchaus nicht störend; durch sein
Spiel interessant. Vor allem – *kein* Hagen in ganz
Deutschland. **Hinckley,** den Kniese mißbilligte, ist der
einzige, auf den man achthaben muß.

Keller: Fasolt, ungenügend, aber durch die Gestalt und
die gute Einstudierung annehmbar.

Elmblad: Fafner, unersetzlich!

Guth: ungenügend.

Bariton: **Bertram:** (durch Erscheinung, Stimme, Talent, überragend)

Perron, Whitehill: ausgezeichnet für ihre Aufgaben.

Lejdström: trefflich durch Korrektheit.

Scheidt: charakteristisch für Biterolf und Donner.

Nawiasky: kein Ersatz für Friedrichs, doch deutlicher
und korrekter im Spiel wie Gesang als dieser und durch
Gestalt und Physiognomie der Aufgabe gemäß.

Tenöre: *Ernst Kraus* (weit voraus), *Bary, Matray:* alle drei sehr
unterschieden in jeder Hinsicht, für ihre speziellen
Aufgaben besonders begabt.

Briesemeister, Breuer: vorzüglich.

Hadwiger, Teyßen: wie man nirgends zweite Partien
besetzt findet.

Die böse Nummer war *Rémond,* deshalb ließen wir ihn
nur 2mal auftreten. Allein, wenn man die Schwierigkeit
kennt, den Ersatz zu schaffen, so wird man da auch
einsehen, daß ein erster Tenor, von Mottl an einer Bühne
engagiert wie Karlsruhe, der *alle* Partien kann, beachtet
werden durfte.

Siegfried und ich haben es aber bitter bereut.

So begabt mit Stimme und Talent *Matray* auch ist,
würden wir ihn dennoch nicht mehr wählen, wegen der
Unsicherheit seiner stimmlichen Verfassung. Aber Ersatz?? Wenn man bedenkt, daß wir Erscheinung,
Stimme, Talent fordern und die ersten Tenöre den
ungestrichenen »Tannhäuser« scheuen!

Sopran: *Gulbranson, Wittich, Grandjean, Fleischer-Edel, Reuss,*

Feuge, Foerstel: Jede für ihre Aufgabe unvergleichlich geeignet; durch Erscheinung, Stimmcharakter für die ihr zugedachte Aufgabe besonders befähigt. Interessant ist dabei, daß *Fleischer-Edel,* welche bei uns den unbedingten Erfolg hatte, in Berlin durchgefallen war und daß alle Franzosen nur sagten, sie hätten von Grandjean nichts erwartet, in Paris interessiere sich niemand für sie, hier hätten sie sie erkannt.

Alt: Schumann-Heink ist unersetzlich, das muß man voraussetzen. Wir nahmen die beiden, wie mir Kniese sagte, renommiertesten Altistinnen und haben so mit ihnen gearbeitet, daß sie nicht störten und daß man einen Eindruck von der Erda und der Waltraute erhielt. Ich habe bereits Kniese auf Frau *Kirkby-Lunn* aufmerksam gemacht und füge Clara Butt (London) hinzu, da es in Deutschland jetzt keine bedeutende Altistin gibt.

Ensemble: *Rheintöchter,* gut.

Nornen nicht genügend, aber: 1) aus praktischen Gründen, um das Personal nicht noch mehr auszudehnen, gewählt, 2) stets dieselbe Schwierigkeit, Nebenpartien (was die Leute so meinen) mit ersten Kräften zu besetzen.

Walküren: durchaus zu verbessern, Fräulein Bibow etc. waren sehr verzeihliche Irrtümer von Kniese. Auch hier haben praktische Gründe gewirkt. Wir möchten gerne Blumenmädchen und Walküren vereinigen, dabei fordert jedes von diesen Ensembles entgegengesetzte Eigenschaften und Fähigkeiten:

Blumenmädchen, Zierlichkeit, schönes piano singen, feine Gestalt; Walküren: Kraft, Glanz, mächtige Gestalten.

An Adolf von Gross
Bayreuth, 30. 9. 1904

Mein geliebter, einziger Adolf,
Vor allem unsere Freude darüber, daß der Arzt Dich beruhigen durfte. Bitte pflege Dich ja sehr, schone Dich, schreibe *keine* Briefe, auch an mich nicht mehr, denn wir sind ja im Grunde einig. Auf einen

Zettel will ich nur kursorisch meine Gründe für die drei Punkte sagen.

Herzlichst danken wir Dir immer für alles, das weißt Du.

Ich meine, wir haben Grund, sehr zufrieden zu sein über das, was erreicht wurde, und so wollen wir uns gemeinsam freuen, ohne deshalb zu streben aufzuhören.

Sonntag abend sind wir in München. Vielen Dank auch für die Geldsendung.

Da ich meine Briefe nicht allein lesen kann, schreibe mir nach Ivano nichts, außer mit Eva und Fidi spreche ich über die Dinge nicht.

Lebe wohl, Du Guter, Einziger! Sei innigst gegrüßt von Eva und Deiner

CW.

I

Siegfried: Die künstlerische Begabung ist nicht bloß eine andere, sondern eine entgegengesetzte der Geschäftlichen. Als Fidi den Entschluß faßte, Musiker zu werden, wußte ich, welch einen schweren Pfad er ganz besonders zu wandeln haben würde, und war darauf bedacht, Zeit und Gedanken, die er nicht seiner Kunst widmen mußte, ihm möglichst frei von sonstigen Präokkupationen zu erhalten, um ihm den Frohmut, das freundliche Temperament, die kindliche Heiterkeit zu wahren, welche die Kraft des Künstlers bedeuten. Im »Lohengrin«-Jahr wünschte ich, daß er von Grund aus die Inszenierung dieses Werkes kennenlerne, dies ist derart geglückt, daß er es jetzt, ebenso wie den »Tannhäuser«, ganz übernehmen könnte, sowohl was die *Bühnen-* wie die *Orchester-*leitung anbetrifft, worin er jetzt der *einzige* ist. Bei einer solchen alle Fähigkeiten beanspruchenden Aufgabe konnte er bei Dir nicht hospitieren.

II

Matray: Der Erfolg des »Tannhäuser« wäre nicht ein solcher gewesen, wenn er schlecht gewesen, da Tannhäuser kaum die Bühne verläßt; er war mindest ebenso gut wie Bary als Parsifal, der als Erscheinung im Kittel die zwei ersten Akte bedenklich war und musikalisch und darstellerisch Patzer machte, die mich jetzt noch verfolgen!

Matray war besser als Zeller, Winkelmann, Alvary, Grüning, besser als Rémond, und wenn Du Übles über ihn hörtest, so *hörten* und *lasen* wir Gutes.

Niemann war einst ein weltberühmter, allen weit vorgezogener

Tannhäuser. Er wurde schlecht befunden! Diese Dinge *weiß ich*,
und danach muß ich mich richten. Ich schrieb Dir ja, daß wir ihn
nicht mehr nehmen, wegen der Unsicherheit seiner Stimmverhält-
nisse. So sind wir denn auch darüber einig.
Kniese hatte eine Aversion gegen Matray und Hadwiger, aus
bestimmten Gründen, die ich ihm gar nicht übelnehme, ohne sie
für maßgebend zu halten.

III

Reuss: Sie bringt für die Gutrune die für den »Ring des Nibelungen«
eigens nötige Erscheinung. Dazu ein unvergleichliches Darstel-
lungstalent. Wir werden nicht bald eine finden, welche den
wichtigen 3. Akt, die äußerst schwierige Szene im 2. und das
Auftreten im 1. mit dem Trank so vollendet gibt. Es fehlt ihr der
Schmelz der Stimme, und es wäre besser, daß nicht die gleiche
Künstlerin Fricka und Gutrune gäbe.
Deshalb hatten wir Frau Fleischer-Edel aufgefordert, die Gutrune
zu übernehmen. Nun ergab es sich, daß so viel an der Elisabeth,
selbst von der einen Aufführung zur anderen, zu arbeiten war, daß
man ihr das Studium der Gutrune erließ, um die eine Aufgabe
vollkommen zu bringen und sie bei Frische der Stimme und Lust
der Arbeit zu erhalten. (Gutrune fiel ihr sehr schwer.)
Nun handelte es sich darum, ob man eine bewußte, gewiegte, dem
Bayreuther Stil verkörpernde Künstlerin für eine unbedeutende,
jüngere Sängerin aufgäbe, weil diese eine frischere Stimme habe?
Nach meiner Erfahrung in diesen Dingen und wissend, welch ein
Hauptgewicht immer auf das Drama und nicht auf die Stimme
gelegt wurde, entschied ich für Beibehaltung von Frau Reuss.
Jetzt, wo Frau Fleischer ihre Elisabeth kann, würde ich das nächste
Mal die Gutrune, welche zu den schwierigsten Aufgaben gehört,
gründlich mit ihr durchnehmen und sie ihr zuweisen.

An Adolf von Gross
Riedberg, Partenkirchen, 1. 10. 1904

Mein einziger Adolf,
Anbei Hadwigers Brief. Ich wollte ihn bei von Zur Mühlen ausbilden
lassen, weil der alles kann, was nur ein Tenor zu leisten hat. Nun geht
es nicht, und da scheint mir Felix Kraus, der selbst seine Stimme zu
solcher Vollendung ausgebildet hat, der beste Ersatz.

Nun weiß ich nicht, wieviel Fidi ihm ausgestellt hatte. Willst Du so gut sein, das nach Deinem Ermessen zu regeln, und durch Schuler ihm schreiben lassen. Möchte etwas Gutes für unsere Sache daraus erblühen!

Eva dankt sehr für Deine Zeilen. Ob ihr Opfer etwas nützt? Das kann ich nicht sagen, ich weiß nur, daß unter den Umständen es nötig ist, daß Loldi mit Mann und Kind fortzieht. –

Bitte schreibe mir ja keinen ausführlichen Brief! Quäle Dich nicht damit! Ich weiß ja alles.

Wir hatten einen wundervollen Tag heute und verbrachten ihn ganz im Freien. Wir kommen soeben vom Eibsee zurück, wo wir viel an Dich und Marie dachten.

Lasest Du Marsop in den »Neuesten Nachrichten«? Sie scheinen wirklich auf die abenteuerlichsten Gedanken zu geraten.

Ich lege noch einen kurzen Zusatz zu meiner gestrigen Liste als P.S. und grüße Dich mit Eva auf das innigste.

Treu Deine CW.

P.S. »Wir sind auf das Publikum angewiesen«, gewiß, aber wir haben auch die Aufgabe, dieses Publikum immer verständnisvoller für den Charakter unserer Leistungen zu machen, und diese ist uns bereits in bedeutendem Grade gelungen. Zum Beispiel die Wiborg hatte in keiner Weise die Stimme, welche für den II. Akt erforderlich ist. Mit einem gewissen Recht fiel sie daher im ersten Jahre durch; da sie aber für mein Gefühl die Gestalt der jungfräulichen Heiligen, im Gegensatz zu den üblichen Heroinen, verkörperte, hielten wir an ihr fest 3 Jahre lang und setzten sie durch.

Mit Burgstaller war es nicht unähnlich, der auch zuerst durchfiel, das heißt viele für sich und noch mehr gegen sich hatte. Und so würde es mit Matray ergehen.

1905

Mein einziger Adolf,
Nun ist das eingetroffen, was Eva und ich mit Bangen seit Monaten unheimlich nahen sahen! Du und wir in Wahnfried können den Verlust ganz ermessen. Für unseren Freund Julius Kniese war der Tod eine Befreiung, wir müssen ihn ihm gönnen, denn er ging einem schweren Siechtum entgegen, und die Abnahme seiner Kräfte, seine zunehmende Schwerhörigkeit, hätten ihm eine Prüfung auferlegt, welche, zu dem Kreuze gesellt, das ihn niederbeugte, schrecklich für ihn gewesen. So gönnen wir ihm, ich wiederhole es, diesen erlösenden Tod, ganz seiner würdig, inmitten der Arbeit, nach soeben vollbrachter großer Aufopferung voller Leistung.
Mit wehmütiger Befriedigung blicke ich zurück auf unsere gemeinsame Tätigkeit, wo wir stets eines Geistes waren, indem wir beide voneinander wußten, was wir erstrebten. Am liebsten wäre ich jetzt nach Bayreuth gefahren, aber Eva wollte es nicht leiden; Siegfried wird da sein und unser Haus am besten vertreten.
Denke Dir, mein Adolf, daß seit gestern mittag sind Eva und ich wie schwer belastet umhergewandelt, wir konnten beide die Nacht kaum schlafen, Eva hatte einen kurzen Traum auf Kniese und die Festspiele bezüglich, und heute früh erschien uns unser gewohnter liebgewordener Spaziergang wie verwandelt. Da traf Siegfrieds Telegramm ein! Willst Du die Güte haben, einen schönen Kranz mit den Worten: »Das dankbare Haus Wahnfried« zu besorgen?
Gerne wüßten wir, ob der Freund ein vertrautes Wesen bei sich in der entscheidenden Stunde hatte?
Doch das erfahren wir alles. Mehr kann ich Dir nicht sagen. Er hat ein schweres Dasein gehabt, aber auch ein Leben, welches der höchsten Kunst gewidmet war und daher erhebend und wert, gelebt zu sein. – Sei in dieser ernsten Stunde von mir mit innigster Liebe gegrüßt!

CW.

Nachruf auf Julius Kniese 1905

> Immanuel Kant ruft aus: »Pflicht! du erhabener großer Name, der du nichts Beliebtes, was Einschmeichelung bei sich führt, in dir fassest, sondern Unterwerfung verlangst, doch auch nichts drohest, was natürliche Abneigung im Gemüte erregte und schreckte, um den Willen zu bewegen, sondern bloß ein Gesetz aufstellst, welches von selbst im Gemüte Eingang findet, und doch sich selbst wider Willen Verehrung (wenngleich nicht immer Befolgung) erwirbt, vor dem alle Neigungen verstummen, wenn sie gleich insgeheim ihm entgegenwirken, welches ist der deiner würdige Ursprung?«

Ein echter Mann, ein treuer Mann, in welchem Pflicht und freie Neigung zu einem sich verbanden, ein wahrer Bayreuther, ist von uns geschieden.

Viel ist damit gesagt!

Längst sind die Zeiten vergangen, wo es galt, die Werke des Meisters zu verbreiten und zu vertreten, wo Franz Liszt mit einer kleinen Schar begabter und herzhafter Jünger, unter Verleugnung jedes persönlichen Interesses, angefeindet von allem, was in Macht und Ansehen stand, diese Aufgabe erfüllte.

Auch die Zeit ist vorüber, wo König Ludwig II. dem Meister ein sorgenloses Leben schuf und »Tristan und Isolde« eine Aufführung zusicherte, welche ihm auf allen Bühnen Deutschlands damals versagt war.

Überall werden jetzt die Werke des Meisters gegeben, und es gibt wohl kaum einen Künstler, der sie nicht mit Vorliebe dirigierte oder vortrüge, keinen Intendanten, der sie nicht unter Andrang der Zuschauer gern aufführte.

Bayreuther Künstler aber zu sein, und zwar in der vollen Bedeutung des Wortes, das gilt es jetzt. Dies heißt, einer Sache dienen, lediglich um ihretwillen, Opfer bringen, Mut bewähren, Gesinnung betätigen.

Julius Kniese war ein solcher Künstler, und indem wir ihn als Beispiel hinstellen, widmen wir die Betrachtung seiner Bedeutung und die Untersuchung dessen, worin Wesen und Wirken des Bayreuther Mannes besteht, der treuen Bayreuther Gemeinde, Künstlern wie Laien, welche mit uns um den Dahingeschiedenen trauern.

Jeder wird bei unseren künftigen Festspielen seiner gedenken. Das

Bild seiner Persönlichkeit hat sich in seiner Originalität jedem eingeprägt. Sein wachsames Auge, sein geschäftiger Gang, der kurz angebundene Ton seiner Rede, sein stets bereites Eingreifen – jedem, der diese Äußerungen seiner Tatkraft erlebte, bleiben sie unvergeßlich.

Seine Ausdauer war sprichwörtlich geworden, wie denn der Witz »Perpetuum probile« humoristisch das Staunen über diesen Eifer ausdrückte. Alles bedachte und bemerkte er, jedem Schaden oder Mangel half er sofort, immer vorbereitet, ab, auf alle Zufälligkeiten des Bühnenlebens immer gefaßt. Noch in den Zwischenakten sah man ihn eiligen Schrittes mit Sängern, deren er nicht ganz sicher war und die er als Reserve vorbereitete, sich in die Stadt begeben, um mit ihnen zu arbeiten, dann hinauf und im Festspielhaus die Bühnenleitung wieder übernehmen, stets der erste und der letzte auf dem Posten. Die Verteilung der Tätigkeit unter die musikalische Assistenz, diese schwierigste Aufgabe, löste er täglich auf das genaueste in der Festspielzeit, wie er das ganze Jahr hindurch diese organisatorische Befähigung bewährte, indem er fast in jeder Stadt Deutschlands, welche ein Theater besitzt, Beziehungen unterhielt, durch welche er von allem unterrichtet wurde, was für Bayreuth in Betracht kommen konnte. Er war förmlich, durch alle Betriebsamkeit seines Fleißes hindurch, auf der Lauer nach jungen Talenten, immer wunschbeseelt gespannt darauf gerichtet, Bayreuth eine neue Kraft oder auch nur ein verwendbares Mitglied zuzuführen; freilich öfters vergeblich. Doch, wenn auch hierüber wehmütig gestimmt, verzweifelte er nie und bewies hiermit, welch eine Tugend wir in der Hoffnung zu verehren haben.

Wenn Buffon sagt: »le génie c'est la patience«, so darf man von Kniese sagen, daß er das Genie der Geduld hatte, was bei seinem leidenschaftlichen Temperament besonders auffallen muß. Wo er auch nur die geringste Möglichkeit einer Leistung erblickte, setzte er an und ertrug mit nie versagender Langmut alles, was Unbegabung oder Trägheit seinem Bestreben entgegenstellte. Durch diese Tugenden der Hoffnung und der Geduld erwies er sich als Förderer der Sache Bayreuths, indem es dafür bei weitem mehr darauf ankommt, das Gute zu erblicken, um es zu stärken, und sich dabei vor Täuschung und vergeblicher Arbeit nicht zu scheuen, als kritisch zu verfahren und sich von vornehrein von den so leicht zu erkennenden Mängeln abstoßen zu lassen. Über fertige Leistungen war sein Urteil dagegen von unerbittlicher Strenge.

Zu dem Genie der Geduld gehörten dann auch die sich selbst auferlegten Nebenarbeiten, von welchen ihm keine zu gering und keine zu schwierig erschien. In frühester oder spätester Stunde konnte man zuzeiten ihn umringt von den bereits öfters durchgenommenen Stimmen sehen, indem er auf die Bemerkung, weshalb er sich denn einer solchen Mühe abermals unterzöge, erwiderte: »Man kann nie wissen, ob nicht ein Fehler, trotz vieler Korrekturen, durchgeschlüpft ist.« Als es sich um die Abschrift der vor kurzem in Druck erschienenen Fantasie in fis-Moll handelte, wurde er um die Empfehlung eines zuverlässigen Kopisten ersucht. Er bat um die Erlaubnis, das Stück anzusehen, um es kennenzulernen; tags darauf – obgleich er um diese Zeit mit Proben aller Art überhäuft war – brachte er die Abschrift, von seiner Hand gemacht.

Niemals wäre auch nur ein Teil von dem, was er leistete, von ihm erwartet oder gar verlangt worden. Alles geschah von ihm aus, eigenwillig, angetragen, und so gehörte er zu den Freien, die sich selbst ihr Gebot stellen und diesem dann unverbrüchlich gehorchen. Sein empfindliches Ehrgefühl hätte es nicht gelitten, daß man ihm mit einem Anliegen oder auch nur mit einer Anfrage zuvorkam.

Seine Sorgfalt kam der Geschwindigkeit seines Eingreifens gleich. Er verband beim Studium Leidenschaft und Langmut. Wer ihn in steter, mannigfaltigster Tätigkeit beobachtete, mußte sich sagen, daß einzig die Begeisterung für das Höchste in der Kunst diese staunenerregende Willenskraft und Energie in steter Spannung erhalten konnte. Daher stellten wir seine Rastlosigkeit unserer Betrachtung voran. In ihr offenbarte sich das heilige Feuer, welches Kniese durchdrang, seiner Persönlichkeit einen unvergleichlichen Wert gab und den Leistungen der einzelnen, die bei ihm studierten, sowie namentlich auch des Chores, ihre hinreißende Wirkung verlieh.

Unter den unzähligen Beispielen heben wir eines hervor.

Im Jahre 1894 sollte »Lohengrin« in Bayreuth nach den Angaben des Meisters neu inszeniert werden. Der Taumel des Jubels am Schluß des I. Aktes, wie es die dramatische Handlung erheischt und wie die Regie ihn forderte, machte große Schwierigkeit. Unter anderen Bewegungen hatte eine Gruppe von Frauen sich von einer kleinen Anhöhe herabzustürzen, um mit dem übrigen Chor Lohengrin und Elsa zu umringen. Unzufrieden mit der Ausführung, rannte Kniese zu den Sängerinnen und rief ihnen zu: »Feuriger, meine Damen, feuriger, das ist matt, matt, matt!« Endlich stellte er sich selbst an die Spitze und führte sie mit dem übrigen Teil des Chores leidenschaftlich

Jugend und Alter: Cosima Wagner, Zeichnung von Friedrich Preller, 1855

Cosima Wagner, Zeichnung von Max Slevogt, 1928

an, ausrufend: »Das ist zu schön, vorwärts, vorwärts!« Gewiß ist allen, welche der Aufführung beiwohnten, dieser Aktschluß in seiner zündenden Wirkung unvergeßlich geblieben.

Dieser Wirkung müßte man die der Begrüßung Hans Sachs' seitens des Volkes vor und nach der Anrede im III. Akt der »Meistersinger« zur Seite stellen und so manches andere. Allein es will uns überflüssig dünken, die Leistungen der Chöre unter seiner Führung noch eingehender zu erwähnen, denn sie sind derart bewundert und als unvergleichlich gepriesen worden, daß unser Wort gegenüber dem sicher fortlebenden Eindrucke kalt und dürftig erschiene.

Was ferner keiner Erörterung bedarf, da es in der Erinnerung ebenfalls fortdauert, das ist die hervorragende Bedeutung seines Studiums mit den einzelnen Sängern. Bereits im Jahre 1882 hörte man den damaligen ersten Gurnemanz, Scaria, mit seiner laut klingenden Stimme bei den Proben im Festspielhause herrisch rufen: »Kniese, ich will Kniese!«

Aus der Inbrunst des Herzens, welche das heilige Feuer entzündete, das ihn durchdrang, entsprang auch seine Opferwilligkeit.

Jedem, der es erlebte, wird es in Erinnerung bleiben, wie nach dem Tode seiner Mutter, für welche er stets, auch in der engsten Beschränktheit, liebevoll gesorgt und die er in seinem Hause beherbergte, er unmittelbar nach ihrer Bestattung sich schleunigst an seine Arbeit begab.

Unglaublich wird es klingen, wenn wir sagen, daß der Überbeschäftigte sich nie Ferien gestattete, sondern sich nach den Sängern und ihrem Urlaub richtete und zu Weihnachten, Ostern und im Herbst in die verschiedenen Städte sich begab, wo diese sich aufhielten, um mit ihnen in ihrer freien Zeit das Studium zu begehen. So gönnte er sich auch niemals während der ganzen Festspielzeit einen Ausflug, wie an den Pausetagen mit Fug und Recht alle Mitwirkenden zur Erholung ihn genossen.

Das letzte Wort, welches er vor dem Lebewohl in Wahnfried sprach, war: »Frau X. kann diesen Sommer nicht kommen? Ich werde meine Herbstferien bei ihr zubringen.« Und da gab es kein Abmahnen, kein Zurückhalten. Ja, sogar da, wo es nicht unmittelbar dem Dienst der Sache galt und wo seine Beschäftigung wie seine Gesundheit ihm die Selbstaufopferung bis zum äußersten erschwerten, trieb es ihn unwiderstehlich, sie zu vollbringen, wovon hier ein Beispiel für viele aufgeführt werden möge.

Gegen Ende März war ein Empfangsabend in Wahnfried, an

welchem einige Künstler sich hören lassen sollten. Kniese war von Regensburg mit einer heftigen Erkältung, die sich besonders auf die Augen geworfen hatte, zurückgekehrt. Vergeblich wurde er beschworen, doch einem andern die unwichtige Begleitung zu überlassen, da es sich nicht um Mitwirkende bei den künftigen Festspielen handle. Allen zum Trotze stellte er sich ein; zwischen jedem Gesangstücke mußte der Arzt sein tränendes Auge einträufeln, und erst als das Programm zu Ende gebracht war, bat er mit seiner schlichten Schicklichkeit, sich entfernen zu dürfen. Der ernst ausgedrückten Besorgnis um seine, in diesem Falle so leicht zu vermeidende, Anstrengung erwiderte er kurz: »Es gibt Schlimmeres.«

Als er in Wahnfried vor seiner letzten Fahrt nach Dresden dringend ersucht wurde, sich zu schonen, endlich seiner zu gedenken, war seine im trockenen Ton gesprochene, aus der tiefsten Innigkeit und Herzlichkeit kommende Antwort: »Jetzt kommt es darauf an, daß *Sie* sich erholen.«

Dieser kurz angebundene Ton seiner Rede hat manchen verletzt und wurde ihm zuweilen als Barschheit, ja als Ausdruck der Anmaßung gedeutet; er war aber nur die Form des Eifers und der Eile im Dienst der Sache; Kniese war bescheiden. Er erschwerte es einem, die Anerkennung seiner Verdienste im ganzen wie der Leistungen im einzelnen ihm auszusprechen. Für ihn verstand sich das Übermaß der Hingebung von selbst. Dies machte ihn schroff, und seine mit einem heftigen Temperament verbundene Verschlossenheit stempelte sein Wesen zu einem im geselligen Umgang schwierig zu nennenden Charakter. Dazu war er mißtrauisch. Man darf aber nicht vergessen, daß diese Eigenschaft seines Naturells, welche ihm manche Verkennung zuzog, für sein Amt notwendig und ein Erfordernis seiner verantwortlichen Wachsamkeit war. Bedenkt man, welche Erfahrungen der Lässigkeit wie des Leichtsinns ihm zur Genüge auferlegt waren, so wird man begreifen, daß der Argwohn fast zu seiner Pflichterfüllung gehörte. Er forschte und forschte nach, erkundigte sich, prüfte aufs neue, stets auf Arges gefaßt, nur den eigenen Augen trauend. Es ist ihm dies wohl als Herabsetzung des anderen und als Überhebung seiner selbst gedeutet worden, doch mit großem Unrecht; dieser Charakterzug war eine Bedingung seiner Bestimmung, und wir wiederholen es mit Nachdruck, Kniese war im Grunde des Herzens bescheiden. So hat er zum Beispiel niemals von seinen Kompositionen gesprochen, die hier erwähnt werden mögen, weil sie der Beachtung wert sind. (Sie bestehen aus einigen Heften Lieder, einer symphonischen Dichtung »Fritjof« und zwei dramatischen Versuchen »König Wittichis« und »Schneewittchen«.) Auch empfand er eine rührende, fast kindliche Dankbarkeit für die kleinste Aufmerksamkeit, wie sie die verschiedenen Gelegenheiten des Jahreslaufes im vertraulichen Umgange von selbst mit sich bringen.

Bei den äußersten Forderungen, die er an sich stellte, ist es begreiflich, daß er von den anderen viel erwartete; des öfteren enttäuscht, entlud er ab und zu seine Bitterkeit in ironischen, kurzen Scherzworten, denn er war mit dem schlagfertigen Musiker-Witz begabt, welcher leicht etwas Maliziöses an sich hat (wie wir es unter anderem in den Briefen Zelters an Goethe bemerken). Einem jungen Musiker, welcher ihm ein Heft Variationen zur Beurteilung brachte, sagte er: es ist gut, so muß man's machen, wenn man nicht Beethoven ist und nicht Brahms werden will. Fehlte ihm die Zeit auch zum flüchtigsten Wort, so drückte sein Blick die kleine Malice blitzartig aus. Der ihm wie zu seinem Schutze verliehene Witz verhalf ihm unter Gleichgesinnten zur ausgelassenen Heiterkeit, wenn der Abstand zwischen dem Erstrebten und dem Erreichten ihm hier und da in seiner Unermeßlichkeit humoristisch aufging. Er war gerecht und hat öfters sein strenges Urteil zur Nachsicht gewendet, wenn er die Notwendigkeit davon einsah. Niemals konnten ihn persönliche Erfahrungen dazu verleiten, Mitwirkende auszulassen oder hinzuzuziehen.

Vor längerer Zeit handelte es sich um die Beteiligung eines Künstlers, mit dem er sich entzweit hatte. Sein bündiges Wort bei der Beratung lautete: »Er war ungezogen gegen mich – er ist brauchbar – nehmen Sie ihn.«

Daß die Wahrhaftigkeit den Grund dieser rechtschaffenen Natur bilden mußte, dies bedarf nach dem Gesagten wohl kaum der Erwähnung. So klug und behutsam er sich in der Behandlung der Menschen erwies, die er zu einem bestimmten Ziele zu führen wünschte, so schonungslos aufrichtig verfuhr er, wenn er die Vergeblichkeit des mühsamen Trachtens erkannte. Er war unbedingt offenherzig gegen seine Freunde, wovon hier ein kleines Beispiel für viele genügen möge. Einer von ihnen hatte ihm eine Komposition von sich zur Aufführung zugesandt. Er erwiderte darauf:

»Die Komposition, die Du mir schicktest, kann ich leider nicht verwenden. Erstens taugt sie nicht viel, und zweitens habe ich keinen

Platz dazu, ich führe nur große Sachen auf. Ich schicke sie Dir
nächstens wieder zurück.«
Seine Zuverlässigkeit war daher von allen erprobt. Verbunden mit
Verschwiegenheit und einer peinlichsten Pünktlichkeit wurde sie von
den Teilhabern und Mitwirkenden an dem schwierigen Bayreuther
Unternehmen wohltätig empfunden und geachtet.
Jeden Brief, den er erhielt, beantwortete er unmittelbar; er faßte
seine klare Antwort auf einem mit sauberem Rand versehenen
Bogen, in einem musterhaft einfachen Stil, mit schöner, lateinischer,
selbst in der Hast stets gleichmäßigen Handschrift, unter strikter
Beobachtung der höflichsten Form. Aus diesen Briefen konnte man
Knieses überlegene Bildung, welche er sich inmitten der Not und
Bedrängnis aneignete, deutlich erkennen. Diese Bildung war derart
gefügt und gefestigt, daß sie ihn vor jeder Verirrung nach den
ephemeren Erscheinungen hin schützte. Es genügte, in seine einfache
Behausung zu treten, um den Geist, der darin herrschte, zu erkennen.
An den Wänden seiner Arbeitsstube und seines Wohnraumes hingen
Bilder von Hans Thoma (welche dieser dem Freunde in der
Frankfurter, für beide prüfungsvollen Zeit verehrte), die Abbildung
der heiligen Cäcilie von Raffael, das Porträt Dürers und Holzschu-
hers. Auf Postamenten standen die Büsten von Schopenhauer (den er
gründlich studiert hatte), von Bach, Franz Liszt und dem Meister. In
seiner Bibliothek erblickt man die deutschen Klassiker, welche er
genau kannte. Zu diesen rechnete er die »Gesammelten Schriften«
des Meisters, welche er so gut wie auswendig wußte. (Seine Lektüre
des vergangenen Winters bestand aus den von Biedermann herausgegebenen Gesprächen Goethes.) –
Der musikalische Teil dieser Bibliothek enthielt, nebst den bedeutenden Werken anderer Meister aller Zeiten, die große Bach-Ausgabe,
welche ihm der Rühlsche Gesangverein in dankbarer Anerkennung
seiner Leistungen in Frankfurt verehrte. Man darf sagen, daß er sich
beständig mit Bach befaßte und daß er von dessen Geist, wie wenige,
durchdrungen war.
Gewissenhaft bis zum Pedantismus, lehnte er die Versuche, Bach neu
zu instrumentieren, als anstößig, ja ihm zuwider ab; wie überhaupt
jede Willkürlichkeit und subjektive Auffassung in der Wiedergabe
der klassischen Musik. Er war darin unerbittlich. Kam man darauf zu
sprechen, so zuckte er mit den Achseln und schwieg, indem er es nicht
für der Mühe wert hielt, willkürliches Verfahren eingehend zu
erwägen. Seine Schroffheit in der Behandlung dieser Dinge äußerte

sich einst in einer Antwort, welche er bei einer Probe von »Parsifal« Hermann Levi gab. Als dieser mit freundlicher Rücksicht ihn um sein Tempo der Chöre bat, er wolle sich ihm fügen, erwiderte Kniese: »Nicht mein Tempo, nicht Ihr Tempo, *das* Tempo!« Die geistige Region, welche er aus eigenem Trieb aufgesucht hatte, konnte er nicht verlassen. Nie ist an ihn die Versuchung herangetreten, auch nur für Augenblicke, zugunsten noch so glänzender Erscheinungen, ihr untreu zu werden.

Zu dieser Region gehörten die »Bayreuther Blätter«, welche er mit Aufmerksamkeit las, und bedeutsam ist es wohl, daß die letzten Worte, die er sprach, ihnen galten. Er frug einen der Freunde, welche bei ihm in dem entscheidenden Augenblicke weilten, ob die Dresdener Bibliothek die »Bayreuther Blätter« hielte. »Bis zum Jahre 1894«, hieß es. »Sorgen Sie dafür, daß die fehlenden Jahrgänge angeschafft werden.« So verschied er in lebendigem Wirken für Bayreuth. Und es konnte nicht anders sein. Zu jeder Stunde konnte er abberufen werden, er wäre im Dienste der Sache getroffen worden; sein Wesen war aus einem Gusse, sein Leben bestand aus einer geraden Linie.

Zu diesem Wesen und zu dieser Linie gehörte sein Verhältnis zu Siegfried Wagner. Er wußte es, daß die Liebe und die Verehrung für den Meister die Teilnahme für dessen Sohn in sich schloß, dem das Erbe von Bayreuth zufiel. Mit scharfer Aufmerksamkeit verfolgte er Schritt für Schritt die Laufbahn des jungen Künstlers (dem er gründlichen Unterricht im Kontrapunkt gegeben) als Dirigent, Inszenierer und Komponist und nahm freudigen Anteil daran; nachdem Siegfried Wagner als musikalischer Assistent einige Jahre tätig gewesen, schrieb Kniese Dezember 1893 einen Brief, worin er mitteilte, er habe einen Weihnachtswunsch, den, daß Siegfried den »Lohengrin« im nächsten Jahre dirigieren möge. Er wisse, Siegfried würde es vorzüglich leisten. Gerührt und erfreut, erbat sich der junge Künstler diese Auszeichnung für eine spätere Zeit und verblieb bei der Assistenz.

Mit warmem Interesse wohnte Kniese den Aufführungen der Opern seines Freundes bei; der sonst Wortkarge und Zurückhaltende wurde bei diesen Gelegenheiten weich und mitteilsam, und wie er einst bei einer Kindervorstellung des »Lohengrin« in Wahnfried sich antrug, die Musik dazu zu übernehmen, bot er sich für das gleiche bei Gelegenheit eines Puppenspiels des »Bärenhäuter« an. Auf die Bitte, sich doch damit nicht zu bemühen, erwiderte er: »Das Werk, Musik

und Dichtung, gefällt mir, ich spiele es zu meinem Vergnügen.«
Ungetrübt verband die edelste Beziehung den erfahrenen und den
jugendlichen Kunstgenossen. Das gegenseitige Vertrauen und die
gemeinsame Tätigkeit führte sie oft in heiterer, ja übermütiger
Laune, wie sie dem enthusiastischen, selbstvergessenen Dienst einer
großen Sache einzig entspringt, auf der Bayreuther Bühne im
lodernden Feuer der Tätigkeit zusammen. Der Scherz war dann der
freundliche, flüchtige Ausdruck des tiefsten Ernstes und Einverständnisses.

Als Siegfried Wagner, zwei Jahre, nachdem er den »Fliegenden
Holländer« inszeniert hatte, die gleiche Aufgabe für den »Tannhäuser« zu lösen erhielt, sagte ihm Kniese, wie er dessen Anforderungen
an den Chor vernommen: »Du machst es einem schwer, aber – es
wird gemacht.«

Man erinnert sich gewiß des gewaltigen Eindruckes, den unter
anderem der Schluß des zweiten Aktes (das Eindringen der gesamten
Ritterschaft auf Tannhäuser) auf alle hervorbrachte.

Zu stark beschäftigt, um öfter den Orchesterproben beizuwohnen,
machte es Kniese fast immer möglich, wenn Siegfried am Pulte stand,
anwesend zu sein. Da schlug sein Herz. Das war der Sohn seines
Meisters, das Bayreuther Kind. Hier, wie stets und überall, bekundete er sich als echt und treu.

An Engelbert Humperdinck
Bayreuth, 13. 7. 1905

Mein teurer Freund!
Haben Sie Dank für Ihre so warme und wohlwollende Aufnahme
meiner bescheidenen Schrift.
Es ist mir von großem Werte, von solchen, die, wie Sie, fähig sind,
Knieses Bedeutung zu erkennen, das Zeugnis zu erhalten, daß es mir
gelang, wenn auch nur einigermaßen, seine Persönlichkeit in ihrer
originellen Unvergleichlichkeit wiederzugeben.
Mir fehlt er auf Schritt und Tritt, denn mit niemanden unter unseren
Künstlern habe ich so verkehrt, ja (und Sie werden mich verstehen)
selbst die fast täglichen Schwierigkeiten, die mir durch sein eigenartiges Naturell erwuchsen, fehlen mir, denn ihre Lösung, welche mir
stets gelang, brachte uns immer näher und hat uns manchen
humoristischen Augenblick gespendet.

Mit Rührung und Dank empfing ich Ihren Wunsch, uns zu helfen, und
Ihre seltene Individualität sprach ergreifend zu mir aus den Worten,
durch welche Sie diesen Wunsch mir kundgeben!
Wir sind nun wieder bei der Arbeit. Beidler und Müller (letzteren
haben wir hierher berufen, und er ist bereits übergesiedelt) teilen sich
darin, und es geht gut vorwärts. Wir bereiten für das nächste Jahr
»Parsifal«, den »Ring« und »Tristan« vor. Freilich hält es schwer, die
Kräfte zu finden, denn bei uns liegt alles recht im argen. Aber jeder
Tag bringt doch einen kleinen Schritt vorwärts, und wenn es eine
Stellung ist, ein Takt oder eine Zeile, die richtig gebracht werde.
Abseits dessen, was man zustande bringt: was man tut und leidet,
erfüllt sich das innere Leben wie nach einem Naturgesetz, und je älter
man wird, je sichrer empfindet man, daß es auf dieses innere Leben
ankommt.
Siegfried schickt Ihnen seinen »Bruder Lustig«. Er hätte es früher
getan, wenn wir Sie nicht auf Reisen vermuteten. Dieses Stück zeigt
abermals, wie verwachsen er mit dem deutschen Volke ist, mit seiner
Geschichte, seiner Sage und seinem Aberglauben. Daher ist alles
echt darin. Die Lebendigkeit der Handlung wird Sie unterhalten, und
als einen der glücklichsten Züge erkenne ich es, daß in dem Turm bei
der Urme der Zauberspuk wahrhaftig, die Lebenserscheinung
dagegen ein Trug ist. Die schwere Aufgabe des guten Schlusses, den
III. Akt, hat er, meine ich, glücklich gelöst. Nun, Sie werden selbst
sehen.
Die Aufführung soll in Hamburg Mitte Oktober stattfinden. Der
»Kobold« wird vorangehen, wenigstens so hören wir, und in Kiel
bringt Kapellmeister Mörike um dieselbe Zeit den »Bärenhäuter«.
Betrachtet man diese vier Stücke, so erscheinen sie sehr verschieden,
ein jedes in seiner Art, und dabei sind sie alle unverkennbar
siegfriedisch, und würde man, glaube ich, gleich den Autor erraten, in
der Musik sowohl wie im Text.
Auch uns berauscht hier sanft der Lindenduft bei unseren abend-
lichen Spaziergängen. Die Vögelchen singen noch, und trotz der
großen Eindrücke in der südlichen Landschaft wirkt unsere Gegend
mit stiller Beschwichtigung auf uns.
Blandine ist hier mit ihren Kindern, und Thodes kommen anfangs
August. Außer unseren Werken und Schriften (ich las zuletzt
»Zukunftsmusik«) befasse ich mich mit den Briefen Friedrichs des
Großen und noch immer mit Goethes Zelter. Kennen Sie letzteren
Briefwechsel? Er erscheint mir als der bedeutendste unter den

Goetheschen; er ist da zugleich entrückt und vertraulich, und ich
weiß kaum eine Stimmung des Lebens, wo er nicht Trost und
Ermutigung gewährt.
Leben Sie wohl, mein teurer Freund, grüßen Sie die lieben Ihrigen
alle von uns, und seien Sie in treuer Anhänglichkeit gegrüßt von

Ihrer CWagner

An Richard Batka
Bayreuth, 11. 11. 1905

Sehr geehrter Herr,
Es wurden uns – vermutlich auf Ihre Veranlassung – zwei Exemplare
Ihrer Besprechung des »Bruder Lustig« zugesandt; weder mein Sohn
noch ich haben diese gelesen, weil jeder von uns durch die
vorbereitende Arbeit zu unseren nächstjährigen Festspielen stark in
Anspruch genommen ist. Aber meine Tochter hat einen Blick
dareingeworfen, und was sie mir daraus mitteilte, bewegt mich zu
diesen Zeilen.
Wenn es Ihnen gelungen ist, analytisch nachzuweisen, daß das Stück
kein gut gemachtes ist, nicht richtig in drei Akte gegliedert, daß es
keine Gestalten vorführt, aus denen fesselnde Situationen entstehen,
und daß es ohne inneren Zusammenhang mit der Volkssage steht;
wenn es Ihnen in bezug auf die Partitur aufzudecken glückte, daß sie
keine Themen enthält, daß ihre Bearbeitung eine mangelhafte sei,
daß es ihr an Polyphonie, Instrumentationskunst und Wohllaut
gebricht;
so waren Sie als Kritiker nicht nur dazu berechtigt, sondern es war
Ihre Verpflichtung, es zu tun.
Wovon mir berichtet wurde und worüber ich zu sprechen gedenke,
das ist über das Ärgernis, welches Sie an der Aufnahme des Werkes in
Hamburg nehmen und welches bei jedem Leser einen begründeten
starken Zweifel an der Gerechtigkeit Ihrer summarischen Verurteilung des Werkes erwecken muß.
Daß mein Sohn durch sein lauteres Wesen, durch die Unerschrockenheit, mit welcher er den so gehemmten Weg weiter beschreitet, durch
seine eigenartige mannigfaltige, schaffenskräftige Begabung sich
Freunde gewann, und zwar echte, bewährte, treue Freunde der
Bayreuther Sache, daß ein Teil von ihnen sich bei der ersten
Aufführung eines seiner Werke in einer kleinen Gruppe einfindet

und an dem Werke eine Freude hat, *das* gönnen Sie dem Sohn des Meisters nicht? (Daß diese kleine Gruppe ein großes Publikum, wie das uns gänzlich unbekannte des Hamburger Theaters, in 4 Aufführungen nicht beeinflussen kann, das sagen Sie sich wohl selbst, sehr geehrter Herr!) Wunderlicherweise erinnerte mich Ihre ärgerliche Bemerkung fast Wort für Wort, nach dem Bericht, an eine Äußerung, welche vor langen Jahren bei dem ersten Auftreten meines Vaters als Komponist eine förmliche ausgegebene Parole war. Damals hieß es, »die Pression« über das Publikum wäre von den anwesenden Bewohnern der Altenburg und von den Schüler-Freunden meines Vaters ausgegangen.

Wie mein Vater dies vernahm, lächelte er und sagte, er wünschte, er hätte so viele Freunde, um einen großen Saal zu füllen, und brauchte nur für diese zu musizieren, denn von Feinden erwarte er sich kein Verständnis. Damals blieben meinem Vater die vornehmeren Konzertsäle verschlossen (Gewandhaus etc.), und ich bin es gewohnt worden, alles, was ich liebte und verehrte, in der Weise behandelt zu sehen, wie Sie es mit meinem Sohne anstellen, daher kann ich mich mit Gleichmut darüber auslassen.

Ich wiederhole, Sie gönnen es ihm und unserer Sache nicht, daß seine Individualität von edlen Menschen erkannt und innig geschätzt wird und daß es festlich zugeht, wenn er ein Werk von sich bringt.

Was werden Sie dazu sagen, wenn ich Ihnen noch den Verdruß bereite, Ihnen mitzuteilen, daß unser ganzes, großes Personal hier in Bayreuth, welches sein Wirken und Schaffen kennt, ihn liebt und innig schätzt und daß alle Sänger gern in seinen Opern singen?

Auch täuschen Sie sich, glaube ich, über die Wirkung einer Gehässigkeit, wie sie aus der Erwähnung des Kultus, der mit meinem Sohne getrieben wurde, hervorspringt.

Jemand, dem ich meine Verwunderung über diesen Ton aussprach, erwiderte mir: »Vergessen Sie, gnädige Frau, nicht, daß Herr Batka Operntexte schreibt.«

Nun habe ich aber meine eigene andere Erklärung für das, was mich verwunderte: Es geht den meisten in der Kunst Arbeitenden, Kritisierenden, sich Drücken- und Drängenden nicht gut, sagen wir schlecht. Unzufriedenheit mit dem Beruf, mit den Umständen, auch wohl zuweilen mit sich selbst, macht sie unfreudig und unfreundlich. Kommt an einem innerlich und äußerlich häßlichen Herbsttage die Nachricht, daß es in demselben Augenblicke einem anderen, harmonisch ausgestatteten jungen Menschen gutgeht, so wurmt einen das, man wird verstimmt, und man muß es ihm versetzen. Wäre meine Erklärung nicht die richtige und hätten nur Bosheit und Mißgunst Ihre einer vornehmen Kritik nicht würdige Besprechung der warmen Aufnahme des »Bruder Lustig« eingegeben, so bliebe mir Ihnen gegenüber, sehr geehrter Herr, den ich als Vertreter unserer Sache einst freundlich beachtete, noch eines übrig: Sie von ganzem Herzen zu bedauern.

Gewiß wird es weder mir noch meinem Sohn leichtgemacht, und wer mit unbefangenem Sinn unsere Aufgabe sowohl wie die Schwierigkeiten, welche uns in den Weg gelegt werden, betrachtet, wird uns seine Sympathie und seine Teilnahme, wenn einmal etwas inmitten der Feindseligkeit uns gelingt, nicht verweigern; dennoch und allem zum Trotz muß ich uns als die Bevorzugten betrachten, wenn ich uns mit denen vergleiche, die uns ein freundliches Erlebnis mißgönnen. Der Charakter meines Schreibens gestattet es mir, anstatt mit der üblichen konventionellen Formel bedeutungsvoller mit dem Ausdruck eines Gefühles rein menschlich zu schließen

C. Wagner

1906

An Wolfgang Golther
Berlin-Lichterfelde, 13. 3. 1906

Lieber Freund,
Im Krankenhaus wird das Schreiben untersagt, daher muß ich notgedrungen meinen Dank für Ihre liebenswürdigen Zeilen und Sendung im Stile Cäsars abfassen!
Daß man bei der Zusammenstellung des Programmes eines Konzertes zugunsten unserer Stipendienstiftung nicht einen Augenblick sich darauf besinnt, etwas aus den 4 Werken meines Sohnes vorzuführen, gehört in jene Gedankenlosigkeit des Konzert-Unwesens, wie sie in dem einen Moment gipfelt, das »Hexenlied« nach dem Vorspiel von »Tristan« zu bringen!
Ich glaube, daß neben Zumpe (dem Dirigenten des Prinzregenten-Theaters), Schillings (dem Einweiher desselben!), Richard Strauss und zwischen seinem Vater und Großvater Siegfried Wagner sich ganz schicklich ausgenommen hätte!
Meines Erachtens muß Bergmann, wie jeder Sänger, sich nach seiner Stimme richten und sich hüten, diese anzustrengen. Siegfried könnte ihn geradezu ruinieren!
Die Kostüme von »Tristan und Isolde« habe ich genau nach dem entwerfen lassen, was ich im Jahre 65 darüber erfuhr; zugegeben, daß die Dichtung aus dem XII. Jahrhundert stammt, so ist sicherlich der Mythos früher entstanden (»Ein uralter Mythos«), und das heidnische Gepräge ist dabei wichtig. –
In Hamburg finden Sie ein auserlesenes Publikum. Thode sprach kürzlich dort »über die tragische Bühne von Bayreuth«, seine zahlreichen Zuhörer waren so begeistert, daß sie den Saal eine halbe Stunde lang nachher nicht verließen und ihn dann noch auf der Straße erwarteten.
Auf gutes Wiedersehen in Bayreuth bei einem, so Gott will, kräftig heidnischen »Tristan«!
Einstweilen freundlichste Grüße Ihnen und den lieben Ihrigen.
Treulichst

CWagner

An Ernst Erbprinz zu Hohenlohe-Langenburg
Bayreuth 8.–9. 8. 1906

Teuerster Erbprinz,
Wann könnte ich jemals ein Wort von Ihnen unerwidert lassen! und ein solches wie das, welches ich soeben mit tiefer Ergriffenheit las. Auch ich bin von Dankbarkeit dafür erfüllt, daß inmitten unserer jetzigen Welt Bayreuth noch immer lebendig sich erhalten darf. Stärker denn je empfinde ich es in diesem Jahre, wie unsere Zuhörer eine Gemeinde bilden, welche aus allen Ständen, aus den verschiedensten Lebensrichtungen sich hierher flüchtet, und ich hoffe, nicht übermütig zu sein, indem ich den Gedanken leise hege, daß, wenn die Stunde herannaht, das geweihte Werk einen Schutz durch diese Gemeinde erhalten wird.
Wir haben jetzt unter uns den Benediktiner-Pater Alten, Ihnen gewiß durch seine Bekämpfung der »Los von Rom-Bewegung« bekannt. Er gilt für einen Fanatiker, einen unerbittlichen Feind des Protestantismus – ich habe ihn nicht so empfunden – (freilich kenne ich seine polemischen Schriften nicht) –, und der Eindruck, den er mir gestern von dem Werke kundgab, zeigte es mir wieder, von welcher Bedeutung es ist, sein Leben einer Aufgabe zu widmen, von einer Überzeugung erfüllt zu sein, und alles Nichtige wie »eitlen Staub der Sonnen« nicht zu achten – (hier gedenke ich Ihrer, teurer Erbprinz, mit besonderer Versenkung in Ihr Wesen) –, auch Sie haben das Persönliche geopfert, das Widerwärtige einem höheren Ziele zuliebe auf sich genommen, [einer,] der immer seiner Stimme gefolgt, allem so begründeten und berechtigtem Entgegengesetztem unerachtet. In meinem Gespräch mit dem Pater sagte ich ihm, daß für mich das Ziel der christlichen Bestrebungen die unbedingte Anerkennung der Parität beider Konfessionen und damit die endliche Erlangung des Friedens sei – er erwiderte mir, daß die Bewegung, an deren Spitze er stünde, nicht gegen den Protestantismus als christliches Bekenntnis gerichtet sei, sondern gegen verderbliche politische Umtriebe, Aufrüttlung des Volkes.
Doch zu unseren Festspielen zurück – sie nehmen einen guten, ich möchte sagen, gesegneten Verlauf – vielleicht hörten Sie von dem seltsamen Vorgang am Schluß unseres III. [Aktes] »Tristan« – das elektrische Licht ging im Orchester und auf der Bühne aus bei den Worten: »Tot denn alles«. Felix Kraus [Marke] bewährte die Energie und das Talent, ohne Begleitung nicht nur glockenrein zu singen,

sondern mit gesteigertem Ausdruck noch der zart wehmütigen Klage den Ausruf »Erwache meinem Jammer« [hinzuzufügen] – Mottl dirigierte im Finstern weiter, und als nach 4 Minuten das Licht zurückkehrte, war in der Tat nichts gestört, und man konnte annehmen, daß mit Tristans Tod die Welt sich verfinstere. Das Publikum benahm sich musterhaft, und so wurde ein sonst stets peinlicher Vorfall zu einem schönen Erlebnis des Bayreuther Geistes und der Bayreuther Disziplin.

9. August.
Ich wurde gestern unterbrochen, und zwar für eine schwere Erfahrung – bis ½4 Uhr wußte ich nicht, *wer* »Parsifal« dirigieren würde. Aber auch hier habe ich eine schöne Tat zu bezeichnen; Balling, der in diesem Jahre nicht eine Probe von »Parsifal« leitete, übernahm das Werk und führte alles großartig durch, so daß ich wiederum neben dem Übeln unmittelbar Gottes Segen empfand. Möchte auf Ihrem schweren Wege dies auch Ihnen vergönnt sein. Mit diesem Wunsche schließe ich, indem ich Ihre königliche Hoheit die Frau Erbprinzessin zärtlich umarme und Ihnen, teurer Prinz und Freund, innig und fest die Hand drücke als Ihre herzlich ergebene

C.Wagner

An Franz Beidler
Bayreuth, 11. 8. 1906

Du hast es über das Herz gebracht, am Tage nach Deiner Leitung des »Parsifal«, in der Annahme, daß wir keinen Dirigenten für die abendliche Vorstellung hätten, eine dritte Aufführung dadurch zu erpressen, daß Du mir erklärtest, Muck möge dirigieren, Du tätest es nicht, wenn ich die 6. am 11. (elegantes Publikum!!) Dir nicht verspräche. Ähnliches hatte ich einst von Herrn Doehme zur Zeit des »Lohengrin« hier erfahren. Sonst nie und von niemand. Deine bejammernswerte Frau nahm alles auf sich und fand durch ihre Reue und ihr Elend den Weg zu meinem Herzen. So gewährte ich ihr noch eine Aufführung. Wenn sie mich um meinen Rat befrüge, würde ich ihr dringend zureden, sich von Dir zu trennen, da sie in eine Sphäre herabgezogen wird, die ihre große Natur zugrunde richten muß. Ich gebe ein Beispiel für viele:
Ihr habt beide geglaubt, daß Muck seine schwere Krankheit fingiere, um Dir einen Streich zu spielen! Man beurteilt die anderen nach sich, und derlei stammt nicht aus Wahnfried.

Hiermit beschließe ich die Berührung des Charakters und gehe zum Talent über.

Wenn ich 5 Aufführungen Muck zudachte und Dir zwei, so ist es, weil seine Leistung der Deinigen weit überlegen ist: Du hast die Anlage zu einem tüchtigen Dirigenten. Technisch fehlt Dir noch vieles, weshalb ich wünschte, daß Du Richters Proben beiwohntest, von dem viel in dieser Hinsicht zu lernen ist, und daß Du Dich um einen Posten bewürbest, um durch angestrengte Tätigkeit zu erwerben, was Dir abgeht. Du hast Präzision, Festigkeit und Gewalt. Es mangelt Dir an Zartgefühl, an Innigkeit und Entrücktheit. Ob diese Gaben sich wie die Technik gewinnen lassen?

Vielleicht durch eine Wiedergeburt Deines Wesens.

Auf diese möchte ich hoffen, meiner armen, ärmsten unglückseligen Isolde zulieb.

Tritt diese Wiedergeburt ein, dann wirst Du empfinden, daß es ehrlos für einen Mann ist, vom Gelde seiner Frau zu leben und nichts zu tun und Schulden sich zahlen lassen von Menschen, gegen welche man sich benimmt wie Du gegen uns.

Bis zu dieser Wiedergeburt, die sich in Taten kundgeben muß, sind wir geschieden.

C. Wagner

An Friedrich Dernburg
Bayreuth, 18. 9. 1906

Lieber und sehr geschätzter Herr Dernburg!

Haben Sie Dank für Ihre verständnisvolle Aufnahme meiner Zeilen. Ihre Bemerkung über »hochgeschätzte und vielleicht manchmal überschätzte Kapellmeister« machte mich lächeln, denn ihr Witz traf abermals einen wesentlichen Punkt, den ich zu berühren unterließ und worin er mich ergänzte.

Wir trachten hier nach dem Ideale einer lebendigen Gemeinsamkeit, in welcher alles Persönliche schwindet. Sie, lieber Herr Dernburg, werden nun hier lächeln, und ich gebe Ihnen recht, daß viel Kraft der Täuschung dazu gehört, um nach unseren Erfahrungen dieses Ideal festzuhalten. Aber, was wäre der Glaube, wenn er dies nicht vermöchte, und Beispiele, wie sie Adolf von Gross, Julius Kniese und noch etliche geben, wirken doch so stark, daß wir bei unsren Aufführungen das erhebende Gefühl haben dürfen, wir seien eine

Gemeinsamkeit, in welcher es keinen ersten und keinen letzten gibt. Mir will es dünken, daß die erstaunlichen Wirkungen unseres Chores auf solch einem Gefühl beruhen, das diese Gesamtheit beseelt. (Dieses selbe Gefühl der Gemeinsamkeit hob mich in diesem Sommer über meine Schwäche hinweg, und ich genoß sozusagen meine Überflüssigkeit.)

Ich war es Ihrem Scharfsinn schuldig, ihm mit dieser kleinen Erklärung beizustimmen. Nehmen Sie sie ebenso wohlwollend auf wie meine ersten Worte, und empfangen Sie, lieber und sehr geschätzter Herr Dernburg, mit meinem Dank die herzliche Versicherung meiner freundlichsten Hochachtung.

C. Wagner

An Adolf von Gross
Bayreuth, 17. 11. 1906

Mein einziger Adolf,

Ich bin genau in derselben Stimmung wie in Meran und zu allem, was wir dort besprachen, bereit. So wollte ich Dich auch fragen, ob Du Dich nach dem Gütchen oder Economie-Hof erkundigt habest, was Du mir freundlich versprachst.

Was ich unserer teuren Marie schrieb, war die Widerlegung der irrtümlichen Dinge, welche ihr dort vorgebracht wurden; vor allem der unwahren Aufstellung, daß ich die Ehe hätte trennen wollen. Wenn man Eva, Siegfried und mir auch nur einen Schritt nachweisen kann, der darauf hingezielt hätte, will ich alles übrige Falsche als richtig ansehen.

Aber meine Stimmung ist genau die gleiche geblieben, und ich bin zu jedem Opfer bereit.

Ich glaube, daß Du recht hast und daß man sich auf unermeßliche Folge gefaßt machen kann. Die Zeitungsaufsätze haben es bewiesen. Sei so gut, mein einziger Adolf, wenn es Dich nicht aufregt, sage mir, was Du Dir für einen Plan für die Behandlung der Situation gemacht hast.

Der Dank, den ich Dir schulde für Deine weise Führung in allen Angelegenheiten, ist unbegrenzt, und was Du mir sagst, findet bei mir stets die innerste Zustimmung. Von ganzem Herzen bin ich bereit zu verzeihen und zu vergessen, unter der einzigsten Bedingung, daß ich darum seitens des Schuldigen gebeten werde und man mich nicht statt dessen mit den unberechtigtsten Vorwürfen anklagt.

Gewiß stimmst Du mir bei, und so bitte ich Dich nur die Zeit mir
anzugeben, wo Du Dich mir näher aussprichst und wo Du mir Deine
mir so wertvolle Ansicht nicht vorenthältst.

Habe Dank für Deine gütigen liebevollen Zeilen, und sei mit unserer
teuren Marie auf das innigste gegrüßt von Deiner

C.W.

Mit Siegfried sprachen wir noch kein Wort seit Meran über die
Angelegenheit.

Um etwas anderes zu berühren, meine Schwester und Monod finden
den französischen Stil von Khnopff sehr gut, und Monod fand auch
die Übersetzung getreu.

1907

An Hugo von Tschudi
Bayreuth, 19. 6. 1907

Lieber Freund!
Wie recht haben Sie, und wie gut kennen Sie mich, da Sie annehmen,
daß einzig hier in Wahnfried mir wohler zumute sein kann. Bereits
von Nürnberg ab begrüßten wir jede Strecke, und jetzt ist uns die
Betretung der vertrauten Pfade wie eine Lebenserneuerung. Die
üppige Wiesenblüte, Lerchen und Grillen erfreuen Aug' und Ohr, die
Stille beschwichtigt, und die gewohnten Gegenstände im Hause
reden stumm zu mir die heimliche Sprache. Freilich, während im
Süden der Himmel als hohe blaue Wölbung sich über uns erhob,
welcher der Geist nachstrebt, liegt er eher hier als Deckel über dem
Haupt. Man könnte sich à l'étuvée fühlen. Doch auch dies ist vertraut
und wird mit Humor dahingenommen. Unser erster Tag war
glänzend, wir wurden von unserer gesamten kleinen Hörigkeit (mein
Enkel Gil an der Spitze) mit freudestrahlenden Gesichtern empfangen, die Tiere waren rührend in ihren Bezeigungen, mit einzigster
Ausnahme des irischen Wolfshundes, welcher unbeweglich blieb und
gleichsam sagte: bleibt ihr so lange fort, kümmert ihr euch nicht um
mich, so schere ich mich auch nichts um euch. Der zärtlichste war der
graue Papagei in seinen Demonstrationen, plötzlich verfiel er in
Sinnen, und nach mehreren Stunden schmetterte er das Hojotoho,
flötete »O Hüon, mein Gatte«, welches ich ihm gelehrt und das er nur
für mich singt. Auf Geheiß meiner Kinder verließ ich die untere
Behausung, in dem Gemach, welches ich nunmehr bewohne,
begrüßte mich der Böcklinsche Eremit, den ich Ihrer Freundlichkeit
verdanke. Es bedarf in diesem Fall für mich keines Mahnzeichens,
aber gern begrüßte mein Gedenken die Erinnerung.
Raffaels Stanzen, eine Gabe von Mathilde Wesendonck, vertreten
das Apollinische, doch ein nach keinem Muster, also ungekannter,
gewählter liberty Stoff brachte durch Riesen-Weinranken und
kolossale Weintrauben den vollen Triumph des Dionysischen hervor;
es ergießt sich wie ein Element über mich, die Musen sehen blaß
darein, der Einsiedler fiedelt und läßt sich's gefallen, und da ich von

Siegfried obenein die »Buveurs« von Velazquez erhielt, sage ich
mir, daß man nicht ungestraft das »Tannhäuser«-Bacchanal inszeniert!

Die Gehöfte der hiesigen Gegend machen mir besonders Vergnügen.
Hildebrand fand schon, daß sie wie aus dem Boden erwachsen
aussähen und daher nie die Landschaft störten. Auch dort wurden wir
freundlichst begrüßt und unser Name inmitten ziemlich unartikulierter Laute, die etwas an Blöken und Muhen erinnern, deutlich zu
unserem Wohlgefühl genannt.

Schweninger besuchte mich vorgestern, um gütigerweise etwas zu
rekognoszieren. Er gefiel mir wieder ungemein durch seinen Ernst,
seine Fürsorge, seine eingehende Gewissenhaftigkeit und die Weite
seines Gesichtspunktes. Ist es nicht eigentümlich, daß Balzac in
seinem »Médecin de campagne« ihn physisch genau schildert? Ich
finde, es spricht für Arzt und Autor.

Er sagte uns, Sie seien nicht in Reichenhall, was uns überraschte und
etwas umsorgte. Mir schien es gerade richtig, wie Sie es vorhatten,
und ich dachte Sie mir gern in der Gesellschaft Ihres schönen
Knaben, der jetzt gerade im Alter ist, wo die Kinder durch ihre
Einfälle uns unterhalten. Auch schiene es mir gut, daß Ihre liebe Frau
ein wenig bei den Ihrigen von der Pflege aufatmet; sie hat mich durch
ihren Brief sehr gerührt, und in meinen Augen bildet eine Regung,
wie sie sie mir kundgab, eine besondere Beziehung. Bitte sagen Sie es
ihr und grüßen Sie sie schönstens.

Es freute mich zu hören, daß Ihr Arzt »le médecin tant mieux« sei,
denn bei der großen Beschränktheit dieser Kunst sind die Schwingen
des Optimismus ganz wohltätig, wenn sie zuweilen auch den armen
Patienten irritieren, und der médecin tant pis ist geradezu unerträglich.

Was macht wohl Ihre odiose Kaffeegesellschaft, besser gesagt,
Teufelrunde? Sind nicht ein paar wenigstens ausgezogen? Ich will's
hoffen und versetze mich dabei frohmütig in die Zeit nach Reichenhall, wo sie alle ausgetrieben; wenn sie dann meiner Madame
begegnen, mögen dann Teufel und Hexen ihren Sabbath um den
Blocksberg halten! Dann werden Sie aber hoffentlich den Neid der
Götter erwecken, sich wieder verwegen auf das Glücksrad schwingen
oder in den Rat der Olympier sich schleichen?

Ich darf mich immer nicht beschäftigen, meine Musik ist jetzt das
Duett zwischen Kuckuck und Zikade, wie es auf der Wiese am
Waldsaum sich ergeht. Siegfried übernahm meine Tätigkeit; eine

Lieblingserscheinung von mir, der junge Trieb am alten, dunkelgrünen beim Nadelholz, ist mir nun Erlebnis.

Was Sie mir über den Schweizer Novellisten mitteilen, interessierte mich, und ich will sehen, zu seiner Kenntnis zu gelangen, wenn mein Lektürenkreis vollzogen. In diesen Tagen hat mich die Antwort von Justus Möser auf Friedrichs Angriff gegen Goethes »Götz« in den »Essays sur la littérature allemande« sehr eingenommen. Der Freimut, mit welchem dem König repliziert, verbunden mit der Bewunderung, die Darstellung des damaligen Sprießens des ersten Deutschtums, sind von größter Schärfe und Anmut, und man sieht vor sich den scharfen, kräftigen Boden, aus welchem die mächtige Pflanze erwuchs. Ich bin sicher, diese Schrift würde Ihnen gefallen.

Ich habe diese Zeilen in vielfachen Abteilungen geschrieben. Fordern Sie also die aristotelischen Einheiten nicht von ihnen; bedenke ich aber, daß sie möglicherweise im Augenblicke quälender Schmerzen bei Ihnen eintreffen, so schäme ich mich meiner Redseligkeit und scheue mich fast, sie abzusenden. Doch Ihre Herzlichkeit verleiht mir die Zuversicht, bitte sagen Sie sich das, wenn ich zur unrechten Stunde einziehe.

Noch muß ich zum Schluß erwidern, daß Sie sich niemals anders als gut ausdrücken können, weil die unbedingte Wahrhaftigkeit Ihr Grundwesen ausmacht und sie, paradox gesprochen, fast am kräftigsten durchleuchtet, wenn Sie im Satze sich verlieren, wie ein Umweg uns zuweilen das Ziel näher erscheinen läßt, als wenn wir den geraden Pfad gewandert wären.

Leben Sie wohl! Lassen Sie Ihren großen Mut das Ehebündnis mit der Geduld eingehen, und seien Sie, teurer Freund, unter wärmsten Wünschen gegrüßt von ganz Wahnfried, insbesondere von Ihrer freundschaftlich ergebenen

CW

Bitte, schreiben Sie mir nicht, denn ich stelle mir vor, welch eine Anstrengung das für Sie sein muß; höchstens eine kurze Karte nach Einwirkung der Kur. Ich melde mich schon von selbst wieder!

An Engelbert Humperdinck
Bayreuth, 15. 7. 1907

Teurer Freund!
Heute früh schien die Sonne, ich wollte sie beim Strahlenschopfe
fassen und Ihnen glückwünschend schreiben, da ihre Besuche
flüchtig sind. Doch verlegte ich die Ausführung bis zum Nachmittag und richtig – der Himmel ist wieder umwölkt und unser
begonnenes »Heil Dir« unterbrochen. Meine Zeilen schreibe ich
aber doch, hoffend, daß der Urwald vielleicht mehr Gewalt über
die Beständigkeit des Hauptgestirnes besitzt als unser gutes Bayreuth.
Es freute mich zu hören, daß die von mir Ihnen empfohlenen
»Trachinierinnen« Ihnen den gleichen Eindruck machten wie uns.
Auch wir dachten an den Schluß der »Götterdämmerung«, ja, an den
III. Akt »Tristan«, und wir waren so erschüttert, daß wir die
vorgehabte Lektüre anderer griechischer Stücke aufgaben, um die
erhabene Wirkung nicht zu stören. Ist Ihnen nicht auch die
Ausarbeitung des Wesens Deïaneiras aufgefallen? Sie ist in allen
ihren Regungen vor uns etwa wie eine Shakespearesche Figur und
unsäglich rührend. Nicht minder die stumme, durchziehende, gefan-
gene Iole, welche die Ursache des ganzen tragischen Leidens ist. Es
ist, als ob Sophokles auch mit Hülfe der Chöre seine Dichtung in
Weiblichkeit durchtränken wollte, um dem heroisch Männlichen im
Herakles eine um so größere Gewalt zu gewinnen. Und wie
wundervoll ist der Zug, daß der Held, welcher abwesend das ganze
Stück ausfüllt, schlummernd von Männern getragen, vorgeführt wird.
Die »Mitteilung an die Freunde« nimmt mich seitdem ganz ein, und
ich habe das Gefühl, in der gleichen Welt verblieben zu sein. – Heute
lasen wir die Worte über Elsa. Es war mir ein Bedürfnis, mir diese
wundersamste unter den Schriften zurückzurufen, jetzt, wo Siegfried
sich eingehend mit der Einstudierung des Werkes befaßt.
Wie schön haben Sie, teurer Freund, mir über dieses Werk
gesprochen, und wie freute uns Ihre Freude an der Wiederaufnahme.
Wenn Sie sich hier unter uns wohl fühlten, so glauben Sie es mir, daß
unsere Empfindung eine gleiche war; könnten Sie doch zu uns
kommen!
In früheren Zeiten dachte ich, es wäre gut, wenn draußen Pioniere für
unsere Gedankenwelt lebten und wirkten; ich hege jetzt wenig
Hoffnung mehr und sehe nur die zerstreuten Edlen ohnmächtig

leiden und wünschte, wir wären hier alle vereint, die zusammenge-
hören.
Ganz Wahnfried grüßt Sie und Ihre liebe Frau auf das herzlichste! Ich
drücke Ihnen, teurer Freund, warm die Hand und bin, im Dankesge-
fühl für Ihre Teilnahme,
treu die Ihre

CWagner

An Engelbert Humperdinck
Bayreuth, 2. 8. 1907

Lieber Freund,
Blandine las mir soeben Ihre Erinnerungen vor, die ich außerordentlich schön finde. Eine große Klarheit herrscht in der Anordnung, und
es ist Ihnen gelungen, indem Sie von sich sprechen, doch immer *das,*
was Ihnen der Hauptgegenstand ist, in den Vordergrund zu stellen.
Die Arbeit ist durchaus künstlerisch, sowohl in der Einteilung wie in
der Schilderung, und sie unterscheidet sich in ihrer edlen Einfachheit
von dem jetzt beliebten Feuilleton-Stil auf das günstigste. Demunge-
achtet werde ich es Ihnen Dank wissen, wenn Sie die Absicht einer
Ergänzung ausführen, um mit der Verpflichtung des deutschen
Volkes, das Werk für Bayreuth zu erhalten, zu schließen. Sie sind wie
keiner berechtigt, dies mit Nachdruck und Wirkung auszusprechen,
und Sie werden die Worte schon dafür finden. – Wären wir in Italien,
Frankreich oder sonst einem Lande, so bedürfte es dieser Ermahnung noch der Darstellung dessen, was der Meister seinem Vater-
lande geschenkt und was nun dieses ihm schuldig ist, nicht, aber in
Deutschland muß man die Menschen an derartiges erinnern, da ihr
Verhältnis zu allen ihren großen Männern zeigt, daß sie kaum das
Gespendete zu empfangen, geschweige denn zu vertreten wissen. Die
Erinnerungszeit bietet die günstige, ja einzige Gelegenheit zu einer
solchen Ermahnung.
Dank für Ihre beredten, feinsinnigen Worte über das »Sternengebot«. Ich empfinde genau wie Sie und staune über die Sicherheit der
Gestaltung. Bestimmte Charaktere ergeben fesselnde Situationen,
welche klar sich in die gegebene Form der drei Akte fügen.
Besonders schön finde ich den Sieg des Gefühles am Schluß. Ich
brauche Ihnen, lieber Freund, nicht zu sagen, wie wertvoll Siegfried
und mir Ihre liebevolle Anerkennung ist.

Betrachte ich die 5 Stücke Siegfrieds in ihrer Mannigfaltigkeit, seine jetzige Tätigkeit wie seine frühere in unserer Sache, so gewahre ich in ihm den künstlerischen Menschen, wie er als Genossenschaft im »Kunstwerk der Zukunft« geschildert wird.

Sehr, sehr gerne willfahre ich Ihrem Wunsche, von unseren Lektüren etwas zu hören, denn ich gebe Ihnen recht, daß dies die beste Unterhaltung zwischen Freunden abgibt.

Die »Wanderjahre« nahmen wir wieder vor, und zwar, indem wir die wegen mangelndem Manuskripte eingestreuten Novellen ausließen. Nur den »Mann von 50 Jahren« und »Das nußbraune Mädchen« schlossen wir ein, weil sie zu der Handlung gehören. Auf diese Weise wirkten die wunderbaren Darstellungen und Gedanken noch mächtiger auf uns. Religion, Rasse, Erziehung, Wissenschaft, Leben, Handwerk und Maschine, alles ist da in so tiefer, erhabener und ungeahnter Art berührt, daß es uns nicht erstaunt, den Gang des Romanes wie nachlässig behandelt zu sehen. Zwei Sätze über die Juden waren uns ganz entfallen, sie sind erschöpfend, und eine Bemerkung über den Kreuzstein aus St. Jakob zeigt blitzesartig, wie Goethe die Erlösung als von der Natur vorgeahnt, daher ersehnt, empfand. In dem Kapitel über Astronomie gibt er rührenderweise Wilhelm eine Empfindung von Schiller, die der seinigen einst entgegen war. Und nichts wirkt lehrhaft, absichtlich, sondern wie die Blüte, die duftende, aus einem unermeßlich reichen Lebensboden.

Und da man Goethe nicht verlassen kann, so wählten wir nach den »Wanderjahren« die Vorrede zu den »Propyläen«, eine seiner durchdachtesten Schriften, die Ihnen gewiß durch die Behandlung der Kunstprobleme zusagen wird.

Dann »Der Sammler und die Seinigen«, mehr unterhaltender Art. – Am Ende haben Sie das alles sehr gegenwärtig? So nehmen Sie es als Bild unserer Beschäftigung.

Blieb Ihnen die Sonne im Urwald treu? Bei uns ist sie wetterwendisch, die Wolkendrachen lauern auf sie. Da gilt es tüchtig sein und wissen, wofür man lebt.

Alles Herzlichste entsendet Ihnen und Ihrer lieben Frau ganz Wahnfried, insbesondere

Ihre C. Wagner

An Friedrich Braun
Bayreuth, 16. 8. 1907

Hochwürdiger Herr Konsistorialrat!
Ich bin Freund Wolzogen sehr dafür verbunden, daß er Sie veranlaßte, mir Ihre bedeutende Schrift »Der Glaube der Kirche in der Krisis der Gegenwart« zu übersenden, und ich danke Ihnen aufrichtig für diese Aufmerksamkeit sowie für Ihre liebenswürdigen Zeilen.
Ich habe Ihre Schrift mit der Aufmerksamkeit gelesen, wie der Gegenstand und dessen Behandlung sie erfordert, und lebhaftes Interesse daran genommen. Ich glaube nicht, daß man schärfer den Unterschied des positiven Glaubens von der Bemäntelung des Unglaubens darstellen kann, und sehr wichtig erscheint es mir, daß Sie die vom Anfang an sich immer wiederholenden Angriffe auf das Christentum mit der stetigen darauffolgenden Stärkung des Glaubens uns zeigten, auf daß wir hoffen dürfen, auch die jetzige Krisis einst überwunden zu wissen.
Besonders gefreut habe ich mich an der Energie Ihres Bekenntnisses von der Gottheit Christi, mit welchem Bekenntnis für mein Gefühl unser Glauben steht und fällt.
Traurig genug, daß man dafür in der Kirche zu kämpfen hat, während man dafür zu sterben und danach zu leben wissen müßte.
Ist es mir gestattet, das, was ich wünschte, bescheidentlich auszusprechen, so wäre, daß wir in unserem Protestantismus weniger Theologie trieben. Ich wünschte, es würde dem Volk und den Kindern einfach der von Luther überkommene Glaube in seiner ganzen Naivetät gelehrt. Fällt es später dem einen oder dem anderen schwer, sich einen Gott vorzustellen, welcher die Menschen so unvollkommen schuf, daß sie der Sünde verfielen, schwer, an eine Allmacht zu glauben, die gegen das Böse keine Gewalt ausübt, an eine Liebe, welche uns ohne Ausnahme, Gute und Schlechte, den härtesten Prüfungen aussetzt, an eine Weisheit, die den Wirrwarr unserer Zustände duldet, an eine Gerechtigkeit, welche einen empfindungs- und leidensvollen Teil der Schöpfung, die Tierwelt, von der Erlösung ausschließt – so wird er, gewöhnt, religiös zu fühlen, den Gott im Innern suchen, ihn finden und seiner in einer Weise sicher sein, wie sie sich dem eigenen trockenen Wort, dem beschränkten Verstand ewig verbirgt. Er wird diesen Gott, in Jesus Christus, unserem Heiland, offenbart, anbeten.

Die großen Mystiker des Mittelalters kannten ihn und haben den Weg zu ihm gewiesen. Wie die Wahrheit des Evangeliums ewig bestehen wird, wenngleich das darin gegebene Beispiel und Gebot der Liebe wohl niemals, ach! von der gesamten Menschheit befolgt wird, so ist der Gott des Inneren für den, in welchem er lebt, losgelöst von der Welt der Erscheinung; er wirkt in ihr durch das Gute, welches er in der Seele des Menschen hervorbringt, und durch seine Offenbarung in Jesus Christus. Das wäre der Dualismus für die Geister, welche durch die unauflöslichen Rätsel der Welt in Zwiespalt mit ihrem Kinderglauben gerieten.

Ich meine, daß es das Vorrecht unseres Protestantismus sei, solche gläubige Geister liebevoll zu dulden.

Derjenige aber, der keinen Widerspruch zwischen dem allmächtigen, gütigen, weisen, gerechten Weltschöpfer und der Weltordnung findet, der wird zufrieden in dem unverwandelten Glauben seiner Kindheit verharren, und beide Sinnesarten können sich in Glauben, Lieben und Hoffen leicht verbinden. Ja, eine solche gegenseitige Duldung des Christentums entspräche meines Erachtens dem Wesen des Christentums und könnte sich fruchtbar erweisen.

Daß die moderne Aufklärung in den Evangelien nicht das Wunderbare erkennt, ist für mich ein auffallendes Zeichen der Schwäche, bald hätte ich gesagt, der Seichtigkeit, wenn nicht so bedeutende Köpfe und redlich gewillte Herzen sie verträten.

Doch genug. Ich möchte Ihre Geduld nicht zu sehr prüfen, hochwürdiger Herr Konsistorialrat, denn über dieses Thema vermag ich höchstens zu stammeln, da alles Geheimnis des Herzens ist und jede Streitigkeit darüber den einfach Gläubigen schmerzt.

Empfangen Sie mit Nachsicht den ungenügenden Ausdruck meines Dankes mit den freundlichsten Empfehlungen meines ganzen Hauses an Sie und Ihre liebe Frau Gemahlin nebst der Versicherung meiner herzlichen und ergebensten Hochachtung.

C. Wagner

An Ernst Erbprinz zu Hohenlohe-Langenburg
Bayreuth, 11.–12. 9. 1907

Teuerster Erbprinz,
Ihr Geburtstag naht heran, und ich fasse alle meine Wünsche in der Hoffnung zusammen, daß Sie aus Ihrem Kurorte völlig gekräftigt

nach Langenburg zurückkehrten und dort mit Ihrer hohen Gemahlin vereinigt Ihr Familienglück ganz genießen. Als kleines Zeichen meines innigen Gedenkens sende ich das Blatt eines jungen Künstlers, welches mir besonders erschien, und lege dazu die kleine Schrift Thodes bei, worin die Persönlichkeit dieses Künstlers und ihre Vorzüge geschildert sind. Möchte dieser Kupferstich nicht unwürdig befunden werden, ein bescheidenes Eckchen in dem schönen Langenburg auszufüllen.

Man lugt jetzt mit Vorliebe nach dem eigentümlich Deutschen aus, und gerne gebe ich etwas dieses Gepräges in Ihre Hand, teuerster Erbprinz, der Sie mir in Ihrem ganzen Wesen der Ausdruck des echten Deutschen bedeuten.

Der Direktor der Berliner Museen, Wilhelm Bode, hat uns zwar Professor Liebermann als Typus des Deutschen an die große Glocke gehängt; aber das kann uns nicht beirren, höchstens erheitern, wenn das erste Staunen und Bedauern überwunden ist.

Als ich bei der Rückkehr meine untere Behausung verließ, um in der einstigen Kinderwohnung mich anzusiedeln, nahm ich von meinem Schreibtisch das Bild, welches Sie mir gaben, mit. Ein artiger Zufall wollte, daß sein hübscher Rahmen genau die Farbe meines jetzigen Gemaches trägt; ich habe das Bild nun vor mir und sage ihm gar manches, wie ich mir von ihm viel sagen lasse. – Als ich Ihren letzten Brief erhielt, war ich von dessen Inhalt so erfüllt, daß es mich drängte, mich Ihnen sogleich wieder mitzuteilen. Ich hielt mich aber zurück, denn mir schien unbedingte Ruhe für Sie das Nötigste, und Ihre ritterliche Courtoisie kennend, befürchtete ich, Sie würden mir bald erwidern. Und so stellte ich mir Ihren Geburtstag, ein Tag des Freudegewinstes für alle, die Ihnen nahetraten, als ein schönstes Ziel für die Befriedigung meines Dranges.

In der Zwischenzeit wurde manche gute Arbeit hier verrichtet, und mein Sohn darf bereits auf ein Resultat zurückblicken. Es ist der Grund gelegt, und er wird im nächsten Winter verschiedene Stationen begehen, um das Begonnene zu vollenden. Muck besuchte uns behufs Beratung über das Orchester, und wir erfreuten uns an seiner ganzen vornehmen zarten Art und an seiner festen Gesinnung.

Die sogenannten Festspiele in München fügen uns wiederum den Schaden zu, daß sie – abgesehen von der Verwischung des großen Kulturgedankens, welcher in Bayreuth niedergelegt wurde – uns unsere Sänger dadurch demoralisieren, daß sie ihnen jede Arbeit erlassen, sie ohne Probe auf die Bühne mit anderen zusammengemengt werfen, wodurch sie das hier Gewonnene gar nicht anbringen können und – wie das ganze Unternehmen lediglich eine Spekulation ist – einzig und allein an den Gewinn denken. Doppelt erschwert wird uns das envers et contre tous aufrechterhaltene Bestreben, die Würde des Künstlers ihnen in Erinnerung zu bringen und sie damit gleichsam zu umhüllen. Jedes Zwischenjahr verschüttet unsere künstlerische und sittliche Arbeit.

Graf Pückler besuchte uns in diesen Tagen. In der Lauterkeit seiner Gesinnung wollte er Mottl über sein Tun und Lassen zur Rede stellen, ich konnte darüber nur lächeln, denn in diesem Abfall spricht sich eine Notwendigkeit aus, mit welcher man sich abzufinden hat, so schwer es auch fallen mag. – Pückler spielte uns die Variationen von Beethoven über das Thema der »Eroica« so schön, mit einer solchen Konzentration in das Werk und mit einer so edlen Phrasierung, daß wir einen großen Genuß davon erhielten.

Jetzt, wo ich die Menschen nicht mehr im großen und ganzen, sondern nur einzeln sehe, ernte ich von dem Verkehr eine viel größere Freude. So war mir der Besuch von Erbprinz und Erbprinzessin Reuß ein liebenswürdiges Ereignis, an welches ich noch mit besonderer Genugtuung zurückdenke.

Die Befassung mit dem zweiten Teil von »Don Quixote«, der uns am meisten anzieht, und mit einer fesselnden Novelle (»Die Macht des Blutes«) führte uns Cervantes' Genius wieder sehr nahe, aber auch sein Leiden durch seine Biographie. Zugleich warfen wir einen Blick auf den Zustand seines Vaterlandes und sahen, daß zu seiner Zeit Spanien 9000 Männerklöster besaß und daß die Dominikaner und Franziskaner allein 32000 Mitglieder dort zählten. Kein Wunder, daß dieses hochbegabte Volk allmählich vollständig erschöpft war.

Mit Vergnügen erfuhr ich, daß Sie und die Frau Erbprinzessin gerne in Balzac einiges lasen. Ob Sie wohl schon: »La messe de l'athée« und »Le curé de village« vornahmen, die meines Erachtens zu den schönsten Erzeugnissen dieses bedeutenden Kopfes gehören. Trotzdem er unbedingt gläubig war und sich als solches bekannte, kam er doch auf den Index, was viele Katholiken damals sehr verletzte.

Daß Sie, teuerster Erbprinz, eine Reform auf dem Gebiete der Religion erwünschen und erhoffen, empfinde ich Ihnen ganz nach, auch will es mir scheinen, als ob dies aus dem Geiste des Protestantismus wie von selbst sich ergeben könnte, ja, mich deucht, daß die Führer allein bräuchten erleuchtet zu sein, um ohne Umwälzung, mit Beibehaltung der alten Symbole, das Volk in der christlichen Freiheit zu erziehen. – Die Rede in Münster zeigte den Kaiser auch mit dieser Frage beschäftigt. Einige meinen, sie sei unter der Einwirkung von Geheimrat Hinzpeter entstanden; jedenfalls schien sie uns sich in ihrer Stimmung von den übrigen Äußerungen abzuheben und eine ernste Präokkupation zu bekunden. Sprach ich schon einmal von dem Werdandi-Bund, welcher sich unter der Leitung eines von den Schäden unserer Zeit heftig berührten Architekten, Professor von Seesselberg, vor kurzem bildete und unter seinen Mitgliedern Persönlichkeiten wie Harnack, Thoma, Rosegger, Wilhelm Raabe, Busch bereits zählt. Wie ich vernehme, sollen jetzt an die 30000 Volksschullehrer ihm beigetreten sein, was sehr wichtig ist, da dieser Verein die Vertretung des Germanischen auf jedem Gebiet und insbesondere die Bekämpfung der Unsittlichkeit in Kunst und Literatur sich vornimmt. Ob es einem solchen Bunde gelingen kann, eine Strömung aufzuhalten, welche, wie mich dünkt, durch die Vermischung der Rassen hervorquoll, erscheint mir fraglich. Jedenfalls aber verdient das Bestreben Teilnahme. – Mir gefiel es gut, daß der König von England in Marienbad das Theater verließ, als man sich unterstand, etwas Ungehöriges, im Genre der jetzigen Zeit, ihm vorzuführen.

Die gelbe Gefahr, welche Sie, teurer Erbprinz, berühren und welche mir bei dem Semitentum einfällt, dem wir den erwähnten Unfug verdanken, diese Gefahr wurde mir vor etwa 30 Jahren von Gobineau eindringlich geschildert. Ich verstand ihn damals nicht und meinte, daß sein Gedanke über Rasse sich bis zum Paradoxon verstiege; die Wendung der Dinge scheint ihm recht zu geben, und was mein Enkel Manfred mir nach 2jährigem Aufenthalt in Shanghai von seinen Erlebnissen und Beobachtungen mitteilte, war nicht gerade beruhigend. Ein Teil dieser Gefahr wurde mir durch etwas Persönliches sinnfällig: ein Bekannter ehelichte eine Japanerin, die 9 Kinder aus der glücklichen Ehe sind *alle* Japaner! Das Deutschtum ist mit Haut und Haaren aufgesogen, und diese Kinder könnten einen Zettel in die Hand bekommen wie einst die freigegebenen Neger in einer Provinz Südamerikas: »che si prio tener per un bianco«.

Ach, dieses Wirrsal der Welt! Wie wohl ward mir, als die Musik sich mir wieder offenbarte; als ich in diesen Variationen wahrnahm, wie aus dem einen und selben Thema das Übermütigste wie das Schmerzlichste abgeleitet werden kann und in der scheinbar lockeren Anreihung ein tiefer Zusammenhang liegt, da ging mir unsäglich wohltuend die Einheit aller Dinge auf. Und als ich kürzlich auf einer

unserer täglichen Wanderungen auf dem Lande bei einer Tischlers-
frau einkehrte, nahm unser Gespräch die Wendung zum Persönlichen; sie sprach von dem Verlust ihres einzigen Sohnes, weinte und
schloß mit den Worten: »Gott weiß, wozu es gut ist«; aus vollem
Herzen stimmten, Eva und ich, wir bei. Mag unsere Vorstellung von
der Gottheit eine noch so verschiedene sein, wir fühlten uns einig in
der Ertragung unseres Leidens.
Erhabenes, heilbringendes Spiel der Kunst, erlösende Kraft des
Glaubens, sie gaben meinem bescheidenen Dasein seinen Sinn, ich
schließe mit ihnen diesen meinen Geburtstagsgruß und überlasse es
Ihnen, teurer Erbprinz, zu vollenden, was ich noch ungesagt ließ, weil
die Worte mir für anderes fehlen als für die Erneuerung meiner
tiefsten Anhänglichkeit und Ergebenheit.

                                                      C. Wagner
12. Sept. 1907.
Ich behielt meinen Brief und füge ihm heute als Krönung meine
zärtlichsten Grüße an Ihre Königliche Hoheit, die Frau Erbprinzessin, bei mit dem herzlichsten Glückwunsch auch an sie.
Als ich Ihnen sagte, daß Sie sich dem Staate opfern, wußte ich wohl,
daß Sie augenblicklich nicht in Tätigkeit wären, da Sie sich aber
einmal opferten, weiß ich, daß Sie es immer tun werden. Ich mußte
Ihnen dies noch sagen.

An Adolf von Gross
Bayreuth, 2. 10. 1907

Mein einziger Adolf,
Richter war gestern den ganzen Tag bei uns und überaus herzlich und
eingehend. Loldi besuchte uns in der Früh und teilte mit, daß sie und
ihr Mann ihn Montag abend abholten und bei ihm ernster und
scherzhafter plaudernd bis über die Mitternacht verweilten.
Nach 11 Uhr gestern besuchte er mich, und wir berührten sofort das
Hauptthema – er kennt ebensogut wie Siegfried und ich die
Begabung von Franz und das, was ihm fehlt. Er sagte (was unbedingt
richtig), daß ihm die Technik des Dirigierens ganz und gar abgehe und
daß er unablässig sich üben müßte, um sie zu erwerben. Viel arbeiten
würde verlangt werden, Flinkheit und Fixigkeit – ich versicherte ihm,
er würde sich unterordnen, lernen und leisten.
Das Mittagsmahl nahm er und seine Familie bei Luli und Eva ein.

Um 4 Uhr gingen zu der eingehenden Besprechung Beidlers zu ihm, und abends (wo er mit seiner Familie abermals bei uns war) sagte er zu wiederholten Malen: Beide, Loldi und ihr Mann, seien sehr nett und vernünftig gewesen – er, willig bestrebt und bescheiden, habe ihm gesagt, er sei zu früh in die Stellung nach Bayreuth gekommen, ihm fehlten zu seiner Entwickelung die Mittelglieder. – So wären wir denn an den heilsamen Punkt angelangt, von dem aus ein neues Leben als Ausdruck der Einkehr in sich und der Reue, welche bis jetzt noch keine Worte selbst fand, beginnen kann – die Sache war auf den Kopf gestellt, jetzt steht sie auf den Füßen und wird daher gehen.

Ich glaube, daß meine und meiner ganzen Familie geschlossene und einheitliche Haltung in dieser Frage das ihrige dazu beitrug, um diese Wendung hervorzubringen – er hätte sonst Manchester ebensowenig angenommen als Mannheim und Prag und sich Richter ebensowenig gefügt als sonst jemandem.

Die Not hat wieder einmal wohltätig gewirkt – er lernte das *Müssen* kennen. Loldi sagte uns gestern, »Richter wüßte ihren Mann zu nehmen«, wir lächelten und schwiegen, denn vor nicht allzu langer Zeit klagte sie über die Berufung nach Manchester und sagte: »es wäre ihm schrecklich, Mendelssohnische Ouvertüren dirigieren zu sollen«. Richter hatte abends die schönste Laune – er teilte sich über alles vertrauensvoll, offen mit, hieß Gil ihm Flöten vorblasen, begleitete ihn selbst, ermunterte ihn und sagte mir zum Schluß: ich möchte auf ihn bauen, was in seinen Kräften läge, um mir Lasten von der Seele zu entfernen, das würde er tun.

Wem nun verdanken wir dieses schöne Erlebnis? wem haben wir dafür zu preisen, daß eine verfahrene Existenz nun auf die sittliche Bahn gelenkt wird, welche einzig zu dem Ziel der Versöhnung führen kann? Mein einziger Adolf, bewegten Herzens mußte ich Dir schreiben. Das war auch ein Zwang, wenn schon ein süßer, während der andere ein heilsam harter sein mußte! Grüße unsere Marie innigst und danke ihr immer wieder für ihre Teilnahme. Genieße Deine Wohltat in Deiner Erholung an unserer schönen See und sei gepriesen, Du einziger, teurer Helfer in jeder Not. Durch Schwerstes sind wir alle gegangen, die Spuren werden wohl kaum gänzlich verschwinden, aber wir haben das Erwünschte erreicht, eine moralische Grundlage für das Leben eines uns nahestehenden Menschen. Danke Dir.

Treu deine C.W.

An Adolf von Hildebrand
Bayreuth, 5. 10. 1907

Lieber und hochgeschätzter Freund!
Zeitungen sind doch hie und da zu etwas nütze. Meine Kinder sagten mir, sie hätten darin gelesen, Ihr Geburtstag würde morgen gefeiert, und das bietet mir die willkommene Gelegenheit, mich Ihnen zu nähern.
Ich wünsche Ihnen Glück zu sich selbst, zu dem, was Sie leisten und vertreten, zu der scharfen Ausgeprägtheit Ihrer Persönlichkeit in ihrer Wahrhaftigkeit und ihrem Künstlerstolz. Dann wünsche ich Ihnen, in Ihrer jugendlichen Kraft noch recht lange auszuharren und gesteigert zu wirken und zu schaffen.
Von mir kann ich Ihnen nur wenig erzählen; ich führe mit meinen Töchtern ein so beschauliches Leben, daß ich behaupte, ich würde der beste Gast im Inneren Ihres Hubertus-Brunnen sein, denn die Andacht ist mir nahe.
Schweninger wünscht für mich im Laufe des Winters einen Aufenthalt im Süden, so werde ich wohl über München im Beginn des nächsten Jahres kommen und dem heiligen Hubertus meine Devotion darbringen. Bei den täglichen Fahrten durch die Landschaft mit ihren ältlichen Dörfern gedenken wir Ihrer viel, da wir Ihr Interesse für alles Echte und Lebendige kennen und wissen, mit welchem Auge Sie es erblicken und welchem Sinn Sie es betrachten. Wir haben uns manches gemerkt, was wir Ihnen besonders zeigen wollen, falls Ihr Weg Sie einmal über Bayreuth führt.
Aufsätze von Goethe über Kunst und Altertum hielten uns mit der Plastik in steter Verbindung und führten uns wieder zu der antiken Dichtung. Wir lasen »Elektra« und die »Trachinierinnen« von Sophokles wieder. In der einen Gestalt gewahren wir den hellenischen Geist in jungfräulicher Herbheit gespiegelt, in der Deïaneira das ganze Dämonium des weiblichen Reizes und der weiblichen Leidenschaft. Erhaben alles und einfach, entrückt und traulich.
Die Musik wird jetzt bei uns durch die Flöte vertreten, welche mein Enkel leidenschaftlich spielt. Gestern gab er uns die »Serenade« von Beethoven unter Begleitung seiner Schwester zum besten, und wir hatten großes Vergnügen daran. Ich denke mir, daß einer seiner Vorfahren im 18. Jahrhundert dieses Instrument geblasen haben muß und daß da Atavismus herrscht, denn wie käme er sonst heutzutage auf die Flöte?

Möchte morgen ein recht heitrer Himmel, eine warme Sonne Ihnen lachen, das sind die besten Gratulanten; sie sollen Ihnen meine Gesinnung beredter ausdrücken als meine armseligen Worte! Wir grüßen Sie und die lieben Ihrigen, Daniela, Eva und ich, und ich füge noch hinzu die Versicherung meiner warmen Teilnahme und herzlicher Ergebenheit

CWagner

An Hugo von Tschudi
Bayreuth, Herbst 1907

Herzlichst willkommen im November, lieber Freund! Ich bedaure nur, daß es dann nicht möglich sein wird, sich ein wenig in der Landschaft umzutun, wir wollen aber so sprühend sein, daß Sie über den Geist die Natur vergessen. Nur um eines bitte ich, daß Sie sich aus freundschaftlicher Gesinnung keiner Erkältung bei etwaiger schlimmer Witterung aussetzen, denn Sie zahlten Lehrgeld, und wir sind zu froh, Sie als hergestellt zu begrüßen, um nicht an Vorsicht zu denken.

Wohl haben Sie recht, daß Hildebrands schöner Brunnen in einem Hain und nicht in der jetzigen Umgebung hätte stehen sollen. Ich habe ihn nur im Entwurf gesehen, erwarte mir aber viel von der andächtigen Stimmung des Inneren. Er sprach für das Äußere von Jagdgestalten; meine Phantasie stellt sich einen ganzen brausenden wilden Jagdzug vor, der durch seinen Tumult den Eindruck der Stille um die Erscheinung des eines Wunders gewürdigten Tieres zu steigern [vermag]; auf der Spitze der Kuppel der brünstig händefaltenden Heiligen schließt sicherlich beredt dieses tempelartige Gebäude, welches einer der schönsten christlichen Legenden gewidmet ist, worin die Erlösung des Menschen mit der Schonung für das Leben des Tieres uns als innig verbunden gezeigt wird. Hildebrand sprach mir von einem Barockkreuz mit goldnen Strahlen, welches er in das Geweih stellen wollte. Ob sich das gut macht? Ich würde für ein einfaches Kreuz oder für den Gekreuzigten, getreu nach der Legende, gestimmt haben. Aber, wie gesagt, ich sah es leider nicht. Gern hätte ich mit Ihnen die 70 Bären betrachtet und hätte Sie noch zum Volkstheater geführt, wo der 86jährige Schmidt noch immer seinen unübertrefflichen Casperl gibt.

Über die Auffassung der Gastlichkeit seitens der Münchener, von welcher Sie mir bei Gelegenheit der dortigen Ausstellung erzählen, mußte ich lachen. Die armen Franzosen! Dafür freute ich mich, daß Sie in Köln Vergnügen fanden, denn das ist bei derartigen Veranstaltungen gar selten.

An den Umgang mit Hildebrand erfreue ich mich auch stets. Seine unbedingte Wahrhaftigkeit, sein Freimut, das Originell-Unmittelbare seiner Äußerungen, seine Lebensart geben jeder Begegnung mit ihm einen dauernden Wert. Über meiner Büste blickte kein günstiger Stern. Ich hielt die Zeit der Portraits für mich längst abgeschlossen und gab seinem freundlichen Willen ungern nach. Da gesellte sich das Geschick zu meinem Untrieb, und die Sache wird wohl unvollendet bleiben.

Nicht viel kann ich Ihnen von unserem Leben erzählen; es bleibt klösterlich beschaulich und wechselt zwischen Ausfahrten in unsere liebliche Gegend und Lektüre. Wenn Sie einmal Muße haben und sich ein anmutiges Vergnügen gönnen, so lesen Sie doch Goethes Schilderungen und Verse zu den Idyllen von Tischbein; um diesen Zeilen einen Wert zu geben, gebe ich die Abschrift von dem einen Gedicht bei, welches meiner Stimmung besonders entsprach.

Meine Töchter tragen mir die schönsten Grüße an Sie auf. (Siegfried weilt jetzt in Florenz.) Lesen Sie, lieber Freund, aus diesen Zeilen vor allem unsere Befriedigung über Ihre Genesung heraus und unsere Freude über das in Aussicht gestellte Wiedersehen. Haben Sie Dank für Ihren lieben Brief und bleiben Sie meiner Anhänglichkeit und Ergebenheit versichert

CW.

Mitten in dem Wasserspiegel
Hob die Eiche sich empor,
Majestätisch Fürstensiegel
Solchem grünen Waldesflor;
Sieht sich selbst zu ihren Füßen,
Schaut den Himmel in der Flut:
So des Lebens zu genießen
Einsamkeit ist höchstes Gut.

An Ernst Erbprinz zu Hohenlohe-Langenburg
Bayreuth, 15.–18. 11. 1907

Teuerster Erbprinz,
Ich frage mich, wo meine Gedanken Sie suchen sollen, ich denke doch noch in Nizza, da der Reichstag nicht eröffnet ist, und von Herzen gönne ich Ihnen die Verzögerung der Trennung sowie dessen, was Sie an Eindrücken im Norden erwartet. Mein Sohn schrieb mir heute: »Berlin ist von einer grenzenlosen Häßlichkeit, nach dem üppigen Dresdner Rokoko und Barock wirkt alles so schäbig, besonders das Neue. Man klammert sich mühsam an Schloß und Zeughaus. Und die Bevölkerung! übernächtig etc.«, ich dachte dabei an das Grauen, welches Ihr edles Wesen vor dem Aufenthalte dort schon im September empfand. Bei den stattgehabten Revirements habe ich mir das Meinige gesagt, aber bei der einen Ernennung konnte ich mich des Lächelns nicht enthalten, und ich glaube, daß binnen kurzem viele mit mir lächeln werden. Ou en rit pour n'en pas pleurer! Unter diesen Eindrücken hat es mich merkwürdig angemutet, das Buch in die Hand zu bekommen, welches »Bismarck und die Hamburger Nachrichten« betitelt ist. Es enthält seine Äußerungen über die verschiedenartigsten Dinge nach seiner Entlassung. Es tat mir wohl, diese markige einfache Sprache wieder zu vernehmen, denn sie fehlt uns sehr; man glaubt und traut nicht, auch dem Allerbestgedrechselten, und dort ist alles überzeugend. Ein anderes Dokument aus ungefähr der gleichen Zeit lege ich hier bei, weil es mir ein Zeugnis scheint einer ähnlichen Bestimmtheit und Offenheit und weil es die Person Wilhelms I. als eine außerordentliche hinstellt. Bismarck kam die Nennung Bleichröders damals der Quere, einige Jahre später hätte er wohl anders gehandelt, aber er durfte die Juden nicht verletzen, weil er sie nicht entbehren konnte.
Herr Fritz Dernburg, der Vater des Kolonialdirektors, wandte sich an mich, um meine Meinung über das Prinzregententheater zu erfahren. In seinem Briefe sagte er unter anderem, »der wahrhaft vornehme Prinz Hohenlohe hat meinen Sohn mit seiner Anerkennung beehrt, er wird gewiß in dieser Weise zu Ihnen gesprochen haben«; da Schweigen als Leugnung hätte gedeutet werden können, erwiderte ich: »Der Erbprinz hat in auszeichnender Weise Ihres Herrn Sohnes in einer öffentlichen Rede gedacht und in diesem Sinne auch zu mir gesprochen.« – Die Vorstellung, daß Sie jetzt Berlin aufsuchen, hat bei Beginn dieser Zeilen meine Phantasie ganz eingenommen und

alles darauf Bezügliche mir wieder nahegebracht. Gern entferne ich es, und indem ich Ihren herrlichen Brief wiederlese, versetze ich mich nach dem Süden und schmeichle mir mit dem Gedanken, daß der Aufenthalt dort Ihrer Königlichen Hoheit, der Frau Erbprinzessin, bereits wohlgetan hat und daß Sie selbst, teuerster Erbprinz, nach der anstrengenden und Sie langweilenden Kur in Gastein, sich völlig erholt fühlen und Sie die Tage im Familienkreise ungestört genießen. Wir haben hier einen Herbst, wie ich ihn mir kaum erinnere, meine Tochter und ich sind täglich 4–5 Stunden in freier Luft und erfreuen uns der Anmut unserer fränkischen Gegend. Das Laub ist freilich gefallen, dafür tritt die Linie in ihr Recht und bildet bei dem hellen Himmel eine eigene zarte und strenge Schöne. Das Nadelholz erhält das Grün, und ich bin es Schweninger sehr dankbar, daß er mir gestattete, den ersten Teil des Winters wenigstens zu Hause zu verbringen.

Wir leben in Stille und Beschaulichkeit, und nebst der Natur ist die Lektüre unsere einzige Zerstreuung. Wir haben systematisch die Goetheschen Aufsätze begonnen, zuerst die über Kunst und Altertum, welche uns wieder zur Antike führten. In dieser Befassung trafen uns die Abbildungen von zwei griechischen Gestalten, von welchen die eine, »Venus Chigi« genannt, durch das Meer an den Strand in vollendeter Erhaltung gespült wurde, die andere, eine Niobide, in Rom auf dem Terrain eines Bankhauses ausgegraben wurde. Es hat etwas Ergreifendes, von der Mutter Erde diese erhabenen Zeugnisse höchster Kunst wiedergeschenkt zu erhalten und kläglich von dem Gezänk der Menschen um den Besitz zu vernehmen! – Jetzt sind wir bei den Jugendaufsätzen aus der Frankfurter Zeit angelangt, und es tat uns wohl, in der Besprechung des freisinnigen Theologen Bahrdt Goethe empört darüber zu finden, daß jener die Vorstellung des Teufels vernichten wollte. Es ist erhebend, diesen Lichtalben gegen die liberale Phrase für die Ursymbole der Menschheit eintreten zu sehen, und das Wort: »Man verwundet leicht, aber heilt nicht«, welches er bei dieser Gelegenheit äußert, wünschte ich manchem zu Gehör zu bringen, die erbarmungslos dem Volke das einzige rauben, was ihm Kraft und Trost geben kann.

Ganz von der Ferne tönt es in unserer Zurückgezogenheit von Fanfaren, Akklamationen, Reden, alles, wie mich dünkt, ziemlich unenglisch, doch erfreulich. Traurig nur, daß derjenige, der, wie es scheint, viel zu der Annäherung beitrug, fast erliegt, wiederum ein Edler, der das Opfer seiner guten Tat wird.

Der Rücktritt des Fürsten, Ihres Herrn Vaters, berührte uns nahe, wir
gedachten dabei seiner großen Freundlichkeit gegen uns Wahnfriedler bei Gelegenheit des »Bärenhäuters« und gegen Thode bei einer
kunsthistorischen Vereinigung. Auch seiner tatkräftigen Unterstützung des Museums Gobineau. Dr. Schemann drückte sich lebhaft
dankbar darüber aus und erwähnte insbesondere Ihre Vermittelung,
teuerster Erbprinz, und den wundervollen Brief, den Sie ihm
geschrieben. Sie seien der einzigste, der ihn wahrhaft unterstützt
hätte. Und da ich bei dem bin, was so zu mir dringt, muß ich noch von
Coburg ein Wort sagen, wo man stets, wie ich erfahre, Ihrer
Regentschaft mit dankbarster Anerkennung gedenkt.
Ihre hohe Auffassung von unserem Bayreuther Werk erfreut mich
unsäglich, solch eine Sprache vernimmt man selten, sie wiegt aber gar
vieles anderen Stempels auf. Mein Sohn ist jetzt unterwegs zu
ferneren Studien mit den Sängern, die ihm alle vertrauensvoll
entgegenkommen. (In Berlin sah er auch eine Aufführung von: »Was
ihr wollt«, er berichtete, sie sei »ekelhaft« gewesen. Wie man das nur
zustande bringen kann!) Die Schwierigkeiten mindern sich nicht, sie
vermehren sich eher. Amerika und das Prinzregententheater demoralisieren uns die Künstler, das eine durch sein Geld, das andere
durch die Erlassung der Arbeit. Die Anmaßung unseres bisherigen
Darstellers des Siegfried, welcher uns seine künstlerischen Forderungen diktierte, gab es uns ein, wieder mit Burgstaller anzuknüpfen,
welcher zu verschiedenen Malen mir seine Reue über seine Mitwirkung im »Parsifal« hatte ausdrücken lassen. Da er aus Not handelte,
konnten wir ihm vergeben und uns damit aus einer unwürdigen Lage,
wo wir gänzlich der Rücksichtslosigkeit preisgegeben waren, befreien. –
Adolf Gross meldet, daß der Zudrang erstaunlich sei. Er erfährt aber
dabei Grobheiten, alle Menschen wollen auf den 4 ersten Reihen
sitzen, beschuldigen diesen unvergleichlichen Menschen, sich mit
Unterhändlern abzugeben und die Amerikaner zu bevorzugen!!
Nach einer 35jährigen aufopferungsvollen Hingebung an unsere
Sache darf der einzige Mann dazu lächeln.
Ich kann nun nichts mehr für unsere Sache tun, als für sie leiden (an
welche Kraft ich glaube!) und ein festes Vertrauen in ihr pflegen.
Betrachte ich, was die sonstige Welt uns darbietet, erscheint mir
dieses Werk stets wie ein Wunder, und gerne sehe ich mich nach den
heroischen Geistern um, in welchen ich Verkünder und Vorgänger
begrüße! So griff ich auch wieder zu Schiller und fand in seinem

Nachlaß die Skizze zu den Maltesern, welche ich nicht kannte und die
mich durch ihren erhabenen Vorwurf und den heldenmütigen Hauch,
der durchweht, begeistert. Die Gestalt des Großmeisters La Valette
ist ergreifend, ganz von Ferne wurde ich an die Gralsritter erinnert.
Ich breche ab, denn ich gerate ins Endlose! Wollen Sie, teurer
Erbprinz, zwischen allen Zeilen den heißen Wunsch lesen, daß Sie
von der Sorge befreit seien und daß Sie, wenn nicht frohmütig, so
doch beruhigten Sinnes den harten Weg antreten. Ihre dichterische
Deutung des Blattes, welches Sie so überaus freundlich entgegennah-
men, gab den Gedanken wieder, den ich dabei hegte. Darf ich bitten,
Ihrer Königlichen Hoheit, der Frau Erbprinzessin, meiner Tochter
und meine wärmsten Gefühle zu übermitteln. Ihnen, teuerster
Erbprinz, entsenden wir das Allerherzlichste, ich drücke Ihnen die
Hand in der Ihnen gekannten, immer tiefer sich eingrabenden
Empfindung
als Ihre anhänglich ergebene
C. Wagner

An Michael Balling
Bayreuth, 24. 11. 1907

Herzlichen Dank, mein lieber Freund, für den eingehenden Bericht
über Burgstaller, welcher mir *das* brachte, was ich erwartete. Er hatte
von je die Neigung zur Sentimentalität, dadurch zur Dehnung, und
wir haben rechtschaffen hier dagegen gekämpft. Nun in New York
der große Tenor, wird er sich dieser Neigung unbeschränkt hingegeben haben. Ihre Bemerkungen über die Behandlung seiner Stimme
erscheinen mir dergestalt richtig, daß ich Sie bitten möchte, wenn er
im nächsten Jahr bei uns eintrifft, sie ihm zugute zu geben.
Ihr Eindruck von der gesamten Aufführung ist mir nur zu erklärlich,
und gewiß war diese schlecht, wenn ich auch zugebe, daß, nachdem
Sie ein Jahr beinahe dem Theater ferne blieben, Ihre Empfindlichkeit
eine gesteigerte sein muß.
Daß der »Ring« nicht auf die Opernbühnen gehört, das empfindet
gewiß jeder, welcher sich mit dem Werke und mit dem Gedanken von
Bayreuth genau und ernst befaßte. Bei meiner Neigung, den Geist
des Guten aus dem Üblen zu ziehen, sage ich mir, daß so und so viele
Menschen nie dazu gelängen, dieses Werk zu kennen, wenn es ihnen
nicht auf den gewöhnlichen Bühnen vorgeführt würde, wo selbst

durch die Lügengestalt der Blick des Genius sie erwärmt. Und unter
Levi habe ich in diesem Hof- und Nationaltheater doch vortreffliche
Wiedergabe einzelner Teile des »Ringes« erlebt. Es wurde gearbeitet, das Orchester war damals wirklich gut und die Sänger tüchtig.
Man behalf sich nicht mit den alles verderbenden Gastspielen.
Unser armer Bertram ist nun dahin! Und mit ihm vielleicht die
üppigste Begabung, welche mir begegnete. Er hielt sich hier, still und
scheu, längere Wochen auf und schrieb mir nur einen Abschiedsgruß,
den ich nach Hamburg beantwortete, weil ich ihn dort engagiert
wußte. Es rührt mich sehr, daß er in Bayreuth verschied, denn die
Natur hatte ihn für Bayreuth bestimmt, und sein letzter Wotan bleibt
uns unvergeßlich. Er war herzensgut, nie erfuhren wir etwas Ignobles
von ihm, nur preisgegeben war er einem Dämon, und es war ihm nicht
zu helfen... Er gehört zu den Unersetzlichen.
Mit größter Freude erfuhr ich, daß Sie jetzt Siegfried wieder bei der
Arbeit beistehen können. Ich schrieb es ihm, und er wird Ihnen
telegraphieren. Es wird sich für's erste um die Einstudierung der
Sieglinde mit Frau Leffler handeln. Die Aufgabe besteht da in der
Steigerung zur Noblesse, was auch der Kundry zugute kommen wird.
Der erste Teil der Aufgabe bietet eine gute Veranlassung zu dem
Studium in dieser Richtung, und ich glaube, daß es der talentvollen
Frau sehr förderlich sein wird.
Was ich ebenfalls mit Freuden vernahm, Ihr Entschluß, nach
Barcelona zu gehen. Das ist ein guter Wiederbeginn! Das himmlische
Versöhnungswerk wird Ihnen wohltun, und ich kann es Ihnen kaum
aussprechen, wie angenehm es mich berührt, Sie wieder in Tätigkeit
zu wissen.
»Man kommt am weitesten, wenn man nicht weiß, wohin man geht«,
hat Cromwell gesagt. Und so wird es sich für Sie finden, wenn nur der
Anfang gemacht ist.
Leben Sie wohl, lieber Freund, grüßen Sie unsere Freundin schön-
stens, und seien Sie in herzlichster Gesinnung und mit besten
Wünschen für Ihr Wohlergehen von meiner Tochter und mir gegrüßt.
Treulichst

                                                                    CW.

1908

An ihre Tochter Blandine
Bayreuth, 19. 10. 1908

Mein geliebtes Kind!
Hier einige Worte zur Aufklärung eines ziemlich beträchtlichen Mißverständnisses.

Als Felix Mottl Karlsruhe für München verließ, wo er zum Hauptträger der auf materielle Spekulation gegründeten Fälschung des Bayreuther Gedankens wurde, handelte er in der Not. Dies haben wir hier sofort erkannt.

Selbst die rätselhafte Übergabe seines Klavierauszuges von »Parsifal« an Kapellmeister Hertz erklärte ich mir aus einem ähnlichen Zwang. Daher (trotz meiner Vorliebe für klar gezeichnete Situation) gab ich Siegfrieds eindringlichsten Bitten gern nach und berief ihn vor zwei Jahren als Dirigent des »Tristan«.

Wir empfingen ihn alle mit freimütiger Freundlichkeit, als ob nichts uns trennte.

Bei dieser seiner letzten Mitwirkung erbat ich mir ernstlich eines von Felix Mottl als Zeichen seiner inneren Zugehörigkeit, allen Verhältnissen, die uns trennten, zum Trotz: Bary nicht nach München zu ziehen. Er versprach es. In der Sorge, nicht deutlich genug meinen Wunsch bekundet zu haben, bat ich Eva, ihn ihm schriftlich zu wiederholen. Er wußte genau, was wir an Bary (den wir in Bayreuth insofern uns geschaffen, als er, bis dahin nur mit kleinsten Partien vertraut, gänzlich verkannt war) verloren. Das erste, was er bei seiner Rückkehr nach München tat, war, Bary mit den Ausdrücken zu engagieren: er könne fordern, was er wolle. Evas Brief an ihn sah Adolf Gross auf dem Tisch von Baron Speidel liegen. –

Geschah das erstere, die Übersiedelung nach München, in der Not, so ist das zweite – – – Überfluß.

Wenn Felix Mottl abseits von allem, wofür und worin ich lebte und jetzt noch atme, mir ein gutes Andenken bewahren will, so ist das freundlich von ihm, und ich fasse es insofern freundlich auf, als ich mir eine lebendige Erinnerung an seine Leistungen in Bayreuth bewahre. Ja, ich gehe selbst so weit, zu glauben, daß diese seine

Leistungen einzig dem Boden, den er verließ und verriet, angehören. Dieser meiner Gesinnung zu Ehren bitte ich Dich, ihm diese Zeilen ohne Geleitwort Deinerseits als eingeschriebenen Brief zu senden. Hier handelt es sich nicht, wie Du siehst, um Hin- und Hergerede. Wir hören nichts, und ich nehme an, daß in einem so bedeutenden Fall er ebenfalls auf nichts hört. Nichts steht zwischen uns als er selbst.

Dir, mein geliebtes Kind, gönne ich jedes Pläsier, klein und groß, und es ist ein Vergnügen, Schubertsche Lieder gut gesungen und begleitet zu hören.

Mit lebhafter Teilnahme habe ich das erfahren, als vor etwa 50 Jahren Dein Vater Julius Stockhausen am Klavier unterstützte und steigerte.

Das Leben hat aber mit mir nicht gespaßt, und so nehme ich das ernst, was mir an Gutem und an Üblem in unserer Sache zugefügt wird.

Lebe wohl, mein geliebtes Kind, sei herzlich umarmt von

Mama.

An Ernst Erbprinz zu Hohenlohe-Langenburg
Bayreuth, 15. 11. 1908

Teuerster Erbprinz,
Durch meine Tochter Thode erfahre ich, daß Sie am 17. sich nach dem Süden begeben, und es läßt mich nicht, Ihnen zu sagen (was Sie zwar wohl wissen!), wie meine Wünsche Sie dorthin geleiten. Hoffentlich hat der kundige Fleiner Ihr Unwohlsein gänzlich gehoben und wird der Sonne nur die völlige Stärkung anheimgegeben. Mir ist es eine Befriedigung, Sie fern von einem Schauplatze zu wissen, wo nur Jämmerliches und Unverbesserliches sich abspielt, welches von der Schlauheit genutzt wird. Möglich ist es ja, dies halte ich mir immer vor, daß in dem trostlosen Vorgang etwas Heilsames liegt, die trostlose Bloßlegung aller Schäden könnte man mit gutem Willen wie eine gewagte Operation betrachten, welche die Gesundung nach sich zieht, wenn der Patient sie übersteht. Aber ich bleibe dabei, ich bin froh, Sie, teuerster Erbprinz, fern von dieser Luft zu wissen.

Unsere Festspiele sind wieder angekündigt, und dieser Entschluß meines Sohnes scheint der richtige zu sein, da die Anmeldungen zahlreich sich erweisen. Freilich machen wir seitens des Künstlerpersonales die Erfahrung, die uns seit 30 Jahren geläufig sein sollte.

Zynismus des Umganges gibt in diesen Kreisen die Norm des
Benehmens an, und Goethe wußte, was er tat, als er die Mimen von
seiner Erziehungsanstalt fernhielt, und Friedrich der Große durch ein
Reskript sie alle samt und sonders laufen ließ. Wir hier aber müssen
contre vent et marée das Ideal einer Genossenschaft festhalten und
abseits vom Schein uns zum Schauen, zum Reich der Ideen wenden.
Mein Guido sagte mir diesen Sommer: »in Florenz sehe ich nie den
Himmel an, der ist immer blau, und wenn einmal grau, wird er gleich
wieder hell. In Deutschland aber gucke ich immer hin.« Diese
Vorstellung, daß man das Schöne nicht ansieht, weil es da ist,
erheiterte mich sehr.
Mit der Künstlerwelt tue ich es aber umgekehrt, wie Guido mit dem
Himmel: ich blicke auf das Gräuliche nicht hin und suche das Blaue.
Da es gar trübe in den letzten Tagen war, nahmen wir die
»Meistersinger« vor, II. und III. Akt. Es wurde uns wonnig dabei
zumute und als ob es nur das Gute in der Welt gäbe. Noch eine
Lektüre erhob uns: Herders Zusätze zur Schöpfungsgeschichte, ein
Unikum an Freimut und dichterischem Schwung: das ist deutsch und
beschämt die trivialen Spöttereien des Herrn Haeckel.
Leben Sie wohl, teuerster Erbprinz, bitte übermitteln Sie Ihrer
Königlichen Hoheit der Frau Erbprinzessin unsere beständige
Freude an ihrer Genesung, empfangen Sie die wärmsten Grüße von
meiner Tochter und mir und die erneuerte Versicherung, daß in der
tiefen Stille Wahnfrieds die lebendigste Teilnahme für Sie, teurer
Herr und Freund, lebt im Herzen Ihrer treu anhänglichen

C. Wagner

An das Konsistorium in Bayreuth
Bayreuth, 22. 12. 1908

Hochwürdige Herren!
Jetzt, wo mein Gesundheitszustand mir die Beiwohnung an der
Kirchentrauung untersagt und meine Kinder den kirchlichen Segen
an anderer Stelle empfangen werden, liegt es mir daran, Ihnen zu
sagen, daß der Empfang des Bescheides eines Hohen Konsistoriums
keine Bitterkeit bei mir zurückließ.
Wie alle menschlichen Satzungen werden auch die kirchlichen
Gesetze mit der Zeit einer Revision unterliegen; aus dem Wunsche,
wenn auch nur von äußerster Ferne und nur ein klein Winziges daran
mitzuwirken, und in der Hoffnung, unsere Erfahrung anderen zugute

kommen zu sehen, gestatte ich es mir, die Betrachtungen zu unterbreiten, denen ich mich mit gelassener Objektivität in diesen Tagen hingab.

Ich weiß, daß Sie unfreie Vollstrecker des Gesetzes sind, daß Ihnen keine Deutung oder Auslegung im geistigen Sinne gewährt ist. Ich bin so frei, mich Ihres Wohlwollens durch meine Gesinnung sicher zu fühlen – so wiederhole ich, daß auch nicht der geringste Groll in mir keimte, und schließe unter der Versicherung, daß ich mit den respektvollsten Gefühlen bin, Hochwürdige Herren, Ihre ganz ergebene

C. Wagner

Betrachtungen, welche bei Gelegenheit eines Beschlusses des hohen Konsistoriums über das Kirchengesetz mir ankamen.

1. Ist es christlich?

Nein! Denn gesetzt, daß eine Schuld vorläge, so könnte der Schuldige nicht beredter seine Reue kundgeben, als indem er um die Hand eines reinen jungfräulichen Wesens von sittlichster Strenge wirbt. »Im Himmel ist mehr Freude über einen reuigen Sünder als über neunundneunzig Gerechte.«

2. Ist es im Geiste Luthers?

Nein! Wird das hohe Konsistorium selbst einstimmig sagen, welches den freien Sinn, das große Herz und den weiten Blick des einzigen Mannes wohl kennt.

3. Ist es menschlich?

Nein! Denn es traf den empfindlichsten Punkt, es verletzte das Zartgefühl zweier weiblicher Wesen, deren eines leidend und besonders schonungsbedürftig ist.

4. Ist es sittlich?

Nein! Gesetzt, die Ziviltrauung wäre in Bayern noch nicht eingeführt, so würde es zwei füreinander bestimmte Wesen zwingen, entweder ihr Gefühl zu verleugnen oder sich außerhalb der sittlichen Weltordnung anzugehören.

5. Ist es gerecht?

Nein! Denn es trifft den angeblich Schuldigen nicht, sondern lediglich unser Haus, welches herzlich nach dem kirchlichen Segen verlangt.

6. Ist es besonnen?

Nein! Die geringste Kenntnis der juristischen Gebräuche oder eine einfache Nachfrage hätten ergeben, daß es sich hier um eine Formel handelt, wie sie üblich ist, um (bei Schonung des einen Teiles) die dringend notwendige Scheidung zu bewirken.

7. Ist es weise?

Nein? Denn würde es bekannt, so würde es einen Sturm der Entrüstung in einem ansehnlichen Kreise, selbst bei Gutgesinnten, erregen und die Zahl der leider immer sich mehrenden Abtrünnigen von der Kirche vergrößern.

Wir werden ihr treu bleiben und fortfahren, Gott zu bitten, den Geist der Liebe in ihr wachzuhalten, den einzig wahren, lebendigen, wirksamen!

1909

Lieber hochgeschätzter Freund,
in Mailand las ich Ihren Marées; mir sagte der feste apodiktische Ton gleich zu, durch welchen Sie den Besuchern der Ausstellung den Gesichtspunkt aufstellen, von dem aus sie die eigenartigen Kunstprodukte zu betrachten haben; es gefiel mir auch sehr, daß Sie den parteiischen Enthusiasmus, den Goethe bei einer Kritik fordert, zugunsten des bedeutenden Freundes ausübten und für ihn mit bündiger Bestimmtheit die Autorität Ihres Namens einsetzten. Gern würde ich jetzt, nach Lektüre, die Marées'schen Bilder wieder in Augenschein nehmen.
Werden Sie es mir aber verübeln, wenn ich Ihnen gestehe, daß ich ein wenig bedenklich diesem qualvollen Produzieren, diesem Ringen mit sich, mich befinde? Bei noch so großem Fleiß und Konzentration erscheint mir das Kunstschaffen wie eine natürliche Notwendigkeit, ja wie die höchste Freude im Dasein; und der eigentümliche Charakter von Marées will mir so gar nicht dazu stimmen. Sie selbst, Freund, mit Ihrer Offenheit und Herzlichkeit, sind das beste Beispiel für meine Auffassung. Dagegen flößte mir Ihre Aufstellung von Marées' Wahrhaftigkeit gegen sich unbedingten Respekt ein.
Als wir im südlichen Tirol die Berglinie weicher zugleich und zackiger werden sahen, glänzte der Boden golden durch die Maisstoppeln, die Weiden und Maulbeeren leuchteten feurig, selbst die welken Blätter schienen rötlich lebendig. In der Frühe des andern Tages begrüßte ich in Trient die ersten Sonnenstrahlen auf dem mir gegenüberstehenden Berg – die Finsternis wich allmählich unter dieser sanften Macht, und durch die Stimmung, welche dieser Anblick gewährte, ergab sich die Morgenandacht von selbst. Abends, im Monddunst, erglänzten in den weit umliegenden Feldern zahlreiche Feuer zu Ehren der Heiligen Drei Könige.
Gern hätte ich meinen Winteraufenthalt dort genommen, um in dem Bann des ersten Eindruckes zu verbleiben und dem näher zu sein, woran mein Herz hängt. Es ging aber weiter, und die Beschaulichkeit,

welcher ich nunmehr angehöre, läßt sich an diesem freundlichen
Gestade leicht ausüben. In Trient jedoch war mir's wie eine
Wiedererweckung und Befriedigung der Empfänglichkeit (da man
im Norden mehr meint, immer zu geben), und »wie es auch sei, das
Leben, es ist gut« – kreiste förmlich mit dem Blute durch die Adern.
Samstag 16.

Freilich, beim Betreten des eigentlichen Italiens schwand diese
Stimmung – alle Zeichen und Mitteilungen gemahnten an die
Furchtbarkeit des Geschehnisses. Zu unserer Genugtuung beteiligte
sich Manfred Tag und Nacht an den Rettungsarbeiten. Sein Schiff
(»Regina Elena«) war das erste italienische, welches in Messina
anlangte, und er durfte mehreren Menschen und auch Tieren das
Leben retten. Jetzt baut er mit an den Holzhäusern, die dort errichtet
werden.

Hier tobt heut der Scirocco, und Sturmvögel flattern herum; Sie
werden wohl bei sich einen Nachhall davon spüren; hoffentlich leidet
Ihre liebe Frau nicht darunter. Sagen Sie ihr, bitte, wie dem gesamten
Kreis der Ihrigen, von meiner Tochter Gravina und mir das
Allerfreundlichste.

Und als Lebewohl ein Befehl: antworten Sie mir *nicht!* und eine
Drohung: wenn Sie es zum Trotze täten, schriebe ich nicht wieder.

Falls Sie aber wieder etwas verfaßten oder eine übrige Photographie
nach einem neuen Entwurf hätten und meiner gedenken wollen, so
würde ich das als Schreiben, und zwar als ganz direkt an mich
gerichtetes, betrachten. Sie sehen, daß es mit meiner Anspruchslosig-
keit und Bescheidenheit ziemlich fadenscheinig bestellt ist.

Üben Sie Nachsicht! (Deren wir von der Wiege bis zum Grabe
bedürfen.)

Bei Gelegenheit eines interessanten Aufsatzes von Kekulé über die
verschiedenen antiken, nach dem Tode entstandenen Bildnisse des
Sokrates kam mir Ihr mir beschriebener Schiller in den Sinn. Seiner
gedenkend grüße ich Ihre Kraft, die ich stets als sich vertiefend und
erweiternd empfinde.

C.W.

1910

An Gerhart Hauptmann
Santa Margherita, Februar (?) 1910

Lieber Herr und Freund
Mit warmem Dank für die Weiterführung Ihrer Dichtung verbinde
ich die Wiederholung einiger der Dinge, die ich Ihnen kürzlich
schrieb.
Mit der Entwickelung der Psychologie mußte die Einfalt im Ton der
Erzählung sich verlieren. Zuweilen vermeinte ich den Autor selbst zu
vernehmen. Aber die Wahrheit der Naturschilderung ist geblieben
sowie die glückliche Gegenüberstellung des wirklich Gesehenen zum
abstrakt Erschauten und innerlich Durchgemachten. Sehr rührend
wirken der Wachtmeister und der Ziegenhirt und köstlich humoristisch der Sozialist und vor allem der Arzt.
Ich ersehe für dieses Buch eine Gefahr bei den Gläubigen; wenn
Wort und Wandel des Heilandes gebracht werden, üben sie auf ihn
eine solche Gewalt der Andacht, daß alles übrige schemenartig
verschwindet. Auch wird der Gläubige die Gleichung der Geburt
bedauern, da er finden mußte, daß es mit der Taufe bis zum äußersten
gelangt war, und ich bin froh, durch Sie zu wissen, daß Sie im Verlauf
die Parallele ganz aufgeben. Wie sich der Ungläubige zu dem verhält,
entzieht sich meiner Vorstellung.
Mit Recht werden Sie mir sagen: »ich schreibe weder für Gläubige
noch Ungläubige; es hat mich ein Thema erfaßt, ich habe es
hingestellt und ausgeführt, ich erwarte Unbefangenheit in der
Aufnahme des Gegenstandes und in der Beachtung seiner Behandlung.« Ich habe danach getrachtet, Ihnen diese entgegenzubringen,
und da, wo mir dies aus dem oben erwähnten Grund versagt blieb,
habe ich stets Ihre Begabung und Ihre ernste Auffassung gewürdigt.
Dies wird mein letztes geschriebenes Wort sein, weil ich mich nur
wiederholen könnte und Sie dadurch ermüden müßte. Auf gutes
Wiedersehen, wann und wo es sei.
Empfangen Sie (mit dem Ausdruck meiner ernsten Teilnahme) von
mir und den Meinigen die herzlichsten Grüße für Sie und die lieben
Ihrigen.   CW

P.S. Nur noch eine Frage: Mußte es denn durchaus wieder Salome
die Rotblonde sein? Ich sollte meinen, daß der unschuldige Volks-
mensch, als welchen Sie Quint sympathisch hinstellen, eine andere
– naive – Art der Versuchung im Traume sich erzeugte.
Zu Ihrer liebenswürdigen Eigenheit gehört, daß Sie den Freimut im
Umgang ermuntern; Sie tragen also die Schuld meiner Offenherzigkeit und müssen sie daher entschuldigen.

An Engelbert Humperdinck
Santa Margherita, 5. 3. 1910

Mein teurer Freund,
Es gibt Freuden, die man nicht erwartet, nicht erhofft, nicht
erwünscht; sie sollen als Gnadengeschenk uns gespendet werden,
und dennoch, wenn sie eintreten, erscheinen sie uns als eine
Erfüllung, wir fühlen, sie sind die Befriedigung eines Herzens-Be-
dürfnisses.
So wirkten Ihre Worte auf mich, nachdem ich von so vielen Seiten
Schönes und Erhebendes gehört.
Möchte diese Mitteilung Ihnen als Ausdruck meines Dankes gelten!
Mein Glück über Siegfrieds Wesen, Wirken und Schaffen ist ein so
tiefes, daß das Verhalten der Menschen gegen ihn mich nur berühren
konnte, wenn es ihn erbittert oder gehemmt hätte; auch wußte ich,
daß dieses üble Verhalten ein künstliches war, da der naive Zug des
Publikums zu ihm sich beim »Bärenhäuter« ausgedrückt hatte.
Freilich wird es mich freuen, wenn ihm schöne Mittel zu Gebote
stehen, er wird ein farbiges Bild statt eines Steindruckes hinstellen
können. Aber die kleinen Städte haben auch in diesem Fall für mich
etwas Bedeutsames und besonders Wohltuendes. Es ist mir, als ob
man da dem Volke näherträte, als ob noch mehr Eigenart und
Ursprünglichkeit der Empfindung anzutreffen wäre. Und so war es
vielleicht gut, daß Siegfrieds Weg über die kleineren Städte begann.
Wir lächelten wohl über Plauen, aber daß der »Wildfang« dort 5 volle
Häuser machte, schien mir doch sehr beredt. – Der »Winkel«!
Was Sie mir über den »Wildfang« sagen, ist so schön, so eigenartig, so
ganz Sie, mein teurer Freund, daß mir die Worte fehlen, um Ihnen
meinen Eindruck davon zu sagen. Ich habe eine große Vorliebe für
dieses Werk, welches ich im edelsten Sinn für ein populäres halte.
Siegfried darf die Welt in seinen Freunden sehen, wie es Goethe will.

Als Anführer dieser auserlesenen Schar müssen Sie ihm gelten, da Sie
sein geliebter, verehrter Meister sind.
Lassen Sie mich Sie als solchen von ganzem Herzen begrüßen und
Ihnen die Hand mit Dankesinnigkeit drücken.

CW.

Noch muß ich meiner Freude über Ihr Kommen Ausdruck geben.
Hier werden wir uns eingehend und gemütlich, ganz nach meinem
Wunsche, sprechen können.
Alles Herzlichste Ihrer lieben Frau. Meine Kinder tragen mir alles
Liebevollste für Sie beide auf.

An Ernst Erbprinz zu Hohenlohe-Langenburg
Santa Margherita, 12.–26. 3. 1910

Ach, teuerster Erbprinz, ich zähle die Tage bis zu den Reichstags-
ferien, deren Beginn ich mir am Palmsonntag vorstelle. Sie haben das
Rechte getan, das Gute angestrebt und Opfer gebracht. Mit diesem
guten Gewissen konnten Sie alles über sich ergehen lassen, und aus
Ihrem gefaßten Ton ersehe ich wieder zu meiner freudigen Genugtuung, wie überlegen Sie den äußeren Dingen sind. Ich kann mir aber
vorstellen, wie erfrischend es für Sie war, mit Ihrem Vetter, dem
Prinzen Max, vertraulich zu verkehren. Auch ich machte dieselbe
Wahrnehmung wie Sie zu meiner großen Befriedigung; immer
inniger hat sich die Beziehung zu seiner Gemahlin gestaltet, welche
unter einem liebreizenden Äußeren ein ganz befestigtes Inneres
birgt, und so hat sein Leben sich jetzt auf die Basis des Familienglük-
kes zu seinem Heil aufgebaut, und seine reiche Begabung gewann
eine sichere Richtung.
Johannes Müller kenne ich weder persönlich noch in seinen
Schriften, ich weiß aber, daß er ein überzeugter Mensch ist und daß
seine bereits ausgebreitete Wirksamkeit darauf beruht. Nach dem,
was ich über seine Schriften vernahm, befürchte ich, daß der
nüchterne Verstand einen großen Anteil hat, und das ist mir für eine
religiöse Bewegung nicht die Kraft.
Ein vor kurzem durch den Kaiser aus Breslau nach Potsdam
berufener Hofprediger Richter schickte uns einen Vortrag, den er
dort über »Parsifal« gehalten, mit einigen warmen, bedeutenden
Begleitzeilen. Der Vortrag zeugt von großer Inbrunst, und man
ersieht aus ihm, daß er einen tiefen, entscheidenden Eindruck in

Bayreuth erhielt. Eine kleine Konzession, die er wohl am Schluß dem hohen Konsistorium machen *mußte,* habe ich bedauert, aber sie hat meine Empfindung von der Persönlichkeit nicht beeinträchtigt.

Es wurde uns ein Aufsatz aus den »Leipziger Neuesten Nachrichten« über den Reichskanzler zugesandt, welcher so vorzüglich diese seltene Persönlichkeit darstellte, daß die schmählichen Angriffe förmlich in Nichts versanken. Man könnte hier Goethes Wort anwenden: »Und so bewährt sich die Kraft aller sinnlich-sittlichen Eindrücke jedesmal am stärksten, wenn der Mensch auf sich selbst zurückgewiesen ist.«

Freilich geben die Straßendemonstrationen in Berlin und fast allenthalben in Deutschland genug zu denken, und Ihre Erinnerung an den Wahn-Monolog ist nur allzu berechtigt in ihrer Hoffnungslosigkeit, wenn keiner sich findet, der den »Wahn fein lenken kann«.

Aus den verschiedenen Reden Bethmanns tritt einem solche Ruhe und Festigkeit der Überzeugung, eine so schlichte beredte Sprache entgegen, daß ich wider jede Hoffnung hoffe.

Die erhebende Glaubenskundgebung als Antwort auf den effekthaschenden israelitischen Professor wirkte wie der plötzliche Durchbruch eines Sternes in einer wolkenschwarzen Nacht – Ihre Schilderung, teurer Erbprinz, lockte mir Freudentränen in die Augen.

Mein Sohn, nach welchem Sie mich gütig fragen, ist seit einer Woche ungefähr bei uns, nachdem er lauter Freundliches mit dreien seiner Werke erfahren hat. Überdenke ich das Los dieser Stücke, so überkommt mich eine sanfte Heiterkeit. Nachdem der »Bärenhäuter« eine spontane rasche Popularität sich erworben, wurde, aus mit nicht schwer kenntlichen Gründen, der »Herzog Wildfang« in München zu Grabe getragen. Die großen Hoftheater versperrten sich alle – nun nach etwa 10 Jahren meldete sich zuerst das kleine Plauen, dann Gera, dieses Jahr Halle und Halberstadt für den »Wildfang«, und zwar unter enthusiastischer Aufnahme. Karlsruhe und Magdeburg empfingen den »Banadietrich« auf das wärmste, und Colmar, Schwerin und Elberfeld nahmen den »Kobold« festlich auf – also lauter kleine Bühnen, die sich mit ihrem Publikum überraschend unabhängig bewährten. Wenn ich Siegfried gewiß auch gern für seine Werke glänzende Mittel gönnte, so gestehe ich doch, daß diese eigenartige Erfahrung mir als bedeutungsvoll erschienen und eine Genugtuung war. Er selbst kam in heiterster Laune über alles Erlebte hier an.

Thodes, Chamberlains und Siegfried tragen mir verehrungsvollst ergebenste Empfehlungen an Sie, teurer Erbprinz, und an Ihre Königliche Hoheit, die Frau Erbprinzessin, auf.

Mit meinen Töchtern nahm ich eine, wie uns schien, dem hiesigen Gestade geeignete Lektüre vor: Goethes »Italienische Reise«. Es ist dies ein Buch, welches man mit reifem Sinn lesen muß und nicht nach der Kunstbetrachtung, sondern nach dem Zauber der Persönlichkeit, ihren Erlebnissen und deren Einwirkung auf das tiefste Innere. Unter dem Mannigfaltigsten, das uns da begegnete, zitiere ich bloß eines: auf dem Markt in Catania frugen die Volksleute Goethe nach Friedrich dem Großen (sie hatten noch nicht erfahren, daß er gestorben sei). Dies erinnerte mich an den Bauern, der im höchsten Norden von Norwegen den in seine Hütte eintretenden Baron von dem Knesebeck frug: »Lebt Bismarck noch?« Solche Wesen wirken in die Ferne wie Gestirne.

In der Sphärenharmonie verhallt mein Ostergruß. Ich stimmte ihn vor mehreren Tagen wehmütig an und schließe ihn festlich-freudig! Bitte Ihrer hohen Gemahlin meinen zärtlichen Anteil an dem Glück der Wiedervereinigung zu melden.

Ihnen, teuerster Erbprinz, drücke ich die Hand in Gefühlen, die nie aufhören können zu wohnen im Herzen Ihrer

                                                                C. Wagner

An Adolf von Hildebrand
Bayreuth, 27. 12. 1910

Ihr Bismarck scheint mir fast Ihr Schönstes, Freund, und er gewährt mir echte Freude; die Einfachheit der Linien, die Breite der Form, aus denen wie von selbst die Tiefe des Ausdrucks sich ergibt, entsprechen meines Bedünkens dem Ideal der Plastik; das Geheimnis des menschlichen Wesens steht in seiner Ruhe vor einem, man übergibt sich ihm in Beschaulichkeit und ohne Deutung.

Nach den Ereignissen von 1870 waren Bismarck, Roon und Moltke wieder einmal zu dritt vereinigt; der Kanzler sagte: »Wir haben mehr erreicht, als wir je zu hoffen gewagt. Können wir sagen, daß wir glücklich seien?«

Schweigen.

»Worin bestünde denn das Glück?« frug er weiter und fügte nach einer Pause selbst hinzu: »Vielleicht darin, einen Baum wachsen zu sehen.«

Dieser schlichte, tiefe Zug kam mir in den Sinn, als ich Ihr Werk betrachtete; ich weiß kein beredteres Zeugnis für den entscheidenden Eindruck, den es in mir hervorrief.

Haben Sie Dank, meiner gedacht zu haben, und empfangen Sie, was es nur gibt an guten Wünschen und Freundlichkeit der Gesinnung.

CWagner

An Hugo von Tschudi
Bayreuth, 29. 12. 1910

Wie gütig von Ihnen, teurer Freund, mir von Ihrem Schmerzenslager und so eingehend zu schreiben; nebst dem rührenden Herzenszug stand die ganze Energie Ihrer Natur vor mir; aber Sie hätten es nicht tun dürfen, und ich muß fast meine kleine Sendung nebst dummen Scherz bereuen! Doch, keine Vorwürfe, auch selbstische nicht, sondern nur Dank, wärmsten Dank für alle mein Interesse lebhaft anregenden Mitteilungen.

Der prächtige Grünewald kam an und erinnerte mich an unsere Kunstwanderung, wobei ich zu meinem Staunen eine völlige Wiedergeburt der alten Pinakothek genoß.

Herr Bruckmann besuchte Chamberlain und erzählte meinen Kindern von Ihren großen Plänen (unter anderem Ausbau der Pinakothek nach den von Ihnen aufgefundenen Plänen von Klenze und Um-Verwendung des einen Fonds behufs bedeutender Ankäufe);»Il fera tant de bien, qu'il se fera détecté de tout le monde«; Voltaires Wort über Turgot fiel mir dabei in den Sinn; aber ich kann mir denken, wie lästig Ihnen das Unwohlsein gerade jetzt fällt! Das, was jetzt die Franzosen mit Virtuosität treiben: le sabotage, scheint mir das Wesen des Lebens überhaupt, immer Hemmnisse und Stauungen. Wollen Sie aber nicht, wenn Sie soweit erholt sind, sich Urlaub zur völligen Genesung verschaffen? Wir müssen nolens volens die Gesundheit voranstellen, und die Ausführung Ihrer bedeutenden Pläne würde dann mit Hildebrands Rückkehr, dessen Unterstützung Sie bedürfen, zusammenstimmen.

Molière ließ seinem Arzte sagen, der ihn besuchen wollte, er möchte so freundlich sein, ein andermal zu kommen, heute sei er krank! Trotz dieses einleuchtenden Beispiels bin ich froh, daß Sie Schweninger beriefen, er wird Ihnen sicher guttun, nur ist sein Hauptbeistand die Zeit, und da heißt es halt wieder Geduld!

Daß Sie eine hübsche, behagliche Wohnung fanden, freute mich sehr, vor allem, daß Sie einen Ausblick auf Bäume haben; bei Ihrem Natursinn halte ich das für unentbehrlich, und ich entsinne mich aus der Zeit, wo ich große Städte bewohnte, daß ich stets nach Gärten mich umsah. In Berlin blickte ich auf das Anwesen des Prinzen Albert, dann auf den Sternwartegarten, in München auf den botanischen Garten.

Ihre Treue gegen Marienbad bis zum Davonfliegen des Daches heimelte mich an, da ich mir einbilde, diese wunderliche Gaststätte im Jahre 1864 entdeckt und durch beständiges Empfehlen an Freunde und Bekannte gehoben zu haben. Bei Ihrer Mitteilung stand das Wirtspaar Aumüller vor mir, eine Gattung für Haeckel, das zum Mensch gewordene Bierfaß, mit unartikulierter, lallender Sprache. Es flog nicht, war fest-bodengeheftet, unbeschreiblich humoristisch wirksam. Nun ist alles Erinnerung, und man frägt sich, wo wird man jetzt in München absteigen. denn bald geht's auf die Wanderschaft, Chamberlains und ich zuerst nach Trient (wegen unserer Freundinnen Wolkenstein und Thun), dann Gardone wegen Daniela, schließlich Santa Margherita bis zum Frühling. Siegfried durchstreift Österreich und Deutschland nach allen Richtungen, im März dirigiert er wieder in Paris, das es ihm durch Geist, Talent und Liebenswürdigkeit angetan. Das neue Stück »Le bois sacré«, meisterhaft gespielt, ließ ihn aus dem Lachen nicht heraus.

Noch muß ich Ihnen für die Glückwünsche zum Doktortitel danken, welche Sie mir auf Ihre besondere Art und Weise so freundlich ausdrückten. Angesichts der Haltung des Reichstags in der Schutzfrist, angesichts dessen, was uns in Bälde bevorsteht, war mir dieses erste Zeichen der Anerkennung unserer Kunststätte seitens einer wissenschaftlichen Körperschaft von Bedeutung, ja, von Wichtigkeit, wenn ich auch nicht weiß, ob das geringste sich daran knüpfen läßt. Es war bei dunklem, versperrtem Horizont ein Lichtblick.

Mit dem Hoffnungsstrahl will ich schließen! Bedenke ich, wie Ihre heroische Güte Ihre Zeilen sogar mit dem Hauch der Heiterkeit durchwehte, so erscheinen mir die meinigen gar nicht; ergänzen Sie liebevoll das Fehlende, und lassen Sie mich Ihnen im Unausgesprochenen fest und innig die Hand drücken

CWagner

1911

An Hugo von Tschudi
Bayreuth, 6. 8. 1911

Wie schön haben Sie mir geschrieben, teurer Freund, und welch eine Freude haben Sie mir dadurch bereitet! Ja, Sie sind ein Held! nicht nur, daß Sie in dieser achtmonatlichen, schmerzlichen Erkrankung allen Ihren Verpflichtungen oblagen, sondern Sie haben die Freundlichkeit mit Güte darin bewährt, wie diese aus Ihren Zeilen mir entgegen sanft leuchten, und letzteres dünkt mich fast noch bewundrungswürdiger als ersteres. Wenn ich nicht irre, schätzen Frauen bei dem Manne den Mut am höchsten, und den, den Sie beweisen, dünkt mich herrischer als den des Kriegers in der Schlacht. Ihre Teilnahme für Mottls Hinscheiden hat mich sehr gerührt. »Eine selten üppigdämonische Künstlernatur«, so bezeichnete ihn treffend Siegfried in seiner Traueransprache an unser Orchester, mir ging dieser Tod sehr nahe, denn mit kaum einem habe ich so eingehend, ja enthusiastisch gearbeitet, und doch war er, der Tod, hier eine Befreiung, denn der arme Freund war künstlerisch verfallen und menschlich verstrickt. Wie ich von seiner Krankheit erfuhr, frug ich bei ihm an, obgleich wir seit seiner Anstellung in München außer Kontakt gekommen, und es bewegte mich zu hören, daß dies seine letzte Freude gewesen sei. Mit der gestrigen Aufführung der »Meistersinger« ist die erste Hälfte unserer Festspiele überschritten; sie sind so gut, ja glänzend ausgefallen, daß Siegfried an die Möglichkeit einer Wiederholung im nächsten Jahr denkt. Seine Inszenierung der »Meistersinger« soll unvergleichlich sein, und gestern wollte das Publikum das Theater gar nicht verlassen; freilich verdankt sich dieses Gelingen einer emsigen Vorarbeit, wie sie draußen nicht vorgenommen werden kann, und dazu natürlich mehreren glücklichen Griffen in der Wahl von einigen neuen unbekannten Künstlern; der Beckmesser zum Beispiel, diese wichtigste Gestalt, soll vorzüglich sein. Ich gebe in einem altfränkischen Kästchen die Abbildungen der verschiedenen Träger der Hauptrollen; es kommt mir förmlich abgeschmackt vor, Ihnen, dessen Feingefühl und Zartsinn für das Schöne ich kenne, Photographien zuzusenden; meine Rechtfertigung liegt in dem

Wunsch, Ihnen den Anteil an unseren Aufführungen zu geben, den ich nunmehr einzig habe, und auch Ihnen einen Blick auf die von Daniela entworfenen Kostüme werfen zu lassen.
Bei der Wiederholung nächstes Jahr müssen Sie dabei sein und am Ende gar auch ich, da unser nachtwandelnder Magus mir monts et merveilles verspricht; sonst ergeht's mir wie Ihnen in bezug auf die ärztlichen Befriedigungen, und ich denke dabei an den Zettel, welchen man in einem der südamerikanischen Staaten den freigelassenen Negern gab mit der Aufschrift »che se può tener per un bianco«...
Ihre liebevolle Rekapitulation unserer verschiedenen Begegnungen hat mir die angenehmsten Erinnerungen wachgerufen; ich muß aber die verschiedenen Führungen durch die Museen hinzufügen, welche mich jedesmal so anregten, daß ich sie wohl als eine Bereicherung meines Lebens betrachten darf. Haben Sie auch Dank für Ihre freundliche Aufnahme meiner bescheidenen Schrift; daß Sie sich ihrer noch erinnerten, brachte mir Ihre ganze mir so wertvolle freundliche Gesinnung vor den Sinn.
Wir haben hier eine tropische Hitze, und alles schmachtet nach Regen, unser Nachtwandler sagt mir aber, die Wärme sei günstig für Ihre Leiden, und das versöhnt mich mit dieser Dürre: Sie sehen, ich lasse die Skepsis nicht aufkommen. Nun aber habe ich eine ernste Bitte an Sie, Freund, die, mir nicht so bald schreiben zu wollen; Sie müssen sich völlige Ruhe gönnen, und ich habe so viel an Ihrem jüngsten Brief, daß ich für eine geraume Zeit versehen bin. Durch Bruckmanns, welche in stetem Verkehr mit Chamberlains sind, erfahre ich immer von Ihnen, und ich weiß, daß unsere Gedanken sich oft begegnen.
»Excusez la longueur de cette lettre, je n'ai pas eu le temps de la faire plus courte.«
So entschuldigt sich Pascal; ich hätte Zeit genug, meine Rechtfertigung liegt in der Neigung, mich mit Ihnen zu unterhalten.
Für die mangelnde Festspielbeteiligung habe ich jetzt ein um so regeres Familienleben, da meine vier Enkel hier sind und mit meiner Enkelin Maria eine Braut im Hause, indem sie sich mit Doktor Wassily, einem homöopathischen Arzt aus Kiel, verlobte; da hätten wir denn einen Arzt in der Familie, und ich muß meine Lieblingsanekdote von Molière unterdrücken, welcher seinem Doktor, der ihn besuchen wollte, sagen ließ, er möchte so gut sein, ein andermal zu kommen, heute sei er krank.

Doch genug für heute; bald werde ich mich wieder melden und in
meinem Geplauder fortfahren; einstweilen nur den herzlichsten
Händedruck
von Ihrer treu anhänglichen

CWagner

1914

An Ernst Fürst zu Hohenlohe-Langenburg
Bordighera, 23. 1. 1914

Teurer Fürst, seit 12 Tagen bin ich mit meinen Kindern Chamberlain hier und genieße die Wohltat der Sonne; immer auf's neue wirkt der Zauber dieser Landschaft, wie im Hesperidengarten kommt man sich vor, wenn man bei den fruchtbeladenen Mandarinen- und Zitronenbäumen vorüberzieht, und wie den Schleier der Schönheit werfen die Ölbäume ihr Laub durch den Raum. Vor allem aber besteht der Zauber des Eindruckes darin, daß das Schwere des Daseins einem fernergerückt, wie unrealer erscheint. – – –
Das Satyrspiel ist der Tragödie des »Parsifal« auf dem Fuße gefolgt. Die Mailänder verstehen nicht, daß man etwas besonders Tiefsinniges an dem Werke fände. Kundrys Wesen und Wandel, Klingsors Zauber, Amfortas' Schuld und Reue, das Erbleichen und Erglühen des Grales, alles das scheint den Glücklichen ganz einfach und tagtäglich. Die Wiener dagegen fanden das Werk einfach langweilig, und mit Recht, denn ist es kein Bühnen-*Weih*-Festspiel, so muß es eine langweilige Oper werden.
Die Berliner gestehen wenigstens ehrlich und offen, daß sie damit spekulieren, und dreschen das arme Werk allabendlich mit längst ausrangierten »Bayreuther Künstlern« durch.
Das ist das Los des Schönen auf der Erde, klagt Thekla, und [man] muß sich darein finden.
Ich darf immer noch nicht länger schreiben, und so nehme ich Abschied, indem ich nur noch mitteile, daß die prinzlichen Briefe, die ich Ihrer Güte verdanke, meiner Tochter und mir eine angenehmste Unterhaltung bieten, fast hätte ich gesagt Erbauung, denn diese ernst-heitere Frömmigkeit, die Reinheit der Herzen, der ergebene Sinn, sie wirken so.
Haben Sie nochmals Dank für diese Gabe, und empfangen Sie mit einem herzlichen Gruß die erneuerte Versicherung der unwandelbaren Gefühle, die Ihnen und der geliebten Frau Fürstin bewahrt
Ihre getreueste

C. Wagner.

An Ernst Fürst zu Hohenlohe-Langenburg
Bayreuth, 12. 5. 1914

Teurer Fürst,
Ihr Schreiben vom 23. IV. wurde mir nach Frankfurt gesandt, und ich möchte nicht länger säumen, Ihnen für den Inhalt auf das wärmste zu danken. Die lebendige Schilderung Ihrer Autofahrt durch Norditalien konnte ich insofern gut verfolgen, als ich diese Gegend und ihre Anmut einst genossen habe. – Wir hatten ebenfalls erhebende Eindrücke auf unserer Rückreise. Ich nenne Mailand voran, unsere erste Station, wo allein die drei Hauptkirchen den Aufenthalt reichlich lohnen. Der Hof aus dem XII. Jahrhundert von der Ambrosiuskirche, wo noch das Tor zu sehen ist, wo der Heilige Theodosius die Kirche verwies, der Greueltat halber, die der Kaiser in Thessaloniki verübt; der Dom, in welchem der Volksglaube des XIV. Jahrhunderts so erhebend zu uns spricht; endlich das Meisterwerk Bramantes, Maria delle Grazie, in welcher wir die Vollendung der Frührenaissance mit Andacht bewundern. In dem Refektorium des Klosters, dem die Kirche angehört, bewunderten wir das Abendmahl Leonardos, welches jetzt durch die geschickteste Restauration wieder erstanden! – Nebst diesen Hauptwerken bietet Mailand viel mehr zu betrachten, als man meistens beachtet, unter anderem die Höfe der Paläste, in denen der große lombardische Adel seinen Stolz einst ausdrückte. (Ich meine, daß die Architektur *die* Kunst sei, welche am stärksten den Charakter des Menschen ausdrückt.) Der uns als Sehenswürdigkeit empfohlene neue Friedhof Mailands drückt in seinen technisch virtuosen Denkmälern einen so kindischen Bombast aus, daß man die liberale Phrase in Stein zu sehen glaubt.

Voller Anregung daher nahmen wir unseren Weg über die Schweiz, welche in der Baumblüte prangte. Auch ein Eindruck einziger Art! Das Betreten des Heimes dagegen läßt sich kaum schildern; hier ist *Ruhe* und allen Erfahrungen zum Trotz *Frieden*; hier nimmt mich das Gefühl der Dankbarkeit gänzlich ein, welche das Bild der Gottheit in sich faßt.

Meinen Sohn trafen wir in vollster Tätigkeit für die Festspiele und mit einigen neuen Akquisitionen recht befriedigt, unter anderem einen Loge!

Die Preisgebung des »Parsifal« macht sich für uns doch empfindlich, denn der Deutsche ist weniger auf das *Wie* gerichtet als auf das *Was*;

hat er letzteres, dann ist er befriedigt. Einige haben sogar die bestellten Plätze zurückgegeben, und da der Kaiser selbst Regie in Berlin ausübt, muß wohl jeder loyale Berliner dort »Parsifal« ansehen. Es heißt: die Kunst für's Volk, nicht für Auserwählte. Hier fällt mir die Erfahrung eines Freundes ein: Er schickte seine Haushälterin in den »Lohengrin«, nachdem er sie in dem Stoff gut eingeführt. Tags darauf frug er sie nach ihrem Eindruck: »Oh«, rief sie aus, »wundervoll, das schönste aber war doch die Klingel, die schellt ja gerade wie die unsrige« (sie meinte den Augenblick, wo Lohengrin im III. Akt den Glockenzug zieht!). Wir werden uns jedenfalls auf ein Defizit gefaßt machen müssen. Zum Glück sieht mein Sohn diesen Dingen mit Gelassenheit entgegen und sorgt nur dafür, daß alles möglichst gut ausfalle. Seine Wege führen ihn nächstens nach Aachen, wo er ein Konzert zu dirigieren hat, und nach Karlsruhe und Darmstadt wegen Besprechungen für Winteraufführungen.

Freund Wolzogen schrieb mir jüngst ganz wehmütig über die Verwandlung in der Physiognomie der Reichshauptstadt, an der er sehr hing und welche sein Großvater Schinkel mit schönen Gebäuden geschmückt hat. Dieser traurige Eindruck stimmte zu dem Obenberührten und zu Ihren mündlichen Mitteilungen, gerne flüchtet man sich da edlen Geistern zu, wie wir sie in guter Lektüre finden! Ich habe hier wieder einiges vorgenommen, die »Römischen Briefe« von Schlözer beschlossen, und zwar mit großem Interesse; es ist ein kluger Kopf, der an bedeutendem Ort Bedeutendes erlebt, wie die Bildung des Königreichs Italien und die Entwickelung Preußens. – Als dichterische Befassung nahm ich »Lila« von Goethe wieder vor und empfing einen großen Eindruck von diesem wunderbaren zarten Gebilde, zugleich mußte ich dabei über mich lächeln, daß ich einst Richard Strauss geraten habe, die erforderte Musik zu diesem Stück zu komponieren. Er ist andere Wege gewandelt! Jetzt habe ich die Briefe von Maria Theresia angefangen, vorläufig sind es Äußerungen ihres rührenden Familiensinnes, ich bin aber gespannt auf die Kundgebungen der großen Staatsfrau. Der außerordentliche Verstand und die Weitsichtigkeit drücken sich in den Briefen an Marie Antoinette beredt aus.

C. Wagner

1915

An Ernst Fürst zu Hohenlohe-Langenburg
Bayreuth, Neujahr 1915

Teurer Fürst!
Wie gütig von Ihnen, inmitten Ihrer großartigen Wirksamkeit meiner
zu gedenken, und wie könnte ich Ihnen nur entsprechend danken?
Möchte das Bewußtsein der Freude, welche Sie mir bereiteten,
diesen Dank übernehmen und ihn auf das lebhafteste ausdrücken.
– Ihre Schilderung, fast hätte ich gesagt Darstellung des Generalfeldmarschalls von Hindenburg, die Erwähnung seiner Zuversicht
brachte mir in den Sinn die Worte Napoleons: »Qui a gagné la
bataille? Celui qui *croit* l'avoir gagnée.« Ich hatte mir gestattet,
Herrn von Hindenburg zu seinem Geburtstag Glück zu wünschen.
Mein Sohn, Chamberlain und Hans von Wolzogen unterschrieben
das Telegramm, und er hat wirklich die Güte gehabt, auf seine
gedruckte Danksagung zwei Zeilen von seiner Hand zu setzen mit
den Schlußworten »in großer Eile«. Daß da kein Müßiggang
herrscht, kann ich mir vorstellen, die Karte aber bewahre ich als
kostbares Andenken bei dem Bilde des Helden. Es ist mir eine der
angenehmsten Vorstellungen für ihn wie für Sie, edler Freund, Sie
täglich bei ihm zu wissen.
Es ist wohl selten ein Weihnachten in solcher Gemeinsamkeit der
Gedanken und Gleichheit der Wünsche gefeiert worden! Meine
Kinder bereiteten mir die Freude, den 23. Psalm von meinem Vater
mir vorführen zu lassen: »Der Herr ist mein Hirt'!« Worte wie Musik
haben mich tief bewegt; es wurde vorzüglich vorgetragen von dem
amerikanischen Tenor Mr. Stiles, der nicht aus der Theaterwelt
stammt, sondern von einer guten Richterfamilie, überzeugt religiös
ist und daher nebst glänzender Stimme die Hauptsache mitbrachte.
Wir hoffen einen zukünftigen Parsifal in ihm uns zu gewinnen. – Daß
der religiöse Zug sich stark bei uns kundgibt, vernahm ich von
verschiedenen Seiten mit Genugtuung. Der Krieg scheint uns
Deutschen entschieden besser zu stehen als der Frieden, wo alles
Undeutsche sich breitmachte. – Die Kriegsaufsätze von Chamberlain
erfreuen sich der größten Verbreitung und der bedeutendsten

Zustimmung. Man lernt dabei ein ganz eigenes Deutschland kennen und blickt hoffnungsvoll in die Zukunft. Dieser Krieg wird viel reifen, glaube ich. Ein sehr schönes eingehendes Telegramm erhielt Chamberlain von dem Kaiser. Er hat wirklich die Zeit sich genommen, diese Aufsätze aufmerksam zu lesen und ihre Bedeutung zu würdigen...
Üben Sie Nachsicht, und empfangen Sie nebst den verehrungsvollen Empfehlungen von ganz Wahnfried den tiefinnigen Gruß
Ihrer getreuesten
C. Wagner
Wir werden begreiflicherweise zu dieser Zeit aus inneren wie äußeren Gründen *nicht* unsere gewohnte Reise an die schöne, sonnige Riviera unternehmen.

An Ernst Fürst zu Hohenlohe-Langenburg
Bayreuth, 4. 3. 1915

Teurer Fürst, hoffend, daß das lästige Übel ganz geschwunden sei, und wünschend, daß Sie die Konvaleszenz im Kreise der geliebten Ihrigen zubringen, beginne ich diese Zeilen! Mein Sohn brachte uns gute Kunde von dem Befinden Ihrer hohen Familie, er war glücklich, der entzückenden Fürstin mit seiner Kunst zu dienen, und brachte die schönsten Eindrücke von Coburg mit. Er war auch besonders erfreut, daß dem Prinzen Gottfried gestattet wurde, sich dem Künstlerkreise anzuschließen; durch seine Liebenswürdigkeit habe er alles für sich eingenommen. Bitte, teurer Fürst, danken Sie Ihrer Gemahlin in meinem Namen. – Mitte März geht Siegfried nach Darmstadt, um ebenfalls ein Konzert fürs Rote Kreuz zu dirigieren, in welchem hauptsächlich eigene Kompositionen aufgeführt werden. – Die Kriegsaufsätze von meinem Sohn Chamberlain erleben jetzt die 8. Auflage, 130000 Exemplare haben sich bereits verbreitet, und er empfängt die wertvollsten Zeugnisse von Teilnahme und Dankbarkeit dafür aus den verschiedensten Kreisen, von den Generalen Gersdorff und Beseler an bis zu bescheidenen Schullehrern und Postboten; heute kam auch in ganz rührender Weise ein Schreiben von einer Krankenschwester aus dem Militär-Lazarett in Gent.
Wir blieben gestern und heute ohne Nachrichten von den Kriegsschauplätzen – »mein Herz ist bang, aber ich zage nicht«, sagt der Apostel, und das ist wohl der Ausdruck für die allgemeine Stimmung.

Eine große Genugtuung war es mir zu vernehmen, daß die Religiosität bei uns viel stärker hervortritt als sonst und daß in den Schützengräben das Neue Testament herumgereicht wird. Gott erhalte uns diesen Gemütszug, der ein echt deutscher ist und den zu zerstören manches angewendet wurde.

Wir lesen jetzt eines der »Autos sacramentales« von Calderón; eines jener Stücke, welche für das Volk in den Höfen von Madrid gegeben wurden. Es heißt: »Ferdinand der Heilige« und behandelt die Vertreibung der Araber seitens des Heldenkönigs. Viel Allegorisches kommt darin vor, das Judentum, die Apostasie, der Alkoran usw. Man muß über das Genie des Dichters staunen, welcher die Sprödigkeit dieser Dichtungsart vollkommen überwand und uns ein Lebendiges, Fesselndes vorzauberte.

Ihr Vetter, Prinz Max von Baden, bereitete uns eine große Freude durch seinen Besuch; seine eigenartige, edle Persönlichkeit wirkt bei jeder Begegnung wie neu auf einen, und er verbindet universelle Kultur, Reife des Urteils mit Schwung der Empfindung. So ergingen wir uns traulich über Nahes und Fernes.

Ich lese jetzt meine Briefe an Gräfin Wolkenstein, welche diese Unvergeßliche meiner Tochter vermacht hat. Vieles Entfallene lebt da für mich wieder auf, Gutes und Übles, wie es das Leben bringt, auch manche Persönlichkeit sehe ich da vorüberziehen. Meine erste Begegnung mit Ihnen, teurer Fürst, rührte mich sehr; und den »Stein der Weisen« erwähne ich mit folgenden Worten: »Denke Dir, daß ich eine große Freude an einem Stück von Erbprinz Ernst Hohenlohe hatte! Es zeugt von wahrhafter Originalität, auch von Gestaltungskraft, und die poetische Diktion ist überaus schön. Ich hege keinen Zweifel, daß, wenn er den ›Stein der Weisen‹ veröffentlichte, er sich einen bedeutenden Dichternamen erränge, und ich würde selbst zu einer Aufführung raten, wenn nicht einzelne Szenen so dringend nach Musik riefen, daß sie – fürchte ich – fehlen würde. Und ich weiß nicht recht, wer sie ihm machen sollte. Humperdincks Art scheint mir dieser tragischen Mystik nicht ganz zu entsprechen.« (9. Mai 1897) Hiermit will ich schließen, denn nichts hat sich in meiner Teilnahme verändert, nur alles noch vertieft! Das ganze Haus Wahnfried empfiehlt sich angelegentlichst Ihnen und Ihrer hohen Familie. Die geliebte Fürstin gestattet mir, sie zärtlich zu umarmen, Ihnen, teurer Fürst, drückt die Hand in den Ihnen bekannten Gefühlen
Ihre getreueste

C. Wagner

P.S. Noch möchte ich es erwähnen, wie es mich gefreut hat, Ihre edle maßvolle Auffassung der vorliegenden Aufgaben ganz im Einklang zu finden mit den Ansichten, die Chamberlain in einem noch zu veröffentlichenden Aufsatz: »Deutscher Frieden« vertritt. Ich bilde mir ein, daß wohl unter uns die Persönlichkeiten weilen, welche der Lage entsprächen, nur käme es darauf an, sie zu erkennen und – ertragen; denn bedeutende Menschen waren nie bequem!

1916

Lieber Freund, Ihr Empfehlungsschreiben traf zusammen mit der Korrespondenz, welche mein Sohn mit Professor Pembaur unterhielt, bezüglich Festsetzung des hiesigen Programmes; es bestätigte das, was wir von verschiedenen Seiten über diesen Künstler vernommen, und war mir ein willkommenes Zeichen Ihres Gedenkens.

Unsere Erwartung war also hochgespannt, ich kann sagen, daß er sie übertroffen.

Schon die Wahl seines Programmes zeigte den bedeutenden Künstler – und nun die Ausführung. Ich darf sagen, sie war vollendet, sowohl nach dem, was ich aus dem Bericht meiner Kinder über das Konzert entnahm, als nach dem, was ich selbst erlebte. Pembaur war so freundlich und spielte mir die »Dante-Fantasie« und die »Vogelpredigt«; ersteres Stück gehört meines Erachtens zu den schwierigsten Aufgaben der Klavierliteratur. Er hat sie vollkommen gelöst, und zwar nicht allein technisch, sondern, was viel heißen will, der Auffassung nach. Er wußte dieser grandiosen Inspiration die Einheit zu verleihen, die in ihr liegt. Sein hinreißender Enthusiasmus war nie auf Kosten des Stiles, für welchen er eine besondere Anlage zu haben scheint, und er weiß, gottlob, daß Melodie das Wesen der Musik ist. Er bringt alle Eigenschaften zur Wiedergabe der Werke meines Vaters.

Daß er noch dazu den schönsten Anschlag und Farbenreichtum besitzt, erhöht die Wirkung. Kurz, es war ein edler ungetrübter Genuß. Er hatte in Wahnfrieds Halle ein kleines auserlesenes Publikum, Siegfried, Chamberlains, Hans von Wolzogen, Hans Richter, Franz Stassen. Der Eindruck, den er hinterließ, ist und bleibt lebendig.

Daß seine Persönlichkeit uns alle durch ihre Einfachheit und Echtheit auf das sympathischste berührte, schadet, meine ich, nicht.

Mit besten Grüßen, in herzlicher Gesinnung treulichst

C. Wagner.

An Ernst Fürst zu Hohenlohe-Langenburg
Bayreuth, 22. 12. 1916

Teurer Fürst!

Wäre ich meinem Gefühle gefolgt, so hätte ich unmittelbar nach Empfang und Lesung Ihres inhaltreichen, herrlichen Schreibens meinen Eindruck davon kundgegeben; doch mußte die Vernunft das Gefühl besiegen, und ich legte mir einen vollen Monat auf, bis ich mir die Erwiderung gönnte.

Brauche ich wohl zu sagen, mit welchem Interesse ich alles verfolgte, was Sie mir schildern! Von den öden Strecken Polens und Galiziens mit ihren unheimlichen, ewig fremd bleibenden Juden bis zu der hübschen, zivilisierten Stadt Lemberg.

Ja, man weiß, wofür man kämpft, und dieses moralische Bewußtsein ist auch eine Kraft, mögen sie unsere Feinde noch so sehr verkennen. Um ihrem Zynismus zum Siege zu verhelfen, bedürften sie eines Napoleon I., und der ist halt nicht immer zur Hand.

Das Interview des Feldmarschall Hindenburg kam, glaube ich, gerade zur rechten Zeit, denn es ist nicht zu leugnen, daß eine gewisse Erschlaffung bemerklich sei. Ich hatte in meinem kleinen Kreis ein sprechendes Beispiel davon: wir beherbergen in unserem neuen Schloß eine Anzahl Verwundeter; hie und da setze ich mich zu ihnen im Hofgarten und rede sie an; kürzlich tat ich es mit einem am Arm Verstümmelten, der sich düster mürrisch über seinen Zustand äußerte. »Sie dürfen sich aber sagen«, bemerkte ich ihm, »daß sie mit dazu geholfen, die Franzosen von uns abzuwehren«; »ob Franzosen oder Preuße, ist mir einerlei«, war die Antwort. Ich versäumte, nach seiner Konfession zu fragen. Dagegen teilte mir der Rektor unseres Gymnasiums mit, daß sein Sohn – Jurist seines Faches –, der seit Beginn des Krieges in der Champagne weilt, sich die Öde des Aufenthaltes dadurch belebt, daß er Kants »Kritik der praktischen Vernunft« und »Kritik der reinen Vernunft« liest; das ist deutsch, dachte ich mir. Ferner erzählte er mir noch, daß bei seinen Dienstreisen durch katholische Ortschaften er in Bauernstuben das Bild Hindenburgs nebst dem des Heiligen gesehen. So hebt der Krieg Gegensätze auf, welche der Friede nicht bewältigen konnte.

Inzwischen ertönte die Kundgebung des Kaisers. Er ist wohl der erste Sieger, welcher Frieden anbietet, um den sonst die Besiegten bitten, und möge sein Antrag noch so verspottet und verhöhnt werden und man ihm noch so unverschämt erwidern – es benimmt diesem nichts von seiner seltenen Humanität, und dem Kaiser wird sein gutes Gewissen lohnen. Der Ministerpräsident Tisza hat meines Erachtens vorzüglich in der ungarischen Kammer darüber gesprochen und den politischen Verstand und die Festigkeit wieder bekundet, die man stets seinen Landsleuten zuerkannt. Freilich, Hans Sachsens Monolog: »Wahn, Wahn«, der ist einem trotz allen Ermutigungen wohl jetzt stets gegenwärtig.

Das, was geleistet wird, muß einen immer wieder stärken und ermahnen, nicht kleinmütig zu sein. Der kleine échec bei Verdun wird gewiß Hindenburg wenig beunruhigen, wenn auch die 10 000 Gefangenen uns recht nahegehen müssen, da unsere Gegner Moltkes Wort nicht kennen, daß ein Gefangener kein Feind ist.

Orlög, so heißt auf Skandinavisch der Krieg, also die Urlage, das Urgesetz, das, was von je war und stets sein wird und woran alle pazifistischen Bestrebungen wenig verändern werden. »Ailinon! – das Gute siege« – so rufe ich mit den Griechen.

Ich lese jetzt die Fahrt der »Deutschland« von Paul König. Da erstaunt man auch über das, was getan und verstanden wurde, wenn, wie es heißt, der Kapitän in der Jugend ein Tunichtgut war, der das Vaterland verlassen mußte, um sich als Schiffsjunge zu verdingen, so möchte man mancher Familie raten, bei gewissen Streichen wohl die Maske des Entsetzens anzulegen, nicht aber im Innern sich der Verzweiflung hinzugeben. Ich denke dabei an meinen Enkel Gilbert, welcher nachts die Dächer in Coburg unsicher machte und der nun auf hoher Alp in seinem Dienst als Kriegstelegraphist sich bewährt. Leider bei unseren Feinden, da die Italiener wieder einmal nichts Besseres zu tun wußten als zu verraten.

Meine andere Lektüre ist der Briefwechsel zwischen Goethe und Reinhard (1807–1832). Reinhard war der Gesandte von König Jérome in Hessen. Er lernte Goethe in Karlsbad kennen, und von da ab entspann sich eine intim-bedeutende Korrespondenz, da Reinhard durch Geist, Bildung und Gesinnung durchaus des hohen Umgangs würdig war. Die Gestalt Napoleons, welche hie und da aus der Ferne auftaucht, verleiht dem Ganzen ein eigenartiges Interesse.

Chamberlain schreibt jetzt an einem Aufsatz für die »Deutsche Revue«: »Der Wille zum Sieg«. Er wird sich erlauben, Ihnen, teurer Fürst, diesen Aufsatz zu senden. Da er gewohnt ist, die Dinge philosophisch zu betrachten, glaube ich, daß diese Arbeit ebenso vortrefflich sein wird als die vorausgegangenen. Er ist nun naturalisierter Bayer, und wir necken ihn damit, daß er durchaus nicht als solcher aussieht, selbst nicht als Franke; ich staune, wie gut er sich in unser stilles, kleinstädtisches Leben einfügt, und erkenne darin eine englische Eigenschaft.

Wenn ich meine Wanderungen durch die Festspielanlagen begehe und das stumme Riesenhaus gespenstisch unter dem sonnenlosen Himmel vor mir sich erheben sehe, frage ich mich, wache oder träume ich, wird es einmal da wieder zur Erbauung sinniger Menschen ertönen? Ich hoffe es und empfinde recht dabei, daß die Hoffnung eine Kraft, eine Tugend ist, zu welcher man sich stets ermahnen soll.

Inzwischen erlitten wir einen Verlust. Ein naher Freund schied von uns! Sie, teurer Fürst, sind mit unserer Sache zu eng vertraut, um daß ich zu sagen bräuchte, wer Hans Richter war. Seine Niederlassung in Bayreuth war der Schlußdreiklang eines einheitlichen Lebens. Mich tröstet in diesem Erleidnis der Gedanke, daß ihm Kummer durch den Tod erspart wurde. Auch ist in meinem Alter die Brücke zwischen beiden Welten geschlagen.

Wandre ich nun so in ernsten Gedanken durch den friedsam bewegten Birman-Wald (welchen die umhergetragenen Fichtenbäume bilden), betrachte ich, wie die heidnische Sitte der Feier des Lichtes dem Feste der Offenbarung wich, so versinke ich in Andacht, und diese Andacht erzeugt eine Stimmung des Friedens und der Versöhnung, in welcher jede Prüfung verklärt ihren Raum einnimmt.

Aus der Milde dieser Stimmung grüße ich Sie, teurer Fürst, zu dem meine Beziehung mir als ein wohltätiger Gewinn meines Lebens erscheint. Bewahren Sie mir Ihre Teilnahme, edler Freund!

Die Meinen alle tragen mir verehrungsvollste Empfehlungen an Sie und die hohen Ihrigen auf, mit der Bitte, mich in wohlwollender Erinnerung zu bringen und meine Wünsche zu übermitteln, erlaube ich mir, Ihre Königliche Hoheit die Frau Fürstin zärtlich zu umarmen.

Ihnen, teurer Fürst, drückt innig herzlich die Hand Ihre in unwandelbarer Gesinnung getreueste

                                                                    C. Wagner

1917

An Ernst Fürst zu Hohenlohe-Langenburg
Bayreuth, 21. 10. 1917

Sie, teurer Fürst, sind der Geber durch Ihre Art des Empfangens, und *wir* haben zu danken, was ich hier auf das wärmste und nachdrücklichste ausführen möchte.

Inzwischen ist die Zeit vorgeschritten, »schon fällt das Laub, die Heimkehr steht bevor«, der Anblick der vergilbten Bäume versetzt mich in unsere Aufführung des »Tannhäuser«, und der Kunsteindruck ist mächtiger als selbst der von dem Ersterben der Natur. Die Heimkehr steht freilich leider noch nicht unseren tapferen Kriegern bevor! und viele Opfer müssen noch gebracht werden. Die heroischen Taten, welche geleistet werden, wie die Einnahme der Insel Oesel, lassen hoffen, daß wir einen ehrenvollen, ja glorreichen Frieden erlangen. Mich hat die jüngste Sitzung der bayerischen Kammer sehr gefreut; die energische Stellungnahme gegen die unselige Friedensresolution des Reichstags tut einem wohl, denn auf Bayern muß man doch achten, zumal da sowohl Vertreter des Zentrums als Sozialdemokraten sich den anderen anschlossen. – Mit Begeisterung sind wir hier der Vaterlandspartei beigetreten, und ich konnte es mir nicht versagen, dem Herzog Johann Albrecht meinen Glückwunsch zu der Bildung dieser Partei auszudrücken, worüber ich von ihm ein warmes beredtes Telegramm erhielt. Die beiden Aufrufe sowie die große Rede von Tirpitz habe ich herrlich gefunden. Mein Schwiegersohn Chamberlain rief bei der Lektüre aus: »Endlich einmal wieder die Sprache eines deutschen Staatsmannes!« Wogegen der Seufzer nach »Europa« als dem »Märchen aus langvergangenen Zeiten« weniger uns diese Sprache vernehmen läßt.

Ich gebe unter Kreuzband Wolzogens 95 Thesen; er hat sie gemeinsam mit drei Mitarbeitern verfaßt, worunter es mich besonders freute, den bedeutenden Theologen Kirchenrat Katzer zu sehen. Hier kommt mir die Predigt in den Sinn, welche der Pfarrer von Langenburg bei der Konfirmation der prinzlichen Kinder hielt. Ich fand sie vortrefflich und besonders geeignet für jugendliche Gemüter; und es tut not, unser Christentum zu bejahen; mein Sohn erzählte mir von einem Stücke, welches jetzt die Runde über alle deutschen Bühnen macht; darin wird das protestantische Pfarrhaus lächerlich gemacht und, unter Wiederholungen, die das Publikum zum lauten Lachen bringen, die Worte parodiert: »Hier steh' ich, ich kann nicht anders.« *Das* zur Zeit, wo wir der Feier der Reformation entgegengehen! Wie mein Sohn einer obersten Behörde sein Befremden darüber aussprach, erhielt er die Antwort: »es ist ja ganz harmlos«. Gelassenheit ist gewiß eine Tugend, sie befähigt uns zur Gerechtigkeit, aber wir Deutschen treiben sie bis zur Schwäche.

Daß Wolzogens schönes Festspiel in Coburg aufgeführt wird, verdankt sich gewiß Ihrer Vermittelung, teurer Fürst, und so möchte ich Ihnen auch herzlich danken.

Meine Enkelin Wassily ist zu Besuch bei uns, sie erzählt manches von dem Leben des Landadels bei Kiel, was uns interessiert; zugleich aber auch von der starken Opposition in einem Kreis, wo man es weder erwartet noch wünscht. Ach, teurer Fürst, wären Sie nur unser...

Hier breche ich ab, um nicht das Gebiet des Unerlaubten zu berühren. Und da bekanntlich: »La journée la plus perdue est celle où l'on n'a pas ri«, so bin ich froh, wenn ich Ihnen ein Lächeln entlockt.

Es freute mich, von dem Besuch des Kaisers in Bulgarien zu hören; bei der loyalen Gesinnung des Königs wird dieser ihm gewiß Bescheid über manches geben und, wenn erwünscht, auch einen guten Rat.

Ailinon! Das Gute siege, riefen die Griechen. »Das glänzende Ergebnis« der 7. Anleihe, wie Hindenburg sich ausdrückt, gehört zu diesem Guten, das wir mit allen Kräften preisen wollen.

Heute ist der Geburtstag meines Vaters; ich dachte daran, wie er Ihrem hohen Hause anhing und wie wohl er sich stets in Langenburg fühlte. Werden Sie vielleicht zu Weihnachten dorthin kommen und das heilige Fest unter den Ihrigen zubringen? Ich wünsche es Ihnen auf das wärmste! Leben Sie wohl, edelster Freund! Haben Sie Dank für das, was Sie mir sind. Indem ich mich und all die Meinigen Ihnen und Ihrem hohen Hause empfehle, drücke ich Ihnen die Hand als Ihre treulichst ergebene

C. Wagner.

1918

An Ernst Fürst zu Hohenlohe-Langenburg
Bayreuth, Gründonnerstag 1918

Teurer Fürst!
Ich beginne mit dem heißen Wunsche, daß im Befinden und Lage der Königin und der Großfürstin eine Besserung eintrat und daß somit eine Hauptsorge aus Ihrem hohen Hause gewichen sei. Ich erkundigte mich, konnte aber nichts erfahren, so daß mir einzig die Hoffnung erübrigt, welcher ich mich gern hingebe. Sonst stehen diese Zeilen unter dem Zeichen des Sieges von der Bewegungsschlacht; man glaubt ein sagenhaftes Heldengedicht zu erleben, und Hindenburg erscheint einem wie ein Halbgott. Solche Taten können unmöglich ohne Einwirkung auf die Staatskunst bleiben, und so baue ich auf einen entsprechenden Frieden, möge noch soviel Kleinmuts-Gewürm bei uns im Inneren wühlen.
Bei einer jüngsten Wanderung begegnete mir im Hofgarten ein Trupp Verwundeter, dann eine Gruppe Gefangener. Einige Schritte davon war das Begängnis eines abgestürzten Fliegers; bei der Stadtkirche angelangt, sah ich ein Hauptfenster eingeschlagen und die Röhren der abgebrannten Orgel auf den Platz geschleudert: da erscholl in mir die traurige Weise aus »Tristan«, und (wundersam genug!) meine Stimmung war frei; so beseligend ist die milde Macht der Kunst sogar im Ausdruck des Trostlosen.
Mit lebhaftem Interesse lese ich jetzt den Briefwechsel zwischen Wilhelm von Humboldt und Goethe: Ersterer schildert Paris im Jahre 1797; fern von aller Politik, handelt es sich einzig um Kunst und Literatur, und eine Schilderung von Diderot unter anderem ist ein kleines Meisterstück. Goethe erwidert durch Mitteilung über »Wallenstein«, dem er sich ganz hingibt, und seine Freude daran ist erhebend. Sonst las ich noch in der »Neuen Deutschen Rundschau« eine Erzählung von Gerhart Hauptmann, die mich sehr einnahm; sie heißt »Der Ketzer von Soana« und behandelt das Los eines katholischen Geistlichen, welcher durch die Liebe zum Hirten wird. Mit Ausnahme einer einzigen Stelle, welche mir unstatthaft erschien, hat mich die Erzählung gefesselt und angeregt, und das Landschaft-

liche (es spielt am Fuße des Monte Generoso) ist besonders geglückt; dazu kommt eine vornehme, überzeugende Sprache, die man in unserer Zeit, wo so viel darin gesündigt wird, mit Wohlgefallen begrüßt.

An Besuchen hatten wir, sich besonders hervorhebend, Dr. Schweninger, welcher auch einst auf Schloß Langenburg so gütig aufgenommen wurde. Ich erkannte ihn wieder in seiner Eigenart, da er um 3 Uhr nachts, wie er mich husten hörte, heraufkam, um dann um 6 Uhr früh meine Schwiegertochter in das Krankenhaus zu fahren, wobei er mir sagte: ein Arzt soll nicht schlafen. Daß er bei einer so dämonischen Natur nicht viele Umstände und Politessen macht, kann ich verstehen, andere verübeln es ihm; ich glaube, man muß eine Affinität zu ihm haben, sonst mißversteht man ihn. – – – Möchte die liebliche Göttin Ostara nebst dem Frühling den Frieden bringen, den deutschen Frieden, und da Hindenburg in seiner erquickenden Volkssprache sagt: »es rutscht«, so haben wir jeden Grund, zuversichtlich und hoffnungsvoll zu sein. Da wäre ich denn bei meiner Schutzpatronin, der Hoffnung. Unter ihrem Segen sage ich Lebewohl: in früherer Zeit wünschte man sich fröhliche Ostern; ich erneuere die alte Sitte, indem ich die Verehrung von Haus zu Schloß übermittle, Ihre Königliche Hoheit die Frau Fürstin zärtlich umarme, Ihnen, teurer Fürst, aus der Tiefe des Gemütes meinen Gruß entsende als Ihre
unwandelbar getreueste

C. Wagner

An Ernst Fürst zu Hohenlohe-Langenburg
Bayreuth, 28. 11. 1918

Teurer Fürst!
Advent ward wohl kaum je so inbrünstig begangen wie in diesem Jahr! Vom Fuße des Kreuzes blicken wir auf die Krippe, worin das himmlische Kind liegt, und gewinnen aus seinem Lächeln Frieden und Trost. Im vorigen Monat hatte unser Kreis noch anmutende Kunsteindrücke: zwei Werke meines Sohnes, »Sonnenflammen« und »Schwarzschwanenreich«, wurden, das eine in Darmstadt, das andere in Karlsruhe, aufgeführt: beide vollendet. Mein Sohn dirigierte die dritte Aufführung in Darmstadt. Die warme Teilnahme der Zuschauer erfreute uns; gewiß ist der Erfolg nicht der Maßstab

für den Wert eines Kunstwerkes. Doch wenn er sich einstellt, berührt er angenehm, denn erläßt man seinen Ruf nach außen, so ist es nicht, damit er verklingt, sondern man erwartet einen Widerhall.

Zwischen dem ersten und zweiten Akt wurde in Darmstadt die rote Fahne auf dem Schloß gehißt, es kam aber zu keiner Störung. Inzwischen erfolgte der Umschwung.

Vor etlichen Jahren hatte ich die Ehre, bei einer längeren Mahlzeit die Nachbarin Ludwigs III. zu sein; ich fand ihn schlicht, vornehm, verständig, freimütig, freundlich, und ich gestehe: habe ich die Wahl zwischen einem preußischen J... [Junker] und einem Wittelsbacher, daß meine Wahl nicht schwankt. Uns Deutschen scheint es mir an Patriotismus zu fehlen. Wenn die Franzosen das Glück hätten, solche Führer zu besitzen wie wir, sie würden ihnen Triumphbögen errichten. Bei uns darf ein Vaterlandsloser unserem Feldmarschall das Wort verbieten und bemäkelt ein jeder Philister am Biertisch die Strategie von Hindenburg und Ludendorff.

In unserem Neste blieb alles ruhig, dank der Klugheit der Offiziere, welche sogleich rote Binde und Kokarde anlegten, kam es zu keinen Reibereien. Nichts hat sich nach außen verändert, außer dem Gang der Soldaten, einst straff, jetzt schlapp.

Mich befiel eine leise Sorge um unser Festspielhaus: wer nichts aufrichtet, sucht Schaffen im Zerstören. Doch geschah nichts, auf dem lieblichen Hügel ragt es empor, in seiner Schweignis eine bessere Zeit verkündend.

Vollkommen unterschreibe ich Ihre herrlichen Worte über das deutsche Wesen und dessen Bestimmung. Und um es kühn auszusprechen: ich glaube, es muß dem Deutschen schlechtgehen, damit er sich selbst finde. Das Glück scheint ihm nicht zu stehen, die Sorglosigkeit, welche ihn zum Dichter, Künstler, Philosophen stempelt, taugt im Staatsleben nicht, und er wird zur Beute des fremdartigen Wesens. Da sucht man seine Zuflucht bei den hohen Geistern, welche ungefähr die gleiche schwere Prüfung durchmachten und welche das deutsche Wesen bejahten, als es auf das schwerste bedroht schien.

Vorigen Sonntag las ich eine Homilie von Herder über den Text: Im Anfang war das Wort, und bin noch ganz erfüllt von der Tiefe der Gedanken, von der Weite des Sinnes, von der Einfalt des Ausdrucks. Unter anderm nennt er Gott: »der freudige Geist des Lebens«. Mich dünkt, man könnte kaum einen schöneren Ausdruck finden, und ich begriff aus der Begeisterung, die ich vom Ganzen empfand, den mächtigen Einfluß, welchen Herder auf den jugendlichen Dichter ausübte.

Ich beschloß in diesen Tagen den Briefwechsel zwischen Karl August und Goethe. Das Schreiben des letzteren nach dem Tode seines Gönners hat mich ergriffen. Er begnügt sich damit, Dornburg, die Schöpfung des Herzogs, zu schildern, und so spricht statt seiner jeder Stein, ja die ganze Landschaft von der schaffenden Einwirkung des Verewigten.

In der Abwesenheit meines Sohnes und seiner Gattin ward ich zur Hüterin der kleinen Welt: daß ein Kindeslaut in sich die Kraft wirkt, über Aufruhr und Kriegsgetöse zu tönen, das setzt in Erfahrung Goethes Wort: »Und wie es auch sei, das Leben, es ist gut.« Hier fasse ich Ihre Hand, edelster Freund, den die Güte des Lebens mir zuführte, unter Segenswünschen für Sie und Ihre hohe Gemahlin und der Verehrung meines ganzen Hauses für beide bin ich in warmer Anhänglichkeit und tiefer Ergebenheit
Ihre getreueste

                                        Cosima Wagner

Dieses P.S. gilt der dringenden Bitte, mir nur dann zu erwidern, wenn Sie volle Muße und Stimmung dafür haben. Ich müßte mir sonst mein Schreiben vorwerfen.

Zweites P.S. erklärt die Einlage: ein unbekannter Verwundeter wandte sich aus einem Lazarett in Heidelberg an Chamberlain und bat ihn um seine Ansicht über die Lage. Die Antwort stimmt so vollkommen mit Ihrer Anschauung, teurer Fürst, daß ich dachte, sie würde interessieren.

1919

An Ernst Fürst zu Hohenlohe-Langenburg
Bayreuth, 27. 2. 1919

Teurer Fürst!

Mit Vorliebe suchen Sie meine Gedanken in Langenburg auf, in dem
Schlosse, wo ich unvergeßliche Tage zubringen durfte: das Bild Ihrer
hehren Mutter steht vor mir in ihrer ganzen Güte und Freundlichkeit,
die bedeutenden Gespräche mit dem Fürsten, Ihrem Vater, leben
wieder auf, und das Knospen unserer Freundschaft betrachte ich mit
Rührung, da weiß ich Sie zu Hause, einem edlen menschlichen
Wirken hingegeben, fern von dem Wirrwarr unseres jetzigen
Augenblickes.

Daß Sie mit Interesse den Briefwechsel des Großherzogs mit meinem
Vater lesen, freute mich; die Anhänglichkeit Karl Alexanders an den
Künstler, welcher stets offen, bei aller Beobachtung der Form, zu ihm
sprach, hat für mich etwas Rührendes, denn sie kam aus dem Gemüte
und war nicht von der Intelligenz unterstützt; sonst würde unser
Festspielhaus in Weimar stehen, und zwar lange bevor es in Bayreuth
erbaut werden konnte! Aber trotzdem Zeit für das Wirken verloren-
ging, bedaure ich es nicht, denn – ganz abgesehen von der erhabenen
Persönlichkeit unseres Königs und seinem Schutze – sind wir hier
unabhängig.

Ich werde unterbrochen durch Glockenläuten, und zwar für den
galizischen Semiten. Für die Königin von Bayern hat sich nichts
gerührt; mir fällt dabei Schopenhauers Wort ein: Man täte dadurch
den Menschen Unrecht, daß man stets ihre Dummheit unterschätze.
Doch haben die Schüler des Gymnasiums und der Oberrealschule
erklärt, so lange die Schulen nicht zu besuchen, als die Trauerfahnen
heraushängen. Da blieben die Fahnen ungehängt, nur an den
Staatsgebäuden wehten sie! In meinen Augen ist Graf Arco ein
Märtyrer.

Mit gesteigertem Eifer wendet man sich von der Torheit der
Menschen ab in die geistige Welt. Meine Lektüren bestehen in
»Dichtung und Wahrheit«, sonntags in Herders Kommentar zum
Evangelium Johannis: Bei letzterem erbaut mich immer auf's neue,

wie, gestützt auf positiven, unerschütterten Glauben, dieser große Geist sich zu höchsten Höhen erhebt und in weiteste Fernen sich schwingt. Chamberlain sagt mir, daß er bahnbrechend in der Theologie war und daß Ideen, welche den heutigen englischen Theologen zum Ruhme gereichen, bereits von ihm ausgesprochen wurden.

Eine kleine Schrift von Ernst Wolzogen gebe ich unter Kreuzband an Sie, teuerster Fürst, weil ich sie vortrefflich finde; der derbe Ton, welcher darin angeschlagen ist, wird zur Popularisierung dienen, und er charakterisiert die jetzige Bewegung in ihrer ganzen Albernheit. Zu bedauern sind darin die Ausfälle gegen das Christentum. Ich möchte das als ungebildet bezeichnen, was aber Wolzogen nicht ist. Chamberlain hat ihm geschrieben. Das Christentum freilich kann es vertragen, denn es ist eine Wahrheit, und es hat die Angriffe größter Geister wie Voltaire, Gibbon und anderer überdauert.

Ich meinerseits bedaure die Trennung von Kirche und Staat. Vor Jahren hatte ich eine Diskussion mit Stöcker darüber, welcher sich eine freiere Entwicklung unserer Kirche daraus versprach, worauf ich ihm sagte, daß, bevor man sich entwickelt, man sein Brot haben muß. Die katholische Kirche kann die Trennung vertragen, denn sie ist reich, die evangelische aber ist arm, und ich hörte von einem Bauern, welcher sagte: »Ich mag wohl einen Geistlichen haben, aber ich mag ihn nicht zahlen!«

Die Wohlgesinnten hoffen bei uns auf Wiedereinsetzung des Prinzen Rupprecht, und Hans von Wolzogen, der stets gut unterrichtet ist, sagte mir, es sei nicht aussichtslos. Das wäre sehr zu wünschen. Tradition! Wehe dem Volk, welches sich darum bringt, es bleibt der Umwälzung preisgegeben, wie wir es seit über 100 Jahren an dem armen Frankreich ersehen.

Kürzlich redete mich ein Mütterchen auf der Straße unbekannterweise an: »Was hat denn unser König getan, er war doch ein guter Herr.« Ich: »Gewiß, ein sehr guter Herr.« »Ach Gott, ach Gott!« Das alte Weib entfernte sich mit diesem Seufzer, in welchem ich die Volksstimme zu hören wähnte.

Doch mein Brief wächst zum Unband. Ersehen Sie daraus, edelster Freund, wie wohl mir wird, wenn ich mit Ihnen verkehre.

Die zunehmende Helligkeit der Tage trägt das ihrige dazu bei, die Beunruhigung, welche die menschliche Torheit verursacht, zu lindern, und erblickt man gar aus den morschen Blättern heraus Schneeglöckchen, so wirkt dieser Gruß unserer Mutter Erde völlig

heilbringend. Mit ihm will ich schließen, indem ich die Verehrung von Haus zu Schloß darbringe. Ihre Königliche Hoheit die Frau Fürstin gestattet mir, sie zärtlich zu umarmen, Ihnen, teurer Fürst, drücke ich die Hand in den Gefühlen, welche zu einem Teil meines inneren Lebens wurden, als Ihre
unwandelbar treu ergebene

Cosima Wagner

An Ernst Fürst zu Hohenlohe-Langenburg
Bayreuth, 11. 9. 1919

Teurer Fürst!
Mit Vorliebe suchen Sie meine Gedanken und Segenswünsche in Langenburg auf, der Stätte, wo ich unvergeßliche Stunden erleben durfte: das Bild Ihrer geliebten Mutter ersteht vor mir, ich sehe sie in ihrer hehren Güte und Freundlichkeit; die bedeutenden Gespräche mit dem Fürsten, Ihrem Vater, leben wieder auf, und ich bin in eine holde Vergangenheit versetzt. Dort wird es Ihnen möglich sein, die Gegenwart zu vergessen, und das tut wahrlich not, zugleich auch eine bessere Zukunft vorzubereiten, denn aus dem Geist der Familie erwarte ich mir die einstige Besserung unserer Zustände: sie wird uns geben, was der Staat uns versagt, sie wird den Patriotismus bei uns wecken, der uns so jammervoll fehlt: dem Deutschen muß es schlechtgehen, so scheint es. Die Siege von 1870 ergaben den Spekulations-Schwindel. Unsere jetzige Niederlage wird die Einkehr in uns, unsere Wiedergeburt schaffen. Sie sehen, teurer Fürst, ich lasse von der Hoffnung nicht ab, sie ist nun einmal meine Göttin!
Auch habe ich einen besonderen persönlichen Grund dazu: es wurde mir wieder ein Enkel geschenkt. Er soll Wolfgang Manfred Martin heißen, demnach unter dem Schutzpatronat von Goethe, dem Hohenstaufen und Luther stehen; mit Rührung betrachte ich dieses kleine Wesen, dessen Entwicklung ich nicht erleben soll, das aber – ich bin dess' sicher! – in ernster Stunde meinen Segen über sich fühlen wird.
Das »Leben Yorcks« von Droysen bitte ich freundlich entgegenzunehmen. Gern wählte ich diese lebendige Darstellung eines Helden, der kühn, eigenmächtig, allem zum Trotz die Ehre des Vaterlandes rettete.
Hier fällt mir Ludendorff ein; ich erhielt einen bedeutenden

Eindruck von seiner Einleitung zu dem Buche:»Meine Kriegserinnerungen«. Sie ist von antiker Größe und Einfachheit. Das letzte Kapitel ist eine furchtbare Anklage gegen die Regierung, welche Kriegsoperationen beständig hemmte. Wie die Dinge nun einmal stehen, so scheint mir, daß diese offene Sprache nottut. Ach, wäre doch Ludendorff unser Diktator und befreite uns von der Mediokratie!

Die Erinnerungen von dem Kriegsminister vom Stein wollte ich dem Buch über Yorck beilegen, allein der Streik der Buchhändlergehilfen in Leipzig verhinderte die Absendung, und so bitte ich um gütige Nachsicht, wenn die Schrift verspätet anlangt.

Die Erklärung des Prinzen Rupprecht gefällt mir gut. Das einzige, was ich darin bedenklich finde, ist die Erwähnung der Volksabstimmung, denn diese verträgt sich nicht mit der legitimen Monarchie, und ich glaube nicht, daß man mit solchen Konzessionen Gutes erwirkt: das Beispiel des Königs Ludwig XVI., wie er am Fest de la reforme den Karren schob, spricht dagegen; jeder vernünftige Mensch meint, es könne nicht viel länger so dauern. Aber bei uns ist das Gute meistens passiv.

Mir gefällt es auch, daß der Herzog von Meiningen sich zum Intendanten seines eigenen Theaters machte und dadurch mit einer Wohltat den Undank des Volkes erwiderte. Das ist fürstlich und christlich.

Freund Wolzogen kehrte von einem Gutsbesuch an der böhmischen Grenze zurück. Er sagte, daß die Verhältnisse dort noch ganz patriarchalisch wären, daß alle draußen sich freundlich begrüßten und wie man aus diesem Zustand erkenne, daß das Üble bei uns aus den Städten und ihren Fabriken erwüchse.

Was Sie mir, teurer Fürst, über das Landleben und das Landvolk schreiben, hat mich wahrhaft erfrischt: ja, Sie haben recht, von da aus einzig kann uns die Rückkehr zum echten Deutschtum kommen; und daß Sie das Buch»Mein Leben« in Verbindung damit bringen, zeigt, wie tief Sie dieses Buch erfaßt haben.

Meine Kinder lasen mit Begeisterung Goethes Nachruf an Wieland, eine Rede, welche er in der Freimaurerloge in Weimar hielt. Er soll darin die Persönlichkeit Wielands in ihrer ganzen Anmut hingestellt und daran allgemeine Gedanken der größten Tiefe hinzugefügt haben.

Meine Tochter Gravina verläßt uns in den nächsten Tagen, um der liebenswürdigen Einladung der Fürstin Reuß zu folgen. Sie trifft dort

eine tiefe Trauer an, welche wir alle aus der Tiefe des Herzens teilen!
... Ihr Sohn Gilbert bleibt bei uns und bildet sich zum Musiker aus. Er
scheint mir entschiedene Begabung dafür zu besitzen, und da er
fleißig ist, wird er es, denke ich, zu etwas bringen. Nun wird es darauf
ankommen, ihn als Italiener zu empfehlen; wahrscheinlich wird er
sich naturalisieren lassen. Auch ist die Laufbahn des Musikers in
Deutschland eine wesentlich andere als in Italien.
Ich gebe als Beilage einen kleinen Aufsatz: »Goethe und die
deutsche Revolution«, welchen meine Tochter Thode mir sandte und
der mir gut erscheint. Immer deutlicher wird es mir, daß der Deutsche
kein Revolutionär ist, vielmehr ein Reformator, und daß das
Revolutionäre bei uns semitischer Import ist, ebenso wie in Rußland.
(Mein Sohn meinte neulich scherzweise, daß Robespierre und Marat
eigentlich Rubinstein und Marx hießen.) Aber die Rassenfrage ist im
allgemeinen wenig erforscht, es ist, als ob eine gewisse Scheu davor
bestünde, und der physische Unterschied wird kaum beachtet. Soviel
ich weiß, hat auch die Gobineau-Gesellschaft nicht viele Mitglieder.
Die wundervollen Tage, die wir jetzt haben, befreien stets die
Gedanken, und hier in Bayreuth bilden wir eine kleine Welt für uns,
wo wir fast ganz aufgehört haben, Zeitungen zu lesen. Auch hat sich
eine Bayreuther Gemeinde schon gebildet: von verschiedenen Seiten
wird angefragt, ob wir nicht im nächsten Jahre spielten. So herzlich
uns das freut, so mußte mein Sohn doch antworten, daß der
Charakter unserer Aufführungen auf der vorangehenden Arbeit
beruht und daß diese Arbeit ein Jahr im voraus geschehen muß. Der
Krieg gestattete sie in diesem Jahre nicht. Da bin ich denn bei
unserem Winkel wieder angelangt und will hierin schließen; daß ein
Kindeslaut die Kraft in sich hat, das Weltgetöse zu übertönen, läßt
Goethes Wort mich erfahren: »und wie es auch sei, das Leben, es ist
gut.«
Ihnen, teurer Fürst, den die Segensgüte des Lebens mir zuführte,
drücke ich hier fest und innig die Hand. Ihre Königliche Hoheit, die
Frau Fürstin, gestattet mir, sie zärtlich zu umarmen und auch ihr
meine Glückwünsche auszudrücken, und unter verehrungsvollen
Empfehlungen von Haus zu Schloß bin und bleibe ich in steter
Gedankenvereinigung und unwandelbarem Gefühle, edelster
Freund,
Ihre getreueste

                                                        Cosima Wagner

1921

An Adolf von Gross
Bayreuth, Karfreitag, 25. 3. 1921

Mein einziger Adolf!
Du hast Dich den Gratulationen entzogen, und ich verstehe das nur
zu gut; Du kannst aber nicht verwehren, daß Gedanken bei Dir
weilen und daß ich das Bedürfnis empfinde, Dir einen Segensgruß zu
senden!
In der Tat, ich ging es in aller Früh durch, was Du uns gewesen bist
und was Du uns bleibst, und das war eine stille Seelenfeier, welche für
mich viel zu bedeuten hatte. Möchte das Bewußtsein dessen, was Du
unserer Sache und unserem Hause warst und stets bleiben wirst, Dich
über manche peinliche Erfahrung hinwegheben!
Das Gefühl, stets mit Dir einig gewesen zu sein, immer Deinen Rat
geholt und befolgt zu haben, erfüllt mich mit Genugtuung; so
empfange denn einen Dankes- und Segensgruß aus tiefster Seele!
Siegfried und Wini kehrten vorgestern zurück, sehr befriedigt von
ihren Eindrücken. Das Konzert in Berlin war in jeder Hinsicht
geglückt; der Saal der Philharmonie überfüllt und die Begeisterung
groß; am Schluß ertönten die Worte: »Wiederkommen, wiederkommen!« Jetzt büßt er mit Heiserkeit, weil er, der sonst Schweigsame, so
viel hat sprechen müssen. Ich möchte, Du könntest unseren Garten
sehen; der ist wirklich durch die Frühlingsblüte schön, und Ella
Wolzogen sagte mir gestern, sie habe das in den größten Parks nicht
angetroffen.
Bei Chamberlains geht es leidlich, er kann seine Terrasse und seine
Kuppel genießen. Mariechen macht jetzt den Katalog zu seiner
Bibliothek.
Blandine nimmt sich meiner mit Lektüre und Unterhaltung zärtlich
an. Die Kinderchen gedeihen und beleben.
Da hast Du unsere kleinen Nachrichten, empfange sie mit Deiner
gütigen Teilnahme, und sei aus tiefstem Herzen liebevoll gegrüßt von
Deiner CWagner.

1923

An Ernst Fürst zu Hohenlohe-Langenburg
Bayreuth, 2.–4. 7. 1923

Teurer Fürst,
Endlich wird es mir gewährt, Gedanken in Worte zu kleiden, welche stetig zu Ihnen sich schwingen. Das Wohlgefühl darüber ist so groß, daß ich es nicht schildern kann, und wahrlich, dieses Gefühl tut dem Gemüte not, ist es mir doch, wenn ich von draußen etwas vernehme, als säße ich im Tollhaus. Inmitten des Unsinns jedoch hat es einen Augenblick erhebender Art gegeben, das war der Empfang, welcher in München Hindenburg bereitet wurde, da soll der Enthusiasmus keine Grenzen gekannt haben, der Jubel kein Ende. Und besteht der Zusammenhang zwischen Held und Volk, dann dürfen wir, allem zum Trotz, hoffen – und die Hoffnung wäre wohl nicht zur Kardinaltugend erhoben worden, wenn sie immer so leicht zu üben wäre. Ich hatte mir den deutschen Michel nicht so töricht und undankbar vorgestellt – was unter anderem schuldet Bayern nicht den Wittelsbachern! Sie haben die Kultur in das Land gebracht, und dies oftmals im Widerstand mit dem Volk.
Gestern war hier (Mama versagt eben die Kraft, den Satz selbst zu formulieren, und ich suche, so gut ich kann, ihre Mitteilung auszuführen) ein aus 300 Personen bestehender Gesangverein aus der Tschechoslowakei (Brünn), welcher am Grabe des Meisters den Pilgerchor aus »Tannhäuser« ertönen ließ und in rührenden Ansprachen sein Andenken feierte, ihm und seiner Kunst begeisterte Treue gelobend – es war ein richtiger Wallfahrtszug dieser armen im Auslande schwer geprüften und gepeinigten Deutschen und wirkte ergreifend.
Ich habe noch keine Lektüre aufnehmen dürfen, aber meine Kinder lesen Droysens vorzügliche Geschichte des Hellenismus, der des Nachfolgers Alexanders des Großen, und sind so gefesselt davon, daß sie nachher den Alexander selbst lesen werden.
4. Juli. Man flüchtet sich gern in die Vergangenheit, um den Eindrücken des Augenblickes zu entrinnen.
In der Gegenwart scheinen die Italiener eine staatsmännische

Persönlichkeit zu besitzen: Mussolini. Was man von ihm vernimmt, läßt auf eine *Kraft* schließen, und gewiß wird er sich dessen erinnern, was Deutschland für Italien tat. – Mein Sohn ist bereits an der Arbeit für die künftigen Festspiele, und er erwartet Sänger, mit denen er vorbereitende Arbeit macht. In diesem stillen, aber stetigen Gang der Arbeit liegt eine tröstende Kraft. Und die Zeugnisse der Teilnahme, welche Chamberlain von den verschiedensten Seiten erhält, beweisen uns, daß trotz allem, was an der Oberfläche sich tummelt, das Gute doch bei uns lebendig wirkt.

Mit dieser trostreichen Betrachtung nehme ich Abschied, edler Freund, Ihnen und Ihrem Hause alles Gute wünschend, was nur die Sterne bergen mögen

die Ihrige

C. Wagner

1925–1930

Mamas Worte an mich aus den Jahren 1925–1930 (Daniela Thode)

1925

Über ein heftig-herrisches Wesen: »Elle veut dominer, la vie la changera, l'existence la formera.« – »Der Aberglaube die Poesie des Volkes.« – »Daß sie in Frankreich die Reformation nicht durchsetzten, hat sie der Revolution zugeführt.« – »Die schönen Formen sind wie eine schöne Gewandung.« – Von Maria Stuart: »L'âme grande et inquiétée« (alter Chronist) – Von Webers Musik: »Sie muß inspiriert gespielt werden, nie klebrig.« – Von den Italienern: »Von dem Ideal in unserem Sinn haben sie keine Vorstellung, sie sind Realisten.« – Von Schubert: »Wenn auch manchmal lang, er hat den Melos, und das fesselt immer wieder.« – Über Voltaire: »Er ist mir odios – ich betrachte ihn als den Dämon der Perversität.« – »Wilhelm II., er hatte mehr das Dekorative als den Ernst seines Berufs im Auge.« – »La critique est aisée, l'art est difficile.« (Boileau) – »Die geistige Tätigkeit ist unsere Rettung; ich weiß nicht, wie man ohne sie im Leben auskommen kann.« – Von der Natur: »Es ist wie ein unausgesprochener Trost, der uns immer aus ihr zufließt.« – »Der Deutsche hat Phantastik, soll man es tadeln oder rühmen?« – »Wenn sich der Franzose in die Phantastik begibt, wird er ganz albern; Berlioz liefert eigentlich den Beweis dafür, daß die Franzosen keine Musiker sind.« – Von Goethe: »Er hat eine solche Serenität der Seele.« – »Immer findet man in seinen Briefen ästhetisch und ethisch eine Belehrung.« – »Wenn man immer Ordnung *hält,* braucht man kaum mehr Ordnung zu *machen.*« – Über: »Ich hatt' einen Kameraden«: »Wehe dem, der diese populäre Poesie nicht mehr versteht.«

1926

»Das Naturstudium ist immer eine Zuflucht.« – Von den alten Kirchen: »Sie waren glaubensvoll.« – Von Architekt Semper: »Il ne croyait ni à Dieu ni au diable.« – »Man kann Luther nie genug preisen, er hat das deutsche Wesen gerettet.« – »Der Deutsche hat so viel Herrliches erhalten, daß sein Geschmack gebildeter sein müßte.« – »Das ist doch der heilige Franz von Assisi, über den Heinz so schön geschrieben – solche einzelne Gestalt, die sich aus dem allgemeinen Tumult erhebt, prägt sich einem so stark ein.« – Von den Engländern: »Sie haben kein Gemüt und keine Musik; unter dieser Bedingung gewinnt man die Welt.« – »Je weniger man schreibt, desto mehr kann man ausdrücken.« – »Der Unsinn der Menschen erstreckt sich auf die Dinge.« (Schneefall bei Madrid) – »Papa hatte dich so lieb.« – »Die Roheit, den Sieg davongetragen zu haben, ist schmerzlich.« – »Du bist generös.« – »Was gut war, bleibt gut; es veraltet nie.« – »Die Gestalt des Hans Sachs umfaßt den Inhalt des ganzen Lebens.« – »Jeder Satz von Goethe versetzt uns in eine andre Natur.« – »Meinst du nicht, daß man in der Erziehung das Leben mit den Tieren einflechten sollte?« – »So ein Tierchen (Evas Kanarienvogel) beseelt das Leben.« – »Ich finde, daß jedes Wort von Goethe wie ein Lichtstrahl sei, der einen trifft.« – »Jede gute Lektüre ist wie ein inneres Licht.« – »Es ist oft sehr schwer, gegen die Traurigkeit anzukämpfen, das Leben, es ist *sehr* ernst, und dieses Klima drückt auf einen.« – »Ein Talent ist uns zur Lust oder zur Last gegeben; zur Lust, wenn wir es pflegen.« – »In meiner Jugend hatte man fast gar keinen Naturgeschichtsunterricht; heute vielleicht zuviel, auf Kosten der Mystik; die Realisten glauben, sie packen es da.« – »In tristitia hilaris, in hilaritate tristis, wer hat das gesagt? es ist so tief.« Ich glaube, Giordano Bruno. – »Die Güte ist oft noch besser als die Wahrheit.« – »Der Krieg hat alles desorganisiert.« – »Wir sind der Kunst *geweiht*, nicht geopfert.« – »Sich und anderen *jede* Freude gönnen!« – Über Wolzogen und Berlin: »Es ist schön, wenn man durch Tradition an einen Ort gebunden ist.« – »Der deutsche Fürst ist mir denn doch lieber als der deutsche Michel.« – Über den Lärm und die Unruhe der großen Städte: »Und das alles so für nichts. In London, das ist etwas anderes, da ist Weltherrschaft.« – »Es ist etwas Schönes um die Tradition der fürstlichen Familien; es ehrt sich selbst.« – Nach einem Anfall: »Man hängt eigentlich immer mehr von der Natur ab.« – »Man genießt *viel*, wenn man zu genießen weiß.« – »Du weißt, wofür du lebst.« – »Ich habe immer gefunden, daß die Kräftigen auch die Gütigen sind.« – »Nichts Unrechtes tun und nichts Unrichtiges denken.« – »Im ›Parsifal‹ ist die ganze christliche Einfachheit enthalten.«

1927

»Es ist sehr merkwürdig, daß in der Entsagung ein Zauber liegt und daß ich an diesen Zauber glaube, daß auch er dem Ganzen Glück bringe.« – »Ce monde est plein d'horreurs et d'erreurs.« – »Wenn man der Kunst lebt, das ist wie ein Kloster – man kann da nicht kokettieren, man muß ihr ganz leben.« – »Diese Stille tut so wohl, sie bildet den Übergang.« – Über Goethes »Tasso«: »Findest du nicht, es ist wie ein mystisches Werk?« – »Die demütige Frau, etwas Wundervolles; man blickt da gewissermaßen in ein unteres Leben.« – Von Aischylos: »Hoch und Heil den Geistern, die uns solche Gaben spenden.« – »Die unbedingte Wahrhaftigkeit, das ist es doch, was man fordern muß.« – »Ein grober rüder Arzt, das kommt mir vor wie eine Huldigung an die Unbildung.« – »Kunst muß man ernst treiben, *sehr* ernst, ja nicht so en passant.« – »Ich habe mir in meinem ganzen Leben die Musik zur Religion gemacht.« – »Ihr seid gut, ihr seid gut.« – »Wenn man so etwas hört wie die ›Missa‹, da fühlt man sich wie geweiht; man ist ganz losgelöst von sich und fühlt die heitere Bestimmung des Lebens.« – »Die Andacht ist wie die innerste Kammer in einem selbst; das andere Tägliche läuft so darüber hinweg.« – »Was Heinz so besonders auszeichnete, das war die Wärme.« – »Ich glaube, es gibt keine größere innere Freude als die Vergebung.« – »Ich habe immer durch das ganze Leben gefunden, daß man das Gute zu wenig feiert – man schimpft so viel, man räsoniert und kritisiert so viel, und so findet sich so wenig Beredsamkeit für das Gute.« – »Ein gutes Buch liest man nicht nur, man *lebt* es und lebt darin.« – »Eine solche Lauterkeit tönt aus deinem Organ.« – Von Friedrich dem Großen: »Er hatte eine Bestimmung.«

1928

Nach schwerem Anfall 18. 2.: 19. und 20. Halluzinationen über ihr Bühnenstudium. – Taktieren eines Tanzes, dann des Ritter-Aufzuges (»Parsifal«): »Nicht so theatralisch, Kinderchen, es kann dabei warm sein. Die Tanzweise fest halten im Piano – man braucht nicht zu brüllen, um vergnügt zu sein.« – »Wer führt denn Regie oben? Ach, Fidi führt ja Regie; hat er schon Regie bei uns geführt?« – »Muß ein bißchen mehr Rhythmus haben, nicht so willkürlich. Sich nicht die Hände geben, aber man gehört zusammen, ob's einem gefällt oder nicht.« – »Ich denke, ich kann mich jetzt in meine Retraite zurückziehen, ich habe das Meine getan, denke ich.« – »Ich bitte mir aus, daß keine Verschleppung auf der Bühne stattfindet, dies ist schon die dritte.« – »Wenn die Musik im Orchester nicht sehr stark ist, müßt ihr aushelfen mit der Gebärde.« – »Fromm sein müßt ihr. Es tut gar nichts auf der Bühne, wenn eine Geste mal nicht so gut ausfällt.« – »Dafür seid ihr fromm.« – »Faltet die Hände hier, Kinder, keine theatralischen Gesten. Bissel *vorwärts*.« – »Mit einem gewissen Übermut der Frömmigkeit muß das gemacht werden.« – »Sie haben hier alle die Heiterkeit der tiefen Andacht.« – »Sie haben etwas daraus gemacht! War eben Jude, war nicht darin gewurzelt.« – »Die Andacht und der Tanz, ein Geschwisterpaar.« – »Das war wirklich das Ziel unserer Andacht durch Luther, er wollte keine kopfhängerischen Menschen.« – »Man muß die Empfindung dafür haben, daß in alten Zeiten die Andacht mit dem Tanz ging.« – »Ich habe daran meine große Freude.« – »Und die Kapellmeister werden uns hoffentlich nicht im Stich lassen.« – »Ich habe noch nicht den Mut, mit ihm zu reden, ich muß mich nicht deutlich ausgedrückt haben.« – »Es muß aus der Tiefe kommen.« – »Und auch wenn unser böser Kapellmeister uns im Stich ließe, was ich erwarte, *da gebt ihm ein Beispiel*.« – »Der Kapellmeister läßt uns natürlich sitzen – ich sinne, durch *wen* ich ihn ersetzen könnte.« – »Bleibt alle mit Bewußtsein in der Tanzform, aber keine ›gaucherien‹ müssen dabei vorkommen.« – »Da tust du sehr Unrecht. Habe nicht den geringsten Zweifel daran.« – »Aber nicht theatralisch, da werde ich sehr böse.« – »Es sind fromme, aber freie Menschen.« – »Da ist eine gewisse wiegende Bewegung auf dieses Thema.« – »*Kein Theater*.« – »Sie wollen den ›Parsifal‹ in Italien aufführen – sie müssen darüber mit meinem Sohn sprechen, *er* hat zu bestimmen.« – »Dr. Angerer, il est très aimable, ses origines sont? J'espère qu'il n'y en arrivera rien de désagréable. Il y a toujours chez les italiens une histoire de ce genre, mais nous en parlerons avec Fidi et avec ton mari. Si tu penses descendre avec moi à l'hôtel ou monter chez Loulou, tout m'arrange.« – »Besprich es, bitte, mit Adolf und Muck, ob wir ihm die ganze Direktion oder nur einen Teil geben.« – »Vielen Dank für den lieben Besuch, du läßt es mir durch Biagino sagen, ob du morgen kommst.« – Dann ab und zu englisch, aber immer unzusammenhängender – von 4 ab Ruhe, aber immer noch kein Schlaf, immer noch etwas Phantasieren und mit dem Fächer Taktieren. »Sie machen jetzt den Schluß. Ich möchte, daß der Schluß gemacht werde.« Ja, Mama, wir machen jetzt endlich Schluß. – 7 Uhr. »Ich danke dir, mein Schatz, ich kann mit dem besten Willen die Lage nicht anders ansehen, wenn ich auch mißverstanden werde.« etc. etc. etc. Nachts um 10 Uhr endlich tiefer Schlaf. – »Die Briefe von Papa an den König sind doch nicht herausgekommen?« Nein Mama, sie liegen in der Residenz – du bist also nicht dafür, daß sie publiziert werden? »*Nein, nein,* gewiß nicht vor längerer Zeit, und dann mit der richtigen Vorrede dazu.« – »Ne pas quitter ici«, dies häufig wiederholt. – »Mein Schatz, ich danke dir.« Wofür, Mama? »Daß du da bist, daß du lebst.« – »Wir sind Adepten der Kunst.« – »Ich bin sicher, es gibt noch ein Leben in den Sternen.« – »Wenn man den Kultus der Freunde *pflegt,* so – ich bin so kühn, es zu behaupten – hat man sie nicht verloren.« – »Treue bringt keine Reue.« – »Mein Engel, ich danke dir.« Wofür, Mama? »Ach, du weißt es doch.« Nein, Mama. »Nun, wie es ein schlechtes Gewissen gibt, so gibt es auch ein gutes.« – »Nicht wahr, das Hegen und Pflegen ist etwas, das einem obliegt.« – »Wie kommt man dazu, an dem Leben etwas auszusetzen?« – »Man gewöhnt sich daran, zu entbehren und dabei mit den andern zu genießen.« – »Ich finde, daß solche Eindrücke der Kunst« (Klavierspiel tags vorher) »alle Nachteile des Lebens ausgleichen, und ich finde so schön, daß man, wie die Legende es sagt, sein eigenes Kreuz aussuchen darf, *und es ist das leichteste.*« – »Wie, Schatz, hast du zu leben?« Sehr gut, Mama. »Das ist eine freundliche Antwort, ach, wie mich das freut.« – Über mich zu Dora: »Sie ist immer so tätig, sie leistet so viel, sie ist so voll Leben, wenn sie zu mir hereintritt, ist es immer wie ein anderes Klima.« – In bezug auf die Kinder: »Was uns hilft, muß uns mitgegeben sein.« – Abends: »Du weißt doch, wie ich mich mit deinem Vater verlobt habe? Nach der ›Tannhäuser‹-Ouvertüre. Er hatte sie herrlich dirigiert, und du kannst dir denken, ich hörte sie zum ersten Mal, ich war *überwältigt.* Alle gingen zu Bett – ich aber konnte nicht schlafen gehen, ohne ihm ein Wort gesagt zu haben. Es dauerte lang, er kam sehr spät nach Haus. Er dankte mir mit den wärmsten Worten und sagte mir, er zittere vor dem Augenblick, wo ich das Haus verlassen würde. Ich sagte, das sei ja einfach, dann bliebe ich. Da waren wir verlobt. Es geschah unter guten Sternen.« – Am selben Tag über Kaiserin Hermine: »Sie hat *auch* ein Geschick«, und: »Sie ist eine in sich gefestigte Natur.« – Wünschte mit mir nach Spanien zu reisen – wollte Platon, Pythagoras, Shakespeare mit mir lesen: »sie sind nicht nur Lebensbegleiter, sie sind *Helfer.*« – »La vie un songe.« – »Vous avez fait trop d'esprit ensemble, sagte Großpapa« (in bezug auf ihre Ehe mit meinem Vater) »und er hatte recht; das Gemüt wurde nicht aufgenommen – es wurde zum Witz, und das war wohl lebendig, aber es war nicht recht.« – »Der Druck des armen Deutschen, es ist rührend, daß der Deutsche nicht zum Stolz kommt.«

1929

1. 1. Schwere Anfälle in der Nacht. Nachmittags zum ersten Male zu Frau Hofmann das Wort: »Ich möchte sterben.« – 3. 1. »Ich gedenke *so viel* deines Vaters; ich bin überzeugt, er würde jetzt sich uns anschließen, er würde gemeinsam mit mir arbeiten, er wäre der einzige Fähige dazu.« – 4. 1. »Ist es nicht wundervoll, die Stimme Dantes aus der Ewigkeit zu vernehmen? Beatrice soll sich bemühen, ihn zu verstehen.« (Lächelnd:) »Sie kann ja Italienisch besser wie ich.« – Abends 5 Uhr: »Ich rufe Gottes Segen an über unser Volk.« – 8. 1. »Heute war der Geburtstag deines Vaters; wo liegt er begraben?« – 9. 1. »Ich möchte einen Aufsatz schreiben über *kennen* und *können* – willst du's für mich tun? ich bin doch zu alt dafür.« – Anknüpfend an ein Gespräch über Sophokles: »Wir leben *durch* das Christentum und *mit* der Heidenwelt.« – 21. 1. »Ich habe es in die Schweignis versenkt, das tut gut manchmal.« – 22. 3. »Ich meine, den Menschen, die etwas leisten, muß man beweisen, daß man sie beachtet.« – 25. 3. mit erhobener Stimme: »Ne pas attrister autrui, das sollte man *nie*.« – »Je suis d'une grande mélancolie, je suis d'une grande mélancolie.« Ach, das darfst du nicht sein, Mama! »Da hast du wohl recht.« Sieh, wir sind alle heiter! »Das ist *recht*, das ist *gut*.« – Karfreitag, 29. 3. »Ne se plaindre de rien, ne se plaindre de rien.« – 2. 4. »Das Gute immer pflegen, damit das Böse nicht eindringe.« – 3. 4. »Denke dir, ich habe das Gefühl, als ob ich im Paradies wäre, so schön ist es.« – Von den griechischen Werken: »Sie sind wie eine Zuflucht, es ist, als ob das Gemeine dann nicht mehr an einen herankommen könne.« – 6. 4. »Nur das Gute pflegen, das Böse wird dann nicht so reich.« – »Es ist ein schöner Gedanke, sich von Schutzengeln umgeben zu wissen.« – Öfters wiederholt: »Man ist wie abgeschieden.« – »Soviel man kann, alles Erlebnis zur Beschauung wandeln; ich kann es nicht immer.« – »Zu etwas muß man sich immer erziehen: zur Güte, wenn man auch nicht gut ist, so muß man doch Gutes tun.« – 16. 4. »Témoigner intérêt, témoigner intérêt.« – »Was ist meine Aufgabe, was ist meine Aufgabe?« – »Wieviel Kinder hat Fidi?« – Öfters wiederholt: »Ein niedliches Ding, ein niedliches Ding?« Plötzlich: »Wie war der Heimgang?« – 21. 4. »Nicht wahr, der Leiter und Lenker der Festspiele ist doch Fidi? Ich kann dir nicht sagen, was für eine Genugtuung mir das ist!« – Wiederholt: »Das eigene Leben einer großen Sache weihen.« – 22. 4. »So leid es mir tut«, wiederholt. Was tut dir leid, Mama? »Ja, ich frage mich.« – »Nicht wahr, du meinst doch auch – wer gut ist, der tut auch Gutes.«

– »Ich bin so zufrieden, habe ja allen Grund.« – 28. 4. Über Gräfin Wolkenstein: »Sie ist unvergleichlich und unersetzlich.« – »Du hast so etwas Vernünftiges und Ergebenes in deiner Sprache; das macht mir solche Freude« – man kommt dahin im Leben. »Wohl dem, der dahin kommt.« – »Es gibt Wesen, die Geist haben, und solche, die keinen haben – die Beziehungen zwischen ihnen sind erschwert, besonders, weil die dummen eigensinnig sind.« – 30. 4. »Es ist schön, sich in Beziehung zu wissen mit guten edlen Menschen.« – »Hatte nicht dein Vater große Freude an dir?« – »Sage Adolf, jede Pflege, die er sich angedeihen ließe, beglücke mich.« – 2. 5. »Durch Güte sich so viel Freude schaffen, als nur möglich.« – 20. 5. »Ihr wißt es doch, daß der Tag der Treue kommt.« – 30. 5. »Hast du das Vögelchen gehört? Es ist immer, als riefe es einem zu: sei nicht traurig.« – »Du mußt verstehen, daß, wenn ich an Fidi denke, ich nicht aussprechen kann, wie glücklich ich bin – ich fühle mich wie von einer Nebenwelt umgeben.« – 1. 6. an Frau Hofmann: »So jemand wie Napoleon fällt ganz von einem weg – ich habe gar kein Interesse für ihn.« – 6. 6. »Ich habe das Gefühl des Glaubens an die Resignation, daß das, worauf man verzichtet, Glück bringt; das ist mein Aberglauben.« – »Fidi hat etwas so Rührendes in der Einfachheit, so trägt er diese große Erbschaft so schön.« – 8. 8. »Es ist ein *Glücks*tag heute.« – »Man kann seine Dankbarkeit für alles Schöne, das uns gewährt ist, nicht anders bekunden, als indem man es *genießt*.« – »Ich kann mein Leben nicht erzählen.« Es war zu reich, Mama. »Es war mannigfaltig, und es ist wie etwas Verschlossenes darüber, du wirst mich verstehen.« – »Diese Stille – es ist ganz das, was man bedarf.« Du hast immer das im Leben gehabt, dessen du bedurftest, Mama. »Wie schön von dir, daß du das so empfindest; ich wage nicht, ja zu sagen, aber ich darf auch nicht nein sagen.« – 9. 8. »Ich möchte so gern wissen, *wo* Fidi ist.« Hier, Mama, ganz in unserer Nähe. »Ich habe immer so Angst, daß so einer vergessen wird und verhungert.« – 3. 9. »Frau Hofmann ist auch ein Typus – on ne sait pas où placer – sie ist ein Original.« – »Ich fühle mich wie im Paradies.« – 7. 9. »Scheiden tut weh.« – »Die Nacht ist uns hold.« – »Was der schöpferische Baum hervorbringt, das hat Papa gezeigt!« – 8. 9. »Großpapa war, glaube ich, immer froh, wenn er Fürstin W. los war, obwohl er es nicht sagte, aber du weißt ja, daß man ein zweites inneres Leben führt.« – »Man wird mit der Torheit der Menschen nie fertig, jeden Tag erfährt man sie neu.« – »Ich habe so das Gefühl des Einschlummerns; es ist wie ein Segen, der sich über einen breitet.«

–»Die Stille führt in die Ruhe – man muß sich angewöhnen, über die Dinge nachzudenken.« – 17. 9. »Wir sind doch in Bayreuth? um *keinen* Preis fort! Es ist, als ob man etwas zu hüten hätte.« – »Tout autour de moi«, wiederholt, ebenso: »j'ai fini mon exposé.« – 26. 9. »Verzeih! es ist so schön, diese Stille, dieser Frieden, der dadurch zu einem kommt.« – 27. 9. »Man findet nirgends eine Zuflucht.« Doch, Mama, in der Kunst; ich habe sie darin gefunden. »Dieses Bekenntnis wollte ich nur von dir hören.« – »Du hältst einen Vortrag?« Ja, Mama, in Kulmbach, im Oktober. »Welches Thema hast du?« Richard Wagner als Christ. »Oh, das ist ein herrliches Thema. Das ist eine Bestimmung, du kannst es dir nicht denken, doch, du *kannst* es dir denken, was mir das ist. Wenn ich denke, was er euch Kindern –« Tränen unterbrachen sie. »Wie kamst du dazu?« Längeres Gespräch darüber. – 5. 10. »Das Unbedingte, Freimütige, das ist es, wo mir wohl ist, das hast *du*.« – »Es kommt darauf an, was man für ein ethischer Mensch ist.« – 20. 10. »Du kennst doch die Legende von dem, der sein Kreuz unter anderen im Garten auffindet; sie ist so tiefsinnig und so tröstend, wie wenn man nachts zu den Sternen hinaufblickt.« – 27. 10. »Je mehr man den Dingen nähergeht, um so mehr versöhnt man sich mit ihnen.« – 11. 12. »Se tenir tranquille et être bon chrétien, das ist es einzig, was einer Frau geziemt.« – 30. 12. Zum Bürgermeister Bayreuths: »Wir haben gegenseitig Humanität geübt.« – »Ich kann dir gar nicht sagen, welche Wohltat mir dieser dein Vortrag ist – so diese Beziehungen zwischen dem Christentum und unserer Kunst gezeichnet zu sehen – wenn ich es auch nicht erleben kann, ich *genieße* es von ganzer Seele.« – »Les juifs: un thème où l'on se tait.«

1930

1. 1. »Sei gesegnet!« – »Faire le mal et prêcher le bien.« – »Das Leben ist ernst – man muß alles tun, wo und wie es auch sei, es zu erheitern.« – »Lebt Richard Wagner?« Ja, Mama, *er lebt!* – 2. 1. »Savoir sortir sans issue.« – »Alles Gute, was in der Kunst geleistet wird, ist auch ein moralisch Gutes, wenigstens empfinde ich es so.« – 5. 1. »Wer gerne lernt, leistet.« – »Meine Lieblingsaufgabe war immer die Fricka; es gibt keine kleinen Aufgaben in unseren Werken.« – »Die Leistung der Reuss als Fricka hatte Stil; wir zeigten damit, was wir anstrebten, was wir suchten.« – »Ich meine, man müßte die *Musik* in den Dingen immer mehr erblicken.« – 10. 2. »Nur das Gute immer recht empfinden, das lehrt einen dann, das

Üble zu ertragen.« – »Wir haben einst viel Besuche hier gemacht; – jetzt stehen die Sterne über uns.« – 16. 2. »Ich kann Gott gar nicht genug danken für das Glück, das mir wurde.« – »Alles, was den Protestantismus bestärkt und befördert, kann ich nur begrüßen.« – »Jedesmal, wenn ich an Großpapas Franziskanerkapelle vorübergehe, rührt es mich so, daß er hier ruht; das haben die Sterne gewollt, da wir nicht miteinander leben konnten.« – »Priez jour et nuit auprès du mort, telegraphierte mir seine Hexe aus Rom – ich habe ihr nicht geantwortet.« – »Wir haben das Recht, heiter zu sein.« – 17. 2. »Es gibt des Guten und des Schönen so viel in der Welt, man sollte sich einzig mit ihm befassen, das andere nicht beachten, es geht einen, möchte ich sagen, nichts an.« – 4. 3. »Was mich stets rührt, das ist die Franziskanerkapelle von Großpapa.« – »Empfangen und Spenden, das sind die Grundbedingungen des menschlichen Verkehrs untereinander.« – 27. 3. »Ich bin so glücklich« (undeutliche Worte) »bin so bevorzugt.« – »Ich bin so glücklich.« Ja, Mama, du warst es immer in deiner Arbeit. »Wie bin ich nur zu dieser Arbeit gekommen?« Sie war deine Bestimmung. »Ich *danke* dir, daß du so fühlst wie ich – sie war zu meinem Glück.« – »Weißt du, wo Großpapa ist? ist er in Pest?« Mama, er lebt nicht mehr, er ist schon lang erlöst, er ruht hier in unserm Friedhof. »*Oh,* wie mich das *freut,* daß er bei uns ist.« – »Wo ist meine Großmutter?« – 29. 3. Nachts: »Siegfried« – »meine Mutter«. – 31. 3. »Wer ist da?« Ich, die Lulu. »Ach, das freut mich.« – Später: »Schreiben, Geburtstag, möchte nichts versäumen.« Ich tu's für dich. »Danke dir, mein Engel.« – Viel Stöhnen. Hast du Schmerzen? »Ja, es tut mir weh.« Das tut *mir* weh, Mama. »Das weiß ich, ich danke dir.« – Gegen Abend: »Wenn Gott will« – »herrlich«. – Zuletzt: »Schmerzen, Schmerzen, Schmerzen.«

Mamas Worte 1929 und 1930, von Eva unmittelbar niedergeschrieben

29. 12. 1928 (mit laut erhobener Stimme): »Hier wo mein Wähnen Frieden fand – man wird schon in die Ewigkeit versetzt mit diesen Worten.«

1929
6. 1. Über Gräfin Mimi Wolkenstein: »Sie ist unersetzlich, aber auch unverlierbar; ich halte sie fest in mir verschlossen ... Die sichere und zarte Resolutheit ihres Wesens.« – »Große Eindrücke, wie man sie in

der Schweiz empfängt, wirken religiös – man wird andächtig.« – 7. 1.
»Grüße Houston, wir stehen uns sehr nahe – ich denke, wir sind uns
schon auf einem anderen Stern begegnet.« – 10. 3. »Man verliert
solch eine Beziehung nicht, aber man *entbehrt* sie.« – 14. 3. Über
Marie Seebachs Gretchen: »Das war nicht gemacht, sondern
geschaffen.« – 20. 4. »Es gibt eine Freude, die höher steht als das
Glück. Ich möchte sie eine verklärte Freude nennen.« – »Empfangen
ist ebenso wertvoll wie geben.« – 22. 4. (bei Betrachtung des gut
überstandenen langen Winters seitens Houstons) »Der Geist ist der
große Überwinder.« – 23. 4. »Hast du meinen Briefwechsel mit
Mimi? Ich frage das wegen der Sicherheit vor Indiskretionen.« –
27. 4. »Das Leben ein Traum – man hat diejenigen nicht verloren, die
einen verließen.« – »Früher hat man abends sein Abendgebet gesagt;
jetzt hat es sich zum Gedenken an diejenigen, die uns verlassen
haben, gewandelt.« – 30. 4. »Das Beste, was ich geleistet habe, ist,
daß ich dich, mein Engel, zur Welt gebracht habe« (zu mir). – 2. 5.
Frage nach Tagebüchern: »Findest du nicht, daß das eine Familiensa-
che ist. Es ist nichts für die Publizität. Wenn aber Wolzogen und
Houston Einblicke nehmen wollen, ist es mir sehr recht.« – 3. 5.
»Dein Glück mit Houston ist für mich so erhebend, wie eine
Verklärung des meinigen.« – 14. 5. »Was ist es für ein Zeichen vom
Wesen der Zeit?« – »Nur sich immer des Guten sichern.« – 15. 5.
»Wenn man alt ist, ist man nicht jung« (mit Humor gesagt). – 16. 5.
»Ich meine, daß man Gutes erreicht, wenn man Gutes ernstlich will.«
– 21. 5. (zu Frau Hofmann, ihrer Wartefrau) »Wie geht es Herrn
Chamberlain? Ich glaube, er würde gerne – – –« (dazu eine Gebärde,
welche auf das Erlöstsein deutete) »aber ich verstehe, daß Frau
Chamberlain die Pflege dem Verlust vorzieht.« – 21. 5. zu Blandine:
»Wo ist Loldi?« Bl.: In Davos (längere Pause). »Loldi ist ja
gestorben.« Bl.: Ja Mama, sie ist schon lange erlöst. »Wo ist sie
begraben?« Bl.: In München, wo sie zuletzt lebte. »Das weiß ich: *in
München*« (lange Pause darauf). – 23. 5. »Das Benehmen seitens der
Deutschen gegen den Kaiser ist zugleich stupid und roh.« – 29. 5.
» *Wie* hätte sich Papa über Houston gefreut! ... Das kannst du ihm
sagen.« (Plötzlich feierlich:) »Weil er das Kreuz zu tragen nicht
ablehnte.« – 4. 6. »Es war mutig von Fidi, sich in die Künstlerlauf-
bahn zu begeben – das konnte nur eine Bestimmung sein.« – 7. 6. »Es
gibt ein zweites Leben in unserem Leben, welches alle unsere
Erfahrungen aufhebt und einem zur Wohltat wird. Ich fühle mich
schon wie im Paradiese.« – »Ich kann mit Großpapa sagen, j'ai fait ce

que j'ai pu; er fehlt als Beistand. Ich *kannte* Großpapa vielleicht *anders,* wie man ihn sonst kennt. Er fehlt doch sehr als Persönlichkeit und ich möchte sagen als Hilfe.« – 10. 6. »Ich bin hier in einer Art von Seligkeit, kann dir gar nicht sagen, *wie* wohl ich mich fühle.« – »Du bringst Houston meinen Gruß; wir haben uns in unserem Gruß viel zu sagen.« – 18. 6. »Wenn man das Gute recht zu genießen weiß, so hebt es zum Teil das Schlimme auf.« – »Ernst es nehmen, darauf kommt es an.« – »Ich hatte das Gefühl, wenn ich auf die Bühne trat, als sei ich dort eigentlich zu Hause« (Betrachtungen über Fidis Mission besonderer Art durch seine Gaben, die nicht allein der Musik zugewandt). – 20. 6. »Die Natur spricht ebenso stark wie die Religion« (gelegentlich der Erwähnung von Papas Glückesrausch bei der Geburt von Fidi). – 22. 6. »Es ist bei Fidi alles so schlicht und so rein.« – 23. 6. »Es ist gut, es *in* sich zu haben, was einem hilft.« – »Ich bin so froh, daß ich zum Protestantismus übergetreten bin – Großpapa schrieb mir, wie ich es ihm meldete: mon héroique fille.« – 2. 7. (auf dem Balkon, sehr wohlig in Betrachtung) »Ich kann dir nicht sagen, wie mir zumute ist. Es vollzieht sich eine Mystik; Dinge, die man nicht in Worten sagen kann, strömen zu einem und bringen Trost...« – »Hab Dank für diese Stunde des Glücks – es ist, als ob es keine Prüfung gäbe. Niemandem als dir aber kann ich so etwas sagen. Man geht versöhnt aus dem Tag.« – 4. 7. »Ich hatte immer das Gefühl, daß geheime gute Geister uns bei der Arbeit hilfreich waren – *wenn* wir rechtschaffen blieben« (bei Gelegenheit der vorbereitenden Arbeiten zum »Tannhäuser«). – 8. 7. »Nichts ist schöner als eine Überzeugung, die uns verbindet« (an Gräfin Wolkensteins Freundschaft denkend). – 9. 7. »Ich brauche Houston gar nicht zu sehen, wir sind immer zusammen.« – »Man empfindet das Leben wie einen Gottesdienst, es ist eine Andacht, die wir hier auf dem Balkon begehen.« – 13. 7. (an einem geschwächten Tag) »Mignonne allons voir si la rose – das ist doch bezaubernd? Man weiß da nicht, was schöner ist, der Text oder die Musik.« – 19. 7. (sehr wohlig den Vögelchen lauschend) »Man fühlt sich wie von einer Last befreit.« – »Es ist ein inneres gemeinsames Streben, was uns vereinigt, das kann uns keine Gemeinheit rauben« (über den Zusammenhang mit Houston). – »Ich habe den Aberglauben, daß für etwas, was man opfert, sich eine Erfüllung findet – ja, ich glaube das.« – 20. 7. »Ich dachte an Houston, ich finde, sein Geschick hat so etwas Bedeutendes. Ihm sind die Sterne gut.« – 30. 7. »Houstons Niederlassung hier hat etwas zu sagen.« – »Nichts dem Zufall überlassen – mit dem

Zufall tritt für mich die Langeweile ein.« – »Ich bin vollkommen losgelöst von allem – ich könnte ein kleines Kind sein, fühle mich sehr wohl dabei.« – 3. 8. »Hier draußen in der freien Luft halte ich meinen Gottesdienst.« – 7. 8. »Das Glück macht andächtig, und man verliert die Neugierde. Man fühlt sich von so viel Teilnahme seitens der Bevölkerung hier umgeben.« – 8. 8. »Charakter gehört zur Geschichtsschreibung, ebenso wie der Geist« (bei Gelegenheit eines Gespräches über Treitschke). – 9. 8. »Ich empfinde eine förmliche Erbauung an Houstons Los; es hat für mich etwas Symbolisches. Man kann darüber nicht viel sprechen, um so mehr darüber nachsinnen.« – 11. 8. »Ich meine, man müßte sich im Leben immer mehr das Gute und Edle nahebringen – denn das *gibt* es.« – »Sieh, wie schön das hier ist.« – »Luther hatte eine Sendung. Gott, was muß er gelitten haben. Das ist auch eine der seltensten Erscheinungen, so wie Papa; zu diesen gehört er.« – »Die Niederlassung von Houston hier ist so bedeutend, mir sagt sie in der Stille beständig etwas.« – 16. 8. (über ihre Mutter) »Es lag etwas Heroisches in ihrer Natur.« – »Deutschland ist mein Vaterland und die Musik mein Mutterland.« – »Ich bin glücklich, wenn gute Musik gemacht wird.« – 17. 8. »Einmal schrieb mir Großpapa: il faut savoir se taire.« – 18. 8. »Ich halte dafür, daß die Erziehung durch Lob und Anerkennung noch mehr gewinnt als durch den Tadel.« – »Man bedarf eigentlich nicht sich zu sehen, man ist immer beisammen« (in bezug auf Houston). – Über die »Vogelpredigt« Franz Liszts: »Keine noch so schöne Kunst vermochte das hervorzubringen, was hier allein aus den Tiefen des Gemütes entspringen konnte.« – 19. 8. »Ich habe nie einen Zweifel, nie ein Schwanken über Fidi gehabt, so sicher war ich dieser Natur.« – 1. 9. »Es ist merkwürdig, daß, je mehr man die Natur empfindet, um so religiöser wird man – das scheint eng verbunden zu sein.« – »Nichts kommt einem Natureindruck gleich – die Wirkung ist versöhnend und erhebend, wie eine Andacht. Wir tragen gleichsam unsren Tempel in uns.« – »Fidi hat etwas von l'ingénue, dem Harmlosen, an sich.« – »Die Familienähnlichkeit der Genies ist da.« – 13. 9. (nach einem Gespräch über die Festspielarbeit Siegfrieds) »Du wirst mich verstehen, wenn ich sage, ich entbehre nichts, sondern ich genieße etwas, wie ein religiöses Gefühl, eine Bestimmung in der Entbehrung.« – 27. 9. »Findest du nicht, daß man sagen kann: ›la célébrité nuit au mérite.‹« – 4. 10. »Den Freimut pflegen in den Schulen.« – 9. 10. »Die Extraordinären sind einem recht, nur keine Ordinären.« – 18. 10. (besorgte Frage nach ihren Tagebüchern. Beruhigt, sie bei mir zu wissen) »Ich betrachte das als ihre Rettung.« – 20. 10. »Gewiß gibt es Übles, ich meine aber, daß man das Gute, da, wo es doch auch vorhanden, mehr beachten sollte.« – 29. 10. »Ich liebe das Leben – das ist ganz einfach meine Empfindung.« – 2. 11. »Alles, was die Menschen verbindet, meine ich, soll man pflegen.« (Sie begrüßte das Weihnachtsfest als Vereinigungstag) – 3. 11. »Wolkenstein war mit dem Verluste Mimis einfach selbst verloren. Er hat mir nie ein Wort auf meinen Brief geschrieben.« – »Wissen, daß man eine Bestimmung hat, und fühlen, daß das eine Gnade ist.« – 12. 11. »Ich verstehe nicht, daß man nicht Mut hat, wenn man Glauben hat.« – »Die Juden haben den Haß gegen das deutsche Wesen, ich glaube, sehr stark.« – »Es belohnt sich Wolzogen, *was* er ist und *wie* er es ist, willst du ihm sagen, *wie* ich seine Lebensaufgabe genösse.« – 14. 11. »So gerne ich gelebt habe, ich möchte lieber nicht wiedergeboren werden.« – 15. 11. »Eine große Trivialität liegt in einem gewissen Pessimismus, ich kann mich nicht damit abfinden.« – »Es war schön, wie Großpapa für uns sorgte.« – 16. 11. »Ne se mêler de rien, diskret sein! Wird man aber verlangt, seine Meinung zu sagen, dann, meine ich, soll man vollauf geben.« – »Wenn ich die Vögel höre, so kann ich dir nicht sagen, was mir das ist.« – 17. 11. »Bei Malwida war eine ebenso große Vornehmheit als Güte.« – 23. 11. (an einem besonders geschwächten Morgen) »Es ist doch wie in einem Traum hier, vollständig wie in der Verklärung. Ich kann dir nicht sagen, wie ich es fühle.« – 26. 11. (die Niederlassung in Bayreuth betreffend) »Was Papa gestiftet hat, das *ist* gut.« – 28. 11. »Wenn man kann, sich dazu erheben, das Üble, das uns angetan ward, zu verzeihen.« – »Was wäre unser Leben ohne Freundschaft! Wie legt es dem Leben Wert bei.« – »Und wir *haben* Freunde gewonnen!« – 30. 11. »Man muß das Gute pflegen und das Böse bannen.« – 2. 12. (über »Wilhelm Meister«, den sie wünschte wiederzulesen) »Da ist Vollendung, und zwar auch Vollendung der Seele, ich möchte auch sagen, eine Noblesse des ganzen Wesens.« – »Solange Persönlichkeiten da sind, ist man geborgen. Die Mittelmäßigkeit schafft nichts.« – »Luther ist eigentlich das gesamte Deutschland, er umfaßt alles Deutsche.« – »Das sind diese herrlichen, sich unterscheidenden Menschen.« – 7. 12. (über Gräfin Wolkenstein und deren Verlust) »So manches ist nicht mehr und ist *doch* lebendig.« – 11. 12. »Se tenir tranquille et être bon chrétien, das ist, was einzig einer Frau geziemt.« – 20. 12. »Ich kann dir gar nicht sagen, was das für mich ist, daß Fidi das Amt der Festspiele so herrlich verwaltet. Da ist der Segen der Sterne.«

– 25. 12. »Ist der Stil geschaffen, dann ist die Schlacht gewonnen. Die einzelnen Talente werden sich schon hervortun. Mir kam aber alles darauf an, einen Stil zu schaffen.« – »Nur keine Mischlinge, man erreicht doch nichts mit ihnen.« – 29. 12. »Denke dir, ich fühle mich manchmal nicht mehr wie im Leben. – – – Ich weiß oft nicht mehr, wer hienieden noch weilt.« – »Wo ist mein Vater eigentlich begraben? Ach, das ist schön, daß er hier ist, darin liegt Bestimmung.« – 30. 12. »Ich weiß nicht, warum ich es nicht gern habe, wenn Frauen Violine spielen.« – 31. 12. »Es gibt nichts Geringes in der Kunst, alles ist wichtig, und es muß wie ein Glaube sein.«

1930

2. 1. »Ich wollte dich fragen, *hörst* du die Stille?« – 6. 1. »Die Heiterkeit des Lebens ruht auf der Erkenntnis seines Ernstes.« – 7. 1. »Du weißt, wie glücklich ich mit euch bin – und gern entsagt man. Ich weiß dich glücklich, und für die Mutter ist das der Hafen.« – 8. 1. (über Papa) »Das Genie war ja groß, die *Güte* überwog aber womöglich noch dasselbe.« – 11. 1. (an geschwächtem Morgen) »Möchten wir nicht aufhören, Protestanten zu sein! Und der Deutsche *muß* erhaben sein – sonst ist er, fürchte ich, gemein.« – 16. 1. »Daß es das Böse gibt, wissen wir, wenn nur das Gute lebendig ist, dann sind wir gerettet.« – 21. 1. »Wer mich stets und immer wieder aufs neue rührt, das ist Houston. Das ist ein Beispiel, welches wirkt.« – »Welch rührende Fügung, daß Großpapa hier ruht. Da haben die Sterne mitgesprochen.« – »Das Leben wird immer mehr zum Traum – es ist, als ob anderes einen erwartete.« – 22. 1. »Man sollte jeden Tag ein Gedicht von Goethe lesen, das würde einen von selbst bilden.« – »Houston wird immer das Richtige denken und das Rechte tun.« – 1. 2. »Man entsagt und genießt.« – 5. 2. »Immer das Gute bekräftigen, so bekämpft man das Böse.« –7. 2. »Ich möchte dir schildern können, wie ich mich fühle. Es ist mir, als sei ich nicht mehr hienieden und nicht mehr erreichbar. Ich bin so dankbar dafür. Nur die Sterne möchte ich noch sehen. Wir sind in Wahnfried? Da ist man auch entrückt.« – 15. 2. »Sag Houston, ich sähe ihn immer in seiner Bibliothek.« – »Die deutsche Sprache muß langsam, mit Würde gesprochen werden.« – 18. 2. »Ach, das Geistige pflegen – und wenn es im Gefängnis ist.« – 19. 2. »Nichts fordern, als was einem beschieden ist; ich meine, dann kann man selbst heiter sein.« – 20. 2. »Du hast ein höheres Glück – ich empfinde das sehr stark.« – »Ich kann dir nicht aussprechen, wie es mich rührt, wenn ich an Großpapas

Franziskanerkapelle hier denke und daß er hier sterben *wollte*.« – 21. 2. »Mit Luther beginnt die Ära der Freiheit.« – »Es ist mir schon, als ob ich entrückt sei. Man ist wie gerettet.« – 2. 3. »Sei getrost! Es geht dir besser, als du glaubst.« – 7. 3. »Wer das Gute tut, der wird stets heiter sein. Das ist der Dank, den ihm die Sterne sagen.« – »Das Losgelöstsein von Rom ist auch eine Begünstigung.« – »Nichts wäre mir peinlicher, als wenn meine Briefe an Mimi veröffentlicht würden.« – »Eure Erziehung hat mich viel beschäftigt, aber gar keine Mühe gemacht; ihr wart zu begabt alle.« – 10. 3. »Es ist förmlich wie ein Wohlklang in der Luft.« – 13. 3. »Die Einfachheit macht die Erhabenheit des ›Parsifal‹« (Worte gesprochen während Phantasien). – 16. 3. »Ich finde, die Einfachheit von Fidis Direktion hat so viel Stil.« – 18. 3. »Gibt es viele Protestanten in Bayreuth?« Mama, es ist eine protestantische Stadt. »Oh, das ist schön! Das ist gut!« – »Großpapa war die Generosität selbst; wenn ich denke, was er für die Armen getan hat.« – 26. 3. »Man muß wissen, *wer* man ist und *was* man ist, und dann wird man der Allerbescheidenste sein.« – 28. 3. »Wie geht es Houston? Willst du ihm sagen, daß ich viel an ihn denke.« – 30. 3. »Houston hat dich abgeholt und mir damit eine solche Freude bereitet.« – »Ach, mein Engel!« – 31. 3. »Wie Gott will.« – »Herrlich!«

Anmerkungen

Abkürzungen

AWV: Allgemeiner Richard Wagner-Verein
BBl: Bayreuther Blätter
TCW: Cosima Wagner, Die Tagebücher. Ediert und kommentiert von Martin Gregor-Dellin und Dietrich Mack. Band I: 1869–1877, Band II: 1878–1883, München 1976 f.

Literatur

Cosima Wagners Briefe an ihre Tochter Daniela von Bülow 1866–1885, hrsg. von Max Freiherr von Waldberg, Stuttgart/Berlin 1933
Cosima Wagner und Houston Stewart Chamberlain im Briefwechsel 1888–1908, hrsg. von Paul Pretzsch, Leipzig 1934 (nachweislich von Eva Chamberlain zensiert)
Cosima Wagner, Briefe an Ludwig Schemann (1877–1902), hrsg. von Bertha Schemann, Regensburg 1937
Cosima Wagner und Fürst Ernst zu Hohenlohe-Langenburg, Briefwechsel 1891–1923, Stuttgart 1937
Cosima Wagner – Richard Strauss, Ein Briefwechsel (1889–1906), hrsg. von Franz Trenner, Tutzing 1978 (mit guten Anmerkungen zu den Personen)
Richard Graf Du Moulin Eckart, Cosima Wagner, 2. Bd.: Die Herrin von Bayreuth, München/Berlin 1931
Die Besetzung der Bayreuther Festspiele 1876–1960, bearbeitet von Käte Neupert, Bayreuth 1961 (die einzige Übersicht, wäre zu revidieren und zu ergänzen)
Hans Thoma, Briefwechsel mit Henry Thode, hrsg. von Jos. Aug. Beringer, Leipzig 1928
Adolf Hildebrands Briefwechsel mit Conrad Fiedler, hrsg. von Günther Jachmann, Dresden 1927
Adolf Hildebrand und seine Welt, Briefe und Erinnerungen, hrsg. von Bernhard Sattler, München 1962

10.–11. 4. 1883   An ihre Tochter Daniela

Daniela: Daniela von Bülow (1860–1940), älteste Tochter Cosimas, genannt Lusch, Loulou oder Lulu; 1886–1914 mit Henry Thode verheiratet, 1911/30 für das Kostümwesen der Bayreuther Festspiele verantwortlich. – Danielas Vater war *Hans Freiherr von Bülow* (1830–1894), Pianist und Dirigent, 1857/70 mit Cosima verheiratet, ab 1882 mit der Schauspielerin Marie Schanzer. B. leitete 1880/85 die Meininger Hofkapelle, ab 1886 Dirigent der Hamburger »Abonnement-Konzerte« und der Berliner Philharmoniker; zu B. vgl. die einschlägige Literatur und TCW.
Geschwister: Blandine von Bülow (1863–1941), genannt Boni, Ponsch, heiratete 1882

den Grafen Biagio Gravina. – *Isolde* von Bülow (1865–1919), genannt Loldi oder Gast, erstes Kind Cosimas und Richard Wagners (erbrechtlich jedoch nicht anerkannt), heiratete 1900 den Dirigenten Franz Beidler. – *Eva* Wagner (1867–1942), von großem Einfluß auf Cosima und ihre wichtigste »Sekretärin«, heiratete 1908 Houston Stewart Chamberlain. – *Siegfried* Wagner (1869–1930), genannt Fidi, Fudela und andere Kosenamen, der einzige Sohn und Erbe. Siegfried wurde Komponist, Dirigent, Regisseur und ab 1907 Leiter der Bayreuther Festspiele. Ausbildung: Heinrich von Stein als Hauslehrer, Gymnasium in Bayreuth, Architekturstudium in Berlin und Karlsruhe; Musikstudium bei Engelbert Humperdinck in Frankfurt; auf einer Fernostreise 1892 entschied er sich für die Musik- und Theaterlaufbahn, 1892/94 Assistent und Probedirigent bei den Festspielen, 1896 dirigierte er erstmals den »Ring« und beteiligte sich zunehmend an den Inszenierungen. Folgende Werke dirigierte er in Bayreuth: 1896–1902, 1906, 1911/12, 1928 »Ring«, 1904 »Tannhäuser«, 1908/09 »Lohengrin«, 1909 »Parsifal«, 1914 »Holländer«. Selbständige Inszenierungen: 1911 »Meistersinger«, 1914 »Holländer«, 1927 »Tristan«, 1930 »Tannhäuser«; 1906/30 modifizierte er die »Ring«-Inszenierung Cosimas von 1896. Zu seinem umfangreichen kompositorischen Werk vgl. Peter P. Pachl, »Siegfried Wagners musikdramatisches Schaffen«, Tutzing 1979. 1915 heiratete Siegfried Wagner Winifred geb. Williams (1897–1980).

Landgraf: Dr. Karl L., Wagners Hausarzt in Bayreuth.

Grossens: Adolf von Gross (1845–1931), Bayreuther Bankier, Kommerzienrat, Schwiegersohn des Bankiers Friedrich von Feustel; Verwaltungsrat der Bayreuther Festspiele und enger Berater Cosimas in allen Rechts- und Finanzangelegenheiten; verheiratet mit Marie geb. Feustel.

Brief Eures Papas an seine Mama: Wagners Brief vom 19. 9. 1846 an seine Mutter Johanna Rosine Geyer.

5. 8. 1883   An ihren Sohn Siegfried

Siegfried war mit Daniela, Eva und Marie von Gross in Saßnitz auf Rügen.

Herbst 1883 (?)   Plan für die Festspiele 1884–1889

Cosima hatte bereits 1883 nach der vierten und fünften »Parsifal«-Vorstellung nach dem Rechten gesehen und eine »Zusammenstellung laut gewordener Beobachtungen und Bemerkungen seitens beteiligter und zuschauender Zeugen der Aufführungen des Bühnenweihfestspiels ›Parsifal‹ in den Jahren 1882 und 1883« schreiben lassen (vgl. Richard Wagner, »Sämtliche Werke«, Bd. 30, hrsg. von M. Geck und E. Voss, Mainz 1970, S. 156 ff.). Wahrscheinlich im Herbst 1883 skizzierte Cosima den »Plan für die Festspiele 1884–1889«; unter dieses Dokument schrieb Eva: »Festspiel-Plan von Mama für 1884 bis 1889«. Bemerkenswert ist die Absicht, Hans von Bülow als Hauptdirigenten zu verpflichten. Vgl. dazu auch das Vorwort zu diesem Band. Cosima holte wiederholt Bülows Rat ein, Fragen und Antworten überbrachte ihre gemeinsame Tochter Daniela; an sie schrieb Bülow am 9. 11. 1884:

»Deine verehrte Frau Mutter erweist mir mit ihrer ›Lohengrin‹-Anfrage eine hohe Ehre, à laquelle je suis on ne saurait plus sensible.

Freilich ist der große Seidl in Amerika, aber Heckel, Porges und vor allem die Halbgötter Levi, Fischer, [Emil] Paur, Richter, Mottl sind ja in Europa, sogar in Deutschland.

Dennoch fühle ich mich antwortsinkompetent wegen der Fragestellung. Wird Telramund von der Aufgabe bewältigt, so soll er seine letzte Silbe halten, wenn er muß: bewältigt er aber, nun dann natürlich ohne coupure. Für die späteren Werke können, dürfen nicht dieselben Prinzipien gelten wie für die früheren. Sonst gerät man in den Abyssus der Widersprüche und Inkongruitäten. Meine Geringigkeit hat den zweiten Akt des ›Lohengrin‹ in Hannover ohne jeden Strich durchgesetzt. [Georg] Nollet war willig und ich drillig. Wo jedoch ein 2maliges ›durch dich‹ zur Tortur von Sänger und Hörer (mittelbar) wird, dann trägt dergleichen allerdings zur Enthauptung des Erfolges bei. Das einzige Richtige wäre – aber die lumpigen Rampenverhältnisse vereiteln die sonst ganz glatte Praxis –, mit Strichen anzufangen und bei jeder Vorstellung einen derselben auszumerzen, so daß bei der sechsten respektive zwölften Aufführung das Ganze in seiner vollen Integrität erschiene – allen verdaulich infolge stufenweiser Angewöhnung (la musique est la fête de mémoire). In diesem Sinne hat sich der verstorbene Meister gegen mich in München einmal sehr beredt klar geäußert.«

Levi: Hermann L. (1839–1900), Dirigent, Komponist, Übersetzer und Bearbeiter. L. studierte bei Vincenz Lachner in Mannheim und bei Julius Rietz und Moritz Hauptmann in Leipzig; seine Laufbahn als Kapellmeister führte ihn über Saarbrücken und Rotterdam nach Karlsruhe, dort 1864/72 Hofkapellmeister, 1872/96 in München, ab 1894 als Generalmusikdirektor. Er bearbeitete Opern von Mozart, Marschner und Cornelius, übersetzte Werke von Berlioz und Chabrier; posthum 1901 erschienen »Gedanken aus Goethes Werken«. Ab 1896 war er mit Mary Fiedler verheiratet. – Um 1870 hatte Levi die Freundschaft mit Brahms gelöst, lehnte auf Wunsch Wagners die Leitung der »Walküre«-Uraufführung in München 1870 ab. In acht Festspieljahren 1882/94, einzig durch Krankheit 1888 verhindert, dirigierte er in Bayreuth »Parsifal«. Für die Stipendienstiftung war L. ein generöser Mäzen, vererbte der Stiftung noch Tantiemenansprüche. Sein umfangreicher Nachlaß befindet sich in der Bayerischen Staatsbibliothek; Auszüge aus dem Briefwechsel mit Cosima hat der Herausgeber im »Parsifal«-Heft der Bayreuther Festspiele 1969 veröffentlicht.

Winkelmann: Hermann W. (1849–1912), sang in Bayreuth 1882/86 Parsifal und 1891 Tannhäuser.

Gudehus: Heinrich G. (1845–1909), an der Dresdener Hofoper engagiert (1880/90), sang in Bayreuth 1882/86 Parsifal, 1886 Tristan und 1888/89 Walther von Stolzing.

Malten: Therese M. (1855–1930), 1873–1903 an der Dresdener Hofoper, sang in Bayreuth 1882/94 Kundry, 1886 Isolde und 1888 Eva.

Materna: Amalie M.-Friedrich (1843–1918), 1869/94 an der Wiener Hofoper, später Konzertsängerin und Gesangspädagogin; sang in Bayreuth 1876 Brünnhilde, 1882/91 Kundry.

Betz: Franz B. (1835–1900), 1859/97 am kgl. Opernhaus in Berlin, sang in Bayreuth 1876 Wotan, 1889 König Marke und Kurwenal sowie Hans Sachs (auch schon in der Uraufführung 1868 in München).

Reichmann: Theodor R. (1849–1903), 1882/89 und 1892–1903 an der Wiener Hofoper, sang in Bayreuth 1882/91 und 1902 Amfortas, 1888/89 Hans Sachs und 1891 Wolfram von Eschenbach.

Fuchs: Anton F. (1849–1925), Sänger und Regisseur in München, dort ab 1880 Regisseur, ab 1891 Oberregisseur. In Bayreuth hatte F. 1884, 1889/99 die Spielleitung für »Parsifal« und sang in diesem Werk 1882/84 und 1889 Klingsor, 1882/83 den 2. Gralsritter, 1883 Amfortas, 1883/84 Titurel; außerdem 1889 Kurwenal.

Frau Schnorr: Malvina Sch., geb. Garrigues (1825–1904), verheiratet mit dem berühmten Wagner-Tenor Ludwig Schnorr von Carolsfeld (1836–1865); beide sangen die Titelpartien bei der Uraufführung von »Tristan und Isolde« 1865 in München; später war sie in Hamburg und Karlsruhe engagiert.

Richter: Hans R. (1843–1916), Dirigent; begann als Hornist in Wien, 1866/67 Abschrift der »Meistersinger«-Partitur in Tribschen, 1867/69 Dirigent an der Hofoper in München, 1871/75 Kapellmeister in Pest, 1875/97 an der Wiener Hofoper, 1879/97 Orchestral Festival Concerts in London, 1885–1911 Leiter der Musikfeste in Birmingham, 1903/10 Wagner-Aufführungen an Covent Garden in London, ab 1912 Ruhestand in Bayreuth. R. dirigierte in Bayreuth 1876, 1896/97, 1901/08 »Ring«, 1888–1912 »Meistersinger«. – R. war der Nestor der Bayreuther Dirigenten; Cosimas Beziehung zu ihm, dem »Tribschener Sohn«, war nicht konfliktfrei, da er als einziger neben ihr diese Zeit intim kannte.

Brandt: Fritz B. (1854–1895), Bühnenmeister, Sohn und Schüler von Karl B. in Darmstadt, übernahm nach dem Tod seines Vaters 1882 die technische Leitung der Bayreuther Festspiele bis 1884.

Belce: Luise Reuss-B. (1862–1945), in Berlin engagiert, sang in Bayreuth im »Parsifal« 1882/86 eine Soloblume und 1886 einen Knappen; 1889 Eva, 1896/97, 1901/04 Gutrune, 1896/97 3. Norn, 1899–1912 Fricka (ihre wichtigste Rolle), 1901 die 2. Norn; 1908/33 auch als Regieassistentin tätig.

Siehr: Gustav S. (1837–1896), seit 1881 in München engagiert, sang in Bayreuth 1876 Hagen, 1882/86, 1889 Gurnemanz, 1886 König Marke.

Scaria: Emil S. (1840–1886), 1872/84 an der Wiener Hofoper, sang in Bayreuth 1882/84 Gurnemanz und hatte 1883 die Spielleitung von »Parsifal«.

Wagner: Johanna W.-Jachmann (1828–1894), Nichte Wagners, sang die Elisabeth in der Uraufführung von »Tannhäuser« in Dresden 1845.

Ehnn: Bertha E.-Sand (1847–1932), war 1868/85 an der Wiener Hofoper engagiert, sang dort 1875 Elisabeth in der von Wagner geleiteten Neueinstudierung des »Tannhäuser«; sie sang nicht in Bayreuth.

Gebrüder Brückner: Max (1836–1919) und Gotthold B. (1844–1892), Bühnenbildner und Theatermaler, betrieben in Coburg ein großes Atelier, arbeiteten unter anderem für Herzog Georg II. von Meiningen; vor allem Max B. war ein wichtiger Mitarbeiter Cosimas. Bühnenbilder für Bayreuth: 1876 »Ring« (nach Entwürfen von Josef Hoffmann), 1882 »Parsifal« (einige Entwürfe von Paul von Joukowsky), 1886 »Tristan«, 1888 »Meistersinger«, 1891 »Tannhäuser«, 1894 »Lohengrin«, 1896 »Ring«, 1901 »Holländer«, 1911 »Meistersinger« (Entwürfe von Siegfried Wagner), 1914 »Holländer« (Entwürfe von Siegfried Wagner).

Despléchin: Édouard Désiré Joseph D. (1802–1870), Maler und Bühnenbildner; Dekorationen für die »Tannhäuser«-Uraufführung in Dresden 1845. 1852/70 war er Theatermaler an der Opéra, wo er 1861 die Bühnenbilder für den sogenannten Pariser »Tannhäuser« schuf.

Bemerkungen zu den »Parsifal«-Proben 1884

Cosima ließ sich auf der Bühne einen Verschlag bauen, aus dem sie die Proben und Aufführungen 1884 beobachtete. Täglich schickte sie Korrekturzettel mit detaillierten Anweisungen an Levi und den Spielleiter Fuchs. Diese Zettel befinden sich zum Teil in den »Leviana« der Bayerischen Staatsbibliothek. Levi schrieb dazu an seinen Vater am 7. 8. 1884: »Daß die Vorstellungen dieses Jahres so vollendet waren, ist zum größten Teil dem tätigen Eingreifen von Frau Wagner zu danken. [...] Sie war in allen Proben und Vorstellungen. Nach jeder Vorstellung erhielten der

Regisseur Fuchs und ich ausführliche schriftliche Kritiken, und ihre Bemerkungen waren so richtig und feinsinnig, enthielten so wichtige Aufschlüsse über die Kunst des Vortrages, daß ich in diesen wenigen Tagen mehr gelernt habe als in 20 Jahren meiner Dirigenten-Praxis.« Vorausgegangen waren diesen Korrekturzetteln »Berichte, welche unserer Mutter, bevor sie die Proben besuchte, von Herrn Fritz Brandt abgestattet wurden«:

»13. Juli 1884.

10 Uhr und 4 Uhr Glockenproben, bei welchen Gutes versprechende Resultate erzielt wurden.

Die Chorproben in den Zimmern sollen, nach Levis Aussagen, ebenfalls gut gewesen sein.

Nachmittags 6 Uhr Blumenmädchenprobe auf der Bühne, die in vieler Beziehung hätte besser sein müssen. Es fehlten 4 oder 5 der Damen im Chor. Einzelne der Solistinnen waren direkt vom Bahnhof nach dem Festspielhause gekommen, und infolgedessen durch Hitze und Reiseanstrengungen gänzlich abgemattet. – Im großen ganzen machte ich die Bemerkung, daß die Münchener Aufführungen in keiner Weise als Proben für die hiesigen gelten können. Alles dort Verbesserte scheint wieder gänzlich vergessen zu sein. –

Fuchs benahm sich, bezüglich der Regie, gut.

14. Juli 1884.

Vormittag 9 Uhr Orchesterprobe des 1. Aktes. Die Zeit war zu kurz, so daß, nachdem anfangs alles fast zu detailliert probiert, d. h. zu oft abgeklopft wurde, von Mitte des Aktes an sehr schnell, mit Tempoüberstürzungen und Auslassungen, weitergespielt werden mußte, um nur, ungefähr ½ Stunde später, wie auf dem Probeplan festgesetzt war, die darauffolgende Klavierprobe auf der Bühne für die Sänger abhalten zu können, welche dann auch, der kurzen Zeit wegen, mir nicht genügend zu sein schien. Letztere war überhaupt nur eine Chorprobe zu nennen, da außer den Herrn Siehr, Fuchs und Plank von den Solisten niemand sich einfand.

Nachmittag um 4 Uhr Blumenmädchenprobe, bei welcher die Damen bedeutende Fortschritte (musikalisch) gegen gestern zeigten. –

Um 5 Uhr sollte Soloprobe des 2. und 3. Aktes auf der Bühne sein. Da aber wiederum außer den Herrn Siehr, Fuchs und Plank von den Solisten keiner anwesend war, mußte man die Probe sistieren. Dies ist um so bedauerlicher, als trotz der im ganzen so sehr knapp bemessenen Probezeit dadurch ein ganzer Abend unbenützt bleiben mußte. Hätte man das Ausbleiben der betreffenden Künstler nur einen Tag früher gewußt, so würde hier eine Szenenprobe des 1. und 3. Aktes für Chor etc. sehr am Platze gewesen sein.

15. Juli 1884.

Um 9 Uhr Orchesterprobe des 2. und 3. Aktes. Dieselbe ging meiner Meinung nach gut. Plank sang den Klingsor – machte jedoch, was den Ausdruck des Tones anbelangt, noch mancherlei Fehler. – Die Zeit war wieder zu kurz! Um 11 Uhr sollte eine Szenenprobe des 1. Aktes beginnen, mußte aber wegen der länger dauernden Orchesterprobe bis ½ 12 Uhr verschoben werden, damit man wenigstens einen kleinen Teil des 3. Aktes noch musikalisch durchprobieren konnte. Um ¾ 12 Uhr begann die Szenenprobe des 1. Aktes. Das gesamte Personal war durch das Warten von 11 Uhr ab so unruhig geworden, daß fast die Hälfte des Aktes vorüberging, bis wieder die richtige Stimmung herrschte. Besonders Herr Fuchs war etwas erregt, wodurch eine kleine Szene zwischen ihm und Herrn Siehr, wegen des Erhebens nach dem Gebete, gleich im Anfang des 1. Aktes entstand. Es gelang jedoch sehr bald aufklärend einzuwirken, und die Probe nahm ihren weiteren Verlauf. –

Sämtliche Chöre klangen sehr unrein, besonders die Stimmen aus mittlerer und höchster Höhe.

Daß wiederum außer Fuchs, Siehr und Plank kein Solist anwesend war, verursachte große Störungen und nicht zu verbessernde künstlerische Unregelmäßigkeiten. – Die Probe dauerte mit vielen Überschlagungen bis nach ½2 Uhr. Alle Beteiligten taten ihr möglichstes, die umändernden Verbesserungen gut auszuführen.

Um 4 Uhr Szenenprobe des 2. und 3. Aktes. Es ging alles ziemlich gut. Nur mußten, weil die endlich während des 2. Aktes eintreffenden Solisten: Malten, Gudehus, Scaria und Winkelmann, zu sehr von der Reise abgemattet waren, viele Szenen, wie besonders die große zwischen Parsifal und Kundry und auch dann der ganze Anfang des 3. Aktes, übersprungen werden. Reichmann fehlt immer noch!

16. Juli 1884.

Morgens 9 Uhr Orchesterprobe des 3. Aktes. Alles ging gut, nur war wiederum die Zeit zu kurz. Statt 10 Uhr konnte die Hauptprobe des 1. Aktes erst gegen ¾11 Uhr beginnen.

›Letztere ging den Verhältnissen entsprechend.‹ Scaria tat sein möglichstes. Die Chorauftritte waren besser. Nur in der Tempelszene konnten die Kinder und Jünglinge bei ihrem Hereinschreiten wegen der Temposchwankungen der Glocken nicht im Takt bleiben.

Sämtliche elektrische Beleuchtungen versagten den Dienst, weil durch das zu große Verspäten die Stromerzeugung der Batterien nicht mehr richtig funktionierte. – Der Gralsträger: Frl. Kramer, und: Amfortas-Reichmann fehlten leider immer noch und verursachten dadurch vielerlei szenische und musikalische Störungen.

Die Stimmen aus mittlerer und höchster Höhe waren durch Zuziehen von Mitgliedern des Münchener Chores besser wie bei den letzten Proben – doch ließen sie noch viel zu wünschen übrig.

Das Tempo der Wandeldekorationsmusik war ein so außergewöhnlich langsames, daß die szenischen Übergänge viel zu sehr gedehnt werden mußten.

Die Glocken blieben, meiner Meinung nach, noch immer weit hinter der beabsichtigten Wirkung zurück.

Nachmittags 4 Uhr: Szenenprobe des 2. und 3. Aktes mit Klavier. Plank-Klingsor zeigte Fortschritte gegen gestern. – Die Blumenmädchenszene ging gut. Materna-Kundry und Winkelmann-Parsifal schonten sich in jeder Beziehung so sehr, daß man die Art und Weise, wie sie probierten, kaum nur ein oberflächliches Durchnehmen nennen konnte.

Im 3. Akte machte es Scaria geradeso. Es entstanden Meinungsverschiedenheiten zwischen Fuchs, Scaria und Winkelmann wegen des Niederkniens vor dem Speere. Durch mein Einreden fügte sich jedoch Winkelmann, ebenso wie sich Scaria beruhigte. – Die Auftritte und Bewegungen der Chöre etc. gingen gut. – Die Glocken waren immer noch schlecht.

17. Juli 1884.

¾10 Uhr Glockenprobe ohne jedes Resultat. ½11 Uhr Hauptprobe des 1. Aktes. Es ging alles ziemlich gut, mit der Wiener Besetzung. Herr Scaria fand es nicht der Mühe wert, während der Waldszene irgendwelchen dramatisch-szenischen Anteil zu nehmen. Die sämtlichen Chorauftritte glückten wieder sehr gut – die Glocken dagegen gar nicht. – Herr Reichmann-Amfortas war schlecht – Plank als Ritter in der Waldszene und als Titurel sehr gut. Um ½1 Uhr musikalische Probe der letzten Szene des 3. Aktes, welche ohne besondere Störung verlief.«

Januar 1885   An Adolf von Gross

Eingabe des Allgemeinen Wagner-Vereines: Auf der zweiten Generalversammlung des AWV am 22. 7. 1884 wurde einstimmig der Beschluß gefaßt, eine »Richard-Wagner-Stiftung« zu gründen. Eine Kommission (Dr. Meyer, Bayreuth; Dr. Boller, Wien; Prof. E. M. Sachs und O. Merz, München) sollte die Statuten ausarbeiten. Der Entwurf sah eine weitgehende künstlerische Mitbestimmung vor, unter anderem sollte der Spielplan durch »stilreine Wiedergabe original deutscher musikalischer Werke« erweitert werden. Eine außerordentliche Generalversammlung des AWV tagte dann am 10./11. 4. 1885 in München und verabschiedete eine Satzung, die sich »auf Unterhandlungen mit dem Verwaltungsrat ... im Einvernehmen mit der Familie Richard Wagners stützte« und als Stiftungszweck nur noch die Erhaltung der Bühnenfestspiele vorsah.

Wolzogen und Porges: Hans Paul Freiherr von W. (1848–1938), Schriftsteller und Redakteur der »Bayreuther Blätter« 1878–1938, zog auf Wunsch Wagners 1877 nach Bayreuth, schrieb zahlreiche Bücher und Aufsätze zu Wagner und Bayreuth, beeinflußte maßgeblich die Bayreuther Ideologie; verheiratet mit Mathilde geb. von Schoeler. – Heinrich P. (1837–1900), Musikschriftsteller, Dirigent und musikalischer Assistent in Bayreuth; 1863 neben Franz Brendel Redakteur der »Neuen Zeitschrift für Musik«, 1867 Redakteur der »Süddeutschen Presse« in München, 1880 Musikkritiker der »Neuesten Nachrichten« in München, gründete dort 1886 den Porgesschen Gesangsverein. Schriften zu Wagner und Bayreuth u. a. »Die Bühnenproben zu den Bayreuther Festspielen des Jahres 1876«, 1877; als musikalischer Assistent in Bayreuth 1882/88, 1892/94 und 1897; er leitete die Chöre neben Julius Kniese 1889/91.

Brief an Baron Wolzogen: Richard Wagner, Brief an H. v. Wolzogen, BBl 1882, S. 97 ff.

Schön: Friedrich Wilhelm von (seit 1909) Sch. (1849–1941), Teilhaber der Wormser Lederfabrik C. Heyl AG, gilt als »Vater« der im Mai 1882 gegründeten Stipendienstiftung, die er bis 1922 leitete; Mitglied des Verwaltungsrates der Bayreuther Festspiele. Ab 1892 lebte er in München, ab 1919 in Berchtesgaden. Er schrieb »Lebenserinnerungen« I (Manuskript in der RWG). Wagners »Offenes Schreiben an Herrn Friedrich Schön in Worms« erschien in den BBl 1882, S. 193 ff.

Ausspruch des Meisters vom September 1882: Briefe an H. v. Wolzogen vom 28. 9. 1882.

so schrieb der Meister: ebenfalls in dem Brief an Wolzogen vom 28. 9. 1882.

»Bayreuther Blätter«: wurden 1884/93 vom AWV herausgegeben.

(Abschrift von Adolf von Gross für Carl Friedrich Glasenapp; ohne Schluß)

24. 2. 1885   An ihre Tochter Daniela

Prof. Schrön: Dr. Otto von Sch. (1837–1917), seit 1865 Direktor des pathologischen Instituts der Universität Neapel.

Prof. Leube: Dr. Wilhelm L. (1842–1922), Internist, Spezialist für Magenerkrankungen in Erlangen, später in Würzburg.

Du bleibst in Berlin: Am 19. 2. 1885 war Alexander Graf von Schleinitz (geb. 1807) gestorben; Sch. war 1861/85 Minister des königlichen Hauses; Förderer Wagners.

Adolf und Maries: von Gross.

21. 5. 1885   An ihre Tochter Daniela

um diese Zeit: Wagners Geburtstag am 22. 5.

der Freundin heute ein Buch zu senden: Marie Gräfin von Schleinitz; das Buch »Richard Wagner. Entwürfe. Gedanken. Fragmente. Aus nachgelassenen Papieren zusammengestellt« erschien erst im Herbst 1885.

der Vogel, dessen Namen Du führst: Pirol, nach dem Bülows ihren Namen haben sollen.

28. 5. 1885   An ihre Tochter Daniela

Gräfin: Marie Gräfin von Schleinitz (1842–1912), geb. von Buch, in erster Ehe verheiratet mit dem preußischen Hausminister Alexander Graf von Sch. (1807–1885), in zweiter Ehe (ab 1886) mit dem österreichischen Diplomaten Anton Karl Simon Graf von Wolkenstein-Trostburg. Gräfin Marie war eine der wichtigsten Förderinnen der Bayreuther Festspiele (vgl. dazu TCW) und enge Freundin Cosimas, von ihr Mimi genannt.

ein schlichter Mann: Emil Heckel (1831–1908), Musikalienhändler in Mannheim, gründete den ersten Wagner-Verein in Mannheim 1871, Mitglied des ersten Verwaltungsrates der Festspiele. »Siegfried« wurde in Mannheim am 22. 5. 1884 erstmals aufgeführt, die »Götterdämmerung« am 25. 5. 1885 und der »Ring«-Zyklus im Oktober 1885. Die Mitwirkung Heckels in der Verwaltung der Festspiele kam nicht zustande.

Batzschen Sache: Mit den Theateragenten Karl W. Batz und Karl Voltz hatte Wagner 1872 einen Vertrag über die Wahrnehmung von Aufführungsrechten und Tantiemen seiner älteren Werke abgeschlossen. Schon die »Tagebücher« berichten von dauernden Schwierigkeiten. Hier handelt es sich um Aufführungsrechte von »Tristan« (den Streit verlor Batz in drei Instanzen) und »Ring«, für den Angelo Neumann einen Tourneevertrag besaß, der bis 1889 galt und ihm die Rechte übertragen hatte.

P. als Lückenbüßer: vermutlich Heinrich Porges.

Hofrat ... Ackermann: wahrscheinlich Karl Gustav A. (1820–1901), Rechtsanwalt und Notar. Ab 1871 im Reichstag, 1880/83 zweiter Vizepräsident des Reichstages und Präsident der sächsischen Zweiten Kammer. 1898 legte er wegen wiederholter Angriffe auf seine kommunale Tätigkeit seine öffentlichen Ämter nieder.

Stabreim »Keinem gönnt ich diese Gunst«: »Tristan« im I. Akt, 2. Szene.

Rubinstein: Josef R. (1847–1884), russischer Musiker, in der Bayreuther Nibelungenkanzlei tätig; er schrieb die Klavierauszüge für das »Siegfried-Idyll« und für »Parsifal«.

Mimi: Kosename für Marie Gräfin von Schleinitz.

Sand: George S. (1804–1876), französische Schriftstellerin, befreundet mit der Mutter Cosimas, Gräfin d'Agoult; der Roman »Jeanne« erschien 1844.

Schlütersches Werk: Andreas Schlüter (1660/4–1714), Bildhauer und Architekt; in Berlin schuf er unter anderem das Reiterdenkmal des Großen Kurfürsten und plante das Neue Schloß. Siegfried wollte zunächst Architekt werden.

(Brief nach der Ausgabe 1933)

9.–10. 9. 1885   An Josef Flüggen

Flüggen: Josef F. (1842–1906), Schüler seines Vaters Gisbert F. und Karl Theodor von Pilotys, zunächst Porträtmaler, 1883–1903 Direktor der Kostümkunde am Hof-

und Nationaltheater in München. Sein »Kostümwerk« blieb fragmentarisch (München 1907). Kostümentwürfe für Bayreuth: »Tristan« 1886, »Meistersinger« 1888, »Tannhäuser« 1891, »Lohengrin« 1894.

27. 9. 1885   An König Ludwig II.

Ausdruck meines Dankes: Ludwig II. war mit Brief vom 21. 9. der Bitte nachgekommen, das Protektorat über die Festspiele zu übernehmen.
durch das Buch: »Richard Wagner. Entwürfe. Gedanken. Fragmente. Aus nachgelassenen Papieren zusammengestellt«, Leipzig 1885.
Ihre Verlobung: mit Fritz Brandt 1884.
Thode: Heinrich (auch Heinz und Henry) T. (1857–1920), Kunsthistoriker, 1894–1911 Professor in Heidelberg, 1886–1914 mit Daniela von Bülow verheiratet, eng mit Hans Thoma befreundet, von großem Einfluß auf Cosima. – Er hatte sich im Juni 1885 mit Daniela in Berlin verlobt; das hier angesprochene Buch ist »Franz von Assisi und die Anfänge der Kunst der Renaissance«, 1885. Seit 1894 gab T. mit Hugo von Tschudi das »Repertorium für Kunstwissenschaft« heraus; weitere Angaben in dieser Edition.
»Lohengrin« in Paris: Zu den Schwierigkeiten und Begleitumständen vgl. spätere Briefe. »Lohengrin« wurde zunächst am 3. 5. 1887 im Eden-Theater, dann am 16. 9. 1891 in der Opéra gegeben.
das Wunder bewirkte: Mit »Lohengrin« begann Ludwigs Begeisterung für Wagner.
eine Arbeit des Baron Wolzogen: »Aus R. Wagner's Nachlaß«, BBl 1885, S. 261 ff.

29. 10. 1885   An Max und Gotthold Brückner

Semper: Gottfried S.s (1803–1879) grundlegendes Werk »Der Stil in den technischen und tektonischen Künsten«, 2 Bde., 1860/63.

5. 6. 1886   An Albert Niemann

Niemann: Albert N. (1831–1917), 1866/87 an der kgl. Oper Berlin, sang die Titelpartie im Pariser »Tannhäuser« 1861, 1876 in Bayreuth den ersten Siegmund; 1886/88 Gastspiele an der Metropolitan Opera in New York.
materielle Zugeständnisse: Der von Wagner oft gerühmte Idealismus der Künstler wich nach seinem Tod rasch hohen Gagenforderungen, die auch erfüllt wurden; so erhielten die Solisten 5000–6000 Mark, Fritz Brandt forderte 1885 3000 Mark monatlich; ein Bühnenarbeiter verdiente dagegen 6 Mark täglich.
Bulß: Paul B. (1847–1902), Heldenbariton in Dresden; ab 1889 in Berlin, sang nicht in Bayreuth.
Amfortas: 1886 sangen die Partie Eugen Gura und Theodor Reichmann; Carl Scheidemantel sang den Amfortas erst 1888, 1891/94.
Plank: Fritz P. (1848–1900), Bariton; 1875/84 in Mannheim, dann in Karlsruhe. In Bayreuth sang er 1884/88, 1891/97 Klingsor, 1886, 1891/92 Kurwenal, 1888, 1892 Hans Sachs und 1892 Pogner.
Scheidemantel: Carl Sch. (1859–1923), Bariton; 1878/86 in Weimar, 1886–1911 an der Dresdener Hofoper, ab 1920 deren Direktor. In Bayreuth sang er in »Tristan« 1886 Kurwenal; 1888 Hans Sachs; in »Parsifal« 1886 Titurel, 1886/88 Klingsor, 1888, 1891/94 Amfortas.
Seidl: Anton S. war 1885 nach New York gegangen; Hermann Levi und Felix Mottl dirigierten die »Parsifal«- und »Tristan«-Aufführungen 1886.

Sucher: Rosa S. (1849–1927), Sopran; 1888/99 an der Berliner Hofoper. In Bayreuth sang sie 1886/92 Isolde, 1886/88, 1894 Kundry, 1888 Eva, 1896/99 Sieglinde.

Frau Gemahlin: Albert Niemann war in zweiter Ehe mit der Schauspielerin Hedwig Niemann-Raabe (1844–1905) verheiratet.

(Brief nach der Ausgabe »Richard Wagner und Albert Niemann«, hrsg. von W. Altmann, 1924)

Nach dem 10. 6. 1886   An Felix Mottl

Mottl: Felix M. (1856–1911), österreichischer Dirigent, Komponist und Bearbeiter; studierte am Wiener Konservatorium unter anderem bei Anton Bruckner, Joseph Hellmesberger und Otto Dessoff, 1875 Korrepetitor an der Hofoper, 1878 Kapellmeister an der Komischen Oper in Wien, 1881 Hofkapellmeister, 1893 Generalmusikdirektor in Karlsruhe; 1903/11 Generalmusikdirektor in München, ab 1907 Hofoperndirektor. – M. bearbeitete Werke von Bellini und Cornelius, gab Werke von Wagner und Donizetti heraus. – In Bayreuth war er Mitglied der Nibelungenkanzlei, 1876 musikalischer Assistent (dazu »Tagebuchaufzeichnungen 1873–1876«, in: »Neue Wagner-Forschungen«, hrsg. v. O. Strobel, Karlsruhe 1943). Von 1886–1906 war er Bayreuths wichtigster und Cosimas liebster Dirigent; er leitete 1886, 1889/92, 1906 »Tristan«, 1888, 1894, 1897 und 1902 »Parsifal«, 1891/92 »Tannhäuser«, 1892 »Meistersinger«, 1894 »Lohengrin«, 1896 »Ring«, 1901/02 »Holländer«. – 1892–1910 verheiratet mit der Sängerin Henriette geb. Standthartner (1866–1933). – Briefe M.s an Cosima hat der Herausgeber veröffentlicht in den Heften »Rheingold«, »Walküre« und »Siegfried« der Bayreuther Festspiele 1971. – Auf den Brief Cosimas antwortete M. am 14. 6.: er sei auch bereit, »das Öffnen und Schließen des Vorhangs zu überwachen«; »wir haben nur den Worten ›Dienen, Dienen!‹ zu folgen«.

1. 9. 1886   An Felix Mottl

Nach Wien: Mottl wohnte bei seiner Mutter in Hietzing; Cosima schickte einen Brief von Boissier mit (vgl. 8. 9. 1886).

Befehlshaber: Hermann Levi.

Fantaisie: Hotel Fantaisie in Donndorf bei Bayreuth; erster Wohnsitz Wagners 1872.

Hügel Banz: mit großer Klosteranlage zwischen Bamberg und Coburg.

Ihre Herrin: Luise Großherzogin von Baden (vgl. Anm. zum 22. 11. 1888), mit Cosima befreundet. Mottl war seit 1881 Hofkapellmeister in Karlsruhe.

Muzius: Mottl schreibt, er verstünde die Anspielung nicht! Wagner verwendet den Ausdruck zeitweise als übermütige Anrede an seine erste Frau Minna.

3. 9. 1886   An Amalie Materna

Ihrem Gatten und Ihrem Bruder: A. Materna war mit dem Schauspieler Karl Friedrich verheiratet; ihr Bruder war der Vater der Sängerin Hedwig Materna, die in Bayreuth 1897 die Walküre Gerhilde sang.

September 1886   Plan für den unentgeltlichen Besuch der Festspiele 1887–1892

des größten Architekten seiner Zeit: Gottfried Sempers Entwurf für ein Richard-Wagner-Festspielhaus.

Franz Liszt: war am 31. 7. 1886 in Bayreuth gestorben.

»*Tannhäuser*« . . . *zu Fall gebracht:* der berühmte Skandal durch den Jockey-Club in Paris 1861.

Nach Italien und Spanien: Wagner war 1872 Ehrenbürger von Bologna geworden, wo am 1. 11. 1871 »Lohengrin« erstmals aufgeführt worden war. In den BBl 1878, Heft 9, waren die »Gedanken über die Bedeutung der künstlerischen Bestrebungen R. Wagners« von Don José de Letamendi erschienen.

gerade in Rußland: In Petersburg und Moskau dirigierte Wagner 1863 mit großem Erfolg Konzerte.

8. 9. 1886   An Hermann Levi

Boissier: Agénor B. (1841–1913) in Genf hatte 10 000 Mark gespendet. Die Einnahmen der Festspiele 1886 betrugen einschließlich der Spenden und Zinsen 447 555 Mark, die Ausgaben einschließlich der Kosten für eine neue elektrische Beleuchtung 420 220; der Überschuß von 27 335 Mark erhöhte den Festspielfonds auf 204 334 Mark. A. v. Gross vertrat schon damals die Ansicht, daß dieser Fonds auch im Hinblick auf Reparaturen am Festspielhaus zu knapp sei, um kostspielige Neuinszenierungen, etwa des »Tannhäuser«, zu geben. Ein zweijähriger Festspielrhythmus wirke sich günstig auf den Besuch aus.

ob ich nach Palermo soll: Am 19. 9. wurde dort ihre Enkelin Marie Gravina geboren.

»*Oper und Drama*«: H. Levi beschäftigte sich intensiv mit den theoretischen Schriften Wagners.

Gura: Eugen G. (1842–1906), Bariton; 1870/76 am Stadttheater Leipzig; 1870 lernte ihn dort Wagner kennen und verpflichtete ihn für die ersten Festspiele; 1876/82 am Stadttheater Hamburg; sang 1882 unter Hans Richter in London den Holländer, Telramund und Wolfram von Eschenbach, 1882/96 am Hoftheater in München. In Bayreuth sang G. 1876 Donner und Gunther, 1886 Amfortas, 1886, 1889 und 1892 König Marke, 1889 und 1892 Hans Sachs.

Über anderes lassen Sie mich schweigen: Levi hatte am 5. 9. 1886 an Cosima geschrieben: »Dagegen las ich mit höchstem Entzücken, wenn auch nicht zum ersten Male, aber doch zum ersten Male gründlich und Wort für Wort: ›Oper und Drama‹. Aber darf ich Ihnen gestehen, daß dieses Entzücken etwa dem über ›Tristan und Isolde‹ vergleichbar ist, das heißt daß ich manchmal unwillkürlich daran erinnert wurde, was Sie über dieses Werk im Vergleich zu ›Parsifal‹ – mir aus der Seele – aussprachen? Die alten, ausgetretenen Straßen der Ebene sind verlassen, die rückwärts liegenden Brücken abgebrochen, der Wanderer schreitet aufwärts, schon ist eine bedeutendere Höhe erklommen, als sie je ein Menschenfuß erreichte, einen Augenblick Rast, herrlicher Ausblick herab auf unermeßliche, reiche Gefilde, ›Oper und Drama‹, ›Tristan‹ – aber noch ist der Gipfel nicht erreicht, weiter hinauf, immer höher, die letzten Nebel zerteilen sich, endlich auf dem Gipfel ätherreine Luft, die ganze Erde zu Füßen, über dem Haupte der Himmel – ›Parsifal‹, ›Religion und Kunst‹ [. . .] Auch über meine Gottlosigkeit bin ich nach dem Lesen dieses Buches etwas beruhigter geworden, denn es muß wohl nicht gar so arg mit ihr sein, wenn jeder Aufsatz des zehnten Bandes meinem Empfinden näher steht als ›Oper und Drama‹, wenn ich letzteres nur als mittlere, ›Religion und Kunst‹ als höchste Höhe erkenne. Oder wäre nur der wirklich fromm zu nennen, welcher beten kann? Ist nicht vielmehr auch anbeten, Ehrfurcht haben, Leiden- und Mitleiden-Können gleichbedeutend mit Frommsein? Wie die Christen sich einen Mittler zwischen Gott und den Menschen schufen, so sind mir die Heiligen und Helden dieser Erde die Mittler und die Beschwichtiger meines Sehnens, über die Schranken dieser Welt hinüberzuschauen; von meinem allerdings sehr niedrigen Standpunkt gesehen, scheinen mir Christus und diese Heiligen durchaus in gleicher Linie und Höhe zu stehen, und daß ein qualitativer Unterschied sei zwischen Beten und Verehren, will mir durchaus nicht aufgehen.«

mit Vogl besprochen: Heinrich V. (1845–1900) sang in Bayreuth Tristan 1886/92, Loge 1876, 1896/97, Siegmund 1897 und Parsifal 1886.

schwarzer Faf . . . weißer Frisch: Hunde in Wahnfried.

19.–23. 9. 1886   An Hermann Levi

des zehnten Bandes: der »Gesammelten Schriften und Dichtungen« Wagners war posthum 1883 erschienen.

größeren Zuschuß: Der AWV beschloß, der Stipendienstiftung jährlich fünfzehn Prozent seiner Einnahmen zu geben. Porges war 1. Schriftführer, Karl Wimmer, Rechtsanwalt, 1. Vorsitzender und Oskar Merz 2. Vorsitzender der Zentralleitung in München.

Der Bürgermeister: Theodor von Muncker (1823–1900), rechtskundiger Bürgermeister in Bayreuth; 1851 zweiter Rechtsrat, 1857 erster Rechtsrat in Bayreuth, 1863 rechtskundiger Bürgermeister, 1887 persönlich geadelt. Im Juli 1887 wurde er Vorstand des AWV. 1891 Geheimer Hofrat. – Sein Sohn Franz (1855–1926), ab 1890 Professor für Literaturwissenschaften in München, schrieb u. a. »Richard Wagner«, 1891.

»Das Publikum in Zeit und Raum«: In dieser Schrift, zuerst in den BBl 1878, schreibt Wagner von der »über Zeit und Raum weit hinausliegenden Natur des Lisztschen Genius«.

der Rückblick: Wagners Schrift »Ein Rückblick auf die Bühnenfestspiele des Jahres 1876«.

unser Melot: Die Partie sangen 1886 *Adolf Grupp* (1853–1935) und *Julius Demuth* (1862–1934). Grupp sang auch den 1. Gralsritter und Balthasar Zorn (»Meistersinger«).

Fischer: Franz von (seit 1912) F. (1849–1918), Violoncellist und Dirigent. 1879–1912 Hofkapellmeister in München; in Bayreuth 1876 in der Nibelungenkanzlei und musikalische Assistenz. Dirigent des »Parsifal« 1882/84, 1899.

»Wollen wir hoffen«: Wagners Schrift erschien zuerst in den BBl 1879, dann im 10. Band der »Gesammelten Schriften«.

Protektorat: nach dem Tod Ludwigs II. am 13. 6.

Rat an I.: nicht zuverlässig ermittelt.

meine Tochter in Bonn: Daniela war mit H. Thode nach Bonn gezogen, wo dieser 1886/89 neben Karl Justi (vgl. 18. 2. 1887) und Reinhard Kekulé von Stradonitz (vgl. 6. 9. 1891) als Privatdozent wirkte.

22. 10. 1886   An Ludwig Schemann

Schemann: Ludwig Sch. (1852–1938), Dr. phil., Professor, Schriftsteller; Sch. war 1875/91 Bibliothekar in Göttingen, danach lebte er in Freiburg, gründete 1894–1919 die »Gobineau-Vereinigung« (auch Vorsitzender); die Mitteilungen erschienen als Beilage der BBl; in den BBl zahlreiche Aufsätze von und über ihn; 1927, S. 186ff., eine Würdigung seiner Person. – Sch. veröffentlichte zahlreiche Bücher: »Schopenhauer-Briefe« 1893, 1898–1901 übersetzte Sch. Gobineaus Hauptwerk »Versuch über die Ungleichheit der Rassen«, 1913/16 schrieb er eine Gobineau-Biographie in zwei Bänden, »Paul de Lagarde« 1920, »Cherubini« 1925,

»Martin Plüddemann und die deutsche Ballade« 1930. – Der kleine Briefband »Cosima Wagner, Briefe an Ludwig Schemann (1877–1902)« erschien 1937.
Ihre Arbeit: »Franz Liszt als Schriftsteller«, BBl 1887, S. 285 ff.
unsern Blättern: »Bayreuther Blätter«.
Ihre Spende: Schemann hatte 100 Mark gespendet.

25. 10. 1886   An Heinrich von Stein

Stein: Heinrich Freiherr von St. (1857–1887), Philosoph und Ästhetiker. St. studierte Philosophie, Theologie und Naturwissenschaften, Einfluß von Eugen Dühring; 1878 publizierte er unter dem Pseudonym Armand Pensier »Die Ideale des Materialismus. Lyrische Philosophie«; 1879/81 Erzieher Siegfried Wagners, 1881 Privatdozent in Halle, 1884 Privatdozent in Berlin. – Werkauswahl: »Helden und Welt«, dramatische Bilder, eingeführt von Richard Wagner, 1883, »Über den Zusammenhang Boileaus mit Descartes«, 1884, »Die Entstehung der neueren Ästhetik«, 1886 (Anregung und Einfluß von Wilhelm Dilthey), »Goethe und Schiller. Beiträge zur Ästhetik der deutschen Klassiker«; posthum: »Aus dem Nachlaß von Heinrich von Stein. Dramatische Bilder und Erzählungen«, 1888, »Zur Kultur der Seele. Gesammelte Aufsätze«, 1906. Über die Beziehung zu Wagner vgl. TCW; Cosimas Beziehung zu St. ist wohl nur der zu Felix Mottl zu vergleichen, eine sehr intensive Mischung aus Achtung und Zärtlichkeit; was Nietzsche in Tribschen war, sollte St. in Bayreuth sein; sein Tod schmerzte wie kaum ein anderer.
Buch: »Die Entstehung der neueren Ästhetik«, 1886.
meinem Schwiegersohn: Henry Thode.
Aufsätze über die Sprache: »Über die Beziehungen der Sprache zum philosophischen Erkennen«, BBl 1883, S. 303 ff.
Professor Kürschner: Joseph K. (1853–1902), Literaturhistoriker, gab 1886 das »Richard-Wagner-Jahrbuch« heraus.

12. 12. 1886   An Hermann Levi

Lamoureux: Charles L. (1834–1899), 1876/78 1. Dirigent der Pariser Opéra, gründete 1881 die »Nouveaux Concerts«, trat energisch für Wagner ein.
marienbadische Weise: Hotel Marienbad in München.
bei Rothmund: August von R. (gest. 1906), Augenarzt in München; am 25. 12. 1886 schreibt Cosima an Marie von Gross, Prof. R. sei mit ihr sehr zufrieden gewesen.
aus den »Feen«: Diese Jugendoper Wagners wurde am 29. 6. 1888 in München uraufgeführt.
Dressler: Lilli D. (1857–1927), Schülerin von Johanna Jachmann-Wagner, 1883/98 an der Hofoper in München, sang in Bayreuth 1889 Eva und Soloblume (»Parsifal«).

27. 1. 1887   An Heinrich von Stein

den schwersten Gedanken: Cosima befand sich in scharfem Gegensatz zu Adolf von Gross, der das Pausenjahr durchsetzte; vgl. Brief vom 10. 6. 1887.
die Rede Bismarcks: »Die Notwendigkeit der Heeresverstärkungen« am 11. 1.; darin heißt es: »Frankreich ist ein mächtiges Land [...] Es ist ein Zufall, wenn sie uns unterlegen sind.«

Arbeit über die Monatsgötter: Aufsatz von Hans von Wolzogen: »Deutsche Monatsgötter«, im Bayreuther Taschenbuch 1888.

Xenion von Schiller: »Freunde, bedenket Euch wohl, / die tiefere, kühnere Wahrheit /
Laut zu sagen: Sogleich stellt man sie auf den Kopf!«

Seidl: Arthur S. (1863–1928), Musikschriftsteller; er promovierte 1887 in Musikwissenschaft, war 1893/98 Feuilletonredakteur in Dresden und Hamburg, 1889/99 am
Nietzsche-Archiv in Weimar, dann in München, 1903/19 Dramaturg am Hoftheater
in Dessau, ab 1904 auch Dozent in Leipzig; S. schrieb u.a. »Wagneriana«, 3 Bde.,
1901/02, »R. Wagners Parsifal«, 1914, »Neue Wagneriana«, 3 Bde., 1914.

»Helden und Welt«: Steins »dramatische Bilder« waren 1883 erschienen mit einer
Einleitung von Wagner. Seidl schrieb dann eine Besprechung in BBl, 1888, S. 48 ff.

Vereinigung der Studenten: Der Akademische Wagner-Verein wurde am 12. 11.
gegründet und zählte achtzehn studentische Mitglieder; der Vorsitzende war Rudolf
Schlösser.

B. J. Meyer: Jürgen Bona M. (1829–1897), seit 1868 Professor für Philosophie in
Bonn.

des »Mikados«: die Operette »Der Mikado« von Arthur Sullivan, 1885; H. v. Stein
hatte im Krolltheater Berlin eine Aufführung gesehen.

»Melusine«: Oper von Karl Freiherr von Perfall (1824–1907).

der Gräfin: Luise gen. Isa Voß, geb. Gräfin Henckel von Donnersmarck (beerdigt 2. 2.
1902).

Versacrum: Bezug wahrscheinlich auf das »Ver sacrum« op. 75 von Ferdinand Hiller
(1811–1885).

Auszüge Rahels von Saint-Martin: Hier irrte Cosima: die Auszüge besorgte Karl
August Varnhagen von Ense (1785–1858) unter dem Titel: »Angelus Silesius und
Saint-Martin«, Berlin 1834, nicht dessen Gattin Rahel Antonie.

11. 2. 1887   An ihre Tochter Daniela

Lili Scaleas (Pignatelli) Tod: Identität nicht ermittelt; wahrscheinlich aus den Familien
des Generals Francesco P. (1775–1853) und des Fürsten Scalea in Kalabrien.

Briefe des Königs: Es handelte sich um den Vertrag vom 27. 2. 1887, in dem A. v. Gross
auch mit Hilfe der Königs-Briefe durchsetzte, daß die Urheberrechte aller Werke
nicht beim König bzw. Hoftheater in München liegen, sondern bei den Erben
Wagners, die dafür die Urheberrechte an den »Feen« und am »Liebesverbot«
abtraten (vgl. Du Moulin, S. 91 ff.).

18. 2. 1887   An Heinrich von Stein

den Brief an Sie: in den BBl 1883, S. 5 ff.

Worte des Solon: »Wie auch immer der gewaltige, dunkle Hintergrund der Dinge in
Wahrheit beschaffen sein mag, der Zugang zu ihm steht uns einzig in eben diesem
unserem armen Leben offen, und also schließet auch unser vergängliches Tun diese
ernste, tiefe und unentrinnbare Bedeutung ein« (so in Steins Buch: »Helden und
Welt«).

das Motto: Schiller-Zitat, mit dem der 10. Jg. der BBl beginnt.

Teilnahme Justis: Karl Justi (1832–1912), Kunsthistoriker; seit 1873 Professor der
neueren Kunstgeschichte in Bonn. Er veröffentlichte zahlreiche Schriften über die
spanische, italienische und niederländische Kunst.

»Publikum in Zeit und Raum«: erschien zuerst in BBl 1878, S. 277 ff.

Wendung Wolzogens zu Schiller: bezieht sich auf den Beitrag Wolzogens: »Was ist Idealismus? Ein Vorwort zum zehnten Jahr«, BBl 1887, S. 1 ff.

Arbeit über die Urgermanen: »Urgermanische Spuren«, BBl 1887, S. 89 f.

»erkenne dich selbst«: eine Ausführung zu »Religion und Kunst«, BBl 1881, S. 33 ff.

Novelle von ... Malwida: M. Freiin von Meysenbug (1816–1903), deutsche Schriftstellerin, lebte bis 1859 in London, nach 1861 in Paris, Florenz, Rom, Ischia und Bayreuth. Sie schrieb Romane, Erzählungen und Erinnerungen. – Die Novelle erschien möglicherweise in: »Gesammelte Erzählungen von der Verfasserin der Memoiren einer Idealistin«, Zürich 1885; 1907 unter dem Titel »Der heilige Michael«.

Exzerpte: vgl. 27. 1. 1887.

Ihre dramatischen Szenen: »Dramatische Bilder und Erzählungen«, erschienen aus dem Nachlaß 1888.

»Mahomet«: Goethes Übersetzung des Trauerspiels nach Voltaire.

5. 3. 1887   An Hermann Levi

wegen der Ouvertüre: Wagners Jugendkomposition »Ouvertüre in C«, wurde von Schott am 1. 2. 1887 an Cosima zurückgegeben.

»Stabat mater«: von Giovanni Pierluigi da Palestrina, bearbeitet von Wagner (1878 gedruckt).

Ihrem Intendanten: Karl Freiherr von Perfall, seit 1867 Intendant, 1872/93 Generalintendant des Hoftheaters in München.

wie ein herrenloses Gut: Die Festspiele waren ohne Protektorat. Wegen der »nationalen Bedeutung« hatte Wilhelm Prinz von Preußen (später Wilhelm II.) im Januar sein Interesse an alljährlichen Festspielen bekundet.

Vogl: Therese V., geb. Thoma (1845–1921), Sopran; mit dem Tenor Heinrich V. verheiratet; seit 1865 an der Münchener Hofoper. Sie sang in der Uraufführung der »Walküre« 1870 Sieglinde.

Schuch: Ernst Sch. (1846–1914), ab 1873 kgl. Kapellmeister, ab 1882 Operndirektor in Dresden; für »Parsifal« 1889 forderte Cosima Sch. vergeblich (vgl. Mottl an Cosima 15. 4. 1889).

Hans von Bülow in Hamburg: B. zog 1887 nach Hamburg, nachdem er 1886 die Leitung der »Abonnement-Konzerte« übernommen hatte.

April 1887   An Adolf von Gross

Dir einiges zu sagen: betrifft die »Lohengrin«-Aufführung am 3. 5. im Eden-Theater in Paris. Adolf und Marie von Gross fuhren schon zu den Proben nach Paris. Charles Lamoureux war als Dirigent, Regisseur und Impresario die treibende Kraft. Siegfried blieb die ganze Zeit in Paris inkognito; die Aufführung war ein Skandal, »Lohengrin« wurde vom Spielplan abgesetzt (vgl. Du Moulin, S. 135).

21. 4. 1887   An Adolf von Gross

Familie Gaupillat: Gastgeber Siegfried Wagners in Paris; Du Moulin schreibt »Gondillard«.

Nuitter: Pseudonym für Charles Étienne Truinet (1828–1899), französischer Librettist und Musikschriftsteller. Er leitete das Archiv der Pariser Opéra und war mit Wagner befreundet. N. übersetzte »Rienzi«, »Holländer«, »Tannhäuser« und »Lohengrin«.

Briefen an Frau Wille: Eliza W. (1804–1893) hatte 15 Briefe, die ihr Wagner geschrieben hatte, vollständig in der »Deutschen Rundschau« Nr. 1, 2 publiziert; in vielen Zeitschriften nachgedruckt. Levi forderte brieflich seinen Vater auf, diese Briefe zu lesen, Wagners Charakter werde immer schöner: »gewiß ist der Mensch ebenso groß gewesen wie der Künstler«!

Briefen an Champfleury: Jules Ch. (1821–1889), Schriftsteller, Maler und Bildhauer, gehörte zu Wagners Freundeskreis in Paris 1860/61. In der »Allgemeinen Musik-Zeitung« 1886, Nr. 50, waren erschienen: »Aus der Correspondenz Richard Wagner's Paris 1861«.

Lascoux: Antoine L. (gest. 1906), Richter in Paris, Anhänger Wagners; verheiratet mit Dora L.; in den TCW verschiedentlich genannt. Eine Charakterisierung Cosimas findet sich in dem Brief an Daniela, 14. 9. 1879.

4. 6. 1887   An Hermann Levi

»Holländer« . . . *»Meistersinger«:* bezieht sich auf die Aufführungen in München.

4. 6. 1887   An ihre Tochter Daniela und Heinz Thode

Schoosdorf: Schloß Schoosdorf bei Greifenberg in Schlesien gehörte Thodes Eltern, dem Bankier Robert Th. und seiner Frau Adolfine.

10. 6. 1887   An ihre Tochter Daniela und Heinz Thode

Maria: vermutlich Thodes Schwester.

Überlassung der Symphonie: Cosima übergab Wagners Jugendsymphonie in C-Dur in der Fassung von 1878/82 (vgl. TCW) 1887 dem Bils'schen Orchester, u. a. wurde sie am 31. 10. 1887 unter Josef Sucher in Berlin aufgeführt; Cosima erhielt 5000 Mark, die sie am 8. 6. 1887 dem Stipendienfonds spendete.

Chamfort: eigentlich Nicolas Sébastien-Roch (1741–1794). Zitat wahrscheinlich aus »Maximes, pensées, caractères et anecdotes«, Paris 1795.

von Goethe zu hören: bezieht sich auf die Darstellung, die Heinrich von Stein in seinen Vorträgen »Die Ästhetik der deutschen Klassiker«, BBl 1887, S. 129, gab.

15. 6. 1887   An ihre Tochter Daniela

Prinzessin...: »Es gibt ein Glück, allein wir kennens nicht: / Wir kennens wohl, und wissens nicht zu schätzen.« In »Torquato Tasso«, III. Aufzug, 3. Auftritt.

gegen Deinen Vater: Bülow war schon in Hamburg.

diese Vorträge: Thode las im Wintersemester in Bonn ein öffentliches Kolleg über »Das Kunstwerk der Zukunft«.

»Idyll«: »Siegfried-Idyll«.

»Faust-Ouvertüre«: in d-Moll, 1840.

des Majors: Hermann Levi. Bereits in einem Brief vom 29. 12. 1886 nannte Cosima Levi Major (domus), den »Ältesten«, »mit dem rechten Akzent auf der ersten Silbe, lasse Militär und Franzosentum dabei fahren und denke an den Ältesten, der in den Gemeinden früher einen so wichtigen Teil des lebendigen Anordnens hatte«.

in Manfreds Träumen: Cosimas Enkel M. Graf Gravina (1883–1932), Sohn von Blandine, von Cosima zärtlich Manu genannt; später Völkerbund-Kommissar in Danzig.

Mitte Juni 1887   An ihre Tochter Daniela

Maria: Cosimas Enkelin M. Gräfin Gravina war neun Monate alt.
viel bedeutsamer: vgl. 15. 6. 1887, Thodes Vorträge.
Herbert Bismarck: H. Fürst (seit 1898) von B. (1849–1904), Sohn von Otto Fürst von
   B., Jurist; 1886/90 Staatssekretär im Auswärtigen Amt, von 1893 an im Reichstag.
schweningert: Ernst Schweninger (1840–1924), Professor für Dermatologie, Vertreter
   der Naturheilkunde, Leibarzt Bismarcks.
Über B. C.: »Benvenuto Cellini«, Oper von Hector Berlioz 1838, die Levi bearbeitete.
Humperdinck: Engelbert H. (1854–1921), Komponist; studierte in Köln und
   München (bei Joseph Rheinberger und Franz Lachner), lebte 1879/80 in Italien,
   traf dort Wagner, assistierte bis 1882 in Bayreuth; anschließend in verschiedenen
   Städten tätig, ab 1890 als Lehrer am Hochschen Konservatorium in Frankfurt,
   Opernkritiker der »Frankfurter Zeitung« (Beiträge über die Bayreuther Festspie-
   le); 1900/20 Leiter einer Meisterklasse für Komposition an der kgl. Akademie der
   Künste in Berlin. H. komponierte unter anderem die Opern »Hänsel und Gretel«
   (Uraufführung 1893; bis heute eine der meistgespielten Opern), »Königskinder«
   (UA 1897), »Dornröschen« (UA 1902) und »Die Heirat wider Willen« (UA 1905).
   1889/90 unterrichtete H. Siegfried Wagner in Kompositionstechnik.

21. 6. 1887   An Wilhelm Tappert

Tappert: Wilhelm T. (1830–1907), Musikschriftsteller; T. redigierte 1878/81 die
   »Allgemeine Deutsche Musikzeitung«; Mitarbeiter am »Musikalischen Wochen-
   blatt« und anderen Zeitungen. Er gab 1876 das »Wörterbuch der Unhöflichkeit.
   Richard Wagner im Spiegel der zeitgenössischen Kritik« heraus (²1903) und schrieb
   »Richard Wagner«, 1883.
Ihren Aufsätzen: »Richard Wagner's Symphonie in C-dur«, in: »Allgemeine Deutsche
   Musik-Zeitung«, 1887, Nr. 23, und »Richard Wagner's zweite Symphonie«, in:
   »Musikalisches Wochenblatt«, 1886, Nr. 40, 41. Beide Aufsätze erschienen auch
   in: »Neue Musiker-Zeitung« 1886; dort auch (Nr. 20) über »Lohengrin« in Paris.
beiden Leiter: die musikalischen Leiter Levi und Mottl.
Es-Dur-Symphonie: Tappert hatte die Skizze zu dieser zweiten Symphonie gefunden
   und darüber im »Musikalischen Wochenblatt« publiziert; Mottl bearbeitete sie.

26. 6. 1887   An ihre Tochter Daniela

an ihm verloren: Heinrich von Stein war am 20. 6. gestorben. »Über Steins Verlust
   werde ich nie hinwegkommen« (Cosima an Chamberlain am 21. 4. 1890).
Deines Mädchens: Ketha.

8. 7. 1887   An ihre Tochter Daniela

Cooper: englische Erzieherin Danielas im Luisenstift 1876.
Die Kleine: die Enkelin Maria.
Schölers: Freunde in Bayreuth; Ottilie von Schöler war die Schwiegermutter von Hans
   von Wolzogen.
»Romeo und Julia« ... »Heiligen Elisabeth«: Diese Werke von Berlioz und Liszt hatte
   Daniela auf dem Tonkünstlerfest in Düsseldorf gehört.
Einfluß von B's Drachen: Anspielung nicht eindeutig zu entschlüsseln.

22. 7. 1887   An Max und Gotthold Brückner

»*Ha, nun erkenn'* ...«: »Ha, jetzt erkenne ...«, Tannhäuser im I. Akt, 2. Bild.

24. 7. 1887   An Hermann Levi

Certosa: Name von Klöstern des Kartäuserordens in Italien.

Übersetzung von Kopisch: August K. (1799–1853) übersetzte »Die göttliche Komödie« in reimlose Verse, Berlin 1840.

über die 3 Werke: Levi und Mottl vertraten die Ansicht, »Tristan«, »Parsifal« und »Meistersinger« seien zuviel; so wurde 1888 auf »Tristan« verzichtet. Levi schrieb dazu am 10. 7. 1887 an Cosima: »Ihre abermalige Frage bezüglich des ›Tristan‹ würde mich in Bedrängnis gesetzt haben, wenn ich nicht in dieser Sache meiner so absolut sicher wäre. Es war nicht Rücksicht auf die Leistungsfähigkeit des Orchesters noch Furcht vor Ermüdung desselben, was mich bewog, den ›Tristan‹ zu opfern, sondern die Überzeugung, daß die drei Werke ›Meistersinger‹, ›Tristan‹ und ›Parsifal‹, selbst wenn wir noch 8 Probetage mehr haben als im vorigen Jahre, nicht zu bewältigen sind. So kann ich Ihre Frage, ob ich es vor meinem Gewissen verantworten kann, den ›Tristan‹ fallenzulassen, nur mit der Gegenfrage beantworten: Übernehmen Sie die Verantwortung dafür, daß die ›Tristan‹- und ›Parsifal‹-Aufführungen gegenüber den vorjährigen nicht minderwertig werden und daß die ›Meistersinger‹ nicht ungenügend vorbereitet erscheinen? Hier handelt es sich um Überzeugungen, die auf dem Grunde langjähriger Erfahrungen gewonnen sind, und wenn ich jetzt, nach Ihrer abermaligen eindringlichen Frage, umgestimmt werden könnte, so wäre ja, was ich früher erklärte, gar nicht meine wirkliche, heilige Überzeugung gewesen? – Wirklich und wahrhaftig, liebe Meisterin, wir haben keine Wahl! Entweder ›Meistersinger‹ und ›Parsifal‹ oder eine Wiederholung der letzten Festspiele oder aber die Einreihung des ›Holländer‹ zu ›Tristan‹ und ›Parsifal‹. Quartum non datur. Entscheiden Sie sich, um den ›Tristan‹ zu retten, für die Einreihung des ›Holländer‹, so kommen wir mit der vorjährigen Probezeit vollkommen aus. Die ›Meistersinger‹ aber (als drittes Werk) anzukündigen, würde ich mir nicht getrauen, selbst wenn wir 14 Tage länger probieren könnten, denn nach den mit den Solosängern gemachten Erfahrungen scheint es mir unmöglich, dieselben auf volle 10 Wochen nach Bayreuth zu bannen. Es wäre mir sehr erwünscht, wenn wir alles dies noch einmal gründlich durchsprechen könnten, und ich hoffe auf eine Wiedervereinigung der Dreieinigkeit Ende dieses Monates. Werde Felix darüber schreiben. – Glauben Sie, daß ich mir sehr wohl bewußt bin, was es heißt, den ›Tristan‹ zu opfern! Aber ich käme mir gewissenlos vor, wenn ich Sie in Ihrem Glauben an die Möglichkeit, die 3 Werke herauszubringen, bestärken wollte!«

Freia: Hündin in Wahnfried.

Hans von Bülow bezüglich: Cosima hatte Daniela am 1. 7. 1887 gebeten, ihren Vater zu fragen, ob er für die »Meistersinger« den Regisseur *Franz Bittong* (1842–1904) in Hamburg empfehlen könne und ob er gegebenenfalls mit ihm die Partitur durchnehmen könne.

Suchers: Das Ehepaar Rosa und Josef Sucher (1843–1908); dieser wirkte 1878/88 ebenfalls in Hamburg als Dirigent und war 1888/99 Hofkapellmeister in Berlin.

Harlacher: August H. (1842–1907), Sänger, Schauspieler, Regisseur; begann 1871 am Hoftheater in Karlsruhe, ab 1886 nur noch Regisseur, ab 1893 an der Hofoper in Stuttgart. 1888 Spielleiter in Bayreuth bei der Erstaufführung der »Meistersinger«.

Hallwachs: Dr. Reinhard H. (1833–1872), Regisseur der Uraufführung der »Meistersinger« 1868 und von »Rheingold« 1869 in München.

Sucher als erste Sieglinde: Rosa S. sang die Partie erst 1896 in Bayreuth; 1876 sang Josephine Scheffsky.

Kranich: Friedrich K. d. Ä. (1857–1924), als Nachfolger von Fritz Brandt technischer Leiter der Festspiele 1886–1914.

Licht-Direktor: Hugo Bähr (1841–1929), in Dresden, entwickelte wichtige Beleuchtungs- und Projektionsgeräte, besorgte unter anderem 1882 die elektrische Einrichtung des Grals; »Vater des Lichts« genannt.

Beleuchtungs-Meißner: Carl M., Beleuchtungsinspektor in Darmstadt 1878/89; in Bayreuth 1886/88 tätig.

Der »Vorzug«: Bezeichnung Cosimas für Sängerinnen, mit denen Levi befreundet war und die er ihr empfahl; die Identität konnte nicht geklärt werden; an Mottl schreibt Cosima am 13. 7. 1887: »am Ende ist er [Levi] in Fräulein Mohor verloren, doch ich hätte für die Elisabeth lieber keine beiläufige Christin«; vgl. auch 19. 6. 1889.

Staudigl: Gisela St. (1864–1929), 1887/92 an der Berliner Hofoper engagiert, sang in Bayreuth 1886/92 Brangäne, 1886/88 Altsolo (im »Parsifal«), 1888/92, 1911 Magdalena.

Krug: Heinrich K., Diener in Wahnfried.

6. 8. 1887   An Hermann Levi

Wo ist nun mein Wissen: Brünnhilde, »Götterdämmerung«, II. Akt, Beginn 5. Szene.

das Unglück: Josef Rubinstein hatte sich 1884 in Zürich erschossen. Levi antwortete sofort am 7. 8. 1887: »Ihr wahrhaft balsamischer Brief wird der Leitstern meines künftigen Lebens sein!«

16. 8. 1887   An Felix Mottl

nichts zu redigieren: betrifft den kleinen Aufsatz von Mottl »Über eine Stelle im ›Fliegenden Holländer‹«, BBl, 1887, S. 331.

Schrödter: Fritz Sch. (geb. 1855), ab 1886 in Wien engagiert, zu dessen wichtigen Partien David gehörte.

Bittong: vgl. Anm. zum 24. 7. 1887.

Brief des Freundes: Hermann Levis, vgl. Anm. zum 24. 7. 1887.

Besuches in Kierling: Am 14. 8. 1887 hatte Mottl an Cosima geschrieben: »Ich bin gestern mit ihr [meiner Mutter] in Kierling (bei Klosterneuburg), ihrem Geburtsorte, gewesen, wo ihr Vater und Großvater Schulmeister waren. Auf dem Rückwege, das Benediktinerstift Klosterneuburg besuchend, mußte ich viel und viel an Ihre oft geäußerten Ansichten von der Hinfälligkeit der katholischen Religion denken! Ein junger Kleriker zeigte uns die verschiedenen Sehenswürdigkeiten! Prachtvoll gestickte Meßgewänder (bei einem derselben gab er uns ganz ungeniert den Preis desselben für 60000 fl an!). Von Steinen, Gold, Juwelen und Perlen umrahmte Knochensplitterchen vermoderter Heiliger und endlich den Totenschädel des heiligen Leopold, ganz mit einem Perlen- und Brillantdiadem bedeckt und auf einem Goldkissen dem Beschauer sehr anmutig präsentiert, daß mir Hören und Sehen verging und ich nicht wußte, ob das Grausen über diese widerliche Sehenswürdigkeit oder der Ekel darüber stärker seien!« Mottl berichtet dann noch ausführlich, daß der »Kleriker« nichts von einem kleinen Bild des heiligen Franziskus habe erzählen können, wohl aber vom Reichtum (»Weinberge, Wälder, Häuser und Straßen«) der Benediktiner.

28. 8. 1887   An ihre Tochter Daniela

über unser Kunstwerk zu lesen: vgl. 15. 6. 1887.

Richter ... *den Taktstock in München niederlegte:* R. gab 1869 auf Wunsch Wagners
seine Stelle als Kapellmeister in München auf.

Springer: Robert Sp. schrieb für die BBl »Richard Wagners Regenerationsidee«, 1881
(mehrere Hefte).

Neumann: Angelo N. (1838–1910) war seit 1885 Direktor des Deutschen Landes-
theaters in Prag; unternahm unter anderem eine »Ring«-Tournee nach Rußland.
Als Dirigenten verpflichtete er unter anderem A. Seidl, G. Mahler, K. Muck,
F. Schalk und L. Blech.

Hiedler: Ida H. (1867–1932) sang seit 1887 an der Hofoper in Berlin unter anderem
Elsa, Freia, Venus, Senta, Elisabeth, Eva.

Ordensregel der Franziskaner: Bezug auf Thodes Buch »Franz von Assisi«.

Wolkenstein: Anton Karl Simon Graf von W.-Trostburg (1832–1913), Diplomat, seit
1882 österreichischer Botschafter in St. Petersburg und Paris, heiratete 1886 Gräfin
Marie von Schleinitz.

13. 12. 1887   An Hermann Levi

Schmidt: August Sch. (1847–1907), Militärkapellmeister in Frankfurt a.M.; war nicht
in Bayreuth tätig.

Gieseker: Otto G., Kapellmeister in Elberfeld, war musikalischer Assistent in
Bayreuth erst 1889.

Kniese: Julius K. (1848–1905), sang bereits bei der Grundsteinlegung des Festspielhauses 1872 im Chor mit, 1876/84 Dirigent des Gesangvereins Frankfurt a. M.,
1884 städtischer Musikdirektor in Aachen. In Bayreuth war K. 1882/83 musikalischer Assistent, 1888–1904 Chordirigent und Leiter der musikalischen Einstudierung, ab 1892 Unterricht in der Stilbildungsschule; Nachruf von Cosima in den BBl
1905. – K. war antisemitisch, immer wieder ausbrechende Feindschaft zu Levi;
1883 hatte er versucht, Bülow und Liszt für die Festspielleitung zu gewinnen; die
von Julie Kniese 1931 herausgegebenen Tagebuchblätter haben den bezeichnenden
Titel »Der Kampf zweier Welten um das Bayreuther Erbe«.

Gillmeister: Karl G. (geb. 1856) sang in Bayreuth 1888 Veit Pogner und Gurnemanz.
G. wurde 1908 in Hannover pensioniert.

Steinbach: Emil St. (1849–1919), seit 1871 Kapellmeister in Mainz; vgl. 1. 12. 1888.

Fischer: Emil F. (1838–1914), bedeutender Wagner-Sänger, 1880/85 in Dresden,
dann Amerika; sang nicht in Bayreuth.

Graf Platen: Julius Graf von P. (1816–1889), seit 1867 Intendant des Hoftheaters und
der kgl. Kapelle in Dresden.

Wiegand: Heinrich W. (geb. 1842), Baß, begann in Frankfurt a.M., dann zwei Jahre in
Amerika, 1879/84 in Leipzig, bis 1894 in Hamburg; sang in Bayreuth 1886/91
Gurnemanz, 1886 König Marke, 1889 Veit Pogner, 1891 Landgraf.

Van Dyck: Ernest van D. (1861–1923), belgischer Sänger, studierte in Paris, sang ab
1883 in den Konzerten von Lamoureux, 1887 Lohengrin im Théâtre Eden in Paris,
1891 in der Opéra, 1888/98 an der Wiener Hofoper, 1898–1902 an der
Metropolitan Opera in New York, ab 1906 Gesangslehrer in Brüssel und
Antwerpen. – In Bayreuth sang van D. 1888/97, 1901, 1911/12 Parsifal und 1894
Lohengrin. Wie mit keinem anderen Sänger studierten Cosima, Mottl und Kniese
mit ihm vor allem Sprache und Gesang.

Obesität: Fettleibigkeit.

Brief an Herbeck: Im Zusammenhang mit der »Meistersinger«-Aufführung in Wien 1870 schrieb Wagner an den Kapellmeister Johann Franz von Herbeck: (Darsteller für Beckmesser) »auf die Stimme kommt es gar nicht an, weil hier alles durch einen leidenschaftlichen Sprechton einzig zu erzwingen ist; allerdings muß er andererseits außerordentlich musikalisch sein« (12. 10. 1869).

Ehrke: Paul E. (1840–1893) war in Hamburg engagiert; sang nicht in Bayreuth.

Kürner: Benedikt K. (1837–1891), seit 1860 am Hoftheater in Karlsruhe engagiert, sang in Bayreuth neben F. Friedrichs 1888 Beckmesser.

Braun: Ferdinand B., Oboist aus Karlsruhe, war 1888/89 im Bayreuther Orchester.

Wieprecht: Paul W. (1839–1894), Oboist an der Berliner Hofoper; vgl. TCW 24. 10. 1876.

Nagel: im Bayreuther Orchesterverzeichnis nicht nachgewiesen.

Stägemann: Max St. (1843–1905), Sänger und Regisseur, seit 1882 Direktor des Stadttheaters in Leipzig.

Jahns-Steinbach: Margarethe J.-St., ab 1882 am Leipziger Stadttheater engagiert, sang dort unter anderem Elsa, Senta.

Ulbrich: August U., Baßbuffo in Leipzig und Köln; sang nicht in Bayreuth.

Wiedey: Ferdinand W. (geb. 1854), seit 1879 am Hoftheater in Weimar als Baßbuffo, ab 1890 auch als Regisseur engagiert; sang in Bayreuth 1888/89 den 2. Gralsritter.

Härtelsche Hetze: Bei Breitkopf & Härtel in Leipzig erschien 1888 in zwei Bänden die erste von Cosima »mit Pietät« besorgte Ausgabe des Briefwechsels Wagner–Liszt.

den Entwurf: »Jesus von Nazareth«, 1849, den Cosima ebenfalls bei Breitkopf & Härtel mit der Widmung herausgab: »Dem Andenken Heinrich von Steins widmet diese Veröffentlichung Siegfried Wagner«.

8. 1. 1888   An Ludwig Schemann

mein Enkel: Manfred Graf Gravina.

von Lope: die beiden historischen Schauspiele von Lope de Vega.

Fragment von Schiller: »Demetrius«, posthum 1815.

Autos: »Autos sacramentales«, geistliche Schauspiele in Spanien.

Auf Schopenhauer freue ich mich: Schemann bereitete eine Briefausgabe »Schopenhauer-Briefe« vor, die 1893 erschien; das Nachwort in den BBl 1893, S. 67ff.

Brief von Schopenhauer: an Johann August Becker, Kreisrichter in Mainz, 2. 12. 1850; dort heißt es u. a.: »Es fehlt nur jetzt an Literaturzeitungen: wenn dem Deutschen die ausgehen, wie die Quellen im Sommer, muß es weit mit ihm gekommen sein und mit der Barberei, deren Zeichen stets die Bärte gewesen sind.«

17. 1. 1888   An Hermann Levi

Dirigieren Sie hier: Mit Ausnahme von 1888 dirigierte Levi alle »Parsifal«-Aufführungen bis 1894; 1882/84 hatte neben ihm noch Franz Fischer dirigiert.

ein für R.R's aufgestelltes Prinzip: Möglicherweise ist Richter gemeint.

Bettaque: Katharina B. (1862–1921), nach Engagements in Berlin, Mainz, Leipzig und Rotterdam war sie 1882/92 in Bremen engagiert, ab 1893 in Hamburg, ab 1895 in München. Sie war verheiratet mit dem Schauspieler und Bremer Theaterleiter Alexander Senger. In Bayreuth sang sie 1888 Eva und eine Soloblume im »Parsifal«.

Frühjahr 1888   An August Harlacher

des »Ringes«: Der Zyklus wurde im Januar 1888 in Karlsruhe aufgeführt.

12.–13. 3. 1888   An Mary Fiedler

Mary Fiedler: (1854–1919), Tochter des Kunsthistorikers Julius Meyer, Direktor der Berliner Gemäldegalerie. Mary lernte in München H. Levi kennen, der ihre Liebe zunächst jedoch nicht erwiderte; durch Levi Bekanntschaft mit dem Werk Wagners und mit Bayreuth; 1876/95 verheiratet mit Konrad Fiedler (s. unten); nach Fiedlers Tod heiratete sie im Spätherbst 1896 Levi und in dritter Ehe 1908 den Dirigenten Michael Balling. Mary war später mit Cosima eng befreundet, die sie oft in Villa (Schloß) Riedberg in Partenkirchen besuchte. M., die von Fiedler ein großes Vermögen erbte, war eine bedeutende Mäzenin der Bayreuther Stipendienstiftung.
von unserem Freunde: H. Levi.
Fiedler: Konrad F. (1841–1895), Dr. phil., Kunstschriftsteller, Sammler und Mäzen (vor allem von Hans von Marées). F. stammte aus einer reichen jüdischen Industriellenfamilie, lebte seit 1880 in München; bereits seit 1867/68 war er mit Adolf Hildebrand befreundet. Die Bedeutung von F.s kunstwissenschaftlichen Schriften wurde erst nach seinem Tod erkannt; Nachlaß in der Bayerischen Staatsbibliothek. Er schrieb zu Wagner und Bayreuth: »Briefe aus Bayreuth«, 1891 und 1894, »Richard Wagner« (Aphorismen), »Über die theoretischen Schriften Richard Wagners« (Fragmente); Briefwechsel mit A. v. Hildebrand, Dresden 1927, »Schriften zur Kunst«, 2 Bde., hrsg. v. G. Boehm, München 1971.

15. 3. 1888   An Marie Gräfin von Wolkenstein

des Kaisers: Wilhelm I. war am 9. 3. gestorben.
(gedruckt nach der Veröffentlichung in den BBl 1915, S. 75f.; vgl. auch Vorwort)

2. 4. 1888   An Adolf von Gross

Dirigentenfrage: Levi hatte aus Gesundheitsgründen für 1888 abgesagt; Mottl schrieb an Cosima am 29. 3. 1888: »Richter muß kommen.« Cosima überlegte sogar, Kniese als Dirigenten einzusetzen; Mottl und Levi waren strikt dagegen, da »die Bayreuther Orchestermitglieder mitunter recht schwierige Herren werden können« (Mottl an Cosima, 30. 4. 1888).
Aufenthaltsentschädigung: Dahinter verbargen sich stolze Gagen; Richter allerdings soll nie eine Gage erhalten haben.
Was van Dyck anbetrifft: Mottl schrieb an Cosima am 7. 5. 1888: »Aufrichtig muß ich Ihnen gestehen, daß ich glaube, daß Sie van Dyck sehr Unrecht tun. Warum es van Dyck weniger Ernst mit seiner Aufgabe sein soll, wenn er hier mit mir studiert, als wenn er es in Breslau mit dem dickköpfigen Kniese täte, vermag ich nicht zu fassen. Ich habe Ihnen doch bestimmt versichert, daß ich jetzt mit van Dyck nicht obenhin und flüchtig, sondern energisch und gewissenhaft zu arbeiten gedenke. Eines weiß ich gewiß: Was er jetzt nicht bei mir lernt, das würde er gewiß bei Kniese auch nicht lernen... Gegen den ›Dialekt‹, den er hier zu hören bekommt, kann ich allerdings nichts sagen, dagegen nur meinen Zweifel aussprechen, ob das in Breslau zu hörende Deutsch wirklich so ›hochdeutsch‹ wäre, wie Sie annehmen wollen! Ich kann es Ihnen auch nicht zugestehen, daß er 8 Monate lang seine Sache schlaff angefaßt hat. Er hat während dieser 8 Monate den Parsifal und den Walther in der deutschen Sprache, die ihm bei seiner Hierherkunft gänzlich fremd war, gelernt. Was ihm bei dieser Arbeit noch nicht gelungen ist, liegt in der Natur dieser Aufgabe für einen Nicht-Deutschen. Ich glaube fest daran, daß Sie aber mit ihm zufrieden sein werden, wenn er Ihnen im Anfange des Juni seine Leistung zur Prüfung vorlegt!

Warum seine Arbeit mit mir von Ihnen als ›eine Privatsache betrachtet wird, die Sie nichts angeht‹, ist mir vollkommen unerklärlich. So viel zu unserer Sache gehörig wie Herr Kniese betrachte ich mich denn doch!« *Was den Kaiser betrifft:* Der Sohn Wilhelms I. war als Kaiser Friedrich III. am 12.3. proklamiert worden. Er starb 99 Tage später am 15. 6. an einem Kehlkopfleiden. *Dr. Bergmann:* Ernst von B. (1836–1907), Professor für Chirurgie an der Universitätsklinik in Berlin, behandelte Friedrich III. schon in San Remo. *Oertel:* Max Joseph O. (1835–1897), Spezialist für Kreislauferkrankungen in München.

6. 4. 1888   An Felix Mottl

»*Vogelpredigten*«: Mottls Instrumentation von Franz Liszts Klavierstück »Der hl. Franz von Assisi predigt den Vögeln«; Lieblingsstück Cosimas.
»*Es war viel gewagt, jetzt habt nur Mut*«: Hans Sachs zu Pogner auf der Festwiese.

19. 4. 1888   An Ernest van Dyck

zwei Rollen: Parsifal und Walther von Stolzing; van Dyck sang dann nur Parsifal.

21. 5. 1888   An Ernest van Dyck

vor einem kleinen Kreis: Cosima lud auch Emil Heckel ein, der sich entschieden gegen ausländische Künstler aussprach, »da Bayreuth der deutschen Kunst entstand«.

9. 6. 1888   An Julius Kniese

Grüning: Wilhelm G. (1858–1942) sang in Bayreuth 1889/97 Parsifal, 1892/94 Tannhäuser, 1896/97 Siegfried und 1897 Siegmund.

23. 8. 1888   An Kaiser Wilhelm II.

Kaiser Wilhelm II.: Als Prinz Wilhelm hatte er vielfach Interesse an Bayreuth gezeigt; Cosima setzte große Hoffnungen in ihn, erhoffte in ihm einen preußischen Ludwig II. für Bayreuth. Diese Wünsche erfüllten sich nicht. Aus Rücksicht gegenüber Bayern lehnte der Kaiser das angebotene Protektorat ab. In Berlin traf Cosima mehrmals den Kaiser, nach Bayreuth kam das Kaiserpaar nur einmal: am 17. und 18. 8. 1889 besuchten sie die Aufführungen von »Meistersinger« und »Parsifal«. *Protektorat:* Das Protektorat übernahm mit Schreiben vom 11. 1. 1889 Luitpold Prinzregent von Bayern (1821–1912). Luitpold war der zweite Sohn von Ludwig I., der Onkel von Ludwig II.; er übernahm am 10. 6. 1886 die Regentschaft für Ludwig II. und nach dessen Tod am 13. 6. 1886 die für König Otto.
treuen Freundes: Adolf von Gross.

12. 9. 1888   An Mary Fiedler

unseren Freund: H. Levi.
unsere Aufführung bemäkelten: F. Mottl hatte den »Parsifal« dirigiert, und man warf ihm allzu langsame Tempi vor; der Ausdruck »vermottln« kursierte, vgl. 6. 6. 1889.
»*Von ihm, über ihn*«: E. O. Lindner, »Schopenhauer. Von ihm. Über ihn. Memorabilien«, Berlin 1863.

17. 10. 1888   An August Harlacher

»*Rienzi*« *in Karlsruhe:* Aufführung im Januar 1889; vgl. Bericht von E. Reuss in BBl 1889, S. 150 ff.
»*Erwartet still*...«*:* IV. Akt, Schluß der 1. Szene.

23. 10. 1888   An Houston Stewart Chamberlain

Chamberlain: Houston Stewart Ch. (1855–1927), englischer Schriftsteller, Kulturphilosoph, Rassentheoretiker, heiratete 1908 in zweiter Ehe Eva Wagner, zog im selben Jahr nach Bayreuth, nahm 1916 die deutsche Staatsbürgerschaft an. Werkauswahl: »Das Drama Richard Wagners«, 1892, »Richard Wagner. Echte Briefe an Ferdinand Praeger«, 1894, »Richard Wagner«, 1895, »Die Grundlagen des 19. Jahrhunderts«, 1899 (starker Einfluß auf die Rassenlehre des Nationalsozialismus), »Heinrich von Stein und seine Weltanschauung«, 1903, »Immanuel Kant«, 1905, »Goethe«, 1912, »Rasse und Nation«, 1918, »Rasse und Persönlichkeit«, 1925; zahlreiche Beiträge von ihm und über ihn in den BBl; Schriftenverzeichnis in dem Briefwechsel mit Cosima Wagner, S. 699 f.
Briefangelegenheit: betrifft die Veröffentlichung der Uhlig-Briefe, vgl. 24. 3. 1889.
Fräulein X: Elsa Uhlig, Tochter des Geigers und Musikschriftstellers Theodor U. (1822–1853), der mit Wagner eng befreundet war. Elsa U. hatte zwar die Originalbriefe an Wahnfried zurückgegeben, doch Kopien behalten und bereits 1885 drei Briefe publiziert. Eva Wagner schrieb damals im Auftrag Cosimas kaum verschleierte Drohungen an Elsa U. (am 6. 11. 1885 und 21. 1. 1886). Elsa U. lebte wie Chamberlain in Dresden.
bei Ihrer Arbeit: Chamberlains Aufsatz »Die Sprache in ›Tristan und Isolde‹ und ihr Verhältnis zur Musik«, in »Allgemeine Musik-Zeitung« 1888, Nr. 29/31. In Nr. 38 erschien von H. Reimann eine scharfe Kritik.
in Ihrem Fache: als Naturwissenschaftler.
Kietz: Ernst Benedikt K. (1816–1892), Zeichner, Freund Wagners, lebte in Paris 1838/70, dann in Dresden. Cosima hatte Chamberlain gebeten, K. aufzufordern, Skizzen zum »Tannhäuser« zu zeichnen.
Appias: Adolphe Appia (1862–1928), Theaterästhetiker und Bühnenbildner. A. hatte mit Chamberlain 1888 die Festspiele besucht, volontierte 1889 bei H. Bähr in Dresden und nahm bei Kietz Zeichenunterricht. 1890 ging er nach Wien und schrieb 1891/92 die ersten Szenarien zu »Rheingold« und »Walküre«, die er nach eigenem Bericht bereits 1892 nach Wahnfried schickte. 1895 erschien in Paris »La mise-en-scène du drame wagnérien« und 1899 in München »Die Musik und die Inszenierung« (Chamberlain gewidmet). In diesen Schriften fordert A. »unzeitgemäß« eine stilisierte Raumbühne mit plastischen Dekorationen, die Beleuchtung solle durch gestaltendes Licht im Sinne einer modernen Lichtregie ersetzt werden. A. hat seine für das moderne Musiktheater grundlegenden Theorien selbst nicht erfolgreich realisieren können; dies trifft auch auf die Versuche in den zwanziger Jahren zu. Cosima sah im Gegensatz zu Chamberlain in A.s Vorstellungen nur einen möglichen lichttechnischen Fortschritt. Zu A. existiert eine umfangreiche Literatur; gute Materialien bei W. R. Volbach: »Adolphe Appia. Prophet of the modern theatre: a profile«, 1968. – In dem Brief an Chamberlain ist diese Passage zu A. in der Druckfassung gestrichen, ebenso die folgende in dem Brief vom 28. 3. 1889: »Appia werde ich nicht vergessen. Ich halte es aber für sehr gut, daß er etwas lernt; niemals ist mir wenigstens Genialität ohne Fleiß begegnet, und an einer ersten künstlerischen Eigenschaft: Besonnenheit, scheint es ihm noch sehr zu fehlen. Soll

ich Ihnen sagen, daß es mich einigermaßen stutzig machte, daß er Weiß als Farbe für Venus vorschlug, das Kalte und unbedingt Unschuldige, was bleibt dann auch für die Elisabeth? Das war also nicht dramatisch gesehen.« »*Spital*«: wohl spöttische Bezeichnung für das Orchester.
Ihre liebe Frau: Anna Horst, seit 1878 mit Chamberlain verheiratet.
Aufsatz gegen die Sprache: Chamberlains Aufsatz wurde vor allem als Angriff gegen die Sprache im »Tristan« kritisiert.
Ihr Fischer: möglicherweise der Philosoph und Historiker Kuno F. (1824–1907); Hauptwerk »Geschichte der neueren Philosophie«, 10 Bde. F. schrieb auch »Über die Erklärungsarten des Goethischen Faust«, 1889; vgl. 23. 11. 1899.

22. 11. 1888 An Hermann Levi

Baden-Baden: Cosima traf dort die *Großherzogin Luise* (1838–1923), die Tochter von Wilhelm I. Sie war seit 1856 verheiratet mit Friedrich Großherzog von Baden (1826–1907). Beide waren Bayreuth wohlgesonnen; Cosima schreibt an Gräfin von Wolkenstein von einer mächtigen Begegnung.

1. 12. 1888 An Engelbert Humperdinck

Auberschen leichte Opern: Daniel F. E. Auber (1782–1871) schrieb über 40 Opern, u. a. »Die Stumme von Portici«, »Fra Diavolo«, »Manon Lescaut«, »Lestocq«. Wagner schätzte A.; vgl. TCW.

24. 12. 1888 An Otto Eiser

Eiser: Otto E. (1834–1898), Arzt in Frankfurt a. M., Arzt F. Nietzsches, mit Hans Thoma (s. unten) seit 1873 eng befreundet.
das Bekanntwerden: mit dem Maler *Hans Thoma* (1839–1924), lebte 1876/99 in Frankfurt a.M., ging dann als Direktor und Professor an die Kunsthalle und Kunstakademie nach Karlsruhe; eng mit H. Thode befreundet; Th. entwarf Kostüme für den »Ring« 1896.
lesende Volksfrau: wahrscheinlich »Schwarzwälderin (lesend)«, 1861.
kauernden Proteus: »Proteus«, 1884 (in Privatbesitz).

6. 1. 1889 An Hermann Levi

General Freischlag: nicht ermittelt.
Regierungsdirektor Müller: wahrscheinlich Ludwig August von M. (1846–1895), seit 1880 im Ministerium des Inneren; 1890 wird M. Kultusminister.
Nachbaur: Franz N. d. Ä. (1830–1902) sang bei der Uraufführung 1868 in München Walther von Stolzing, war 1868/90 an der Hofoper engagiert.
3 Strophen des Tannhäuser: Schon nach den ersten Aufführungen des »Tannhäuser« in Dresden 1845 gab Wagner 1847 Striche als Konzessionen an die Umstände an, so im Venusberg die Streichung der ersten Strophe von Tannhäusers Preislied (er beginnt gleich mit der D-Dur-Strophe) und im Finale des II. Aktes: »Zum Heil des Sündigen zu führen«; 1861 sang A. Niemann diese Stelle solo, ebenfalls in Wien 1875. In Paris 1861 wurde das Solo von Walther von der Vogelweide im II. Akt gestrichen. Vgl. dazu die vorzügliche Darstellung von R. Strohm, »Zur Werkgeschichte des ›Tannhäuser‹«, Programmhefte der Bayreuther Festspiele 1978. – Diese drei Änderungen sind neben anderen auch in der Münchener Partitur zur

Erstaufführung am 1. 8. 1867 eingetragen. Levi hatte diese Partitur durchgesehen.
Er antwortete sofort am 6. 1. 1889: »Bezüglich des ›Tannhäuser‹ bin ich ganz mit
Ihnen einverstanden, daß bei einer Aufführung in Bayreuth unbedingt die drei
Verse gesungen werden müßten. Nur glaube ich, daß meine Gründe von den Ihren
etwas abweichen: einerseits halte ich die Dreistrophigkeit – entschuldigen Sie das
schlechte Wort – für eine wesentliche Form des Liedes, andrerseits würde die große
Steigerung der Einwürfe der Venus ganz verlorengehen, wenn sie schon der erste
Vers (nach welchem sie in der ursprünglichen Fassung nur verwundet, verwundert
erscheint) zu solch leidenschaftlichem Ausbruche hinreißen würde. Dies sind also
innere, aus dem Werke abstrahierte Gründe; wollte ich aber auch äußere
herbeiziehen, zum Beispiel mich fragen, ob der Autor den Strich aus irgendwelchen,
von dem Werk selbst unabhängigen Motiven gemacht habe (Rücksicht auf Sänger
und dergleichen), so würde meine Antwort weniger zuversichtlich ausfallen. Die
hiesige Partitur wurde nach der Pariser Bearbeitung kopiert, und wie ich aus dem
Munde eines Zeugen der Unterredung mit dem Tenoristen Hacher [Adolf H.
(1832–1883), am Hoftheater in Dessau und Coburg, sang als Gast die Titelrolle in
München 1867] hörte, als eine nochmalige Überarbeitung der Pariser Bearbeitung
bezeichnet, welche nun ein für alle Male Gültigkeit haben solle. Also der Strich
wurde nicht etwa während der Proben, nach Erkenntnis der Unzulänglichkeit der
Sänger, gemacht, sondern von vornherein; auch wäre kaum einzusehen, warum ein
Sänger nicht ebensogut 3 als 2 Strophen singen könnte, denn von Ermüdung (oder
wie bei der großen Stelle im 2. Akt von zu hoher Lage) kann doch hier kaum die
Rede sein. Der Umstand, daß der dritte (erste) Vers in der hiesigen Partitur
überhaupt nicht vorhanden ist, war jedenfalls der Untersuchung wert, und nur
deshalb schickte ich Ihnen den authentischen Übergang, womit ich aber nicht im
entferntesten die Weglassung der Stelle bei einer Aufführung in Bayreuth
befürwortet haben wollte. Ähnlich verhält es sich mit dem Strich in dem
Sängerkrieg. Ich bekenne, daß ich mich mit demselben nie habe befreunden
können, denn der Ausbruch des Tannhäuser scheint mir hier nicht minder übereilt
als der der Venus bei Weglassung ihrer ersten Replik. Hier handelt es sich also um
2 sich einander gegenüberstehende Ausgangspunkte: ist man ›gehorsam‹, so
müßten, meine ich, beide Kürzungen gemacht werden; fragt man aber das eigene
Gefühl, und hält man sich gegenwärtig, wie schwer es einem so gewaltig
fortschreitenden Genius werden mußte, sich nach Jahren für ein früheres, in sich
vollendetes Werk aufs neue zu erwärmen, so würde ich nicht nur die 3 Venus-Stro-
phen herstellen, sondern auch den Walther [von der Vogelweide] wieder in sein
Recht einsetzen. Auch die beiden mir als ›obligatorisch‹ angegebenen Striche im
›Tristan‹ stimmen, meine ich, mit dieser meiner Auffassung überein. Daß sie
unabhängig von der Rücksicht auf Sänger und Publikum gemacht worden sind,
darüber ist mir kein Zweifel, denn auf meinen bescheidenen Einwurf, daß durch die
Weglassung im 2. Akte eine Unverständlichkeit in der Dichtung entstehe, wurde
nicht gehört, und ich erinnere mich noch sehr genau der Worte: ›Bah, bah – nur
keine Sentimentalität – das will ich nun einmal so haben [Wagner]‹. Daß es mir
trotzdem nicht beigekommen ist, Ihnen die Weglassung der betreffenden Stellen bei
der Bayreuther Aufführung zu empfehlen, muß Ihnen am besten meinen
Standpunkt zu dieser Frage kennzeichnen.«

8. 1. 1889   An Hermann Levi

welche Seidl: Anton S. dirigierte am 22. 9. 1878 in Leipzig »Götterdämmerung«; er
war von Wagner A. Neumann empfohlen worden.

Superfétation: eigentlich: Überschwängerung; hier Überfluß, das heißt Wolfram von Eschenbach mache die Rolle Walthers von der Vogelweide überflüssig.

In Paris: 1861; am 27. 1. 1889 schreibt Cosima an Levi: »Gestern las ich das französische Manuskript, worin die 3 Strophen mit eigens gemachtem französischen Text drin stehen.«

Vogl: Therese V. sang in der Münchener Erstaufführung der »Götterdämmerung« am 15. 9. 1878 Brünnhilde; Roß Grane kam aus den kgl. Stallungen.

Levi antwortete auf diesen Brief am 9. 1. 1889: »Aber, liebe Frau Meisterin, wir sind ja ganz einig – wenigstens in der Hauptsache, auf die es einzig ankommt: daß alle Striche Konzessionen an die Umstände waren und daß bei einer Aufführung in Bayreuth keiner berücksichtigt werden dürfte. Nur möchte ich so gerne auch den Walther in die ›Not‹ miteinbegriffen haben! Er fehlt mir bei jeder Aufführung und wird mir in Bayreuth fehlen, und ich könnte Bände voll zu seiner Verteidigung schreiben! – Daß Sie sich mehrmals entschuldigen, heftig geworden zu sein, betrübt mich sehr. Wem gegenüber sollten Sie sich gehenlassen dürfen, wenn nicht mir? Und wären Sie nicht heftig, so hießen Sie nicht – der Tell. Niemals werde ich annehmen, daß Sie mir wehe tun wollen, und auch niemals verlangen, daß Sie Ihren Unmut über mich unterdrücken oder gar hinter sanften Redensarten verstecken sollten. Ach, wie oft werden Sie sich noch über mich ärgern müssen! Aber denken Sie nur immer an jenen dummen Schulbuben, der in allen Fächern immer die schlechtesten Zeugnisse mit nach Haus brachte, nur in der Religion immer gut hatte!!«

24. 3. 1889   An Carl Friedrich Glasenapp

Glasenapp: Carl Friedrich G. (1847–1915), Wagner-Biograph und Schriftsteller, lebte als Lehrer und Dozent des Polytechnikums in Riga; seine Sammlung und Bibliothek erbte die Stadt Bayreuth. Wagner und Cosima versuchten mehrfach, G. nach Bayreuth zu holen. G. ist der offizielle Hausbiograph Wagners, war ständiger Mitarbeiter der BBl. – Werkauswahl: »Richard Wagners Leben und Wirken«, 2 Bde., 1876f.; diese Biographie, schon in den TCW besprochen, wurde erweitert zu »Das Leben Richard Wagners«, 6 Bde., 1894–1911; die Bände erschienen in sehr verschiedenen Auflagen und Ausgaben zu verschiedenen Zeiten. G. erhielt für diese Biographie mehr Material als irgendein anderer Autor (z. B. die Tagebücher); andererseits wurde die Biographie in Wahnfried kontrolliert. – »Wagner-Lexikon«, 1883 (mit H. v. Stein), »Wagner-Enzyklopädie«, 2 Bde., 1891, »Siegfried Wagner«, 1906, »Siegfried Wagner und seine Kunst«, 1911; Herausgeber der »Bayreuther Briefe«, 1907, und der »Familienbriefe an Richard Wagner«, 1907.

Riedelsberg: Villa von A. v. Gross in Bayreuth.

Cyriax: Julius C. (gest. 1892), Großkaufmann, und seine Frau Anna waren Freunde Wagners in London.

Grote'sche: Verlagsbuchhandlung in Berlin.

Breitkopf und Härtels: Cosima hatte in diesem Verlag 1888 »Aus dem Nachlaß von Heinrich von Stein. Dramatische Bilder und Erzählungen« herausgegeben und »Richard Wagners Briefe an Theodor Uhlig, Wilhelm Fischer und Ferdinand Heine«. Diese Ausgabe unterdrückte vor allem alle Äußerungen Wagners hinsichtlich seiner politisch-revolutionären Einstellung; durch die Publikation der vollständigen Briefe aus der ehemaligen Burrell-Sammlung (Frankfurt a.M. 1953) ist eine genaue Einsicht in die Zensur Cosimas möglich. – Vgl. auch 23. 10. 1888.

Ihre Arbeit: Glasenapps »Wagner-Enzyklopädie«, 1891 bei E. W. Fritzsch in Leipzig.

Im Lexikon: Glasenapp hatte 1883 mit H. v. Stein das »Wagner-Lexikon« bei Cotta herausgegeben. Das Buch war kein Erfolg.
»Urvasi«: indisches Drama von Kalidasa; die Aufführung ging auf einen Wunsch von Ludwig II. zurück. Cosima schreibt an Chamberlain (28. 3. 1889) von einer rührenden Hofdichtung, doch kindischen Darstellung.
Sporcks: Ferdinand Graf Sporck (1848–1928), Librettist und Schriftsteller, war wesentlich an der Gründung des AWV beteiligt, hatte mit O. Merz bis 1891 die Redaktion des »Bayreuther Taschenkalenders«; er schrieb die Texte zu Max von Schillings' Opern »Ingwelde« und »Der Pfeifertag« und für Eugen d'Alberts »Die Abreise«.
Ritters: Alexander (Sascha) Ritter (1833–1896), Komponist, Kapellmeister, Geiger; Sohn von Julie R., die Wagner finanziell unterstützte; 1863/82 lebte R. in Würzburg, 1882/86 war er Geiger unter Bülow in Meiningen, dort Freundschaft mit Richard Strauss, den er zu Liszt und Wagner führte. R. war verheiratet mit Wagners Nichte, der Schauspielerin Franziska geb. Wagner (1829–1895).

29. 4. 1889   An Hans Richter

beim David: III. Akt, 1. Szene: »wie käm nun da was Großes drauf an?« und »Am Jordan Sankt Johannes stand«.
Wiedemann: A. Wiedemann, Harfenist aus Darmstadt, spielte 1888/89 im Bayreuther Orchester.
Posse: Wilhelm P. (1853–1925) war 1872–1903 Harfenist der kgl. Kapelle in Dresden.
Tombo: August T. (1842–1878) war ab 1861 Harfenist am Hoftheater in München.

17. 5. 1889   An Felix Mottl

Mailhac: Pauline M. (1858–1946) war seit 1883 in Karlsruhe engagiert, sang in Bayreuth 1891/92 Kundry, 1891/94 Venus.
»Cellini«: Levi hatte mit vielen Streichungen in München Berlioz' Oper »Benvenuto Cellini« aufgeführt. Mottl schreibt am 25. 5. an Cosima: »Levi schreibt mir heute als Antwort auf meine Vorwürfe über seine Streichwut im ›Cellini‹, daß ich ›ein Philister sei, der den Wald, d. i. die dramatische Aktion, vor lauter Bäumen, das sind die Trompeten-Soli, Violinfiguren etc., nicht sehe‹!«
Strauss: vgl. 12. 10. 1889.
»Joseph«: Oper von Méhul, 1807.
»Lélio«: symphonische Dichtung von Berlioz, 1831.
Blauwaert: Ernst B. (1845–1891) sang beim Pariser »Lohengrin« 1887 Telramund, in Bayreuth 1889 Gurnemanz.
»Silvana«: Oper von Carl Maria von Weber, 1810, Bearbeitung von Ernst Pasqué, 1885; wurde viel nachgespielt. Mottl hatte am 4. 5. von einem Traum erzählt: »Silvana« im Bayreuther Markgräflichen Opernhaus.
Frau Scheurer: nicht ermittelt.
Intendanten-Posten: Albert Bürklin wurde 1889 Intendant in Karlsruhe; vgl. 7. 3. 1901.

23. 5. 1889   An Julius Kniese

Friedrichs: Friedrich F. (1849–1918), eigentlich Christofes; war 1869/83 als Charakterschauspieler an verschiedenen Bühnen, in Nürnberg 1883 wechselte er zur Oper, anschließend in Bremen engagiert, ab 1890 nur auf Gastspielen. Psychische Erkrankungen verhinderten weitere große Erfolge, seit 1902 lebte er in geistiger Umnachtung. Cosima schätzte ihn als einen großen Sängerdarsteller; sie schrieb an ihn nach seiner ersten Mitwirkung als Beckmesser 1888: »Die Partie des Beckmessers war meine große Sorge, ja, ich hoffte kaum diese Gestalt uns gebracht zu sehen, wie ich weiß, daß sie gedichtet worden ist. Nun haben Sie alles übertroffen, was ich nur wünschte. Bei der genialsten Kühnheit in den Ausbrüchen der Leidenschaft haben Sie da, wo die Bosheit als Zurückhaltung aufzutreten hat, mit einer Sicherheit die Grenze gestellt und eingehalten, die mich jedesmal zur Bewunderung hinriß, es ist nicht ein Ausdruck Ihres Gesichtes, nicht eine Gebärde und Miene, die sich nicht uns eingeprägt hätte, und wer will das ermessen, was das heißt, im ersten Akt durchweg fast nur zu sprechen und im zweiten Akt die Stimme zu entwickeln, welche dem Sachs das Gleichgewicht hält.« – F. sang in Bayreuth 1888/89 und 1899 Beckmesser, 1896/97 und 1901/02 Alberich, 1902 Klingsor.

Engel: Josef E., seit 1888 Direktor des Kroll'schen Theaters in Berlin, wo viele Gastspiele, unter anderem mit Friedrichs, stattfanden.

24. 5. 1889   An Hermann Levi

Lievermann: August L. (geb. 1857), Baßbariton, seit 1891 in Mannheim und Düsseldorf; sang in Bayreuth 1889 Klingsor und Titurel.

Schlossers: Max Schlosser (1835–1916) sang in München 1868 den ersten David und 1869 den ersten Mime (im »Rheingold«); war auch der erste Bayreuther Mime 1876; Sch. war 1873/95 an der Münchener Hofoper engagiert.

Ihre Frau Gemahlin: Die einschlägige Literatur berichtet nur von der Braut Levis (vgl. »Hildebrand und seine Welt«, S. 767), die sehr krank war und bald starb; Levi heiratete erst wieder 1896 (Mary Fiedler).

ihr Vater: der Kunsthistoriker Julius Meyer (1830–1893); er legte 1891 wegen Krankheit sein Amt als Direktor der kgl. Gemäldegalerie in Berlin nieder, das er seit 1872 innegehabt hatte.

6. 6. 1889   An Ludwig Schemann

Mottls Leitung des »Parsifal«: Der Dirigent und Komponist Felix Weingartner (1863–1942) schreibt dazu am 6. 8. 1892 an H. Levi: »Es war damals – ich will niemand als Urheber verdächtigen – von Bayreuth aus die Parole gegeben worden: endlich sei der ›Parsifal‹ aus den ›Judenhänden‹ erlöst und dem Christentum zurückgegeben. Der große Kommerzienrat [von Gross] hat sogar öffentlich eine solche christlich gefärbte Rede gehalten, und das ›Gros‹ plapperte es nach. Mich ärgerte damals das kindische, kleinliche und enherzige Geschwätz, aber die ›christliche‹ Aufführung, die ich über mich ergehen lassen mußte, *empörte* mich geradezu. Wer im Jahr 1882 den ›Parsifal‹ gehört, dem mußte, wenn er einigermaßen Gefühl und Verständnis besitzt, ein unverrückbares Bild in Kopf und Herzen bleiben. Was Wagner damals geschaffen, ist für die Ewigkeit gültig, und nicht darf daran gerüttelt werden. So war es auch in den 1882 folgenden Jahren. Die Aufführungen ließen es nicht vermissen, daß der Meister nicht mehr lebte. – Da kam das Jahr 1888, und ich muß sagen, daß ich meinen Ohren nicht traute. Die Verzerrung, die im musikalischen Teil eingetreten war, ist nicht zu beschreiben. Bereits das Vorspiel war geradezu eine Qual. Der 1. und 3. Aufzug waren gegen früher verschleppt, und zwar derartig, daß der Melos völlig ins Stocken kam, der 2. Akt wieder – ich möchte sagen – stadttheatermäßig verhetzt. Im ganzen Werke eine Verzerrung, ein Outrieren, ein Hervorheben belangloser Einzelheiten, ein Mangel an Einheitlichkeit, der peinlich berührte. Ich verließ das Festspielhaus, als ob ich aus einem schweren Traume erwache. Das war der ›christliche Parsifal‹. Mit unterdrückten Tränen und geballten Fäusten hegte ich damals den frevelhaften Wunsch, der alte Meister möchte nur einmal noch aus seiner heiligen Grabesruhe aufgeweckt werden, um dieser Zucht – ich kann mich nicht anders ausdrücken – ein Ende zu machen. Ich bin überzeugt, daß Mottl, hätte er zum Beispiel in Karlsruhe den ›Parsifal‹ aufgeführt, ihn niemals so verdirigiert hätte; das wäre gar nicht möglich. Der Einfluß, der *das* zustande brachte, war der Frau Wagners, und dieser Einfluß war *schlecht*. Es ist geradezu traurig, daß dieses große Weib ihre Eitelkeit nicht bezähmen konnte und in dem Bestreben, etwas ganz Großartiges aus ihrem eigenen Geiste heraus zu schaffen, sich an dem Heiligsten vergriffen hat, was sie in scheuer Ehrfurcht hätte unangetastet sein lassen müssen. [...] Die Wirkung der damaligen Aufführungen des ›Parsifal‹ war merkwürdig. Begeisterung war nirgends. Weihe noch weniger. Einzelne offene Köpfe sprachen aufrichtig (wenigstens im Rücken Wahnfrieds). Die meisten waren gleichgültig. Die ›Geweihten‹ katzenbuckelten. Zum Glück übernahmst Du im nächsten Jahre wieder die Führung, und mit einem Schlage leuchtete der Gral wieder in seinem vollen Glanze. Ich sage Dir damit keine Schmeichelei, hoffentlich faßt Du es nicht so auf. Aber ich halte Dich für den Träger der Tradition, für den Interpreten des ›Parsifal‹, der den ›sanctus spiritus‹ dieses Werkes vom Meister überkommen hat und ihn hoffentlich bis ans Lebensende festhalten wird.« Weingartners Urteil ist sicher nicht frei von Subjektivität, zumal er in Bayreuth nur als musikalischer Assistent 1886 tätig war. Mottls Dirigierzeit 1888 war mit 4 Std. 15 Min. nur 11 Min. länger als Levis 1882; zum Vergleich: Arturo Toscanini dirigierte 1931 4 Std. 48 Min.

»Gedanken über Goethe«: Das Buch erschien 1887 in Berlin.
die Schriften: Wagners.
»Elpenor«: fragmentarisches Drama von Goethe, 1781/83.
Arbeit über Stein: Diese Arbeit scheint Schemann nicht geschrieben zu haben.
Verein in London: Edward Dannreuther (1844–1905) hatte bereits 1872 in London die »Wagner-Society« gegründet. In der Zeitschrift »The Meister« 1889, Nr. 5/6, erschienen die Beiträge.
in München ... »König Lear«: Am 1. 6. war mit dieser Inszenierung die sogenannte Reform- oder Shakespeare-Bühne eröffnet worden. Künstlerischer Leiter war Jocza Savits (schrieb 1917 »Shakespeare und die Bühne des Dramas«); die Beschreibung Cosimas ist sehr zutreffend.

8. 6. 1889   An Hermann Levi

Lachner: Franz L. (1803–1890) war 1852/68 Generalmusikdirektor in München.
Döbeln: Stadt in Sachsen.
Semper: Gottfried S. lebte 1853/71 in Zürich, war dort Professor für Baukunst.
Schön: Das von Friedrich von Sch. seit 1883 angestrebte Festspielhaus in Worms wurde erst im Herbst 1889 eröffnet.
mit der Haupt-C: aus den Briefen nicht zu ermitteln.

15. 6. 1889   An Hermann Levi

Fischer: Franz F. dirigierte nicht, H. Levi leitete alle Aufführungen.
Erzählung vom Tannhäuser: Rom-Erzählung im III. Akt.
plautzen: sächsisch für »fallen«.

Marcellus: Offizier in »Hamlet«; Zitat aus I. Akt, 1. Szene.

Aufsatz von Mottl: über »Gwendoline«; Levi hatte diese Oper von Emanuel Chabrier übersetzt.

Ternina: Milka T. (1863–1941) war 1890–1906 in München engagiert, sang in Bayreuth 1899 Kundry.

19. 6. 1889   An Hermann Levi

Valentine: Tochter des Grafen von Saint-Bris in Giacomo Meyerbeers Oper »Die Hugenotten«.

den »Vorzug«: vgl. 24. 7. 1887; Identität nicht ermittelt; im Januar 1891 schreibt Cosima an A. von Gross, eine Sängerin Frau Schmidt sei »absolut nichts«.

Schneiders: Wilhelm Schneider (1847–1914), Hofschauspieler in München, ab 1881 auch Regisseur; sein Lear wurde sehr gerühmt.

Hofmüller: Sebastian H. (1855–1923) war 1880/90 am Hoftheater in Darmstadt engagiert, dann bis 1900 in Dresden und 1902/18 in München; er sang in Bayreuth 1888/92 David, 1888/89 3. Knappe im »Parsifal« und 1889 Junger Seemann im »Tristan«.

die »Weisen«: des jungen Seemanns im I. Akt, 1. und 2. Szene »Tristan«.

Schwartz: Heinrich Sch. (1861–1924) war seit 1885 Lehrer am kgl. Konservatorium in München, musikalischer Assistent in Bayreuth 1889.

Bopp: Wilhelm B. (1863–1931), Chordirektor in Karlsruhe, war nur 1888 musikalischer Assistent in Bayreuth.

Cassio: Anspielung auf Shakespeares »Othello«.

Reuss: Eduard R. (1851–1911), 1880/96 Musikpädagoge in Karlsruhe, danach in Wiesbaden, 1901/02 Kapellmeister in Amerika. R. war 1899–1904 musikalischer Assistent in Bayreuth; er war verheiratet mit Luise R.-Belce.

Mahler: Gustav M. (1860–1911), Komponist, Dirigent, Operndirektor; M. begann seine Dirigentenlaufbahn 1880, 1885 2. Kapellmeister in Prag, 1886 in Leipzig, 1888 in Budapest Operndirektor, 1891/97 1. Kapellmeister in Hamburg, 1897–1907 Kapellmeister und Operndirektor in Wien, 1907/11 in New York. Zwischen Cosima und M. gab es viele Kontakte; Cosima schätzte ihn »trotz« seiner jüdischen Abstammung und der Tatsache, daß M. die von Mottl erhoffte Position als Wiener Operndirektor einnahm. M. seinerseits war äußerst höflich gegenüber Cosima zum Beispiel in der Frage des »Parsifal«-Schutzes, der Aufführung von Siegfried Wagners »Bärenhäuter« oder der Freigabe von Sängern; vgl. auch die Briefe an Anna von Mildenburg. – An Levi schreibt Cosima am 8. 5. 1894: »Mit Mahler bin ich in eingehendem Verkehr und muß sein Wesen wie seine Handlungsweise auf das wärmste rühmen. Ich entsinne mich dabei, daß Sie zuerst mir Mahler empfohlen haben.«

Perron: Karl P. (1858–1928) war 1884/91 in Leipzig, 1891–1913 in Dresden engagiert; sang in Bayreuth 1889, 1897, 1902/04 Amfortas, 1896/97 Wotan und 1902/04 Gunther.

mit weiland der St.: möglicherweise Frau Stamm (von ihr ist in bezug auf Levi in den Briefen an Mottl die Rede) oder Gisela Staudigl.

5 Milliarden: Frankreich mußte 1871 5 Milliarden Francs (4 Milliarden Mark) an Deutschland zahlen.

Zöllner: Friedrich Z. (1834–1882), Astronom und Physiker, mehrere Bände »Wissenschaftliche Abhandlungen«; Wagner äußerte sich negativ über Z.s Arbeiten, auch über den in BBl 1882, S. 186 f., publizierten Nachruf (vgl. TCW, 10. 11. 1879).

9. 10. 1889   An Engelbert Humperdinck

Raffsche Konservatorium: Joachim Raff (1822–1882) war 1877/82 Direktor des Hochschen Konservatoriums in Frankfurt a.M. gewesen.
diesen Unterricht: Am 17. 10. 1889 empfiehlt Cosima für Siegfrieds Erziehung: Méhul, Grétry, Boieldieu und (trotz der italienischen Herkunft) Cherubini.

12. 10. 1889   An Richard Strauss

Strauss: Richard St. (1864–1949), Komponist und Dirigent, studierte in München und begann seine Laufbahn als Dirigent 1885 in Meiningen (auf Empfehlung H. v. Bülows); 1886 3. Kapellmeister in München (neben F. Fischer und H. Levi), 1889 2. Kapellmeister in Weimar, 1894 2. Kapellmeister an der Münchener Hofoper, 1896 dort 1. Kapellmeister, 1898 1. Kapellmeister an der Hofoper Berlin. Nach dem Ersten Weltkrieg leitete St. zusammen mit Franz Schalk die Wiener Staatsoper (1919/24), 1933 wurde er Präsident der Reichsmusikkammer. In Bayreuth war St. 1889 und 1891 musikalischer Assistent, 1894 dirigierte er »Tannhäuser«, 1933/34 »Parsifal« und 1933 die IX. Symphonie von Ludwig van Beethoven.
Aufführung des »Lohengrin«: Strauss hatte am 6. 10. in Weimar erstmals »Lohengrin« dirigiert.
Bronsart: Hans B. von Schellendorf (1830–1913), Komponist, Dirigent und Pianist, war 1887/95 Generalintendant in Weimar.
Fischer: Franz von F.
Chabrier: Alexis Emanuel Ch. (1841–1894), französischer Komponist, gehörte zu den frühesten und wichtigsten »Wagnerianern« in Frankreich; arbeitete mit Charles Lamoureux zusammen.
symphonischen Dichtungen: Liszts.

31. 10. 1889   An Felix Mottl

Frühbe-Sucher: Josef Sucher in Berlin. Cosima wohnte im Hotel Westend in der Königgrätzerstraße!
Grafen: Bolko Graf Hochberg von Fürstenberg (1843–1926), Generalintendant der kgl. Schauspiele in Berlin 1886–1903.
München seit 67: Neuinszenierung des »Tannhäuser«.
Zähringer Löwe für die Tripotage: Offensichtlich hatte Mottl den badischen Verdienstorden »Zähringer Löwenorden« für die »Tannhäuser«-Neuinszenierung erhalten; die Venusbergszene war für Cosima eine Tripotage, soviel wie »Mischmasch«, verdrießliches Gemisch.
Nettke in Wien: nicht ermittelt.
»Th' ist nichts«: nicht ermittelt.
Konzertmeister Günther: Theobald G., Geiger im Bayreuther Orchester.
Klindworth: Karl K. (1830–1916), Pianist, Dirigent und Komponist; seit 1855 mit Wagner befreundet, Adoptivvater von Winifred Wagner. K. lebte seit 1884 in Berlin und gründete dort ein Konservatorium.
Kekulé: Reinhard K. von Stradonitz (1839–1911), war seit 1889 als Professor für Archäologie und als Direktor der Antiken Skulpturensammlung der kgl. Museen in Berlin tätig; seit 1877 verheiratet mit Anna K. (1859–1931); enge Freunde Cosimas.
Kellermann: Berthold K. (1853–1926), Pianist, Schüler von Liszt und Lina Ramann, als Nachfolger von Hans von Bülow und Carl Tausig Lehrer am Stern'schen

Konservatorium in Berlin, 1878/81 Hauslehrer in Wahnfried, Mitarbeiter in der
»Parsifal«-Kanzlei; 1882–1919 Lehrer an der Akademie der Tonkunst in München.
– K. dirigierte zu Liszts Geburtstag am 22. 10. die vier symphonischen Dichtungen.
Marie Wittgensteins: M. Sayn-Wittgenstein (1837–1897), Tochter der Freundin von
Franz Liszt, der Fürstin Carolyne S.-W., verheiratet seit 1859 mit Konstantin Fürst
zu Hohenlohe-Schillingsfürst (1828–1896); vielfach in TCW; von Wagner schon
»das Kind« genannt.
Graeb: Emil G., 1868–1919 Ballettmeister an der Berliner Hofoper.
»Orpheus«: »Orpheus und Eurydike«, große Oper mit Ballett von Christoph Willibald
Gluck, Neuinszenierung in Berlin 1886.
Leisinger: Elisabeth L.-Mühlberger (1856–1934), Ausbildung bei Pauline Viardot-
Garcia in Paris, 1886/94 an der Berliner Hofoper; Hauptrollen: Elisabeth, Eva,
Agathe, Pamina; sang nicht in Bayreuth.
Helmholtz: Anna und Hermann von H. (1821–1894), Physiologe und Physiker; mit
Anna von H. war Cosima befreundet; vielfach in TCW.
Karlsruher Musikfest: im September 1853; Betz lebte 1851/55 in Karlsruhe.
Hebung des Schwertes: Mottl hatte dazu bereits in den BBl 1886, S. 332, einen kleinen
Aufsatz geschrieben.
Chelius: Richard von Ch., vgl. 21. 5. 1893.
»Gioconda«: »La Gioconda«, Oper von Amilcare Ponchielli, Berliner Erstaufführung
23. 10. 1889.
Bote und Bock: Musikverlag in Berlin.
Hiedler: vgl. 28. 8. 1887.
ihm … zu verzeihen: Mottl hatte 1888 »Parsifal« dirigiert; W. Tappert soll für die
Tempi den Ausdruck »vermottlt« (soviel wie »verschleppt«) geprägt haben.
»Quitzows«: vaterländisches Drama von Ernst von Wildenbruch, Uraufführung 9. 10.
1888.
Werder: Karl W. (1806–1893), Philosoph und Schriftsteller, gute Beziehungen zum
Berliner Hof (»Amico Imperator« – seine Grabinschrift). W. hatte am 9. 1. 1844 die
zweite von Wagner dirigierte Aufführung des »Fliegenden Holländer« in Berlin
gehört und seine Begeisterung Wagner mitgeteilt.
Richter: Cornelie R., Tochter Giacomo Meyerbeers, Witwe des Malers Gustav R.
(1823–1884); vor allem mit Daniela und Cosima befreundet.
Nesper: Joseph N. (1844–1929), österreichischer Schauspieler, Schüler von Freifrau
von Heldburg, seit 1884 am kgl. Schauspielhaus in Berlin.
Holzschuher von Dürer: »Bildnis des Hieronymus Holzschuher«, 1526.
»Faust's Tod«: Bearbeitung von Adolf L'Arronge von Goethes »Faust«, 2. Teil.
Stöcker: Adolf St. (1835–1909), Hofprediger und Politiker, antisemitisch, Mitglied
des Reichstags 1891/93, 1898–1908. Cosima und St. trafen sich mehrmals in Berlin
und Bayreuth, in den BBl viel Propaganda für St.s Denken und seine Schriften; am
9. 3. 1893 schreibt Cosima an Chamberlain: »Stöcker habe ich kennengelernt, und
seine Erscheinung hat mich gerührt. Er hat einen naiven Köhlerglauben, und sein
Mut stammt aus diesem Glauben.«
Trauung … in Athen: Am 27. 10. hatte der griechische Kronprinz Konstantin, ältester
Sohn des Königs Georg I., die dritte Tochter von Kaiser Friedrich III., Prinzessin
Sophie von Preußen, geheiratet; die Prinzessin trat im Mai 1891 zur orthodoxen
Kirche über.
Tschudi: vgl. 19. 1. 1893.
meinen Bruder: Daniel Liszt (geb. 1839) war bereits 1859 in Berlin gestorben.

6. 12. 1889   An Konrad Fiedler

Kleist: Das Gespräch über K. wurde fortgesetzt; am 20. 12. 1889 schreibt Cosima: »Genialität könnte ich nur als Krankhaftigkeit für den Fall zugeben, wo keine Gestaltungskraft vorhanden ist und wo sie dann unbedingt das Gleichgewicht zerstört. Nicht an seiner Genialität, scheint mir, ist Kleist zugrunde gegangen, sondern an seinem Ekel vor damals wahrhaftig unerträglichen Zuständen. Mir scheint sein Tod dem der Helden aus der alten Welt zu gleichen.« Fiedler antwortete am 24. 12. 1889: »Ob man in Kleist etwas Krankes finden soll oder nicht, möchte ich dahin auflösen, daß Genialität allerdings eine Art Krankheit zu nennen ist, an der das Individuum zugrunde gehen muß, wenn es nicht von der Natur so kräftig organisiert ist, daß es seine eigene Genialität zu ertragen vermag.«

Wilt: Maria W. (1834–1891) sang 1867/78 an der Wiener Hofoper, dann vor allem Gastspiele als gefeierte Sopranistin (Stimmumfang zweieinhalb Oktaven); beging Selbstmord.

9. 12. 1889   An Karl Emil Doepler

Doepler: Karl Emil D. (1823–1905), Schüler von Karl Theodor von Piloty, Lehrer der Kostümkunde in Weimar und Berlin; schuf die »Ring«-Kostüme 1876 (die von Cosima kritisiert wurden). Diese Figurinen wurden als Mappe mit Text von C. Steinitz 1889 publiziert.

7. 1. 1890   An Richard Strauss

Willemer: Johann Jakob von W. (1760–1838), Bankier, mit Marianne von W. verheiratet, der Suleika aus Goethes »West-östlichem Diwan«.

das Konzert: Am 9. 12. 1889 hatte Strauss ein Konzert dirigiert mit der »Faust-Ouvertüre«, dem »Siegfried-Idyll« und dem »Huldigungsmarsch«.

Scholz: Bernhard Sch. (1835–1916), Dirigent und Komponist, 1883–1908 Direktor des Hochschen Konservatoriums in Frankfurt a.M.

Schumann: Clara Sch. (1819–1896), berühmte Pianistin, Witwe Robert Schumanns.

Ritters ... Aufsatz: »Rückblick auf die Festspiele des Jahres 1889«, im »Bayreuther Taschenbuch« 1890, S. 146 ff.

7. 1. 1890   An Max Koch

Koch: Max K. (1855–1931), Literaturhistoriker, zahlreiche Publikationen, u. a. »Richard Wagner«, 3 Bde., war ab 1890 Professor in Breslau.

Der Brief bricht ab, da Cosima, wie Eva mitteilt, an den Folgen einer Influenza litt.

16. 2. 1890   An Hermann Levi

wichtige Besprechung: über »Tannhäuser«.

zwei Strophen: Tannhäusers im Venusberg; vgl. 6. 1. 1889.

den alten »Tannhäuser«: die Dresdener Fassung.

23. 2. 1890   An Mary Fiedler

Alvary: Max A., eigentlich Maximilian Franz Achenbach (1856–1898), Sänger, war 1880/85 am Hoftheater in Weimar, 1885/90 an der Metropolitan Opera, dann in

München, Hamburg und Weimar. In Bayreuth sang er 1891 Tannhäuser und Tristan.

6. 3. 1890   An Richard Strauss

Ihrem »Don Juan«: Tondichtung von R. Strauss, nach Nikolaus Lenau, op. 20 (1889); sie wurde am 25. 2. in Frankfurt a. M. aufgeführt.

»Schauspieler und Sänger«: Wagners Schrift »Über Schauspieler und Sänger« erschien 1872.

hier meine Antworten: Strauss hatte in seinem Brief am 3. 3. zu »Tannhäuser« gefragt: »1.) Soll Tannhäuser (I. Akt, 2. Szene, 4. bis 8. Takt), während ihn Venus schmeichelnd zurückzieht, die Augen nochmals schließen?

2.) Wann soll Tannhäuser aufspringen? Ich dachte mir bei: ›Hör ich sie nie, seh' ich sie niemals mehr?‹

3.) Darf Tannhäuser nach den Worten der Venus: ›Reut es dich so sehr ein Gott zu sein?‹ bei der aufsteigenden Sechzehntelfigur eine leicht verneinende Bewegung machen, oder soll er bei der ganzen Rede der Venus ruhigstehen?

4.) Ist es richtig, daß Venus ihm die Harfe reicht? Im Klavierauszug steht nur: Tannhäuser ergreift seine Harfe.

5.) Wann soll Tannhäuser seine Harfe wegwerfen?

2. Akt, Duett: Ist es gut, daß Tannhäuser bei den Worten: ›Fern von hier, in weiten, weiten Landen, dichtes Vergessen hat zwischen heut(e) und gestern sich gesenkt‹ Elisabeth ernst ins Gesicht sieht, seinen Blick erst wegwendet bei: ›all mein Erinnern‹ und daß er bis zu ›Euch zu begrüßen‹, wo eine kleine demütige und anbetende Gebärde vielleicht am Platze ist, gar keine Bewegung macht?

Für heute sind dies wohl genug der Fragen, verzeihen Sie, wenn ich Sie, teuerste gnädige Frau, quäle, aber es ist so schwer, in seinem eigenen dummen Kopfe das Richtige zu finden, und recht möchte man es doch machen!

Gudehus machte im Sängerkrieg einmal, ich weiß nicht mehr genau wo, eine flehende Gebärde zu Elisabeth, die sich abwendete, dies ist doch wohl kaum richtig; in der steigenden Hitze des Kampfes und im Gefühl, daß, wenn er das entscheidende Wort spricht, er alle Gegner entwaffnet, beachtet er doch eigentlich Elisabeth nicht mehr! Bitte, hochverehrteste Frau, belehren Sie mich, wenn es nicht zu unbescheiden von mir ist, Ihre kostbare Zeit so in Anspruch zu nehmen!«

Arbeiten meines Siegfried: betrifft dessen kontrapunktische Arbeiten.

Joukowsky: Paul von J. (1845–1912), russischer Maler, enger Freund des Hauses Wahnfried. Für die Uraufführung des »Parsifal« 1882 hatte er die Dekorationen und Kostüme entworfen.

Lassen: Eduard L. (1830–1904), dänischer Komponist und Dirigent; 1858/95 als Nachfolger Liszts Hofkapellmeister in Weimar. Er hatte dort unter anderem am 22. 10. die Aufführung der »Heiligen Elisabeth« dirigiert. Strauss war derzeit 2. Kapellmeister in Weimar.

26. 3. 1890   An Richard Strauss

»Tannhäuser«-Tag: Aufführung des »Tannhäuser« unter der musikalischen Leitung von Strauss in Weimar am 27. 3.

meines Neffen Ritter: Alexander R.

»Graner Messe«: Die Missa solemnis, die sog. »Graner Festmesse«, komponierte Liszt anläßlich der Einweihung der Basilika in Gran 1855.

des »*Barbiers von Bagdad*«: komische Oper von Peter Cornelius, Uraufführung 1858 in Weimar unter Liszt.

Jahn: Wilhelm J. (1835–1900), Dirigent; Direktor der Wiener Hofoper 1881/97.

Wilhelm Hertz' »*Spielmannsbuch*«: W. Hertz (1835–1902), Schriftsteller und Literaturhistoriker, gab 1886 das »Spielmannsbuch«, Novellen aus dem 12. und 13. Jahrhundert, heraus. H. hatte in Tübingen studiert und war ab 1858 in München, wo er dem Dichterkreis um Geibel, Heyse, Bodenstedt u. a. angehörte. Er schrieb u. a. »Die Nibelungensage«, 1877, »Die Sage vom Parzival und dem Gral«, 1882, bearbeitete und übersetzte »Tristan und Isolde« und »Parzival«; seine »Gesammelten Dichtungen« erschienen 1900.

Ihre originelle Politik: Strauss hatte bei einem Diner folgenden »feierlichen Ausspruch« getan: »Ich bin sehr gerne bereit, die Sozialdemokraten, wenn dieselben die nötige Million für Bayreuth schaffen, als die Träger der wahren Kultur zu bezeichnen«, und war, wie er am 22. 3. an Cosima schrieb, »tüchtig ausgelacht worden«.

ein Bild des Kanzlers: Am 20. 3. war Bismarck von seinem Amt als Reichskanzler zurückgetreten.

de Ahna: Pauline de A. (1863–1950), Sopran; Tochter des kgl. bayer. Generalmajors im Kriegsministerium Adolf de A.; seit 1894 verheiratet mit R. Strauss. Sie sang 1890/95 am Weimarer Hoftheater. In Bayreuth sang sie 1891/94 Elisabeth und eine Soloblume in »Parsifal«.

Schrift über Marées: »Hans von Marées«, Privatdruck 1889.

Vergleich mit der Hydra: Strauss schrieb am 22. 3.: »Was nun die übrigen szenischen Arrangements betrifft, so ist so viel schlechte Konvention da und ein riesiger Zopf, der wie eine hundertköpfige Hydra ist; wenn man einen Kopf abschlägt, wachsen hundert nach.«

Chöre des »*Prometheus*«: symphonische Dichtung von F. Liszt zur Enthüllung des Herder-Denkmals in Weimar, 1850 komponiert, 1855 umgearbeitet und instrumentiert.

Mohrenwäsche: soviel wie »einen Mohren weiß waschen«, nach Jeremias 13,23.

Zeus dem Poeten: frei nach Schillers »Die Teilung der Erde«.

31. 3. 1890   An Engelbert Humperdinck

»*Wallfahrt*«: Humperdincks Komposition »Die Wallfahrt von Kevelaar« (1878) wurde in den BBl 1889 ausdrücklich für Abende der Wagner-Vereine empfohlen.

Ostersonntag, 6. 4. 1890   An Hermann Levi

»*Spottgeburt von D . . . und Feuer*«: Faust zu Mephisto im 1. Teil, Marthens Garten.

»*Heilige Elisabeth*«: Cosima studierte das szenische Oratorium ihres Vaters in Karlsruhe ein; die »szenisch mäßige« Aufführung (es sollen für die Ausstattung nur 1500 Mark zur Verfügung gestanden haben) fand im November statt.

»*Pietro di Abano*«: Oper von Louis Spohr, 1827, die am 13. 4. 1890 in einer neuen Fassung in München gespielt wurde.

Seismos: das Erdbeben, »Faust«, 2. Teil, II. Akt.

29. 4. 1890   An Engelbert Humperdinck

Claar: Emil C. (1842–1930), Schauspieler und Theaterleiter, ab 1879 Intendant des Stadttheaters in Frankfurt a.M. – Humperdinck bekam am Theater keine Anstellung.

Arbeit ... mit dem »*Rienzi*«: Cosima begann eine Aufführungspartitur und ein Regiebuch einzurichten; im Winter 1891/92 war sie damit fertig (vgl. Brief 1. 3. 1892); eine eigene Inszenierung kam jedoch erst 1895 in Berlin zustande; Dirigent dieser Aufführung war Karl Muck, Dekorationen Max Brückner (vgl. Brief an Chamberlain 29. 3. 1895, Briefwechsel).

21. 5. 1890 An Richard Strauss

Jäger: Ferdinand J. (1838–1902), Tenor; 1879/79 an der Wiener Hofoper, dann mehrere Jahre Gast in Stuttgart, München und Wien. 1882 und 1888 sang er Parsifal in Bayreuth. Cosima empfahl ihn Strauss am 16. 5. »auf das herzlichste und wärmste« als Regisseur.

Ritter'schen Stücke: Gemeint sind die Opern von Alexander Ritter »Wem die Krone?« (Uraufführung 1890, Weimar) und »Der faule Hans« (Uraufführung 1885, München), den Strauss anläßlich der Uraufführung der erstgenannten Oper in Weimar dirigierte.

»*Sommernächte*«: »Les Nuits d'été«, sechs Gesänge op. 7 (1853/56).

»*Chopin*«: Liszts Biographie von Chopin, im französischen Original 1851 erschienen. Die zweite Auflage, von Fürstin Sayn-Wittgenstein überarbeitet und um ein Drittel ergänzt, erschien 1879. Die erste, sehr freie Übersetzung der zweiten Fassung stammt von La Mara (Marie Lipsius). 1948 veröffentlichte Hans Kühner die deutsche Übersetzung der Urfassung.

Hüpeden: George H. (geb. 1863), Baßbariton; Schüler von Franz von Milde und Julius Kniese, sang in Regensburg, Breslau und Königsberg. In Bayreuth sang er im Chor und 1892 den Steuermann in »Tristan«.

Zeller: Heinrich Z. (1856–1934), Tenor, Schüler von Strauss. 1889–1917 am Hoftheater Weimar. In Bayreuth sang er 1891 Tannhäuser und 1891/92 Heinrich den Schreiber, in »Parsifal« 1891 einen Knappen, in »Tristan« 1892 Melot.

»*Das eherne Pferd*«: Märchenoper von Auber (1835).

»*Katzensteg*«: Roman (1888) von Hermann Sudermann.

Ihren Aufsatz: Skizzen zu einem Einführungsartikel zu den Opern von Ritter, nachzulesen in: Willi Schuh, »Richard Strauss, Jugend und frühe Meisterjahre. Lebenschronik 1864–98«, Zürich/Freiburg i. Br. 1976, S. 200 ff.

»*Blaubart*«: Grétrys Oper »Raoul Barbe Bleue« hatte Mottl bearbeitet und am 10. 4. 1890 in Karlsruhe aufgeführt; Cosima hatte eine Vorstellung besucht.

2. 6. 1890 An Engelbert Humperdinck

Tatwamasi: tat twam asi, altindischer Spruch (»das bist du«), von Wagner in »Religion und Kunst« verwendet.

»*Gezähmten Widerspenstigen*«: wohl »Der Widerspenstigen Zähmung« von Shakespeare gemeint.

14. 8. 1890 An Otto Eiser

Friedrichs auf dem Gilgenberg: F. Friedrichs war in die Nervenheilanstalt St. Gilgenberg bei Bayreuth eingeliefert worden; der behandelnde Arzt war Dr. Falko.

Lina Gross: Tochter von Marie und Adolf von G.

über sein Hiersein: Kniese war mit seiner Frau Olga am 2. 11. 1889 nach Bayreuth gezogen.

Peterstal: Kurort bei Offenburg, Quellen für Blutarmut und Nervenleiden.

5. 3. 1891   An Houston Stewart Chamberlain

Van Dycks Renitenz: E. van Dyck sang 1891 (neben Grüning) doch den Parsifal, H. Winkelmann neben M. Alvary und H. Zeller den Tannhäuser.

Oesterleins: Nikolaus Oesterlein (1841–1898), Sammler und Schriftsteller, errichtete 1887 in Wien das »Richard-Wagner-Museum«; publizierte vor allem einen umfangreichen Katalog zu dieser Sammlung, die sich heute in Eisenach befindet.

Böhler: Albert B., von dem Chamberlain am 20. 2. 1891 schrieb, beide hätten Abende des AWV besucht: »eine ganz monströse Vereinsmeierei«.

Wickhoff: Franz W. (1853–1909), Kunstwissenschaftler, seit 1891 Professor in Wien; zahlreiche Aufsätze u. a. im »Jahrbuch der Kunstsammlungen...«, Studien zur venezianischen Kunst. Als Wissenschaftler später im Gegensatz zu Thode stehend.

Höfler: Prof. Alois H. (1853–1922) war Obmann-Stellvertreter des Wiener Akademischen Wagner-Vereins, zahlreiche Beiträge in den BBl.

Löwe: Ferdinand L. (1863–1925), Pianist und Dirigent, besonders um Anton Bruckner verdient, war 1883/96 Lehrer am Wiener Konservatorium.

Rossi: Ernesto R. (1827–1896), berühmter italienischer Schauspieler, ab 1870 internationale Tourneen vor allem mit Shakespeare-Rollen wie Hamlet, Othello, Lear, Richard III.

von Kallay: Benjamin v. K. (1839–1903), österreichisch-ungarischer Politiker, Finanzminister.

Regie-Bemerkungen Heines: Ferdinand Heine (1798–1872), Schauspieler, Regisseur und Kostümbildner am Dresdener Hoftheater; schrieb im Hinblick auf eine »Tannhäuser«-Inszenierung in Darmstadt 1852/53 »Scenirung der Oper: Tannhäuser von Richard Wagner«; Wagner sprach darüber von »Dresdner Scenarium«. H. fertigte auch ein Regiebuch zu »Lohengrin«.

Klindworth: An A. v. Gross schrieb Cosima am 18. 1. 1891: »Geheimrat Seckendorff und Klindworth meldeten mir, daß sie für das nächste Vereinskonzert Blumenmädchen und darauffolgende Szene, ferner den Schluß des III. Aktes bringen wollten. Es war mir nicht angenehm, ich sagte, daß ich meine Zustimmung nicht geben könne, hatte aber nicht den Mut, absolut Protest einzulegen, namentlich wegen Klindworth, der mehr dem Grabe als dem Leben mir nahe erschien.«

7. 3. 1891   An Ernest van Dyck

Paumgartner: Hans P. (1843–1896), Musiker und Schriftsteller, seit 1880 Solokorrepetitor an der Wiener Hofoper; musikalischer Assistent in Bayreuth 1891.

Raoul: R. von Nangis (Tenor-Partie) in Giacomo Meyerbeers »Die Hugenotten«.

des Grieux: Chevalier des G. (Tenor-Partie) in Jules Massenets »Manon«.

19. 3. 1891   An Felix Mottl

Strophe des Tannhäuser: Beispiele vom Beginn der 2. Strophe im Venusberg.

Mordente: Pralltriller, Verzierungen durch Wechselschlag zwischen Hauptnote und unterer Sekunde.

Rosé: Arnold R. (1863–1946), Geiger, 1881–1938 Konzertmeister an der Wiener Hofoper, leitete ein berühmtes Streichquartett, das Rosé-Quartett; in Bayreuth war er 1888/96 Konzertmeister.

»Auf / liebe Sänger«: Landgraf Heinrich im II. Akt.

das Maestoso: »Versammelt sind aus meinem Lande...«.

»*Cid*«: »Der Cid«, Oper von Peter Cornelius in der Bearbeitung von Hermann Levi, Uraufführung München 1891.

Müller-Lieder-Reminiszenzen: Anspielung auf den Textdichter Wilhelm Müller (1794–1827), dessen Liederzyklen »Die schöne Müllerin« und »Winterreise« Franz Schubert vertonte.

»*Barbier*«: Cornelius' Oper »Der Barbier von Bagdad« hatten Mottl und Levi 1885 bearbeitet; diese sogenannte »wagnerische« Fassung wurde viel gespielt.

»*Norma*«: Oper von Vincenzo Bellini, 1831, von Mottl (für München) bearbeitet.

Maulwurf: Anspielung unbekannt.

Und – les sept pointes! Phaeton...: Anspielung unbekannt; mit Phaeton ist wahrscheinlich nicht der Tropikvogel gemeint, sondern Phaethon, der Sohn des Sonnengottes Helios.

Cotillon: Gesellschaftstanz.

31. 3. 1891   An Mary Fiedler

armen Lenbach: Blutvergiftung und vermutlich Schlaganfall mit zeitweiser Lähmung der rechten Hand.

Laden des Apothekers: in »Romeo und Julia«, V. Aufzug, 1. Szene.

Melchthals Ausbruch: in Schillers »Wilhelm Tell«.

16. 4. 1891   An Max Koch

Sudermanns: Hermann Sudermann (1857–1928) schrieb sozial- und gesellschaftskritische Stücke wie »Die Ehre«, 1889, »Sodoms Ende«, 1891.

8. 5. 1891   An Bodo von dem Knesebeck

Knesebeck: Bodo von dem K. (1851–1911), kgl. preußischer Kammerherr, seit 1890 Kabinettsrat (Schatullverwalter) bei Kaiserin Auguste Viktoria; später 1. Vorsitzender des Deutschen Roten Kreuzes. K. war mit Cosima und Wolkensteins eng befreundet. Den Nachruf in den BBl 1912, S. 209ff., schrieb Anton Graf von Wolkenstein-Trostburg.

Gräfin: Marie Gräfin Wolkenstein.

»*Nachfolge*«: »Nachfolge Christi« von Thomas von Kempen.

»*Die Barberina*«: von W. Röseler, Berlin 1890.

»*Le château des cœurs*«: Märchenstück in 10 Bildern, 1862/63 (»Die geraubten Herzen«).

Bourget: Paul B. (1852–1935), Romanschriftsteller und Kritiker, u. a. Studien zu Baudelaire, Taine, Flaubert, Stendhal; »Études et portraits«, 1888.

Prinzessin im »Tasso«: im III. Akt, 2. Auftritt von »Torquato Tasso«.

»*Eduards Traum*«: Diese witzige Kleinigkeit (Bluette) von Wilhelm Busch erschien 1891. Busch nannte den Prosatext einen »kleinen Schnickschnack auf Druckpapier« »zur Unterhaltung für wenige«.

24. 5. 1891   An Houston Stewart Chamberlain

Upanishaden: philosophischer Teil der Veda; herausgegeben und übersetzt von Paul Deussen.

Ristori: Adelaide R. (1822–1906), bedeutende italienische Schauspielerin.

Myrrha: Titelrolle in Vittorio Alfieris Trauerspiel.

Rachel: Elisabeth F. R. (1821–1858), große französische Tragödin.
Herzog von Luynes: Honoré Th. P. S. d'Albert (1802–1867), französischer Mäzen.
Simart: Charles S. (1806–1857), französischer Bildhauer, schuf 1846/55 die Statue der Athene Parthenos nach Phidias.
»Siegfrieds Tod« vorlesen: 10. 10. 1853 in Paris durch Wagner.
Hochzeitsreise: im September 1857 zu Wagner nach Zürich.
was in Ihnen vorgegangen: Chamberlain hatte am 24. 4. 1891 geschrieben, der literarische Umschlag der BBl enthalte nur Geschwätz der Tagespresse.
Dr. Jenkins: Newell S. J., amerikanischer Zahnarzt in Dresden; schon Wagner wurde von ihm behandelt.
die 10 Bände: Wagners »Gesammelte Schriften und Dichtungen«.
Gedanken mit der Mappe: Chamberlain hatte angeordnet, daß man im Todesfall Wahnfrieds Briefe in der Mappe ungeöffnet zurückgebe.
Heinz: H. Thode.
Sutras: Teil der Veda (Opferriten).

29. 5. 1891   An den Direktor der Opéra Paris

Wahrscheinlich ist der Brief an *Pierre Gailhard* gerichtet (1848–1918), Bariton und Theaterleiter; ab 1872 an der Großen Oper Paris verpflichtet, ab 1884 Mitdirektor, 1899–1907 Direktor; unter seiner Leitung zahlreiche Ur- und französische Erstaufführungen vor allem von Massenet und Wagner. »Lohengrin« wurde am 16. 9. 1891 an der Pariser Opéra aufgeführt; Charles Lamoureux dirigierte, Ernest van Dyck sang die Titelpartie; großer Erfolg, bis Mai 1894 hundert Aufführungen.

31. 8. 1891   An Mary Fiedler

nach Crostewitz: Familiengut Fiedlers bei Leipzig.

3. 9. 1891   An Bodo von dem Knesebeck

Joseph de Maistre: J. Marie Graf de M. (1754–1821), französischer Schriftsteller.
fahret fort: Hans-Sachs-Zitat aus »Meistersinger«, Festwiese.
als seinen Schüler: Heinrich Zeller.
Monod: Gabriel M. (1844–1912), französischer Historiker; 1869 Lehrer, später Direktor der École des hautes-études in Paris, 1905 Professor am Collège de France. M. gründete 1876 und leitete die »Revue historique«. Ab 1873 verheiratet mit Olga geb. Herzen, die seit ihrem zehnten Lebensjahr Adoptivtochter von Malwida von Meysenbug war.
»Journal of Sir Walter Scott«: »The Journal of W. S., 1825–1832«, 2 Bde., London 1891, erschien als Ergänzung zu der siebenbändigen Biographie von Lockhardt: »Memoirs of Sir W. S.«, 1838.

3. 9. 1891   An Hermann Levi

Sie von dem Amt zu entfernen: Levi hatte an Cosima am 30. 8. 1891 geschrieben: »Nach 20 Jahren des Zusammen-Wanderns, oder vielmehr meines Kreisens um einen feststehenden Punkt, ist es wohl gestattet, einmal Halt zu machen und sich zu besinnen, wohin man treibt und ob dann die Kräfte zu noch weiterem Wandern und Kreisen noch ausreichen. Und da sagt mir eine immer lauter werdende innere Stimme, daß es hohe Zeit ist, einer Selbsttäuschung, in der ich mich so lange und so

gerne – wenn auch mit fortwährenden Schwankungen auf und nieder – gewiegt habe, ein Ende zu machen. Vor gerade 10 Jahren war ich in ähnlicher Lage; damals wurden meine Ängste und Bedenken durch unendliche Güte und Nachsicht beschwichtigt: Es wurde mir die Leitung des ›Parsifal‹ übertragen. Aber wenn dies für mich einerseits eine Quelle höchsten Glückes und innerster Befriedigung war, so wirkten doch andererseits die Ängsten und Bedenken unaufhörlich, wie unterirdische Strömungen, in mir fort, anfangs in seltenen, dann in immer häufigeren Zwischenräumen an die Oberfläche tretend, und endlich in diesem Sommer alles überflutend, so daß, selbst wenn auch jetzt wieder eine unendliche Güte und Nachsicht walten wollte, sie machtlos wäre gegenüber der bereits eingetretenen Verheerung und Öde. Ich habe das deutliche Gefühl, daß meine Schultern zu schwach geworden sind sowohl für das, was ich in Bayreuth zu tun, als auch, was ich zu tragen und zu ertragen habe; ich bin wund und krank, und sehne mich nach Ruhe. Darum bitte und beschwöre ich Sie: entlassen Sie mich der Enge!! Sie sagten so oft im Ernst und im Scherze, daß ich das Kreuz sei, welches Sie bis an das Ende zu tragen hätten. Aber wann ist das Ende? Warum kann es nicht heute sein?«
Schönaich: Gustav Sch. (1840–1906), Journalist und Schriftsteller in Wien; Freund von Levi.

6. 9. 1891   An Ernst Erbprinz zu Hohenlohe-Langenburg

Hohenlohe-Langenburg: Ernst Erbprinz (ab 1913 Fürst) zu H.-L. (1863–1950), Sohn von Hermann Ernst Fürst zu H.-L., kaiserl. Statthalter in Elsaß-Lothringen, und seiner Frau Leopoldine Wilhelmine, Prinzessin von Baden; verheiratet seit 1896 mit Alexandra, Prinzessin von Sachsen-Coburg und Gotha; 1890/91 im Auswärtigen Amt in Berlin, 1891 Legationssekretär in St. Petersburg, anschließend in London, 1897 als Legationsrat aus dem diplomatischen Dienst ausgeschieden. 1900/05 Regent in den Herzogtümern Sachsen-Coburg und Gotha für den unmündigen Herzog Karl Eduard, 1906 Leiter des Kolonialamtes, 1907/12 Abgeordneter der Deutschen Reichspartei im Reichstag, 1909/10 auch Vizepräsident im Reichstag, 1914/18 Generaldelegierter der Freiwilligen Krankenpflege an der Ostfront. – Enge freundschaftliche Beziehung zu Cosima, gegenseitige Besuche.
Carlyle: Thomas C. (1795–1881), schottischer Schriftsteller.
der gemeinsten Not preisgegeben: Durch einen geschäftlichen Bankrott 1826 hatte Scott 117000 Pfund Schulden.
nach Brunnen: Dorf im schweizerischen Kanton Schwyz.

11. 9. 1891   An George Davidsohn

Davidsohn: George D. (1835–1897), Redakteur der »Berliner Börsenzeitung«, Gründer des »Berliner Börsen-Courier«, Vorstandsmitglied des Berliner Wagner-Vereins.
Zucchi: Virginia Z. (1847–1930), italienische Tänzerin und Choreographin; inszenierte 1891/94 das Bacchanal.

20. 9. 1891   An Konrad Fiedler

Ihre Zeilen: Über Marées hatte Fiedler am 13. 9. 1891 an Cosima geschrieben: »Und wenn Sie schreiben, daß die Bilder wie Erscheinungen auf Sie gewirkt hätten, so sprechen Sie damit das eigentliche Geheimnis der bildenden Kunst aus. Es ist das Kennzeichen der Erscheinungen, daß sie uns nicht als etwas Hervorgebrachtes,

sondern als etwas Vorhandenes und darum ebenso unmittelbar überzeugend als unbegreiflich gegenübertreten. Solange eine künstlerische Darstellung sich nicht zu dieser Höhe erhebt, so lange kann von Kunst noch nicht die Rede sein. Ich habe immer gefunden, daß es gar kein Gradunterschied, sondern ein Unterschied des innersten Wesens ist, der das Streben Marées' von den Bemühungen der modernen Künstler trennt. Die Ausstellung könnte so lehrreich sein, wenn die Menschen Augen hätten zu sehen; wo man auch hinblicken mag, überall nur die Übung eines mehr oder minder großen Könnens; die im Grunde doch nur kindische Beschäftigung, Bilder zu malen. Bei Marées alleine ist man sofort diesem ganzen Treiben entrückt und über alle Unvollkommenheiten hinweg in einer Welt wahrer Gestaltung erhoben.«
Lutetia: Bezeichnung für Paris.

21. 9. 1891   An Hermann Levi

Levi hatte am 21. 9. 1891 an Cosima geschrieben: »Bei einer Entscheidung auf Leben und Tod (denn daß mein Ausscheiden aus dem mir übertragenen Amte eine Art Sterben für mich bedeutet, werden Sie mir wohl glauben) zögert man, das entscheidende Wort zu sprechen, zumal wenn einem dieses, wie mir durch Ihren Brief, so schwergemacht wird. – Wohl wußte ich, daß Ihre Antwort so ausfallen werde, denn ich kenne Sie als eine tiefreligiöse Natur, die alles im Leben als Notwendigkeit, als Schickung, als Prüfung ansieht. Ich glaube auch, ich könnte Ihnen weit, weit auf diese Ihre Empfindung folgen, denn auch ich meine auf meine Weise religiös zu sein. Aber es gibt doch eine Grenze, auf welcher das Ertragen, das Ergebensein sich wie Schwäche darstellt, und so wie ich den Soldaten nicht unchristlich nennen möchte, der sich in der Schlacht mit einem Schilde deckt, noch den Kranken, der die Hülfe eines Arztes anruft, so glaube ich auch, daß ich gegenüber dem Vorwurfe, gehandelt zu haben, wo ich nur schweigend zu ertragen gehabt hätte, dereinst bestehen werde. Seit über 2 Jahren kämpfe ich meine Empfindungen nieder und gehe ich den Weg, auf welchen Sie mich verwiesen; in diesem letzten Sommer war ich schon so still, so passiv geworden, hatte meiner Natur solche Gewalt angetan, daß ich mir in diesem Verleugnen meiner selbst oft geradezu schlecht vorkam. Daß es mir trotzdem nicht gelingen wollte, Ihnen – ich will nicht sagen einen Herzenston, aber doch wenigstens eine freundliche Beachtung meiner Bemühungen, zu entlocken, beweist mir, was ich Ihnen so oft sagte und was Sie ebensooft gütigerweise bestritten: daß es nicht meine Handlungen, Gesinnungen und Äußerungen sind, die Sie verletzen, sondern daß Ihnen mein ganzes Wesen, mein bloßes Dasein als etwas Ihnen Feindliches, Ihre Kreise Störendes empfinden. Und diese nagende, von Jahr zu Jahr mir deutlicher zu Bewußtsein gekommene Erkenntnis hat mich, wie ich in meinem letzten Briefe schrieb, wund und krank gemacht, so daß ich fürchte, in einem nächsten Festspieljahre nicht einmal mehr physisch meiner künstlerischen Aufgabe, wie früher, gewachsen zu sein. Auch bin ich wohl zu alt geworden, während bei Ihnen, wie bei allen genialischen Naturen, die Jahre eine nur immer höhere und mächtigere Entwicklung aller Kräfte mit sich bringen, keineswegs ein Nachlassen derselben, so daß Sie sich – ganz naturgemäß – auch nur mit jüngeren, gleichfalls noch des Entwickelns und Aufstrebens fähigen, nicht aber mit bereits fertigen Naturen umgeben können.«

1. 10. 1891   An Engelbert Humperdinck

kleine Zusammenstellung: vgl. den folgenden Text.
Ritter: Alexander R. schrieb für die BBl 1892, S. 1 ff.: »Was lehrt uns das Festspieljahr 1891?«
Thodes… von Ihnen zu trennen: H. Thode gab 1891 seine Stelle am Städelschen Kunstinstitut in Frankfurt a.M. auf und ging nach Italien.

Unveröffentlichte Einleitung zu der Besprechung der Festspiele 1891

Zunächst für die BBl gedacht, dann als Privatdruck an verschiedene Adressaten geschickt (vgl. 1. 10. 1891). »A.R.« sind die Endbuchstaben von Cosima Wagner; die Rolle des Musikers ist die Cosimas.
Wiborg: Elisa W. (geb. 1867), norwegische Sängerin, sang in Bayreuth alternierend mit Pauline de Ahna 1891/94 Elisabeth.
Worte des Meisters: im »Rückblick auf die Bühnenfestspiele des Jahres 1876«, BBl 1878, S. 341 ff.
Windthorst: Ludwig W. (1812–1891), Politiker, Gegner Bismarcks, ab 1870 führend in der Zentrumspartei, führte 1881/87 die Opposition im Reichstag; mehrfach in TCW.
Grengg: Karl G. (1853–1904), ab 1889 an der Wiener Hofoper, sang in Bayreuth 1891/97 Gurnemanz, 1894 König Heinrich, 1896 Hagen.
Aus den »Meistersingern«: Stolzing im I. Akt, 3. Szene: »wie er das frohe Singen zu Schaden könnte bringen«.
was ein T.: Josef Tichatschek (1807–1886), sang bei der Uraufführung des »Tannhäuser« in Dresden 1845 die Titelrolle. Das Zitat steht im Brief Wagners an Liszt vom 29. 5. 1852.
singt vor sich hin: »Das nenn ich Mut, singt der noch fort«, Hans Sachs im 1. Finale.

16. 10. 1891   An Wolfgang Golther

Golther: Wolfgang G. (1863–1945), Dr. phil., ab 1895 Professor für deutsche Literaturwissenschaft an der Universität Rostock. G. schrieb zahlreiche Aufsätze und Bücher zur Mythologie, Stoffgeschichte und zu Richard Wagner und Bayreuth. Werkauswahl: »Sage von Tristan und Isolde«, 1887, »Deutsche Heldensage«, 1894, »Götterglaube der Germanen«, 1894, »Handbuch der germanischen Mythologie«, 1895, »Die sagengeschichtlichen Grundlagen der Ringdichtung Richard Wagners«, 1902, »Bayreuth«, 1904, »Richard Wagner als Dichter«, 1904, »Die deutsche Dichtung im Mittelalter«, 1907, »Richard Wagner«, 1936. G. publizierte zahlreiche Beiträge in den BBl; er gab 1904 »Richard Wagner an Mathilde Wesendonck« heraus und Wagners »Gesammelte Schriften und Dichtungen«, 10 Bde., Berlin o. J. (1910), die bisher am besten kommentierte Ausgabe.
die Aufsätze: »Deutsche Mythologie« und »Ursprung und Entwicklung der Sage von Perceval und vom Gral« (dieser auch in BBl 1891).
Shiva-Dienst: Dienst am großen Gott Shiva, einer der volkstümlichen indischen Götter.
Ansicht meines Vaters: in »Des Bohémiens et de leur musique en Hongrie«, 1859, ²1881.
Leukothea: Ino, Tochter des Kadmos; Seegottheit.
guten Aufführung: in München.

16. 12. 1891   An Konrad Fiedler

Abschluß einer bedeutenden Beziehung: betrifft die Marées-Ausstellung im Rahmen der Großen Kunstausstellung im Münchener Glaspalast 1891.

»Heilige Justina«: Ölbild von Moretto im Kunsthistorischen Museum in Wien.

»Cavalleria«: »Cavalleria rusticana« von Pietro Mascagni war *die* Erfolgsoper.

der Werke: Wagners.

Caprivis: Leo Graf von Caprivi (1831–1899), Bismarcks Nachfolger als Reichskanzler.

Strophen an Schiller: Gottfried Kellers Prolog zur Schiller-Feier in Bern 1859.

Heyses Prolog an Mozart: Paul Heyse (1830–1914), Schriftsteller, lebte in München. Prolog zur Mozart-Feier (100. Todestag) im Münchener Hof- und Nationaltheater am 5. 12.

»Iphigenie auf Tauris«: Die Bearbeitung von Strauss erschien erst 1895 und wurde erstmals in Weimar 1900 gespielt.

Dr. Jonas: Justus J. (1493–1555), Freund und Biograph Martin Luthers.

Füssli: Wilhelm F. (1830–1916), Schweizer Porträtmaler.

Geoffroy: Julien Louis G. (1743–1814), Schriftsteller, ab 1800 Feuilletonredakteur des »Journal de l'Empire«.

Begassche Brunnen: 1891 war auf dem Schloßplatz in Berlin von Reinhold Begas (1831–1911) der große Brunnen mit Neptun, Flußgöttinnen und Seetieren aufgestellt worden. Der Kaiser schätzte B. sehr.

4. 1. 1892   An Amalie Materna

unsere Festspiele ... eröffnen: Das geschah nicht; Kundry sangen 1892 P. Mailhac und Th. Malten.

14. 2. 1892   An Mary Fiedler

Herzogenberg: Elisabeth Freifrau von H. (1847–1892), verheiratet mit dem Komponisten Heinrich von H., galt als eine der musikalischsten Frauen Deutschlands; enge Freundschaft mit Johannes Brahms.

»Titus«: Oper von Mozart.

auf den »Collegen Crampton«: Cosima sah Gerhart Hauptmanns Komödie im Deutschen Theater in Berlin; an Siegfried schrieb sie am 2. 2. 1892, das Stück habe gute Einfälle und eine drollige Hauptfigur, aber »dieser Realismus ist wirklich die Schwimmstange der Leute, die unfähig sind, auf dem Ozean der Phantasie sich frei und dabei mit bestimmter Richtung zu bewegen«.

»Idomeneo« ...: Opern von Mozart, Cornelius und Berlioz.

»Tanten in Rom«: Isolde war mit Gravinas nach Rom gefahren, wo Malwida von Meysenbug lebte.

Siegfried auf dem Ozean: Siegfried hatte mit seinem Freund, dem Pianisten und Komponisten Clement Harris (1871–1897), im Februar 1892 von London aus eine Fernostreise auf dem Schiff »Wakefield« begonnen. Auf dieser Reise entschloß sich S., nicht Architekt zu werden. Ende Juni kehrten die Freunde zurück.

Muchanoff: Marie Gräfin M.-Kalergis, geb. von Nesselrode (1823–1874), Mäzenin Wagners 1860 in Paris; an sie sind die »Aufklärungen über das Judentum in der Musik« gerichtet; vgl. auch 5. 1. 1904.

22. 2. 1892   An Ernst Erbprinz zu Hohenlohe-Langenburg

den Szenen beilege: Cosima hatte dem Erbprinzen am 22. 12. 1891 Steins dramatische Bilder »Helden und Welt« geschickt.

Prinzen Max: Prinz Max von Baden (1867–1929), Vetter des Erbprinzen, ab 1907 badischer Thronfolger, 1918 Reichskanzler (fünf Wochen); mit Cosima befreundet.

Engels: Georg E. (1846–1907); G. Hauptmann verdankte seiner Darstellung den Erfolg des Stückes.

1. 3. 1892   An ihren Sohn Siegfried

»Wer denn, der Junker?«: Eva im II. Akt, 2. Szene »Meistersinger«.

Mulderlein: Luise Mulder (geb. 1867 oder 1870), Sopran, sang 1892 in Bayreuth Eva, außerdem 1891/94 den Hirten in »Tristan«, in »Parsifal« 1891/97 einen Knappen und 1892/97 eine Soloblume.

Besuch bei dem Direktor: Hans Reck, Direktor des Stadttheaters Nürnberg seit 1885.

der Gast: Isolde.

Montemaggiore: Marquis von M., Freund Gravinas, war Weihnachten in Wahnfried gewesen.

Bourget: Paul B. (1852–1935), französischer Schriftsteller; neben zahlreichen Romanen schrieb er die Gedichtsammlungen: »Vie inquiète« (1874), »Edel« (1878), »Les Aveux« (1882).

von den Mohren: Thodes.

Lavisse: Ernst L. (1842–1922), französischer Historiker, schrieb 1891 »La jeunesse du grand Frédéric«, das Cosima las.

Coquelin: Bénoit Constant C. (1841–1909), französischer Schauspieler; eine seiner berühmten Rollen war Mascarille in Molières »Les Précieuses ridicules«. Auch Chamberlain berichtete von hinreißenden Aufführungen in Wien.

Balfour: Arthur James B. (1848–1930), englischer konservativer Politiker, Führer der Opposition gegen die liberale Regierung, später Ministerpräsident und Außenminister. Siegfried hatte eine Einladung Balfours abgesagt und war von Cosima getadelt worden: »es liegt mir unserer Sache wegen [...] daran, daß Du mit Menschen besonderen Schlages verkehrst«.

Bismarcks Briefe: Wahrscheinlich las Cosima »Bismarck-Briefe 1844–1870«.

Goethe–Biedermann: Woldemar Freiherr von B. (1817–1903) gab in acht Bänden Goethes Gespräche heraus.

»Psyche«: »Psyche oder Der Seelenkult in den homerischen Gesängen« von *Erwin Rohde* (1845–1898), klassischer Philologe, Freund Nietzsches; R. war wiederholt in Tribschen und Bayreuth (Proben 1875); Briefe an Wagner in BBl 1908, S. 14ff.

Wolzogen: Ernst Freiherr von W. (1855–1934), Schriftsteller; u. a. »Das gute Krokodil und andere Geschichten aus Italien«, Berlin 1893.

Frangipani: »Der Ring des Frangipani«; Thode hatte begonnen, sich mit diesem Thema in Venedig zu befassen; das Buch erschien 1895, mit Rand- und Schlußleisten ausgestattet von Hans Thoma.

10. 4. 1892   An ihre Tochter Isolde

Göllerich: August G. (1859–1923), Schüler Liszts und Bruckners; half Liszt in den letzten Jahren auch als Sekretär.

Schule: die sog. Stilbildungsschule, die am 10. 11. 1892 in Bayreuth eröffnet wurde.

Schleinitzens: Cosima meint Wolkensteins.

Oelchen: Kosename für Marie von Wolkenstein.

18. 5. 1892   An Richard Strauss

»*Mein Unmögliches leistender*«: Wagner im »Rückblick auf die Bühnenfestspiele des Jahres 1876«.

7. 9. 1892   An George Davidsohn

Kaschmann: Joseph (Giuseppe) K. (1850–1925), Debüt 1874 in Turin, sang in Bayreuth 1892/94 Amfortas und Wolfram von Eschenbach.

11. 9. 1892   An Ernst Erbprinz zu Hohenlohe-Langenburg

von der Dichtung zu sprechen: vgl. 21. 5. 1893.
Saint-Réal: César Vichard, Abbé de S.-R. (1639–1692), französischer Historiker, schrieb die Novelle »Don Carlos«, die Schillers Drama als Hauptquelle diente.
im »öden Osten«: Der Erbprinz war 1891/92 Legationssekretär an der deutschen Botschaft in St. Petersburg.

4. 11. 1892   An Bodo von dem Knesebeck

diese Feier: Abschluß der Renovierung der Schloß- und Universitätskirche in Wittenberg, an der Luther 1517 seine Thesen angeschlagen hatte.
Cromwell: Cosima las die Lebensbeschreibung »Cromwell« von Fritz August Hoenig, 4 Bde., 1887/89. »Sie ist nicht gut geschrieben, diffus und ohne Prägung, aber der Autor, ein deutscher Offizier, geht wenigstens von der unbedingten Verehrung für diesen Helden aus« (an Chamberlain, 5. 9. 1892).
»*Was ist Deutsch*«: Wagner hatte nicht diese Schrift (zuerst in BBl 1878, S. 29ff.), sondern die Broschüre »Das Bühnenfestspielhaus zu Bayreuth« mit einem Brief am 24. 6. 1873 an Bismarck geschickt.
Inszenierung des »Rienzi«: kam erst 1895 zustande.
der Gräfin: Wolkenstein.
Lex: wahrscheinlich Alexandra von Schleinitz gemeint, die Nichte der Gräfin Wolkenstein.
Ramacca: Landgut in Sizilien.
Schwan von Wittenberg: Martin Luther.
Fürst Hechingen: Friedrich Wilhelm Konstantin Fürst von Hohenzollern-H. (1801–1869), letzter Fürst von H.
Salò: am Gardasee.

9. 11. 1892   An Bodo von dem Knesebeck

Erz-Rebell: Oliver Cromwell.
der Deutschland einigte: Bismarck.
Sismondi: Jean Charles Léonard S. (1773–1842), Historiker, schrieb u. a. »Histoire des républiques italiennes du moyen âge«, 16 Bde., 1807/24; vgl. TCW.
in Friedrichsruh: Bismarcks Gut.
Gonfalons: Banner.

10. 11. 1892   Ansprache bei der Eröffnung der Bayreuther Stilbildungsschule

Die von Cosima und J. Kniese geleitete Stilbildungsschule blieb recht erfolglos. Zunächst hatten sich mehr als hundert Schüler angemeldet, vier Monate später waren es nur noch sieben; Burgstaller und Breuer waren die einzigen wichtigen Sänger, die dort unterrichtet wurden. Im Rahmen der Schule trat Siegfried erstmals als Dirigent auf: am 31. 1. 1893 (dazu Brief vom 15. 3. 1893) und am 5. 8. 1893. Über die Schule und das zweite Konzert berichtet der »Bayreuther Taschenkalender« 1894:

»Am 10. November 1892 fand die Eröffnung des ersten Lehrganges zur Ausbildung und Übung musikalisch-dramatischen Vortrags- und Darstellungs-Stiles zu Bayreuth statt.

Die stilistischen Errungenschaften der bisherigen Festspiele sollen den jungen Lernkräften zugute kommen und diese durch gemeinsame Übungen nach jeder bei diesem Stile in Betracht kommenden Richtung zu einer Genossenschaft von Bayreuther Geist und Gesinnung zusammengeschlossen werden.

Nach außen hin hat Bayreuth, wie bisher, nur durch die fertigen Ergebnisse seiner Versuche und Bestrebungen zu reden, die ihrerseits lediglich im Sinne der Bayreuther Festspiele verstanden sein wollen.

Am 5. August 1893 fand im Königlichen Opernhaus zu Bayreuth zum Besten des Stipendienfonds eine Vorstellung statt, gegeben von den Schülern der Bayreuther Lehranstalt für Mimik und dramatischen Gesang und Mitwirkung auswärtiger Künstler, der Kapelle des 7. Infanterie-Regiments und von Mitgliedern des Bayreuther Chorvereins und Liederkranzes, mit folgendem Programm:

I. Aus der Oper ›Rienzi‹ von Richard Wagner.
a) Ouvertüre. b) Arie des Adriano (3. Akt) [...]
II. ›Das war ich.‹ Eine ländliche Szene von Johann Hutt.
[...]
III. Aus der Oper: ›Der Freischütz‹ von Carl Maria von Weber.
a) Ouvertüre. b) I. Akt. c) Erste Hälfte des II. Aktes. d) Symphonischer Abschluß.
[...]
Dirigent: Siegfried Wagner.
Regie: Herr Hofschauspieler Ernst.«

4. 12. 1892   An Konrad Fiedler

»*Ressource*«: Anspielung auf die Stilbildungsschule, die in Räumen der Bürgerressource untergebracht war.

Bode: Wilhelm B. (1845–1929), Kunsthistoriker, seit 1872 an den kgl. Museen in Berlin, 1890 Direktor der Gemäldegalerie, 1906/20 Generaldirektor. B. hat den Rang der Museen entscheidend bestimmt.

Duse: Eleonora D. (1858–1924), italienische Schauspielerin; Cosima sah sie als Fernande im gleichnamigen Stück von Victorien Sardou. An Chamberlain schreibt sie am 27. 11. 1892: »Mme Duse sah ich in ›Fernande‹. Ach Gott! Eine feinfühlige Virtuosin, bis in die Fingerspitzen Bühnenherrscherin, aber der Größe und Einfachheit entbehrend, welche, wie mich deucht, auch in den schlechtesten Stücken die Grundlage der Darstellung sein könnte. Die große Volubilität der Sprache, der fehlende Klang im Affekt, die Wiederholung gewisser Gebärden erschreckten mich bei dem großen Talent und verhinderten mich, daran Inspiration zu empfinden, selbst da, wo die Wärme hinreißend wirkte. Bellincioni dagegen, eine wahre Tragödin, welcher ich überaus gern unsere Aufgaben zuführte.«

Bellincioni: Gemma B. (1864–1950), italienische Sängerin, die Cosima gerne als Elsa engagiert hätte; möglicherweise sah sie die B. in Mascagnis »Cavalleria rusticana«. An Hohenlohe schreibt Cosima am 25. 6. 1893: »Von der Bellincioni erfuhr ich etwas, was mir sehr gefiel. Diese in Ausdruck, Gebärde, Organ beinahe antik-edle Künstlerin soll das ganze Berlin durch die Drastik ihrer Carmen so entsetzt haben, daß sie sich verteidigen mußte. Mir war es ein Zeichen der Wahrhaftigkeit dieser Künstlerin, durch welche sie aufdeckte, was ein solches Werk ist, zu welchem die Menschen ein niedriger Hang führt, den sie sich aber in ihrer Unwürdigkeit nicht gestehen mögen.«

Muck: Karl M. (1859–1940), Dirigent und Pianist, studierte unter anderem in Heidelberg klassische Philologie, Klavier bei Carl Reinecke in Leipzig; 1882/86 Kapellmeister in Zürich, Salzburg, Brünn und Graz, ab 1886 1. Kapellmeister am Deutschen Landestheater in Prag unter Angelo Neumann; ab 1892 1. Kapellmeister, ab 1908 Generalmusikdirektor an der kgl. Oper in Berlin, 1912/18 Leiter des Boston Symphony Orchestra, 1922/33 der Hamburgischen Staatsoper. – In Bayreuth dirigierte M. 1892 Proben, 1901/30 »Parsifal«, 1909 »Lohengrin« und 1925 »Meistersinger«.

Papencordt: Das Buch erschien 1841 in Hamburg.

Hildebrand: Adolf von (seit 1904) H. (1847–1921), Bildhauer, vielfältige Kontakte zu Bayreuth, insbesondere durch Fiedler und Levi; H. schuf Büsten von Cosima und Siegfried Wagner; er lehnte es jedoch ab, für Bayreuth und Berlin (»Rienzi«) Bühnenentwürfe zu machen.

König Anton: regierte in Sachsen 1827/36.

Dezember 1892   An Konrad Fiedler

Hildebrand nicht will: Fiedler hatte am 12. 12. 1892 geschrieben, daß H. sich außerstande sehe, für »Rienzi« Kostüme zu entwerfen.

Lappen: Kostüme.

Seitz: Rudolf S. (1842–1910), Maler in München, Sohn von Franz S.; er hatte es im März 1878 abgelehnt, Kostüme für »Parsifal« zu entwerfen (vgl. TCW).

Worte über Strauss: Levi hatte 1890 in München mit großem Erfolg die Tondichtung »Tod und Verklärung« aufgeführt. Cosima erinnert sich an die von St. dirigierte Aufführung in Berlin am 23./24. 2. 1891.

»Genesius«: Oper von Felix Weingartner, Uraufführung 1892 in Berlin.

Strauss sich erhole: St. war seit Dezember in Ägypten, um sich zu erholen.

»Baumeister«: »Baumeister Solness«.

Andrade: Francesco d'A. (1859–1821), berühmter Don-Juan-Sänger, an den Hofopern in München und Berlin engagiert.

Aufsatz von Chamberlain: »Musikausstellung und Festspiele«, BBl 1892, S. 382ff.

22. 12. 1892   An Ernst Erbprinz zu Hohenlohe-Langenburg

Sammlung Briefe: Franz Liszts Briefe, die La Mara herausgab, Leipzig 1893ff.

In der Schule: Stilbildungsschule.

Massey: Gerald M. (1828–1907), englischer Dichter und Schriftsteller, schrieb u. a. »The Secret Drama of Shakespeare's Sonnets«, 1888.

»Dalmatien«: Bezeichnung für Judentum(-land).

neuen Aufenthalt: in England.

19. 1. 1893   An Hugo von Tschudi

Tschudi: Hugo von T. (1851–1911), Kunsthistoriker, kam 1884 nach Berlin, wurde 1894 Professor, 1896 Direktor der kgl. Nationalgalerie, 1909 Direktor der Bayerischen Staatlichen Gemäldesammlungen in München; schrieb zahlreiche Bücher, unter anderem über Manet, Böcklin und Menzel; gab mit H. Thode das »Repertorium für Kunstwissenschaften« heraus.

Heydens: August von Heyden (1827–1897), Professor für Kostümkunde an der Berliner Akademie.

Sprung»federn«: Wortspiel mit dem Titel »Federspiele«; vgl. Anm. zum 26. 1. 1893.

Brandt: Friedrich B. (1846–1927), Bühnentechniker in Berlin, Bruder von Karl B. und Onkel von Fritz B.; war 1865/76 am Hoftheater in München (technische Ausstattung der Uraufführungen von »Rheingold« und »Walküre«), ab 1876 am Berliner Hoftheater.

nach Coburg: Max Brückner stellte die Dekorationen her.

nach Erlangen: zu dem Augenarzt Prof. Oskar Eversbusch (1853–1912).

den Cinquecento-Thoma: vermutlich das Bild »Allegorie des Herbstes (?)« von Francesco del Cossa, um 1465, gemeint, das die Nationalgalerie 1894 dann erwarb.

den Rembrandt: die »Predigt Johannes des Täufers« (1634/36), erworben 1892.

den Apotheker in Ehren: Bild in den Berliner Katalogen nicht nachgewiesen.

»Natura...«: »Als die Natur ihn geschaffen, zerbrach sie die Form«, Ariost, »Orlando furioso«, X, 80.

Radowitzens: Joseph Maria von Radowitz (1839–1912), deutscher Botschafter in Madrid 1892–1908, war mit Wahnfried befreundet.

Steinmann: Dr. St. und seine Frau waren Freunde Cosimas und Tschudis in Berlin.

»Locandiera«: Die Duse gastierte mit diesem Lustspiel von Carlo Goldoni in München. An Chamberlain schreibt Cosima am 2. 2. 1894: »Madame Duse als ›Locandiera‹ war wirklich hinreißend, und sie schien mir da, im heiteren Simulieren, im Maskenspiel, wie an ihrem Platze. Während ich sie mir absolut nicht in irgend etwas, das aus dem Gemüte kommt, ja selbst nicht in ›Minna von Barnhelm‹, vorstellen kann, wohl aber in zartleidenschaftlichen, zugespitzten Stücken, wie spanische, ganz unvergleichlich mir denke und herzlich bedaure, daß sie das elende Zeug für ihre Gestaltungskraft verwendet. Levi hat sie erklärt, daß sie ganz unmusikalisch sei, in Bayreuth nichts verstanden habe, außer daß die Inszenierung vortrefflich sei.«

Cargnaccosche Niederlassung: Villa am Gardasee, die Thodes im April bezogen und 1910 kauften.

23. 1. 1893   An Hermann Levi

freundliche Gesinnung: Ernst Ritter von Possart (1841–1921), Schauspieler, Regisseur, Intendant und Schriftsteller, seit 1864 am Hoftheater in München (bis 1878), war als Nachfolger von Karl Freiherr von Perfall zum Generalintendanten ernannt worden. Aus der Sicht Wahnfrieds verschärfte sich der Konflikt mit München zunehmend, zunächst wegen des »Lohengrin«-Streites, dann durch den von Possart betriebenen Bau des Prinzregententheaters (1901) und die von ihm initiierten Mozart- und Wagner-Festspiele in München.

26. 1. 1893   An Konrad Fiedler

Freude an seinem Brief: vom 9. 12. 1892.
Solness: »Baumeister Solness« von Henrik Ibsen.
Hildebrands Brief an Thoma: H. hatte sich sehr kritisch über das soeben mit Gedichten
   von Thode und Zeichnungen von H. Thoma erschienene Buch »Federspiele«
   geäußert. Auf Cosimas Vorwürfe hat Fiedler am 28. 1. sofort energisch geantwortet:
   »Das menschliche und künstlerische Verhältnis, in dem Hildebrand zu Thoma steht,
   mußte es Hildebrand zur Pflicht machen, Thoma gegenüber sein Urteil nicht nur
   über die Zeichnungen der ›Federspiele‹, sondern auch über die Verbindung, in der
   er, Thoma, hier künstlerisch auftritt, sein Urteil unumwunden auszusprechen [...]
   Wie überrascht muß ich nun sein, da ich eine Handlungsweise, für die ich unbedingt
   eintreten muß, zum Gegenstand einer so harten Verurteilung gemacht sehe. Und es
   ist nicht nur das Urteil selbst, sondern auch der Ausdruck, den Sie ihm geben, der
   mich um so tiefer berühren muß, je näher Hildebrand nicht nur meinem
   künstlerischen Interesse, sondern auch meinem Herzen steht.«

11. 3. 1893   An Hugo von Tschudi

die d'Albertsche: vgl. 13. 3. 1893.
A.K.: wahrscheinlich Anna von Kekulé.
Spielmann: Felix Mottl, der sich in erster Ehe am 17. 12. 1892 mit der Sängerin
   Henriette Standthartner (1866–1933) verheiratet hatte.
Kapitel in »*Cromwell*«: in »Oliver Cromwell« von Thomas Carlyle; Hohenlohe
   empfiehlt Cosima besonders Bd. 2, S. 203 ff. (am 8. 4. 1893).
»le cardinal des mers«: Bezeichnung für Hummer von Théophile Gautier
   (1811–1872).
herrliche »Predigt«: vgl. Anm. zum 19. 1. 1893.
Künstler des Mérode-Altars: Meister von Flémalle (um 1410/40); Tschudi arbeitete an
   seiner Identifizierung; 1898 publizierte er einen grundlegenden Bericht, gab dem
   Meister den Namen. Der Mérode-Altar befindet sich in The Cloisters, New York.
   Die Werke des Meisters von Flémalle werden heute Robert Campin (um
   1375–1444) zugeordnet.
Bosse: Robert B. (1832–1901) war 1892/99 preußischer Kultusminister.
Portrait von Liebermann: Max L. (1847–1935); zu L. vgl. den ausgezeichneten
   Katalog zu der Ausstellung »Max Liebermann in seiner Zeit«, Berlin/München
   1979/80. Bei dem Porträt handelt es sich um das des »Hamburger Bürgermeisters
   Petersen«. Dieses Bild wurde allgemein abgelehnt – und begründete später L.s Ruf
   als Porträtmaler.
Schöne: Richard Sch. (1840–1922) war bis 1906 Generaldirektor der Berliner
   Museen; Sch. hatte mit seinem Rücktritt gedroht.
Zantesche Erdbeben: großes Erdbeben 1893 auf der griechischen Insel Zakynthos.
Maquettes: Bühnenbild-Modelle.
Der »Snob«: Spitzname für Isolde.

13. 3. 1893   An Konrad Fiedler

über die »*Gesammelten Schriften*«*:* Fiedler hatte am 26. 2. 1893 geschrieben, daß er sich
   eingehend damit befaßt habe, obwohl seine geistige Verfassung eher auf Widerstand
   denn auf unbedingte Hingabe geeignet gewesen wäre. – Im Nachlaß Fiedler in der
   Bayerischen Staatsbibliothek befinden sich Aufzeichnungen über diese Beschäftigung.

Ausstellung der »Elfer«: oppositionelle, 1892 in Berlin von Max Liebermann und Walter Leistikow gegründete Künstlergruppe; ihr gehörten elf Maler an, unter anderem Franz Skarbina und Ludwig von Hofmann. Die Gruppe stellte bis 1899 viel aus; vgl. Liebermann-Katalog, Berlin/München 1979/80, S. 76 ff.

seine Oper: »Guntram«, über die Strauss am 1. 3. 1893 berichtet hatte.

Biographie Johannas seitens Düntzers: Heinrich Düntzer (1813–1901) schrieb u. a. »Goethes erste Beziehungen zu Johanna Schopenhauer«, Leipzig 1885.

von Pidoll: Karl Michael Freiherr von P. (1847–1901), Maler, Schüler von Hans von Marées, seit 1891 in Frankfurt a. M. lebend; u. a. »Ansichten von Gelnhausen«.

15. 3. 1893   An Richard Strauss

mein teurer Ausdruck: So nannte Cosima Strauss seit 1891; bezieht sich auf die Schrift »Die Musik als Ausdruck« von Friedrich von Hausegger 1885.

»Beethoven«: Schrift von Wagner.

»Firdusi«: Oper von Felix Mottl; vgl. die nachfolgenden Briefe.

Meine »Minna«: Cosima hatte mit den Schülern der Stilbildungsschule am 31. 1. 1893 Lessings »Minna von Barnhelm« aufgeführt. An diesem Abend dirigierte Siegfried Wagner erstmals (Ouvertüre zu Mozarts »Entführung aus dem Serail« und »Tannhäuser«-Marsch), und zuletzt tanzte man bei großem Orchester Strauß-Walzer!

»Vasentasenâ«: altindisches Drama, das in verschiedenen Fassungen gespielt wurde.

Gedicht von Heyse: »Heine in Düsseldorf«; darin »Wir Deutschen fürchten Nichts als Gott, / Doch nicht den Gott der Juden. / Schätzt man in Frankreich Heine's Stil, / So dien' uns das zur Warnung. / Man weiß, wie schmachvoll er verfiel / Erbfeindlicher Umgarnung.«

»Rantzau«: »I Rantzau«, Oper von Pietro Mascagni, Uraufführung 1892.

Tochter: Blandine, die Strauss besuchen wollte.

Clement: Strauss hatte in Luxor zufällig Siegfrieds Freund C. Harris getroffen.

1. 4. 1893   An Hermann Levi

Schlosser: Anton Sch., Sohn von Max Sch., dem ersten Bayreuther Mime, war 1894 in der musikalischen Assistenz tätig.

»Trojanern«: Levi hatte Berlioz' Oper »Die Trojaner« übersetzt und den Klavierauszug an Cosima geschickt.

Eisner: nicht ermittelt.

21. 5. 1893   An Ernst Erbprinz zu Hohenlohe-Langenburg

Gräfin Gasparin: Valérie de G. (1813–1894), geb. Boissier, Gattin des Schriftstellers Agénor de G., Schriftstellerin.

Chelius: Richard von Ch. (1858–1924), Kabinettchef des Großherzogs Friedrich von Baden; förderte die Anliegen Bayreuths.

Fürstenberg: Karl Egon Fürst zu F. (1852–1896), Mitglied des Reichstags, preußischer Obersthofmarschall.

Hildebrands ... Gruppen seines Brunnens: Der Wittelsbacher Brunnen wurde 1895 fertiggestellt.

Sabatier: François S. (1818–1891) übersetzte auch Schillers »Wilhelm Tell«.

Mendès: Catulle M. (1841–1909), französischer Schriftsteller; mit Wagner befreundet, schrieb u. a. »Richard Wagner«, 1886.

Katharina von Aragonien: Königin von England in »König Heinrich VIII.«.

Mrs. Leslie: »musikalisch begabte« (Hohenlohe) Engländerin, bei der Wagner-Vorträge stattfanden.

des verstorbenen Herzogs von Manchester, den Gräfin Usedom mir vorstellte: William Drogo Montagu, siebter Herzog von M. (1823–1890); Hildegard Gräfin von U. (1852–1909), Gattin von Guido Graf von U. (1805–1884); mehrfach in TCW.

»Homerule«: »home-rule bill«, Gesetzesentwurf für die Selbstverwaltung Irlands, den die liberale Regierung Gladstone eingebracht hatte; Gegner war James Balfour.

Churchill: Randolph Henry Spencer Ch. (1849–1895), konservativer englischer Politiker.

Lord Chatham: William Pitt d. Ä. (1708–1778).

11. 6. 1893   An Hugo von Tschudi

den neuen Dürer: das Bild »Madonna mit dem Zeisig«, 1506, wurde 1893 angekauft.

La Roche: Emanuel La R. (1863–1922), Architekt in Basel, war einige Zeit Mitarbeiter Hildebrands.

Grimm: Herman G. (1828–1901), Kunst- und Literaturhistoriker in Berlin, ab 1872 Professor für Kunstgeschichte; schrieb wichtige Biographien (u. a. »Das Leben Michelangelos«) und Essays, auch Dramen, Novellen und Romane.

Arnims: Bettina von Arnim und ihre Töchter waren mit Liszt und Bülow befreundet.

Lenbachs ... »Bismarck«: Franz von Lenbach (1836–1904) war mit B. befreundet und hat ihn oft porträtiert.

Eilebeute...: die drei Gewaltigen im IV. Akt »Faust«, 2. Teil.

Frau vom Rat: Anna v. R., geb. Jung (1839–1918), verheiratet mit Adolf v. R. (1832–1907), Mitbegründer der Deutschen Bank.

18. 6. 1893   An Hans Richter

Macintyres: Margaret Macintyre, englischer Sopran; Debüt 1888 an Covent Garden (in »Carmen« mit L. Nordica), später Elisabeth in St. Petersburg und Moskau.

Strong: Susan St. (geb. um 1875), amerikanischer Sopran, studierte Gesang in London, Debüt an Covent Garden 1895 als Sieglinde; später an der Metropolitan Opera und in London.

5. 7. 1893   An Wolfgang Golther

Ihren »Holländer«: »Die Sage vom fliegenden Holländer«, BBl 1893, S. 307 ff.

16. 7. 1893   An Konrad Fiedler

unsern Freund: Levi.

im August stattfindenden Aufführungen: die sogenannten Musteraufführungen, vgl. Brief an Wolzogen, Dezember 1893.

12. 10. 1893   An Adolf von Gross

Der Festbau: das spätere Prinzregententheater.

Fürstin Hohenlohe ... Grafen Schönborn: Marie Fürstin zu H.-Schillingsfürst (1837–1920), geb. Sayn-Wittgenstein, verheiratet seit 1859 mit Konstantin Fürst zu H.-Sch., Obersthofmeister am Wiener Hof. Die Fürstin war eine langjährige

Freundin Cosimas. *Friedrich Graf Sch.* (1841–1907) war 1888/95 Justizminister in Wien. Beide wurden gebeten, sich für die noch nicht gesetzlich geregelte Schutzfrist des »Parsifal« in Österreich einzusetzen. Sollte das Werk frei werden, so hatten Angelo Neumann und München (zwei Jahre exklusiv) Ansprüche angemeldet; vgl. Brief an Hohenlohe, 11. 10. 1893.

Nordica: Lilian N. (1859–1914), engagiert an Covent Garden, sang in Bayreuth 1894 Elsa.

Jullien: Adolphe J. (1845–1932), französischer Musikschriftsteller, schrieb Bücher über Wagner, Berlioz u. a.

22. 11. 1893   An Felix Mottl

Birrenkoven: Wilhelm B. (1865–1938) war 1893–1912 in Hamburg engagiert, sang in Bayreuth 1894 Lohengrin und Parsifal.

Wulff: Gustav W., in Straßburg engagiert, sang nicht in Bayreuth.

Morosini: Aus den Briefen Mottls geht eindeutig hervor, daß hier Pauline Mailhac gemeint ist; Mottl berichtet vielfach von ihren schlechten Leistungen.

Reussitten: Gemeint sind die Sitten des Ehepaars Reuss, Engagements für beide durchzusetzen.

8. 12. 1893   An Konrad Fiedler

Albi: Siegfrieds Pudel.

»Napoléon intime«: von Arthur Lévy, Paris 1893.

Dezember (?) 1893   An Hans von Wolzogen

Baron Ziegesar: Ferdinand Freiherr von Z. (1812–1855) war 1847/55 Intendant des Hoftheaters in Weimar; Brief Wagners am 9. 9. 1850.

3. 1. 1894   An Adolf von Gross

Merz: Dr. Oskar M., kgl. bayerischer Musikdirektor und Kritiker in München, war 1882/92 und 1896/97 musikalischer Assistent in Bayreuth; Mitredakteur des »Bayreuther Taschenkalenders« 1885/91, 2. Vorsitzender der Zentralleitung des AWV 1887/88.

Joachim: Joseph J. (1831–1907), Geiger, Dirigent und Lehrer, leitete seit 1868 die kgl. Hochschule für Musik in Berlin; eng mit Brahms befreundet.

6. 1. 1894   An Hans Richter

»Parsifal« dirigiertest: Cosima wollte Vorsorge für den Fall treffen, daß Levi nicht dirigieren würde; noch am 22. 1. 1894 schrieb ihr Levi: »Nur eine Erwägung könnte mich noch zum Bleiben veranlassen: wenn ich dächte, daß die Festspiele durch mein Ausscheiden irgendwelchen Schaden erlitten. Dies ist aber nicht der Fall. Mottl wird den ›Parsifal‹ übernehmen, und für die beiden anderen Werke haben Sie Strauss und Siegfried. Ja, wenn Siegfried etwa den ›Parsifal‹ leiten sollte, so wäre ich, falls ihm dies dienen sollte, bereit, ihm in den Proben beizustehen, und diese Möglichkeit, den ›Parsifal‹ noch zu meinen Lebzeiten Siegfried zu übergeben, erschiene mir wie der schönste Abschluß meiner 12jährigen Leidens- und Freudenzeit in Bayreuth.«

Richardis Verlobung: Tochter von Hans Richter.

»*Most*«*er Aufführungen:* Musteraufführungen.

Verenli: Verena Stocker, geb. Weitmann (gest. 1906), verheiratet mit Jakob St., seit 1859 Dienstmädchen im Hause Wagner; auch Vreneli genannt; vgl. Brief an Glasenapp 15. 11. 1899.

Longävität: langes Leben. Zeitungen hatten den Tod Richters gemeldet.

9.–10. 1. 1894   An Ernst Erbprinz zu Hohenlohe-Langenburg

Konzerte meines Sohnes: Siegfried hatte am 29. 12. 1893 auf Einladung des Wagner-Vereins in der Berliner Philharmonie dirigiert: »Konzert unter der Leitung Siegfried Wagners: Ouvertüre zu den ›Feen‹, Szene und Arie des Arindal aus den ›Feen‹ (Herr k. Kammersänger Emil Götze), Ouvertüre zu ›Rienzi‹, Gebet des Rienzi (Hr. Götze), Ouvertüre zum ›Fliegenden Holländer‹, ›Fünf Gedichte‹ (Frau k. Kammersängerin Rosa Sucher), ›Siegfried-Idyll‹, Ouvertüre zu ›Tannhäuser‹. – Verstärkte Philharmonische Kapelle.« – Das erste öffentliche Auftreten als Dirigent außerhalb Bayreuths war ein Konzert im Liszt-Verein in Leipzig am 6. 12. 1893.

Reuß: Heinrich XXVII. aus der jüngeren Linie und seine Frau Elise, eine Schwester des Erbprinzen Hohenlohe.

Schindelmeißer: Louis Sch. (1811–1864), Hofkapellmeister und Komponist; mit Wagner befreundet.

Armbruster: Carl H. A. (1846–1917), Dirigent und Pianist, zahlreiche Vorträge über Wagner, u. a. bei Mrs. Leslie (vgl. Brief vom 21. 5. 1893). A. war in Bayreuth musikalischer Assistent 1886/94.

Gravelotte: Dorf bei Metz in Lothringen; bekannt durch die Schlacht am 18. 8. 1870.

Barrington: Emilie Isabel B., »Lena's Picture, a Story of Love«, 1892.

Mallarmé: Chamberlain hatte M. in Paris besucht und schrieb an Cosima darüber am 15. 11. 1893: »Ein kurzer Besuch bei dem alten Dichter Stéphane Mallarmé gewährte mir einen hohen Genuß. Er hat wenig geschrieben, aber es weht etwas so Tiefes, so Ur-poetisches durch seine Gedichte, vergleichbar gewissen alten griechischen Lyrikern, daß ich schon lange mich sehnte, diesen einen Mann zu sehen. In seiner kleinen Kammer, au 4me, saß er eingekeilt zwischen Bett, Feuer und Tisch, trotz der Hitze noch einen Schal auf seinen Schultern; ich empfand lebhaft das seltene Gefühl, vor dem wirklich *Bedeutenden* zu stehen. Das Auge, die Stimme, die Bewegungen – bei absoluter Einfachheit und Herzlichkeit etwas Königliches; auf einem anderen Planet, unter der geringsten Verschiebung unserer sublunären Verhältnisse, hätte dieser Mann zu den ganz Großen gehören können; so aber liegt auf seinem Antlitz ein Ehrfurcht gebietender Stolz der Entsagung. [...] Die Bayreuther Kunst ist für ihn ›l'art suprême‹. Nach Bayreuth konnte er und kann er nicht gehen; in ein anderes Theater, um die Bayreuther Werke zu sehen, *will* er nicht; er hört die Musik bei Lamoureux – sie sagt ihm ›la région où vivre‹, und dann kehrt er in seine Mansarde zurück und träumt sich die Werke in nie erreichbarer Vollkommenheit!«

in dem Briefe: Wagners »Brief an einen italienischen Freund [d. i. Arrigo Boito] über die Aufführung des Lohengrin in Bologna«, 7. 11. 1871. Wagner schreibt vom Brautwerber »Lohengrin« für die beiden Genien.

Roons »*Denkwürdigkeiten*«*:* Albrecht Graf von Roon (1803–1879), preußischer Feldmarschall; war 1848 Chef des 8. Armeecorps; 1859 Kriegsminister. Aus seinem Nachlaß gab sein Sohn heraus: »Denkwürdigkeiten aus dem Leben des Generalfeldmarschalls Grafen von Roon«, 2 Bde., 1892.

»*Crapule*«: Pöbel, Gesindel.

Bleichröder: Gerson von B. (1822–1893), Bankier in Berlin, Vertrauter Bismarcks; B. wurde unter anderem 1871 nach Versailles gerufen, um über die Kriegsentschädigungen mit zu beraten.

die Skizze: Cosimas Entwurf zu einem Drama »Der König«; das Stück spielt in Paris 1815, kurz vor Napoleons Rückkehr von Elba.

»*Robert*«: »Robert der Teufel«, Oper von G. Meyerbeer (1831).

18. 1. 1894   An Max Brückner

Skizzen: zum »Ring« 1896.

31. 1. 1894   An Mary Fiedler

Ihr lieber Vater: Julius Meyer war am 16. 12. 1893 gestorben.

9. 2. 1894   An Engelbert Humperdinck

»*Hänsel und Gretel*«: Humperdincks Oper war in Weimar am 23. 12. 1893 uraufgeführt worden.

Wolfram: Humperdincks Sohn, später Regisseur, Assistent Siegfried Wagners.

Februar 1894

Hans von Bülow war am 12. 2. in Kairo gestorben, seine Leiche wurde auf einem Schiff nach Hamburg gebracht und dort am 29. 3., seinem Willen gemäß, verbrannt. Das Gedicht schrieb Cosima später.

10. 3. 1894   An Wolfgang Golther

Ihres Aufsatzes: »Götterglaube und Göttersage der Germanen«, 1894 (?).
»*Mythenstein*«: in »Nachgelassene Schriften und Dichtungen«, 1893.

9. 4. 1894   An Ernst Erbprinz zu Hohenlohe-Langenburg

Handelsvertrag: Der Reichskanzler Leo von Caprivi (1831–1899) betrieb eine Zollsenkungspolitik durch Handelsverträge, besonders mit Rußland.

Vortrag habenden Sekretärs: Ludwig Ritter von Klug, Vorsteher der kgl. Hofkassa und Hofsekretär.

grosbonnets: »Großkopferte«.

Kaiserin Friedrich: Witwe von Friedrich III.; eigentlich Viktoria Adelheid Marie Luise (1840–1901).

Marie Bülow: M. Gräfin von B., geb. Prinzessin di Camporeale (1848–1929); in erster Ehe verheiratet mit Karl Graf Dönhoff, ab 1886 in zweiter Ehe mit Bernhard Fürst von B. (1849–1919), deutscher Staatsmann, 1900/09 Reichskanzler.

von Balzacs Briefen an Mme Hanska: d. i. Eveline Gräfin Rzewuska (1804/6–1882), die Gattin Honoré de Balzacs.

Auftreten in Brüssel: Siegfried hatte am 11. 3. 1894 in Brüssel dirigiert (u. a. »Tristan«-Vorspiel); Orchester und Publikum (3000 Menschen) seien »enthusiastisch« gewesen.

28. 4. 1894 An Engelbert Humperdinck

Bild der Inszenierung: Cosima inszenierte »Hänsel und Gretel« in Dessau. Über die Aufführung am 30. 11. 1894 berichtet die Dessauer Tageszeitung: »Ein so aus dem Herzen kommender Jubel und Beifall, wie er heute abend das Hoftheater durchbrauste, ist wohl selten in den Räumen desselben erlebt worden. Die glänzende Aufnahme, die dem Werk hier wie anderwärts zuteil geworden ist, ist ein höchst erfreulicher und schlagender Beweis, wie trotz aller modernen Richtungen und Stimmungen das deutsche Publikum empfänglich geblieben ist für echte Poesie und wahren Wohlklang. Die Aufführung, welche von Herrn Hofkapellmeister Klughardt mit größter Umsicht geleitet wurde, ließ erkennen, daß die Einstudierung des Werkes sich der tätigen und künstlerischen Beihilfe der Frau Cosima Wagner zu erfreuen hatte. Die neuen von Herrn Hoftheatermaler Paul Wernecke gemalten Dekorationen und die von Herrn Theatermeister Carl Raimund eingerichteten maschinellen Effekte verdienen noch besonders rühmender Anerkennung. Die Hervorrufe waren nicht zu zählen. Der anwesende Komponist mußte zweimal, am Schluß des zweiten und dritten Bildes, dem stürmischen Verlangen des Auditoriums nachkommen und vor dem Vorhang erscheinen. Die Inszenierung des Werkes stellte sich der vorjährigen in allen Teilen würdig zur Seite, und werden wir am Schlusse der Aufführung der Trilogie und darüber noch besonders zu verbreiten versuchen.« (aus: »140 Jahre Theater in Dessau«, Dessau 1938) Das Werk war (und ist) äußerst erfolgreich. Ende des Jahres 1894 wurde es bereits von fünfzig Bühnen gespielt.

Borchers: Hanna B. (geb. 1870), verh. Bruckmann; Sopran an der Münchener Hofoper 1889–1900, wurde von Levi sehr empfohlen; sie sang in Bayreuth 1889 eine Soloblume im »Parsifal«.

Dichterin: Adelheid Wette, die Schwester Humperdincks.

Egli: Marie E. (1872–1924), verh. Knüpfer; Sopran in Darmstadt 1894, 1895–1900 an der Hofoper in Berlin; sie sang in Bayreuth 1901/08 verschiedene Walküren und Soloblumen.

Juni (?) 1894 An Hermann Levi

Aufführung in München: »Lohengrin«.

neue Kundry: Marie Brema (Minny Fehrmann, M. Braun) (1856–1925) sang 1892 an Covent Garden, in Bayreuth 1894/97 Kundry, 1894 Ortrud und 1896/97 Fricka.

der neue Parsifal: Wilhelm Birrenkoven; möglicherweise ist auch Zoltan Doehme (vgl. 11.8.1906) gemeint, der auch erstmals Parsifal sang.

Paul Heyse: hielt am 17. 5. 1894 einen Vortrag in Weimar, in dem er Goethes Dramentechnik kritisierte (vgl. Strauss an Cosima, 17. 5. 1894).

Imposture: Betrug, Verleumdung.

6. 9. 1894 An Konrad Fiedler

Schuré: Edouard Sch. (1841–1929), französischer Schriftsteller und Übersetzer; mit Wagner sehr befreundet; vgl. TCW.

»Brief aus Bayreuth«: Fiedler hat zwei »Briefe« geschrieben: über »Tannhäuser« 1891 und »Lohengrin« 1894; sie erschienen zunächst als kleine private Broschüre, dann in der »Revue des deux mondes« und 1901 in den BBl S. 47 ff. Es sind wichtige ästhetische Aussagen zum Inszenierungsstil. Adolf von Hildebrand hatte sich etwas

irritiert bei Fiedler über diese Briefe erkundigt; Fiedler antwortete Hildebrand am 16. 9. 1894: »Was meine Expektoration über die ›Lohengrin‹-Aufführung anlangt, so war es allerdings nicht meine Absicht, bloß zu konstatieren, daß die Aufführung gut war, und es ist mir nicht ganz behaglich, daß Du weiter nichts darin gefunden hast; es kam mir darauf an, anzudeuten, warum die Aufführung gut war und warum die Aufführungen auf den Theatern ganz im allgemeinen nicht gut sind, und damit das sachlich und allgemein Wichtige bei einem Unternehmen hervorzuheben, das sonst mit so viel Brimborium umgeben ist. Es geben sich in dem allgemeinen Taumel so wenige darüber Rechenschaft. Das Unterscheidende liegt doch darin, daß man, das heißt Frau Wagner, sich dort darum bemüht, für die Bühnendarstellung die Form zu finden, die durch das aufzuführende Werk zunächst noch nicht gegeben ist und durch die es allein möglich ist, den eigentlichen Sinn des betreffenden Werkes auf der Bühne zum Ausdruck zu bringen. Es ist auch eine Art Umwandlung von Daseinsformen in Wirkungsform. Diese Arbeit, die zuerst das Ganze ins Auge faßt und davon das einzelne abhängig macht, wird doch im allgemeinen auf dem Theater nicht getan, es fehlt auch an Leuten, die das könnten; ich erinnere mich nur unter Laube eines ähnlichen Bestrebens. Wir haben uns daran gewöhnt, unsern Genuß an Aufführungen irgendeiner guten Einzelleistung zu verdanken, die gerade, weil sie gut ist, auch noch den letzten Rest einer möglichen Gesamtwirkung zerstört; es ist doch so, daß bei guten Stücken, abgesehen von der Leistung irgendeines guten Schauspielers, die Wirkung unter der Wirkung des Lesens bleibt, und das ist doch ein Unding. Stelle Dir irgendein Shakespearesches Stück einer solchen, vom Ganzen ausgehenden Bühnengestaltung unterworfen vor, so müßten so Figuren wie zum Beispiel Hamlet, Lear etc. unmittelbar verständlich, gar nicht mehr problematisch erscheinen, weil sie sich aus dem dargestellten Ganzen ergäben, so irren sie eigentlich immer allein auf der Bühne umher, und daher kommt der Schein ihrer Unverständlichkeit. Beim ›Lohengrin‹ konnte ich das nicht weiter ausführen, weil das Stück eben nicht danach ist, aber das Verdienst, die Ausdruckmittel der Bühne beim rechten Ende aufgefaßt zu haben, ist darum nicht geringer, und ich würde das nicht hervorgehoben haben, wenn ich nicht fände, daß dies auch ein allgemeines ist und daß man es gern andern Aufgaben zugute kommen sähe. Es ist eben nicht zu leugnen, daß dem großen Schlendrian, Unverstand und Spekulation gegenüber manches Ernsthafte und Richtige nur in Bayreuth geleistet wird und daneben so vieles ist, womit man sich nicht vereinigen kann.«

Hardens: Cosima hatte die 1892 gegründete Zeitschrift »Die Zukunft« von Maximilian Harden (1861–1927) zunächst vorgeschlagen. Fiedler lehnte ab.

6. 9. 1894   An Alexander Ritter

zum Vorwurf genommen: wahrscheinlich die symphonische Dichtung »Karfreitag und Fronleichnam« gemeint.

Brief es an Röckel: Wagners Brief vom 26. 1. 1854 an August R. Der letzte Satz richtig: »es gilt im Drama – wie im Kunstwerk überhaupt – nicht durch Darlegung von Absichten, sondern durch Darlegung des Unwillkürlichen zu wirken.«

23. 1. 1895   An Konrad Fiedler

Klingerschen: Max Klinger (1857–1920), Bildhauer und Maler.

Rembrandt: möglicherweise das 1894 erworbene Bild »Der Mennonitenprediger Anslo und seine Frau«.

»Die Weber«: von Gerhart Hauptmann, das am 25. 9. 1894 im Deutschen Theater Berlin erstmals öffentlich aufgeführt worden war.

Ochs: Siegfried O. (1858–1929), Musiker und Komponist, leitete in Berlin den Philharmonischen Chor.

Helmholtz: Anna von H. (1834–1899); ihr Mann Hermann von H. (geb. 1821) war im September 1894 gestorben.

Neffe Hildebrands: H. hatte keinen Neffen; möglicherweise sein Stiefsohn Alfred gemeint.

Hubertusbrunnen: für die Terrasse vor dem Nationalmuseum in München (1903/07) gebaut; jetziger Standort am Nymphenburger Kanal.

25. 1. 1895   An Richard Strauss

Bedingung: Cosimas Bedingung war, daß Fuchs und nicht Possart die Regie der von Strauss dirigierten Aufführung am 23. 5. 1895 in München übernehmen müsse. Dies wurde akzeptiert; Cosima probte auch mit den Solisten; vgl. Brief an Tschudi, 24. 5. 1895.

6. 3. 1895   An ihren Sohn Siegfried

trittst Du nun auf: Konzert in Pest.

Deine »Sehnsucht«: symphonische Dichtung Siegfrieds, die er im Februar mit der Bayreuther Militärkapelle gespielt hatte.

31. 3. 1895   An Hugo von Tschudi

in der ersten Aufführung des »Rienzi«: in der von Cosima eingerichteten Fassung; Cosima war zu den Haupt- und Generalproben nach Berlin gefahren.

Herzog: Emilie H., verh. Welti, berühmte Sängerin, seit 1889 an der Berliner Hofoper; in Bayreuth hatte sie 1883/84, 1891 eine Soloblume in »Parsifal« und 1891 den Hirtenknaben in »Tristan« gesungen.

Medaille: in Silber und Bronze zu Bismarcks 80. Geburtstag am 1. 4. Bei der vorausgegangenen »Versöhnung« mit Kaiser Wilhelm II. »war es merkwürdig genug zu verfolgen, wie ein bei lebendigem Leibe Begrabener der Überlegene bleibt« (Cosima an Chamberlain, 29. 3. 1895).

große Bronze-Arbeit: Bronzerelief Bismarcks von Hildebrand, das Cosima A. v. Gross schenkte. Von diesem Relief hatte Hildebrand die Medaillen prägen lassen. An Fiedler schreibt Cosima von einer stillen Feier »und daß ich ihn durch die Kunst zum ständigen Ehrenbürger von Bayreuth mache, welches er zu begreifen nicht die Größe hatte« (6. 3. 1895).

11. 4. 1895   An Hans Thoma

von den Bildern: Cosima hatte im November 1894 Thoma gebeten, Kostüme für den »Ring« zu entwerfen. Thoma sagte zu und antwortete im Dezember:
»Leider sah ich die ›Nibelungen‹-Aufführungen nicht in Bayreuth. Hier und anderwärts, wo ich sie sah und wo die Großartigkeit des Werkes mir Raum ließ, an Äußerlichkeiten zu denken, hat mich das Kostüm der Göttinnen am allerwenigsten befriedigt. Ich sah irgendwo eine Fricka, die sah in ihrem dürftigen Röcklein und mit den bloßen Armen aus wie ein Dienstmädchen in der Fastnachtszeit. Mir kam damals schon der Gedanke, daß ein reich gefaltetes, weites Gewand aus leichtem Stoff mit Ärmeln einen viel richtigeren und würdigeren Eindruck machen könnte; wenn das Gewand sogar so reichlich wäre, daß die Göttin sich weniger lebhaft

bewegen könnte, wie die von mir gesehene es getan hat, so dürfte es auch nichts schaden und könnte sogar gut als Gegensatz wirken zu den beweglich glitzernden Rheintöchtern und den wuseligen Zwergen.

So denke ich, daß in bezug auf die Kostüme gewisse Gegensätze auszunützen wären: Götterfiguren würdig und reich, ja, bis zur Verhüllung bekleidet, festlich geschmückt, wo es der Inhalt der Werke gestattet. Die nackten Arme und Beine würden bei den schmiedenden Zwergen um so besser wirken. Der enganliegende Schuppenpanzer, sei er nun von Gold oder Stahl, würde die rege kriegerische Tätigkeit der Walküren gut symbolisieren.

Die Ideen, die ich hier ausspreche, werden ja gewiß nichts Neues und werden wohl bei den Aufführungen in Bayreuth schon dagewesen sein, aber vielleicht ließen diese Ideen sich in der Ausführung noch mehr präzisieren. Da auf historische Kostümkunde keine Rücksicht zu nehmen ist, so müßte an ihre Stelle eine symbolische Kostümkunde treten, die aus dem Geiste des Werkes heraus sich bildet, und wer könnte hier besser das Richtige treffen als Sie selber!«

Ihre liebe Frau: Cella geb. Bertender (1858–1901), seit 1877 mit Thoma verheiratet.

14. 5. 1895   An Ernest van Dyck

rückblickend auf unsere Beziehungen: durch van Dycks Auftreten in Paris und durch Pressenachrichten; van Dyck hatte nach den Festspielen 1894 die Bayreuther Aussprache öffentlich kritisiert (»Wiener Extrapost«, 10. 9. 1894).

24. 5. 1895   An Hugo von Tschudi

Boehle: Fritz B. (1873–1916), von Hildebrand geschätzter Maler und Bildhauer.
Hoffmann: Ludwig H. (1852–1932), Architekt, große Bauten in Berlin, Leipzig.
In seiner Häuslichkeit: Strauss hatte am 8. 9. 1894 die Sängerin Pauline de Ahna geheiratet.
saillanten: hervorstechenden.
Mottl: Anfang Mai hatten M. und seine Frau bei einem Besuch des Kaisers in Karlsruhe Lieder vorgetragen; dabei sei – so Hohenlohe – die Hofgesellschaft laut und taktlos gewesen.
eine Komposition von sich: »Sehnsucht«, vgl. 6. 3. 1895.
Schneiderei: für die »Ring«-Kostüme.

8. 6. 1895   An Mary Fiedler

das Mitgefühl: K. Fiedler war am 3. 6. durch einen Sturz aus einem Fenster tödlich verunglückt. »Man durfte ihn einen Nachzügler der Goethe-Schiller-Zeit nennen, so umfassend war seine Bildung, so frei sein Geist, so vornehm seine Gesinnung, so zart seine Sitte« (Cosima an Hohenlohe, 14. 8. 1895).

29. 7. 1895   An Hugo von Tschudi

patraque: abgenutzte Maschine.
brochant sur le tout: ein Mensch, der sich in der Gesellschaft vor allen auszeichnet.
der Jude als Inspektor: Joseph Moritz.
Goetheschen Vers: Weimar 1798–1805.
des kleinen Juden von Rembrandt: Porträt eines Juden (ca. 20×24 cm).
Ichthyosaurus: Fischeidechse (urweltliche Gattung).

Mürren: im Berner Oberland.
die arme Witwe: Mary Fiedler.
Johanna Ambrosius: d. i. J. Voigt (geb. 1854), lebte in ärmlichen Verhältnissen; eine Auswahl ihrer ersten Gedichte gab Karl Weiß-Schrattenthal 1895 heraus; der Band »Johanna Ambrosius, eine deutsche Volksdichterin« hatte einen riesigen Erfolg, 41. Auflage 1905.

Januar 1896   Über Wagners Beziehung zu Mathilde Wesendonck

Eva von mir mitgeteilt: undatierter Text, wahrscheinlich für Chamberlain, den Cosima am 30. 1. 1896 bat, das Kapitel über Zürich und Wesendonck in seinem soeben erschienenen Buch »Richard Wagner« umzuarbeiten. Chamberlain hatte am 13. 1. 1896 eine Zuschrift von M. Wesendonck erhalten, ihr sofort geantwortet und Briefkopien an Wahnfried geschickt; vgl. Briefwechsel, S. 429 ff. – Cosimas sehr subjektive Ansichten versuchen – natürlich – die Beziehung Wagners zu M. Wesendonck zu verharmlosen; vgl. dazu »Richard Wagner an Mathilde Wesendonck, Tagebuchblätter und Briefe 1853–1871«; dazu auch Cosimas Brief an Wolfgang Golther in dieser Briefedition 1903/04; Golther gab die Wesendonck-Briefe heraus. – M. Wesendonck vgl. Anm. zum 8. 6. 1900.
Brief an Frau Wille vom September 1865: richtig: vom 26. 12. 1865.
Die »Träume«...: Cosima »korrigiert« die Entwicklung; vgl. Einleitung Golthers zu den Wesendonck-Briefen, S. XXII f.
Mutter eines Knaben: Hans Wesendonck (1862–1882), nach der Tochter Myrrha (geb. 1851), den Söhnen Guido (geb. 1855) und Karl (geb. 1857) das letzte Kind.

28. 2. 1896   An Bodo von dem Knesebeck

bei W.s: wahrscheinlich bei Wolkensteins.
»Laß mich ein Kind sein...«: Maria Stuart zu Kennedy im III. Aufzug, 1. Auftritt: »Laß mich ein Kind sein, sei es mit!«
Stöcker: Adolf St.s Schrift »13 Jahre Hofprediger und Politiker« war den Lesern der BBl zu Weihnachten empfohlen worden.
»Cavour« von Treitschke: Schrift in »Historische und politische Aufsätze«, Bd. 1, Leipzig 1870, von Heinrich von T. (1834–1896) über Graf Camillo Benso di Cavour (1810–1861), italienischer Staatsmann, unter anderem Finanzminister unter der Regierung Viktor Emanuels II.
Pio IX.: Pius IX., Papst 1846/78 (1792–1878).
Viktor Emanuel: König von Italien (1820–1878).
Massimo d'Azeglio: M. Taparelli Marchese d'A. (1798–1866), 1849/52 Minister des Auswärtigen, Ratgeber Viktor Emanuels.
Garibaldi: Giuseppe G. (1807–1882), Feldherr und Nationalheld Italiens.
Chodowiecki: Daniel N. Ch. (1726–1801), Maler und Kupferstecher (mehr als 30 000 Blätter). 1895 war das Buch von Oettingen: »Daniel Chodowiecki, ein Berliner Künstlerleben im 18. Jahrhundert«, erschienen.
Tschudi... neue Würde: als Direktor der kgl. Nationalgalerie in Berlin.
von Heyl: Cornelius Freiherr von H. zu Herrnsheim (geb. 1843), Mitglied des Reichstages, Industrieller in Worms; H. verhandelte mehrere Jahre mit Hildebrand über einen »Nibelungen-Brunnen« für Worms. Cosima engagierte sich stark für dieses dann nicht ausgeführte Projekt.

24. 4. 1896   An Max Brückner

der Prinzessin ... gehuldigt: Hohenlohe hatte am 20. 4. Alexandra Prinzessin von
Sachsen-Coburg und Gotha geheiratet.

29. 4. 1896   An Ludwig Schemann

Ihr Aufsatz: »Franz Liszt in seinen Briefen«, BBl 1896, S. 175 ff.
Schluß Ihres Aufsatzes: Schemann hatte ausführliche Stichworte mit Seitenangaben
aufgeführt und zum Kauf der Bücher aufgefordert.

13. 5. 1896   An Houston Stewart Chamberlain

Ihrer wissenschaftlichen Arbeit: »Recherches sur la sève ascendante«, 1897.
Appias »Notes...«: »Notes de mise en scène pour l'Anneau de Nibelungen« hatte
Appia bereits 1891/92 geschrieben und sie, nach eigenem Zeugnis, nach »Wahnfried« geschickt. Cosima bezieht sich auf diesen Text, nachdem ihr Chamberlain und
Hohenlohe Hinweise auf das Buch A.s »La Mise en scène du drame wagnérien«
gegeben hatten, das 1895 auf Vermittlung von Edouard Schuré bei Challey in Paris
herauskam. Dazu hatte Cosima bereits am 28. 2. 1895 an Chamberlain geschrieben,
für uns sei zwar die Inszenierung in der *Partitur* genau angegeben, doch für
Frankreich könne das Buch vielleicht nützlich sein, obwohl man sich auch dort
besser an die *Dichtung* halten solle. Chamberlain antwortete am 1. 3. 1895: »Den
Ausdruck ›drame wagnérien‹ hat er von mir und in meinem Sinne genommen und
versteht darunter das Wort-Ton-Drama *überhaupt,* nicht dieses oder jenes Werk. Er
nimmt (ohne es zu wissen) eine Idee wieder auf, die schon Goethe beschäftigt hatte
und die nirgendswo in den ›Gesammelten Schriften‹ behandelt wird – wie die Musik,
durch ihre Mitwirkung am Drama, nicht bloß die Zeit, sondern implicite auch den
Raum bestimmt etc. – eine Betrachtung, die an und für sich, wie mir scheint, von
hohem Interesse ist.« Das Buch A.s wurde in den BBl 1895 und 1896 als
Neuerscheinung erwähnt. A.s Hauptwerk »Die Musik und die Inszenierung«, vor
allem »Ring« und »Tristan« behandelnd, erschien 1899 bei Bruckmann in München
und ist Chamberlain gewidmet.
»une bigarrure étouffante«: eine schwüle Buntscheckigkeit.
Thorel: Jean Th. (1859–1916) gab die »Revue des deux mondes« heraus; schrieb in
den BBl 1895, S. 154 ff., »Die französischen Übersetzungen von Richard Wagners
Drama«; Autor verschiedener Theaterstücke, Übersetzer Gerhart Hauptmanns.
in Ihrem Buche: »Richard Wagner«.

22. 5. 1896   An ihre Tochter Isolde

Diesen Tag: Wagners Geburtstag.
Walther: Sohn von Julius Kniese.
unserer Trennung: Isolde war in Rom und Palermo.

6. 6. 1896   An Hans Richter

Zyklen: Fünf »Ring«-Zyklen wurden gespielt (sonst nichts); neben Mottl und Richter
dirigierte Siegfried Wagner den zweiten Zyklus.
an dem Tage: Siegfrieds Geburt in Tribschen am 6. 6. 1869; vgl. TCW.
Elmblad: Johannes E. (1853–1910), zunächst Konzertsänger (Baß), ab 1880 an der
Hofoper in Dresden, Hannover, Berlin u. a.; ab 1897 Intendant der Hofoper in
Stockholm; sang in Bayreuth 1896–1904 Fafner.

8.–10. 6. 1896   An Ernst Erbprinz zu Hohenlohe-Langenburg

über die Stiftung: Hohenlohe hatte einen Aufruf zugunsten des Stipendienfonds
erhalten: »kunstliebende Angehörige weniger bemittelter Stände« sollten zu den
Festspielen fahren können. Er hatte dann geschrieben, sein Vater, sein Schwager
Reuß und Chelius würden vor allem Lehrer und Pfarrer schicken. – Der
Stipendienaufruf erbrachte 20 300 Mark; die größten Spenden kamen von Mary
Fiedler (5000), Geheimrat F. A. Krupp (3000), F. v. Schön (1000), Thomas Knorr
(1000) und je 600 Mark von A. v. Rat, M. Wesendonck, Gräfin von Wolkenstein,
Dr. Ladenburg (New York) und Frau Adelung (St. Petersburg).
Prinzen Ludwig: von Bayern (1845–1921), ältester Sohn und Nachfolger des
Prinzregenten Luitpold; 1913/18 als Ludwig III. König von Bayern.
von dem Zaren: Das Krönungsfest des seit November 1894 regierenden Zaren
Nikolaus II. hatte im Mai in Moskau stattgefunden. Darüber hatte Hohenlohe
Cosima am 4. 6. 1896 berichtet: »Die Feierlichkeiten müssen sehr großartig sein,
haben aber, wie mir scheinen will, in ihrer übertriebenen Pracht und den zur
Verwendung kommenden Massen-Effekten etwas Orientalisch-Barbarisches. Dies
entspricht allerdings dem Charakter des russischen Reiches, und auch das
entsetzliche Unglück [auf dem Chodynkafeld], wobei Tausende im wüsten
Gedränge zerquetscht wurden, ohne daß hinterher das Fest-Programm geändert
wurde, ist kein schlechtes Symbol für die Macht eines Herrschers, der Tausende
durch ein Wort ins Elend stürzen kann. Über die Persönlichkeit des jetzigen Kaisers
wird viel Gutes berichtet.«
Untergang der »Elbe«: Das Schiff des Norddeutschen Lloyd war 1895 in der Nordsee
kollidiert; 352 Menschen starben.
Niederlage der Italiener: In der Schlacht von Adua besiegte Abessinien Italien und
wurde unabhängig.
Empfang Luegers: Karl Lueger (1844–1910), österreichischer Politiker, Wortführer
der Antisemiten, wurde mit den Stimmen der Klerikalen und Deutschnationalen
1895 zum Bürgermeister von Wien gewählt. Der Kaiser versagte jedoch die
Bestätigung und setzte einen Regierungskommissar ein. Im April 1896 wurde L.
nochmals zum Bürgermeister gewählt, verzichtete jedoch in einer Audienz beim
Kaiser am 27. 4. 1896 auf dies Amt. Ein Jahr später wurde L. nochmals zum
Bürgermeister gewählt und vom Kaiser anstandslos bestätigt.

31. 7. 1896   An die Geheimräte von Muncker und Seckendorff

Der Offene Brief Cosimas ist an den Vorstand des in Bayreuth tagenden AWV
gerichtet und wurde in den BBl 1896, S. 358 ff., veröffentlicht. Er ist im Stil Wagners
»Rückblick auf ... 1876« nachempfunden. *Theodor von Muncker,* rechtskundiger
Bürgermeister und Geheimer Hofrat von Bayreuth, war seit 1889 Vorstand des
Präsidiums. *Rudolf Freiherr von Seckendorff* (geb. 1844), Geheimer Oberregie-
rungsrat im Reichsjustizamt, 1899 Unterstaatssekretär, 1905 Präsident des
Reichsgerichts; v. S. war 1. Vorsitzender der Zentralleitung des AWV in Berlin.
Schmidhammer: Arpad Sch. (1857–1921), Maler und Illustrator in München.
Archäologe: R. Kekulé von Stradonitz.
Germanist: Wolfgang Golther.
direkten Schülern Bayreuths: Das heißt, aus der Stilbildungsschule kamen *Alois
Burgstaller* (1871–1945) und *Hans Breuer* (1870–1929). Burgstaller sang 1896/97
und 1908 Siegfried; mit dieser Rolle wurde er berühmt, sang sie an vielen großen
Bühnen. In Bayreuth wurde er einer der meistbeschäftigten Sänger: neben Siegfried
1894 Heinrich der Schreiber und 1. Gralsritter, 1896–1902 Froh, 1899–1902 und

1909 Siegmund, 1899 und 1902 Parsifal, 1901 Erik. Von Breuer gilt gleiches; seine Paraderolle war Mime (1896–1914), daneben: 1894 ein Edler von Brabant, 1894, 1899–1909 ein Knappe (im »Parsifal«), 1899 David, 1906 Hirte und Junger Seemann (im »Tristan«); Breuer war ab 1900 an der Wiener Hofoper engagiert.

Zumpe: Herman Z. (1850–1903), Dirigent und Komponist, 1872/75 in der Nibelungenkanzlei in Bayreuth; dann Kapellmeister in verschiedenen Städten, 1900 Generalmusikdirektor in München.

Anton Seidl: hatte im Mai 1896 aus New York ausführliche Berichte über den »Ring« 1876, insbesondere die Rheintöchter-Szene, an Cosima geschickt.

edler Gönner: Friedrich von Schön.

angesehenen Künstler: Hermann Levi.

Pohls: Richard Pohl (1826–1896), Musikschriftsteller und Komponist; trat als Mitarbeiter der »Neuen Zeitschrift für Musik« sehr früh für Wagner und Liszt ein; lebte 1854/64 in Weimar, später in Baden-Baden; schrieb zahlreiche Bücher über Wagner, Liszt, Berlioz.

25. 8. 1896   An Engelbert Humperdinck

Aufsatz: am 5. 8. 1896 in der »Frankfurter Zeitung«.

2 Brünnhilden: Ellen Gulbranson (1863–1947), norwegische Sängerin, und *Lilli Lehmann* (1848–1929), verh. Kalisch. G. sang die Rolle bis 1914, 1899–1906 auch Kundry. L., die 1876 eine Rheintochter, Walküre und Waldvogel gesungen hatte und von Wagner sehr geschätzt wurde, war von Cosima auf Grund dieser Tradition engagiert worden. L. hat sich in ihrem Buch »Mein Weg« (1913) sehr kritisch über Cosimas Einstudierung 1896 geäußert.

Einsturzes der Halle: im III. Akt »Götterdämmerung«.

»Königskinder«: wurde zunächst in kürzerer Form als melodramatisches Märchen gespielt; die endgültige Fassung wurde 1910 in New York uraufgeführt. Text von *Ernst Rosmer* (1866–1949), eigtl. Elsa Bernstein, geb. Porges, Tochter von Heinrich Porges.

26. 8. 1896   An ihren Sohn Siegfried

»Unausgesprochen...«: Wotan, »Walküre«, II. Akt, 2. Szene.

»Alles ward...«: Brünnhilde im III. Akt »Götterdämmerung«.

Pohlig: Karl P. (1864–1928), Pianist (Schüler von Liszt), Dirigent und Komponist, war 1892/99 musikalischer Assistent in Bayreuth.

Gil: Gilberto Graf Gravina (1890–1972), Enkel Cosimas.

»Heiligen Petrus«: erster Entwurf zum »Bärenhäuter«; Cosima gibt ihrem Sohn in den folgenden Monaten zahlreiche Hinweise.

Hertzschen Petrus: »Sankt Peter und der Spielmann« im »Spielmannsbuch« von Wilhelm Hertz.

2. 9. 1896   An Marie Richter

Helene Augusz: Frau von Baron Anton A., Freund von Franz Liszt, Trauzeuge bei Richters Heirat; vgl. TCW.

18. 9. 1896   An Engelbert Humperdinck

Ambossen: für Nibelheim im »Rheingold«.

15. 10. 1896   An Max Koch

deferente: zum Eid abfordernde.
ein wahrer Künstler: Hans Thoma.
Tüpke: nicht ermittelt.

25. 10. 1896   An Max Koch

Herman Grimms »Insulten«: Grimm hatte in Vorlesungen und Veröffentlichungen
(»Goethe«) eine biographisch-kritische Einstellung zu Goethe vertreten.

3. 1. 1897   An Bodo von dem Knesebeck

Hain der Vestalinnen: Cosima meint offensichtlich das Bild »Der heilige Hain«, 1882.
France: Anatole F. (1844–1924), französischer Erzähler, Essayist und Kritiker,
  schrieb u. a. »Le jongleur de Notre-Dame«, deutsch von H. Levi in der Münchener
  Zeitschrift »Die Jugend« vom 22. 2. 1896.
»Die Hoffnung ließ ich mir nicht rauben«: »... laß ich mir nicht mindern«, Hans Sachs
  im III. Akt, 2. Szene.
van Rooy: Anton v. R. (1870–1932), Schüler von J. Stockhausen, Debüt als Wotan in
  Bayreuth 1897, 1898–1913 an Covent Garden in London, danach an der
  Metropolitan Opera in New York; zahlreiche Gastspiele; sang in Bayreuth
  1897–1902 Wotan, 1899 Hans Sachs, 1901/02 Holländer.
tragiere: so geschrieben; entweder Wortspiel mit »agiere« oder verschrieben für
  traktieren.
Freundin: Marie Gräfin von Wolkenstein.
Goethe: zu dem Schauspieler und Regisseur Anton Genast (1756–1831) am 12. 9.
  1807.

6. 1. 1897   An ihren Sohn Siegfried

Szene mit Fricka: II. Akt »Walküre«.
Dr. Kraus: Felix von K. (1870–1937), Dr. phil. (Musikwissenschaft), Konzert- und
  Oratoriensänger, an verschiedenen Bühnen engagiert, 1908/35 Gesangslehrer in
  München; sang in Bayreuth 1899–1909 Hagen, 1899, 1902/09 Gurnemanz,
  1902/08 Titurel, 1904 Landgraf, 1906 König Marke.

28. 1. 1897   An Engelbert Humperdinck

Ihre wonnige Musik: »Königskinder«.
Röhr: Hugo R. (1866–1937), Komponist und Dirigent, war 1896–1934 Kapellmeister
  an der Hofoper in München.

29. 1. 1897   An ihren Sohn Siegfried

bis er einen anderen hat: Im April schreibt Strauss an Cosima, Mottls Eintritt in
  München sei nur noch eine Frage der Zeit, da Mottl nicht nach Wien könne; dort
  wurde G. Mahler Hofoperndirektor (bis 1907). Strauss wollte Nachfolger Mottls in
  Karlsruhe.
»Guntram«: die einzige Aufführung in München hatte am 16. 11. 1895 stattgefunden.
Schillings: Max von Sch. (1868–1933), Komponist und Dirigent, lebte in München,

mit Strauss befreundet. 1908/18 wurde Sch. Generalmusikdirektor in Stuttgart, 1919/25 Intendant der Staatsoper Berlin. 1892 war Sch. musikalischer Assistent in Bayreuth.

Rösch: Friedrich R. (1862–1925), Jurist, gründete mit Strauss, Schillings und Hans Sommer 1898 die »Genossenschaft deutscher Tonsetzer« (Vorläufer der GEMA) und war Vorsitzender des »Allgemeinen Deutschen Musikvereins«. Strauss widmete R. drei Werke.

Onkel Sascha: Alexander Ritter war am 12. 4. 1896 in München gestorben.

Onkel Jachmann: Ehemann von Wagners 1894 verstorbener Nichte Johanna Jachmann-Wagner.

chaperonniert: Damen beschützen.

7. 2. 1897   An Engelbert Humperdinck

diese Wette: Anspielung auf Adelheid Wette, die den Text zu »Hänsel und Gretel« geschrieben hatte.

8. 2. 1897   An Michael Balling

Balling: Michael B. (1866–1925), Bratschist und Dirigent, 1896/97 Chordirigent in Hamburg, 1898–1902 1. Kapellmeister in Lübeck, 1903/10 Nachfolger von Mottl als Generalmusikdirektor in Karlsruhe, 1911/14 Dirigent des Hallé Orchestra in Manchester als Nachfolger von H. Richter, 1919/25 Generalmusikdirektor in Darmstadt. – In Bayreuth spielte B. 1886/89 und 1892(?) Bratsche, war 1896, 1899, 1901/02 musikalischer Assistent, dirigierte 1904/08, 1911/12 »Parsifal«, 1906 »Tristan« und 1909/25 »Ring«; ab 1908 verheiratet mit Mary Levi(-Fiedler).

traurige Nachricht: Balling konnte 1897 nicht als musikalischer Assistent in Bayreuth mitwirken.

Sie und Pohlig: Balling hatte schon 1895 in England Konzerte gegeben; nach den Festspielen 1896 war er zunächst Chordirigent in Hamburg, dann Bratschist bei Mottl in Karlsruhe. Da Balling mit Mottl Schwierigkeiten hatte, nahm er seine Konzerttätigkeit in England wieder auf; vgl. auch 6. 1. 1898. – P. war Kapellmeister an Covent Garden.

Schubert-»Feier«: zu Schuberts 100. Geburtstag (31. 1.).

Biographie von Mozart: Otto Jahns Biographie, 4 Bde., Leipzig 1856/59.

Staat, Familie, Kirche entgegen: möglicher Bezug auf die Exkommunizierung Ballings, weil er in Schwerin als Katholik in einer evangelischen Kirche Bachsche Chöre dirigierte.

»Zarathustra«: Die symphonische Dichtung »Also sprach Zarathustra« hatte Strauss 1896 komponiert. Am 13. 4. 1896 hatte ihm Cosima geschrieben: »Ich hatte den Titel [...] für einen Zeitungsscherz gehalten. Aber ich kenne Nietzsches Buch nicht und nehme jetzt an, daß in seinem Inhalt etwas sein muß, was Sie musikalisch anregte.«

Lilli Lehmanns Erinnerungen: »Auf der Festbühne in Bayreuth 1875–1876«, Berlin 1897 (darin kritische Auseinandersetzung mit Cosimas Regiestil, der sich im Gegensatz zu 1876 befinde).

ihre Rentrée: L. Lehmann hatte bereits 1885/90 mit großem Erfolg in Amerika gesungen; insgesamt siebenmal gastierte sie dort.

17. 2. 1897   An Ernst Erbprinz zu Hohenlohe-Langenburg

e pure si muove: »Und sie bewegt sich doch« (Galileo Galilei).
Flaggen am 27. Januar: Kaisers Geburtstag.
meines Schwiegersohns: H. Thode.
Dr. Bredius: Abraham B. (1855–1946), holländischer Kunstgelehrter, war seit 1889 Direktor der kgl. Gemäldesammlungen in Den Haag; gab vorzügliche Kataloge heraus.
Groeben: Unico Graf von der G. (geb. 1861), Diplomat, Legationsrat bei der Deutschen Botschaft in Paris 1899–1905.
Frankenstein: H. Freiherr von und zu F. (1864–1911), Legationssekretär, Mitglied in der Gobineau-Vereinigung.
Bibelots: eigentlich Geräte ohne Wert; auch Kleinkunst, Nippes.
Prinzen Rupprecht: von Bayern (1869–1955), ältester Sohn des Prinzen Ludwig (später König Ludwig III.). Seine Mutter war die Erzherzogin Maria Theresia von Modena.
»Parsifal« zu dirigieren: Mottl und A. Seidl dirigierten 1897.
»Stein der Weisen«: Stück von Hohenlohe; vgl. 4. 3. 1915.
Sporck: Ferdinand Graf Sp. schrieb für Strauss den Text zu einer Oper »Schilda« (nicht ausgeführt) und für Schillings' »Der Pfeifertag«, der in Rappoltsweiler im Elsaß spielt.
die Werke: Wagners.
»Heinrich IV.«: Gemeint ist das Trauerspiel »Heinrich und Heinrichs Geschlecht« von Ernst von Wildenbruch 1896. Wildenbruch hatte ebenfalls die Schauspiele *»Die Quitzows«* 1888 und *»Der neue Herr«* 1891 geschrieben.
Altona: Marie A. sang 1897 in Bayreuth eine Walküre (Grimgerde) und eine Soloblume.
zu Ihrem Glück: der bevorstehenden Geburt des Sohnes Gottfried Hermann am 24. 3.

7. 4. 1897   An Hans Richter

Brahms: Johannes B. war am 3. 4. gestorben. Hinsichtlich der Erinnerung vgl. TCW; dort heißt es am 8. 8. 1874: »Nachmittags spielen wir das Triumphlied von Brahms, großer Schrecken über die Dürftigkeit dieser uns selbst von Freund Nietzsche gerühmten Komposition.« Und am 18. 11. 1875 in Wien: »Abends Quartett-Soirée von Hellmesberger, ich lerne Herrn Brahms kennen, welcher darin ein Klavier-Quartett eigener Faktur spielt, ein rot und roh aussehender Mann, sein Opus sehr trocken und gespreizt.«
IX. Symphonie: Über das Konzert am 4. 4. hatte Chamberlain am selben Tag begeistert berichtet.

6. 1. 1898   An Michael Balling

»made in Germany«: E. E. Williams: »made in Germany. Der Konkurrenzkampf der deutschen Industrie gegen die englische«, Dresden 1896.
Instigation: Anstiftung.
Pohlig: war im Dezember nach Coburg gegangen; 1900 wurde er Hofkapellmeister in Stuttgart (bis 1907).

23. 2. 1898   An Hugo von Tschudi

den armen Heinz: Thodes Vater war im Januar gestorben.
Levis: Hermann Levi hatte im Oktober 1896 Mary Fiedler geheiratet.
den Marées: »Der Drachentöter«, 1880, Ölbild; von K. Fiedler Cosima geschenkt, gab
diese 1899 an die Berliner Nationalgalerie.
Schwabachs: Léonie von Schwabach und Dr. Hermann Paul (verh. 1864), Mitinhaber
des Bankhauses S. Bleichröder in Berlin.
»Jery und Bätely«: Singspiel in einem Akt von Goethe; vielfach in TCW.
Meunier: Constantin M. (1831–1905), belgischer Bildhauer und Maler. Über seine
Plastiken schrieb Cosima an Hohenlohe am 16. 9. 1898, es seien Volkstypen von
größter Wahrhaftigkeit und Lebendigkeit, die in keiner Weise der modernen
Verzerrtheit angehörten.
Parlaghy: Vilma P. (1863–1924), ungarische Malerin (u. a. Graf Moltke), die gegen
die Vivisektion kämpfte und einen Offenen Brief an den Kultusminister Bosse in
Berlin schrieb (Flugblatt Nr. 155 des Berliner Tierschutz-Vereins); als Beilage in
den BBl 1898; »eine Meisterin der Farbe und eine Meisterin der Feder« (BBl 1900,
S. 33).
ob Zola verurteilt ist: Z. wurde am 23. 2. wegen Beleidigung des Militärrichters im
»Dreyfus-Prozeß« zu einem Jahr Gefängnis verurteilt.

März 1898   An Hermann Levi

Hoffmann: Sopranistin, wurde nicht für Bayreuth engagiert, sang bei der Uraufführ-
ung des »Bärenhäuter« am 22. 1. 1899 in München die Luise *(Luisl)*.
Übersetzung: Nach »Don Juan« und »Così fan tutte« übersetzte und bearbeitete Levi
»Die Hochzeit des Figaro«; diese Fassung erschien 1899 bei Breitkopf & Härtel. In
diesen Wochen schrieb Cosima zahlreiche Briefe an Levi mit detaillierten
Bemerkungen zu sprachlichen und (bisweilen) musikalischen Einzelfragen. Wie bei
den Opern »Benvenuto Cellini«, »Die Trojaner«, »Königskinder« oder denen ihres
Sohnes zeigt Cosima auch hier ein ausgesprochenes dramaturgisches Interesse bei
der Bearbeitung und Einrichtung von Werken.

21. 3. 1898   An Hermann Levi

»Ihr stellt sie selbst...«: Hans Sachs im III. Akt, 2. Szene, zu Stolzing.
Vater Gobbo: in Shakespeares »Kaufmann von Venedig«.
Possart: war der Regisseur der Uraufführung, F. von Fischer dirigierte.
das Sakramentshäuschen: in der Lorenzkirche in Nürnberg.
Knote: Heinrich K. (1870–1953), seit 1892 an der Hofoper in München, später
berühmter Wagner-Sänger; bei der Uraufführung in München sang er den Hans
Kraft.
Mallinger: Mathilde M. (1847–1920) war 1866/69 an der Hofoper in München und
1869/82 an der in Berlin engagiert; sie sang bei der Uraufführung der »Meistersinger« 1868 die Eva.
unsere »Euryanthe«: Als Levi Ende 1887 Webers Oper in München mit zwei Proben
neu einstudieren mußte, schrieb Cosima an ihn: »Die ›Euryanthe‹! Wie ein
tönender Blütenstaub gewahre ich sie in den Lüften, der sich nach dem Kelche
sehnt, der ihn aufnimmt und ihn fruchtbar macht. Hätten wir Bayreuth – unsere
Schule –, wir führten für uns, im alten Opernhaus, dieses sehnsüchtige Werk auf.«

3. 5. 1898   An Hugo von Tschudi

Seidls Verlust: Anton Seidl war am 28. 3. gestorben. S. (geb. 1850) hatte 1872/75 in der Nibelungenkanzlei gearbeitet, war 1876 musikalischer Assistent. Wagner schätzte ihn vor allem als einen Dirigenten mit Verständnis und Kenntnis szenischer Vorgänge. Er empfahl ihn nach Leipzig, wo er 1878/82 vor allem als Wagner-Dirigent wirkte. 1822 folgte die »Ring«-Tournee mit A. Neumann durch Europa. Ab 1885 war S. in New York und dirigierte an der Metropolitan Opera die Erstaufführungen von »Meistersinger«, »Tristan« und »Ring«; 1897 dann an Covent Garden.

es singen die Vögel: Cosima verurteilte wiederholt das Jagen und Töten von Singvögeln in Italien. So schreib sie auch an Levis am 16. 5. 1898: »Ich könnte den Gesang der Vögel nicht vermissen und den offenkundigen physischen und geistigen Zustand des Volkes nicht ertragen. Keine Landschaft der Welt und keine Wunder der Kunst könnten mich dazu bewegen. Auch wohnt unserem Volke eine Gemütlichkeit und ein Verhältnis zur Natur bei, dem man sich immer verwandter fühlt. Ich glaube mit Ihnen, daß wir nicht viel mehr von den romanischen Völkern zu gewärtigen haben, obgleich Frankreich doch noch lebendig vor uns zumal in seinem Einflusse steht. Aber die Semiten haben noch lange nicht ausgespielt.«

2. 9. 1898   An Hugo von Tschudi

Immer ferner rückt ... England: Cosima war im Juni in London (und Paris) gewesen, um den »Ring« unter Mottl zu hören und mit den Sängern Eduard und Jean de Reszke zu verhandeln; es kam zu keinem Engagement. Darüber berichtete Cosima am 17. 7. 1898 Hohenlohe: »Da ich künstlerischer Zwecke halber dort war, will ich gleich berichten, daß meine Ausbeute so ziemlich Null war, daß die Aufführungen mich deprimierenden Charakter hatten, aber daß unsere Bayreuther Künstler, van Rooy als Wotan an der Spitze, mir eine wahre Genugtuung verschafften. Als das bedeutendste Moment erschien mir das Publikum. Es bestand zum größten Teil aus Menschen, die sonst nicht in die Oper gehen, und viele unter ihnen waren aus der Provinz herübergekommen, lediglich um den ›Ring‹, und zwar wie ihnen versprochen worden war, in der Bayreuther Ausführung zu sehen. Da dies nur in geringstem Maße der Fall war, erhob sich Unwillen. Sie forderten Wegschaffung der Striche und sagten, ›wenn die Herren de Reszkes diese Werke nicht vollständig singen könnten, solle man van Rooy auch den Wandrer singen und Burgstaller kommen lassen‹. Jean de Reszke, der mir hierüber sprach (in übrigens sehr wohlanständiger Weise), konnte sich diese Wandlung seines Publikums gar nicht erklären, und ich muß bekennen, daß ich von dieser Haltung des letzteren einen großen, in Deutschland kaum je erlebten Eindruck erhielt.«

Lord Crew: möglicherweise der englische Politiker Robert Graf Crewe gemeint, der Sohn von Lord Houghton.

Landschaft von Thoma: wahrscheinlich die »Campagnalandschaft« (Monticelli), 1881, mit Herde und Hirten.

Bismarck: war am 30. 7. gestorben; die Beisetzung der Leiche fand jedoch erst nach Fertigstellung des Mausoleums am 16. 3. 1899 statt.

»Kartoffel-Ernte«: Photo mit Anspielung auf Max Liebermanns Bild »Die Kartoffelernte«, 1875.

die kleine Gesellschaft: Blandine mit ihren vier Kindern.

Verleger: Max Brockhaus in Leipzig.

Burg: Villa Riedberg in Partenkirchen; Cosima war auf diesem »Schloß« oft zu Besuch.

»*Meister von Flémalle*«: vgl. 11. 3. 1893.
meinen Wunsch erfüllen: Tschudi tat es nicht.

31. 12. 1898   An Bodo von dem Knesebeck

Aufenthalt in Italien: Cosima war im November drei Wochen in Rom gewesen, wo auch
M. v. Meysenbug lebte.
Hirt mit seiner weidenden Herde in der Campagna: vgl. 2. 9. 1898.
»*Der Lebensabend einer Idealistin*«: von M. v. Meysenbug.
Ivano: Castel Ivano, »eine Art Raubburg in Südtirol« (Cosima).

27. 2. 1899   An Karl Heckel

Karl Heckel: Sohn von Emil H., gab 1899 bei Breitkopf & Härtel »Richard Wagner an
Emil Heckel« heraus; darin die von Cosima gerügten Stellen (»die Macht des
fremdländischen Einflusses wuchs doch erheblich«, S. 165).
Ashton Ellis: Musikschriftsteller, Wagner-Biograph und -Übersetzer.
Stoltz: Rosine St. (1815–1903), eigtl. Victoire Noël, in *Paris* geboren, sang in Paris und
Brüssel, berühmt als Rachel in J. Halévys »Jüdin«, später Geliebte des Kaisers Dom
Pedro von Brasilien.
Heinefetter: Sabine H. (1805–1872), in Mainz geboren; sang mit Unterbrechungen
1827/52 in Frankreich vor allem im italienischen Fach.
Coivelli: Jeanne Cruvelli (1826–1907), eigtl. Sophie Cruvell, in Bielefeld geboren,
sang 1851/70 vor allem in Paris, London und Mailand. – In der Briefabschrift steht
irrtümlich: *Coivelli* (und *Kniesel*).
Sontag: Henriette S. (1806–1854), spätere Gräfin Rossi, in Koblenz geboren, sang seit
1822 in Wien, Berlin, Paris und London (»die Sontag«).
Habeneck: François Antoine H. (1781–1849), Dirigent des Conservatoire-Orche-
sters, Paris.
in London den »*Ring*«: vgl. 2. 9. 1898.

26. 3. 1899   An Houston Stewart Chamberlain

Ihren Vortrag: »Richard Wagners Philosophie«, den Chamberlain in der Philosophischen Gesellschaft an der Universität Wien gehalten hatte; er wurde veröffentlicht
in der Münchner »Allgemeinen Zeitung« Nr. 47–49, 1899.
Wille: Dr. François W. (1811–1896), Publizist, verheiratet mit der Schriftstellerin
Eliza W. (1804–1893); politisch engagiert, verließen beide 1851 Norddeutschland
und zogen auf ihr Gut Mariafeld bei Zürich; dort enger Umgang mit Wagner.
Herwegh: Georg H. (1815–1875), Schriftsteller, Lyriker, 1849 Teilnahme am
badischen ·Aufstand, Flucht in die Schweiz, dort Bekanntschaft mit Wagner.
Sybariten: Schlemmer, Schwelger.
»*Friedrich der Große als Musiker*«: von W. Kothe, 1869, oder »Friedrich d. Gr. als
Musikfreund und Musiker« von G. Thouret, 1898.
Ihre Erwähnung der Erweckung: »die am meisten philosophische Szene des ›Ring‹«
und »eine fast wörtliche Entlehnung aus der Edda«.
der Satz aus . . . »*Religion und Kunst*«: »Bei der gewiß nicht verzagten Ausmalung des
uns vorschwebenden Phantasiebildes eines Regenerations-Versuches des menschlichen Geschlechtes haben für jetzt aller der Einwendungen nicht zu achten, welche
uns von den Freunden unserer Zivilisation gemacht werden könnten.«
»*Was nützt diese Erkenntnis?*« . . . »*Erkenne dich selbst*«: Nachträge und Ergänzungen
zu »Religion und Kunst« 1880 und 1881.

den Satz über Kant: »Uns lehrt der große Kant, das Verlangen nach der Erkenntnis der Welt der Kritik des eigenen Erkenntnisvermögens nachzustellen« (Beginn von »Erkenne dich selbst«).

Satz, den Sie »farblos« finden: Der Satz ist in der Tat farblos, banal; in dem »Brief an Hans von Wolzogen« 1882 meint Wagner, eine Untersuchung des Publikums sei notwendig, genauso wie dem großen Kant die Kritik der menschlichen Urteilskraft, um erst richtige Schlüsse auf die Realität oder Idealität der Welt als Objekt ziehen zu können.

als folgendes Wort: Auch dieser Satz in der Schrift »Über Schauspieler und Sänger« wirkt beiläufig: man müsse die Entwicklung (des Theaters) klar betrachten, »etwa so wie Kant...«.

»Das Beste...«: »Das Beste, was wir von der Geschichte haben, ist der Enthusiasmus, den sie erregt«, Goethe in »Maximen und Reflexionen«, 1. Abt.

die Feuerbachsche Terminologie: Dazu gehört Wagners Brief an August Röckel vom 25./26. 1. 1854, in dem er ausführlich den »Ring« erklärt. – Einige Monate später berichtet Wagner seinen Freunden (H. v. Bülow am 26. 10. 1854, F. Liszt am 16. 12. 1854, A. Röckel am 5. 2. 1855) begeistert von seinem Schopenhauer-Erlebnis – »der größte Philosoph seit Kant«.

das Erzeugnis eines großen Geistes: die Schrift »Versuch über das Geistersehen«.

aus einer Schrift: Die beiden beiläufigen Erwähnungen von Leibniz stehen zu Beginn der Schrift »Deutsche Kunst und deutsche Politik« (»ein deutscher Philosoph« – »Betrachtet man zwei Portraits: hier Dürer, dort Leibniz...«).

17. 5. 1899   An Felix von Kraus

Ihren Wunsch: Kraus hatte Cosima gebeten, seine Braut von der Mitwirkung als Blumenmädchen zu entheben, da er es nicht gern sehen würde, »wenn sie in Trikot-Partien« auftrete; zudem würde ihr das Blumenmädchen zu hoch liegen.

Osborne: Adrienne von Kraus-O. (1873–1951), Altistin, sang dann auch kein Blumenmädchen, dafür: 1899 einen Knappen (im »Parsifal«) und im »Ring« 1899, 1904/09 Grimgerde, 1899, 1906/09 die 2. Norn, 1904 die 1. Norn und 1908/09 Waltraute in der »Götterdämmerung«.

17. 9. 1899   An Hugo von Tschudi

Jakobshof: Gut Jakobshof in Niederösterreich, Tschudis Geburtsort.

eine Zuflucht: Tribschen bei Luzern; Cosima zog im November 1868 endgültig zu Wagner nach Tribschen; sie blieben dort bis 1872.

Siegfried dirigieren: den »Bärenhäuter« in München.

Künstlerhaus: am Lenbachplatz, wurde 1893/6–1900 von *Gabriel von Seidl* (1848–1913) im Stile der »Deutschen Renaissance« gebaut, die sich an der nordischen Bauweise des 16. und frühen 17. Jahrhunderts orientierte. Seidl war Lenbachs Hausarchitekt (Villa Lenbach, 1884), unter dessen Einfluß er jenen repräsentativen Stil formte, der eine Vorliebe zeigte »für Textile, für Damast, Sammet, gepreßtes Leder und herabhängende Kristalleuchter«. Seidl baute außerdem unter anderem das Bayerische Nationalmuseum und das Deutsche Museum.

Böcklin mit den Reitern: möglicherweise »Zwei Reiter im Walde« (um 1855), Bleistiftzeichnung.

Greiner: Otto G. (1869–1916), Maler, Schüler von Max Klinger, mit Siegfried Wagner befreundet; G. hat Cosima und Siegfried porträtiert.

Bernheimersche Geschäft: »Bernheimers Kaufhaus«, heute Antiquitäten- und Einrichtungshaus, von Thiersch und Dülfer am Lenbachplatz erbaut.

Axenstein: vornehmer Kurort oberhalb von Brunnen am Vierwaldstätter See.

Leben des Oraniers: Wilhelm I., Prinz von Oranien (1533–1584), begründete die niederländische Unabhängigkeit; möglicherweise ist die Biographie von Klose (1864) gemeint.

»*L'anneau d'améthyste*«: 3. Band des Romans »Histoire contemporain«, 1897–1901, von Anatole France.

Deussen: Paul D. (1845–1919), Philosoph und Indologe in Kiel, publizierte 1899 (bei Brockhaus) »Die Philosophie der Upanishad's«; 1897 hatte D. aus dem Sanskrit »Sechzig Upanishad's des Veda« übersetzt; diese Übersetzung liest Cosima. In den BBl viel Literatur dazu, u. a. von Chamberlain »Paul Deussen und die Bedeutung der altindischen Weltanschauung für das Leben der Gegenwart«, 1901, S. 105 ff.

Thoma ... Abschiedsgruß: Th. war nach Karlsruhe berufen worden; zu diesem Abschied und zu Th.s 60. Geburtstag hielt Thode in Frankfurt eine Rede »Thoma und seine Kunst«; diese Rede und die Antwort Th.s wurden 1899 gedruckt.

von seinem Buch: »Die Grundlagen des 19. Jahrhunderts«, München 1899.

Pallanza: am Lago Maggiore.

13. 11. 1899   An Wolfgang Golther

Ihres Vortrages: im Rahmen von Goethe-Feiern zum 150. Geburtstag von Goethe; vgl. nachfolgende Briefe.

wir gehören dem Geschlechte an ...: »Diejenigen, die aus dem Dunkeln ins Helle streben, [sind] ein Geschlecht, zu dem wir uns auch bekennen«, Goethe über Schlossers »Universalhistorische Übersicht«.

Maskenzuge Brunehild–Siegfried: in »Die romantische Poesie. Stanzen zur Erklärung eines Maskenzugs, aufgeführt den 30. Januar 1810«.

Zueignung: »Faust«, 1. Teil.

Riemer: Friedrich Wilhelm R. (1774–1845), Gelehrter, Schriftsteller, arbeitete an der Werkausgabe letzter Hand mit.

15. 11. 1899   An Carl Friedrich Glasenapp

des widrigen Hotellebens: Im Hotel »Schweizerhof« in Luzern beendete Wagner 1859 die »Tristan«-Partitur. Verena Weitmann sorgte für ihn.

an Ihrem Buche: »Das Leben Richard Wagners«, II, 2. Cosima las den Band erst später, wie sie an verschiedene schrieb.

28. 11. 1899   An Wilhelm Hertz

den »Sperber«: »Der Sperber«, zuerst im indischen Papageienbuch, älteste abendländische Bearbeitung Anfang des 13. Jahrhunderts »Lai de l'Espervier«. Hertz nahm die Übertragung in die 2. Auflage des »Spielmannsbuchs« neu auf.

»*Aristoteles*«: Erzählung von Henri d'Andeli, erste Hälfte des 13. Jahrhunderts; ebenfalls erstmals in der 2. Auflage.

30. 11. 1899   An Konrad Heinrich Gustav von Studt

Studt: Konrad Heinrich Gustav von St. (1838–1921) war 1899–1907 preußischer Kultusminister (Minister der Geistlichen, Unterrichts- und Medizinalangelegenheiten).

Schutzfrist für die Autoren: Der Gesetzesentwurf des Urheberrechtes sah eine Verlängerung auf fünfzig Jahre vor, für die sich vor allem auch Strauss einsetzte und Cosima vertrauliche Mitteilungen aus dem Reichsjustizamt zukommen ließ. Der Entwurf wurde jedoch nicht angenommen. Erst mit Gesetz vom 13. 12. 1934 wurde die Schutzfrist von dreißig auf fünfzig Jahre verlängert.

18. 12. 1899   An Adolf Hildebrand

Ihren Aufsatz: »Einiges über die Bedeutung von Größenverhältnissen in der Architektur«, in: »Pan«, 5. Jg. 1899.
Sendung an Baron Heyl: betrifft den Nibelungen-Brunnen in Worms, vgl. 28. 2. 1896.
Büste von Pettenkofer: Max von P. (1818–1901), Chemiker, Professor an der Universität München. Die Marmorbüste befindet sich in der Berliner Nationalgalerie.

21. 12. 1899   An Felix Mottl

Partitur vom »Holländer«: Im Hinblick auf die Bayreuther Erstaufführung 1901, die ohne Pause gespielt wurde, richtete Cosima mit J. Kniese eine Partitur ein und forderte von vielen Informationen an.
»Pfeifertag«: Den Text zu der Oper von Max von Schillings (Uraufführung in Schwerin 1899) schrieb Ferdinand Graf Sporck.
Wien hat uns wiederum sehr gefallen: Gustav Mahler hatte dort den »Bärenhäuter« einstudiert (Cosima ist voll des Lobes), und Siegfried dirigierte am 11. 12. eine Aufführung; zuvor gab er ein Konzert in Pest.
Prill: Karl P. (1864–1931), Geiger, seit 1897 Konzertmeister in Wien.
Quartett: Mottls Streichquartett fis-Moll (1898).
Publikation: Dazu schreibt Cosima am selben Tag an Levi: »Wenn ich Ihnen nichts über das Projekt, die Goetheschen Novellen herauszugeben, geschrieben habe, so ist es, weil ich nichts darüber zu sagen wußte. Sie kennen Goethe gewiß besser als ich, wie ich es sehr bedaure, nur eine gewöhnliche Kenntnis von einem Geiste mir haben aneignen können, von welchem man jede Zeile sich zu Nutz und Frommen machen müßte. So habe ich diese Novellen so gelesen, wie er sie eingeschaltet hat, und ich wäre in Verlegenheit gewesen, Ihnen einen Rat bezüglich Titel und Text zu geben. [...] Jedenfalls wird es ein schönes Bändchen, und alles, was uns auf Goethe zurückführt, ist wertvoll. Gegen Ihre Vorrede ist nicht das geringste einzuwenden. Sie ist tadellos. Ich hätte sie nur weniger vorsichtig, freier, gewünscht. Warum soll der Dilettant (ich nehme dieses Wort im Schopenhauerschen Sinn) nicht sein Verhältnis zu den Dingen, mit denen er sich befaßt, aussprechen? Und das Verhältnis eines ganz exzeptionell gebildeten Musikers zu Goethe ist wahrlich von Interesse. Sie haben die Kritik gescheut, aber das darf man nicht, wenn man mit irgend etwas vor die Öffentlichkeit tritt. Sie sehen, daß meine Kritik ein Kompliment ist.«

21. 12. 1899   An Max Brückner

Skizzen: Bühnenbildentwürfe zum »Holländer«.

24. 12. 1899   An Michael Balling

in solch einem Pfuhl: Balling war 1898–1902 Kapellmeister in Lübeck; daneben auch Engagement als Chordirigent in Hamburg (?).

A-Dur-Symphonie: Beethovens siebte Symphonie.
Der Wirt: Tenorpartie im »Bärenhäuter«: Nikolaus Spitz, Gastwirt.
Bittong: Franz B. war seit 1885 Oberregisseur und ab 1898 mit Max Bachur Direktor des Hamburger Stadt-, des Altonaer und des Thalia-Theaters. Während dieser Direktion wurden viele Gedenktage gefeiert, Vorstellungen zum Besten von Denkmälern (Freytag, Brahms) gegeben und Heinrich Heines Trauerspiel »Almansor« aufgeführt.
Plank: Fritz P. war während einer »Freischütz«-Probe in Karlsruhe so schwer abgestürzt, daß er am 15. 1. 1900 starb.

31. 12. 1899   An Bodo von dem Knesebeck

Angelegenheit des »Bärenhäuters«: Entgegen ursprünglichen Zusagen fand die Berliner Erstaufführung nicht im Dezember, sondern erst am 16. 3. 1900 unter Karl Muck statt.
Die »Piersönlichen« Gründe: George Henry Pierson (1852–1902) war Direktor der kgl. Schauspiele in Berlin.
Tod von Anna Helmholtz: am 1. 12. 1899.

3. 1. 1900   An Carl Friedrich Glasenapp

Uns drohen üble Streiche: Bau des Prinzregententheaters in München, das 1901 eröffnet wurde. Die *Erwiderung* wurde von A. v. Gross Ludwig Ritter von Klug mitgeteilt.
»Ich bin nicht darauf ausgegangen...«: »Jedenfalls bin ich sonach nicht darauf ausgegangen...«, in: »Das Bühnenfestspielhaus zu Bayreuth«, 1873.
»Und dies dünkt mich...«: in »Zur Einführung«, BBl 1878, 1. Heft.
»Somit rage...«: Schluß von »Das Bühnenfestspielhaus zu Bayreuth«.

6. 1. 1900   An Anton van Rooy

drüben: New York.
Thoma-Album: Mappe II der Gemälde in Lichtdrucken, erschienen bei H. Keller in Frankfurt a.M.
Wolfrum: Philipp W. (1854–1919), Komponist und Dirigent, schrieb Chöre, Lieder, Klaviermusik. Über sein »Weihnachts-Mysterium, nach Worten der Bibel und Spielen des Volkes« berichtete er ausführlich in den BBl 1900, S. 45 ff.
Mildenburg: Anna von M. (1872–1947), große österreichische Sängerin, debütierte 1895 in Hamburg, wurde von G. Mahler besonders gefördert, 1908/17 an der Wiener Hofoper, ab 1919 Lehrerin an der Akademie für Tonkunst in München, führte ab 1921 auch Regie. Sie schrieb unter anderem ein Regiebuch zu »Tristan und Isolde« (1936) und mit Hermann Bahr, mit dem sie seit 1909 verheiratet war, das Buch »Bayreuth«, 1912; darin berichtet sie über ihre Probenarbeit mit Cosima und Kapellmeister Müller. In Bayreuth sang sie 1897, 1911/14 Kundry und 1909 Ortrud.

15. 1. 1900   An Adolf von Gross

das Wort Seiner Königlichen Hoheit: Prinzregent Luitpold habe dem Bau nur unter der Bedingung zugestimmt, daß dort Volksaufführungen stattfinden und die Hofbühne wegen Baufälligkeit geschlossen werden müßte. »Eines stünde fest, daß der Regent keine Feindseligkeit gegen Bayreuth dulde und keinen Lokalpatriotismus für München empfände« (Cosima an Hohenlohe, 28. 2. 1900).

Vertreter unserer Sache im Ausland: möglicherweise Edouard Schuré.

von Klug: vgl. Anm. zum 9. 4. 1894.

22. 1. 1900   An Felix Mottl

der heldenmütigen Buren: der Krieg zwischen England und den südafrikanischen Burenstaaten 1899–1902; der Burengeneral Cronie gab sich zwar am 27. 2. 1900 besiegt, doch der Kleinkrieg dauerte noch weitere zwei Jahre. – Cosima schrieb oft mit viel Sympathie über die Buren.

Schalk: Franz Sch. (1863–1931) war 1898/99 als Nachfolger von A. Seidl an der Metropolitan Opera, 1900 wurde er Nachfolger von H. Richter als 1. Kapellmeister an der Wiener Hofoper; 1918/29 leitete er die Wiener Staatsoper, teilweise mit R. Strauss.

Text zum »Pan«: Den Text zu dem von Mottl komponierten Tanzspiel »Pan im Busch« (1900) schrieb Otto Julius Bierbaum.

Ende Januar (?) 1900   An Alexandra Prinzessin zu Hohenlohe-Langenburg

Herzogin von Schleswig-Holstein: Prinzessin Adelheid (geb. 1835), Tochter von Ernst Fürst zu Hohenlohe-Langenburg, seit 1856 mit Herzog Friedrich Christian August verheiratet, war am 25. 1. gestorben.

15. 2. 1900   An Anna von Mildenburg

Aufführung: des »Tristan« in Wien, dirigiert von G. Mahler.

Assunta: Gemälde von Tizian, »das sei Isolde in der Liebes-Verklärung« (TCW, 22. 10. 1882).

»wundervollen Weise«: Isolde im Finale (»Diese Weise, die so wundervoll und leise...«).

18. 2. 1900   An Heinrich Porges

Knorr: Thomas K. in München, Gründer (mit Georg Hirth) einer großen Druckerei und der »Münchner Neuesten Nachrichten«; vgl. Anm. zum 8.–10. 6. 1896.

Bürgermeister: Theodor von Muncker war am 14. 2. gestorben; den Nachruf in den BBl 1900, S. 178 ff., schrieb Hans von Wolzogen.

»Bayreuther Blätter« (in welchen Sie...): »Der dünne Deckmantel der traurigsten menschlichen Eigenschaften zerfällt jetzt schon wie Zunder, da die Werke Richard Wagners die Bühnen in allen Ländern beherrschen und die Werke Liszts dank den rastlosen Anstrengungen überzeugter Künstler, an deren Spitze wir den edlen Heinrich Porges nennen, ihren Platz mit immer größerer Bestimmtheit einnehmen.« Dieser Satz steht (BBl 1900, S. 76) in einem größeren, mit Dokumenten reich ergänzten Beitrag »Zu Liszts Briefen an die Fürstin Carolyne Sayn-Wittgenstein«. Der Beitrag ist mehr Korrektur als Ergänzung zu den von La Mara herausgegebenen Briefen; er erschien zunächst anonym, die Verfasserin ist Cosima Wagner; Glasenapp hatte ihr den Beitrag »sehr günstig verändert« (Brief Cosimas an Siegfried, 10. 1. 1900). In Buchform erschien der Beitrag zehn Jahre später: »Franz Liszt. Ein Gedenkblatt von seiner Tochter«, bei Bruckmann, München 1911, und ist Karl Klindworth zugeeignet.

20. 2. 1900   An Anton Fuchs

Sistermans: Anton S. (1865/7–1926), holländischer Konzertsänger, Schüler von Julius Stockhausen, sang in Bayreuth 1899 Gurnemanz und Pogner.

Dietz: Johanna D. (geb. 1867 oder 1871), Konzert- und Opernsängerin aus Frankfurt, später Gesangslehrerin in München, sang in Bayreuth 1899 Gutrune, Siegrune und Soloblume.

Scheffsky: Josephine Sch. (Name in verschiedenen Schreibweisen), 1871/79 am Hoftheater in München engagiert, angeblich Protegé von Ludwig II., sang bei den ersten Festspielen in Bayreuth 1876 Sieglinde und Norn; vielfach in TCW.

Unger: Georg U. (1837–1887) war bei den Festspielen 1876 zunächst als Loge vorgesehen, sang dann Siegfried. Wagner und Julius Hey studierten mit ihm sehr intensiv, trotzdem hatte U. keinen Erfolg.

26. 2. 1900   An Anna von Mildenburg

Winkelmanns Sprung: damals und auch später üblicher Strich im II. Akt »Tristan«.

Schmedes: Erik Sch. (1868–1931), dänischer Tenor, Debüt in Wiesbaden 1891, dann in Nürnberg, Dresden (1894/97) und an der Wiener Hofoper 1898–1924. Er sang in Bayreuth 1899–1902 und 1906 Parsifal, 1899–1901 Siegfried.

27. 2. 1900   An Gabriel Seidl

Ihr schönes Museum: das von Seidl erbaute Bayerische Nationalmuseum.

Zumbusch: Kaspar Z. (1830–1915) schuf 1865 im Auftrag von Ludwig II. für Schloß Berg fünf Marmorstatuetten: Holländer, Tristan, Lohengrin, Tannhäuser und Siegfried.

28. 2. 1900   An Marie Freifrau von Bülow

Bülow: Marie Freifrau von B. (1857–1941), geb. Schanzer, Hofschauspielerin, seit 1882 mit Hans v. B. verheiratet; vgl. TCW.

28. 2. 1900   An ihre Tochter Daniela

Maries Wesen: Cosima hatte die Gräfin Marie von Wolkenstein in München getroffen.

der III. Band: Der 3. Teil ist überschrieben »Der Kampf« und enthält Kapitel wie »Arische Mythologie«, »Jüdische Weltchronik«, »Der unlösbare Zwist« und »Religiöse Rasseninstinkte«.

Elisabeth Nietzsche: E. Förster-N. (1846–1953), Schwester von Friedrich N., ab 1885 verheiratet mit dem antisemitischen Agitator und Kolonisator Bernhard Förster.

Gast: Name für Isolde.

Spitzer: Modehaus in Wien.

1. 3. 1900   An Richard von Chelius

mit den »Meistersingern« eröffnet: »Am 20. August 1901 wurde das Prinzregenten-Theater mit einem einleitenden Prologe Hans Hopfens, den Fräulein Swoboda sprach, und der Aufführung des dritten Aktes von Richard Wagners ›Meistersinger‹ feierlich eröffnet. Das unsichtbar gelegene Orchester stand unter der bewährten Leitung Hermann Zumpes. Die Inszenierung war vortrefflich, Eugen Gura repräsentierte Hans Sachs nach der geistigen Seite hin in vollendeter Weise. Bis zum 28. September folgten: in Wiederholung ›Die Meistersinger‹, dann ›Tristan und Isolde‹, ›Lohengrin‹ und ›Tannhäuser‹, sämtlich unter der musikalischen Leitung Hermann Zumpes [...] Die Sitzplätze waren nach Bayreuther Muster amphitheatralisch angeordnet: jeder kostete pro Vorstellung 20 Mark« (O. Weddingen, Geschichte der Theater Deutschlands, o. J., S. 905).

von Crailsheim: Christoph Krafft Freiherr v. C. (1841–1926), seit 1901 im Grafenstand, bayerischer Politiker, war seit 1880 Minister des kgl. Hauses und des Äußeren, nach dem Tod von Johann Freiherr von Lutz wurde er 1890 bayerischer Ministerpräsident. 1903 nahm er auf Betreiben der ultramontanen Partei seinen Rücktritt.

Minister Müller: Ludwig August von M., seit 1890 bayerischer Kultusminister, vgl. 6. 1. 1889.

A. O. unterschrieben: Adolf Oppenheim (1843–1916), Schriftsteller und Journalist in München; von Cosima heftig befeindet.

Zeitung Dr. Büncklins: so geschrieben; vermutlich Ludwig von Bürckel (1841–1903) gemeint, Ministerialdirektor in München; Bayreuth wohlgesonnen.

Baron von Mensi: Alfred Freiherr von M.-Klarbach (1854–1933), 1887 Theaterkritiker, dann Chefredakteur der Münchener »Allgemeinen Zeitung«; später bei der »Bayerischen Staatszeitung«.

Littmann: Max L. (1862–1931) baute unter anderem das Prinzregententheater, das Schillertheater in Berlin (1903/06) und das Weimarer Hoftheater (1906/08).

bei Colonne: Edouard C. (1838–1910), französischer Dirigent, Leiter der Concerts du Châtelet in Paris; Siegfried Wagner dirigierte dort am 25. 3.

2. 3. 1900   An Anton van Rooy

Plançon: Pol Henri P. (1854–1914), französischer Baß, sang zunächst unter anderem in den Konzerten von Lamoureux, 1883 Debüt an der Opéra in Paris, dann in London, Paris und an der Metropolitan Opera engagiert, sang nicht in Bayreuth.

Bertram: Theodor B. (1869–1907), Mozart- und Wagner-Sänger, war 1893/99 an der Hofoper München engagiert, danach nur noch Gastspiele; schwierige private und finanzielle Situation (wurde von Gläubigern verfolgt), beging Selbstmord in Bayreuth. In Bayreuth hatte er bereits 1892 Konrad Nachtigall (»Meistersinger«) gesungen, 1901/06 Wotan, 1901/02 Holländer und 1904/06 Amfortas.

Loisl: Alois Burgstaller.

8. 6. 1900   An Mathilde Wesendonck

Wesendonck: Mathilde W. (1828–1902), geb. Luckemeyer, seit 1848 mit Otto W. verheiratet, der Teilhaber eines großen Seidenhauses in New York war; Otto W. starb 1896. Bekanntschaft mit Wagner seit 1852; 1857 zogen W.s in ihre Villa bei Zürich und gaben Wagner das »Asyl«. Die Wagner-Literatur berichtet ausführlich über die weitere Beziehung. W.s zogen 1872 nach Dresden und 1882 nach Berlin. Mathilde W. war als Schriftstellerin tätig: Sie schrieb die von Wagner 1857/58 vertonten Lieder »Schmerzen«, »Stehe still«, »Der Engel«, »Träume« und »Im Treibhaus«; die Dramen »Gudrun«, 1868, »Edith oder die Schlacht bei Hastings«, 1872, »Friedrich der Große«, 1871; Märchen und Märchenspiele, 1864–1900, »Odysseus«, 1878, »Alkestis«, 1881, u. a. – 1895 und 1896 erschienen in der »Allgemeinen Musikzeitung« von ihr »Erinnerungen« (17. 1. 1895 und 14. 2. 1896). – Mathilde W. hat sich Bayreuth gegenüber äußerst nobel verhalten. Sie muß neben, möglicherweise noch vor F. v. Schön, H. Levi und Mary Fiedler als große Mäzenin der Stipendienstiftung gelten. Wie H. Levi verfügte auch sie, daß Tantiemen, die den Erben zustünden, an die Stiftung gingen. – Cosima ihrerseits vermied jeden Affront.

Veröffentlichung: »Briefe Richard Wagners an Otto Wesendonck«, zuerst in der »Allgemeinen Musikzeitung« 1897, als Buch 1898.

Ihren Sohn: Karl von Wesendonck, der nach dem Tod seiner Mutter den Nachlaß im Herbst 1903 W. Golther anvertraute.

»der Mütter Bittgang«: »Die Schutzflehenden« von Euripides.

9. 6. 1900   An Felix Mottl

Distonieren: mißtönen.

Briefe an Bülow: BBl 1900, S. 87 ff., als Belege zu Cosimas Liszt-Beitrag.

12. 6. 1900   An ihren Enkel Manfred

Austritt aus Prado: aus dem Gymnasium, vgl. 10. 7. 1900.

18. 6. 1900   An Richard von Chelius

Der junge Plank: vgl. 24. 6. 1900.

19. 6. 1900   An Felix Mottl

Slezak: Leo S. (1873–1946), Debüt 1896 in Brünn als Lohengrin, 1898 in Berlin und (als Gast) in Breslau, 1900 an Covent Garden als Lohengrin, Tannhäuser und Siegfried, ab 1901 an der Wiener Hofoper; zu einem Engagement in Bayreuth kam es nicht, da S. Cosimas Wünsche nach intensiven Proben nicht erfüllte.

21. 6. 1900   An Otto Purschian

Purschian: Otto P. (1858–1904), Schauspieler, Intendant und Regisseur; P. war 1899–1902 Direktor der Vereinigten Bühnen in Graz, ab 1903 Leitung der Vereinigten Theater in Köln.

24. 6. 1900   An Anton van Rooy

Kraus: Ernst K. (1863–1941), Debüt 1893 in Mannheim, 1896–1922 in Berlin als Nachfolger von Albert Niemann; viele internationale Gastspiele. In Bayreuth sang K. 1899 Stolzing, 1899–1906 und 1909 Siegfried, 1901 Siegmund, 1901/02 Erik.

24. 6. 1900   An Felix Mottl

Aufsatz über Stein: »Un philosophe Wagnérien. H. v. Stein« in der Ausgabe vom 15. 6. 1900. An Chamberlain schrieb Cosima am 22. 6. 1900: »Ich habe Stein nicht nur geliebt, sondern verehrt wie einen auf unserer Erde wandelnden Erzengel.«

28. 6. 1900   An Houston Stewart Chamberlain

Wesen Levis: H. Levi war am 13. 5. gestorben; am 22. 6. fragte Cosima Chamberlain, ob er für die BBl einen Nachruf schreiben könnte, »der Vorwurf ist gewiß fesselnd, aber durch die Mischung von Bedeutendheit und Nichtigkeit schwierig bis zum Unerfreulichen«.

kein besseres Bild: Chamberlain schrieb am 25. 6. 1900: »Persönlich erfuhr ich – seit unserer ersten Begegnung 1878 – von ihm nur das Extremste; und zwar, um mich mathematisch auszudrücken (was daher kommt, daß ich soeben Descartes' sämtliche Werke durchgelesen habe) sowohl im ›plus‹ wie im ›minus‹. Und ohne Übergang. Er war wie die sog. ›labilen‹ Waagen, die nie im Gleichgewicht bleiben können, sondern sofort nach der einen oder der anderen Seite umkippen, und – wie der Engländer sagt – ›kick the beam‹. Bei mir persönlich wiegt das Gefühl des Dankes vor, weswegen ich Ihren Wunsch gern erfüllen werde.« Der Nachruf erschien als Einleitung zu Briefen Wagners an Levi in BBl 1901, S. 13 ff.

10. 7. 1900   An Carl Friedrich Glasenapp

Dieses neue Werk: »Herzog Wildfang« in 3 Akten, Uraufführung 23. 3. 1901 in München, Dirigent: F. v. Fischer, Regisseur: E. v. Possart.

Schorns: Adelheid von Schorn betreute F. Liszt, schrieb unter dem Titel »Zwei Menschenalter« Erinnerungen und Briefe aus Weimar und Rom.

Bildchen von Eva . . . glückliche Senta . . . Bolton: Enkelin, Tochter und Schwiegersohn von Glasenapp.

Briefwechsel zwischen Nietzsche und Stein: in »Neue Deutsche Rundschau«, 1900, H. 7.

21. 7. 1900   An Hans Richter

Berufung Mucks: Karl Muck trat 1901 die Nachfolge von H. Levi als wichtigster »Parsifal«-Dirigent an (bis 1930).

22. 7. 1900   An Karl Pohlig

neue Niederlassung: Pohlig war Hofkapellmeister in Stuttgart geworden.

11. 8. 1900   An Willy Rauscher

Willy Rauscher: Volontär am Landesmuseum in Graz.

14. 8. 1900   An Houston Stewart Chamberlain

Brunetière: Ferdinand B. (1849–1906), französischer Literaturhistoriker und Kritiker, seit 1893 Direktor der »Revue des deux mondes«.

Briefwechsel: Stein–Nietzsche.

Übermensch: in dem Gedicht »Zueignung« von Goethe aus der Weimarer Zeit 1775/86: »Kaum bist du Herr vom ersten Kinderwillen, / so glaubst du dich schon Übermensch genug«.

Van Rooy war hier: Über das Studium berichtet Cosima an Hohenlohe am 15. 8. 1900: »Ich stecke jetzt fest in der Arbeit, und das Bild des ›Holländer‹, welches wir im nächsten Jahr mit dem ›Ring‹ und ›Parsifal‹ zu geben beabsichtigen, steht in seinen

Einzelheiten immer klarer vor mir. Van Rooy wird uns die Hauptgestalt
wiedergeben, und er war schon hier darin so großartig, daß ich förmlich mit einer
Herzbeklemmung daran denke, indem ich mich frage, ob eine solche Wiedergabe
des Unseligen, Fluchbeladenen, Nach-Erlösung-Schmachtenden nicht die menschlichen Kräfte übersteigt. – Ich arbeite jetzt an dem Erik mit Ernst Kraus, und wenn
gewiß in keiner Weise ein Vergleich anzustellen ist, so glaube ich doch, daß etwas
Kräftiges, Naturwüchsiges hier herzustellen ist. Die richtige Inszenierung in allen
Einzelheiten beschäftigt mich sehr, und mein Sohn steht mir dabei lebendig-erfinde-
risch zur Seite.«

15. 8. 1900   An Vult von Steiern

Vult von Steiern: schwedischer Journalist und Schriftsteller, Chefredakteur von
»Dagens Nyheter«, mit Wahnfried befreundet, schrieb 1892 in den BBl über
»Tannhäuser«.

30. 8. 1900   An Felix von Kraus

Knüpfer: Paul K. (1865–1920), Baß, Debüt in Leipzig, ab 1898 in Berlin engagiert,
sang in Bayreuth 1901/06 Titurel und Gurnemanz, 1902 Daland, 1904 Landgraf,
1904/06, 1912 Hunding, 1906 König Marke und 1912 Veit Pogner.

9. 9. 1900   An Felix Mottl

Schönaichs über Nietzsche: N. war am 25. 8. gestorben. Den Brief von Schönaich an
Mottl ließ Cosima abschreiben und verschickte ihn an verschiedene. Schönaich
schrieb:
»Der Tod Nietzsches konnte nicht bloß auf den armen Enthirnten, sondern auf die
ganze Bildungswelt nur einen erlösenden Eindruck hervorbringen. Der von
Schopenhauer erkannte parasitäre Charakter des Intellektes ist in seinem tragischen
Geschick wahrhaft entsetzenerregend hervorgetreten. Sein übermäßig reicher Geist
war ungebunden durch eine starke, somatische Grundlage, wie wir sie an allen
wahrhaft großen Erscheinungen wahrnehmen. Nicht etwa, daß ein kräftiger, sehr
widerstandsfähiger Körper die Voraussetzung genialer Leistungen wäre. Aber es
muß in dem an das Physische gebundenen Willen eine Summe von Vorurteilen
liegen, die den Geist dazu zwingen, gewisse Dinge für wahr zu halten und den
Glauben an andere abzuwehren. Große geistige Taten setzen starke Instinkte
voraus. Die fehlten Nietzsche. So ist es gekommen, daß der vehementeste Vertreter
des Individualismus der Individualität völlig entbehrte. Unbehindert von den
notwendigen Hemmungen, die den wachsenden Geist erst Früchte tragen lassen,
rüttelte er an der Kette der Kausalität, daran der Mensch geschmiedet ist, und
vermaß sich, der endlosen Ende zu finden. Nie hätte ein gesunder, das heißt von
starkem Willen geformter Geist in der ›Verwertung aller Werte‹ seine Lebensaufgabe erkannt. Nietzsches aphoristischer Geist schwebte in der Luft, er mußte sich
verflüchtigen. Mit dem ›reinen Erkennen‹ ist es nicht weit her. Es ist nur auf
Zahlenverhältnisse anwendbar – und auch die Zahl führt ins Unendliche. Im
Grunde war Nietzsche ein genial veranlagter Dilettant, ein geistiger Weltbummler,
der auf dem gefährlichsten Wege verunglückte. Es war ein Tollhäuslerbeginnen, das
metaphysische Bedürfnis des Menschen – weil man es nicht voll befriedigen kann
– ausrotten oder als solches leugnen zu wollen. Das Lachen Zarathustras ist das
gellende Lachen des Wahnsinns und erinnert sogar an die Pöbelfiguren des Jahres

1793, die die heiligen Gefäße aus den Kirchen höhnend durch die Straßen von Paris trugen und dabei am ganzen Leibe zitterten. Die revolutionäre Wirkung der Nietzscheschen Schriften ist heute schon in ersichtlichem Niedergang begriffen. Nach der ersten Verblüffung ist das Besinnen wieder zurückgekehrt. – Könnte wirklich jeden einzelnen das Bewußtsein durchdringen, daß er sich nur als atomistischer Beitrag für ein Kanonenrohr zu fühlen habe, aus dem künftig ein Genie geschossen werden solle, dann erst wäre das wahre Dekadententum geboren und die Aussicht auf das Erscheinen weltbewegender Geister wesentlich getrübt. Aber damit hat's keine Gefahr. Die altruistischen Anlagen der Menschheit werden durch Nietzsches Theoreme nicht vermindert und das Vermögen zur Praktizierung von ›Herrenmoral‹ nicht vermehrt werden.

Schaffe Dir ja bald die Biographie der E. N. [Elisabeth Nietzsche] an, von der ich Dir schon in Hallstatt gesprochen. Ich weiß nicht, wieweit es Wahrheitsdrang oder Naivität war, die sie zur Veröffentlichung der Briefe der Fr. Wagner bestimmten. Aber reifere, vernichtendere Worte sind über den ›Fall Nietzsche‹ nicht geschrieben worden.«

Brief Nietzsches: zwei Briefe aus dem Jahre 1876 an Wagner, BBl 1900, S. 284 ff.

»Die oft bemerkte Verwandtschaft…«: Schopenhauer, in: »Die Welt als Wille und Vorstellung«, Kap. 31, Vom Genie.

Die Mendel: Mottl wohnte im Mendelhof in Tirol.

2. 10. 1900   An Karl Muck

Grau: Maurice G. (1849–1907), Impresario und Theaterdirektor; als Direktor der Metropolitan Opera förderte er die Wagner-Pflege.

Geheimrat Pierson: vgl. 31. 12. 1899.

Destinn: Emmy D. (eigtl. Kittl) (1878–1930) war 1898–1908 an der Hofoper in Berlin engagiert, anschließend an der Metropolitan Opera, Covent Garden und in Prag; sie sang in Bayreuth 1901/02 Senta und 1902 Waldvogel im »Siegfried«.

Thomaschek: Hans Th. (geb. 1858) sang große Partien bei den Wagner-Tourneen von Angelo Neumann 1882/83 und 1889 (in Rußland), 1905/11 an der Komischen Oper in Berlin, 1914/28 (?) an der Deutschen bzw. Städtischen Oper Berlin. In Bayreuth sang er ohne großen Erfolg 1896 Donner im dritten Zyklus und 1899 Hermann Ortel in den »Meistersingern«. Th. war dann auch als Zeichner und Photograph tätig und betrieb in Berlin/Bayreuth einen »Kunstverlag«, der unter anderem populäre Wagner-Motive handelte.

8. 10. 1900   An Malwida von Meysenbug

Aufsätze: Cosima las sie in der »Neuen Freien Presse«; 1901 erschien der Essayband »Individualitäten«.

Stirner: Max St. (eigtl. Kaspar Schmidt) (1806 in Bayreuth – 1856) vertrat einen individualistischen Anarchismus, Hauptwerk »Der Einzige und sein Eigentum«, 1845.

13. 11. 1900   An Marie Gräfin von Bülow

Beidler: Franz B. (1872–1930), Dirigent und Kaufmann. B. kam 1894 in die Stilbildungsschule zu J. Kniese, ab 1896 musikalischer Assistent bei den Festspielen. 1902/05 kaiserlicher Musikdirektor in Moskau und St. Petersburg, anschließend leitete B. als Nachfolger Knieses die Stilbildungsschule. Nach der Trennung von Bayreuth als Kaufmann tätig. – Am 20. 12. 1900 heiratete B. Isolde. In Bayreuth assistierte B. 1896/97, 1901/02 und dirigierte den »Ring« 1904 und »Parsifal« 1906.

14. 11. 1900   An Arthur Seidl

Berufung ... nach Berlin: H. Thode lehnte die Berufung ab, blieb bis 1911 in Heidelberg auf dem Lehrstuhl für Kunstgeschichte.
Worte ... Wolzogens: zu den Briefen Nietzsches an Wagner, BBl 1900, S. 283 f.

15. 11. 1900   An Marie Fürstin zu Hohenlohe-Schillingsfürst

Adelheid: A. von Schorn.

19. 11. 1900   An Breitkopf & Härtel

Pusinelli: Anton P. (1815–1878), Arzt in Dresden, mit Wagner seit den Jahren in Dresden 1842/49 befreundet. 38 Briefe Wagners an P. in BBl 1902, S. 93 ff.

19. 11. 1900   An Gustav Mahler

die Persönlichkeit: Gemeint ist der rumänische Sänger Demeter Popovici (geb. 1861), der in Bayreuth 1894 Telramund und 1899 Klingsor und Alberich gesungen hatte. P. war seit 1889 in Prag, seit 1899 in Hamburg engagiert.

27. 11. 1900   An Franz Xaver Kraus

Kraus: Franz Xaver K. (1840–1901), katholischer Theologe und Kunstarchäologe. K. studierte Theologie und Philosophie, vertrat unter dem Einfluß von Lacordaire und Montalembert einen liberalen Katholizismus; war ab 1872 Professor in Straßburg, ab 1878 in Freiburg i. Br. Zahlreiche Schriften, u. a. »Geschichte der christlichen Kunst«, 2 Bde., 1895–1900, »Dante, sein Leben und sein Werk«, 1897. In der Beilage der Münchener »Allgemeinen Zeitung« publizierte er anonym 1895/99 die »Spectator-Briefe«, in denen er die Mißstände in der katholischen Kirche angriff.
zwei Darstellungen: »Ich lese jetzt seit geraumer Zeit in der ›Allgemeinen Zeitung‹ die Kirchenpolitischen Briefe von Franz Xaver Kraus (Spectator), welche, 48 an der Zahl, von 1895/99 erschienen, und lerne viel dabei« (Cosima an Carl Graf Pückler, 13. 12. 1900).
L'abbé Roux: Jacques R. (1752–1794), Vikar in Paris, Revolutionär, Mitglied der Pariser Kommune, Gegner Robespierres.
Joubert: Petrus Jacobus J. (1831–1900), Burengeneral; auch im Brief an Hohenlohe erwähnt, vgl. 28. 2. 1900.
»Curé de village«: Roman von H. de Balzac, 1839 als Zeitungsroman, 1841 mit erheblichen Änderungen als Buch erschienen.
Isouard, Méhul, Grétry, Boieldieu: französische Komponisten, Hauptschaffenszeit um 1800/10, vor allem der Opéra comique zugehörig, von Wagner sehr geschätzt, vielfach in seinen Schriften und im TCW.
Latitude: Breite.
»Pensées«: von Blaise Pascal.

Gros Jean...: »c'est gros Jean, qui remontre à son curé« meint: das Ei will klüger sein als die Henne.

Der Verstorbene: Heinrich Porges war am 17. 11. 1900 gestorben, Siegfried Wagner hatte an seinem Grab in München gesprochen; abgedruckt in BBl 1901, S. 2f.

Anfang Dezember 1900   An Luise Großherzogin von Baden

des Geburtsfestes: am 3. 12.
mein Schwiegersohn: H. Thode hatte sich entschlossen, nicht nach Berlin zu gehen; er schrieb an H. Thoma am 12. 11. 1900: »Man hat mir jetzt in einer weitgehendsten Weise alle Berliner Vorschläge auch hier gewährt. Viel Schönes durfte ich erfahren: Deputationen der Universität, der Studentenschaft, direkte Botschaften von unseren großherzoglichen Herrschaften.«

10. 12. 1900   An Anna von Mildenburg

als Kundry: Anna von Mildenburg sang die Kundry erst 1911 wieder.

11. 12. 1900   An Anna Kekulé von Stradonitz

Bestimmungstag: Trauung von Isolde am 20. 12.
Hümpchens Annahme: Humperdinck übernahm eine Meisterklasse für Komposition an der kgl. Akademie der Künste in Berlin.
»Christus«: von F. Liszt.
Hugo: von Tschudi.
die schöne Marie: Tochter Kekulés (geb. 1883), in erster Ehe verheiratet mit Gerhard von Bredow.

13. 12. 1900   An Michael Balling

Prinzessin in »Tasso«: im III. Aufzug, 2. Szene (Schluß).

28. 12. 1900   An Malwida von Meysenbug

Küchlers: Elise (1850–1928) geb. Genth und Eduard (1840–1919) Küchler aus Frankfurt, Freunde von Thoma, Thodes und Wagners.
neuer Bürgermeister: Dr. Leopold Casselmann (1858–1930), Bürgermeister 1900/19, der auch Präsident des AWV wurde.
Colmdorf: Landhaus (Schlößchen) bei Bayreuth.
Bismarckschen Briefe: »Fürst Bismarcks Briefe an seine Braut und Gattin«, hrsg. von seinem Sohn Herbert von Bismarck, Stuttgart 1900.
in China: die blutige Niederwerfung des sogenannten Boxer-Aufstandes in China durch die europäischen Großmächte.
Ebner-Eschenbach: Marie Freifrau von E.-E. (1830–1916), bedeutendste deutsche Erzählerin des 19. Jahrhunderts (nach Wilpert) mit sozialem, humanitärem Verantwortungsgefühl.

10. 1. 1901   An Bodo von dem Knesebeck

Arenberg: Prinz Franz von A. (1849–1907), Vorsitzender der deutschen Kolonialgesellschaft, Mitglied des Reichstags (Zentrum-Partei).

Fürsten Hohenlohe: Chlodwig Fürst zu H.-Schillingsfürst (1819–1901) war 1894–1900 Reichskanzler und preußischer Ministerpräsident.
Rhodes: Cecil Rh. (1853–1902), britisch-südafrikanischer Politiker und Wirtschaftsführer.
Kraus über Petrarca: »Francesco Petrarca in seinem Briefwechsel«, zuerst in der »Deutschen Rundschau« 1895/96, dann im 1. Bd. der »Essays« von Franz Xaver K.

27. 2. 1901   An Hugo von Tschudi

Radierungen von Kolbe: Karl Wilhelm K. (1757–1835), Radierer und Schriftsteller, vor allem in Dessau tätig.
Kreuzigung von Greiner: wohl dessen »Golgatha« gemeint.
Langheinrich: Franz L., Architekt in München.
meinen Schwiegersohn: Franz Beidler.

7. 3. 1901   An Richard von Chelius

Spahn: Peter Sp. (1846–1925), Politiker, war 2. Vizepräsident des Deutschen Reichstages 1895/98, 3. Vorsitzender der Zentrumsfraktion im Reichstag, 1912/20 Vorsitzender des Zentrums, 1917/18 preußischer Justizminister. Verdienste um das Bürgerliche Gesetzbuch.
Harnack: Adolf von (seit 1914) H. (1851–1930), evangelischer Theologe, 1888–1921 Professor in Berlin. 1900 erschien sein Buch »Vom Wesen des Christentums«. Cosima traf H. in Berlin.
Dr. Bürklin: Albert B. (1844–1924), Generalintendant der Hoftheater in Karlsruhe 1889–Juni 1904.

9. 5. 1901   An die Mitglieder des Deutschen Reichstages

Der Offene Brief erschien in den BBl 1901, S. 221 ff., und 1913, S. 81 ff.
Richter: Eugen R. (1838–1906), Politiker, seit 1871 Mitglied des Reichstags, Führer der Fortschritts-, später der Deutschen freisinnigen Partei, zuletzt der Freisinnigen Volkspartei. R. war ein gewandter Redner, einflußreich, Gegner Bismarcks, ab 1885 eine eigene Zeitung (»Freisinnige Zeitung«); vertrat einen strikten Liberalismus, bekämpfte die Sozialdemokratie; verschiedene Schriften.
Dietz: Heinz D. (1843–1922), Schriftsetzer und Verleger (sein Verlag ging in den Besitz der Sozialdemokratischen Partei über); D. war bis 1918 sozialdemokratischer Abgeordneter des Reichstags.

14. 5. 1901   An Helene von Heldburg

Heldburg: Helene Freifrau von H. (1839–1923); als Schauspielerin Ellen Franz begann sie ihre Laufbahn in Weimar 1860 (auf Empfehlung von F. Liszt), 1867/72 in Meiningen. 1873 heiratete sie morganatisch Georg II. Herzog von Sachsen-Meiningen (1826–1914), den sogenannten Theaterherzog; mit Wagners befreundet, vgl. TCW.

18. 5. 1901   An Gustav Mahler

Auf diese Bitte antwortete G. Mahler sofort: »Sie könnten auch kaum einen finden, der Ihnen in dieser Sache bereitwilliger und verständnisvoller folgen wird. – Ich bin nicht sehr erfinderisch in diplomatischen Mitteln – die Wege, wie eine Agitation für eine so gerechte, hinsichtlich des ›Parsifal‹ geradezu erhabene Sache mit Erfolg ins Werk gesetzt und betrieben werden könnte, kann ich nicht auffinden. Doch stehe ich Ihnen mit Leib und Seele dafür zur Verfügung. – Wenn Sie mir einen Wink geben wollen, wie ich Ihnen dienlich sein kann, so werde ich keine Mühe scheuen – keine zu gering finden, um nach Leibes- und Seelenkräften zur Erreichung unseres Zieles (erlauben Sie mir, das von nun ab als ein gemeinschaftliches zu betrachten) beizutragen. – Sollte eine Petition der Künstler oder überhaupt der geistigen Menschen von Nutzen sein, so zweifle ich nicht daran, daß keiner fehlen wird. Auch wenn die österreichischen Machthaber herangezogen werden sollen, so werde ich Mittel und Wege zu finden wissen, an dieselben heranzutreten.«

18. 5. 1901   An Malwida von Meysenbug

Wilamowitz: Ulrich von W.-Moellendorff (1848–1931), berühmter klassischer Philologe und Übersetzer.
russischen Memoiren: in dem Buch »Individualitäten«, 1901, Erinnerungen von M. v. Meysenbug an Alexander Herzen; dessen Buch »Aus den Memoiren eines Russen« hatte M. v. Meysenbug bereits 1855 f. übersetzt.
Jane: Cosima meint die Enkelin Malwidas, Jeanne Monod.
Wittich: Marie W. (1868–1931) sang in Magdeburg, Schwerin und Dresden; in Bayreuth 1901/04 und 1909 Kundry und Sieglinde, 1906 Isolde.

3. 6. 1901   An Fritz Kunert

Kunert: Fritz K. (geb. 1850), Lehrer, Schriftsteller, Redakteur, Mitglied des Reichstags 1890/93 und 1896–1906; verheiratet mit der sozialdemokratischen Schriftstellerin Marie Bombe. Kunert hatte am 28. 5. an Cosima geschrieben, »der beste Schutz des ›Parsifal‹ [ist] nicht die Familie, sondern das Volk, nicht der einzelne, sondern die unendlicher Entwicklung fähige Menschheit«.
Pandämonium: Reich des Satans.

20. 9. 1901   An Adolf Hildebrand

Gogo: Name für Hildebrands einzigen Sohn Dietrich H. (geb. 1889), der später Professor für Philosophie wurde.
der erste Brief Levis: an Wagner im August 1868; vgl. BBl 1901, S. 17.
ein Werk von einzigem Werte: Hildebrand entwarf die Grabkapelle im Park von Villa Riedberg, die Porträtmaske in Marmor ist verschollen.
seine Hauptstütze: A. von Gross.
So ist denn alles Friede: An seine Frau schreibt Hildebrand im Oktober 1901: »Mary ist jetzt so weit, daß ihre Liebe zu Levi als Sehnsucht zu Wagners Kunst und Lehre sich verklärt und sie dadurch zum gelobten Land sich durchgerungen hat. Ein großes X für ein U, was sie sich wieder vormacht und wodurch sie sich wieder glücklich werden läßt. Man muß es ihr gönnen.«
»Verlieren Sie nichts...«: beide Zitate im Brief Wagners vom 1. 7. 1881; vgl. BBl 1901, S. 32.
Ich habe Ihrem Sinn gemäß: Der Brief wurde offensichtlich auf Wunsch Hildebrands geschrieben, um Vorwürfen zu begegnen.

24. 10. 1901   An Wolfgang Golther

Knabe . . . geboren: Wilhelm Franz Beidler am 16. 10.
Beilage: Der Brief ist an A. J. Mordtmann, Chefredakteur 1892–1902 der »Münchner Neuesten Nachrichten«, gerichtet.

31. 10. 1901   An Gustav Manz

Manz: Gustav M. (1868–1931), Schriftsteller und Journalist, Schriftleiter der »Täglichen Rundschau« in Berlin 1894–1927.

November (?) 1901   An Theodor Mommsen

Mommsen: Theodor M. (1817–1903), Historiker, als Mitglied des preußischen Abgeordnetenhauses Gegner Bismarcks; zunächst Fortschrittspartei, dann nationalliberal und bürgerliche Linke; 1902 Nobelpreis für Literatur.
Goethe-Bundes: Der Goethe-Bund wurde im März 1900 gegründet, als man die Freiheit des künstlerischen Schaffens durch die Lex Heinze bedroht sah. Die Lex Heinze (Name eines Zuhälters) hatte Kunst- und Theaterparagraphen, die unter anderem Schriften und Aufführungen verboten, die, ohne unzüchtig zu sein, das Schamgefühl verletzten. Der Goethe-Bund agitierte erfolgreich gegen diese Novelle.
Aufruf: zum »Parsifal«-Schutz:
»Die deutsche Reichsgesetzgebung hat zur Wahrung der Urheberrechte bekanntlich eine Schutzfrist von 30 Jahren festgesetzt.
Mehr als die Hälfte dieser Schutzfrist ist für die Kunstschöpfungen Richard Wagners bereits verstrichen.
Unter den Werken des Meisters nimmt das Bühnenweihfestspiel ›Parsifal‹, abgesehen von seinem durchaus eigenartigen Charakter als Kunstwerk, auch insofern eine Ausnahmestellung ein, als es gemäß der ausdrücklichen Bestimmung seines Schöpfers einzig im Rahmen der Bayreuther Festspiele aufgeführt werden darf.
Diese Ausnahmestellung, welche es ermöglicht hat, den Darbietungen des Weihefestspieles ihre bisherige künstlerische Vollendung und mustergültige Stilreinheit in ungetrübter Form zu erhalten, kann nach den geltenden Bestimmungen nur noch zwölf Jahre gewährleistet werden.
Welches das fernere Schicksal des Werkes sein wird, wenn es nach Ablauf dieser Schutzfrist, losgelöst von den Wurzeln echter Tradition, seiner Weihe beraubt, womöglich mit unzulänglichen Mitteln wiedergegeben, dem geschäftlichen Bühnenbetrieb verfallen sein wird, davon wird sich jeder unschwer eine Vorstellung machen können, dem das Glück zuteil wurde, den weihevollen Eindruck einer Bayreuther ›Parsifal‹-Aufführung auf sich wirken zu lassen.
Es gilt daher diesem Schicksale beizeiten vorzubeugen und dem ›Parsifal‹ auch für kommende Generationen seine bleibende Heimstätte in Bayreuth zu sichern.
Möge jeder, der mit uns eines Sinnes ist, durch seine Unterschrift dem Wunsche Ausdruck geben, daß Mittel und Wege gefunden werden, dem ›Parsifal‹ über die gesetzliche Schutzfrist hinaus die ihm gebührende Ausnahmestellung zu wahren!
Bayreuth, im Festspielsommer 1901.
E. Humperdinck. Hans Thoma. Albert Niemann. Houston Stewart Chamberlain.
Zustimmende Erklärungen wolle man gefälligst an *Hans Freiherrn von Wolzogen in Bayreuth* mit Nennung des Namens und des Wohnortes richten.«

Auszeichnung einstens: 1891.
Am 28. 11. 1901 schreibt Cosima an Hohenlohe: »Soeben erhielt ich einen Brief von Theodor Mommsen, worin in Lapidar-Stil Banalitäten gemeißelt sind. Er hatte sich an dem Delegiertentag des Goethe-Bundes imperatorisch und wunderlich geäußert; ich erlaubte mir diesem Inbegriff der wissenschaftlichen Berühmtheit bescheidentlich zu schreiben und ihn auf die Frage ›Parsifal‹ auch im Goetheschen Sinn aufmerksam zu machen. Er hat die Herablassung mir zu antworten, aber solch ein Chimborasso des Wissens und des Ansehens, gekrönt von einer ungeheuerlichen Aktenstaub-Wolke, läßt sich nicht so leicht durch schwache Frauenhand bewegen!«

25. 11. 1901   An Hugo von Tschudi

Schrift über Böcklin: »Die Werke Böcklins in der königlichen Nationalgalerie zu Berlin«, 1901. B. war am 16. 1. gestorben. In den BBl, S. 93 ff., hatte Thode einen Nachruf geschrieben.
Portraits Böcklins: Selbstbildnis mit dem fiedelnden Tod, 1872.
Donna Anna: Anna vom Rat.

7. 1. 1902   An Mathilde Wesendonck

Bildhauer-Architekt: wohl A. Hildebrand gemeint.
Lessmann: Otto L. (1844–1918), Herausgeber und Eigentümer 1882–1907 der »Allgemeinen (Deutschen) Musikzeitung«: »ein niedrig gesinntes Blatt«, wie Cosima an A. v. Gross am 10. 5. 1900 schreibt.
der kleine Patient: Sohn von Karl Wesendonck.

1. 3. 1902   An Christoph Krafft Graf von Crailsheim

Hans von Wolzogen: geb. in Potsdam, zog 1877 auf Wunsch Wagners nach Bayreuth.
einen Schwiegersohn: Franz Beidler.

11. 3. 1902   An ihren Sohn Siegfried

Deiner Dichtung: »Der Kobold«, Uraufführung 29. 1. 1904 im Stadttheater Hamburg. Cosimas Brief ist ein weiteres Beispiel für ihre Teilnahme und ihr Interesse an der Entstehung der Werke ihres Sohnes. Ähnliche Ratschläge gab sie auch Humperdinck, Strauss, Levi und Mottl. Inhaltsangabe zum »Kobold« (nach Melitz' »Führer durch die Opern«):
»*Personen:* Gertrud, Wirtin im Dorfe. Verena, ihre Tochter. Der alte Eckhart. Trutz, Fink, Kümmel, Friedrich, wandernde Sänger und Schauspieler. Der Graf. Die Gräfin. Jeanette, Zofe. Jean, Knorz, Diener. Käthe, Frau des Trutz. Seelchen, Galgenmännchen, Kobolde. Volk. Gäste. Kobolde. Zeit: Anfang des 19. Jahrhunderts.
Hamburg 1904.
1. Akt. Durch Nebel verdeckte Szene. Der im Freien am Tisch eingeschlafenen Verena flüstert der Kobold Seelchen zu, sie möge ihn befreien. Einen zauberischen Stein legt er ihr auf den Tisch. Verena findet den Talisman und hängt ihn an eine Kette, die sie von dem Komödianten Friedrich, den sie liebt, zum Geschenk erhielt. Da sie aber in ihrer Freude den Stein zeigt, erregt sie den Wunsch der liebebedürftigen Gräfin, den Zauber zu besitzen, und wie Verena sich weigert, entreißt ihr die Mutter den Stein und gibt ihn der Gräfin, die ihn reichlich bezahlt.

Die Gräfin, die nach Friedrich schmachtet, hat das Glück, den Geliebten bei sich zu sehen, da ihr Gemahl die Schauspieler zur Feier eines Festes auf sein Schloß ladet. Die zurückbleibende Verena wird von dem alten Eckhart, ihrem väterlichen Freund, getröstet. *2. Akt.* Park des gräflichen Schlosses. Verena eilt dem geliebten Friedrich nach, trifft ihn beim Fest, wird aber so kalt von ihm behandelt, daß sie traurig allein bleibt. Als jetzt der lüsterne Graf zu ihr tritt und sie mit Gewalt besitzen will, sticht sie ihn mit seinem Dolch nieder und wird dann von dem wackern Trutz zum alten Eckhart gebracht. Inzwischen sucht die Gräfin Friedrich an sich zu locken; als dieser die kokett Entweichende halten will, zerreißt er Verenas Kette, woran die Gräfin den Wunderstein trägt, und bekommt diesen in seine Gewalt. Da er ihn gutwillig nicht wiedergeben mag, ruft die Gräfin Hilfe und beschuldigt Friedrich des Diebstahls. Wie man ihn ergreifen will, bringt man den schwerverwundeten Grafen, der, um seine Schandtat nicht zu gestehen, den Trutz als Mörder bezeichnet. Trutz entflieht mit Friedrich, entreißt dem letzteren aber den Stein und wirft ihn in den See, von wo der Kobold Seelchen ihn als sein Eigentum herausholt. *3. Akt.* Tiefer Wald im Sonnenglanz. Eckhart begleitet die sterbensmatte Verena. Als die Diener des Grafen kommen, um Friedrich und Trutz zu suchen, weist sie diese auf einen falschen Weg und beschließt dann, mit ihrem Leben den Kobold zu erlösen, nachdem ihr Eckhart erklärt, daß diese Kobolde die Seelen ungeborener Kinder seien. Verwandlung: Nacht; im Innern einer Scheune. Mondlicht. Die fahrenden Sänger haben hier Zuflucht gefunden. Als Trutz mit Friedrich wegen Verena in Streit gerät, werden sie von den Dienern des Grafen, die nun doch die Spur gefunden, überfallen. Verena empfängt den für Friedrich bestimmten Dolchstich, stirbt und befreit durch ihren Tod den Kobold Seelchen.«

Paul: Diener in Wahnfried (?).

Das Faß überließen wir demnach Schillings: Anspielung auf M. v. Schillings' Oper »Der Pfeifertag« (?).

Dettelchen: das ist Cosima.

Reinhart: Figur im »Herzog Wildfang«, hier: Friedrich.

»Seid Ihr nun fertig«: Beckmesser zu Stolzing im I. Akt, 3. Szene »Meistersinger«.

15. 7. 1902   An Hans Richter

große Hoffnung ... trug ich zu Grabe: Der Brief bezieht sich auf einen Zusammenstoß Siegfried Wagners mit Richard Strauss in Wien; dazu schrieb Cosima an Felix Mottl am 24. 2. 1902: »Strauss hat einfach zu Siegfried in Wien gesagt und sagt es jedem: Ich bin jetzt Mode, komponiere drauf los, laß mich zahlen und will mich in 7 Jahren zurückziehen. Alles sonst ist mir gleich. Das ist sehr traurig! Aber dem Zynismus Straussens liegt eine gewisse Naivetät zugrunde. In dem Zugeständnis, daß er Mode sei, finde ich eine Erkenntnis seiner selbst. Der Dünkel, den er zur Schau trägt, ist wie ein Scherz, den er mit seinen Anbetern treibt. Mit der Würde der Kunst hat er nichts zu schaffen, aber er ist eine Art Persönlichkeit durch die Wahrhaftigkeit, und so hätte ich ihn gern in Berlin gesehen, wie Siegfried gern mit ihm in Wien war, obgleich man sich in nichts versteht und es keine größeren Gegensätze künstlerisch denkbar sind als er und Siegfried.«

1. 9. 1902   An Wolfgang Golther

Ihre Schrift: »Die sagengeschichtlichen Grundlagen der Ring-Dichtung Richard Wagners«, Berlin 1902 (im Verlag der »Allgemeinen Musikzeitung«!).

Aufsatz von Appia: »Der Saal des Prinzregenten-Theaters«, in: »Die Gesellschaft«, München 1902, Nr. 15/16, S. 198 ff.

17. 9. 1902   An Adolf von Gross

Der Brief von Chelius war nicht auffindbar; die genannten Briefe und Zusammenhänge (»Skandalsucht«) sind weitgehend von Otto Strobel im Briefwechsel »König Ludwig und Richard Wagner«, 5 Bde., Karlsruhe 1936 ff., publiziert und behandelt (Bd. 5, S. XVII ff.); dort auch eine Darstellung der Beziehungen zu Malvina Schnorr und der Rolle ihrer Schülerin Isidore von *Rheutern,* insbesondere auch im Hinblick auf die Publikation von C. H. N. Garrigues, »Ein ideales Sängerpaar: Ludwig Schnorr von Carolsfeld und Malvina Schnorr von Carolsfeld, geborene Garrigues«, Kopenhagen 1937. Briefe Wagners an L. Schnorr von Carolsfeld in BBl 1905, S. 190 ff.; Briefe an das Ehepaar in »Briefe Wagners an Freunde und Zeitgenossen«. – Im Hinblick auf die Vermögensverhältnisse der Familie Wagner (vgl. M. Karbaum, »Studien zur Geschichte der Bayreuther Festspiele«, Regensburg 1976, 2. Teil, S. 53 ff.) erscheinen Cosimas Bedenken, den Kauf zu finanzieren, unverständlich.

27. 9. 1902   An Wolfgang Golther

Standbild meines Vaters: Das Denkmal F. Liszts wurde am 31. 5. in Weimar enthüllt; u. a. sprach H. Thode; vgl. BBl 1902, S. 274 ff.

Opfer von Wotans Auge: betrifft die drei Stellen im »Ring« (»Rheingold«, 2. Bild, Wotan zu Fricka; »Siegfried«, III. Akt, Wanderer zu Siegfried; Nornenszene), in denen Aussagen über Wotans Einäugigkeit gemacht werden.

Wotan sagt ihm: »Rheingold«, 2. Bild, als Antwort auf Loges Erzählung.

Studium Vogls: Heinrich Vogl sang 1876 Loge.

»Dir's zu melden versprach . . .«: »Dir's zu melden gelobt' . . .«, »Rheingold«, 2. Bild, Schluß von Loges Erzählung.

»Schlimm dann steht's . . .«: Loge im »Rheingold«, 4. Bild, vor Erdas Erscheinung.

die letzten Worte Loges: im »Rheingold«: »in der Götter neuem Glanze sonnt euch selig fortan!«

Aufsatzes über Erwin Rohde: von Julius Lohmeyer in »Deutsche Monatsschrift«, 2. Jg., 1902; vgl. dazu auch W. Golthers Beitrag in BBl 1903, S. 152 ff.

Buch von Crusius: Otto C., »Erwin Rohde, ein biographischer Versuch. Mit einem Bildnis und einer Auswahl von Aphorismen und Tagebuchblättern Rohdes«, Tübingen 1902.

Chamberlains Worte: Ch. hatte in einem zweiten Vorwort zu den »Grundlagen des 19. Jahrhunderts« auf eine Kritik Thodes reagiert; darüber kam es zum Bruch zwischen beiden. Cosima nannte das Vorwort »unbehaglich, ja unheimlich« (vgl. Du Moulin, S. 673 f.).

als Fricka Loge nach dem Golde frägt: »Taugte wohl des gold'nen Tandes . . .«, »Rheingold«, 2. Bild.

29. 9. 1902   An Gustav Manz

Abdruck intimster Briefe: G. Manz hatte in der »Täglichen Rundschau«, Nr. 223, 226, Berlin 1902, Briefe Wagners an seine Schwester Clara 1807/75 veröffentlicht, in denen auch Wagners Beziehungen zu seiner Frau Minna und zu M. Wesendonck behandelt werden.
dem Sohne von Frau Wesendonck: Karl W.; Mathilde W. war am 29. 8. gestorben.

28. 11. 1902   An Bodo von dem Knesebeck

unserer Freundin: Gräfin von Wolkenstein.
Metzger: wahrscheinlich der auch in Briefen Bülows erwähnte Arzt in Wiesbaden.
Bilder von Thoma: von Daniela Thode bestellte und bezahlte Wandbilder »Christus und Petrus auf dem Meer« und »Christus und Magdalena im Garten« für die Petruskirche (Universitätskirche) in Heidelberg; Einweihung am 16. 11. 1902; vgl. BBl 1903, S. 63 ff.
Worte Pauli: 2. Kor., Kap. 3, Vers 18.
Protestationskirche in Speyer: auch Retscherkirche, eingeweiht 1904.
Otto Loë: nicht ermittelt.
Einleitung ... von Chamberlain: »Dilettantismus. Rasse. Monotheismus. Rom«, München 1902; teilweise in BBl 1903, S. 50 ff.
die eine Persönlichkeit: Reichskanzler von Bülow.
Denkmalfeier: Plan für das erste Wagner-Denkmal in Berlin im Jubiläumsjahr 1903. Dieses Denkmal, zu dem auch ein Entwurf von Wilhelm II. existiert, wurde von Prof. Gustav Eberlein geschaffen und am 3. 10. 1903 enthüllt; Anton von Werner hat die Feier gemalt. Dieser Plan wurde von Wahnfried heftig bekämpft; Proteste und Pressekampagnen begannen. Material dazu bei Hartmut Zelinsky, »Richard Wagner«, Frankfurt a.M. 1976, S. 2, 96 ff.
ein Schminkfabrikant: Johann Ludwig Leichner (1836–1912) war der wichtigste Förderer des Denkmals. Leichner war ursprünglich Sänger, hatte unter anderem in Stettin zu Wagners großer Zufriedenheit den ersten Hans Sachs gesungen; er war auch ein großer Mäzen des Österlein-Museums.
Freund Pückler: Carl Graf P. (geb. 1857), Diplomat und Pianist, war verheiratet mit Marie Agnes geb. Gräfin Hochberg, der Tochter des Berliner Generalintendanten Bolko von Hochberg.

16. 1. 1903   An Hans Richter

zu dieser Feier: Denkmalfeier.
Kothner: Richter hatte am 16. 7. 1868 die Vorstellung der »Meistersinger« in München dadurch gerettet, daß er für den erkrankten Wilhelm Fischer die Partie des Kothner sang.
Niederlegen des Taktstockes: Richter hatte sich zum großen Ärger Ludwigs II. geweigert, die von Wagner abgelehnte Uraufführung des »Rheingold« in München 1869 zu dirigieren.

22. 1. 1903   An Engelbert Humperdinck

Programm, welches ich entwarf: Am 13. 2. 1903 hielt H. Thode in der Berliner Philharmonie einen Vortrag »Wie ist Richard Wagner vom Deutschen Volke zu feiern?«; Teil dieses Vortrags ist das von Cosima entworfene Programm; der Vortrag ist abgedruckt in der Zeitschrift »Die Musik«, Berlin 1903, Heft 16;

S. 264 ff. das Programm. Das Motto auf dieser Nummer lautet »Wagnerianer sein heißt vorwärts schauen« (Paul Marsop).

von den historischen Konzerten, welche von Ästhetikern versucht wurden: in Wagners »Bericht über eine in München zu errichtende deutsche Musikschule«, 1865.

»Ist nun die Auflösung...«: »Das Kunstwerk der Zukunft«, Teil 1, 4. Abschnitt »Leben, Wissenschaft und Kunst«.

»Die anatomische Wissenschaft...«: »Oper und Drama«, Teil 2, 2. Abschnitt.

eine Hymne: Fritz Volbach hatte einen Kompositionsauftrag erhalten.

Komitee: Dem Komitee gehörten unter anderem an: die Intendanten und Operndirektoren Graf Seebach (Dresden), von Perfall und von Possart (München), Botho von Hülsen (Wiesbaden), M. Stägemann (Leipzig), A. Bassermann (Mannheim), G. Mahler (Wien) und A. Neumann (Prag).

»Armer Heinrich«: Musikdrama von Hans Pfitzner, Uraufführung Berlin 1900, Text von James Grun.

11. 4. 1903   An Hermann Graf Keyserling

Keyserling: Hermann Graf K. (1880–1946), Kulturphilosoph, vertrat eine irrationale Naturphilosophie, schrieb u. a. »Das Gefüge der Welt«, 1906, »Das Reisetagebuch eines Philosophen«, 1919, »Die neu entstehende Welt«, 1926, »Das Buch vom Ursprung«, 1947. K. war mit Chamberlain befreundet, war mehrfach in Bayreuth.

Ihren Aufsatz über: Im Pariser Palais der Comtesse de Béarn konnte Appia erstmals seine Theorien praktisch erproben: II. Akt »Carmen« und »Manfred« wurden am 25., 27. und 28. 3. aufgeführt. Graf Keyserling erkannte die Bedeutung dieser Versuche und schrieb einen Aufsatz – »Die erste Verwirklichung von Appias Ideen zur Reform der Bühne«, in der »Allgemeinen Zeitung«, München, 6. 4. 1903 –, der mit den Worten schloß: »Mögen die, welche es ernst meinen mit dem deutschen Theater, nicht zögern, die eben aufgekommene Saat nach Deutschland zu verpflanzen.«

Beschwörung der Astarte: in Schumanns »Manfred«.

Schusterflecken oder Rosalien: spöttische, auch von Wagner verwendete Bezeichnung für sehr häufige Wiederholungen einer musikalischen Phrase auf höheren oder tieferen Tonstufen.

28. 4. 1903   An Olga Monod

Verscheiden unsrer ... Freundin: Malwida von Meysenbug war am 26. 4. gestorben. Nachruf in BBl 1903, S. 220 f.

Deine Mutter: Mit zehn Jahren war Olga Herzen von M. v. Meysenbug adoptiert worden.

Germaine und Yvonne: Töchter Monods.

13. 6. 1903   An Carl Friedrich Glasenapp

Ihren Band: der 3. Band der Wagner-Biographie (1864–1872); später andere Bandzählung.

Mrazeks: Franz und Anna Mrazek, Dienerehepaar bei Wagner in Penzing bei Wien und in München.

Jakob: J. Stocker war Knecht im Hotel »Schweizerhof«, heiratete 1867 Verena Weitmann. Beide dienten in Tribschen.

Maximilian-Orden: Cosimas Anmerkungen über die Vorgänge im November 1865 hat

Glasenapp in den 4. Band seiner Biographie wörtlich aufgenommen (1908, S. 443).

Der Sekretär ist der Staatsrat *Franz Seraph von Pfistermeister,* dessen Entlassung Wagner beim König betrieb.

Schurés Brief: vgl. Glasenapp ebd.

Serow: Frau von Alexander N. S. (1820–1871), russischer Komponist und Musikschriftsteller, der Wagner als erster in Rußland bekannt machte.

Mendès: Judith M.-Gautier (1846–1917), französische Schriftstellerin, Tochter von Théophile Gautier, seit 1868 verheiratet mit Catulle M.; das Ehepaar besuchte Wagners in Tribschen 1869; vgl. TCW.

Strauss: Franz Joseph St. (1822–1905), Vater von Richard St., war 1. Hornist an der Münchener Hofoper, Gegner Wagners. Zu dem Vorfall vgl. Glasenapp, 4. Bd., S. 448 (1908).

12.–13. 9. 1903   An Adolf von Gross

Reise nach Amerika: Cosima überlegte, ob eine Reise nach Amerika den sogenannten Gralsraub verhindern könnte. 1903 war *Heinrich Conried* (1855–1909) als Nachfolger von Maurice Grau Pächter der Metropolitan Opera geworden und bereitete mit Unterstützung E. v. Possarts die erste »Parsifal«-Aufführung außerhalb Bayreuths vor. Diese Aufführung kam gegen den Widerstand Bayreuths und der Kirche am 24. 12. zustande und wurde »ein Triumph deutscher Kunst in Amerika« (»Bühne und Welt«, 1903/04, S. 353ff.; dort auch Photos und Pressestimmen). Cosima war insbesondere dadurch verletzt, daß Bayreuther Künstler mitwirkten. Parsifal sang A. Burgstaller, Amfortas A. v. Rooy, Kundry M. Ternina; die Regie führte A. Fuchs; Felix Mottl war zwar auch an die Metropolitan Opera engagiert, doch die Aufführung dirigierte Alfred Hertz. Die Inszenierung soll 320000 Mark gekostet haben, 7000 Menschen sahen die erste Aufführung, in zwei Jahren wurde sie 160mal in ganz Amerika gespielt. Der von Wahnfried angestrengte Prozeß war aussichtslos, da nach amerikanischem Recht das Werk nicht geschützt war. Offiziell war Conried an das Aufführungsmaterial durch die bei Schott verlegten, allgemein käuflichen Taschenpartituren gekommen. – Zu diesem »Gralsraub« existiert eine umfangreiche Literatur.

Schuler: Wilhelm Sch., seit 1897 bei der Verwaltung der Festspiele, Nachfolger von A. v. Gross als Verwaltungsdirektor der Bayreuther Festspiele.

Horse: amerikanischer Jurist, der Wahnfried in dem Prozeß vertrat.

Sohn Schirmer: Der mit Wagner befreundete amerikanische Musikverleger Gustav Sch. (1829–1893) hatte zwei Söhne: Gustav Sch. (1864–1907) und Rudolph E. Sch. (1859–1919).

Braunschweig: Ernst B. (1851–1914), Regisseur an der Berliner Hofoper, war neben Siegfried Wagner in Bayreuth 1899–1909 Spielleiter.

Sternfeld: Richard St. (1858–1926), Professor für Geschichte in Berlin, Musikschriftsteller, zahlreiche Bücher zu Wagner und Bayreuth.

Dernburg: Friedrich D. (1833–1911), Schriftsteller und Publizist in Berlin; 1871/81 Mitglied des Deutschen Reichstages, ab 1875 auch Chefredakteur der »Nationalzeitung« in Berlin, später Feuilletonredakteur am »Berliner Tagblatt«.

Matray: Desider M.-Novák (geb. 1872), ungarischer Tenor, sang 1904 Tannhäuser in Bayreuth.

Brief von Mottl: M. schrieb ihr, daß er mit Conrieds »Parsifal« nichts zu tun haben werde: »Glauben Sie mir doch und haben Sie Vertrauen zu mir! Ich bin ja doch kein Wilder!«

Ende September (?) 1903   An Ludwig Ritter von Klug

Bemühungen: Klug versuchte zwischen dem Intendanten E. v. Possart und Wahnfried zu vermitteln. Über mehrere Monate zog sich eine auch von der Presse breit behandelte Kontroverse über die Mitwirkung »Münchens« am »Parsifal«-Raub hin. Die Briefe und Erklärungen von A. v. Gross, Cosima, Klug und E. v. Possart sind teilweise bei Du Moulin, S. 717 ff., abgedruckt.
Der Name desjenigen: A. Oppenheim; vgl. 1. 3. 1900.
Hauptorgan: »Münchner Neueste Nachrichten«.
Brief an Friedrich Feustel: Wagners Briefe an den Bayreuther Bankier und Mitglied des Verwaltungsrates Fr. F. (1824–1891) in BBl 1903, S. 161 ff.

23. 9. 1903   An Hans Richter

vermeinten Vorrecht: zwei Jahre vor anderen Bühnen »Parsifal« exklusiv spielen zu dürfen.

28. 9. 1903   An Felix Mottl

Cosmas-Gruß: zum Tag des heiligen Cosmas am 27. 9.
Burrian: Karl B. (1870–1924), polnischer Tenor, 1907/12 an der Metropolitan Opera engagiert, auch in Wien und London; sang in Bayreuth 1908 Parsifal.
Prinz Ludwig Ferdinand: Sohn von Ludwig III. von Bayern.
Nikisch: Arthur N. (1855–1922), berühmter ungarischer Dirigent, auch Pianist und Komponist; dirigierte nicht in Bayreuth.
»Proteus«: Tondichtung, 1903, von *Rudolf Louis* (1870–1914), der seit 1897 in München als Musikkritiker lebte; Nachfolger von Heinrich Porges als Konzertkritiker der »Münchner Neuesten Nachrichten«; schrieb Bücher zu Wagner, Liszt, Berlioz, Bruckner u. a.
Bauberger: Alfred B. (geb. 1866), zuerst Zahnarzt, ab 1891 Bariton am Münchener Hoftheater, bedeutender Mozart- und Wagner-Sänger.

1. 10. 1903   An Adolf von Gross

Hadwiger: Alois H. (1879–1948) wurde von Cosima entdeckt, sang in Bayreuth 1904 Heinrich der Schreiber (im »Tannhäuser«), 1. Gralsritter, 1904/08 Froh, 1906/08 Parsifal.
Wildbrunn: Carl W. sang 1902 den 1. Gralsritter.
Rains: Leon R. (1870–1954), amerikanischer Sänger, 1899–1917 Hofoper Dresden, sang 1904 in Bayreuth Hagen.
Briesemeister: Otto B. (1866–1910), Dr. med., seit 1893 Opernsänger; in Bayreuth sang B. 1899–1909 Loge, 1906/09 1. Gralsritter und 1908 einen Brabantischen Edlen (im »Lohengrin«).
Bary: Alfred von B. (1873–1926), Dr. med., war 1902/12 an der Dresdener, 1912/16 an der Münchener Hofoper engagiert. B. sang in Bayreuth 1904 Parsifal, 1904, 1908/09 Siegmund, 1906 Tristan, 1908/09 Lohengrin und 1911/14 Siegfried.

10. 11. 1903   An Wolfgang Golther

eine Indiskretion: Im Herbst 1903 hatte Golther von Karl von Wesendonck und *Moritz Freiherrn von Bissing* (1844–1917), der mit Myrrha geb. Wesendonck (1851–1888) verheiratet gewesen war, den Nachlaß von Mathilde Wesendonck zur Veröffentlichung erhalten (vgl. Golthers Einleitung, S. XXXI). Dies hatte Golther Cosima mitgeteilt, die ihm am 6. 10. 1903 schrieb: »Ich stehe ganz zu Ihrer Verfügung, das brauche ich wohl nicht zu sagen. Denn hier wird alles würdig und zart vor sich gehen. Ich bin erstaunt, daß viele Briefe vorliegen, denn sie sollten verbrannt werden, und zwar vor langer Zeit.« Offensichtlich versuchte Cosima zunächst, die Veröffentlichung zu verhindern. Baron Bissing war der Enkel der Schwester Eliza Willes, der Schriftstellerin Henriette von Bissing (1798–1879), die nach Meinung Cosimas Briefabschriften gemacht habe (Cosima an Golther, 6. 11. 1903). Sein Sohn war Friedrich Wilhelm von Bissing (geb. 1873).

Brief an Schwester Claire: Gemeint ist der Brief an Wagners Schwester Clara (Wolfram), der in der »Täglichen Rundschau«, 1902, Nr. 223, veröffentlicht worden war und in dem die Beziehung zu Mathilde Wesendonck ausführlich geschildert wird; Golther zitiert ihn auch in seiner Einleitung, S. XXIVff.

München ... das ist »die Hölle«: Brief Wagners an Anton Pusinelli vom 12. 1. 1870: »Nie wieder nach München (meiner Hölle) zurückzukehren und daraus zu retten, was ohne mich zugrunde gegangen wäre.«

»Kobold« in Hamburg: vgl. Brief an Siegfried vom 11. 3. 1902.

3. 12. 1903   An Wolfgang Golther

»Das wirklich Erlebte...«: aus der Schrift »Über das Dichten und Komponieren«. Zwei Sätze sind zusammengezogen!

15. 12. 1903   An Wolfgang Golther

Zurückstellung der Originale: Nach Golthers Notiz auf einem Brief wurden die Originalbriefe am 11. 1. 1904 nach Bayreuth geschickt.

Die eine Photographie: Wagners von Chémar Frères in Brüssel, März 1860.

5. 1. 1904   An Wolfgang Golther

Briefe an den König: In der Wiener Zeitschrift »Die Waage«, 2. Jg., waren Briefe Wagners und des Königs abgedruckt worden; Golther berichtet über diesen »Vertrauensmißbrauch« anläßlich einer Rezension in »Die Musik«, 1903, S. 280. Auch 1892 waren in verschiedenen Zeitungen (»Wiener Fremdenblatt«, »Allgemeine Musik-Zeitung«) Briefe publiziert worden.

Worte über die Bestimmung dieser Briefe: Sie wurden der Edition vorangestellt: »Der Meister wünschte die vorliegenden Blätter vernichtet.

Frau Wesendonck betrachtete sich nicht als ausschließliche Besitzerin der an sie gerichteten Briefe. Sie bewahrte sie stillschweigend, erhielt sie der Nachwelt und bestimmte sie zur Veröffentlichung, unter Beigabe von Bildern und Faksimiles.

Die Familie Wagner entäußerte sich ausnahmsweise und für diesen Fall ihres Autorrechtes und trat es dem Sohne und dem Enkel der Verewigten ab.

Diese bestimmten, daß diese Publikation zugunsten des Stipendienfonds in Bayreuth erfolgt.«

ihre Schriften: Das geschah als Anmerkung in der Einleitung S. XXIXf.

Brief an Herwegh: »Gott welcher Plunder liegt da hinter einem«, 13. 9. 1871; vgl. Glasenapps Biographie, 4. Bd., S. 368 (4. Aufl.).

Anspielung auf Loges Worte: Golther blieb dabei; vgl. Einleitung S. XXII.

»Orchesterskizzen«: vgl. Einleitung Golther S. XX und S. 267. Die Skizzen waren ein Geschenk an Marie Kalergis, später Gräfin Muchanoff; vgl. 14. 2. 1892.

der Entwürfe: Die Entwürfe zu »Tristan«, »Meistersinger« und »Parsifal« wurden 1907 in Leipzig veröffentlicht.

Satz über Malwida von Meysenbug: Wagners Brief vom 22. 2. 1861, vgl. Wesendonck-Briefe, S. 266 (mit Auslassungen).

Aufnahme meines Sohnes: Golther erwähnt es in der Einleitung S. XXXI.

16. 1. 1904   An Felix Mottl

»Denker und Dichter«: in »Helden und Welt« von H. v. Stein.

Müller: Karl (Carl) M. (1878–1913?), Kapellmeister in Elberfeld und St. Gallen, 1899–1904 musikalischer Assistent in Bayreuth, nach dem Tod von J. Kniese leitete er 1906/11 die musikalische Vorbereitung der Festspiele.

11. 2. 1904   An Adolf von Gross

Didur: Adam D. (1874–1946), polnischer Baß, war 1899–1903 in Warschau engagiert, danach auf internationalen Gastspielen, ab 1908 an der Metropolitan Opera. D. sang nicht in Bayreuth.

Duncan: Isadora D. (1878–1927), amerikanische Tänzerin, die dem erstarrten europäischen Ballett neue Impulse gab. Ihr Auftreten in Bayreuth 1904 als Solograzie und Choreographin des Bacchanals im »Tannhäuser« wirkte ebenso sensationell wie skandalumwittert. D. hat darüber in ihren »Memoiren«, 1928, berichtet: dort (S. 143 f.) auch ein sehr interessanter Brief von D. über den »Tanz der Zukunft«. Cosima hat sich enthusiastisch über D. geäußert (vgl. Brief an Hildebrand, 16.–17. 4. 1904). An H. Richter schrieb Cosima bereits am 1. 9. 1903: »Ein großer, ja unbeschreiblicher Eindruck war die Tänzerin Miss Duncan, welcher wir den Grazientanz übergaben. Man glaubte die Antike in ihrer Kunst vor sich zu sehen!«

Rémond: Fritz R., eigtl. Heinemann (1863–1936), zunächst Schauspieler, ab 1900 Heldentenor in Freiburg, Karlsruhe und Köln; in Köln ab 1911 Theaterleiter, ab 1921 Generalintendant. In Bayreuth sang R. 1904 Parsifal und Tannhäuser.

16.–17. 4. 1904   An Adolf von Hildebrand

Siegfrieds Büste: von Hildebrand.

»Chor der Schutzflehenden«: von Euripides.

»Der Tod und das Mädchen«: von Franz Schubert.

über die Feder gefahren: Hildebrand hatte über seinen Aufsatz »Arbeiter und Arbeit« (»Freistatt« Nr. 1, München 1904) an Cosima am 16. 1. 1904 geschrieben, das habe mit Nationalökonomie nichts zu tun.

Schmoller: Gustav Sch. (1838–1917), berühmter Nationalökonom, zahlreiche wichtige Publikationen.

Heyls-Armee: Baron Heyl hatte Hildebrand mitgeteilt, daß der Nibelungen-Brunnen in Worms nicht ausgeführt würde.

durch Thodes Buch: »Michelangelo und das Ende der Renaissance«, 1902/03, 2 Bde.

19. 4. 1904   An Wolfgang Golther

Briefpublikation: Wesendonck-Briefe.

22. 4. 1904   An Wolfgang Golther

den Verleger: Alexander Duncker in Berlin.

3. 8. 1904   An Ernst Erbprinz zu Hohenlohe-Langenburg

erhaben gedeutet: Hohenlohe hatte am 29. 7. geschrieben, der Meteor sei ein »günstiges Vorzeichen für die Zukunft des hohen Werkes von Bayreuth«.

28. 9. 1904   An Adolf von Gross

Komplikationen: im Hinblick auf Doppelbesetzungen bei Dirigat »Parsifal«, Erda, Gurnemanz/Landgraf und Tannhäuser.

Metzger: Ottilie M.-Lattermann-Froitzheim (geb. 1878), Sängerin, begann in Halle und Köln, 1903/15 in Hamburg, 1918/21 in Dresden. In Bayreuth sang sie 1901/02 Floßhilde, Grimgerde (auch 1912), 1902/12 die 2. Norn, 1904 Erda, 1904/12 Waltraute (in der »Götterdämmerung«).

Geller-Wolter: Luise G.-W. (1859–1934), seit 1898 am Theater des Westens in Berlin; sie sang in Bayreuth 1897 Altsolo (im »Parsifal«), 1897/99 Floßhilde und Schwertleite, 1904 Erda, Waltraute (auch in »Götterdämmerung«).

Mayr: Richard M. (1877–1935); Mahler holte ihn 1902 an die Wiener Hofoper; dort war er 33 Jahre engagiert. In Bayreuth sang er 1902, 1904, 1908 Hagen, 1908, 1911, 1914, 1924 Gurnemanz, 1908 Titurel, 1902 den 2. Gralsritter.

Hinckley: Allen Carter H. (geb. 1877), amerikanischer Baß.

Keller: Hans K. (1865–1942), seit 1898 in Karlsruhe, später in Kaiserslautern Intendant; sang in Bayreuth 1899 Hans Folz und 1899, 1901/04 Fasolt.

Guth: Eugen G. (geb. 1873) sang 1904 im »Tannhäuser« Reinmar von Zweter, 1911/25 Fafner, 1911/14 den 2. Gralsritter, 1911, 1924/25 Hans Schwarz und 1912 Hans Folz in den »Meistersingern«.

Whitehill: Clarence Eugene W. (1871–1932), amerikanischer Sänger, sang als erster Amerikaner an der Opéra-Comique in Paris; in Bayreuth sang W. 1904 Wolfram von Eschenbach, 1908/09 Amfortas und 1909 Gunther.

Lejdström: Carl L. (geb. 1872), schwedischer Sänger, von Kniese ausgebildet, sang in Bayreuth 1904/06 Klingsor und 2. Gralsritter.

Scheidt: Robert vom Sch. (1879–1964), 1903/12 Hamburg, 1912/40 Frankfurt a. M.; sang in Bayreuth 1894–1904 Biterolf, 1904 Donner und Klingsor.

Nawiasky: Eduard N. (1854–1925), bedeutender Konzertsänger, an den Opern in Wien (ab 1876), Graz, Stuttgart, Frankfurt und Braunschweig engagiert; sang in Bayreuth 1904 Alberich.

Teyßen: Josef T. aus Hamburg sang 1904 Walther von der Vogelweide.

Grandjean: Louise G., 1893–1909 an der Opéra in Paris engagiert, dort u. a. Eva, Brünnhilde und Isolde, sang 1904 die Venus.

Fleischer-Edel: Katharina F.-E. (1875–1828) war 1894/97 an der Dresdener Hofoper engagiert, dann in Hamburg und Karlsruhe; sang in Bayreuth 1904 Elisabeth und Gutrune, 1906 Brangäne, 3. Norn und Sieglinde (auch 1908), 1908 Elsa.

Feuge: Emilie (oder Emmy) F.-Gleiß (1863–1923), seit 1890 in Berlin, Schwerin, 1894–1922 Dessau; sang in Bayreuth 1897–1901, 1904/06 Waldvogel und Soloblume, 1904/06 Freia.

Foerstel: Gertrude F.-Linke (1880–1950), 1900/06 in Prag, 1906/12 in Wien; sang in Bayreuth 1904 den Jungen Hirten, 1904, 1908, 1911/12 eine Soloblume, 1911/12 Woglinde und Waldvogel.

Schumann-Heink: Ernestine Sch.-H. (1861–1936), Debüt 1878 in Dresden, später in

Hamburg, Berlin, internationale Gastspiele; sang in Bayreuth viele Partien: 1896–1902, 1906, 1911/14 Erda und 1. Norn (ab 1897); Waltraute (in der »Götterdämmerung«) 1896–1902, 1906, 1912/14; 1897–1902, 1906, 1912 Waltraute; Altsolo (im »Parsifal«) 1899–1904; Magdalena 1899, 1912 und Mary 1901/02 und 1914.

Kirkby-Lunn: Louise K.-L. (1873–1930), bedeutende amerikanische Sängerin, Debüt 1896 in London, ab 1902 an der Metropolitan Opera, vor allem als Ortrud und Brangäne; sang nicht in Bayreuth.

Butt: Clara B. (1873–1936), englische Sängerin, sang nicht in Bayreuth.

Rheintöchter: Josephine von Artner, Marie Knüpfer, Adrienne von Kraus-Osborne.

Nornen: dieselben, statt M. Knüpfer: Luise Reuss-Belce.

Walküren: wie Rheintöchter, dazu: Olga Klupp, Luise Geller-Wolter, Johanna Neumeyer, *Hedwig von Bibow,* Frieda Langen-Langendorff.

1. 10. 1904   An Adolf von Gross

Zur Mühlen: Raimund von Z. M. (1854–1931), Konzertsänger und Gesangspädagoge, 1905/25 in London tätig.

Marsop: Paul M. (1856–1925) lebte seit 1881 als Musikschriftsteller in München, gründete die öffentlichen Musikbüchereien (zunächst in München 1902), schrieb u. a. »Der Kern der Wagner-Frage«, »Die Aussichten der Wagnerschen Kunst in Frankreich«, »Weshalb brauchen wir eine Reformbühne«, »Studienblätter eines Musikers«.

24. 4. 1905   An Adolf von Gross

den Verlust: Julius Kniese war am 22. 4. in Dresden gestorben; Cosima erhielt die Nachricht in Portofino.

1905   Nachruf auf Julius Kniese

Erschien anonym in BBl 1905, S. 236–243.

Kant: Das Zitat steht in der »Kritik der praktischen Vernunft«, 1788.

Buffon: George Louis Leclerc Graf von B. (1707–1788), französischer Naturforscher.

Fantasie in fis-Moll: für Klavier 1831; sie erschien 1905 bei C. F. Kahnt Nachfolger.

13. 7. 1905   An Engelbert Humperdinck

»Bruder Lustig«: Siegfried Wagners vierte Oper, die am 13. 10. 1905 in Hamburg uraufgeführt wurde; darin eine Partie: Frau *Urme.*

Mörike: Eduard M. (1877–1929), Theaterkapellmeister u. a. in Amerika, Rostock, Kiel, Stettin, Halle, Bayreuth. M. war 1906 musikalischer Assistent bei den Festspielen.

11. 11. 1905   An Richard Batka

Batka: Richard B. (1868–1922), Musikschriftsteller, Librettist und Übersetzer. B. gab 1896/98 mit Teibler die »Neue musikalische Rundschau« heraus, gründete und leitete den Dürer-Bund, ab 1908 Redakteur des »Wiener Fremdenblatts«, ab 1909 auch Herausgeber (mit R. Specht) des »Merker«. B. schrieb u. a. folgende Libretti: »Zierpuppen«, »Marietta«, »Das Hexlein«, »Meister Paphelin«, »Kuhreigen« (Wilhelm Kienzl), »Versiegelt« (Leo Blech).

13. 3. 1906   An Wolfgang Golther

»*Hexenlied*«: »Das Hexenlied« von Ernst von Wildenbruch, Musik für Orchester oder Klavier von M. v. Schillings, war ein populäres Konzertstück.
Bergmann: wahrscheinlich Hans B. (1878–1937), Sänger am Hoftheater Weimar.
Thode sprach: Th. hielt bereits seit einiger Zeit in vielen Städten Vorträge »über die tragische Bühne von Bayreuth und über Richard Wagner und das Kunstwerk von Bayreuth. Von ihnen geht sicherlich ein mit hoher Freude zu begrüßender Fortschritt des Verständnisses für den innersten Kern und Gedanken von Bayreuth aus« (BBl 1905, S. 88). Der hier angesprochene Vortrag fand im Literarischen Verein in Hamburg statt. Die Rede wurde in den BBl 1930, S. 158ff., gedruckt.

8.–9. 8. 1906   An Ernst Erbprinz zu Hohenlohe-Langenburg

»*Los von Rom-Bewegung*«: Einzel- und Massenübertritte zum Protestantismus oder Altkatholizismus, vor allem seit dem deutschen »Volkstag« in Wien 1897; in Österreich, vor allem in Böhmen, traten etwa 45000 Menschen über, in Deutschland, vor allem in Sachsen, 30000. In Frankreich ergriff die Bewegung auch den Klerus; einer der berühmtesten Priester, André Bourrier, plante eine Nationalkirche.
schwere Erfahrung: Während der Festspiele 1906 war es zum offenen, von der Presse ausführlich kommentierten Streit zwischen Siegfried Wagner und seinem Schwager Franz Beidler gekommen; vor allem Beidler fühlte sich zuwenig anerkannt. Dieser Streit, der in der Folge offensichtlich von Eva Wagner und Chamberlain (vor allem nach deren Heirat) forciert wurde, führte zum Bruch und 1913/14 zu dem bekannten Beidler-Prozeß, in dem Isolde vergeblich den Namen »Wagner« einklagen wollte. Zu dem Streit 1906 vgl. Zdenko von Kraft, »Der Sohn«, Graz 1969, S. 134ff.

11. 8. 1906   An Franz Beidler

Doehme: Zoltan D. sang 1894 neben E. van Dyck und W. Birrenkoven Parsifal; offensichtlich hatte D. damals versucht, einen Lohengrin zu »erpressen«.

17. 11. 1906   An Adolf von Gross

die Ehe: Beidler.
Khnopff: Georges K. hatte die Wesendonck-Briefe ins Französische übersetzt (Vorwort: H. Lichtenberger, 2 Bde., Berlin 1905).

19. 6. 1907   An Hugo von Tschudi

Am 6. 12. 1906 war Cosima schwer erkrankt (vgl. Vorwort); Schweninger hatte ihr dann einen mehrmonatigen Aufenthalt in Cannes verordnet. Über ihre Heimkehr berichtet sie Tschudi.
l'étuvée: gedämpfte Speise.
»*O Hüon, mein Gatte*«: Rezia in Webers »Oberon«, II. Akt.
Böcklinsche Eremit: »Der Einsiedler (Der geigende Eremit)«, 1884, in der Berliner Nationalgalerie.
die »Buveurs« von Velazquez: »Los borrachos« (Die Trinker) im Prado, Madrid.

Möser: Justus M. (1720–1794), Staatsmann und Historiker; seine Abhandlung »Über deutsche Sprache und Literatur«, 1781, ist gegen Friedrich den Großen und dessen Bevorzugung der französischen Sprache gerichtet.

15. 7. 1907   An Engelbert Humperdinck

»Heil Dir«: Anrufung der Sonne, Brünnhilde im III. Akt »Siegfried«.
»*Mitteilung an die Freunde«:* Wagners Schrift »Mitteilung an meine Freunde« erschien 1852, darin über *Elsa:* »Elsa ist das Unbewußte, Unwillkürliche... Sie war der Geist des Volkes, nach dem ich auch als künstlerischer Mensch zu meiner Erlösung verlangte.«

2. 8. 1907   An Engelbert Humperdinck

Ihre Erinnerungen: »Parsifal«-Skizzen, in der Zeitschrift »Die Zeit«, Wien 1907; auch in »Bayreuther Festspielführer«, 1927, S. 215ff.
»*Sternengebot«:* Siegfried Wagners fünfte Oper, Uraufführung am 21. 1. 1908 in Hamburg.
»*Propyläen«:* Selbstanzeige der »Propyläen« 1799, gehört zu Goethes Kunstschriften; ebenso »*Der Sammler und die Seinigen«* aus dem 2. Band der »Propyläen«.

16. 8. 1907   An Friedrich Braun

Braun: Friedrich B. (1855–1940), Theologe, Geheimer Hofrat, Inhaber verschiedener Orden des Königreichs Bayern. 1903/07 war B. Konsistorialrat und 2. Hauptprediger in Bayreuth; ab 1911 in München.

11.–12. 9. 1907   An Ernst Erbprinz zu Hohenlohe-Langenburg

eines jungen Künstlers: Edmund Steppes (geb. 1873), Maler und Graphiker, für den Thode eintrat und eine Abhandlung schrieb; vgl. Briefwechsel Thoma–Thode, S. 259/67.
Bode: Wilhelm von B. war als Nachfolger von Richard Schöne Generaldirektor der Berliner Museen geworden.
Mottl ... Abfall: M. war 1907 Direktor der Münchener Hofoper geworden.
Hinzpeter: Georg Ernst H. (1827–1907), Pädagoge, war seit 1866 Erzieher des späteren Kaisers Wilhelm II., von diesem oft konsultiert; 1904 zum wirklichen Geheimen Rat ernannt (Exzellenz H.). H. starb am 29. 12.
Werdandi-Bund: von Schriftstellern und Künstlern zur Pflege einer volkstümlichen deutschen Kunst. Gründer 1907 in Berlin war der Architekt und Schriftsteller *Friedrich Seesselberg* (geb. 1861); von ihm auch Schriften über Wagner (»Richard Wagner und die bildende Kunst«, in: »Wagner-Jahrbuch«, Bd. 1, Leipzig 1906; Beitrag auch in Bd. 2). Sein Buch »Volk und Kunst, Kulturgedanken«, Berlin 1907, wurde in den BBl 1907, S. 311, ausführlich besprochen. Das Buch ist »den Hütern des Bayreuther Erbes« gewidmet. Mitglieder waren auch Thode und Siegfried Wagner.
sich dem Staate opfern: H. wurde 1907 Mitglied des Reichstags.

5. 10. 1907   An Adolf von Hildebrand

Ihr Geburtstag: der 60. Geburtstag am 6. 10.
Hubertus-Brunnen: Das Modell für den Brunnen in München war fertig; bereits im Juni hatte Hildebrand es dem Regenten gezeigt; Hildebrand schreibt darüber seiner Frau am 16. 6. 1907 mit guter Schilderung des Brunnens; vgl. 23. 1. 1895.
mein Enkel: Gilberto (Gil) Graf Gravina.

Herbst 1907   An Hugo von Tschudi

meiner Büste: Hildebrand modellierte 1903 eine lebensgroße getönte Gipsbüste von Cosima.
zu den Idyllen: Wilhelm Tischbeins Idyllen, Nr. 4, aus »Über Kunst und Altertum«, 3. Bd., 1822.

15.–18. 11. 1907   An Ernst Erbprinz zu Hohenlohe-Langenburg

Revirements: Reichskanzler von Bülow hatte einen Block der konservativen und liberalen Parteien gegen das Zentrum gebildet.
»Bismarck und die Hamburger Nachrichten«: von J. Penzler, Berlin 1907 (der Band beinhaltet 1890/92).
Dernburg: Friedrich D. war der Vater von Bernhard D. (1865–1937), der 1906 Direktor und 1907 Staatssekretär des Kolonialamtes war; 1919 Reichsfinanzminister.
Bahrdt: Goethes Besprechung in den »Frankfurter gelehrten Anzeigen« von Karl Friedrich B.s Schrift »Eden, das ist Betrachtungen über das Paradies«.
Rücktritt: Fürst Hermann war als Statthalter von Elsaß-Lothringen zurückgetreten.
bisherigen Darstellers: Ernst Kraus, der allerdings 1909 wieder Siegfried sang.
Skizze zu den Maltesern: Vorwort zur »Geschichte des Malteserordens nach Vertot von M. N. bearbeitet«, Jena 1792/93.

24. 11. 1907   An Michael Balling

Bertram: hatte sich am 23. 11. in Bayreuth das Leben genommen; der Nachruf in den BBl, 1908, S. 24 ff., erschien anonym, er ist möglicherweise von Cosima.
Leffler: Martha L.-Burckhard (1865–1954), an verschiedenen deutschen Bühnen, in New York und London; sang in Bayreuth 1906/09 Kundry, 1908 Sieglinde und 1909 Ortrud.

19. 10. 1908   An ihre Tochter Blandine

Baron Speidel: Der Oberst und Generalstabschef in Würzburg Albert Freiherr von Sp. (gest. 1912) war 1905 Nachfolger von Possart als Intendant der Münchener Hofoper geworden. Bary ging allerdings erst 1912 an die Münchener Hofoper.
Stockhausen: Julius St. (1826–1906), berühmter Gesangslehrer, vor allem in Frankfurt a. M.

15. 11. 1908   An Ernst Erbprinz zu Hohenlohe-Langenburg

Fleiner: Arzt in Heidelberg.
Schauplätze ... wo nur Jämmerliches: Anspielung auf die sogenannte »Daily-Tele-

graph«-Affäre; der Kaiser hatte sich unqualifiziert über die Beziehung zu England geäußert; Bülow war mitschuldig, gab den Kaiser jedoch der Kritik preis.
Guido: Enkel G. Graf Gravina (1896–1931).
Haeckel: Ernst H. (1834–1919), Zoologe, erweiterte Darwins Abstammungslehre; berühmte Schriften.

22. 12. 1908   An das Konsistorium in Bayreuth

Chamberlain, der der anglikanischen Kirche angehörte, hatte sich 1906 von seiner Frau Anna, geb. Horst, scheiden lassen. Am 26. 12. 1908 fand die Ziviltrauung mit Eva Wagner statt; das Bayreuther Konsistorium verbot eine kirchliche Trauung, weil es an Chamberlains Scheidung Anstoß nahm. Aus diesem Anlaß schreibt Cosima den Brief. Chamberlain und Eva ließen sich dann am 27. 12. in Zürich kirchlich trauen.

15.–16. 1. 1909   An Adolf von Hildebrand

Ihren Marées: »Zur Hans-von-Marées-Ausstellung« in den »Münchner Neuesten Nachrichten«, Nr. 153, 1908 (Beilage); 1909, Nr. 6, folgte ein weiterer Aufsatz.
Rettungsarbeiten: Manfred Graf Gravina hatte sich an den Rettungsarbeiten nach dem großen Erdbeben von Messina im Dezember 1908 beteiligt.
Aufsatzes von Kekulé: »Die Bildnisse des Sokrates«, in: Abhandlungen der kgl. preuß. Akademie der Wissenschaften, 1908.
Ihr ... Schiller: Schiller-Denkmal im Stadtpark von Nürnberg.

Februar (?) 1910   An Gerhart Hauptmann

Cosima hatte die Fortsetzung des Romans »Der Narr in Christo Emanuel Quint« gelesen. G. Hauptmann antwortete ihr am 2. 3. 1910:
> »Mit großem Interesse habe ich gelesen, was Sie über die erste Fortsetzung von ›Emanuel Quint‹ zu schreiben die Güte hatten. Wir können nichts gegen die Werke tun, die in uns entstehen, und am allerwenigsten etwas gegen die prästabilierte Form, in der sie zutage treten. Aus diesem Grunde steht man den wertvollsten Einwendungen, die erhoben werden, zumeist hilflos gegenüber.
> Ich gestehe offen, daß es mir ähnlich mit denen ergangen ist, die einem so reinen und verehrten Geiste entstammen und durch die ich meine im Werden begriffene Arbeit gewürdigt sehe.
> Es ist jedenfalls richtig, der Erzähler begibt sich im zweiten, mitgeteilten Stück in die dargestellte Person hinein, geht in ihr unter oder wird ganz persönlich, während er früher nur der Verfasser eines Berichtes über den Vorgang, nicht einmal Augenzeuge gewesen ist. Dieser Bruch der Form bedingt vielleicht, vorübergehend, den Verlust der schlichten Einfalt, die im Anfang war. Ich hoffe indes, nur vorübergehend.
> Dergleichen Widersprüche oder Inkonsequenzen gehören wahrscheinlich zum Unvermeidlichen in der Kunst. Goethe spricht darüber zu Eckermann, in ähnlichem Sinn, als er Radierungen, ich glaube nach Poussin, zeigt, auf denen eine der Wirklichkeit nicht entsprechende Beleuchtung stattfindet.
> Was nun Glauben und Unglauben anbelangt, so möchte ich freimütig aussprechen dürfen, daß ich keinen Glauben, keine Gewißheit, keine Hoffnung und keine Ehrfurcht höher zu respektieren vermag, als die, die ich selbst besitze: Dies ist meine Wahrheit, und wenn ich durch sie verletze, dann kann ich das nur bedauern,

denn verletzen zu wollen liegt mir fern: ich meine, durch mein Werk irgendeinen Glauben, eine Hoffnung, eine Ehrfurcht zu verletzen!

Immerhin bin ich sicher, bei dem Ernst, den Sie mir zuzubilligen nicht anstehen, weit ab zu sein von den gutgläubig-routinierten Zynikern, die mich durch die Art, wie sie den Namen Jesu mißbrauchen, in ihrer schrecklichen Massenhaftigkeit täglich im Geiste plagen und beleidigen.«

5. 3. 1910   An Engelbert Humperdinck

Mein Glück über Siegfrieds Wesen: Cosima schrieb am 1. 3. 1910, als der »Kobold« in Schwerin aufgeführt wurde, an Siegfried: »Du bist jetzt für viele zu einem Symbol des Echten und Deutschen geworden, und je schauerlicher es ringsherum aussehen mag, um so kräftiger wird dies empfunden. Dafür mußtest Du auch leiden. Doch eine Freude konnte Dir keine Bosheit trüben, die Zufriedenheit in Dir und mit Dir selbst.«

12.–26. 3. 1910   An Ernst Erbprinz zu Hohenlohe-Langenburg

Prinzen Max: Prinz Max von Baden.
Müller: Johannes M. (1864–1949), evangelischer religiöser Schriftsteller, hatte 1903 die »Freistätten persönlichen Lebens« gegründet.
Reden Bethmanns: Theobald von Bethmann Hollweg (1856–1921) war 1909 Reichskanzler und preußischer Ministerpräsident geworden.
israelischen Professor: Arthur Drews (1865–1936) schrieb 1910 »Die Christus-mythe«.

27. 12. 1910   An Adolf von Hildebrand

Ihr Bismarck: Reiterdenkmal in Bremen.

29. 12. 1910   An Hugo von Tschudi

Grünewald: möglicherweise »Die Verspottung Christi« gemeint, die 1910 in die Alte Pinakothek kam.
unsere Kunstwanderung: Tschudi war 1909 als Direktor der staatlichen Gemälde-sammlungen nach München gegangen.
Bruckmann: Im Bruckmann-Verlag in München waren unter anderem Chamberlains Wagner-Buch und »Die Grundlagen« erschienen.
Voltaires Wort über Turgot: Jacques T. (1727–1781), französischer Staatsmann; möglicherweise bezieht sich Cosima auf die Briefe von Julie de Lespinasse an den Grafen Guibert 1773/76, von denen sie Hohenlohe im Oktober 1911 berichtet und in denen T. behandelt wird.
Marienbad: Hotel in München, das Cosima oft bewohnte.
Thun: Christiane Gräfin Th.-Hohenstein (geb. 1859), Schriftstellerin.
das neue Stück »Le bois sacré«: von Edmond Rostand mit der Musik von Reynaldo Hahn, das 1910 in Paris uraufgeführt worden war.
Glückwünsche zum Doktortitel: Cosima war 1910 von der Berliner Universität der Dr. h.c. verliehen worden. Der Text lautet: »Unter den Auspizien des Kaisers Wilhelm II. und dem Rektorate des Prof. Dr. Erich Schmidt hat laut Beschluß der hohen philosophischen Fakultät der rechtliche Promotor und Dekan, Prof. Dr. Gustav Roethe, der ausgezeichneten Frau Cosima Wagner, des unsterblichen

Mannes Richard Wagner Gattin, welche für Vaterland und Kunst rühmlich verdient nach des Gatten Tode durch mehr als fünf Lustren sein Andenken und seine Kunst heilighält und verteidigt und alles, was er bestimmt hat, mit so glücklicher Treue bewahrt, daß man vom ganzen Erdenkreis zusammenkommt, deutscher Kunst Heiligtum zu besuchen, des Doktors der Philosophie und der freien Künste Magisters Zierden und Ehren zur Jahrhundertfeier der Berliner Universität am 12. Oktober 1910 ehrenhalber übertragen und in diesem öffentlichen, durch das Siegel der Fakultät beglaubigten Diplom verkündet.«

6. 8. 1911   An Hugo von Tschudi

Mottls Hinscheiden: am 2. 7.
menschlich verstrickt: Mottl hatte noch kurz vor seinem Tod 1911 in zweiter Ehe die von ihm zunächst nach Karlsruhe und dann nach München engagierte Sängerin Zdenka Faßbender (1879–1954) geheiratet.
Beckmesser: sang 1911/25 Heinrich Schultz.
Magus: Prof. Schweninger.
meiner bescheidenen Schrift: vgl. 18. 2. 1900.
Marie eine Braut: Marie Gräfin Gravina heiratete in erster Ehe den Arzt Paul Wassily, 1924 in zweiter Ehe Egas von Wenden.

23. 1. 1914   An Ernst Fürst zu Hohenlohe-Langenburg

Teurer Fürst: Erbprinz Hohenlohe war nach dem Tod seines Vaters am 9. 3. 1913 »Fürst« geworden.
Tragödie des »Parsifal«: Da die Schutzfrist nicht verlängert worden war, parlamentarische Anfragen im Reichstag 1912, Petitionen und Aufrufe (an dem von A. Püringer verfaßten beteiligten sich 18 000 Menschen) erfolglos blieben, war das Werk nach Ablauf der dreißigjährigen Frist am 1. 1. 1914 frei geworden. Es wurde 1913 schon in Zürich, 1914 dann von mehr als 25 Theatern inszeniert. Das angeheizte Interesse klang jedoch schnell ab.
die prinzlichen Briefe: Briefwechsel des Kronprinzen Friedrich Wilhelm und des Prinzen Wilhelm von Preußen mit ihren Geschwistern, die »Hohenzollernbriefe«.

12. 5. 1914   An Ernst Fürst zu Hohenlohe-Langenburg

der Greueltat halber: Kaiser Theodosius I. hatte im April 390 n. Chr. eine Meuterei in Thessaloniki mit einem Blutbad niedergeschlagen und war deshalb von Ambrosius mit einer Kirchenbuße belegt worden.
einen Loge: Karl Wenkhaus sang 1914 (und 1924) Loge.
Schlözer: Kurd von Sch. (1822–1894) war 1882/92 preußischer Gesandter beim päpstlichen Stuhl; er beendete den Kulturkampf.
C. Wagner: Der Brief Cosimas endet hier; Eva schrieb, daß ihre Mutter wieder einen Rückfall erlitten habe.

Neujahr 1915   An Ernst Fürst zu Hohenlohe-Langenburg

großartigen Wirksamkeit: Hohenlohe hatte für die ganze Ostfront die Leitung der freiwilligen Krankenpflege übernommen.
Hindenburg: Hohenlohe hatte am 16. 12. 1914 aus Posen geschrieben: »Der Name Hindenburg führt mich zu dem Besten, was mir hier zuteil wird, dem täglichen

Verkehr mit diesem großartigen Mann. Durch die Einfachheit und Schlichtheit, ich möchte fast sagen Kindlichkeit seines Wesens nimmt er gleich von Anfang an für sich ein. Aus dem massigen, eckigen Kopf, der auf einer wahren Hünengestalt sitzt, blickt ein Paar unendlich gütiger Augen hervor, und die ernste Bestimmtheit paart sich bei ihm mit einem frischen Humor.«

Kriegsaufsätze von Chamberlain: erschienen in mehreren Folgen (»Deutsche Freiheit«, »Deutscher Friede«, »Deutschland als führende Weltmacht«, »England«, »Deutschland« u. a.) bei Bruckmann in München; vgl. auch BBl 1915, S. 219 ff.

4. 3. 1915   An Ernst Fürst zu Hohenlohe-Langenburg

Prinzen Gottfried: Sohn Hohenlohes, geb. 1897.
Alkoran: Koran.
meine Briefe an Gräfin Wolkenstein: Gräfin W. war 1912 gestorben, Nachruf in den BBl 1912, S. 169 ff. Vgl. Vorwort zu dieser Edition.

August (?) 1916   An Felix von Kraus

Pembaur: Josef P. (1875–1950), österreichischer Pianist, vor allem Liszt-Interpret; über das Konzert, in dem P. die beiden Werke von Liszt spielte, berichtete Cosima auch Hohenlohe am 25. 8. 1916.
Stassen: Franz St. (1869–1949), Maler und Graphiker; zahlreiche Mappen zu Wagners Werken; St. unterrichtete Siegfried Wagner in Malen, stattete verschiedene Werke von ihm aus.

22. 12. 1916   An Ernst Fürst zu Hohenlohe-Langenburg

Ihres ... Schreibens: vom 15. 11. 1916 aus dem Hauptquartier Ost; Hohenlohe schrieb, er betrachte es als eine göttliche Fügung, daß Hindenburg und Ludendorff an der Spitze der Heeresleitung stehen (beide waren in die Oberste Heeresleitung berufen, als sich Deutschland im August 1916 in einer militärischen Krise befand).
Kundgebung des Kaisers: vom 12. 12. 1916; das Friedensangebot des Kaisers war von den Alliierten als völlig unzureichend abgelehnt worden.
Tisza: Stephan T. (1861–1918) war 1903/05, 1913/17 ungarischer Ministerpräsident.
kleine échec bei Verdun: Die »Schlappe« von Verdun hatte beiden Seiten vom Februar bis Dezember 1916 etwa 700 000 Tote gebracht.
»Ailinon! – das Gute siege«: »Wehe, Wehe! ... doch endlich möge das Gute triumphieren«, Aischylos, »Agamemnon«, Vers 121, in der Übersetzung von Ulrich von Wilamowitz-Moellendorff.
die Fahrt der »Deutschland«: Paul König war Kapitän des U-Boots »Deutschland«, das im Juli 1916 trotz der Blockade nach den USA gefahren war.
Briefwechsel zwischen Goethe und Reinhard: Der Briefwechsel des französischen Diplomaten Karl Friedrich Graf von R. (1761–1837) mit Goethe war 1850 erschienen.
Hans Richter: war am 5. 12. in Bayreuth gestorben.

21. 10. 1917   An Ernst Fürst zu Hohenlohe-Langenburg

»schon fällt das Laub...«: Wolfram von Eschenbach, Beginn III. Akt »Tannhäuser«.
Friedensresolution: der Mehrheit des Deutschen Reichstags unter Matthias Erzberger nach dem Sturz von Bethmann Hollweg am 13. 7. Gegensatz zur Obersten Heeresleitung.

Vaterlandspartei: Die »Deutsche Vaterlandspartei« war 1917 von Herzog Johann
Albrecht von Mecklenburg, dem Großadmiral und Politiker *Alfred von Tirpitz*
(1849–1930) und anderen gegründet worden als Sammelstelle der Kräfte, die mit
Ludendorff den »Siegfrieden« propagierten.

Wolzogens 95 Thesen: »Deutsch-Christentum auf neuer evangelischer Grundlage«,
Leipzig 1917; die 95 Leitsätze schrieben Friedrich Andersen (Hauptpastor in
Flensburg), Adolf Bartels (Literaturhistoriker), Dr. Katzer (Kirchenrat in Dresden)
und Hans von Wolzogen.

mein Sohn erzählte mir von einem Stücke: Gemeint ist August Strindbergs »Luther«
(»Die Nachtigall von Wittenberg«), Uraufführung 1914 in Berlin und danach sehr
erfolgreich in Deutschland.

Wolzogens schönes Festspiel: Friedensfestspiel »Des Epimenides Heimkehr«, 1916;
vgl. BBl 1919, S. 1f. Vgl. auch Goethes »Epimenides Erwachen«.

Gründonnerstag 1918   An Ernst Fürst zu Hohenlohe-Langenburg

Bewegungsschlacht: 21. 3. – 5. 4. 1918 in Frankreich bei Arras und La Fère. Die
deutsche Frühjahrsoffensive brachte trotz Anfangserfolgen keine Wende.

Ostara: germanische Erd- und Frühjahrsgöttin.

28. 11. 1918   An Ernst Fürst zu Hohenlohe-Langenburg

»Sonnenflammen«: Uraufführung am 30. 10. in Darmstadt; die Aufführung am 8. 11.
dirigierte Siegfried Wagner.

»Schwarzschwanenreich«: Uraufführung am 5. 11. in Karlsruhe.

der Umschwung: am 11. 11. Waffenstillstand, Bildung von Arbeiter- und Soldatenrä-
ten, doch die Übernahme des russischen Rätesystems wird verhindert durch den
Pakt zwischen Friedrich Ebert und dem Nachfolger von Ludendorff, General
Wilhelm Groener, der zur Konstituierung der Republik führte.

Ludwigs III.: Ludwig III. von Bayern war als letzter Wittelsbacher aus München
vertrieben worden, und Kurt Eisner hatte am 8. 11. den »Freistaat Bayern«
proklamiert.

Homilie von Herder: die Predigt über Johannes 1, Vers 1ff., steht in den »Homilien
über das Leben Jesu«, VIII: Jesus, Wort Gottes, Licht und Leben, 1773.

Dornburg: Das Neue Schlößchen Dornburg wurde von Herzog Ernst August erbaut
und von seinem Sohn, dem Großherzog Karl August, und Goethe oft besucht. Der
Briefwechsel zwischen beiden erschien zuerst 1863.

meines Sohnes und seiner Gattin: Siegfried hatte am 22. 9. 1915 die Engländerin
Winifred Williams geheiratet. Cosima schrieb damals an Humperdinck: »Ich denke
zuweilen, ich träume, wenn ich an seiner Seite ein anmutiges, jugendliches Wesen
wandeln sehe, welches, von unserem Freunde Klindworth musterhaft erzogen, alle
Eigenschaften mitbringt, die zu Siegfrieds Wesen stimmen und zu unserem Hause
harmonieren« (19. 12. 1915). – Beide hatten inzwischen zwei Kinder: Wieland
(1917–1966) und Friedelind (geb. 1918).

»Und wie es auch sei, das Leben, es ist gut«: Schlußvers in Goethes Gedicht »Der
Bräutigam« (Dornburg 1828).

Chamberlain ... Antwort: In dem Brief vom 24. 11. 1918 heißt es: »Was heute
geschieht, ist die unerbittlich logische Folge von dem, was gestern geschah. Im Jahre
1890 wollte Bismarck auf die terrorausübenden Streikenden schießen lassen; es
galt, das Krebsübel im Keim zu ersticken und hierdurch die Lehre unseres milden
Heilandes zu verwirklichen. Durch Rücksichten einer schlecht verstandenen

Humanität dazu bewogen, hat Kaiser Wilhelm sich lieber von dem größten Staatsmann aller Zeiten getrennt, als ein paar hundert mörderische Buben für ihre Untaten bestraft – heute erntet der hohe Herr den Lohn! – Hier haben wir die Wurzel alles Unheils; zugleich das Symbol für alle weiteren politischen Fehler. Denn wenn ich jetzt [...] zwanzig Jahre überspringe, so finde ich als Nachfolger Bismarcks den Mann am Werk, den ich schon vor zwei Jahren in einem meiner Kriegsaufsätze den Totengräber Deutschlands nannte: Bethmann Hollweg. [...] Und dennoch [...] eine begründete Hoffnung greifbarster Art flößt mir die Tatsache ein, daß Deutschland nicht arm an tüchtigen und starken Männern ist: gelänge es nur, diese an die Spitze zu bringen, das jetzige Chaos würde über Nacht wie ein böser Traum entschwinden [...] Dazu kommt noch unsere religiöse Überzeugung von dem unvergleichlichen Werte des Deutschtums überhaupt als geistige und moralische Kraft eigener Art.«

27. 2. 1919   An Ernst Fürst zu Hohenlohe-Langenburg

Briefwechsel: Liszts Briefwechsel mit dem Großherzog Karl Alexander von Sachsen-Weimar (1818–1901) erschien Leipzig 1908.

galizischen Semiten: Der bayerische Ministerpräsident Kurt Eisner (1867–1919) war am 21. 2. von Graf Arco-Valley erschossen worden.

Königin von Bayern: Maria Theresia, Gattin Ludwigs III., war am 3. 2. gestorben.

kleine Schrift: »Harte Worte«, 1919, von Ernst Freiherr von Wolzogen (vgl. 1. 3. 1892), gegen die Revolution gerichtet.

Gibbon: Edward G. (1737–1794), englischer Historiker, schrieb im Geiste der Aufklärung u. a. »History of the Decline and Fall of the Roman Empire«.

Trennung von Kirche und Staat: durch die Weimarer Verfassung.

11. 9. 1919   An Ernst Fürst zu Hohenlohe-Langenburg

ein Enkel: Geburt Wolfgang Wagners am 30. 8.

Droysen: Johann Gustav D. (1808–1884) schrieb u. a. »Das Leben des Feldmarschalls Grafen Yorck von Wartenburg«, 1851, »Geschichte des Hellenismus«, 1836, »Geschichte Alexanders des Großen«, 1833, »Geschichte der preußischen Politik«, 1855/85.

»Meine Kriegserinnerungen«: von Erich Ludendorff, 1919.

vom Stein: Heinrich E. K. Freiherr vom und zum St. (1757–1831), »Lebenserinnerungen«, 1901.

Prinzen Rupprecht: vgl. 17. 2. 1897; der Kronprinz verzichtete nicht auf den bayerischen Thron.

Herzog von Meiningen: Bernhard III. (1851–1928) war Herzog von Sachsen-Meiningen 1914/18.

»Mein Leben«: Wagners Autobiographie war als Privatdruck 1870/75, als öffentliche Ausgabe 1911 (mit Auslassungen und Umgestaltungen) erschienen. Die erste authentische Ausgabe legte Martin Gregor-Dellin 1963 vor.

Goethes Nachruf: »Zu brüderlichem Andenken Wielands 1813«.

»Goethe und die deutsche Revolution«: von F. Laufkötter, in: »Die neue Zeit. Wochenschrift der Deutschen Sozialdemokratie«, 38./39. Jg., S. 465–469.

Gobineau-Gesellschaft: In den BBl 1920 erscheint der 1919 geschriebene 18. und letzte Bericht von Ludwig Schemann über die »Gobineau-Vereinigung«; der Verein bestand 25 Jahre, publizierte regelmäßig in den BBl.

Bayreuther Gemeinde: Vor allem der 1909 gegründete »Richard-Wagner-Verband deutscher Frauen« entfaltete große Aktivitäten.

Karfreitag, 25. 3. 1921   An Adolf von Gross

Wini: Winifred Wagner.

2.–4. 7. 1923   An Ernst Fürst zu Hohenlohe-Langenburg

und ich suche: Daniela Thode schreibt den Brief vom 2. 7. zu Ende.
Mussolini: Benito M. hatte 1919 in Mailand den ersten faschistischen Kampfverband
gegründet. Im Oktober 1922 erfolgte der »Marsch auf Rom«, M. wurde
Ministerpräsident.
künftigen Festspiele: Die nächsten Festspiele werden 1924 stattfinden.
Teilnahme ... Chamberlain: Ch. war bereits 1922 erkrankt und wurde zunehmend
gelähmt; er starb am 9. 1. 1927. Am 30. 9. kam Hitler erstmals nach Bayreuth.
»Adolf Hitler und Houston Stewart Chamberlain reichten sich die Hände. Der
große Denker, der durch seine Schriften ein Wegbereiter des Führers geworden ist
und die geistigen Grundlagen der nordischen deutschen Weltanschauung geschaffen
hat, der geniale Seher und Künder des Dritten Reichs fühlte, daß sich in diesem
einfachen Manne aus dem Volke das deutsche Schicksal beglückend erfüllen wird«
(Hans Conrad, »Bayerische Ostmark«, 25.–26. 7. 1936).

Mamas Worte an mich aus den Jahren 1925–1930 (Daniela Thode)

1925
»*Ich hatt' einen Kameraden*«: von Ludwig Uhland.
1926
»*In tristitia hilaris ...*«: wird von A. Schopenhauer zitiert in »Die Welt als Wille und
Vorstellung«, 3. Buch, Kap. 31 »Vom Genie«.
1928
›*gaucherien‹:* Ungeschicklichkeiten.
Dr. Angerer: Dr. med. Albert A. behandelte Cosima.
zu Dora: D. Glaser betreute Cosima seit 1893.
Kaiserin Hermine: Kaiser Wilhelm II. hatte 1922 in zweiter Ehe H. von Schönaich-Ca-
rolath (1887–1947) geheiratet.
1929
Hofmann: half Cosima zu pflegen.
wo liegt er begraben?: in Hamburg, Ohlsdorfer Friedhof, Grabmal von A. von
Hildebrand.
Fürstin W.: Carolyne von Sayn-Wittgenstein (1819–1887); am 16. 2. 1930 *Hexe aus
Rom* genannt.
Bürgermeister Bayreuths: Hofrat Albert Preu.

Mamas Worte 1929 und 1930, von Eva unmittelbar niedergeschrieben

14. 3. 1929
Seebachs: Marie Seebach (1829–1897), berühmte Darstellerin von Goethes
Gretchen.
13. 7. 1929
»*Mignonne allons ...*«: Gedicht von Pierre de Ronsart, das Wagner 1840 vertonte.

Einige wenige Passagen von »Mamas letzten Worten« befinden sich in den BBl 1938,
S. 13 f.; sie stehen dort mit Auszügen aus den Tagebüchern. Es ist der 60. und letzte
Jahrgang der »Bayreuther Blätter«.

Register

Die Briefempfänger sind kursiv gesetzt.

Das Register wurde erstellt von Uwe Steffen.

Nachweise

Briefe: Bayerische Staatsbibliothek, Handschriftenabteilung: an Hermann Levi, Mary Fiedler-Levi, Konrad Fiedler (ab 16. 12. 1891), Michael Balling, Isolde, Ferdinand Graf Sporck, Wilhelm Tappert
Hohenlohe-Zentralarchiv, Schloß Neuenstein: an Ernst Erbprinz (Fürst) zu Hohenlohe-Langenburg
Stadt- und Universitätsbibliothek Frankfurt am Main, Humperdinck-Archiv: an Engelbert Humperdinck (mit Ausnahme der Briefe vom 1. 10. 1891, 25. 8. 1896 und 2. 8. 1907 in der Richard Wagner Gedenkstätte, Bayreuth)
Nordrhein-Westfälisches Staatsarchiv, Detmold: an Olga Monod
The Piermont Morgan Library, New York City: an George Davidsohn
Ernest Vanderlinden, z. Zt. Kanada: an Ernest van Dyck.
Soweit bei den Anmerkungen zu den Briefen nicht anders vermerkt, befinden sich alle anderen Briefe in der Richard Wagner Gedenkstätte und im Richard Wagner Nationalarchiv in Bayreuth.

Übersetzungen: Die Briefe von Ernest van Dyck (außer 20. 5. 1889), Adolphe Appia und Marie Fürstin Hohenlohe-Langenburg übersetzten aus dem Französischen Rudolf und Arlette Dumont du Voitel.

Abbildungen: Richard Wagner Gedenkstätte: Nr. 3, 5, 6, 7, 12, 19, 25, 27 und 32; Bildarchiv der Bayreuther Festspiele: Nr. 2 und 30; alle anderen beim Herausgeber.

Inhalt

Cosima Wagner
Die Tagebücher

Band I: 1869–1877. Band II: 1878–1883. Ediert und kommentiert von
Martin Gregor-Dellin und Dietrich Mack. Vollständiger Text der in der
Richard-Wagner-Gedenkstätte aufbewahrten Niederschrift. Herausgegeben von der Stadt Bayreuth. 1976/77.
1279, 1317 Seiten. Leinen und Leder

»Ein beispielloses Werk, das vom Alltag und Feiertag eines beispiellosen
Paares berichtet. Hier hat er sich, mit Ernst Bloch zu reden, noch einmal in
der Wirklichkeit reproduziert: Der ›Mythos vom hohen Paar‹. Der Mythos
von Pamina und Tamino, von Leonore und Florestan, von Brünnhilde und
Siegfried.«

Hans Mayer, Tagesspiegel

»Was jedoch der Leser in erster Linie wissen will, ist, ob er sich dieses Buch
verschaffen soll oder gar muß: Noch nie in meinem schriftstellerischen Leben
habe ich Biographisches so vollherzig, so vollhirnig empfohlen.«

Hans Keller, Frankfurter Allgemeine Zeitung

Theaterarbeit an Wagners Ring

Beiträge u. a. von Bloch, Boulez, Chéreau, Melchinger, Ponnelle, Zelinsky.
Herausgegeben von Dietrich Mack. 1978.
288 Seiten mit 290 Fotos. Kartoniert

Das wohl bedeutendste Werk des Musiktheaters im Dialog zwischen Theorie
und Praxis, philosophischer Ästhetik und Theaterarbeit. »Eine bedeutsame,
in ihrer Art einzigartige Publikation.«

Stuttgarter Zeitung

Martin Gregor-Dellin
Richard Wagner

Sein Leben, sein Werk, sein Jahrhundert.
Etwa 930 Seiten mit einer Bibliographie und Register. Leinen

Diese Biographie ist ein Ereignis der Literatur und der Wagner-Forschung.
Der Autor, als Musiker und Erzähler gleichermaßen prädestiniert, hat unter
Einbeziehung neuerschlossener Quellen – wie der Tagebücher Cosimas – die
umfassendste Biographie in deutscher Sprache seit der Jahrhundertwende
geschaffen – ein Werk vorurteilsloser biographischer Geschichtsschreibung.
Das scheinbar unergründliche Rätsel Richard Wagner wird zu einer realen
Gestalt des 19. Jahrhunderts.